Heinrich Schneider
Das Wunder
an der Saar

# Heinrich Schneider

# Das Wunder an der Saar

## Ein Erfolg politischer Gemeinsamkeit

Seewald
Verlag
Stuttgart

Alle Rechte vorbehalten
© Seewald Verlag Dr. Heinrich Seewald
Stuttgart-Degerloch 1974
Schutzumschlag von
Hans-Eduard Franke
Gesamtherstellung: Buchdruckerei
Wilhelm Röck, Weinsberg
Reproduktionen: Kunstanstalt
Willy Berger, Stuttgart
Gesetzt in der Linotype
Aldus-Antiqua
ISBN 3 512 00350 8
Printed in Germany

# Inhalt

Dieses Buch ist allen gewidmet,
die an ein Vaterland glauben
und es lieben

1
»Dr. Schneider ist nach meiner Überzeugung die bedeutendste politische Gestalt an der Saar. Er ist ein Geist, der drei Eigenschaften vereinigt, die man selten bei einem Politiker findet: Er ist ein großer Redner, ein ausgezeichneter Jurist und ein Mann, der gründliche Kenntnisse auf wirtschaftlichem Gebiet besitzt. Man trifft Juristen, die Redner sind, aber die sind dann keine Wirtschaftler. Und wirtschaftliche Redner sind viel seltener, wenn es sie überhaupt gibt, dann sind sie keine Juristen. Der Schneider ist alles zusammen.« Fernand Dehousse, der Präsident der WEU-Abstimmungskommission an der Saar über Dr. Schneider in »Mission en Sarre« 1956. S. 19.

# Frankreich
# an der Saar
# 1945-1955

# Das Land an der Saar zwischen Deutschland und Frankreich

Vor die Frage gestellt, den Streit um das Saarland nach dem Zweiten Weltkrieg in zwei Sätzen zu beschreiben, lautet die Antwort:

Am 30. Mai 1951 erklärte Bundeskanzler Dr. Adenauer vor dem Deutschen Bundestag: »Die Saar ist deutsch, und ganz Deutschland einschließlich der Saar wird sich mit Frankreich in Europa zusammenfinden.«

Darauf erwiderte der damalige saarländische Ministerpräsident Johannes Hoffmann: »In Europa wird sich die Saar wieder mit Deutschland zusammenfinden.«

In der Tat sind in diesen wenigen Worten der beiden Politiker alle politischen Probleme enthalten, die den Saarstreit zwischen der Bundesrepublik einerseits und Frankreich und der Hoffmann-Regierung andererseits ausgemacht haben. Die sich aus den politischen Problemen zwangsläufig ergebenden wirtschaftlichen Interessen der Beteiligten sind natürlich dabei mit zu berücksichtigen. Die Schwierigkeiten entstanden erst, als Konrad Adenauer bei seinen Verhandlungen mit dem französischen Außenminister Robert Schuman im März 1952 die neue Formel einer »Europäisierung« der Saar akzeptiert hatte und damit auf die zweite These: »In Europa wird sich die Saar wieder mit Deutschland zusammenfinden« eingeschwenkt war. Das Ergebnis der dann folgenden weiteren langwierigen Verhandlungen war das zwischen Dr. Adenauer und dem französischen Ministerpräsidenten Mendès-France am 23. Oktober 1954 in Paris unterzeichnete Abkommen über das »Statut der Saar«, von seinen Befürwortern als »Europäisches Statut der Saar« bezeichnet.

Ein Jahr später erklärten 423 434 (das waren 67,71 Prozent) stimmberechtigte Saarländer auf die Frage, ob sie das Statut billigten, ihr NEIN und lehnten damit die dem Statut beigelegte Europäisierung der Saar ab. Nur 201 973 oder 32,29 Prozent der Saarbevölkerung hatten sich durch ein JA dafür ausgesprochen.

Mit diesem Ergebnis fand der Streit um die Saar ein überraschend schnelles und vor allem glückliches Ende. Frankreich erklärte sich alsbald zu neuen Verhandlungen über eine Regelung der Saarfrage auf der Grundlage des Ergebnisses vom 23. Oktober 1955 bereit. Sie begannen nach Bildung der neuen französischen Regierung Anfang Januar 1956 und endeten mit dem Abschluß des sogenannten Luxemburger Vertrages vom 27. Oktober 1956.

Mit ihrem Votum hatten sich die zwei Drittel aller stimmberechtigten Saarländer gegen die Auffassung der eigenen bundesdeutschen Regierung gestellt und eine politische Lage geschaffen, die weder von den beiden vertragsschließenden Partnern, Bonn und Paris, gewollt, noch vorausgesehen worden war, von den Befürwortern des Statuts an der Saar ganz zu schweigen. Hier war zur Überraschung beinahe der ganzen Weltöffentlichkeit etwas Unmögliches eingetreten, was einer der deutschen Freunde der Saar, Dr. Paul Sethe, in einem auf Schockwirkung berechneten Artikel in der »Frankfurter Allgemeinen Zeitung« vom 2. November 1953 wie folgt beschrieben hatte (Abb. 71):

»Darüber streiten sich die französische und die deutsche Regierung nicht mehr, offenbar, weil sie sich im Grundsatz einig sind, daß die Lostrennung vorgenommen werden soll ... Niemand wird sich der Hoffnung hingeben, als werde eine spätere Abstimmung an der Saar an dem Ergebnis etwas ändern. Es gibt nirgendwo in der Welt einen Bevölkerungsteil, der die Zugehörigkeit zu einer Nation aufrechterhalten will, wenn die Regierung dieser Nation sagt, daß sie mit der Ausgliederung einverstanden ist. Soweit menschliches Ermessen reicht, wird Saarbrücken bald aufhören, eine zu Deutschland gehörende Stadt zu sein.«

Auch Paris sah sich in seiner Konzeption getäuscht, obwohl der Ablauf aller deutsch-französischen Saarverhandlungen bis zur Unterzeichnung des Abkommens vom 23. Oktober 1954 nach den französischen Vorstellungen und Wünschen erfolgt war. Schon am 19. August 1952, also zwei Jahre vor Unterzeichnung des Abkommens, hatte Außenminister Schuman den Kurs bestimmt, wenn er vor der Auswärtigen Kommission der Nationalversammlung davon ausging, daß zur Festlegung eines endgültigen Statuts der Saar in einem Friedensvertrag die einstimmige Billigung der Signatarstaaten einschließlich Deutschlands nötig sein werde. Das sei der Grund, »nach einer Form des Statuts zu suchen, die Deutschland für eine andere Lösung interessiere, statt daß man die Saar vor eine brutale Wahl zwischen der einen und der anderen Nation stelle. Es sei wesentlich, zu vermeiden, die Saarländer noch einmal (wie im Jahre 1935) vor die Frage: »Frankreich oder Deutschland« zu stellen, und daher wünschenswert, in Verhandlungen mit Bonn jene andere Frage festzulegen: ›Akzeptiert Ihr dieses europäische autonome Statut, mit dem wir einverstanden sind?‹«

*Wie aber war es dazu gekommen, daß die Saarländer diese Vorausplanungen der allein handelnden Politiker über den Haufen geworfen und einen eigenen, gegenteiligen Standpunkt durchgesetzt haben?*

Gab es ein heimliches Einvernehmen zwischen den Politikern des NEIN und dem deutschen Bundeskanzler, etwa nach dem Motto: Ihr werdet es schon richtig machen, auch wenn ich nach außen hin so tun muß als ob? Oder war es vielleicht nur ein Augenzwinkern zwischen dem Kanzler und seiner Opposition an der Saar? Oder war Dr. Adenauer seiner Sache und der guten Deutschen an der Saar so sicher, wie er später in den Erinnerungen (Bd. II, S. 368) zum Ausdruck gebracht hat? War den Politikern an der Saar das NEIN-Ergebnis in den Schoß gefallen wie die Sterntaler dem Kind im Märchen?

Diese Fragen soll dieses Buch beantworten und zugleich eine geschichtliche Darstellung geben, von »einem, der mitgestaltet hat«. Dabei wird trotz aller persönlicher Erlebnisse und eigener Betätigung Wert auf die Darstellung eines wahrheitsgemäßen Geschichtsbildes gelegt. Der Verfasser ist sich der Schwierigkeiten bewußt, die jedem

Beteiligten an geschichtlichen Vorgängen begegnen; vor allem, wenn er so mit allen Kräften und Fasern seines Herzens an dem Ergebnis interessiert war, seine Heimat mit der Nation wiedervereinigt zu sehen. Die Ausführungen werden daher trotz aller Bemühungen um Objektivität den Standpunkt und die Ansicht des Verfassers wiedergeben. Aber der Zeitablauf »20 Jahre danach« dürfte eine gewisse Garantie dafür sein, daß die ungeheuren Emotionen der Jahre von 1945 bis 1955 abgeklungen und vergessen sind. Die zeitgeschichtliche Darstellung hat nicht die Zielsetzung, alte Wunden wieder aufzureißen, weder gegenüber Frankreich noch gegenüber unseren Gegnern aus dem Lager von Johannes Hoffmann; wir haben uns längst mit ihnen ausgesöhnt und uns menschlich zusammengefunden. Das gilt auch dann, wenn das Verhalten Hoffmanns und seiner engsten Mitarbeiter oder gar des Bundeskanzlers kritisch beurteilt werden muß.

Trotzdem stellt sich die Frage: Noch ein Buch über die Saar? Und dann nach 20 Jahren? Auch hierauf ist eine Antwort nötig.

Seit dem denkwürdigen Tag der Volksbefragung an der Saar sind eine ganze Reihe von Publikationen erschienen, die sich mit den Vorgängen von 1945 bis 1955 oder mit Einzelproblemen aus dem Gesamtkomplex befassen. Angefangen mit den Versuchen junger Doktoranden saarländischer, bundesdeutscher oder gar amerikanischer Herkunft, das bekannte Material zu sichten und zu analysieren, bis zu Monographien einiger am Rande beteiligter oder beobachtender »Europäer« findet sich ein buntes Bild von Untersuchungen und Meinungen. Auch ernstzunehmende Arbeiten wie diejenige des Genfer Professors Freymond liegen vor; aber für den Kenner der Vorgänge tritt hier stets der Mangel zutage, daß geschichtliche Vorgänge nicht zutreffend durch Meinungsbefragungen und durch die Bearbeitung von vorhandenem, bereits publiziertem Material erfaßt werden können. Und doch gibt es in der jüngsten Saarliteratur eine Ausnahme, welche durchaus die Regel bestätigt:
Es ist das dreibändige Standardwerk von Prof. Robert H. Schmidt, einem aus alteingesessener Familie stammenden Saarländer, der das Geschehen an der Saar selbst miterlebt, wenn auch nicht aktiv mitgestaltet hat. Wer sich über die geschichtlichen Vorgänge von 1945 bis 1957 objektiv und lückenlos informieren will, der kann an dem Werk Schmidts nicht vorbeigehen, ja noch deutlicher: Er kann alles beiseite lassen und sich auf Schmidt beschränken. Das gilt auch für die Beurteilung von Personen, ihres Verhaltens, kurzum für alles, was damals an der Saar, in Frankreich und der Bundesrepublik oder sonstwo in Beziehung auf die Saar geschehen ist.
Nur in einem Punkt versagt auch das große, sonst unübertreffliche Werk von Schmidt: Bei der Wertung einer Reihe von Ereignissen, Maßnahmen, Personen und Gruppen, vor allem dessen, was für den Ablauf der Geschehnisse wichtig war, oder was wegen Bedeutungslosigkeit übergangen werden kann. Im übrigen hat gerade Schmidt die Notwendigkeit, noch »eine politische Geschichte des Saarlandes nach dem Zweiten Weltkrieg zu schreiben«, besonders hervorgehoben und betont, daß seine Arbeit eine solche nicht ersetzen könne.

Die hier vorgelegte Geschichte der Saarpolitik von 1945 bis 1965 erfüllt in erster Linie ein Vermächtnis, das Vermächtnis zweier überragender politischer Persönlichkeiten und Verfechter der deutschen Sache an der Saar, des Bundesministers Jakob Kaiser (Abb. 3) und unseres saarländischen Freundes und Vorbildes, Senator Richard Becker (Abb. 2).

Schwer gelähmt, im Krankenbett auf der Bühler Höhe und später noch einmal in seinem Haus in Berlin, legte Jakob Kaiser uns die Verpflichtung auf: »Sorgen Sie dafür, daß die Geschichte der Saarpolitik nach 1945 geschrieben wird, sonst wird sie verfälscht.«

Auch in seinem letzten schriftlichen Gruß an mich vom 7. Juli 1959 (Abb. 4) brachte Jakob Kaiser die Gedanken zum Ausdruck, die Ministerpräsident Dr. Franz-Josef Röder (Abb. 5) anläßlich einer Ehrung zur Vollendung meines 65. Lebensjahres am 22. Februar 1972 mit folgenden Worten aufgegriffen hat: »Ich möchte wünschen, daß Sie eines Tages selbst die Zeit finden werden, procul negotiis und sine ira et studio – wie Tacitus die Geschichte der Römer –, diesen Zeitabschnitt saarländischer Geschichte, an deren Gestaltung Sie selbst einen so hohen Anteil hatten, darzustellen. Die Kenntnis der damaligen Vorgänge hat auch heute noch einen hohen politischen Gegenwartswert.«

Man könnte einwenden, daß dieses Vermächtnis unserer besten Freunde durch die im letzten Jahrzehnt erschienenen Erinnerungen von Konrad Adenauer und über Jakob Kaiser, ja möglicherweise durch Johannes Hoffmanns Buch »Das Ziel war Europa«, gegenstandslos geworden wäre. Ich bin nicht dieser Meinung; denn die Darstellungen Konrad Adenauers und Hoffmanns sind zu sehr durchdrungen von dem Bestreben, ihre tatsächlich fehlgeschlagene und von der Saarbevölkerung mit überwältigender Mehrheit abgelehnte Saarpolitik zu rechtfertigen. Auch das Votum von zwei Dritteln der Saarbevölkerung am 23. Oktober 1955 enthebt uns nicht dieser Aufgabe.

Im Gegenteil zwingt uns eine weitgehende Unkenntnis der wirklichen Vorgänge um die Saar in Deutschland und mehr noch im Ausland zu einer Untersuchung und Darstellung der Wahrheit. Bei einer vom Institut für Demoskopie in Allensbach im Dezember 1956, also über ein Jahr nach der Volksbefragung, in der Bundesrepublik durchgeführten Meinungsumfrage waren nur 24 Prozent der Befragten der Auffassung, die Rückkehr der Saar sei der Saarbevölkerung zu verdanken, während 31 Prozent den »Erfolg« Bundeskanzler Dr. Adenauer zuschrieben und nur 3 Prozent der Opposition; weitere 31 Prozent hatten überhaupt keine Meinung.

Vergleicht man diese Umfrage mit einer früheren, von demselben Institut im Saarland durchgeführten Befragung vom April 1955, also sechs Monate vor der Entscheidung der Saarbevölkerung, so wird die Fehlbeurteilung durch die Bevölkerung offensichtlich. Auf die Frage: »Werden Sie für oder gegen das Saarstatut stimmen?«, antworteten 21 Prozent der Saarländer im April 1955, dafür, und nur 20 Prozent dagegen stimmen zu wollen, während noch 59 Prozent unentschlossen waren, also erst für die eine oder andere Entscheidung gewonnen werden mußten. Im April 1955 aber war eine Tätigkeit des Bundeskanzlers, die für eine Ablehnung des Statuts durch die Saarländer hätte ausgedeutet werden können, längst beendet. Während des eigentlichen Kampfes um das Referendum, vom 23. Juli bis zum 23. Oktober 1955, unternahmen aber der Bundeskanzler, seine Partei und alle maßgebenden Regierungsmitglieder jede nur denkbare Einmischung, um die Annahme des Statuts durch die Saarländer zu erreichen. Hieraus folgt die bedeutende Aufgabe, das wirkliche Geschehen vor der Geschichte unseres Volkes klarzustellen.

Schließlich haben unsere Gegner von damals sich nachhinein geäußert und die Richtigkeit der von uns von Anfang an konsequent und unverrückbar verfochtenen Zielsetzung:

»Die Saar ist deutsch, und ganz Deutschland einschließlich der Saar wird sich mit Frankreich in Europa zusammenfinden«, bestätigt.

Am 26. Januar 1957 erklärte Bundespräsident Professor Dr. Th. Heuss in Saarbrücken (Abb. 9):

»Das Volk steht im Gesetz der Ewigkeit, der Staat im Gesetz wechselvoller Geschichte. In diesem Vorgang des 23. Oktober 1955 ist das Ewige über das Gegenwärtige Herr geworden.«

Und Bundeskanzler Dr. Adenauer:

»Ich war allerdings überzeugt, daß die Saarländer gute Deutsche waren. Sie würden wissen, wie sie stimmen mußten . . . Würde die Saarbevölkerung das Saarstatut ablehnen, nun: hier lag meine Hoffnung. Ich konnte mir nicht denken, daß Frankreich, wenn sich die Saarbevölkerung für den Anschluß an Deutschland aussprechen und dies durch einen frei gewählten Landtag bestätigen würde, an derartigen Wünschen vorbeigehen konnte« (Bd. II, S. 368).

Und Johannes Hoffmann (Abb. 8) schrieb in seinem Nachwort »Acht Jahre danach« zu seinem oben zitierten Buch (S. 446):

»Im Rückblick kann festgestellt werden, daß die auf Verständigung mit Frankreich hinzielende Nachkriegspolitik erreicht hat, daß trotz aller damals berechtigten Befürchtungen die nationale Eigenentscheidung der Saarländer sich nicht störend, sondern entstörend auf das deutsch-französische Verhältnis ausgewirkt hat.«

Mit besonderer Genugtuung aber konnte uns die Bestätigung erfüllen, die der französische Botschafter in der Bundesrepublik, Jean Sauvagnargues, anläßlich seines Besuches in Saarbrücken am 27. Oktober 1970 vor geladenen Gästen in der Saarbrücker Staatskanzlei zum Ausdruck brachte, als er die Entscheidung der Mehrheit des 23. Oktober 1955 als richtig und als Voraussetzung für eine Verständigung zwischen Deutschland und Frankreich bezeichnete. Ausdrücklich und wörtlich meinte Botschafter Sauvagnargues, daß erst durch das Plebiszit der »Zankapfel Saar« beseitigt worden sei.

Mit diesem Wort aus französischem Munde klingt zugleich auch die geschichtliche Bedeutung der zweiten Saarabstimmung von 1955 an. In der Tat bedeutet sie für den Kenner unserer Landesgeschichte das eindeutige Ende eines fast 400jährigen Zeitabschnitts deutsch-französischer Auseinandersetzungen.

Wenn dieser Geschichtsabschnitt mit seinem Ende auf den Tag des Plebiszits am 23. Oktober 1955 festzulegen ist, dann läßt sich auch sein Anfang auf den Tag bestimmen. Es war der 5. Oktober 1551, der Tag, an dem Kurfürst Moritz von Sachsen, zugleich für die übrigen Mitglieder des schmalkaldischen Bundes, und der französische König Heinrich II. im Schloß von Chambord an der Loire einen Bündnis- und Subsidienvertrag zur Unterstützung des Kampfes der deutschen Protestanten gegen Kaiser Karl V. abschlossen. In diesem Vertrag wurde als wichtigste »Gegenleistung« der deutschen Seite das Zugeständnis an Heinrich II. erklärt: »Man hält es auch für gut, daß besagter König – so viel er nur kann – Städte, die seit altersher dem Reich zugehören und nicht deutschsprachig sind, so insbesondere Cambrai, Toul in Lothringen, Metz und Verdun und andere ähnliche, unter seine Hoheit nimmt und sie als ›Vikar des Heiligen Römischen Reiches‹ verwaltet. Wir erklären uns bereit, dies – gleichgültig unter welchem Titel – für die Zukunft zu unterstützen.«

Natürlich waren Kurfürst Moritz von Sachsen und seine fürstlichen Mitstreiter gegen Kaiser und Reich nicht legitimiert, über ein dem Heiligen Römischen Reich deutscher Nation zugehöriges und unterstehendes Territorium zu verfügen.

Das bereitete den vertragsabschließenden Parteien von 1551 – der Vertrag wurde am 15. Januar 1552, wieder auf Schloß Chambord, ratifiziert – kein Kopfzerbrechen. Man begnügte sich mit der salvatorischen und – wie die Folgezeit bewies – völkerrechtlich wirkungslosen Klausel, die dem vorzitierten Text angehängt worden war: »vorbehaltlich in jedem Falle der Rechte des Heiligen Römischen Reiches, die dieses in Beziehung auf die vorgenannten Städte haben könnte.«

Heinrich II. zog unverzüglich die Konsequenzen aus seinem »Vertrag« und besetzte die Lande der drei Bistümer einschließlich der damals Freien Reichsstadt Metz. Vergeblich versuchte Karl V., das auf diese Weise ohne Rechtstitel verlorene Reichsgebiet wieder zurückzuerlangen. Mehrere Widerrufsbeschlüsse des Reichstages blieben unbeachtet, und ein Feldzug Karls mit dem Ziel, Metz mit Waffengewalt zurückzugewinnen, endete 1553 vor den Toren der Stadt Metz, nachdem das kaiserliche Heer von der Cholera befallen worden war.

Erst fast 100 Jahre später, im Westfälischen Frieden zu Münster von 1648, erhielt Frankreich die juristische Besitzbestätigung.

Natürlich ergeben sich aus diesen Vorgängen keinerlei Ansprüche gegen die Franzosen. Aber Schlußfolgerungen erscheinen in doppelter Hinsicht notwendig. Hier zeigte sich vor vielen hundert Jahren schon die *normative Kraft des Faktischen* in den außerstaatlichen Beziehungen, zum anderen entwickelte sich aus dem Vertrag von Chambord die gesamte französische Ostpolitik der nachfolgenden Jahrhunderte.

Die Nachfolger Heinrichs II., vor allem Ludwig XIV., begnügten sich keineswegs mit den Ostgrenzen der drei Bistümer; ihr Streben ging vielmehr darauf hinaus, das französische Territorium ständig weiter nach Osten auszudehnen und die Grenze schließlich bis zum Rhein vorzuschieben. Bereits Richelieu hatte dieses Ziel, das die Franzosen »le grand Rhin« nannten, in seinem sogenannten Testament festgelegt und zu einer historischen Aufgabe gemacht. Ludwig XIV. sah in der Fortführung der Richelieu'schen Politik eine seiner wesentlichsten Aufgaben. Es gelang ihm, teils durch Waffengewalt, teils durch scheinjuristische Manipulation – die sogenannten Réunionskammern –, alle Gebiete im Osten Frankreichs »wiederzuvereinigen«, die als lehnsabhängig von den drei Bistümern bezeichnet werden konnten oder auch nur bezeichnet worden sind.

Das Land an der Saar war zu einem Teil Lehnsgebiet der Bischöfe von Metz, teilweise gehörte es auch zum ehemaligen selbstständigen Herzogtum Lothringen, jedenfalls bildete es als »le petit Rhin« das Minimalziel, wenn die Expansion bis zum Rhein als »natürlicher Ostgrenze Frankreichs« nicht erreichbar war.

Vor diesem geschichtlichen Hintergrund vollzog sich auch im Land an der Saar in den vergangenen Jahrhunderten ein ständiger Wechsel zwischen Ost und West. Das Ergebnis waren immer wiederkehrende kriegerische Auseinandersetzungen mit ihren Zerstörungen aller Kulturwerte, von dem kargen Besitz der kleinen Leute und dem Verlust an Menschen ganz zu schweigen. Nachdem die Beziehungen durch den Frieden von Rijswijk 1697 einigermaßen zur Ruhe gekommen waren und eine geschickte

2
Führer der Deutschen Opposition an der Saar: Senator Richard Becker, Saarbrücken

3
Des deutschen Saarlands treuster Freund: Bundesminister Jakob Kaiser

JAKOB KAISER

den 7.7.1959

Herrn
Rechtsanwalt
Dr. Heinrich Schneider, MdB.

Saarbrücken 3
Scheidter Straße 150

Lieber Herr Schneider,

über den Gruß, den Sie am gestrigen, für das Saarland
so wichtigen Tage gemeinsam mit Richard Becker und unserem getreuen Dr. Knoop geschickt haben, habe ich mich
aufrichtig gefreut. Gott sei Dank, daß nun endlich auch
die wirtschaftliche Eingliederung der Saar mit dem Vaterland erreicht ist.

Leider hinderte mich meine noch immer andauernde Erkrankung, den gestrigen Tag an Ort und Stelle mitzuerleben.
Doch bleibt es Gesetz für mich, daß ich, sobald es meine Wiedergesundung ermöglicht, nach Saarbrücken komme.
Nicht zuletzt mit Ihnen, Herr Schneider, ist mir an
einem Wiedersehen gelegen. Grüßen Sie schon einmal alle
Freunde Ihrer engeren politischen Gemeinschaft, die sich
meiner noch erinnern, von mir. Die Heimkehr der Saar
bleibt für mich beispielhaft für die Lösung der gesamtdeutschen Frage.

Konrad Adenauer, der mich am 1. Juli unmittelbar vor
seiner Fahrt zur Bundesversammlung an meinem Krankenbett besuchte, habe ich gesagt, was mich im Denken an
die uns verbliebene Aufgabe bewegt. Wer, lieber Herr
Schneider, schreibt die Geschichte der Heimkehr der
Saar zum Vaterland? Ich hörte einmal davon, daß die
Vorarbeiten dafür bereits getroffen seien. Heinrich
Schneider nicht zuletzt wird darauf achten müssen,
daß die Niederschrift wahrheitsgetreu zustandekommt.

Darauf vertrauend, daß ich Ihnen vielleicht einmal
in Bonn oder hier in Berlin begegnen kann, verbleibe
ich für heute mit allen Grüßen und Wünschen

Ihr

*[Unterschrift: Jakob Kaiser]*

5
Freund, Förderer und Helfer: Ministerpräsident Dr. Franz-Josef Röder verpflichtet den Verfasser am 22. Februar 1972.

6
Colonel Grandval umarmt den
saarländischen Präsidenten
der Verwaltungskommission
Erwin Müller bei der Ankunft
auf dem Saarbrücker Flug-
hafen. In Paris ist die
Entscheidung gefallen: der
wirtschaftliche Anschluß an
Frankreich beschlossen!

7
Am Verhandlungstisch in Paris:
(von links nach rechts)
E. Hector, Dr. Emile Straus
und Ministerpräsident
Johannes Hoffmann

## Die Gegenseite

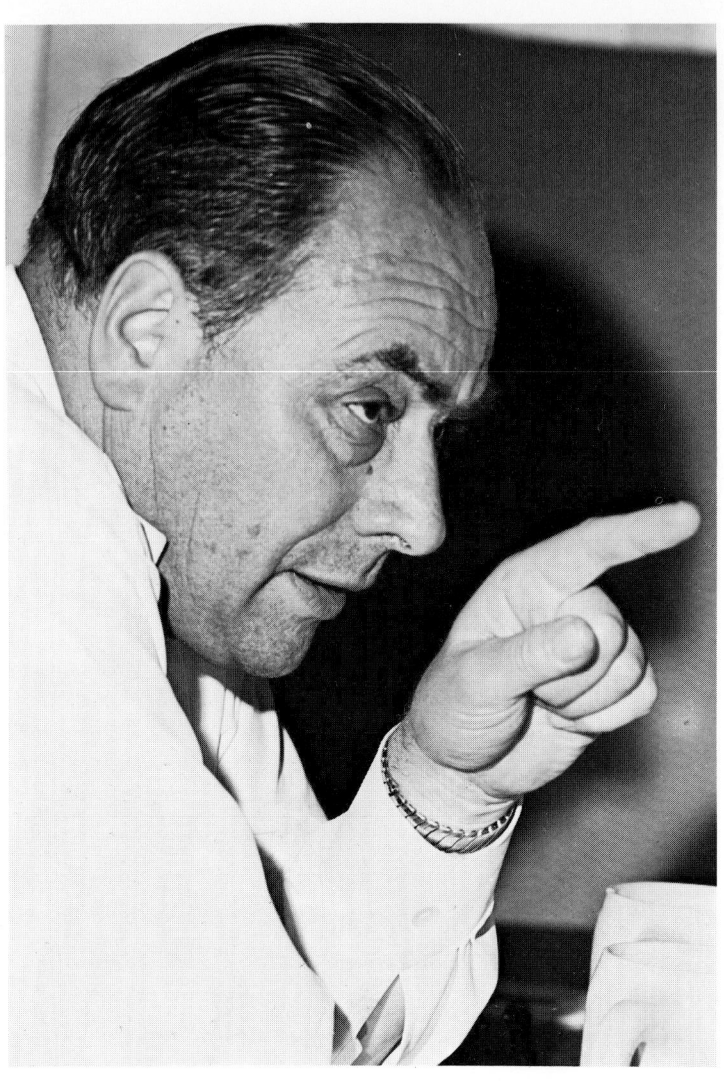

**Gegen-Spieler**

8
Heinrich Schneider

Johannes Hoffmann

" DAS VOLK STEHT IM GESETZ DER EWIGKEIT,
DER STAAT IM GESETZ WECHSELVOLLER GESCHICHTE.
IN DIESEM VORGANG DES 23.OKTOBER 1955 IST
DAS EWIGE ÜBER DAS GEGENWÄRTIGE HERR GEWORDEN"

(Gesprochen am 26.Januar 1957 beim Staatsakt
im Stadttheater Saarbrücken)

## Grußwort des Bundeskanzlers an die Saarländer zum 23. Oktober

„Das Ergebnis des 23. Oktober 1955, des Referendums an der Saar, ist oft eine Entscheidung mit Herz und Verstand genannt worden. Und das mit vollem Recht."

9
Spätes Anerkenntnis von Bundespräsident Professor Dr. Theodor Heuss und Bundeswirtschaftsminister Altbundeskanzler Professor Dr. Ludwig Erhard

frankreichfreundliche Politik der Fürsten von Nassau-Saarbrücken im 18. Jahrhundert das Land zu einer gewissen Blüte geführt hatte, kamen mit den Sendboten der französischen Revolution wiederum Zerstörung und Krieg in unser Land.

Im Jahre 1797 wurde erstmals ein französisches Departement »Sarre« gebildet und unter französische Verwaltung gestellt, allerdings reichte das Gebiet damals über die Grenze des heutigen Saarlandes hinaus, auch war seine Hauptstadt Trier.

Die Herrschaft Napoleons führte zur formellen Annexion des gesamten linken Rheinufers, das bis zum ersten Pariser Frieden 1814 zu Frankreich gehörte.

Das Land an der Saar wurde nach Napoleons Sturz zunächst noch bei Frankreich belassen; Talleyrand's Geschick vermochte Rußland und Preußen geschickt gegeneinander auszuspielen. Nach der Schlacht bei Waterloo unternahmen die Einwohner von Saarbrücken, insbesondere dank der tatkräftigen Initiative des Saarbrücker Kaufmanns Heinrich Böcking, zahlreiche Bemühungen, um im zweiten Pariser Frieden von 1815 ihr Ziel, die Vereinigung des deutschen Landes der Saar mit Preußen, zu erreichen. Diese Zeit zwischen den beiden Frieden von 1814 und 1815 weist in der Tat viele Parallelen zum Geschehen von 1955 auf, so daß man durchaus von einer Wiederholung der Geschichte sprechen kann.

Auch im 20. Jahrhundert, ja innerhalb einer Generation, entstanden zweimal die gleichen Auseinandersetzungen um das Schicksal von Land und Leuten an der Saar. Jeweils nach dem für Deutschland verlorenen Ersten und Zweiten Weltkrieg machten die Franzosen ihre Ansprüche geltend:

1919 bei den Friedensverhandlungen in Versailles und 1945 bis 1947 auf den Konferenzen der Großen Vier.

1919 versuchte Clemenceau die Welt und besonders seine britisch-amerikanischen Verbündeten glauben zu machen: »Es leben dort wenigstens 150 000 Menschen, die Franzosen sind.«

1945 war es das Verlangen nach Sicherheit, das vor allem unmittelbar nach dem Abzug der deutschen Truppen aus Frankreich die Forderung nach einer dauernden Besetzung eines selbständigen Rheinstaates und nach einer Annexion des Saarlandes laut werden ließ.

Aber in beiden Fällen waren die Vereinigten Staaten nicht bereit, den französischen Ansprüchen nachzugeben.

1919 hatte Wilson auf Clemenceaus Ansprüche geantwortet: »Ich weigere mich, ein neues Elsaß-Lothringen zu schaffen«, und 1945 wurde anläßlich eines Besuches von General de Gaulle und Georges Bidault im September 1945 in Washington die politische Einverleibung der Saar durch Frankreich abgelehnt.

So kam es zweimal im Laufe der Geschichte des 20. Jahrhunderts zu einem Provisorium: dem Versailler Saargebiet von 1920 und dem »Wirtschaftlichen Anschluß« von 1947.

Beides waren künstliche Gebilde, die im Widerspruch zu den natürlichen Gegebenheiten von Land und Leuten an der Saar standen. Darum endeten auch beide durch ein eindeutiges Bekenntnis der zweimal befragten Saarbevölkerung: 1935 das Versailler Saargebiet und 1955 das Saarland, kurz Grandval-Hoffmann-Regime genannt. Das berühmte Wort Talleyrands: »Ce n'est rien que le provisoire qui dure« – Nur das Provisorium ist von Dauer – fand an der Saar seine Widerlegung.

Die Gründe für dieses Geschehen von geschichtlicher Bedeutung sollen durch unsere

Darlegungen vermittelt werden, sie lagen ganz einfach in der Verkennung der natürlichen Gegebenheiten, in der Verkennung des Charakters von Land und Leuten und in der Verkennung politischer und geschichtlicher Voraussetzungen.

Hier ist vor allem festzustellen, daß die Menschen, die das Land an der Saar bewohnen, von je und eh Deutsche waren, Deutsche, wie sie in der benachbarten Rheinpfalz oder dem Hunsrück und Trierer Raum nicht anders leben.

Die beste Charakterisierung der Menschen an der Saar gab einmal Max Braun, dessen Bruder Heinz in der Zeit von 1945 bis 1955 auf der »anderen« Seite stand. Max Braun schrieb 1931: »Die Saar war und ist an sich absolut eindeutig. Nach Wesen, Charakter, Sprache und Kultur, nach Abstammung, Geschichte, nach politischem Selbstbestimmungswillen, Wirtschaftstyp, sozialer Struktur und Entwicklung und kultureller Abhängigkeit ist sie *deutsch* wie Westfalen oder die Pfalz. Ihr fehlen die Probleme, die die Geschichte anderer Grenz- und Abstimmungsgebiete stärkstens beunruhigen: ihr fehlen Minderheitenproblem und Sprachenfrage.«

Daher konnte von deutscher Seite auch immer wieder festgestellt werden, daß es ein »historisches Saarproblem« nicht gegeben hat und auch nicht geben kann. Das Versailler »Territoire de la Sarre«, Saarbeckengebiet, oder schließlich »Saargebiet« war ein künstliches Gebilde.

So wenig sich die Bezeichnung »Saargebiet« einbürgern konnte, so wenig rechtfertigte der als Gegenpol von deutscher Seite – vor allem nach 1935 – angewandte Begriff »Saarland« das Regime Hoffmanns von 1947.

Wiederum halfen sich die Beteiligten und sprachen jetzt nur noch von der »SAAR«, man machte aus dem Namen des Flusses eine Begriffsbezeichnung, die heute alles beinhaltet: Raum, Menschen und Probleme.

Wir werden später noch sehen, wie beispielsweise verantwortliche Männer bei der Post auf keiner Briefmarkenausgabe seit 1947 eine andere Bezeichnung anbringen ließen als »SAAR«, so daß jede politische Anerkennung sorgsam umgangen werden konnte.

Wenn die Menschen unserer Heimat so eindeutig deutsch sind, wundert man sich doch immer wieder, mit welcher Naivität, aber auch manchmal beleidigender Arroganz zu gewissen Zeiten das Deutschtum der Saarländer angezweifelt wurde. Auch heute kann man noch erleben, daß innerdeutsche Landsleute fragen: »Ihr sprecht doch alle perfekt französisch?«. Es fehlt dann nur noch die weitere Begründung: Ihr seid doch halbe Franzosen!

Zu der Feststellung »Saarfranzosen« ist es dann nur noch ein Schritt.

Was soll man sagen, wenn ein bundesdeutscher Publizist noch 1959 über die Saar drucken ließ: »die Beziehungen zum Elsaß, zu Lothringen und zum übrigen Frankreich, deren Einfluß so spürbar ist, daß in den Augen der deutschen Soldaten ein Saarländer in der Wehrmacht ein ›Saarfranzose‹ war . . .«

Natürlich stimmt diese Behauptung nicht, das weiß jeder Saarländer, der einmal in der Wehrmacht gedient hat.

Aber kein Unsinn ist dumm genug, um nicht doch weiter verbreitet zu werden. Deshalb sei hier festgestellt: Es gibt in Beziehung auf die Menschen an der Saar keinen Unterschied zu den übrigen Deutschen, auch nicht hinsichtlich ihrer Sprachkenntnisse »von Haus aus«. Der Versuch, die Deutschen an der Saar als Saarfranzosen abzuqualifizieren, kam immer nur im Zuge von Versuchen auf, der Saarbevölkerung ein Bekenntnis gegen ihr Vaterland, also eine Zustimmung zur Autonomie, zum wirtschaftlichen Anschluß oder dergleichen zu unterschieben.

Unter der Hoffmann-Regierung hat man sogar den Versuch gemacht, eine eigene saarländische Rasse zu erfinden. In einer begreiflicherweise nur in englischer Sprache 1953 veröffentlichten Propagandaschrift der Saarregierung »The Saar, Key to European Unity« – Die Saar, der Schlüssel zur europäischen Einheit – hieß es u. a. über die Saarländer wörtlich: »Sie haben auch gewisse rassische Merkmale, die nicht typisch deutsch sind. Gebürtige Saarländer sind oft kleiner und von dunklerer Hautfarbe als Deutsche und lassen Züge von früheren, vorgermanischen Völkern erkennen!«

Dabei übersahen die Verantwortlichen eines solchen Machwerkes, daß sie selbst meist gar keine Saarländer waren, sondern von »draußen« in unser Land gekommen oder für die Belange ihrer Auftraggeber – gegen entsprechende Bezahlung – in Tätigkeit genommen worden waren.

Und trotz alledem trifft man bei den Menschen an der Saar auf beachtliche, gemeinsame Wesenszüge: Die Menschen sind einfach und anspruchslos, sie besitzen ein ausgesprochenes Gefühl der Verbundenheit und Treue, das besonders im Verhältnis der Arbeiterschaft zu ihrem Betrieb und dessen Inhaber seinen Ausdruck findet und bis in unser Jahrhundert hinein ein patriarchalisches Verhältnis entstehen ließ.

Das besonders hohe Ergebnis der Volksbefragung von 1955 in Völklingen (72,3 Prozent) enthielt ein eindeutiges Bekenntnis zum Werk und seinen früheren Eigentümern. Ein weiteres Beispiel für Anhänglichkeit und Treue saarländischer Menschen gaben 111 Pensionäre der Röchling-Werke, die 1947 eine Eingabe an die französische Militärregierung richteten und sich anboten, die gegen ihren Chef und Leiter der Röchling-Werke, Kommerzienrat Dr. Hermann Röchling ausgesprochene vieljährige Gefängnisstrafe nacheinander für ihn zu verbüßen.

So ist es kein Wunder, daß bei der Saarbevölkerung eine besonders ausgeprägte Liebe zum angestammten Vaterland immer dann in Erscheinung getreten ist, wenn es galt, diese Verbundenheit unter Beweis zu stellen. Man hat außerhalb des Saarlandes diesen Wesenszug durchweg verkannt und – besonders nach dem unerwarteten Ergebnis vom 23. Oktober 1955 – von einem »wilden Nationalismus, der unter der Mehrheit der Bevölkerung ausgebrochen« sei, gesprochen. An der Saar selbst war das Ergebnis für Kenner der Verhältnisse kaum verwunderlich oder überraschend, denn ein derartiger Wesenszug war seit »Napoleons Zeiten« immer vorhanden. Hier hat man sich nur darüber gewundert, daß den französischen Nachbarn eine derartige Haltung der Saarländer immer wieder vor Augen geführt werden mußte; denn die Liebe zum Vaterland, zur Nation und zu ihrer Einheit ist in Europa nirgends größer und in keinem anderen europäischen Land mehr beachtet und geachtet worden als gerade in Frankreich.

Wir Saarländer brauchten uns doch nur ein Beispiel an unseren Nachbarn, wenige Kilometer von uns entfernt, zu nehmen. Warum sollten wir anders handeln?

Nun wird man einwenden, daß dies alles im Zeichen der europäischen Einigung überlebt und nur ein Relikt des vergangenen Jahrhunderts sei. Gerade diesen Einwand, den die Regierung Hoffmann den Menschen an der Saar beinahe Tag für Tag vorgehalten hat, haben sie nicht hingenommen. In der einfachen Denkweise des Saarländers hieß es damals: Wenn die Franzosen an ein Zusammengehen der europäischen Staaten glauben, wenn sie es wollen, warum bestehen sie dann auf einem autonomen Zwergstaat an der Saar? Warum waren sie nicht bereit, ein europäisches Kernland aus Lothringen, Luxemburg und dem Saarland zu schaffen, das ein wirklicher Kristallisationspunkt für eine kommende europäische Vereinigung gewesen wäre? So lange Europa nur ein »Europa der Vaterländer« sein sollte, wollten die Saarländer bei ihrem Vaterland bleiben, und das ist Deutschland!

Erstaunlich und für die Saarländer überraschend zugleich war die Reaktion auf die Volksbefragung in Frankreich. Uneingeschränkt wurde von allen, auch von den am ärgsten als Nationalisten verschrieenen Politikern an der Saar anerkannt, daß Frankreich sich noch in der Nacht der Abstimmung auf den Boden der Tatsachen gestellt und alsbald eine großzügige Regelung durch den zweiten Vertrag zwischen Frankreich und der Bundesrepublik vom 27. Oktober 1956 zur Regelung der Saarfrage getroffen hat.

Den Verfasser erfüllt es mit besonderer Genugtuung, daß die endgültige Regelung vollinhaltlich einem eigenen Lösungsvorschlag aus dem Jahre 1953 (Abb. 160) entsprach. Wir werden später darauf eingehen. Eines ist dazu festzustellen: Die Entwicklung nach der Volksbefragung 1955 war die Abkehr von der territorialen Lösung, an ihre Stelle trat die Verständigung und Regelung aller wirtschaftlichen Probleme, deren Lösung man zuvor nur im Rahmen einer gebietsmäßigen Abtrennung für möglich gehalten hatte, auf der Grundlage der Zusammengehörigkeit eines Volkes.

Mit ihrer Entscheidung hatten die Saarländer unbewußt die Gefahr der »normativen Kraft des Faktischen« gebannt. Sie hatten mehr Verständnis dafür aufgebracht als die verantwortlichen Politiker, daß im Laufe der Geschichte jede Separations- und Teilungspolitik auf die Dauer gesehen nur Streit und kriegerische Auseinandersetzungen gebracht hat. Gerade in dieser Hinsicht erscheinen das Votum der Saarbevölkerung vom 23. Oktober 1955 und die darauf gegründete Verständigung zwischen Deutschland und Frankreich vorbildlich. Wie glücklich könnten wir uns schätzen, wenn sich eine solche Einsicht auch für die übrigen deutschen Probleme ergeben könnten. Aber gerade hier sollte der unerschütterliche Wille eines kleinen Bevölkerungsteiles, der letzten Endes über die rationale Denkweise der »großen Staatsmänner« in der ganzen Welt triumphiert hat, für die Zukunft beispielhaft sein.

Bei der Lösung der Saarfrage 1955/56 zeigte sich – nach vier Jahrhunderten – zum ersten Mal ein *neuer* Geist, der Geist der Verständigung, der allein das Attribut »europäisch« verdient.

Diesen Geist vorbereitet und trotz aller Rückschläge ständig aufrechterhalten zu haben, war das Verdienst Konrad Adenauers. Er hat daher trotz seines Eintretens für das Saarstatut »bis zur letzten Minute« eine jener Bedingungen gesetzt, ohne die eine glückliche Bereinigung der Saarfrage, wie dies später geschehen konnte, nicht möglich gewesen wäre.

Es erscheint daher nicht übertrieben, aus der historischen Sicht heraus festzustellen, daß mit dem 23. Oktober 1955 und seinem Ergebnis ein 400jähriger Geschichtsabschnitt beendet und ein neuer eingeleitet worden ist, ein Abschnitt, der allein die Bezeichnung »europäisch« verdient, auch wenn das Endziel einer vollständigen Einigung Europas noch in weiter Ferne liegen sollte.

# 1945:
# Frankreich
# am Scheideweg

»Alliierte Truppen in Saarbrücken einmarschiert«, verkündeten am 20. September 1944 in riesengroßen Lettern die Werbeplakate der schwedischen Morgenpresse. Als Beauftragter des Auswärtigen Amtes war ich tagszuvor mit Vertretern des Oberkommandos der Wehrmacht in einer Ju 52 mit einigem Herzklopfen über die Ostsee nach Stockholm geflogen. Wir sollten gemeinsam mit dem schwedischen Roten Kreuz in Göteborg einen Austausch von etwa 20 000 repatriierten Kriegsgefangenen und Zivilinternierten durchführen. Leiter der Aktion war der damalige Präsident des schwedischen Roten Kreuzes, Graf Folke Bernadotte, ein Mitglied des schwedischen Königshauses, der in den fünfziger Jahren als UNO-Beauftragter bedauerlicherweise in Israel ermordet worden ist. Die – wie sich später herausstellte – schwedische Falschmeldung über die Einnahme meiner Vaterstadt in dieser Phase des Krieges traf mich wie ein Keulenschlag. Als wir Berlin verließen, verlief die Front im Westen nach deutschen Wehrmachtsberichten etwa von der belgisch-französischen Grenze im Norden senkrecht nach Süden bis zur Schweizer Grenze; danach standen deutsche Truppen noch in Abwehrkämpfen weit in Ostfrankreich.

Die Wirkung der Nachricht bedeutete für mich ein lähmendes Entsetzen. Gewiß hatte uns der Verstand längst erkennen lassen, daß dieser Krieg für Deutschland nicht mehr zu gewinnen war, aber noch immer wollte das Gefühl sich an einige Strohhalme letzter Hoffnungen und die Wunderwaffen klammern. Der Besuch in Schweden hatte diese letzten Funken ausgelöscht und uns in die grausame Wirklichkeit und eine tiefe Resignation zurückgeführt. Sie wurde noch vergrößert, als am folgenden Tag nacheinander die großen schwedischen Schiffe »Gripsholm« und »Drottningholm« mit zehntausenden von deutschen Soldaten – in hoffnungsfroher Zuversicht auf der Reeling der Schiffe angetreten – in den Hafen von Göteborg einfuhren. Von einer schwedischen Musikkapelle mit den Klängen des Deutschlandliedes begrüßt – die Abbildung 10 zeigt den Grafen Folke Bernadotte in diesem Augenblick, umgeben vom deutschen Vertreter in Schweden, Botschafter Thommsen, und dem Verfasser –, bedeutete dieser Augenblick für mich den Abschied von Deutschland, wie ich es seit meiner Jugend gekannt und geliebt hatte. Erst dreizehn Jahre später sollte die Wiedereingliederung der Saar die bittere Stunde von Göteborg auslöschen und neue Hoffnung auf eine Wiedervereinigung unseres Vaterlandes begründen, nachdem meine Saarheimat den ersten Schritt dazu getan hatte. Ich schäme mich nicht zu gestehen, daß in jenem Augenblick, den das Bild festhält, die Tränen bei mir nicht zu halten waren. Ich mußte unwillkürlich an das bekannte Gedicht von Heinrich Heine denken: »Ich hatte einst ein schönes Vaterland . . . Es war ein Traum«!

Die Tage von Schweden waren vorüber, mit einem Lazarettzug der Wehrmacht konnte ich noch einmal in meine Heimatstadt fahren und in letzter Minute noch einigen wichtigen Hausrat herausholen. Während wir am 22. November 1944 auf einem Abstellgleis bei Hanweiler auf der rechten Saarseite standen und dort verwundete Soldaten eingeladen wurden, dröhnte von ferne dumpfer Kanonendonner und zeigte das Herannahen der Front an. Noch war in diesem Zeitpunkt Metz nicht gefallen, die amerikanische dritte Armee, die unter Führung des Generals Patton zum Stoß gegen das Saarland angesetzt war, hatte sich bereits bis Diedenhofen vorgeschoben, während sich auf deutscher Seite Teile der Heeresgruppe G zur Abwehr auf dem Orscholzriegel südlich von Saarburg bei Trier eingeigelt hatten. Ein deutscher Kriegerfriedhof bei Orscholz zeugt noch heute von den heftigen, aber vergeblichen Kämpfen um diesen Zugang in das Saarland. Ähnliche Abwehrkämpfe entwickelten sich dann später noch im gesamten Bereich links der Saar von Merzig über Saarlouis, westlich von Völklingen und schließlich südlich von Saarbrücken. In einem kühnen Handstreich der amerikanischen Rangers konnte zwar eine Brücke von Saarlouis nach Fraulautern genommen und ein Brückenkopf rechts der Saar gebildet werden, das weitere Vordringen der US-Truppen unterblieb aber den Winter über, offensichtlich wollte das amerikanische Oberkommando größere Verluste im Bereich des von deutscher Seite wiederbesetzten Westwalls vermeiden. Auch lenkte die deutsche Ardennenoffensive anfangs Dezember 1944 die gegnerischen Kräfte vom Raum an der Saar ab.
Erst Anfang März 1945 flackerten die Kämpfe im Raum um Saarbrücken wieder auf, ohne daß es zu einem Durchbruch kam. Hier hatten die Amerikaner am 15. März 1945 zwar einen 12 km tiefen Einbruch erzielt, waren aber immer noch im Vorfeld des Westwalls aufgehalten. Trotzdem sollte sich die Lage an der Saar in wenigen Tagen grundlegend ändern. Der Hauptstoßkeil der amerikanischen Angriffe hatte sich längst durch die Eifel auf den Rhein gerichtet und inzwischen Köln, Remagen und Boppard erreicht. Mitte März 1945 hatte sich die Lage an der Saar und Mosel »auf der ganzen Front verschärft«, wie damals das Kriegstagebuch des OKW festhielt; durch Abdrehen der Amerikaner nach Süden in Richtung Birkenfeld und Landstuhl drohten die im Raum der Saar eingesetzten deutschen Kräfte von rückwärts aufgerollt zu werden. Am 20. März 1945 kam das Ende.
Von den zuständigen Wehrmachtsstellen war – sehr zum Mißfallen einiger wilder Kampfkommandanten – die Einstellung der Kämpfe und der Rückzug der noch verbliebenen wenigen deutschen Kräfte mit dem Auftrag angeordnet worden, sich zum Rhein durchzuschlagen.
Am Abend des 20. und am Morgen des 21. März 1945 besetzten die Truppen der 3. US-Armee kampflos die Stadt und das Land an der Saar. Französische Einheiten waren an einer »Eroberung der Saar«, wie häufig fälschlich behauptet worden ist, nicht beteiligt. Die 1. Französische Armee operierte im Süden und kämpfte sich über die Vogesen und den Rhein zum Schwarzwald durch.

Als ich – anfangs 1946 nach Saarbrücken zurückgekehrt – später die Zerstörungen sah, habe ich manches Mal, vor allem beim »Trümmerschippen«, an die schwedische »Falsch«-Meldung denken müssen. Welches Leid, welche Not und Zerstörung wären vermieden worden, wenn diese Meldung vom 20. September 1944 auf Wahrheit beruht hätte. Abgesehen von einer Reihe empfindlicher Bombenangriffe von anfangs 1944 und der Jahre zuvor, standen damals die ganz schweren und schwersten Bombenangriffe mit ihren furchtbaren Zerstörungen noch bevor. In der Nacht vom 5. auf 6. Oktober sanken die Stadtviertel von Alt-Saarbrücken und Malstatt mit ihren historischen Kirchen und Baudenkmälern – unter anderem die Ludwigskirche, Schloßkirche, die Barockpalais am Ludwigs- und Schloßplatz – in Schutt und Asche; weitere Angriffe folgten im Oktober und schließlich der »Erinnerungsangriff« am 10. Jahrestag der Volksabstimmung von 1935, am 13. Januar 1945.

Die Amerikaner richteten sofort nach ihrem Einmarsch unter dem Kommando eines besonderen Verwaltungs-Detachments die Zivilverwaltung wieder ein. Hier galt es in erster Linie, für die hungernden und obdachlosen Menschen, aber auch für den Abtransport der großen Anzahl von Verschleppten und Fremdarbeitern zu sorgen, die führungslos – nach eigener Darstellung der Amerikaner – sich zu einer Gefahr für die übrige Bevölkerungen entwickelten. Natürlich war auch die politische Säuberung und Inhaftierung aller Nationalsozialisten eine der wichtigen Aufgaben unserer ersten Besatzer. Über diese Zeit berichtet ein kleines Büchlein der amerikanischen Verwaltungseinheit für die Stadt Saarbrücken unter ihrem Kommandanten Colonel Louis G. Kelly: »The History of Detachment H 1 A 2 von Edgar B. Walzer« (Abb. 11). Colonel Kelly hatte es dem ersten Regierungspräsidenten des Saarlandes, Dr. Neureuter, mit einer herzlichen Widmung überlassen. Wir danken seiner Witwe für die erstmalige Einsicht in dieses Dokument aus den ersten Wochen nach dem totalen Zusammenbruch. Einige der Abbildungen seien auch hier zur Illustration des damaligen Geschehens »der ersten Tage einer Auferstehung« wiedergegeben. Über den Wechsel von der amerikanischen zur französischen Besatzung lesen wir:
»Mitte Juni verdichteten sich immer stärker die Gerüchte, daß die Franzosen bald das Saarland besetzen würden. Die Einwohner – vielen von ihnen verursachte die Kenntnis dieser Nachricht schlaflose Nächte –, hörten mit ihren Schmeicheleien uns gegenüber auf und berichteten von den Schrecken der Hölle, die einer französischen Besetzung folgen würden . . .«
. . . »Anfangs Juli wurde es in zunehmendem Maße klar, daß die Franzosen die Besetzung des Saarlandes übernehmen würden. Die 28. Division wurde in Alarmbereitschaft versetzt, und halboffizielle französische Rundfunk- und Pressemeldungen verkündeten die bevorstehende französische Besetzung. Französische Agenten, die sich bisher überaus vorsichtig verhalten hatten, wurden kühner, und die Beunruhigung wuchs bei denjenigen, die davon Kenntnis hatten und sich schuldbewußt fühlten.«
. . . »Am 6. Juli kamen neue Nachrichten: Die Franzosen würden am 10. Juli, mittags 12 Uhr, die militärische Kontrolle über das Saarland übernehmen. Hohe französische Offiziere nahmen mit den verschiedenen Abteilungen unseres Detachments Verbindung auf, um von uns unterrichtet zu werden . . .«
Am 9. Juli hatte der damalige Bürgermeister der Stadt, Heinrich Wahlster, die Be-

völkerung in einem Aufruf von dem Einmarsch der Franzosen in Kenntnis gesetzt und sie zu besonnenem Verhalten aufgerufen (Abb. 12). Das Büchlein der Amerikaner schließt mit den Worten: »The French forces entered a quiet, tense Saarbrücken and following an impressive display of armored might, commenced their Military occupation of the Saarland at 1201, 10 July 1945«, zu deutsch: »Die französischen Truppen marschierten in ein ruhiges, spannungsgeladenes Saarbrücken ein und begannen nach einer eindrucksvollen Zurschaustellung ihrer bewaffneten Macht die militärische Besetzung des Saarlandes am 10. Juli 1945 um 12 Uhr 1 Minute.«

So begann die Wiederholung der politischen Trennung der Saar von Deutschland im Laufe unseres Jahrhunderts.

Politisch gesehen, stand Frankreich in diesem Augenblick vor einem bedeutenden Scheideweg. Welches würden die richtigen Maßnahmen gegenüber den Menschen an der Saar und vor allem auch gegenüber dem besiegten Gegner sein? Man könnte pathetisch sagen, daß die Glücksgöttin vier Kugeln bereithielt, von denen nur eine die richtige sein konnte. Würden die verantwortlichen Politiker in Paris die richtige auswählen?

Um die Zukunft vorweg zu nehmen: Erst 11 Jahre später, am 27. Oktober 1956, vollendete sich das Schicksal der Saar zu einer für alle Beteiligten zufriedenstellenden Lösung. So lange rollten die vier Kugeln! Sehen wir, welches ihre Bestimmung zu Beginn der neuen Ära der französischen Beherrschung des Landes an der Saar nach dem Zweiten Weltkrieg gewesen ist.

Vier Kugeln, vier entscheidende Wege und Möglichkeiten standen nach dem deutschen Zusammenbruch in Beziehung auf die Saar offen: Es waren dies
1. die politische Annexion,
2. der wirtschaftliche Anschluß der Saar an Frankreich, verbunden mit einer kulturellen Durchdringung mit dem Ziel einer späteren Eingliederung der Saar in die Communauté française,
3. wirtschaftlicher Anschluß, verbunden mit einer vollständigen Autonomie des Saarlandes wie sie Luxemburg besitzt,
4. Regelung aller wirtschaftlichen Ansprüche Frankreich unter Verbleib des Saarlandes bei Deutschland.

Das Geschehen von 1944 bis 1956 wird zeigen, daß das »problème sarrois«, wie es häufig von den Franzosen genannt worden ist, alle diese vier Stadien durchlaufen hat.

Bereits 1948 befaßte sich Robert Müller, ein Sohn unserer lothringischen Nachbarstadt Saargemünd – heute stellvertretender Generalsekretär der UNO in New York, also eine bedeutende politische Persönlichkeit – mit den für Frankreich gegebenen Möglichkeiten in der Saarfrage. In seiner mit dem Prix Paul Boncour ausgezeichneten Doktorarbeit: »Le rattachement économique de la Sarre à la France« sieht der im nahen Grenzland aufgewachsene Franzose die Vorgänge kritischer und realistischer als viele andere Franzosen. Sehr zum Ärger maßgebender Stellen warnt er – trotz Rechtfertigung des französischen Standpunktes in Beziehung auf die Saar – vor einer kommenden Entwicklung. In dem 1950 geschriebenen Vorwort sieht Müller bereits die politischen »Befürchtungen, die wir seit 1948 ausgesprochen haben, bestätigt«. Zur Frage eines Verbleibs des Saarlandes bei Deutschland, verbunden mit entweder einer weitgehenden Ausräumung des Gebietes oder seiner Heranziehung zu Reparationen und Restitutionen nach den von den Alliierten aufgestellten Grundsätzen, meint Müller, daß diese Lösung den Vorteil habe, eindeutig zu sein; sie vermeide, daß »Frankreich sich in ein zweifelhaftes Abenteuer stürze«. In der Möglichkeit einer totalen Annexion des Saarlandes sieht Müller ebenfalls eine klare Maßnahme ohne Doppeldeutigkeit, die »aber an der Unmöglichkeit scheitern müsse, von einem Tag auf den anderen 900 000 Deutsche in nationaldenkende Franzosen zu verwandeln«. Die dritte Möglichkeit eines »nur« wirtschaftlichen Anschlusses der Saar an Frankreich unterscheidet sich nach Müller durch »ihre Geschmeidigkeit und Klugheit, trägt aber die Gefahr in sich, die Fehler von 1919 zu wiederholen«. Etwas resigniert meint Müller: »Auf diesen letzteren Weg hat sich die französische Regierung inzwischen festgelegt. Es steht uns nicht zu, von jetzt an über die Berechtigung und Zweckmäßigkeit dieser Politik zu urteilen und zu kritisieren.«

Wie sehr sollte Müller Recht behalten und wie viele Enttäuschungen und Ärger für alle Beteiligten wären erspart geblieben, wenn wirklich Kenner der Verhältnisse wie Müller auf der einen und weniger »Handlanger« auf der anderen Seite das politische Geschehen an der Saar nach 1945 bestimmt hätten! Nach den Erfahrungen aus der Zeit vor 1935, die kein anderer als Johannes Hoffmann jahrelang unmißverständlich publizistisch zum Ausdruck gebracht hat – von ihm stammt auch der Begriff der »Handlangerdienste für die Franzosen« –, hätte man es durchaus anders machen können.

Wenn Robert Müller von den Verhältnissen im Jahre 1947 ausgeht, erscheint es doch unerläßlich, der Entwicklung bis dahin, d. h. bis zur Konzeption des wirtschaftlichen Anschlusses, nachzugehen. Es ist kaum verwunderlich, daß man sich in Frankreich nach der Wende des Kriegsgeschehens im Jahre 1944 absbald mit den Grenzproblemen und der zukünftigen Gestaltung seiner Sicherheit gegenüber Deutschland sowie den Fragen der Reparationen befaßt hat. So lange Deutschland nicht endgültig niedergerungen und ein gemeinsames alliiertes Konzept über die Sicherheit in Europa entwickelt war, stand für die Franzosen die »Bändigung des Nachbarn im Osten für alle Zeiten« naturgemäß im Vordergrund. Frankreich sah zunächst diese Sicherheit in der Schaffung eines selbständigen und auf Dauer besetzten Rheinstaates, verbunden mit einer vollständigen, also politischen und wirtschaftlichen Annexion des Saarlandes.

Schon am 21. und 22. November 1944 wurde diese Forderung in der außenpolitischen Debatte der Vorläufigen Beratenden Nationalversammlung erhoben (Protokoll S. 308). Während der sozialistische Abgeordnete Daniel Mayer (Prot. S. 315) jede Annexion eines »spezifisch deutschen Gebietes« für seine Partei ablehnte, ließ der damalige Abgeordnete und spätere französische Verhandlungsführer, Staatssekretär Maurice Schumann, schon in diesem Zeitpunkt seine harte Haltung gegenüber Deutschland erkennen, wenn er unter anderem ausführte: »... wir haben das Recht und die Pflicht, unsere Sicherheiten zu erlangen und auch unsere Sicherheiten zu fordern, anstatt wie in der Vergangenheit unsere Sicherheiten und Garantien der Hoffnung auf eine gemeinsame Abwehr zu opfern ... Es handelt sich darum, das Preußentum zu zerschlagen, nicht nur in Köln, sondern auch in Berlin, indem wir das wirtschaftliche, soziale und geistige System zerstören, auf welches die (deutsche, Anm. d. Verf.) Militärkaste ihre Herrschaft aufgebaut hat. Es erscheint wichtig, unter keinen Umständen diejenigen Bevölkerungsteile zu entmutigen, die durch Loslösung einzelner deutscher Länder vom ›corpus germanicus‹ sich von neuem und freiwillig der traditionellen Ausstrahlungskraft Frankreichs hingeben könnten. Es erscheint auf alle Fälle wichtig, den strategischen Flächenbereich unseres Vaterlandes neu abzugrenzen« (Prot. S. 324/325).

Am 3., 4. und 5. Mai 1945 kam die Frage der deutschen Grenzen zu einer weiteren Beratung in der Auswärtigen Kommission der Vorläufigen Nationalversammlung. Nach einer Abstimmung entschied sich die Mehrheit der Kommission für die Annexion des Saarlandes. (Bericht der Zeitung »Le Monde« vom 8. Mai 1945). Schon am 25. Januar 1945 hatte General de Gaulle als Ministerpräsident der provisorischen französischen Regierung auf einer Pressekonferenz gefordert, daß Frankreich in Beziehung auf den Rhein »veut donc être solidement établie d'un bout à l'autre de cette frontière naturelle«. Der Schweizer Professor Freymond gibt in seinem Buch über die »Saar 1945–1955« den Inhalt dieses Zitats wieder: »Frankreich verlangte daher, daß alles Territorium diesseits jener natürlichen Grenzen sein garantierter Besitzstand werde.« In jedem Falle versuchten General de Gaulle und sein damaliger Außenminister Bidault während ihres Besuches in Washington am 22. bis 25. August 1945 die amerikanische Zustimmung zur Schaffung eines selbständigen Rheinstaates und zur Annexion des Saarland durch Frankreich zu erreichen. Darüber berichtete der damalige amerikanische Außenminister James F. Byrnes in seinem Erinnerungsbuch: »Speaking frankly« wörtlich: »They asked for the separation of the Rhineland from Germany for administration by France, for the annexation of the Saar, and the transfer of the Ruhr to an international regime« (S. 170 der englischen Ausgabe). In der deutschen Ausgabe »In aller Offenheit« wurde diese historisch wichtige Stelle wie folgt übersetzt: »Sie forderten die Abtrennung des Rheinlandes von Deutschland und seine Verwaltung durch Frankreich, die Angliederung des Saargebietes und die Unterstellung des Ruhrgebietes unter eine internationale Verwaltung« (S. 227 der deutschen Ausgabe). Amerika lehnte die Forderung ab, Byrnes führte zur Begründung an, daß die »Sicherheit Frankreichs viel wirksamer durch die Vereinten Nationen gefördert werden könne als durch die Abtrennung deutscher Gebiete«. Auch der französische Bericht über die Reise in »L'Année politique 1944–1945« stellte fest: »Wenn der General gehofft hatte, von den Vereinigten Staaten präzise Verpflichtungen zu erlangen, sah er sich getäuscht.« . . . Und Byrnes berichtete weiter (S. 228 der deutschen Ausgabe): »Unsere Bemühungen hatten keinen Erfolg, und Bidault brachte seine Argumente auf der ersten Sitzung des Außenministerrates in London von neuem vor.«

In jüngster Zeit wurde von dem amerikanischen Doktoranden Craddock der Versuch unternommen, den ersten Abschnitt der französischen Saarpolitik nach 1945 mit dem Ziel einer vollständigen Annexion zu bestreiten und die Verwendung des Begriffs »Annexation« bei Byrnes im ganz allgemeinen Sinn einer »Abtrennung« auszulegen.Der amerikanischen Verfasser bezieht sich auf eine Mitteilung des Mr. Taylor Parks von der Chief Advisory und Review Branch des State Departements an ihn aus dem Jahre 1954.

Danach hätten die französischen Memoranden zu den Diskussionen, die der Potsdamer Konferenz folgten, keine Forderungen nach einer Annexion enthalten; Mr. Parks zählt in seinem Schreiben dann auch die Forderungen Frankreichs für den wirtschaftlichen Anschluß auf. Hier liegt einfach eine Verwechselung der Zeitabschnitte vor. Frankreich war, wie Byrnes (S. 227 der deutschen Ausgabe) festgestellt hat, auf der Potsdamer Konferenz nicht vertreten, es hat auf dieser Konferenz keine Debatten über eine Grenzregelung zwischen Frankreich und Deutschland gegeben, sie folgten erst später, als es den Amerikanern und Briten darum ging, eine einheitliche Verwaltung der drei westlichen Besatzungszonen zu erreichen. Zwischen dem Ende der Potsdamer Konferenz und dem erwähnten Besuch der französischen Staatsmänner in Washington lagen drei Wochen. Während dieser Zeit kam es zu keiner Änderung des französischen Standpunktes, er entwickelte sich erst nach dem Besuch in Washington. Man beschränkte sich in Paris erst von da an auf die später als »wirtschaftlichen Anschluß« bezeichnete Lösung. Bidault hat die Absichten der politischen Annexion der Saar durch Frankreich nicht bestritten, er hat vielmehr nur einschränkend festgestellt: »La France n'a jamais eu l'idée d'incorporer *de force* 900 000 Allemands dans ses frontières politiques« (Doc. 620 S. 42); man wollte die Annexion nicht »mit Gewalt« vornehmen, hätte sie jedoch durchgeführt, wenn die Zustimmung der Alliierten zu erreichen gewesen wäre. Allein in dieser Richtung hat sich die starke politische französische Partei an der Saar nach 1945 betätigt. Eigens zum Zweck einer politischen Angliederung der Saar an Frankreich wurde die ursprüngliche »Bewegung zur Befreiung der Saar« (Mouvement pour la Libération de la Sarre) im Februar 1946 umgegründet zur Bewegung für den Anschluß der Saar an Frankreich – Mouvement pour le rattachement de la Sarre à la France –, im Saarland nur »das MRS« genannt. Von den treibenden Kräften, den Zielen und dem Schicksal dieser Bewegung werden wir noch berichten.

Die Wandlung der französischen Planung »von der Annexion zum wirtschaftlichen Anschluß« vollzog sich vom Herbst 1945 bis zum 10. April 1947. Unter diesem Datum wurde das »Memorandum der französischen Delegation betreffend das Regime der Saar« auf der Moskauer Konferenz (21 März bis 11. April 1947) vorgelegt und später zur unabdingbaren Grundlage der saarländischen Verfassung gemacht (Doc. 620, S. 38). Eine Untersuchung dieses neuen französischen Planes eines wirtschaftlichen Anschlusses führt zu zwei Feststellungen:

Die Ausgestaltung des Regimes an der Saar entsprach in den Grundzügen der Regelung des Versailler Saargebietes von 1920 bis 1935, freilich mit erheblichen »Verbesserungen zu Gunsten Frankreichs«; zum anderen waren bei der Ausgestaltung des von Frankreich angestrebten Regimes an der Saar größtenteils diejenigen Persönlichkeiten beteiligt, die schon bei der Abstimmung 1935 für die Beibehaltung des damaligen »Status quo« eingetreten waren. Dazu gehörten vor allem rechtsgerichtete französische Politiker, engagierte französische Vorkämpfer aus der Zeit vor 1935 und die 1935 nach Frankreich emigrierten Saarländer, an deren Spitze der spätere saarländische Innenminister Edgar Hector (unter S. . . .) zu nennen ist. Gemeinsam schufen sie die Konzeption, die an der Saar durch eine Kette von einseitigen Maßnahmen der französischen Besatzungsmacht zu dem Versuch einer rechtlichen Verankerung in der saarländischen Verfassung von 1947 geführt hat.

Auf diplomatischer Ebene setzten die französischen Unterhändler auf allen Konferenzen ihre Bemühungen fort, die Zustimmung der Alliierten zu den von Frankreich beabsichtigten Maßnahmen zu erreichen. Während die Russen brüsk ablehnten und jede französische Forderung nach einer auch nur wirtschaftlichen Einbeziehung der Saar in Frankreich zurückwiesen, gaben die Amerikaner und Briten nach langen und harten Auseinandersetzungen schließlich teilweise nach. Bidault beklagte sich später mit dem so oft zitierten und beinahe berühmt gewordenen Sätzen gegenüber dem Vorwurf eines französischen kommunistischen Abgeordneten, Frankreich habe im Saarland einseitige Maßnahmen getroffen: »Wir haben vierzehn Mal um ein Übereinkommen über die Saar gebeten. Es war natürlich, daß sich die französische Regierung nicht soweit erniedrigte, daß sie diese Forderung noch ein fünfzehntes Mal stellte. Es gibt einen Punkt, an dem auch dem Friedfertigsten einmal die Geduld reißt.« Robert Schmidt (Bd. II, S. 1) ist den einzelnen Erklärungen nachgegangen, entscheidend für die Franzosen blieb allein der Erfolg. Er war – schon damals 1947 – auf einen Umstand zurückzuführen, der bis 1955 im Verlauf aller späteren Verhandlungen und im Ringen um eine Saarlösung immer wieder angewandt worden ist: *das Junktim!* Schon Bismarck hatte sich mit dieser Art des politischen Geschäftes: »Keine Leistung ohne Gegenleistung« befaßt und das römische Sprichwort »do ut des« – Gib mir etwas, wenn du etwas von mir willst – zitiert. »In allen politischen Verhandlungen«, so sagte Bismarck am 17. September 1878 vor dem Reichstg, »ist das do ut des eine Sache, die im Hintergrund steht, auch wenn man anstandshalber einstweilen nicht darüber spricht«.

In der zweiten Hälfte unseres Jahrhunderts nahm man auch keineswegs mehr daran Anstoß, über das »do ut des« in aller Offenheit, ja sogar Brutalität zu verhandeln. Bei den Saarverhandlungen nannte man das schlicht und einfach »le préalable sarrois«, die »saarländische Vorbedingung«. Wenn in unserem Lande empörte Bürger nach der Betrachtungsweise des zivilen Lebens von Erpressungen oder einer Nötigung sprachen, bewiesen sie damit nur, wie wenig sie mit den Gepflogenheiten der höheren Diplomatie vertraut waren. Jedenfalls waren die Franzosen mit der Praxis des Junktims vertraut und wenig zimperlich, sie auch gegenüber ihren amerikanischen und britischen Verbündeten schon 1946 anzuwenden. Die Vereinigten Staaten und Großbritannien hatten alsbald nach der Potsdamer Konferenz erkannt, daß mit der Sowjetunion eine Einigung über eine Zentralverwaltung für alle vier Besatzungszonen in Deutschland nicht zu erreichen war, sie strebten daher eine solche wenigstens unter den drei westlichen Besatzungsmächten an. Frankreich war bekanntlich erst einige Wochen nach der deutschen Kapitulation an der Besetzung Westdeutschlands mitbeteiligt worden. Dem Wunsche auf Zustimmung zu einer einheitlichen Zentralverwaltung der drei westlichen Besatzungszonen widersetzten sich die Franzosen lange und verhinderten nach den »Erinnerungen« von Byrnes auf diese Weise eine Wiedergesundung der deutschen Wirtschaft. Frankreich forderte vor der Errichtung einer Zentralverwaltung die endgültige Festlegung der deutschen Westgrenzen, die Internationalisierung der Ruhr, die Schaffung eines selbständigen, von Deutschland getrennten Rheinstaates und die nunmehr wirtschaftliche Angliederung des Saarlandes an Frankreich.

Lediglich in Beziehung auf die Saar gaben die amerikanischen und britischen Unterhändler, die Außenminister Byrnes und Bevin, nach. Byrnes schreibt darüber: »Um Bidaults Befürchtungen zu zerstreuen, erklärte ich, daß wir gegen die französische Verwaltung des Saargebietes nichts einwenden würden, bis eine Entscheidung über die deutschen Westgrenzen gefallen sei« (S. 261 der deutschen Ausgabe), und weiter: »Ich hatte gehofft, daß die Franzosen sich an dem Zusammenschluß der Zonen beteiligen würden. Das war einer der Gründe, warum ich unseren Beschluß hinsichtlich des Saargebietes bekanntgab.« Und weiter: »Später, im September 1946, setzte ich die französische Regierung schriftlich davon in Kenntnis, daß wir bei den

Friedensverhandlungen den französischen Anspruch auf dieses Gebiet unterstützen würden. Großbritannien gab eine ähnliche Versicherung ab« (S. 263).

Über die Haltung der Sowjetunion schrieb Byrnes: »Die Franzosen wünschten auch die Zustimmung der Sowjets zum Saarvorschlag, aber Molotow blieb weiterhin dagegen.« Byrnes bestätigte dann noch einmal seine Zusage gegenüber den Franzosen. In der berühmt gewordenen Stuttgarter Rede vom 6. September 1946 führte Byrnes in Bezug auf das Saarproblem aus: »The United States does not feel that it can deny to France, which has been invaded three times by Germany in 70 years, its claim to the Saar territory, whose economy has long been closely linked with France.«

In Übersetzung: »Die Vereinigten Staaten glauben nicht, den Anspruch Frankreichs auf das Saargebiet, dessen Wirtschaft so lange mit Frankreich verbunden gewesen ist, bestreiten zu können, nachdem Frankreich in siebzig Jahren dreimal von Deutschland überfallen worden ist.«

Auf die geschichtliche Fehlbeurteilung dieser Voraussetzungen in der Rede von Außenminister Byrnes muß besonders hingewiesen werden, hier folgte Byrnes einer französischen Propagandathese.

Die erste öffentliche Erklärung über die geänderte französische Zielsetzung in Beziehung auf die Saarfrage gab Außenminister Bidault am 17. Januar 1946 vor der Vorläufigen Nationalversammlung ab (Prot. S. 80). Er führte aus: »Die Saargruben, deren Eigentum durch den Versailler Vertrag auf Frankreich übertragen worden war, müssen wieder französisches Eigentum werden und als Ergänzung dazu muß die Eingliederung der beiden sich ergänzenden Wirtschaften in das französische Zoll- und Währungssystem erfolgen. Die französischen Streitkräfte werden dort dauernd stationiert bleiben, um für die Zukunft die Erhaltung dieses Zustandes zu gewährleisten. Das endgültige Regime des Saargebietes wird in Übereinstimmung mit unseren großen Alliierten Gegenstand einer späteren Entscheidung sein.«

Damit hatte Bidault selbst den Vergleich mit dem Versailler Saargebiet angeschnitten. Es erscheint notwendig, auf die Unterschiede der beiden Regime kurz einzugehen, um vor allem aus den Erfahrungen der Vergangenheit Schlußfolgerungen für den Neubeginn von 1946/47 zu ziehen.

Hier ergeben sich Übereinstimmungen und Unterschiede; die letzteren sollten nach französischer Absicht zu einem besseren Erfolg für Frankreich führen als ihn das Versailler Experiment gezeitigt hatte.

Der Friedensvertrag von Versailles sah die verwaltungsmäßige Unterstellung des Saargebietes unter die Treuhandschaft des Völkerbundes vor, die Saar blieb aber ein Bestandteil Deutschlands.

Die Versailler Regelung war auf die Dauer von 15 Jahren beschränkt, nach Ablauf dieser Zeit hatten die Saarländer über drei ihnen vorgelegten Fragen abzustimmen (Abb. 84):
1. Beibehaltung des damaligen Zustandes, also des »Status Quo«;
2. Vereinigung mit Frankreich;
3. Vereinigung mit Deutschland.

In den Kernfragen der wirtschaftlichen Regelung stimmten das Versailler Saargebiet und das Saarland von 1947 überein: Frankreich erhielt die Verfügungsgewalt über die saarländischen Kohlengruben, das Gebiet wurde in das französische Zoll- und Währungsgebiet einbezogen; letzteres allerdings erst 1925 und entgegen der ursprünglichen Vertragsregelung. Abgesehen von dieser grundlegenden Übereinstimmung wollte die französische Seite nach 1945 an der Saar »Nägel mit Köpfen« machen, d. h. diesmal die nach Auffassung der maßgebenden französischen Saarpolitiker gemachten Fehler des Versailler Saargebietes vermeiden. Dazu gehörte in erster Linie die politische und verwaltungsmäßige Trennung der Saar von Deutschland, die Überführung des gesamten Wirtschaftspotentials (neben den Kohlengruben: die Hütten, Banken, Versicherungen, die Verwaltung der Eisenbahnen) und aller maßgebenden Kommunikationsmittel (Rundfunk und »Saarbrücker Zeitung«) in französische Hände sowie schließlich die Einrichtung einer scheinbar selbständigen und ebenso scheinbar demokratischen Selbstverwaltung durch eine saarländische Regierung und ein eigenes Parlament.

Der entscheidende Unterschied zu Versailles allerdings bestand in dem nach französischer Auffassung auf Dauer begründeten Zustand, dem – trotz des anerkannten Vorbehalts einer Regelung im Friedensvertrag mit Deutschland – ein definitiver Charakter innewohne. Wir werden sehen, wie Frankreich von 1946 bis zur Ablehnung des Saarstatuts am 23. Oktober 1955 unablässig bemüht blieb, jede – (auch demokratische) – Auflehnung gegen diesen Standpunkt zu unterdrücken und eine formelle Anerkennung seiner einseitigen Maßnahmen durch die Bundesrepublik zu erreichen. Daß dieser Versuch letzten Endes und sehr zur Überraschung aller Beteiligten doch am Willen der Saarbevölkerung gescheitert ist, muß auf zwei Kardinalfehler in der französischen Konzeption von 1945/47 zurückgeführt werden: Einmal hatte man aus den Erfahrungen mit dem Versailler Saargebiet nichts gelernt und die genau gegenteiligen Schlußfolgerungen daraus gezogen, zum anderen bestimmten in personeller Hinsicht dieselben Kreise und Gruppen die französische Saarpolitik nach 1945, die 1935 mit der Propagierung des »Status Quo« bereits Schiffbruch erlitten hatten. Diese Feststellung gilt auch bezüglich des Repräsentanten Frankreichs an der Saar, des späteren Botschafters Gilbert Grandval, der sicher am Geschehen vor 1935 unbeteiligt war.

Am 13. Januar 1935 hatten sich bei der Volksabstimmung ausgesprochen:

| | |
|---|---|
| 477 199 (90,36 Prozent) | Saarländer zugunsten der Rückkehr der Saar nach Deutschland, |
| 2 124 ( 0,4 Prozent) | Saarländer für den Anschluß der Saar an Frankreich und |
| 46 613 ( 8,81 Prozent) | Saarländer für die Beibehaltung des »Status Quo«, also für ein wirtschaftlich mit Frankreich vereinigtes autonomes Saargebiet. |

Von der relativ hohen Stimmenzahl für den »Status Quo« war zweifelsohne die Mehrheit ein Votum gegen Hitler, aber kein Bekenntnis gegen die Zugehörigkeit des Saarlandes zu Deutschland. Ohne die Auseinandersetzung mit dem Nationalsozialismus würde das Abstimmungsergebnis von 1935 98 Prozent oder gar 99 Prozent der Stimmen für eine Rückgliederung der Saar an Deutschland ergeben haben. Natürlich paßte eine solche Feststellung ganz und der nicht in die Konzeption einer Wiederholung des Versailler Experiments, also erfand man das Märchen von der Fälschung des Abstimmungsergebnisses von 1935. Vor allem den Saarländern, aber auch der Weltmeinung mußte die Überzeugung genommen werden, daß es 1935 »mit rechten Dingen« zugegangen sei und ein rechtsgültiges Votum der Saarbevölkerung vorgelegen habe. Mit dem elften Jahrestag, am 13. Januar 1946, begann die Kampagne um die Verfälschung des Abstimmungsergebnisses. Angeblich sollten anders lautende Abstimmungszettel in die vor der Auszählung in den Kellern des Abstimmungszentrums der »Wartburg« in Saarbrücken lagernden und von den internationalen Abstimmungstruppen streng bewachten Urnen hineingeschmuggelt worden sein.

Der spätere Ministerpräsident Johannes Hoffmann gab selbst das Signal mit einem Artikel in der »Neuen Saarbrücker Zeitung«: »Die Mahnung des 13. Januar! 1935–1946«, und bald darauf wurde ein Traktat: »13. Januar 1935 – Was in Wirklichkeit geschah!« – in der »Saardeutsche(n) Verlagsanstalt (Sequester)«, Saarbrücken 3, gedruckt und kostenlos verbreitet. Als Verfasser ist später der von der französischen Militärregierung selbst nach Frankreich abgeschobene französische Staatsangehörige Gauthier Gebelein bekannt geworden. Das Echo dieser Aktion von der Verfälschung des Abstimmungsergebnisses von 1935 war zunächst so groß, daß selbst ein Wissenschaftler und Gelehrter vom Range des Pariser Völkerrechtslehrers Professor Georges Scelle, Direktor des Instituts für Völkerrecht an der Sorbonne, in seinem 1948 erschienenen Lehrbuch des Völkerrechts (S. 151) über das Saarplebiszit von 1935 »von einem mehr oder weniger geduldeten Betrug« schrieb, der – neben anderen Argumenten – »es heute schwer mache, ein insgesamt günstiges Urteil über dieses (Abstimmungs-) Experiment zu fällen«. Mit dem Spruch der Bevölkerung vom 23. Oktober 1955 ist es um die behauptete Fälschung von 1935 still geworden, auch die Gegner einer Saarrückkehr von 1935 haben die Behauptung von der Fälschung längst fallen gelassen. Johannes Hoffmann und Ernst Kunkel erwähnen sie in ihren Publikationen von 1963 und 1968 nicht mehr. Der Antifaschist Karl Retzlaff, der 1935 auf Seiten des »Status quo« für Deutschland gegen Hitler gekämpft hatte, schrieb in seinem 1971 erschienenen Buch »Spartakus« (Seite 390): »Nach der Abstimmungsniederlage vom 13. Januar 1935 wurde von führenden Sozialdemokraten und Kommunisten im Ausland lange Zeit hindurch behauptet, das Ergebnis der Abstimmung sei gefälscht. Es seien mehrere versiegelte Urnen, die eine Nacht im Keller der zentralen Abstimmungsbehörde standen, von den Nazis ausgetauscht worden. Gegen diesen Verschleierungsversuch der Niederlage erhob ich Einspruch. Die Niederlage war echt, sie bewies einmal mehr die damalige Stimmung der großen Mehrheit der deutschen Bevölkerung.«

Wenn wir dieser Geschichte von einer angeblich groß angelegten Fälschung einen breiteren Raum gewähren, dann allein wegen ihrer grundsätzlichen Bedeutung für das weitere Geschehen an der Saar nach 1946. Wie diese grobe Selbsttäuschung zu Beginn der Entwicklung nach dem Zweiten Weltkrieg war auch das weitere Geschehen, sowohl auf Seiten der Franzosen als auch der saarländischen Regierenden, vor allem bei Johannes Hoffmann und seinem Innenminister Edgar Hector, von einer Kette von Selbsttäuschungen begleitet, die letzten Endes zu dem sicher bitteren Erwachen geführt haben. Alle diese (Selbst-) Täuschungen und damit auch Enttäuschungen hätten vermieden werden können, wenn man die schon im Jahre 1929 feststehenden und in Frankreich bereits damals veröffentlichten Erfahrungen mit dem Versailler Saargebiet zu Rate gezogen hätte. Es war mir immer unverständlich, daß sich Männer wie der wirklich große Europäer und weitblickende französische Außenminister Robert Schuman so wenig mit den Aussagen und Publikationen zur Saarfrage aus der Zeit vor 1934 beschäftigt hatten, die Johannes Hoffmann, Max Braun, Peter Zimmer, Emil Straus und viele andere jahrelang und unmißverständlich gemacht hatten. Wir werden uns später noch damit auseinandersetzen. An dieser

Stelle sei aber die Feststellung vorweg genommen, daß auch die zweite Saarabtrennung in unserem Jahrhundert – wie alle früheren – als die Geschichte einer Kette von großen Irrtümern bezeichnet werden muß. Mit wenigen Worten charakterisierte der belgische Präsident der WEU-Kommission für das Referendum an der Saar, Fernand Dehousse – mit dessen Ansichten über die Verhältnisse und das Geschehen an der Saar in einem gedruckten Vortrag »Mission en Sarre« durchaus nicht völlige Übereinstimmung herrscht –, den Weg der westlichen Diplomatie in der Saarfrage: »Er geht von Illusion zu Illusion und sehr oft von Fehler zu Fehler.«

Schon der erste große Verfechter einer erneuten Saarabtrennung, der französische Außenminister Georges Bidault, hätte die bedenkliche Entwicklung dieser Saarpolitik unschwer erkennen können.

Am 27. Dezember 1946 erklärte Bidault vor der französischen Nationalversammlung: »Wir sind uns darüber im klaren, daß die 800 000 Saarländer Deutsche sind, aber trotzdem muß die Saar wirtschaftlich an Frankreich angeschlossen werden.« Und am 10. April 1947 sprach Bidault in seiner Erklärung vor der Moskauer Konferenz wiederum von den 900 000 Deutschen an der Saar, die Frankreich nicht mit Gewalt in seine politischen Grenzen einbeziehen wolle. Ergab sich aus diesen Feststellungen nicht von selbst die Frage, ob diese 800 000 oder 900 000 Deutsche nicht auch nach 1945 Deutsche bleiben wollten, wobei die französischen Ansprüche auf Reparationen, Kohlenlieferungen und eine wirtschaftliche Verbindung in einer Weise hätten geregelt werden können, wie das später auch geschah? Auf diese einfache Frage hätte man eine einfache Antwort in den Erfahrungen von 1920 bis 1930 finden können, selbst wenn man das Ergebnis des 13. Januar 1935 und die nationalsozialistische Ära unberücksichtigt lassen wollte.

»Keine Frage wurde von der breiten französischen Öffentlichkeit bis 1927 mehr verkannt als die Saarfrage. Wohl gab es vorher einige Abhandlungen informatorischer Art, aber erst von 1928 ab begannen einige wenige Berichte von begrenztem Interesse in der großen französischen Presse zu erscheinen. Je deutlicher die Notwendigkeit sich herausstellte, eine Liquidierung des Krieges vorzunehmen, desto mehr wächst die Dringlichkeit des Saarproblems ...«

Mit diesen einleitenden Sätzen begründete die französische Liga für Menschenrechte eine am 20. September 1929 in den »Cahiers des Droits de l'Homme«, Heft Nr. 24, veröffentlichte Denkschrift mit dem Titel: »Le problème de la Sarre.« Verfasser war der Generalsekretär der Liga und damalige Parlamentsabgeordnete Henri Guernut, der das Ziel der Untersuchung mit den abschließenden Worten der Einleitung umriß: »Unsere Darstellung, die aufgestellt wurde im Bestreben völliger Unparteilichkeit, abseits vom Kampfgetümmel der Einzelinteressen und der politischen Meinungen, versucht das Saarproblem in seinem eigenen Lichte darzustellen, um den Regierungen, den Parlamenten und dem französischen und dem deutschen Volk eine Handhabe zu geben, eine gerechte Lösung zu finden als Pfand des Friedens. Die Saar wird der Prüfstein sein für die Aufrichtigkeit der französisch-deutschen Annäherung.« Diese Worte behielten ihre Gültigkeit und Beweiskraft auch für die spätere zweite und erneute Abtrennung und die noch weitgehendere (wirtschaftliche) Vereinigung der Saar mit Frankreich. Die Vorschläge dieser französischen Denkschrift aus dem Jahre 1929 zur wirtschaftlichen Regelung der Saarfrage, vor allem zur Lösung des Kohlen- und Warndtproblems, fanden ihre Gestaltung im endgültigen deutsch-französischen Saarvertrag von 1956. Wenn hier 1929 bereits gesunder

## Abschied von Deutschland

10
Am Quai von Göteborg (Schweden) landen schwedische Schiffe am 20.–22. September 1944 zwanzigtausend repatriierte deutsche Kriegsgefangene und Zivilinternierte. Unter den Klängen des Deutschlandliedes begrüßt der Präsident des schwedischen Roten Kreuzes, Graf Folke Bernadotte († 1953 in Israel), die ankommenden deutschen Soldaten. Links neben dem Präsidenten der deutsche Botschafter Thommsen, rechts der Verfasser als damaliger Sachbearbeiter im Auswärtigen Amt.

# THE HISTORY OF DETACHMENT H1 A2

by
Edgar B Walzer

Lt Col Louis G Kelly
Commanding

At the beginning of July it became increasingly evident that the French would indeed take over the occupation of the Saarland. The 28th Division was alerted and semi-official French sources broadcast and printed notices of imminent occupation. French agents, exceedingly careful until now, became bolder and the guilty consciences became more worried.

Nevertheless, the detachment carried on without a letup. Capt Young, on 2 July,

Part of the military review preceding French occupation ceremonies

attended an agricultural meeting at Kaiserslautern, contacted the regional food chiefs,

93

and arranging for the procurement of flour, sugar, binder twine, sacks, horseshoes, and potatoes.

*On 4 July, with no official word of any change having come, Capt Laird held Summary Court and tried six Germans of French nationality, charged with illegally crossing the border and unlawfully engaging in political activity regarding Saar affairs. All were found guilty and held for a General Court.*

On 6 July, the news came. The French were assuming military control of the Saarland on 10 July at 1200 hours. High ranking

French Military Government Officers contacted the various departments of our detachment and asked to be oriented.

*Major Musgrove, who had joined the detachment a day earlier as Executive Officer, led an advance party composed of Lt Vogel, Sgt Allen, and Walzer to Darmstadt which was to be the detachment's new area of control as the French forces entered a quiet, tense Saarbrücken and, following an impressive display of armored might, commenced their Military occupation of the Saarland at 1201, 10 July, 1945.*

French commanders saluting during the playing of the Marseilles
as the French officially take over the Saarland

11

Amerikanische Dokumentation: Der erste Bericht über Saarbrücken nach dem totalen Zusammenbruch 1945 und die erste amerikanische Besatzung, der am 10. Juli 1945 die Franzosen folgten.

# Bekanntmachung

## An die Bevölkerung von Saarbrücken!

Am Dienstag, den 10. Juli 1945 wird das Saargebiet von französisch. Truppen besetzt. Damit hat der ungewisse Zustand über die Besatzungsfrage ein Ende gefunden.

### Frankreich,

vertreten durch die französische Militär-Regierung in Saarbrücken, wünscht mit der Saarbevölkerung eine gute Zusammenarbeit.

## Bürger von Saarbrücken!

Es liegt in unserem größten Interesse das Vertrauen des französischen Volkes wieder zu gewinnen, welches wir durch den verbrecherischen Krieg Hitlers verloren haben. Aus diesem Grunde ist es notwendig, für eine reibungslose Zusammenarbeit mit der französischen Militärbehörde zu sorgen, wozu jeder Bürger die Mitverantwortung trägt. Durch unsere Haltung gegenüber der französischen Armee und durch unser Streben nach Wiedergutmachung ist die Hoffnung gegeben und der einzige Weg, das Vertrauen unseres großen Nachbarvolkes wieder zu gewinnen.

Der offizielle Einmarsch der französischen Besatzungstruppen ist für Dienstag, den 10. Juli 1945 gegen 13 Uhr festgelegt. Dieser Aufmarsch bewegt sich von der Alten Brücke, Mainzer Str., Arndtstr., Großherzog-Friedrich-Str., nach dem Rathausplatz, wo der Vorbeimarsch durch den französischen Oberkommandierenden abgenommen wird.

Saarbrücken, den 9. Juli 1945.

### Der Oberbürgermeister
Wahlster

Druck: August Wolff, Saarbrücken J. Mainzer Straße 16b.

12

10. Juli 1945: Frankreichs zweite Herrschaft beginnt! Plakatanschlag des damaligen Oberbürgermeisters von Saarbrücken. Der Wortlaut spiegelt die Ohnmacht und Niedergeschlagenheit der Bevölkerung wieder.

13
Elf Monate Zollabschnürung: reif zum Anschluß! Mit den abgebildeten Lebensmitteln mußte ein arbeitender Normalverbraucher im Saarland fast ein Jahr lang ohne zusätzliche Eigenversorgung »hungern«. Die Zuteilung erreichte gerade 900 Kalorien täglich!

Menschenverstand, eine vernunftgemäße wirtschaftliche und mehr noch politische Betrachtungsweise unter Achtung des Rechts eines fremden Volkes, seiner Nation zugehörig zu bleiben, zu der Feststellung von Tatsachen und Voraussetzungen gelangt ist, verlohnt es sich, darauf als Erkenntnisquelle geschichtlicher Vorgänge einzugehen. Ich selbst mußte beim erneuten Studium dieser Arbeit – ich hatte sie seit 1934/35 längst vergessen – immer wieder von neuem überrascht feststellen:

Das war alles schon einmal dagewesen – bis zu dem Vorschlag einer Europäisierung der Saar im Jahre 1929! Muß man sich da nicht kopfschüttelnd fragen, wie es möglich sein konnte, daß ein doch relativ bedeutsames politisches Geschehen im Laufe einer Generation sich zweimal in gleicher Weise abspielen konnte? Die Parallelen beginnen mit den Repräsentanten Frankreichs an der Saar. Von dem ersten Chef der Regierungskommission, die am 26. Februar 1920 ihr Amt antrat, dem französischen Präfekten Victor Rault – er nannte sich selbst einen »großen Präfekten der Republik« –, schrieb die Denkschrift: »Man konnte erwarten, daß Herr Rault an die Saar kam mit einem Stab von hervorragenden Wirtschaftlern, er kam begleitet von einem Polizeichef; und in der Tat während der ganzen Dauer seines Amtes war er stets nur zu sehr darauf bedacht, die Leute in Schranken zu halten, besonders Franzosen, durch Mittel, die viele als niedere Polizei bezeichneten.« Wie passen diese Worte auf die Person Gilbert Grandvals und seinen Stab von Polizisten, an deren Spitze Polizeichef Edgar Hector, ein französischer Staatsangehöriger und Capitaine der französischen Armee, stand. Von Rault stellte die Denkschrift weiter fest: »Der Präsident Rault verstand kein einziges Wort deutsch und kam mit der Bevölkerung lediglich durch Dolmetscher und mit der Presse durch den berühmten Pressebericht der Regierungskommission in Berührung . . .« Die gleiche Feststellung trifft auch bei Herrn Grandval zu, er konnte ebenfalls kein Deutsch!

Über das Wirken des Herrn Rault, dessen Verbleiben an der Saar im Frühjahr 1926 unmöglich geworden war, stellte die Schrift fest: »Die Wahl der französischen Regierung hätte also glücklicher sein können. Die Politik dieser Periode zielte darauf ab, die Saarländer zu veranlassen, im Jahre 1935 zugunsten Frankreichs zu stimmen. Dies war eine übermenschliche Aufgabe, und man kann Herrn Rault keinen Vorwurf machen, daß er dabei einen vollständigen Mißerfolg erlitten hat. Freilich, seine Verwaltung hätte geschickter sein können; aber sie hatte gegen sich die Sprache, die Sitten und die Gefühle einer ganzen Bevölkerung.« Kann man von den Bemühungen und der Tätigkeit des Herrn Grandval heute etwas anderes sagen? Oder zu der Feststellung der Denkschrift: »Man beging vielleicht den Fehler, wahllos die Mitwirkung von zweifelhaften Elementen der Bevölkerung anzunehmen. Bei dem sich daraus ergebenden Mißkredit kam man vielleicht etwas zu schnell zu Gewaltmaßnahmen: Verhaftungen, Ausweisungen, Unterdrückungen usw.« . . . Über die französischen Bemühungen an der Saar hieß es in der Denkschrift von 1929: »Das erste Bestreben der französischen Militärbehörde war darauf gerichtet, saarländische Sympathien zu gewinnen. Man kann sie nur dazu beglückwünschen, aber die Ergebnisse blieben jedoch sehr begrenzt. Man schrieb diesen Mißerfolg dem unabhängigen Charakter der Saarländer zu, die an einer militärischen Besetzung Anstoß nahmen, und erhoffte mehr von den Zivilisten.«

Nach 1945 machte man die genau gleichen Erfahrungen von neuem, die in der Denkschrift wie folgt formuliert waren: »Die französischen Propagandisten an der Saar standen also vor dem Dilemma: Entweder war die Bevölkerung von Anfang an entschieden deutsch orientiert oder sie selbst waren ihrer Aufgabe nicht gewachsen!« Und über die Beziehungen zwischen Saarländern und Franzosen: »Jedoch gingen im großen und ganzen die Beziehungen zwischen Franzosen und Saarländern nicht über die Dienstanforderungen hinaus, und außerhalb der Gruben (nach 1945: der französischen Dienst- und Verwaltungsstellen im Hohen Kommissariat bzw. der Mission Diplomatique und in der Wirtschaftsverwaltung, Anm. d. Verf.) ignorierte man sich nach wie vor mit einigen seltenen Ausnahmen.« Die Bestrebungen der französischen Saarvereinigung charakterisiert die Denkschrift gleichfalls mit Gültigkeit für die zweite Periode nach 1945 wie folgt: »Die Bilanz dieser unorganisierten und entgegenstrebenden Bemühungen wurde täglich negativer. Die französische Öffentlichkeit blieb weiter in ihrer Gesamtheit durchaus in einer Unwissenheit über die Saarangelegenheiten.« . . . »Sie stellte natürlich als Mindestprogramm die Beibehaltung des gegenwärtigen Zustandes (status quo) auf«. . . . »Ihre Aktionsmittel bestehen aus Reden und Presseartikeln«. . . . »Alle Argumente, die man früher zugunsten einer Annexion des Saargebietes geltend machen konnte, werden jetzt zugunsten des Status quo angewandt«. . . . und: »Tatsächlich weiß die französische Saarvereinigung ganz gut, daß sie überhaupt keinen Einfluß auf die Saarländer besitzt.«

Die »gegenwärtige Lage« von 1929 wurde wie folgt charakterisiert: »Diese Unterredungen (mit den Vertretern der Saarbevölkerung, Anm. d. Verf.) haben eine Einmütigkeit der Bevölkerung offenbart, die mit allen Mitteln die sofortige Rückkehr nach Deutschland wünscht. Die Tatsache, die einen unparteiischen Betrachter am meisten überrascht, ist die, daß diese Rückkehr bedingungslos von den Vertretern aller Parteien, aller Schichten, aller Stände und aller Bekenntnisse verlangt wird, die Abstimmung ist erfolgt. Nach diesen Feststellungen versteht man die Versicherung von Herrn Walter Schücking (eines damals sehr bekannten deutschen Völkerrechtslehrers, Anm. d. Verf.) »Keiner Regierung, keiner Verwaltung wird das Unmögliche gelingen, aus 800 000 Deutschen 800 000 Franzosen zu machen.«

Schließlich gelangt die Denkschrift zu der abschließenden Feststellung: »Wir haben gegenwärtig noch Vorteile, welche wir verhandeln können. Im Jahre 1935 werden wir sie nicht mehr haben und dabei viel verlieren . . . .«

Und: »Die Erhaltung des Saargebietes in seinem gegenwärtigen Zustand bis zum Jahre 1935 führt zu einer das Ansehen Frankreichs erdrückenden Volksabstimmung.« Nach Erörterung der vor allem nach der Volksbefragung vom 23. Oktober 1955 anerkannten und alsdann vertraglich geregelten Interessen Frankreichs auf wirtschaftlichem Gebiet kommt die Denkschrift von 1929 zu den Schlußfolgerungen: »Die Lösung des Problems wird vor allem dem politischen Willen der Saar Genugtuung geben müssen, nicht nur, weil man es will, sondern auch, weil man es muß. Sie wird die Interessen des Saargebietes, Frankreichs und Deutschlands, die wir in unseren Ausführungen kurz dargestellt haben, wahren müssen. Gibt es eine solche Lösung? Daran ist nicht zu zweifeln. Selbstverständlich unter der Bedingung, daß jeder gute Wille, sowohl an der Saar als in Frankreich und Deutschland, dazu beiträgt. Man wird sich von dem Pessimismus befreien müssen, der von den Schwierigkeiten auf eine Unmöglichkeit schließt. Da die politische Frage gelöst ist, sind die Probleme nur noch materieller, wirtschaftlicher und finanzieller Natur. Es gibt an der Saar, in Frankreich und in Deutschland genug sachlich denkende . . . Männer, um zu einer Lösung zu gelangen.« *Soweit die französische Denkschrift von 1929!*

Ihre Mahnungen und Feststellungen blieben damals ebenso unbeachtet und konnten die verantwortlichen Franzosen nicht davon abhalten, das gleiche Experiment und auch die gleichen Fehler noch einmal zu machen! Und doch waren es im Hintergrund die gleichen Persönlichkeiten und Berater, die nach 1920, insbesondere aber in den entscheidenden Jahren von 1929 bis 1932, den falschen Weg eingeschlagen hatten. Die Denkschrift erwähnte zum Teil ihre Namen: General Andlauer (Abb. 47), dem sie 1920 noch eine gewisse Popularität an der Saar zuschreibt, Dr. Robert Herly alias Jean Revire, der auch nach 1945 einer der treibenden Kräfte im zweiten »Spiel um die Saar« gewesen ist. Dazu kamen die Abgeordneten Jacques Bardoux und André Fribourg, die in ihrem Geiste nachhaltig unterstützt wurden von Michel Debré, Jacques Vendroux und Edgar Hector, dem »Wandler zwischen den beiden Nationen«. An ihrem Einfluß scheiterte mit Sicherheit auch eine gemäßigte Haltung, die bei einer Gruppe von Fachleuten des Quai d'Orsay – wie wir nachhinein erfahren konnten – vorhanden war. Auch Robert Schumans Bemühungen um die Saar fanden, davon sind wir überzeugt, ihre Grenzen an einer Einstellung, wie sie später der designierte Ministerpräsident René Mayer in seiner Investiturrede am 6. Januar 1953 mit den Worten formuliert hat: »Der Zeitpunkt ist gekommen . . ., um die Verhandlungen wiederaufzunehmen, die eine Festlegung des europäischen Statuts der Saar ermöglichen. Ich erkläre, daß die Festlegung dieses Statuts eine notwendige Voraussetzung jedweder Ratifizierung des Generalvertrages und des Vertrages über die europäische Verteidigungsgemeinschaft ist. Wenn das französische Parlament diese Verträge prüft, wird es die berechtigten nationalen Belange beachten, die eine Angelegenheit von solch großer Tragweite in sich schließt . . . Seine Entscheidung wird in jedem Falle von dem höheren nationalen Interesse geleitet sein . . .«

Ungeachtet aller Erfahrungen aus der Zeit vor 1935 wurde nach der Ablehnung aller Annexionspläne durch die Amerikaner im September 1945 also eine Konzeption entwickelt, welche die Schriftzüge der gescheiterten französischen Saarspezialisten aus der Zeit vor 1935 trug. Der damals als Directeur des chancelleries im Quai d'Orsay tätige Botschafter Abel Verdier – er wirkte von 1936 bis 1939 noch im Saarland als französischer Generalkonsul – verfaßte eine Denkschrift, die gleichfalls als bedeutendes Quellenmaterial für die Beurteilung der späteren Entwicklung anzusehen ist. Verdiers Denkschrift gelangte schon frühzeitig in die Hände unserer Freunde im Stuttgarter Friedensbüro, wurde aber zunächst irrtümlicherweise dem französischen General Andlauer zugeschrieben. Später tauchte eine Fotokopie des Originals der Denkschrift auf mit einer handschriftlichen Widmung :»En hommage à Monsieur . . . Abel Verdier«, der Empfänger hatte seinen Namen vorsorglich entfernt.

Die Bedeutung der Verdier'schen Denkschrift lag vor allem darin, daß ihrer Ausarbeitung schon 1945 eine Studienreise im offiziellen Auftrag des Quai d'Orsay an die Saar vorausgegangen war. Als Leiter der zwanzigköpfigen französischen Studienkommission hatte Botschafter Verdier Gelegenheit, die französische Haltung in der Saarfrage nach dem zweiten Weltkrieg maßgebend zu beeinflussen. Im darauffolgenden Jahr waren zwei von ihm gezeichnete Aufsätze in der »Le Monde« vom 7. und 8. Mai 1946 erschienen: »Die Rechtmäßigkeit der französischen Forderungen« und »Wie kann die Saar in das französische Wirtschaftsleben eingeliedert werden?« Freymond schreibt Verdier auch die Verfasserschaft der ersten größeren amtlichen französischen Dokumentation (Doc Nr. 326): »Die Saar und die Sicherheit Frankreichs« zu. Keiner dieser Veröffentlichungen wohnt aber die Klarheit und Eindeutigkeit der inoffiziellen, fünfzehn Schreibmaschinenseiten umfassenden Denkschrift Verdiers: »France et Sarre« inne.

Schon die erste Fragestellung ist für Botschafter Verdier ein Programm: »Gibt es eine Saarfrage und welche Gründe können Frankreich veranlassen, seine Blicke auf dieses Gebiet zu lenken und es zum Gegenstand klarer und eindeutiger Forderungen zu machen? Wenn solche Ansprüche einmal anerkannt sind, wie können wir die Lehren aus der Geschichte und der Natur der Dinge ziehen, um auf einer vernünftigen Grundlage ein Regime zu begründen, das unseren wohlverstandenen Interessen und, soweit dies möglich sein sollte, auch den Vorstellungen der Bevölkerung entspricht?«

Nach einer kurzen Erörterung der schon in der Zeit von 1920 bis 1935 hundertfach wiederlegten »historischen« Ansprüche Frankreichs auf die Saar begründete Verdier die angesichts des bereits bekannten Atomkrieges damals schon zweifelhaften militärischen Vorteile für die Sicherheit Frankreichs durch den Besitz des Saarlandes. Er stellte alsdann die wirtschaftlichen Verflechtungen zwischen der Saar und Lothringen heraus, wobei allerdings die Feststellung unterblieb, daß das Saarland zu allen Zeiten auch auf die gleichen wirtschaftlichen Bindungen gegenüber Deutschland angewiesen war. Schließlich behandelte Verdier dann einige politischen Gründe, die im wesentlichen mit der Feststellung endeten, daß die »Volksabstimmung von 1935 tatsächlich in verschiedener Hinsicht gefälscht gewesen sei«. Als Quelle zitiert Verdier – seine Denkschrift wurde im März 1946 verfaßt – den oben schon besprochenen Aufsatz von Johannes Hoffmann vom 13. Januar 1946. Den allgemeinen politischen Teil schließt Verdier mit der wörtlichen Feststellung: »Die gleiche Saar, die sich am 13. Januar 1935 dem Reiche Hitlers ergab, oder vielmehr durch den lautstarken Kampf seiner Propaganda und seines Vorgehens erobert worden war, ist sie nicht dieselbe, die sich am 1. Juli 1920 spontan mit den französischen Farben geschmückt hatte?« Damit hatte sich Verdier für die Beurteilung der Saarfrage schon von vornherein eine schiefe und unzutreffende Ausgangslage geschaffen. Das Abstimmungsergebnis vom 13. Januar 1935 wurde von ihm nicht als Bekenntnis zu Deutschland gewertet. Zum anderen wurde den Saarländern ein Bekenntnis angedichtet, das es nie gegeben hatte. Ein Blick in die französische Liga-Denkschrift von 1929 hätte ein zutreffenderes Bild ergeben. Hier hieß es: »Am 22. November 1918 besetzten die französischen Truppen das Saargebiet. Der Empfang war ›korrekt und kalt‹, mit Ausnahme vielleicht in der Gegend von Saarlouis, wo sich einige Sympathien zeigten.«

Die von Verdier an die zitierte Stelle angeknüpfte Frage: »Können wir nun das Saargebiet als ein französisches Land betrachten und daraus ein französisches Departement machen, wie das einige wünschen?« ... wird von ihm selbst negativ beantwortet: »Das hieße die Saarländer verkennen ..., die nichtsdestoweniger nach Rasse, Sprache und Sitten Deutsche – Verdier verwendet hier das Wort »germains« statt »allemands« – sind.« »Mit ihrer einfachen Eingliederung in die französische Gemeinschaft«, so folgert Verdier, »würden wir eine volkliche Minderheit schaffen, wie sie Frankreich nie gekannt hat.« Daraus ergebe sich die Notwendigkeit, dem Saargebiet »ein besonderes Regime aufzuerlegen«, das Verdier wörtlich wie folgt umreißt: »Das Ziel, das wir erreichen müssen, ist eine Eingliederung ohne Schwierigkeiten und Reibungen des gesamten saarländischen Wirtschaftslebens in das französische Wirtschaftsleben, die fortschreitende Gewöhnung seiner Bewohner durch häufige Kontakte mit unserem Lande, an unsere Art zu leben und an unsere politischen Ideale, so daß sie sich der Anziehungskraft seiner Kultur und seines Genies hingeben, um sich eines Tages uns ganz nahe zu fühlen und dann aufrichtig und ohne Hintergedanken Mitglieder dieser großen politischen Gemeinschaft zu werden, die sich zur Union française entwickelt.«

Im weiteren Verlauf seiner Denkschrift behandelt Verdier dann die Mängel der Versailler Saarlösung, die »einen schweren Fehler hatte: Sie war nicht auf die Dauer gedacht, sondern zeitlich begrenzt und ließ deshalb die Wirkung von Stimmungswechseln zu, die sich aus vorübergehenden Situationen ergeben konnten«. Ein internationales Regime wird von Verdier abgelehnt, eine gegenüber dem Versailler Saargebiet veränderte – richtiger: erweiterte Grenzziehung wird gefordert, so wie sie Mitte 1946 von den französischen Besatzungsbehörden vorgenommen, jedoch auf britisch-amerikanischen Druck später teilweise wieder zurückgenommen wurde. Nach der Forderung auf Beseitigung jedweder deutschen Souveränität behandelt Verdier schließlich auch die Rechtsstellung der Saarländer, die – wie die spätere Entwicklung gezeigt hat – auch hier von Verdier richtungsweisende Grundsätze erfahren hat. Verdier wiederholte an dieser Stelle eine uralte französische Behauptung, nach 1815 hätte die deutsche Verwaltung durch eine starke Einwanderung das Land »verpreußt, dessen Urbevölkerung sich nur allzu oft dem Vorwurf aussetzte, sie habe eine zu gute Erinnerung an die französische Verwaltung behalten«, d. h. während der napoleonischen Besetzung des Landes (Anm. d. Verf.). »Diese Einwanderungspolitik«, so führt Verdier fort, »die nach dem ersten Weltkrieg unter der Völkerbundesverwaltung unterbrochen worden war, wurde durch die Nationalsozialisten am Tage nach der Volksabstimmung mit neuem Nachdruck wieder aufgenommen, so daß die Mehrzahl der leitenden Beamten und der Parteifunktionäre reine Preußen und Bayern waren.« – »Sind die Saarländer«, so fragte Verdier, »in ihrer Gesamtheit weniger ›rheinisch‹ und weniger westlich als die Mehrzahl der umwohnenden Bevölkerung?« – »Hiervon ausgehend haben scharfsinnige Beobachter der Meinung Ausdruck gegeben, daß man das Saargebiet entpreußen und nur die Volksteile dort belassen solle, die von Voreltern abstammen, die bereits im Jahr 1815 im Saargebiet ansässig waren. Das wäre die ideale Lösung. Leider stößt sie sich an den wirtschaftlichen Gegebenheiten, denn man würde so die Saar um einen großen, wenn nicht den größten Teil ihrer Arbeiterschaft bringen.« Und daran anschließend entwickelte Verdier ein Programm, das später in modifizierter Form praktiziert wurde und Anlaß zu zwei gefürchteten Ausweisungswellen gegeben hat. Verdier fährt fort: »Es dürfte also zu empfehlen sein, in einer mehr empirischen und auswählenden Weise zu verfahren, durch die wir ein doppeltes Ziel erreichen. Zuerst müßten die Individuen entfernt werden, die dem neuen Regime ablehnend eingestellt sind, indem man ihnen ein Optionsrecht gibt mit der Verpflichtung, binnen einer Frist von beispielsweise sechs Wochen ihren Wohnsitz über den Rhein zu verlegen. Schließlich sollten als Saarländer nur angesehen werden:

a) die Lohnarbeiter in der Landwirtschaft, in der Industrie und im Handel,
b) alle anderen Personen, wenn sie gewisse Bedingungen ihres Wohnsitzes und ihrer Herkunft erfüllen, zum Beispiel Personen, die am 1. Januar 1935 dort gewohnt haben und dort geboren sind, oder die dort geboren sind und zehn Jahre dort gewohnt haben, oder von einem Elternteil abstammen, der selbst dort geboren ist.«

Bezüglich der übrigen Deutschen des Saarlandes schlug Verdier vor: »Die Deutschen, die nicht unter die beiden vorstehenden Kategorien fallen, sollen Staatenlose sein, es sei denn, sie haben für die Sache der Freiheit und Demokratie gekämpft oder gelitten.« Mit dem Schlußwort: Wir müssen uns auf die Volksmassen stützen, die nach Freiheit und Frieden dürsten, aber nicht auf die Interessenhaufen, die immer die besten Handlanger des preußischen Imperialismus oder der Nazis waren. Auf diesem Wege werden wir unser Ziel erreichen und so eine der fühlbarsten Entschädigungen für die Opfer erhalten, die uns dieser Krieg gekostet hat.«

Soweit der einflußreiche französische Botschafter Abel Verdier. Seine Denkweise und Ausführungen waren, wie wir noch sehen und an zahllosen Beispielen praktischen Verhaltens und an vielen französischen Maßnahmen gegenüber der Saar erkennen werden, Richtlinie und Grundsatzprogramm zugleich. Mit den Worten Verdiers waren die Weichen gestellt und der Weg Frankreichs an der Saar – nicht zuletzt auch in Beziehung auf eine kulturelle Durchdringung unserer Heimat – der berühmten pénétration culturelle – vorgezeichnet worden. Von der später in der französischen Propaganda aufgetauchten Behauptung, das Saarland sei ein »zweites Luxemburg« konnte natürlich keine Rede sein.

Frankreich allein hat den Scheideweg bestimmt, seine westlichen Alliierten beschränkten sich darauf, die zu treffenden Maßnahmen hinzunehmen, sie zu dulden.

Aus der französischen Zielsetzung ergab sich dann zwangsläufig der Ablauf der von Frankreich durchgeführten Saarpolitik:

*Erste Phase:*
Die Planung einer französischen Saarpolitik unter Zustimmung, zumindest Duldung der französischen Schritte im Saarland durch die Alliierten.

*Zweite Phase:*
Faktische Vollziehung des wirtschaftlichen Anschlusses durch die französischen Besatzungsbehörden.

*Dritte Phase:*
Zustimmung durch eine tragfähige Mehrheit des saarländischen Landtages nach Verabschiedung einer entsprechend gestalteten Verfassung.

*Vierte Phase:*
Versuche, dem Saar-»Staat« internationale Anerkennung zu verschaffen und Abschluß von »zwischenstaatlichen« Verträgen zwischen Frankreich und der Saar, den sogenannten Saar-Konventionen.

*Fünfte Phase:*
Sicherung des Erreichten durch ein »europäisches Statut« für die Saar, dem außer der Bundesrepublik Deutschland auch möglichst viele andere Staaten – vor allem die USA und Großbritannien – de jure zustimmen und eine Garantie geben sollten.

Das angestrebte internationale Statut für die Saar wiederum sollte drei entscheidende Voraussetzungen erfüllen:

I. Bestätigung der endgültigen Abtrennung der Saar von Deutschland durch Anerkennung eines mehr oder weniger autonomen Saarlandes.

II. Sicherung der Position Frankreichs an der Saar durch

1. Aufrechterhaltung der Zoll- und Währungsunion,
2. des Rechtes zur Ausbeutung der Saargruben,
3. Erhaltung der französischen Vormachtstellung in der saarländischen Wirtschaft bei Banken, Versicherungen und Eisenbahnen, sowie
4. Erhaltung des französischen Einflusses auf den Rundfunk und das wichtigste Publikationsorgan.

III. Trotz des Vorbehalts einer anderweitigen Regelung im Friedensvertrag Herbeiführung der *endgültigen* Anerkennung der französischen Saarpolitik als sogenanntes definitives Provisorium.

Wie diese Zielsetzung in den Jahren 1946 bis 1955 zielbewußt verfolgt wurde und für die Franzosen beinahe zum Erfolg geführt hätte, wenn nicht die Saarbevölkerung am 23. Oktober 1955 klüger als ihre politischen Ratgeber im Lande selbst und in Ost und West gewesen wäre, werden wir in den folgenden Ausführungen erkennen.

# Zeit der Ohnmacht –
# einseitige Maßnahmen

Am Anfang herrschte Hunger und Not, Zerstörung und Elend, Angst vor Ausweisungen und Verfolgungen, Furcht vor der Wegnahme des noch verbliebenen Hausrates oder vor Vertreibung aus den wenigen unzerstörten Wohnungen. Alles wurde noch überschattet von der Sorge um die Arbeitsplätze und der Angst vor den Demontagen der noch erhalten gebliebenen Industriewerke. Jedermann war bestrebt, sein eigenes Heil in der Flucht vor der Vergangenheit und aus der traurigen Gegenwart heraus zu suchen. Es lösten sich »alle Bande frommer Scheu«, und in zahllosen Fällen wurde einer des andern Feind. Viele Menschen glaubten, ihren eigenen Kopf durch Denunziation ihres Nachbarn und Nächsten aus der Schlinge ziehen zu können. Leerstehende Wohnungen wurden ausgeplündert und dem zu spät zurückkehrenden Nachbarn auch noch das Notwendigste weggenommen. Alle beherrschte der einzige Gedanke: Überleben!

Natürlich war wegen dieser Zustände weder den Amerikanern noch den Franzosen ein Vorwurf zu machen. Wir Deutsche hatten es nicht anders gewollt und mußten unser Schicksal tragen. Aber eine Schlußfolgerung muß gezogen werden: Die Menschen in Deutschland wie an der Saar hatten in den ersten Nachkriegsjahren keinen politischen Willen mehr; sie hatten nicht einmal eine politische Vorstellung; was mit ihnen geschah, war jedermann gleichgültig, das Sinnen und Trachten war tagein, tagaus darauf gerichtet, gerade so viel an täglichem Brot zu bekommen, wie zum Überleben notwendig war. Und das blieb an der Saar in der zweiten Jahreshälfte 1945 so, das blieb während des ganzen Jahres 1946 und das blieb auch noch 1947 so! Wer der Masse unserer Bevölkerung in jenen Jahren des bittersten Hungers und der Not andere Überlegungen unterschiebt, wer, um mit Goethe zu sprechen, »nie sein Brot mit Tränen aß«, der kann und wird kein treffendes Bild von dem wirklichen Geschehen an der Saar von 1945 bis 1947 geben können. Das gilt für die zahlreichen Darstellungen der letzten zwanzig Jahre, die in den stets gesicherten Verhältnissen der Vereinigten Staaten, der Schweiz, in Großbritannien und auch in Frankreich über unser Land und sein Schicksal geschrieben worden sind. Es gilt gleichermaßen für alle diejenigen Berichterstatter und Politiker, die am reichlich gefüllten Tisch der Besatzungsmacht mitessen konnten und die Not der »Masse Mensch« nur vom Hören-

# Lebensmittelrationen für die 103. Zuteilungsperiode

## vom 1. August bis 31. August 1947

14

Amtlich beglaubigte Hungerrationen!
Vom Kriegsende 1945 bis nach dem wirtschaftlichen Abschluß Ende 1947 war das Leben an der Saar durch die monatlich veröffentlichten Zuteilungstabellen – hier ein Beispiel – bestimmt.

sagen her kannten, ja diese Not durchaus als willkommene Voraussetzung für gewollte politische Veränderungen und Entscheidungen billigten. Wir haben noch einmal die Lebensmittelration eines Tages zusammengestellt (Abb. 13 u. 14), die im Jahr vor dem wirtschaftlichen Anschluß vom 20. November 1947 einem erwachsenen Menschen zur Verfügung stand. Unsere Leser mögen einmal versuchen, nur wenige Tage damit auszukommen. Wir werden noch sehen mit welch' unmenschlichen Mitteln auch der Weg versperrt worden ist, durch den Tausch mit Kohle, Glas oder anderen damals begehrten Industrieerzeugnissen der Saar die Hungerrationen wenigstens etwas aufzubessern. Nach mehr als zwei Jahren des Hungerns waren die Menschen reif für jede politische Entscheidung, wie immer sie von den Siegermächten bestimmt oder gewollt worden wäre. Der Appell (Abb. 15) des später wegen seiner vorbildlichen deutschen Haltung bekannt gewordenen Bergarbeiterführers Paul Kutsch vom Oktober 1946 spricht eine beredte Sprache, sie sollte jedem zu denken geben, der bereit ist, vorschnell ein Urteil über die Menschen an der Saar von 1946/47 zu fällen, die sich damals »in ihre Mauselöcher verkrochen hätten oder in Deckung gegangen wären«.

Die Erfahrungen an der Saar in jenen Hungerjahren bestätigen noch einmal die Grundsätze, die schon in der Atlantik-Charta von 1941 ihren Ausdruck gefunden haben, wenn es dort unter anderem hieß: »Sie hoffen, daß nach der endgültigen Zerstörung der Nazityrannei ein Friede geschaffen wird, ... der Gewähr dafür bietet, daß alle Menschen in allen Ländern der Welt ihr Leben frei von Furcht und Mangel leben können.« Freiheit von Furcht *und Hunger* war das ganze Sinnen und Trachten in jenen Jahren an der Saar. Solange eine solche Freiheit nicht bestand, kann auch von freien politischen Entscheidungen der Saarbevölkerung nicht die Rede sein. Die verantwortlichen Männer im Saarland in jener Zeit, seien es die Franzosen und an ihrer Spitze Grandval, seien es die saarländischen Regierenden mit Johannes Hoffmann an ihrer Spitze, haben immer wieder der Welt einzureden versucht, das Geschehen von 1947, die Verabschiedung und Billigung der Verfassung mit der darin ausgesprochenen politischen Separation von Deutschland habe auf einer freien Willensentscheidung der Bevölkerung beruht. Hunderte von Journalisten haben diesen Versicherungen geglaubt und diejenigen als Nationalisten verurteilt, die anderer Meinung waren. Die Saar hat auch nach dem Zusammenbruch des NS-Regimes den erneuten Beweis erbracht, daß es keine Freiheit gibt, wo Furcht und Not herrschen, und daß keine Willensbekundung eines Volkes als frei gewertet werden kann, wenn dieses Volk nicht mit den notwendigsten Gütern des täglichen Lebens ausreichend versorgt ist und nicht frei von der Furcht vor Nachteilen oder Repressalien leben kann. Dieser Grundsatz, der – wie gesagt – erstmals und nur mit wenigen Worten in der Atlantik-Charta seinen Ausdruck gefunden hat, sollte zum obersten Prinzip der Vereinten Nationen erhoben und zur unabdingbaren Voraussetzung aller politischen Entscheidungen irgendeines Volkes in der Welt erklärt werden. Das Beispiel Saar hat gezeigt, zu welcher Selbsttäuschung derartig manipulierte Willensbekundungen einer Bevölkerung führen und wieviel Ärger, Auseinandersetzungen und Streit zwischen den beteiligten Volksteilen und Nationen entstehen können. Die vorläufige Gestaltung der Saarfrage war 1947 auf einer Täuschung der Welt aufgebaut. Das bittere Erwachen kam am 23. Oktober 1955. Mögen andere die Lehren daraus ziehen.

Die Kette der einseitigen Maßnahmen Frankreichs in Bezug auf die Verhältnisse

# APPELL

des Präsidenten der Einheitsgewerkschaft

## Paul Kutsch

als Gemeinderatsmitglied von Kutzhof.

Der Gemeinderat von Kutzhof nimmt folgende Entschliessung
einstimmig an:

# ENTSCHLIESSUNG

Die Lage der Saarbevölkerung auf dem Gebiete der Ernährung gibt
zu ernsten Besorgnissen Anlass. Das übrige Deutschland versucht
sich hermetisch zu schliessen, um keine Waren mehr ins Saargebiet
gelangen zu lassen. Die Industrieanlagen stehen vor der Gefahr
niedergerissen zu werden und dieser Tatbestand würde, wenn er eintreten sollte, den grössten Teil der Saarbevölkerung arbeitslos machen.
Ebenso ist richtig, dass die Saarbevölkerung aus eigenen Kräften
den Wiederaufbau der zerstörten Industrieanlagen, der Städte und
Dörfer nicht vornehmen kann.
Der neugewählte Gemeinderat von Kutzhof sieht sich daher
veranlasst, als erste Amtshandlung die Militärregierung auf diese
Tatbestände hinzuweisen und sie zu bitten, alles zu tun was
notwendig ist, um den Willen der Saarbevölkerung, das Saargebiet
soll wirtschaftlich an Frankreich angeschlossen werden,
Wirklichkeit werden zu lassen.
Der Gemeinderat ist der berechtigten Auffassung, dass ausser den
aufgeführten Beweggründen, der absolute Wille der Saarbevölkerung,
einen Beitrag für einen dauernden Frieden in Europa zu leisten,
die Notwendigkeit des wirtschaftlichen Anschlusses fordert.

Der Amtsbürgermeister:　　　Die Gemeinderäte:

gez: Benzmüller　　　　　　gez: Kutsch
　　　　　　　　　　　　　und andere

Kutzhof, den 4. Oktober 1946

15
Reif zum wirtschaftlichen Anschluß!
Plakatanschlag des späteren Kämpfers für die Rückkehr der Saar nach Deutschland, Paul Kutsch,
gegen Hunger, Not und Elend des Jahres 1946. Bezeichnend die Irreführung der Bevölkerung,
Deutschland versuche sich gegen die Saar hermetisch abzuschließen; in Wirklichkeit verursachten
Maßnahmen der Besatzungsmacht die Abschnürung.

43

an der Saar begann im Dezember 1946. Auf der Konferenz der Außenminister in New York – sie war als ständige Einrichtung der Siegermächte auf der Potsdamer Konferenz am 2. August 1945 beschlossen worden – legte die französische Delegation eine Erklärung vor (Doc. Nr. 582 S. 14/15), »wonach besondere Umstände die französische Regierung veranlassen könnten«, – noch vor einer Entscheidung der Außenminister – »bestimmte Maßnahmen verwaltungsmäßigen Charakters (im Saarland) durchzuführen … In erster Linie sind die Ernährungsverhältnisse in unserer Besatzungszone in Deutschland und insbesondere im Industriegebiet der Saar derart, daß sie die Zufuhr bedeutender Mengen von Lebensmitteln, vor allem Getreide, erforderlich machen. Frankreich wird in den kommenden Monaten einen ständig wachsenden Teil der Versorgung dieser Provinz sicherstellen müssen. Die öffentliche Meinung würde es nicht verstehen, wenn die so dem Saargebiet zugeführten Lebensmittel nicht ausschließlich diesem Gebiet zugute kämen, sondern in andere Gegenden abfließen würden. Um derartige Verschiebungen zu verhindern, wird es vielleicht notwendig sein, um die Saar herum einen Überwachungskordon zu legen.«

Die so angekündigten Maßnahmen ließen nicht lange auf sich warten. Bereits am 18. Dezember 1946 erließ der französische Oberkommandierende in Deutschland, General König, im »Journal Officiel für die französische Besatzungszone« die notwendigen Verordnungen. Durch Verordnung Nr. 76 wurde der gesamte Warenverkehr zwischen dem Saarland und den übrigen Ländern der französischen Zone – selbstverständlich auch gegenüber der britischen und amerikanischen Zone – genehmigungspflichtig. Des weiteren wurde jeglicher Kapitalverkehr und die Verbringung von Zahlungsmitteln – vorbehaltlich etwaiger Ausnahmegenehmigungen – verboten. Als Zahlungsmittel waren besonders genannt: Geldmünzen, Banknoten, Schecks, Kreditbriefe, Wechsel, Effekten oder kurzfristige Schuldverpflichtungen gleicher Art. Reisenden mit Passierscheinen wurde lediglich die Mitnahme eines Betrages von 100 Reichsmark, den Grenzgängern ein solcher von 10 Reichsmark gestattet. Durch die weitere Verordnung Nr. 75 vom gleichen Tag wurde der gesamte Personenverkehr zwischen dem Saarland und den übrigen Ländern der französischen Besatzungszone passierscheinpflichtig, Zuwiderhandlungen dagegen unter harte Strafen gestellt. Schließlich bestimmte die Verfügung Nr. 191 vom 18. Dezember 1946 die Kontrolle des Personen- und Warenverkehrs zwischen dem Saarland und dem benachbarten Land Rheinland-Pfalz von Sonntag, dem 22. Dezember 1946, 24 Uhr, an. Der französische Publizist André Siegfried hielt die Maßnahme in seinem Buch »L'Année politique 1946« unter der Überschrift »Das zukünftige (!) Statut der Saar« fest mit den Worten: »In der Nacht von Samstag, dem 21. auf Sonntag, den 22. Dezember ließ der General König einen Kordon von 1200 Zöllnern zwischen dem Saarland und der Rheinpfalz errichten, um zu vermeiden, daß das Mehr an Lebensmitteln, das der Saarbevölkerung zugeteilt wird, in das übrige Deutschland abfließen kann, aber mehr noch ganz allgemein: damit kein illegaler Grenzverkehr mehr in dem Zeitpunkt stattfinden kann, in dem das Saarland an das französische Wirtschaftsgebiet angeschlossen wird.«

Diese Maßnahme führte zu den ersten bekannt gewordenen Auseinandersetzungen unter den westlichen Alliierten. Die Franzosen hatten sie einseitig und ohne Erörterung im Alliierten Kontrollrat in Berlin durchgeführt, wahrscheinlich waren sie davon ausgegangen, daß der amerikanische Oberkommandierende in Deutschland,

General Lucius D. Clay, von seiner Regierung über die beabsichtigten französischen Schritte unterrichtet worden sei. Das war aber nicht der Fall. General Clay protestierte daher offiziell im Kontrollrat gegen das französische Vorgehen, die Franzosen erhoben wiederum einen Protest in Washington gegen General D. Clay. Die Situation verschärfte sich weiter, als der damalige Unterstaatssekretär Dean Acheson unter der gleichen irrtümlichen Annahme öffentlich erklärte, General Clay habe nicht die Auffassung der amerikanischen Regierung zum Ausdruck gebracht. Diese Erklärung erweckte naturgemäß den Eindruck einer offiziellen Zurechtweisung des amerikanischen Oberkommandierenden in Deutschland, sie veranlaßte General Clay, beim Kriegsdepartement der Vereinigten Staaten seine sofortige Abberufung zu beantragen. Erst Außenminister James F. Byrnes bereinigte den Zwischenfall durch eine Presseerklärung, in der er sich hinter General Clay stellte. Dieser erste ernsthaftere Zwischenfall wegen der Saar zeigte schlagartig, daß in der Saarfrage keine offizielle Haltung der Regierung der Vereinigten Staaten von Amerika festgelegt war, und wie sehr das französische Vorgehen nur in Erklärungen einzelner amerikanischer wie auch britischer Staatsmänner eine Unterstützung, genauer gesagt offizielle Duldung gefunden hatte. Wir werden sehen, wie wenig diese »bloßen Zusagen« dem einseitigen französischen Vorgehen an der Saar eine juristische Rechtfertigung und Grundlage geben konnten. Nichtsdestoweniger: Die Fakten waren gesetzt, und die Zollschranken mit ihrer negativen Wirkung auf das Schicksal der Saar blieben bestehen. Die Franzosen bauten weiter auf die »normative Kraft«, die diesen Fakten nach ihrer Meinung innewohnen würde.

Für die Saarbevölkerung waren die Auswirkungen verheerend. Vom 22. Dezember 1946 bis zur Öffnung der saarländisch-französischen Grenze am 20. November 1947 war das Saargebiet nach allen Seiten, auch gegenüber Lothringen, hermetisch abgeschlossen, jedweder Warenaustausch unterbunden und der Reiseverkehr weitgehend unmöglich gemacht. Die Folgen wirkten sich auf die Ernährungslage der Bevölkerung sofort aus: Während bis dahin immer noch die Möglichkeit bestand, Waren mit den benachbarten deutschen Gebieten zu tauschen und – offiziell wie inoffiziell – für landwirtschaftliche Produkte Industrieerzeugnisse der Saar, vor allem Kohle und Glas, zu liefern, oder eben nur Hausrat und Bekleidung zur Aufbesserung der an der untersten Grenze aller Besatzungszonen liegenden Lebensmittelrationen des Saarlandes herzugeben, fielen diese Möglichkeiten jetzt weg, ohne daß ein entsprechender Ausgleich durch Öffnung der Grenze nach Frankreich eingetreten wäre, wie das als Ziel der Maßnahme ja behauptet wurde. Auch die angeblichen Lebensmittellieferungen aus Frankreich an die Saar standen im wesentlichen nur auf dem Papier. Nur geringfügige Mengen Kartoffeln und Gemüse wurden der Bevölkerung im Jahre 1947 als französischer Beitrag zur Lebensmittelversorgung zur Verfügung gestellt, wobei verschwiegen wurde, daß die gesamte offizielle Versorgung des Saarlandes noch nach wie vor aus dem übrigen Teil der französischen Besatzungszone, vor allem dem württembergischen Allgäu und aus der Vorderpfalz aufgebracht werden mußte, sehr zum Ärger der dort lebenden deutschen Bevölkerung, die glaubte, zum Vorteil einer politischen Bevorzugung und Besserstellung des Saarlandes selbst darben zu müssen. Ich erinnere mich noch gut, wie eines Tages im Jahre 1947 ein unerwarteter Käsesegen über unsere Familie hereinbrach. Ein Lastwagen einer uns befreundeten Saarbrücker Großhandlung war mit einer Ladung Schmelzkäse auf dem Weg vom

Allgäu nach Saarbrücken an einem unbeschrankten Bahnübergang mit der Eisenbahn zusammengestoßen und umgeworfen worden. Viele Käsepakete waren verdrückt und angeschmutzt und als Zuteilungsration nicht mehr absetzbar. Um so größer war die Freude bei den Arbeitern unseres Betriebes und bei unserer großen Familie, mit einigen Pfunden angeschmutzten Käses die Tagesration von vier Gramm (!) aufbessern zu können.

Die Notlage blieb bis in die letzten Wochen vor dem Anschluß, ja noch einige Zeit nach Öffnung der Grenze nach Frankreich bestehen. In seiner Schrift »Wahlmanöver an der Saar« hat einer unserer Freunde, Franz Ruffing, damals aus Opposition gegen die Unterdrückungsmaßnahmen freiwillig aus dem Arbeitsministerium und der CVP ausgeschieden, die gesamten Umstände und Verhältnisse jener Jahre bis zum wirtschaftlichen Anschluß genau untersucht und beschrieben. Wie die meisten von uns in der damaligen Zeit konnte auch Franz Ruffing nicht wagen, die Veröffentlichung an der Saar selbst und unter seinem Namen herauszubringen. Wie derartige Meinungsäußerungen in jeder nur denkbaren Form unterdrückt und verhindert wurden, werden wir schildern, wenn wir den Prozeß der DPS gegen ihr Verbot und den Druck eines Dokumentar-Schriftsatzes – »Saarfrage in Dokumenten« – behandeln. Deshalb schrieb Franz Ruffing seine Darstellung unter dem Decknamen »Herbert Beckmann«; seine Ausführungen sind nie bestritten worden. Es empfiehlt sich, das Büchlein noch heute nachzulesen. Darin sind eindeutig alle Märchen von der freien Willensbekundung der Saarländer schon frühzeitig widerlegt worden.

Den verantwortlichen französischen Stellen konnten die verheerenden Auswirkungen der Abschnürung des Saarlandes nach allen Seiten nicht verborgen bleiben, sie waren ihnen auch von vornherein bekannt. In der schon oben erörterten, mehr oder weniger amtlichen Denkschrift des Botschafters Abel Verdier vom Quai d'Orsay heißt es Seite 5 unter: »3) Wirtschaftliche Gründe: Das Saargebiet ist ein Bergbaugebiet mit weiten Waldbeständen. Die Industrien befinden sich in den Tälern und sind auf schlechten Böden angesiedelt. Die Saar kann sich, so sagt man, von ihrem eigenen Grund und Boden nur 40 Tage im Jahr ernähren. Das ist vielleicht eine ein wenig pessimistische Schätzung, aber wenn es auch zwei Monate sein sollten, so ergibt sich nichtsdestoweniger daraus die Schwierigkeit seiner Ernährungslage. Abgesehen von den reichen landwirtschaftlichen Gebieten von Zweibrücken und Kusel (von denen das Saarland ja gerade durch die Zollmaßnahmen vom 22. Dezember 1946 abgeschnitten worden war, Anm. d. Verf.) ist das Saarland von den fruchtbaren deutschen Landstrichen durch weite, arme Gebiete getrennt, während es sich unmittelbar vor den Toren Lothringens (also Frankreichs, Anm. d. Verf.) befindet, das in normalen Jahren ein Überflußgebiet ist. Das Saargebiet ist also im Hinblick auf seine Ernährungslage engstens von Lothringen abhängig.«

Soweit die amtliche Denkschrift des Botschafters, die nur etwa ein halbes Jahr vor den Abschnürungsmaßnahmen verfaßt und sicherlich allen für die Errichtung des Zollkordons maßgebenden Stellen bekannt war.

Übrigens waren Abel Verdiers Feststellungen keine neuen Erkenntnisse. Sämtliche französischen Arbeiten und Veröffentlichungen über die Saar aus der Zeit vor 1935 führen zur Begründung der Beibehaltung des wirtschaftlichen Anschlusses (Status quo von 1935) unter anderen die Tatsache an, daß das Saarland seine Bevölkerung selbst höchstens sechs Wochen ernähren könne und die Ernährung vom französischen Lothringen sichergestellt werden müsse. Um so unverantwortlicher war die Abschnürung des Gebietes auf so lange Zeit, man hatte die Saarländer buchstäblich »im eigenen Saft schmoren lassen«, bis die erwarteten politischen Entscheidungen des Jahres 1947 im französischen Sinne gefallen waren. Niemand verkennt, daß die Versorgungslage in Frankreich, vor allem in den großen Städten, damals selbst großen Schwierigkeiten begegnete und fühlbare Lieferungen von Frankreich an die Saar nicht erwartet werden konnten, wie der damalige Direktor des Gesundheitswesens der französischen Militärregierung an der Saar, der Straßburger Arzt Dr. René Springer in einem 1972 veröffentlichen Bericht: »Die Hilfe der Schweiz für Saarbrücken und das Saarland nach dem zweiten Weltkrieg« (Saarbrücker Hefte Nr. 35, S. 5) dargetan hat. Aber Springers Bericht beweist, um wieviel weniger es angesichts der Lage im Saarland zu verantworten war, das Gebiet mit 800 000 Menschen ein Jahr lang völlig abgeschnürt zu halten und den Versorgungsstand der Saarbevölkerung damit erheblich unter den Stand der übrigen deutschen Bevölkerung, vor allem in der amerikanischen Zone, zu senken.

Wer, wie die Familie des Verfassers im April 1946 aus der amerikanischen Zone in das Saarland übersiedelte, mußte den Unterschied am eigenen Leibe feststellen. Auch Dr. Springers Beobachtungen kennzeichnen die damalige Situation. In seinem erstmals veröffentlichten Bericht an das französische Gesundheitsministerium vom August 1945 hieß es: »Die Lage an der Saar ist außerordentlich schwierig. Alles muß wieder aufgebaut werden. . . . aber es gibt sicherlich kaum eine Gegend, wo alle erdenklichen Schwierigkeiten so konzentriert zusammen vorkommen wie hier. Es bestehen nicht nur die größten Schwierigkeiten für Wohnung und Ernährung der Bevölkerung, sondern dazu kommt, daß weite Gebiete des Landes vermint sind, daß das Land starken Requisitionen oder als Folge der Kriegshandlungen Verlagerungen in weit entfernte Gebiete ausgesetzt war. Alles fehlt, Transporte sind kaum durchführbar, da Transportmittel und Benzin völlig fehlen. Nach den ersten Erhebungen ist die Zahl der zerstörten Wohnungen sehr groß. In Saarbrücken sind über 75 Prozent aller Wohnungen unbewohnbar, davon ein großer Teil völlig unbewohnbar. Es fehlt an Material und Transportgelegenheiten zum Aufbau der wiederherstellungsfähigen Wohnungen. Von den 140 000 Bewohnern der Stadt bei Kriegsbeginn sind 65 000 wieder zurück, doch kommen jeden Tag einige Hundert weitere dazu. Ein großer Teil von ihnen wohnt unter ungünstigsten Verhältnissen in Kellern oder in ganz oberflächlich reparierten Wohnungen, die dazu überbevölkert sind. Der herannahende Herbst und Winter lassen das Auftreten von Krankheiten und Epidemien befürchten. Keiner der sieben Kreise des Landes ist vom Krieg verschont geblieben, und in manchen sieht es nicht viel besser aus als in Saarbrücken.«

Über die Ernährungssituation gibt Dr. Springer in seinem weiteren Bericht Zahlen an, wobei er die Möglichkeit einer Selbsternährung des Landes um ein geringes besser beurteilt als der oben erwähnte Bericht des Botschafters Verdier. Springer führte aus: »Schon vor dem Kriege genügten die Erträgnisse der Landwirtschaft des Landes nur für ca. 60 Tage, der Rest mußte eingeführt werden. Die Lage hat sich sehr verschärft. Die Verminung großer Teile des Landes verhindert die Bepflanzung, es fehlt dazu an Samen und Düngemitteln sowie an Vieh. Der Mangel an Nahrungsmitteln ist empfindlich gestiegen. Die für den Normalverbraucher vorgesehenen 1250 Kalorien – die Normaldosis wären mindestens 2000 Kalorien pro Tag – können nicht mehr verteilt werden. Der Wert der in der Zeit vom 23. Juli bis 15. August verteilten Nahrungsmittel überstieg kaum 950 Kalorien pro Tag.« Springers Bericht nach Paris schloß: »Das wichtigste Problem ist das der Ernährung. Diese Frage muß schleunigst geregelt werden, denn der Hunger steht nicht buchstäblich vor der Tür, er ist bereits im Haus.«

Mit diesem Bericht erreichte Dr. Springer die Zustimmung der damaligen französischen Regierung unter der Präsidentschaft des Generals de Gaulle zur Organisierung der großzügigen Schweizer Spende für Schulkinder, Säuglinge, Klein- und Kleinstkinder sowie werdende Mütter. Die Notwendigkeit der Hilfe bestätigte noch einmal eine 1946 durchgeführte Erhebung. Dr. Springer berichtet:»Ohne Frühstück kamen je nach Bezirken 20 bis 50 Prozent aller Schüler zur Schule. Im Zeitpunkt der Erhebung hatten 32 bis 58 Prozent der Haushalte dieser Schüler kein Brot und 60 bis 80 Prozent auch keine Kartoffeln! Am bedürftigsten waren die Stadtteile Burbach, Malstatt und Saarbrücken 1. Von 2000, von dem Schweizer Arzt und Leiter des Hilfswerkes für die Saar, Dr. Béguin, untersuchten Kleinkindern mußten sofort 1600 betreut werden. Nach mehreren Verlängerungen konnte die Schweizer Spende bis 1. April 1948 allein nach Saarbrücken 450 000 kg Lebensmittel, nach Neunkirchen ca. 70 000 und nach Saarlouis 55 000 kg zur zusätzlichen Versorgung von Kindern und Schwangeren verteilen. In ihrem späteren Dankschreiben hat die Stadt Saarbrücken der »Schweizer Spende« mitgeteilt:»Mit großer Bewunderung hat die Saarbrücker Bürgerschaft die einzig dastehenden Hilfeleistungen der Schweizer Regierung und seines hochherzigen Volkes zur Kenntnis genommen. Die Spendenaktion zur Linderung der unbeschreiblich großen Not in der zu 85 Prozent zerstörten Saarmetropole stellten einen so edlen Akt der Hilfsbereitschaft und Nächstenliebe dar, der nicht genug gewürdigt werden kann.«

Ähnliche Feststellungen haben die anderen, vom Hilfswerk der Schweiz unterstützten Städte des Saarlandes getroffen.

Außer dem Bericht des französischen Militär-Arztes Dr. Springer liegt aber noch ein weiterer Beweis vor, der die damalige Ernährungslage an der Saar in ihrer ganzen Tragweite erkennen läßt. Einer meiner guten Bekannten und Helfer, der Leiter der historischen Abteilung der Stadtbücherei und des Historischen Vereins von Saarbrücken, Alfred Schmidbauer – ich danke ihm und seiner tatkräftigen Mitarbeiterin, Fräulein Konrad, für eine jahrelange Unterstützung und Hilfe für meine publizistischen Arbeiten –, erzählte mir schon frühzeitig, daß der für die Zeit nach dem Krieg zuständige Leiter des Roten Kreuzes an der Saar immer erklärt habe, die Lebensmittelrationen für die Bevölkerung an der Saar seien von 1945 bis zum wirtschaftlichen Anschluß 1947 geringer gewesen als die Zuteilungen in den deutschen Gefangenenanstalten und Konzentrationslagern. Mir schien diese Behauptung derart unglaubwürdig, daß ich es für notwendig hielt, der Sache nachzugehen. Nachforschungen des Deutschen Roten Kreuzes – ich danke dafür dem früheren Leiter des Kreisverbandes Saarbrücken, Herrn Kirchner – brachten einen Erlaß für die Sammelverpflegung »in Gefangenenanstalten einschließlich Konzentrationslagern, Polizeigefängnissen und polizeilichen Häftlingslagern« zutage, der die genauen Lebensmittelzuteilungen vom 1. Mai 1944 bis 31. Dezember 1944 vorgeschrieben hatte.

Hier die Gegenüberstellung mit den für die letzten Monate vor dem Anschluß 1947 an der Saar geltenden Rationen (Abb. 14), in beiden Fällen die Sätze für den Normalverbraucher:

|  |  | Saar | KZ-Ration | |
|---|---|---|---|---|
| Brot | täglich | 250 g | 350 g | *zuzüglich* |
|  |  |  | 18 g | Roggenmehl od. weit. |
|  |  |  | 24 g | Brot |
| Fleisch | täglich | 18 g | 28,5 g | |
| Fett | täglich | 10,6 g | 26 g | |
| Käse | täglich | 4 g | 14,3 g | Quark |
| Kartoffeln | täglich | 330 g | 400 g | evtl. ersatzweise Hülsenfrüchte |
| Zucker | täglich | 16 g | 11,4 g | *zuzüglich* |
|  |  |  | 14,3 g | Marmelade od. |
|  |  |  | 6 g | Zucker |
| Teigwaren oder | täglich | 8 g | 21,4 g | |
| Nährmittel (im Sept. 1947) | täglich | 16,6 g | | |
| Kaffee-Ersatz | täglich | 4 g | 5,36 g | |
| Entrahmte Milch | wöchentl. | – | 1 Liter | |

Jeder kann sich beim Vergleich dieser Tabelle selbst ein Bild machen, wie sehr unsere Auffassung begründet ist, daß von einer in solchen Verhältnissen vegetierenden Bevölkerung keine politisch verbindlichen Entscheidungen erwartet werden können. Dafür sprechen auch die übrigen, damals auf der Bevölkerung unserer Heimat lastenden Sorgen. Hier sind nach dem Hunger vor allem die Auswirkungen der zweimal durchgeführten Ausweisungsaktionen von 1946 und 1947 an erster Stelle zu nennen. Ich habe mich oft gefragt, was diese Aktionen, die etwa 2500 Menschen betroffen haben, anders bewirken sollten als die Verbreitung von Furcht und Abschreckung: Enthaltet Euch jeder politischen Meinungsäußerung gegen unsere Maßnahmen, sonst ergeht es Euch wie den Ausgewiesenen!

Die Ausweisungen, vor denen wir alle gezittert haben, habe ich immer wieder verglichen mit einer ähnlich unverständlichen Aktion der deutschen Wehrmacht während des Krieges auf den britischen Kanalinseln Guernsey und Jersey. Auch hier hatte man von weit mehr als 100 000 Bewohnern etwa 1500 bis 2000 ausgewählt, weil sie angeblich keine eingeborenen Inselbewohner waren, und sie mit ihren Familien in den beiden Lagern Biberach und Wurzach interniert. Mir oblag als Sachbearbeiter im Auswärtigen Amt während des Krieges unter anderem die Betreuung dieser unglücklichen Menschen. Begreifen konnte ich diese Maßnahmen trotz Würdigung aller militärischen Gesichtspunkte nie. Sollte auch dabei der Gedanke an Abschreckung der übrigen, auf den Inseln verbliebenen hunderttausend Briten die treibende Kraft gewesen sein? Nach dem saarländischen Beispiel wurde ich diesen Gedanken nicht mehr los. In dieser Betrachtungsweise haben mich während all der Jahre der politischen Auseinandersetzungen auch die Ausführungen bestärkt, die unser französischer Nachbar und juristischer Kollege Robert Müller aus Saargemünd in seiner schon zitierten Arbeit: »Le Rattachement économique de la Sarre à la France« gemacht hat. Über die politischen Aufgaben und Vollmachten der französischen Militärregierung an der Saar unter verantwortlicher Leitung ihres Chefs, Oberst Grandval, schrieb Müller (S. 132): »Die unmittelbare Verwaltung des Saargebietes gestattete der Militärregierung das politische Leben des Landes von Grund auf zu gestalten, durch die Zulassung der politischen Parteien, durch die Durchführung der Entnazifizierung in der Verwaltung, durch Entlassung unerwünschter Beamter und durch Ausweisung eines Teiles der Bevölkerung. Eine vollständige Entpreußung des Gebietes, welche die Ausweisung von 100 000 bis 150 000 Personen umfaßt hätte, war sogar ins Auge gefaßt worden (avait même été envisageé). Sie beschränkte sich dann dennoch auf einige 2000 Personen, die besonders belastet waren. Die Aktion, welche durch die Militärregierung während eines Zeitraumes von zwei Jahren durchgeführt worden war, *erlaubte so den frankophilen Elementen und französischen Funktionären, die wichtigsten Schlüsselpositionen des politischen und wirtschaftlichen Lebens zu erlangen.*«

Man ist heute noch erschüttert, wenn man mit dieser nüchternen Sprache von Zweckmäßigkeitserwägungen das Elend und die Verzweiflung erfaßt, die mit den Ausweisungsmaßnahmen jener Zeit verbunden waren. Lassen wir wiederum die andere Seite sprechen. Am 3. Juli 1948 erschien in der sozialdemokratischen Zeitung des Saargebietes, der »Volksstimme«, eine kurze Notiz über das Schicksal der Ausgewiesenen. Es hieß dort: »Nachdem das Saarland autonom geworden ist und wir eine eigene Regierung haben, entfallen viele Voraussetzungen, die seinerzeit zu den Ausweisungen geführt haben. Diese Menschen, die mit ihrer ganzen Liebe am Saarland hängen, die z. T. noch ihre Wohnungen hier haben und die engsten Bindungen nach der Saar haben, führen drüben ein Leben in tiefstem Elend, wie uns aus vielen Zuschriften aus dem Reich versichert wird. Es wäre an der Zeit, wenn man sich mit dem Schicksal dieser Menschen wieder befaßt, deren Schuld vielfach nicht so groß ist, daß sie im Elend verkommen müssen.« Wenige Wochen später veröffentlichte die Saarbrücker »Volksstimme« dann einen weiteren Brief einer ausgewiesenen Frau mit der Fragestellung: »Warum nahm man uns die Heimat?« Von diesem zutiefst erschütternden Dokument seien nur die wenigen Sätze zitiert: »Auch ich gehöre mit meinem Mann und Kind zu den Unglücklichen und ich darf behaupten, daß wir die unglücklichen Verhältnisse, die eine Ausweisung zwangsläufig mit sich bringt, bis zur Neige auskosten mußten. Wer könnte all das Leid und die Tränen ermessen, der nicht selbst in eine solch furchtbare Atmosphäre hinein gepreßt wurde?« . . . »Unsere Heimat! Mordet nicht die Hoffnung in uns, daß die Justiz nicht nur vom Recht des Richters, sondern auch vom Recht des Menschen handelt, daß sie nicht nur da ist, die Menschenherzen zu zertreten, sondern auch aufzurichten. Über Pflicht und Gesetz muß auch Gerechtigkeit stehen.«

Es sollte noch sieben Jahre dauern, ehe nach dem Rücktritt des saarländischen Ministerpräsidenten Johannes Hoffmann der Präsident der Übergangsregierung, Heinrich Welsch, die Ausweisungen generell aufhob und den Ausgewiesenen die Rückkehr in ihre Heimat gestattete, sich aber deswegen einen offiziellen Protestschritt des französischen Vertreters an der Saar zuzog. Nun wird man vielleicht fragen, was das Schicksal von 2500 ausgewiesenen Saarländern angesichts der Millionen von vertriebenen Deutschen im Osten bedeuten kann. Dieser Einwand wäre durchaus berechtigt, wenn man die Regelung der Saarfrage unter den Westmächten in gleicher Weise hätte durchführen wollen, wie das mit den deutschen Gebieten im Osten geschehen ist. Aber Frankreich wollte nach dem zweiten Weltkrieg ja etwas ganz anderes. In seinem Geleitwort zum »Bergmannskalender« von 1947 drückte Gouverneur Grandval die französische Zielsetzung gegenüber der Saar wie folgt aus: »Frankreich an der Saar ist gleichbedeutend mit Freiheit an der Saar, und für Frankreich wiederum vor allem Achtung vor der Menschenwürde, Hebung der sittlichen und materiellen Lebensbedingungen. Freiheit heißt Ordnung, Freiheit heißt Arbeit. Freiheit heißt Fortschritt, allgemeines und persönliches Wohlergehen.«

Und zum Schluß: »Heute, da der Krieg durch den Sieg Frankreichs beendet ist, antworten wir auf das Haßgeschrei dem Saarvolk mit verzeihendem Entgegenkommen. Hitler hat uns den Krieg verderben wollen. Das ewige Frankreich gibt den saarländischen Bergleuten als Antwort die Zusicherung: ›Wir werden euch den Frieden verschönen.‹«

Außer von der Furcht vor Hunger und Ausweisungen waren weite Kreise der Saarbevölkerung von der Furcht vor der Zerstörung wichtiger Produktionsanlagen – vor allem der Hüttenwerke – durch Demontagen erfüllt. Die Verfechter des Anschlusses der Saar an Frankreich, vor allem das MRS und seine Vertreter, hatten in einer auf lange Sicht abgestellten Propaganda immer mehr die Fragestellung

*»Anschluß an Frankreich oder Untergang«*

zum Gegenstand der öffentlichen Diskussion gemacht. Prominente Vertreter Frankreichs, vor allem General König und Oberst Grandval, verstanden es, diese Furcht durch gezielte Redewendungen in Ansprachen an die Saarbevölkerung zu nähren und zu verstärken. So kam es, daß im Jahre 1947 im Saarland die Auffassung weitgehend Raum gewonnen hatte, daß nur die Hinnahme des von Frankreich geforderten wirtschaftlichen Anschlusses eine Rettung bedeuten könne. In einer Großkundgebung des MRS im Frühjahr 1946 formulierte der Vorsitzende des MRS, Rechtsanwalt Dr. Walter Sender, diesen Gesichtspunkt unmißverständlich, wenn er (lt. »Neue Saarbrücker Zeitung« vom 16. April 1946) ausführte: ». . . die Saar sucht den Weg zur Rettung! Sie muß und wird ihn finden! Wo ist die Rettung zu finden vor der drohenden und grenzenlosen Verelendung unserer und der kommenden Generation? Sie kann nur im Anschluß an den westlichen Nachbarn, an Frankreich gefunden werden . . . Wollen Sie untergehen? Wollen Sie Besatzungszone bleiben, mit allen ihren Konsequenzen, wollen Sie Selbstmord begehen? Nun wohl, so marschieren Sie nach Osten!« Und wie es »im Osten« aussehen würde, hat kurz und bündig ein weiteres prominentes Mitglied des MRS, der spätere Landtagspräsident und Bürgermeister der Stadt Saarbrücken, Peter Zimmer, in jener Zeit formuliert: »In wenigen Jahren besteht das deutsche Volk nur noch aus Bettlern und Zigeunern.« Oberst Grandval unterstützte seinerseits diese durchaus wirksame Propaganda. Kurz vor der erwähnten MRS-Kundgebung verkündete Grandval anläßlich der Wiederinbetriebnahme des Saarbrücker Rundfunksenders der Saarbevölkerung (»Neue Saarbrücker Zeitung« vom 19. März 1946): »Jedes Verbrechen verdient seine Strafe, und die Strafe der Naziverbrechen betrifft außer den Zerstörungen eures Landes auch die Wiedergutmachung, und nichts läßt darauf schließen, daß die vom Krieg verschont gebliebenen Fabriken dieser Drohung entgehen.«

Und knapp zwei Monate später berichtete wiederum die »Neue Saarbrücker Zeitung« vom 4. Mai 1946 von einer Rede Grandvals vor Arbeitern der Halberger Hütte in Brebach bei Saarbrücken: »Man dürfe nicht glauben, daß es bloßes Gerede sei, wenn man sagt, die saarländische Industrie sei in Gefahr. Frankreich brauche solche Ausflüchte nicht. Die hauptsächlichsten Werke seien in ihrer Tätigkeit tatsächlich äußerst bedroht. Wenn Frankreich einige Werke des Saargebietes haben wolle, so brauche es sie nur zu nehmen.« Eine Erklärung des Oberkommandierenden der französischen Besatzungszone, General König, in Berlin aus der gleichen Zeit (»Neue Saarbrücker Zeitung« vom 5. März 1946) bestätigte die schlimmen Befürchtungen der Saarbevölkerung. In Königs Presseerklärung hieß es unter anderem: »Man ist sich nämlich in diesen Kreisen völlig klar, daß der industrielle Abbruch oder die Zerstörung von schwerindustriellen Werksanlagen des Saargebietes im Zuge der aufgezeigten Reparations- und Sicherheitspolitik einen völligen Ruin der Saarwirtschaft und damit eine unvorstellbare Verarmung der Saarbevölkerung zeitigen müßte. Rechnet man mit dem Abbruch bzw. der Zerstörung der Neunkircher und Völklinger Hüttenwerke, die wohl (doch keineswegs allein) zuerst gefährdet gelten müssen, mit all ihren dazugehörigen Gewerben, dann kann man sich, auch ohne Zahlendarstellung, die sozial-wirtschaftliche Auswirkung solcher Entwicklung lebhaft vorstellen!« Nun, diese Vorstellung war an der Saar allgemein und weitgehend verbreitet. Man möge uns irgendein Land der Erde nennen, in welchem die betroffene Bevölkerung unter derartigen Umständen und Voraussetzungen anders reagieren würde als die Saarbevölkerung. Wir sind im Gegenteil überzeugt, daß die Saarbevölkerung zwar zwischen »Groll, Fatalismus, Angst und der Hoffnung auf baldige Besserung der Lebensverhältnisse schwankte«, wie unser Freund Franz Ruffing in den »Wahlmanöver an der Saar« (S. 92) schrieb, aber sich doch jeder durchaus begreiflichen Eigeninitiative enthielt, um diese den zahlenmäßig geringen »éléments francophiles et fonctionnaires français« – nach den Worten Robert Müllers – zu überlassen.

Auch die Durchführung der Entnazifizierung – an der Saar hieß sie »politische Säuberung« – führte zu einer starken Beunruhigung der Saarbevölkerung, denn die Maßnahmen wurden weniger in Richtung einer Bereinigung von nationalsozialistischer Vergangenheit als nach den Belangen der französischen Saarpolitik getroffen. Die wohl aufschlußreichste Veröffentlichung des Gouvernements militaire an der Saar nach dem zweiten Weltkrieg enthält auch zu dieser Frage wichtige Aussagen. Im September 1947 erschien in Saarbrücken in französischer Sprache, und offensichtlich nur für den französischen Leserkreis bestimmt, ein gedruckter, bebilderter Rechenschaftsbericht unter dem Titel »La renaissance de la Sarre«, die Wiedergeburt der Saar, wie sie in den beiden ersten Jahren der militärischen Besetzung von 1945 bis 1947 erreicht worden ist. Von diesem Buch, das wie eine Reihe anderer Publikationen der Franzosen aus der damaligen Zeit heute eine bibliophile Kostbarkeit ist, wird noch mehr die Rede sein. Von der politischen Säuberung – französisch »épuration« – wird (Seite 24) festgestellt: »Es war unerläßlich, daß aus den Schlüsselpositionen des saarländischen Lebens diejenigen Elemente entfernt wurden, welche die nationalsozialistischen Stützen und die Erben der Preußen waren, die während des ganzen 19. Jahrhunderts gegen Frankreich hier eingesetzt worden sind. Die Entlassung und die Internierung von Beamten und Bediensteten der öffentlichen Verwaltung, die Sequestrierung von Unternehmungen, die Ausschließung oder Verhaftung nationalsozialistischer Führer und die Aussiebung in den Berufen haben es während der zwei Jahre den francophilen Elementen und französischen Beamten ermöglicht, die Schlüsselpositionen des saarländischen Lebens wieder einzunehmen.«
Hier haben wir dieselbe Begründung und den gleichen Wortlaut, den Robert Müller zur Rechtfertigung der Ausweisungen angeführt hat: ». . . ont restitué en 2 ans aux éléments francophiles et aux fonctionnaires français les leviers de commande de la

vie sarroise.« Und an anderer Stelle der »Renaissance« (Seite 36) wird die politische Zielsetzung der französischen Stellen an der Saar in der Zeit nach 1945 unmißverständlich bekanntgegeben: »Frankreich wird übrigens nicht haltmachen bei den wirtschaftlichen Maßnahmen, oder genauer gesagt, Frankreich wird auch auf anderen Gebieten Maßnahmen ergreifen, die es ermöglichen, die wirtschaftlichen Probleme endgültig zu lösen. Deshalb werden wir in sozialer Form eine nachdrückliche Politik der Entpreußung und der Entdeutschung in allen sozialen, politischen und beruflichen Kadern durchführen, die seit einem Jahrhundert von seinen Feinden hier geschaffen worden sind.« Hier der französische Originaltext dieser Stelle:

La France n'entend d'ailleurs pas s'arrêter à ce seul stade économique ou plus exactement, elle entend en d'autres domaines mener une action qui permettra aux problèmes économiques d'être définitivement résolus. C'est pourquoi, elle mènera *socialement* une politique catégorique de déprussianisation et de dépangermanisation des cadres sociaux, politiques et professionnels placés là depuis un siècle par ses ennemis.

Elle agira ainsi non pour s'approprier ces places en menant vis-à-vis des sarrois la politique de méfiance que les prussiens ont eu à leur endroit, mais pour les faire occuper par les sarrois conscients de leur véritable intérêt et acquis aux idées françaises parce qu'ils le furent traditionnellement et parce que leurs parents furent écartés par les fonctionnaires de Bismarck ou de Hitler des postes-clefs du monde économique, administratif ou culturel pour être relégués aux emplois subalternes et exécuter les ordres venus de Berlin.

Bei diesem Zitat handelt es sich keineswegs um eine Entgleisung irgendeines etwa nachgeordneten Verfassers der Denkschrift; auch Gouverneur Grandval gab dieselbe Zielsetzung in einer Rede vor geladenen Gästen in der Präfektur von Straßburg am 3. April 1947 bekannt. Die »Dernières Nouvelles d'Alsace« zitierten aus der Rede Grandvals am 4. April 1947: »Neben dem Wirtschaftsanschluß an Frankreich soll im Saarland ein eignes Verwaltungs- und politisches System geschaffen werden, die politischen, syndikalen und geistigen Verbindungen mit Deutschland müssen unterbunden werden.« Und der für die Gestaltung der Verhältnisse an der Saar sehr einflußreiche und maßgebende Abgeordnete der französischen Nationalversammlung, Jacques Bardoux, umriß die französisch-saarländischen Beziehungen noch am 20, Oktober 1950 anläßlich der Debatte über die ersten französisch-saarländischen Konventionen wie folgt: (Frankreich) »ist einfach einer jahrhundertelangen Politik unseres Landes treu, die darin besteht, die Bildung autonomer Staaten zu fördern, die eine Barriere an unserer Nord-Ostgrenze bilden und Zonen schaffen für eine geistige und wirtschaftliche Durchdringung«. (Prot. S. 7082).

Auch diese Aussagen über die französische Saarpolitik nach dem zweiten Weltkrieg waren nichts anderes als eine Wiederholung inhaltlich gleicher Zielsetzungen aus der Zeit nach 1920. So gab es im März 1923 an der Saar, in Deutschland und auch im Ausland eine erhebliche Beunruhigung, als eine geheime Denkschrift bekannt wurde, die der französische Abgeordnete Dariac, Vorsitzender der Finanzkommission in der französischen Nationalversammlung, im Anschluß an eine Reise nach Deutschland im Frühjahr 1922 vorgelegt hatte. Der in England veröffentlichte Dariac'sche Bericht beschäftigte sich in seinem zweiten Teil mit dem Saargebiet. Hier stand damals gerade eine beschränkte demokratische Beteiligung der Saarbevölkerung durch die Wahl eines Landesrates bevor, der nach dem Willen Frankreichs und des Völkerbundes jedoch nur eine beratende Funktion ausüber sollte und nicht einmal berechtigt war, seinen eigenen Präsidenten zu wählen oder seine Tagesordnung zu bestimmen, dessen Mitgliedern auch keine Immunitätsrechte zustanden. Mit den Gefahren selbst eines derartig eingeschränkten »Parlamentes« für die französische Saarpolitik beschäftigte sich Dariacs Denkschrift vor allem. Auch Dariac ging zunächst davon aus, daß »die deutschsprechende Urbevölkerung im Saargebiet lothringischen Stammes überschwemmt sei durch ›preußische‹ Einwanderer, und führt dann aus (lt. »Saarbrücker Zeitung« vom 16. März 1923): »Der Beamte ist uns im allgemeinen feindlich; der Lehrer bewahrt die deutsche Kultur und übermittelt sie den jungen Generationen; der Geistliche, in einem vorwiegend katholischen Land, zeigt eine kluge Reserve, die sich durch die Ungewissheit der Zukunft erklärt. Eine fein unterscheidende, kluge, gut fundierte Politik ist notwendig; die allmähliche Ersetzung der alldeutschen Beamten, die Eroberung der Schule, Bündnis mit der Geistlichkeit, mit deren Nationalgefühl man leicht fertig wird, indem man sie bei der Anpassung an neue Regierungsformen besonders begünstigt (hier irrte sich Herr Dariac ganz besonders, Anm. d. Verf.), die Einschaltung der Presse, die Organisierung der arbeitenden Klassen in Gewerkschaften mit einer bestimmten Tendenz, das alles sind Probleme, die für uns zur Erwägung stehen.«

Vom neuen Landesrat sagte Dariac: »Kann man eine gewählte Versammlung daran hindern, auf die Gefahr der Nichtigkeit hin, Entschließungen zu fassen und sie der Öffentlichkeit zu unterbreiten, der Öffentlichkeit im Saargebiet, in Deutschland oder in den alliierten Ländern? Tatsächlich ist damit der Saarbevölkerung, die einmal für oder gegen Frankreich zu stimmen haben wird, zum ersten Male die Redefreiheit wiedergegeben worden. Eine Eventualität voller Gefahren.« Diese Grundsätze des Herrn Dariac haben dann auch die maßgebenden französischen Saarpolitiker 25 Jahre später beherzigt und bestens befolgt, oder richtiger gesagt: zu befolgen versucht; denn alle diese Bemühungen blieben in der Tat nur untaugliche Versuche am untauglichen Objekt. Die Gefahren, die wirklich freie Wahlen – auch für ein nur beschränkt demokratisches Parlament – für die französische Saarpolitik in sich tragen würden, schildert der Dariac-Bericht unmißverständlich: »Wer will diese Leute hindern, wenn sie uns den Fehdehandschuh hinwerfen wollen, den Wahlen den Charakter einer Volksabstimmung zu geben und unter dem bescheidenen Vorwand, eine beratende Körperschaft zu wählen, die Saarbevölkerung tatsächlich über ihre Zukunft zu befragen? Und wenn die deutschen Parteien, anstatt in Zurückhaltung ihre Zuflucht zu suchen, die Treue zum Reich an die Spitze ihrer Wahlprogramme stellen, wie wird man dann ihrem Werben und seinen unheilvollen Konsequenzen Widerstand leisten können? . . . Die Gesamtheit der Saarbevölkerung soll für Wahllisten stimmen, die miteinander in Wettbewerb stehen. Eine von diesen mag eine absolute Mehrheit erhalten. Es ist eine richtige Volksabstimmung, der wir ausgesetzt sind. Wenn sie gut ausgeht, welch' ein Erfolg! Aber wenn die deutschen Kandidaten den Sieg erringen, welch' ein Rückschlag! Die Zukunft unserer Saarpolitik steht auf dem Spiel. Es wäre kindisch, das zu leugnen und es wäre bedauerlich, wenn wir nicht jeden möglichen Schritt täten, um die Gefahr zu bekämpfen.«

Hier kann man nur das berühmte »Wie sich die Bilder gleichen« zitieren und auf die Nutzanwendungen hinweisen, die Herr Grandval und Johannes Hoffmann 1946 bis 1955 gezogen haben, indem sie jeden Kandidaten vom Parlament fernhielten, der die Gefahr einer prodeutschen Äußerung heraufbeschwor, die beiden Kommunisten natürlich ausgenommen. Doch damit eilen wir den Ereignissen voraus.

Zurück zur Lage 1946 und zu der das Denken der Menschen an der Saar stark beherrschenden Notlage, verbunden mit dem Druck der Entnazifizierung. Angesichts ihre Ziele verfuhren die Franzosen gegenüber denjenigen Nationalsozialisten großzügig, die bereit waren, die französischen Zielsetzungen an der Saar zu vertreten und zu unterstützen.

An der Saar wurde in der damaligen Zeit das Buch der Amerikanerin Freda Utley »Kostspielige Rache« bekannt, und einige Zitate daraus wurden eifrig kolportiert, trotz der auf Veranlassung des Kultusministeriums erfolgten Entfernung aus den Bibliotheken – die große historische Bücherei der Stadt Saarbrücken hat das Buch bis heute noch nicht wieder. Die Saarländer fanden bestätigt, was Frau Utley beispielsweise von den Franzosen – wie von den Russen – festgestellt hatte: »Sie boten allen materielle Vergünstigungen, Sonderrechte und Vergebung für frühere Nazibeziehungen, die sich heute in den Dienst ihrer Interessen stellten. Sie enteigneten, bestraften oder sperrten die Anständigen, Liberalen und Konservativen ein, die ihnen opponierten, stellen aber keine Frage nach der Vergangenheit, wenn jemand zur Zusammenarbeit mit ihnen bereit war. . . Diese scheinbaren Widersprüche in der französischen Politik finden ihre Erklärung in dem alten Ziel einer Aufspaltung Deutschlands durch Förderung separatistischer Tendenzen und in ihrer Hoffnung, das Rheinland in ein Großfrankreich einzugliedern. Nachdem es ihnen diesmal gelungen ist, das Saargebiet von Deutschland loszulösen, indem sie androhten, die Industrie zu demontieren und die Bevölkerung zu ruinieren, wenn sie nicht für die Angliederung an Frankreich stimme, haben die Franzosen zweifellos die Hoffnung noch nicht aufgegeben, durch Einschüchterung und Bestechung auch in ihrer übrigen Zone den gleichen Erfolg zu erzielen. ›Ein guter Deutscher‹ ist nach französischen Begriffen ein Deutscher, der die Interessen seines Vaterlandes zu opfern bereit ist, um seine persönlichen Interessen zu wahren. Solche Menschen können ein ›glückliches Leben‹ führen, ob sie nun früher Nazis waren oder nicht und welche politischen Sympathien auch immer sie heute haben. Den Franzosen ist es völlig gleichgültig, ob jemand ein Demokrat ist; es genügt, daß er profranzösischen oder französischen Interessen zu dienen bereit ist. In diesem Sinne ist die französische Politik die wahre Antithese der amerikanischen!«

Diese Worte der Amerikanerin Freda Utley haben schon in der ersten Zeit der Besatzung und Gründung des »autonomen Saarstaates« beschrieben, was sich für viele Zehntausende an der Saar abgespielt hatte. Nach französischen Zahlenangaben wurden über 60 000 politische Säuberungsverfahren an der Saar durchgeführt, es wurden also etwa 20 bis 25 Prozent der arbeitenden männlichen Bevölkerung davon betroffen.

Noch heute sind im Amtsblatt der Regierung des Saarlandes die seiten- und reihenweise aufgeführten Bestrafungen von Bürgern nachzulesen, die empfindlich hohe Geldbußen oder noch empfindlichere dienstliche Rückstufungen bis zur Entfernung aus den Stellungen oder Untersagung der erlernten beruflichen Tätigkeit enthielten. Nahezu alle Epurationsbescheide der ersten Zeit ergingen ohne gerichtliches Verfahren, sie wurden kurzerhand verfügt und trugen die Unterschrift des von der Militärregierung eingesetzten Präsidenten der Verwaltungskommission – des Vorgängers von Johannes Hoffmann – Erwin Müller. Nun gehörte Müller zweifelsohne zu den Politikern der Partei Hoffmanns, die sich uneingeschränkt für den wirtschaftlichen Anschluß ausgesprochen haben. Müllers früherer »preußischer Geist« und sein freiwilliges Bekenntnis zum Nationalsozialismus waren ebenso vergessen, wie der

Beleg dafür aus dem Bereich der Bücherei der Justiz des Saarlandes alsbald verschwunden war. Welche Parallele zum Buch Freda Utleys! Als 27-jähriger Referendar weilte Erwin Müller vor Ablegung des Assessorexamens im nationalsozialistischen Gemeinschaftslager Jüterbog; seine Eindrücke und sein Bekenntnis zum Nationalsozialismus beschrieb er in einem Brief unter dem für die Franzosen wenig erfreulichen Titel »Preußischer Geist im Gemeinschaftslager Jüterbog«, veröffentlicht in der Zeitschrift »Deutsche Justiz 1933, Seite 614. Obwohl dieser Band rechtzeitig entfernt worden war, blieb sein Inhalt an der Saar nicht lange geheim; im Gegenteil, die Flüsterpropaganda bemächtigte sich der Sache und bald ging der Wortlaut von Mund zu Mund, zumal Müller sich anfangs April 1947 gegen den Hirtenbrief des Bischofs von Trier gestellt hatte und den Begriff des Vaterlandes mit angeblichen Bindungen der Saarländer zu den »Wenden, Sorben und Kaschuben« abtun wollte. In seinem gedruckt vorliegenden Bekenntnis an den Lagerleiter von Jüterbog, an den jener Brief im »Preußischen Geist« gerichtet war, wünschte Müller, durchgefallen zu sein, »damit ich wieder ins Lager hätte kommen können«. Seine Einstellung vor dem »Erlebnis des nationalsozialistischen Lagers« beschreibt Müller so: »Es kam die Zeit der bürgerlichen Konsolidierung, die nichts Besseres mit uns anzufangen wußte, als uns in allen möglichen Bildungsinstituten: Gymnasium, Universität, Korporationen, zu Intellektuellen im schlechtesten Sinn des Wortes zu machen. Es wurde uns beigebracht, in althergebrachten Kategorien zu denken«, um alsdann seine Umformung, wie der Empfänger des Müller-Briefes, SA-Obersturmbannführer Spieler kommentierte, zu bekennen: »So kam es auch, daß wir beinahe notwendig der nationalsozialistischen Idee so lange fernblieben. Uns hat dieses Manneserlebnis gefehlt, das Dir in Deinem langen Soldatenleben zur Selbstverständlichkeit geworden ist.« Und Müller schließt seinen Brief: ». . . dann bedenke noch, daß ich, ein immerhin Kräftiger und gesunder Mann nach 27 Jahren erstmals mit diesem Lebensziel vertraut gemacht wurde, und daß dieses Tatsache der freudigen Bejahung gefühlsmäßig und damit notwendig verbunden – ich möchte fast sagen, durch meine physische Konstitution – bedingt ist.«

Nun wird jeder Leser auch dem so einflußreichen Initiator für den wirtschaftlichen Anschluß der Saar an Frankreich und die damit verbundene Trennung von Deutschland, Erwin Müller, das Recht zum politischen Irrtum zugestehen. Aber hatten die 60 000 Saarländer, zu deren oberster Richter eben derselbe »Epurationschef« Müller aus dem Jahre 1946/47 bestimmt worden war, nicht das gleiche Recht auf politischen Irrtum, auch wenn diese Menschen nicht bereit waren, dafür einen politischen Kaufpreis an die Franzosen zu zahlen? Durfte man die Entnazifizierung von vielen zehntausenden Menschen dazu mißbrauchen, ein politisches Ziel zu erreichen, das letzten Endes mit einer nationalsozialistischen Belastung kaum oder nur in den allerwenigsten Fällen etwas zu tun hatte? Nun, die Macht, so zu handeln war da. Es gab auch niemand, der die Verantwortlichen davon abhielt, so zu handeln. Aber die Quittung dafür gaben die betroffenen Menschen Jahre später am 23. Oktober 1955! Wenn die Ursachen und – das muß gesagt werden – Fehler der Regierenden jener Zeit erörtert werden, dann können auch diese Vorgänge nicht verschwiegen bleiben. Zu viele Menschen waren davon betroffen worden. Auch mir selbst erging es nicht anders. Jahrelang wußten die Verfechter der Abtrennung der Saar von Deutschland die unterdrückte Opposition nur als »Nazis« abzutun, durchweg wider besseres Wissen. Ich selbst stand in dieser Richtung in der vordersten Feuerlinie, obwohl ich in zwei ordnungsmäßig durchgeführten gerichtlichen Verfahren – allerdings erst Ende 1949 – unter Eingruppierung in die Stufe IV als »Mitläufer« – es werden keine Sühnemaßnahmen gegen ihn ergriffen – »politisch gesäubert« worden bin. Die Vorwürfe gegen mich bestanden darin, schon 1930 der NSDAP beigetreten zu sein und zeitweilig (von 1933 bis 1934) das Amt eines Saarreferenten bei der obersten Organisationsleitung der Partei bekleidet zu haben.

In diesem Verfahren, das erst durch das letzte Urteil der Spruchkammer (I OSR 141/40 und 2. Spr. 242/49) vom 6. Januar 1950 seinen Abschluß fand, mußte ich die ganze Willkür des damaligen Innenministers Edgar Hector erleben. Obwohl ich den Antrag auf Zulassung als Rechtsanwalt mit allen Unterlagen in deutscher und französischer Sprache im Frühjahr 1947 gestellt hatte, geschah bis 1949 überhaupt nichts. Herr Hector hatte die Akten in seinem Schreibtisch eingeschlossen und gab sie trotz wiederholter Anforderungen des zuständigen Obersten Kommissars für die politische Säuberung – des Senatspräsidenten Manderscheid, eines sehr seriösen, gerechten und objektiven Juristen – einfach nicht heraus. Auch Interventionen des Justizministers und des Generalstaatsanwaltes nutzten nichts. Zwischendurch mußte und konnte ich noch in einem Klageverfahren vor dem ordentlichen Gericht die Verleumdung eines hohen MRS-Funktionärs widerlegen und zur Rücknahme bringen, ich hätte 1933 einen katholischen Geistlichen bei der Gestapo angezeigt.

Am 21. September 1949 – also fast zwei Jahre nach der Begründung des »autonomen Saarlandes« – bestellte sich mein verstorbener Kollege, Rechtsanwalt Dr. Fritz Dietz, Saarbrücken, zu meinem Verteidiger und forderte unter Androhung von Schadensersatzansprüchen die Herausgabe der Akten zur Durchführung des Verfahrens. Mit dem Hinweis, daß ich der einzige Rechtsanwalt im Saarland sei, der »bis heute noch an der Ausübung seines Berufes behindert ist«, und daß die »zahlreichen Bemühungen, irgendeine Epurationsentscheidung zu erhalten, seit Mai 1947 ohne Erfolg geblieben« seien, forderte der mutige Kollege: »Da das Gesetz über die politische Säuberung keine Vorschriften kennt, das Verfahren durch Nichtvorlage der Akten auszusetzen, muß die Forderung von Herrn Dr. Schneider auch als gesetzlich gerechtfertigt angesehen werden.« In den insgesamt 170 Seiten umfassenden Akten sind noch heute die von Hector selbst unterzeichneten Briefe und Eingriffe in das Verfahren ebenso belegt wie die mehrfachen vergeblichen Versuche des damaliger Justizministers Dr. Braun, dem Verfahren wenigstens nach vier Jahren einen gesetzlichen Verlauf zu verschaffen.

Schließlich wußte Herr Hector als letzte und einzige Belastung gegen mich nur noch mein Büchlein »Unsere Saar« anzuführen, das ich 1934 zur Vorbereitung der Abstimmung vom 13. Januar 1935 geschrieben hatte. Als »Belastung« wollte man auslegen, daß ich damals die Aktivität einiger Emigranten aus Deutschland, die an der Saar Zuflucht vor Hitler gesucht und gefunden hatten, gegen die Rückkehr der Saar zurückgewiesen habe. Da alle diese Leute nicht abstimmungsberechtigt und keine Saarländer waren, schien mir die Zurückweisung ihrer Einmischung berechtigt. Nicht so dachte der Minister Hector. Auch das Römische Abkommen, das 1934 geschlossen, jede Benachteiligung wegen einer gleichwie gearteten Meinungsäußerung in Bezug auf die Saarabstimmung von 1935 untersagte – selbst die Hitlerregierung hat dieses Abkommen gegenüber den Gegnern der Rückgliederung beachtet –, hinderte Hector nicht, mich jahrelang gesetzwidrig zu behandeln und erheblich zu schädigen. In der zweiten mündlichen Verhandlung verfuhr auch der Anklagevertreter – er befindet sich noch heute in hoher richterlicher Stellung und wurde nach Änderung der Verhältnisse von 1955 in keiner Weise auch nur im geringsten beeinträchtigt – erneut nach den Weisungen Hectors und brachte wieder meine Broschüre »Unsere Saar« zur Erörterung; er las die mich angeblich belastenden Stellen dem Richtergremium vor. Nach Beendigung seiner Anklage entnahm ich meinen Unterlagen ein Büchlein und las nun meinerseits vor:

»Für uns Deutsche gibt es nur eine Antwort: Es war der unglückliche Versailler Vertrag, der deutsches Land zum Grenzgebiet entwürdigt hat. Unter Vorspiegelung wirklicher und scheinbarer Gründe wurden Gebietsteile dem Mutterland entrissen und fremder Hoheit unterstellt. Wir glauben annehmen zu müssen, daß es entweder politische oder wirtschaftliche Belange waren, oder beide zusammen, die den Grenzraum geschaffen haben, unbekümmert um alle völkischen, kulturellen und sozialen Vorbedingungen. Gerade das widernatürliche Staatsgebilde ›Saargebiet‹ gibt Aufschluß über die Willkür, die Grenzländer aus dem Nichts geschaffen hat. Seine politische Sonderlage ist mit wirtschaftlicher Beweisführung im Vertrag verankert. Es mag glaubwürdig erscheinen, daß die reichen Kohlenfelder im Saarland die ökonomischen Interessen Frankreichs von jeher gereizt haben. Aber ist der Mensch den schicksalhaften Veränderungen, die die Wurzeln seines Daseins sind und bleiben, enthoben und entrückt? Sind seine Lebensbedingungen so belanglos, daß man sie ausschaltet, wenn es um sein Lebensschicksal geht? Der Versailler Vertrag hat das Selbstbestimmungsrecht der Völker zum sittlichen Grundsatz im politischen Kräftespiel der Völker erhoben. Die saarländischen Menschen erheben Anspruch auf die Echtheit dieser vertraglichen Bürgschaft. Nach 15jähriger Trennung vom Mutterland wird das Saarvolk sein zukünftiges Schicksal nach eigenem Willen aussprechen und bestimmen. Sein Bekenntnis muß geachtet und gewertet werden, damit der kleine Grenzraum nicht die Ursache historischer Entladungen werde. Die friedliche Lösung der Saarfrage ist die Aufgabe Europas. Die Achtung der Menschenwürde ist die Verpflichtung Frankreichs. *Die Sehnsucht der Saar ist die Treue zur deutschen Heimat*«.

Ich sehe noch die reichlich erstaunten Gesichter meiner Richter vor mir, als ich geendet hatte und ergänzend erklärte: Diese Schrift wurde erst nach der Saarabstimmung von 1935 in Würzburg gedruckt, ihr Titel ist: »Die gesellschaftliche Gliederung des Saargebietes«, Verfasser ist der amtierende Kultusminister Dr. Emil Straus; meine Schrift dagegen ist bereits vor der Abstimmung 1934 veröffentlicht worden.

Einige der Beisitzer konnten ein Lächeln nicht verbergen, denn Dr. Straus war inzwischen französischer Staatsangehöriger und neben Johannes Hoffmann, Erwin Müller und Edgar Hector einer der eifrigsten Verfechter französischer Interessen an der Saar geworden. Hat dieses Beispiel »in eigener Sache« nicht schlagartig gezeigt, wie das Entnazifizierungsverfahren »zur Farce« gehandhabt worden war, wie Dr. Braun in einem Brief vom Oktober 1949 in meiner Sache an Hector schrieb? Genauer gesagt, wie es zu einem politischen Instrument der damaligen Machthaber geworden war, um vermutete politische Gegner der Separationsbestrebungen zu treffen. Die Saarländer faßten das Auftauchen prominenter »Saar-Nazis« im politischen Stab von Johannes Hoffmann schließlich humorvoll auf und bald ging das Verslein von Mund zu Mund: »Nazis, die ich meine! Welche meinst Du, sprich! Nazis von Herrn Hoffmann? Nein, die mein' ich nicht! Deine Nazis, nicht die meinen, darum dreht es sich!«

In Paris war man weniger einverstanden mit dieser Entwicklung an der Saar, tat aber auch nichts, um Militärgouverneur Grandval andere Weisungen zu erteilen. Bei der Debatte um den Haushalt der Militärregierung an der Saar im Rat der Republik kam es am 24. August 1948 zu einer Anklage des damaligen Präsidenten der Kommission für Auswärtige Angelegenheiten im Conseil de la République, des elsässischen Abgeordneten Grumbach. Er führte (Prot. S. 2725) unter anderem aus:

».. . aber ich weiß auch, daß in diesem Lande, in dem alles kompliziert ist, man vielen Elementen, die es nicht verdienten, gestattet hat, wieder aufzutreten, obwohl sie keines Vertrauens würdig waren und obwohl sie nach den Gesetzen entnazifiziert gehörten«. Nach Nennung einiger Namen kündigte Herr Grumbach an: »Vielleicht kommt der Tag, an dem ich mich verpflichtet fühle, vor diesem Hohen Hause über gewisse Männer, welche der gegenwärtigen Regierung des Saarlandes angehören, zu sprechen und ihre Vergangenheit zu prüfen, um zu wissen, ob es nicht andere Männer gibt, die mehr als jene das Vertrauen Frankreichs verdient hätten.« Herr Grumbach verlangte dann Untersuchungen, die natürlich nie durchgeführt wurden. Für die Machthaber wäre die einzige Möglichkeit weggefallen, die Opposition zu unterdrücken, zu verbieten und niederzuhalten, wenn sie deren Anhänger nicht vor aller Welt als »Nazis« zu einer Kategorie von Menschen ohne politischen Rechte hätten abstempeln können.

Unter diesen Verhältnissen und Voraussetzungen gingen bis zur Landtagswahl im Oktober 1947 die einseitigen Maßnahmen der französischen Militärbehörden in Baden-Baden und Saarbrücken planmäßig und zielbewußt weiter. Die zahlreichen Verordnungen, Verfügungen, Beschlüsse und Anordnungen füllen einen ganzen Aktenband. Wir hatten sie fein säuberlich gesammelt und abgeschrieben, jederzeit greifbar und bereit zur Auswertung. Es würde zu weit führen, die einzelnen Maßnahmen darzulegen. Nur einige wenige seien stichwortartig erwähnt. Die wichtigste Maßnahme, die totale Abschnürung des Personen- und Warenverkehrs vom übrigen Deutschland am 22. Dezember 1946 habe ich weiter oben schon gewürdigt. Bereits am 25. Juli 1945 hatte die französische Militärregierung in Baden-Baden in einem Schreiben des Generals Morlière die Loslösung des Regierungsbezirks Saar von dem von den Amerikanern eingerichteten Oberpräsidium in Neustadt verfügt. Die Maßnahme gehörte selbstverständlich zu der französischen Planung in Bezug auf das zu schaffende, von Deutschland abgetrennte »autonome« Saarland. Man hat später dem ersten Regierungspräsidenten an der Saar, Dr. Hans Neureuther, den Vorwurf eigener separatistischer Initiativen gemacht. Die geschichtliche Wahrheit zwingt zur Feststellung, daß dieser Vorwurf nicht begründet ist. Neureuthers Meinung war, daß eine erfolgreiche Verwaltung des Saarlandes, besonders zur Zeit der allerschwersten Not nach dem Zusammenbruch, nicht möglich sei, wenn das Gebiet nicht als eigene und selbständige Verwaltungseinheit über die erforderlichen Maßnahmen zu bestimmen habe. Die von Gauleiter Bürckel nach der Abstimmung 1935 erzwungene Unterstellung des Saarlandes unter eine pfälzische Oberhoheit in Neustadt hatte nicht nur zu einer großen Verärgerung der Saarbevölkerung geführt, sondern auch zu der Erkenntnis, daß das Saarland wirtschaftlich verkümmern müsse, wenn es verwaltungsmäßig zur Peripherie herabdegradiert würde. Bei den zukünftigen Auseinandersetzungen um eine innerdeutsche Länderreform wird gerade dieser Grundsatz zu beachten sein. Ich erinnere mich noch gut daran, daß der Ministerpräsident von

Rheinland-Pfalz, Peter Altmeier, nach der Rückgliederung der Saar im Jahre 1957 in einem ersten Gespräch über eine Zusammenlegung der beiden Länder spontan erklärt hat: »Dann verlegen wir den Sitz der gemeinsamen Zentralverwaltung von Mainz nach Saarbrücken.«

Nach der Verselbständigung des Verwaltungsbezirkes Saarland durch die Franzosen erfolgte die Bestellung des Obersten Gilbert Grandval am 30. August 1945 zum Délégué Supérieur, also dem Obersten Militärverwalter im Saargebiet. Am 1. September 1945 folgte die Bildung einer Direktion für Wirtschaft und Finanzen und am 28. Dezember 1945 die Anordnung einer Sequesterverwaltung für die Saarbergwerke, die bereits wenige Tage später, am 3. Januar 1946, in französische Verwaltung übernommen wurden. Während der Jahre 1946 und 1947 folgte die Sequestrierung aller Banken im Saarland, der Versicherungsunternehmen, der großen Hüttenwerke von Völklingen, Neunkirchen und Brebach, des Unternehmens der Maschinenfabriken Ehrhardt & Sehmer und anderer. Am 22. Dezember 1946 erfolgte die Abtrennung der saarländischen Eisenbahnen und die Errichtung eigener Verwaltungsorgane unter französischer Leitung. Durch eine viele Seiten umfassende Verfügung vom 24. Juni 1946 war bereits ein eigenes Rundfunkamt, natürlich unter absolut französischer Regie und Lenkung, geschaffen worden. Selbst die Kinos wurden unter die Kontrolle der Besatzungsmacht gestellt.

Eine besonders bedeutsame Maßnahme war die gebietsmäßige Erweiterung des Saarlandes im Juli 1946; wir haben schon über ihre Planung berichtet. Durch die Anordnung Nr. 8 des französischen Oberkommandierenden in Deutschland vom 18. Juli 1946 wurden 142 Gemeinden von Rheinland-Pfalz mit rd. 80 000 Einwohnern und einer Bodenfläche von 900 qkm dem Saarland angegliedert. Gegen diese Maßnahme gab es nicht nur von deutscher, sondern vor allem von alliierter Seite nachhaltige Proteste und heftigen Widerspruch. Durch die spätere Verordnung Nr. 93 vom 6. Juni 1947 hat General König dann den größten Teil des erweiterten Gebietes wieder zurückgegliedert, 61 Gemeinden des Kreises Saarburg wurden mit der Stadt Saarburg wieder rheinland-pfälzisch. Aber 13 Gemeinden aus dem Bereich des Kreises Kusel (6) bzw. des Kreises Birkenfeld (7) wurden neu ausgegliedert und dem Kreis St. Wendel im Saarland angegliedert.

Eine ebenso wichtige und einschneidende Maßnahme der französischen Besatzungsmacht war die Einführung einer eigenen Saarmark am 16. Juni 1947. Wir bringen die in Paris in deutscher und französischer Sprache gedruckten, den französischen Noten angeglichenen Scheine in unserer Abbildung 17. Ein eigenes Münzgeld wurde 1954 zur Stärkung des saarländischen Autonomiecharakters in Frankreich geprägt (Abb. 17) Übrigens haben die Saarländer nach dem ersten Auftauchen der neuen Saarmünzen sofort die Scherzfrage gestellt: Auf den Münzen sind Grandval und Hoffmann abgebildet, wo sind sie? Die Antwort war: Die beiden »Schlote«, d. h. die beiden in der Zeichnung enthaltenen Fabrikschornsteine!

Doch Scherz beiseite! Die Geldscheine der damaligen Zeit, die eigenen saarländischen Münzen und die Briefe aus ein- und später ausgegliederten Gemeinden mit Saarmarken sind heute längst Kostbarkeiten für die Sammler in aller Welt geworden. Wer aber dachte damals daran, diese Stücke aufzubewahren? Er hätte im Ergebnis heute für eine alte Reichsmark mehr erhalten als 20 alte französische Franken!

Die Besatzungsbehörde errichtete am 3. März 1947 eine »saarländische Universität« in Homburg, deren Vorlesungen zweisprachig gehalten wurden. Für die ersten

5 Jahre wurde ein französischer Rektor bestellt. Schließlich veranlaßte Gouverneur Grandval, daß ab 1947 der 14. Juli auch an der Saar zum gesetzlichen Nationalfeiertag erklärt wurde; der Landtag hob diese Maßnahme aber noch vor der Volksbefragung wieder auf.

Es war klar, daß sich schon in den ersten Jahren nach dem Zusammenbruch für uns die Frage nach der Recht- und Gesetzmäßigkeit der Maßnahmen der französischen Militärbehörden ergab. Wenn wir auch aufgrund unserer Kenntnisse und des intensiven Studiums der Literatur über das Völker- und Besatzungsrecht überzeugt waren, daß hier Unrecht gegenüber dem unterworfenen Gegner geschah, so kam es doch darauf an, ein unanfechtbares Urteil eines berufenen französischen Juristen zu erlangen. Dies fiel uns bereits im Juni 1948 durch die Arbeit des damaligen Chargé de cours an der juristischen Fakultät der Universität Toulouse, des heutigen Professors Guy Héraud buchstäblich in den Schoß. Unter dem Titel »Le statut politique de la Sarre dans le cadre du rattachement économique à la France« erschien sie Mitte 1948 in der angesehenen französischen Fachzeitschrift: »Revue générale du Droit International public«. In der Arbeit gab Héraud eine Antwort auf alle diejenigen Fragen, die uns so sehr beschäftigten und deren Erkenntnisse für unseren Rechtsstandpunkt so wichtig waren. Wenn ich später von der Abneigung Grandvals gegen die Juristen las – und Herr Grandval sprach sich des öfteren recht unmißverständlich gegen diesen Berufsstand aus –, dann dachte ich als erstes immer an Professor Héraud und Dr. Robert Müller. Héraud stellte (S. 193) die klare Frage: »Hat die Abtrennung des Saargebietes als Grundlage eine der Klauseln des Waffenstillstandes?« Die Antwort: »Eine Voraussetzung des Völkerrechtes ist klassisch: Die territoriale Aufteilung eines besiegten Staates setzt notwendigerweise eine formelle Abmachung darüber in einem Friedensvertrag voraus.« Héraud stellt weiter fest, daß weder die bedingungslose Kapitulation vom 8. Mai 1945 noch die in Übereinstimmung mit den Mitunterzeichnern (der Kapitulation) gemachten Zusätze zu einer Teilung Deutschlands geführt haben.

Wörtlich folgert daher Héraud: »Wenn die Abtrennung (von deutschem Gebiet, Anm. d. Verf.) tatsächlich vorgenommen worden ist, dann geschah das unter Verletzung des Waffenstillstandes. Wir stehen also gegenwärtig vor einer Situation ohne Rechtsgrundlage (frz.: une situation de fait illégale), und wenn dieses Situation einen juristischen Wert gewinnen sollte, dann könnte das nur durch ein revolutionäres Phänomen geschehen.« Héraud weist zur Begründung seines Rechtsstandpunktes auf den Text der Kapitulation und der darauf basierenden vier Deklarationen der Siegermächte vom 5. Juni 1945 hin. In der Einleitung der Deklaration I heißt es in Abs. 5: »Die Regierungen (also nicht etwa ihre Bevollmächtigten, Außenminister oder die von ihnen beauftragten Militärbefehlshaber, Anm. d. Verf.) der Vereinigten Staaten, des Vereinigten Königreiches, der UDSSR und die provisorische Regierung der Französischen Republik übernehmen hiermit die oberste Regierungsgewalt in Deutschland einschließlich aller Befugnisse der deutschen Regierung ... und der Regierungen, Verwaltungen oder Behörden der Länder, Städte und Gemeinden. Die Übernahme zu den vorstehend genannten Zwecken der besagten Regierungsgewalt und Befugnisse bewirkt nicht die Annektierung Deutschlands.« Und im folgenden Absatz sechs ist dann weiter bestimmt, daß die Regierungen der vier Mächte »später die Grenzen Deutschlands oder irgendeines Gebietes, das gegenwärtig einen Teil deutschen Gebietes bildet, festlegen«.

Nach diesen Formulierungen kann es – rechtlich gesehen – keine Zweifel über die rechtliche Beurteilung geben, auch wenn wir Deutsche uns, weil »jus inter alienos gestos« – Recht unter Fremden geschlossen – nicht darauf berufen konnten. Die Übernahme der Regierungsgewalt durch die vier Siegermächte erfolgte »gemeinsam« durch alle, also zur sogenannten gesamten Hand, wie namhafte Völkerrechtler schon während des Krieges erarbeitet und voraus bestimmt hatten. Keine der *Regierungen* des Vereinigten Königreiches Großbritannien, der Vereinigten Staaten oder der UdSSR hatte aber den einseitigen Maßnahmen der französischen Seite in Bezug auf die Saar zugestimmt oder gar daran mitgewirkt. Schließlich konnten nach dem klaren Vorbehalt von Gebietsregelungen zu einem späteren Zeitpunkt auf Grund der Kapitulation und der darauf basierenden Übernahme der Regierungsgewalt keine rechtswirksamen Maßnahmen in Beziehung auf die Saar vorgenommen werden. Eine Einigung aller vier Siegermächte oder eine spätere gemeinsame Regelung ist unbestritten nie erfolgt. Nach alledem ist die Feststellung überzeugend, die Robert Müller in seiner Arbeit zur gleichen Zeit wie Professor Héraud getroffen hat, wenn er (Seite 14) bezüglich der Saarregelung von 1947 feststellt: »Juristisch ist der politische Status der Saar eine Monstruosität. Monstruosität, weil mitten im zwanzigsten Jahrhundert und mitten im zivilisierten Europa ein Protektoratszustand geschaffen wird, der nur mit Andorra verglichen werden kann.«

Wir kennen so die Lage, aber auch die Machtlosigkeit der Menschen an der Saar in den beiden Jahren vor der Vollziehung des wirtschaftlichen Anschlusses. Wie dies im einzelnen manipuliert und zunächst auch erfolgreich durchgeführt worden ist, wird im folgenden Abschnitt dargetan. Für alles, was damals an der Saar geschah und schließlich bis zum Beginn der Meinungsfreiheit am 23. Juli 1955 noch geschehen konnte, ist eine Leserzuschrift richtungsweisend, die bereits am 24. September 1949 von der großen französischen Zeitung »Le Monde« veröffentlicht worden ist. Sie lautete übersetzt:

»Sie werden mir vielleicht erwidern, daß die saarländische Bevölkerung diese Regierung und den wirtschaftlichen Anschluß gewählt hat. Die Gründe lassen sich in drei Punkten zusammenfassen:

1. Die Militärregierung hat die Trennung vom Reich und die wirtschaftliche Vereinigung mit Frankreich verfügt;
2. die Bevölkerung hat sich dieser Anordnung untergeordnet;
3. jede Bevölkerung tut grundsätzlich das, was eine Militärregierung befiehlt«.

# Erfolge der französischen Saarpolitik – ein gefährlicher Weg?

Am 14. Oktober 1947 war Johannes Hoffmann zum Präsidenten der Gesetzgebenden Versammlung des Saarlandes gewählt worden. Militärgouverneur Gilbert Grandval richtete aus diesem Anlaß das nachfolgende Glückwünschschreiben an Johannes Hoffmann (Abb. 18):

Der Gouverneur der Saar No. 8328/CAB,

Saarbrücken, den 14. Oktober 1947

Herrn Johannes Hoffmann
Präsident der Gesetzgebenden
saarländischen Versammlung
Saarbrücken

Mein lieber Präsident und Freund,
ich möchte Ihnen zum Ausdruck bringen, wie sehr ich mich über Ihr schönes Wahlergebnis von heute gefreut habe. Dieses Ereignis war augenscheinlich zu erwarten, aber Sie haben auf Ihrem Namen 48 von 50 Stimmen vereinigt, und das ist ein Ergebnis, das besonders günstige Voraussagen für Ihre Autorität und Ihren Einfluß auf die Versammlung unter Ihrer Präsidentschaft zu machen erlaubt.
Das war ein schöner Tag, der mit einer großen Hoffnung zu Ende ging, und Sie wissen hinreichend, was ich von der Tätigkeit denke, die Sie seit zwei Jahren an der Saar entwickelt haben, so daß ich ohne Schmeichelei sagen kann, daß Sie es sind, dem ein großer Teil dieser Hoffnung zu danken ist.
Ich übermittle Ihnen, mein lieber Präsident und Freund, alle meine lebhaftesten Glückwünsche, den Ausdruck meiner ganzen Wertschätzung und meine herzlichsten Gefühle

gez. Grandval

Die Wiedergabe 18 zeigt das Originalschreiben mit Grandvals charakteristischer Unterschrift.

LE GOUVERNEUR DE LA SARRE SARREBRÜCK le I4 Octobre I947

No 8328/CAB.

Monsieur HOFFMANN
Président de l'Assemblée Législative
Sarroise
SARREBRÜCK

Mon Cher Président et Ami ,

Je tiens à vous dire combien je me réjouis de votre belle élection d'aujourd'hui . Cet évènement était évidemment attendu, mais vous avez rassemblé sur votre nom 48 voix sur 50, et c'est là un résultat qui permet d'augurer très favorablement de votre autorité et de votre influence sur l'Assemblée placée sous votre Présidence .

Voilà une belle journée qui s'achève , grande d'espoir, et vous savez suffisamment ce que je pense de l'action que vous avez menée en Sarre depuis deux ans pour que je puisse vous dire sans flatterie que c'est à vous qu'une grande partie de cet espoir est dû .

Je vous envoie, mon cher Président et ami , toutes mes très vives félicitations, l'expression de toute mon estime et mes sentiments les plus cordiaux .

GOUVERNEMENT MILITAIRE DE LA SARRE

Gilbert GRANDVAL

18
Hoffmanns großer Erfolg. Grandval gratuliert (Übersetzung Seite 63)

17
1947 = 1 Saarmark (jeweils
Vorder- und Rückseite); damals gab
es dafür 20 (alte) Franken;
heute gesuchte Kostbarkeiten von
allen Münzsammlern

**»Autonomes«
Saargeld**

20
Johannes Hoffmann, »Promotor für
Frankreichs Ziele an der Saar«:
als Biedermann, der zu Tränen
rührt (Hintergrund)

19
als entschlossener Kämpfer, aber
nicht immer ernst genommen
(Hintergrund)

21
Einig: Joho und die unversöhnliche
Madame Tabouis. Joho: »Nie zurück nach
Deutschland!«

müssen nach beiden Seiten offen sein. Weil Joho das gemerkt hat und weil er die Drohung spürt, die die Unzufriedenheit seiner Saarländer für seine Privatherrschaft ist, drängt er jetzt mit Macht auf Europäisierung: „Man kann die Saar überhaupt nicht heimholen. Die Saar ist daheim. Ihr Daheim ist Europa."

**„Welche Regierung der Welt** läßt denn Parteien zu, die ihren Staat und ihre Regierung als illegal betrachten?", fragt Hoffmann zugleich, auf die nicht zugelassenen deutschen Parteien weisend.

Die saarländische Auffassung von Demokratie und freien Wahlen legte der Landtag im Partei-Zulassungsgesetz vom 17. März 1952 fest. Später dann noch im Landtagswahlgesetz vom 29. Oktober 1952, hier vor allem in der Frage des passiven Wahlrechts.

Nicht wählbar sind danach bei den jetzigen Wahlen Personen, „die innerhalb der letzten zwei Jahre vor dem Tage der Wahl als Vorstandsmitglied einer inzwischen aufgelösten politischen Partei zum Zeitpunkt der Auflösung angehört haben". (Paßt genau auf die Führer der verbotenen DPS). Nicht wählbar sind auch „Mitglieder eines Gründungsausschusses zur Bildung einer politischen Partei, die nach den Bestimmungen des Parteien-Zulassungsgesetzes nicht registriert worden ist". (Gemünzt auf die Gründer der nicht zugelassenen „Deutschen Sozialdemokratischen Partei" — DSP und der ebenso nicht zugelassenen Saar-CDU).

Richard Becker (DPS), Kurt Conrad (DSP) und Dr. Hubert Ney (CDU), die drei ständigen Bonn-Pilger, sind also samt ihrem engeren Anhang so kaltgestellt, daß sie auch nicht mehr auf der Liste einer anderen Partei kandidieren können. Dazu erklärte Ministerpräsident Hoffmann dem

Saar-Polizisten überall
Innenminister **Hector**

SPIEGEL: „Den Passus über das passive Wahlrecht haben wir fast wörtlich aus dem Wahlgesetz von Rheinland-Pfalz übernommen."

**Kommenden Sonntag** hat die Christliche Volkspartei Johannes Hoffmanns nun wieder alle Chancen, als Sieger durchs Ziel zu gehen, wenn auch nur im Rahmen der noch ungewissen Zahl der gültigen Stimmen und wenn auch nicht mehr mit der absoluten Mehrheit.

Richard Kirn von der Saar-Sozialdemokratie hat seine Hoffnung auf die Erringung der absoluten Mehrheit auch schon fast zu Grabe getragen. Dabei hatte er zur Erreichung dieses Zieles einen fast abenteuerlichen Plan entwickelt.

Im Spätsommer reiste er mehrere Male in die Bundesrepublik, um dort die SPD für sein Vorhaben zu gewinnen. Mit seinem Parteigenossen Kunkel fuhr er Ende September nach Michelstadt im Odenwald zu Heinrich Ritzel, SPD — MdB, und entwickelte seinen Plan:

- Die SPD fordert die deutschgesinnten Wähler an der Saar von Deutschland aus auf, für die SPS zu stimmen.
- Die SPS verpflichtet sich, gleich nach dem zu erwartenden Wahlsieg und der Übernahme der Regierung sämtliche Parteien zuzulassen und dafür zu sorgen, daß eindeutig prodeutsche Politiker im Saar-Kabinett die Mehrheit haben.
- Sechs Monate nach der Wahl werden Neuwahlen mit allen demokratischen Freiheiten ausgeschrieben.

Kirn-Kenner glauben, daß der SPS-Chef seine Zusagen eingehalten hätte, wenn er dabei als der Mann in die Geschichte eingegangen wäre, der die Saar nach Deutschland zurück- und vielleicht dann nach Europa hingeführt hätte. Aber die deutschen SPD-Führer ließen sich auf das halsbrecherische Kirn-Experiment nicht ein.

„Das wäre die große Chance der SPD gewesen", sagt Richard Kirn jetzt. „Wenn

## Gegenspieler 1952

gleichgültig. Wenn er in Weinlaune ist, nennt er beide gerne „Importierte" oder „Hergeloffene".

Auch von seinen Saar-Ministern hält der Präsident nicht allzuviel. Er regiert lieber allein. Seine sogenannten Fachminister (sie gehören angeblich keiner Partei an) erhalten auf jeder Kabinettssitzung die wöchentliche Marschroute. Sie erheben kaum Widerspruch. Die einzige Ausnahme macht Saarlands starker Mann, der Innenminister Dr. Edgar Hector. Ihm gegenüber ist der Präsident zurückhaltender. Bei jeder passenden Gelegenheit läßt Hector seinen Chef fühlen, daß er, Hector, französischer Staatsbürger ist.

Ein gut Teil der Woche verbringt Hoffmann in Paris am Quai d'Orsay. Heute kann er dort anders auftreten als vor fünf Jahren. Aus dem jederzeit zu Kompromissen bereiten „Vorsitzenden der saarländischen Verfassungskommission" ist ein selbstbewußter Regierungschef geworden. Über Gilbert Grandval, den französischen Botschafter, hat er sich einflußreiche Leute in der Pariser Nationalversammlung und den höheren Dienststellen des französischen Außenamtes gesichert.

Auch äußerlich hat Joho sich gewandelt. Sein alter salopper „Pfeffer und Salz"-Zweireiher ist einer ausgesuchten Diplomatengarderobe gewichen. Hoffmann bevorzugt für Paris den „kleinen Stresemann", den schwarzen einreihigen Sakko mit gestreiftem Beinkleid. Dazu die beigefarbene Seidenkrawatte, weißen Schal, den Homburg und schwarzen einreihigen Mantel, der diskret seine Korpulenz verdeckt. Wenn er die große Freitreppe des „Grand Hotel" hinabschreitet, um sich zum Quai zu begeben, erhebt sich seine Begleitung in der Halle und nimmt Haltung an.

**Die Älteren erinnern** sich noch aus der Völkerbundszeit von 1919—1934, wie der Journalist Hoffmann sich als fanatischer deutscher Nationalist gebärdete. Im Herbst 1910 schrieb er an den Scherl Verlag Berlin:

> „... noch dieser Tage erfuhr ich, daß mehrere meiner Bekannten wegen ihrer politischen Überzeugung ausgewiesen wurden. Diesem Schicksal möchte ich entgehen, andererseits auch nicht die Schmach französischer Knechtschaft ertragen, nachdem ich vier volle Jahre für mein Vaterland gekämpft habe."

Er wurde von Scherl engagiert und wechselte später zur „Germania" über. Nach einigen Jahren kehrte er an die Saar zurück und übernahm die Leitung der „Saarbrücker Landeszeitung". Am 22. Februar 1931 schrieb er in seinem Blatt:

> „Seine Nationalität wechseln, kann nicht nur jeder Bewohner des Saargebietes. Das kann bekanntlich jeder Lump, wo immer er sich aufhält."

Das Jahr 1934 war die große Wende für Johannes Hoffmann. Er übernahm die „Neue Saarpost" und erhielt Geld. Zum erstenmal französisches Geld. Er plädierte plötzlich für den Status quo, die Aufrechterhaltung des Völkerbundregimes. Als die Volksabstimmung am 13. Februar 1935 die Saar Deutschland zurückbrachte, ging er ins Exil nach Luxemburg, Frankreich und Brasilien. Bis 1944 war er Butler an der kanadischen Botschaft in Rio de Janeiro. Seine enge Verbindung zur französischen Sûreté und zur französischen Exilregierung wurde deutlich auf einer Abschiedsparty. Hoffmann sagte:

> „Das Land, in das ich zurückkehre, wird wohl nie wieder deutsch werden."

Acht Jahre später, am 19. Oktober 1952, wiederholte er seine Prophezeiung über den Sender Saarbrücken:

> „Die Saar wird nie wieder zu Deutschland zurückkehren."

1945 war für Hoffmann die Stunde gekommen. Es hätte seine große Stunde werden können, wenn er seiner Parole von 1935 gefolgt wäre: „Gegen Hitler, aber für Deutschland!" Er entschied sich für den bequemeren Weg, der zugleich Erfolg und Wohlstand versprach, den Weg der Separation. Aus dem vermögenslosen Heimkehrer ist der Politiker, der Besitzer von Villen, Zeitungs- und Buchverlagen und Aktieninhaber großen Stils geworden.

**Als 3 575 000 Franken** schwerer Gesellschafter des „Saar-Verlages" machte Joho sogar in Deutschland von sich reden, als dieser Verlag bald nach der Währungsreform das französische Modejournal „Votre mode" als „Ihre Mode" in deutsch herausbrachte. Den Import der Zeitschrift und etlicher Bücher nach Deutschland sollte eine Verlags-GmbH in Landstuhl unter dem inzwischen verstorbenen Bür-

Motor der deutschen Opposition
**Dr. Heinrich Schneider**

germeister von Landstuhl, Dr. Karl Anton Vogt, übernehmen, der 1949 einmal ins Saargebiet gefahren war, um für Hoffmanns CVP Wahlreden zu halten.

Statt einer Einfuhrlizenz rückte das „Office des Changes" in Baden-Baden aber nur eine Einfuhrerlaubnis „sans payement" — „ohne Bezahlung" — für Vogts Verlag in Landstuhl heraus. „Sans payement" kamen nun die Sendungen aus Saarbrücken herüber, aber gegen harte Mark wurden die Bücher und Zeitschriften in Deutschland an den Mann gebracht.

Die D-Mark-Einnahmen wanderten auf das Konto der „Offisarre" — des saarländischen Gegenstücks zur seligen JEIA — bei der „Oberrheinischen Bank" in Baden-Baden und liefen alsdann zum größten Teil über die „Offisarre" Saarbrücken direkt an den Saar-Verlag Johannes Hoffmanns zurück.

Nach den Ermittlungen der Zollfahndungszweigstelle Kaiserslautern wurden dabei in den Jahren 1948, 1949 und 1950 zur Befriedigung von Forderungen deutscher Geschäftsleute gegen Personen im Saargebiet verbotswidrig im Inland verwandt 177 000 Mark, widerrechtlich ins Zollausland ausgeführt 663 000 Mark.

Prunkstück der Akte „Hoffmann" der Kaiserslauterner Zollfahnder ist der Bericht über eine Stippvisite Hoffmanns in Karl Anton Vogts Verlagsbüro in Landstuhl im Januar 1950. Im Verlauf einer Auseinandersetzung sagte Johannes Hoffmann damals unter Beisein der Ehefrau Anna Vogt und eines aus Saarbrücken mitgebrachten Franzosen zu Bürgermeister und Verleger Dr. Vogt: „Sie sind ja nur ein Strohmann, die Inhaber sind ja wir!"

Deshalb haben die Beamten der Kaiserslauterner Zollfahndung auch eine Strafanzeige gegen Hoffmann erstattet.

**Als sein Lebenswerk** betrachtet Hoffmann den Abschluß der Wirtschaftskonventionen mit Paris. Bei dem Abschluß der Konventionen 1946 hatte Joho viele Argumente auf seiner Seite. Frankreich braucht die Saar-Kohle viel eher als Deutschland. Lothringen und die Saar sind ein geschlossener Wirtschaftsraum: Lothringen hat Erz und Nahrungsmittel, die Saar die Kohlen. Und weil Frankreich die Saar braucht, war es bereit, der Saar einen Sonderstatus zu geben, den sie von Deutschland nie bekäme.

1932 hatte Joho geklagt, wie gemein es von Deutschland und Frankreich sei, die Saarländer „mit dem Konflikt zwischen Volkstum und der Frage, wie sie ihre Kinder ernähren sollen", unablässig zu quälen. Nach den Enttäuschungen mit ihren großen Nachbarn waren viele Saarländer zu kalten Opportunisten geworden.

Joho schloß die Konventionen ab. Er ist ein Mann, dem nichts mehr Spaß macht, als wenn sich alles um ihn dreht. Er war ein Mann von Frankreichs Gnaden, aber er war unabhängiger und hatte in „meinem Saarland" als die wuchtige Persönlichkeit, die er ist, mehr zu sagen, als ein deutscher Landes-Ministerpräsident.

Den saarländischen Bergleuten erzählte er — und glaubte vielleicht selbst daran —, daß der Absatz der Saarkohle für 50 Jahre gesichert sei. Aber schon nach 15 Monaten, im Frühjahr 1952, stockte dieser Absatz. Einstweilen werden die Kohlen noch in Lothringen auf Halde genommen, damit der saarländische Kumpel nichts merkt. Aber jeder Bergmann kann sich an Hand der Haldenbestände ausrechnen, wann Feierschichten und Arbeitslosigkeit beginnen. Für die Tonne Kohle zahlt die „Regie des Mines" 40 Franken, knapp 50 D-Pfennig, an den saarländischen Staat. 500 Franken pro Tonne muß der Staat draufzahlen, um seinen Sozialverpflichtungen gegenüber den Bergleuten nachzukommen. Im Oktober stieg der Kohlenabsatz nur deswegen wieder an, weil Zug auf Zug mit Saarkohle ins Bundesgebiet dampft. Der Absatz nach Ost und West hält sich jetzt die Waage.

**Obwohl es an der Saar** nur 3500 Arbeitslose gibt, sinkt das Lebensniveau der Saarländer vor allem im Vergleich zur Bundesrepublik rapid: denn nicht die Saar verdient an ihrem Absatz, sondern Frankreich. Um 315 Millionen Mark beträgt der jährliche Exportüberschuß der Saar. Die Saar rettet Frankreichs Außenhandelsbilanz vor einer hoffnungslosen Passivität, doch das rettet die Saar nicht davor, Premier Pinays entbehrungsreiche Preisstabilisierungsaktionen mitzumachen. Obwohl die Franzosen nach dem Krieg viel Geld für den Wiederaufbau in die Saarindustrie gesteckt haben, rangiert die Saar jetzt bei der Kreditvergebung durch die Pariser Regierung an letzter Stelle.

Die Nichterfüllung von Johos Versprechungen ist der reale, wirtschaftliche Hintergrund für das Deutschfreundliche im Gewerkschafter Paul Kutsch und seinen zahlreichen Freunden.

Die Saar kann nur im unabhängigen Handel mit Deutschland und Frankreich gedeihen, ihre wirtschaftlichen Grenzen

12

25
Spiegel-Bericht vor den »weißen Wahlen« an der Saar vom 30. November 1952

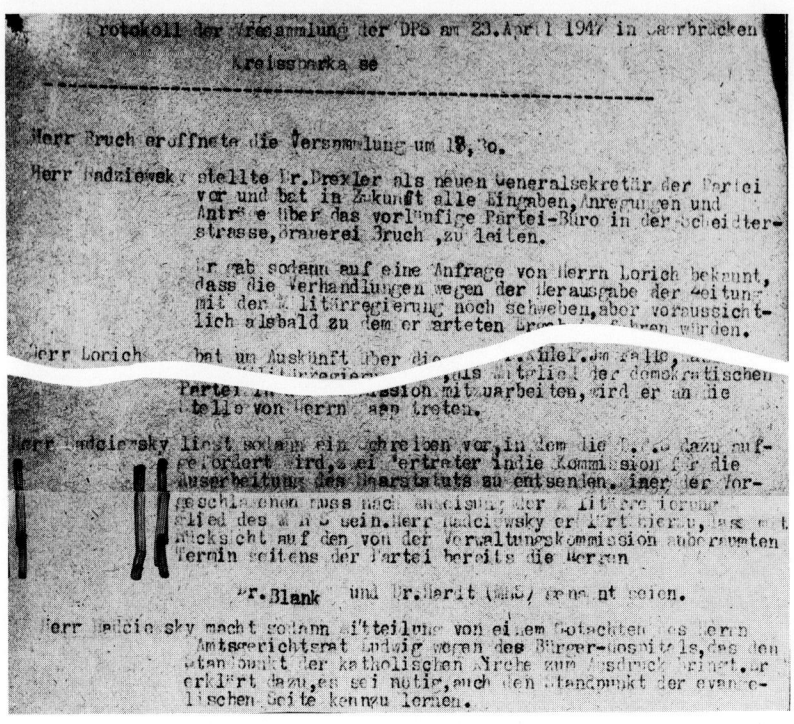

26
Landtagswahl 1947 – freie Entscheidung für die Abtrennung? Bestrittene Einflußnahme auf die Verfassungskommission: Die Militärregierung fordert die Hälfte der Sitze für MRS-Mitglieder. Ausschnitt aus dem Originalprotokoll der DPS.

27
Protest der saarländischen Sozialdemokraten: Die Militärregierung schließt Zehntausende von der Teilnahme an der Wahl aus.

## Parteitag der Sozialdemokratisc

trafen sich
250 Dele-
nen Partei
um zu den
d Stellung
enliste für
ise aufzu-

id ein Re-
id Verfas-
se die Be-
Werden des
Saarland,
eiterschaft

soweit sie

Dafür wurde aber eine Entschließung, vom erweiterten Vorstand des Parteitags gutgeheißen, nun einstimmig angenommen. Die Entschließung lautet:

„Der außerordentliche Parteitag der Sozialdemokratischen Partei Saar erhebt bei der französischen Militärregierung allerschärfsten Protest gegen die Bestimmungen der Wahlordnung Nr. 104 vom 12. 7. 1947, die eine große Zahl der Saarbevölkerung von der Wahl ausschließt.

Er bedauert, feststellen zu müssen, daß in dieser Wahlordnung die demokratischen Rechte des Volkes ohne sichtbaren Grund außeracht gelassen werden.“

krä
aus
der
And
geh
der
krä
geb
und
rier
söh
end
sam
der
su
S

In gleichem Sinne war Johannes Hoffmann schon kurz zuvor von der französischen Militärregierung belobigt worden. In dem schon erwähnten Bericht: »Renaissance de la Sarre«, der im September 1947 als Buch erschienen war, hieß es von Hoffmann, daß er »Frankreich total ergeben« und »der Motor zahlreicher Maßnahmen zugunsten der Politik Frankreichs im Saarland« gewesen ist. Hier die Originalstelle aus dem französischen Buch:

Et parce qu'il est animé par des hommes acquis totalement à la démocratie et à la France, le Parti Chrétien Populaire s'est, depuis 2 ans, prononcé sans nuance pour le rattachement économique et la pénétration culturelle dans le respect des traditions religieuses, sociales et linguistiques locales. Son président M. Johannes HOFFMANN était dès avant 1935 entré en lutte ouverte contre le national-socialisme, la „Deutsche Front" et le rattachement de la Sarre à l'Allemagne. La victoire de ses adversaires le contraignit, au soir du 13 janvier, à se réfugier chez nous d'abord, en Amérique du Sud, lors des années tragiques qui suivirent 1940. Rentré dans sa province en 1945 il organisa à nouveau son parti et fut l'un des signataires du télégramme d'avril aux quatre Ministres des Affaires Etrangères réunis à Paris, ainsi que le promoteur de nombreuses motions en faveur de la politique de la France en Sarre.

Als sich Herr Grandval über sieben Jahre später, am 30. Juni 1955, von der Saar verabschiedete, zeichnete er seine Aufgabe – sehr zum Ärger von Johannes Hoffmann – unter anderen mit folgenden Worten auf: »Ich habe im Saarland seit zehn Jahren zunächst einmal die Verteidigung der französischen Interessen wahrgenommen. Das wird mir, so denke ich, niemand verübeln. Ich werde für meine Person auf jeden Fall diese Tatsache nicht ableugnen. Es lag im Interesse Frankreichs, sofort nach dem durch Hitlers Militarismus entfesselten Konflikt, der Frankreich so grausam zerstört hatte, ein für allemal dem deutschen Militärpotential die Bergwerke und Hütten an der Saar zu entziehen, aus denen ihre früheren Herren eines der Räderwerke der deutschen Kriegsmaschinerie gemacht hatten. Es lag und liegt auch heute noch im Interesse Frankreichs, für Ihr Land und das lothringische Revier, das Kombinat von Kohle und Stahl wieder herzustellen, das ihm die Natur verliehen und das drei Vierteljahrhunderte Geschichte bestätigt hatten: Als einzig mögliches Gegengewicht gegen die enorme industrielle Konzentration an der Ruhr ist es auch allein im Stande, den wirtschaftlichen Machtausgleich des im Aufbau befindlichen Europas zu garantieren und die Festigkeit des Gebäudes sicherzustellen. Man verschone uns hier mit dem Argument der Supranationalität, deren Geist wohl die europäischen Institutionen durchdränge, sich aber über eine solche Sorge einfach hinwegsetzte: So hoch ein solches Ideal stehen mag, so bleibt es doch weit von der Wirklichkeit, und es hieße ihm schlecht dienen, wollte man über diese Tatsache hinwegsehen.«

Das waren deutliche Worte, die Militärbefehlshaber, Gouverneur und Botschafter Grandval bei seinem Weggang von der Saar an seine enttäuschten saarländischen Anhänger richtete. Vor allem mußte sich Johannes Hoffmann aus berufenem Munde widerlegt finden, wenn er im bevorstehenden Abstimmungskampf und auch zukünftig die Absicht hatte, der Saarbevölkerung klarzumachen: »Mein Ziel war Europa.«

Herr Grandval dachte ganz anders, und so war Hoffmann, der in keinem Augenblick der Regententätigkeit Grandvals eine eigenständige Politik durchzusetzen in der Lage war, von seinem Herrn und Meister zutiefst enttäuscht worden. Hier half auch das Pflästerchen nicht, das Gilbert Grandval an die oben zitierten Worte – offenbar in dunkler Ahnung der kommenden Entwicklung – hinzufügte: »Es lag und wird auch stets im Interesse Frankreichs liegen, denen, die im Saarland an es geglaubt haben, die Treue zu halten und die Sympathie, die sie ihm entgegengebracht haben, niemals zu enttäuschen!«

Doch zurück zum Anfang: Die Durchsetzung aller französischen Vorstellungen im Saarland begegnete keinerlei Widerständen. Nicht nur die Verwirklichung des politischen Programms, auch die Auswahl der französischen Beamten und Funktionäre sowie der Partner aus der saarländischen Bevölkerung oblag ausschließlich der freien Willensentscheidung, und damit natürlich auch der Verantwortung der Militärregierung und ihres Chefs: Oberst Gilbert Grandval. Diese totale Machtsituation brachte auch der Rechenschaftsbericht klar zum Ausdruck, wenn dort unter anderem (Renaissance, S. 16) ausgeführt wurde: »Die Aufgabe der Militärregierung bestand also darin, dieses Land politisch aufzubauen (»structurer politiquement cette province«) und es wirtschaftlich ›starten‹ zu lassen.« Von Herrn Grandval, der am 30. August 1945 zum Délégué Supérieur de la Sarre ernannt worden war, heißt es: »Er sollte im Namen Frankreichs dieses Programm verwirklichen.« Und weiter: »Das Werkzeug für diese Arbeit mußte das Gouvernement Militaire sein«, das alsbald in sieben Kreise mit hohen französischen Militärs an der Spitze als Kreisdelegierte untergliedert worden war.

Der saarländische Boden, auf dem die Franzosen 1945 begonnen haben, wird wie folgt beschrieben (Renaissance, S. 16): »In der Tat waren nur die materiellen Zerstörungen augenscheinlich, dagegen war die Auflösung des politischen Lebens in einem Ausmaß geschehen, von dem sich niemand eine Vorstellung machen kann. Verschwunden waren zuerst die politischen Kader der Nazis, die zuvor das Land so durcheinander gewirbelt hatten, verschwunden waren auch die beruflichen und technischen Kader, übrig blieb eine Masse, die durch den Krieg schockiert war, ohne Empfindungen, ohne Gestalt, der Demokratie und den fortschrittlichen Formen des sozialen Lebens entwöhnt.«

Hier konnten also die »Baumeister eines neuen Staatsgebildes auf kleinstem Raum« von vorne anfangen und ohne Vorbehalte und ohne Vorbedingungen die Menschen formen und gestalten, die keinen anderen Willen hatten als zu überleben, der bedrückenden Vergangenheit und der schwer lastenden Gegenwart zu entfliehen.

Die französischen Besatzungsbehörden waren sich auch dieser weit in die Zukunft reichenden Bedeutung ihrer Aufgabe bewußt, wenn es an derselben Stelle im Bericht heißt, daß außer der schwierigen Aufgabe, die brennenden Sofort-Probleme zu lösen, auch »die allgemeinen Probleme auf lange Sicht zu verwirklichen waren, deren Grundlagen schon jetzt geschaffen werden mußten, damit in fünf oder zehn Jahren eine Lösung gefunden werden könnte«.

Das wesentlichste, aber auch schwierigste Problem für die Franzosen war die Personalfrage auf saarländischer Seite. Die eigenen Beamten und Funktionäre waren entweder Militärs oder unter dem Kommando der Militärregierung stehende französische Zivilisten. In einem 1948 erschienenen französischen Schlüsselroman, dessen Verfasser Mitglied des Militärgouvernements in Saarbrücken war, lasen wir, daß besonders einzelne Franzosen, die durch Beziehungen zur deutschen Besatzung politisch belastet waren, sich zur französischen Besatzungstruppe in Deutschland meldeten, um so der Epuration und Verfolgung im eigenen Lande zu entgehen. Uns wurden derartige Persönlichkeiten später bekannt. Sie zeichneten sich durchwegs als besonders entschlossene Franzosen – »français résolus« – gegenüber jedem deutschen Element an der Saar aus. Offensichtlich wollten sie auf diese Weise »verbrennen, was sie einmal angebetet hatten«. Wie oft habe ich mir die Frage vorgelegt, wie die Franzosen das Problem lösen wollten, zur gleichen Zeit, in der sie viele Hunderttausende ihrer eignen Landsleute wegen Zusammenarbeit mit den Deutschen – sie nannten das ja selbst »collaboration« – schwer und hart bestraften, im Saarland Deutsche zu finden, von denen sie eine widerspruchslose »Zusammenarbeit« erwarteten.

Welche Beispiele uns Saarländern in dieser Hinsicht im benachbarten Lothringen vor Augen geführt wurden, habe ich am Falle eines Bekannten erlebt (Abb. 23). Von deutschen Eltern, die vor 1918 in das damals deutsche Lothringen übersiedelt waren, in Lothringen geboren, war der Betreffende – er möchte angesichts seiner Erfahrungen auch heute noch nicht seinen Namen genannt wissen – französischer Staatsbürger geworden. Nach dem Einmarsch der deutschen Truppen Mitte Juni 1940 erlebte er die verführerische Wirkung der nationalsozialistischen Ideenwelt von der Schaffung Großdeutschlands. Er stellte sich den deutschen Machthabern in Lothringen, die er im Grunde seines Wesens als seine Landsleute ansah, zur Verfügung. Mit politischen Ämtern betraut, wurde er zeitweilig SA-Sturmführer, stellvertretender Gausammlerwart und ähnliches. 1945 verhafteten ihn die Franzosen im Elsaß, wohin er mit seiner Familie vor der herannahenden Front geflüchtet war. Von da an begann sein Leidensweg. Nach einer eineinhalbjährigen, schweren Haftzeit in den verschiedensten Gefängnissen stand er Ende 1946 vor seinen Richtern. Nach den Gründen des gegen ihn verhängten Urteils war nur über die einzige Frage zu entscheiden: »Ist der Angeklagte schuldig, im Departement Mosel zwischen dem 16. Juni 1940 und dem Zeitpunkt der Befreiung, in der Absicht, die feindlichen Maßnahmen aller Art zu begünstigen, geistige Beziehungen (»des intelligences«) mit einer ausländischen Macht, hier Deutschland, oder mit Agenten zum Zwecke der Begünstigung von Maßnahmen dieser Macht gegen Frankreich unterhalten zu haben?«

Der Urteilsspruch lautete: »Ja, mit Mehrheit der Stimmen.« Demzufolge wurde der Betreffende verurteilt:

1. zu fünfzehn Jahren Zwangsarbeit, von denen er sieben Jahre verbüßen mußte, allerdings unter Einschluß der vor der Urteilsfällung verbrachten Haftzeit,
2. zu zwanzig Jahren Aufenthaltsverbot,
3. zur lebenslänglichen »nationalen Degradation«, das ist die Aberkennung der nationalen Würde,
4. zur Einziehung seines Vermögens bis zu einem Betrag von 200 000 Franken, wobei die Einziehung später auf 10 000 Franken beschränkt worden ist.

Zu dem Urteil kam hinzu, daß der Betreffende Haus, Geschäft, Wohnungseinrichtung, Bank- und Sparguthaben, kurz alles, was er und seine Familie nicht buchstäblich auf dem Leibe trugen, verlor; eine Entschädigung hat er bis heute weder von deutscher noch viel weniger von französischer Seite erhalten.

Das war sicherlich kein ermutigendes Beispiel für eine inhaltsgleiche, wenn auch erst nach Beendigung der Feindseligkeiten erwartete Kollaboration an der Saar. Dabei darf auch nicht übersehen werden, daß auch zur gleichen Zeit im Saarland ein Viertel aller arbeitenden Menschen mit ihren Familienangehörigen in ein politisches Säuberungsverfahren verwickelt worden waren. So ist es nicht verwunderlich, daß

# BULLETIN N° 3
## DU CASIER JUDICIAIRE

TRIBUNAL
DE PREMIÈRE INSTANCE
de THIONVILLE
(Moselle)

CASIER JUDICIAIRE

Droit de timbre à **35** frs
payé en compte au Trésor
N° **1571/53**
au répertoire spécial

RELEVÉ *des condamnations à des peines privatives de liberté concernant :*

Le nommé ...........................................................................

fils { de ............... et de ...............

né le ...............

à l. ...............

Domicile : ...............

Etat civil et de famille : ...............

Profession : ...............

Nationalité : ...............

'S. 10520.1

| DATES des condamnations | COURS ou tribunaux | NATURE des crimes ou délits | DATE PRÉCISE des crimes ou délits | NATURE et durée des peines | OBSERVATIONS |
|---|---|---|---|---|---|
| 25.10.46 | Cour de Justice de la Moselle sous-section de METZ | Trahison | depuis le 16.6.40 | QUINZE ANS de travaux forcés VINGT ANS d'interdiction de séjour, à la dégradation nationale à vie et à la confiscation de ses biens jusqu'à concurrence de la somme de deux cents mille francs. | |

(pourvoi en cassation rejeté le 7 Novembre 1946

Par décret du 15 Février 1948, Monsieur le Président de la République a limité la confiscation a la somme de 100.000 francs.

Par décret du 19.11.1949, Monsieur le Président de la République a fait remise de 3 ans de travaux forcés et limité la confiscation à 10.000 francs.

Par décret du 6 Juin 1950 Monsieur le Président de la République a fait remise de six mois de travaux forcés.

Par décret en date du 6 Juillet 1951, Monsieur le Président de la République a fait remise d'un an de travaux forcés.

COUT DU BULLETIN :

| | |
|---|---|
| Recherche et Rédaction | 108,— Frs |
| Timbre | 35,— |
| Envoi | 20,— |
| Affranchissement | 15,— |
| Surtaxe départementale | ,— |
| | 178,— Frs |

*Timbre du Tribunal*

Vu au Parquet :
Le Procureur de la République,

Pour extrait conforme :

Thionville, le **13** Octobre **1953**
Le Greffier en Chef,

---

23

Harte Bestrafung eines von reichsdeutschen Eltern abstammenden Lothringers wegen Zusammenarbeit mit den Deutschen (Kollaboration) während des Krieges. Urteilsgrund: Verrat! Abbildung: Strafregister-Auszug Nr. 3 von 1953!

die französischen Militärbehörden praktisch nur auf saarländische oder deutsche Emigranten aus der Zeit von 1935 zurückgreifen konnten; erst später fanden sich einige weitere Deutsche bereit, im Sinne der französischen Zielsetzung mitzuarbeiten; meist waren diese Deutschen aber keine Saarländer oder während der nationalsozialistischen Zeit politisch belastet. Robert Schmidt hat die personellen Verhältnisse der damaligen Zeit eingehend untersucht und treffend dargestellt.

Sicherlich konnte unter den saarländischen Emigranten von 1935 eine Kernmannschaft gefunden werden, die durch ihren Kampf gegen das Hitlerregime und den Aufenthalt in Frankreich, ja sogar durch den Dienst in der französischen Armee und durch Annahme der französischen Staatsangehörigkeit das volle Vertrauen der Militärbehörden besaßen. Robert Schmidt hat sich (Bd. II, S. 27) mit der Einstellung dieser Leute befaßt und sie mit dem durchaus verständlichen »faible« für Frankreich begründet. Im Ergebnis kommt Schmidt zu der Ansicht: »Diese Hinneigung zu Frankreich brachte zwangsläufig eine subjektive, hier aber ganz andersartige, nämlich innere, gefühlsmäßige, also weitgehend irrationale Abhängigkeit von Frankreich mit sich.« Nach der Entwicklung, die nahezu alle diese politischen Persönlichkeiten in der späteren Zeit bis 1955 durchgemacht haben, muß die Charakteristik von Schmidt wohl etwas korrigiert werden. Zunächst einmal haben die meisten Deutschen – nicht nur Saarländer – ein »faible« für Frankreich, wenn sie erst einmal Land und Leute kennen gelernt haben, ohne im Verhältnis von »Besatzer und Besetztem« zu stehen. Neimand vermag sich der Anziehungskraft dieses großartigen Landes, seiner Kultur, seines Geistes, seiner Kunst- und Architekturdenkmäler und vor allem dem Charme seiner Menschen zu entziehen; ein Fehler ist nur, aus einer solchen Bewunderung und Liebe die politische Schlußfolgerung zu ziehen – wie das die französischen Militärs an der Saar während der beiden Abtrennungen getan haben –, die Bewunderer wollten oder müßten deshalb ihre Nationalität wechseln und ihre Bindung zum angestammten deutschen Vaterland aufgeben. Demnach ergab sich die ganz natürliche Frage, wie lange die aus dem saarländischen Volkstum stammenden »Hilfskräfte der Franzosen« die Aktivität und den Einsatz entwickeln würden, die von der französischen Seite erwartet wurden. Die Frage lief letzten Endes darauf hinaus, ob das »faible« eine stärkere Kraft sein würde als die Ausstrahlungskraft des saarländischen – sprich deutschen – Volkstums.

In der Tat erwies sich die Personalpolitik der Franzosen »mit Emigranten« als Kernmannschaft im Saarland als Archillesferse ihrer gesamten Saarpolitik nach 1945. Außer dem stets – in französischem Sinne – zuverlässigen und unermüdlichen Minister Hector und seinem engsten Mitarbeiter Jacques Becker, die aber gerade dadurch, wie wir später noch sehen werden, zum ausschlaggebenden Faktor für die Niederlage des JA zum Saarstatut am 23. Oktober 1955 wurden, erlagen nahezu sämtliche Hitlergegner von 1935 in der Zeit von 1947 bis 1955 nach und nach den unsichtbaren Auswirkungen ihrer saarländischen Umgebung, natürlich ohne deshalb zu Verfechtern einer Rückkehr der Saar nach Deutschland zu werden. Sie verloren jedoch die Kraft zur ständigen Verteidigung der französischen Zielsetzungen und mußten erkennen, daß die Saarbevölkerung schließlich doch ihre eigenen Wege nach den eigenen Gesetzen des deutschen Volkstums gehen würde. Dieses Phänomen war bereits für die Entwicklung der Saarfrage von 1920 bis 1935 ausschlaggebend. Der aus dem Saarland stammende Publizist Josef Maria Görgen hat in seiner Studie: »Das Saarexperiment des Völkerbundes« diese Kräfte eingehend untersucht und dargestellt. Die Machthaber an der Saar – wie in Paris – hätten nach 1945 auf die Erfahrungen dieses Fachmannes zurückgreifen können. Görgen war ein ausgesprochener Gegner des Nationalsozialismus – die Nationalsozialisten hatten ihn sogar zeitweilig in ein Konzentrationslager gebracht – und Verfechter der deutsch-französischen Verständigung, der er sein Buch gewidmet hatte. Nach 1945 war Görgen an die Saar zurückgekehrt und hätte als Berater dienen können, statt dessen wurde er abgewiesen und mußte seine Heimat erneut verlassen. Auch wenn man mit manchen Thesen und Ansichten Görgens nicht einverstanden sein will – oder kann –, darf seine Analyse des Saarexperiments von 1920 bis 1935 und der von den Franzosen und der Saarregierung begangenen Fehler und Irrtümer doch als richtig und zutreffend beurteilt werden. Sie war neben der schon besprochenen Denkschrift der französischen Liga für Menschenrechte des Jahres 1929 ein zweites »Lehrbuch für die Geschichte der Saar und der Behandlung ihrer Bevölkerung«, das den Verantwortlichen hätte zu denken geben müssen. Wahrscheinlich hat es keiner von ihnen gelesen.

Wie sehr sich die von den Franzosen selbst als »éléments francophiles« angesehenen und mit Vorschußlorbeeren bedachten Saarländer gewandelt haben, zeigt das Beispiel zweier prominenter politischer Persönlichkeiten: des Präsidenten des MRS, Walter Sender, und des saarländischen Ministerpräsidenten Johannes Hoffmann. Es sei daran erinnert, daß Hoffmann 1955 in seine Wahlversammlungen unter den Klängen von »Preußens Gloria« und »Fridericus Rex« oder anderer deutscher Militärmärsche einzog und gegen Ende der Referendumschlacht Flugblätter wie das abgebildete (Abb. 24) verteilen ließ.

Noch überraschender sind die Wandlungen des MRS-Präsidenten Sender, des zeitweilig mächtigsten Politikers an der Saar, der noch 1948 eine starke Aktivität zugunsten einer vollständigen Annexion der Saar durch Frankreich entwickelt hatte. Dr. Sender, ein bekannter Saarbrücker Rechtsanwalt, war bis zur Machtergreifung Hitlers einer der führenden deutsch gesinnten Politiker an der Saar. Als Mitglied der deutschen Sozialdemokraten im Saargebiet unternahm er zahlreiche Vorstöße beim Völkerbund in Genf zur Wahrung der Rechte der Saarbevölkerung. Die Rückgliederung der Saar nach Ablauf des Völkerbundexperiments war zunächst auch sein Programmziel. Als Jude wandte er sich von 1933 an begreiflicherweise dem Status quo zu, also der Bewegung für die Beibehaltung des Versailler Saargebietes. 1945 an die Saar zurückgekehrt, verschrieb sich Dr. Sender der politischen Anschluß-Bewegung, dem MRS. Als Bewunderer und Bürger Frankreichs begründete er diese Überzeugung in einer öffentlichen Versammlung am 21. Dezember 1947 noch mit den folgenden Worten: »Wer mir vorwirft, ich würde heute ganz anders reden, als vor 20 Jahren, dem habe ich zu sagen, daß sich mein Horizont inzwischen erweitert hat; denn 1920 waren die politischen Gegebenheiten ganz anders als heute. Jawohl, ich war damals ein Ochse, aber die anderen sind Ochsen geblieben. Wir kannten Frankreich noch nicht. Erst in der Emigration lernten wir die zivilisatorische Bedeutung Frankreichs kennen.«

Schon Ende 1948 fand die politische Tätigkeit des MRS praktisch ihr Ende. In einem späteren mehrstündigen Gespräch zwischen Robert Schmidt (Bd. II, S. 89/90) rückten Dr. Sender und das Vorstandsmitglied Fritz Pfordt von den Zielen des MRS ab. Auf die Frage Schmidts, wie sich die Leitung des MRS verhalten hätte, wenn sie den Aufstieg Westdeutschlands und seine Entwicklung zu einem demokratischen

# Aufruf an die Bevölkerung des Kreises Homburg!

**Wir erklären,** daß wir in dem uns am 23. Oktober 1955 zur Abstimmung vorliegenden Statut keine Entscheidung für oder gegen unser deutsches Vaterland sehen.

**Wir erklären,** daß wir das Statut als ein Provisorium bis zum Friedensvertrag ansehen, und stellen ausdrücklich fest, daß diese Tatsache im Statut selbst verankert ist.

**Wir erklären,** daß nach unserer Auffassung die endgültige Regelung im Friedensvertrage nur im guten Einvernehmen mit dem deutschen Vaterland und gemäß der freien Willensbestimmung der Bevölkerung unserer Heimat getroffen werden kann.

**Wir erklären,** daß wir uns dann in selbstverständlicher Liebe und Treue zu unserem deutschen Vaterland bekennen, sofern unsere Erwartungen, die wir an das europäische Statut knüpfen, bis zum Friedensvertrag sich nicht erfüllen.

**Treu** zum Worte des Bundeskanzlers Konrad Adenauer, wollen wir helfen, den deutsch-französischen Gegensatz aus der Welt zu schaffen.

**Treu** dem Ansinnen der Bischöfe, verweisen wir auf die große Verpflichtung jedes Christen, bei der Abstimmung dem Gemeinwohl der Menschen unserer Heimat zu dienen.

**Treu** der großen Aufgabe, die Vereinigung **Europas** verwirklichen zu helfen, wollen wir dem Frieden in der Welt dienen.

**Treu** den Menschen in unserer Heimat, wollen wir der christlichen Sozial- und Wirtschaftsordnung zum Siege verhelfen.

Darum fordern wir unsere christlichen Wähler auf, am 23. Oktober 1955

**JA** zum Saarstatut zu sagen.

**Der Kreisparteivorstand der Christl. Volkspartei des Saarlandes**

**Der Ortsparteivorstand der Christl. Volkspartei des Saarlandes**

24
Das Wunder an der Saar: Hoffmanns »Christliche Volkspartei« findet zu Deutschland zurück! Flugblatt der »CVP« Hoffmanns kurz vor dem Referendum vom 23. Oktober 1955. In der Erkenntnis der bevorstehenden Niederlage finden die Verantwortlichen zu Deutschland, zur »selbstverständlichen Liebe und Treue zu unserem deutschen Vaterland« zurück. Umsonst!

Staat bereits 1947 oder gar 1946 hätten voraussehen können, gab Sender die Antwort: »Wir haben eingesehen, daß wir geirrt haben, und ziehen die Konsequenzen. Jeder Mensch kann irren, und auch wir nehmen für uns das Recht in Anspruch, uns einmal irren zu dürfen.« Und am Schluß des Gespräches sagte – nach Schmidt – Herr Pfordt zu Dr. Sender: »Wollen wir doch einmal offen reden: Wenn wir es noch einmal zu machen hätten (die MRS-Politik, Anm. d. Verf.), ich glaube kaum, daß wir es täten.« Darauf Sender zu Pfordt: »Keinen Schlag!«

Diese innere Wandlung bei führenden Politikern des MRS – ich kannte übrigens Dr. Sender seit meiner frühesten Jugend und zwar trotz aller politischen Gegensätze zu jeder Zeit von seiner Aufrichtigkeit und Menschenfreundlichkeit voll überzeugt – beweist, daß man französischerseits auf schwachen Sand gebaut hatte, wenn man glaubte, mit dieser geringen Zahl von »Getreuen« die Saarbevölkerung dorthin führen zu können, wohin man es vor 1935 vergeblich zu führen versucht hatte. Auch in bezug auf die Zahl der zur Verfügung stehenden Emigranten von 1945 gab man sich von vornherein einer erheblichen Täuschung hin. Nach den Angaben Senders (Schmidt, Bd. I, S. 149) sollen nach der Übernahme der politischen Verwaltung durch die Franzosen im Jahre 1945 etwa 1500 Personen zur Verfügung gestanden haben. Diese Zahl stimmt meines Erachtens nicht. Im öffentlichen politischen und gewerkschaftlichen Leben traten höchstens 200 bis 300 der aus Frankreich zurückgekehrten Emigranten hervor; die gleiche Zahl rekrutierte sich aus Anhängern des Status quo von 1935, die an der Saar verblieben waren. Zu diesen Zahlen müssen vielleicht noch die kleineren Funktionäre auf Orts- und Kreisebene hinzugerechnet werden, die jedoch keine entscheidende politische Bedeutung für die Durchsetzung der gesteckten Ziele Frankreichs an der Saar hatten.

Das zweite Problem, das sich aus der Personalpolitik nach 1945 ergab, war die Frage, wie sich die saarländische Bevölkerung auf die Dauer zu der Beherrschung des Landes durch die »éléments francophiles« stellen würde. Zweifellos wurde diese Frage während der Zeit des Hungers und der Ohnmacht noch nicht laut. Bis zum wirtschaftlichen Anschluß am 20. November 1947 nahm die Bevölkerung alles und jeden hin. Wie aber würde sich das in den späteren Jahren entwickeln, vor allem, wenn erst einmal Anlaß zur Kritik – insbesondere in den Kreisen der Arbeiterschaft – gegeben war? Und ein solcher Anlaß ergab sich nach Freymond (S. 67 f.) schon im ersten Jahr nach dem wirtschaftlichen Anschluß.

Den »éléments francophiles« war nach dem oben angeführten Zitat aus »Renaissance de la Sarre« die Rolle zugedacht, diejenigen Schlüsselpositionen zu besetzen, die nach Auffassung der Militärbehörden zur Durchsetzung der französischen Pläne in bezug auf das Schicksal der Saar fest »in den Händen ihrer Leute« liegen sollten. Ihre wirkliche Aufgabe wäre es aber gewesen, als Vertreter der Saarbevölkerung eine eigenständige, also mehr oder weniger autonome Politik im Interesse der Bevölkerung zu betreiben. Aus dieser verschobenen Aufgabenstellung ergaben sich dieselben Probleme wie sie Josef Maria Görgen in seinem erwähnten Buch als das Dilemma für die erste Saarregierung und die Treuhänderschaft des Völkerbundes aufgezeigt hat: Auf der einen Seite waren die wirtschaftlichen Interessen Frankreichs und sein Kohlenbedürfnis sicherzustellen, während auf der anderen Seite für die Saarbevölkerung eine demokratische Ordnung unter Voranstellung der Grundsätze des Selbstbestimmungsrechtes der Völker hätte gewährleistet werden müssen. An dieser Problematik scheiterten das erste wie das zweite Saarexperiment, es scheiterten auch die saarländischen Politiker, die sich den Franzosen zur Verfügung gestellt hatten, nicht zuletzt Johannes Hoffmann.

Zu dem Kader der Rückkehr von 1935 kamen Saarländer oder andere zugewanderte Deutsche, sogenannte Graupäßler, die sich zur Mitarbeit zur Verfügung stellten. Die »Graupäßler« waren Einwohner des Saarlandes »minderen Rechtes«; wir kommen später noch darauf zurück. Gerade auf sie griff man als Mitarbeiter gern zurück, weil sie von der ständigen Gefahr einer sofortigen Entziehung der Aufenthaltserlaubnis, das heißt der Ausweisung bedroht waren. Bei diesen »Mitarbeitern« der Besatzungsmacht ergab sich allerdings das größere Risiko, daß sie von der eingesessenen Bevölkerung auf die Dauer abgelehnt wurden.

Wie stark die Gegensätzlichkeiten selbst auf der Seite der »éléments francophiles« waren, zeigen zwei Beispiele von maßgebenden Persönlichkeiten, die beide geborene Saarländer, beide 1935 emigriert, beide als französische Besatzungsoffiziere 1945 an die Saar zurückgekommen und beide im Dienste der Militärregierung, aber innerhalb der saarländischen Verwaltung tätig geworden sind. Der eine war – wie erwähnt – Innen- und Polizeiminister Edgar Hector (Abb. 55), der andere sein Polizeipräsident Guy Kurt Lackmann (Abb. 62), ein »alter Saarbrücker«. Während Lackmann dem Land und seinen Menschen – auch als Angehöriger der Besatzungsmacht – stets verbunden blieb und das richtige Maß zu halten wußte, auch – wie wir genau wissen – ständige Warnungen gegen die Unterdrückung der Parteien vorgetragen hat, konnte Edgar Hector nicht scharf und rücksichtslos genug vorgehen, offenbar war ihm das deutsche Sprichwort: »Allzu scharf macht schartig« in seiner Bedeutung im politischen Bereich nicht mehr geläufig.

Drei Persönlichkeiten prägten nach 1945 entscheidend das politische Gesicht des Saarlandes: in erster Linie Gilbert Grandval, der allmächtige Vertreter Frankreichs an der Saar, zum zweiten Johannes Hoffmann, der Saarländer, und schließlich Edgar Hector – Franzose und gebürtiger Saarländer zugleich –, der »Wanderer zwischen den Nationen«. Als Polizeiminister und ausführendes Organ der französischen Stellen seit Ende 1947 übte er alle Macht in dem kleinen Staatsgebilde aus, er bestimmte ausschlaggebend, wie die (un-)demokratische Ordnung auszusehen hatte, er beeinflußte maßgebend sowohl die exekutive als auch die legislative Gewalt. Mit Gilbert Grandval und dessen Stab stand Edgar Hector in engstem Einvernehmen (Abb. 55), es gab zwischen ihnen keine Meinungsverschiedenheiten über die Verwaltung, richtiger gesagt: Beherrschung des Gebietes, das die französische Zeitung »L'Express« sehr treffend als »territoire conquis« – erobertes Land – bezeichnet hat. Während Johannes Hoffmann trotz weitgehender Abhängigkeit und »totaler Ergebenheit gegenüber den Franzosen« aber immerhin noch gelegentlich, später in steigendem Maße ein gewisses eigenständiges Handeln bei der Wahrnehmung saarländischer Interessen versucht hatte, war und blieb Edgar Hector der Exponent einer fremden Macht, ausschließlich berufen, die Interessen seines französischen Vaterlandes zu vertreten.

Für Hector hatte das Land an der Saar, in dem er geboren und mit dessen (deutschem) Volkstum er – wie alle Saarländer – verwurzelt war, keinerlei Anziehungskraft mehr. Er war und blieb ein Fremdling in fremdem Land. Damit bildete er die

Ausnahme, um nicht zu sagen: ein Phänomen; denn außer seinem Adlatus und getreuem Helfer Jacques Becker, früher Jakob Becker aus Püttlingen an der Saar, fand sich kein weiterer Fall, den man mit Hector gleichsetzen könnte. Wie war das zu erklären, vor allem, wenn man von der späteren Einordnung aller Saaremigranten aus dem Jahre 1935 ausgeht? Muß man von einem Sonderfall Hector sprechen, oder war er etwa ein typisches Grenzlandschicksal, dessen Wurzeln und Ursachen in dem Hin- und Hergerissensein zwischen den beiden großen Nachbarvölkern Deutschland und Frankreich zu suchen sind? Die Bedeutung der Persönlichkeit Hectors und sein Einfluß auf das Geschehen bis zur Volksbefragung von 1955 machen es notwendig, auf den »Fall Hector« etwas näher einzugehen. Dieser »Fall Hector« ist überraschenderweise aber nicht der Fall des damals noch sehr jugendlichen Polizeiministers von Hoffmann, sondern die Affäre seines Vaters, des praktischen Arztes Dr. med. Jacob Hector aus Saarlouis.

Als nach dem Zusammenbruch des Deutschen Reiches im November 1918 zum ersten Mal in diesem Jahrhundert französische Truppen das Land an der Saar besetzten, stellte sich als erster in Saarlouis der Vater Hectors als »Freund Frankreichs« zur Verfügung der Besatzungsmacht, die ihn sofort als »Maire« – Bürgermeister – der alten und jetzt »befreiten französischen Festungsstadt Sarrelouis«, gegründet 1680 von Frankreichs Sonnenkönig Louis XIV., einsetzten. Das Anerbieten des bis dahin völlig unpolitischen und außer seinem beruflichen Wirkungskeis unbekannten, als Arzt durchaus geschätzten Saarlouiser Bürgers, stand im Saargebiet von 1918/19 einmalig dar: Es gab trotz einer Hand voll »Frankophiler« keinen zweiten »Fall Hector« und keine gleichartige Anbiederung oder Kollaboration mit der fremden Besatzungsmacht. Die Bewohner des Saarlandes hatten sich nicht auf eine französische Vergangenheit oder etwa auf eine traditionelle Verbindung mit den Besatzern zu besinnen, sie gab es einfach nicht! Auch von der Familie Hector sind nie irgendwelche Bindungen oder Verbindungen zu unserem französischen Nachbarland bekannt geworden. Nun ist die Zusammenarbeit mit der Besatzungsmacht, besonders wenn sie zum Wohle einer Stadt ausgeübt wird, durchaus nicht zu beanstanden, gegebenenfalls sogar zu begrüßen. Wir haben das nach dem Zusammenbruch von 1945 in allen Bundesländern erlebt und niemand hat daran Anstoß genommen, wenn die Zusammenarbeit in dem üblichen Rahmen und in den selbstverständlichen Grenzen erfolgte. Aber der neu ernannte »Maire de Sarrelouis« leistete sich Eigenmächtigkeiten, die später zum Schicksal des »Politikers« Dr. med. Hector und seiner Familie wurden. Ohne Wissen und Billigung des Stadtrates von Saarlouis richtete Dr. Hector zwei Ergebenheitsadressen »im Namen des Stadtrates« an den französischen Ministerpräsidenten Clemenceau und an den französischen Kriegsminister. Außerdem wurde unter seiner Verantwortung eine vom Stadtrat beschlossene wirtschaftliche Denkschrift: »Die Zukunft der Stadt Saarlouis« im französischen Text in eine Loyalitätserklärung für Frankreich umgefälscht. Von welchem Geist die Hectorschen Erklärungen erfüllt waren, mag nur der folgende Satz aus dem Schreiben an den französischen Kriegsminister vom 15. Januar 1920 zeigen: »Der Bürgermeister und Stadtrat sind fest davon überzeugt, daß Frankreich helfen wird, die historischen Rechte ihrer Stadt wiederherzustellen, welche, wegen ihres Ursprungs und ihrer Liebe zu Frankreich, über ein Jahrhundert durch Preußen boykottiert worden sind.« In noch eindeutigerer Weise wurde in der umgefälschten Denkschrift an die französische Regierung erklärt »de vous assurer en même temps de sa fidelité et de sa loyauté« – »Ihnen gleichzeitig ihre Treue und Ergebenheit zu versichern«!

Nachdem Dr. Hector bald darauf zum saarländischen Mitglied der damaligen Regierungskommission des Saargebietes – sie übte als Treuhänderin des Völkerbundes die Regierungsgewalt aus – ernannt worden war und damit den Rang eines Ministers erlangt hatte, kam die Sache hoch. In einem Artikel in der »Saarbrücker Zeitung« vom 4. September 1922 berichtete der verantwortliche Redakteur des Blattes, Adolf Franke, von den Vorgängen und warf dem amtierenden Minister Dr. Hector (Vater) »schmachvollen Landesverrat durch einen gemeinen Betrug« vor. Aufgrund eines Strafantrags von Dr. Hector kam es Ende Februar/Anfang März 1923 zu einem aufsehenerregenden Prozeß gegen den vor der großen Strafkammer angeklagten Adolf Franke. Dank der dramatischen Entwicklung des Prozesses ging er als »Hector-Prozeß« – nicht etwa Franke-Prozeß – in die Geschichte unseres Landes ein. Franke, verteidigt von den Rechtsanwälten Steegmann und Dr. Lehmann, berief sich auf die Wahrheit seiner Darstellung in der Veröffentlichung und benannte Dr. Hector selbst als Zeugen. Dr. Hector – nach dem damals noch üblichen Verfahren des Voreides – bestritt die Vorwürfe unter Eid, vor allem die Abfassung und Übersendung des einen Briefes, an den anderen wollte er sich nicht mehr erinnern. Bei der sofort von der Strafkammer beschlossenen Durchsuchung der Archive bei der Stadt Saarlouis wurden die belastenden Dokumente gefunden, der amtierende Minister war des Meineides überführt; seine sofortige Verhaftung wurde von der Regierungskommission unter Berufung auf die angebliche Exterritorialität des Ministers unterbunden. Dr. Hector erschien nicht mehr vor Gericht, er ließ durch seine Anwälte eine mehr oder weniger die falsche Aussage bestätigende Erklärung abgeben und trat gleichzeitig von seinem Amt als Mitglied der Regierungskommission zurück.

Das Echo des Prozesses war außerordentlich stark. Die Wogen der Empörung unter der Bevölkerung und der sie vertretenden sämtlichen politischen Parteien schlugen bis nach Genf. In einer von den Parteien an den Völkerbund gerichteten Denkschrift zum »Fall Hector« hieß es u. a.: »In den Augen der ganzen Bevölkerung des Saargebietes ist Dr. Hector und wird es für immer bleiben: ein Meineidiger und Verräter. Jedermann ist ungehalten darüber, daß solch ein Mann der Vertreter der Saarbevölkerung in der Regierungskommission so lange bleiben konnte.« Und weiter: »Der Fall Hector zeigt in vollkommener Weise, welch schlechte Ergebnisse vorliegen müssen, wenn die hohen Ideale der Demokratie mißachtet werden!« Die Eingabe an den Völkerbund hatte als Vertreter der saarländischen Sozialdemokratischen Partei im Landesrat der damalige Rechtsanwalt (und Sozius des Verteidigers von Franke, Dr. Lehmann) Dr. Walter Sender (oben S. 70) unterzeichnet. Seine Erwähnung erscheint wichtig, da nach 1945 alle Beteiligten des Hector-Prozesses von 1923 noch einmal auf der politischen Bühne des Saarlandes erschienen sind, wenn auch mit merkwürdig veränderten Rollen.

Nach diesem politischen Skandal, der übrigens eine Wende der Verhältnisse an der Saar nach dem ersten Weltkrieg herbeigeführt hatte, zog sich Dr. Hector ganz aus dem politischen Leben zurück, er nahm die französische Staatsangehörigkeit für sich und einige seiner Familienangehörigen an und siedelte noch lange vor der Volksabstimmung von 1935 ganz nach Frankreich über. Hectors Sohn Edgar studierte in Paris, während sein Sohn Kurt als Deutscher in Deutschland verblieb und später als Arzt in Hamburg und in Saarbrücken tätig wurde. Noch einmal machten die Hectors vor der Abstimmung von 1935 von sich reden. 1934 veranstaltete die »Association française de la Sarre« in Paris einen Umzug zugunsten eines französischen Saargebietes, an dessen Spitze der Pariser Student Edgar Hector mitzog und Wappenschilder der angeblich französischen Städte »Sarrelouis« und »Sarrebruck« mit sich führte. Das damals – und später auch in der »Deutsche(n) Saar« Nr. 9 vom 27. August 1955 – veröffentlichte Foto veranlaßte Hectors Bruder Kurt, sich in aller Öffentlichkeit zu Deutschland zu bekennen.

Nach dem Zusammenbruch von 1944 trat Edgar Hector, der während des Krieges in der französischen Armee gedient und dort den Rang eines Capitaines erlangt hatte, wieder auf den Plan. Am 10. Februar 1945 hielt er vor dem »Comité d'Études pour les frontières de l'Est et le problème de l'Allemagne occidentale« – dem Studienkomitee für die französischen Ostgrenzen und die Probleme Westdeutschlands – einen Vortrag, der unter der bezeichnenden Überschrift »Die Einverleibung der Saar in Frankreich« in der Zeitschrift des Komitees »Le Rhin« vom 2. Februar 1945, S. 3/4, veröffentlicht worden ist. Hector begann seine Ausführungen: »Frankreich, das in hundert Jahren dreimal angegriffen worden ist, hat das Recht, seine Grenzen und seinen Boden gegen jede Rückkehr des preußischen Militarismus zu sichern. Deshalb ist es (Frankreich) entschlossen, den Schutz des Rheines zu übernehmen. Das schreckliche Elend, die Zerstörungen und die Ruinen, die jede Invasion und vor allem die letzte, nach sich zog, geben Frankreich infolgedessen das Recht auf eine Entschädigung: Um wieder groß zu werden, braucht Frankreich Reichtümer. Diese Entschädigung sollte darin bestehen, daß Deutschland einen Teil seines Staatsgebietes – die saarländischen Gruben und Eisenhütten – abtritt.«

Nach einer Darstellung des wirtschaftlichen Potentials der Saar schlug Hector ein wesentlich erweitertes Saargebiet vor, das nach seinen Vorstellungen vollständig mit Frankreich vereinigt werden sollte. Wörtlich führte er dann weiter aus: »Nachdem so die neuen Grenzen der Saar festgesetzt sind, muß ein besonderer Status des vereinigten Gebietes erarbeitet und festgelegt werden. Wenn dieser Status auch die Schaffung einer Sondergesetzgebung notwendig macht, um dem besonderen Charakter der Bevölkerung Rechnung zu tragen, so muß diese Gesetzgebung im wesentlichen stets als praktisches Mittel und Werkzeug der Assimilierung angesehen werden. Ein Grundsatz ist entscheidend und darf niemals aus den Augen verloren werden: Das vereinigte Gebiet ist ein integrierender Bestandteil Frankreichs, das sich dort endgültig festsetzt (»s'y installe à titre définitif«) und unter Ausschluß aller anderen Mächte seine Souveränität ausübt.« Wenn im weiteren Verlauf des Vortrages Edgar Hector Richtlinien für die zukünftige Verwaltung des Gebietes und die zu erzielende Assimilierung der Bevölkerung und ihre Behandlung gab, so befand er sich in völliger Übereinstimmung mit der schon erörterten Denkschrift von Abel Verdier und den Maßnahmen, die er später so rückhaltlos vertreten sollte.

Soweit der »Fall Hector«; er ist das Schicksal einer Familie, aber nicht das eines Landes und seiner (deutschen) Menschen. Der »Fall Hector« war mehr der Fall eines Landarztes, der einmal aus der Enge des täglichen beruflichen Einerleis herauskommen wollte, um in das Rampenlicht der Öffentlichkeit zu rücken und dort – auf der falschen Seite – eine politische Rolle zu spielen. Der »Fall Hector« wäre längst der

Vergessenheit anheim gefallen, und niemand hätte sich daran überhaupt noch erinnert, wenn die Franzosen es dabei hätten bewenden lassen, den Vater Hector durch ihre Anhänger nach 1945 zu rehabilitieren und ihn zum »Ehrenbürger« der Stadt Saarlouis zu ernennen (Abb. 48). Aber sie machten den Fehler, dem Sohn Edgar Hector die Polizeigewalt über das Saarland und seine Bevölkerung zu übertragen, deren Vertrauen er nicht besaß. Daran änderte auch die Tatsache nichts, daß Edgar Hector fleißig und unbestechlich war und mit seiner Familie ein untadeliges Leben geführt hat. Wie die späteren Ereignisse gezeigt haben, bestätigte sich auch nach 1945 die Richtigkeit eines Kernsatzes aus der Denkschrift an den Völkerbund von 1923, der gelautet hat: »Nur ein Mann, welcher das volle Vertrauen der Bevölkerung besitzt, kann Vertreter in der Regierung (im Saargebiet, Anm. d. Verf.) sein.« Wie wenig Edgar Hector diese Voraussetzungen erfüllte, zeigte er immer wieder von neuem, nicht zuletzt seinen eigenen Freunden aus der Emigration gegenüber. Das ergab sich für mich aus folgendem persönlichen Erlebnis:

Es war im Jahre 1951 oder 1952, als mich eines Tages mein Kollege Dr. Lehmann aufgeregt ansprach: »Was meinen Sie, Kollege Schneider, was mir dieser Tage im Innenministerium passiert ist? Ich hatte dort auf einer Dienststelle zu tun, als plötzlich Herr Hector hereinkam und mich unvermittelt ansprach: ›Sie sind ein Schwein, Herr Rechtsanwalt!‹ Anlaß war die Tatsache, daß ich 1923 Adolf Franke im Hector-Prozeß verteidigt hatte.«

Nun war mein jüdischer Kollege Dr. Lehmann gleichfalls 1935 aus dem Saarland nach Frankreich emigriert und zusammen mit seinem Sozius in der Anwaltskanzlei, Dr. Walter Sender – derselbe, der die Denkschrift an den Völkerbund mitunterzeichnet hatte – ein Anhänger und Verfechter der französischen Saarpolitik. Rechtsanwalt Dr. Sender war – wie erwähnt – zudem der Präsident des MRS, dem auch Innenminister Hector als führendes Mitglied angehört hat; beide verfolgten in dieser Bewegung die vollständige Integration der Saar in Frankreich!

Welch ein Bild verwirrender politischer Geschehnisse und schillernder Persönlichkeiten! Konnte man glauben, mit solchen Politikern und ihren Methoden die Herzen einer deutsch gesinnten Bevölkerung zu gewinnen?

Übrigens wird sich der heute in Paris lebende einstige Minister des Inneren im Saarland nicht ungern an das Land seiner alten Heimat zurückerinnern; denn es zahlt ihm auch heute noch die nicht unansehnliche Ministerpension.


Die Problematik der Emigranten als Helfer der französischen Saarpolitik wurde noch durch einen Umstand verstärkt: Die meisten der nach 1945 an der Verwirklichung der französischen Saarpläne mitwirkenden Saarländer hatten schon in den Jahren vor Hitlers Machtergreifung aktiv am politischen Leben der Saar teilgenommen und sich in unzähligen Äußerungen festgelegt. Aber weder die Franzosen noch weniger die Betroffenen selbst waren sich bewußt, daß auf Dauer gesehen eine zweigleisige politische Haltung mit dem Ansehen der nach 1945 zu hohen und höchsten politischen Ämtern gelangten Personen unvereinbar war. Die Saarbevölkerung war gerade in dieser Hinsicht feinhörig, sie brachte Erfahrungen aus der Zeit von 1920 bis 1935 mit, und diese Zeit lag ja »erst« zehn bis fünfzehn Jahre zurück. Was die meisten übersahen, war die grundlegende Abneigung der Bevölkerung gegen Leute, die ihre politische Meinung wechselten und heute so, morgen so daherredeten. Charakterisiert wurde dies im Volksmund mit der Bemerkung: »Was kümmert mich mei dumm' Geschwätz von geschder«, was weniger nachsichtig belächelnd als vielmehr kritisch abwertend gemeint war.

Ich bin überzeugt, daß die Entwicklung einen anderen Verlauf genommen haben würde, wenn die Franzosen eine andere Personalpolitik und natürlich auch eine Politik echter Freiheit betrieben hätten. Ich habe immer gesagt: Wenn wir ein Denkmal zu setzen hätten mit der Inschrift: »Wir danken die Rückkehr der Saar: . . .«, dann würden auf diesem Denkmal als erste Namen stehen: Gilbert Grandval, Edgar Hector und Johannes Hoffmann! Das ist keine Herabsetzung des einstigen Gegners, sondern einfach die Schlußfolgerung aus den geschichtlichen Lehren, die aus den zweimaligen Auseinandersetzungen um die Saar gezogen werden muß. Aus der Erkenntnis dieser psychologischen Situation war auch unsere politische Tätigkeit darauf ausgerichtet, den Menschen unserer Heimat, vor allem auch der jungen Generation, welche die Zeit von 1920 bis 1935 nicht mehr erlebt hatte, darzulegen, wie die Politiker des Grandval-Hoffmann-Regimes ihre politische Haltung geändert hatten. Aus der Fülle der Äußerungen Johannes Hoffmanns vor 1935 seien an dieser Stelle nur drei herausgegriffen. Johannes Hoffmann, einstmals Chefredakteur der (katholischen) »Saarbrücker Landeszeitung«, schrieb in diesem Blatt:

Am 17. 2. 1931:
»Leider Gottes haben die Franzosen einige Kreaturen gefunden, die ihnen Handlangerdienste zu leisten bereit sind.«
Am 17. 2. 1931:
»Und dieser selbe Corpsstudent und preußische Bergassessor ist heute der Hauptdrahtzieher der französischen Propaganda! Was hält ein anständiger Franzose von einem solchen ›Patrioten‹, der seine vaterländische Gesinnung genau so rasch wechselt wie sein Hemd.«
Am 22. 2. 1931:
»Seine Nationalität wechseln kann nicht nur jeder ›Bewohner des Saargebietes‹, das kann bekanntlich jeder Lump, wo immer er sich aufhält.«

Nun wird mancher die Frage stellen, was in der zweiten Hälfte des 20. Jahrhunderts, angesichts des allgemeinen Strebens nach Überwindung des Nationalismus und Hinstrebens zu einer europäischen politischen Gemeinschaft derartige nationalistischen Tiraden überhaupt noch aussagen können. Gerade eine solche Fragestellung beleuchtete die besondere Lage an der Saar und den Kernpunkt der Auseinandersetzungen um die beiden Abtrennungen von 1920 bis 1935 und 1945 bis 1957. Es ging ja zu keiner Zeit darum – auch nicht in der letzten Phase von 1952 bis 1955 –, durch eine wirklich europäische Lösung der Saarfrage den Streit zwischen Frankreich und Deutschland um die Saar zu beenden. Wir werden nachweisen, daß alles Gerede um die angebliche europäische Lösung der Saarfrage nichts anderes war, »als an den von Frankreich einseitig geschaffenen Zustand ein europäisches Etikett anzukleben« (Abb. 71). Wenn man von französisch-saarländischer Seite das Saarproblem als eine französisch-nationale Angelegenheit behandelt hat und, wie René Mayer vor der Nationalversammlung am 6. Januar 1953, auch als solche bezeichnete, dann konnte die Reaktion der Deutschen an der Saar keine andere sein. Hier galt noch immer das

Sprichwort: »Wie man in den Wald hineinruft, so schallt es heraus«. Hinzu kam, daß die Franzosen uns im benachbarten Lothringen und Elsaß ja immer wieder von neuem vor Augen geführt haben, welche Pflichten der französische Staatsbürger seinem Vaterland gegenüber zu erfüllen hat. Daher war die Konzeption, mit welcher Herr Grandval seine Aufgabe zu lösen gedachte, falsch, sie mußte zwangsläufig scheitern. Wir werden sehen, daß wir als deutsche Opposition an der Saar zwei gangbare Lösungsvorschläge erarbeitet hatten, die einen möglichen Weg zur friedlichen Regelung des Saarstreits aufgezeigt haben. Der erste Vorschlag im Jahre 1951 führte zum Verbot unserer Partei, der zweite aus dem Jahre 1953 wurde durch den Saarvertrag von 1956 verwirklicht. Doch davon später.

Eine der ersten französischen Entscheidungen war, Johannes Hoffmann aus seinem freiwilligen Asyl in Brasilien zurückzurufen, offensichtlich in der Absicht, ihm zum saarländischen Repräsentanten ihrer Politik zu machen. Hoffmann wollte zur gleichen Zeit den mit ihm in Brasilien lebenden Saarländer Dr. Hermann J. Görgen (ein Bruder des oben erwähnten Publizisten Josef Maria Görgen), der erst viel später – 1954 – politische Ämter in der Partei Hoffmanns und im Saarländischen Rundfunk übernahm, an die Saar zurückbringen. Görgen lehnte jedoch ab. Das Experiment, dem Johannes Hoffmann entgegenstrebte, war ihm zu unsicher. Bezeichnend für Hoffmanns Einstellung war ein Ausspruch, den er vor seiner Abreise aus Brasilien anderen Deutschen gegenüber machte: »Das Land, in das ich jetzt fahre, wird wohl nie wieder deutsch werden!« Vergessen waren Hoffmanns Beteuerungen gegenüber seinen Anhängern und Freunden nach der Abstimmung von 1935. Bis zur letzten Minute hatte er zwar »gegen Hitler, aber *für Deutschland*« gekämpft. So schrieb er in seiner Zeitung, der »Neuen Saarpost«:

Am 21. 12. 1934:
»Status quo bedeutet: Heim zum Reich des Rechtes und der Wahrheit! Wir wollen keine Trennung von Deutschland. Nie und nimmer! Sobald jeder Volksgenosse in Deutschland wieder gleichberechtigt ist, kehrt die Saar heim!«
Am 4. 1. 1935:
»Kein Mensch denkt daran, das Saargebiet an Frankreich zu verschachern. Kein Mensch denkt daran, das Saargebiet für immer vom Reich zu trennen.«
Am 9. 1. 1935:
»Eine deutsche, freie Saar ist das schönste Geschenk, das wir unserer geliebten, jetzt geschändeten Mutter Deutschland darbieten können. Die treue, wahrhaft deutsche Saar ist das Unterpfand für die Freiheit und die Wiederherstellung der Ehre unseres lieben deutschen Vaterlandes.«
Am 12. 1. 1935, dem Tage vor der Volksabstimmung von 1935:
»Wir bekennen uns zu unserem Deutschtum und zur unlöslichen Verbindung mit unserem deutschen Vaterland, zur deutschen Volksgemeinschaft, zur deutschen Ehre und Freiheit.«
Wir waren immer der Auffassung, daß die Franzosen schlecht beraten waren, ihre gesamte Politik auf saarländischer Seite einer so schillernden, im Grunde genommen aber doch unpolitischen Persönlichkeit anzuvertrauen. Herr Grandval kannte sicher nicht den Grundsatz des Preußenkönigs Friedrich II. – des Großen –, seine Mitarbeiter nur aus dem Kreise derjenigen auszusuchen, die ihm widersprechen.

Grandval hielt es lieber mit den willfährigen Mitarbeitern. Übrigens gab Hoffmann eine Selbstcharakterisierung in einem Artikel über den »Journalisten«, dem er den »verantwortlichen Redakteur« der Nationalsozialisten gegenübergestellt hatte. In der »Neuen Saarpost« vom 5. Juli 1934 schrieb Hoffmann unter der Überschrift »Die Ehre des Journalisten«: »Der Stand des Journalisten wird von der seßhaften Bürgerschaft nicht einheitlich beurteilt. Es haftet ihm ein Unbestimmbares an, das so nach ›fahrendem Volk‹ riecht –, da wird der gute Bürger mißtrauisch. Im Gegensatz zu anderen Berufen sitzt der Journalist beständig im Glashaus. Was er tut, geschieht nicht nur vor der Öffentlichkeit, sondern sogar für die Öffentlichkeit. Und nicht nur das: Dem Journalisten haftet etwas vom Söldner an. Er kämpft nicht seinen privaten Lebenskampf hinter dem Bürotisch aus. Er schlägt sich für eine Partei, für eine politische Richtung, vielleicht gelegentlich auch für ein Industriekonsortium. Und es kommt vor, daß ein Journalist die Couleur wechselt. Mancher, weil er seine Meinung geändert hat, mancher, weil er seine wirtschaftliche Lage dadurch verbessert, mancher auch, weil es ihm Spaß macht, in vielen Sätteln zu reiten.«

Soweit Johannes Hoffmann über sich selbst!

Und trotz allem war Johannes Hoffmann nach dem Urteil seiner französischen Freunde der erfolgreiche Politiker, »der Motor für zahlreiche Maßnahmen zugunsten der Politik Frankreichs an der Saar«. Bis Ende 1952 und Anfang 1953 hatte er zweifelsohne mit der absoluten Mehrheit seiner Christlichen Volkspartei (CVP) das Heft fest in der Hand. Auch war richtig, wie Grandval in dem Glückwunschschreiben vom 14. Oktober 1947 an Hoffmann zum Ausdruck brachte, daß es Johannes Hoffmann zu danken sei, wenn sich in den beiden Jahren bis zur endgültigen Annahme der saarländischen Verfassung vom 15. Dezember 1947 die französischen Hoffnungen erfüllt hätten. Hoffmann verstand es mangels jedweder gleichwertigen Konkurrenz, vor allem bei der katholischen Bevölkerung an der Saar – sie machte 75 Prozent der Gesamtbevölkerung aus – den Eindruck des christlichen Biedermanns zu erwecken, dem der kleine Mann getrost sein Schicksal in die Hände legen könnte. Als Sohn eines saarländischen Bergmannes aus dem Bergmannsdorf Landsweiler war er einer der ihren; sein alsbald eingebürgerter Spitzname »JOHO« trug wesentlich zur Volkstümlichkeit bei. Es ist bezeichnend, daß selbst ein erfahrener Politiker wie der Präsident der WEU-Kommission, der Belgier und Sozialist Fernand Dehousse, über den »christlichen« Politiker Hoffmann schrieb (Mission en Sarre, S. 8): »Herr Hoffmann verdient nicht die heftigen Angriffe, die von den prodeutschen Parteien gegen ihn geführt worden sind. Er ist kein Diktator, sondern eine Persönlichkeit voller Güte.«

Wir werden sehen, wie wenig zutreffend die Charakterisierung Hoffmanns durch Dehousse war und wie sehr hier der »kurze Anschein« zu einem trügerischen und deshalb geschichtlich falschen Urteil führen mußte. Immerhin war JOHO eine seine Mitarbeiter und Mitstreiter überragende Persönlichkeit. Die Franzosen konnten für die Verwirklichung *ihrer* Pläne kaum einen besseren finden. Sie übersahen freilich das kleine Wort ihres großen Landsmannes Montesquieu: »Gouverner c'est prévoir«, »regieren heißt vorausdenken«! Und wer 1947 vorausdachte, durfte Johannes Hoffmann nicht das Steuer einer scheinbar autonomen, im Innenverhältnis aber völlig von Grandval abhängigen Regierung in die Hand geben.

Nachdem die ersten Phasen der französischen Saarpolitik bis Ende 1946 reibungslos

**SAARLÄNDISCHE VOLKSZEITUNG**

ORGAN DER CHRISTLICHEN VOLKSPARTEI DES SAARGEBIETES

Nummer 48  Ausgabe A  Samstag, 4. Oktober 1947

Dein Kreuz in das erste Feld: Christliche Volkspartei Liste 1

Gouverneur Grandval an die Saarländer

# Das christliche Saarvolk geht zur Wahl

### EIN LETZTES WORT

DARUM CVP LISTE 1

## Der 5. Oktober muß den Sieg der christlichen Weltanschauung bringen!

# Wählt alle! Wählt gültig!

28

Verschwiegenes Wahlziel: Vom Anschluß nicht die Rede! Die »Saarländische Volkszeitung«, das Blatt Hoffmanns, spricht nur von »christlichen Belangen«, um die es bei der bevorstehenden Landtagswahl gehe.

# Volksstimme

## ORGAN DER SOZIALDEMOKRATISCHEN PARTEI FUER DAS SAARGEBIET

Die „Volksstimme" erscheint zweimal wöchentlich. Einzelpreis 20 Pf. Monatlich durch Träger: 1.60 SM., einschl. 20 Pf. Trägerlohn; Postbezug 1.60 SM. ausschl. Zustellgebühr. — Anzeigen: 7-spalt. Millimeterraum. 1.— SM — Anzeigen u. Versand: Saarbr. 3, Schützenstraße 3-5, Tel. 9955. · Bankkonten: Kreissparkasse 6971, Saargenossenschaftsbank 3106, Postscheckkonto 22 086.

Jahrg. 29 · Nummer 44
Mittwoch, 1. Okt. 1947

Verlag und Redaktion: Saarbr. 3, Schützenstraße 3-5. Verantwortlich für den allgemeinen Teil: Joh. Pitz. Verantwortlicher Geschäftsführer: Gerhard Cartal. Druck: Saarl. Verlagsanst. u. Druckerei (Zwangsverw.). Von der Redaktion nicht verlangte Manuskripte werden nur zurückgegeben, wenn Rückporto beiliegt.

# Landtagswahl - Verfassungsabstimmung

## Der Sinn der Wahl vom 5. Oktober

Das saarländische Volk ist aufgerufen, sich am 5. Oktober ein Parlament zu wählen. An Parteien und Kandidaten fehlt es nicht, die sich dem Volk als parlamentarische Treuhänder seiner Interessen anbieten. Die Wahl vom 5. Oktober unterscheidet sich also von den „Wahlen" der tausendjährigen Vergangenheit formal mindestens einmal dadurch, daß das Volk tatsächlich wählen kann. Die Programme und Auffassungen der verschiedenen Parteien sind hinlänglich bekannt. Jeder Wähler, der sich der Bedeutung des Wahlaktes bewußt ist, hatte genügend Gelegenheit, in der Vergangenheit die verschiedenen Parteien kennenzulernen, um sich am 5. Oktober für eine von ihnen und die von dieser Partei aufgestellten Kandidaten entscheiden zu können. Der Wähler entscheidet in völliger Freiheit und Unabhängigkeit. Niemand ist gezwungen, gegen seine innere Überzeugung zu stimmen, so wie das im Dritten Reich für manchen Wähler der Fall war. Die Wahl ist geheim. Für die Wahrung des Wahlgeheimnisses sorgen die vom Volk selbst bestimmten Vertreter in den Wahlkommissionen. Kein Wähler braucht also zu fürchten, daß ihm aus seiner freien Entscheidung irgendwelche Schwierigkeiten entstehen könnten. Alle Voraussetzungen für eine nach den Spielregeln einer aufrichtigen und gewissenhaften Demokratie vorzunehmenden Wahl werden nach der formalen Seite hin in jeder Weise eingehalten.

Es kommt jetzt lediglich darauf an, daß dem Wähler auch gehörig klargemacht wird, welches der tiefere Sinn und der eigentliche Zweck der Wahl vom 5. Oktober ist, damit er, so wie es ihm sein Gewissen vorschreibt, mit dem Stimm-

zettel zur Herbeiführung der Entscheidung beitragen kann, die er für die richtige hält.

Wir wählen einen Landtag für drei Jahre. Dieser Landtag wird die Aufgabe haben, die jedem anderen Parlament im normalen Zeitläuften zu...

geber und Kontrollinstanz zugleich ist. Der Landtag, den wir am 5. Oktober wählen, ist der Ausdruck des politischen Willens unseres Volkes. Seine Entscheidungen werden im Rahmen der uns durch die Politik der Alliierten gezogenen Grenzen, die der Verwirklichung unseres eigenen Willens gesetzt sind, für alle Staatsbürger bindendes Gesetz sein. Da unser Volk noch nicht souverän sein kann, solange die von den Alliierten eingesetzten Militärregierungen den Raum absperren, innerhalb dessen wir uns politisch zu bewegen haben, wird auch der Landtag nur mit den zeitbedingten Einschränkungen seiner Vollmachten der Willensvollstrecker eines Volkes sein, das seine völlige Souveränität noch nicht wiedergewonnen hat. Insofern müssen wir uns also von den Hoffnungen, die ein Demokrat berechtigterweise in das Funktionieren eines Parlaments setzen darf, ein wenig abstrahieren. Wir leben nun einmal erst im „Vorfeld der Demokratie" und müssen die Erfüllung mancher Hoffnungen, die absolut berechtigt sein mögen, noch um einige Zeit vertagen. Es wäre falsch, aus dieser Erkenntnis den Schluß zu ziehen, sich an den Wahlen überhaupt nicht zu beteiligen. Der Landtag wird uns eine Möglichkeit mehr geben — und in dieser Erkenntnis liegt seine eigentliche Bedeutung — das Vertrauen in unsere politische Einsicht und die Ehrlichkeit unseres politischen Handelns zurückzugewinnen, das wir als Volk in der Welt verloren haben. Das ist wahrscheinlich seine bedeutendste Aufgabe.

Aber unserem Landtag vom 5. Oktober wurde auch noch ein anderes Ziel gesteckt. Er soll nicht nur Parlament sein, er soll gleichzeitig die Verfassung verabschieden. Er spielt also die Rolle einer verfassunggebenden Nationalversammlung. Die Abgeordneten, die wir am 5. Oktober ins Parlament schicken, übernehmen damit vor sich und ihrem Volk eine große Verantwortung. Sie werden eine Verfassung auszuarbeiten haben, zu der das Volk nur vor der Wahl noch Stellung nehmen kann, die vom Landtag und seinen Abgeordneten geleitete Arbeit zu beeinflussen. Die von der Verwaltungskommission genannte Verfassungskommission, der Vertreter aus allen politischen Parteien des Saarlandes angehörten, hat in mehrmonatiger Arbeit einen Entwurf zu einer saarländischen Verfassung ausgearbeitet, der am 25. September — rund zehn Tage vor der Wahl — im Druck erschienen ist. Wir veröffentlichen diesen Entwurf in der heutigen Ausgabe unserer Zeitung im Wortlaut und bitten unsere Leser, zu entschuldigen, wenn wir damit den knappen Raum, der uns in der Zeitung zur Verfügung steht, vielleicht etwas einseitig in...

dieser Präambel bekennen sich die Verfasser des Entwurfs zum wirtschaftlichen Anschluß der Saar an den französischen Wirtschaftsbereich, geben der Hoffnung Ausdruck, daß ein internationales Statut für das Saargebiet geschaffen werde „als Grundlage für das Eigenleben des Saarlandes und seinen wirtschaftlichen Wiederaufstieg" und erklären sich mit folgenden Konsequenzen der Schaffung eines selbständigen Saarstaates durch die Alliierten einverstanden:

1. politische Unabhängigkeit vom Deutschen Reich,
2. Landesverteidigung und Vertretung der saarländischen Interessen im Ausland durch die französische Republik,
3. Anwendung der französischen Zoll- und Währungsgesetze im Saarland,
4. Bestellung eines Vertreters der Regierung der französischen Republik mit Verordnungsrecht auf dem Gebiet der Wirtschaft und einer allgemeinen Aufsichtsbefugnis und
5. einer Organisation des Justizwesens, die die Einheitlichkeit der Rechtsprechung gewährleistet.

Der Präambel folgen dann in zwei Hauptteile gegliedert 133 Artikel, die „Grundrechte und Grundpflichten" sowie die „Ordnung und Aufgaben der öffentlichen Gewalt" umfaßt.

Ohne in die Diskussion der einzelnen Artikel eintreten zu wollen, von denen manche einen durchaus fortschrittlichen Geist atmen, darf gesagt werden, daß das Verfassungswerk — abgesehen von der Präambel und die öffentliche Meinung das Gelingen der Kompromißbereitschaft der verschiedenen Partner und auch der lobenswerten Einsicht verdankte, daß für den Augenblick diese Verfassung eine „Hausordnung" darstellt, mit der sich unser gesellschaftliches Zusammenleben einigermaßen ordentlich regeln ließe.

Das Saarvolk wird die von ihm gewählten Abgeordneten beauftragen müssen, dieser für die Zukunft außerordentlich wichtigen Frage ihr Hauptaugenmerk zuzuwenden. Sie wird ihre Stellungnahme zu jedem einzelnen Artikel der Verfassung und insonderheit der Präambel nach genauester Prüfung der damit verbundenen Konsequenzen suchen. Wer also am 5. Oktober sozialdemokraten ins Parlament wählt, der sorgt dafür, daß Männer und Frauen über die neue Verfassung beraten werden, die aus einem hohen sittlichen Verantwortungsgefühl vor sich und ihrem Volk ihre Entscheidungen vornehmen. Sie werden keine Entscheidung treffen, die nicht in Übereinstimmung mit dem, was der Meinung des saarländischen Volkes bekundet.

durchgeführt worden waren – man möge die Übersicht am Ende des zweiten Kapitels Seite 38/39 noch einmal kurz überlesen –, galt es jetzt, an die Verwirklichung einer neuen Phase heranzugehen. Man suchte eine nach außen eindrucksvolle Zustimmung der Saarbevölkerung zur französischen Saarpolitik durch Annahme einer entsprechend ausgestalteten saarländischen Verfassung zu erreichen. Naturgemäß mußte im Interesse des Ansehens einer westlichen Demokratie diese Aufgabe auch in einer nach außen demokratisch erscheinenden Form gelöst werden. Sie konnte also nur über die Einschaltung von politischen Parteien an der Saar und die Mitwirkung von Zeitungen und Rundfunk erreicht werden.

Damit verband sich aber das durchaus nicht einfache Problem, die Faktoren einer demokratischen Ordnung von vornherein so zu steuern, daß alles nach Wunsch ablief. Mit anderen Worten: In allen führenden Positionen und an allen Schalthebeln des Geschehens mußten Personen stehen, die uneingeschränkt bereit waren, die französische Konzeption vor der Saarbevölkerung zu vertreten und zu rechtfertigen. Von diesem Prinzip, das – wie wir sehen – bis zum Anschluß am 20. November 1947 ohne ernsthafte Pannen lückenlos in die Tat umgesetzt werden konnte, gab es von Anfang an nur eine einzige Ausnahme, nämlich die Zulassung einer kommunistischen Partei an der Saar und ihrer Zeitung »Die Neue Zeit«, die später allerdings ständig verboten wurde. Die im späteren saarländischen Landtag nur mit zwei Abgeordneten vertretenen Kommunisten besaßen »Narrenfreiheit«, sie allein durften für die Verbundenheit der Saar mit Deutschland öffentlich eintreten und werben. Auf diese Weise schuf man sich ein demokratisches Feigenblatt und vermied auf der anderen Seite zugleich alle etwaigen Angriffe der in Frankreich selbst doch relativ starken kommunistischen Partei. Zudem gelang es der Hoffmann-Regierung recht bald, den aktivsten kommunistischen Abgeordneten des saarländischen Landtages, Karl Hoppe, für sich zu gewinnen und zum Leiter des regierungseigenen Presse- und Informationsamtes zu machen.

Außer den Kommunisten gab es keine parteipolitische Opposition gegen die französische Politik an der Saar. Tonangebend im parteipolitischen Leben war das MRS, das die am weitesten gesteckten Ziele, die völlige Einverleibung der Saar durch Frankreich, verfocht. Schon als »Bewegung für die Befreiung der Saar« hatten die Politiker des später umgetauften MLS proklamiert: »Die Saar muß für immer von Deutschland losgelöst und die Saarbevölkerung von der deutschen Herrschaft befreit werden. Die Saar soll integrierender Teil Frankreichs werden . . .«

Die gleiche Zielsetzung wurde bei den Umgründen im Februar 1946 übernommen. In einem Memorandum des MRS über seine Zielsetzung heißt es: »Seit dem ersten Auftreten des MRS war das Hauptziel seiner Politik die vollständige Eingliederung der Saar in Frankreich; es hat infolgedessen nicht nur seine Propaganda, sondern auch seine Aktivität im politischen Leben in dieser Richtung entfaltet. Das MRS betrachtet sich über den Parteien stehend. Seine Mitglieder rekrutierten sich aus den Anhängern aller politischer Parteien an der Saar und stammen aus allen sozialen Schichten.«

Unser Freund Franz Ruffing (S. 32 ff.) und später Robert Schmidt (Bd. II, S. 76 ff.) haben eingehend die Machtposition des MRS im öffentlichen politischen Leben an der Saar untersucht und vor allem den Druck nachgewiesen, den das MRS und seine führenden Persönlichkeiten auf die Bevölkerung, die Verwaltung und auch die anderen politischen Parteien ausgeübt haben.

Sogar Johannes Hoffmann schreibt darüber in seinen Erinnerungen (S. 60): »Es soll durchaus nicht verschwiegen werden, daß sich das MRS nicht immer einwandfreier Methoden bediente, viele einschüchterte und bedrohte und oft allzu leicht von der Möglichkeit Gebrauch machte, die gefürchtete französische Sicherheitspolizei, die Sûreté, einzuschalten, die ja hinreichend über Denunzianten verfügte, unter ihnen oft genug sehr aktive ehemalige Nationalsozialisten.«

Wir haben uns oft gefragt, warum Frankreich überhaupt die Umgründung und Aktivierung des MRS noch in einem Zeitpunkt zugelassen und unterstützt hat, in dem die Konzeption des wirtschaftlichen Anschlusses bereits feststand und eine vollständige politische Annexion »intern« längst zu den Akten gelegt worden war. Diese Frage war um so berechtigter, als das MRS es peinlich vermieden hat, sich als politische Partei zu etablieren und auf diese Weise den Nachweis seiner wirklichen Anhängerschaft zu erbringen. Ein einziger Versuch einer MRS-Ortsgruppe, sich bei einer Nachwahl am 20. Juni 1947 in einem Ortsteil der aufgelösten Gemeinde Höcherberg zu beteiligen, scheiterte kläglich, die Liste erreichte gerade zwei Prozent der abgegebenen Stimmen. Damit war auch die Unwahrheit offenbar geworden, das MRS hätte 150 000 eingeschriebene Mitglieder gehabt. Die Verbreitung dieser falschen Zahlen war zu offensichtlich an die Erklärung von den 150 000 Saarfranzosen angelehnt, mit der Clemenceau 1919 die Amerikaner und die Welt zu täuschen versucht hatte. Jedenfalls ließen – trotz der erheblichen Widersprüche in bezug auf die politische Zielsetzung – die Franzosen das MRS fortbestehen und politischen Einfluß ausüben, vor allem, wie wir noch sehen werden, bei der Gestaltung der saarländischen Verfassung. Das MRS blieb ein »zweites Eisen im Feuer«, das man im Spiel der politischen Kräfte dort einsetzen konnte, wo es vonnöten war. Vor allem konnten sich mit fortschreitender Konsolidierung der Verhältnisse Johannes Hoffmann und seine CVP später als Kämpfer gegen das MRS und seine Übergriffe proklamieren, ja sogar sich im Wahlkampf 1952 und im Abstimmungskampf 1955 als »Retter der Saar vor einer völligen Annektierung« durch Frankreich rühmen.

Nicht zu unterschätzen war auch der personelle Einfluß führender MRS-Politiker innerhalb der politischen Parteien. In der Partei Hoffmanns waren Edgar Hector, Louis Arend und auch Dr. Straus (bestritten) die einflußreichen MRS-Abgesandten, innerhalb der saarländischen Sozialisten waren es Peter Zimmer und Peter Michely, in der zuletzt zugelassenen Demokratischen Partei (bis zu ihrer Umgestaltung 1950) war es der Nicht-Saarländer Richard Radziewsky. Gerade das aktenkundig belegte Wirken des letzteren beweist, wie bedeutsam der Einfluß eines MRS-Politikers, Vertrauensmannes und Werkzeugs der Militärregierung auf die politische Ausrichtung einer Partei in der damaligen Zeit gewesen ist. Wenn Johannes Hoffmann immer wieder behauptet hat, der Einfluß des MRS innerhalb seiner CVP sei unbedeutend gewesen und die CVP habe sogar gegen das MRS Stellung genommen, so ist das richtig, es wird dabei aber verschwiegen, daß angesichts der völligen Übereinstimmung Hoffmanns mit den Wünschen und Forderungen der französischen Militärregierung und ihres Chefs, Grandval, eine Beeinflussung durch prominente MRS-Mitglieder nicht erforderlich war. Die uneingeschränkte Überantwortung des Innenministeriums und damit der gesamten Polizeigewalt an das führende MRS-Mitglied Hector beweist zur Genüge, daß es Hoffmann nie ernst mit einem angeblichen Widerstand gegen die französische Saarpolitik gewesen ist.

Die Bildung politischer Parteien, das Abhalten von Versammlungen, jede politische Propaganda wie die Herstellung und Verbreitung von Zeitungen, Werbeschriften, Flugblättern, Plakaten, ja sogar die Versendung von Rundschreiben war seit Beginn der militärischen Besetzung im Jahre 1945 genehmigungspflichtig. Diese Verhältnisse änderten sich im Saarland nicht vor dem 23. Juli 1955, an welchem der Kampf um die Volksbefragung begann, oder – wie die Saarländer höhnisch sagten – die »Freiheit ausbrach«. Zuständig für die Erteilung einer Erlaubnis zur politischen Betätigung gleich welcher Art waren die fremden Machthaber an der Saar. Schon die erste Verordnung des Commandant en Chef der französischen Besatzungszone in Baden-Baden (VO Nr. 23 vom 29. November 1945) bestimmte in Artikel 2: »Die Parteien dürfen ihre Tätigkeit nur nach besonderer Genehmigung durch das Gouvernement Militaire ausüben.« Und Artikel 3: »Die genehmigten Parteien haben das Versammlungsrecht und das Recht der Propaganda, vorbehaltlich allgemeiner und besonderer Bestimmungen, die die öffentliche Ordnung notwendig machen. Die Ausübung des Versammlungsrechts unterliegt der vorherigen Zustimmung des Gouvernement Militaire.«

Die Christliche Volkspartei Johannes Hoffmanns hatte keine Schwierigkeiten, vom Gouverneur Militaire, Herrn Grandval, lizenziert zu werden, sie brauchte nicht einmal die Forderung nach der Abtrennung der Saar von Deutschland und einer wirtschaftlichen Angliederung an Frankreich in ihr Parteiprogramm aufzunehmen. Auch die saarländischen Sozialisten, die sich erst im Juni 1947 organisatorisch von der Sozialdemokratie Deutschlands getrennt hatten, begnügten sich mit einer Entschließung der Konferenz ihrer Vertrauensleute – des erweiterten Parteivorstandes – vom 6. April 1946: »Die saarländische Sozialdemokratie erklärt deshalb, daß sie jeder Lösung der Saarfrage, die den kulturellen und wirtschaftlichen Bedürfnissen des Saarvolkes Rechnung trägt und die darauf gerichtet ist, die Existenzgrundlage des Saargebietes zu erhalten, zustimmen und alle Bestrebungen unterstützen wird, die dieses Ziel zur Folge haben können. Aus dieser Erkenntnis heraus wird die saarländische Sozialdemokratie auch einer wirtschaftlichen Vereinigung der Saar mit dem französischen Wirtschaftsgebiet keine Schwierigkeiten in den Weg legen, wenn damit die Rettung unserer saarländischen Industrie vor Zerstörung und Abbau verbunden ist.«

Offensichtlich genügten die mündlichen Versicherungen der maßgebenden Politiker dieser beiden, nunmehr führenden Parteien an der Saar – CVP und SPS – den französischen Lizenzgebern; denn beide Parteien begannen Anfang 1946, ihre politische Tätigkeit frei zu entfalten und gaben auch alsbald parteiamtliche Zeitungen heraus: die CVP Hoffmanns die »Saarländische Volkszeitung« (SVZ) und die Sozialdemokratische Partei Saar (SPS) die »Volksstimme«. Naturgemäß vertraten sie politisch die französische Zielsetzung: Abtrennung des Saarlandes von Deutschland und wirtschaftliche Vereinigung mit Frankreich.

Am Beispiel der dritten bürgerlichen politischen Partei des Saarlandes sollte sich jedoch zeigen, mit welchem Zwang die französische Militärregierung die Unterwerfung auch dieser Partei (DPS) unter die französischen politischen Ziele an der Saar erreicht hat.

Lassen Sie mich jetzt drei Jahre vorauseilen und von der Zeit nach der politischen Umgestaltung eben dieser dritten Partei berichten. Von dem 3. Landesparteitag der

DPS am 2. Juli 1950 – über den wir noch berichten – wurde ein neuer Landesvorstand gewählt, dem außer meinem Freunde Richard Becker als 1. Vorsitzenden auch ich als Beisitzer und Rechtsbeistand angehörte. Eine meiner ersten Handlungen war die Einsichtnahme in die Akten der DPS, die aus zwei oder drei gefüllten Leitzordnern bestanden und in der Geschäftsstelle am Rathausplatz in Saarbrücken abgelegt waren. Schon die erste Durchsicht ergab, daß sich hier ein Material von allergrößter politischer Bedeutung vorfand, vor allem Dank der (in diesem Fall) großartigen Angewohnheit von Richard Radziewsky, auch den letzten Satz und das kleinste Gespräch auf Notizzetteln – fast immer handschriftlich – festzuhalten. Meine erste Handlung war die Sicherstellung, die zweite die politische Auswertung dieser Akten durch eine bebilderte Druckschrift als Beweis dafür, *wie* an der Saar Politik gemacht worden war. Die Sicherstellung erwies sich als kluge Maßnahme; denn es dauerte nicht allzu lange, bis die Polizei Hectors die Geschäftsstelle der DPS besetzte und das dann noch vorhandene, wertlose Material beschlagnahmte. Wir hatten längst damit gerechnet und daher auch die Mitgliedskartei rechtzeitig in Sicherheit gebracht. Unser Versteck war geradezu ideal, es wurde nie entdeckt! Im Fabrikgebäude der Becker'schen und Schneider'schen Unternehmungen in der Brauerstraße von Saarbrücken befand sich im Keller eine ständig unter Hochspannung stehende Transformatorenstation. Auf der Eingangstüre zur Station prangte das bekannte Gefahrenschild der Hochspannungsleitungen. Im Inneren der Station war ein kleines Gelaß abgestellt und diente so als hervorragender Lagerplatz für unsere Akten, Dokumente und – bisweilen auch für »Deutsche-Saar-Zeitungen« und andere Werbeschriften.

Aus diesem sicheren Versteck heraus konnte ich nach und nach jedes wichtige Dokument der DPS-Akten fotografieren und das Büchlein »Der Hohe Kommissar und die DPS« verfassen, das 1952 im Comel-Verlag Köln als Band 4 der Schriften des Deutschen Saarbundes erschien. Eine derartige Schrift im Saarland zu veröffentlichen, war natürlich unmöglich; sie wäre – wie das später auch mit der gedruckten Schrift aus dem DPS-Prozeß »Saarfrage in Dokumenten« geschehen ist – von der Polizei Hectors beschlagnahmt worden. Wie bei allen unseren Publikationen tauchten auch für »Der Hohe Kommissar und die DPS« die Schwierigkeiten bei der Angabe des Verfassers auf. Wir konnten es uns nicht leisten, durch Nennung unserer Namen der Gegenseite schwarz auf weiß diejenigen Beweise in die Hände zu geben, die sie brauchte, um uns zu verfolgen oder uns zumindest unnötige Schwierigkeiten zu machen. Bei dem gedruckten und beschlagnahmten Schriftsatz des DPS-Prozesses »Saarfrage in Dokumenten« ging die Regierung Hoffmann so weit, daß sie über den saarländischen Generalstaatsanwalt ein ehrengerichtliches Verfahren bei der Anwaltskammer gegen mich einleiten ließ, mit dem Ziele, mich wegen standeswidrigen Verhaltens zur Rechenschaft ziehen zu lassen. Erst ein Gutachten der Vereinigten Bundesdeutschen Anwaltskammern hat mit dem Unsinn dieser Anklage aufgeräumt und dem saarländischen Verfahren ein Ende bereitet. So taten wir gut daran, alle unsere anderen Publikationen der damaligen Zeit nur unter Decknamen herauszubringen. Auf den Seiten 372–379 sind alle Schriften zusammengestellt und die Namen der tatsächlichen Verfasser genannt.

Bei der Auswahl der Decknamen tat sich besonders unser Freund Wilhelm Bodens aus Bonn, Mitarbeiter im Ministerium für gesamtdeutsche Fragen hervor; er verfügte über entsprechende Erfahrungen aus dem zweiten Weltkrieg. So wurde für die

Schrift über die Entstehung der DPS der erfundene Verfassername »Ludwig Pistorius« gewählt, die Arbeit besorgte ich. Das Originalmanuskript befindet sich noch unter meinen Dokumenten. Das Material – über 40 Klischeewiedergaben von Schriftstücken – und die zusammenfassende Darstellung beleuchteten mit einem Schlage das Dunkel der Arbeit »hinter den Kulissen« und räumte mit dem Märchen von der Freiwilligkeit des wirtschaftlichen Anschlusses und der Lostrennung der Saar von Deutschland auf. Es würde hier zu weit führen, Einzelheiten des Büchleins zu wiederholen. Robert Schmidt hat sie (Bd. I, S. 256 ff.) eingehend gewürdigt und behandelt. Völlig zu Recht kommt Schmidt zu der Feststellung: »Es ist deutlich zu sehen, wie von seiten des französischen Gouvernements an der Saar im Laufe von etwa zwölf Monaten systematisch, Stück für Stück, der Widerstand gegen die Politik des wirtschaftlichen Anschlusses der Saar an Frankreich und der Abtrennung von Deutschland, der sich beim Gründungsvorstand und den Gründungsmitgliedern der neuen Partei hartnäckig hielt, gebrochen wurde. Die Besatzungsmacht an der Saar hat sich hier in einem Maße als ›pressure group‹ (amerikanische Bezeichnung für eine Gruppe zur Erzwingung von Handlungen, Anm. d. Verf.) erwiesen, das im demokratischen Westen Europas seinesgleichen sucht.«

Die DPS war 1946 zu Kreuze gekrochen und konnte infolgedessen ein Jahr nach ihrer Gründung im Oktober 1946 ihre politische Tätigkeit aufnehmen, gleichzeitig auch als Parteiorgan die Zeitung »Das Saarland« herausbringen. Infolge finanzieller Schwierigkeiten und unzulänglicher Verbreitung als »regierungstreues« Organ ging die Zeitung aber im Frühjahr 1949 wieder ein.

Die erste große politische Aktion der nunmehr einmütig auf den wirtschaftlichen Anschluß eingeschworenen drei Parteien CVP, SPS und DPS (alter Zusammensetzung) war die Absendung eines den wirtschaftlichen Anschluß der Saar an Frankreich fordernden Telegramms an die Moskauer Außenminister-Konferenz im März 1947. Frankreich legte der Konferenz das bekannte Memorandum vom 10. April 1947 vor, das bereits alle entscheidenden Merkmale der französischen Saarpolitik enthielt. Wir werden im folgenden noch beim Zustandekommen der saarländischen Verfassung davon hören. Frankreich erwartete die Zustimmung der drei übrigen Alliierten zu seinen Forderungen. Zur Unterstützung ihres Standpunktes veranlaßten die Franzosen die saarländischen Parteien, entsprechende Forderungen durch Telegramme an die Konferenz zu stellen. Auch über das »freiwillige« Zustandekommen dieser Telegramm-Aktion geben die DPS-Akten Aufschluß.

Den ersten Entwurf für das Moskauer Telegramm hatte »Verbindungsmann« Richard Radziewsky von »dritter Seite« erhalten und dem Parteivorstand vorgelegt; alle Merkmale des Entwurfs und die übermäßige Betonung der Forderung nach dem wirtschaftlichen Anschluß, die selbst Herrn Radziewsky zu viel war, deuteten auf das Gouvernement Militaire als Verfasser des Entwurfs hin. Insgesamt fünf Fassungen des Telegramms mußten ausgearbeitet und geändert werden, ehe die letzte Fassung dann den Genehmigungsvermerk von der Handschrift Radziewskys erhielt: »Herrn Capitaine Gauthier (Chefsekretär Grandvals, Anm. d. Verf.) vorgelegt und mit Text einverstanden. 17. /3. 47 R.«

Aufschlußreich und interessant ist eine in den zweiten Entwurf des Telegramms, offenbar von dem später ausgebooteten, nach der deutschen Richtung tendierenden Dr. Dr. Kuhring herrührende Einschaltung: »Für den Fall, daß entgegenstehende Ansichten geäußert werden, dahingehend, daß die Bevölkerung des Saarlandes mit dem wirtschaftlichen Anschluß an Frankreich und damit mit der von der Führung der politischen Parteien vertretenen Ansicht nicht einverstanden sei, bitten wir Sie, entsprechend unseren demokratischen Grundsätzen, eine *Volksabstimmung* unter der gemeinsamen Kontrolle und dem Schutz der alliierten Mächte durchzuführen, die dann nach unserer Überzeugung derartige entgegenstehende Behauptungen widerlegen wird.« (Der Hohe Kommissar und die DPS, S. 70, Dok. 28). Natürlich gingen die Franzosen nicht in diese, wenn auch geschickt formulierte Falle. Der Entwurf mußte noch dreimal geändert werden, ohne daß es dem DPS-Vorstand gelungen wäre, seine eignen Vorstellungen von der Saarpolitik – auch nur in einer völlig abgeschwächten Form – in das Telegramm hineinzubringen.

Die Franzosen haben noch jahrelang die Telegramm-Aktion als Beweis für die Zustimmung der Saarbevölkerung zum wirtschaftlichen Anschluß und zur Lostrennung von Deutschland angeführt, die Telegramme wurden immer wieder veröffentlicht und der internationalen Presse als Dokumentations-Material zur Verfügung gestellt. Wie sie zustande kamen, wurde natürlich verschwiegen, wobei wir durchaus zugeben, daß die Partei Hoffmanns und die saarländischen Sozialisten ihre Telegramme freiwillig und ohne fünfmalige Änderung der vom Gouvernement Militaire vorgelegten Entwürfe abgesandt haben.

Der nächste entscheidende Schritt der französischen Politik an der Saar war die Schaffung und Verabschiedung der saarländischen Verfassung. Selbst wir als Gegner mußten neidlos zugestehen: das war ein Meisterstück!

Wir haben uns oft gefragt, warum die Franzosen nicht schon im Frühjahr 1947 den wirtschaftlichen Anschluß vollzogen und damit alle Auseinandersetzungen beendet und vor allem die Leidens- und Notzeit der Saarbevölkerung abgekürzt haben. Stand doch durch das Moskauer Memorandum, das schon in den ersten Monaten des Jahres 1947 mit allen Einzelheiten fertiggestellt war, bis ins Detail fest, wie der wirtschaftliche Anschluß vollzogen werden sollte. Andererseits war die Arbeit der Gesetzgebenden Versammlung an der neuen Verfassung am Tage der Vollziehung des Anschlusses, dem 20. November 1947, noch keineswegs beendet, die Abstimmung über die Gesamtverfassung wurde erst am 15. Dezember 1947 in der letzten (VI.) Sitzung vorgenommen.

Trotzdem war am 20. November 1947 die für die Franzosen nach außen hin so wichtige Entscheidung gefallen: *Die Präambel* mit ihren politischen Leit- und Grundsätzen war in der IV. Sitzung der Gesetzgebenden Versammlung am 6. November 1947 mit 44 Ja-Stimmen von 50 angenommen worden. Aus dieser Zeitfolge ist ersichtlich, welchen Wert Frankreich auf das »Bekenntnis« der Saarländer zu seiner Saarpolitik gelegt hat. Man wollte sich später – wie das auch tatsächlich jahrelang geschah – darauf berufen können, daß die Vollziehung aller französischer Maßnahmen an der Saar dem frei geäußerten Willen der Saarbevölkerung entsprochen hätte. In den Wahlen zum saarländischen Landtag am 5. Oktober 1947 – sie waren zugleich die Wahl der Gesetzgebenden Versammlung – und in der Verabschiedung der Verfassung durch diesen Landtag als Gesetzgebende Versammlung sah man einen hinreichenden Ausdruck der in »demokratischer Freiheit geäußerten Volksmeinung«.

Wir werden sehen, wie diese »demokratische Freiheit« in Bezug auf das Zustandekommen der Verfassung und die Wahlen zum Landtag vom 5. Oktober 1947 tatsächlich ausgesehen hat.

Die streng geheim gehaltene Entstehungsgeschichte der saarländischen Verfassung war uns Anfang 1952 mit allen ihren Einzelheiten bekannt geworden. Der Zufall und der bekannte »günstige Wind« spielten dabei wie so oft in den jahrelangen Auseinandersetzungen um die Saar eine ausschlaggebende Rolle. In dem von mir vertretenen Prozeß der DPS gegen die Hoffmann-Regierung wegen des Verbotes der Partei im Mai 1951 war eine der (nach unserer Meinung) entscheidenden Fragen, ob das Saarland durch seine Verfassung von 1947 ein »Staat im Rechtssinne« geworden war und ob sein »unabänderlicher Bestand« durch die Verfassung garantiert sei. So jedenfalls war die Auffassung der saarländischen Regierung und aller französischer Stellen, in Saarbrücken wie in Paris.

Dieses Problem war ebenso die Grundfrage für das MRS, das trotz der verfassungsmäßigen Verankerung des »nur« wirtschaftlichen Anschlusses noch immer die volle politische Einverleibung der Saar durch Frankreich betrieb, wie für uns, die wir eine rechtswirksame Trennung von Deutschland stets verneint haben. Wenn mir die Probleme auch geläufig waren und mir hinreichendes staats- und völkerrechtliches Material zur Verfügung stand, kam es doch darauf an, dem von Herrn Hector eingerichteten zuständigen politischen Senat des saarländischen Oberverwaltungsgerichts durch ein »eindrucksvolles« Rechtsgutachten die natürlich von vornherein feststehende Entscheidung (Abweisung unserer Klage) so schwer wie möglich zu machen. So kamen wir auf den Gedanken, den Kommentator der saarländischen Verfassung, Prof. Rudolf Schranil, um die Erstattung eines Gutachtens zu bitten. Prof. Schranil war sudetendeutscher Flüchtling und hatte – als älterer Herr – mit Freuden den ihm angebotenen Lehrstuhl für Staats- und Völkerrecht an der von den Franzosen eingerichteten Saarbrücker Universität übernommen. In der Schriftenreihe »Recht des Saarlandes« war sein Kommentar zur Saarverfassung veröffentlicht worden, natürlich hielt sich Schranil streng an die ihm gegebenen Weisungen in Beziehung auf die Auslegung der wichtigsten Verfassungsbestimmungen.

Trotzdem ergab sich in den ersten Besprechungen mit Prof. Schranil die Bereitschaft, uns zu helfen. Schon beim zweiten Zusammentreffen legte uns Prof. Schranil einen Packen Fotokopien vor, die sich als die bis dahin streng geheim gehaltenen und von der Gegenseite wie ein Augapfel gehüteten Protokolle der Verfassungskommission entpuppten. Ich bekam wirklich »Stielaugen«, als ich die ersten Niederschriften über das Zustandekommen der berühmten Präambel überflog. Leider waren die Protokolle nicht vollständig, es fehlten etwa ein Drittel, das waren die Niederschriften der späteren Sitzungen der Kommission. Prof. Schranil hatte den ersten Teil der Protokolle von einem der beiden kommunistischen Abgeordneten – ich glaube es war der später übergewechselte Karl Hoppe – erhalten und in seinem Kommentar naturgemäß nur in sehr beschränktem Umfang verwenden können. Prof. Schranil war bereit, mir die Protokolle zur Auswertung und Verwendung im Prozeß zu überlassen, sie bildeten den für uns wesentlichsten Teil des Gutachtens!

Wie aber nun diese »aus dem Giftschrank stammende Geheimware« in den Prozeß einführen und das Gericht von der Authenzität überzeugen? Auch dieser Weg wurde gefunden. Ich schwieg zunächst von unserem kostbaren Besitz und beantragte beim Gericht noch vor den Gerichtsferien 1952 die offizielle Beiziehung der gesamten amtlichen Protokolle der Verfassungskommission vom saarländischen Landtag, der sie in Verwahrung hatte. Wie nicht anders zu erwarten, wurde dieser Antrag nach Beschlußfassung sofort abgelehnt, das Gericht hielt das angebotene Beweismaterial für unerheblich. Jetzt mußten wir die Öffentlichkeit mit den Dingen befassen. Durch

Verbindung zu einem gut gesinnten Angehörigen des saarländischen Landtages gelang es mir, auch noch den Rest der Protokolle, zum Teil auch noch der Niederschriften der Unterkommissionen, zu bekommen. Leider war es der Wunsch meines Gewährsmannes, auch heute noch ungenannt zu bleiben, ich hätte gerne den Namen dieses braven Mannes bekanntgegeben. Er war einer der vielen, die ihre Pflicht als Deutsche erkannten und auch erfüllten, wenn eine entscheidende Handlung von ihnen verlangt wurde. Mit meinem kostbaren Schatz der Protokolle zog ich mich einige Wochen in das Kurhaus am Frauenberg in Bad Mergentheim zurück, machte dort, wohl betreut von der Leitung, den Ärzten und Schwestern, meine Kur und verfaßte die Schrift:

*Die saarländische Verfassung vom 15. Dezember 1947 und ihre Entstehung.*

Unser Freund Bodens erfand auch wieder den treffenden Decknamen. In Würdigung der Umstände, wie wir dieses kostbare Material »aufgestöbert« hatten, wurde der Verfasser eben »Robert Stöber« genannt; auch ihn hat es nie gegeben. Das Manuskript war im August beendet und ging wiederum beim Comel-Verlag in Köln in Druck, mit seinen 566 Seiten war es alles in allem – einschließlich der langwierigen Satzkorrekturen – eine Mordsarbeit. Pünktlich zu der für November 1952 angesetzten weiteren Verhandlung im DPS-Prozeß war das Buch fertig. Ich legte es dem Gericht mit dem Hinweis vor, wir hätten das Dokumentenmaterial selbst beschafft und »führten es hiermit gedruckt und belegt« als Beweismaterial in den Prozeß ein. Ich sehe noch heute das verblüffte Gesicht des Vorsitzenden – eines französischen Staatsangehörigen rheinpfälzischer (nicht: saarländischer) Herkunft vor mir, es war wirklich ein stolzer Augenblick in dem für uns sonst so betrüblichen, aussichtslosen Prozeß. Aber die Protokolle und der »Stöber« wurden zu einem Grundlagenmaterial von wirklich ausschlaggebender Bedeutung. Hier hatten wir den zweiten, nicht zu widerlegenden Beweis dafür, wie auch die angeblich nach dem freien Willen der Saarbevölkerung geschaffene Verfassung »gemanagt«, richtiger gesagt erzwungen worden war. Unseren Freunden und uns gaben die Protokolle und die Art und Weise ihrer Veröffentlichung im »Stöber« die absolute Gewißheit, im Recht zu sein, sie wurden unsere Magna Charta, sie waren unwiderlegbar! Keine der nach 1952 erschienenen Publikationen über die Saar ist am »Stöber« vorbeigegangen, und alle Arbeiten – auch Dissertationen – stützen sich auf dieses wirklich einmalige Beweismaterial.

Der Befehl zur Erarbeitung einer saarländischen Verfassung kam, wie konnte es anders sein, aus Paris! Am 13. Februar 1947 erteilte der damalige französische Außenminister Georges Bidault dem Militärgouverneur Grandval den Auftrag, eine Kommission zur Ausarbeitung einer Verfassung für das Saarland einzusetzen. Grandval gab den Auftrag unverzüglich weiter als »Befehl« an den damaligen Vorsitzenden in der Verwaltungskommission, der Vorläuferin der späteren Saarregierung, Erwin Müller. Schon am 26. Februar 1947 traten Vertreter der zugelassenen politischen Parteien des Saarlandes zur ersten vorbereitenden Sitzung zusammen. Der aufschlußreiche Bericht über diese Sitzung bildete den Anfang der Protokolle, schon hier war festgehalten, »daß der Gouverneur Anweisung erteilt habe, eine Verfassungskommission zu bilden«, »der Gouverneur würde die weiteren Entscheidungen treffen.« Auch über die Beteiligung des MRS durch Entsendung von Parteimitgliedern, die dem MRS angehörten, war in der ersten Sitzung beschlossen worden. Die »weitere Entscheidung des Herrn Gouverneurs« waren zunächst streng geheim gehaltene »Richtlinien der französischen Besatzungsbehörde für die Arbeiten der Verfassungskommission« (Stöber S. 2/3). Sie hatten folgenden Wortlaut:

»Die für das Saarland vorgesehene Regierungsform wird hauptsächlich durch wirtschaftliche Gegebenheiten bestimmt: Deutschland einen Teil seines Kriegspotentials zu nehmen, das Saarland in den französischen Wirtschafts- und Währungsverband einzubeziehen.

I. Der wirtschaftliche und währungspolitische Anschluß der Saar an Frankreich bedeutet:
1. Daß das Saarland mit allen seinen Hilfsquellen in das französische Zollsystem einbezogen wird, d. h. die französischen Zollgrenzen werden auf die Saargrenzen verlegt und auf diesen Grenzen finden automatisch die französischen Zollgesetze und Verordnungen Anwendung.
2. Das das Saarland und Frankreich einen einheitlichen Währungsblock bilden, daß der französische Franc die einzige legale Währung darstellt, und daß die französischen Verordnungen bezüglich der Kontrolle des Geldwechsels automatisch im Saarland Anwendung finden.
3. Daß das Preis- und Gehaltsniveau im Saarland dem französischen Niveau angeglichen wird.

II. Der wirtschaftliche und währungspolitische Anschluß, wie oben beschrieben, schließt notwendigerweise eine Anzahl Konsequenzen ein, die sich auf den Verwaltungs- und politischen Plan auswirken:
1. Das Saarland wird der Zuständigkeit des Kontrollrates in Berlin entzogen und *hört auf, ein Teil Deutschlands zu sein*, und besonders werden die öffentlichen Dienststellen von den deutschen getrennt.
2. Das Saarland wird ein Gebiet darstellen, dessen Einwohner ein eigenes Staatsbürgerrecht besitzen, dessen auswärtige Beziehungen, aber auch die Interessen und der Schutz seiner im Ausland wohnenden Bürger, von Frankreich wahrgenommen werden.
3. Eine saarländische Verfassung wird den Aufbau der öffentlichen Verwaltung bestimmen, die gesetzgebenden und die ausführenden Gewalten werden durch allgemeine, direkte oder geheime Wahlen bestimmt.
4. Die Macht wird lediglich durch Verfügung der Errichtung eines »Haut-Commissaire de la République Française en Sarre« begrenzt, der beauftragt ist, die Respektierung der Grundsätze des wirtschaftlichen und währungspolitischen Anschlusses durch die saarländischen Behörden zu sichern. Bezüglich des rechtlichen Aufbaues werden Rechtsinstitutionen geschaffen, die die Respektierung derselben Grundsätze durch die saarländischen Gerichte überwachen. Der Haut-Commissaire ist u. a. beauftragt, die notwendigen Verfügungen zu treffen zur Durchführung der im Saarland vorgeschriebenen französischen Rechtstexte, die unerläßlich zur Erhaltung der Währungs- und Wirtschaftseinheit sind.
5. Außerhalb dieser Einschränkungen sind die saarländischen Behörden zuständig für die Verwaltung ihres Landes.

III. Frankreich sichert die Verteidigung des Saarlandes. Zu diesem Zweck wird französisches Militär in ausreichender Stärke dauernd im Saarland stationiert sein, um die innere Ruhe und die Überwachung der Grenzen zu garantieren.«

Soweit die »Weisung« des Militärgouverneurs an die saarländischen Verfassungsgeber. Durch die Protokolle erfuhren wir auch, daß der wortgetreue Inhalt dieser Richtlinien unter der Auflage der absoluten Geheimhaltung bereits im Februar 1947 der Verwaltungskommission des Saarlandes bekannt gegeben worden war, und daß diese dann auch den Mitgliedern der Verfassungskommission die »Richtlinien« zur Kenntnis gebracht hatte (Stöber, S. XIV). Erst später stellte sich heraus, daß die streng geheim gehaltenen »Richtlinien« nichts anderes waren als der Wortlaut des Memorandums der französischen Regierung vom 10. April 1947, das diese erst sechs Wochen später auf der Moskauer Konferenz den Außenministern ihrer alliierten Partner zur Zustimmung unterbreitet hat. Die saarländischen Politiker waren also mit dem Text von Grundsätzen versehen worden, den die übrigen Alliierten, auch die westlichen Verbündeten der Franzosen, überhaupt noch nicht kannten, geschweige denn gebilligt hätten. Wie Außenminister Georges Bidault noch ein Jahr später öffentlich erklärte, war diese Zustimmung auch auf der Moskauer Konferenz von keinem der übrigen beteiligten alliierten Außenminister gegeben worden. Bezeichnend war auch die Festlegung des »Haut-Commissaire der französischen Republik im Saarland« in diesem frühen Zeitpunkt des Februar 1947. Die französische Regierung hat erst durch Dekrete vom 31. Dezember 1947 (Saarl. Amtsblatt 1948, S. 78–82) die Errichtung eines Hohen Kommissariats im Saarland angeordnet, Herrn Gilbert Grandval zum Hohen Kommissar ernannt und seine sehr weitgehenden Befugnisse festgelegt.

Die Krönung des französischen Planes zur Gestaltung der Saarländischen Verfassung war die Tatsache,

daß auch die Mitglieder der Verfassungskommissionen als Verfassungsgeber den Wortlaut der Richtlinien unverändert in die Verfassung – insbesonders die Präambel – zu übernehmen hatten; eine Diskussion oder gar Abänderung der entscheidenden Grundsätze war nicht erlaubt.

Diese, heute wohl jedermann unglaublich erscheinende Feststellung offenbarten uns die Protokolle, deren strenge Geheimhaltung dadurch verständlich wird. Bei der 3. Sitzung der Verfassungskommission am 9. Juni 1947 gab ihr Präsident, Johannes Hoffmann, bezüglich der Richtlinien, die inzwischen auch von den Mitgliedern der Kommission als das »Moskauer Memorandum« bezeichnet wurden, bekannt (Stöber S. 102): »Darüber war sich auch unsere Fraktion klar, daß wir nicht zuständig sind, das Memorandum zu ändern. Es ist eine Frage, ob der Verfassungsausschuß oder ob die Parteien als einzelne Wünsche und Anregungen nach Frankreich gelangen lassen, die eventuell bei der Festsetzung des internationalen Statuts für die Saar Anwendung finden.«

Das sozialistische Mitglied Dr. Heinz Braun antwortete darauf: »Wir sind nicht kompetent und nicht berufen, in dieser Frage Beschlüsse zu fassen . . .« Hoffmann stellte die Frage: »Ich lasse abstimmen: Ist die Kommission der Meinung, daß dieses Memorandum die Grundlage bilden *muß*, um die Teile, die es berührt, bei der Ausarbeitung der Verfassung zu berücksichtigen, und daß wir weiter zusätzliche Anregungen und Wünsche beschließen, die wir der französischen Regierung weiterleiten?«

Nach dem Widerspruch der beiden kommunistischen Vertreter stellte der Vorsitzende Hoffmann die im übrigen einstimmige Annahme durch die Kommission fest. Die später verabschiedete Präambel der Verfassung zeigt, daß eigene Anregungen der Mitglieder der Verfassungskommission an Frankreich – außer von den Kommunisten – nicht gerichtet worden sind. Das Memorandum wurde zum unveränderten Verfassungstext, wie der spätere SPS-Abgeordnete Ernst Kunkel in einem Erinnerungsartikel in der »Volksstimme« vom 1. Mai 1952 festhielt: ». . . Es lag ein von den Alliierten beschlossener Tatbstand, nämlich der bevorstehende wirtschaftliche Anschluß der Saar an Frankreich und die schon vorher durchgeführte Lostrennung der Saar vom übrigen Besatzungsgebiet vor. Die Saarbevölkerung hatte überhaupt nicht über diesen Tatbestand zu entscheiden, sondern lediglich im Rahmen dieses Tatbestandes ihre politische Selbstverwaltung zu organisieren.« Herr Kunkel irrte sich nur mit der Behauptung, »ein von den Alliierten beschlossener Tatbestand liege vor«, es war vielmehr nur eine von Frankreich einseitig angeordnete Regelung. Wir werden später noch sehen, daß eine formwirksame Zustimmung oder gar vertragliche Regelung – auch nicht als Dreierabkommen der Westmächte – in Beziehung auf die Verhältnisse im Saarland nach dem zweiten Weltkrieg zu keinem Zeitpunkt erfolgt ist.

In der von der Verfassungskommission ausgearbeiteten Präambel – sie wurde bei der Schlußabstimmung über die Verfassung sogar von 47 von 50 Abgeordneten des Landtages als Gesetzgebender Versammlung angenommen – erkennen wir unmißverständlich die »Stimme ihres Herrn«. Sie hatte folgenden Wortlaut:

»Präamel
(1) Das Volk an der Saar,

berufen, nach dem Zusammenbruch des Deutschem Reiches sein Gemeinschaftsleben kulturell, wirtschaftlich und sozial neu zu gestalten,

durchdrungen von der Erkenntnis, daß sein Bestand und seine Entwicklung durch die organische Einordnung des Saarlandes in den Wirtschaftsbereich der französischen Republik gesichert werden können,

vertrauend auf ein internationales Statut, das die Grundlage für sein Eigenleben und seinen Wiederaufstieg *festlegen wird*,

gründet seine Zukunft auf den wirtschaftlichen Anschluß des Saarlandes an die französische Republik und die Währungs- und Zolleinheit mit ihr, die einschließen:

*die politische Unabhängigkeit des Saarlandes vom Deutschen Reich*,
die Landesverteidigung und die Vertretung der saarländischen Interessen im Ausland durch die französische Republik,
die Anwendung der französischen Zoll- und Währungsgesetze im Saarland,
die Bestellung eines Vertreters der Regierung der französischen Republik mit Verordnungsrecht zur Sicherstellung der Zoll- und Währungseinheit und einer Aufsichtsbefugnis, um die Beachtung des Statuts zu garantieren,
eine Organisation des Justizwesens, die die Einheitlichkeit der Rechtssprechung im Rahmen des Statuts gewährleistet.

(2) Der Landtag des Saarlandes, vom Volke frei gewählt, hat daher,

um diesem Willen verpflichtenden Ausdruck zu verleihen und – nach Überwindung eines Systems, das die menschliche Persönlichkeit entwürdigte und versklavte – Freiheit, Menschlichkeit, Recht und Moral als Grundlagen des neuen Staates zu verankern, dessen Sendung es ist, Brücke zur Verständigung der Völker zu bilden und in Ehrfurcht vor Gott dem Frieden der Welt zu dienen,

folgende Verfassung beschlossen.«

Das »Eigenprodukt« der saarländischen Verfassungsgeber im letzten Absatz dieser Präambel überrascht nicht. Es gehört einfach zum Ablauf der Planung, der Saarbevölkerung und der Welt vorzumachen, das neue, durch die Verfassung gestützte Regime sei durch freie Wahlen begründet worden und – im Gegensatz zum Nationalsozialismus – Verfechter der Freiheit, Menschlichkeit, Recht und Moral. Auch die Floskel »Brücke zur Verständigung der Völker« zu sein, bezog sich, wie die spätere Entwicklung gezeigt hat, nur auf das Verhältnis zwischen der Saar und Frankreich.

Bleibt noch festzuhalten, daß die Verfassung erst nach förmlicher Genehmigung durch die Besatzungsmacht in Kraft treten konnte: Am 12. Dezember 1947 richtete Militärgouverneur Grandval das folgende Schreiben an Präsident Hoffmann, in dem es u. a. heißt (Stöber, S. 526): »In Verfolg meines Schreibens vom 26. November 1947 habe ich die Ehre, Ihnen mitzuteilen, daß der Herr Général Commandant en Chef Français en Allemagne im Einvernehmen mit der französischen Regierung beschlossen hat, seine Genehmigung zu dem Entwurf der Verfassung zu erteilen, über welche am 8. November dieses Jahres die Verfassungsgebende Versammlung abgestimmt hat . . .«

Damit war aber die »Fundgrube der Protokolle« keineswegs erschöpft. Diese gaben noch in zwei äußerst wichtigen Punkten Aufklärung, die besondere Bedeutung bei der Beurteilung der Unterdrückungspolitik der Regierung Hoffmann gegen die »deutsche Opposition« gewinnen. Es sind dies die Rolle des MRS beim Zustandekommen der Verfassung und die Frage einer Billigung der Verfassung durch eine Volksabstimmung. Das MRS fand sich keineswegs mit dem in der Präambel der Verfassung festgelegten Zustand des »nur« wirtschaftlichen Anschlusses ab; es wollte seine weitergehenden Ziele bis zu einer völligen Integrierung der Saar in Frankreich unverändert verfolgen. Das war aber nur möglich, wenn die Verfassung von vornherein so gestaltet wurde, daß der Weg zur Abänderung des einstweiligen verfassungsmäßigen Zustandes eines »nur« wirtschaftlichen Anschlusses in einen späteren vollständigen politischen Anschluß offen blieb.

Für uns ergab sich die gleiche Frage: War die saarländische Verfassung in Beziehung auf den wirtschaftlichen Anschluß nur ein Provisorium, dann konnte das Streben nach einer Änderung unter Wahrung der verfassungsmäßigen demokratischen Grundlage nicht verfassungswidrig sein, weder von Seiten des MRS für den Fall des totalen Anschlusses, noch von unserer Seite, wenn wir auf der Verbundenheit des Saarlandes mit Deutschland bestehen wollten. Wenn auch die saarländische Regierung und der ihr hörige politische Senat des Oberverwaltungsgerichtes in Saarlouis das Kunststück fertig gebracht haben, eine Bindungswirkung nur bezüglich der Trennung des Saarlandes von Deutschland zu konstituieren, dagegen nicht bezüglich eines vollständigen Anschlusses der Saar an Frankreich, so waren doch die Diskussionen in der Kommission für unseren Rechtsstandpunkt von großer Bedeutung.

In der jüngsten Zeit ist bestritten worden, daß von Seiten der Militärregierung bei der Bildung der Verfassungskommission im Februar 1947 zur Bedingung gemacht worden sei, die Hälfte der Mitglieder müßten zugleich Mitglieder des MRS sein.

Diese Versuche, die einseitig frankophile Ausrichtung eines so wichtigen Organs wie eine Verfassungskommission zu bestreiten, sind durchaus verständlich, gehen aber fehl. Hier das Bekenntnis des wichtigsten Beteiligten der Kommission, ihres Präsidenten Johannes Hoffmann. In seinem Buch (S. 85) schreibt er: »Die Zusammensetzung der Verfassungskommission ist immer wieder scharf kritisiert worden. Dabei spielte die Behauptung eine große Rolle, die Militärregierung habe von den Parteien verlangt, daß die Hälfte der Mitglieder der Verfassungskommission MRS-Mitglieder sein müßten. Ich kann und will nicht bestreiten, daß die Militärregierung dieses Ansinnen an uns gestellt hat.« Wenn Hoffmann dann auch die Bedeutung der Beteiligung der MRS-Mitglieder abgeschwächt hat, so ändert das nichts an der Tatsache, daß der Einfluß des MRS von erheblicher Bedeutung war. In den Akten der DPS fand sich das Protokoll über die Auswahl der beiden DPS-Vertreter für die Verfassungskommission. Danach trug Herr Radziewsky ausdrücklich die Forderung der Militärregierung vor, daß ein Vertreter der beiden DPS-Abgesandten in der Verfassungskommission Mitglied des MRS sein müsse (Abb. 26). Die DPS richtete sich danach und benannte außer Herrn Dr. Blank ihr Mitglied Dr. H. J. Hardt (MRS). Trotz ihrer Benennung wurde keiner der beiden in die Kommission »aufgenommen«. Von irgendeiner unbekannt gebliebenen Seite wurde kurzerhand als Vertreter der DPS und des MRS der Saarbrücker Rechtsanwalt Dr. Gustav Levy nominiert und in die Verfassungskommission aufgenommen, obwohl Dr. Levy in diesem Zeitpunkt überhaupt noch kein Mitglied der DPS war! In gleicher Weise entsandte die Militärregierung als ihren besonderen Vertrauensmann das führende MRS-Mitglied, Senatspräsident Alfred Levy, über dessen Teilnahme ohne jede Parteifunktion nach den Protokollen in der Kommission eine lebhafte Diskussion stattfand. Nichtsdestoweniger hatte die Militärregierung mit ihrem Vertrauensmann eine der maßgebenden und einflußreichsten Persönlichkeiten in die Kommission entsandt. Auch das beweisen die Protokolle. Hinzu kam, daß eine Reihe von Mitgliedern der Kommission – wie die Herren Levy – französische Staatsangehörige waren.

Als wichtigster Erfolg des MRS ist festzustellen, daß die ursprüngliche Gestaltung des Saarlandes »als Staat im Rechtssinne« nicht durchgesetzt wurde; in allen einschlägigen Bestimmungen – abgesehen von der deklaratorischen Formulierung im zweiten Absatz der Präambel – findet sich die Selbstbeschränkung auf »Land«. Besonders in dem grundsätzlichen Artikel 60 wurde nach einer Debatte im Hinblick auf die Ziele des MRS bewußt formuliert: »Das Saarland ist ein autonom, demokratisch und sozial geordnetes Land und  wirtschaftlich an Frankreich angeschlossen.« Die im Regierungsentwurf enthaltene Bezeichnung »Staat« war in der endgültigen Fassung dieser Vorschrift ebenso fallen gelassen worden wie in der Überschrift zum ersten Abschnitt vor Artikel 60; hier war im Entwurf: »Die Grundlagen des Staates« vorgesehen. Man änderte den Entwurf in: »Allgemeine Bestimmungen.« Die Begründung für diese bewußt und gewollte Selbstbeschränkung hinsichtlich einer Staatlichkeit des Saarlandes findet sich belegt in den Protokollen und Niederschriften der spärerer Debatten über die Verfassung.

Die wichtigste Bestimmung über das zukünftige Verhalten der Saarbevölkerung im Verhältnis zu »ihrer« Verfassung findet sich in den Grundrechten, die nach dem

Vorbild der deutschen Länderverfassungen an die Spitze gestellt wurden (Artikel 1 bis 21 SVerf.). Für Artikel 10 – es war zunächst Artikel 11 des Regierungsentwurfes – hatte man vorgesehen: »Auf das Recht der freien Meinungsäußerung, der Versammlungs- und Vereinsfreiheit sowie auf das Recht der Verbreitung wissenschaftlicher oder künstlerischer Werke kann sich nicht berufen, wer *den verfassungsmäßigen Zustand* angreift oder gefährdet.« Diese Formulierung hätte in der Tat jede Diskussion um die Grundgedanken der Verfassung, also vor allem die Lostrennung des Saarlandes von Deutschland und den wirtschaftlichen Anschluß an Frankreich zum Verfassungsbruch werden lassen. Die weitere Behandlung dieses Entwurfes zeigt aber, daß die Verfassungsgeber davon abgegangen sind und in voller Kenntnis der Rechtsfolgen eine freiheitlich-demokratische Formulierung beschlossen haben. Während in der 7. Sitzung der Kommission vom 26. Juni 1947 der Entwurf noch ohne Diskussion übernommen wurde (Stöber, S. 148), meldete der im Inneren seines Herzens durchaus deutsch gesinnte Senior der CVP, der Abgeordnete Kossmann, schon in der 1. Sitzung des Unterausschusses am 18. Oktober 1947 seine Bedenken an (Stöber, S. 329). Auch der Abgeordnete Levy (DPS-MRS) kündigte in der Sitzung vom 22. Oktober die Notwendigkeit einer Änderung an (Stöber, S. 334). in der 8. Sitzung des Unterausschusses stellte Levy dann die konkrete Frage an seine Kollegen: »Halten Sie den Artikel 10 für tragbar?« Nach einer Diskussion faßte der kommunistische Vertreter Hoppe das Ergebnis der Meinungen wie folgt zusammen (Stöber, S. 368): »Ich bitte im Protokoll festzuhalten, daß die Verfassungskommission des Landtages der Auffassung ist, daß eine propagandistische Tätigkeit mit dem Ziel, den politischen Anschluß an Frankreich durchzuführen oder den wirtschaftlichen Anschluß an Frankreich *rückgängig* zu machen, nicht unter den Begriff des Artikels 10 fällt; daß dadurch die demokratische Grundlage der Verfassung nicht angegriffen oder gefährdet ist.«

Wer die späteren Hetztiraden im Saarländischen Rundfunk des in der Zwischenzeit zum Leiter des Presse- und Informationsamtes der Regierung Hoffmann avancierten kommunistischen Abgeordneten Hoppe zum Verbot der DPS gehört hat, wird mit mir der Meinung sein, daß hier eine Heuchelei praktiziert worden ist, die nicht zu übertreffen war. Die endgültige Fassung des Artikels 10 lautete dann:

»Auf das Recht der Meinungsfreiheit . . . kann sich nicht berufen, wer die verfassungsmäßige *demokratische* Grundlage angreift oder gefährdet!« Damit war an der Saar kein anderer Rechtszustand geschaffen als in den deutschen Bundesländern oder später im Bonner Grundgesetz.

In diesem Zusammenhang verdient ein – gelinde gesagt – Irreführungsversuch Erwähnung, der sich in einer von der Hoffmann-Regierung initiierten Propagandaschrift: »Die Saar fließt nach Europa« vorfindet. Auf Seite 71 dieser Schrift zitiert der Verfasser, Werner Eckhardt, den Artikel 10: »Auf das Recht der freien Meinungsäußerung . . . kann sich nicht berufen, wer die verfassungsmäßige *oder* demokratische Grundlage angreift oder gefährdet.« Hier wurde durch das Wörtchen »oder« der »Wunsch zum Vater des Gedankens«. Durch die offensichtliche Verfälschung des Verfassungstextes sollten die Leser der Schrift von dem verfassungswidrigen Verhalten der deutschen Opposition an der Saar überzeugt werden.

Bei der Schlußdebatte in der dritten Sitzung der Gesetzgebenden Versammlung am 3. Oktober 1947 faßte der sozialistische Abgeordnete Dr. Braun das Ergebnis der Regelung in Artikel 10 wie folgt zusammen: »Denn wir sagen nicht, wie ursprünglich vorgesehen war, daß jemand, der den verfassungsmäßigen Zustand gefährdet, sich nicht auf die Freiheitsrechte berufen kann, sondern die verfassungsmäßige demokratische Grundlage des Staates ist das, was wir schützen wollen. Und was bedeutet das? Das bedeutet nicht, daß ich, wenn ich wie das MRS für den politischen Anschluß bin, einen Angriff auf eine demokratische Grundlage der Verfassung unternehme. Denn, was ich da anstrebe, nämlich den Anschluß an einen demokratischen Staat, das ist niemals antidemokratisch. Da es nicht antidemokratisch ist, ist es nicht antiverfassungsmäßig in diesem Sinne« (Stöber, S. 426).

Die weitere wichtige Frage, die uns die Protokolle offenbart haben, war das von vorneherein dirigierte Zustandekommen, d. h. die Verabschiedung der Verfassung. Es lag nahe, darüber das Volk selbst entscheiden zu lassen, also ein Referendum herbeizuführen. Darüber wurde auch in der Kommission diskutiert. Schon in der 7. Sitzung vom 26. Juni 1947 schnitt der Vertrauensmann der Militärregierung in der Kommission, Senatspräsident Levy die Frage an: »Es stellt sich die Frage, ob überhaupt und wieweit soll das Volk direkt an der Gesetzgebung beteiligt sein?« Darauf Johannes Hoffmann: »Ich will Ihnen aus dem Stegreif meine persönliche Meinung darlegen. Wir haben noch nicht das, was man echte Demokratie nennt. Ich halte es für ein sehr gefährliches Experiment, in der augenblicklichen Situation den Gedanken eines Referendums (also eine Unterbreitung der Verfassung oder anderer Gesetze zur unmittelbaren Entscheidung durch die Saarbevölkerung, Anm. d. Verf.) überhaupt zu erwähnen. Nach der langjährigen Diktatur mit ihren verheerenden Folgen liegt es nahe, daß wir für eine gewisse Zeit ein Referendum von vornherein ausschalten.« Als Vertreter der SPS schloß sich Peter Michely dem an, ebenso Senatspräsident Levy. Seine Begründung (Stöber, S. 139) war geradezu klassisch. Er führte zunächst aus: »Die Volksbefragung war eine Einrichtung Hitlers.« Und dann weiter: »Ein Volk, das sich wiederholt so elementar geirrt hat, wie das Volk an der Saar, möchte auch gar keine Entscheidung selbst treffen. Es will vollendete Tatsachen!«

Mit dieser Begründung wurde weder die Möglichkeit eines von der Bevölkerung ausgehenden Volksentscheides in die Verfassung aufgenommen, noch wurde der ausgearbeitete Entwurf der Saarbevölkerung selbst zur Entscheidung vorgelegt. Wie sehr sich auch hier der französische Standpunkt – Furcht vor einer ungünstigen Meinungsäußerung der Saarbevölkerung – durchgesetzt hat, beweist eine Erklärung, die Hochkommissar Grandval noch im Jahre 1951 zur Frage einer Volksabstimmung durch die Saarländer abgegeben hat. In einem Interview mit dem heute sehr bekannten Politiker Servan-Schreiber für die Pariser Zeitung »Paris-Presse-Intransigeant« stellte Servan-Schreiber die Frage an Grandval: »Ich möchte eine politische Frage stellen: Nehmen wir an, es würde nächste Woche im Saarland eine Volksabstimmung erfolgen, welches Resultat könnte man erwarten?« Grandval: »Das ist eine sehr delikate Frage. Ich antworte sofort, daß keine Rede davon ist, weder in der nächsten Woche, noch in einem Monat, noch in einem Jahr, noch später, im Saarland eine Abstimmung durchzuführen. Wir sind der Ansicht, daß es kein besseres Mittel gäbe, um die Beziehungen zwischen Frankreich und Deutschland endgültig zu stören.«

Servan-Schreiber: »Warum? Weil das Resultat für Deutschland günstig wäre?«

Grandval: »Nein. Ich nehme durchaus nicht an, daß das Ergebnis für Deutschland günstig wäre, da die saarländische Bevölkerung mit ihrem Schicksal zufrieden ist.«

Nach einer Erörterung von drei möglichen Fragestellungen bei einer Volksabstimmung, gab Grandval die Prognose:

»Meine Überzeugung besteht darin, daß die beiden Fragen, die allein gestellt werden können, eine Majorität von 70 Prozent zugunsten der saarländischen Autonomie und des wirtschaftlichen Anschlusses an Frankreich ergeben.«

Servan-Schreiber: »In diesem Falle haben wir Franzosen das größte Interesse daran, eine Abstimmung zu verlangen, um dadurch den Streit mit Deutschland zu beenden.«

Grandval: »Nein. Ich kann nur wiederholen, daß diese Abstimmung nur den französisch-deutschen Beziehungen schaden würde. Frankreich hat im Saarland eine vernünftige und für alle annehmbare Lösung getroffen. Im Gegensatz hierzu würde durch eine Abstimmung eine Scheidung in einen Sieger und einen Besiegten erfolgen.«

Soweit Herr Grandval zum Demokraten Servan-Schreiber. Ich schrieb zur gleichen Zeit 1951 in der Schrift: »Der Hohe Kommissar und die DPS« zum gleichen Thema: »Wieder (wie 1920, Anm. d. Verf.) stand die Lüge Pate in der Geburtsstunde eines neuen saarländischen Staatsgebildes. Das weiß auch Frankreich! Frankreich weiß auch, daß dieses Lügengebilde in dem Augenblick sein Ende finden wird, in welchem Freiheit und Recht den Menschen an der Saar erlauben, ihren Willen und ihre Meinung wirklich frei zum Ausdruck zu bringen!«

Auf diese Weise unterblieb nach dem Willen aller damals maßgeblich Beteiligten die Entscheidung der Saarbevölkerung über die neue Verfassung. Die förmliche Verabschiedung der Verfassung wurde einem Landtag überlassen, dessen Zusammensetzung – bis auf die Kommunisten – gleichfalls von der Militärregierung gesteuert und »ins Ziel hineingeführt« worden ist. Alles war bis ins letzte Detail vorprogrammiert, um in der modernen Computer-Sprache zu formulieren.

Der Befehl zur Wahl kam in Gestalt der Verordnung Nr. 107 des Commandant en Chef Français en Allemagne vom 25. August 1947 (Stöber, S. 7). In Artikel 1 wurde bestimmt: Am 5. Oktober 1947 finden allgemeine Wahlen zwecks Bildung einer saarländischen gesetzgebenden Versammlung statt.

Artikel 2: Diese Versammlung, die sich aus 50 Mitgliedern zusammensetzt, wird auf die Dauer von fünf Jahren in allgemeiner, direkter und geheimer Wahl auf Grund der Listenwahl, nach den Grundsätzen der Verhältniswahl, gewählt.

Artikel 5: Die Versammlung tritt binnen acht Tagen nach den Wahlen zusammen und nimmt die Prüfung des Verfassungsentwurfes vor, den die durch die Rechtsanordnung vom 23. Mai 1947 eingesetzte Verfassungskommission ausgearbeitet hat.

Artikel 6: Die Verfassung unterliegt der Einverständniserklärung des Commandant en Chef Français en Allemagne.

Die Beteiligung politischer Parteien an der Wahl setzte – wie schon bei den Gemeinderatswahlen 1946 – ihre Zulassung durch die Militärregierung voraus. Auch in die Aufstellung der einzelnen Kandidaten griff die Militärregierung »massiv« ein. Darüber gibt eine Darstellung in der Denkschrift der deutschen Sozialdemokraten nähere Auskunft. Darin wurde u. a. festgestellt:

»Das von der Militärregierung erlassene Wahlgesetz brachte eine nicht unerhebliche Beschränkung des wahlberechtigten Personenkreises insofern, als alle Personen, die nicht am 30. Januar 1933 im Saargebiet gewohnt und seit diesem Termin mindestens zehn Jahre ihren ständigen Wohnsitz an der Saar hatten, kein Wahlrecht besaßen. Dadurch wurden 7,5 Prozent von der Wahl ausgeschlossen. Im ganzen

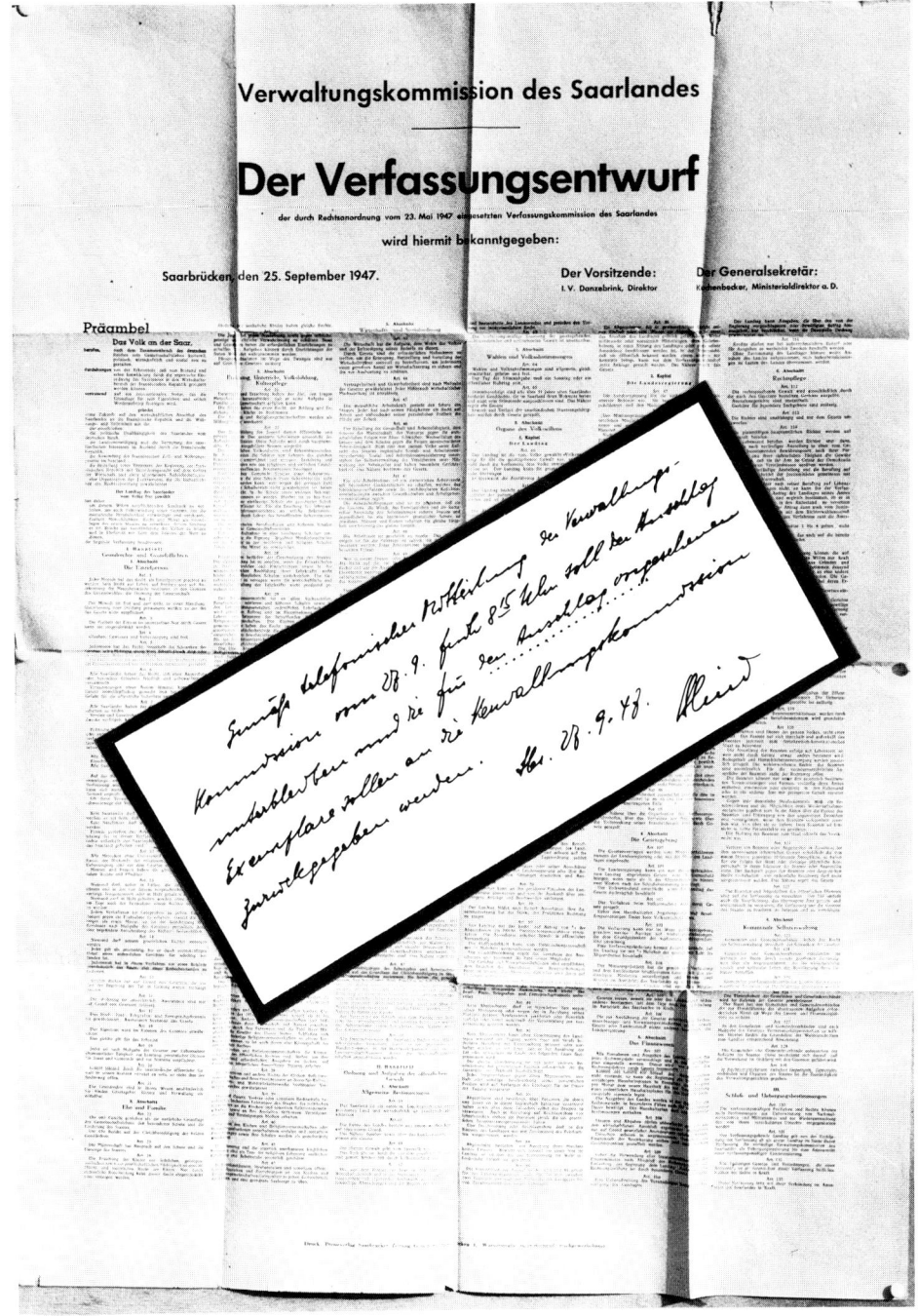

31

Bekanntgabe verboten! Der Anschlag dieser bereits fertiggestellten Texte der neuen Saarverfassung wurde auf Veranlassung der Militärbehörden wenige Tage vor den entscheidenden Wahlen verboten!

# UNE VOIE DANGEREUSE

Il est évident que la campagne du docteur Adenauer pour le rattachement de la Sarre à l'Allemagne occidentale a dû éveiller des échos dans le territoire sarrois lui-même. Dans ce territoire, la population sarroise d'origine est presque tout entière formée d'agriculteurs et de mineurs, tandis que les cadres administratifs et intellectuels sont formés par les Allemands introduits en Sarre soit avant 1914, soit par Hitler, à des fins de prussianisation.

Il en résulte que le gouvernement autonomiste sarrois rencontre la plus forte opposition dans les milieux mêmes où se trouve recruté le personnel bureaucratique sur lequel il doit s'appuyer.

C'est sans doute pour essayer de faire face à cette situation difficile que le gouvernement de M. Hoffmann a été amené à envisager les mesures quasi dictatoriales dont nous voulons, pour notre compte, espérer qu'elles seront en fin de compte écartées ou sérieusement amendées.

Ces mesures prévoient, « contre les personnes coupables d'attaquer le gouvernement ou la Constitution de la Sarre, de répandre des bruits destinés à susciter des remous parmi la population, de créer une agitation susceptible de troubler les relations de la Sarre avec ses voisins... », des peines pouvant aller jusqu'à un an de prison et 200.000 francs d'amende. La création de partis politiques ou de groupements syndicaux serait soumise à l'autorisation du Parlement sarrois; le gouvernement aurait le droit d'interdire toute réunion politique...

Est-il besoin de faire remarquer qu'une telle législation, en instituant toute une série de délits dont la définition reste dangereusement imprécise, remet en question toutes les libertés démocratiques essentielles et expose les citoyens à tous les abus

serait inadmissible quand bien même elle serait favorable à nos intérêts, ce qui est douteux.

Il ne s'agit pas d'abandonner les positions économiques essentielles que nous avons en Sarre et de renoncer à une présence dont la population sarroise tire plus de profit matériel encore que nous-mêmes. On ne nous comptera jamais parmi ces matsochistes de l'abdication française que nous voyons à l'œuvre à propos de l'affaire indochinoise par exemple, et que semble réjouir chacun de nos reculs.

Mais, quel que doive être le statut définitif de la Sarre, quels que doivent être les rapports définitifs de la Sarre avec l'Allemagne et avec la France, nous pensons que si un Sarrois désire voir la Sarre faire partie intégrante de la nouvelle Allemagne, il a le droit d'exprimer son opinion. Parce que c'est une opinion, et que les opinions sont libres.

Il est entendu qu'il s'agit de lois projetées par le gouvernement sarrois, et non par le haut-commissariat français. Mais la France est indirectement en cause, et la France ne peut admettre d'avoir, ou seulement de paraître avoir partie liée avec une politique qui n'est pas la sienne.

On ne fait pas avec les moyens du despotisme une politique de liberté.

---

# Veut-on ou ne veut-on pas l'Europe?

### par Jean SCHLUMBERGER

« ET c'est de cette façon que vous prétendez gagner la guerre ! » J'entends encore cette exclamation d'un ami suisse, venu à Paris dans les premiers mois de 1940. Inquiet de ce qui, vu de son pays, lui semblait d'alarmants symptômes de mollesse, il avait espéré trouver chez nous de quoi se rassurer. C'était l'époque de la guerre croupissante, où l'armée se désagrégeait dans l'ennui. Les éléments énergiques de la nation sentaient confusément que, sur leur droite et sur leur gauche, quelque chose freinait leurs efforts. Ils n'osaient pas encore comprendre qu'ils étaient doublement trahis, coincés entre deux sabotages : celui de nos communistes, résolus à ne pas chagriner Staline, allié de Hitler, et celui de nos fascistes honteux, dont les sympathies allaient aux nazis. Le laisser-aller que mon ami découvrait chez nous dépassait encore ce qu'il avait craint. Il savait trop pertinemment ce qui se passait dans le camp adverse, l'ordre implacable avec lequel se poursuivait la mobilisation totale. L'écart entre les deux tensions nationales était trop manifeste. « Et c'est avec cette nonchalance que vous prétendez gagner la guerre ! » répétait-il.

Est-il abusif de reprendre aujourd'hui cette inquiète question sous la forme suivante : « Et c'est avec cette nonchalance que vous prétendez faire l'Europe ! » Le parallélisme est frappant. Il est officiellement admis que l'Europe est le but vers lequel il est nécessaire de tendre. ; mais, comme en 1940, la lenteur des mouvements, le soudain grincement d'un roulement qui grippe prouvent que tout le monde ne souhaite pas, d'un cœur sans réserves, la mise en œuvre de cette politique. Les communistes la combattent ouvertement. Leur rôle est clair, mais on n'en peut dire autant de l'action retardatrice derrière laquelle on sent tantôt des intérêts privés qu'alarment les concurrences éventuelles, tantôt un patriotisme hanté de complexes, tantôt la mauvaise humeur qui voient bousculer leurs traditions. D'où que viennent ces résistances, elles se rejoignent dans le même vœu : s'il n'y a a décidément pas moyen de s'en tenir au status quo, n'y rien changer que le plus tard et le moins possible.

Or l'Europe ne se fera que si elle est résolument voulue, c'est-à-dire si elle est une victoire du courage et de l'intelligence sur des obstacles qu'il serait d'ailleurs enfantin de nier. Mais broncher devant ces obstacles, les déclarer infranchissables, c'est manquer du coup d'œil pour apprécier les proportions, c'est confondre ce qui relève du simple désagrément (fût-il cuisant) et ce qui comporte des dangers vitaux. Le manque de perspectives qui empêche bien des gens d'apercevoir « la forêt russe », parce qu'ils ont, comme disait récemment M. Paul Reynaud, « l'arbre allemand » devant les yeux, cette même erreur d'optique cache à maint Français la catastrophe que serait pour nous l'échec de l'idée européenne. Ils ont tendance à croire qu'il n'y a pas à se presser, que l'Europe se groupera fatalement un jour ou l'autre ; or ce n'est pas du tout certain. Il est fort concevable qu'exaspérés par les tergiversations entre Français et Allemands, les Etats-Unis concluent avec ces derniers une alliance directe pour laquelle ils auraient un goût secret et qui nous laisserait nous débrouiller seuls parmi les difficultés accrues.

L'Américain ne comprend pas que nous nous exposions au risque de compromettre notre situation sur le continent et outre-mer, par raidissement sur quelques avantages que nous défendons dans la minuscule Sarre. Car c'est à cause d'elle, à cause de ce point presque invisible sur la carte, que toute l'organisation du monde est en suspens. Quelqu'un peut-il, avec bon sens, penser que les élections qui se préparent à Sarrebruck sous notre tutelle régleront quoi que ce soit ?

La France est le pays qui a promulgué solennellement la Déclaration des droits de l'homme et du citoyen. Quand elle l'oublie elle se renie. Elle ne peut à la fois bénéficier du prestige que lui a valu cette Charte et chercher des profits en la violant.

**Jean SCHLUMBERGER.**

---

33     34

Schon frühzeitig in Frankreich: Warnende Stimmen: »Le Figaro« vom 26. 1. 1950 und »Le Figaro« vom 15. 11. 1952

Saargebiet waren das allein 35 000 Personen.«

Das war selbst der frankophilen Parteiführung der saarländischen Sozialisten zuviel. Sie protestierten durch einen offiziellen Beschluß, der am 10. September 1947 in der Parteizeitung »Volksstimme« abgedruckt worden ist und folgenden Wortlaut hatte:

»Der außerordentliche Parteitag der Sozialdemokratischen Partei erhebt bei der französischen Militärregierung allerschärfstens Protest gegen die Bestimmungen der Wahlordnung Nr. 104 vom 12. Juli 1947, die eine große Zahl der Saarbevölkerung von der Wahl ausschließt. Er bedauert, daß in dieser Wahlordnung die demokratischen Rechte des Volkes ohne sichtbaren Grund außeracht gelassen werden« (Abb. 27).

Die SPD-Denkschrift rechnete zu der Kategorie der oben angeführten 35 000 noch weitere, »aus politischen Gründen für nicht wahlberechtigt erklärten Einwohner« hinzu und stellte fest, daß alle Einsprüche gegen diese Willkürmaßnahme unbeachtet geblieben sind.

Über die Aufstellung der Kandidatenliste wird von der SDP berichtet:

»Bei der Aufstellung der Kandidatenliste entwickelten Militärregierung und MRS eine auffallende Aktivität, die einem Plädoyer für jene Kandidaten gleichkam, von denen man erwartete, daß sie die Anschlußpolitik an Frankreich unterstützen würden. So ist bekannt, daß der Vorsitzende der Einheitsgewerkschaft, der Sozialdemokrat Heinrich Wacker, der ursprünglich nicht kandidieren wollte, weil er das mit der parteipolitischen Neutralität der Gewerkschaften nicht für vereinbar hielt, auf ausdrücklichen Wunsch der Militärregierung seine Bedenken zurückstellte und das Mandat annehmen mußte.«

Durch Abdruck eines Originalbriefes des Kreissekretariats Ottweiler des MRS weist die SPD-Denkschrift nach, wie sich auch das MRS in die Aufstellung der Kandidaten eingeschaltet hatte. Noch eindeutiger erscheint der Fall des damaligen zweiten Vorsitzenden der saarländischen Sozialdemokraten. Er war bei allen Abstimmungen der Wahlgremien »so hoffnungslos durchgefallen, daß selbst der entscheidende Wahlparteitag von ihm als Kandidat überhaupt keine Notiz nahm. Trotzdem ließ sich der Betreffende, der zugleich hoher Regierungsbeamter war, eine Stunde vor Ablauf des Termins vom zuständigen Landrat in Saarlouis die Wahlliste der SPS geben, strich einen aussichtsreichen Kandidaten eigenhändig durch und setzte sich auf die Liste. Die Denkschrift stellt zu diesem Manöver fest:

»Dies alles, ohne daß eine Parteiinstanz vorher oder nachher darüber befragt worden wäre! Der Militärregierung, die die Wahlen zu überwachen hatte, war dieser Vorgang bekannt. Sie schritt dagegen nicht ein, weil Herr S. ein willfähriger Helfer der von Gouverneur Grandval betriebenen Politik ist.« Natürlich gelangte S. auf diese Weise unangefochten in den Landtag!

Auch innerhalb der CVP Hoffmanns kam es zu erregten Auseinandersetzungen um die Aufstellung der Kandidaten. Vor allem wandten sich gewichtige Parteikreise gegen die Plazierung französischer Staatsangehöriger und MRS-Mitglieder an aussichtsreiche Stellen. Unser Freund Franz Ruffing hat über diese Vorgänge und die Einwirkung der Militärregierung auf die Wahlen in seinem Buch (»Wahlmanöver an der Saar«, S. 143/144) selbst erlebte Einzelheiten unwidersprochen veröffentlicht.

Die Wahlaussagen der zugelassenen Parteien – ausgenommen wiederum die Kommunisten – beschäftigten sich planmäßig nur mit innerpolitischen Problemen, die außenpolitische Bedeutung der Wahlen wurde weitgehend übergangen. Geschickt warfen sich die »Christlichen« unter der Führung von Johannes Hoffmann und die »Sozialisten« unter der Führung von Peter Zimmer und Richard Kirn die Bälle zu. Man stritt sich fast ausschließlich um das im Saarland so besonders wichtige Thema der Konfessionsschulen und die Verwirklichung anderer christlicher oder sozialistischer Grundsätze in der kommenden Verfassung (Abb. 28). Von der wirklichen Bedeutung der Wahlen vom 5. Oktober 1947 als frei geäußertes *Votum der Saarbevölkerung zur Politik des wirtschaftlichen Anschlusses* der Saar an Frankreich – so wurde das Ergebnis der Wahlen von 1947 ja später immer wieder ausgedeutet – war keine Rede. Nicht ein einziges Wahlplakat der drei zugelassenen Parteien – außer denen der Kommunisten – enthielt einen einzigen Hinweis auf die vorgesehene Lostrennung des Saarlandes von Deutschland und den wirtschaftlichen Anschluß an Frankreich. Natürlich wußte die Saarbevölkerung, daß nach der Landtagswahl der wirtschaftliche Anschluß bald kommen und ihrer wirtschaftlichen Not- und Leidenszeit ein Ende setzen würde. Wir haben über die Hungerjahre im vorangehenden Abschnitt berichtet, und es erscheint wichtig, in diesem Zusammenhang auch die *Wahl-Sonderzuteilung an Lebensmitteln* zu erwähnen. In der MRS-Zeitung »Neue Saar« erschien drei Tage vor der Wahl, am 3. Oktober 1947 der im Original abgebildete Sonderaufruf von Lebensmitteln für die Bevölkerung (Abb. 29).

»Ab sofort erhältlich:
1 Liter Wein für Erwachsene über 21 Jahre,
250 gr. Margarine für alle Personen über 6 Jahren und weitere
125 gr. Margarine für Personen unter 6 Jahre,
567 gr. – 1 Dose – Fleisch für alle Verbraucher über 3 Jahren,
100 gr. Käse für alle Personen von 6 Jahren an aufwärts sowie
10 kg. Kartoffeln für alle Verbraucher.
Kinder erhielten:
180 gr. Butter für Kinder bis zu 3 Jahren,
220 gr. Butter für Kinder von 3 bis 6 Jahren, dazu weitere
 90 gr. Butter für Kinder bis zu 3 Jahren und
110 gr. Butter für Kinder von 3 bis 6 Jahren sowie
450 gr. Trockenmilch für Kinder bis zu 3 Jahren.«

Die hungernde Saarbevölkerung nahm natürlich mit Freuden diesen »Wahlspeck« entgegen. Als sie aber die zugeteilte »Fleischkonserve« in Empfang genommen hatte, stellte sich heraus, daß darin amerikanisches Pferdefleisch enthalten war. Danach hielt sich noch lange Zeit in der Bevölkerung die ironische Bezeichnung von den »Pferdefleischwahlen«, wenn man vom 5. Oktober 1947 sprach!
Wer mit der ungewissen Zukunft des wirtschaftlichen Anschlusses nicht einverstanden war, hatte keine andere Möglichkeit als der Wahl fernzubleiben oder »ungültig« bzw. kommunistisch zu wählen. Den ersteren Weg wählten die wenigsten, das MRS hatte vorher verbreiten lassen, daß die »Wahlenthalter« wegen Sabotage an den Zielen der Militärregierung zur Rechenschaft gezogen und ausgewiesen würden. Immerhin gab es 4,3 Prozent Nichtwähler. Ungültige Stimmen gaben 9,8 Prozent oder 49 062 Personen ab, die Kommunisten erhielten 8,4 Prozent der abgegebenen Stimmen, eine Zahl, die sie später mit 9,5 Prozent noch einmal überschritten haben.

# AB SOFORT sind erhältlich ...

Nachstehend aufgerufene Waren werden ab heute in der Reihenfolge der Belieferung des Einzel- oder Fachhandels wie folgt ausgegeben:

1 Ltr. Wein an die Versorgungsberechtigten über 21 Jahre (M) auf den Abschnitt DP der Oktoberlebensmittelkarte für Normalverbraucher und Selbstversorger. Zur besseren Unterscheidung wird darauf aufmerksam gemacht, daß die Lebensmittelkarte M für Oktober auf gelbem Papier für Normalverbraucher und Selbstversorger und auf grünem Papier für die Inhaber der unechten P1-Karte gedruckt ist. Andersfarbige Abschnitte gehören anderen Altersstufen an und sind nicht zu beliefern. Die Ausgabe des Weines erfolgt durch die zugelassenen Fach- und Einzelhandelsgeschäfte und Gaststätten, soweit sie von den örtlichen Kartenstellen der Kreisernährungsämter B für die Ausgabe bestimmt werden. Eine Vorbestellung findet nicht statt. Ueber die Ausgabe ist zu einem späteren Zeitpunkt gesondert abzurechnen.

180 g Butter für Kinder bis zu 3 Jahren (E) auf die Abschnitte Fett 6 bis 9 und 16 bis 19 der Normalverbraucherkarte, Fett 5, 10 und 11 der unechten P 1-Karten (blau).

220 g Butter für Kinder von 3—6 Jahren (J 1) Normalverbraucherkarte, Fett 1 bis 9 und 11 auf die Abschnitte Fett 1 bis 9 und 16—19 der der unechten P 1-Karten (lachs).

250 g Margarine für die Verbraucher von 6 Jahren an aufwärts (J 2, J 3, M) auf die Abschnitte Fett 7 bis 9 und 18 der Normalverbraucherkarte; Fett 1 bis 4 und 6 bis 9 der unechten P 1-Karte (lachs).

90 g Butter für Kinder bis zu 3 Jahren, Selbstversorger in Fleisch und Schlachtfetten (P 3) auf die Abschnitte Fett 1 bis 7, 9 bis 13, Abschnitt 8 ist ungültig.

110 g Butter für Kinder von 3—6 Jahren (J 1),

Selbstversorger in Fleisch und Schlachtfetten (P 3) auf die Abschnitte Fett 1—13.

125 g Margarine an Verbraucher über 6 Jahre (J 2, J 3 u. M) der gleichen Kategorie auf die Abschnitte Fett 9 bis 11.

567 g Fleisch (1 Dose) für alle Verbraucher von 3 Jahren an aufwärts (J 1, J 2, J 3, M) mit Ausnahme der Selbstversorger in Fleisch und Schlachtfetten (Inhaber der P 3 und P 4-Karten). Die Ausgabe erfolgt auf den Abschnitt DH der Lebensmittelkarte für Oktober in Verbindung mit Abschn. 45 des Lebensmittelkarten-Bezugsausweises und ist bis zum 18. 10. befristet. Abschnitte, die nach diesem Zeitpunkt vorgelegt werden, sind von der Belieferung ausgeschlossen Die Zuteilungsstellen sind über Art und Umfang der Auslieferung unterrichtet.

450 g Trockenmilch für Kinder bis zu 3 Jahren mit Ausnahme der Inhaber der echten und unechten P 1, P 2 und P 4-Karten, auf den Abschnitt DK der Oktoberlebensmittelkarten. Die Ausgabe der Trockenmilch erfolgt durch die Milchgeschäfte. Eine Vorbestellung findet nicht statt.

100 g Käse an die bezugsberechtigten Verbraucher von 6 Jahren an aufwärts (J 2, J 3, M) auf den Abschnitt FC der Oktoberlebensmittelkarte für Normalverbraucher und Selbstversorger.

10 kg Kartoffeln an alle Verbraucher aller Altersstufen mit Ausnahme der Eigenanbauer gegen Abtrennung des Sonderabschnittes des Bezugsausweises für Speisekartoffeln für die 105.—110. Zuteilungsperiode. Die Belieferung des Fach- und Einzelhandels erfolgt auf der Grundlage der im Juli 1947 aufgestellten Kundenliste zur Deckung des laufenden Bedarfs. Ueber die Ausgabe ist zu einem späteren Zeitpunkt abzurechnen.

# Die Durchführung der Landtagswahl

Zur Durchführung der Landtagswahl am 5. Oktober sind drei Wahlbezirke gebildet worden, und zwar 1. Wahlbezirk Saarbrücken, es infolge eines offensichtlichen Gebrechens unmöglich ist, ihren Stimmzettel in den Umschlag zu stecken und diesen in die Wahl-

29
»Wahlspeck« für die hungernde Bevölkerung: Sonderzuteilung von Lebensmitteln drei Tage vor der Landtagswahl vom 5. Oktober 1947. Ausschnitt aus der MRS-Zeitung »Die Neue Saar«. Die 567 g (1 Dose) Fleisch stellten sich als Pferdefleisch heraus, das von Amerika geliefert, aber in Frankreich nicht verkauft wurde. Die Bevölkerung nannte die Landtagswahlen von 1947 deshalb »Pferdefleischwahlen«!

Zusammen waren es 22,5 Prozent aller 520 855 wahlberechtigten Saarländer, die in der damals möglichen Form ihre Zustimmung versagt haben. Wir werden sehen, wie sich diese Zahlen bei der darauf folgenden Wahl vom 30. November 1952 veränderten.

Was aber wußten die Wähler von der Verfassung, über die sie ja indirekt mitentscheiden sollten? Was von der so ausschlaggebenden Präambel? Was hatte man ihnen darüber gesagt? War den saarländischen Wählern klargemacht worden, welche Aussage man später ihrer »Willensentscheidung« beimessen, richtiger gesagt: unterschieben würde?

Es ist eine Eigenheit aller Rechtssysteme und aller demokratischen Ordnungen, daß nur das völlige Bewußtsein dessen, worum es geht und die Kenntnis aller Umstände, auf der die zu treffende Entscheidung beruht, rechtswirksame Ergebnisse erzeugen können. Täuschungen in dieser Hinsicht haben im Rechtsleben noch immer die Wirksamkeit von Entscheidungen in Frage gestellt.

In der Verfassungskommission hatte man schon frühzeitig darüber debattiert, was die Bevölkerung über ihre zukünftige Verfassung wissen, richtiger gesagt: nicht wissen dürfe. Auch in dieser Richtung erwiesen sich die Protokolle als wahre Fundgrube. In der 4. Sitzung vom 12. Juni 1947 machte der kommunistische Vertreter Fritz Nikolay geltend (Stöber, S. 116): »Ich bitte eine Frage zu klären. Unsere Partei hat versucht, bezüglich der Verfassung im allgemeinen und bezüglich des Memorandums einen Bericht in unserer Zeitung zu bringen, ohne auf irgendwelche Einzelheiten unserer Besprechungen usw. einzugehen. Die Zensur hat dies gestrichen. Ich glaube, hier sollte Herr Hoffmann als Präsident mit der Militärregierung sprechen, weil ja doch alle Parteien daran interessiert sein müßten.« Darauf antwortete Müller (CVP): »Die Stellungnahme zu dem Memorandum in der Öffentlichkeit wird wahrscheinlich deshalb bei der Militärregierung auf Schwierigkeiten stoßen, weil dieses Memorandum mit einem gewissen Geheimvermerk versehen und nicht für die Öffentlichkeit bestimmt ist.« Und Johannes Hoffmann: »Was den ersten Teil angeht, kann ich mir denken, daß die Zensur ihn gestrichen hat. Wir haben natürlich der Militärregierung unseren Beschluß der ersten Sitzung mitgeteilt, daß die Verfassungskommission über die internen Sitzungen nichts berichtet in der Öffentlichkeit außer dem, was in dem amtlichen Kommuniqué steht.«

So blieb dem kommunistischen Vertreter Nikolay nur übrig, resignierend festzustellen: »So wird uns jede Erklärung unmöglich gemacht. Letzten Endes kann man die öffentliche Meinung da nur falsch unterrichten!« Und das blieb so bis eine Woche vor der Wahl. In der Parteizeitung Hoffmanns, der »SVZ«, wird am 4. Oktober 1947 zugestanden, daß die Verfassung und die entscheidende Präambel »leider erst acht Tage vor dieser bedeutsamen Landtagswahl veröffentlicht« worden seien. Auch der Begriff »veröffentlicht« muß eine weitgehende Einschränkung erfahren. Die sozialistische »Volksstimme« wollte den Gesamtentwurf der Verfassung in ihrer Ausgabe Nr. 44 vom 1. Oktober 1947, also fünf Tage vor der Wahl, abdrucken. Auf der ersten Seite des Blattes findet sich der folgende Hinweis (Abb. 30): »Wir veröffentlichen diesen Entwurf in der heutigen Ausgabe im Wortlaut und bitten unsere Leser zu entschuldigen, wenn wir damit den knappen Raum, der uns in der Zeitung zur Verfügung steht, vielleicht etwas einseitig in Anspruch nehmen.« Vergeblich haben die Leser in der Zeitung nach dem Verfassungsentwurf gesucht. Die Zensur der Militärregierung hatte den Abdruck untersagt, den Hinweisvermerk aber übersehen!

In gleicher Weise erging es dem von der Verwaltungskommission vorbereiteten Plakatanschlag mit dem vollen Text der Verfassung. War die Wiedergabe des umfangreichen Verfassungstextes in der Größe von 60 mal 80 Zentimetern schon kaum leserlich, so wäre trotzdem ein Anschlag der ausgedruckten Plakate ein bescheidenes Alibi für die Bekanntmachung eines so wichtigen Dokumentes vor der entscheidenden Wahl gewesen. Nach der Verteilung an die zuständigen Gemeindewahlämter wurde der Anschlag an die Plakatsäulen gleichfalls untersagt und *mußte* unterbleiben! Der Leiter des Wahlamtes der Stadt Saarbrücken, der spätere Minister und Professor Dr. Blind hat die Weisung in einer Aktennotiz festgehalten. Eine Abbildung des (verkleinerten) (Abb. 31) Plakates und der Handnotiz von Prof. Blind aus meiner Dokumentensammlung erbringen den Beweis für diese Darstellung. So blieb als einzige Möglichkeit einer Unterrichtung für die 520 855 Wähler über die Verfassung der Weg zum zuständigen Bürgermeisteramt. Dort waren in der Tat eine Anzahl von Abdrucken des Entwurfs der Verfassung zur Abholung bereit gelegt worden. Es ist nie bekannt geworden, wie viele Texte abgeholt und infolgedessen auch von den Wählern gelesen worden sind, ja über die Anzahl der überhaupt hergestellten Drucke gehen die Angaben auseinander. Wir sind der Meinung, daß es völlig gleichgültig ist, ob 10 000 oder weniger oder gar 45 000 Exemplare abgeholt und gelesen worden sind.

Was soll eine Entscheidung, bei der nicht einmal zehn Prozent der Wähler wissen, worum es letzten Endes geht! Dafür gibt es weitere Beweise. In der letzten Ausgabe der Zeitung Hoffmanns, der »SVZ« vom 4. Oktober, erschien neben einem Wahlaufruf: »Das Christliche Saarvolk geht zur Wahl« und dem verkleinerten Wahlplakat der CVP mit dem überdimensionalen christlichen Kreuz über der Erdkugel und dem Wahlslogan: »Für christliche Ordnung in Wirtschaft und Gesellschaft, für den Frieden im Inneren und nach außen, für die Freiheit der Persönlichkeit« – ein größerer Aufsatz mit der Überschrift: »Ein letztes Wort.« Darin wurde nochmals zu den Aufgaben des zu wählenden Landtages Stellung genommen und unter anderem ausgeführt: »Als Verfassungsgebende Versammlung wird er den von der Verfassungskommission ausgearbeiteten Verfassungsentwurf prüfen und über seine endgültige Gestaltung, Annahme oder Ablehnung entscheiden. Der Landtag wird dann einen Regierungschef wählen. In einer aus Paris erfolgten Richtigstellung einer ausländischen Meldung heißt es zum Schluß: *Die Wahlen haben einen sehr allgemeinen Charakter und dienen nicht dazu, über die Angliederung des Saargebietes an Frankreich oder die Autonomie zu entscheiden.«*

Unsere Abbildung (32) zeigt den Ausschnitt mit dieser äußerst wichtigen, aber leider – wie sich nach der Wahl herausgestellt hat – falschen Meldung. Auch der Präsident der Verwaltungskommission, Erwin Müller (CVP), nach Johannes Hoffmann damals der »zweite Mann im Staat«, versicherte am Abend vor der Wahl in einer Rundfunkrede der Wählerschaft: »Am 5. Oktober 1947 wählen Sie dasjenige Gremium von Männern und Frauen, das die Aufgabe hat, den vorliegenden Entwurf einer Verfassung des Saarlandes durchzuberaten, gegebenenfalls abzuändern und dann zu beschließen. Sie müssen wissen, daß Sie auch nach den Wahlen noch durch die direkte Fühlungnahme mit den von Ihnen gewählten Kandidaten oder auf dem Wege der Organisation der Partei, deren Mitglied Sie sind, oder der Sie sich programmgemäß verbunden fühlen, auf die endgültige Gestaltung dieser Verfassung einwirken können. Die Wahlen haben also keineswegs die Bedeutung, daß Sie nur

# Pflicht und Verantwortung

Wer könnte in unserer Zeit, auch wenn er der jungen Generation in allem angehören würde, mit Begeisterung in das politische Leben stürmen? Wer könnte in dem politischen Tageskampfe bei allen Enttäuschungen ausharren, wenn er nicht eine feste Grundlage und ein erstrebenswertes hohes Ziel hätte, um dessen Willen er immer wieder bereit ist, trotz allem seine Pflicht zu tun. Wir tragen schwer an dem unseligen Erbe der Vergangenheit, das wir nicht ausschlagen konnten. Lange schon warten wir auf den Rahmen, den uns die Siegermächte mit dem Frieden für das uns übertragene Staatsaufbauwerk geben sollen, aber bis heute noch nicht fertiggestellt haben. Dazu bedrücken uns die großen Sorgen des täglichen Lebens, die eine Folge des zweiten Weltkrieges und seiner Begleiterscheinungen und gegenwärtig nicht zuletzt der Mißernte des Jahres 1947 sind.

Und jetzt sollen wir bald wählen? Ja, wir werden wählen.

Wir haben den Mut, trotz bösartige hämischen Kritikaster uns zu unserer Überzeugung und den politischen Persönlichkeiten, die unsere Grundsätze vertreten, sich erneut ehrenwörtlich darauf verpflichtet haben und unser Vertrauen besitzen, auch öffentlich zu bekennen, wann und wo es darauf ankommt.

Der auf fünf Jahre zu wählende Landtag wird ja eine doppelte Bedeutung haben, zunächst als Verfassungsgebende, dann als Gesetzgebende Versammlung. Als Verfassungsgebende Versammlung wird er den von der Verfassungskommission ausgearbeiteten Verfassungsentwurf prüfen und über seine endgültige Gestaltung, Annahme oder Ablehnung entscheiden. Der Landtag wird dann einen Regierungschef wählen.

In einer in Paris erfolgten Richtigstellung einer ausländischen Meldung heißt es zum Schluß: „Die Wahlen haben einen sehr allgemeinen Charakter und dienen nicht dazu, über die Angliederung des Saargebietes an Frankreich oder die Autonomie zu entscheiden!"

Was der wirtschaftliche Anschluß bedeutet, ist inzwischen in vielen Äußerungen der zuständigen französischen Stellen und auch auf der Konferenz in Moskau dargelegt worden: eine Wirt-

32
Landtagswahlen 1947 – Irreführung der Wählerschaft:
Wenige Tage vor der Wahl verbreitete die »SVZ«, das Blatt Hoffmanns und seiner Partei, den Leitartikel: »Pflicht und Verantwortung« mit der »Richtigstellung aus Paris«: Die Wahlen sind keine Entscheidung für die Angliederung an Frankreich oder die Autonomie! Nach den Wahlen wurde jahrelang immer wieder das Gegenteil behauptet und in alle Welt verkündet.

vorbehaltlos das vorliegende Verfassungsprojekt annehmen müssen.«

Natürlich war auch diese Versicherung unzutreffend. Schmidt (Bd. II, S. 189 ff.) und Franz Ruffing (S. 150 f.) haben ebenfalls dargetan, wie es von vornherein ausgeschlossen war, in den entscheidenden Punkten der Verfassung auch nur die geringste Änderung anzustreben, geschweige denn zu erreichen. Infolgedessen gelangte Robert Schmidt (Bd. II, S. 188/189) auch zu der treffenden Beurteilung der von Franz Ruffing als »Wahlmanöver an der Saar« gekennzeichneten Situation: »Ein Überblick über die Gesamtheit der Wahlpropaganda führt zu dem Schluß, daß die Initiatoren ein Maximum an Verschleierung versucht haben. Es ist ferner kaum bestrittene Tatsache, daß die Wahl unter starkem moralischen und besonders wirtschaftlichen Druck seitens der Besatzungsmacht auf die (soweit als möglich) unter dem Eindruck der totalen Niederlage Deutschlands gehaltene Saarbevölkerung gestanden hat.«

Wenn Schmidt noch einer Bestätigung bedürfte, sie fände sich in der äußerst vorsichtig formulierten, von den Franzosen und der Hoffmann-Regierung immer verschwiegenen Denkschrift des amerikanischen State Department über den »Gegenwärtigen Zustand an der Saar«. Diese, vom US-Außenministerium in einem amtlichen Dokument offiziell verfaßte Schrift wurde 1949 in deutscher Übersetzung vom damaligen Ministerpräsidenten des Landes Nordrhein-Westfalen, Karl Arnold, veröffentlicht. Über die Wahlen des Jahres 1947 und das Wissen der saarländischen Wählerschaft heißt es darin (S. 13): »Sie (die Wählerschaft, Anm. d. Verf.) kamen zur Abstimmung (es muß richtig heißen, zur Wahl, Anm. d. Verf.), um ihre Meinung über die politischen Fragen der Sozialisierung und der Bekenntnisschule geltend zu machen, die im Wahlkampf im Vordergrund gestanden hatten. Indem aber das Saarvolk für Parteien stimmte, die für Frankreich eingestellt waren, gab es tatsächlich den Anschein, als billige es die Politik, die nebenbei eine Verbesserung seiner Wirtschaftslage, die sehr viel frühere Entlassung seiner Kriegsgefangenen und die Umwandlung der Militärregierung in eine zivile Verwaltung mit sich gebracht hat.« ... »Es wäre aber nicht leicht zu bestimmen, wie viele Wähler sich der wirklichen Bedeutung der Wahl bewußt waren, als sie ihre Stimmen abgaben.« Soweit die Feststellung des amerikanischen Außenministeriums!

Und als letztes die spätere Protestschrift der katholischen Geistlichkeit gegen die falsche Ausdeutung der Wahlen von 1947. Am 26. März 1950, also über zwei Jahre später, richteten sämtliche katholische Dechanten des Saarlandes eine Protesterklärung an Johannes Hoffmann, die erst 1952 durch Franz Ruffing in »Wahlmanöver an der Saar«, S. 162 bis 164, veröffentlicht werden konnte. Hier auszugsweise einige Sätze aus der Dechantenerklärung:

»Die fortgesetzte Mißdeutung der Wahlen im Saarland hat bei vielen Katholiken zu einem inneren Gewissenskonflikt geführt ...« Die christlichen Wähler, soweit sie nicht weiße Stimmzettel abgaben, wollten mit ihrer Stimmabgabe an erster Stelle die christlich-kulturellen Forderungen schützen und durchsetzen. Viele waren sich nicht bewußt, viele haben es schweren Herzens auf sich genommen, daß sie sich gleichzeitig vom bisherigen Vaterland vorübergehend lossagen mußten. Diese Wahl war nicht frei von Furcht, Zwang und Unwissenheit. Da wir immer wieder feststellen müssen, daß bei der heutigen Diskussion der Saarfrage der wahre Sinn der ersten Landtagswahl und auch der beiden folgenden Kommunalwahlen mißdeutet wird, fühlen wir uns vor unserem Gewissen verpflichtet, den Herrn Landesparteivorsitzenden (das war Johannes Hoffmann, die Dechanten waren damals noch Mitglieder der

CVP Hoffmanns, Anm. d. Verf.) daran zu erinnern: Bis heute ist das Saarvolk – wie auch Léon Blum im ›Populaire‹ bekannte – noch nicht klar und eindeutig über seinen außenpolitischen Willen befragt worden, so daß die übliche amtliche Auslegung der bisherigen drei Wahlergebnisse als politische Willenskundgebung des Saarvolkes nicht einer objektiven Interpretation entspricht. Im Auftrag der Dechantenkonferenz, gez. Braun, Dechant.«

Nur am Rande vermerkt: Selbst diese massive und unmißverständliche Erklärung hinderte den durchaus frommen Katholiken Hoffmann keineswegs daran, auch die bald darauf folgende Wahl von 1952 in der gleichen Weise im Sinne der französischen Saarpolitik zu manipulieren und sie später gleichfalls zu mißdeuten.

Wir haben absichtlich diese Darstellung über die Entstehung der saarländischen Verfassung und die ersten Landtagswahlen von 1947 so ausführlich gehalten. Das Ergebnis der Wahl war: 28 Abgeordnete für die CVP Hoffmanns, 17 Sitze für die saarländischen Sozialisten, 3 Sitze für die DPS, von der die »Volksstimme« in ihrer ersten Ausgabe nach der Wahl am 6. Oktober 1947 sinnigerweise schrieb: »Ihre Niederlage wird wohl in erster Linie auf die Zulassungsurkunde zurückzuführen sein«, und schließlich 2 Mandate für die Kommunisten. Gerade diese Wahlen wurden bis zur endgültigen Entscheidung des Schicksals unserer Saarheimat am 23. Oktober 1955 immer wieder als die Grundlage und das Fundament des französischen Standpunktes in der Saarfrage herausgestellt und gewertet.

Allen deutschen Vorstellungen gegen die einseitigen Maßnahmen Frankreichs an der Saar wurde stets das Wahlergebnis von 1947 (und auch das Ergebnis der späteren Landtagswahlen von 1952) entgegengehalten. Nicht nur die saarländische und französische Presse, nahezu die öffentliche Meinung der gesamten Welt, nicht zuletzt auch die Mehrheit der Delegierten des Europarates, akzeptierten die französische Ausdeutung von der angeblich frei geäußerten Willensbekundung der Saarbevölkerung durch die Wahlen von 1947 und 1952.

Man hat von deutscher Seite den Saarländern nach den Wahlen vom Oktober 1947 häufig den Vorwurf gemacht, sie hätten nur ein »Plebiszit des Bauches« vorgenommen und sich deshalb von Deutschland getrennt. Dieser Vorwurf war – wie die von mir geschilderten Vorgänge zeigen – nicht begründet, auch wenn die Wahlen vollständig unter der Hungersituation gestanden haben. Im übrigen ging die langsame Besserung der Versorgungslage an der Saar derjenigen in den drei Westzonen nur sechs Monate voraus, mit der Währungsreform im Juni 1948 änderten sich auch »drüben« die wirtschaftlichen Verhältnisse, sogar schneller als an der Saar. Hier gab es nach dem wirtschaftlichen Anschluß zunächst große Enttäuschungen. Frei erhältlich waren längere Zeit nur Lebensmittel, die in Frankreich keinen Absatz fanden: große Mengen von amerikanischem Pferdefleisch, Maismehl, mit welchem Frankreich einem »on dit« zufolge durch einen Übersetzungsfehler (»corn«) aus Amerika überschwemmt worden war, und nicht zuletzt die von tausenden von Käfern durchsetzten »fliegenden« Linsen. Die Saarländer ertrugen all das mit Humor, besonders die Linsen, für die eine ganze Reihe von spaßhaften Bezeichnungen kolportiert wurden. Ich sehe noch heute meine ganze Familie um den großen Tisch herumsitzen: die Großeltern, meine Frau und die beiden Ältesten, während die sechsjährige Jüngste zusah. Jeder hatte eine Stecknadel in der Hand und ein Häuflein Linsen vor sich liegen: Mit peinlicher Sorgfalt wurde jedes Linslein – sie waren noch besonders klein geraten –

eingestochen und der Käfer oder seine Larve herausbefördert. Schließlich kam doch noch ein lang entbehrtes Linsengericht heraus. Aber das war keineswegs jenes, um das Esau seinen Bruder Jakob oder die Saar ihr deutsches Herz verkauft hätte. – Übrigens blieben die geschäftemachenden Lieferanten trotz allem Hunger und trotz aller Not im Saarland auf ihren Linsen, Pferdefleischdosen und dem Maismehl sitzen. Ein halbes Jahr später mußte die Militärregierung eigens nochmals die saarländisch-, deutsche Grenze öffnen, und die Ladenhüter in das gerade konsolidierte DMark-Gebiet abfließen lassen!

Doch wieder Scherz beiseite! Wir sind der »Verfälschung« des Wahlergebnisses immer wieder entgegengetreten und haben den größten Teil unserer Bemühungen auf eine entsprechende Aufklärung, vor allem unserer saarländischen Landsleute gerichtet. Die spätere Entwicklung zeigt, daß sich die Wahrheit – wenn auch erst nach Jahren – dann doch durchgesetzt hat. Eine beachtliche Stütze fanden wir schon 1948 in dem damals gerade erschienenen Lehrbuch des Völkerrechts von Prof. Georges Scelle, dem Direktor des Institutes für Internationales Recht an der Pariser Universität, der Sorbonne. In seinem »Cours de Droit international Public« beschäftigte sich der französische Gelehrte – wir erwähnten seine Arbeit schon – mit der Entstehung von Staaten durch Gebietsabtrennungen oder Annexionen. Er schreibt (S. 146): »Die Normen des ›Rechtes der Völker‹, selbst zu entscheiden, um heute einen allgemein gebräuchlichen Begriff zu verwenden (man sagt bisweilen auch Recht der freien Bestimmung oder ›Selbstbestimungsrecht‹), sind das Gegengift gegen die Machtbefugnisse, die sich auf die Anwendung von Gewalt gründen. Diese neuen Normen, welche die Bestätigung des demokratischen Prinzips der Souveränität eines Volkes sind, bestehen darin, daß die Begründung und die Beendigung der Staatsgewalt – und infolgedessen auch die Anerkennung im Rahmen des allgemeinen Völkerrechts – bestimmt wird durch den Ausdruck des gemeinschaftlichen Willens der Bevölkerung. Dieses aber ist allein die Grundvoraussetzung für die Entstehung der Staaten.« Prof. Scelle gibt dann zwei Seiten weiter die nähere Begründung, die direkt von dem Geschehen an der Saar abgeleitet sein könnte. Er führt aus: »Aber man muß bei Entscheidungen der Völker unterscheiden die ›Bestätigung‹ (ratifications) und die wirklichen ›Entscheidungen‹ (déterminations). Die ersteren, die in der Vergangenheit meistens angewandt worden sind, dienen nur dazu, Abtretungen und einseitige Annexionen oder bereits getroffene Maßnahmen zu bestätigen, welche von den Regierungen bereits durchgeführt sind. Es sind dies *wahrhaftige Augentäuschungen;* denn die Regierungen greifen nur zu solchen Volksbefragungen, wenn sie ihrer sicher sind, und es gibt kein Beispiel, daß durch sie jemals etwas an bereits vollendeten Tatsachen geändert worden wäre. Am häufigsten werden diese ›bestätigenden‹ Volksbefragungen von annektierenden Regierungen vorgenommen und ausgeführt unter der Kontrolle ihrer Handlanger, ja selbst unter dem Zwang einer militärischen Besatzung. Dagegen müssen die ›entscheidenden‹ Volksbefragungen vor der Annexion oder Gebietsabtrennung durchgeführt werden und das Abstimmungsergebnis erst ist die Bedingung ihrer Verwirklichung. Allein darin besteht ihr rechtlicher Wert.«

Konnten wir einen besseren Anwalt für unsere Sache finden als diesen französischen Gelehrten, der wahrscheinlich gar nicht geahnt hat, welche einmalige Rechtfertigung er uns in die Hände gab, und welche Verurteilung er gleichzeitig über das Vorgehen seiner eigenen Landsleute an der Saar nach 1945 aussprach?

Wir haben nicht ohne Überlegung diesem Abschnitt die Überschrift: »Ein gefährlicher Weg« gegeben. Die französische Zeitung »Le Figaro« hat nach dem Bekanntwerden eines Entwurfs zum Schutze des saarländischen Staates vom 26. Januar 1950 einen denkwürdigen Artikel mit der gleichen Überschrift publiziert (Abb. 33). Wir zitieren daraus: »Aber wie immer das endgültige Statut der Saar sein wird, wie immer die endgültigen Beziehungen der Saar zu Deutschland und Frankreich sein mögen, so denken wir, daß jeder Saarländer das Recht haben muß, seine Meinung frei zu bekennen, selbst wenn er wünscht, daß die Saar ein Teil des neuen Deutschlands bilden soll. Wir wissen, daß es sich um Gesetze handelt, die von der saarländischen Regierung und nicht vom Hohen Kommissar Frankreichs entworfen wurden (hierzu ist später noch einiges zu sagen, Anm. d. Verf.). Aber Frankreich ist indirekt damit in Verbindung gebracht, und Frankreich kann nicht zulassen, ganz oder teilweise mit der Verantwortung einer Politik belastet – oder auch nur scheinbar damit in Verbindung gebracht werden –, die nicht die Seine ist. *Mit den Mitteln des Despotismus macht man keine Politik der Freiheit!*«

Fügen wir nur hinzu:

»Die Weisheit des Klugen ist die Erkenntnis seines Weges; und die Unklugheit der Toren Irrtum« (Sprüche 14, 6).

# Ringen um Anerkennung

Nach der erfolgreichen Verabschiedung der saarländischen Verfassung setzte alsbald die vierte Phase der französischen Saarpolitik ein: das Ringen um Anerkennung des neu und einseitig von Frankreich ins Leben gerufenen »Staates«. Hier erschienen vor allem drei Gesichtspunkte wesentlich, die im Laufe der folgenden Zeit auch Gegenstand der gemeinsamen französisch-saarländischen Bemühungen und Propaganda waren:

I. Die Berufung auf eine Zustimmung der westlichen Alliierten, also der Vereinigten Staaten und Großbritannien.
II. Die Ausgestaltung einer saarländischen Autonomie, insbesondere durch Abschluß von »Staatsverträgen« zwischen Frankreich und der Saar.
III. Die Bemühungen um internationale Anerkennung durch Einbeziehung des Saarlandes in den Schuman-Plan und seine Aufnahme in den Europarat.
IV. Die Bemühungen der Saarregierung um Anerkennung in Bonn.

Nach dem Scheitern dieser Bemühungen begannen dann als fünfte Phase die Verhandlungen zwischen Frankreich und der Bundesrepublik mit dem Ziel, durch eine vertragliche Regelung vor dem Friedensvertrag die Zustimmung der Bundesregierung zu den französischen Maßnahmen an der Saar zu erlangen.

# I

Unter Berufung auf eine angebliche Presseerklärung des damaligen französischen Außenministers Robert Schuman vom 6. März 1950 in Paris führte Johannes Hoffmann in seinem Buch (S. 185) aus: »Nach dem Fehlschlagen des Vierer-Abkommens über die in Deutschland zu erwartende Reorganisation habe man zu dem Londoner Dreier-Abkommen von 1947 gegriffen. Diese bezog sich auf folgende Punkte:

1. Es ermächtigte Frankreich, die wirtschaftliche Union mit der Saar herzustellen.
2. Das Abkommen sah ausdrücklich die politische Abtrennung der Saar von Deutschland vor . . .

3. Das Abkommen vom April 1947 behielt ausdrücklich die endgültige Regelung des Saarstatuts dem mit Deutschland zu schließenden Friedensvertrag vor.«

Die von Hoffmann dem damaligen französischen Außenminister Schuman unterschobenen Erklärungen zeigen auf, wie wenig man auf der Gegenseite bereit war, die geschichtliche Wahrheit zu erforschen und zur Grundlage des eigenen Handelns zu machen. Wir sind diesem Fall wegen seiner grundsätzlichen Bedeutung nachgegangen. Hoffmanns Zitat ist die unbesehene Übernahme einer Zeitungsmeldung des Hoffmann'schen Blattes »SVZ« vom 7. März 1950. Unter der Überschrift »Die internationale Stellung der Saar« berichtete die Zeitung von den Presseerklärungen Robert Schumans gegen die am Tage zuvor erhobenen Proteste des Bundeskanzlers Dr. Adenauer gegen die soeben in Paris abgeschlossenen Saarkonventionen. Schuman hatte die Proteste zurückgewiesen und die Berechtigung des französischen Vorgehens begründet. Er sprach dabei von einem »accord triparti sur la Sarre« auf der Moskauer Konferenz vom 10. April 1947 und zitierte die drei Punkte, die den wesentlichen Teil des französischen Memorandums an die Moskauer Konferenz bildeten; wir haben es (oben, S. 27) als die Grundlage für die saarländische Verfassung im Wortlaut zitiert. Der Saarbrücker Korrespondent der »SVZ« hatte nicht genau hingehört und das »bekannte Londoner Abkommen« daraus gemacht, das es nicht gab. Auf der erst im November/Dezember 1947 durchgeführten Londoner Konferenz der vier alliierten Außenminister kam zu keinem »Abkommen«, sie verlief, wie alle vorangegangenen Konferenzen, in Beziehung auf eine Vereinbarung über die französischen Saarforderungen ergebnislos. Schon ein Blick in den Bericht der »Saarbrücker Zeitung« vom 7. März 1950 über Schumans Pressekonferenz läßt eine von der »SVZ«-Darstellung nicht unwesentliche Abweichung erkennen. Untersucht man aber weiter, was es mit dem von Schuman erwähnten »accord sur la Sarre« auf sich hat, dann brauchte das französische Wort »accord« keineswegs den Sinn des Vertrages, also einer Vereinbarung zu haben, es konnte genau so gut mit »Übereinstimmung« oder »Einvernehmen« übersetzt werden.

Mehr als ein »Einvernehmen« über das französische Vorgehen an der Saar gab es aber auch auf der Moskauer Konferenz nicht. Die Texte der Erklärungen der vier Außenminister zum französischen Memorandum vom 10. April 1947 von Moskau liegen in einer sowohl von französischer als auch amerikanisch-britischer Seite veröffentlichten Fassung vor. Zunächst hatte Georges Bidault das Memorandum durch eine mündliche Erklärung begründet. Sie ist abgedruckt in der amtlichen Documentation française, Notes documentaires et Études, Nr. 620, Seiten 38 und 40, in amtlicher deutscher Übersetzung veröffentlicht vom Deutschen Büro für Friedensfragen, Materialien zur Saarfrage III, S. 20–23. Darauf gab dann der amerikanische Staatssekretär Marshall nach der Aufzählung von Gründen die Erklärung ab: »Deshalb unterstützen die USA die französische Forderung, die in politischer Hinsicht das Saargebiet von Deutschland loslösen und es durch eine Zoll- und Finanzunion und vielleicht auch auf dem Wege anderer wirtschaftlicher Regelungen in das französische Wirtschafts- und Finanzsystem eingliedern möchte.«

Der britische Außenminister Bevin schloß sich Außenminister Marshall an und formulierte nach Aufzählung einiger Bedingungen: »Unter diesen Bedingungen ist die britische Delegation bereit, den französischen Standpunkt zu unterstützen« (Materialien III, S. 25). Beide alliierten Partner Frankreichs verwandten also den Ausdruck »unterstützen«, im englischen Text: »supports«, in der französischen Dokumentation mit »appuient« wiedergegeben. Niemand kann daraus eine feste Vereinbarung herauslesen oder entsprechend übersetzen, man hatte lediglich die Zusage einer Hilfe bzw. Unterstützung! Die gleichen Formulierungen wurden im Dezember 1947 auf der Londoner Konferenz der vier Außenminister wiederholt. Wiederum brachte Bidault das Thema »Saar« zur Diskussion, was übrigens gar nicht notwendig gewesen wäre, wenn es bereits im April zuvor zu einem Dreier-Abkommen in Moskau gekommen wäre. Staatssekretär Marshall erklärte wiederum wörtlich: »With the regard to the Saar, the United States *supports* the claim of France to the economic integration of the Saar Territory«, übersetzt: Hinsichtlich der Saar *unterstützen* die Vereinigten Staaten die Forderung Frankreichs auf den wirtschaftlichen Anschluß des Saargebietes an Frankreich.

Außenminister Molotow lehnte – wie schon auf der Moskauer Konferenz – die französischen Forderungen schroff ab (Doc. Nr. 789, S. 2), so daß es auch hier nicht zu einem »Abkommen« über die Saar gekommen ist. Bleibt allein die Frage, ob aus den Erklärungen der beiden westlichen Außenminister zu den französischen Forderungen auf der Moskauer Konferenz ein förmliches Dreier-»Abkommen« herzuleiten ist. Diese Frage muß in jedem Fall verneint werden. Schmidt stellt zu Recht (Bd. II, S. 19) fest: »Aber auch bei den drei Westmächten kam es nicht zur Fixierung eines Saarstatuts oder einer ähnlichen Formulierung. Offensichtlich wollten sich auch die Briten und Amerikaner nicht dazu verstehen, ihre Zustimmung zu den französischen Maßnahmen so weit auszudehnen.«

Für diese Auffassung spricht auch eine Äußerung des bekannten amerikanischen Generals Lucius D. Clay in seinem Buch »Entscheidung in Deutschland«. Dort führte er auf Seite 143 bis 155 zur Rechtfertigung seiner Opposition gegen die französischen Grenzerweiterungen an der saarländisch-rheinland-pfälzischen Grenze wörtlich an: »Meine Anweisungen, die erst vor wenigen Tagen eingetroffen waren, lauteten eindeutig, ich sollte die ›französischen Forderungen unterstützen‹, mich einseitigen französischen Maßnahmen jedoch widersetzen.«

Nach dem ergebnislosen Verlauf der Londoner Konferenz hat Frankreich die Bemühungen zur Erlangung eines Saar-Statuts, wie es auch in der Präambel der saarländischen Verfassung als Grundlage herausgestellt worden war, aufgegeben. Am 27. Februar 1948 (»Le Figaro« vom 13. März 1948, vgl. Materialien III, S. 32) und noch einmal in derselben Formulierung am 12. März 1948 vor dem Parlament gab Außenminister Bidault die schon früher von uns zitierte Erklärung ab, daß Frankreich vierzehn Mal um ein Übereinkommen (auch wieder: »accord«!) über die Saar gebeten habe, daß sich die französische Regierung aber nicht so weit erniedrige, noch ein fünfzehntes Mal darum zu bitten.

Hätte es ein Dreier-Abkommen vom April 1947 gegeben, so würde das mit Sicherheit in der sonst lückenlosen amtlichen französischen Dokumentation festgehalten worden sein. Bleibt allein die Frage, ob in dem Verhalten der westlichen Alliierten Frankreichs eine »Zustimmung« der Vereinigten Staaten und Großbritanniens zu den französischen Maßnahmen zu sehen ist. Viele gehen davon aus, auch Bundeskanzler Dr. Adenauer hat immer von einer »Zustimmung« gesprochen. Man könnte mir Wortklauberei vorwerfen, wenn ich auch hier Zweifel äußere. Der Anlaß ist jedoch ein sehr realistischer. Ein amerikanischer Gelehrter, der sich wissenschaftlich mit dem Saarproblem befaßte und das Saarland zu diesem Zweck besuchte, machte einem meiner politischen Freunde den Vorhalt: »Was sprecht Ihr immer von einer Zustimmung der Vereinigten Staaten zu den französischen Maßnahmen? Wißt Ihr nicht, daß eine solche Zustimmung nur vom Kongreß und dem Repräsentantenhaus beschlossen und gegeben werden könnte? Das ist aber doch nie geschehen! Es ist sogar nicht einmal feststellbar, von wem die Außenminister Byrnes oder Marshall ihre Ermächtigung erhalten hatten, die ›Unterstützung‹ zuzusagen, denn Regierungsbeschlüsse wurden darüber nie bekannt.«

Wir haben auch eine französische Stütze für diese These gefunden. Der französische Abgeordnete Jacques Vendroux – übrigens ein sehr aktiver Verfechter der französischen Saarforderungen – hat als Berichterstatter in der Nationalversammlung bei der Diskussion des Justizabkommens zwischen Frankreich und dem Saarland am 19. Februar 1948 von lediglich »nuancierten verbalen Zusicherungen« gesprochen.

Schließlich hat auch das Berliner Kohlenabkommen vom 20. Februar 1948 keine Änderung der Rechtslage herbeigeführt, wie in der Diskussion dieses doch so wichtigen Themas häufig behauptet worden ist. Hier fällt vor allem auf, daß dieses Berliner »Kohlen- und Reparationsabkommen« zwischen Experten der drei westlichen Alliierten nie veröffentlicht worden ist. Die Franzosen haben zwar in der amtlichen Documentation française No. 855 eine Darstellung der Kohlenabmachungen von April 1947 bis 1948 und alle Kommuniqués bekanntgegeben, entgegen aller sonstigen Gepflogenheiten den Text jedoch bis heute geheim gehalten. In diesem Zusammenhang muß auch der streng geheim gehaltene erste Band des amerikanischen »Documents on the Saar«, herausgegeben vom Office of the United States, High Commissioner for Germany in Bad Godesberg-Mehlem, erwähnt werden. Wir haben im Lauf unserer politischen Auseinandersetzungen so ziemlich alle Unterlagen und Dokumente beschaffen können; bei dem amerikanischen Dokumentenband und dem Berliner Kohlen- und Reparationsabkommen ist uns das nie gelungen, trotz zahlreicher Bemühungen, auch einflußreicher Stellen. Angesichts der französischen Neigung, alle für Frankreich auch nur in etwa günstigen Erklärungen, Dokumente und Unterlagen amtlich zu veröffentlichen, läßt die Geheimhaltung dieser Unterlagen nur den Schluß zu, daß sich darunter Belege finden, die dem französischen Standpunkt entgegenstehen.

Sogar nach den französischen Veröffentlichungen über das Berliner Kohlenabkommen steht fest, daß auch darin keine verbindliche Regelung der Saarfrage auf Dreierbasis erfolgt ist. In dem Abkommen wurden lediglich Expertenabsprachen festgelegt, die hinsichtlich der Verteilung der Kohle im westeuropäischen Bereich einschließlich der Saar erforderlich wurden, nachdem durch die französischen Maßnahmen das Saarland de facto in die französische Wirtschaft eingegliedert worden war. Ausdrücklich wird gesagt, daß »zwischen amerikanischen, britischen und französischen Experten in Berlin im Laufe der Monate Januar und Februar Abmachungen getroffen worden« seien, um die *technischen* Probleme zu regeln, die sich aus dem wirtschaftlichen Anschluß der Saar an Frankreich ergeben. Die Erörterungen erstrecken sich auf die Verteilung der Kohle, die Reparationen und den Handel zwischen der Saar und der Bizone. Die französische Darstellung zieht schließlich nur eine eigene Schlußfolgerung: »Praktisch – pratiquement – sind uns (Frankreich, Anm. d. Verf.) gegenüber die Folgen des Anschlusses der Saar an die französische Wirtschaft anerkannt worden.« Eine Rechtsgrundlage für die französischen Maßnahmen ist also auch in diesem Berliner Abkommen vom 20. Februar 1948 nicht enthalten. Bidault hätte sie mit Sicherheit am folgenden 12. März vor dem Parlament erwähnt, als er von den vierzehn

vergeblichen Versuchen einer Anerkennung der französischen Saarforderungen gesprochen hat. Schließlich brachte auch General de Gaulle die Enttäuschung Frankreichs
über den Mangel einer verbindlichen Regelung zur Saarfrage anläßlich der Deutsch-
land-Konferenz Mitte 1948 in London zum Ausdruck. Zum Kommuniqué über die
Londoner Deutschland-Verhandlungen vom 8. Juli 1948 schreibt er in seinem Buch
(de Gaulle, La France sera la France, S. 279): »c'est un fait, que le Communiqué ne
mentionne pas les réparations et ne précise rien en ce qui concerne la Sarre«. Es war
also über die Saar auch im Juni 1948 von Seiten der westlichen Alliierten »nichts präzisiert« worden. Daraus ergibt sich nur eine Schlußfolgerung: Alle Versuche von saarländisch-französischer Seite, die deutsche Opposition an der Saar als von Anfang an
»im Unrecht« hinzustellen, müssen scheitern, das Recht war auf unserer Seite!

# II

Am 9. Mai 1951 richtete der französische Außenminister Robert Schuman ein Schreiben an den saarländischen Ministerpräsidenten Johannes Hoffmann[1], in welchem er
grünes Licht zum Verbot der Demokratischen Partei gab (Wiedergabe des Originals
Abb. 35). Darin wird unter anderem ausgeführt: »Mit der Behauptung, den Willen
der saarländischen Bevölkerung zum Ausdruck zu bringen, will die Demokratische
Partei das gegenwärtige Statut (entsprechend der Regelung in der saarländischen
Verfassung, Anm. d. Verf.) durch ein Regime ersetzen, das die Existenz eines autonomen Saarlandes leugnet und beendet, indem eine endgültige Regelung der Saarfrage vorweggenommen werden soll.« Im Laufe der Auseinandersetzungen sind dann
die Begriffe: »Angriff auf die Autonomie des Saarlandes« oder »Verteidigung der
saarländischen Autonomie« immer häufiger angewendet worden; sie bildeten einen
festen Begriff in nahezu allen offiziellen und inoffiziellen Erklärungen der französischen und saarländischen Politiker, besonders bei den deutsch-französischen Verhandlungen über die Saarfrage.

Es erscheint daher notwendig, den Begriff der »Autonomie« des Saarlandes zu erörtern, wenn möglich, klarzustellen. Sprachlich gesehen bedeutet »autonom« – das
Wort kommt aus dem Griechischen – »nach eigenen Gesetzen lebend«; die »Autonomie« ist also Selbstverwaltung. Schon im Mittelalter besaßen Adelsgenossenschaf-
ten, Kirchengemeinschaften, Städte und Universitäten eine »Autonomie«, und auch
wir kennen das »autonome Recht« eines Vereins, einer Körperschaft, einer Gemeinde
oder einer Kreisverwaltung, sich im Rahmen der satzungsgemäß oder gesetzlich zugestandenen Rechte selbst zu verwalten. Auch die deutschen Bundesländer besitzen
eine »Autonomie«, d. h. das Recht zur Selbstverwaltung innerhalb der ihnen nach
dem Bonner Grundgesetz gewährten Gesetzgebungs- und Verwaltungskompetenz.
»Autonomie« ist also kein staatsrechtlicher Begriff. Das Ausmaß einer »Autonomie«
kann schwanken, je nach dem Grad der dem Träger autonomer Rechte gewährten
Freiheiten, immer aber sind diese Rechte beschränkt und von einer übergeordneten
Macht abhängig. Für den Begriff der »Staatlichkeit« ist weder die »Autonomie« noch
der Grad der gewährten Selbstverwaltung ausschlaggebend. Wir kennen aus der Geschichte nach dem Krieg von 1870 die Bestrebungen elsässischer Kreise nach einer

---

1 Die deutsche Übersetzung wurde trotz der Vertraulichkeit des Schreibens zu dem Verbot der DPS
sofort in der Saarpresse veröffentlicht!

MINISTÈRE
DES
AFFAIRES ÉTRANGÈRES

Vertraulich

LIBERTÉ·ÉGALITÉ·FRATERNITÉ

RÉPUBLIQUE FRANÇAISE

PARIS, LE 9 Mai 1951

bitte ohne Datum veröffentlichen.

Monsieur le Président,

L'attention du Gouvernement français a été appelée depuis quelque temps déjà sur le caractère subversif de la campagne menée par le "Parti Démocrate Sarrois" contre le statut de la Sarre.

En effet, si l'on en juge par les manifestes et les documents parvenus récemment à ma connaissance, les dirigeants de ce parti font table rase des principes qui sont posés dans le préambule de la Constitution de la Sarre et dont le Gouvernement français et le Gouvernement sarrois sont convenus d'assurer la mise en oeuvre.

Ces principes, je le rappelle, prévoient entre autres que le peuple sarrois fonde son avenir sur le rattachement économique et sur l'union monétaire et douanière de la Sarre à la République Française, d'où découle l'indépendance politique de la Sarre vis-à-vis de l'Allemagne.

.../...

Tel est le statut que la Sarre s'est donné
librement avec l'assentiment de l'immense majorité de
sa population et dont les modalités ont été négociées
dans les conventions passées avec la France, en accord
avec ses Alliés.

Prétendant interpréter la volonté de la population
sarroise, le parti démocrate entend substituer à ce
statut un régime qui nie l'existence d'une Sarre autonome et détermine par anticipation le réglement définitif de la question sarroise.

A cet égard, si le Gouvernement français n'a jamais
contesté qu'il appartiendrait au traité de paix ou à un
traité en tenant lieu de fixer définitivement le régime
de la Sarre, il n'a non plus jamais laissé ignorer qu'il
soutiendrait, lors des négociations de paix, la thèse de
l'indépendance politique de la Sarre vis-à-vis de l'Allemagne et de son union économique avec la France.

D'autre part, le Gouvernement français ne pourrait
voir sans inquiétude se développer l'activité d'une
faction visant à mettre en cause les bases sur lesquelles
sont fondées les conventions qui ont été conclues entre
nos deux pays.

Pour ces différentes raisons, je ne puis que vous

.../...

laisser le soin de prendre les mesures que vous esti-
merez nécessaires à l'égard d'un parti qui, sous le
prétexte de vouloir apporter une contribution à l'en-
tente européenne, ne vise à rien moins qu'à menacer
l'ordre public en Sarre, à troubler les relations
franco-allemandes et à compromettre par là même la réalisation et une évolution pacifique de la Communauté
européenne./.

Veuillez agréer, Monsieur le Président, les assurances de ma haute considération.

Autonomie im Rahmen des zugehörigen Staatsverbandes, gleichartige Bestrebungen der Südtiroler haben zu jahrelangen Auseinandersetzungen geführt. Eine staatliche Verselbständigung war mit dem Streben nach »Autonomie« dort aber nicht verbunden, ein »autonomes Land« ist also noch keineswegs ein »selbständiger Staat«.

Das ist gerade bei den Verfechtern einer saarländischen Eigenstaatlichkeit aufgrund der französischen Maßnahmen nach 1945 meist verkannt worden. Die Frage der »Staatlichkeit« ist vielmehr abhängig von der »Souveränität«, d. h. der einem Gemeinwesen zustehenden obersten Gewalt nach innen und außen, kurz gesagt: der Hoheitsgewalt. Bei den Diskussionen um die saarländische »Autonomie« sind die Begriffe immer wieder verwechselt oder ihre Auswirkungen durcheinander gebracht worden. Einig war man sich bei der Ausarbeitung der Verfassung nur, daß das Saarland kein »souveräner Staat« würde (Stöber, S. 108). Wesentlich andere Vorstellungen als ein mehr oder weniger großes Maß an Selbstverwaltung hatte die französische Seite von dem für das Saarland gewählten Begriff der »Autonomie«. Am eindeutigsten hat der französische Politiker Michel Debré, einer der energischsten französischen Saarkämpfer, den Begriff der saarländischen Autonomie bestimmt, wenn er die französische Auffassung mit den Worten kennzeichnete: »ein autonomes Saarland, das heißt abgetrennt von Deutschland« (France-Illustration 1950, S. 667). Auf diese Formel Debrés beschränkt gewinnt auch die Verwendung des Begriffes einer saarländischen »Autonomie« in dem oben zitierten Brief Schumans zum Verbot der DPS wie in allen sonstigen Erklärungen der Franzosen zur Saarfrage einen verständlichen Sinn. Man sah in der Bezeichnung »Autonomie der Saar« einfach und nichts anderes als die Trennung von Deutschland, die für alle Zeiten aufrechterhalten werden sollte. Auch bei der Ausarbeitung der saarländischen Verfassung war zunächst die gleiche Ansicht bestimmend. Während in der Präambel die Worte »autonom« oder »Autonomie« überhaupt nicht vorkommen, sah der erste Kommissionsentwurf für den einschlägigen Artikel 60 die Fassung vor: »Das Saarland ist ein autonomer Staat« (Stöber, S. 108). In einer späteren Sitzung schlug dann der CVP-Abgeordnete und französische Staatsangehörige Dr. Straus vor: »Das Saarland ist . . . ein autonom geordnetes Land« (Stöber, S. 225).

Senatspräsident Levy, gleichfalls Vertreter der französischen Richtung, unterstützte sofort diese Formulierung mit den Worten: »Ich möchte diese Formulierung (von Straus, Anm. d. Verf.) aufrechterhalten. Es ist ein Unterschied zwischen ›autonomes Land‹ und ›autonom geordnetes Land‹. Sind wir ein autonomes Land? Wir sind in vielen Dingen auch in der Autonomie beschränkt.«

Über die Beschränkung der Autonomie hatten sich schon früher die Mitglieder Levy (DPS) und Kirn (SPS) in der Kommission geäußert. Levy meinte: »Uns soll eine gewisse Autonomie zugestanden werden, und zwar unter dem Schutz Frankreichs und in Anlehnung an Frankreich. Ob es beim wirtschaftlichen Anschluß bleibt, ist eine Frage für sich . . .« und Kirn: »Wir müssen uns politisch an Frankreich anlehnen, womit ich jedoch keinesfalls sagen möchte, daß uns nicht die Möglichkeit gegeben ist, beim Hohen Kommissar irgendeinen Vertrauten der Saar zu bestimmen. Ich sehe die Dinge von einem praktischen Gesichtspunkt.«

Auch Senatspräsident Levy unterstrich den gleichen Standpunkt bei der Diskussion über eine mögliche Überfremdung der saarländischen Industrie durch die französische (Stöber, S. 188): »Eine Positionsverstärkung von Frankreich hier an der Saar ist das Natürliche. Wir werden uns auf die Dauer mit dem Gedanken befreunden müssen, daß wir nicht die saarländischen Kirchturminteressen verewigen können, sondern daß wir uns immer stärker Frankreich zu nähern haben.« Diese Ausführungen des Vertrauensmannes der Militärregierung in der Verfassungskommission zeigen, wie wenig ernst die eigene »Autonomie« genommen wurde. Die Einstellung der Verfassungskommission, ein »autonomes Staatsgebilde mit all seinen äußeren Merkmalen« zu schaffen und zugleich mit einer Unantastbarkeit zu versehen, stieß noch während der Beratungen im Sommer 1947 auf die heftigste Kritik des Präsidenten des MRS, Dr. Walter Sender. Das MRS wollte, wie wir ja wissen, den wirtschaftlichen Anschluß der Saar an Frankreich nur als Übergangslösung sehen, jedoch in absehbarer Zeit die vollständige Einverleibung des Saarlandes durch Frankreich erreichen. Jede Erschwerung dieses Zieles durch etwaige »Fallstricke« der Verfassung wurden vom MRS nicht nur abgelehnt, sondern auch heftig bekämpft. So ist die sensationelle Rede zu verstehen, die Dr. Sender auf der 4. Landesversammlung des MRS am 10. August 1947 zu dem Thema: »Ist Autonomie die richtige Lösung?« hielt.

Die Ausführungen Senders sind – insbesondere wegen ihres Freimutes – so aufschlußreich, daß wir sie möglichst weitgehend wiedergeben möchten. In den Mittelpunkt seiner Kritik stellte Dr. Sender eine These, die genau diejenigen Feststellungen trifft, welche wir jahrelang gegen die 1947 konstituierte angebliche saarländische »Autonomie« eingewendet haben. Wörtlich sagte Sender: »Wäre dem so, dann hätten wieder andere recht, wenn sie einer solchen Autonomie, weil unecht, das Stigma einer kolonialen Betreuung zuerkennen würden.« Da auch das spätere Saarabkommen vom 23. Oktober 1954 keine andere Regelung enthielt als die von der Präambel der saarländischen Verfassung von 1947 bestimmte, mußten wir auch das Statut von 1954 als »Kolonialstatut« scharf ablehnen; das MRS und sein Präsident hatten dies bereits 1947 erkannt und kritisiert, wenn auch mit den gegenteiligen Schlußfolgerungen. Aber hören wir, wie Dr. Sender die Autonomie der Saarverfassung von 1947 schon vor ihrer Verabschiedung sah. Seine Rede wurde in der MRS-Zeitung »Die Neue Saar« Nr. 33 vom 14. August in vollem Wortlaut abgedruckt. Dort heißt es u. a.:

»Man hat nun geglaubt, den Stein der Weisen in der Schaffung der sogenannten Autonomie gefunden zu haben, einer unserer Auffassung nach sehr bestreitbaren Regelung, die für uns nur transitorischen Charakter haben kann.

In allen Kreisen des MRS steht man der beabsichtigten Institution, an der im edlen Schweiß ihrer Angesichter die Verfassungskonstrukteure arbeiten, mit berechtigtem Mißtrauen, ja mit offener Ablehnung gegenüber. Teils glaubt man, in dem unsere ›echten‹ Autonomisten, ach so gerne einmal, in dem Zwerggebiet Saar Liliput-Minister, Kabinett-Chefs oder Ober-Präsidial-Räte spielen und ach so willige Opfer eines hartnäckigen Klebstoffes werden möchten, auch an die Möglichkeit saarländischer Ministerstürze und schrecklicher Kabinettskrisen nicht dächten; teils meint und hofft man fälschlicherweise, Frankreich habe nunmehr freiwillig oder notgedrungen auf den politischen Anschluß Verzicht geleistet, ja ihm einen handfesten Riegel vorgeschoben. Wie falsch!

Es wähnen manche, und unsere Gegner wünschen es sogar, daß die Autonomie zu einem Begräbnis erster Klasse des völligen Anschlusses werden möge, weil dieser aus mannigfaltigen prinzipiellen und taktischen Erwägungen nicht die volle Gegenliebe unserer französischen Freunde gefunden habe. Wiederum falsch! Wäre dem so, dann hätten wieder andere recht, wenn sie einer solchen Autonomie, weil unecht, das Stigma einer kolonialen Betreuung zuerkennen würden. So heftig auch die heiße Sehnsucht für saarländische Minister-Fauteuils entbrannt ist und so wenig wichtig der Ehrgeiz einiger Gernegroße auch sein mag, so unrichtig wäre es, die Stellung Frankreichs zu verkennen und die Lage für allzu unkompliziert zu halten.«

Im weiteren Verlauf der Rede stellte Dr. Sender dann Betrachtungen darüber an, aus welchen Gründen man wohl einen »nur« wirtschaftlichen – anstelle des völligen politischen – Anschlusses der Saar an Frankreich gewählt habe. Dr. Sender führte dazu aus:

»Der Erkenntnis der Zusammenhänge kommt man wohl näher, wenn man in ganz nüchterner Weise die Saarfrage in den internationalen Rahmen einspannt und sie als Reparations- und Rohstoffproblem auffaßt.

Hätte Frankreich die Saar annektiert oder gänzlich rattachiert, so hätte die internationale Buchhaltung sämtliche Saarwerte auf Reparations-Debetkonto belastet und die Geltendmachung weitergehender französischer Ansprüche – man denke z. B. an die Ruhr – vielleicht abgelehnt.

Gewährt man aber der Saar die öffentlich-rechtliche Form eines, wenn auch nur beschränkten, von Preußen und Deutschland abgetrennten Selbstverwaltungsgebietes (Ich rede also nicht von einem Staat), so kann den beschwerlichen buchhalterischen Verrechnungsabsichten der Alliierten mit Erfolg begegnet werden durch den Hinweis, man habe ein autonomes Territorium geschaffen, dessen Vermögen und Einkünfte in gewissem Umfange der Obhut einer sich selbst verwaltenden Bevölkerung verbleibe. Daher wohl auch der Gedanke an die Zweckmäßigkeit einer sogenannten Verfassung für die Saar mit der gebundenen Marschroute einer in üblicher Weise demokratisch auszustattenden, wenn auch kontrollierten Autonomie; daher auch der Gedanke an ein ›parlamentarisches‹ Pseudoregime und an Wahlen.

Ich muß zunächst voller Bewunderung gestehen, daß die Weitherzigkeit, mit der man eine gerade erst vor zwei Jahren aus dem Nazizuchthaus entsprungene, der Demokratie so ungewohnte Bevölkerung betreut, ein staunenerregendes pädagogisches Wagestück darstellt. *Gibt man sich wirklich der Illusion hin, daß es gelingen werde?*

Unter solchen Auspizien betrachtet, kann von unserem Standpunkt aus die sogenannte Saar-Autonomie nur als zeitbemessene Übergangsmaßnahme akzeptiert werden, d. h. bestenfalls so lange, bis der allmählich sich bildende Wille der Bevölkerung zu einer anschlußfreudigen Majorität führen wird. Alsdann wird das autonomistische Provisorium beendet, und der von uns gewünschte öffentlich-rechtliche Zustand geschaffen werden können. Diese nicht berechenbare Zeit des Interregnums wird vorübergehen. Es wird der Bevölkerung trotz aller Verkleisterungsversuche einzelner Volksführer und ihres preußischen Anhangs nicht entgehen, daß von einer souveränen eigenen Gestaltung der Geschicke keineswegs, dafür aber nur von einer beschränkten Selbstverwaltung gesprochen werden kann. *Von einem Staatsgebilde, wie manche Unkundige und Träumer meinen, kann keine Rede sein.*

Es irrten sich mit verdächtigem Eifer nicht nur Herr Müller, der Vorsitzende der Verwaltungskommission, sondern auch Herr Hoffmann, der noch in der gestrigen Volkszeitung vom ›neuen demokratischen Staat‹ spricht, den er ›Republik Saar‹ nennt. Was bedeuten solche Auslegungskünste? Man definiere doch endlich der Bevölkerung den grundlegenden Unterschied zwischen einem souveränen Staat und einem teilweise autonomen Gebiet. Man verschweige ihr nicht, daß eine Autonomie nur in enger Anlehnung an einen Partner denkbar ist. Wer ist der Partner? Deutschland oder Frankreich?

Frage: Ein Gebiet, das wirtschaftlich, zollmäßig und monetär an Frankreich angeschlossen sein und insoweit eine gemeinsame Wirtschafts- und Finanzentwicklung mit ihm haben wird – was ist das?

Ein Saargebiet ohne Streitmacht und ohne Pickelhaube, ohne Saar-Marine und eigene Luftflotte, ohne eigenen Großen Generalstab und Kriegsministerium, ohne Handelsflotte und Handelsverträge, ohne Bündnisse, ohne ewige Freundschafts- und Nichtangriffspakte, ohne eigene Konsulate, Gesandtschaften und Botschaften, ohne Kolonien, ohne zu schützende saarvölkische Minderheiten im Ausland – was ist das?

Antwort: *Das ist kein Staat und auch keine Republik. Es ist ein Gemeinwesen mit einer vorübergehenden Teil- und Scheinautonomie,* d. h. eines jener zwitterartigen, zerbrechlichen und vielgestaltigen Gebilde, die wie schillernde Schmetterlinge umherschweben in den weiten Räumen zwischen der Souveränität eines unabhängigen Staates und dem Dasein eines einfachen staatlichen Verwaltungskörpers, wie es z. B. Department und Regierungsbezirk sind.

Die Zeit wird die Vergänglichkeit der künftigen sogenannten Saar-Autonomie erweisen. Die Logik der bereits vollzogenen und sich noch vollziehenden geschichtlichen Entwicklung wird über Widerstände hinwegschreiten und in einem etappenweisen sich abwickelnden Prozeß zum völligen Anschluß als der einzig möglichen konsequenten Lösung führen.«

Auch Dr. Sender erkannte am Ende seiner kurzen Laufbahn als Präsident des MRS – wir haben bereits davon gesprochen –, daß er mit seiner Prognose recht behalten sollte, aber nicht in der Richtung eines völligen politischen Anschlusses der Saar an Frankreich, sondern in der Rückkehr der Saar zu ihrem angestammten Mutterland: Deutschland. Auch bei einer Verwirklichung der MRS-Ziele wäre diese Konsequenz unausbleiblich gewesen. Aber lassen wir Dr. Sender noch weiter berichten, wenn er den damals von den Franzosen zugelassenen Saarparteien den folgenden Spiegel vorhält:

»Ohne politischen Anschluß wird Frankreich seine Wirtschaftspositionen an der Saar nicht wirksam verteidigen können und die Saarwirtschaft die ihrigen nicht in Frankreich und in der Welt.

Die politischen Parteien haben die Autonomie mit zwiespältigen Gefühlen – teils freundlich, teils feindlich, teils sauersüß – aufgenommen, weil sie hinsichtlich der definitiven Lösung der Saarfrage selbst den Zwiespalt in ihren eigenen Körpern tragen. Sie sind in der Saarfrage innerlich noch zerrissen und führen oft heftige interne Kämpfe.

Ebenso lange hegen wir Verdacht, daß auch die Begeisterung für das autonome Statut nur vorgetäuscht ist. Es kommt ihnen vielmehr vorläufig nur darauf an, der vorteilhaften und wohlschmeckenden Spezialitäten des kommenden Wirtschaftsmenüs teilhaftig zu werden. Pecunia non olet.

Man wird ohne Scheu vor der Lüge und Heuchelei sich weiterhin unter vier Augen total anschlußfreudig gebärden, es aber gleichzeitig vermeiden, sich schriftlich oder öffentlich festzulegen. Es ist so billig, so eindrucksvoll und populär, sich zum Beschützer der Sprache und aller sogenannten kulturellen Belange, aller heimatlichen Eigenarten und Unarten aufzuwerfen, die anzugreifen niemand die Absicht hat.

Heute spielt man die germano-, morgen die frankophile Platte, so wie es der unvorhersehbare Wechsel der Ereignisse erfordert. Man schaut treuherzig nach Westen und schielt nach Osten mit dem Resultat, daß die Herren sich sogar einbilden, sie handelten mit überlegener taktischer Geschicklichkeit, wenn sie sogar auch bis in die rein gesellschaftliche Sphäre des Erbfeindes sich einzuschleichen vermögen. Mannesstolz vor Königsthronen!

Wir haben eine andere Auffassung von den Eigenschaften, von denen die professionellen Ratgeber der Bevölkerung erfüllt sein müßten. Statt Fanatiker der Wahrheit zu sein und verläßliche Lotsen durch alle Fährlichkeiten gemeinschaftlichen Lebens, statt den Sinn moralischer Unbeugsamkeit und Unabhängigkeit zu beweisen, wird der übelsten Stellenjägerei, Habsucht und Korruption Einlaß gewährt.

Auch die Parteien sind dieser Sünden nicht ledig. Von derartigen geheimen Vorbehalten und solchem unwahrhaftigem Wankelmut und seelischem Unrat begleitet, *wird die sogenannte Saar-Verfassung – trotz einzelner unleugbarer Vorzüge – nur ein schwankendes Schilfröhrchen bleiben und kein dauerhaftes wesentliches Fundament* im Sinne der von uns gewünschten Entwicklung werden können. Herr Müller irrt sich in der Frage. Sie wird im Schatten der Konzessionen, der Gewissenskonflikte, der Unaufrichtigkeit und der Unvollkommenheit geboren und von Volksvertretern verbogen, geändert oder verteidigt werden, die trotz allen parlamentarischen Sonnenscheins in der Finsternis des Zwiespalts leben und wirken.«

Es bedarf keiner Hervorhebung, daß diese Rede die »Verfassungskonstrukteure der Autonomie«, wie sie Dr. Sender genannt hatte, auf das heftigste schockierte. Johannes Hoffmann und seine Parteifreunde sahen darin eine schwere Beleidigung der Verfassungskommission, das CVP-Mitglied Dr. Schütz erklärte wegen der Angriffe Senders seinen Austritt aus der Kommission. Ganz anders sah der Vertrauensmann der Militärregierung, Senatspräsident Levy die Ausführungen Senders. Nach den Protokollen (Stöber, S. 231) verteidigte Levy seinen MRS-Freund Dr. Sender und erklärte: »Ich bin keineswegs der Auffassung, daß die Ehre der Verfassungskommission durch die Ausführungen des Herrn Dr. Sender getroffen worden ist. Sie sind nichts anderes als eine Stellungnahme zur Frage der Autonomie und zur Frage der Verfassung in der Autonomie.« In der Tat hatten die Angriffe Senders auch die beabsichtigte Wirkung, die Verfassungsgeber eröffneten durch gewisse Änderungen im Verfassungstext, die wir bereits zitiert haben, die Möglichkeit einer freien politischen Betätigung in Richtung eines völligen politischen Anschlusses der Saar an Frankreich. Diese rechtliche Gestaltung der Verfassung allerdings zwang dann später das saarländische Oberverwaltungsgericht zu dem »juristischen Eiertanz«, die gleiche, sich in durchaus demokratischen Formen entwickelte Betätigung mit der Zielsetzung des Verbleibs der Saar bei Deutschland für verfassungwidrig zu erklären. Die von Sender so hart formulierte Auseinandersetzung zwischen den beiden frankophilen Richtungen legte die ganze Schwäche der Lösung des wirtschaftlichen Anschlusses schon 1947 bloß. Es ist Robert Schmidt (Band II, S. 82) zu danken, dieses Problem später durch vielstündige Erörterungen mit MRS-Präsident Dr. Sender geklärt zu haben. Dr. Sender hielt danach den bloßen Wirtschaftsanschluß für eine Halbheit, die sich zum

Schaden der Saarbevölkerung auswirken müsse. Wörtlich erklärte Sender dann noch deutlicher im Jahre 1954:

»Der so von den politischen Parteien an der Saar verfolgte bloße Wirtschaftsanschluß hat letzten Endes zu einem kolonialen Abhängigkeitsverhältnis der Saar von Frankreich geführt – ja noch ungünstiger; denn die französischen Kolonien haben wenigstens einige Abgeordnete in der Nationalversammlung« (Schmidt, Bd. II, S. 82).

Diese Verurteilung der offiziellen Saarpolitik Frankreichs als Kolonialpolitik durch die MRS-Spitze führte dann auch zum Zerwürfnis mit der französischen Regierung und zum politischen Ende des MRS. Andererseits erfuhren wir damit eine ungewollte und damals auch gar nicht erkannte Rechtfertigung. Nach den Erklärungen Senders »beurteilte die Opposition an der Saar (d. h. die verbotene DPS und die nicht zugelassene CDU und DSP, Anm. d. Verf.) die Konsequenzen aus dem Zustand einer in Wirklichkeit politischen Unmündigkeit sehr wohl richtig, wenn sie die Saarwirtschaft nur als einen politisch gleichberechtigten Teil einer größeren Volkswirtschaft für lebensfähig ansehe« (Schmidt, Bd. II, S. 84).

Sender erklärte als Resümee: »Der von der verbotenen oder nicht zugelassenen Opposition an der Saar gebrauchte Ausdruck ›Saarabien‹ zur Kennzeichnung des Zustandes der Saar im gegenwärtigen Stadium (1954) treffe nach seiner Auffassung die Lage vollkommen«, und »In dieser Frage hätten sich das MRS und die deutsche Opposition nur dadurch – hier aber fundamental – unterschieden, daß das MRS die Zugehörigkeit zu Frankreich erstrebte, die Opposition dagegen die Zugehörigkeit zu Deutschland propagiere.«

Diese Feststellungen erscheinen uns schon an dieser Stelle so besonders wichtig, weil sich dieselbe Grundfrage noch einmal ergab, nachdem Konrad Adenauer und Pierre Mendès-France am 23. Oktober 1954 das Saarstatut ausgehandelt hatten. Durch die zuvor geheim mit Hoffmann abgesprochenen Vereinbarungen, die französisch-saarländischen Wirtschaftskonventionen erneut abzuschließen, wäre der gleiche Zustand eines Kolonialregimes aufrechterhalten geblieben. Wir gehen später noch darauf ein.

So war die von ihren Vätern vorgegebene saarländische »Autonomie« nichts anderes als die Kaschierung eines Zustandes, den unsere wissenschaftlichen Untersuchungen als Protektorat kennzeichnen. Hier wurde die Dissertation unseres leider so früh verstorbenen Mitstreiters und Freundes Helmut Lauk, »Der Rechtstyp der französisch-saarländischen Staatenverbindung«, Tübingen 1952, richtungsweisend. Er kommt (S. 192) zu der treffenden Feststellung: »Sie stellt typenmäßig ein Protektoratsverhältnis im Sinne eines vollständigen Protektorates dar, das umfassende Einwirkungsrechte Frankreichs auf innersaarländische Angelegenheiten politischer und insbesondere wirtschaftlicher Natur einbegreift und zu dem typenmäßig andere Elemente als unionsgemäße und annexionistische Regelungen auf einzelnen wirtschaftlichen Teilgebieten hinzutreten.« Dr. Lauk stimmt überein mit Professor Héraud, der (S. 191) als zweite Phase der politischen Entwicklung an der Saar feststellte: »Das sich (von Deutschland, Anm. d. Verf.) abtrennende Gebiet gibt sich eine staatsähnliche Verfassung mit dem wirtschaftlichen Anschluß an Frankreich *und dem Statut* eines *Protektorates.*« Und in gleicher Weise Dr. Müller (S. 14): »Rechtlich gesehen ... war das politische Statut der Saar eine Monstrosität ..., weil ... es ein Protektoratsstatut schuf, das nur demjenigen von Andorra vergleichbar ist.« Auch

Gilbert Grandval soll schon 1945 die Entwicklung an der Saar nicht anders gesehen haben. Nach der Schweizer Zeitung »Weltwoche« Nr. 1092, S. 3 von Anfang November 1954 habe er schon 1945 »prophetisch geäußert: ›Die Saar wird ein Protektorat Frankreichs.‹« Dementsprechend sah die einflußreiche französische Zeitung »L'Express« vom 7. November 1953 Herrn Grandvals Eignung und Aufgabe in seiner Charakterisierung als »Botschafter Frankreichs an der Saar. Der Typ des Prokonsuls. Geeignet, ein erobertes Gebiet zu erobern« (Abb. 57).

Wir könnten die Zahl gleichartiger Beurteilungen unserer Situation an der Saar nach 1947 beliebig fortsetzen. Die tatsächliche und rechtliche Gestaltung der Verhältnisse und ihrer Grundlagen erfuhr auch keine entscheidende Änderung durch den späteren Abschluß von Abkommen zwischen der französischen und der saarländischen Regierung, den sogenannten Saar-Konventionen. Das erste Paket enthielt die Allgemeine Konvention, eine weitere über die Niederlassung der beiderseitigen Staatsangehörigen, die Konventionen über den Rechtshilfeverkehr, über die Durchführung der Wirtschaftsunion, den Betrieb und die Ausbeutung der Saargruben, über die Versicherungsunternehmen im Saarland, den Betrieb der Eisenbahnen, die Binnenschiffahrt, die Straßentransporte, das Abkommen über die Fürsorge und ein Abkommen über Maßeinheiten und Meßgeräte. Am 3. März 1950 unterzeichneten Außenminister Robert Schuman und Ministerpräsident Johannes Hoffmann die umfassenden Regelungen, wobei besonders die Allgemeine Konvention die Rechte Frankreichs im Saarland sicherstellte. Zwar wiederholte Artikel 1: »Das Saarland ist autonom in Gesetzgebung, Verwaltung und Rechtssprechung«; Absatz 2 schränkte aber sogleich wieder ein, daß sich diese »Autonomie« im Rahmen »der zwischen Frankreich und dem Saarland abgeschlossenen Konventionen vollziehe«. Diese Rechte waren weitgehend, so weitgehend, wie das nur bei einem Protektoratszustand der Fall sein kann. Dem Vertreter Frankreichs, Hochkommissar Grandval, wurde ein Verordnungs- und Einspruchrecht gegen saarländische Gesetze eingeräumt, welche die Zoll- und Währungseinheit sowie die politische Unabhängigkeit des Saarlandes gefährden (!) oder die internationalen Verpflichtungen des Saarlandes mißachten. Ferner regelte diese Konvention Fragen der öffentlichen Sicherheit, die Funktionen der französischen und saarländischen Polizei bei Verfolgung von Straftaten, die Verhängung des Ausnahmezustandes, die diplomatische Vertretung des Saarlandes durch Frankreich und die Einrichtung einer diplomatischen Vertretung des Saarlandes in Paris.

Nicht veröffentlicht wurde ein Geheimabkommen zu dieser Allgemeinen Konvention, dessen Text bald in unsere Hände gelangte und von uns veröffentlicht worden ist. Wir werden uns damit noch beschäftigen.

Überhaupt wurde der wirkliche Zustand an der Saar weniger durch das gewaltige Paragraphenwerk gekennzeichnet als durch die praktische Handhabung. Mochten Herrn Grandvals Befugnisse auf dem geduldigen Papier der Konventionen beschränkt sein, was änderte das, wenn der einflußreiche französische Staatsangehörige Hector als Chef eines saarländischen Schlüsselministeriums frei schalten und walten konnte? Nur wer die tatsächlich bestehenden Verhältnisse als Ganzes nimmt, wird das Ausmaß der »Autonomie« – oder wie sie in der neueren Literatur auch häufig genannt wird »Eigenständigkeit des Saarlandes« – beurteilen können. Die ersten wie auch die späteren zweiten Konventionen vom 20. Mai 1953 änderten nur jeweils etwas am Ausmaß der Abhängigkeit des Saarlandes von Frankreich. Wenn der französische Außenminister Georges Bidault bei der Unterzeichnung der zweiten Serie von Konventionen 1953 erklärte, »die neuen Konventionen seien eine Antwort auf das Verlangen der saarländischen Bevölkerung nach der vollen Autonomie des Landes, die sich im Rahmen des Wirtschafts-, Währungs- und Zollanschlusses vollziehen müsse«, so war dies nichts weiter als eine vielleicht gut gemeinte Deklamation.

Auch der ebenso umfangreiche »Vertrag zwischen Frankreich und dem Saarland über wirtschaftliche Zusammenarbeit vom 3. Mai 1955« – als Basis für die künftigen Beziehungen nach dem (angenommenen) Saar-Statut vom 23. Oktober 1954 – brachte zwar wiederum einige Verbesserungen der saarländischen »Autonomie«, hätte aber bei seiner Verwirklichung auch nur den 1947 geschaffenen Zustand aufrechterhalten. Dafür besitzen wir ein besonders treffendes Eingeständnis von französischer Seite. Zwei Tage nach der Unterzeichnung des Saarabkommens (mit dem Statut) zwischen Dr. Adenauer und Mendès-France schrieb die »Le Monde«, offensichtlich in der Überzeugung, die Zustimmung der Saarbevölkerung zum Statut bereits in der Tasche zu haben: »Die Deutschen wollen ihrerseits nicht die Betrogenen sein durch eine Lösung, die unter europäischem Etikett ein tatsächliches *französisches Protektorat* über die Saar aufrechterhält. Es ist übrigens sehr wahr, daß die Einstellung gewisser industrieller Kreise einigen Grund zu dieser Befürchtung gibt, selbst wenn man die neuen französisch-saarländischen Konventionen berücksichtigt, welche die Zuständigkeit von Saarbrücken erweitert haben. Man muß bei dieser Gelegenheit voll und ganz die Größe des Opfers anerkennen, das die Deutschen gebracht haben, indem sie auf eine Bevölkerung verzichten, deren deutscher Charakter nicht bestritten werden kann.« Soweit die französische »Le Monde« *vor* dem Referendum. Hier zeigt es sich, daß man auch in der Politik den Tag nicht vor dem Abend loben soll; aber die Bestätigung unserer Auffassung folgte aus dieser Stellungnahme des dem französischen Außenministeriums nahestehenden Blattes.

Auch 1954/1955 blieb noch in allen Konventionen das Prinzip unverändert, geändert haben sich lediglich unbedeutende Graduierungen in der Praktizierung des Verhältnisses zwischen Frankreich und der Saar. Konrad Adenauer hat am 18. November 1952 – also zwei Jahre zuvor – in klarer Erkenntnis diese Situation der Saar mit folgenden Worten gekennzeichnet: »Ein Gebiet von der Größe und der wirtschaftlichen Struktur der Saar ist, wenn es wirtschaftlich von Frankreich völlig abhängig ist, auch politisch von Frankreich abhängig. Wenn dem Saargebiet in politischer Hinsicht ein europäisches Statut gegeben werden soll, so würde das nicht möglich sein, solange die wirtschaftliche Beherrschung durch Frankreich andauert.«

Ich habe mich oft und immer wieder wundern müssen, wie vergeßlich, oder richtiger gesagt ungerecht, die Franzosen sind, wenn es sich um die Beurteilung ein und desselben Sachgeschehens handelt. Bei Botschafter François-Poncet (Als Botschafter in Berlin 1931 bis 1938, S. 18/19) kann man von der empörten Mißbilligung eines Planes des Reichskanzlers Brüning lesen – also keineswegs der Nationalsozialisten –, im Jahre 1931 einen wirtschaftlichen Anschluß zwischen Österreich und dem Deutschen Reich herbeizuführen. Frankreich protestierte energisch, weil seiner Ansicht nach der wirtschaftliche Anschluß nur ein verdeckter politischer Anschluß sei und diesem lediglich vorangehe; infolgedessen verletze der wirtschaftliche Anschluß Österreichs an Deutschland die »Verträge und drohe, einen verhängnisvollen Schlag gegen die europäische Ordnung zu führen«. Das Ergebnis des französischen Einspruchs beschreibt François-Poncet mit den Worten: »Deutschland und Österreich mußten gleich zwei Schuldigen in Genf vor dem Völkerbundsrat erscheinen und sich dem Spruch des Haager Schiedsgerichts unterwerfen.«

Österreich und Deutschland 1931 – Frankreich und die Saar 1947, dasselbe Problem, aber zwei völlig verschiedene Betrachtungsweisen!

Auch eine Änderung *der Rechtslage* des Saarlandes ist durch den Abschluß der Konventionen nicht eingetreten. Darüber liegen gleichfalls unmißverständliche Erklärungen des französischen Außenministers Robert Schuman vor. Monate nach der Ratifizierung der ersten Saar-Konventionen vom März 1950 gab Schuman vor der Nationalversammlung in Paris zu: »Bis heute sind die Beziehungen (zwischen der Saar und Frankreich, Anm. d. Verf.) durch einseitige Maßnahmen bestimmt worden« (Erklärung vom 20. Oktober 1950, Prot. S. 7082). Am 20. Februar 1951 folgte die weitere Erklärung Schumans vor dem Rat der Republik (Prot. S. 532): »Es ist nötig, daß wir schnell, ja so schnell wie nur möglich – denn das hängt nicht allein von uns ab – die Anerkennung der äußeren Unabhängigkeit der Saar erreichen. Wir möchten, daß der saarländische Staat vor allem in politischer Hinsicht eine im Ausland voll gültige Rechtsfähigkeit erlangt.« Und schließlich wieder am gleichen Tage: »Aber wie man hier ausgeführt hat – und ich wiederhole die Ausdrucksweise des Herrn Senators Hamon – ist erforderlich, daß diese Situation, die juristisch nur einen provisorischen Charakter hat, ihre rechtliche Anerkennung durch einen Akt des Rechtes und von internationalem Wert erhält, damit die Existenz dieses Staates auch für Dritte bindend wird und weder dann, noch später in Zweifel gezogen werden kann.«

Niemand wird daran zweifeln, daß Außenminister Schuman diese Erklärungen vor den französischen Kammern anders formuliert haben würde, wenn er durch den Abschluß der Saarkonventionen die Erfüllung der französischen Wünsche und Ziele bereits erreicht hätte.

## III

Danach verblieben nur die saarländisch-französischen Bemühungen, die Anerkennung des neuen »Staats«-gebildes auf internationaler Ebene zu erreichen. Eine besonders günstige Gelegenheit bot sich nach der Konstituierung des Europarates. Obwohl Frankreich nach der Präambel der saarländischen Verfassung und dem dieser zugrundeliegenden französischen Memorandum an die Moskauer Konferenz vom 10. April 1947 sich die »Vertretung der saarländischen Interessen im Ausland durch die französische Republik« vorbehalten hatte – also das Saarland auch im Europarat hätte mitvertreten müssen –, betrieben die Franzosen sehr nachhaltig die Aufnahme des Saarlandes in den Europarat. Die Satzung des Rates bot eine Möglichkeit, die Anerkennung des Saarlandes als selbständigen Staat zu erreichen. Dort gab es zwei Bestimmungen, die ausdrücklich nur für »Staaten« im Rechtssinn vorgesehen waren. So bestimmt zunächst Artikel 4 der Satzung: »Jeder europäische *Staat*, der für fähig und gewillt befunden wird, die Bestimmungen des Artikels 3 zu erfüllen, kann aufgenommen werden ... Mitglied des Europarates zu werden.« Weiterhin bestimmte Artikel 26 der Satzung: »Die nachstehend aufgezählten Staaten haben nach Erwerb der Mitgliedschaft Anspruch auf folgende Anzahl von Sitzen.«

Gelang es, das Saarland auf Grund dieser beiden Bestimmungen in den Europarat zu bringen, dann würde damit die so dringend erwünschte Anerkennung auf internationaler Ebene erreicht worden sein. Demgemäß forderte der damalige französische Ministerpräsident Georges Bidault in seiner Eigenschaft als Abgeordneter der Konsultativversammlung des Europarates am 31. Oktober 1949 die Aufnahme des Saarlandes. Die saarländische Regierung beantragte sie offiziell mit Schreiben vom gleichen Tage. Schon in diesem Schreiben, das später im amtlichen Protokoll über die Tagung des Ministerkommitees der 2. Session vom 3. und 4. November 1949 abgedruckt worden ist (S. 101), wurden die Weichen gestellt. Das Antragsschreiben beginnt: »Der saarländische Staat hat sich zur Aufgabe gesetzt ...« Damit wollte man offensichtlich jeden Zweifel über die Staatlichkeit des Antragstellers und infolgedessen auch Debatten darüber ausräumen.

Die Proteste in der Bundesrepublik waren auch in Straßburg unüberhörbar. Man wollte die Aufnahme der Bundesrepublik in dieses europäische Gremium und war infolgedessen auch bereit, Konzessionen hinsichtlich einer Abschwächung der rechtlichen Stellung des Saarlandes zu machen. Dies war um so notwendiger, als auch die Bundesrepublik im Jahre 1949 noch keine Souveränität besaß, so daß sich auch für ihre Aufnahme nach Artikel 4 formalrechtliche Schwierigkeiten ergaben. Hier bot allein der Artikel 5 der Satzungen des Europarates einen Ausweg. Er lautete: »Unter besonderen Umständen kann ein europäisches Land, das für fähig und gewillt befunden wird, die Bestimmungen des Artikels 3 zu erfüllen, vom Ministerkomitee aufgefordert werden, *assoziiertes Mitglied* des Europarates zu werden.« Danach schied also für »nur europäische Länder« eine Vollmitgliedschaft aus, sie konnten als assoziierte Mitglieder nur in der Konsultativversammlung, aber nicht im Ministerkommitee vertreten sein. Wie nicht anders zu erwarten, mußte sich das Ministerkommitee als erstes bereits am 4. November 1949 – vier Tage nach der Antragstellung durch das Saarland – mit der Form einer möglichen Aufnahme befassen. Darüber entspann sich nach dem uns vorliegenden Protokoll (S. 51 ff.) eine sehr umfangreiche und langwierige Debatte. Zunächst gab der Präsident des Ministerkomitees, der damalige dänische Minister Rasmussen, den Standpunkt seiner Regierung bekannt:
»... vom juristischen Standpunkt aus ist festzustellen, daß Artikel 4 der Satzung des Europarates für Staaten vorgesehen ist und daß Artikel 5 die Länder behandelt. Es fragt sich, ob das Saarland ein Staat, ein Land oder nicht ganz einfach nur eine Provinz ist« ...

Der französische Außenminister Schuman versuchte die Mehrheit seiner Ministerkollegen davon zu überzeugen, daß »das Saarland ein Staat sei, daß es eine Regierung besitze« ... »Das Saarland ist also mehr als nur ein gewöhnliches Land« (Prot. S. 51).

Außenminister Bevin (Großbritannien) warf die Frage auf, wie die saarländische Delegation, wenn sie einmal im Europarat aufgenommen sei, im Rahmen oder mit der französischen Delegation zusammenarbeite, und in welchem Maße sie überhaupt unabhängig tätig werden könne. Wörtlich meinte Bevin: »Und von anderer Seite gesehen: Wenn das Saarland als unabhängige Einheit angesehen wird, könnte es dann letzten Endes in freier Entscheidung die Vereinigung mit Frankreich oder mit Deutschland oder das Fortbestehen als autonomer Staat beschließen?« (Prot. S. 53). Damit hatte Bevin, wahrscheinlich ohne sich der Tragweite dieser Frage überhaupt bewußt zu sein, den »Finger genau in die Wunde gelegt«, die alle Beteiligten später noch jahrelang schmerzen sollte. Bevin betonte noch einmal, Großbritannien habe Frankreich zwar seine mögliche Unterstützung (in der Saarfrage, Anm. d. Verf.) zugesagt, »der ganz besondere Punkt aber, die staatliche Eigenschaft des saarländischen Gebietes zu definieren, sei äußerst delikat!«

Das Ministerkomitee kam dann nach mehreren Textvorschlägen und Beratungen darüber zu einer Entscheidung, welche die weitere Erörterung, ob das Saarland als Staat anzusehen sei oder nicht, beendete. Das Komitee entschloß sich, das Saarland nicht als Vollmitglied nach Artikel 4, sondern als assoziiertes Mitglied nach Artikel 5 der Satzung aufzunehmen.

In einem Schreiben vom 5. November 1949 teilte Präsident Rasmussen den Wortlaut der Entschließung des Ministerkomitees dem Präsidenten der Konsultativversammlung mit (Prot. S. 103). Darin war ein zwar schwacher, aber immerhin doch einschränkender Satz in Beziehung auf den damals ungeklärten Status des Saarlandes enthalten, wenn es in dem Schreiben u. a. hieß: »Davon ausgehend, daß es wünschenswert ist – in der Erwartung, daß (erst) ein Friedensvertrag endgültig das Statut der Saar regeln wird –, daß die Saarbevölkerung im Europarat vertreten ist . . .«

Das spätere Aufforderungsschreiben an die saarländische Regierung, dem Rat beizutreten – wir kommen noch darauf –, enthielt keinen derartigen Vorbehalt. Wichtig erscheint die Feststellung, daß auch der französische Außenminister Robert Schuman dieser Behandlung des Saarproblems durch das Ministerkomitee zugestimmt hatte.

Wie im Ministerkomitee, so kam das Saarthema auch in dem zweiten Organ des Europarates, der Konsultativversammlung, genauer gesagt in dem von ihr gebildeten Ausschuß für allgemeine Angelegenheiten, zur Sprache. Hier mußte über die Änderung des schon oben angeführten Artikels 26 verhandelt werden; denn außer dem Saarland sollten zur gleichen Zeit die Bundesrepublik Deutschland, Griechenland, Island und die Türkei als Mitglieder in den Europarat aufgenommen werden. Der Artikel 26 mußte also zwangsläufig abgeändert werden. Während man zunächst das Problem gar nicht erkannt hatte, erhob das britische Mitglied bei der Erörterung des Berichts der Allgemeinen Kommission, der Berichterstatter Mackay (Doc-AS/(3) 51, S. 2) Einspruch mit der Begründung: »Wenn wir diese Frage auch nicht in einem politischen Sinn behandeln wollen, so ist doch Tatsache, daß im gegenwärtigen Zeitpunkt das Saarland *kein Staat* ist. Deshalb kann – rein vom rechtlichen Standpunkt aus gesehen –, die Änderung in dieser Form nicht angenommen werden.«

In Erwiderung der Ausführungen Mackays schlug (damals schon, 1949!) der holländische Delegierte van der Goes van Naters zwei mögliche Wege vor, um die Aufnahme des Saarlandes trotz der Bedenken Mackays zu beschließen. Darauf widersprach Mackay erneut: »Wir können die Saar nicht in diese Bestimmung (Artikel 26, Anm. d. Verf.) bringen, das ist gänzlich unzulässig und auch unwirksam, weil Artikel 26, der geändert werden soll, sich nur auf Staaten bezieht. Da das Saarland kein Staat ist, kann es auch nicht in diese Bestimmung aufgenommen werden« (Prot. S. 3).

Erst eine textliche Umgestaltung des Artikels 26 ermöglichte dann auch die Aufzählung von Nicht-Staaten, zu denen – wie gesagt – damals auch noch die Bundesrepublik gehörte.

Nach alledem war auch dieser Versuch, dem Saarland über die Mitgliedschaft im Europarat eine internationale Anerkennung als Staat im Rechtssinn, vor allem jedoch in völkerrechtlicher Hinsicht, zu verschaffen, fehlgeschlagen.

Der Beitritt der Bundesrepublik zum Europarat führte nach der Aufforderung der Hohen Kommissare durch Schreiben vom 1. April 1950 noch zu heftigen innenpolitischen Auseinandersetzungen. Zwar hatte der Bundeskanzler einen Vorbehalt bezüglich der gleichzeitigen Aufnahme des Saarlandes in den Europarat gemacht, dieser erschien der Opposition aber nicht ausreichend, um die negativen Auswirkungen einer Mitgliedschaft des Saarlandes in Beziehung auf die dadurch faktisch dokumentierte Lostrennung von Deutschland abzuwenden.

Dr. Adenauer hatte in einem Schreiben vom 23. März 1950 an die Hohen Kommissare erklärt: »Die Mitgliedschaft des Saargebietes zum Europarat gilt vorbehaltlich der Regelung des Statuts des Saargebietes durch den Friedensvertrag mit Deutschland.« Und die Hohen Kommissare hatten am gleichen Tage erwidert: »Wir haben Ihnen auch dargelegt, daß eine getrennte Mitgliedschaft des Saarlandes im Rat noch der Bestätigung im Zeitpunkt des Abschlusses eines Friedensvertrages unterliegen würde (Denkschrift der Bundesregierung zur Frage des Beitritts zum Europarat, S. 58/59). Die SPD hatte unter der Führung ihres alle gesamtdeutschen Interessen energisch vertretenden Vorsitzenden, Dr. Kurt Schumacher, gefordert, dem Europarat nicht beizutreten, wenn gleichzeitig das Saarland aufgenommen würde. Dr. Adenauer vertrat einen gegenteiligen Standpunkt und hatte bereits vor dem Zusammentritt des Minister-Komitees am 3. November 1949 in einem Interview in der »Zeit« erklärt, er halte es nicht für eine weise Politik, wenn »wir erklärten, daß eine Mitgliederschaft des Saargebietes die deutsche Mitgliedschaft ausschlösse«.

Der Fraktionsvorsitzende der CDU im Bundestag, Dr. von Brentano, hat später die Vorstellungen der stärksten Partei im Bundestag weiter präzisiert: »Wenn wir nach Straßburg gehen und in Europa mitarbeiten wollen, dann wollen wir es ja tun, um solche – lassen Sie mich sagen – voreuropäischen Lösungen wie die Lösung der Saarfrage zu verhindern, und soweit sie bereits erfolgt sind, für eine Revision in friedlicher, freundschaftlicher und ehrlicher Arbeit zu sorgen« (Prot. S. 2468). Ganz offensichtlich war die CDU von der Ansicht Dr. Adenauers beeindruckt, daß sich im Zuge einer anzustrebenden europäischen politischen Einigung alle diese Probleme mehr oder weniger von selbst lösen würden; dazu sei aber in erster Linie und vor allem die deutsch-französische Verständigung erforderlich; die Saarfrage könne nur als störendes Element auf dem Wege zur Einigung Europas angesehen werden. Die Entwicklung der europäischen Probleme wie auch die Entwicklung der Saarfrage nach 1949 haben jedoch gezeigt, daß die Vorstellungen Adenauers und seiner Parteifreunde damals zwar hoffnungsvoll, aber unrealistisch waren. Der Europarat entwickelte sich nicht zum Schrittmacher einer europäischen politischen Gemeinschaft, der Rat wurde auch nicht zum aufrichtigen Vermittler im Streit zwischen Frankreich und der Bundesrepublik über das Saarproblem. Im Gegenteil, nachhinein muß man feststellen, daß gerade der Europarat zum Verfechter des französischen Standpunktes in der Saarfrage geworden ist, ganz besonders bei der Erörterung und Unterstützung des nach dem holländischen Delegierten van der Goes van Naters benannten Planes, auf den wir noch zu sprechen kommen. Das Versagen des Europarates in der Saarfrage war aber noch schwerwiegender hinsichtlich der Verpflichtungen, die das Saarland vor der Aufnahme ausdrücklich übernommen hatte. Die saarländische Regierung hatte das Einladungsschreiben des Präsidenten der Versammlung vom 31. März 1950 wenige Tage später in der Saarpresse veröffentlicht (»Saarbrücker Zeitung« vom 4. April 1950). In diesem Schreiben war u. a. ausgeführt worden:

»Das Ministerkomitee wünscht, daß ich bei Zusendung dieser Einladung an die Saarländische Regierung ihre Aufmerksamkeit auf die Tatsache lenke, daß, gemäß dem Wortlaut des Artikels 5 des Statuts, diese Regierung mir ein Dokument der Anerkennung des Statuts aushändigt. Dieses Dokument muß die Erklärung enthalten, daß die Saar gewillt ist, die Leitgrundsätze und die Ziele des Europarates anzuerkennen, so wie sie in der Präambel und im Artikel 3 des Statutes angegeben sind; ein Exemplar des Statuts wird Ihnen anliegend überreicht.«

Die in Artikel 3 jedem einzelnen Mitglied auferlegten Verpflichtungen, welche die Regierung Hoffmann ausdrücklich einzuhalten sich dann auch verpflichtet hatte, waren: »Jedes Mitglied des Europarates erkennt den Grundsatz der Herrschaft des Rechts sowie den Grundsatz an, *allen Personen* im Bereich seiner Gerichtsbarkeit die *Menschenrechte und Grundfreiheiten zu gewähren.*« Die Anerkennung dieses Artikel 3 der Satzung des Europarates wurde auch im Beschluß des saarländischen Landtages vom 2. Mai 1950 (Prot. S. 194) ausdrücklich ausgesprochen und unterstrichen mit den Worten: »Hierbei ist sich der Landtag des Saarlandes vor allem bewußt, daß das Recht und die von ihm in der gesamten Gerichtsbarkeit des Saarlandes abzuleitenden Rechte des Menschen, seine grundsätzlichen Freiheiten und die Anerkennung der Menschenwürde in den Grenzen des Gesamtwohles die Ordnung der Gemeinschaft bilden.« Überdies unterzeichnete (ausgerechnet) der damalige Staatssekretär und für die Unterdrückungsmaßnahmen so mitverantwortliche Ressortchef Hector am 5. November 1950 in Rom für das Saarland das »Abkommen über die Wahrung der Menschenrechte und Grundfreiheiten«, das die Beratende Versammlung des Europarates angenommen und der saarländische Landtag zuvor ausdrücklich gebilligt hatte.

Es hätte nahe gelegen, von bundesdeutscher Seite den Eintritt in den Europarat zu mindestens von der Herbeiführung demokratischer Zustände an der Saar – d. h. von der Beachtung der Menschenrechte und Grundfreiheiten – abhängig zu machen. In dieser Hinsicht gab sogar die bekannte französische Zeitung »Le Monde« in Nr. 1404/1950 – sie wurde von den französischen Behörden für das Saarland verboten! – aufschlußreiche Anregungen für die Deutschen, die man leider unbeachtet gelassen hat. Unsere Leser finden unten S. 150 wörtliche Auszüge aus dem Artikel. Durch den Hinweis, daß die Regierung des Saarlandes diese Bedingungen des Artikels 3 faktisch nicht erfülle, wäre ein durchaus legaler Druck auszuüben gewesen. Gewiß war in diesem Zeitpunkt das Verbot gegen die DPS noch nicht ausgesprochen, ebenso stand die Nichtzulassung der oppositionellen CDU und SPD an der Saar noch bevor, aber die undemokratischen Verhältnisse an der Saar von 1945 bis 1949 waren so allgemein bekannt, daß die Beteiligten sie nicht übersehen oder bestreiten konnten. Wir sind der Meinung, daß durch eine solche *Bedingung vor der Aufnahme* der Saar in den Europarat nicht nur der spätere Streit um die Saarfrage hätte vermieden werden können, sondern auch dem Ansehen des Europarates wesentlich gedient worden wäre. Gelang es doch später trotz handfester Beschwerden seitens der Bundesregierung nie, den Europarat auch nur zur Überprüfung der Verhältnisse an der Saar zu bringen, geschweige denn die Einhaltung der angeführten Mitgliedschaftsverpflichtungen durch die Saarregierung zu erzwingen. Hier wurde wirklich eine echte Chance verpaßt und es blieb allein für die deutsche Seite die Genugtuung, daß auch der Europarat keine Anerkennung eines saarländischen »Staates« und der Trennung von Deutschland mit dem wirtschaftlichen Anschluß an Frankreich beschlossen hat. In gleicher Weise scheiterte auch der »witzige« Versuch von 1953, die formelle Anerkennung des Saarlandes als Staat und vollwertiges Mitglied durch die Aufnahme eines Sternes für das Saarland in die blaue Europaflagge zu erreichen. Der saarländische Vorstoß wurde dadurch abgebogen, daß nur jede Sprache einen Stern erhielt, die Regierung Hoffmann mußte sich also damit zufrieden geben, »zusammen mit der deutschen Sprache« in der Flagge des Europarates vertreten zu sein.

Die nächste Gelegenheit sollte der als Schuman-Plan bekannte Vertrag über die »Europäische Gemeinschaft für Kohle und Stahl« werden. Dem Saarland sollte nach den Vorstellungen Frankreichs und Saarbrückens durch eine ordentliche Mitgliedschaft die internationale Anerkennung verschafft werden. Am 9. Mai 1950 hatte der französische Außenminister Robert Schuman der Öffentlichkeit den von dem späteren Präsidenten der Hohen Behörde, Jean Monnet, ausgearbeiteten Plan unterbreitet, die französische und deutsche Kohlen- und Stahlproduktion einer auch den anderen europäischen Ländern offenstehenden, gemeinsamen Aufsichtsbehörde zu unterstellen. Konrad Adenauer willigte sofort ein. Nach langen Verhandlungen konnte der Vertrag am 18. April 1951 in Paris unterzeichnet werden. Bereits am 30. November 1950, also ein halbes Jahr vor dem Zustandekommen des Vertrages überhaupt, hatte die Saarregierung bereits einen offiziellen Antrag auf Aufnahme in die kommende Europäische Gemeinschaft für Kohle und Stahl gestellt, und zwar »als selbständiger Staat«. Die Saar wollte das siebte Land der Montan-Union werden. Die Bundesrepublik lehnte das saarländische Ansinnen nachdrücklich ab, sehr zum Ärger von Johannes Hoffmann und seines Justizministers Dr. Braun, der in einer Rundfunkansprache der Bundesregierung wegen der Verweigerung der Aufnahme des Saarlandes »die Schuld dafür zuschieben wollte, daß die Saar eventuell in einen kolonialen Zustand gegenüber Frankreich gerate« (Schmidt Bd. II, S. 222). Auch ein letzter Versuch des Saarlandes, am Tage vor der Unterzeichnung in Paris, noch »durch eine Hintertüre hineinzukommen«, schlug fehl. Die saarländisch-französische Seite hatte als Ersatzlösung vorgeschlagen, daß Frankreich den Montan-Vertrag zweimal, einmal für sich und einmal für das Saarland unterzeichnen sollte. Auch darauf ließ sich die Bundesregierung nicht ein. Der Vertretung der Saarbevölkerung – es hieß ausdrücklich: »population sarroise« – wurde durch Frankreich und dessen Vertreter bei der Montan-Union wahrgenommen. Das Ergebnis dieser Sonderregelung für die Saar fand schließlich nochmals eine ausdrückliche Bestätigung in dem schon berühmt gewordenen Briefwechsel zwischen Außenminister Robert Schuman und Bundeskanzler Dr. Adenauer vom 18. April 1951. Dieser Briefwechsel, der bei uns allen so große Hoffnungen geweckt hatte – wir sprechen darüber noch –, enthielt die französische Zusage: »Die französische Regierung erklärt von ihrem eigenen Standpunkt aus, daß sie im Namen der Saar auf Grund ihres gegenwärtigen Status handelt, daß sie aber in der Unterzeichnung des Vertrages durch die Bundesregierung keine Anerkennung des gegenwärtigen Status der Saar durch die Bundesregierung erblickt.«

Trotzdem erklärte Außenminister Robert Schuman wenige Tage später im Rat der Republik: »Die französische Regierung hält an der Auffassung fest, daß das Saarstatut allgemein anerkannt werden muß«, ein Standpunkt, der bei den späteren Verhandlungen über die Saarfrage stets der Leitgedanke für alle französischen Unterhändler geblieben ist.

Nach der Unterzeichnung des Montan-Vertrages versuchte Hochkommissar Grandval noch einmal »querzuschießen«, indem er in einem Schreiben an Minister Schu-

man seinen Rücktritt anbot. Darüber berichtete »Le Monde« vom 21. April 1951:
»Man erfuhr diesen Vormittag, daß Herr Gilbert Grandval, Hoher Kommissar der
Republik in Saarbrücken, ein langes Schreiben an Herrn Robert Schuman gerichtet
hat, um ihm seine Beunruhigung bezüglich der französischen Saarpolitik mitzuteilen
und *ihm seinen Rücktritt anzubieten.* Herr Grandval legte Wert darauf dagegen zu
protestieren, daß das Saarland auf Betreiben der Bonner Instanzen von der Unterzeichnung des Schuman-Vertrages ausgeschlossen worden ist.«
Der Regierung Hoffmann gab Grandval den Rat, den Vertrag durch den saarländischen Landtag ablehnen zu lassen. Es ist nicht sicher, ob Grandvals Begründung
seinen wahren Vorstellungen entsprochen hat. Wir konnten in den ganzen Jahren
beobachten, daß Gilbert Grandval immer dann »querschoß« und mit massiven Erklärungen gegen die Bundesrepublik oder die deutsche Auffassung in der Saarfrage
auftrat, wenn eine Einigung »mit einem wirklichen Schritt auf Europa hin« zur Diskussion stand. Grandval gehörte ebenso wie Michel Debré der rechten Gruppe der
Gaullisten an, die der Politik Schumans, Europa durch einen politischen Zusammenschluß zu vereinigen, ablehnend gegenüberstanden. Wir haben oben S. 65 Grandvals
Abschiedsrede wiedergegeben, in der er diese Abneigung gegen eine supranationale
europäische Lösung eindeutig zum Ausdruck gebracht hat.
Grandval dementierte bereits am 14. Mai 1951 seine angeblichen Rücktrittsabsich-
ten.

# IV

Bis zu dem Streit vor den Landtagswahlen im Herbst 1952 konnte Ministerpräsident
Hoffmann noch die Hoffnung hegen, durch direkte persönliche Verhandlungen mit
dem Bundeskanzler die so dringend notwendige Anerkennung und Aufwertung
seiner Politik in den Augen der Saarbevölkerung zu erlangen. Die »hintenherum«
geführten Gespräche über Bundesbrüder von Studentenverbindungen des CV, der
Erwin Müller auf der einen und der rheinland-pfälzische Politiker Dr. Süsterhenn auf
der anderen Seite angehörten, oder Gespräche über den Beauftragten Hoffmanns,
Kanzleichef Franz Schlehofer, blieben ebenso wirkungslos wie gelegentliche Interventionen des »Rheinischen Merkur« zugunsten Hoffmanns. Auch die wiederholt
öffentlich von Hoffmann gemachten Angebote zu direkten Gesprächen zwischen ihm
und Dr. Adenauer blieben ohne Echo. Hoffmann beschwerte sich in seinem nach der
Rückkehr der Saar zu Deutschland geschriebenen Buch über die Haltung Bonns mit
den folgenden bewegten Worten: »Die Enttäuschung am Jahresende 1949 lag für
uns darin, daß Bonn unseren Problemen gegenüber völlig unverständlich auftrat. Mit
Erfolg war 1947 eine Annexion der Saar verhindert worden. Zur Wohlfahrt der
Menschen war an Stelle der Demontagen die Zukunft dieses Industrielandes im Rahmen des wirtschaftlichen Anschlusses gesichert. Wir Saarländer wollten soviel Selbständigkeit wie nur möglich, um soviel Unabhängigkeit wie möglich zu erreichen.
Der Schritt von Deutschland weg sollte nicht zu einem Schritt nach Frankreich hin
umgedeutet werden. Im Jahre 1949 bot sich erstmals die Möglichkeit für die Saar,
die Eigenständigkeit zu unterstreichen und sie nicht auf die Abhängigkeit eines Partners allein zu beschränken. Gerade da versagte sich Bonn aus nationalen und Rechts-
gründen. Wieviel freier und ungezwungener wäre die Begegnung von Deutschen
aus der Bundesrepublik und dem Saarland in Straßburg gewesen, wenn Deutschland

sich hinsichtlich des Beitritts der Saar zum Europarat anders verhalten hätte. Schon damals wären wir in ein besseres Gespräch über die Saar gekommen. Der Wind war nicht gut, der vom Osten kam, er war rauh und kalt. Würde sich in den nächsten Jahren das Klima ändern?« (Mein Ziel war Europa, S. 172/173.) Soweit Johannes Hoffmann »nach Tisch« – »vor Tisch« las man die Dinge wesentlich anders.

Hoffmanns Ausführungen, die in dem für ihn typischen mitleidserweckenden Ton abgefaßt sind, enthalten mehrere geschichtliche Unwahrheiten. Es ist einfach nicht wahr, daß Hoffmann und seine CVP »1947 die Saar mit Erfolg vor einer Annexion gerettet« hätten. Die Wahrheit ist, daß die Franzosen bereits im Herbst 1945, also zwei Jahre früher, die ohnehin nur vagen Absichten, das Saarland Frankreich vollständig einzuverleiben, aufgegeben hatten. Anlaß war die eindeutige Absage der Amerikaner gegenüber General de Gaulle und Außenminister Bidault während ihres Besuches vom 22. bis 25. August 1945 in Washington. Wir haben den historischen Ablauf der damaligen Ereignisse um die Saar oben eingehend dargelegt. Mit der Rückkehr der beiden französischen Staatsmänner am 25. August 1945 stand eine vollständige Annexion der Saar außer jeder ernsthaften Diskussion, natürlich von den taktischen Zielen des insoweit schon nicht mehr maßgebenden MRS an der Saar abgesehen. Hoffmann selbst berichtete in seinem Buch (S. 16), daß er am 26. August 1945 die Abreise aus seinem Exil in Brasilien angetreten habe, er war also während der entscheidenden Phase des saarländischen Schicksals noch außer Reichweite.

Auch die Begründung Hoffmanns, er habe den wirtschaftlichen Anschluß an Frankreich nur zur Rettung des Industrielandes und seiner arbeitenden Menschen verfolgt, mag ihm für die Zeit von 1945 bis zur deutschen Währungsreform von 1948 eine Rechtfertigung geben, die Entwicklung hat aber gezeigt, daß nach Stabilisierung der wirtschaftlichen Lage »im übrigen Reich« sich die Bundesrepublik schneller erholt und die Saar in kürzester Frist überholt hat. Ebenso unrichtig ist auch Hoffmanns Behauptung, daß sich 1949 die Gelegenheit geboten habe, durch eine Annäherung von Bonn die Eigenständigkeit der Saar zu unterstreichen. Hier werden doch die Dinge auf den Kopf gestellt. Es war doch allein Johannes Hoffmann, der sofort nach seiner Rückkehr an die Saar sich bedingungslos für die Pläne der Franzosen zur Verfügung gestellt und das Ziel »Los von Deutschland« zu seiner ureigenen Politik gemacht hat. Dabei ging er – wie viele seiner Gefolgsleute der damaligen Zeit – davon aus, daß das »Reich ein für allemal tot« sei und das übrige Deutschland in einem »nie enden werdenden Elend« verbleiben werde. Wenn auch Hoffmann nie so harte Worte wie sein Mitstreiter Peter Zimmer gebrauchte, »in Deutschland gebe es auch in fünfzig Jahren nur Lumpen und Bettler«, im Grunde dachte aber Hoffmann nicht anders.

Aus diesen Erwägungen heraus hatten Hoffmann und sein engster Mitarbeiter Dr. Singer schon am 26. April 1946 eine Entschließung der CDU-Delegierten der linksrheinischen Besatzungszone in Mainz abgelehnt, die ein klares Bekenntnis zu einem Zusammenschluß des ganzen deutschen Volkes in einen Bundesstaat enthielt. Johannes Hoffmann begründete nach einer mir von Minister Dr. Alois Zimmer überlassenen Aktennotiz seinen Standpunkt damit, er und sein Freund Dr. Singer könnten sich heute (also am 26. April 1946, Anm. d. Verf.) noch nicht auf einen künftigen Kurs der Saarpolitik festlegen, er stehe hierüber überdies noch in Besprechungen mit dem Gouverneur Grandval in Saarbrücken.

Nach diesem offensichtlichen Affront von 1946 folgte Hoffmanns nächster Schritt, der ihn auch noch die letzte Sympathie der übrigen CDU in den westlichen Besatzungszonen kostete. Am 6. Juni 1947 fand in München ein Treffen aller Ministerpräsidenten der deutschen Länder – auch aus der Ostzone – statt, zu der auch die damalige Verwaltungskommission des Saarlandes eine Einladung erhalten hatte. Dieser Einladung erteilten Hoffmann und Müller eine Absage, indem sie den Generalsekretär der Verwaltungskommission, Kuchenbecker, nach München telegrafieren ließen: »Da die saarländische Wirtschaft bereits jetzt nach Frankreich orientiert ist und sich immer mehr dorthin entwickelt, ist die Entsendung eines Vertreters zur Tagung zweck- und gegenstandslos.« Eine Fotokopie des Originaltelegramms konnte ich vor Jahren schon für meine Sammlung politischer Dokumente erwerben, sie ist hier in Abb. 36 wiedergegeben. Die Begründung der Absage war inhaltlich unwahr; denn im Juni 1947 gab es noch keine irgendwie geartete Orientierung der Saarwirtschaft nach Frankreich, wenn man von den Entnahmen der Besatzungsbehörden »auf Reparationskonto« absieht. Wahrheitsgemäß hätte das Telegramm lauten müssen: »Da die saarländische Politik nach Frankreich orientiert ist und sich immer mehr dorthin entwickelt . . .«

Nach dem zweiten Affront brach auch die benachbarte CDU von Rheinland-Pfalz die Verbindung zu Hoffmann und der CVP des Saarlandes ab. Eine bereits ausgesprochene Einladung zum Landesparteitag der CDU von Rheinland-Pfalz am 23. und 24. Oktober 1948 zog der spätere Innenminister Dr. Zimmer in einem persönlichen Gespräch mit Johannes Hoffmann in Hermeskeil in aller Form wieder zurück; Hoffmann und seine Leute wurden also buchstäblich ausgeladen. So hatte das Land Rheinland-Pfalz damals schon die Aufgabe übernommen, für die Deutscherhaltung des Saarlandes Sorge zu tragen; alle Politiker unseres Nachbarlandes haben diese Aufgabe bis zur Rückkehr der Saar getreulich erfüllt.

Johannes Hoffmann versuchte, dann noch – offensichtlich auf Anraten der Franzosen – sich an den damaligen Ministerpräsidenten von Südbaden, Leo Wohleb, anzulehnen, der durch eine besonders westlich orientierte Einstellung bekannt geworden und dadurch in einen gewissen Gegensatz zur übrigen CDU des Bundesgebietes geraten war. Aber auch durch diese Bemühungen konnte Hoffmann keine Sympathien auf der deutschen Seite gewinnen. Schuld daran war eine ganze Kette von öffentlichen Äußerungen und Erklärungen Hoffmanns gegen eine Verbindung der Saar mit Deutschland und seinen Menschen. In der 2. Sitzung der öffentlich tagenden Gesetzgebenden Versammlung des Saarlandes am 17. November 1947 erklärte Hoffmann zur Begründung der Präambel: »Wir sind uns auch darüber klar, daß wir mit dieser Verfassung *endgültig Abschied* nehmen von *einer staatlichen Organisation*, der wir lange angehört haben – denn es ist selbstverständlich in dem Augenblick, wo wir unsere eigene politische Selbstverwaltung wollen, können wir nicht in einem anderen Staatsverband bleiben.«

Vor dem 3. Landesparteitag der CVP am 11./12. Dezember 1948 – also über ein Jahr später – bekräftigte Hoffmann die im Landtag so wohlformulierte Separation von Deutschland noch deutlicher. Er führte aus (»SVZ« vom 13. Dezember 1948): »Wir haben uns auf Gedeih und Verderb . . . für den Weg der Zusammenarbeit mit Frankreich ein für allemal entschieden.« Dabei offenbarte der saarländische Regierungschef, der in dieser Zeit sogar das Amt eines Staatspräsidenten anstrebte, eine politische Unklugheit ersten Ranges; denn wer liefert sich einem Partner, von dem er Gegenleistungen erwartet, so auf »Gedeih und Verderb« aus. Zum anderen zer-

= WIR DANKEN FUER DIE FREUNDLICHE EINLADUNG ZU DER
TAGUNG IN MUENCHEN AM 6 JUNI 1947 DA DIE SAARLAENDISCHE
WIRTSCHAFT BEREITS JETZT NACH FRANKREICH ORIENTIERT IST UND
SICH IMMER MEHR DORTHIN ENTWICKELT WIRD IST DIE ENTSENDUNG
EINES VERTRETERS ZUR TAGUNG ZWECK UND GEGENSTANDLOS WIR
BEDAUERN DAHER DER EINLADUNG KEINE FOLGE GEBEN ZU KOENNE =
IM NAMEN DER VERWALTUNGSKOMMISSION = KUCHENBECKER
GENERALSEKRETAER +

· 6 1947 + · C 167 Dia A 5

36
Abwendung von Deutschland: Die saarländischen Machthaber kehren Deutschland den Rücken.
Original-Telegramm an die Münchner Ministerpräsidentenkonferenz vom 6. Juni 1947.

schnitt Hoffmann damit selbst jedes Band zur deutschen Seite, auf die er nach seinen oben angeführten Worten doch so gerne zurückgegriffen hätte.

In die gleiche Richtung gingen weitere Äußerungen und mehr oder weniger offizielle Erklärungen Hoffmanns, von denen wir hier nur erwähnen:

Am 20. 1. 1950 gegenüber dem Korrespondenten der »Stockholmer-Tidningen«:
»Wir an der Saar haben Deutschland und die deutsche Politik satt« – sogen. Schweden-Interview –;
am 28. 11. 1952 gegenüber dem Korrespondenten der polnischen Zeitung »Narodowiec«:
»Ich glaube, daß im Augenblick und in der Zukunft Polen und der Saar dieselbe Gefahr droht. Das ist eine zweifache Gefahr. Im Augenblick die kommunistische, der Polen schon zum Opfer gefallen ist, morgen die Gefahr der deutschen Wiedervereinigung (Revisionismus), der die Saar vielleicht zuerst zum Opfer fallen wird.« – sogen. Polen-Interview –;
am 19. 10. 1952 auf dem Delegiertentag der CVP in Saarbrücken:
»Mir sind immer Leute verdächtig, die in gewissen Zeiten ihr Deutschtum zur Schau tragen, die beweisen müssen, daß sie gute Deutsche sind. *Niemals wird es eine Rückkehr zu Deutschland geben.* Wir werden wachsam sein, um den Saarstaat *vor diesem Übel zu bewahren*«;
am 13. 6. 1949 in einer Versammlung in Ensdorf:
»Für die Saar gibt es kein Zurück mehr, nachdem der Landtag die politische Gestaltung des Landes für die Zukunft unzweideutig festgelegt hat. Politisch sind wir nicht mehr ein Teil Deutschlands, wir haben ein Eigenleben, und wirtschaftlich sind wir eine Vereinigung mit Frankreich eingegangen, die im Interesse unserer eigenen wie auch im Interesse der französischen Wirtschaft liegt«;
am 21. 1. 1950 auf einem Empfang französischer Journalisten in Saarbrücken:
»In Übereinstimmung mit der amtlichen Politik Frankreichs will das Saarland in Zukunft im Rahmen der Wirtschaftsunion in Gesetzgebung und Verwaltung autonom werden. Kein Friedensvertrag . . . wird sich über die Abmachungen hinwegsetzen können, die Frankreich mit der Saar treffen wird!«;
am 17. 7. 1950 auf einer Kundgebung in Neunkirchen:
»Ich darf, glaube ich, ihm, dem Vertreter Frankreichs im Namen der überwältigenden Mehrheit der saarländischen Menschen versichern, daß wir in *aller* Zukunft nicht mehr an dem rütteln lassen werden, was wir in freiwilliger gemeinsamer Arbeit mit Frankreich eingeleitet haben«;
und schließlich
am 4. 3. 1951 in einem Interview gegenüber dem Journalisten Rolf Vogel aus Bonn:
»An einen Anschluß an Deutschland durch eine Kursänderung an der Saar kann gar nicht gedacht werden.«

Nach alledem nimmt es nicht wunder, wenn Konrad Adenauer in der 144. Sitzung des Deutschen Bundestages vom 30. Mai 1951 die Politik und das Verhalten Hoffmanns mit den Worten verurteilte: »Vom deutschen Standpunkt aus ist folgendes zu sagen: Ob das Saargebiet von Frankreich annektiert oder ob es zu einem zweiten Luxemburg gemacht wird, ist von unserem deutschen Standpunkt aus gesehen gleichgültig. Von unserem Standpunkt aus gesehen ist es immer nur die Separation, die

Losreißung von Deutschland; und die Saarpolitiker, die sich für diese Lösung stark machen, können sich nicht darüber beklagen, wenn die Verfechter einer solchen Separation in unseren Augen als *Separatisten* gelten!« (Prot. S. 5666 B).

Mit diesen Worten hat Dr. Adenauer den Trennungsstrich gezogen, der – das ist richtig – bis zur Entscheidung des saarländischen Schicksals für Hoffmann nicht mehr zu beseitigen war. Im Gegenteil, der Kanzler hatte den Begriff des Separatismus in den Raum gestellt; die Bezeichnung wurde für die Deutscherhaltung unserer Heimat, ohne daß dies Dr. Adenauer bewußt war, von grundlegender Bedeutung. Der Bundeskanzler und der Verfasser der Rede, unser leider zu früh verstorbener Freund Dr. Gustav Strohm, haben damit mehr für die Rückkehr der Saar getan als durch viele andere Maßnahmen. Für Hoffmann waren gerade durch diese Erklärung in den Augen der Deutschen die Grenzen gezogen, die nie mehr überschritten werden konnten, auch nicht, als Dr. Adenauer aus Zweckmäßigkeitsgründen 1957 versicherte, er (Johannes Hoffmann) und die Mitglieder seiner CVP seien eben so gute Deutsche wie wir gewesen. Daß Adenauers Kennzeichnung des Separatismus Hoffmanns Pläne zutiefst und – wie die Geschichte zeigte – entscheidend getroffen hatte, führte zu den zitierten weinerlichen Ausführungen in Hoffmanns Buch. Aber trug er daran nicht allein die Schuld?

Lassen wir einen wirklich neutralen Kronzeugen sprechen, den Genfer Professor Freymond, der, wie sein Buch über die Saar erkennen läßt, der französischen Saarpolitik sehr wohlwollend gegenüberstand. Er wirft die Frage auf: »Deutet das nicht darauf hin, daß Hoffmann, wie ihm seine Gegner vorwarfen, nur ein Werkzeug der französischen Politik war? Man darf nicht vergessen, daß dieser Mann, so beweglich, ja vielleicht so ›opportunistisch‹ er war, doch seine eigene Politik verfolgte« (Freymond, S. 84). Nach der mit diesen Worten festgestellten Eigenverantwortlichkeit Hoffmanns stellt Freymond in Beziehung auf die Billigung der im Januar 1950 von den Franzosen ausgearbeiteten ersten Saarkonvention durch Hoffmann fest:

»Außerdem hatte er sich viel zu weit vorgewagt, um jetzt noch einen Rückzug antreten zu können. Er hatte alle Brücken hinter sich verbrannt und unterstützte die französischen Vorschläge, weil seine Ansichten und seine Interessen mit jenen der Regierung in Paris übereinstimmten, und eine beachtliche Mehrheit seines Parlamentes unterstützte ihn dabei.«

Einen weiteren Beweis für diese Ansicht fanden wir schon frühzeitig in einer Niederschrift über ein Gespräch zwischen Hoffmann und Außenminister Schuman am 28. Juli 1949, also just um die Zeit, in der Hoffmann nach seinen oben wiedergegebenen Äußerungen eine Annäherung seitens der Bundesregierung erwartet hätte. In diesem Protokoll heißt es: »Ministerpräsident Hoffmann hatte anläßlich seines Pariser Aufenthaltes am 28. Juli 1949 eine längere Unterhaltung in Gegenwart des Hohen Kommissars Grandval mit dem französischen Außenminister Robert Schuman. Bei dieser Gelegenheit wies Ministerpräsident Hoffmann auf die in letzter Zeit festgestellte Propaganda von deutscher Seite hin, die sich gegen das Saarland richte.«

Diese Beschwerde wurde also schon von Hoffmann in einem Zeitpunkt geführt, als es weder eine westdeutsche Zentralregierung noch eine nach außen hin sichtbare Opposition an der Saar selbst gab! Hoffmann ließ sich nach dem Protokoll von Außenminister Schuman versichern: »Präsident Schuman ließ keinen Zweifel darüber, daß Frankreich entschlossen ist, den bisherigen, gemeinsam mit der Saar beschrittenen Weg zu Ende zu führen. In der Beurteilung aller dieser Fragen wurde eine vollkommene Übereinstimmung der Auffassung zwischen Frankreich und dem Saarland (sprich: Johannes Hoffmann, Anm. d. Verf.) erzielt.« In einem anschließenden Kommuniqué wurde auch nach außen hin die »völlige Übereinstimmung der beiden politischen Auffassungen« dokumentiert. Nachhinein will Hoffmann aber versichern – wie zitiert (S. 172): »Dieser Schritt von Deutschland weg sollte nicht zu einem Schritt nach Frankreich hin umgedeutet werden!« Da kann man doch nur an das deutsche Sprichwort denken: »Trau, schau, wem!«

Hoffmanns letzter Versuchsballon, sich den Rechtsschein einer bundesdeutschen Anerkennung zu verschaffen, wurde im Anschluß an die wohl schwerwiegendste Verhandlung über die Saar zwischen Dr. Adenauer und Außenminister Robert Schuman am 20. März 1952 in Paris unternommen. Es wird im siebten Kapitel über die deutsch-französischen Saarverhandlungen davon noch die Rede sein.

An diesem Tage fand in Paris eine Tagung des Ministerkomitees des Europarates statt. Bonn war durch Dr. Adenauer selbst vertreten, für die Saar erschien Hoffmann. Zur Verhandlung sollte die deutsche Beschwerde gegen die Saarregierung gelangen, der vorgeworfen wurde, die wesentlichen Grund- und Freiheitsrechte an der Saar verletzt zu haben. Vor der Sitzung hatte der schwedische Außenminister Undén die beteiligten Minister zum Essen geladen, so trafen auch Adenauer und Hoffmann zusammen. Im Anschluß an das Essen ergab sich ein Gespräch zwischen Adenauer und Robert Schuman, zu dem dann auch Hoffmann zugezogen wurde. Man einigte sich, das deutsche Beschwerdememorandum nicht vor dem Rat zu erörtern und in den kommenden Wochen direkt über die Saarfrage zu verhandeln. Dabei wurde die Bildung einer Dreierkommission – Frankreich, Deutschland, Saar – ins Auge gefaßt, deren Aufgabe es sein sollte, zu überprüfen, ob und unter welchen Voraussetzungen an der Saar die von der Bundesrepublik geforderten freien Wahlen zum Landtag im Herbst 1952 durchgeführt werden könnten. Im Rahmen dieser Kommission, die später jedoch nie zustandekam, sollte eine Mitwirkung von Saarvertretern erfolgen. Schon wenige Stunden nach der Bekanntgabe dieses Ergebnisses berichteten eine Reihe von französischen Pressevertretern und vor allem Gilbert Grandval nach Saarbrücken: »Bundeskanzler Adenauer hat an diesem Tag die Existenz des saarländischen Staates und Ministerpräsident Hoffmann als den verantwortlichen Regierungschef dieses Staates anerkannt! Damit ist das Saarland seit gestern gleichberechtigt in die Reihen der europäischen Nationen eingetreten.«

Die großspurige Erklärung Grandvals wurde unverzüglich zurückgewiesen. In einer offiziellen Erklärung der Bundesregierung hieß es, »aus der Tatsache, daß zum Zwecke der Überprüfung der Voraussetzungen für freie Landtagswahlen an der Saar mit saarländischen Dienststellen Verbindung aufgenommen werden müsse, könne auf keinen Fall der Schluß gezogen werden, daß die Bundesregierung die Saarregierung nunmehr anerkenne«.

Am 24. März brachten alle deutschen und ausländischen Zeitungen ein weiteres Dementi Dr. Adenauers, in dem die Behauptung Grandvals und auch eine angeblich offiziöse Äußerung Schumans zurückgewiesen wurde, Adenauer habe mit dem Kommuniqué über die Pariser Saarvereinbarungen zum ersten Male die Saarregierung öffentlich anerkannt (»FAZ« vom 24. März 1952). Am folgenden Tag, dem 25. März, brachte die Presse dann noch eine weitere Erklärung Robert Schumans: »Bundeskanzler Dr. Adenauer habe im eigentlichen Sinne des Wortes die Saarregierung und einen selbständigen Status der Saar nicht anerkannt« (»Saarbrücker Zeitung« vom 25. März 1952).

Damit war auch dieser letzte Versuch abgetan, es kam zu keiner bundesdeutschen Anerkennung – bis zum Abschluß des Saarabkommens vom 23. Oktober 1954, dessen Inhalt wir als Ergebnis und Abschluß der deutsch-französischen Saarverhandlungen später besprechen werden. Es wird sich dann zeigen, daß dieser 20. März 1952 der wohl markanteste Wendepunkt für das Schicksal der Saar als Teil Deutschlands hätte werden können. Seit diesem Tage gab es nur noch den einzigen Ausweg:

*Die Entscheidung der Saarbevölkerung,*
*das Wunder an der Saar!*

# Fremdherrschaft

>»Die Unstimmigkeit um das Saarland
besteht darin, daß die Leute darauf
bestehen, Deutsche zu sein.«
(New Statesman and Nation)

Nach Veröffentlichung der Schrift »Renaissance de la Sarre« – Wiedergeburt der Saar
– trug der zweite offizielle Rechenschaftsbericht der französischen Behörden den Titel:
»Trois ans de présence française en Sarre« (Documentation Française, Notes documentaires et Études Nr. 991 vom 13. September 1948). Schon der Titel erinnerte
mich an Friedrich Grimms Buch: »Frankreich an der Saar«, in welchem er die »présence française en Sarre« während der letzten drei Jahrhunderte untersucht und schon
1934 den Fehlschlag des Versailler Experiments nachgewiesen hat. Mit den Worten
einer französischen Präsenz an der Saar wird das Ungewöhnliche an diesem Zustand
ausgedrückt, eine Anwesenheit im fremden Land unter Fremden. In der Tat ergab
sich die Kluft schon rein äußerlich aus dem Unterschied der beiden Sprachen, dem
Deutschen der Saarbevölkerung gegenüber dem Französischen der Fremden. Aber
mehr noch als der Sprachenunterschied waren es die Maßnahmen und Handlungen
der Besatzung, die immer wieder erkennen ließen, daß es sich eben um eine fremde
Präsenz handelte, auch wenn die Franzosen versicherten, daß das ein für allemal
so bleiben werde. Das Bild der »présence française« wurde, soweit es sich nicht um
französische Eigenheiten handelte, die nur unserer Generation aus der Zeit vor 1935
noch bekannt waren, ausschlaggebend und letzten Endes auch verantwortlich von
dem Gouverneur, dann Hohen Kommissar und schließlich Botschafter Gilbert Grandval geprägt.
  Ich habe schon einmal die französischen Vorstellungen in Beziehung auf die Anwesenheit Frankreichs an der Saar beschrieben und die so aufschlußreiche Denkschrift
des französischen Botschafters Abel Verdier angeführt (oben S. 46). Es erscheint notwendig, die Verdier'sche Zielsetzung (die Saarländer für Frankreich zu gewinnen)
hier zu wiederholen: »... durch die fortschreitende Gewöhnung seiner Bewohner,
durch häufige Kontakte mit unserem Lande, an unsere Art zu leben und an unsere
politischen Ideale, so daß sie sich der Anziehungskraft seiner Kultur und seines Genies hingeben, um sich eines Tages uns ganz nahe zu fühlen und dann aufrichtig und
ohne Hintergedanken Mitglieder dieser großen politischen Gemeinschaft zu werden, die sich zur Union française entwickelt.«
  Das hervorstechende Merkmal der französischen Präsenz war das betonte Zur-

Schau-Stellen der militärischen Macht, die auch noch gezeigt wurde, als das »autonome« Saarland am 15. Dezember 1947 ins Leben getreten war. Keine Gelegenheit zu einer militärischen Parade oder einem Aufzug der Truppen wurde versäumt (Abb. 37–41), man veranstaltete zu diesem Zweck französische Festtage in Saarlouis, feierliche Besuche des Generals de Gaulle und des französischen Oberkommandierenden in Deutschland, General König (Abb. 40), der Minister Schuman (Abb. 39) und Bidault und anderer hoher Persönlichkeiten. Mit großem Gepränge wurde der 14. Juli (Abb. 63), nachdem er auch an der Saar zum gesetzlichen Nationalfeiertag erhoben worden war, gefeiert. Es gab Aufmärsche, viele Fahnen und festliche Empfänge. Schon der Einmarsch der französischen Truppen am 10. Juli 1945 begann mit »einer eindrucksvollen Zurschaustellung ihrer militärischen Macht«, wie die kleine amerikanische Schrift über die erste Besetzung von Saarbrücken leicht ironisch festhielt und durch ein Foto der Amerikaner (Abb. 11) belegte. Es war daher auch kein Zufall, daß die erste Bekanntmachung der französischen Besatzungstruppen vom 4. August 1945 – veröffentlicht in Nr. 1 des Amtlichen Nachrichtenblattes des Regierungspräsidiums Saar – u. a. folgenden Inhalt hatte: »Im Auftrag der Militärregierung gebe ich bekannt: Bei feierlichen Anlässen der alliierten Besatzungsmächte wie Truppenparaden oder offiziellen Kundgebungen und ähnlichen Veranstaltungen, bei denen die Truppe ins Gewehr tritt, ist jedermann verpflichtet, der Generalität bei ihrer Ankunft durch Abnahme der Kopfbedeckung und durch respektvolle Haltung Ehrenbezeugung zu erweisen. Der Wagen der Generalität ist erkenntlich an der vorne befindlichen, mit Sternen versehenen dreifarbigen Kommandoflagge. Die gleiche Ehrenbezeugung ist den Fahnen der Alliierten beim Hissen und Einziehen zu erweisen.«

Ob diese Maßnahme geeignet war, in den Augen der Saarbevölkerung die politische Lage ihrer Heimat in einem besonders vorteilhaften Licht erscheinen zu lassen, dürfte nach dem totalen Zusammenbruch, den ungeheuren Zerstörungen und der furchtbaren Notlage der Bevölkerung fraglich sein. Auch der kümmerliche Anblick der saarländischen Politiker in Zivil (Abb. 38) bei einer solchen Schau hob den Gegensatz zwischen Macht und Gefolgschaft besonders stark hervor. Unsere Abbildung 37 zeigt Johannes Hoffmann in Zylinder und Gehrock oder im Trenchcoat bei einigen militärischen Anlässen der damaligen Zeit im Saarland.

Zum Musterbeispiel der großen Schau wurden die Französischen Festtage in Saarlouis am 18. und 19. Mai 1946. In der Tat versammelte sich an diesen beiden Frühlingstagen eine für die damalige Zeit unvorstellbar große Anzahl von Menschen in der stark zerstörten alten Festungsstadt. Die Zahlenangaben darüber schwanken zwischen 100 000 in der französischen Schrift: »Renaissance de la Sarre« und 30 000 nach einem Augenzeugenbericht des Korrespondenten der Berliner CDU-Zeitung »Neue Zeit«. Wie dem auch sei, die Aufnahme der Menschenmenge in der »Renaissance« (Abb. 42) bezeugt, daß es sich um eine durchaus machtvolle Kundgebung gehandelt hat. Aber waren diese Menschen zusammengekommen, um sich zu der alten Zeit der Gründung und Erbauung der Festung »Sarre-Louis« (1680) durch Ludwig XIV. und den auch wieder daraus hergeleiteten Rechten der Franzosen auf die Saar zu bekennen? Zu manifestieren, wie es in der Festbroschüre (Abb. 43) mit den Bildern des französischen Oberkommandierenden, General König und Gouverneur Oberst Gilbert Grandval unter anderem heißt:

»... daß all das Unheil, das in alter wie in neuer Zeit über uns hereingebrochen, angefangen bei den Germaneneinfällen, über den Dreißigjährigen Krieg bis zur preußischen Reaktion und dem Hitlerkrieg mit seinen Folgen, immer nur vom Osten gekommen ist;

... daß es uns stets dann gut und erträglich ging, wenn nach einer Entscheidung zwischen den Völkern unser Dasein die durch unsere wirtschaftliche und geographische Lage bestimmte natürliche Formung gen Westen erhalten hatte, und daß wir an der Seite Frankreichs stets in wirtschaftlicher und kultureller Geborgenheit lebten;

... daß wir aber mit geradezu frappierender Regelmäßigkeit stets dann in einen Zustand der Armut, Unfreiheit und des Niedergangs unserer geistigen und materiellen Kultur hineingedrückt wurden, wenn der östliche oder vom Osten abhängige Feudalismus und seine Nachfolger sich der Herrschaft über uns bemächtigt hatten oder auch nur unser Schicksal beeinflußten.«

Mit dem »Osten« und »östlich« meinte der Verfasser dieser Broschüre, der frühere Deutsche und später französischer Staatsangehöriger gewordene Gauthier (Walter) Gebelein, einfach die »Deutschen« oder »deutsch«. Nur nebenbei gesagt, man hat es Gebelein nicht gedankt, eine so unvorstellbare Geschichtsklitterung zusammengeschrieben zu haben. Gebelein wurde zwei Jahre später (als unerwünschter Franzose, auch das gab es) aus dem Saarland ausgewiesen und geriet dadurch mit seiner Familie in eine Notlage.

Aber waren die vielen Zehntausende von Menschen derselben Hoffnung, wie das Titelbild der Broschüre »Saarlouis 1946« ausdrücken wollte, für die im übrigen als Herausgeber die damals gerade neu gegründete Vereinigung »Souvenir Maréchal Ney« zeichnete?

Über den Trümmern des Saarlandes erhebt sich die hinwegschreitende Marianne als Säerin – das Motiv der französischen Briefmarken aus den Jahren nach 1903 –, ihren segenspendenden Samen über das zerstörte Land an der Saar ausstreuend (Abb. 43, 45). Teilten die Menschen die Meinung von der Geschichte unserer Saarheimat, wie sie ihnen jetzt präsentiert wurde? Die Antwort von 1955 sah damals keiner voraus, nicht einmal die Treuesten wagten daran überhaupt nur zu denken.

Wie aber ist es zu dieser wahrhaft großartigen Manifestation der vielen Zehntausenden gekommen, die allein schon durch das Erscheinen von so vielen Menschen einen sichtbaren Ausdruck gefunden hatte? Nun, hier lag – wohl das erste – Meisterwerk an Organisation vor, das die Besatzungsbehörden vollbracht haben. Ausschlaggebend war eine Sonderanordnung: Es gab für jeden Festteilnehmer gegen Vorzeigen eines Ausweises die Zuteilung von zwei Wecken, 100 gr. Wurst und vier Glas Bier; in dem Plakatanschlag mit der Aufforderung zur Teilnahme an den Festtagen von Saarlouis war das besonders vermerkt. In meiner Sammlung ist ein Foto (Abb. 44) dieses Plakates, das heute nicht einmal mehr in den Archiven der Stadt Saarlouis vorhanden ist, erhalten. Man wird die Abbildung entziffern können. Natürlich war die Zuteilung einer so beachtlichen Lebensmittelration – dazu noch zwei Wecken (Brötchen) aus Weißmehl – für ungezählte Menschen eine Reise nach Saarlouis wert, insbesondere wenn man noch kostenlos dorthin und zurück befördert wurde. Die Festbroschüre umfaßte allein vier Seiten eines Sonderfahrplanes aus allen wichtigen Orten des Saarlandes nach Saarlouis. Außerdem öffneten die Franzosen die Grenze von Lothringen nach dem Saarland – nicht etwa umgekehrt! –, so daß die Lothringer in ungezählten Scharen nach Saarlouis kommen und an den Feierlichkeiten teilnehmen konnten. Zum ersten Male sah man im Saarland wieder viele Hunderte von uniformierten Pfadfindern, alles lothringische Jugendliche; denn an der Saar gab es noch lange keine Uniformen, auch nicht für jugendliche Pfadfinder.

Es gibt Beobachter der Saarlouiser Tage vom Mai 1946, die behaupten, daß sich unter den Menschen dort mehr Franzosen aus Lothringen als Saarländer befunden hätten. Aber gestehen wir ruhig die außergewöhnliche hohe Anzahl von Menschen aus unserer Heimat zu, die gewährten Sonderzuteilungen an Lebensmitteln waren damals »eine Messe wert«. Natürlich war auch die Neugierde über das große Schauspiel für zahlreiche Besucher mitbestimmend, das umfangreiche Festprogramm (Abb. 43 unten links) bot selbstverständlich eine angenehme Unterhaltung nach den Jahren traurigster Ereignisse. Im Mittelpunkt des Festes stand die feierliche Enthüllung eines Denkmals für Marschall Michel Ney, den »großen« Sohn der Stadt Saarlouis. Man hatte sich von der Ehrung dieses großen Soldaten, des »Tapfersten der Tapferen«, eine besondere Wirkung auf die Saarländer versprochen. Ein Teil des Denkmals war einige Zeit später auch zum Motiv einer saarländischen Briefmarke (Abb. 45) genommen worden, ebenso wie das MRS nach dem Titelbild der Festbroschüre Saarbriefmarken hergestellt wissen wollte, es kam aber nicht dazu, das MRS ließ nur noch eine Verschlußmarke (Abb. 45) von dem Entwurf herstellen.

Der Name des Marschalls blieb noch lange Gegenstand der französischen Propaganda, man brachte sogar den späteren Vorsitzenden der CDU-Saar, Dr. Hubert Ney, fälschlicherweise mit ihm in Verbindung, völlig übersehend, daß der Name Ney im Saarland äußerst häufig vorkommt und nichts anderes als die veränderte Schreibweise des deutschen Wortes »Neu« bedeutet.

Das Schicksal des Denkmals habe ich immer bedauert. Schon der unglückliche Standplatz auf der sehr unzugänglichen und kaum sichtbaren Festungsbastion ließen den Marschall bald in Vergessenheit geraten, auch wucherten lange Zeit die um das Denkmal gepflanzten Bäume und Sträucher das Ehrenmal bald vollständig zu. Nach 1955 hätte ich dem großen Saarländer französischer Nationalität und seinem Standbild ein besseres Schicksal gegönnt – genau wie den großen Deutschen, die einmal in meiner Heimat eine gleiche Ehrung erfahren hatten.

Nach der Schau in Saarlouis folgten dann weitere ähnliche, wenn auch nicht so groß aufgezogene Festlichkeiten. Am 26. Juli 1946 feierte man mit einer großen Opernaufführung des »Werther« in Anwesenheit des Ehrengastes, General de Lassus und verschiedener anderer hoher französischer Offiziere als Ehrengästen die neue Verbindung zwischen Frankreich und der Saar. Im September des gleichen Jahres beging man aus Anlaß eines Besuches des französischen Oberkommandierenden, General König, die »Festtage von Saarbrücken«. In 32 Orten des Saarlandes mußten die saarländischen Postämter und -stellen wieder einen Sonder-Zusatz-Stempel in französischer Sprache (!) führen mit dem Text: »22 DECEMBRE 1946, Visite du Général d'Armée KOENIG aux MINES de la SARRE«, um auf diese Weise der Bevölkerung das große Ereignis anzukündigen. Es gab wieder Truppenparaden, sportliche Veranstaltungen und – wie immer – Fahnen über Fahnen. Von dem Ereignis sind zwei Anordnungen erhalten geblieben, die erkennen lassen, wie damals verfahren worden ist:

»An die Bevölkerung von Saarbrücken!

Aus Anlaß der militärischen Veranstaltungen an der Saar am Samstag, dem 21. und Sonntag, dem 22. September 1946 wird der Commandant en Chef der französischen

Besatzungszone, General König in Saarbrücken weilen.

Die Bürgerschaft der Stadt Saarbrücken wird aufgefordert, durch rege Teilnahme an den Veranstaltungen, Schmücken der Häuser mit Blumen, Girlanden und Fähnchen dem hohen Gaste einen warmherzigen Empfang zu bereiten. Der Oberbürgermeister.«

und:

»Achtung Kraftfahrer! Anläßlich des Kommens des Herrn General König im Saargebiet dürfen sämtliche zum Verkehr zugelassenen Kraftfahrzeuge am Sonntag, dem 22. September 1946 ausnahmsweise innerhalb des Saargebietes fahren.«

Auch Oberst Grandval sah gerne in seiner Umgebung »hochdekorierte« Generale. Besonders der greise General Andlauer wurde häufig zu Festlichkeiten auf Grandvals Schloß eingeladen und fotografiert (Abb. 47). Man versprach sich von General Andlauer eine Beeinflussung der älteren Saarländer, die Franzosen hatten immer angenommen, Andlauer habe sich 1920 als erster Militärbefehlshaber an der Saar durch »eine milde Hand« besondere Sympathien bei der Saarbevölkerung erworben, er wurde deshalb sogar zum Präsidenten der »Association française de la Sarre« berufen. Auch General Andlauer konnte nichts zu einer Änderung der Überzeugung der Saarländer beitragen, er blieb – vielleicht bedauerlicherweise für den alten Herrn – nur Aushängeschild.

Ähnliche Versuche einer Beeinflussung der Saarbevölkerung wurden mit der Schaffung einer eigenen saar-ländischen Landesfahne unternommen. Hier wurde die französische Trikolore – wie könnte es auch anders sein – zum Vorbild genommen, man versah sie einfach mit einem weißen, »christlichen« Kreuz. Unter der Bevölkerung verbreitete sich bald das Gerücht, die Idee zur Saarfahne stamme höchstpersönlich von der Gattin des Ministerpräsidenten Hoffmann, uns aber schien die Anlehnung an die Fahne Frankreichs eher einem Wunsch der Militärregierung entsprochen zu haben. Selbst den saarländischen Sozialisten war die Konzeption der neuen Fahne zu viel. Dr. Braun schlug daher in der Verfassungskommission bei der Erörterung des Verfassungsartikels 61 über die Landesfahne vor, statt blau-weiß-rot nur blau-weiß, die Farben Saarbrückens, zu wählen (Stöber, S. 108). Schließlich setzte sich auch hier die Meinung von Johannes Hoffmann durch; er mußte sich allerdings die Kritik seines späteren Presse- und Informationschefs, des damals noch kommunistischen Abgeordneten im Landtag, Karl Hoppe, gefallen lassen. Hier die kleine amüsante Geschichte aus den Protokollen: »Abg. Hoppe: . . . es ist natürlich eine Frage des politischen Taktes, der Flagge eines rein deutschen Gebietes in der Zusammenstellung eine Farbe zu geben, die blau-weiß-rot ist.« Nach dem Zwischenruf Hoffmanns: »Sie werden vermutlich nur für rot sein!« fuhr Hoppe fort: »Aber wir glauben, daß man einem Land, das rein deutsch ist, seiner Sitte, seiner Kultur und seiner Tradition nach, ein mindestens neutrales Sinnbild hätte geben dürfen. Zu einer Flagge gehört eigentlich naturgemäß eine Nationalhymne. Ich würde vorschlagen, ein Mitglied der Versammlung mit der Komponierung der künftigen Hymne zu betrauen, etwa ›Saarland, Saarland, über alles‹« (Stöber, S. 496/497).

In der Tat wurde dann auch später eine saarländische Nationalhymne »zusammengebastelt« und von Kultusminister Dr. Straus zum 3. Jahrestag der Saarverfassung am 15. Dezember 1950 der erstaunten Bevölkerung präsentiert. Schon sehr bald stellte sich die ganze Komödie des Unterfangens heraus. Man hatte ein altes Heimatlied umfrisiert und auf die saarländische Autonomie zugeschnitten. Die DPS hatte sofort die Hintergründe aufgedeckt und in ihrem Rundschreiben Nr. 18/19 vom Dezember 1950 darüber berichtet. Die Reaktion der Regierung war entsprechend. Das Rundschreiben wurde durch die saarländische Polizei beschlagnahmt und verboten. Das Verbot wurde begründet mit einer Bestimmung des alten preußischen Polizeirechts, wonach es deren Aufgabe sei, »um vor der Allgemeinheit oder dem einzelnen Gefahren abzuwehren, durch welche die öffentliche Sicherheit und Ordnung bedroht wird«!

Die Komödie verdient der Nachwelt erhalten zu bleiben. Hier die beiden Texte einer verunglückten Saarhymne, über welche das saarländische Landesarchiv noch einen Aktenband (MK Nr. 1315) besitzt:

Saar-Hymne:

| Text 1921 (Alt) | Text 1950 (Neu) |
|---|---|
| Ich weiß wo ein liebliches, freundliches Tal,<br>von waldigen Bergen umgeben,<br>da blitzen die Wellen im Sonnenstrahl,<br>es blühn auf den Hügeln die Reben<br>und Dörfer und Städte auf grünender Flur,<br>und Menschen von kernigem Schlage:<br>Das ist meine Heimat am Strande der Saar,<br>laut preis' ich sie all' meine Tage,<br>das ist meine Heimat am Strande der Saar,<br>laut preis' ich sie all' meine Tage! | Ich weiß ein liebliches freundliches Tal,<br>von waldigen Bergen umgeben,<br>da blitzen die Wellen im Sonnenstrahl,<br>es blühn auf Hügeln die Reben<br>und Dörfer und Städte auf grünender Flur<br>und Menschen von kernigem Schlage:<br>Das ist meine Heimat im Lande der Saar,<br>laut preis' ich sie all' meine Tage!<br>Das ist meine Heimat im Lande der Saar,<br>laut preis' ich sie all' meine Tage! |
| Wer einmal gewandert am Ufer der Saar<br>und einmal den Saarwein getrunken<br>wem einmal die Blicke der Mädchen so klar<br>in die glühende Seele gesunken,<br>der zieht nicht mehr weiter, es sagt ihm so wahr,<br>das Herz mit gewaltigem Schlage:<br>Hier ist meine Heimat am Strande der Saar,<br>laut preis' ich sie all' meine Tage! | (entfällt in der neuen Fassung) |
| O Saartal, du Kleinod von strahlender Pracht,<br>du Grenzmark der deutschen Gefilde,<br>wir halten in Treuen wohl über dich Wacht,<br>es dient jede Brust dir zum Schilde!<br>So kling es denn stolz in die Lande hinaus,<br>wenn freudigen Herzens ich sage:<br>Hier ist meine Heimat am Strande der Saar,<br>laut preis' ich sie all' meine Tage! | O Saarland, du Kleinod von strahlendem Glanz,<br>O Land du von Kohle und Eisen,<br>dir will ich gehören, dir weihen mich ganz,<br>nichts soll mich dir fürder entreißen,<br>So kling' es denn stolz in die Lande hinaus,<br>wenn freudigen Herzens ich sage:<br>Hier ist meine Heimat im Lande der Saar,<br>laut preis' ich sie all' meine Tage! |

Auch der saarländische Rundfunk hatte kein größeres Glück, als er ein »nationales« saarländisches Pausenzeichen einführen wollte. Aus einem alten Wandervogellied: »Kein schöner Land in dieser Zeit als wie (!) das unsere« wurden einige Takte bei jeder sich bietenden Gelegenheit verbreitet. Die Bevölkerung reagierte auch darauf nur ablehnend.

Später hat das alte Lied der Saar (Abb. 49) beide Neuschöpfungen buchstäblich »überrollt«. Doch davon werden wir noch hören. Zusammen mit Einführung der blau-weiß-roten Saarfahne wurden alle nur irgendwie an eine deutsche Vergangen-

# Deutsch ist die Saar

1. Deutsch ist die Saar,    deutsch im-mer - dar!    Und
2. Deutsch bis zum Grab    Mägd-lein und Knab    und
3. Deutsch schlägt das Herz — stets him-mel-wärts,    deutsch
4. Reicht euch die Hand,    schlin - get ein Band    um
5.    Ihr Him-mel hört,    ganz Saar-volk schwört,    las-

deutsch ist uns - res Flus-ses Strand und    e-wig deutsch mein
deutsch das Lied und deutsch das Wort und deutsch der Ber - ge
schlug's als uns das Glück ge-lacht, deutsch schlägt es auch in
jun-ges Volk, das deutsch sich nennt, in    dem die hei - ße
set uns. es    in    den Himmel schrein: Wir wollen    nie-

Heimat-land, mein Hei-mat - land, mein    Hei-mat-land.
schwarzer Hort, der Ber-ge schwar - zer,    schwar-zer Hort.
Leid und Nacht, in Leid und Nacht,    in    Leid und Nacht.
Sehnsucht brennt nach dir, o Mut-ter, nach    dir, nach dir!
mals Knechte sein, wir wol-len    e - wig    Deut-sche sein.

*Hanns Maria Lux*

49
Die Saar »heimgesungen«: Franz Schneider, Mitglied des saarl. Landtages und früher einmal
in der Hoffmann-Partei, ist der Ansicht, daß das Saarland von den NEIN-Parteien mit dem
Saarlied (oben) und Deutschlandlied »heimgesungen« worden sei.

heit oder Zusammengehörigkeit erinnernden äußeren Zeichen entfernt. In Saarbrük-
ken und allen anderen Orten des Saarlandes mußten in großem Ausmaß Straßennamen umbenannt werden. Daß die Josef-Bürckel- oder gar Adolf-Hitler-Straßen unseligen Angedenkens verschwinden mußten und auch sofort verschwunden sind, ist
jedermann verständlich gewesen. Daß aber auch alle Straßennamen mit Erinnerungen
an unsere deutsche Vergangenheit, insbesondere an den »Siebziger Krieg« und die in
der Nähe von Saarbrücken geschlagene Schlacht von Spichern ausgemerzt wurden,
haben die meisten Bürger nicht verstanden. Noch weniger, in welchem Ausmaß sich
die »Umbenenner« geradezu überschlagen haben. Was sollten die guten Saarländer
beispielsweise mit der Cartesiusstraße anfangen, die bis dahin Fichtestraße hieß? Wer
wußte schon, daß Cartesius der französische Philosoph Descartes war? Von ihm war
nur bekannt, daß die französische Postverwaltung 1937 zwei Briefmarken zu Ehren
seines Hauptwerkes herausgegeben hatte, das auf der ersten Ausgabe fälschlicherweise »Discours sur la méthode« anstatt richtigerweise »Discours de la méthode« der
zweiten Ausgabe des gleichen Markenbildes bezeichnet worden war. Aus der Cäci-
lienstraße wurde die Commercy-Straße, offensichtlich, weil im Mittelalter einmal die
Herrschaft Commercy – im heutigen Frankreich – zur Grafschaft Saarbrücken gehört
hatte, für die Umbenenner war es wohl umgekehrt.

Als dann 1956 etwa ein Viertel dieser Umbenennungen rückgängig gemacht wurde,
gab es Empörung in der internationalen, vor allem Schweizer Presse gegen diese
»nationalistischen« Übergriffe. 1946 hatte sich nicht eine einzige Stimme geregt, als
damals alle nur möglichen und unmöglichen deutschen Straßennamen ausgelöscht
wurden, wie z. B. auch in einem kleineren Ort bei Saarbrücken die Richard-Wagner-,
Franz-Schubert- oder gar Mozartstraße.

Zur gleichen Zeit wurden auch alle Denkmäler, die an die deutsche Zeit erinnerten,
entfernt. Das auf der Alten Brücke von Saarbrücken aufgestellte Reiterstandbild Kaiser Wilhelm I. verschwand, 1921 hatte man es nur auf einigen in Paris gedruckten
Saarbriefmarken wegretuschiert und dadurch damals schon einen Proteststurm der
Bevölkerung ausgelöst. Angeblich wurde aus der Bronze des Kaiserdenkmals das in
Saarlouis errichtete Marschall-Ney-Denkmal gegossen. Mit dem an sich historisch
nicht bedeutungsvollen Kaiserdenkmal verschwanden aber auch das Bismarckdenk-
mal und eine ganze Reihe Ehrenmäler von Regimentern, in denen Saarländer gekämpft hatten oder die im Saarland stationiert waren. Mit Bedauern haben gerade
die älteren Bürger dieses Vorgehen vermerkt; denn sie wußten ja, daß das Ehrenmal
für die französischen Gefallenen des Siebziger Krieges im Saarbrücker Ehrental ebenso
erhalten und gepflegt worden ist wie die deutschen. Auch ist während der deutschen
Zeit kein französisches Denkmal im benachbarten Lothringen entfernt worden. Gegenüber allen diesen dummen Maßnahmen war das Wort angebracht: »Man merkt
die Absicht und ist verstimmt.« Dabei ging es den Franzosen keineswegs darum, mit
der Ausmerzung der Ehrenmäler einen etwa verderblichen Nationalismus auszurot-
ten. Hierfür bot die neu umgetaufte Lafayette-Straße ein gutes Beispiel, sie hieß
zuvor und auch heute wieder Papestraße, nach einem deutschen General aus den
Kämpfen bei Saarbrücken von 1870. Mit Lafayette ehrte man einen französischen
General, der ein Kontingent von Saarländern im amerikanischen Unabhängigkeits-
krieg kommandiert hatte.

Besonders hatte es den Bilderstürmern jener Zeit der deutsche bzw. ehemals preußische Adler angetan. Im Festsaal des Saarbrücker Rathauses wurde er sorgsam

37
Aus Anlaß des französischen
Nationalfeiertages fanden
große Truppenparaden vor
Gilbert Grandval und der hohen
Generalität statt. Als Ehren-
gäste Joh. Hoffmann und
die »saarländischen« Minister
Dr. Singer und Dr. Straus.

## Militärische Paraden
## und saarländische
## Zivilisten

38
Truppenparade in Saarlouis

39
Der französische Außenminister Robert Schuman besuchte im Dezember 1948 das Saarland.
(Bild oben, von links nach rechts) Ministerpräsident Hoffmann, ein begleitender französischer
Minister, Außenminister Schuman und Hoher Kommissar Gilbert Grandval.

40
Der französische Oberkommandierende in Deutschland, General Pierre Koenig (vorn links), vor
dem Rathaus in Saarbrücken. Daneben Grandval und (zurückgetreten) Joh. Hoffmann.

**Hohe Gäste
im Saarland**

# JOURNÉES FRANÇAISES DE LA SARRE

## SARRELOUIS 18–19 MAI 1946

42

Französische Festtage in Saarlouis am 18. und 19. Mai 1946: Bildseite aus dem gedruckten Rechenschaftsbericht der französischen Militärbehörden im Saarland »Renaissance de la Sarre – 2 ans de présence française en Sarre«, veröffentlicht im September 1947.

# Saarlouis 1946

# WORT UND BILD

zu den

## französischen Festtagen

am 18. und 19. Mai

in

# SAARLOUIS

[Igauthier Gebelein]

Festschrift, herausgegeben von der Vereinigung „Souvenir du Maréchal Ney", Sitz Saarlouis

57.121

## Festprogramm

**Samstag, 18. Mai**

18.00 Uhr Enthüllung des Ney-Denkmals durch Herrn Oberst Grandval, Gouverneur des Saargebietes.

22.00 Uhr Fackelzug und Feuerwerk.

**Sonntag, 19. Mai**

15.15 Uhr Kranzniederlegung am Ney-Denkmal durch General König, Oberstkommandierender der französischen Truppen in Deutschland.

15.30 Uhr Ankunft des Oberstkommandierenden auf dem Großen Markt.

15.30 Uhr Truppenparade.

16.00 Uhr Empfang durch die saarländischen Behörden. Ansprache des Herrn Bürgermeisters von Saarlouis und des Herrn Gouverneurs des Saargebietes.

16.40 Uhr Vorbeimarsch der Truppen.

17.10 Uhr Volksbelustigungen, veranstaltet durch die Stadt Saarlouis.

17.45 Uhr Empfang von General König, Oberstkommandierender, durch den Stadtrat von Saarlouis.

18.30 Uhr Abreise des Oberstkommandierenden.

**OBERST GRANDVAL**
Gouverneur des Saargebiets

43

Die große Schau! Französische Festtage in Saarlouis im Mai 1946: »Ohne Hintergedanken, mit einer breiten Geste wie die eines Sämannes legt Frankreich sein Vertrauen in eure Hände, die sich ihm entgegenstrecken.« Erklärung von Gilbert Grandval in der MRS-Zeitung »Neue Saar« vom 14. März 1947.

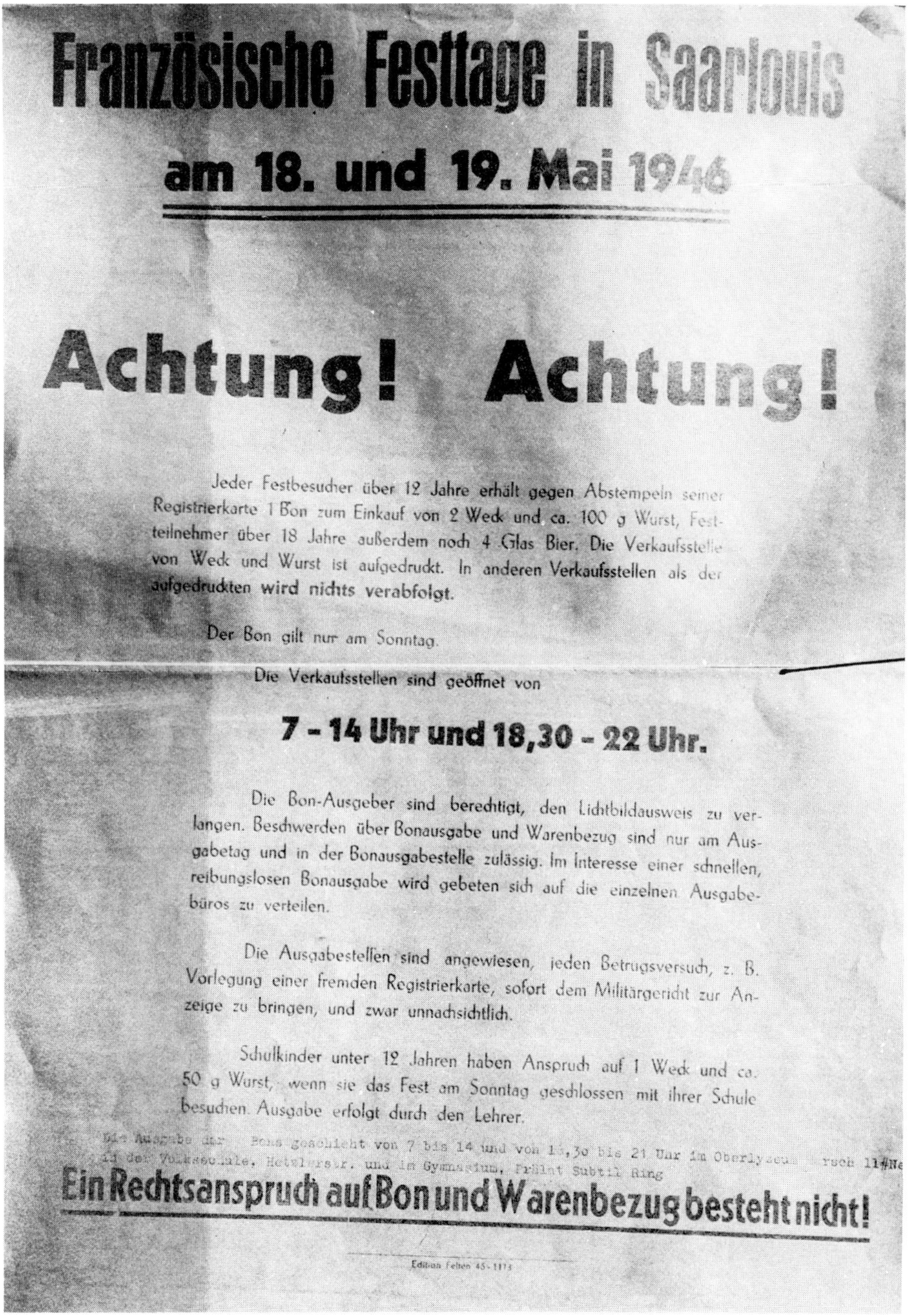

# Französische Festtage in Saarlouis
## am 18. und 19. Mai 1946

# Achtung! Achtung!

Jeder Festbesucher über 12 Jahre erhält gegen Abstempeln seiner Registrierkarte 1 Bon zum Einkauf von 2 Weck und ca. 100 g Wurst, Festteilnehmer über 18 Jahre außerdem noch 4 Glas Bier. Die Verkaufsstelle von Weck und Wurst ist aufgedruckt. In anderen Verkaufsstellen als der aufgedruckten wird nichts verabfolgt.

Der Bon gilt nur am Sonntag.

Die Verkaufsstellen sind geöffnet von

## 7 - 14 Uhr und 18,30 - 22 Uhr.

Die Bon-Ausgeber sind berechtigt, den Lichtbildausweis zu verlangen. Beschwerden über Bonausgabe und Warenbezug sind nur am Ausgabetag und in der Bonausgabestelle zulässig. Im Interesse einer schnellen, reibungslosen Bonausgabe wird gebeten sich auf die einzelnen Ausgabebüros zu verteilen.

Die Ausgabestellen sind angewiesen, jeden Betrugsversuch, z. B. Vorlegung einer fremden Registrierkarte, sofort dem Militärgericht zur Anzeige zu bringen, und zwar unnachsichtlich.

Schulkinder unter 12 Jahren haben Anspruch auf 1 Weck und ca. 50 g Wurst, wenn sie das Fest am Sonntag geschlossen mit ihrer Schule besuchen. Ausgabe erfolgt durch den Lehrer.

Die Ausgabe der Bons geschieht von 7 bis 14 und von 18,30 bis 21 Uhr im Oberlyzeum, in den Volksschule, Hotelstr. und im Gymnasium, Prälat Subtil Ring

# Ein Rechtsanspruch auf Bon und Warenbezug besteht nicht!

Edition Fehre 45-1113

44

Französische Festtage – durch Lebensmittel-Sonderzuteilung: Plakatanschlag im Saarland vor den Festtagen!

FESTKARTE

Herausgegeben von dem Souvenir du Maréchal Ney, Saarlouis et environs,
aus Anlaß der Fahnenübergabe durch Herrn Gouverneur Grandval zum
St. Ludwigsfest am 24. August 1947.
Der Reinerlös dient zur Unkostendeckung des Festes.

CARTE DE FÊTE

présentée par le Souvenir du Maréchal Ney à Sarrelouis et environs à l'occasion
de la remise de drapeau par Monsieur le Gouverneur Grandval pour la fête
de St. Louis le 24 Août 1947.
Les recettes sont destinées à couvrir les frais.

45

Propaganda mit dem in Saarlouis an der Saar geborenen Marschall Ney. Oben: Festkarte des
1947 ins Leben gerufenen »Souvenir du Maréchal Ney«. Unten links: Marke mit dem Standbild
des Marschalls, eine Ausgabe der Besatzungsbehörde von 1947. Unten rechts: Die Werbemarke
des MRS mit dem Vorbild der französischen Säerin.

1769 NEY 1815

Aus der Französischen Revolution tauchte Napoleon Bonaparte auf. Er war General und wurde Kaiser, er besiegte halb Europa und wurde schliesslich von ganz Europa besiegt. Er war ein grosser Soldat, aber auch ein grosser Gesetzgeber und Strassenbauer. Er blieb an der Saar lange unvergessen. Die Saar, Saarlouis vor allem, aber auch Homburg und St. Wendel schenkten ihm nicht nur Soldaten, die ihn abgöttisch verehrten, sondern auch grosse Generäle. Ihr grösster war Michel Ney. Michel Ney wurde am 10. Januar 1769 in Saarlouis geboren. Sein Vater war der Böttcher Peter Ney. Nach der Schule wurde der ziemlich wilde Junge zu einem Notar auf die Schreibstube geschickt. Aber er blieb nicht lange und war dann vier Jahre Schreiber in einem Eisenwerk. 1788 trat er in ein Husarenregiment ein. Er war jetzt neunzehn Jahre alt. Mit Siebenundzwanzig war er Brigadegeneral, mit Dreissig Divisionsgeneral, mit Fünfunddreissig Marschall. Die grösste Auszeichnung erhielt er aber von Napoleon, als dieser ihn › le brave des braves ‹, den Tapfersten der Tapferen, nannte. Ney war dies wirklich. Er gewann seine zahlreichen Schlachten nicht vom Schreibtisch aus, sondern mit dem Degen in der Hand an der Spitze seiner Soldaten. Am grössten aber war er, als die Grosse Armee von unsäglichem Unglück getroffen wurde. Sie musste sich aus Russland zurückziehen. Ein entsetzlich harter Winter, Hunger, Entbehrungen jeder Art drohten zusammen mit beständigen russischen Angriffen sie völlig aufzureiben. Da war Ney der Mann, der sie vor dem vollständigen Untergang rettete. Mit aller Kraft seines Wesens hielt er sie zusammen, sicherte ihr die Rückzugswege und führte sie durch alles Elend hindurch in die Heimat zurück. Tausende verdankten ihm allein ihr Leben. Frankreich verdankte ihm die Erhaltung seiner Armee. Das hinderte aber nicht, dass er nach dem Untergang Napoleons zum Tode verurteilt und erschossen wurde.

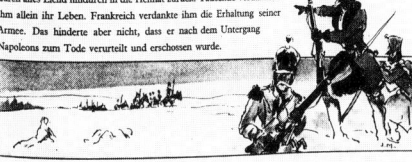

NEY · GRENIER · RENEAUD · ... MÜLLER · DE FAVART
NOBLET DE CLERMONT · ... OUSS... ... ...AUTZ
JEANNET ... ...NTZ
SALABERT ·

Der Untergang Napoleons bedeutete auch den Untergang der französischen Zeit in Saarlouis. Die Stadt, die eine Gründung des Sonnenkönigs und nun 135 Jahre französisch war, kam wider ihren Willen zu Preussen. Preussen aber war ein ganz fremdes Land und ein ganz fremder Staat.

Die Männer, die unsere Heimat regieren sollten, kamen zum guten Teil aus dem Osten und verstanden Land und Volk nicht. Offiziere und Beamte waren geneigt, mit den Menschen so umzugehen, wie sie daheim auf ihren Gütern mit ihren Tagelöhnern umgingen, herrisch und von oben herunter. Unsere Vorfahren aber liebten die Freiheit, und nicht erst seit der Französischen Revolution. So kam zwischen Saarlouisern und Preussen keine Liebe auf. Wer aber aus der alten Zeit erzählte, dem hörten Kleine und Grosse gerne zu.

DE LASSALLE · THIERRY · REGNIER
BE... ... · LEISTENSCHNEIDE...
RA... ...E · ...RE...LER
...UT... · GRENIE...

Besonders, wenn er mit dem Roten Band der Legion geschmückt war, wie der Veteran auf unserem Bild. Er lebte ja in all dem und er hatte bis zum Ende seines Lebens davon zu erzählen. Wenn dann die neuen Herren gar zu grossartig und sporenklirrend durch die alten Strassen gingen, dann klangen dagegen die Namen der Generäle auf, die in den gleichen Strassen gross geworden waren. Ihre Väter waren keine Generäle gewesen, sondern Bäcker und Klempner und Böttcher. Wenn sie selber aber zuletzt Generäle des Kaisers gewesen waren, so waren sie doch zuerst Soldaten der Freiheit.

Neues Geschichtsbild für die Saarjugend: Vier Seiten Geschichtsklitterung aus einem bunt bebilderten Jugendbuch der französischen Besatzungsbehörden.

47
Empfänge und Ehrengäste: Außenminister Georges Bidault, General Andlauer und Joh. Hoffmann

48
Festakt in Saarlouis, Ehrengast Dr. Hector (Vater), Joh. Hoffmann und Hoher Kommissar Grandval

durch blau-weiß-rote Saarfahnen und französische Fahnen verhängt, an allen anderen Stellen mußte er entfernt werden. So erschien eines Tages ein Sûreté-beamter und verlangte von unserer Rudergesellschaft »Undine« die Entfernung des Adlers im Saarbrücker Stadtwappen über der Eingangstüre des Bootshauses. Hier waren der Adler wie das Wappen aus starkem Eisenblech in groben Umrissen herausgeschnitten. Wir haben ihn umgebogen und später wieder in die alte Stellung gebracht. Ja, so war's.

Zusammen mit den Versuchen, die deutsche Vergangenheit der Saar auszulöschen, unternahm man zahlreiche Anstrengungen, den Saarländern ein neues Geschichtsbild zu vermitteln. Der bekannte Heimatschriftsteller Johannes Kirschweng wurde beauftragt, eine im bunten Stil der französischen Bilderbücher zusammengestellte geschichtliche Darstellung für die Jugend zu verfassen (Abb. 46). Nun war gerade Kirschweng – trotz seiner großen schriftstellerischen Begabung – am wenigsten dazu geeignet; denn er hatte vor und nach 1935 betont prodeutsch ausgerichtete Romane und Gedichte verfaßt, so u. a. den bekannten Roman: »Das wachsende Reich«. Kirschweng war dafür von den Nationalsozialisten besonders ausgezeichnet worden. Offenbar als »Wiedergutmachung« gegenüber der anderen Seite schrieb er dann 1946 »Bewahrtes und Verheißendes«, um jetzt »zu verbrennen, was er einstmals angebetet« hatte. Das tollste Stück aber war die von der Militärregierung veranlaßte »Geschichte des Saarlandes«. Ein Verfasserteam unter der Leitung eines bekannten Heimatschriftstellers, der sich offensichtlich auf diese Weise seine Entnazifizierung »erdienen« wollte, stellte man eine Geschichtsklitterung zusammen, die aber auch allen Tatsachen Hohn sprach. Ein frankophiler Journalist, der später dann für Johannes Hoffmann eine über 100 Seiten umfassende Denkschrift: »Etappen auf dem Wege zum Saarland« zusammengestellt hatte, gehörte mit zu dem Arbeitsteam für den »Limberg«, den bösartige Saarländer nur den »Limburger« (Käse) nannten. Verantwortlich für das Buch war die Militärregierung des Herrn Grandval, bei der die Manuskripte abgeliefert wurden, sie besorgte auch den Druck. Aber schon bald mußte man auch bei den Franzosen einsehen, daß man auf diese Weise weder Geschichte schreiben noch die Saarländer im geringsten beeindrucken konnte. Man ließ deshalb kurz nach ihrem Erscheinen die gesamte Auflage des »Limberg« einstampfen. Heute ist dieses Buch wie auch das bunte Bilderbuch »Saarland« eine bibliophile Kostbarkeit ersten Ranges.

»Was der Saarländer von seinem Staat wissen muß?« ließ die französische Mission Diplomatique herstellen. Verfasser war der 1934 als Polizeibeamter aus hessischen Diensten in das Saargebiet emigrierte A. Lauriolle. Als Auftraggeber des Druckwerkes wurde auf den Bücherpaketen sinnigerweise die französische Dienststelle des Herrn Grandval angegeben (Abb. 50). Damit war der Inhalt von vornherein qualifiziert.

Die Zielsetzung der von der französischen Besatzung gegründeten Saar-Universität[1] – wir sprachen schon davon – war gleichfalls auf eine »pénétration culturelle« im Verdierschen Sinne ausgerichtet. Noch 1950 sah der damals neu ernannte, zweite

---

1 Über die Gründung der Universität berichtete der damals beteiligte Arzt Dr. René Springer in einem Aufsatz in Nr. 22 der »Saarbrücker Hefte«, Seite 49 f. Springer zitiert in seiner Anmerkung 1 Seite 63 weitere Quellen. Auch das Landesarchiv der Regierung des Saarlandes verfügt über Unterlagen. Ich beschränke mich bewußt auf die politische Zielsetzung des damaligen Vorgehens der Besatzungsbehörden.

Rektor der Saar-Universität, der französische Professor Angelloz deren Aufgabe darin: »Einerseits sollte sie dem Saarland die Möglichkeit geben, im eigenen Lande die saarländischen Kader auszubilden, die seit 130 Jahren von Preußen gezwungen wurden, die Heimat zu verlassen, wenn sie Ingenieure oder Forscher, Jurist oder Arzt werden wollten, eine Elite zu schaffen, die ihre Eigenart bewahren würde; andererseits sollte zwischen dem Saarland und Frankreich eine kulturelle Verbindung geschaffen werden, die den Grund für eine dauerhafte Freundschaft legen sollte.« Dieses Programm des französischen Rektors in Saarbrücken war selbst der Zeitung von Johannes Hoffmann zu viel, sie druckte daraufhin einige der heftigen Protestschreiben aus Kreisen der Saarbevölkerung ab. In der 1952 von unserem Freunde Bankdirektor Dr. Eduard Martin unter dem Decknamen »Martin Hoffmeister« (ebenfalls im Bundesgebiet) veröffentlichten Schrift: »Wer regiert die Saar« ist die Problematik der französisch-saarländischen Universität der damaligen Zeit – wir haben sie nach 1955 vollständig im Sinne aller bundesdeutschen Universitäten umgestaltet und ihr schon frühzeitig eine der neuzeitlichsten Verfassungen gegeben – in zwei Sätzen umrissen: »Ob die Absolventen der saarländischen Universität dann mit ihren Kollegen der großen deutschen und französischen Universitäten mit Erfolg in Konkurrenzkampf treten können, erscheint fraglich, da die Zusammenstellung des Lehrkörpers einmal überwiegend französisch ist und zum anderen mit der anerkannter deutscher und französischer Hochschulen nicht vergleichbar ist. Unerhört ist die – politisch bedingte – Nichtanerkennung deutscher Examina, die im Saarland wiederholt werden müssen.«

Auch die studentische Freiheit war »verfassungsmäßig« eingeschränkt. Ein uns nahestehender Student wurde wegen Äußerungen über die politische Zugehörigkeit der Saar zu Deutschland relegiert, er durfte in Saarbrücken nicht weiterstudieren. 50 anderen Studenten wurde die Relegierung angedroht, wenn sie eine angekündigte Reise nach Bonn zur Teilnahme an einer Bundestagsdebatte über die Saarfrage durchführen würden.

In derselben Weise entwickelte sich auch die Ausrichtung des saarländischen Rundfunks, der als ehemaliges Reichseigentum (»Reichssender Saarbrücken«) Sequestergut war und in Besitz, Betrieb und Verwaltung der neuen Machthaber genommen wurde.

Die Versuche einer »geistigen Durchdringung« unseres Landes und seiner Menschen war die eine Seite der Medaille, die Kehrseite war die totale Beherrschung des öffentlichen und vor allem wirtschaftlichen Lebens. Darüber haben wir schon frühzeitig zwei mit zahlreichen Dokumenten belegte Schriften – natürlich im Bundesgebiet gedruckt und verlegt – veröffentlicht. Es waren dies 1951 die von mir unter Mitarbeit von Helmut Bergweiler ausgearbeitete und von Richard Becker mit großem Mut herausgegebene und verantwortete Schrift: »Freiheit für die Saar«, wobei Richard Beckers tüchtige und verschwiegene Sekretärin, Frau Deutsch, eifrig an der Zusammenstellung und Schreibarbeit der zahlreichen Dokumente mitgewirkt hat. Die zweite Schrift aus dem Jahre 1952 war die schon erwähnte Arbeit: »Wer regiert die Saar« von Dr. Martin, alias Martin Hoffmeister. Lange nach den Ereignissen erschien 1969 eine fleißige Dissertation über das Thema: »Massenkommunikation und Politik im Saarland« von Dietrich Berwanger, der leider die Vorgänge nicht selbst – zum mindesten im Bewußtsein des Geschehens – miterlebt hat, so daß, wie bei Frevmond, einige schiefe Eindrücke entstanden sind. Aber auch Berwanger vermittelt und belegt unsere These von der Beherrschung aller Publiktionsmittel durch die französisch-saarländischen Machthaber.

Wie heute das Fernsehen, so war es in den Jahren von 1947 bis 1955 der Rundfunk, der die Meinung der Bevölkerung beeinflussen konnte. Die Bezeichnung »Bildschirmdemokratie« erscheint nicht ganz ungerechtfertigt, wenn man die große Rolle des Fernsehens bei der Bildung der Wählermeinung berücksichtigt. Bei den saarländischen Landtagswahlen von 1952 beruhte das Ergebnis zwar nicht auf einer Rundfunk-»Demokratie«, sondern – nach unserer Charakteristik – allenfalls auf einer Rundfunk-»Demokratur«. Der im ganzen Lande gut zu hörende Sender »Radio Saarbrücken« war das Propaganda-Instrument Nr. 1 und wurde bis zum Beginn des Abstimmungskampfes am 23. Juli 1955 ausschließlich im Sinne der französisch-saarländischen Politik eingesetzt. Man bezeichnete »Radio Saarbrücken« als den »französischen Sender in deutscher Sprache«. Wir haben (oben S. 60) bereits dargetan, wie im Zuge der einseitigen Maßnahmen der französischen Besatzungsbehörden schon Anfang 1946 der Rundfunk im Saarland durch nicht weniger als vier grundlegende Verfügungen des französischen Oberkommandos in Baden-Baden in den Besitz und Betrieb der Militärbehörden genommen worden ist. Demzufolge bestand das gesamte Personal aus französischen Militärs, die Programmgestaltung war entsprechend.

Ein Beispiel aus den ersten Jahren nach 1946: Bei den reichlich über den Sender verbreiteten deutsch-französischen Sprachkursen durfte aufgrund einer besonderen Anordnung der Militärregierung das Wort »deutsch« nicht verwendet werden! Zum Jahresende 1947, also schon nach Inkrafttreten der saarländischen Verfassung mit ihrer angeblichen Autonomie für das Saarland erließ Gouverneur Grandval eine Verfügung, durch welche ein zwölfköpfiger Verwaltungsrat eingesetzt wurde. Es verlohnt, diese Verfügung Nr. 47/185 vom 31. Dezember 1947 einmal nachzulesen. Danach mußten die Hälfte der Mitglieder des Verwaltungsrates und sein Präsident immer Franzosen sein. Bei Stimmengleichheit entschied der (französische) Präsident. Dem Militärgouverneur – also Herrn Grandval – war zusätzlich noch ein Einspruchsrecht gegen alle Beschlüsse oder Entscheidungen des Verwaltungsrates eingeräumt. Außerdem war im zweiten Absatz der gleichen Bestimmung (Art. 7) angeordnet: »Er (d. h. Gouverneur Grandval, Anm. d. Verf.) übt eine ständige Kontrolle der Sendungen aus und ist befugt, jederzeit die Durchgabe jeglicher Mitteilung zu verlangen.« Auch 1952 nach Verabschiedung eines saarländischen Rundfunkgesetzes vom 8. Juni 1952 änderten sich nur die äußeren, aber nicht die tatsächlichen Verhältnisse im Rundfunkwesen des Saarlandes. Nach dem neuen Gesetz wurde eine G.m.b.H. geschaffen, bei denen das Saarland 70 Prozent, die Société Financière de Radiodiffusion française (SOFIRAD) 30 Prozent der Anteile erhielt. Generaldirektor Frédéric Billmann blieb auf weitere fünf Jahre, d. h. bis 1957 im Amt. Der zweite Direktor durfte ein Saarländer sein, konnte aber nach der G.m.b.H.-Satzung keinerlei entscheidende Funktionen ausüben. Diese waren sämtlich dem französischen »Chef« vorbehalten.

Im übrigen sorgte auch das neue saarländische Rundfunk-Gesetz für die politische Gleichschaltung. Es verbot ausdrücklich Sendungen, »die geeignet waren, die in der Verfassung festgelegte Staatsordnung (also die endgültige Trennung der Saar von Deutschland, Anm. d. Verf.) zu gefährden (§ 4, Ziffer 6 des Gesetzes über den Rundfunk vom 18. Juni 1952, Amtblatt S. 647).

Neben dem französischen Generaldirektor war der Präsident des Verwaltungsrates

– seit 1952: Aufsichtsrates – der aus Kirn an der Nahe stammende französische Staatsangehörige Frédéric Schlachter. Er, wie alle auf das saarländische Kontingent in die Verwaltung oder in den Aufsichtsrat berufenen Vertreter waren natürlich eingeschworene Vertreter der franzöischen Saarpolitik. Wie der Saarbrücker Sender sich gegenüber der deutschen Opposition an der Saar verhielt, beweist der folgende Schriftwechsel:

Am 8. März 1951 hatte unser »Chef«, Richard Becker in einem Schreiben an Generaldirektor Billmann für die – damals noch nicht verbotene – DPS eine wöchentliche Sendezeit von 15 Minuten erbeten. Billmann antwortete postwendend am 10. März 1951: »Sehr geehrter Herr Becker! In Beantwortung Ihres Schreibens vom 8. März 1951 muß ich Ihnen leider mitteilen, daß parteipolitische Sendungen, aus welcher Richtung sie auch kommen mögen, beim saarländischen Rundfunk nicht gestattet sind.« Richard Beckers Antwort:

»Sehr geehrter Herr Generaldirektor! In Erwiderung Ihres Briefes vom 10. März 1951 teilen wir Ihnen folgendes mit: Die Demokratische Partei des Saarlandes bedauert außerordentlich Ihren Standpunkt, durch welchen das Recht der freien Meinungsäußerung, das ja ein untrennbarer Bestandteil der Grundfreiheiten und Menschenrechte ist, auch von Ihnen nicht die erforderliche Beachtung erfährt. Wir bedauern das um so mehr, als gerade Radio Saarbrücken es sich zur Aufgabe machen sollte, für den europäischen Gedanken einzutreten, dessen erste Voraussetzung die Wahrung der Grund- und Menschenrechte ist. Im übrigen müssen wir feststellen, daß Ihre Behauptung, Radio Saarbrücken stehe parteipolitischen Sendungen nicht zur Verfügung, unzutreffend ist. Wir müssen Ihnen entgegenhalten, daß Anfang Dezember 1950 verschiedene Übertragungen des Parteitages der CVP erfolgt sind. Anfang Februar 1951 haben Sie ein Zwiegespräch mit Herrn Dr. Braun und Herrn Kirn über die Politik der Sozialdemokratischen Partei übertragen. Am Samstag, dem 31. März 1951 haben Sie einen Vortrag des Herrn Hoppe mit Angriffen gegen die Demokratische Partei übertragen. Das Urteil über das Niveau dieser Sendung überlassen wir Ihnen und dem Urteil der saarländischen Bevölkerung. Es dürfte in der gesamten Öffentlichkeit nicht verstanden werden, daß Radio Saarbrücken derartige Sendungen zuläßt, in denen teilweise bewußt unwahre Darstellungen enthalten sind, ohne dem anderen Teil die Möglichkeit einer Entgegnung zu geben. Wir wiederholen deshalb noch einmal unser Ansinnen, uns Gelegenheit zu geben, grundsätzlich Stellung zu nehmen, insbesondere aber jetzt zu den Ausführungen des Herrn Hoppe.

Hochachtungsvoll
gez. R. Becker«

Eine Antwort erhielt Richard Becker nicht! Unberücksichtigt ließ Monsieur Billmann, daß der Saarbrücker Sender jederzeit der französischen Militärregierung, später dem Hohen Kommissariat und anschließend der französischen Mission Diplomatique ebenso zur Verfügung stand wie der saarländischen Regierung. Die Verbreitung zahlreicher Reden von Herrn Grandval und Johannes Hoffmann konnte geschehen, ohne daß je ein Wort der Erwiderung für diejenigen möglich war, die nicht mit den ausgestrahlten Ausführungen einverstanden waren. Das galt besonders im Anschluß an das später noch zu besprechende Verbot der DPS. Was allerdings die Machthaber an der Saar nicht hinderte, immer wieder von vollständiger demokratischer Freiheit an der Saar zu sprechen!

Neben dem Machtmittel »Rundfunk« verfügten die Franzosen über das zweite mächtigste Instrument der Meinungsbildung, die »Saarbrücker Zeitung«. Robert Schmidt (Bd. I, S. 547) hat zutreffend festgestellt, daß die »Saarbrücker Zeitung« bis 1955 rund 70 Prozent aller Zeitungsbezieher im Saarland erreicht habe. Das damals schon fast 200jährige Blatt besaß zudem in den Augen der Saarbevölkerung Ansehen und Tradition. Von 1920 bis 1935 war die Zeitung das Sprachorgan der deutschbewußten Bevölkerung, sie hatte aber stets einen überparteilichen Standpunkt vertreten. Während der NS-Zeit gingen die Anteile der früheren Trägergesellschaft, der Buchgewerbehaus AG. auf die Parteiorganisation der NSDAP über, ein Anlaß für die französischen Militärbehörden, dieses »Parteieigentum« zu beschlagnahmen. Über eine 1946 neu gegründete Auffanggesellschaft wurde der wertvolle Verlagsbesitz mit dem mächtigen Propagandainstrument »Saarbrücker Zeitung« der französischen Seite zugeschoben: Anteilseigner waren frankophil eingestellte Strohmänner! Als der Anteilshalter Josef Maria Felten aus Saarlouis plötzlich verstarb, wurde bekannt, daß ihm selbst nur 5 Prozent des Anteils, dagegen 95 Prozent den französischen (Militär-) Behörden gehörte, die dem Handelsregister gemeldeten Personen waren nur Scheingesellschafter. Die Leitung und Führung der Zeitung lag bei absolut französisch eingestellten und zuverlässigen Personen; kennzeichnend ist, daß von 1946 bis zur Änderung der Verhältnisse im Jahre 1957 keiner der leitenden Chefredakteure ein geborener oder angestammter Saarländer gewesen ist. Unser Freund Dr. Martin – er war später jahrelang Mitglied des Aufsichtsrates der Zeitung – charakterisierte die Situation bei diesem so wichtigen Propagandainstrument der Saarpolitik mit zwei Sätzen (Hoffmeister, S. 22): »Diese sogenannte unabhängige Zeitung ist, wie die obigen Angaben zeigen, heute praktisch im Eigentum des französischen Staates, bzw. im treuhänderischen Besitz ihm besonders ergebener Diener. Dementsprechend ist der Geist dieser Zeitung, die sich häufig in verleumderischen Artikeln gegen Deutschland, deutsche Persönlichkeiten und Zustände in Deutschland ergeht.«

Hand in Hand mit dem Meinungsmonopol beim saarländischen Rundfunk und der »Saarbrücker Zeitung« wurde gegenüber allen anderen Presse-Erzeugnissen eine strenge und harte Zensur durch die Militärbehörde und später das Hohe Kommissariat geübt. In »Freiheit für die Saar« hatten wir als Dokumentarbeleg eine Übersicht über die Zensurierung und Verbote des kommunistischen Blattes »Die Neue Zeit« veröffentlicht. Obwohl die KP-Saar ordnungsgemäß zugelassen und ihr Parteiorgan lizensiert war, wurden allein in der Zeit vom 25. Mai bis 17. September 1947 durch die französische Zensur

| | |
|---|---|
| ganz gestrichen | 84 Artikel |
| teilweise gestrichen | 173 Artikel |
| zurückgestellt | 6 Artikel. |

Das Verbot all dieser Publikationen erfolgte aber nicht, weil es sich etwa um kommunistische Propaganda gehandelt haben könnte, sondern lediglich deshalb, weil die Zeitung – als einzige an der Saar – die Zugehörigkeit der Saar zu Deutschland vertreten und gefordert hat!

Außer dem Organ der Kommunisten wurden auch gelegentlich verboten das humoristische Organ, der »Tintenfisch«, ihm hatte die Zensur eine bereits gesetzte Parodie: »Der Saar-Faust« herausgestrichen, ein Abzug (Abb. 52) blieb der Nachwelt erhalten. Unsere Leser werden die harmlosen Anspielungen dieser geistreichen Umdichtung entziffern können.

Aber nicht nur politische Blätter verfielen der Zensur und den Zeitungsverboten, im August 1950 wurde die Nr. 14 des Mitteilungsblattes der »Saar-Handwerker« beschlagnahmt und verboten. Dasselbe Schicksal traf die astronomisch-wissenschaftliche Zeitung »Morgen« wegen einer Kritik am saarländischen Innenministerium, dessen Chef Edgar Hector, wenn nicht selbst Initiator der Verbote, dann doch immer ausführendes Organ für die Militärbehörden war. Den besten Eindruck von der Unterdrückungspolitik an der Saar aber vermittelt das Verbot der angesehenen französischen Zeitung »Le Monde«, die zudem noch dem Quai d'Orsay nahestand. In der Ausgabe Nr. 1404 von 1950 fanden sich u. a. die folgenden Ausführungen in einem Artikel: »Saarland und Europa«: »Das Saarland hat wohl ein gewähltes Parlament, aber es ist kein unabhängiger Staat, solange ein Hoher französischer Kommissar in seine Angelegenheiten einschreiten kann« . . . »Wird man annehmen können, daß die Mitgliedsstaaten des europäischen Rates trotzdem das Saarland zulassen können? Das ist möglich, aber ganz unwahrscheinlich. Wenn man diesen Rat zögern sieht, alte Staaten zuzulassen, deren Existenz nicht bestritten werden kann, wie würde er sich entscheiden, eine Zwitterform aufzunehmen, welche international nicht anerkannt ist, und die er nicht berechtigt ist, anzuerkennen« . . . Und schließlich: »Würde man Platz machen für einen Scheinstaat, der von Deutschland abgetrennt ist, während es selbst gebeten würde, an der Türe zu warten? Das würde beleidigend sein, und nicht nur allein für die Deutschen. Mit derartigen Methoden konstruiert man Europa nicht.«

Auch eine solche französische Stimme durften die Saarländer nicht lesen.

Die Unterdrückung jedweder Meinungsfreiheit zugunsten der französischen Saarpolitik wurde aber nicht nur durch Verbote und Zensur, sondern – was weit unmenschlicher war – auch durch Ausweisungen unbequemer Redakteure und anderer Personen durchgesetzt. Das im Herbst 1946 der Demokratischen Partei lizensierte Blatt: »Das Saarland« ging 1949 ein, nachdem man es auf unbestimmte Zeit verboten und seinen Chefredaktuer Dr. Hans Drexler kurzerhand ausgewiesen hatte.

Von den Redakteuren der sozialistischen, durchaus »regierungstreuen« Zeitung »Volksstimme« wurden die Redakteure G. Schneider und Ernst Roth ausgewiesen. Auf den Vorhalt der Ehefrau eines Ausgewiesenen gegenüber dem SPS-Politiker Dr. Braun antwortete dieser nur: »Offenbar hat Ihr Mann nicht die Absicht, einen Standpunkt einzunehmen, der für die Saar tragbar ist.«

Im Jahre 1950 wurde auch der Berichterstatter der »Kölnischen Rundschau«, Alfred Daum, ausgewiesen, obwohl er Saarländer und im Besitz des besser qualifizierten »roten Ausweises« gewesen ist.

Gegen den Chefredaktuer der Hoffmann'schen Zeitung, Dr. Dr. Eduard Schäfer, ging dessen eigener »Parteifreund« Hector gleichfalls mit der massiven Drohung der Ausweisung vor wegen einer harmlosen Redewendung in einem Artikel Schäfers im Hoffmann'schen Blatt. Dr. Schäfer kam der Ausweisung zuvor und verließ freiwillig die angestammte Heimat.

Die Ausweisungen, die nach späteren Behauptungen der Franzosen und Hoffmanns angeblich bereits im Frühsommer 1947 ihr Ende gefunden haben sollen, blieben keineswegs auf Journalisten beschränkt. Bereits in den Januar-Tagen 1948 wurde der damals 70jährige, katholische, hochangesehene Geistliche, Pastor Bungarten, ausgewiesen, der seit 1913 im Saarland gelebt hat und alle Voraussetzungen des saarländischen Staatsangehörigengesetzes erfüllte. Pastor Bungarten, ein bereits von den Nationalsozialisten wegen seines Widerstandes gegen die NS-Herrschaft aus dem

Saarland entfernter Pfarrer, wurde in der Zeit der angeblichen Eigenständigkeit der autonomen Saarregierung ausgewiesen, weil er eine Bittschrift der katholischen Geistlichkeit an der Saar an den Heiligen Stuhl veranlaßt hatte, in der von 351 katholischen Geistlichen des Saarlandes gegen eine Abtrennung des Saarlandes von der angestammten Diözese Trier Stellung genommen wurde. Pastor Bungarten hat später das Amt des 1. Vorsitzenden im Deutschen Saarbund übernommen und das willkürliche Vorgehen der Machthaber an der Saar in seiner Schrift: »Ich darf nicht schweigen« geschildert.

Auch andere katholische Geistliche bekamen die Maßnahmen der »freiheitlichen Demokratie Saarland« zu spüren, wenn sie eine andere politische Meinung als die der Separation vertreten wollten. So wurde schon im Frühjahr 1946 der Jesuitenpater Hollenbach verhaftet und ausgewiesen, weil er einen Hirtenbrief des Bischofs von Trier an der Saar verbreitet hatte.

Im November 1950 wurde der Diözesen-Jugendseelsorger Wassmuth von der saarländischen Polizei verhaftet und nach Abnahme seiner saarländischen Papiere ausgewiesen. Letztlich wurde auch der Sekretär Richard Beckers, Heinz Voigt, ausgewiesen. Schon 1946 hatte Johannes Hoffmann Heinz Voigt mit der Ausweisung gedroht, aber ihn immerhin noch als Mitglied des Landesvorstandes der CVP belassen. Allein die Annahme von Diensten bei Richard Becker genügte zur Ausweisung.

Johannes Hoffmann hat später in seinem Buch die Verantwortlichkeit für die Ausweisungen abgestritten. Ihm waren – nach seiner eigenen Darstellung (S. 403) – von dem britischen Minister MacMillan Vorhaltungen wegen der Ausweisungen gemacht worden. MacMillan »habe darauf hingewiesen, daß es in demokratischen Staaten im allgemeinen nicht üblich sei, Personen aus politischen Gründen auszuweisen«. Hoffmann erwiderte MacMillan, daß »wir als die saarländische Regierung für die nach 1945 erfolgten Ausweisungen keine Verantwortung hatten und bekannt war, daß diese Ausweisungen seinerzeit durch die französische Militärregierung angeordnet worden waren« (S. 404). Bei diesen Darlegungen Hoffmanns gegenüber dem britischen Minister und Mitglied des WEU-Ministerrates fielen die zahlreichen Ausweisungen nach der letzten großen Welle im Frühsommer 1947 einfach unter den Tisch, und gerade dafür trugen Hoffmann und Hector – wie der Fall des Pastors Bungarten gezeigt hat – eine besondere Mitverantwortung. Offensichtlich hatte Johannes Hoffmann seine eigenen Worte vergessen, die er – typisch für ihn, wenn er sich als starker Mann gebärdete – auf dem 4. Landesparteitag der CVP am 9. bis 11. Dezember 1949 aussprach: »Das eine steht fest, und mehr verlangen wir nicht, daß die vom Saarland in freier und ungehinderter Wahl gewählten Instanzen, also das Saarländische Parlament, sich eine Ordnung gegeben haben, an die sich jeder Staatsbürger, *wenn er Wert darauf legt, hier zu sein und hier zu bleiben,* zu halten hat.«

Auch an den Ausweisungswellen von 1946 und 1947 war Hoffmanns CVP zum mindesten mitverantwortlich. Der aus der CVP Hoffmanns später ausgeschlossene und seines Landtagsmandates widerrechtlich beraubte Abgeordnete Heinrich Danzebrink (Abb. 145) berichtete uns von einer Methode, wie man damals Sympathien für die Partei Hoffmanns unter angesehenen Familien des Landes gewonnen habe. Diesen Leuten sei von der zuständigen französischen Dienststelle unter Leitung des Kommandanten Leroy ein Ausweisungsbefehl zugestellt worden, wobei auf der Liste der Name des Betreffenden angekreuzt gewesen sei. Nach Erhalt des Ausweisungsbescheides sei dann ein Vertreter der CVP erschienen und hätte erklärt, man habe mit

Bestürzung von der Maßnahme der Besatzungsbehörde erfahren, das könne doch nicht rechtens sein, die CVP werde sich sofort der Sache annehmen, usw. In der Tat wurde kurz darauf die Ausweisung zurückgenommen. Einem Bruder Richard Beckers ist es auf diese Weise ergangen. Wir hatten keinerlei Anlaß, den Mitteilungen Danzebrinks zu mißtrauen. Danzebrink war ebenfalls Emigrant und nach seiner Rückkehr an die Saar Direktor im Amt der Verwaltungskommission. Als aufrechter Katholik und unerbittlicher Verfechter der Freiheit – deswegen geriet er auch 1933 mit den Nationalsozialisten in Konflikt und emigrierte an die Saar – mißbilligte Danzebrink die Methoden Hoffmanns und Hectors und übte häufig im Landtag öffentliche Kritik. Die Sitzungsprotokolle geben noch heute darüber Auskunft.

Richtig ist, daß von 1952 an die Mittel der Zensurierung, der Zeitungsverbote und gar der Ausweisungen nicht mehr angewendet worden sind, ausgenommen die Aberkennung der Staatsangehörigkeit der beiden Bundestagsabgeordneten aus dem Saarland, Karl Walz (CDU) (Abb. 165) und Hermann Trittelvitz (SPD) (Abb. 263). Nach der jahrelangen und vollkommenen Unterdrückung einer jeden Opposition erübrigten sich diese spektakulär für das Regime wenig günstigen Maßnahmen. Hinzu kam, daß es auch in Kreisen um Hoffmann langsam dämmerte, daß mit den Maßnahmen der Unterdrückung und Unfreiheit nur die »Arbeit der Gegenseite« bewirkt würde. Ein Brief des CVP-Ministers Franz Ruland, den wir jetzt erst aufgefunden haben, bestätigt uns diese Ansicht (Abb. 116).

Im Gegensatz zu den Zeitungsverboten und Ausweisungen wurden Post- und Telefonüberwachung durch die französische Sûreté sowie die Grenzkontrollen durch eine Spezialabteilung im Innenministerium Hectors unter der Leitung des Saarländers französischer Nationalität Jacques Becker bis zum Antritt der Übergangsregierung Welsch nach dem Referendum vom 23. Oktober 1955 ununterbrochen durchgeführt. Bezeichnend war, daß diese Eingriffe in die verfassungsmäßig geschützten Grundrechte (Art. 17 SVerf.) durch keinerlei Gesetz geregelt waren, und daß selbst die Allgemeine Konvention und das Zusatzabkommen dazu vom 3. März 1950 eine solche umfassende Betätigung der französischen Sûreté im Saarland nicht vorsahen. Die Postüberwachung wurde auf alle ein- und ausgehenden Postsachen aus der Bundesrepublik und dem Ausland ausgeübt. Frankreich war nicht Ausland, die Post dorthin und von dorther blieb ungeschoren. Die Überwachung geschah in der Weise, daß die saarländische Postverwaltung Befehl hatte, Posteingänge erst dann zu öffnen, wenn die Sûretébeamten erschienen waren. Sie durchsuchten sämtliche Brief- und andere Postsachen, nahmen heraus, was sie interessierte und zogen sich in eine privat getarnte Dienststelle in zwei Häusern auf der Saarbrücker Bellevue zurück. Durch die offenen Augen eines unserer Anhänger, der in den Räumen dieser Überwachungsstelle Reparaturarbeiten ausführen mußte, erfuhren wir Einzelheiten: Vom Öffnen der Briefe über Wasserdampf bis zum Wiederverschließen ohne Kennzeichnung, daß der Brief geöffnet worden war. Übrigens bekamen auch wir später Routine, das zu erkennen. Wir erfuhren von der Kartei, von den Fotokopier- und Fotografier-Einrichtungen und vielem mehr.

Ich selbst habe noch eine gute Erinnerung an ein Erlebnis aus dem Jahre 1949. Damals stand ich mit Dr. Strohm vom Deutschen Friedensbüro in Stuttgart in Verbindung; ich werde später berichten, durch welche Zufälle diese Verbindung wieder zustandegekommen war. Strohm erhielt von mir umfangreiche Informationen aus dem

Saarland. Hin und wieder suchte ich Strohm persönlich auf. Über den Kraftwagenverkehr der Beckerfirmen zu ihren Betrieben in Stuttgart ergab sich häufig eine günstige Fahrgelegenheit. Den größten Teil meiner Information für Strohm mußte ich aber der Post anvertrauen. Ich vermied natürlich Fingerabdrücke, Absender und handschriftliche Äußerungen. Meist wurde der Schluß gezeichnet: »Gruß H«. Die Anschrift war eine private Deckadresse Strohms, die »Fa. Schulz in Stuttgart, Postfach 799«. Eines Tages saß ich mit Strohm in dessen Büro, als der Amtsgehilfe – das Friedensbüro war schon ein wenig im Stile des Auswärtigen Amtes, in dem es ja später aufging, organisiert – hereinkam und ein Telegramm brachte. Die Adresse war: Fa. Schulz, Stuttgart, Postfach 799, Absendeort war Saarbrücken, der Inhalt lautete: »Rückdrahtet sofort, ob Brief vom . . . angekommen. Gruß H.« Ich muß gestehen, daß mir beim Vorlesen die Knie geschlottert haben. Die Postzensur der Saarbrücker Sûreté hatte meinen Brief »geschnappt« und nach der Methode alter Nachrichtenfachleute versucht, durch ein solches Telegramm den Absender im Saarland herauszubekommen. Wenn mein Freund Strohm als alter Fachmann auch kaum auf den Trick hereingefallen wäre, hatte ich doch die Überzeugung, daß mir die Ausweisung sicher gewesen wäre, wenn der Trick zum Erfolg geführt hätte. Man hatte mich ohnehin in Verdacht; denn kurze Zeit später erschien der spätere Chef von P 6, Edmond Beer, von der Sûreté und bestellte mich zu einem Verhör zum Kommandanten der Sûreté, Monsieur Radoux (Deckname). Bei diesem Verhör vor vier Franzosen und einer Stenotypistin ging es um meine etwa möglichen Beziehungen zu Behörden in Deutschland. Auf den Schreck des Telegramms hin berieten Strohm und ich eine Irreführung und einen »Hakenschlag«; ich fuhr nach Bochum zu meinen Schwiegereltern und schrieb eine mit dem Poststempel zurückdatierte Karte, die meinen Aufenthalt während dieser Tage von dem ominösen Stuttgart ablenken sollte. Ich weiß nicht, ob die Karte aus Bochum wiederum von der Kontrolle erfaßt wurde; auf das Rücktelegramm mit meiner Adresse haben die Herren der Sûreté allerdings vergeblich gewartet.

Auch später noch, als die Bundesbehörden sich in Bonn etabliert hatten, mußten wir ähnliche Vorsichtsmaßregeln anwenden. So wußten wir, daß vom französischen Hohen Kommissariat in der Bundesrepublik die Autonummern der aus dem Saarland stammenden Fahrzeuge mit ihrem französischen O-E-Kennzeichen notiert und nach Saarbrücken gemeldet wurden. Wir stellten unsere Wagen daher in Hotelhöfe auf der anderen Rheinseite ab.

Natürlich erstreckte sich die Postzensur nicht nur auf die wenigen »politisch Verdächtigen«, sie wurde allgemein ausgeübt und verschaffte den Franzosen auch umfangreiches, wertvolles Material in Bezug auf die wirtschaftlichen Beziehungen zwischen der Saar und Deutschland. Neben der Briefzensur bildete die Telefonkontrolle einen weiteren wesentlichen Bestandteil der französischen Überwachung und Information.

Die Telefonkontrolle geschah auf folgende Weise: Im damaligen zentralen Fernsprechamt des Postamtes Saarbrücken 3 – dort waren die Selbstwähl- und Schaltanlagen installiert – richtete sich die Sûreté schon 1945 einen separaten Kontrollraum ein, der ständig verschlossen gehalten wurde und von keinem saarländischen Beamten betreten werden durfte. An der Tür befand sich eine Klingel und ein »Spion«. Vom Keller aus, wo sich die Schaltschränke der einzelnen Telefonanschlüsse der Stadt Saarbrücken und des Fernamtes befanden, zogen die französischen Beamten ein vieladriges Kabel in ihren Abhörraum; hier waren Tonband- und Aufnahmegeräte montiert, so daß gleichzeitig eine ganze Reihe von Gesprächen »mitgeschnitten« werden konnten. Die Anzapfung im Keller nahmen die französischen Sûreté-Techniker vor, ohne daß die saarländischen Beamten daran etwas ändern durften. Ein Widerstand gegen diese illegale Maßnahme war bis 1954 unmöglich, dann allerdings waren die Proteste so stark, daß es schließlich kein Halten mehr gab und Anfang 1955 der mutige Leiter des Fernsprechamtes, Postrat Karl-Heinz Schneider (Abb. 152), kurzerhand das in den Kontrollraum führende Sammelkabel kappen ließ. Durch Karl-Heinz Schneider, der seit 1955 zu den führenden Männern der Deutschen Sozialdemokratischen Partei an der Saar gehörte, erfuhren wir auch, welche Leitungen »angezapft« worden waren und der ständigen Kontrolle unterlagen. Natürlich gehörten die Telefonanschlüsse Richard Beckers und anderer DPS-Freunde mit meinem zu den 70 generell auf Mitschnitt gelegten Anschlüsse, später kamen die der Opposition aus der DSP und CDU-Saar hinzu. Aber nicht nur die Leitungen der Parteiopposition, auch sämtliche Anschlüsse der von 1948 an systematisch in Oppositionsstellung geratenen Gewerkschaften an der Saar waren auf Mithören gelegt; desgleichen auch diejenigen der »verdächtigen« Berufsorganisationen, wie der Arbeitsgemeinschaften des Handwerks und des Großhandels. Auch die Industrie- und Handelskammer gehörte trotz ihrer frankophilen Präsidenten der damaligen Zeit zu den »Gefahrenquellen«, wichtig genug an die Abhör»strippen« genommen zu werden.

Dasselbe galt für das bekannte Saarbrücker Hotel Messmer. Hier wollte man auch die Gespräche von fremden Gästen, vor allem ausländischen Journalisten, abhören, ohne daß diese das wußten.

Schließlich hatte es die katholische Geistlichkeit der Sûreté besonders angetan, so daß eine Reihe von führenden Geistlichen ebenfalls überwacht wurde. An erster Stelle ist hier der Saarbrücker Stadtdechant Braun zu nennen, der uns besonders nahe stand. Ich werde noch von diesem leider auch verstorbenen, ehrenwerten Manne berichten.

Die Krone der Unverfrorenheit war die Überwachung des päpstlichen Visitators, Monsignore Schulien, der gerade wegen der französischen Proteste gegen die angebliche Einflußnahme der Trierer und Speyerer-Bischöfe an die Saar entsandt worden war; auch sein Telefonanschluß endete im Kontrollraum der Dudweilerstraße von Saarbrücken.

Spaß gab es natürlich auch dabei. Eines Tages erfuhren wir, daß der Anschluß einer Saarbrücker Karnevalsprinzessin gleichfalls auf Abhören geschaltet war. Hier wollte ein eifersüchtiger hoher Beamter wissen, mit wem das von ihm verehrte, sehr hübsche Mädchen sonst noch telefonierte. Wir haben natürlich auch hier gewarnt.

Schließlich wurde dieser Weg von uns auch zur Irreführung oder Lanzierung von Falschmeldungen benutzt. 1954 habe ich mich wegen der Post- und Telefonüberwachung bei der Justizverwaltung beschwert. Es wurde nicht nur das verfassungsmäßig geschützte Grundrecht des Postgeheimnisses in Art. 17 SVerf. ständig verletzt, man scherte sich auch nicht um das strafgesetzlich geschützte Berufs- und Anwaltsgeheimnis. Natürlich nützten diese Eingaben nichts, wer wagte es schon, gegen die französische Sûreté anzugehen, von der sogar Hoffmann in seinem Buch schrieb, daß sie überall gefürchtet gewesen sei. Aber dann wurde 1955 die Zeit doch reif. Die Telefon- und Postkontrolleure mußten ihre Plätze aufgeben und das Saarland verlassen. Diejenigen, welche die Befehle und den Anlaß für die Überwachung gaben, wußten aber zu keiner Zeit, welche Dienste sie gerade mit dieser Maßnahme der deutschen Sache an der Saar geleistet haben. Das Wort: »Wer Wind sät, wird Sturm ernten«, war offensichtlich keinem der Verantwortlichen jener Zeit gegenwärtig. Und gerade das hätte Johannes Hoffmann aus der Zeit vor 1934 wissen müssen.

In der gleichen Richtung bewegte sich die von der Grenzpolizei Hectors durchgeführte Überwachung aller Ein- und Ausreisenden, welche die Grenze zwischen dem Saarland und der Bundesrepublik passierten. Hier wurden jahrelang bis zum »bitteren Ende« 1955 systematisch an allen Grenzübergangsstellen »Buch geführt«, Es wurden nicht nur alle verdächtigen oder unerwünschten Personen, sondern auch sämtliche saarländischen und bundesdeutschen Beamten, die gesamte Geistlichkeit beider Konfessionen, alle Journalisten und alle bekannten ausländischen Persönlichkeiten registriert, von der Opposition ganz zu schweigen. Die Grenzpolizei mußte jeden Ein- und Ausreisenden, der zu den zu Überwachenden gehörte, notieren und sowohl Tag wie Stunde und Minute des Grenzübergangs festhalten. Täglich wurden von jeder Grenzübergangsstelle die auf vorgedruckten Rapportlisten vermerkten Ein- und Ausgänge nach oben gemeldet und natürlich insbesondere vermerkt, ob die Einreisenden unerlaubte Schriften wie die »Deutsche Saar-Zeitung« mit sich geführt hatten, weshalb ihnen die Ausweispapiere oder Reisepässe abgenommen wurden. Wir haben wiederholt derartige Listen erhalten und sie veröffentlichen können. Mit der Abb. 51 zeigen wir eine solche dreiseitige Tagesmeldung von einer einzigen Grenzübergangsstelle zwischen dem Saarland und der Bundesrepublik. Die Mehrzahl der auf diese Weise erfaßten Personen waren katholische Geistliche, die zu ihren Bischöfen nach Trier und Speyer fuhren und deshalb die deutsch-saarländische Grenze passieren mußten. Selbstverständlich wurden die Listen der örtlichen Grenzstellen in der Zentralverwaltung des Innenministeriums genau kontrolliert und ausgewertet. Wir nehmen mit Sicherheit an, daß jede Reise von und nach der Saar auch in die Kartei- und Personalkarten der Betroffenen bei P 6 eingetragen worden ist. Wie gründlich und lückenlos diese Kontrollen ausgeführt wurden, berichtete uns ein hoher Polizeioffizier. Er reiste eines Tages in das Bundesgebiet, kehrte aber dann über Kehl-Straßburg nach Saarbrücken zurück. Damit fehlte bei der zentralen Kontrollstelle die Wiedereinreise! Nach etwa sechs Wochen wurde der betreffende Beamte zu Polizeirat Jacques Becker bestellt, er mußte den Vorgang aufklären!

Den stärksten Ausdruck fremder Einwirkung erfuhren wir durch das saarländische Staatsangehörigengesetz vom 15. Juli 1948 und das Gesetz über den Aufenthalt im Saarland vom 29. Juli 1948. Beide stehen in engem Zusammenhang und gehen schon auf die saarländische Verfassung zurück. Hier war auch die Einrichtung der französischen Seite – außer auf die Formulierung der Präambel und des Artikel 60 SVerf. – am stärksten. Von vornherein wurden im Saarland zwei Kategorien von deutschen Bürgern geschaffen: Saarländer und Ausländer. Das Wahlrecht wurde in Artikel 66 SVerf. nur den »Saarländern« zuerkannt, die nach dem Gesetz den Vorzug erhielten, die saarländische Staatsangehörigkeit zu besitzen. Ursprünglich sollte nach dem Verlangen der Militärregierung die Regelung, wer als »Saarländer« anzusehen und zu behandeln sei, in eine Verfassungsbestimmung aufgenommen werden. Der Regierungsentwurf (Stöber, S. 47) enthielt demgemäß schon die Begriffsbestimmung: »Saarländer ist« ... In einer der ersten Beratungen in der Verfassungskommission zog Johannes Hoffmann die Schlußfolgerung aus der von der Militärregierung geforderten Regelung (Stöber, S. 103): »Alle Personen, die nicht die saarländische Staats-

Landespolizeipräsidium
des Saarlandes

**Leiter des Grenzdienstes**

Saarbrücken, den 19. Juni 1952

10 JUIN 1952

# Tagesmeldung

über den Personenverkehr an den Grenzübergangsstellen: **Des Saarlandes**
am 18. Juni 1952 in der Zeit von 0.00 bis 24.00 Uhr.

### A. Stärke der Grenzübergangsstellen

|  | Krim. Beamte | Gend. Beamte |
|---|---|---|
| Soll: | 60 | 316 |
| Ist: | 54 | 289 |
| Krank: | 1 | 6 |
| Urlaub: | 3 | 26 |
| abgeordnet: | 3 | 14 |
| Fehlt unentschuld.: | – | susp. 1 |
| Dienststärke: |  | 242 |

### B. Jllegale Grenzgänger

| | |
|---|---|
| Festnahmen: | – |
| Vorführungen: | – |
| Abgegeben an andere Pol. Dienststellen: | – |
| Abschiebungs~~ngs~~schein: | 3 |
| For~~~~ | 1 |
|  | 4 |

*[Stempel:] Lückenlose Überwachung der deutsch-saarländischen Grenze durch die Grenz-polizei Hectors. Tagein,tagaus werden von allen Grenzübergängen die gleichen Rapporte erstellt. Man beachte die "Jagd" nach der "Deutsche(n) Saar-Zei-tung" (DSZ).*

| Bezeichnung | EINREIS~~ENDE~~ | | | AUSREISENDE an der Grenze mit | | | |
|---|---|---|---|---|---|---|---|
|  | Deutschland | Lux~~emburg~~ | | | Deutschland | Luxemburg | Deutschland u. Luxemb. zusammen | Frankreich |
| Personen zusammen | 12320 | 394 | | 3542 | 11873 | 390 | 12263 | 3330 |
| **davon mit** | | | | | | | | |
| Personalausweis | – | – | – | 1931 | – | – | – | 1834 |
| Grenzgängerkarte | 5353 | 47 | 5400 | – | 5302 | 47 | 5349 | – |
| Pass | 6314 | 347 | 6661 | 1611 | 5977 | 343 | 6320 | 1496 |
| Intervention | 4 | – | 4 | | 6 | – | 6 | – |
| andere Papiere | 649 | | 649 | | 588 | | 588 | – |
| **Verkehrsart** | | | | | | | | |
| Zug | 5152 | – | 5152 | 1192 | 4909 | – | 4909 | 1108 |
| Kfz | 4676 | 177 | 4853 | 1408 | 4637 | 150 | 4787 | 1422 |
| Fussgänger u. and. | 2492 | 217 | 2709 | 942 | 2327 | 240 | 2567 | 800 |
| dav. Alliierte | 1002 | 27 | 1029 | 246 | 922 | | 922 | 322 |

### D. Besondere Vorkommnisse:

**Am 18. 6. 1952 passierten:**

Um 1,40 Uhr, der amerik. Gouverneur von Württemberg – William Widner –,
der amerik. Gesandte in Paris – William Riutworth –, Ministerialrat
– Martin Meyer – aus Bonn und der Chef der deutschen Mission in Paris
– Karl Bergmeister – von Deutschland kommend die Grenzübergangsstelle
Nennig-Bhf. in Richtung Frankreich.

**bitte wenden!**

556a - 51 N. F.

Um 2,52 Uhr, Ministerialrat - Kurt Cierold - und Reg.-Rat - Joachim Sonnenhöfer -, beide aus Bonn, von Frankreich kommend die Grenzübergangsstelle Nennig-Bhf. in Richtung Deutschland.

" 3,19 Uhr, der Leiter der Bundesvertretung bei der OEEP in Paris - von Mangold-Reiboldt - aus Bonn die Grenzübergangsstelle Homburg-Bhf. in Richtung Deutschland.

" 5,25 Uhr, ein Sonderzug mit 295 Angehörigen der Garde Mobill von Frankreich kommend die Grenzübergangsstelle Homburg-Bhf. in Richtung Deutschland.

" 7,45 Uhr, der franz. General - Gillis - die Grenzübergangsstelle Nohfelden-Str. in Richtung Saarland.

" 8,20 Uhr, der kath. Geistl. - Rausch - aus Arweiler die Grenzübergangsstelle Britten-Str. in Richtung Deutschland.

" 9,40 Uhr, die Herren der offiziellen engl. Mission - S.J.Buckley-, - A.L.Parker - und - I.P.Byrne - die Grenzübergangsstelle Homburg-Bhf. in Richtung Deutschland.

" 9,45 Uhr, der kath. Geistl. - Albert Becker - aus Saarbrücken die Grenzübergangsstelle Nohfelden-Str. in Richtung Saarland.

" 9,50 Uhr, der Redakteur - Jakob Biegel - und der Journalist - Gerhard Steigner - aus Zweibrücken die Grenzübergangsstelle Einöd-Str. in Richtung Saarland und um 16,10 Uhr, wieder in Richtung Deutschland.

" 10,00 Uhr, der schwedische Journalist - Carl Görran-Görranson - die Grenzübergangsstelle Türkismühle-Bhf.in Richtung Saarland.

" 10,05 Uhr, der evgl. Kirchenrat - Otto Wehr - aus Saarbrücken die Grenzübergangsstelle Eichelscheid-Str. in Richtung Deutschland.

" 10,10 Uhr, der kath. Geistl. - Peter Johann Deschang - aus St. Wendel die Grenzübergangsstelle Nohfelden-Str. in Richtung Deutschland und um 21,30 Uhr, wieder in Richtung Saarland.

" 10,30 Uhr, die kath. Geistl.- Alois - und - Peter Funk - und der Zeitungsverleger - Johann Zimmer -, alle aus Trier die Grenzübergangsstelle Weiten-Str. in Richtung Saarland.

" 10,40 Uhr, der evgl. Geistl. - Werner Linz - die Grenzübergangsstelle Einöd-Str. in Richtung Saarland.

" 11,00 Uhr, der Journalist - Otto Kapp - aus Ludwigshafen die Grenzübergangsstelle Eichelscheid-Str. in Richtung Deutschland.

" 12,25 Uhr, der Landrat von Homburg - Trittelvitz - die Grenzübergangsstelle Einöd-Str. in Richtung Deutschland und um 14,00 Uhr wieder in Richtung Saarland.

" 13,15 Uhr, der Präsident der evgl. Kirche - Reinhold Thadden - Trieglaff - aus Fulda die Grenzübergangsstelle Eichelscheid-Str. in Richtung Saarland.

" 13,40 Uhr, der Bildberichterstatter - Georg Schürrer - aus München die Grenzübergangsstelle Einöd-Str. in Richtung Deutschland.

" 14,34 Uhr, der Kapuzinerpater - Alois Wendel - aus München die Grenzübergangsstelle Einöd-Bhf. in Richtung Deutschland.

" 14,40 Uhr, der franz. General - Descour - die Grenzübergangsstelle Britten-Str. in Richtung Saarland und um 18,00 Uhr wieder in Richtung Deutschland.

" 16,01 Uhr, Ober-Reichsbahnrat - Franz Biehler - aus Kaiserslautern die Grenzübergangsstelle Homburg-Bhf. in Richtung Deutschland.

Um 16,20 Uhr, der kath. Geistl. und Direktor des Caritasverbandes – Paul Fechler – aus Trier die Grenzübergangsstelle Nohfelden-Str. in Richtung Deutschland.

" 17,55 Uhr, der kath. Geistl. – Jakob Büchler – aus Merzig die Grenzübergangsstelle Einöd-Str. in Richtung Saarland.

" 18,00 Uhr, Pol.-Direktor – Kirstein – die Grenzübergangsstelle Eichelscheid-Str. in Richtung Deutschland.

" 20,46 Uhr, Ober-Reg.-Rat – Alois Baßler – aus Neunkirchen die Grenzübergangsstelle Homburg-Bhf. in Richtung Saarland.

" 21,45 Uhr, die kath. Geistl. – Anton Didas – aus Idar-Oberstein und – Bernhard Schwarz – aus Speyer die Grenzübergangsstelle Nohfelden-Str. in Richtung Deutschland.

" 22,09 Uhr, der Chefredakteur – Josef Hoppen – aus Saarbrücken die Grenzübergangsstelle Türkismühle-Bhf. in Richtung Saarland.

Seit 3 Tagen stehen auf deutscher Seite, ungefähr 50 – 100 m der deutschen Zollgrenze entfernt, Zeitungsverkäufer, welche–Die deutsche Saarzeitung – an vorübergehende Saarländer verkaufen.

Mehreren Saarländern wurden bei der Einreise in das Saarland – Die deutsche Saarzeitung – beschlagnahmt und der Reisepaß eingezogen.

Mit Genehmigung des Leiters des Grenzdienstes reis ten am 18.6.52 folgende Personen in das Saarland ein:

1/2) Geissler, Karl, geb.26.11.24 und dessen Ehefrau Gerlinde geb. Schmitz, geb. 3.4.25, wohnhaft in Nohnfeld.
Grund: Beerdigung der Großmutter.

3) Wolf geb. Schmitz, Emma, geb. 10.5.12, wohnhaft in Kaiserslautern. Grund: Besuch von Verwandten.

4) Marx geb. Wiechmann, Helene, geb.28.10.10, wohnhaft in Bottrop Grund: Besuch von Verwandten.

Beglaubigt:

( M o h r )
Krim.-Sekretär

gez. J.H. Becker
Polizeirat und Leiter
des Grenzdienstes

V e r t e i l e r :

Herrn Minister des Innern,
Herrn Landespolizeipräsident Lackmann,
P 6 ,
Zu den Akten.

51

angehörigkeit besitzen, würden als Ausländer gelten, und zwar mit allen unvermeidlichen Folgen, die sich für das bürgerliche Leben daraus ergeben.« In der folgenden Sitzung der Kommission vom 12. Juni 1947 stellte Hoffmann dann zur Frage der saarländischen Staatsangehörigkeit fest (Stöber, S. 110): »Ich glaube, daß der Wunsch von der französischen Regierung geäußert wurde, diesen Begriff in der Verfassung festzulegen. Wir können uns ja mal die Richtlinien geben lassen, nach denen wir den Begriff behandeln wollen.« In der nächsten Sitzung betonte dann das CVP-Mitglied Erwin Müller die Dringlichkeit der Regelung, wer Saarländer sei, weil davon auch das Wahlrecht abhinge: »Die Militärregierung bittet darum, daß dieser Punkt vordringlich behandelt wird. Der Entscheid wird Herrn General König zugeleitet.« In der folgenden Sitzung berichtete wiederum Erwin Müller: »Ich hatte heute morgen noch einmal Gelegenheit, bei der Militärregierung mit dem Referenten des Gouverneurs Rücksprache zu nehmen. Er sagte, daß die Anregungen, die der Herr Gouverneur zur Festlegung der Bestimmungen über das Wahlrecht usw. gegeben habe, gewisse Modifikationen vorschlügen . . .«

Die Konsequenzen der »Anregungen des Herrn Gouverneur« erörterte die Kommission dann am 13. August 1947. Das Protokoll besagt darüber (Stöber, S. 227): »Präsident Hoffmann (CVP): Schaffen wir uns nicht zweierlei Recht? So gut wie der Franzose Saarländer werden kann, muß es auch der Deutsche werden können.

*Levy* (der Vertrauensmann der Militärregierung, Anm. d. Verf.): Nur wird derjenige, der in Zukunft die deutsche Staatsangehörigkeit erwirbt, die saarländische nicht haben können.

*Präsident Hoffmann:* Also doch zweierlei Recht.

*Levy:* Das ist die Konsequenz der Unabhängigkeit von Deutschland. Wir haben hier erstens die territoriale und zweitens die personelle Unabhängigkeit.

*Präsident Hoffmann:* Das muß nicht ausdrücklich festgelegt werden.

*Levy:* Ich möchte eine andere kürzere Formulierung vorschlagen: *Mit der saarländischen Staatsangehörigkeit ist nur die französische vereinbar.* Der Deutsche, der hier ist, kann ungestört hier bleiben, er soll nur staatsbürgerlich nicht mitbestimmen können. Lassen Sie bei dieser organischen Verbindung mit Frankreich diesen Widerstreit zu, dann entstehen Schwierigkeiten.«

Nach der taktischen Ansicht Hoffmanns, man brauche eine solche Diskriminierung nicht ausdrücklich in der Verfassung zum Ausdruck zu bringen, brachte man diese Regelung dann in das besondere saarländische Staatsangehörigkeitsgesetz, dessen einzelne Voraussetzungen weitgehend auf die schon behandelte Denkschrift des Botschafters Abel Verdier (oben S. 46) zurückgehen. Danach gab es Bürger zweierlei Rechts, völlig im Widerspruch zu Art. 12 SVerf., der das ausdrückliche Grundrecht verankern sollte: »Alle Menschen ohne Unterschied des Geschlechts, der Rasse, der Herkunft, der religiösen und der politischen Überzeugung sind vor dem Gesetz gleich.« Es gab also an der Saar Menschen, die Franzosen und Saarländer waren, Saarländer, die keine Deutschen sein durften und Deutsche, die keine Saarländer waren. So bestimmte es jedenfalls die nicht von Gott, aber von den Franzosen gewollte Ordnung. Natürlich konnte den Nichtsaarländern, also Ausländern im Sinne des Gesetzes, jederzeit die Aufenthaltserlaubnis entzogen und sie konnten abgeschoben werden. Es genügte, daß diese »Ausländer« – sprich: fast nur Deutsche – durch ihr Verhalten wichtige Belange des Saarlandes gefährdeten« (§ 5, 1, a des Aufenthalts-Gesetzes).

Durch die starke Einschränkung des Personenkreises der »Saarländer« und der Schaffung einer jederzeit auszuweisenden großen Anzahl von Nichtsaarländern, die natürlich unter ständigem Druck standen und dadurch zum Wohlverhalten gegen die politische Zielsetzung gezwungen waren, kam zweifelsohne der Komplex zum Ausdruck, der die Maßnahmen der Franzosen in den ersten Jahren ihrer Präsenz an der Saar beherrscht hat: Die politische Meinung der Saarländer seit 1815 sei das Ergebnis einer Verfälschung durch das Preußentum und die Nazis gewesen. Wir haben die zahlreichen Erklärungen und Hinweise in dieser Richtung bereits ausführlich wiedergegeben. Hier noch ein Satz, den Gouverneur Grandval in der Eröffnungssitzung den Abgeordneten des saarländischen Landtages mit auf den Weg ihrer gesetzgeberischen Arbeit zum »Wohle der Saarbevölkerung« gab: »Alle politischen Verhältnisse, alle Beziehungen zwischen den Nachbarvölkern wurden durch das Preußentum gefälscht, und das Saarland, das seinen Irrtum von 1935 teuer bezahlt hat, war auch eines der hauptsächlichsten Opfer dieser imperialistischen Umklammerung« (Prot. vom 14. Oktober 1947, S. 3).

So hatte sich besonders in der Gesetzgebung des Saarlandes über das Recht seiner Bürger der französische Standpunkt durchgesetzt. Dadurch wurde jedoch, wie sich später immer wieder herausstellte, so viel Unrecht erzeugt, daß die Maßnahmen letzten Endes nur die »Fremdherrschaft« dokumentierten und die Saarbevölkerung in ständig steigendem Maße zur Ablehnung eines solchen Regimes veranlaßten.

Als Beispiel sei nur eine einzige Maßnahme aus der Reihe der vielen Fälle erwähnt: Die Aberkennung der saarländischen Staatsangehörigkeit und anschließende Ausweisung der beiden im Saarland ansässigen und die saarländische Staatsangehörigkeit besitzenden Bundestagsabgeordneten! Die Bestimmungen der beiden Gesetze waren also so weitgehend, daß selbst die Annahme eines Abgeordnetenmandates im Deutschen Bundestag ausreichte, um die Menschen aus ihrer Heimat zu vertreiben.

Bald nach der Regelung der Staatsangehörigkeit ging man an der Saar daran, dem mit List und Tücke geschaffenen, von Deutschland getrennten und wirtschaftlich an Frankreich angeschlossenen »Staat« einen innerstaatlichen Schutz zu verschaffen, obwohl bei der Ausarbeitung der Verfassung eine solche Staatlichkeit gar nicht gewollt und auch nicht in die Verfassung hineingenommen worden war.

Unter der Begriffsbestimmung »Staatsschutzgesetze« – die Saarländer nannten sie nur *Maulkorbgesetze* – wurden Anfang 1950 dem Landtag zwei Gesetzentwürfe vorgelegt, die in der nur denkbar schärfsten Form den »Bestand« des neuen Staatsgebildes sichern und jede »geistige« Opposition unterdrücken sollten. Durch das schnell verabschiedete Änderungsgesetz zum alten deutschen Strafgesetzbuch wurden die Strafvorschriften gegen Hoch- und Landesverrat auf das Saarland zugeschnitten. In § 80 hieß es jetzt: »Wer es unternimmt, die verfassungsmäßige Staats- und Regierungsform des Saarlandes ... (gewaltsam oder unter Mißbrauch formalrechtlicher Befugnisse) zu ändern oder zu beseitigen, wird mit Zuchthaus ... bestraft.« Besonderen Schutz erfuhr die Regierung Hoffmann: »Wer öffentlich oder in einer geschlossenen Versammlung oder durch Verbreitung von Druckwerken, Schriften oder Abbildungen oder anderer Darstellungen, Beleidigungen oder unwahre Behauptungen über Mitglieder der Landesregierung aufstellt, die geeignet sind, das Ansehen der Regierungsmitglieder zu untergraben, wird mit Gefängnis bestraft.« Natürlich dehnte man diese Strafbestimmungen aus: »Richtet sich eine Handlung der in den §§ 87 bis 90

# Was der Saarländer von seinem Staat wissen muß

### Einführung in die saarländische Staatsbürgerkunde

SSE-VERLAG

rücker Zeitung

Auftraggeber:

Auftrag-Nr. 551/1

## Mission Diplomatique

Inhalt:

### 100 Broschüren „Staatsbürgerkunde"

A. LAURIOLLE

Herr Grandval bestimmt: Kommentar überflüssig!

# SAARFAUST

*Arbeiter der Gemeinde Dudweiler, die kürzlich im Hinblick auf die bevorstehenden Feierlichkeiten zum zweihundertsten Geburtstag Goethes mit der Reinigung der Gedenktafel am Brennenden Berg beschäftigt waren, fanden dort ein bisher unbekanntes Manuskript, das der grosse Olympier in visionärer Voraussicht in einer Felsspalte versteckt hatte. Das Manuskript enthält eine wahrscheinlich nicht ganz vollendete Variation der grossen Tragödie Faust und trägt den Titel „Saarfaust". Der Tintenfisch hat sich als einzige Zeitung des Abendlandes das Nachdrucksrecht gesichert und bringt seinen Lesern nachstehend einen Abdruck dieses köstlichen Werkes.*

### VORSPIEL IM PARLAMENT

*(Ministerpräsident, Leiter des Informationsamtes, Tintenfisch)*

**Ministerpräsident:**
Ihr beiden, die ihr mir so oft
In Not und Trübsal beigestanden,
Sagt, was in uns'res Saargebietes Landen
Ihr wohl von uns'rer Unternehmung hofft?
Ich wünsche sehr der Menge zu behagen.

**Leiter des Informationsamtes:**
Oh sprich mir nicht von jener Menge,
Bei deren Anblick mir der Geist entflieht!
Verhülle mir das wogende Gedränge,
Das wider Willen uns zum Strudel zieht.

**Tintenfisch:**
Wer sich behaglich mitzuteilen weiss,
Den wird des Volkes Laune nicht erbittern;
Fasst Phantasie mit allen ihren Chören,
Vernunft, Verstand, Empfindung, Leidenschaft,
Doch merkt euch wohl! nicht ohne Narrheit hören.

### PROLOG IM SCHLOSS

Die Kohle russt nach alter Weise
Im Feuerflammenwettgesang
Und ihre vorgeschrieb'ne Reise
Vollendet sie im Kollergang.
Ihr Anblick gibt den Herren Stärke,
Wenn keiner sie ergraben mag.
Die grossen Eisenhüttenwerke
Sind dreckig wie seit Jahr und Tag.

### DER TRAGÖDIE ERSTER TEIL

*Nacht*

**Saarfaust:**
Habe nun, ach, Germanistik,
Französisch, Völkerbundsmelodien
Und leider auch noch Politik
Durchaus studiert mit heissem Bemühn.
Da steh ich nun so armer Tor
Und bin so klug als wie zuvor.

**Bergmann:**
Verzeiht! Ich hört Euch deklamieren.
Ihr last gewiss ein griechisch Trauerspiel.
In dieser Kunst möcht ich was profitieren.

**Saarfaust:**
Du bist dir nur des einen Triebs bewusst,
Oh, lerne nie den andern kennen!
Zwei Seelen wohnen, ach! in meiner Brust,
Die eine will sich von der andern trennen;
Die eine hält in derber Liebeslust
Sich an die Welt mit klammernden Organen;
Die andre hebt gewaltsam sich vom Dust
Zu den Gefilden hoher Ahnen.
Ha! wie's in meinem Herzen reisst!
Zu neuen Gefühlen
All meine Sinne sich erwühlen.
Ich fühle ganz mein Herz dir hingegeben.
Du musst! Du musst! Und kostet's mein Leben!

**Mephistopheles:**
Wozu der Lärm? Ich bin schon da.

**Saarfaust:**
Wie nennst du dich?

**Mephistopheles:**
Ich bin ein Teil von jener Kraft,
Die stets das Gute will,
und stets das Böse schafft.
Was steht dem Herrn zu Diensten?

**Saarfaust:**
Ich fühle mich seit Jahr und Tagen
Recht schlecht und voller Unbehagen;
In meiner Brust der Tatendrang
Ist schon gefesselt überlang.
Oh, käme jetzt ein Führer nur,
Der mir befiehlt, ich folg ihm stur.

**Mephistopheles:**
Das ist nicht ungefährlich, Freund,
Die Fahne, der du folgen willst,
Ist allzu leicht mit dem Tod vereint.

**Saarfaust:**
O selig der, dem man im Siegesglanz
Die blut'gen Lorbeer um die Schläfe windet!

**Mephistopheles:**
Ein solcher Auftrag schreckt mich nicht.
Mit solchen Schätzen kann ich dienen.
Nur eins! — Um Lebens oder Sterbens willen
Füll diesen Wahlzettel mir aus.

**Saarfaust:**
Wohlan, es sei! Sieg Heil!

### Im Führerhauptquartier

*(Böllerschüsse ertönen, Fahnen wehen.
Marschmusik erklingt)*

**Der Führer:**
Von allen Seiten her kommt die frohe Botschaft an.
Beruhigt ist das Reich, euch freudig zugetan.
Hat sich in unsern Kampf auch Gaukelei geflochten,
Am Ende haben wir allein doch gut gefochten.

**SS-Mann:**
Wenn einer mir ins Auge sicht,
Werd ich ihm mit der Faust gleich in die Fresse fahren.
Und eine Memme, wenn sie flieht,
Fass ich bei ihren letzten Haaren.

**Saarfaust** *(erwachend)*:
Welch greulich Schicksal droht mir ungeheuer?

EDEL
SEI DER MENSCH
HILFREICH
UND GUT
GOETHE

*Gleich allen Vereinen, Verbänden usw. widmete auch der Verband ehem. Taschendiebe e. V. dem grossen Meister ein inniges Gedenken.*

Der Dachstuhl prasselt, schon züngelt das Feuer,
Die trockenen Scheite, ringsumher verschränkt
Mit Pech und Schwefelruten untermengt.
Bin ich dann abermals betrogen?
Dass mir ein Traum den Teufel vorgelogen?

**Mephistopheles:**
O glaube mir, der manche tausend Jahre
An dieser harten Speise kaut,
Dass von der Wiege bis zur Bahre
Kein Mensch je diesen Sauerteig verdaut.

**Saarfaust:**
Allein bin ich denn, wenn es nicht möglich
Der Menschheit Krone zu erringen, ist
Nach der sich alle Sinne dringen?

**Mephistopheles:**
Du bist am Ende — was du bist.
Setz Helme auf dein Haupt dir, aller Sorten,
Zieh Uniformen an mit Millionen Orden,
Du bleibst doch immer was du bist.

### DER TRAGÖDIE ZWEITER TEIL

*Spaziergang*

**Saarfaust:**
Wohin soll es nun gehen?

**Mephistopheles:**
Wohin es dir gefällt.
Wir sehn die kleine, dann die grosse Welt.
Mit welcher Freude, welchem Nutzen
Wirst du den Cursum durchschmarutzen.

**Saarfaust:**
Allein bei meinem langen Bart
Fehlt mir die leichte Lebensart.
Es wird mir der Versuch nicht glücken
Ich wusste nie mich in die Welt zu schicken.
Vor andern fühl' ich mich so klein,
Ich werde stets verlegen sein.
Auch wähnt der Hunger in meinem Gedärme
Und meiner Stube fehlt es an Wärme.
Mir ist von alledem so dumm,
Als ging mir ein Mühlrad im Kopf herum.

**Bergmann** *(gesellt sich zu ihnen)*:
Mir geht es gut, ich wirke im Tiefen,
Mir helfen die Geister, die mich riefen.
Zwar grabe ich Kohlen in Nacht und Dreck,
Doch habe ich Nudeln, Weissbrot und Speck.
Ein Narr, wer die Stunde nicht nützet aus,
Er geht vor die Hunde, im eigenen Haus.

**Mephistopheles:**
Der Knappe ist ein kluger Mann,
Drum nimm ihn zum Exempel an.
Fasse wacker meinen Zipfel,
Hier ist solch ein hoher Gipfel,
Wo man mit Erstaunen sieht,
Wie im Berg der Mammon glüht.
Helfe fleissig ihn vermehren
Und du brauchst nichts zu entbehren.

**Gretchen** *(gesellt sich zu ihnen)*:
Versprich mir Heinrich, guter Mann,
Der du seit je für mich getan
Was nur in deinen Kräften stund,
Hör auf Mephistos gute Kund:
Wir wollen nicht mehr länger darben,
Es reifen überall die Garben,
Ich bitte dich, hab doch Erbarmen!
Nach Golde drängt, am Golde hängt
Doch alles. Ach wir Armen!

**Saarfaust:**
Was soll ich tun?

**Mephistopheles:**
Nur eins! — Um Lebens oder Sterbens willen
Füll diesen Wahlzettel mir aus!

**Saarfaust:**
Wohlan! Es sei!
Du hast zwar immer die gleichen Methoden,
Doch haben sie scheinbar goldenen Boden.
Nun zeige deine Schätze mir!

**Mephistopheles:**
Sieh her! Ein Hektoliter echtes Bier,
Und Fleisch und Brot, soviel du willst.
Damit du deinen Hunger stillst.
Mastgänse, lecker anzuschaun,
Wein, Kognak, herrlich goldnen Wein,
Wie wir's mit einem feisten Bauch
Freund Saarfaust, na, wohl wert ...

**Saarfaust:**
Zu diesem Augenblick
Verweile doch, du ...
Doch, mit Verstand ...

... Möcht ich ...

E N T W U R F
E I N E R   K O N V E N T I O N

betreffend Ausübungs-Verfahren und -Bedingungen
der Befugnisse
des Vertreters der französischen Republik im Saarland.

- - - -

In Anbetracht der Tatsache, dass das Volk an der Saar
durch seine Verfassung seine Zukunft auf den wirtschaftlichen
Anschluss an die Französische Republik und die Währungs- und
Zolleinheit mit ihr gegründet hat,

In Anbetracht der Tatsache, dass gemäss dem Wortlaut die-
ser Verfassung sich daraus ergeben:
" Die Landesverteidigung und die Vertretung der saarlän-
dischen Interessen im Ausland durch die französische Republik,
Die Anwendung der französischen Zoll- und Währungsgesetze
im Saarland,
Die Bestellung eines Vertreters der Regierung der franzö-
sischen Republik mit Verordnungsrecht zur Sicherstellung der
Zoll- und Währungseinheit und einer Aufsichtsbefugnis, um die
Beobachtung des Statuts zu garantieren",

haben die beiden Regierungen für nötig erachtet, das
Ausübungs-Verfahren und die Ausübungs-Bedingungen der hierdurch
dem Vertreter der Regierung der französischen Republik im
Saarland zuerkannten Befugnisse zu erläutern; sie haben zu
diesem Zweck folgendes vereinbart :

ART. I

Die Verfügungen, Anordnungen, und Verordnungen, die vom
Hohen Kommissar der französischen Republik im Saarland bis zum
Abschluss dieser Konvention erlassen wurden, bleiben solange
in Kraft, bis sie durch Gesetze oder Durchführungs-Bestimmungen

ART. 5

Die Zuerkennung der saarländischen Staatsangehörigkeit durch Einbürgerung wird vom vorherigen Visum des Vertreters der französischen Republik im Saarland abhängig
gemacht, soweit die Ausnahmebestimmungen des Art. ... des
Gesetzes vom 15.Juli 1948 über die saarländische Staatsangehörigkeit zur Anwendung kommen.

53
Der Entwurf des Geheimprotokolls von 1950. Das für Johannes Hoffmann persönlich bestimmte
Exemplar Nr. 1 des von Grandval »gestempelten« Entwurfs. Man beachte besonders Art. 5!

54
Grandval und Hoffmann

**Sind sich einig**

55
Grandval und Hector

56
Bidault und Hoffmann

bezeichneten Art gegen die Person oder das Amt (!, d. Verf.) des Vertreters eines ausländischen Staates im Saarland, so trifft den Täter die in den §§ angedrohte Strafe.«

Noch dreister war der – *später allerdings gescheiterte Versuch* –, ein weiteres Gesetz »zum Schutze der demokratischen Staatsordnung des Saarlandes« (Drucksache Nr. II/398) im Landtag durchzubringen. Dieser Entwurf hatte nur ein Vorbild: Die Notverordnung des französischen Präsidenten der Regierungskommission des Saargebietes vom 7. März 1923 (Amtsblatt der Reg. Kom. 1923, S. 49 f.). Diese Notverordnung hatte schon 1923 alle freiheitlich denkenden Menschen aufs tiefste empört und der Sache Frankreichs und des Völkerbundes allergrößten Schaden zugefügt. Wer die Notverordnung des französischen Präsidenten Rault von 1923 und den Entwurf des Herrn Hector von 1950 vergleicht, erkennt alsbald, wie sehr sich der Verfasser des jüngsten Gesetzesentwurfes an das berüchtigte Vorbild gehalten hat. Wo im Entwurf 1950 neben der »verfassungsmäßigen Ordnung« schon das »Amt« des Herrn Grandval als solches – außer seiner Person – durch harte Strafen geschützt werden sollte, lautete 1923 die analoge Bestimmung des Art. 2 NotVO: »Mit Gefängnis bis zu 5 Jahren ... wird bestraft, wer öffentlich oder in einer Versammlung

a) den Friedensvertrag von Versailles verächtlich macht,

b) ferner wer erstens den Völkerbund, dessen Mitglieder oder die Signatarmächte des Friedensvertrages von Versailles, zweitens die Regierung des Saargebietes, ihre Mitglieder oder die von ihr getroffenen Einrichtungen oder die Beamten, welche beauftragt sind, die Einrichtungen durchzuführen oder in Gang zu halten,

beschimpft oder verleumdet.«

Nach dem Willen Grandvals und Hoffmanns sollten noch 1950 »mit Gefängnis nicht unter einem Monat und mit Geldstrafen bis zu 200 000 Franken bestraft werden: Wer wider besseres Wissen unwahre oder entstellende Behauptungen über Ereignisse oder Verhältnisse im Saarland verbreitet, die geeignet sind, Unruhe in die Bevölkerung zu tragen (§ 1 Abs. 1, Satz 1), und Satz 2: »Die gleiche Strafe trifft den, der Berichte oder Mitteilungen über tatsächliche Vorkommnisse oder Zustände des Saarlandes in entstellter Form oder in einer Form, die geeignet ist, den öffentlichen Frieden des Saarlandes oder die Beziehungen zu den Nachbarländern zu stören, verbreitet!« Auch die Informierung der Presse sollte durch das »Maulkorbgesetz« besonders unter Strafe »mit Gefängnis nicht unter drei Monaten und mit einer Geldstrafe von 50 000 bis 500 000 Franken« gestellt werden. Wörtlich sah § 2 Absatz 1 des Entwurfes vor: »Wer der ausländischen (gemeint war natürlich nur die deutsche, Anm. d. Verf.) Presse oder einer ausländischen Behörde (damit waren unsere Kontaktstellen in der Bundesrepublik gemeint, Anm. d. Verf.) Berichte oder Mitteilungen unmittelbar oder mittelbar liefert oder zur Verfügung stellt, auf welche die in § 1 bezeichneten Merkmale zutreffen. (so § 2 Abs. 1).« In § 2 der Bestimmungen wurde die gleiche Strafe angedroht: »Wer in ... Versammlungen, in Druckerzeugnissen ... das saarländische Volk oder Angehörige desselben wegen ihrer verfassungstreuen Haltung oder das Eintreten für das Zustandekommen oder die Aufrechterhaltung der Verfassung beschimpft oder sonstwie verächtlich macht (§ 2, Abs. 2).«

§ 3 des Entwurfs sah vor: »Wer ohne Genehmigung eine politische Partei oder Gewerkschaft oder eine diesen ähnliche Vereinigung gründet oder ihr beitritt, wird mit Gefängnis nicht unter drei Monaten bestraft.«

§ 4 des Entwurfs drohte dann Sanktionen an gegen Personen, die wegen einer der aufgeführten Tatbestände verurteilt worden wären: »Nach einer rechtskräftigen Verurteilung ... kann die Regierung des Saarlandes: a) Bedienstete des Staates, einer Gemeinde oder sonstiger Körperschaften des öffentlichen Rechts, fristlos entlassen;

b) Angehörigen freier Berufe die Ausübung des Berufes untersagen (hierin sahen viele Beobachter eine »lex Schneider«, Anm. d. Verf.);

c) Genehmigung zum Gewerbebetrieb jeglicher Art widerrufen (hierin sah man eine »lex Richard Becker«, Anm. d. Verf.).«

Den Höhepunkt der Zwangsmaßnahmen enthielt Absatz 2 dieser vorgesehenen Vorschrift. Dort hieß es: »Die in Absatz 1 (§ 4) genannten Maßnahmen können auch ohne Vorliegen einer strafgerichtlichen Verurteilung gegen Personen ergriffen werden, die den saarländischen Staat ablehnen oder verächtlich machen und dem Ausdruck geben.«

Gerade dieser letzte Entwurfstext offenbart mit besonderer Deutlichkeit, welche Grundeinstellung die Verfechter dieser Knebelungsgesetze hatten. Bedenkt man, daß im Zeitpunkt der Einbringung des Entwurfes im Landtag des Saarlandes über dessen Beitritt zum Europarat mit der Verpflichtung zur Wahrung von Freiheit und Menschenrechten noch nicht entschieden war, dann folgt daraus zugleich, wie sicher sich die französisch-saarländische Seite damals gefühlt haben muß.

Trotzdem erhob sich ein Sturm der Entrüstung, als Johannes Hoffmann mit dem Brustton der Überzeugung diese Unterdrückungsgesetze im Landtag begründete und die saarländische Presse darüber berichtete (Prot. vom 26. Januar 1950, S. 78). Selbst dem Koalitionspartner Hoffmanns, der SPS, war das zu viel, und die französische Zeitung »Le Figaro« brachte den (oben S. 106) (Abb. 33) schon zitierten Artikel: »Ein gefährlicher Weg«, allerdings mit dem Versuch, die Verantwortung für diese unglaublichen Bestimmungen allein der Regierung Hoffmann zuzuschieben zu wollen. Wir werden noch sehen, daß auch hier Übereinstimmung mit dem Hohen Kommissar bestand, wenn der Entwurf nicht überhaupt von französischer Seite erarbeitet und der Regierung Hoffmann zur Einbringung und Verabschiedung im Landtag vorgelegt worden ist. Jedenfalls wagten weder die saarländische Regierung, noch Kommissar Grandval, noch der Landtag, dieses Gesetz über eine erste Lesung hinauszubringen. Man zog den Entwurf zwar nicht zurück, ließ ihn aber durch den Ablauf der Legislaturperiode im Jahre 1952 stillschweigend untergehen. Die politische Wirkung dieses wirklichen »Maulkorbgesetzes« blieb nicht aus. Die mit dem Gesetz beabsichtigte Abschreckung trat ein. Jetzt war es noch schwieriger, sich zu einer Opposition zu bekennen und »gegen den Stachel zu löcken«.

Typisch für die Einschüchterung der Bevölkerung ist das folgende Schreiben an die DPS:

Auto-Söll                                                    Lebach, den 20. Februar 1951
Lebach/Saar

An die                                                                            Einschreiben!
Demokratische Partei Saar
Saarbrücken

Teile gefl. mit, daß ich mich hiermit aus der DPS abmelde.
Gründe:

Wegen meines vorgeschrittenen Alters ist es mir zu gefährlich, einer Oppositions-
partei anzugehören, wo es nicht ausgeschlossen erscheint, wie Nr. 21 ersichtlich, mit
Ausweisungen zu rechnen ist.
Auch habe ich wegen des Wiederaufbaus jede Minute nötig daselbst aufzuwenden.

Hochachtungsvoll . . .

Ist nach alledem verwunderlich, daß die DPS infolge dieser Unterdrückungsmaßnahmen ihre vor dem Verbot im Mai 1951 entfaltete Tätigkeit unter das Motto stellen mußte, das Richard Becker selbst geprägt hat: »Wer die Freiheit will und Mut
besitzt, der komme zur DPS (siehe Abb. 107).

Neben der Abschreckung hatte dieser Gesetzentwurf aber auch eine zweite, von seinen Verfassern nicht erwartete Wirkung: Die Bevölkerung empörte sich im Stillen,
man wartete eben auf den Tag, an dem die Quittung gegeben werden konnte! Auch
hier verkannten die französisch-saarländischen Machthaber die Weisheit des Wortes:
»gouverner c'est prévoir!«

Der wesentliche Kern der französischen Saar-Regelung nach dem Zweiten Weltkrieg
war die wirtschaftliche Beherrschung des Landes durch Überleitung aller ins Gewicht
fallenden Unternehmungen in französischen Besitz oder Verwaltung. Darüber hatte
Bundeskanzler Dr. Adenauer am 18. November 1952 im Bundestag klare Worte ausgesprochen: »Der deutsche Standpunkt war der folgende: Ein Gebiet von der Größe
und der wirtschaftlichen Struktur der Saar ist, wenn es wirtschaftlich von Frankreich
völlig abhängig ist, auch politisch von Frankreich abhängig« (Prot. S. 10922). Als
Reparationsforderungen waren in erster Linie die saarländischen Kohlengruben mit
ihren rund 65 000 Beschäftigten sequestiert und dann unter der Leitung des französischen Generaldirektors Couture in französische Regie genommen worden. Alle
Direktoren und leitenden Stellen wurden mit Franzosen besetzt, deutsche Bergbau-
beamte und -ingenieure entlassen und meist sofort ausgewiesen. Durch die Grubenkonvention vom 3. März 1950 sicherte sich Frankreich auch in formaler Hinsicht das
»Recht« – von der Regierung Hoffmann anerkannt – auf Ausbeutung der Saargruben
auf die Dauer von 50 Jahren, das wäre also bis zum Jahre 2000 gewesen! Als »Gegenleistung« erhielt das Saarland von der Régie des Mines de la Sarre einen Pachtbetrag
– zugleich als Abgeltung für alle etwaigen Steueransprüche des Saarlandes gegen die
Régie des Mines – von sage und schreibe 30,– Franken, damals (1950) ganze 35 Pfg.
je Tonne geförderter Kohle. Dafür mußte der saarländische Landeshaushalt aber den
etwa siebenfachen Betrag der jährlichen Pachtsumme als Zuschüsse an die Saarknapp-
schaft leisten, um die Renten und Altersversorgung der Bergleute und Bergbauangestellten aufrechtzuerhalten. Wahrhaftig ein glänzendes Geschäft – für die Franzosen, auf Kosten der saarländischen Steuerzahler! Wen wundert es also, daß in der
Bevölkerung, vor allem unter den Bergarbeitern, eine ständig steigende Verbitterung
um sich griff.

Mit rund 32 000 Beschäftigten waren die saarländischen Hüttenwerke – die eisenschaffende Industrie – der nächstgrößte Arbeitgeber. Die Röchling-Werke in Völklingen waren mit ihren damals rund 13 000 Beschäftigten der größte Hüttenbetrieb
und von den Franzosen nach den Gruben sofort als Reparationsgut in Besitz genommen worden. Auf der Brüsseler Reparationskonferenz wurden 30 Millionen Reichsmark auf Reparationskonto für die Röchling-Werke gutgeschrieben, der wirkliche

Wert ging in die Hunderte von Millionen DMark. Neben dem materiellen Wert war der »Besitz von Röchling« ein Politikum ersten Ranges. Schon vor 1935 ging an der Saar und »im Reich« das geflügelte Wort um: »Wer Röchling hat, hat die Saar!« Die Franzosen glaubten daher nach 1945, mit dem Besitz von Röchling auch die Saar fest in Händen zu halten. Der sehr tüchtige und die Interessen Frankreichs nachhaltig vertretende Fachmann, Generaldirektor Georges Thédrel übernahm die Verwaltung, er blieb bis zum Ende der französischen Ära an der Saar im Jahre 1956.

Es verlohnt sich schon, einmal einen Blick in die maßgebende Anordnung der Militärregierung vom April 1946 zu tun, um die zwangsweise befohlene Zusammensetzung des Verwaltungsrates für die sequestrierten Röchling-Unternehmungen kennen zu lernen: Mit Ausnahme des Vertreters der Gewerkschaften waren sämtliche übrigen 6 Mitglieder französische Staatsangehörige. Die spätere Entwicklung hat gezeigt, daß auch diese Bemühungen der Franzosen vergeblich waren. Wir haben schon einmal darauf hingewiesen, daß von allen größeren Gemeinden die Stadt Völklingen einen besonders hohen Anteil von NEIN-Stimmen aufwies, sie lag mit 72,3 Prozent rund 5 Prozent über dem Landesdurchschnitt! In diesem Abstimmungsergebnis lag nicht nur das Bekenntnis zur angestammten Familie Röchling, sondern auch eine eindeutige Absage an die von der Gegenseite angewandten Methoden gegen das Werk.

Außer den Röchlingwerken in Völklingen wurden auch das Neunkircher Eisenwerk, vormals Gebr. Stumm, als Reparationsgut sequestriert und – bei Anrechnung eines Betrages von rund 9,2 Millionen RM (einschließlich eines Zweigwerkes in Homburg/Saar) in französische Verwaltung genommen. Auch hier wurde M. Georges Thédrel der Directeur Général.

Von der Aktiengesellschaft der Dillinger Hütte wurde der frühere deutsche Anteil von 60 Prozent auf 40 Prozent herabgesetzt und gleichfalls unter die französische Sequesterverwaltung gestellt. Das gleiche Vorgehen geschah bei der Halberger Hütte in Brebach bei Saarbrücken, einem früheren Besitz der Familie Stumm. Da hier schon vor dem Kriege eine französische Mehrheit bestand, war auch nach 1945 jeder deutsche – sprich saarländische – Einfluß ausgeschaltet. In gleicher Weise wurden als Reparationsgut erfaßt und in französische Hände übertragen: die Mannesmann-Röhrenwerke in Bous (Verrechnungswert 6,8 Mio RM) und die Dynamit-AG in Saarwellingen. Drei weitere große eisenschaffende bzw. -verarbeitende Betriebe verblieben in Luxemburger Besitz: die Burbacher Hütte, ihr Zweigbetrieb Hadir in St. Ingbert und die Gesellschaft für Förderanlagen Ernst Heckel GmbH.

Für die Verwaltung der saarländischen Eisenbahnen wurde auch eine Verordnung des Hohen Kommissars vom 31. August 1950 ein Verwaltungsrat aus sechs Saarländern und sechs Franzosen gebildet, die der Hohe Kommissar der französischen Republik bestellte. Obwohl die Verordnung das Amt des Präsidenten des Verwaltungsrates einem saarländischen Mitglied des Verwaltungsrates vorbehielt, konnte Ministerpräsident Hoffmann angeblich unter den Saarländern keine geeignete Persönlichkeit für dieses Amt finden und ernannte den bisher in Diensten der französischen Staatsbahnen stehenden Franzosen Werner zum Direktor.

Auch bei der saarländischen Post- und Telegrafenverwaltung wurden acht Mitglieder französischer Dienststellen zu einem »Oberbeirat« der Post bestellt.

In französische Verwaltung mit einer zwangsweisen französischen Beteiligung überführt wurde die VSE – Vereinigte Saar Elektrizitäts-AG. Saarbrücken – mit einem Aktienkapital von 1 Milliarde Franken, früher Eigentum der Preuss. Elektrizitäts AG. sowie der Stadt Saarbrücken und der Landkreise des Saarlandes. Ferner die Saar-Ferngas AG, die einen französischen Generaldirektor und einen achtköpfigen Aufsichtsrat aus sieben Franzosen und einem Luxemburger erhielt. Schließlich wurde der einzigen Tafelglashütte des Saarlandes eine über 60prozentige französische Beteiligung aufgezwungen.

In Übereinstimmung mit den Maßnahmen bei wichtigen Industriebetrieben erfolgte die Übertragung von Banken und Versicherungen auf französische Gesellschaften. Durch gesetzliche Maßnahmen der französischen Regierung in Paris wurde das gesamte, sogenannte »lebende« Geschäft der Banken und Versicherungen den deutschen Eigentümern entschädigungslos entzogen und einschließlich der Geschäftsorganisation französischen Gesellschaften übertragen. Den Grundbesitz unterstellte man einem französischen Sequesterverwalter, der die Nutzung wiederum den französischen Betriebsgesellschaften überließ. Da dieses Verfahren bei den Sparkassen nicht durchgeführt werden konnte, setzte man einen Sparkassenrat ein, zu dessen Vorsitzenden der französische Leiter der Finanzmission beim Hohen Kommissar ernannt wurde. Zwei weitere französische Behördenvertreter sorgten auch in dieser Organisation für das »erforderliche« Übergewicht zugunsten der französischen Seite. Schließlich wurde auch eine Wirtschaftsprüfungsgesellschaft »gleichgeschaltet«. Unter überwiegender Beteiligung von Franzosen gründete man die »Saarländische Revisions- und Treuhandgesellschaft« und übertrug dieser die zuvor unter Sequester gestellte Deutsche Revisions- und Treuhandgesellschaft in Saarbrücken.

Es bedarf keiner weiteren Hervorhebung, daß auch alle Unternehmungen des Presse- und Zeitungsvertriebs, die Lichtspieltheater und andere unter die Kontrolle von Franzosen oder »staatstreuer« Personen gestellt wurden, nicht ohne daß eine Anzahl der so Begünstigten dadurch reiche Leute wurden.

In der öffentlichen Diskussion über die Saar ist von französischen Kreisen häufig auf die finanziellen Opfer hingewiesen worden, die Frankreich der Saar gebracht habe. In einer Veröffentlichung des Präsidenten des auswärtigen Ausschusses der Nationalversammlung in Paris, M. Edouard Bonnefous: »Frankreich und die Saar« vom 24. Juli 1951 konnte man die Behauptung lesen – und sie fand schnell weitgehende Verbreitung in der französischen öffentlichen Meinung –, daß das »Saarland Frankreich seit 1945 bis 1951 schon 58 Milliarden Franken gekostet habe und noch weitere 14 Milliarden kosten werde.« Der französische Außenminister Robert Schuman sah sich genötigt, die durch diese Meldung vor allem im benachbarten Lothringen entstandene Unruhe zu beseitigen und gab vor den damaligen Wahlen eine Richtigstellung in der französischen Presse bekannt. Wörtlich versicherte Robert Schuman (und zwar unwidersprochen): »Um verschiedenen Mißverständnissen, die augenblicklich über unsere Politik gegenüber der Saar verbreitet werden, ein Ende zu setzen, halte ich es für angebracht, folgendes festzuhalten: Es ist gänzlich unrichtig zu behaupten, Frankreich hätte der Saar 50 Milliarden Francs zugewendet. *Weder die Wirtschaftsvereinigung, die mit diesem Gebiet vereinbart wurde, noch die französische Saarverwaltung haben den französischen Steuerzahlern einen Centime gekostet.*« (»Le Courrier de Metz« vom 16. Juni 1951, Seite 4.)

Auch die Benachteiligung der Saarbevölkerung beim Umtausch der Saarmark in französische Franken am 20. November 1947 wurde von Außenminister Robert Schuman offiziell zugestanden. Der Beschwerde der Elsaß-Lothringer, sie hätten bei der Wiedervereinigung mit Frankreich 1944/45 nur 15 französische Franken für eine

Reichsmark erhalten, die Saarländer dagegen 1947 für eine Mark 20 Franken, hielt Schuman die Parität des französischen Franken zum amerikanischen Dollar im Zeitpunkt der jeweiligen Umtauschaktionen entgegen. Sie betrug 1944/45 70 Franken für einen Dollar, während im Jahre 1947 insgesamt 214,50 Franken für einen Dollar bezahlt werden mußten. Die Saarländer hätten also bei gleicher und gerechter Behandlung am 20. November 1947 45 Franken für eine Mark statt nur 20 Franken erhalten müssen. Aus dieser Schlechterstellung ergab sich sehr bald die erste allgemeine Mißstimmung an der Saar gegen die Besatzungsmacht. Daß schließlich auch die Wirtschaftsverbände und Wirtschaftsorganisationen unter völlige französische Kontrolle gerieten und sich erst im letzten Zeitabschnitt 1954/55 zum Teil davon freimachen konnten, dürfte nicht verwundern.

Der erste von den Franzosen eingesetzte Präsident der Industrie- und Handelskammer Saarbrücken war Frédéric Schlachter (Abb. 65), französischer Staatsangehöriger aus Kirn an der Nahe stammend; er war zugleich der allmächtige Chef der Sequesterverwaltung, die später die weniger auffällige Bezeichnung »Amt für Vermögenskontrolle« erhielt. Bei späteren Wahlen kam zwar Schlachter nur noch an die zweite Stelle, Präsident blieb aber bis 1954 ein linientreuer saarländischer Fabrikant (Abb. 64). Auch die Interessenverbände der Industrie, vor allem die sehr mächtige Fédération der Chambres Syndicales des Métaux – Vereinigung der Verbände der Eisen- und Metallindustrie des Saarlandes – geriet unter die eindeutig französische Führung, Präsident war der schon erwähnte Völklinger und Neunkirchner Generaldirektor Thédrel.

Mir ist auch bei der Beurteilung der totalen wirtschaftlichen Durchdringung unseres kleinen Landes immer wieder unklar geblieben, mit welcher Unbekümmertheit die Franzosen alle diese Maßnahmen als das Natürlichste von der Welt durchgeführt haben, obwohl sie in diesen Fällen, in denen Deutsche, die in Lothringen während des Krieges französische Unternehmen ihren rechtmäßigen Besitzern entzogen hatten, durch ihre Gerichte diese zu langjährigen Zuchthausstrafen verurteilen ließen.

Ich habe diesen Abschnitt mit dem harten Wort »Fremdherrschaft« überschrieben, um damit auszudrücken, daß es der Wille der Fremden, d. h. der französischen Besatzung gewesen ist, diesen Weg zu gehen; Johannes Hoffmann ging als Helfer, zuerst bewußt, in den letzten beiden Jahren vor dem Ende 1955 oft nur widerwillig und sogar in Einzelfällen nur widerstrebend mit. Das erkannten auch ausländische Beobachter, wenn sie objektiv die Vorgänge an der Saar beurteilten. So erinnern wir uns eines Artikels des Korrespondenten der Züricher Zeitung: »Die Tat« vom 5. März 1951, als damals die Ernennung Grandvals zum Botschafter und die Einrichtung eines saarländischen »Staatspräsidenten«-Amtes für Johannes Hoffmann zur Erörterung standen. Der bekannte Schweizer Publizist F. R. Allemann – er schrieb später zwei bekannte Bücher »Bonn ist nicht Weimar« (1956) und »Zwischen Stabilität und Krise« (1963) – führte in einem vielbeachteten Artikel: »Saar-Satelliten« aus:

»Doch ob Hochkommissar oder Minister, die Tatsache, daß die Saar mit all ihrer angeblichen Autonomie

*nichts anderes als ein französisches Protektorat*

darstellt, in dem die eigentliche Staatsgewalt nicht sowohl vom Volke als vom Vertreter Frankreichs ausgeht, kann durch die neue Nomenklatur so wenig verschleiert werden wie durch die Schaffung eines saarländischen Staatspräsidenten-Postens, von dem zeitweise die Rede war.«

Mit dem Begriff »Nomenklatur« meinte Allemann die Unzahl von Paragraphen und Bestimmungen der damals gerade bekannt gewordenen ersten Saarkonventionen, die – veröffentlicht – ein kleines Buch umfaßten; übrigens war das auch bei den späteren zweiten Konventionen von 1953 und dem Wirtschaftsvertrag vom 3. Mai 1955 nicht anders. In der Tat beweist das Zustandekommen dieser Konventionen von 1950, wie treffend die kritische Beurteilung durch den Schweizer Beobachter gewesen ist. Wir besitzen darüber ein aufschlußreiches Belegstück.

Unter dem 6. Dezember 1949 richtete der französische Außenminister Robert Schuman ein Schreiben nach Saarbrücken, das auf ein kurz zuvor geführtes Gespräch mit Ministerpräsident Hoffmann Bezug nimmt. Darin heißt es u. a.: »Im Laufe der Unterhaltung hatte ich Gelegenheit, Ihnen in großen Zügen die Vorschläge darzulegen, die *ich* hinsichtlich der Gestaltung der französisch-saarländischen Beziehungen auf einer dauerhaften Grundlage *ins Auge gefaßt habe.* Wie Sie ja wissen, beabsichtige *ich,* in dieser Hinsicht den Abschluß einer bestimmten Anzahl von Verträgen.«

Diese sehr betonte Wortlaut der Mitteilung steht im Widerspruch zur Darstellung der Vorgänge in den »Erinnerungen« Konrad Adenauers (Bd. I, S. 289). Danach habe ihm (Adenauer) Außenminister Schuman erklärt, »auf Wunsch der Saarregierung seien daher Entwürfe zu drei Verträgen mit der Saar im Quai d'Orsay ausgearbeitet worden«. Es handelte sich tatsächlich jedoch um die zwölf Konventionen mit Zusatzabkommen und dem den Gegenstand des Allemannschen Artikels bildenden Geheimabkommen. Über die Ausgestaltung der Verträge schrieb Außenminister Schuman dann in seinem Brief an Johannes Hoffmann vom 6. Dezember 1949 weiter: »Die Texte, *die meine Dienststellen gegenwärtig ausarbeiten,* um die oben erwähnten Pläne zu verwirklichen, könnten Ihnen durch Herrn Grandval im Laufe der ersten Hälfte des Monates Januar übermittelt werden. Ihre endgültige Gestaltung wäre dann Gegenstand der Verhandlungen zwischen Frankreich und dem Saarland, die gegen Ende des Monats Januar in Paris stattfinden könnten.« Nach den Mitteilungen, die Minister Schuman bei seinem Besuch in Bonn am 15. Januar 1950 über den bevorstehenden Abschluß der Saar-Konventionen gab, sollten die Entwürfe am 25. Januar 1950 der Regierung Hoffmann übergeben werden und die Verhandlungen in Paris am 7. Februar beginnen. Wie die Abb. 53 zeigt, ging der Entwurf des Geheimabkommens erst am 30. Januar 1950 bei Herrn Hoffmann ein. Ob auch die übrigen Entwürfe für die umfangreichen Konventionen erst am 30. Januar der saarländischen Seite zur Kenntnis gelangt sind, wissen wir nicht. Die beiderseitige Unterzeichnung der Verträge erfolgte am 3. März 1950 in Paris. Dem saarländischen Vertragspartner standen also nur einige wenige Arbeitstage zur Überprüfung der im Quai d'Orsay fertig gestellten Vertragstexte zur Verfügung. Wer will angesichts dieser kurzen Zeitspanne und dem völlig einseitigen Vorgehen des französischen Vertragspartners und der unverhüllten Ausdrucksweise im Schreiben Schumans vom 6. Dezember 1949 hier von einer Partnerschaft sprechen? Die Verträge sind dem Saarland doch auferlegt worden. Es ging immer nur darum – auch später noch –, daß die Franzosen Vorstellungen ausarbeiteten, die der saarländische Vertragspartner annehmen mußte, auch wenn es ihm gelang, in kleinen und nebensächlichen Fragen Zugeständnisse – das waren in den Augen der öffentlichen Meinung Beweise für eine »ständig wachsende Autonomie« – zu erreichen. Der Schweizer Aufsatz hatte die Dinge richtig erfaßt und zum Ausdruck gebracht. Kernstück der Ausführungen Allemanns war, wie gesagt, das Geheimabkommen zu Artikel 3 der Allgemeinen Konvention, das wir danach beschaffen und publizieren konnten. Dieses Geheimabkommen, dessen Existenz von der Gegenseite zunächst abgestritten worden ist, zeigt schlaglichtartig die totale Abhängigkeit der saarländischen – nach dem MRS-Präsidenten Dr. Sender so benannten – »Scheinautonomie«.

Das nach dem »Exemplar Nr. 1« des französischen Entwurfs vom 30. Januar 1950 zu diesem Geheimabkommen (Abb. 53) mit der Bezeichnung: »Entwurf einer Konvention betreffend Ausübungsverfahren und Bedingungen der Befugnisse des Vertreters der französischen Republik im Saarland« zustandegekommene Abkommen, das wir als erste in der schon erwähnten Schrift unseres Freundes Dr. Martin (Hoffmeister, Wer regiert die Saar, S. 59) veröffentlichen konnten – es erschien später auch im französischen »Journal du Droit International« 1952, S. 387 –, enthielt unter anderen folgende Bestimmungen: »Die saarländischen Gesetz- und Verordnungsentwürfe, welche die in Artikel 3 und Artikel 4, Absatz 2 der Allgemeinen Konvention bezeichneten Gebiete betreffen (praktisch alle, die einen irgendwie gearteten politischen oder wirtschaftlichen Charakter trugen, Anm. d. Verf.), sind dem Vertreter der französischen Republik im Saarland mitzuteilen und zwar: Verordnungsentwürfe und Durchführungsvorschriften *vor* ihrer Beschlußfassung durch die Regierung oder ihrem Erlaß durch die zuständigen Minister, Gesetzesentwürfe, die von der Regierung ausgehen, *vor* ihrer Vorlage an den Landtag, Gesetzesentwürfe, die von Mitgliedern des Landtages eingebracht werden, sofort nach ihrer durch den Landtag erfolgten Annahme in 1. Lesung, Gesetzesentwürfe, die im Verlauf der Verhandlungen im Landtag eine Änderung erfahren, *vor* der Schlußbestimmung. Der Vertreter der französischen Republik soll innerhalb einer Frist von vier Tagen nach Eingang der saarländischen Gesetz- und Verordnungsentwürfe mitteilen, ob er in Anwendung des Artikel 3 . . . beabsichtigt, die Entwürfe zu prüfen. Erklärt der Vertreter der französischen Republik . . ., daß er die . . . Entwürfe prüfen will, so darf eine Veröffentlichung des Textes . . . nicht vor einer Frist von 14 Tagen erfolgen . . . Innerhalb der Frist . . . kann der Vertreter Frankreichs . . . der Regierung des Saarlandes seinen Einspruch bekannt geben . . . Dieser Einspruch kann nur auf die in Artikel 3 der Allgemeinen Konvention (d. h. mit dem wirtschaftlichen Anschluß und seiner Aufrechterhaltung im Zusammenhang stehende Bestimmungen, Anm. d. Verf.) angeführten Gründe gestützt werden. Die saarländische Regierung verpflichtet sich, die Gesetz- und Verordnungstexte, soweit sie vom Einspruch betroffen werden, *nicht* zu veröffentlichen . . . usw. usw.«

Im Entwurf war sogar vorgesehen (Abb. 53, Art. 5), daß der Vertreter Frankreichs vor jeder Zuerkennung de saarländischen Staatsangehörigkeit befragt werden und dieser zustimmen müsse!

Die praktische Handhabung dieses Geheimabkommens wurde einige Zeit später durch ein Schreiben Grandvals an Hoffmann vom 5. Januar 1952 ausdrücklich bestätigt. Hier sein Wortlaut:

»Sehr geehrter Herr Präsident! Mehrere Male, insbesondere mit meinem oben angezogenen Schreiben hatte ich Gelegenheit, Sie zur Erleichterung der gemeinsamen Arbeit auf legislativem Gebiet von der Notwendigkeit zu unterrichten, im Rahmen des Möglichen folgende zwei Prinzipien beachten zu wollen:

1. zeitige Hinterlegung auf dem Geschäftszimmer des Parlaments mit Vorschlägen

und Gesetzesentwürfen gemäß interner Bestimmungen, die, abgesehen von Ausnahmen, eine Frist von einer Woche vorsieht;

2. regelrechte Aufstellung der Tagesordnung, welche dem Parlament im Verlauf der vorhergehenden Sitzung, ausgenommen in Dringlichkeitsfällen, vorzuschlagen ist.

Nun wurden aber diese beiden Prinzipien bei den letzten Sitzungen vom 29. und 31. Dezember 1951 nicht beachtet.

Außerdem wurde das der Allgemeinen französisch-saarländischen Konvention beigefügte Protokoll in diesem Sinne nicht beachtet, so daß ich am 29. Dezember erst bei Eröffnung der Sitzung von 13 neuen, von der saarländischen Regierung vorgelegten Gesetzesentwürfen Kenntnis erhielt, die nachträglich auf die ursprüngliche Tagesordnung gesetzt waren. In dem der Allgemeinen Konvention beigefügten Protokoll (das bestrittene Geheimprotokoll, Anm. d. Verf.) ist aber vorgesehen, daß der Vertreter Frankreichs Mitteilung von den Gesetzesentwürfen zu erhalten hat, bevor sie dem Parlament vorgelegt werden, wenn es sich um Gesetzesentwürfe der Regierung handelt.

Ich muß mit Entschiedenheit darauf hinweisen – Sie werden wohl mit mir einiggehen –, daß dies zu ernsten politischen Schwierigkeiten führen könnte, wenn im Hinblick auf die französisch-saarländischen Konventionen diese Texte nicht mit der erforderlichen Aufmerksamkeit vor einer möglichen Aussprache durch meine Dienststelle geprüft werden könnten.

Genehmigen Sie, sehr geehrter Präsident, den Ausdruck meiner vorzüglichen Hochachtung. gez. Grandval.«

In zutreffender Auslegung der geheim gehaltenen, aber bis zur Änderung der Verhältnisse im Jahre 1955 so gehandhabten Regelung, hat der Schweizer Berichterstatter festgestellt, daß »es sich hier nicht um ein nachträgliches Veto, sondern um das Recht zu einem eigentlichen Eingreifen in den Akt der Gesetzgebung handelte, und zwar in allen seinen Stadien«. Wörtlich zieht F. R. Allemann den Schluß: »Schon das zeigt, wie weither es mit der saarländischen ›Autonomie‹ nun eigentlich ist.« Den Einspruch des Vertreters Frankreichs gegen die saarländischen Gesetzesentwürfe nennt der Schweizer Artikel: »Ein französisches Nein bedeutet zugleich einen französischen Maulkorb, der alle weiteren Diskussionen abschneidet.« Über die Geheimhaltung wird ausgeführt: »Das Protokoll *mußte* ein Geheimprotokoll bleiben, um die Saarbevölkerung im unklaren darüber zu lassen, *wie* ihre angeblich autonome Regierung am Gängelband gehalten wird. Gleichzeitig wird dabei allerdings auch etwas anderes deutlich: Das tiefe Mißtrauen, mit dem Paris die Saarregierung betrachtet, obwohl sie sich doch aus seinen ergebensten Anhängern (und teilweise sogar aus französischen Staatsbürgern) zusammensetzt. Man ist sich in Frankreich offenbar bewußt, auf welch einer künstlichen Konstruktion das ganze politische Gebäude des »Saarlandes« beruht, und man sucht dieses Gebäude durch weitere künstliche Maßnahmen zu stützen, die man vorsichtshalber im Halbdunkel der Kanzleien hält, um ihre Brüchigkeit nicht sichtbar werden zu lassen. Gerade weil die Franzosen nicht daran glauben, daß sie die Saarländer auf die Dauer für ihre Verbindung mit Frankreich gewinnen können, müssen sie solche papierenen Garantien einbauen, die ihnen dafür bürgen sollen, daß der Fisch nicht aus der Hand schlüpft.«

Soweit das Schweizer Urteil vom 5. März 1951, also viereinhalb Jahre bevor das so geschilderte Regime einer wirklichen Fremdherrschaft sein Ende gefunden hatte.

Und jetzt eine Aussage von Johannes Hoffmann aus dem Jahre 1932, die in der von ihm damals als Chefredakteur geleiteten katholischen Zeitung an der Saar, der »Saarbrücker Landeszeitung« vom 2. März 1932, so veröffentlicht wurde:

»Täuschen wir uns nicht! Wenn auch heute die Träume und Hoffnungen französischer Annexionspolitiker längst an der geschlossenen Haltung der Saarbevölkerung gescheitert sind, so wird es in den nächsten Jahren nicht an Versuchen fehlen, der Welt weiszumachen, daß im Interesse der deutsch-französischen Verständigung, im Interesse des Weltfriedens so eine Art ›autonomer Saarstaat‹ doch wohl das beste wäre. Wir Saarländer selbst wissen zur Genüge, daß dieser ›autonome Saarstaat‹ ein Hirngespinst gewisser, von der französischen Propaganda ausgehaltenen Drahtzieher der Saarbündler (das waren 1932 die Separatisten, Anm. d. Verf.) etc. ist und daß diese ›Autonomie‹ an demselben Tage mausetot wäre, an dem sie verwirklicht würde . . .«

Kann es einen Politiker geben, der seinem späteren Lebenswerk ein eindeutigeres Todesurteil ausspricht, als dies Johannes Hoffmann 15 Jahre zuvor getan hatte? Und wiederum, welch verblüffende Übereinstimmung mit den Worten des Schweizer Journalisten aus Anlaß der Annahme des Geheimabkommens von 1950!

In der Tat war die Abhängigkeit der saarländischen Verwaltung erheblich größer, als durch die vertragliche Regelung in den Saar-Konventionen, einschließlich des erörterten Geheimprotokolls zum Ausdruck kam. Man hat auch den Text der Konventionen von 1953 aus optischen Gründen bewußt »harmlos« gestaltet und eine wesentlich größere »Autonomie« des Saarlandes nach außen hin sichtbar werden lassen, als dies tatsächlich der Fall war. Wir kennen aus den Akten der Regierung Hoffmann weitere Unterlagen, die auf den ganz erheblichen Grad dieser Abhängigkeit schließen lassen, so zum Beispiel Tagesordnungen über die regelmäßigen Besprechungen des Herrn Hoffmann mit Herrn Grandval. Es ist heute kaum vorstellbar, was hier nicht alles vorgetragen, besprochen und gebilligt werden mußte. Das galt insbesondere auch für die Ernennung und Beförderung von saarländischen Beamten und für viele Vorgänge, die nach dem Wortlaut des Art. 3 der Allgemeinen Konvention den Vertreter Frankreichs gar nichts angingen. Wie weit der Umfang der Abhängigkeit der saarländischen Stellen von den »Fremden« tatsächlich war, wird sich nie ganz aufklären lassen, weil nach Auskunft des Landesarchivs die Akten der Militärregierung und französischen Verwaltungsstellen an der Saar nicht mehr vorhanden sind und die Akten der ehemaligen Staatskanzlei Hoffmanns nur noch vereinzelte Bruchstücke enthalten sollen. Das meiste an Unterlagen ist verschwunden oder vernichtet, was übrig blieb, befindet sich in völlig desolatem und ungeordnetem Zustand. Bei der Prüfung dieser Abhängigkeit ist festzustellen, daß sie bis zum Ende der Ära Hoffmann bestanden hat und im Gegensatz zur öffentlichen Propaganda nur wenig modifiziert wurde. Der für die französische Seite besonders wohlwollende Schweizer Professor Freymond (S. 68) beschrieb diesen Zustand der ersten Jahre: »Die Militärregierung löste sich selbst ab; die gleichen Männer, die gleichen Methoden« – und an derselben Stelle: »Wie man sieht, bestand die Bereitschaft, in der Form nachzugeben, in der Sache aber festzubleiben. Die Gedanken waren, die fundamentalen Interessen Frankreichs im Auge zu behalten . . .«

Braucht es einen anderen Beweis als Grandvals eigene Ausführungen in seiner Abschiedsrede von der Saar am 30. Juni 1955: »Ich habe im Saarland seit zehn Jahren zunächst einmal die Verteidigung der französischen Interessen wahrgenommen. Das wird mir, so denke ich, niemand verübeln.« Und wenn Herr Grandval im Anschluß an diesen Satz ausgeführt hat, was nach seiner Ansicht im Interesse Frankreichs lag (oben S. 65), dann wird klar, daß der Gedanke an eine verstärkte »Autonomie« des Saarlandes für Herrn Grandval ebenso wenig bestimmend war wie etwaige Vorstellungen von einer notwendigen Einigung Europas. Wir vermögen daher auch Prof. Freymond nicht zu folgen, wenn er an mehreren Stellen seines Buches darlegt, daß Herr Grandval immer wieder eine verstärkte Autonomie, vor allem auf dem Sektor der Saargruben und Hüttenwerke angestrebt, aber in Paris nicht erreicht habe. Sicherlich wird auch Herr Grandval jede nach außen hin wirkende Verstärkung der Saar-»Autonomie« unterstützt und sogar auch veranlaßt haben, sie durfte aber an den Grundpfeilern der Herrschaft Frankreichs an der Saar nichts ändern und vor allem die wirtschaftliche Vormachtstellung Frankreichs nicht im geringsten beeinträchtigen.

Gerade diese Bedingung wurde noch einmal am Ende der »Fremdherrschaft« durchexerziert. Noch vor dem Abschluß des Saar-Abkommens zwischen Bundeskanzler Dr. Adenauer und Ministerpräsident Mendès-France am 23. Oktober 1954 hatte man die saarländische Regierung gezwungen, in vier Geheimabkommen – wiederum! – alle wirtschaftlichen Rechte Frankreichs an der Saar in einem noch zu schließenden Vertrag – dem Wirtschaftsvertrag vom 3. Mai 1955 – zu garantieren. Es ist bekannt, daß Hoffmann, vor allem veranlaßt durch den damaligen neutralen, aber deutsch gesinnten Finanzminister, Prof. Senf, Verbindung zur deutschen Seite gesucht hatte, um eine günstigere Regelung der so dringend nötigen gleichartigen Handels- und Wirtschaftsbeziehungen mit der Bundesrepublik zu erreichen. Wir berichten später noch über diese beinahe dramatischen Auseinandersetzungen. Jedenfalls bekam Herr Grandval sofort »Wind« von den Bestrebungen der Saarländer und deren Verbindung zu Bonner Stellen, es gab auch Grandval merkwürdig erscheinende Übereinstimmungen der saarländischen Wünsche mit den bundesdeutschen Forderungen. Grandval schaltete sich sofort ein und verhinderte in Paris jedes Entgegenkommen in Richtung einer wirtschaftlich stärkeren Eigenständigkeit der Saar. Daß Herr Grandval gerade durch seinen so harten Kurs das Ende der »présence française en Sarre« herbeiführen würde, war ihm nie klar geworden. Er hätte wissen müssen, daß Frankreichs Stellung an der Saar mit Johannes Hoffmann stand und fiel. Aber Grandval war zu sehr die Verkörperung dieser »présence«, »er hatte zu großen Einfluß und verfügte über zu viele Mittel, als daß die Autonomie während seines Vorhandenseins etwas anderes als eine Illusion sein konnte«, schrieb Prof. Freymond (S. 127) zu den deutschen Protestschritten gegen Grandvals Ernennung zum Botschafter und Chef der großen Mission Diplomatique Frankreichs an der Saar, der größten Mission, die es wohl je in irgendeinem fremden Lande gegeben hat.

Hier sei noch der Abdruck eines Briefes Grandvals an Hoffmann gestattet, der uns mitten im Abstimmungskampf, buchstäblich als »Geschenk des Himmels«, in die Hände gelangte. Mehr als weitere kritische Worte zur Frage der saarländischen »Autonomie« sprechen Grandvals Ausführungen:

»Mission Diplomatique                          Saarbrücken, den 3. Dezember 1954
Française en Sarre
L'Ambassadeur

Vertraulich!

Sehr geehrter Herr Präsident!
Bei der Vorbereitung Ihrer Haushaltvoranschläge bzw. anläßlich der Abstimmung über die Vorlage zu sozialen Maßnahmen glaubte ich, im Verlauf der letzten Jahre, zu wiederholten Malen, Ihre Aufmerksamkeit auf die finanziellen Folgen lenken zu müssen, zu denen die Politik Ihrer Regierung bei der Verwaltung der öffentlichen Gelder unweigerlich führen mußte.

Die Aufblähung des saarländischen Verwaltungsapparates, die den Gemeinden gewährte Großzügigkeit und vor allem die in jeder Hinsicht übertriebenen sozialpolitischen Maßnahmen ließen Rückwirkungen in den benachbarten französischen Departments befürchten und schienen dem Geist der Wirtschaftsunion unserer beiden Länder zu widersprechen. Auf der anderen Seite jedoch habe ich niemals verkannt, daß diese Maßnahmen dazu beitragen konnten, eine Anzahl Bürger Ihres Landes noch enger an ein Regime zu binden, das Ihnen solche Vergünstigungen bot. In dieser Hinsicht konnten sie, bis zu einem gewissen Punkte, den Interessen unserer gemeinsamen Politik dienlich sein. Wie ich Ihnen jedoch bereits zu wiederholten Malen nachdrücklich mitteilte, können solche Großzügigkeiten nur unter der zweifachen Bedingung geduldet werden, daß Sie nicht den Rahmen der dem Saarland gegebenen Möglichkeiten übersteigen, und daß sie nicht die Leistung bedeutender wichtiger Zahlungen, z. B. die für Investierungszwecke vorgesehenen Aufgaben, beeinträchtigen.

Meistens jedoch fanden meine Hinweise keine entsprechende Beachtung, und ich mußte heute feststellen, daß weder die eine noch die andere der beiden Bedingungen erfüllt sind.

Die Lage des saarländischen Haushalts hat sich schnell derart verschlechtert, daß Ihr Finanzminister allein für die Ausgaben des Haushaltsjahres 1955 von Frankreich einen Vorschuß in Höhe von 46 Milliarden beantragt. Ein außerhalb des Haushalts vorgesehener Investierungsplan, der jedoch noch nicht erstellt ist, fand hierbei keine Berücksichtigung.

Diese Entwicklung, die gewisse saarländische Kreise zu überraschen scheint, war seit 18 Monaten leicht vorauszusehen. In diesem Zusammenhang verweise ich Sie auf meine letzten Noten oder Schreiben vom 3. Juli 1953, 17. Februar 1954, sowie vom 2. Juli 1954, die sich auf die Vorbereitung und Durchführung des Haushaltsplanes 1954 bezogen.

Ich stelle mit Bedauern fest, daß sie keine Berücksichtigung fanden.

Darüber hinaus scheint Ihre Regierung zu einem Zeitpunkt, in dem der Haushaltplan 1955 ausgearbeitet wird und die finanziellen Schwierigkeiten des Saarlandes offen zu Tage treten, keine der sich aus der Situation ergebenden Folgerungen ziehen zu wollen. Eine schnelle Überprüfung des von Ihrem Finanzminister dem Landtag am 25. November 1954 vorgelegten Haushaltsentwurfes für das Rechnungsjahr 1955 veranlaßt mich, Sie von meiner tiefen Enttäuschung und Besorgnis in Kenntnis zu setzen, daß bei der Abfassung dieses Textes weder hinsichtlich der Einnahmen noch hinsichtlich der Ausgaben die schwierige Lage Ihres Landesschatzamtes berücksichtigt wurde.

Der Ertrag aller saarländischen Steuern läßt daher eine mehr oder weniger starke Abnahme erkennen. Wenn man auch bezüglich der Umsatzsteuer und der Einkommensteuer von Gesellschaften einer gewissen gerechtfertigten Wertminderung zustimmen kann, so gilt dies jedoch nicht für die anderen Steuern, und man kann sich nur schwer eine allgemeine Steuererleichterung zu einem Zeitpunkt erklären, in dem die Staatskassen leer sind.

Noch mehr haben mich jedoch die Einnahmenausfälle überrascht, die sich aus den in Ihrem Finanzgesetz zu Gunsten der Gemeinden vorgesehenen substantiellen Zuwendungen ergeben. Die saarländischen Gemeinden erheben bereits eine sehr hohe Gewerbesteuer, über die sich Ihre Wirtschaft nicht ohne Grund beklagt. Außerdem werden sie maßgeblich bei der Verteilung von ergiebigen Staatssteuern berücksichtigt. Diese Einnahmequellen sichern ihnen ein absolut zufriedenstellendes finanzielles Auskommen. Es leuchtet daher nicht ein, daß der Staat beabsichtigt, den Gemeinden den durch die steuerlichen Erleichterungen bedingten Ausfall an staatlichen Steuerzuwendungen vollkommen oder über den reellen Minderwert hinaus zu ersetzen. Diese Zuwendung bedeutet für den Staat einen Einnahmeverlust von über 2 Milliarden Franken.

Ähnliche Feststellungen treffen für den Bereich der Ausgaben zu: Durch die Schaffung mehrerer hundert neuer Stellen haben sich die Personalausgaben um 700 Millionen erhöht. Auf Grund bedeutender Erhöhungen der Mittel auf sozialem Gebiet im Jahre 1954, vor der ich Sie warnen zu müssen glaubte, haben Sie die sozialen Ausgaben, die Ihren Haushalt stark belasten, um mehrere Milliarden im laufenden Jahr erhöht. Ich übersende Ihnen in der Anlage die Liste derjeniger Maßnahmen, die in direktem Zusammenhang mit dem Staatshaushalt ergriffen wurden. Maßnahmen, die lediglich zu Lasten der Sozialversicherungsträger stehen, wurden hierbei nicht berücksichtigt. Diese vermehrten Ausgaben wirken sich selbstverständlich auf das Jahr 1955 aus. Bezüglich der sachlichen Ausgaben und für Ausstattungsgegenstände scheinen keinerlei Sparmaßnahmen ergriffen worden zu sein.

Ich mußte Ihnen außerdem meine Überraschung mitteilen, daß Sie im Dezember um 150 Prozent erhöhte Familienzulagen zu zahlen beabsichtigen, die, soweit es die Beamten betrifft, ausschließlich zu Lasten des Staates gehen. Ich habe darüber hinaus Kenntnis von der Tagesordnung der Landtagssitzung vom 1. Dezember erhalten, auf der zahlreiche Fragen finanzieller Art zur Diskussion standen, die, falls sie angenommen werden sollten, bedeutende Ausgaben mit sich bringen würden. Ich muß die stärksten Bedenken bezüglich der möglichen Folgen vorbringen, zu denen die Annahme dieser Vorschläge führen könnte.

Alle diese Maßnahmen, und ich könnte die Liste noch erweitern, können unter Umständen die Verhandlungen beträchtlich erschweren, die Sie in Paris zu führen haben werden, um die von Ihnen beabsichtigte finanzielle Unterstützung zu erhalten. Die Mittel, die Sie den Gemeinden über Ihre rechtlichen Verpflichtungen hinaus gewähren, bzw. die Sie für gewisse nicht immer angebrachte Maßnahmen bereitgestellt haben, werden Ihnen in den kommenden Monaten fehlen, um gewisse, oft nützliche Ausgaben zu decken, deren Finanzierung Sie von Frankreich beantragen. Mit anderen Worten wird Frankreich auf indirektem Wege gewisse Zuwendungen finanzieren, die aus rein fiskalischen Gründen den eigenen Staatsangehörigen nicht gewährt werden können.

Es wird Ihnen nicht entgehen, daß es unter diesen Bedingungen jedem französischen Abgeordneten schwer fallen wird, der Aufnahme der Kredite in das französische Budget zuzustimmen, die für die Gewährung der von Ihnen beantragten Vorschüsse notwendig sind, da Sie durch entsprechende Maßnahmen die notwendigen Einnahmen im Saarland hätten erzielen können.

Ich kann Sie lediglich noch einmal inständig bitten, Ihren gesamten Haushaltsplan vor der endgültigen Abstimmung durch das Parlament zu überarbeiten.
Genehmigen Sie, sehr geehrter Herr Präsident, die Versicherung meiner vorzüglichen Hochachtung!

gez. Grandval.«

Zusammenfassend ist festzustellen:

Die faktische Beherrschung der Saar durch Frankreich war vollkommen und lückenlos!

Stellt man sich nach diesen Ausführungen nicht die Frage: »*Wer war Gilbert Grandval*« und welche Verantwortung hat er – neben Johannes Hoffmann – an dem Geschehen von 1945 bis 1955 zu tragen?

Wie bei den meisten politischen Persönlichkeiten der beiden Auseinandersetzungen um die Saar in diesem Jahrhundert ist auch bei der Beurteilung von Gilbert Grandval das Schillerwort angebracht: »Von der Parteien Haß und Gunst verzerrt, schwankt sein Charakterbild in der Geschichte«. 1945 aus dem Dunkel der Resistance aufgetaucht, stand sein Name wie ein leuchtender Stern am politischen Himmel Frankreichs, er gehörte zu den hundert großen Franzosen, die nach der Zeitung »L'Express« »die Zukunft (Frankreichs) tragen« (Abb. 57).
Bis zum 23. Oktober 1955 gab es über ihn so gut wie kein abwertendes Urteil, überall nur Lob und Lorbeer. Bis der Stern – so plötzlich wie er aufgetaucht – nach der kurzen Episode als Pracht entfaltender Generalresident Frankreichs in Marokko und nach dem Fehlschlag an der Saar wieder im Dunkel des politischen Firmaments verglühte. Welch eine kometenhafte Laufbahn!
Die Schweizer Zeitschrift: »Lectures du Foyer de Lausanne« vom 27. September 1952 widmete Grandval einen Artikel mit der Überschrift: »Roi sans couronne« – König ohne Krone (Abb. 58) – und traf damit buchstäblich den »Nagel auf den Kopf«!
Prof. Freymond schrieb ähnlich (S. 298): »Diese Politik der französischen Regierung wurde an der Saar durch eine Persönlichkeit vertreten, welche die Züge des ›grand Commis‹ Ludwig XIV. trug«, und an anderer Stelle zitierte Freymond (S. 48) die Worte eines hohen französischen Beamten aus der Finanzdirektion der Militärregierung der französischen Besatzungszone, der in Beziehung auf Grandvals Imperium an der Saar von einem »Fürstentum im Embryonalzustand« sprach. Auch WEU-Präsident Dehousse, der nach einem Vortrag Grandvals nach dem Referendum in der belgischen Stadt Löwen – Louvain – hart mit Grandval ins Gericht ging, schrieb von ihm:
»Grandval war während langer Jahre eine Art Prokonsul, sehr mächtig und prunkliebend. Sein Temperament ist im Grunde genommen dasjenige eines Reichsgründers (fondateur d'empire). Und wie alle Reichsgründer hat er in gewissem Grade die Besorgnis gezeigt, sein Werk zu legitimieren. Wie legitimiert man ein Reich? Durch einen Vorgang, so alt wie die Welt, durch Befragung der Bevölkerung.«
Den Begriff des Prokonsuls haben auch andere in Beziehung auf Grandval angewendet. So schrieb die oben erwähnte Ausgabe von Servan-Schreibers »L'Express«

vom 7. November 1953 über ihn: »*Er ist der Typ des Prokonsuls, geeignet, eroberte Gebiete zu erobern*« (Abb. 57).

In der Tat trug Grandvals Auftreten an der Saar ebenso wie seine Maßnahmen barocke Züge. Er schien wahrhaftig aus der Zeit Ludwigs XIV. zu stammen, nicht nur, wenn er an die geschichtlichen Beziehungen der Saar zum großen Sonnenkönig Frankreichs erinnerte, dabei aber vergaß, daß es allein Ludwigs Eroberungen und der Drang nach dem Osten waren, die Frankreichs Präsenz an der Saar und die Gründung der Stadt Saarlouis im Jahre 1680 veranlaßten. Während Grandval anfangs noch durchaus bescheiden auftrat, sich mit der gut ausgestatteten Villa Mettler-Hund gegenüber seiner Dienststelle im ehemaligen, 1939 erbauten Saarbrücker Finanzamt begnügte, ging er sehr bald sichtbar »höher« hinaus. Er ließ ein gewaltiges neues Dienstgebäude (Abb. 60) für die französische Diplomatische Mission an der Saar bauen und verlegte seine persönliche Residenz — man sprach ganz offiziell nur noch von der »Résidence« des Herrn Botschafters — in das auf einer parkumwaldeten Anhöhe gelegene Schloß Halberg, dem ehemals prunkvoll gestalteten Wohnsitz des »Königs von der Saar« aus der letzten Hälfte des vorigen Jahrhunderts, des Freiherrn Karl Ferdinand von Stumm-Halberg. Nach der Umgestaltung des Äußeren zu einem Loire-Schloß (Abb. 59) und nach gründlicher Renovierung, dem Einbau einer Anzahl von Wohn- und Schlafräumen für geladene Gäste, nach dem Bau eines kleinen Schwimmbades im Freien (der alte Freiherr hatte bereits ein kleines Hallenbad auf dem Halberg errichtet) und nach dem Einbau einer Hauskapelle neben dem freiherrlichen Festsaal, ließ Grandval die Räume mit antiken, teilweise aus dem Schlößchen Gutenbrunn der Familie Lilier sequestrierten Möbel ausstatten. Von dort oben hatte der neue Schloßherr einen zauberhaften Blick über das Land. Gegenüber lagen die bewaldeten Höhen des Sonnen-, Winter- und Reppersbergers, hinter ihnen schon bald die französische Grenze nach Lothringen. Zu Füßen der Berge zog sich das Band der Saar, an deren beiden Seiten die Stadt Saarbrücken gelegen ist. Nach Nordwesten zu lagen die Symbole unseres Landes, die Hüttenwerke von Burbach und — beinahe am Horizont — die großen Werke von Völklingen, der »Alptraum« der Franzosen! Zu Füßen des Halbergs, von oben aber nicht sichtbar, lag eines der Stummschen Werke, das schon zu Ludwigs XV. Zeiten Eisenguß herstellte: Die damals »Fürstliche Nassau-Usingische Hütte uff dem Halberg«, heute die zum Pont-à-Mousson-Konzern gehörende Brebacher Hütte bei Saarbrücken. Im Park des Schlosses stand einst das Lustschlößchen des letzten Saarbrücker Fürsten Ludwig von Nassau-Saarbrücken »Mon plaisir«, über das schon in den Briefen des Freiherrn von Knigge berichtet wurde, das aber leider durch die Revolutionäre von 1793 bis auf die letzten Spuren ausgelöscht worden ist. Zu Füßen von Grandvals Residenz lag nahe an einem ehemals römischen Kastill das Heiligtum der Römer, die zeitweilig dem Mithraskult geweihte »Heidenkapelle«, und nahe an der Schloßauffahrt befanden sich die Gräber der einstigen Herren und Frauen von Stumm.

Eine Erinnerung allerdings hatte der neue Schloßherr beseitigen lassen: Es war die vom alten Freiherrn angebrachte, in Stein gemeißelte Gedenktafel zur Erinnerung an den Besuch Kaiser Wilhelms II. auf Schloß Halberg; noch heute zeugen Reste der Tafel am Runden Turm von diesem Stück lokaler Vergangenheit.

Die Tatsache, daß Herr Grandval hoch oben über der Stadt und ihren gewöhnlichen Sterblichen residierte, hatte eine bemerkenswerte Auswirkung: Sie schuf einen Abstand zwischen »oben und unten«, zwischen »Herr und Knecht« und führte zu einem ausgeprägten Herrschaftsverhältnis (Abb. 61). Der so geschaffene Abstand zeigte sich dann auch allen Besuchern, gleich, ob sie in dienstlichen Angelegenheiten in das höchst modern in hellgrauem Leder gehaltene Arbeitszimmer des Schloßherrn gebeten oder befohlen, oder als Gäste willkommen geheißen – oder zu repräsentativen Festen (Abb. 63), wie dem 14. Juli, gnädigst eingeladen wurden. Nur in einem Punkt konnte die schloßherrliche Atmosphäre ein entsprechend respektvolles Verhalten der Besucher nicht gewährleisten: wenn es damals ein großes Buffet gab und außerdem Zigaretten und Zigarren in unbeschränkter Zahl bereitstanden. Hier stopfte sich mancher biedere Saarländer die Taschen voll und nahm mit, was mitzunehmen war.

Es gehörte zu Monsieur Grandvals politischen Gepflogenheiten, wohlgeneigten saarländischen Persönlichkeiten einen französischen Orden, meist den »ordre de mérite«, zu verleihen (Abb. 64–67). Der also Ausgezeichnete durfte dann ein farbiges Bändchen im Knopfloch tragen, das zwar nicht das begehrte Rot der Ehrenlegion war; denn dieses blieb damals ausschließlich den höchsten französischen Repräsentanten an der Saar vorbehalten. Gilbert Grandval war schon am 6. Juni 1949 anläßlich des Jahrestages der alliierten Landung in der Normandie bei einer großen Truppenparade in Metz mit der Krawatte eines Kommandeurs der Ehrenlegion und dem Kriegskreuz mit Palmen ausgezeichnet worden.

Wie der Lebensstil war auch die persönliche Haltung des Gouverneurs, Hohen Kommissars und Botschafters. Er war ein gutaussehender, besonders korrekt und elegant gekleideter Herr, der zu keinem Zeitpunkt die militärische Haltung verleugnete. Am liebsten natürlich ließ sich Gilbert Grandval in Uniform sehen – und fotografieren (Abb. 37–40, 48); er verstand es, alle Aufnahmen immer von der richtigen Seite machen zu lassen, offensichtlich war ihm die Praxis aller Berufsfotografen, nur die »Schokoladenseite« einzufangen, bekannt und geläufig. Die Uniformen wechselten mit den Dienststellungen und Titel; sie waren immer prächtig und goldstrotzend, natürlich von ersten Pariser Schneidern gefertigt.

Grandval hielt zahlreiche Reden, ihr Mangel war, daß sie stets Französisch gehalten wurden und immer übersetzt werden mußten. Hinzu kam, daß er am Schluß jeder Rede ausrief: »Vive la France, vive la Sarre!« Mag hier – wie in vielen anderen Dingen – auch für Gilbert Grandval Frankreichs großer General und späterer Staatschef Charles de Gaulle Vorbild gewesen sein, alles das führte zu einem Ergebnis, das Prof. Freymond (S. 67) mit folgenden Worten treffend charakterisierte: »Die Umstellung von besiegten Deutschen auf mit Frankreich verbundene Saarländer war nur schwer zu bewerkstelligen. Gerade die Härte der Besatzung mußte den Saarländern klarmachen, daß sie für die Franzosen jedenfalls Deutsche waren.«

So schuf Grandval einen künstlichen Abstand zwischen sich und der einheimischen Bevölkerung, der eben zu keiner Zeit ein näheres Verhältnis oder gar menschliche Wärme aufkommen ließ. Wie abstoßend arrogant und geradezu haßerfüllt Grandval bisweilen handelte, zeigt sein Vorgehen gegen den oppositionellen Senator Richard Becker, immerhin einen der angesehensten Persönlichkeiten des Saarlandes. Auf die Bitte Richard Beckers, die Ausweisung des beliebten katholischen Pfarrers Bungarten zurückzunehmen, antwortete Grandval mit dem weiter unten wiedergegebenen Brief vom 22. Juli 1950, also immerhin fünf Jahre nach dem Beginn der Besetzung des Saarlandes. Aber nicht genug damit, der mächtige Vertreter Frankreichs ordnete darüber hinaus noch einen wirtschaftlichen Boykott gegen die Unternehmungen der Familie Becker an, der zwar zu erheblichen finanziellen Verlusten, aber zu keiner

# " 100 " QUI PORTENT L'AVENIR

Benoît FRACHON   Eugène FREYSSINET   Gaston GALLIMARD   Charles de GAULLE   André GILLOIS   Gilbert GRANDVAL   André GROS   Claude GRUSON   Jacques GUIGNARD   Edmée HATINGUAIS

**René CHAR**

Poète. Justifie la parole d'André Breton selon laquelle le surréalisme sera la poésie de demain. Parce qu'il ne lui manque pas un battement de cœur, il a trouvé le langage poétique de son temps.

**Henri-Georges CLOUZOT**

Auteur et réalisateur de films. Prouve que rien n'est impossible au cinéma français dans la compétition internationale. En lutte avec la censure pour porter à l'écran l'un des problèmes de la grande actualité (Indochine, colonialisme africain, crise politique française).

**Jean COCTEAU**

Poète. L'antenne d'un snobisme parisien encore tout-puissant vers ce que la rue peut apporter de neuf.

**Général René COGNY**

Commande au Tonkin. L'homme qui savait dire non à de Lattre. Allie l'expérience des bonnes traditions de l'Armée à l'esprit d'aventure de la Résistance.

**André COYNE**

Président du comité mondial des grands barrages. L'homme qui « pense » les barrages.

**Marcel DASSAULT**

Constructeur des avions Bloch-Dassault et député. Sait repartir à zéro, trouver des alliés politiques, et gagner les compétitions techniques. Seul constructeur privé d'avions militaires, il a réussi à canaliser les commandes atlantiques en dollars vers ses entreprises.

**Boris EPHRUSSI**

Professeur à la Sorbonne. En implantant des yeux de mouche au milieu de l'abdomen, il a contribué à fonder la génétique physiologique moderne qu'illustre aujourd'hui son école dans une série de travaux sur la respiration des levures.

**Benoit FRACHON**

L'ambassadeur de la C.G.T. au sein du parti communiste. Y est écouté, car il est aussi celui du parti au sein de la C.G.T. Est capable d'infléchir la ligne communiste.

**Eugène FREYSSINET**

Ingénieur. En inventant les procédés de préparation de matériaux connus et employés dans le monde entier sous le nom de « précontraints », révolutionne les méthodes de construction modernes.

**Gaston GALLIMARD**

Editeur. Perçoit et capte la rumeur des écrivains de l'avenir quand ils en sont encore aux balbutiements. S'il ne prend pas de risques, il sait obliger le lecteur à en prendre.

**Charles de GAULLE**

Le seul homme politique français dont les choix, les alliances ou les décisions ne porteront jamais l'opinion à soupçonner le patriotisme. Il est ainsi le détenteur d'une immense autorité morale qui reste disponible.

**André GILLOIS**

Entraîne les auditeurs de la radio dans les voies de la connaissance en créant et recréant un style radiophonique qui spécule sur le meilleur de son auditoire.

**Gilbert GRANDVAL**

Ambassadeur de France en Sarre. Le type du proconsul. Capable de faire la conquête des territoires conquis.

**André GROS**

Jurisconsulte du Quai d'Orsay, où il donne, dans

**Maurice HERZOG**

Alpiniste, ingénieur, sous-directeur à la Société Kléber-Colombes. En confirmant la suprématie du caractère et de la machine humaine sur les moyens techniques, insuffle à la jeunesse le goût de reculer les limites de l'homme.

**Chanoine HOLLANDE**

Supérieur de la mission de Paris, intermédiaire décisif entre la prudence responsable de la hiérarchie et l'audace des prêtres-ouvriers.

**Maurice HUREL**

Ingénieur. Met au point un prototype biplan de grande capacité portante, atterrissant sur 400 mètres de terre battue, qui sera le camion aéronautique de la brousse.

**Frédéric JOLIOT**

Professeur au Collège de France, prix Nobel. Un des quatre ou cinq « membres fondateurs » de la physique nucléaire actuelle. Sa connaissance de la physique et de la technique en général contribue à orienter une grande partie des chercheurs français. Pourrait ouvrir quelques nouvelles « fenêtres » sur le mystère du monde atomique.

**René JULLIARD**

Editeur. Contraint, par sa présence, Gallimard à ne pas s'endormir. Donne à Sartre les moyens de publier « Les Temps Modernes ». En prenant tous les risques, oblige l'édition française à en prendre quelques-uns.

**Léon KAPLAN**

Directeur de la Shell française. Seigneur de la société technique, symbolise l'effort de transition du capitalisme du début du siècle vers l'ère des managers.

**Eirik LABONNE**

Ambassadeur de France, conseiller diplomatique du gouvernement. Président du Comité des Zones d'organisation industrielle de l'Union Française. Le prophète de l'Eurafrique. Croit aux réalisations après trente ans de Quai d'Orsay.

**Maurice LAURE**

Gilbert Grandval – einer der 100 Franzosen, die Frankreichs Zukunft tragen

# Roi sans couronne: M. Gilbert Granval

*Les jeux de la Ruhr et de la Sarre*

La Sarre sera-t-elle une permanente pomme de discorde entre la France et l'Allemagne? Ou bien, dûment européisé, ce petit territoire (dont les ressources industrielles et minières sont considérables) deviendra-t-il un trait d'union, économique d'abord et plus tard politique, entre les deux «ennemies héréditaires» enfin réconciliées? Au cours de la cérémonie inaugurale du Pool Charbon-Acier, M. Jean Monnet, inventaire du plan Schuman, soulignait particulièrement cet été un grand signe d'espoir: «Nous nous retrouvons ici, Français et Allemands, membres ....»

.... plus tard, les Français se réinstallèrent dans le *Saargebiet*, ce qui était leur droit le plus strict, tout comme en 1919. Seulement, ils s'y installèrent comme en pays conquis, l'Allemagne n'ayant pas de gouvernement qui pût élever une protestation, formuler des réserves pour l'avenir, invoquer au pis-aller le précédent de Versailles (occupation temporaire, suivie d'un plébiscite).

C'est un homme à poigne que le général Kœnig, commandant en chef français en Allemagne, appela en août 1945 aux fonctions de gouverneur de la Sarre. Compagnon de la Libération, titulaire de hautes distinctions honorifiques, M. Gilbert Hirsch, Alsacien né à Paris (en 1904), avait été mobilisé dans l'aviation en 1939. Après l'occupation, il entra dans la Résistance et sous le nom de Granval, qu'il a conservé depuis lors, il se distingua à la tête des F.F.L. de la zone Est et fut nommé colonel après la Libération, général par la suite.

Dès son installation au *Schloss* de Sarrebrück, M. Granval entreprit la réalisation des deux tâches qu'il s'était assignées: sur le plan économique, assurer à la France la légitime ....

.... avait subsisté à l'heure solennelle du coup d'éponge et du grand pardon.

Mais si la réalité est dans les faits, alors il conviendrait de sonder les cœurs et les reins des deux partenaires; il serait non moins opportun de comparer les états de production respectifs, charbon et acier, des principaux participants au Pool. Quitte à se demander après coup si le rapprochement qu'on avait tant souhaité, n'est pas, cette fois encore, scellé par un baiser Lamourette.

Entre le marivaudage Briand-Stresemann et les fiançailles Schuman-Adenauer, il y a eu un triomphal ou humiliant plébiscite, selon le point de vue auquel on se place; et puis il y a eu une guerre totale. Bah! on efface tout, on se promet fidélité et assistance; on publie même les bans, mais on ne parvient tout de m.... .... mettre d'accord ....

.... Sarre devin.... du territoire économique et monétaire français. Promu à cette époque haut-commissaire de la République, il fut la cheville ouvrière de l'Union douanière franco-sarroise.

On ne lit pas sans quelque surprise, dans une grande revue diplomatique, écrite par une plume française, les précisions suivantes: Le représentant de la République française en Sarre dispose en matière d'économie des pouvoirs qui lui permettent de veiller à la mise en œuvre du rattachement. Sous ces réserves, la Sarre bénéficie, en principe (sic), d'une autonomie législative et réglementaire totale. La France assure la défense du territoire et le représente en matière d'Affaires étrangères, — nous dit-on encore, en convenant que «la Sarre ne jouit plus d'une souveraineté extérieure véritable».

La politique de lente absorption pratiquée par M. Granval est approuvée, affirme-t-il, par le gouvernement sarrois, celui-ci étant au surplus responsable devant le Parlement (*Landtag*) élu au suffrage universel et secret. A quoi les adversaires du rattachement à la France répondent que ce gouvernement est un ramassis de traîtres et que ce parlement ....

.... bles. Le minerai gît en Lorraine; la majeure partie de la houille est extraite du sous-sol de la Ruhr (principal producteur), du Nord de la France, de Belgique, des Pays-Bas. Mais la politique a contrarié la nature en sillonnant de frontières les bassins homogènes ou interdépendants. Avec du minerai et du charbon, on obtient de l'acier. L'acier, cela sert à fabriquer des outils, des socs de charrues, mais aussi du matériel de guerre. En cas de conflit, le plus gros producteur d'acier a un sérieux avantage. L'Allemagne, avec la Ruhr et la Sarre, disposait d'un formidable arsenal en 1939 comme en 1914. Considérez maintenant ce tableau comparatif de production, pour l'année 1951 (il s'agit de millions de tonnes):

.... urquoi les Sarrois n'au.... en 1947, les uns cédé à une pression extérieure, les autres à leur intérêt momentané? Ils avaient bien tourné casaque, sous l'effet de la peur, le jour du fameux plébiscite, la peur, bien sûr, mais aussi la propagande hitlérienne. Nous étions sur place et nous nous rappelons fort bien comment les 338 000 antinazis qui s'étaient manifestés le 13 mars 1932 aux élections du *Landesrat* ne furent plus que 46 500 à voter pour le *statu quo* et 2124 à souhaiter le rattachement à la France, tandis que les 24 500 suppôts du führer se retrouvaient 477 000 pour affirmer leur détermination d'être réintégrés dans le Grand Reich. Et cette même *Saarbrücker Zeitung* qui est aujourd'hui «à la dévotion de la politique française» titrait sur la largeur de sa première page, le 16 janvier 1935: *Deutschland über alles! Ueberwältigender Abstimmungssieg! Das Saarvolk zerschlägt eine Weltlüge.*

Et voilà pourquoi, si nous étions Son Excellence Monsieur Granval, nous ne croirions pas au Père Noël avant une nouvelle consultation électorale, au cours de laquelle tous les partis politiques auraient le droit de prendre position. *Louis Veza.*

---

58
Gilbert Grandval, der König von der Saar: Eine Charakteristik der Schweizer Zeitschrift »Lectures du Foyer«, Lausanne, vom 27. September 1952, die für sich spricht.

59  60
M. Grandvals Residenzen: Schloß Halberg und das große Botschaftsgebäude in der Stadt
Saarbrücken

61
Gouverneur Gilbert Grandval, der »ungekrönte König der Saar«, – man beachte seine Haltung und den etwas abgewendeten Kopf – wird von Ministerpräsident Johannes Hoffmann devot begrüßt! Das Verhältnis zwischen »Herr und Diener« könnte kaum besser ausgedrückt werden.

62
Ministerpräsident Hoffmann und ein gelangweilter Polizeipräsident! Ansprache Hoffmanns an die Kommandeure und hohen Persönlichkeiten der saarländischen Polizei. Polizeichef Guy K. Lackmann erscheinen die Ausführungen seines Chefs wenig glaubwürdig.

**Bilder,
die für sich
sprechen**

Sinneswandlung bei den Betroffenen geführt hat. Im Gegenteil, gerade durch ein derartig brutales und unversönliches Verhalten wurde bei einem großen Kreis von Saarländern jeder gute Wille gegenüber den Fremden im Keime erstickt.

Grandvals Reden waren in der ersten Zeit pathetisch und schwülstig, zugleich in vielen Fällen auch drohend. Auch hier zeigte Grandval, daß er ganz Militär, aber nie Diplomat war. Es gelang ihm, wie wir noch sehen werden, gerade durch seine Reden häufig Öl ins Feuer zu gießen und sich anbahnende Beziehungen zu stören. Das Pathos der in den ersten Jahren gehaltenen Reden enthielt zugleich Versprechungen, auf deren Einlösung die Saarbevölkerung meist vergeblich wartete, nur die Drohungen nahm man ernst. So rief Grandval am Abend vor der Landtagswahl vom 5. Oktober 1947 die Saarbevölkerung auf, sich an der Wahl zu beteiligen, obwohl diese Einmischung für den Gouverneur der Besatzungsmacht etwas ungewöhnlich erscheinen mußte. Er sagte: »Wir werden also eine vollkommene Umbildung des öffentlichen Lebens im Saarland erleben, denn künftighin wird dieses Leben nur auf den demokratischen Prinzipien, den allgemeinen Garantien der Menschenwürde beruhen. Und da Sie übermorgen eine neue Etappe auf dem Wege zur Freiheit zurücklegen werden, ist es meiner Ansicht nach nicht nötig, auf die Bedeutung dieser Volksbefragung (es war in Wirklichkeit nur eine Wahl von Volksvertretern, aber keine Volksbefragung, Anm. d. Verf.), dieser ersten Bekundung der Ausdrucks- und Gedankenfreiheit sowie auf die sich daraus ergebende Pflicht eines jeden, von seinem Wahlrecht Gebrauch zu machen, hinzuweisen« (»SVZ« vom 4. Oktober 1947).

So repräsentativ Gilbert Grandval an der Saar aufzutreten, und – man kann das ruhig sagen – Hof zu halten verstand, in einem Punkt blieb er schweigsam und mimosenhaft empfindlich: in bezug auf seine Herkunft und Vergangenheit! Vielleicht werden Psychoanalytiker diese merkwürdige Eigenschaft geradezu aus seinem barocken Auftreten und dem gesteigerten Geltungsbedürfnis herleiten.

Auch als Grandval am 15. Januar 1952 zum außerordentlichen Botschafter – ambassadeur – und Leiter der französischen Mission Diplomatique an der Saar ernannt wurde, gab es nicht das sonst übliche offizielle diplomatische Kommuniqué mit ausführlicher Lebensbeschreibung des Ausgezeichneten. Natürlich führte dieses Schweigen zu Gerüchten und Rätselraten, sehr zum Schaden von Monsieur Grandval. Wer hätte ihm übel genommen, daß er vor dem Kriege Industrieller oder Industrievertreter eines großen französischen Chemiekonzerns gewesen ist? Wer hätte ihm übel genommen, daß sein militärischer Dienstgrad bis zum Zusammenbruch Frankreichs 1940 erheblich niedriger war als der Oberst der Résistance? All das blieb ein Geheimnis – bis eines Tages, 1948, Gerüchte an die Saar gelangten, in Metz seien Plakate angeschlagen, die sich gegen die Politik Grandvals an der Saar richteten, darauf sei Grandval als »Monsieur Hirsch« heißend bezeichnet worden. Natürlich ging jetzt das Rätselraten erst recht los. Als Grandval am 19. März 1952 in Paris in einer äußerst massiven Rede die deutsche Saarpolitik angriff und dazu noch beleidigend wurde, kam der Gegenschlag. In einem sehr umfangreichen Artikel befaßte sich die »Deutsche Saar-Zeitung« mit dem Thema: »Gilbert Grandval, der Störenfried Europas«.

Anstatt durch aufklärende Worte allen Gerüchten das Lebenslicht auszublasen, reagierte Herr Grandval ausgesprochen ungeschickt. Durch den Hohen Kommissar Frankreichs in der Bundesrepublik, François-Poncet, – damals galt noch das Besatzungstatut – ließ er die Ausgabe der »Deutschen Saar-Zeitung« beschlagnahmen und die Zeitung für die französische Besatzungszone verbieten. Französische Gendarmen führten im Hoheitsgebiet von Rheinland-Pfalz ohne Wissen und Zustimmung der Landesregierung die Aktionen durch! Das führte natürlich zu einer Debatte im rheinland-pfälzischen Landtag und im Bundestag, zu Protesten beim Hohen Kommissar François-Poncet, usw. Zum Schluß mußten alle Maßnahmen aufgehoben werden. Herr Grandval war kein Angehöriger der Besatzungsmacht in der französischen Zone, dem ein solcher Schutz allenfalls zugestanden hätte. Das Ergebnis war ein Wirbel in der gesamten Presse des In- und Auslandes. Jetzt ging das Rätselraten um Herrn Grandval von neuem los und nahm breiteren Raum ein als je zuvor. Bei allem Hin und Her – die einen wollten Grandvals Geburtsort in Berlin, die anderen in der Pfalz oder sonstwo in Deutschland gefunden haben – ergab sich dann so viel, daß Grandvals Großvater ein elsässischer Buchhändler – ob Hirsch von Vaterseite oder Ollendorf von Mutterseite, blieb ungeklärt – gewesen ist, der nach 1870 das Elsaß verlassen hatte und nach Paris ausgewandert war. Grandvals Mutter ist eine geborene Ollendorf gewesen, bestätigt durch die in Grandvals Haushalt lebende »Tante Ollendorf«.

Fazit: Der Name »Grandval« war ein angenommener, ein »nom de guerre«, ein Kriegsname! Diese bei vielen anderen Persönlichkeiten der Widerstandsbewegung gleichermaßen anzutreffende Eigenheit war kein Flecken auf der Weste des Residenten.

Faßt man das Urteil über Gilbert Grandval zusammen, so dürften – vom französischen Standpunkt aus gesehen – die positiven Eigenschaften weit überwiegen, er war intelligent, eifrig, unermüdlich und stets auf das Wohl seines Vaterlandes bedacht, alles in allem »ein résolu français, ein entschlossener Franzose«. Welcher ebenso gute Deutsche konnte ihm daraus einen Vorwurf machen? Gilbert Grandval war in erster Linie Militär, in zweiter Linie Politiker, ein Staatsmann aber – wie Freymond an einer Stelle seines Buches annimmt – war er nie.

Präsident Dehousse drückte das so aus: »Herr Grandval hatte wahrhaftig keine glückliche Hand. Als er das Saarland letzten Sommer verließ, geschah das, um sich nach Marokko zu begeben, wo er zum General-Residenten ernannt worden war. Er ging nach Marokko, um dort eine liberale Politik zu betreiben in einem Augenblick, wo eine autoritäre Politik selbstverständlich gewesen wäre. An der Saar hat er eine autoritäre Politik betrieben, obwohl hier für jedermann augenscheinlich eine liberale und fortschrittliche Politik angebracht gewesen wäre.«

Die Betrachtungen über Gilbert Grandval und die von ihm herbeigeführte und, wie wir noch kurz sehen werden, entscheidend mit zu verantwortende Saarpolitik, wäre unvollständig, wenn unsere Leser nicht die Beurteilung erführen, die Robert Schumans Protokollchef, Botschafter der »vollen diplomatischen Karriere«, Jacques Dumaine, in seinem Buch: »Quai d'Orsay, 1945–1951«, erschienen 1955, über die Person und Verhältnisse an der Saar in der damaligen Zeit abgegeben hat. Botschafter Dumaine begleitete Robert Schuman auf seinen offiziellen Besuchen in Saarbrücken (Dezember 1948) und Bonn (Januar 1950).

Mit scharfer Beobachtungsgabe ausgestattet, beschreibt er in glänzender Formulierung Erlebnisse und Verhältnisse. Herrn Grandval traf Dumaine noch einmal, er hält dieses Zusammentreffen vom 22. August 1950 in den tagebuchartigen Aufzeichnungen wie folgt fest:

»Grandval, der Hochkommissar im Saarland, verbrachte seine Ferien in Guéthyra (an der Atlantikküste, in der Nähe von Biarritz, Anm. d. Verf.). Morgens betrieb er Unterwasserfischerei, mit großer Brille und einem Schnorchel versehen. Abends setzte und spielte er groß im Casino von Biarritz. Diese beiden Zeitvertreibe offenbarten, daß Grandval sich nicht fürchtete, ein Risiko auf sich zu nehmen. Sein Werk an der Saar ist ein Erfolg und ein Wagnis. Er ist ein autoritärer Rechner, aber wenn er auch bisweilen eine Prahlerei an den Tag legt, so weiß er sie wieder zurückzustecken, sobald er merkt, wie er damit aneckt.«

Und nun Dumaine über die Reise an die Saar am 15. Dezember 1948 (Abb. 39):

»Das war die rätselhafteste offizielle Reise meiner Karriere. Es war notwendig, unsere Anwesenheit an der Saar durch einen sichtbaren Besuch des Außenministers nach außen hin zu »markieren« (marquer). Bis dahin sprach man nur von einer Wirtschaftsunion, die den beiden Partnern unmittelbar zugutekomme. Frankreich, das mit Kohle versorgt würde, dem Saarland, dessen Wiederaufbau im Verhältnis zum übrigen Deutschland schneller erfolgen würde. Die Bilanz war für beide Teile günstig und die Beziehungen zwischen der saarländischen Regierung, die durch uns eingesetzt worden war, und dem Hohen Kommissar Frankreichs, der in Saarbrücken bestellt (installé) worden ist, waren im Augenblick ohne Reibungen. Würde das auch der Fall bleiben, wenn die industrielle Produktion in den benachbarten deutschen Gebieten fortgeschritten sein würde?

Der praktische Sinn der Saarländer, der mit großem Eifer die gegenwärtigen Notwendigkeiten wahrgenommen hat, wird zweifelsohne seinen deutschen Patriotismus wiederfinden, um alsbald seine Beschwerden, Forderungen und auch vielleicht Drohungen gegen uns zu erheben.

Auch wollten wir einen Schritt weitergehen und den engen Kreis der Wirtschaftsunion verlassen, um mit der saarländischen Regierung ein Kulturabkommen zu schließen. Das war offensichtlich das einzige Mittel, unsere Anwesenheit dort für die Zukunft zu festigen (consolider); aber im Augenblick ist das Unterfangen sehr gewagt.

Wir haben in Saarbrücken eine Universität gegründet, sie befindet sich noch in den Anfängen, aber im nächsten Jahr wird sie 2000 Studierende zählen. Man schmeichelt dem lokalen Denken; denn unter deutscher Herrschaft mußten die jungen Saarländer nach Bonn, Heidelberg oder Tübingen gehen, um ihre Prüfungen abzulegen. Trotzdem ein Fragezeichen: Wie wird der Wert der Diplome, die von der Saarbrücker Universität ausgestellt werden, in den Augen der beiden Nachbarländer Frankreich und Deutschland sein? Mit anderen Worten: Wie werden die Berufsaussichten für die ›neu gebackenen‹ Ärzte, Architekten und Rechtsanwälte sein? Die Enge des saarländischen Raumes wird schnell durch ihre Berufstätigkeit gesättigt sein. Deutschland wird sie nicht haben wollen, Elsaß und Lothringen wird sich dagegen sträuben, sie aufzunehmen. Wo werden sie ihren Beruf ausüben? Es dürfte aber unnütz sein, sich durch diese Besorgnisse und Ungewißheit entmutigen zu lassen. Man muß den Versuch machen . . .«

»Schuman sagte mit einem fernen Lächeln, daß er das letzte Mal die Grenze im Gefängniswagen überfahren habe. Er fügte aber nicht hinzu, daß die saarländische Bevölkerung, die sich anschickte, uns zu empfangen, sich mit Gewalt in Lothringen breit gemacht hatte, von wo sie die lothringische Bevölkerung gejagt und belästigt hat. Aus diesem Grunde waren unsere Gedanken während des ganzen Tages zurückhaltend . . .«

»Grandval ist einer der seltenen Erfolgreichen der Resistance (Grandval est un des rares réussites de la Résistance). Er hat es verstanden, die im Maquis erworbene Autorität zu bewahren und auch weiterhin eine Rolle zu spielen. Ihm verdanken wir die glücklichen Ergebnisse, die wir an der Saar erreicht haben; dort fährt er fort, seine Aufgabe geschickt, ausdauernd und mit unermüdlichem Eifer fortzusetzen. Er ist draufgängerisch, intelligent und auf seinen Vorteil bedacht. Sein Geheimname, den er beibehalten hat, verdeckt eine wenig arische Herkunft, er war Industrieller vor dem Kriege . . .«

». . . die Mitglieder der saarländischen Regierung sind höflich und wollen herzlich erscheinen. Aber die Verlegenheit läßt sie steif erscheinen und ihre Ausdrucksweise ist breiig und klingt wie wiedergekäutes Stroh, das Eis ist nicht gebrochen. Vor allem der Präsident, Herr Hoffmann, ist eine durchtriebene Erscheinung, aber mit der Gutmütigkeit eines biederen, örtlichen Demagogen. Neben ihnen habe ich den Justizminister bemerkt, ein Bruder von Max Braun, dem ehemaligen Reichstagsabgeordneten (hier irrte Botschafter Dumaine, Max Braun war nie Reichstagsabgeordneter, sondern Mitglied des saarländischen Landesrates vor 1935, Anm. d. Verf.), der in England starb, ohne die Saar wiedergesehen zu haben, wo er so tapfer gegen den Hiterlismus gekämpft hatte. Der jetzige Minister Braun ist schlank, gewandt und beredtsam, er ist Rheinländer, ebenso wie seine saarländischen Kollegen westfälischer oder bisweilen preußischer Herkunft sind.

Mein Begleiter auf der Fahrt ist Herr Singer, der Bürgermeister von Saarbrücken. Er rühmt die erreichten Arbeiten am Wiederaufbau seiner Stadt, obgleich diese noch sehr zerstört erscheint. Man muß gestehen, daß die alliierte Luftwaffe erbittert gewirkt hat . . .«

Über die gehaltenen Reden berichtet Herr Dumaine: ». . . es herrschte dort eine Atmosphäre der Entspannung und Sorglosigkeit, zu der zwei weitere Reden von Minister Schuman beitrugen. Enthielten sie nicht zu viel Entgegenkommen und Verständnis? Schlossen die Saarländer daraus nicht verständlicherweise, daß eine Besatzung, die sich milde zeigt, eine schwache Besatzung ist? Sie ergreifen vielleicht die Hand, die man ihnen reicht, um aber um so besser den Arm abzureißen. Grandval faßte das treffend zusammen, wenn er sagte: ›Warum soll man den Leuten Pfänder geben, die sie noch nicht fordern?‹ Meine Überlegungen blieben voller Fragezeichen, und ein Gespräch mit Burin de Rozier und de Carbonel ließ die Zweifel nicht geringer werden . . .«

Nach Ausführungen über den Bischof von Trier und seinen Generalvikar sowie einer Betrachtung über den päpstlichen Visitator, Monsignore Schulien, berichtet Botschafter Dumaine über das letzte Essen, das sich bis zur Abfahrt des Sonderzuges nach Mitternacht hinzog. Er schreibt:

»Es war wenig Gelegenheit zu einem bachanalischem Zechgelage, denn die saarländischen Weine haben weniger Blume als daß sie Anlaß zu einer neuen Flut von Beredtsamkeit geben. Aber die Gesichter waren seit dem Morgen die gleichen geblieben, wie das bei allen offiziellen Reisen der Fall ist. Aber gerade hier hätte man sich als Kuriosität oder zufällige Eingebung gewünscht, daß sich einige grundsätzlich widersprechende Persönlichkeiten beim letzten Mahle unter uns hätten sehen lassen. Die Herzlichkeit war nie gewichen, aber sie herrschte in einer Nußschale . . .

Endlich waren wir im Zug mit unseren verwirrten Gedanken allein. Im Augenblick war der Erfolg sichtbar, für die Zukunft blieb er unbeständig.

Und Herr Schuman, der soeben noch das saarländische Mitgefühl überzeugend hervorgehoben hatte, so, wie man die Suppe mit einem Löffel umrührt, sagte mit müder Stimme: ›Sehen Sie, mit diesen Leuten darf man nie gefühlsselig werden.‹«
Soweit Botschafter Dumaine am 15. Dezember 1948!

Welche Gedanken mußten Johannes Hoffmann erfüllt haben, als er diese unmittelbaren Tagebuchaufzeichnungen noch vor der Niederschrift seines Buches zur Kenntnis nehmen mußte? Hätte Hoffmann noch einmal so gehandelt? Uns jedenfalls erfüllten die für uns als Saarländer ein wenig brutal klingenden Niederschriften mit Genugtuung, wir haben die politischen Ereignisse genau so nüchtern und ohne Gefühlsseligkeit betrachtet wie das Herr Schuman ausdrückte.

Herrn Grandvals »tönende« Worte konnten uns ebenso wenig beeinflussen wie die breite Masse unserer Bevölkerung. Trotzdem hat gerade Gilbert Grandval den größten Teil der Verantwortung für den Fehlschlag der französischen Politik an der Saar nach 1945 zu tragen, Botschafter Dumaines Zweifel bestätigen das. Liest sich doch immer wieder heraus: Lassen wir den erfolgreichen Herrn Grandval weitermachen, man muß es eben versuchen!

Diese Verantwortlichkeit unterstreicht auch Freymond an zwei weiteren Stellen seiner Untersuchung. Einmal konnte Freymond, offensichtlich auf Grund seiner direkten Informationen aus dem Bereich der Mission Diplomatique in Saarbrücken, zu dem Schluß kommen: »Grandval entwickelte zusammen mit Michel Debré, der während der Jahre 1946 und 1947 eine wesentliche Rolle spielte, die französische Saarpolitik, eine Politik, die der durch die internationalen Konferenzen völlig beanspruchte Außenminister (Bidault, oder später Schuman, Anm. d. Verf.) begünstigte und übernahm (Freymond, S. 217).

Und: ... »Bei Stellungnahmen zur Saarfrage, mochten sie nun im Rat der Republik oder in der Nationalversammlung erfolgen und von Ministern, von Abgeordneten oder dem Rapporteur Général ausgehen, machten sich manche stillschweigend Gesichtspunkte zu eigen, die von Grandval stammten. Das war auch ganz verständlich, denn niemand kannte die Saarländer besser als er, und an ihn wandte man sich, um verläßliche Informationen und Rat« (Freymond, S. 217).

Und doch hatte der Schweizer Landsmann von Professor Freymond, der Verfasser des oben (S. 174) angeführten Artikels über Herrn Grandval: »König ohne Krone« seine Ausführungen vom September 1952 (!), nachdem er auf die Abstimmungszeit und das Ergebnis von 1935 eingegangen war, mit den Worten abgeschlossen: »Und das ist der Grund, warum wir bei Seiner Exzellenz Herrn Grandval waren. Wir glauben nicht an den Weihnachtsmann, um vor einer neuen Volksbefragung, an der alle politischen Parteien teilnahmeberechtigt sind, Stellung zu nehmen!« Der Schreiber dieser Zeilen, Herr Louis Vesin aus Lausanne, sollte Recht behalten!

Als Gilbert Grandval nach dem Referendum in seiner Rede in Löwen und in seinem Buch: »Mission en Maroc« die *schlechten französischen politischen Institutionen* für den Fehlschlag Frankreichs an der Saar verantwortlich machen wollte, erklärte WEU-Präsident Dehousse dazu: »In Wirklichkeit hat Grandval ... einen Grund gesucht, auf den er sich stützen konnte, um sich seiner eigenen Verantwortlichkeit zu entziehen, die er auf sich lasten fühlte, er, der Haupt-Initiator dieser Aktion!«

Ich habe immer an Schillers Worte denken müssen, die mir aus der Schulzeit haften geblieben waren: »Die Weltgeschichte ist das Weltgericht!«

Mehr als 20 Jahre sind vergangen seit den Ereignissen, die ich in diesem Abschnitt des Erinnerungsbuches über das Geschehen an der Saar nach dem zweiten Weltkrieg noch einmal aufleben lassen und beschreiben mußte. Man könnte die Frage aufwerfen, ob es nötig gewesen ist, gerade die Zeit der unerfreulichen Fremdherrschaft noch einmal wach werden zu lassen. Ob dadurch nicht von neuem Gräben zwischen Deutschen und Franzosen aufgerissen werden in einer Zeit, in der längst der Geist der Verständigung die beiden Völker erfaßt und sie zu einer gemeinsamen Schicksalsverbundenheit geführt hat? Wäre es daher nicht angebrachter, dieser Schrift eine Darstellung zu geben, wie sie Konrad Adenauer zielbewußt, jahrelang für die Behandlung des deutsch-französischen Verhältnisses und die so oft störende Saarfrage formuliert hat? Wird mir der eine oder andere nicht vorwerfen, gerade in diesem Kapitel über die Fremdherrschaft eine alte, frankophobe Einstellung wieder aufleben zu lassen? Schon das Aufkommen solcher Gedanken und Vorstellungen wäre mir schmerzlich. Ich habe schon im ersten, einleitenden Abschnitt ausführlich dargetan, welche Genugtuung meine Freunde und mich nach der so erfreulichen Regelung des Saarverhältnisses zwischen Deutschland und Frankreich nach der Volksbefragung von 1955 erfüllt hat. Je größer der Abstand von jener Zeit ist, desto stärker ist die Überzeugung geworden, daß Konrad Adenauers Vorstellungen über die Notwendigkeit einer deutsch-französischen Verständigung richtig gewesen sind, und in welchem Ausmaß Konrad Adenauer die Voraussetzungen für die spätere Regelung der Saarfrage im Jahre 1956 geschaffen hat, auch wenn er ihre Verwirklichung im Gegensatz zu uns durch die »Europäisierung der Saar« für richtiger gehalten hatte.

Trotzdem kann eine geschichtliche Darstellung des Geschehens von 1945 bis 1955 nicht, ja unter keinen Umständen, an den Problemen der »Fremdherrschaft« vorbeigehen. Die Ereignisse während dieser Jahre sind Voraussetzung für das Verstehen und die richtige Beurteilung dessen, was schließlich kam. Auch unsere eigene Haltung und unser Verhalten ist nur zu begreifen, wenn man die Vorgänge »auf der anderen Seite« so sieht, wie sie sich *damals* für uns und damit auch für die Saarbevölkerung dargestellt haben.

Die Aufgabe, Geschichte zu schreiben, hat nicht nur den Sinn, Vergangenes festzuhalten, sondern weit mehr die Aufgabe, die Geschichte als Lehrmeisterin für die Zukunft zu vermitteln. Ich bin der ehrlichen Überzeugung, daß die Vorgänge um die zweimalige Abtrennung der Saar von Deutschland von 1920 bis 1935 und von 1945 bis 1957 gerade durch die Fehler, die dabei gemacht wurden, ein hervorragendes Lehrbild für die Politik der Zukunft sein können.

Seit Abschluß des zweiten Saarvertrages von 1956 habe ich zu jeder Zeit hervorgehoben, in welch anzuerkennender Weise Frankreich die Konsequenz aus der Entscheidung unserer Bevölkerung gezogen und die »Saarfrage« ein für allemal liquidiert hat, so daß man durchaus mit Recht von der Beendigung eines jahrhundertelangen Geschichtsabschnittes sprechen kann. Es wäre deshalb unverständlich, wollte ich durch die Darstellung der Vorgänge nach dem Kriege alte Wunden wieder aufzureißen, oder gar neue schaffen. Nichts liegt mir ferner als das.

Es ist nicht die Absicht, hier schadenfroh den Fehlschlag herauszustellen und den Gegner von einst zu schmähen oder zu verhöhnen. Dazu ist am wenigsten die Umgebung geeignet, in der diese Zeilen geschrieben wurden. Es war der liebliche Frieden des sonnenüberglänzten Tonbachtales im nördlichen Schwarzwald. Hier leben Deutsche, Schweizer, Franzosen – in der »Traube« wohltuend betreut – so einträchtig beieinander, die Ruhe und Gottes herrliche Natur genießend, daß Gedanken an Streit und Gegensätze unter den Völkern, oder gar Haßgefühle aus unserer Vergangenheit gar nicht aufkommen können. Ich habe sie jedenfalls nicht. Was immer an der Saar unter meinem Wirken und Mitwirken geschah, entsprang nur dem einen Gedanken, *ein ebenso guter Deutscher zu sein, wie die Franzosen gute Franzosen sein wollen,* auch heute, 20 Jahre nach jenen Ereignissen! So, wie ich das in meiner Rede in Lyon vom 12. April 1958 (Abb. 68) vor verständnisvollen Franzosen zum Ausdruck gebracht hatte.

Es konnte das Saarproblem – auch während der Zeit der Fremdherrschaft – nicht besser ausgedrückt werden, als es 1952 der Berichterstatter des »New Statesman and Nation«, Mervin Jones, getan hat. Ich habe es daher zum einleitenden Motto dieses Abschnittes genommen:

»Die Unstimmigkeit um das Saarland besteht darin,
daß die Leute darauf bestehen, Deutsche zu sein!«

# Die
# Saarverhandlungen

Das letzte Ziel der französischen Saarpolitik war die Erlangung eines »Internationalen Statuts für die Saar«, das nach den Worten der Präambel der Saar-Verfassung *erst* die »*Grundlage* für ein Eigenleben« der Saar, und damit auch für den wirtschaftlichen Anschluß an Frankreich *legen sollte.* Wir haben in dem vorangehenden Kapitel dargetan, wie es Frankreich gelungen war, das Land an der Saar vollkommen und lückenlos zu beherrschen; aber alledem fehlte der Rechtstitel, der nur durch eine gemeinsame Entscheidung aller vier Siegermächte, und dann auch nur in einem förmlich abgeschlossenen Friedensvertrag, zu erreichen gewesen wäre. Das »Njet« der Sowjets hat diesen Weg versperrt. Blieb allein der Ausweg, den am stärksten interessierten und betroffenen deutschen Partner, die Bundesrepublik, für eine förmliche Zustimmung zu den von Frankreich einseitig geschaffenen Maßnahmen zu gewinnen.

Hier begann die noch ausführlich darzustellende fünfte Phase der Saarpolitik, welche die rechtliche Anerkennung des tatsächlichen Zustandes an der Saar durch die Bundesrepublik zum Ziel hatte. Wir haben an anderer Stelle von den beiden Begriffen in internationalen Beziehungen de facto und de jure gesprochen. Die Franzosen hatten durch ihre zielstrebigen Maßnahmen eine de facto –, also tatsächliche Ordnung nach ihren Vorstellungen erreicht; aber es fehlte eben die Rechtsgrundlage. Es war umgekehrt wie im Fall des »Kaufmanns von Venedig«. Dieser besaß einen Schein, aber keine Leistung seines Partners, die er durch das Urteil des »gerechten Richters« zu erreichen hoffte. An der Saar hatten die Franzosen die Leistung erlangt, es fehlte ihnen jedoch der »Schein« in der Gestalt zeitgemäßer internationaler Abmachungen, das war allein die de-jure-Anerkennung. Sie konnte – wenn überhaupt – nicht ohne Mitwirkung und Zustimmung der Bundesrepublik erfolgen. Aus den Aufzeichnungen des Botschafters Dumaine (Seite 178–181) wissen wir, wie unsicher die französische Seite hinsichtlich der Dauerhaftigkeit des Zustandes im Saarland war und wie sehr man einen Umschwung in der Meinung der Saarbevölkerung fürchtete, »wenn erst einmal die industrielle Produktion in den benachbarten deutschen Gebieten fortgeschritten sein würde«. Das Streben nach baldiger Legalisierung durchzog daher alle offiziellen französischen Erklärungen, wenn immer die Saarfrage in den parlamentarischen Gremien in Paris zur Sprache kam. »Sicherung des Erreichten« war das Ziel, wahrscheinlich weniger gegenüber dem machtlosen und niedergerungenen Gegner Deutschland als gegenüber der Saarbevölkerung.

Die französischen Befürchtungen wurden insbesondere durch die Gewißheit bestärkt, daß man die Verhältnisse im Saargebiet nur durch Ausschaltung aller oppositionellen Meinungen und durch Niederhaltung von nach Deutschland tendierenden Parteien herbeiführen konnte. Man war sich der »situation de fait illégale« – also einer tatsächlichen Lage ohne Rechtsgrundlage –, wie die französischen Juristen Robert Müller und Guy Héraud (S. 133) unmißverständlich erklärt hatten, durchaus bewußt. Dazu kam der schnelle Aufstieg der »umgebildeten« Demokratischen Partei Saar. Der Zulauf von Anhängern und das Echo, das ihre kurze Tätigkeit an der Saar selbst und jenseits der Grenze fand, war zum Menetekel geworden. Auch das Eingreifen der französischen Regierung beim Verbot der DPS, das nicht einmal die Regierung Hoffmann oder der Hohe Kommissar Frankreichs in Saarbrücken allein verkraften konnten, zeigte, daß es – Mitte 1951 – höchste und letzte Zeit geworden war, zu einer Absicherung gegen eine ständig wachsende Opposition – auch in der Bundesrepublik – zu kommen.

Diese Sorgen spiegeln die Anfragen der an der Saarpolitik besonders interessierten französischen Parlamentarier wieder. Außenminister Robert Schuman mußte schon in der Nationalversammlung am 20. Oktober 1950 zugestehen, daß die Beziehungen zwischen Frankreich und der Saar »bis heute (nur) durch einseitige Maßnahmen bestimmt worden« seien (Prot. S. 7082). In der späteren Debatte des Saarproblems vor dem Rat der Republik zog Robert Schuman die Schlußfolgerung solcher Erkenntnis: »Es ist (daher) notwendig, daß wir schnell, ja so schnell als nur möglich – denn das hängt nicht allein von uns ab – die Anerkennung der äußeren Unabhängigkeit der Saar (von Deutschland, Anm. d. Verf.) erreichen. Wir möchten, daß der saarländische Staat vor allem in politischer Hinsicht eine im Ausland voll gültige Rechtsfähigkeit erlangt« (Prot. vom 20. Februar 1951, S. 532). Wie schwierig dieses Ziel für die Franzosen zu erreichen war und welche Voraussetzungen dafür zu erfüllen waren, ist gleichfalls dem Außenminister klar gewesen. In der gleichen Debatte vom Februar 1951 sagte Schuman: »Aber, wie man hier (bereits) ausgeführt hat – und ich wiederhole die Ausdrucksweise des Herrn Senators Hamon – ist erforderlich, daß diese Situation (an der Saar), die juristisch nur einen provisorischen Charakter hat, ihre rechtliche Anerkennung durch einen Akt des Rechtes und von internationalem Wert erhält, damit die Existenz dieses Staates auch für Dritte bindend wird und weder dann, noch später in Zweifel gezogen werden kann« (Prot. S. 352).

Die maßgeblichen französischen Politiker, an ihrer Spitze Robert Schuman, wußten spätestens 1951, daß das so umrissene Ziel – wenn überhaupt – einzig und allein durch Verhandlungen mit der Bundesrepublik erreichbar war. Zu zweiseitigen Verhandlungen über die Saarfrage ergab sich bald Gelegenheit, nachdem im ersten Elan 1950/51 der Schuman-Plan, das war der Vertrag über die Europäische Gemeinschaft für Kohle und Stahl, bereits erfolgreich zustandegekommen war und weitere aussichtsvolle Verhandlungen über eine Europäische Verteidigungs-Gemeinschaft (EVG) im Gange waren. Das französische Programm für französisch-deutsche Verhandlungen über die Saarfrage erfuhr bis zum Abschluß der Verhandlungen 1955 keine Veränderungen. Hier die vier Verhandlungsziele auf der französischen Seite:

I. Rechtliche (»de jure«) Anerkennung der Abtrennung des Saarlandes von Deutschland; und demzufolge:

II. Anerkennung der »saarländischen Autonomie«;

III. Aufrechterhaltung des wirtschaftlichen Anschlusses der Saar an Frankreich, verbunden mit einer Garantierung der französischen Vormachtstellung auf wirtschaftlichem Gebiet;

IV. Die Regelung muß endgültig (»unabänderlich«) sein.

Wir werden sehen, wie unverrückbar die Franzosen an ihrem Programm festhielten.

Im Gegensatz zum französischen Standpunkt kann man von einem festen deutschen Saarprogramm nicht sprechen. Zwar hatte der Deutsche Bundestag am 2. Juli 1953 nach zweijährigen Ausschußberatungen eine Entschließung mit Grundsätzen für die Behandlung der Saarfrage durch die Bundesregierung einstimmig angenommen und darin festgelegt:

»Die Bundesregierung wird aufgefordert, bei der weiteren Behandlung der Saarfrage von folgenden Grundsätzen auszugehen: ....

3. daß bei Vertragsverhandlungen und Vertragsabschlüssen durch die Bundesregierung im Hinblick auf das Saargebiet das Recht in dem Sinne wieder herzustellen ist, daß

a) innerhalb des Saargebietes freiheitliche demokratische Zustände geschaffen werden;

b) der de facto-Abtrennung des Saargebietes von Deutschland ein Ende gemacht und seine Zugehörigkeit zu Deutschland beachtet wird.«

Es zeigte sich aber schon vor der Verabschiedung dieser klaren Richtlinien, daß die westdeutsche Außenpolitik andere Wege zu gehen gewillt war. Die Zielsetzung auf der deutschen Seite bestimmte allein und autoritär der Bundeskanzler. Für Konrad Adenauer bedeutete die Erklärung des Bundestages im Prinzip keine Richtlinie; denn dann wäre es überhaupt nicht zu Gesprächen gekommen. Unsere Leser werden selbst beurteilen können, daß es zwischen dem französischen und dem vom Bundestag festgelegten Standpunkt keinen Kompromiß gab. Auch war die *Regelung der Saarfrage im deutschen Sinne* nicht das eigentliche Ziel der Bonner diplomatischen Bemühungen, vielmehr sah Adenauer die Aufgabe einer Saarlösung darin, das ständig störende Element dieses Streites in den Beziehungen zwischen Frankreich und der Bundesrepublik zu beseitigen.

An vielen Stellen seiner »Erinnerungen« und in Erklärungen und Stellungnahmen vor dem Bundestag hat der Kanzler diese negative Seite des saarländischen »Malaise« stets unterstrichen. In den »Erinnerungen« (Bd. I, S. 501) führt er zur Bekräftigung seiner Auffassung ein persönliches Schreiben des amerikanischen Hochkommissars John McCloy vom 28. Januar 1952 an, in dem McCloy schrieb: »Es scheint mir eine Fügung zu sein, daß die Saarfrage bei jeder wichtigen Phase der europäischen Entwicklung wieder auftaucht. Ich wünschte, wir könnten uns sofort mit dieser Frage befassen und sie jetzt regeln, anstatt bis zur Friedenskonferenz zu warten. Ich habe das Gefühl, daß sie alle unsere Bemühungen verpesten wird, solange sie nicht wirksam geregelt ist. Andererseits ist sie trotz der ärgerlichen Begleiterscheinungen nicht von so großer Bedeutung, daß sie die Hauptziele beeinträchtigen könnte.« Hier hatte Dr. Adenauer aus amerikanischem Munde die Gedanken erfahren, die seinen inneren Ansichten genau entsprochen haben. Er zog – ohne Rücksicht auf den klar präzisierten Standpunkt seines Parlamentes – die Konsequenzen. Für ihn ergaben sich für die

Behandlung der Saarfrage andere Prioritäten als sie der Bundestag bestimmt hatte.

Dabei wurde nur von der Opposition im Bundestag mit der erforderlichen Deutlichkeit herausgestellt, daß die »Störungen« in Bezug auf die Saar allein durch die französischen Maßnahmen verursacht wurden. Hier sei nur an das DPS-Verbot und an die ersten Saar-Konventionen von 1950 mit ihrem aufsehenerregenden Geheimabkommen sowie an die zweiten Saar-Konventionen von 1953 erinnert. Die Debatten im Bundestag nach dem Bekanntwerden der Texte und das deutsche Weißbuch (Denkschrift) vom 9. März 1950 geben davon Zeugnis. Der nächste Schritt Frankreichs war die Ernennung des Herrn Grandval Anfang 1952 zum Chef einer großen diplomatischen Mission an der Saar. Gleichzeitig wurde eine diplomatische Mission des Saarlandes in Paris eingerichtet. Die Delegierung saarländischer diplomatischer Vertreter an andere auswärtige Botschaften Frankreichs lag auf der gleichen Ebene. Auch darüber gab es in der Bundesrepublik eine begreifliche Erregung und heftige parlamentarische Debatten. Das neue große Gebäude der französischen Botschaft in Saarbrücken, der nach dem französischen Haushaltsplan 600 bis 700 Personen angehörten, trug gleichfalls zur äußeren Betonung der »présence française« an der Saar bei, aber keineswegs zur Beruhigung der bundesdeutschen Politiker, die sich wohl mit Recht über die »kalte Annexion« eines deutschen Gebietes empörten.

Für den bundesdeutschen Standpunkt war natürlich auch das Präjudiz zu würdigen, das die Maßnahmen im Westen auf gleichgeartete Probleme im Osten ausüben mußten. In den Bonner Debatten wurde daher auch von allen Seiten immer wieder auf die Auswirkungen der französischen Maßnahmen in Beziehung auf die Oder-Neiße-Grenze hingewiesen. Man konnte in Bonn das Vorgehen an der Saar nicht stillschweigend hinnehmen, nur um keine »störenden Auswirkungen« aufkommen zu lassen, wie sie im Schreiben von McCloy, und auch von Konrad Adenauer so beklagt wurden. Die Amerikaner hätten möglicherweise durch eine stärkere Einwirkung auf die Franzosen einiges zur Befriedung an der Saar beitragen können; mit der Formulierung einer alliierten Note an die Bundesregierung vom 3. August 1951 haben sie und die Engländer jedoch nur Wasser auf die Mühlen der Pariser Saarpolitik geleitet, wie wir gleich sehen werden.

Jedenfalls richtete Bundeskanzler Adenauer die Zielsetzung seiner Politik gegenüber Frankreich und hinsichtlich der Saarfrage nach seinen Vorstellungen aus. Er gab ihr die folgende Rangfolge:

I. Erreichung einer festen und dauerhaften Freundschaft mit Frankreich

II. schnelle Schaffung einer europäischen politischen Gemeinschaft;

III. Erlangung der Souveränität der Bundesrepublik durch Aufhebung des Besatzungsstatuts und Eingliederung der Bundesrepublik in die Europäische Verteidigungsgemeinschaft;

IV. Regelung der Saarfrage noch vor einem Friedensvertrag durch einen »gleichartigen« Vertrag zwischen Frankreich und der Bundesrepublik; wobei die deutschen Vorstellungen soweit als möglich erreicht werden sollten; in den Vordergrund gestellt wurde das Verlangen nach Schaffung demokratischer Zustände an der Saar.

Bei der außerordentlich großen Gegensätzlichkeit der beiderseitigen Standpunkte in der Saarfrage ergab sich eigentlich von selbst für die Deutschen die Frage, ob man überhaupt verhandeln und nicht etwa die Zeit für sich arbeiten lassen sollte. Bei dieser Fragestellung ist allerdings zuzugeben, daß man in Bonn erst 1953 erkannt hat, daß sich im Saarland die Dinge gegen die dortigen Machthaber auszuwirken begannen. Die zweiten Landtagswahlen vom 30. November 1952 wurden von Bundeskanzler Adenauer, sehr im Gegensatz zum Bundesminister für gesamtdeutsche Fragen, Jakob Kaiser, noch als ein echter Erfolg für Johannes Hoffmann ausgedeutet. Auch glaubte man in Bonn – sowohl in der Regierungskoalition als auch bei der Opposition – die Zulassung der unterdrückten Parteien an der Saar und die Herbeiführung demokratischer Zustände vor allem und beschleunigt erreichen zu müssen. Die Saarverhandlungen ergaben dann später, daß dieses Ziel der demokratischen Freiheiten für uns zu besonderen deutschen Opfern geführt hat. Ich habe mich gegen eine solche Politik gewendet und bereits am 11. November 1953 an den damaligen Vorsitzenden des außenpolitischen Ausschusses im Deutschen Bundestag, den CDU-Abgeordneten Dr. Eugen Gerstenmaier geschrieben: »Bitte erklären Sie diese unausbleibliche Konsequenz auch dem Herrn Bundeskanzler. Wir brauchen weder eine Volksabstimmung noch freie Wahlen, wenn dem die grundsätzliche deutsche Zustimmung zur Europäisierung vorausgeht. Dabei spielt es keine Rolle, ob diese Europäisierung im Friedensvertrag später einmal rückgängig gemacht werden könnte. An der Saar gibt kein Mensch auch nur einen Pfifferling für absolut unbestimmte Möglichkeiten.«

Es stellte sich also für Bonn ernstlich die Frage, ob man sich nicht hinter die Formel »erst durch den Friedensvertrag zu regeln« hätte zurückziehen sollen. Dagegen hätten auch von französischer Seite keine Einwendungen erhoben werden können, weil Frankreich mit seinen westlichen Alliierten übereinstimmte und unzählige Male versichert hatte, daß die Saarfrage nur durch einen Friedensvertrag geregelt werden könne. Diesen Standpunkt hatte auch Bundeskanzler Dr. Adenauer in der ersten großen Saardebatte vor dem Bundestag am 10. März 1950 ungeingeschränkt vertreten. Wörtlich führte der Kanzler (damals noch) aus (Prot. S. 1559 D): »Ich fasse meine Ausführungen wie folgt zusammen:

1. Die Regierungen Frankreichs, Englands, der Vereinigten Staaten und der Bundesrepublik Deutschland sind sich darin einig, daß die endgültige Regelung der Verhältnisse an der Saar in dem mit uns zu schließenden Friedensvertrag erfolgen soll. Daraus ergibt sich für uns das Recht der Mitsprache bei dieser Regelung.

2. Es ergibt sich daraus weiter, daß nicht vor Abschluß des Friedensvertrages an der Saar in irgendeiner Form Verhältnisse geschaffen werden dürfen, deren Änderung durch den Friedensvertrag nicht mehr möglich ist.«

Wir werden später sehen, daß es den Franzosen gelungen ist, sich gerade in diesem Punkt durchzusetzen. In der folgenden großen Bundestagsdebatte über die Saar – sie fand am 30. Mai 1951 statt und war durch das Verbot der DPS und eine darauf abgestellte große Anfrage der SPD ausgelöst worden – trat eine neue, abgewandelte Formulierung in den Erklärungen Adenauers zutage. Ich saß damals unter den Zuhörern und kann sagen, daß mir zum ersten Mal Bedenken und Zweifel gekommen sind, ob der Kanzler mit uns durchhalten würde; allerdings habe ich das nur auf ein ungutes Gefühl zurückführen können und auf die Formel, die jetzt plötzlich im Raum stand: »In dem Ihnen bekannten Briefwechsel, den ich am 18. April dieses Jahres mit dem französischen Außenminister vollzogen habe und der einen integrierenden Bestandteil des Vertrages über die Montanunion bildet, sind die deutsche und die französische Regierung, beide unter Wahrung ihrer eigenen Standpunkte übereingekommen, daß die endgültige Regelung der Saarfrage nur durch einen Friedensvertrag

*oder durch einen gleichartigen Vertrag* erfolgen kann.« Die Formulierung der Gegen-
bestätigung Schumans vom 18. April 1951 war noch deutlicher und offenbarte geradezu das französische Ziel; denn es hieß dort: »Sie (die französische Regierung,
Anm. d. Verf.) ist nicht der Auffassung, daß der Vertrag über die . . . (Montanunion,
Anm. d. Verf.) dem endgültigen Status der Saar vorgreift, der durch einen Friedensvertrag *oder durch einen an Stelle eines Friedensvertrages abgeschlossenen Vertrag
zu regeln ist.*«

Mit der Zustimmung zu dieser Formulierung hatte der Kanzler die bisherige Grundlage des deutschen Standpunktes verlassen und den Franzosen den von ihnen angestrebten Weg geöffnet, um schon vor Abschluß des Friedensvertrages eine *definitive*
Regelung des Saarproblems in ihrem Sinne zu erreichen. Daß dabei auch die – nicht
im Privatleben, aber im Leben der Völker erlaubten – Druckmittel und Pressionen
angewendet worden sind, hätte man nach der Haltung der Franzosen in der Saarfrage
gegenüber den Amerikanern und Engländern im Jahre 1946 eigentlich erwarten
müssen.

Ganz offensichtlich waren sich der Kanzler und Außenminister Schuman während
der Verhandlungen über den Schuman-Plan und die Behandlung des Saarproblems
im Rahmen der Europäischen Gemeinschaft für Kohle und Stahl einig geworden, im
gleichen Geiste eine Lösung des Saarproblems durch gemeinsame Verhandlungen
noch vor einem Friedensvertrag zu erreichen. Die großen, aber leider sehr trügerischen
Hoffnungen des Kanzlers sowohl auf eine europäische Einigung als auch auf eine
Entschärfung des Saarproblems durch die Montanunion mögen der Anlaß für die
Bereitschaft zu Verhandlungen über die Saarfrage gewesen sein. Adenauer wollte
diese Verhandlungen! Das ergibt sich auch weiterhin daraus, daß er von der weit
wirksameren Waffe, sich einer Anerkennung der französischen Saarforderungen zu
entziehen, keinen Gebrauch machte. Schon bei seinem Besuch in Bonn am 15. Januar
1950 hatte Außenminister Schuman gegenüber Bundeskanzler Adenauer durch-
blicken lassen, daß der Bundesrepublik keinerlei Rechte über die Saar zustünden, sie
gehe die Sache eigentlich gar nichts an. Einzelheiten über das persönliche Gespräch
zwischen den beiden Staatsmännern sind nie bekannt geworden. Auch Botschafter
Dumaine berichtet in seinen Memoiren darüber nichts. Aus der Informierung des
Bundestagsausschusses für auswärtige Angelegenheiten und Besatzungsfragen am 15.
Februar 1950 wissen wir aber, daß der Kanzler das Gespräch mit Schuman über die
Saarfrage am 15. Januar 1950 »als in allerhöchstem Grade unbefriedigend« und später nochmals »völlig unbefriedigend« bezeichnet hat, ohne allerdings »mehr darüber
sagen zu können«.

Erst recht und unmißverständlich wurde der Bundesregierung und dem Kanzler in
der offiziellen Note der drei westlichen Alliierten vom 3. August 1951 klargemacht,
daß sie die Saar nichts angehe. Wörtlich hieß es in der Antwort: »Il est rappelé
à cet égard que la juridiction de la République Fédérale ne s'étend au delà de ses
limites territoriales«, übersetzt: »In dieser Hinsicht wird daran erinnert, daß die
Jurisdiktion der Bundesrepublik sich nicht über ihre territorialen Grenzen hinaus
erstreckt«; zuvor war von den Alliierten herausgestellt worden, daß das territoriale
Gebiet der Bundesrepublik nicht das Saarland umfasse.

Diese Note war von französischer Seite als Antwort auf die Beschwerde der Bundesregierung gegen das Verbot der DPS und die undemokratischen Zustände an der
Saar durchgesetzt worden. Ohne dies zu sehen, hatten die Amerikaner und Engländer

dadurch eine große Mitverantwortung an der kommenden Entwicklung im Saarland übernommen. Durch Herbeiführen demokratischer Zustände wäre allen Beteiligten viel Ärger erspart geblieben. Herr Grandval jedenfalls triumphierte. Bereits vor der Veröffentlichung der Note schickte er ihren Text an Johannes Hoffmann und bat diesen: »Ich wäre sehr glücklich, Ihre Gefühle in Beziehung auf diesen Wortlaut (der alliierten Antwortnote, Anm. d. Verf.) kennen zu lernen, die – was mich angeht – unter Berücksichtigung der Tatsache, daß es sich um einen Text aller drei Alliierten handelt, zufriedenstellend ist.« Über eine spätere Erklärung Grandvals – im Frühjahr 1952 berichtet Freymond (S. 130): »Grandval erklärte, daß es die französische Diplomatie große Mühe gekostet habe, zu erreichen, daß in die alliierte Antwortnote vom Sommer 1951 jener Passus aufgenommen wurde, in dem es heißt, daß die Befugnisse der Bundesregierung sich nicht über ihre territorialen Grenzen hinaus erstreckten.«

Hätte sich angesichts dieses französischen Schachzuges der Kanzler jetzt nicht gegen die Anerkennung der Separation des Saarlandes zur Wehr setzen sollen mit dem lapidaren Hinweis: Dazu bin ich ja nach Eurer eigenen Erklärung und Rechtsauffassung gar nicht in der Lage? Ein solches Ausweichen wäre besonders am Platze gewesen, als die Franzosen – wir werden das noch sehen – von Januar 1953 an begannen, die Ratifizierung des Deutschland- und EVG-Vertrages von der vorherigen Anerkennung der französischen Saarforderungen abhängig zu machen. Im übrigen erschien mir auch hier die französische Unbekümmertheit erstaunlich, mit welcher man auf der einen Seite der Bundesregierung das Recht absprach, für demokratische Zustände an der Saar einzutreten, während man auf der anderen Seite und zur gleichen Zeit von ihr die vertragliche Anerkennung der Lostrennung des Saarlandes von Deutschland mit allen rechtlichen Folgen forderte. Daß die Bundesrepublik dies in einer für Deutschland rechtsverbindlichen Form würde tun können, war für die französischen Unterhändler selbstverständlich und kein Problem mehr, wenn das ihnen zum Vorteil gereichen würde. Ich las einmal in einer französischen Zeitung, man könne dann ja gerade zu diesem (einzigen) Zweck der Bundesrepublik die Jurisdiktion einräumen.

Konrad Adenauer machte auch von diesem Mittel eines diplomatischen Ausweichens keinen Gebrauch. Die späteren Verhandlungen über die Saar ließen jedenfalls keine Anwendung einer solchen »Bremse« erkennen.

Ein weiteres Merkmal der Verhandlungen über die Saar war die von deutscher Seite besonders betriebene absolute Geheimhaltung. Die Presse und öffentliche Meinung wurde immer damit abgetan, daß »die Saarfrage befriedigend gelöst werde«. Eine derartige typische Erklärung wurde bereits bei der Informierung des Bundestagsausschusses für auswärtige Angelegenheiten am 15. Februar 1950 abgegeben. Auch im Sitzungsprotokoll des Deutschen Bundestages vom 7. Februar 1951 heißt es ähnlich. Der Kanzler sagte: »Ich habe von diesem Platze aus wiederholt ausgesprochen, nach meiner Überzeugung werde sich die Saarfrage im Laufe der Zeit in einer Weise lösen lassen, die allen beteiligten Interessen, den deutschen, den französischen und insbesondere den Interessen der Saarbevölkerung, gerecht werde. Ich habe diese Erklärung nicht leichtfertig abgegeben, sondern ich hatte gute Gründe dafür, anzunehmen, daß eine solche Entwicklung kommen werde. Sie müssen Verständnis dafür haben, daß ich in diesem Augenblick nicht in der Lage bin, diese meine Gründe hier vor der Öffentlichkeit mitzuteilen.« Am 22. 10. 1952 formulierte der Kanzler wieder vor dem Bundestag: »Diese Verhandlungen sind nicht aussichtslos.«

Zwischenruf des kommunistischen Abgeordneten Renner: »Das merkt man! Für wen? Für die Amerikaner oder für Sie?«

Adenauer: ». . . Ich bitte Sie daher, Verständnis dafür zu haben, wenn ich mir im gegenwärtigen Augenblick größte Zurückhaltung auferlege. Das liegt auch durchaus im deutschen Interesse . . .« (Prot. S. 10713).

Auch nach dem ersten großen deutschen Zugeständnis im März 1952 war – begreiflicherweise – zwischen Schuman und Adenauer besonderes Stillschweigen vereinbart worden. Ein Schreiben Adenauers an Schuman bringt das klar zum Ausdruck.

Diese Taktik führte dazu, daß das Bonner Parlament und die deutsche Öffentlichkeit, und natürlich auch wir, später vor bitteren, vollendeten Tatsachen standen, die letzten Endes nur noch durch unser »Nein« am 23. Oktober 1955 zu korrigieren waren.

Die Franzosen wendeten die entgegengesetzte Taktik an. Vor jeder entscheidenden Phase der Verhandlungen kam es zu einer parlamentarischen Debatte. Der französische Verhandlungsführer mußte Auskunft über den Stand der Dinge geben und sich immer wieder auf den französischen Standpunkt in der Saarfrage festlegen lassen und verpflichten. Es gab auf diese Weise gar keinen Spielraum zu großen Zugeständnissen gegenüber dem deutschen Verhandlungspartner. Überdies machten die *Franzosen* auch von der Möglichkeit Gebrauch, *Dokumente und Zwischenergebnisse vorzeitig zu veröffentlichen,* wenn sie damit einen Vorteil erlangen oder eine unangenehme Entwicklung in den Verhandlungen verhindern wollten. Die Publikation des Verhandlungsprotokolls zwischen Dr. Adenauer und dem stellvertretenden französischen Ministerpräsidenten P. H. Teitgen in der »Le Monde« vom 27. Mai 1954 ist dafür ein typisches Beispiel. Teitgen hatte nach der Meinung seines Präsidenten Georges Bidault zu große Zugeständnisse gemacht – die öffentliche Diskussion setzte dem ein sehr schnelles Ende. Umgekehrt wurden auch wichtige Zugeständnisse von deutscher Seite veröffentlicht; wie z. B. das »streng geheime« Schreiben Adenauers vom 14. März 1955 oder die Bedingungen, die man den Deutschen für eine Saarlösung am 9. März 1954 präsentiert hatte (Bidault's zwölf Punkte vom 8. März 1952). So konnte auch der holländische Delegierte des Europarates, van der Goes van Naters, im April 1954 ein französisches Bestätigungsschreiben an den Bundeskanzler vom 25. Oktober 1952 veröffentlichen, das die Zugeständnisse der deutschen Seite in Beziehung auf eine »Europäisierung« der Saar enthielt (Dok. 225).

Auf Grund derartiger Methoden gab es dann natürlich kein Zurück mehr. Ich bin aber überzeugt, daß der Kanzler ein solches Zurück auch gar nicht gewollt hat und eine Saarlösung »um jeden Preis« akzeptieren wollte, jedenfalls 1954. Ich hoffe, daß es mir in den folgenden Ausführungen gelingen wird, dafür den Beweis zu erbringen, zumal die Darstellung über den Verlauf der Verhandlungen auf einer Anzahl von Unterlagen und Dokumenten beruht, die bisher nicht bekannt sind. Hier ist nicht zuletzt der dokumentarische Nachlaß des verstorbenen Bundesministers Jakob Kaiser zu erwähnen, den mir seine Gattin freundlicherweise zur Auswertung zur Verfügung gestellt hat; ich darf ihr dafür auch an dieser Stelle besonders danken und sie im fernen Berlin herzlichst grüßen!

Zuvor aber noch ein Wort zu unserer Beteiligung an den Verhandlungen oder am Zustandekommen des Saarabkommens vom 23. Oktober 1954. Zunächst galt die *Geheimhaltung,* die Konrad Adenauer so sehr gepflegt hat, auch für uns, *vielleicht sogar gerade uns gegenüber*, da wir ja bekannt dafür waren, »Krach zu schlagen« und die Öffentlichkeit sowie die SPD-Opposition zu mobilisieren, wenn ein Schritt Bonns nach unserer Meinung falsch war. Wir erfuhren daher weit mehr aus den Reihen der Gegenseite als von der Bundesregierung, insbesondere nachdem unser Freund Gustav Strohm in so übler Weise – darüber unten S. 209 – als Saarreferent des Auswärtigen Amtes am 20. März 1952 »abserviert« worden war. Wenn Konrad Adenauer in seinen »Erinnerungen« (Bd. I, S. 283) schon für das Jahr 1950 meinte: »Mit den Vertretern der drei noch nicht offiziell zugelassenen Parteien an der Saar, die den Widerstand gegen die französischen Aspirationen leiteten, stand ich in ständiger, persönlicher Verbindung«, so mag das in der rückwirkenden Vorstellung des alten Herrn – wir sprachen in den Jahren der Auseinandersetzung wesentlich respektloser nur vom »Alten«, wie das in Bonn generell so üblich war – subjektiv so gewesen sein, es stimmte aber leider nicht, sehr zu unserem Bedauern. Schon nach dem Schuman-Besuch in Bonn versicherte Dr. Adenauer am 16. Januar 1950 vor der Presse des In- und Auslandes wörtlich: »Wenn man einmal das Prinzip, der künftige Friedensvertrag solle alles regeln, aufgibt, kann eine Entwicklung in Deutschland kommen, die kein Mensch überschauen kann. Deswegen habe ich in erster Linie den dringenden Wunsch, die Saarbevölkerung möchte selbst dafür sorgen, daß nichts derartiges geschieht. Ich bin seit langer Zeit *absichtlich mit keinem Bewohner der Saar in Verbindung getreten*, um mich nicht dem Verdacht auszusetzen, als wenn ich dort irgendwelche unterirdische Tätigkeit wolle oder begünstige« (Niederschrift d. Pressekonferenz, S. 5).

Während die Kontakte mit Bundesminister Jakob Kaiser und auch mit der SPD-Opposition, vor allem mit Dr. Kurt Schumacher, eng und regelmäßig waren, können wir das zu unserem Bedauern vom Kanzler nicht sagen. Eine genaue Überprüfung aller Aufzeichnungen und Unterlagen ergab folgende Zusammentreffen in chronologischer Reihenfolge:

1. Gespräch zwischen Dr. Adenauer, Richard Becker und seinen Begleitern Franz Ruffing und Helmut Bergweiler am 9. März 1951. Das Gespräch war durch Richard Beckers Vetter, Dr. Sinn, der während des Krieges Konrad Adenauer gute Hilfe geleistet hatte, zustandegekommen. Erstmals konnte ein Vertreter der Saar dem Kanzler unseren (sehr gemäßigten) Standpunkt bekanntgeben. Besonders wies Richard Becker darauf hin, daß die jetzige Lösung nicht endgültig sein könne, weil sie weder europäisch sei, noch auf den Prinzipien des demokratischen Rechtsstaates beruhe.

2. Gespräch zwischen Bundeskanzler Dr. Adenauer und dem greisen saarländischen Justizrat Franz Steegmann in Begleitung von Karl Walz und Helmut Bergweiler am 11. und 12. Oktober 1951. Gesprächsgegenstand: Gründung einer CDU-Saar.

3. Gesprächsreihe am 16.–18. September, sowie am 26. September 1952.

a) Persönliches (Allein-)Gespräch am 16. September mit dem Vorsitzenden der nicht-zugelassenen CDU-Saar, Dr. Ney. Nach Angaben Dr. Neys wurden parteiinterne Fragen der CDU-Saar besprochen.

b) Gemeinsame Aussprachen Dr. Adenauers mit den Parteivorsitzenden der Saar, Richard Becker (DPS), Dr. Hubert Ney (CDU) und Kurt Conrad (SPD) am 17., 18. und 26. September 1952 nach einer Zusage Adenauers vom 9. August 1952 (Abb. 69).

63
Empfang beim Gouverneur auf Schloß Halberg am 14. Juli 1949

65

64

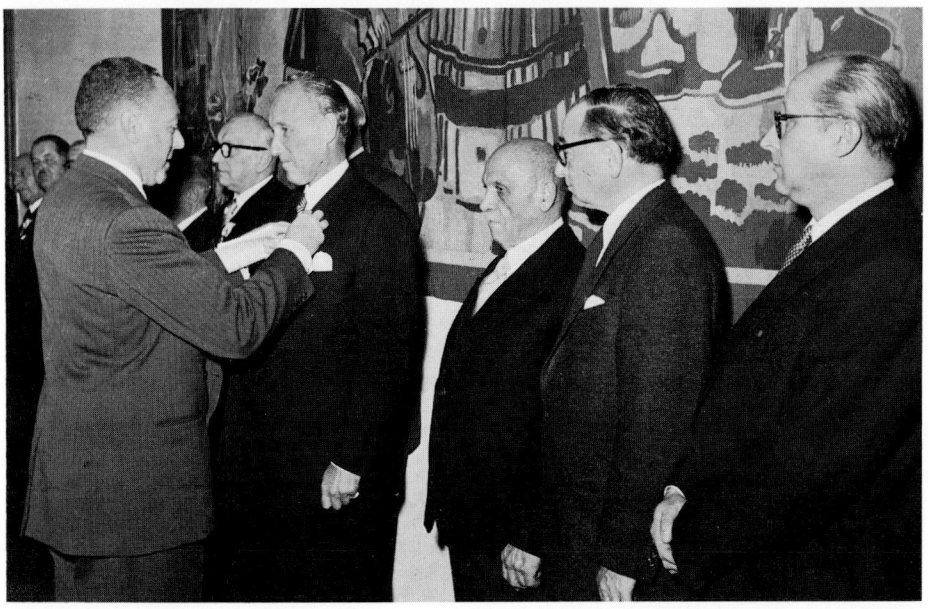

67

Französische Orden für »verdiente« saarländische Persönlichkeiten: 64 Der damalige Handelskammerpräsident von Saarbrücken, Fabrikant Theodor Jansen, bekundet mit dankbarem Blick die empfangene Auszeichnung.

65 Mehrere Persönlichkeiten aus dem saarländischen Wirtschaftsleben erhalten Verdienstorden. Dritter von rechts ist die »graue Eminenz« an der Saar, der Chef der gesamten sequestrierten Vermögen, Frédéric Schlachter.

66 Arbeitsminister Richard Kirn (SPS) erhält von einem Mitarbeiter Grandvals eine hohe Stufe des französischen »Ordre pour le mérite social«.

67 Gilbert Grandval zeichnet den Chef der Mettlacher Werke, Herrn Luitwin von Boch, aus.

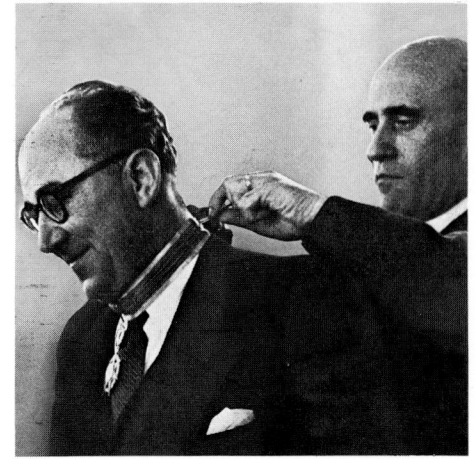

66

# Saar · ein Testfall für Europa

## LA SARRE EST UN TEST POUR LE MARCHE COMMUN

REDE

des Ministers für Wirtschaft, Verkehr und Landwirtschaft der Regierung des Saarlandes, Dr. Heinrich Schneider, gehalten am 12. April 1958 in Lyon anläßlich der Eröffnung der Lyoner Messe

DISCOURS

du Docteur Heinrich Schneider, Ministre de l'Economie au Gouvernement de la Sarre, prononcé le 12 avril 1958 à Lyon, à l'occasion de l'inauguration de la Foire de Lyon

bauen, u. ..

dann, wenn die Saar wieder wirtschaftlich ein Teil der Deutschen Bundesrepublik ist.

Gestatten Sie mir, auf diese Aufgabe näher einzugehen.

Zunächst jedoch noch ein politisches Wort. Ich kann mir gut vorstellen, daß mein Besuch in Frankreich einiger Skepsis begegnet und daß man mich mit mancherlei Vorbehalten beurteilen wird. Ich möchte deshalb auch nicht in das Extrem übertriebener Loyalitätserklärungen verfallen, sondern die Probleme nüchtern und sachlich aufzeigen. Wenn Sie meine Freunde und mich verstehen wollen, dann bitte ich Sie davon auszugehen — was in Frankreich auch zu keiner Zeit angezweifelt war —, daß im Saarland eine Million Deutsche leben, die sich von ihren 50 Millionen Landsleuten in der Bundesrepublik nicht im mindesten unterscheiden. Und wenn Sie unsere politische Entscheidung gegenüber unserem Vaterland beurteilen, dann möchte ich Sie nur bitten, diese Entscheidung vom 23. Oktober 1955 so zu sehen, wie Sie als Franzosen die gleiche Entscheidung erwartet hätten, wenn es sich im umgekehrten Falle um ein Plebiszit französischer Bürger auf französischem Boden gehandelt hätte. Die politische Entscheidung ist gefallen, und, wie ich aus unserer Zusammenarbeit mit allen französischen Stellen, insbesondere aber mit Herrn Botschafter de Courson und seinen Mitarbeitern weiß, schon vergessen. Wir anerkennen uneingeschränkt, daß Frankreich diese Entscheidung der Saarländer unverzüglich respektiert hat und daß man im Saarvertrag (traité entre la République Fédérale d'Allemagne et la République Française sur le règlement de la Question sarroise) eine Grundlage zur friedlichen, wirtschaftlichen Lösung des Saarproblems auf der Basis der gemeinsamen Zusammenarbeit gesucht, und wie wir aufrichtig hoffen, auch gefunden hat.

Der Vertrag vom 27. Oktober 1956 sieht vor, daß das Saarland nach einer Übergangszeit von ...

Tout d'abord encore un mot politique. Je crois bien que ma visite en France est jugée avec un peu de scepticisme et quelques réserves. C'est pour cette raison que je m'abstiens de faire des déclarations de loyauté extrême, mais je voudrais traiter le problème avec la plus grande objectivité possible. Si vous voulez me comprendre, moi et mes amis, veuillez bien tenir compte - ce qu'on n'a d'ailleurs jamais mis en doute en France - de ce qu'il y a en Sarre un million d'allemands, allemands comme leurs 50 millions de compatriotes dans la République Fédérale. Et si vous jugez notre décision politique, je vous prie de considérer la décision du 23 octobre 1955 comme si vous autres Français aviez attendu la même décision en sens inverse, c'est à dire, s'il avait été question d'un plébiscite de citoyens français sur territoire français. La décision politique est prise et déjà oubliée, comme je le sais de notre collaboration avec tous les services français, en particulier avec Monsieur l'Ambassadeur de Courson et ses collaborateurs. Nous reconnaissons que la France a respecté la décision du peuple sarrois et qu'on a cherché et, espérons nous, trouvé par le traité entre la République Française et la République Fédérale d'Allemagne sur le règlement de la question sarroise une solution au problème sarrois sur la base d'une collaboration effective. Le traité du 27 octobre 1956 prévoit que la Sarre après la fin d'une période transitoire de 3 ans au plus - ce serait le 31 décembre 1959 au plus tard - sera également économiquement rattaché au territoire de la République Fédérale, et d'autre part dès cette date les relations économiques entre la France et la Sarre tenant compte des résultats de l'année 1955 seront à maintenir au

Gute Franzosen – gute Deutsche!

# Ein Thema — zwei Ansichten

**La Virginie, Etat de tradition démo-**

## Désaccord fondamental sur la Sarre

### Bonn et Paris se contenteraient d'une déclaration de principe destinée à sauver la face

BONN (par téléphone de notre correspondant permanent).

BONN, 4 novembre. — L'entrevue qui a eu lieu hier entre M. François-Poncet et le chancelier Adenauer a duré 2 heures 30. Pendant cet entretien, déclare le communiqué final, les personnes en présence ont procédé à un échange de vues sur l'affaire sarroise, et les conversations d'hier se poursuivront ultérieurement.

Cet entretien a dû permettre aux négociateurs allemand et français de constater une fois de plus combien leurs vues sur le problème sarrois étaient différentes sur les questions de fond. Car si l'on est d'accord pour faire une déclaration de principe sur l'européisation de la Sarre, chacun des partenaires voit le problème de façon entièrement différente.

Pour la France, il s'agirait de maintenir plus ou moins le statut actuel en y collant une étiquette européenne, tandis que les Allemands veulent partager en six le gâteau sarrois. La France voudrait une solution définitive, l'Allemagne, qui pense que le temps travaille pour elle, voudrait quelque chose de provisoire que l'on réviserait au traité de paix.

On n'est pas d'accord non plus sur la façon dont serait approuvée cette déclaration de principe. Les Français estiment que cette déclaration devrait être approuvée par un référendum, les Allemands par un vote à la Diète sarroise, chacun des pays trouvant dans ces méthodes ses avantages.

Il y a encore bien des divergences de vues qu'il serait fastidieux d'énumérer, et il est plus rapide de dire que l'on n'est, pour le moment, d'accord sur rien. —

Pourtant les négociateurs ont un but commun : il faut sauver l'armée européenne. Or la condition préalable à une ratification du traité de Paris reste toujours valable : il faut tout d'abord un accord sur la Sarre entre la France et l'Allemagne. On tentera donc de s'entendre provisoirement sur la Sarre d'ici la fin de novembre, non pas tant pour mettre fin à la querelle sarroise que pour sauver l'armée européenne, car si, d'ici la fin du mois de novembre, on était obligé d'ajourner l'entrevue entre M. Bidault et M. Adenauer, ce serait un coup dur pour l'Europe, estime-t-on dans les milieux diplomatiques de Bonn.

Il est donc à prévoir que la déclaration de principe sera une sorte de « charte bâclée », claire sur les rares points où finalement on aura pu s'accorder et qui, pour le reste, sera tournée dans ce style extrêmement nébuleux dont les diplomates ont le secret.

La déclaration sera sans doute signée solennellement par M. Bidault et M. Adenauer. Quant à la ratification, elle attendra longtemps. Comme la France et l'Allemagne sont d'accord pour ne faire entrer en vigueur la déclaration de principe qu'après sa ratification, il est également raisonnable de supposer que finalement cette grande œuvre restera lettre morte ; mais la face de l'Europe aura été pour le moment sauvée.

---

**arl Korn, Paul Sethe, Erich Welter**     **Preis: 25 Pfennig / Nr. 255**

## Vorentscheidung

he. Unsere Leser finden heute wichtige Angaben über diejenigen Streitpunkte, die noch zwischen Deutschland und Frankreich in der Saarfrage bestehen. Aber viel bedeutsamer als die Aufzählung dieser umstrittenen Punkte ist das Schweigen über einen früher heiß umstrittenen Gesprächsgegenstand, von dem heute überhaupt nicht mehr die Rede ist. Das ist die Europäisierung der Saar, oder, einfacher und klarer ausgedrückt, die Abtrennung des Saargebietes von Deutschland. Darüber streiten sich die französische und die deutsche Regierung nicht mehr, offenbar weil sie sich im Grundsatz einig sind, daß die Lostrennung vorgenommen werden soll.

Die Deutschen müssen sich also damit abfinden, daß wieder ein Stück ihres Gebietes aus dem staatlichen Körper herausgelöst wird. Niemand wird sich der Hoffnung hingeben, als werde eine spätere Abstimmung an der Saar an dem Ergebnis etwas ändern. Es gibt nirgendwo in der Welt einen Bevölkerungsteil, der seine Zugehörigkeit zu einer Nation aufrechterhalten will, wenn die Regierung dieser Nation sagt, daß sie mit der Ausgliederung einverstanden ist. So weit menschliches Ermessen reicht, wird Saarbrücken bald aufhören, eine zu Deutschland gehörige Stadt zu sein.

Wenn sich die Deutschen damit abfinden, so tun sie es, weil sie glauben, mit diesem Opfer dazu beitragen zu können, daß Europa geschaffen werde. Vor einem Menschenalter wäre es unmöglich gewesen, daß die deutsche Nation oder der saarländische Teil dieser Nation bereit gewesen wäre, einen so hohen Preis für Europa zu bezahlen. Aber dazwischen liegt die Erschütterung des nationalen Bewußtseins, die es gerade durch die krankhafte Uebertreibung unter Hitler erfahren hat. Der Begriff Vaterland nimmt nicht mehr den ersten Platz im staatlichen Denken der Deutschen ein. Mit dem Wort verbindet sich nicht mehr der Nebenklang des Heiligen, den es früher für viele hatte. Das Vaterland ist in die zweite Reihe der Werte gesunken. Man mag dies begrüßen oder beklagen; an dem Vorgang selber kann man nicht mehr zweifeln.

---

70

Die beiden wohl bedeutendsten Saararartikel von deutscher und französischer Seite!

71

»Wird Saarbrücken bald aufhören, eine zu Deutschland gehörige Stadt zu sein?« Dr. Paul Sethe schreckt mit seinem Artikel vom 2. November 1953 in der »Frankfurter Allgemeinen Zeitung« die Deutschen auf! »Für Frankreich geht es nur darum, den gegenwärtigen Zustand mehr oder weniger aufrechtzuerhalten, indem man ein europäisches Etikett daran klebt!« schrieb die einflußreiche französische Zeitung »L'Information« am 5. November 1953.

Bundesrepublik Deutschland
Der Bundeskanzler         z.Zt. Bürgenstock, den 9. 8. 1952

An die

Christlich-Demokratische Union-Saar

Deutsche Sozialdemokratische Partei Saar

Demokratische Partei Saar

S a a r b r ü c k e n

Sehr geehrte Herren !

Ich bestätige den Empfang Ihres Briefes vom
26. Juli 1952, der erst am 5. August in Bonn eingegangen
ist und mir nach hier nachgeschickt wurde.

Ich stehe auf folgendem Standpunkt. Bei der letzten
Entscheidung über die Gestaltung der Verhältnisse an der
Saar hat ein wirklich frei gewählter Landtag frei entscheidend
mitzuwirken. Er muss so gewählt und so frei in seiner Entscheidung sein, dass seine Autorität von niemanden bezweifelt
werden kann. Die Wahl eines solchen Landtags setzt voraus,
dass Ihre Parteien ohne Rücksicht auf das saarländische Par-
teiengesetz baldigst zugelassen werden, und dass sie genügend
Zeit haben zur Vorbereitung der Wahl.

Auf Ihre Bitte um eine Aussprache komme ich nach meiner
Rückkehr nach Bonn zurück.

Mit ausgezeichneter Hochachtung
Ihr ergebener

(Adenauer)

69
Der Kanzler und die verbotenen deutschen Oppositionsparteien.
Adenauer: »Nur ein frei gewählter Landtag ...«

Bei diesen Gesprächen wurden die damals im Gange befindlichen Saarverhandlungen erörtert. Bedauerlicherweise wurde keine Niederschrift gefertigt; ich selbst war an den Gesprächen nicht beteiligt. Nach den übereinstimmenden Angaben der drei Parteivorsitzenden wurden deutsche Vorschläge zu den Saargesprächen mit Frankreich beraten, die dahin gingen, daß die Bundesregierung in eine »europäische« Regelung der Saarfrage nur einwilligen könne und dürfe, wenn die sogenannte Europäisierung befristet würde. Nach einer fest bestimmten Frist müsse der zu schaffende Status an der Saar – im Falle der Bewährung oder nach einer inzwischen erfolgten politischen Einigung Europas – von der Saarbevölkerung in freier Entscheidung akzeptiert werden. Im Falle der Nichtbewährung oder des Ausbleibens der politischen Einigung Europas müsse die Zwischenlösung wieder verworfen werden können. Weiterhin müsse die Zustimmung der Saarparteien von der *vorherigen* Herstellung der politischen Freiheiten an der Saar abhängig gemacht werden.

Bei diesen Gesprächen im September 1952 hatte der Kanzler aber mit keinem Wort die bereits gemachten Zugeständnisse an die Franzosen erwähnt, insbesondere auch nicht darauf hingewiesen, daß er eine schriftliche Erklärung vom 23. September 1952 – das letzte Gespräch mit den Saarvertretern fand am 26. September 1952 statt – mit weitergehenden Zugeständnissen an die Franzosen abgegeben hatte. Erst nachdem in der französischen Antwort vom 24. September 1952 eine Formel zur Regelung der wirtschaftlichen Beziehungen enthalten war, die Adenauer mißbilligt hat, brachte er in einem neuen Vorschlag vom 2. Oktober 1952 die von den Saarparteien akzeptierte »befristete Europäisierung« ins Gespräch. Diese wurde aber sofort von der Gegenseite zurückgewiesen.

4. Gespräch vom 4. November 1952. Daran nahmen sechs Herren teil: Richard Becker, Dr. Ney, Kurt Conrad, Helmut Bergweiler, Rolf Vogel und (erstmals) ich. Bei diesem etwa dreistündigen Gespräch wurden fast ausschließlich der bevorstehende Wahlkampf an der Saar und die für uns vorhandenen Möglichkeiten, in diesen einzugreifen, erörtert.

5. Gespräch vom 18. Oktober 1954, unmittelbar vor den entscheidenden Verhandlungen in Paris. Von der Teilnahme an diesem Gespräch war ich ausgeschlossen worden, konnte lediglich für Richard Becker eine umfassende Konzeption entwerfen, die auch vorgetragen worden ist. Ich werde die »Story« noch darlegen, warum ich mir – im Anschluß an die Erörterung vom 4. November 1952 – den »Zorn des Alten« zugezogen hatte. Auch wurde am 18. Oktober 1954 zum ersten und einzigen Mal auf besonderen Wunsch des Kanzlers ein gemeinsames Foto gemacht, das in der deutschen Presse verbreitet wurde. Ganz offensichtlich wollte der Kanzler seine Besucher an der Verantwortung für die bevorstehenden Abschlußverhandlungen in Paris mit teilnehmen lassen. Die von den Saarparteien in diesem Gespräch nochmals entwickelten sieben Punkte für eine befristete Zwischenlösung kamen überhaupt nicht mehr zur Verhandlung mit der französischen Seite.

6. Gemeinsame Besprechung am 13. Dezember 1954 im Bundeskanzleramt. Teilnehmer waren: Richard Becker, Dr. Ney, Kurt Conrad und ich. Zur Erörterung kam das am 23. Oktober 1954 abgeschlossene Saarabkommen und unsere Stellungnahme zum Statut. Hier ging es um die Frage der demokratischen politischen Freiheiten nach einer möglichen Annahme des Statuts durch die Saar-

bevölkerung. An dieser Frage hatte sich noch einmal ein Streit zwischen Bonn und Paris entzündet, der später durch ein Handschreiben des Bundeskanzlers vom 14. März 1955 mit weiteren deutschen Zugeständnissen endete.

So hatten wir während einer Zeitdauer von drei Monaten höchstens sechs, ich selbst nur zwei Besprechungen mit dem Leiter der deutschen Politik führen können. Vielleicht war das auch gut so, wahrscheinlich hätten wir längst den Mut verloren, wenn wir alle Einzelheiten sogleich erfahren hätten, ohne etwas daran ändern zu können.

Zu deutsch-französischen Verhandlungen mit dem Ziele, eine gemeinsame Regelung des Saarproblems zu finden, kam es erst Anfang 1952. 1949 gab es überhaupt keine offiziellen Kontakte zwischen der französischen und deutschen Seite, man hatte in Westdeutschland genug Sorgen mit den eigenen Aufgaben und dem Aufbau der Bundesregierung. In den Jahren 1950 und 1951 wurden verschiedentlich Gespräche über das Saarthema geführt; dabei stellte sich aber schon bei der ersten Berührung heraus, wie groß die Gegensätze zwischen den beiderseitigen Auffassungen waren. Das erste offizielle Saargespräch fand während des Besuches des französischen Außenministers Schuman am 14. und 15. Januar 1950 in Bonn statt; der Besuch stand vorwiegend unter dem Eindruck des erstmals nach dem Kriege hell aufgeflammten Streites um die Saar. Kurz vor Schumans Ankunft war bekanntgeworden, daß die Franzosen unmittelbar vor Verhandlungen mit der Saarregierung stünden, um durch ein ganzes Bündel von Verträgen – den Saar-Konventionen (oben S. 167 ff.) – die Abtrennung von Deutschland und die Bindung an Frankreich festzulegen. Auf deutscher Seite sah man in dem französischen Vorgehen die Schaffung weiterer vollendeter Tatsachen und damit einen Vorgriff auf den Friedensvertrag. Die deutsche Presse war durch zwei Vorgänge besonders auf diese Entwicklung an der Saar aufmerksam geworden und hatte durch Kritik an dem einseitigen französischen Vorgehen ein durchweg frostiges Klima für den Besuch Schumans verursacht.

Für die Aufmerksamkeit und Unterrichtung der Presse sorgte einmal die erste, sehr mutige Denkschrift des Bundesministers für gesamtdeutsche Fragen – Jakob Kaiser zeichnete persönlich verantwortlich – vom 12. Januar 1950, zum andern einige Sätze in einer Rede des Bundespräsidenten Prof. Theodor Heuss vom gleichen 12. Januar 1950 in Koblenz. Prof. Heuss hatte in Beziehung auf die Saar erklärt: »Wir wollen aber auch keine neuen Fehlkonstruktionen mit in sich ungesicherten Fundamenten wachsen sehen. Sie spüren, daß ich von der Saar spreche, und Sie verstehen, daß ich es in diesem Augenblick mit Zurückhaltung tue. Aber ich kann nicht dazu schweigen, denn die Frage bewegt nicht bloß unsere Seele – wir erwirken mit ihrer Beantwortung einen sehr wesentlichen Beitrag zur vollen Verständigung mit Frankreich, die uns so sehr am Herzen liegt, um der beiden Länder und Völker, um Europas willen. Das Saarproblem kann endgültig erst im Friedensvertrag geregelt werden. Dabei bleibt bestehen, daß das Land geschichtlich und ethnisch deutsches Land ist (langanhaltender Beifall). Nichts möchte sachlich und psychologisch eine ungeschicktere Lage schaffen als eine Art Vorentscheidung, die, diesen Tatbestand mißachtend, die positive Funktion der Saarproblematik in einer europäischen Gesamtschau erschweren müßte« (Stenographischer Wortlaut nach der »Neuen Zürcher Zeitung« vom 14. Januar 1950).

Wenn sich der Bundeskanzler auch bald darauf von Jakob Kaisers Denkschrift distanzierte und Kritik an dessen Vorgehen übte, so vermuteten die Franzosen doch ein von der deutschen Seite abgekartetes Spiel. Botschafter Dumaine, Schumans Protokollchef (oben S. 178 ff.) schrieb darüber in seinen Tagebuchaufzeichnungen (S. 459): »Deshalb bediente er (Adenauer, Anm. d. Verf.) sich auch der Pressekampagne, die – wenn nicht von ihm veranlaßt – doch von ihm geduldet worden ist.« Im Gegensatz zu den öffentlichen Verlautbarungen verliefen die Gespräche zwischen Schuman und Adenauer über das Saarproblem in höchst unbefriedigender Form – wir haben von Adenauers Bericht darüber vor dem Bundestagsausschuß für auswärtige Angelegenheiten (oben S. 189) schon berichtet.

Auch von der Gegenseite gab Botschafter Dumaine in seinen Erinnerungen die gleiche Darstellung, wenn er schrieb: »Die von uns abgegebenen Erklärungen zeichneten sich durch feste Haltung aus, die unser Minister seinem Chef (Ministerpräsident Georges Bidault, Anm. d. Verf.) gegenüber bestätigen mußte. Herr Schuman teilte uns mit, daß Herr Adenauer sich gehütet hätte, zu viele Beschuldigungen vorzubringen oder zu drohen. Ohne Heftigkeit hätte er seine Einwendungen gegen unsere Politik an der Saar formuliert und gebeten, nicht (mehr) vor vollendete Tatsachen gestellt zu werden. Herr Schuman antwortete, daß internationale Abmachungen unsere Rechte auf die saarländischen Kohlengruben anerkennen würden und gab die Versicherung, daß die französische Regierung darüber nicht hinausgehen würde. (Wie unsere Leser aber bisher schon wissen, war sie längst und weit darüber hinaus gegangen; Anm. d. Verf.) Er (Schuman, Anm. d. Verf.) warnte den Kanzler davor, die Aufnahme der Bundesrepublik in den Europarat von Forderungen in Beziehung auf das Saarland abhängig zu machen.«

Die Feststellungen von französischer Seite decken sich im wesentlichen mit den »Erinnerungen« des Kanzlers über dieses erste Treffen (Bd. I, S. 284 ff.), wenn auch Dr. Adenauer weit mehr Gewicht auf die allgemeinen Ausführungen in den Reden Schumans legte, als die Gegenseite. Dumaine berichtete darüber: »Unter den Gesprächsthemen waren solche, deren Behandlung peinlich war, solche, denen man gemeinsam geschickt ausgewichen ist und solche, die man nur leicht anschneiden konnte, wenn sich die Erörterung als schwierig erwies. Man gelangte trotzdem zu einigen ausgesprochenen Binsenwahrheiten von betrüblichen Äußerungen (à des banalités ponctuées d'exclamations attristées).« Jedenfalls ergaben sich keinerlei Ergebnisse, auch keine greifbaren Aussichten für weitere gemeinsame Gespräche – auch nicht unter Beteiligung der Saarregierung, die Adenauer (Bd. I, S. 289) angeregt haben will.

Eine gewisse Wende in den Beziehungen trat erst ein, als Schuman am 9. Mai 1950 der Bundesregierung durch Sonderboten den Vorschlag unterbreiten ließ, die gesamte französische und deutsche Kohlen-, Eisen- und Stahlerzeugung einer, auch anderen europäischen Ländern offenstehenden Organisation zu unterstellen. Adenauer hatte zuvor schon über den amerikanischen Korrespondenten Kingsbury-Smith ein Angebot an Frankreich gerichtet, durch eine vollständige politische Union Frankreichs und Deutschlands alle Differenzen und sonstigen Probleme beizulegen, allerdings ohne (bis heute) auf französische Gegenliebe zu stoßen. Da das französische Angebot zu einer Montanunion genau in Adenauers politische Vorstellungen hineinpaßte, nahm er den Vorschlag sofort an; er sah darin »eine bedeutsame Wendung in der europäischen Entwicklung«. Die Verhandlungen über den, zwar von Jean Monnet, dem späteren ersten Präsidenten der Montanunion augearbeiteten, aber nach Schuman benannten Plan, gingen ohne besondere Schwierigkeiten voran. Bereits am 18. April 1951 erfolgte die Unterzeichnung des Vertrages in Paris. Auch das Saarproblem war im Rahmen der neu gegründeten Montanunion in einer für die deutsche Seite tragbaren Weise gelöst worden.

Wir haben bereits weiter oben ausgeführt, wie es gelungen ist, den saarländisch-französischen Versuch, der vor allem von Herrn Grandval betrieben worden ist, zurückweisen, über einen Beitritt der Saar als siebtes Montanland zu einer rechtswirksamen Anerkennung seines Status zu gelangen. Der schon erwähnte gegenseitige Briefwechsel vom 18. April 1951 schloß dies aus. Bundeskanzler Dr. Adenauer maß dem Abschluß des Montanvertrages eine besondere Bedeutung für das Saarproblem bei. In der 68. Sitzung des Bundestages am 13. Juni 1950 (Prot. S. 2461) erklärte er: »Dieser deutliche, sichtbare Schritt, der die durch die Entwicklung der ganzen Saarfrage entstandenen Zweifel des deutschen Volkes, ob man wirklich auf französischer Seite zu einer Verständigung mit Deutschland kommen wolle, beseitigen soll, liegt für jeden, der sehen will, erkennbar in dem Schuman-Plan«, und in der gleichen Debatte: »Ein weiteres darf ich hier sagen: Das Saarproblem verliert durch den Schuman-Plan in ganz großem Maße an Bedeutung, weil die Saargruben und die Saarhüttenwerke in dieses Abkommen fallen. Ich bin jedenfalls der Überzeugung, daß dann, wenn dieser Schuman-Plan realisiert wird und wenn wir der Saar bis zu den nächsten Wahlen, die dort stattfinden, Zeit lassen, sich die Saarfrage ohne weiteres lösen wird« (Prot. S. 2464).

Auch wir an der Saar wurden zunächst von dem Optimismus des Kanzlers angesteckt und gaben – nach persönlicher Unterrichtung durch den Gesandten Dr. Strohm als Sonderboten des Kanzlers – dem auch Ausdruck. Bald aber legte sich dann der kalte Reif auf alle Hoffnungen: Durch das Verbot der DPS am 21. Mai 1951 zeigten die Franzosen, daß sie selbst ganz anderer Meinung als der Kanzler und wir waren, und in dem Abschluß der Montanunion keinerlei Anlaß zu einer Änderung ihrer Politik und der Verhältnisse an der Saar sahen. Dem Kanzler blieb keine Wahl als den »steinigen Weg nach Europa« fortzusetzen und durch eine erhoffte Verwirklichung der Vereinigten Staaten von Europa – später sprach man von der Europäischen Politischen Gemeinschaft (EPG) – das Saarproblem gegenstandslos werden zu lassen. Nach dem Erfolg der Europäischen Gemeinschaft für Kohle und Stahl zeichnete sich jetzt ein zweiter Verhandlungskomplex ab, der nach der zwischenzeitlich erfolgten Aufnahme der Bundesrepublik in den Straßburger Europarat ein weiterer Schritt zur politischen Einigung Europas sein sollte. Konrad Adenauer war jedenfalls dieser Meinung, und sein fester Glaube und seine Überzeugung, daß dieses Ziel noch von ihm gestaltet werden könne, war von seinem Standpunkt aus gesehen auch für das Jahr 1952, ja sogar noch für 1953 gerechtfertigt.

Wir hatten nach dem Verbot der DPS diese Überzeugung nicht mehr. Denn warum mußten die Franzosen die Unterdrückung aller Freiheiten an der Saar zur Aufrechterhaltung des dort einseitig geschaffenen Zustandes gewaltsam durchsetzen, wenn sie davon überzeugt gewesen wären, daß Europa bald komme und dadurch die Saarfrage gelöst würde. Hier waren die Widersprüche zwischen Handlungen und großartig formulierten Hoffnungen unüberwindlich groß. Andererseits war verständlich, daß Konrad Adenauer, der die europäische politische Gemeinschaft als sein Lebensziel ansah, sich die Hoffnung an einen Erfolg länger bewahrte als wir, die wir ständig im

Feuer der anderen Seite standen. Wir werden aber sehen, daß auch Ende 1953 Bonn nicht mehr an eine Realisierung der Vereinigung Europas, und damit der Lösung der Saarfrage durch ein Aufgehen in Europa glauben konnte.

Doch zurück zum zweiten großen Plan einer »Europäischen Verteidigungsgemeinschaft«. Bereits im Oktober 1950 hatte der damalige französische Ministerpräsident Pleven der Öffentlichkeit einen später nach ihm benannten Vorschlag unterbreitet, eine gemeinsame europäische Armee ins Leben zu rufen. Ende Januar 1951 erläuterte der stellvertretende französische Hohe Kommissar in der Bundesrepublik, Bérard, die Ziele des Planes vor der Presse in Bad Godesberg und betonte besonders, daß auch dieser Plan sich »auf derselben Linie und Basis bewege wie der Schuman-Plan« (Erinnerungen, Bd. I, S. 429).

Adenauer stimmte auch diesem Vorschlag sofort zu, sicher davon ausgehend, daß mit der Verwirklichung einer gemeinsamen europäischen Verteidigung ein weiterer Schritt zur Einigung Europas getan werde, obwohl sich der Kanzler darüber im klaren war, daß die Leistung eines deutschen Wehrbeitrages noch manche harte Kämpfe und innenpolitischen Auseinandersetzungen mit sich bringen würde. Die Lösung der Saarfrage schien im Rahmen dieses zweiten europäischen Vertragswerkes gleichfalls noch aussichtsvoll.

Eng mit dem Plan einer europäischen Verteidigungs-Gemeinschaft verbunden war die von der Bundesregierung angestrebte Befreiung vom Besatzungsstatut, das bereits am 6. März 1951 revidiert worden war. Im September 1951 regte Dr. Adenauer bei den Hohen Kommissaren an, das Besatzungsstatut insgesamt durch eine vertragliche Vereinbarung zwischen der Bundesregierung und den drei westalliierten Regierungen zu ersetzen. Aus der Anregung entstand der »Deutschlandvertrag«, der später – 1954 – noch eine so große Rolle bei den Saarverhandlungen spielen sollte.

Mit den sich hinziehenden Verhandlungen war die Saarfrage 1950 und 1951 auf Eis gelegt, wenn man von dem Verbot der DPS und den sich daraus ergebenden Debatten und Beschwerden absehen will. Im Januar 1952 wurde das Saarproblem dann wieder einmal zum Streitobjekt: Die Franzosen hatten am 25. Januar 1952 Gilbert Grandval zum Botschafter ernannt. Bundeskanzler Adenauer protestierte gegenüber den Franzosen und den anderen Alliierten (»Erinnerungen«, Bd. I, S. 500); auch gab es wieder Debatten im Deutschen Bundestag. An den Verhältnissen im Saarland änderte sich dadurch, wie unsere Leser ja schon wissen, nichts!

Auf der Londoner Konferenz der Außenminister der drei Westmächte, Acheson, Eden und Schuman, und Bundeskanzler Dr. Adenauer am 18. Februar 1952 wurde die »leidige« Saarfrage wiederum berührt. Man gab Dr. Adenauer eine Empfehlung, durch direkte Verhandlungen eine Regelung mit Frankreich anzustreben. Tatsächlich wurden auch noch während der Konferenz in London »private Gespräche« zwischen Schuman und Adenauer über das Thema Saar geführt. Irgendwelche Einzelheiten wurden nicht mitgeteilt; es wurden nur einander widersprechende Pressemeldungen und nichtssagende Äußerungen bekannt. Von Dr. Adenauer meldete das amtliche Bulletin der Saarregierung, daß er die Hoffnung habe, mit Frankreich auch in der Saarfrage zu einer Verständigung zu kommen, im übrigen müsse für jede Regelung der Wille der Saarbevölkerung entscheidend sein. Für uns galt in diesem Zeitpunkt noch immer: Im Westen nichts Neues!

Fast zur gleichen Zeit tauchten in der interessierten Presse im Saarland und im Ausland lancierte Meldungen auf, die einer der Saar das Wort redeten. Das war ein neuer Ton im bisherigen Konzept um die Anerkennung der »faits accomplis« an der Saar. Gewiß waren schon seit 1947 immer wieder Äußerungen gefallen, die Saarfrage müsse »europäisch« gelöst werden, nur eine Regelung im »europäischen« Geist könne den Gegensatz zwischen Deutschland und Frankreich überwinden, und dergleichen mehr. Von der Gegenseite waren wir eine »verzuckerte« Umschreibung des Kernproblems gewöhnt, um das es allein ging: Abtrennung der Saar von Deutschland und wirtschaftlicher Anschluß an Frankreich. Im übrigen hatten wir von der DPS ja sogar selbst die Unterstellung eines unpolitischen, neutralen und rein fachlich verwalteten Saargebietes unter ein Kontrollorgan des Europarates vorgeschlagen – und waren deshalb von der »Grandval-Hoffmann-Demokratur«, wie wir damals spöttisch verbreiteten, verboten worden.

Auch von der Bundesregierung wurde schon frühzeitig einmal ein Vorschlag gemacht: »Das Kernstück einer solchen Regelung könnte eine »Internationale Saarbehörde« sein, die den Grundgedanken der internationalen Ruhrbehörde in positivem Sinne weiter entwickelt«, so die Denkschrift der Bundesregierung zur Saarfrage (Weißbuch vom 9. März 1950, S. 28). Dieser Vorschlag, der auf eine umfassende Ausarbeitung unseres Freundes Dr. Strohm aus der Zeit des Friedensbüros zurückgeht, wurde aber von der Gegenseite überhaupt nicht zur Kenntnis genommen, bis nunmehr – Jahre danach – die Formel einer »Europäisierung« des Saarproblems in die Diskussion gebracht wurde. Um die geistige Urheberschaft des Begriffs haben sich zuerst die beiden Saarparteien, die CVP Hoffmanns und die Sozialdemokratische Partei an der Saar (SPS) gestritten. Andere, so die UEF – die Union Europäischer Föderalisten – haben gleich darauf aufmerksam gemacht, daß der Gedanke einer Europäisierung von Bundeskanzler Dr. Adenauer »zum ersten Male im Januar 1952 in London vorgetragen worden« sei, und »zwar als äußerste Grenze, bis zu der Deutschland nachgeben könnte« (Das Saargebiet, Zankapfel oder Brücke, S. 22).

Auf die Kernfrage, was unter »Europäisierung« zu verstehen sei und wie eine solche sich in einem Statut für die Saar auswirken würde, ist keiner der Verfechter ernsthaft eingegangen. Wir werden noch sehen, daß die Franzosen darunter etwas ganz anderes verstanden haben als der Bundeskanzler. Auch waren die Franzosen nie bereit, für die Schaffung eines europäischen Kernlandes auch nur den kleinsten Beitrag zu leisten. Wir haben gerade hier eine Probe aufs Exempel gemacht und ein erstes europäisches Territorium vorgeschlagen, das aus dem Saarland, Luxemburg und einem Teil Lothringens zu bilden wäre, und das ein wirklich attraktiver Kristallisationspunkt für eine später folgende Zusammenschließung der europäischen Staaten hätte werden können. Staatssekretär Hallstein hatte diesen Vorschlag in ähnlicher Form bei Verhandlungen im August 1952 den Franzosen unterbreitet und sogar die amerikanische Unterstützung dafür erhalten. Die französische Antwort war: *Keinen Meter französischen Bodens!* Wir haben diese französische Einstellung übrigens später stets als Argument dafür angeführt, daß es Frankreich ja gar nicht ernst mit einer europäischen Integration sein könne, wenn man sich einem so vernünftigen Vorschlag gegenüber derartig strikt ablehnend verhalte. Daraus ergab sich doch der Beweis, daß Frankreich den europäischen Zusammenschluß nicht wolle und vor allem nicht an ihn glaube. Die Entwicklung in den folgenden Jahren 1953/54 – ja bis heute – hat uns Recht gegeben.

So war der Begriff der »Europäisierung« nach den Vorstellungen der französischen und damit auch der saarländischen Seite nichts anderes

*als ein europäisches Etikett für den damaligen Zustand*

im Saarland. Die große französische Zeitung »L'Information«, deren Saarlandkorrespondentin übrigens die einflußreiche, aber ebenso unversöhnliche Madame Tabouis (Abb. 21) war, brachte diese Auffassung in dem Artikel: »Désaccord fondamental sur la Sarre« – Grundverschiedene Auffassung über das Saarproblem – vom 5. November 1952 völlig unverhohlen zum Ausdruck, wenn sie schrieb: »Für Frankreich handelt es sich darum, das gegenwärtige Statut der Saar mehr oder weniger aufrecht zu erhalten, *indem man ein europäisches Etikett daran klebt*, während die Deutschen den saarländischen Kuchen unter die sechs aufteilen wollen« (Abb. 70). Wie treffend diese Charakteristik des französischen Standpunktes schon im November 1952 gewesen ist, hat uns zwei Jahre später Herr Blankenhorn bestätigt, als er den Vertretern der Saarparteien – am 27. Oktober 1954 – auf Befragen erklärte: »Der in Artikel I gebrauchte Ausdruck ›europäisches Statut‹ ist ein ›schmückendes Beiwort‹« (unsere Niederschrift vom 27. Oktober 1954, Seite 2). Diesen Mangel einer wirklich europäischen Grundlage für das zukünftige Statut der Saar hat gerade der wohl beste Kenner der Saarfrage und große Europäer Robert Schuman klar empfunden, als er in der Debatte über das Saarabkommen in der Pariser Nationalversammlung am 23. Dezember 1954 warnend erklärte: »Und ich sage Ihnen als ein Mann, der vielleicht besser als jeder andere das Saarproblem kennt: Nehmen Sie sich in acht! Wenn Europa nicht bald eine lebendige Gestalt erhält, dann wird das Saarstatut nicht leben« (Abb. 72 aus »Le Monde« vom 24. Dezember 1954).

Ohne unbescheiden zu sein, darf ich schon an dieser Stelle feststellen, daß es eines unserer wesentlichen Verdienste in den Augen der Saarbevölkerung war, vor dem Referendum klar gemacht zu haben, daß die »Europäisierung« allenfalls eine Augentäuschung war. *Präsident Dehousse* gab uns nachhinein Recht, wenn er in seiner kleinen Schrift: »Mission en Sarre« feststellte: »Das ist in groben Zügen das Saar-Statut. Aber was fehlte ihm? – *Ihm fehlte Europa! Wie will man behaupten, die Saar in einem Europa zu europäisieren, das selbst nicht europäisiert ist oder nicht einmal auf dem Wege ist, es zu werden.* Es gab in dieser Richtung schreckliche Widersprüche, die den Gegnern des ›Europäischen Statuts‹ nicht entgangen sind.« Diese Bedenken konnten nicht trefflicher als mit der Karikatur (Abb. 73) in der Zeitung »Rheinischer Merkur« vom April 1954 dargestellt werden. Wir haben später dann mit der Zeichnung eines unserer Wahlplakate gegen das Statut gestaltet (Abb. 194).

Am 30. August 1954 hat die französische Kammer mit großer Mehrheit die Europäische Verteidigungsgemeinschaft abgelehnt. Diejenigen Saarländer, die den durch die Ablehnung verursachten Schock richtig verstanden hatten, erklärten: »Wenn Frankreich keine europäische Integration will, warum sollen wir Saarländer dann die einzigen sein, die sie wollen?« Und sie fügten hinzu: »Da man Europa noch nicht geschaffen hat, weder in wirtschaftlicher Hinsicht, noch in politischer, wie kann man sich dann ein Saarland vorstellen, das ein europäisches Statut haben soll?« Diese Sätze schrieb wiederum Präsident Dehousse, der wohl als erster europäischer Kommissar im Saarland vorgesehen war. Eine bessere Rechtfertigung unserer ablehnenden Haltung, aber auch von Anfang an kritischen Einstellung gegen die Schalmeientöne der »Europäisierer«, konnten wir gar nicht erfahren.

Hinzu kommt ein weiterer Gesichtspunkt: Die Formel einer »Europäisierung der Saar« war eine »*olle Kamelle*«, wie die Berliner sagen würden. Wer wußte – oder weiß heute schon –, daß bereits *im Jahre 1929* (!), als die französischen Hoffnungen, bei der Volksabstimmung von 1935 ein Votum für Frankreich oder auch nur für den Status quo zu erlangen, auf den Nullpunkt herabgesunken waren, der Vorschlag gemacht wurde, anstelle einer Volksabstimmung das »*Saargebiet zu europäisieren*«? Wir haben die alte Originalveröffentlichung aus der französischen Monatsschrift »Revue des Vivants« vom Februar 1929 beschafft und bringen die Fotoabbildung (Abb. 74) der maßgebenden Seite 231 aus dem Artikel »Une belle partie gâchée – Eine schöne Partie verspielt –«. Dort heißt es unter anderem: »Warum soll man nicht auch die Saargruben europäisieren? Schließlich haben wir an der Saar den Anfang einer intereuropäischen Regierung. Warum sollte man diese kostbare Erfahrung nicht ausbauen?« In der Stellungnahme (Mise au point) zu diesem Vorschlag des unbekannten Verfassers X.X.X. wird dann von der Redaktion der »Revue des Vivants« in einer späteren Ausgabe der Zeitschrift (1929, S. 1033, Abb. 75) dazu ausgeführt: »Der Artikel vom Februar schloß mit einer *Europäisierung der Saar!* Diese These ist nicht unsere Meinung. Das Wunder von der Vervielfältigung der Staaten beunruhigt uns. Je kleiner diese Staaten sind, desto größer ist die Last, die sie für den Frieden bedeuten; denn sie bilden dauernde Versuchungen, und ihre Schwierigkeiten finden ihren Widerhall bei allen großen Nationen. Die Schaffung eines neuen Staates ist nur in dem Fall gerechtfertigt, in welchem eine ehemals unabhängige Rasse, der man die Freiheit genommen hat, eindeutig ihre historische Staatsform wiederverlangt. Das ist bei der Saar nicht der Fall. Hier anerkennt jedermann, daß die sehr große Mehrheit der Bevölkerung deutsch bleiben will.«

Soweit die Redaktion der »Revue des Vivants« im Jahre 1929! Hier kann man nicht nur darüber erstaunt sein, daß vor so langer Zeit die »Europäisierung« des Saarlandes schon einmal vorgeschlagen wurde – und wie der Artikel von X.X.X. beweist –, allein zur Erhaltung der französischen Vorteile an der Saar, sondern wesentlich erscheint auch, daß 1929 aus französischer Sicht dem Vorschlag mit Argumenten widersprochen wurde, die Bundeskanzler Dr. Adenauer in der Saardebatte des Bundestages vom 30. Mai 1951 (Prot. S. 5666) ausgesprochen hat: »Wir streben auf ein vereinigtes Europa hin, in dem die Grenzen fallen sollen. Es erscheint mir antiquiert, in diesem Stadium der europäischen Entwicklung noch erst neue europäische Zwergstaaten schaffen zu wollen. Ich kann mir auch nicht denken, welchen überzeugenden Grund die französischen Verfechter dieses Gedankens ins Feld führen könnten. Auf die Frage: Warum soll ein selbständiger Saarstaat geschaffen werden?, gibt es keine Antwort, wenn die Elemente dieser Antwort nicht in den Vorstellungen einer Vergangenheit wurzeln, in denen man sich durch gegenseitige Puffer- und Satellitenstaaten schützen zu müssen glaubte. Das habe ich vom europäischen Standpunkt aus gesagt.« Wer denkt bei diesen Worten des Kanzlers nicht an das berühmte Bismarck-Zitat aus dem Jahre 1875? Schon damals erklärte Bismarck vor dem Reichstag: »Ich habe das Wort ›Europa‹ immer im Munde derjenigen Politiker gefunden, die von anderen Mächten etwas verlangten, was sie im eigenen Namen nicht zu fordern wagten.«

Leider verlief die Entwicklung – wie wir bald sehen werden – schon im März 1952 anders, als Adenauer ein Jahr zuvor noch im Bundestag zum Ausdruck gebracht hatte. Wenn diese klassischen Sätze auch von unserem Freund Dr. Strohm formuliert worden waren, so hatte der Kanzler sie sich dennoch ganz zu eigen gemacht. Der Hinweis auf die antiquierten Schöpfungen von Pufferstaaten aus der Vergangenheit schafft doch eine verblüffende Parallele zu dem Europäisierungsvorschlag von 1929 und der ihm zuteil gewordenen Kritik aus dem eigenen französischen Lager. Wir fragen uns nur, warum sich alle diese Vorgänge an der Saar zweimal ereignen mußten, bevor die allein möglichen Konsequenzen gezogen wurden. Die Frage nach dem Verfasser X.X.X. dürfte vielleicht ein wenig Verständnis bringen, wenn auch die Antwort darauf ebenso verblüffend wie der Vorschlag selbst sein dürfte.

Durch Text- und Zitatvergleiche mit anderen Veröffentlichungen nehme ich mit Sicherheit an, daß sich hinter X.X.X. kein anderer als Jean Revire verbarg. Jean Revire, in Wirklichkeit Dr. Robert Herly – wir haben schon von ihm gesprochen – war auch nach 1945 einer der radikalsten Verfechter der französischen Ansprüche auf das Saarland. Er trat noch lange Zeit durch Publikationen, Schriften und durch Mitarbeit in der »Association française de la Sarre« hervor und konnte nicht scharf genug die Durchsetzung aller französischen Saarforderungen – auch aus einer völlig schiefen historischen Sicht heraus – vertreten. Ob das Auftauchen des Begriffes der Europäisierung nach dem zweiten Weltkrieg nicht auf die gleiche Quelle zurückzuführen ist?

Jedenfalls für uns Grund genug, nicht nur mißtrauisch zu sein, sondern auch an die deutsch-französischen Saarverhandlungen mit der Frage heranzutreten, was sich hinter dem Begriff einer »europäischen Lösung«, eines »europäischen Statuts« oder gar einer »Europäisierung der Saar« verbirgt, und was beide Seiten, die französische wie die deutsche, darunter verstehen würden.

In der deutschen öffentlichen Diskussion wurde der Gedanke einer Europäisierung der Saarfrage, genauer gesagt: einer europäischen Zwischenlösung, schon früh in die Debatte gebracht. So schrieb die Zeitung »Rheinischer Merkur« am 8. Juni 1951 in dem Artikel von P. W. Wenger »Die Saar – für oder gegen Europa?« u. a: »Dann sollte es aber auch nicht schwer fallen, den Sprung über die Hürde gemeinsam zu machen und eine wahrhaft *europäische Zwischenlösung* zu finden, die an der Saar jene europäische Ordnung vortreibt, die noch von allen freien Staaten Europas auf dem schwierigen Wege der Teilföderation schließlich erreicht werden soll. Eine solche entspannende Zwischenlösung aus dem Geiste des Schuman-Planes ließe sich wie folgt umreißen: Alle Mitgliedstaaten des Europarates erklären die Saar gemeinsam zum ersten *europäischen Verwaltungsgebiet*, das so lange aus dem deutsch-französischen Dualismus ausgeklammert bleibt, bis alle europäischen Staaten ihr Ziel – den europäischen Bundesstaat – erreicht und damit den Vorzug und Vorsprung der Saar eingeholt haben ... Der Europarat selbst würde zwischenzeitlich zum *europäischen Regenten* an der Saar ...«

Nun wußten wir, daß von allen Pressestimmen der »Rheinische Merkur« den französischen und auch saarländischen Vorstellungen über das Saarproblem – gelinde gesagt – das größte Verständnis entgegenbrachte. Wir kannten auch die guten Beziehungen der Redakteure des »Merkur« zum Bundeskanzleramt, waren aber doch überrascht, in dem 1972 erschienenen Buch »Jakob Kaiser« von Conze-Kosthorst-Nebgen (S. 325) zu lesen: »Adenauer tat nach den Londoner Gesprächen konsequent die nächsten Schritte und skizzierte auf der Konferenz des Ministerkomitees des Europarates im März 1952 (18. bis 20.) Schuman seine Vorstellungen schon ziemlich konkret: politische, wirtschaftliche und kulturelle Autonomie des Saarlandes im Rahmen des Europarates; als Symbol der Europäisierung Saarbrücken als Sitz der Montanunion-Behörden. Das Saargebiet nicht mehr als trennendes Element zwischen Frankreich und Deutschland, sondern als erstes europäisches Territorium, als Trittstein nach Europa! Das war die Parole, die jetzt aus dem Stadium des wahrscheinlich von Adenauer inspirierten Gedankenspiels des »Rheinischen Merkur« vom Juni 1951 in die aktuelle Politik transferiert wurde.«

In der Tat trat bei den Pariser Verhandlungen vom 18. bis 20. März 1952 die erste große Wende ein. Auf der Tagesordnung der Sitzung des Ministerkomitees des Europarates stand die deutsche Beschwerde gegen das Saarland vom 29. Februar 1952 wegen Verletzung der Grund- und Freiheitsrechte an der Saar. Die Bundesrepublik war durch den Bundeskanzler, die französische Regierung durch Außenminister Schuman vertreten, als Vertreter des Saarlandes wurde Ministerpräsident Johannes Hoffmann zugelassen. Adenauer, dem die Erörterung der deutschen Beschwerde offensichtlich unangenehm war – er sah darin eine weitere Störung der deutsch-französischen Beziehungen, die ohnehin durch die vorangegangenen Proteste gegen die Ernennung Grandvals zum Botschafter und die Bundestagsdebatte vom 7. Februar 1952 angespannt waren –, hatte schon zuvor den Entschluß gefaßt, durch ein wesentliches Entgegenkommen gegenüber der französischen Seite aussichtsreichere Verhandlungen in Gange zu bringen. Auch erwartete er, durch ein eigenes Nachgeben in einer Kernfrage der Meinungsverschiedenheiten ein entsprechendes Nachgeben auf der Gegenseite zu erreichen.

Der Kanzler und Außenminister Schuman hatten schon auf der Londoner Außenministerkonferenz vom 18. und 19. Februar 1952 vereinbart, demnächst persönliche Gespräche über eine mögliche Lösung der Saarfrage noch vor dem Friedensvertrag zu führen. Es ist erstaunlich, daß der Kanzler selbst in seinen sonst sehr ausführlichen »Erinnerungen« auf diesen wohl wichtigsten Abschnitt der Saarverhandlungen mit dem Ziel einer »Europäisierung« nicht eingegangen ist. Inzwischen bestätigte Dokumente aus meinem Besitz, vor allem durch den Nachlaß von Jakob Kaiser, lassen jetzt die vollständige Darstellung der Vorgänge vom Frühjahr 1952 zu. Konrad Adenauer war bereits am 18. März 1952 in Paris, obwohl die Sitzung des Ministerkomitees des Europarates erst am 20. März 1952 stattfand, und führte bereits an diesem ersten Tag seines dreitägigen Aufenthaltes in Paris vertrauliche Gespräche im Quai d'Orsay mit dem französischen Außenminister Robert Schuman. Thema: Saarlösung! Das Ergebnis der Besprechungen fand seinen Niederschlag in einem Schreiben vom 19. März 1952, das der Bundeskanzler persönlich an Schuman richtete und diesem übergeben ließ. Diesem Schreiben waren zwei Anlagen beigefügt, von denen die erste Adenauers Vorschlag zur Europäisierung der Saar enthielt, die zweite den Entwurf für eine Erklärung in einem Kommuniqué, das dann am 20. März 1952 in abgeänderter Form von der deutschen Seite veröffentlicht worden ist.

Das Schreiben vom 19. März 1952 war nur ein Begleitschreiben zu den beiden wesentlicheren Anlagen. Nach der Aktennotiz des Bundesministers Kaiser (Kaiser, S. 324/325) war der Inhalt des Schreibens folgender: »Nach der Einleitungsformel verweist der Kanzler auf eine Skizzierung seiner bisherigen mit Schuman in London und Paris geführten Besprechungen. Er bittet um Zustimmung Schumans zur vertraulichen Erörterung der behandelten Fragen mit einigen Herren in Bonn. Er verweist weiter auf den beigefügten Entwurf einer Erklärung über eine mögliche Regelung der Saarfrage zwischen Deutschland und Frankreich. In der weiteren Ausführung bittet der Kanzler Außenminister Schuman um Erwirkung der Rücknahme der aus dem Saargebiet aus politischen Gründen erfolgten Ausweisungen. Anschließend bringt der Kanzler zum Ausdruck, daß ihm die Lösung der Saarfrage im Interesse der so notwendigen Besserung des Verhältnisses zwischen Deutschland und Frankreich sehr am Herzen liege. Zum Schluß erinnert er an die Bildung eines schon vorher empfohlenen Ausschusses für Saarangelegenheiten, dem je ein Vertreter Frankreichs, der USA, Großbritanniens und Deutschlands angehören sollten.«

Der Inhalt dieser Niederschrift Kaisers stimmt überein mit dem Text des Schreibens, das Adenauer am 19. März 1952 an den französischen Außenminister Robert Schuman gerichtet hatte. Dieses Schreiben (aus dem Französischen rückübersetzt) hatte ich schon 1952 »hintenrum« bekommen, aber dem Inhalt nie rechten Glauben geschenkt, so unmöglich erschienen mir die darin gemachten Zugeständnisse. Auch wollte ich unsere guten Saarländer nicht zu frühzeitig davon überzeugen, *daß uns der Bundeskanzler schon im März 1952 »abgeschrieben« hatte.* Hier der Wortlaut der uns betreffenden *Anlage 1:*

»Anlage zum Schreiben vom 19. März 1952
von Herrn Adenauer an Herrn Schuman:
In Verfolg der Besprechungen, die am 18. März 1952 im Quai d'Orsay zwischen Herrn Außenminister Schuman und Herrn Bundeskanzler Adenauer stattgefunden haben, wurde die folgende Regelung der Saarfrage ins Auge gefaßt:

1. Diese Regelung soll die im Friedensvertrag oder einem diesem gleichen Vertrag vorgesehene Lösung ersetzen. Sie bedarf infolgedessen der Zustimmung der beiden anderen alliierten Westmächte, d. s. Großbritannien und die Vereinigten Staaten, außerdem der Saarbevölkerung.
2. Saarbrücken wird Sitz der Schuman-Plan-Behörden.
3. Das Saargebiet erhält eine autonome Verwaltung unter der Aufsicht des Ministerkomitees des Europarates.
4. Sobald dieses Statut endgültig sein wird, ist das Saargebiet politisch, kulturell und wirtschaftlich vollständig frei.
5. Die Zustimmung der Saarbevölkerung zu der vorgesehenen Regelung soll durch einen neuen, absolut frei gewählten Landtag erteilt werden.
6. Frankreich und Deutschland enthalten sich jedweder Einflußnahme auf die Wahl des Saarlandtages.
7. Ein Teil des gegenwärtigen Saargebietes, der durch weitere Verhandlungen festgelegt werden müßte, wird an die Bundesrepublik Deutschland, genauer gesagt, an das Land Rheinland-Pfalz zurückgegliedert.«

In Übereinstimmung mit diesem Wortlaut hatte Bundesminister Jakob Kaiser den Inhalt der Erklärungen wie folgt skizziert: »Notizen, die ich mir über Punkte machte, die Bundeskanzler Adenauer über eine mögliche Regelung der Saarfrage seinem Schreiben vom 19. März 1952 an Außenminister Schuman beigefügt hat:

1. Die zwischen Frankreich und Deutschland erstrebte Regelung solle anstelle des Friedensvertrages oder eines ähnlichen Vertrages wirksam werden. Die Zustimmung der Vereinigten Staaten und Großbritanniens sowie der Bevölkerung des Saargebietes sei notwendig.

2. Saarbrücken sollte Sitz der Schuman-Plan-Behörden (Montanunion) werden.
3. Das Saargebiet müsse den Status der Selbstverwaltung unter dem Ministerrat des Europarates erhalten.
4. Sobald dieser Status des Saargebietes erreicht ist, würde es politisch, kulturell und wirtschaftlich völlig frei sein.
5. Die Zustimmung der Saarbevölkerung zu dieser Regelung müsse durch einen neu zu wählenden Landtag erfolgen.
6. Frankreich und Deutschland enthalten sich jeder Beeinflussung der Stellungnahme der Saar.
7. Ein Teil des Saargebietes, über dessen Abgrenzung verhandelt werden muß, kommt zur Bundesrepublik Deutschland und zwar zum Land Rheinland-Pfalz.«

Soweit die Notizen Jakob Kaisers. Sie beweisen die absolute Authenzität des wiedergegebenen Schreibens vom 19. März 1952. Aus diesen Erklärungen des Kanzlers haben die Franzosen folgende Zugeständnisse entnommen, wie aus einer späteren Zusammenstellung vom 5. Oktober 1954, die ich ebenfalls aus dem Kreis um Hoffmann erhielt, hervorgeht:

»Er akzeptiert das Prinzip der endgültigen Regelung und den Europarat als Grundlage für die Europäisierung. Kein Wort dagegen findet sich in diesem Schreiben von dem wirtschaftlichen Problem.« Wir müssen ergänzend feststellen, daß der Kanzler mit dieser Erklärung vom 19. März 1952 auch das von Deutschland abgetrennte, autonome Saarland anerkannt hat. So hat das auch die Gegenseite aufgefaßt, wie wir das in einer späteren Veröffentlichung des Europarates bestätigt gefunden haben.

Die *Anlage 2* zum Schreiben des Kanzlers vom 19. März 1952 hatte folgenden Text:

»Zwischen der französischen Regierung und der Bundesregierung sind Verhandlungen geführt worden, um schon vor Abschluß des Friedensvertrages oder eines diesem gleichen Vertrages zu einer Regelung des Saarproblems zu gelangen. Diese Regelung bedarf der Zustimmung der beiden anderen alliierten Westmächte, Großbritannien und der Vereinigten Staaten. Sie bedarf ferner der Zustimmung der Saarbevölkerung. Diese Zustimmung der Saarbevölkerung muß durch einen neuen, absolut frei zu wählenden Landtag erfolgen.

Diese Verhandlungen scheinen mir Aussicht auf Erfolg zu haben, ich verzichte deshalb darauf, weitere Ausführungen über die gegenwärtige Handhabung der Menschenrechte an der Saar, wie sie in den Bestimmungen des Europarates enthalten sind, zu machen. Angesichts der Notwendigkeit, im Saarland schnellstens demokratische Voraussetzungen zu schaffen, welche die freie Wahl eines neuen Landtages ermöglichen, soll eine Kommission gebildet werden, die in Zusammenarbeit mit der saarländischen Regierung die erforderlichen Maßnahmen trifft und darüber wacht, daß diese Voraussetzungen so schnell wie möglich geschaffen werden. Dieser Kommission soll ein Vertreter Frankreichs, der Bundesrepublik, Großbritanniens und der Vereinigten Staaten angehören.

Im Hinblick auf die Möglichkeit einer baldigen Lösung der Saarfrage verzichte ich darauf, den bereits im November 1950 in Rom erhobenen Widerspruch gegen die Unterzeichnung der Konvention durch die Saarregierung von neuem zu begründen.«

Nach dieser zweiten Anlage zum Schreiben vom 19. März 1952 steht fest, daß der Bundeskanzler schon vor der Verhandlung des Ministerkomitees des Europarates die deutsche Beschwerde gegen das Saarland wegen Verletzung der Menschenrechte vom 29. Februar 1952 nicht zu verhandeln gedachte, er zog sich auch tags darauf formell zurück. Auch eine weitgehende Übereinstimmung des Schlußkommuniqués mit dem hier vorliegenden Text zeigt, daß die internen Gespräche einen wesentlich anderen Verlauf nahmen als nach außen bekannt gegeben wurde. Aus einer weiteren Akten-notiz von Bundesminister Kaiser kennen wir auch die Stellungnahme des französischen Außenministers Robert Schuman zu dem 7-Punkte-Programm des Kanzlers. Darüber führten die beiden Staatsmänner am 20. März 1952 ein weiteres persönliches Gespräch. Nachdem man zuvor noch über die böswilligen Ausführungen Grandvals vor dem französisch-amerikanischen Presseclub gesprochen und Schuman sich darüber höchst unwillig geäußert hatte, daß doch wohl er und nicht Herr Grandval der Außenminister Frankreichs sei, wurde folgendes abgesprochen und festgehalten:

zu 1. Außenminister Schuman erbat zunächst eine Klarstellung des Begriffes »oder einem ähnlichen, bzw. diesem gleichen Vertrag«. Man einigte sich – so der Vermerk Kaisers – dahin, daß ein »ähnlicher Vertrag« in diesem Sinne ein Ersatz für einen Friedensvertrag sei, zu dem keine Zustimmung der Sowjetunion notwendig ist. Schuman fragte den Kanzler noch, ob er mit einer Beteiligung der Benelux-Länder an der vorgesehenen Saarregelung einverstanden sei, der Kanzler stimmte zu.

zu 2. Schuman wünscht eine Klarstellung der Zuständigkeit des Ministerkomitees des Europarates über die Saar. Er betont, daß das Saarland doch eine Regierung und einen Landtag haben müssen. Dem Ministerkomitee des Europarates könnten nur Kontrollbefugnisse zuerkannt werden. Der Kanzler erklärte: So und nicht anders habe er das gemeint.

zu 4. Minister Schuman wies darauf hin, daß hinsichtlich der wirtschaftlichen Freiheit der Saar durch die gedachte Neuregelung kein Vakuum eintreten dürfe. Die Konventionen zwischen dem Saarland und Frankreich müßten doch sofort durch das saarländische (neue) Parlament ihre Bestätigung bzw. Erneuerung finden. Dazu gab der Kanzler keine Erklärung ab.

zu 7. Die Bevölkerung des in Frage kommenden Teiles des derzeitigen Saarlandes müsse doch – so meinte Schuman – über die Frage der Rückgliederung an die Bundesrepublik selbst entscheiden. Der Kanzler erklärte darauf, daß er damit einverstanden sei, das sei doch auch ganz natürlich.

Der weitere Verlauf der Verhandlungen im Jahre 1952 hat gezeigt, wie wichtig die nunmehr so weit gediehene und auch weitgehend schriftlich fixierte Einigung zwischen Schuman und Adenauer gewesen ist. *Nach außen blieben die Vorgänge völlig geheim.* Es wurde offiziell so getan, als ob nichts abgemacht sei. Johannes Hoffmann hatte bereits am 19. März eine Gegendarstellung gegen die deutsche Beschwerde vorgelegt, mit deren Beantwortung der Leiter der Rechtsabteilung des Auswärtigen Amtes, Prof. Mosler und Ministerialrat Dr. Knoop vom Ministerium für Gesamtdeutsche Fragen – sie waren im Stabe des Kanzlers am 19. März nach Paris gekommen – beauftragt worden waren. Adenauer hatte in der Zwischenzeit mehrfach

Besprechungen mit Außenminister Schuman geführt. Noch während der Bearbeitung einer deutschen Stellungnahme zur saarländischen Antwortnote vom 20. März teilte Ministerialdirektor Blankenhorn Prof. Mosler und Dr. Knoop mit, daß »die Ausarbeitung der vom Herrn Bundeskanzler genannten Themen eingestellt werden könne; der *französische Außenminister* habe in seiner Besprechung mit dem Herrn Bundeskanzler *weitgehende Zugeständnisse* gemacht, so daß die Saarfrage von der Nachmittagssitzung des Europarates abgesetzt werde. Ministerialdirektor Blankenhorn erklärte, nähere Einzelheiten nicht zu wissen.«

Die Niederschrift von Dr. Knoop für Minister Kaiser schließt mit der Feststellung: »Ministerpräsident Hoffmann verließ strahlenden Gesichts die Sitzung des Europarates und erklärte den Journalisten, er freue sich, daß sich endlich das anzubahnen scheine, was er sich stets gewünscht habe, nämlich ein aufrichtiges, vertrauensvolles Verhältnis zwischen der Saarregierung und der Bundesrepublik.«

Die »Saarbrücker Zeitung«, das französische Blatt in deutscher Sprache an der Saar, meldete tags darauf in dicker Balkenüberschrift: »Sieg des europäischen Gedankens« und »Das Ergebnis dieser denkwürdigen Sitzung muß als ein Triumph für die europäische Sache, als ein Sieg für die französisch-saarländische Politik und als ein voller Erfolg der vom europäischen Geist getragenen Politik der Saarregierung angesehen werden«.

Wie konnte das erklärt werden? Das vom Kanzler noch am Abend des 20. März in Paris der Presse übergebene Kommuniqué – wie wir wissen, nur ein Teil der Erklärung Adenauers im Brief an Schuman, Anlage 2 – enthielt nur wenige Angaben: es hätten zwischen Adenauer und Schuman Besprechungen stattgefunden, um schon vor dem Abschluß eines Friedensvertrages oder eines gleichen Vertrages zu einer Ordnung der Saarfrage zu gelangen. Diese bedürften der Zustimmung der Saarbevölkerung durch den neu zu wählenden Landtag. Vertreter der französischen Regierung und der Regierung der Bundesrepublik sollten sofort zusammentreten, um mit Vertretern der Saar-Regierung zu prüfen, ob die Voraussetzungen für die Durchführung freier demokratischer Wahlen zum nächsten Landtag gegeben seien. Im Hinblick auf diese Verhandlungen verzichte der Bundeskanzler darauf, weitere Ausführungen über die Frage der gegenwärtigen Handhabung der Menschenrechte an der Saar zu machen.

Ursprünglich wollte der Kanzler erklären: »Die Zustimmung der Bevölkerung soll durch einen neuen völlig frei gewählten Landtag eingeholt werden«, und hinsichtlich der unverzüglich aufzunehmenden Verhandlungen sollte gesagt werden: »Damit an der Saar die zur Wahl eines neuen Landtags unter freien demokratischen Bedingungen erforderlichen Verhältnisse geschaffen werden.« Die Abschwächung zeigt, daß auch in diesem Zeitpunkt, Ende März 1952, die saarländisch-französische Seite keineswegs gewillt war, der Forderung Adenauers nach wirklich freien Wahlen im Saarland nachzugeben.

Tatsächlich fanden am 30. November 1952 Wahlen an der Saar statt, die alles andere als demokratisch und frei durchgeführt worden sind. Welch weiteren Zugeständnisse – nach den zitierten Worten Blankenhorns – die französisch-saarländische Seite gemacht haben soll, wurde nie bekannt. Zugeständnisse hat allein der Bundeskanzler gemacht. Aber was wurde der deutschen Öffentlichkeit darüber mitgeteilt?

Das amtliche Bulletin der Bundesregierung (Nr. 34 vom 22. März 1952, S. 343) erging sich in den bekannten und für die Bonner Außenpolitik üblichen Umschreibungen. Dort hieß es u. a.: »Die direkten deutsch-französischen Verhandlungen bezwecken eine *endgültige* Lösung des Saarproblems im europäischen Geist und im europäischen Sinne ... Dabei darf man nicht an überkommenen Vorstellungen festhalten und vor neuen Formen internationaler Zusammenarbeit zurückschrecken ... Es ist heute noch nicht möglich, Einzelheiten der bisherigen und der kommenden Verhandlungen bekanntzugeben.«

Die Opposition im Deutschen Bundestag hatte – wie auch wir an der Saar – die Überzeugung, daß der Kanzler Zugeständnisse gemacht hatte, die weit über das Vertretbare hinausgingen. Auf Grund eines von der SPD eingebrachten Antrages vom 25. März 1952 (Drucksache Nr. 3236): »Die Bundesregierung hat dem Bundestag unverzüglich über das Saargebiet betreffende Verhandlungen Bericht zu erstatten, die sie vom 18. bis 20. März 1952 mit der Französischen Regierung geführt hat, und das Ergebnis dieser Verhandlungen mitzuteilen«, kam es bereits am 23. April 1952 zu einer erneuten Saardebatte, in welcher der Saarsprecher der SPD, Dr. Mommer, folgende Feststellungen traf:

»Gegenüber dieser eindeutigen Beibehaltung der bisherigen französischen Linie in der Saarpolitik spricht der Herr Bundeskanzler in seiner Erklärung vor dem Ministerrat von ›erfolgversprechenden Verhandlungen‹. Nun, dieses Reden von ›erfolgversprechenden Verhandlungen‹ zusammen mit dem hartnäckigen Schweigen des Herrn Bundeskanzlers seit dem 20. März und zusammen mit dem Triumphgeschrei des Herrn Grandval und der Separatisten an der Saar läßt nur *einen* Schluß zu, den Schluß nämlich, daß der Herr Bundeskanzler bereit ist, von der früheren Linie in der Saarpolitik abzugehen und das Saargebiet aufzugeben, und daß er bereit ist, mit dem schönen Wort Europäisierung der Tat der rechtlosen Siegerpolitik, der faktischen Annexion des Saargebietes durch Frankreich, jetzt seine Zustimmung zu geben« (Sitz. Prot. S. 8820).

Wir haben schon festgestellt, wie recht Dr. Mommer mit seinem Urteil hatte und wie genau er damit ins Schwarze traf. Erstaunlich war gerade bei dieser Debatte, daß der Koalitionsmehrheit von CDU/CSU, FDP, DP und BHE nicht aufgefallen ist, wie schon in dieser Sitzung die Weichen für das von Dr. Mommer offen gelegte Nachgeben gegenüber den Franzosen gestellt worden sind. Um den aufgezeigten Weg des Kanzlers »abzubremsen«, hatte die SPD in dieser 205. Sitzung des Bundestages einen Entschließungsantrag eingebracht, in dem unter anderem festgelegt werden sollte: »1. Das Saargebiet ist nach Völkerrecht deutsches Staatsgebiet. 2. Seine tatsächliche Abtrennung ist ohne Rechtstitel und gegen die Grundsätze der Demokratie und des Selbstbestimmungsrechtes erfolgt. 3. Über deutsches Staatsgebiet kann Rechtens nur durch das Gesamtvolk verfügt werden. 4. Eine gedeihliche Zusammenarbeit der Völker Europas kann nur auf die Achtung vor Recht und Freiheit des anderen gegründet werden. 5. Der Bundestag wird keiner Regelung zustimmen, die diesen Grundsätzen widerspricht.« (Prot. S. 8830.)

Gegen diesen Antrag wandte sich die hinter der Kanzlerpolitik stehende Mehrheit des Bundestages und nahm schließlich – gegen die Stimmen der SPD – die an der Kernfrage genau vorbeigehende Entschließung an (Prot. S. 8843): »1. Das Saargebiet ist nach Völkerrecht deutsches Staatsgebiet. 2. Die gegenwärtigen Verhältnisse an der Saar sind ohne Rechtstitel und gegen die demokratischen Grundsätze des Selbstbestimmungsrechtes herbeigeführt. 3. Über deutsches Staatsgebiet kann Rechtens nicht ohne deutsche Zustimmung verfügt werden. 4. Wir erstreben durch die

**Europäisierung
ohne
Europa**

# M. Robert Schuman : ne pas compromettre notre sécurité

M. ROBERT SCHUMAN (M.R.P.) se borna à soumettre à ses collègues « quelques impressions d'ensemble », après avoir remarqué qu'il était facile de critiquer ceux qui avaient dû, en quelques semaines, « rassembler les débris disparates de dispositions qui, auparavant, formaient un ensemble ». Il exprima son étonnement d'y avoir retrouvé une déclaration remontant à 1950, par laquelle les trois puissances qui occupaient l'Allemagne de l'Ouest reconnaissaient son gouvernement comme seul habilité à parler au nom de l'Allemagne dans les instances internationales. « Or voici que cette déclaration, qui était surtout une directive que nous nous étions donnée à nous trois, est reprise pour le compte de quatorze nations et constitue l'une des bases des accords.

M. VIGIER (rép. Ind.). — Quels sont d'autre part, les engagements de la France au sujet de la ligne Oder-Neisse ?

M. ROBERT SCHUMAN. — Le 7 août 1945 le gouvernement provisoire présidé par le général de Gaulle adressait une lettre aux gouvernements des Etats-Unis, de la Grande-Bretagne et de l'U.R.S.S. Il y déclarait — je cite de mémoire — donner son assentiment à l'ensemble des accords de Potsdam et accepter que les administrations polonaise et russe s'ins-

de droits et de charges ; nous avons pensé qu'il ne pouvait y avoir de communauté sans intégration, et sans une intégration spécifiquement européenne. Il existe bien à l'heure actuelle une intégration atlantique, mais elle est limitée strictement au commandement militaire. Etes-vous décidé, monsieur le président du conseil, à poursuivre avec votre ténacité habituelle l'intégration qui est à peine ébauchée dans l'Union européenne occidentale sous sa forme actuelle ? Dans quel domaine la rechercherez-vous ? Quelles instructions donnerez-vous, au cours des mois à venir, à Londres, à Luxembourg et à Strasbourg ? L'étiquette européenne ne doit pas être un alibi. Seule une structure solide, d... ...se faire ...ment. Cela fac... litait les pourparlers. Vous n'avez pas eu les mêmes facilités, monsieur le président du conseil.

» Je vous dirai donc, en homme qui connaît mieux que personne peut-être le problème sarrois : « Prenez garde ! Si l'Europe ne devient pas bientôt une réalité vivante, le statut sarrois ne vivra pas. » (Applaudissements au centre et sur plusieurs bancs à gauche et à droite.)

» Les accords qui nous sont soumis ne peuvent donc se justifier que s'ils

72
Der frühere Außenminister Robert Schuman warnte am 23. Dezember 1954 die Nationalversammlung´in Paris: »Wenn Europa nicht bald eine lebendige Wirklichkeit wird, dann wird das Saarstatut nicht leben!« (Ausschnitt aus »Le Monde« vom 25. 12. 1954)

73
Schon im Frühjahr 1954 sah der »Rheinische Merkur« das Problem in der abgebildeten Karikatur genau richtig. Die als Warnung gedachte Zeichnung wurde von uns später als Wahlplakat verwendet.

Trockenschwimmen

Zeichnung: Party (Copyright Rheinischer Merkur)

Marianne: „Spring schon, das Wasser kommt gleich."

3ᵐᵉ Année. N° 2.　　　　　　　　　　　*Février 1929.*

# Sommaire

Fa 2708

---

LE SABOTAGE DE LA SARRE

avons besoin de son charbon et du débouché qu'il nous offre. La Sarre ne peut se passer de nous. La Sarre est devenue une écluse douanière entre les deux pays, la première fissure dans ces murailles fiscales qui sont un si sérieux obstacle à la formation d'une économie européenne. C'est un gain acquis. Nous sommes prêts à quelques sacrifices pour le conserver. Quels sont les sacrifices que veut consentir l'Allemagne ?

Pourquoi les Mines de la Sarre ne seraient-elles pas, elles aussi, « européanisées » ? Nous avons enfin en Sarre un embryon de Gouvernement intereuropéen. Pourquoi ne pas consolider cette expérience précieuse ? Le Sarrois, on l'oublie trop, a conservé sa nationalité *allemande*; il jouit en Allemagne de tous les droits des autres citoyens allemands. Sa liberté politique est un peu restreinte en Sarre; en échange il est placé sous la protection de la S.D.N., c'est-à-dire de la plus haute autorité morale qui soit au monde. Il ne serait pas difficile d'imaginer pour lui une constitution plus libérale. Le Landesrat, par exemple, pourrait devenir un véritable Parlement, renverser ses ministres, sous la surveillance d'un Commissaire dont les pouvoirs seraient analogues à ceux des gouverneurs anglais des Dominions et qui en appellerait à Genève des décisions contraires au statut du pays. *La S.D.N. deviendrait donc elle-même partie au plébiscite.*

Quant à ceux des Sarrois qui n'accepteraient pas ce régime et voudraient ou devenir Français ou rejeter la protection de S.D.N., ils le diraient librement en 1935.

Le droit des peuples à disposer d'eux-mêmes serait-il contraire aux principes de Locarno, au rapprochement franco-allemand? Les droits des Sarrois doivent nous être aussi sacrés que ceux des peuples de l'Europe sud-orientale. N'y aurait-il que cent Sarrois, que quelques villages qui voudraient être Français, pourquoi n'auraient-ils pas le droit de le devenir ? Pourquoi seraient-ils les seuls exclus du droit moderne ?

Que l'on ne crie pas à l'impérialisme. Nos socialistes trouvent très bien que les socialistes allemands réclament l'Anschluss. Nous ne leur demandons pas de réclamer l'annexion de la Belgique wallonne et de la Suisse romande, mais nous ne voyons pas pourquoi ils refuseraient aux Français de la Sarre le droit de revenir à leur patrie.

Il ne restera plus qu'à préparer sérieusement le plébiscite.

231

---

74

Europäisierung der Saar – schon 1929! »Eine schöne Partie verspielt« nannte der unbekannte Verfasser (Jean Revire?) seinen Artikel vom Februar 1929 in »Revue des Vivants«. Er schlug damals schon die »Europäisierung« der Saar vor, um den vollständigen Verlust des Saargebietes für Frankreich im Jahre 1935 zu vermeiden!

Einigung Europas die Überwindung der nationalen Grenzen in gegenseitiger Achtung von Recht und Freiheit.«

Gerade durch den letzten, vierten Satz war dem Kanzler grünes Licht für weitere Verhandlungen zur »Europäisierung« der Saar gegeben. Wie groß die Verwirrung in der Saarfrage in jenen Jahren auch im Deutschen Bundestag gewesen ist, zeigt dann die schon erwähnte, nahezu gegenteilige – zeitlich spätere – Entschließung des Bundestages vom 2. Juli 1953. Diese Entschließung war bekanntlich am 15. Juni 1951 (Drucksache Nr. 2347) von der SPD-Fraktion beantragt und zur Beratung in den zuständigen Ausschuß verwiesen worden. Erst zwei Jahre (!) später kam der Antrag wieder ins Plenum und wurde am 2. Juli 1953 einstimmig angenommen. Dadurch wurde die Bundesregierung klipp und klar aufgefordert, »bei Vertragsverhandlungen und -abschlüssen der de facto-Abtrennung des Saargebietes von Deutschland ein Ende zu machen und seine Zugehörigkeit zu Deutschland zu beachten«. Da auch die Abgeordneten der Regierungskoalition zugestimmt haben, dürfte in der Annahme der späteren Entschließung vom 2. Juli 1953 von Seiten des Kanzlers wohl nur ein taktischer Schachzug zu sehen sein.

Auch die äußeren Begleitumstände des »Schwarzen Freitag« – das war der 20. März 1952 – für die deutsche Sache der Saar waren dazu angetan, das Schlimmste zu befürchten. Mit dem neuen Kurs der Adenauerschen Saarpolitik fiel unser Freund und hartnäckigster Verfechter des deutschen Standpunktes in den Bonner Ministerien, der Gesandte Dr. Gustav Strohm (Abb. 136) zum Opfer. Obwohl die Fahrkarte für die Reise Strohms nach Paris zur Tagung der Außenminister am 20. März bereits gelöst war, warteten Strohms Freunde Dr. Knoop und Dr. Mosler im Zuge vergeblich auf das Erscheinen dieses besten Kenners der Saarproblematik – Strohm war ja bereits vor 1935 ein maßgebender Mitarbeiter des damaligen »Vaters der Saar«, »Geheimrat« Dr. Voigt. Der Kanzler hatte am Tage vor seinem Entschluß, Strohm als Saarreferenten entlassen, und zwar unter Umständen, die später von Dr. Mommer in der Debatte des Bundestages vom 23. April 1951 heftig kritisiert worden sind.

Mommer führte dazu aus: »Kurz vor der Abreise nach Paris entließ der Herr Bundeskanzler wegen einer angeblichen Indiskretion den Saarreferenten des Auswärtigen Amtes – nach allgemeiner Überzeugung der beste Fachmann in diesen Fragen und ein hochqualifizierter Beamter. Die SPD-Presse hat mehrmals die Behauptung aufgestellt, daß diese Entlassung auf eine Forderung der französischen Regierung zurückgehe. Diese Behauptung der SPD-Presse ist nicht dementiert worden, und wir fordern auch darüber Aufklärung durch den Herrn Bundeskanzler« (Prot. S. 8821). Die so geforderte Aufklärung über die Entfernung Dr. Strohms wurde nie gegeben und man kann dazu nur sagen: »tacere consentire videtur« – Schweigen gilt als Zustimmung! Die Verfasser des Buches über Jakob Kaiser beschäftigen sich wohl aus dem gleichen Grunde mit dem Fall Strohm und schrieben darüber (S. 317 f.):

»Kein Wunder, daß der Kanzler und Außenminister einen solchen Mann, dessen Haltung mit der Jakob Kaisers konvergierte und der außerdem der SPD angehörte, spätestens von dem Augenblick an nicht mehr als Saar-Berater um sich haben wollte, als Adenauers Politik auf eben diesen Europäisierungskurs ging. In Ausnutzung einer Indiskretion der Nachrichtenagentur United Press International (UPI) – (der damals verantwortliche Korrespondent war Freiherr Rüdiger von Wechmar, der heutige Pressechef der Bundesregierung und Mitglied der FDP, Anm. d. Verf.), welche die von Strohm gegebenen vertraulichen Informationen über die bevorstehende Sitzung des

Ministerkomitees des Europarates vom 18. bis 20. März 1952 in Paris gegen die üblichen Gepflogenheiten verbreitete, suspendierte Adenauer den ihm längst mißlieb gewordenen Saarreferenten unvermittelt von seinem Amt.«

Für uns war der Verlust Strohms als unser Mann im Auswärtigen Amt unersetzlich, gleichzeitig aber fehlte jetzt in dieser so wichtigen Dienststelle die motorische Kraft für die weitere Behandlung unserer Probleme, die bis zu Strohms Entfernung so viele Erfolge gezeitigt hatte. Übrigens hat sich der Fall Strohm später noch einmal wiederholt und zur Entfernung einer unserer weiteren starken Stützen in Bonn geführt, hier allerdings nur wenige Tage vor der Volksbefragung vom 23. Oktober 1955, deren Ergebnis die Maßregelung dann hinfällig gemacht hat.

In Kreisen der deutschen Opposition an der Saar – mittlerweile waren zu der verbotenen DPS noch die nicht zugelassene CDU Saar und die Deutschen Sozialdemokraten an der Saar (DSP) unter der Führung von Kurt Conrad hinzugekommen – herrschte angesichts der Entwicklung seit dem 20. März 1952 tiefe Depression. Wie es um uns, und nicht zuletzt auch um mich stand, drückt ein Brief aus, den meine schwerkranke Mutter am Abend des 20. März 1952 vom Krankenbett aus an mich gerichtet hat. Körperlich dahinsiechend, hatte sie aber noch die ganze Schärfe ihres klaren Verstandes bewahrt und instinktiv erfaßt, welche Last nach diesem schwarzen Tag noch vor uns liegen würde, völlig ungewiß, ob unseren Mühen überhaupt je ein Erfolg beschieden sein würde. Ihre Sorgen um die Gesundheit und die Familie des Sohnes konnten keinen beredteren Ausdruck finden, wenn sie schrieb (Abb. 76):

»Lieber Heini! Es mag Dich komisch anmuten, daß auf diesem Wege einige Worte Dich erreichen sollen. Nicht ich alleine – a l l e Dir gutgesinnten Menschen bedauern diesen mühevollen ehrlichen Kampf gegen das Übermaß Deiner Gegner. Sollten nun daran Eure gesunden Naturen zu Grunde gehen, da noch große, v i e l e persönliche Pflichten auf Euch warten? Gib doch Deinem Herzen einen endgültigen Stoß und mach Dich endlich frei von einem Kampf gegen diese Übermacht. Mache Dir doch ein leichteres Leben in Beruf und Familie zu eigen und denke an Deine Gesundheit. Was bis dahin von Eurer Seite geleistet wurde, ist ja nicht vergebens, es wird auch ohne weitere Niederlagen im Volk weiterleben, nur lebe Dir und Deiner Familie. Wie nötig haben Dich Deine erwachsenen Kinder, hilf sie zu tüchtigen Menschen erziehen. Lasse nun bitte meine kurzen Ratschläge nicht umsonst verhallen, denke, daß so viele, die mit Dir arbeiten und die Dir nahestehen, genauso denken wie ich. Möge Dir Gott helfen, den Kampf mit Dir selbst zu bestehen. Deine treue Mutter« (Datiert, durch Randvermerk: 20. März 1952).

Auch unsere Freunde bei der SPD-Opposition in Bonn – sie waren lange Zeit die einzigen, auf die wir uns rückhaltlos stützen konnten –, hatte die Schwere des Schlages erfaßt, der uns alle am 20. März 1952 getroffen hatte. Dr. Mommer drückte diese Empfindung in der Debatte vom 23. April 1952 mit den Worten aus (Prot. S. 8820): »Die Pariser Abmachungen waren ein gewaltiger Rückschlag in dem Kampf um die Saar und und ein Rückschlag in dem Kampf um die deutschen Grenzen überhaupt. Alle diese deutschen Menschen an der Saar erwarten, daß ihnen die Saarpolitik der Bundesregierung Rückendeckung und Rückenstärkung gibt, statt dessen sagen und schreiben sie uns alle, auch die Freunde des Herrn Bundeskanzlers an der Saar, daß ihnen der Herr Bundeskanzler mit der in Paris inaugurierten Politik in den Rücken gefallen ist, und ihre Gegner, die Separatisten, können sagen, ihre bisherige Politik sei glänzend gerechtfertigt.«

Die heftigen Angriffe gegen den Bundeskanzler blieben nicht ohne Auswirkungen, auch Außenminister Schuman mußte sich von den recht zahlreichen Europagegnern in seinem Lande Vorwürfe gefallen lassen; beide Verhandlungspartner steckten daher vorerst zurück, allerdings ohne die Verhandlungen in der Saarfrage aufzugeben. Die am 20. März 1952 beschlossene Dreierkommission, durch die Johannes Hoffmann sich bereits von der Bundesregierung anerkannt sah (oben S. 207) kam nie zustande.

Hinzu kam jetzt der stärkere Druck der innerdeutschen Opposition von seiten der SPD. Dr. Adenauer erklärte daher am 23. April 1952 vor dem Bundestag: »Daß Vertreter der Saarbehörden sogar in einem Ausschuß stimmberechtigt sein sollten, ist niemals, auch nur andeutungsweise, gesagt worden.« Damit war die Kommission erledigt. Im Sommer des gleichen Jahres 1952 wurden die Verhandlungen zwischen Bonn und Paris fortgesetzt. Erstmals verhandelten jetzt auch Staatssekretär Hallstein und der französische Staatssekretär Maurice Schumann, sie führten ihre Gespräche noch bis zum Ende der Verhandlungen im Jahre 1954 weiter. Auch der Bundeskanzler und Minister Schuman kamen noch einmal am 10. September 1952 in Luxemburg zusammen, dazwischen gingen Briefe zwischen Bonn und Paris hin und her; auch vom Bürgenstock in der Schweiz, Adenauers Erholungsort im Sommer 1952, gelangten enttäuschte Schreiben Adenauers an Schuman. Die Verhandlungen nach dem 20. März 1952 hatten fast ausschließlich Wirtschaftsfragen zum Gegenstand. Die Franzosen bestanden darauf, ihre wirtschaftliche Vormachtstellung durch den wirtschaftlichen Anschluß aufrechtzuerhalten, sie zeigten sich auch nicht bereit, in diesem Punkt der deutschen Seite die geringsten Zugeständnisse zu machen. Zwei Schreiben vom 23. September 1952 (Textvorschlag von Bundeskanzler Adenauer für eine gemeinsame Einigungs-Erklärung zur Saarfrage) und die französische Antwort vom 24. September 1952 (abgeänderter französischer Gegenvorschlag) zeigen, wie weit man sich einig geworden war, und in welchem Punkt die Meinungsverschiedenheiten fortbestanden. Hier die Gegenüberstellung der deutschen und französischen Auffassungen:

Die Schreiben vom 23. und 24. September 1952:

| Deutscher Vorschlag | Französischer Gegenvorschlag |
|---|---|
| Abs. 1 | Abs. 1 |
| Die Gespräche zwischen Frankreich und der Bundesrepublik, um der Saar ein europäisches Statut zu geben, wurden fortgesetzt. Es wurde eine Vereinbarung über die folgenden Prinzipien vorgesehen unter der Voraussetzung einer endgültigen Regelung durch den Friedensvertrag. | wortgleich. |
| Abs. 2 | Abs. 2 |
| Die politische Autonomie der Saar wird garantiert; die Regierung des Saarlandes wird einem frei gewählten Parla- | wie das deutsche Dokument, jedoch mit dem Zusatz: hinter verantwortlich sein: |

| Deutscher Vorschlag | Französischer Gegenvorschlag |
|---|---|
| ment verantwortlich sein *. Dieses Statut wird unter die allgemeine Kontrolle einer europäischen Organisation gestellt wie der Ministerrat der Europäischen Gemeinschaft für Kohle und Stahl oder des Ministerkomitees des Europarates. | »* im Rahmen dieses Statuts«. |
| *Abs. 3* Die Formen, welche die wirtschaftlichen Beziehungen zwischen Frankreich und der Saar nach Maßgabe des Fortschreitens der europäischen Gemeinschaft erfahren werden, sollen in ihrem Verhältnis zum gegenwärtigen Zustand im Rahmen der französisch-saarländischen Wirtschaftsunion Gegenstand einer Studie durch die beteiligten Länder gemacht werden. | *Abs. 3* Die Wirtschaftsunion zwischen Frankreich und dem Saarland wird diesem Statut angepaßt. Die künftige Entwicklung dieser Union wird nach Maßgabe des Fortschreitens der europäischen Gemeinschaft zum Gegenstand einer Studie der beteiligten Länder gemacht werden. |
| *Abs. 4* Auf jeden Fall wird die Saarbevölkerung endgültig über dieses Statut entscheiden, das durch alle interessierten Staaten garantiert wird. | *Abs. 4* wortgleich. |
| *Abs. 5* Wir sind überzeugt, daß die Verhandlungen in absehbarer Zukunft zu einem erfolgreichen Abschluß gelangen werden. In diesem Sinne halten wir eine Verlängerung der gegenwärtigen Legislaturperiode (des saarländischen Landtages, Anm. d. Verf.) für wünschenswert. | *Abs. 5* wortgleich. |

In dem uns 1954 zugetragenen Bericht über den Gang der Verhandlungen wird zu diesen beiden Erklärungen gesagt: »Am 24. Oktober 1952 scheiterte die Vereinbarung, weil der Kanzler die Worte: ›im Rahmen dieses Statuts‹ (»wird die Regierung des Saarlandes dem saarländischen Parlament verantwortlich sein«, Anm. d. Verf.) nicht akzeptierte und im übrigen eine zu vage Formel für die französisch-saarländische Wirtschaftsunion wollte.«

Besonders wurde in der Darstellung als Schlußfolgerung aus der Erklärung Adenauers vom 23. September 1952 hervorgehoben, »daß sie die innere saarländische Autonomie voll anerkenne«, und wir können hinzufügen: damit *auch die endgültige Separation der Saar von Deutschland!* An der Wahrheit der französischen Darstellung der Verhandlungen im Jahre 1952 kann es nach unseren belegten Unterlagen keine Zweifel geben.

Überdies gab der damalige französische Außenminister Robert Schuman noch eine offizielle Erklärung dazu in der Nationalversammlung ab. Am 15. November 1952 hatte Bundesminister Jakob Kaiser in Berlin eine Rede gehalten, in welcher er den deutschen Charakter des Saarlandes und seine Zugehörigkeit zu Deutschland besonders hervorgehoben hatte. Die Reaktion des Bundeskanzlers auf Kaisers Erklärung ergab sich aus einem Schreiben an Kaiser vom 18. November 1952 (siehe unten). Die französische Reaktion war ebenso spontan wie deutlich. Außenminister Schuman erklärte dazu schon zwei Tage später: »Chronique Sarroise« No. 16 vom 27. November 1952, S. 13): »Wenn man den Eingebungen des Herrn Kaiser Rechnung tragen wollte, dann würde es überhaupt keinen Platz für ein europäisches Statut der Saar geben, das der hauptsächlichste Gegenstand zwischen den Unterhändlern Deutschlands und Frankreichs ist« . . . Schuman fuhr wörtlich fort: »Il existe du reste des documents dont il appert que le Gouvernement allemand et le Gouvernement français sont d'accord sur le principe de l'européanisation de la Sarre, et que les seules difficultés se trouvent dans le domaine économique« – deutsch: »*Es existieren übrigens Dokumente, aus denen hervorgeht, daß die deutsche und die französische Regierung sich über das Prinzip der Europäisierung der Saar einig sind, und daß die einzigen Schwierigkeiten auf wirtschaftlichem Gebiet liegen.*« Der Wortlaut dieser Erklärung Schumans im Blatt des Botschafters Grandval deckt sich mit der Zitierung in der »Le Monde« vom 18. November 1952 und im amtlichen Protokoll der Nationalversammlung. Aus Bonn kam auf diese sehr eindeutigen Behauptungen des französischen Außenministers keinerlei Dementi; das wäre angesichts der hier belegten Vorgänge und Unterlagen auch gar nicht denkbar gewesen.

Wie unser Bericht weiter erkennen ließ, war der französische Standpunkt hinsichtlich der totalen Aufrechterhaltung der wirtschaftlichen Vormachtstellung, die Frankreich durch seine einseitigen Maßnahmen und den wirtschaftlichen Anschluß erlangt hatte, (siehe oben) besonders hart, sehr zur Enttäuschung Adenauers, der nach seinem eigenen Nachgeben auch ein solches von der französischen Seite erwartet hatte. Der Fortgang der Ereignisse aber zeigt, daß in diesem Punkt die Franzosen auch späterhin hart geblieben sind und praktisch keinen Deut nachgegeben haben. Auf die Schreiben vom 23. und 24. September 1952 folgte ein weiteres Schriftstück vom 25. Oktober 1952 in Form eines Bestätigungsschreibens von François-Poncet an Bundeskanzler Dr, Adenauer, das zwar Jahre später im Bericht des Holländers van der Goes van Naters (Dok. 225, Ziff. 29) veröffentlicht worden ist. Darin heißt es:

»Vorbehaltlich einer endgültigen Regelung im Friedensvertrag ist über folgende Grundsätze eine Einigung erzielt worden: Die politische Autonomie der Saar wird garantiert; nach dem Statut ist die Regierung des Saarlandes einem frei gewählten Parlament verantwortlich. Das Statut unterliegt der allgemeinen Kontrolle einer europäischen Instanz wie des Ministerrates der Montanunion oder des Ministerkomitees des Europarates. Die endgültige Entscheidung über das Statut liegt in jedem Falle bei der Saarbevölkerung.«

Wir sehen, daß dieser Text der französischen Erklärung vom 24. September 1952 voll entspricht; auch der von Adenauer abgelehnte Zusatz »im Rahmen des Statuts« ist wieder darin enthalten, also zwischenzeitlich auch akzeptiert worden. Lediglich hinsichtlich der wirtschaftlichen Fragen machte das Schreiben vom 25. Oktober 1952 den Vorbehalt, daß die Bundesregierung nicht bereit sei, die französische Formel anzuerkennen; sie war gleichfalls dieselbe wie im französischen Text vom 24. September 1952. Eine Gegenüberstellung der Formulierungen über die Regelung der wirtschaftlichen Probleme in den Saarvorschlägen des Jahres 1952 mit dem endgültig angenommenen Text im Saarstatut vom 23. Oktober 1954 zeigt, daß auch zwei Jahre danach keine Änderung des französischen Standpunktes eingetreten ist. Hier die beiden Formulierungen:

| 1952 | 1954 |
|---|---|
| *Absatz 3 der frz. Bestätigung vom 25. Okt. 1952* | *Artikel XIII A und B, Satz 1 und 2 Saarabkommen* |
| (1) Die Wirtschaftsunion zwischen Frankreich und der Saar wird diesem Statut angepaßt. | A Die Grundsätze, auf denen die frz.-saarl. Wirtschaftsunion gegenwärtig beruht, werden in ein Abkommen über wirtschaftliche Zusammenarbeit aufgenommen, das zwischen Frankreich und der Saar abgeschlossen wird ... |
| (2) Die künftige Entwicklung dieser Union wird nach Maßgabe des Fortschritts der europäischen Integration Gegenstand der Prüfung seitens der beteiligten Staaten sein. | B Bezüglich der wirtschaftlichen Beziehungen zwischen der Bundesrepublik Deutschland und der Saar ist das Ziel, zu erreichen, gleichartige Beziehungen zu schaffen, wie sie zwischen Frankreich und der Saar bestehen. Dieses Ziel ist fortschreitend in der Blickrichtung auf die sich ständig ausweitende deutsch-französische und europäische wirtschaftliche Zusammenarbeit zu verwirklichen. |

Beide Texte lassen unschwer erkennen, daß die französische Seite alle wirtschaftlichen Vorteile aus dem Anschluß von 1947 behalten und erneut vertraglich gesichert haben wollte, während die Beziehungen der Bundesrepublik zum Saarland sich nur im Rahmen einer allgemeinen Wirtschaftsentwicklung unter den europäischen Ländern, also im Rahmen der »Europäisierung Europas« verbessern sollten. 1952 war der Kanzler nicht bereit, auch noch diesen Preis für die Verständigung mit Frankreich in der Saarfrage zu zahlen. Er sagte dazu nach dem Scheitern der Verhandlungen am 18. November 1952 im Bundestag: »Wenn dem Saargebiet in politischer Hinsicht ein europäisches Status gegeben werden soll, so würde das nicht möglich sein, solange die wirtschaftliche Beherrschung durch Frankreich andauert.« Wir haben schon früher Adenauers Meinung angeführt, daß ein wirtschaftlich völlig von Frankreich abhängiges Saarland auch politisch von ihm abhängig bleiben würde. Die Auffassung von einer notwendigen Ausweitung der wirtschaftlichen Beziehungen des Saarlandes zu Deutschland und allen übrigen europäischen Ländern war im übrigen bereits im Jahre 1951 ein wesentlicher Programmpunkt der DPS und einer der Gründe für unser Verbot; man hatte behauptet, wir wollten damit den verfassungsmäßig festgelegten wirtschaftlichen Anschluß mit Frankreich abschaffen!

Adenauer versuchte während der Herbstverhandlungen dann noch einen letzten Kompromiß zur Aufweichung der französischen Haltung in den wirtschaftlichen Fragen. Er schlug nach den (oben S. 192–195) schon erwähnten Gesprächen mit den Vertretern der deutschen Saarparteien im September 1952 eine fünfjährige provisorische Übergangslösung vor; während dieser Zeit sollte eine Anpassung des einseitigen wirtschaftlichen Anschlusses der Saar an Frankreich nunmehr an den europäischen Status erfolgen. Für die Ablehnung dieses, von der Gegenseite als »Rückschritt« bezeichneten Vorschlages Adenauers vom 2. Oktober 1952 dürfte auch die negative Einstellung der Franzosen in der Frage einer europäischen Gestaltung des Saarlandes bestimmend gewesen sein. Auf die ausdrückliche Frage Hallsteins, wie das »europäische Saarland« nach den französischen Vorstellungen aussehen sollte, hatten sich die Franzosen nur zu den Zugeständnissen bereiterklärt, an denen sie unentwegt festgehalten haben, und die später unverändert in das Saarabkommen vom 23. Oktober 1954 aufgenommen worden sind: Ein europäischer Kommissar sollte die auswärtigen Angelegenheiten der Saar, die Vertretung ihrer Interessen auf dem Gebiet der Landesverteidigung sowie die Vertretung in gewissen europäischen Organisationen wahrnehmen und schließlich die Einhaltung des Statuts gewährleisten.

Zur Erörterung irgendeines ernsthaften deutschen Gegenvorschlages ist es nicht gekommen, darüber diskutierten Hallstein und Maurice Schumann noch im April 1954. Adenauer blieb nur übrig, seiner Enttäuschung auch in puncto »europäisch« Ausdruck zu verleihen. Der deutsche Vorschlag einer »europäischen Bewährungsfrist«, zu dessen Erörterung Adenauer sogar die Bildung einer gemeinsamen deutsch-französischen Kommission vorgeschlagen hatte, verfiel der sofortigen Ablehnung; besonders nachdrücklich widersetzte sich Johannes Hoffmann, dem es ja gerade darauf ankam, endgültig »legalisiert« zu werden. An einem neuen Provisorium, das lediglich das bisherige ablösen würde, war den Managern von 1947 nichts gelegen. Auch Grandval äußerte sich in ähnlicher Weise und betonte noch einmal die beiden französischen Grundforderungen; er fügte seiner Erklärung noch die für ihn typische Überlegung von einer bemerkenswerten Logik an: Wenn die deutsche Seite schon für eine Europäisierung der Saar sei, dann wäre ein Bestehen auf der Zulassung von anti-autonomistischen Parteien überflüssig! Daraus ergab sich für uns natürlich der Umkehrschluß, daß Änderungen des bestehenden Zustandes an der Saar zwar zulässig sein sollten, aber nur in der Weise, wie sie die Franzosen und die Hoffmann-Regierung zulassen würden! Wir blieben also auch von der Teilnahme an den Landtagswahlen von 1952 ausgeschlossen.

In der Sitzung des Deutschen Bundestages vom 18. November 1952 skizzierte der Kanzler noch einmal seine angebliche Absicht eines Provisoriums ohne Anerkennung der »Autonomie« und ohne Aufrechterhaltung des einseitigen wirtschaftlichen Anschlusses an Frankreich (Prot. S. 10922) und schloß: »Den von mir vorstehend skizzierten politischen und wirtschaftlichen Vorschlägen hatten die Vertreter der nicht zugelassenen Parteien an der Saar zugestimmt« (Prot. S. 10923).

Dazu ist klarzustellen: Die Zustimmung der drei Parteivorsitzenden in der Gesprächsreihe mit dem Kanzler vom 17. bis 26. September 1952 bezog sich *ausschließlich auf ein auf fünf Jahre befristetes europäisches Provisorium*, das eine »Bewährungsfrist für die Europäisierung der Saar und für die politische Einigung Europas« sein sollte. Keine Zustimmung war aber jemals gegeben worden zu der von Frankreich unter europäischer Etikettierung geforderten Anerkennung der Separation und der endgültigen Überantwortung aller entscheidenden wirtschaftlichen Positionen im Saarland an die französische Seite. Darüber wurde von den Saarparteien mit dem Kanzler nicht gesprochen, der Kanzler hat auch gegenüber der deutschen Saaropposition nie zugegeben, daß er Schuman am 20. März 1952 und 23. September 1952 bereits konkrete Zusagen gemacht hatte. Wir erhielten die wirkliche Bestätigung dafür erst durch die schon erwähnte Veröffentlichung des Naters-Dokumentes Nr. 225 (oben S. 213) und den dort abgedruckten französischen Bestätigungsbrief. Gerade wegen dieser erst zwei Jahre später bekannt gewordenen Einzelheiten und der uns verschwiegenen Zugeständnisse an die Gegenseite kam es dann »zum Krach«.

Andererseits hatte uns der Kanzler bei der Besprechung am 4. November 1952 im Bundeskanzleramt noch ausdrücklich versichert, keine Regelung der Saarfrage zu treffen, ohne vorher unseren Standpunkt zu erfragen; auch versprach er, uns laufend über die Verhandlungen zu unterrichten. Beides ist später nicht geschehen. Erst auf unser mehrfaches Drängen kam es zu der nächsten Aussprache mit dem Bundeskanzler am 18. Oktober 1954, praktisch dem Vorabend der Pariser Schlußverhandlungen. In diesem Zeitpunkt waren aber die Würfel längst gefallen.

Nach dem Scheitern der Verhandlungen im Oktober 1952 gab es dann noch ein für uns amüsantes Zwischenspiel. Am 12. November 1952 erklärte Adenauer: »Wir waren uns mit Frankreich grundsätzlich und weitgehend einig. Wegen der Saarkonventionen bestand noch eine Meinungsverschiedenheit, aber sie hätte bei gutem Willen überwunden werden können. Aber dann kam Herr Hoffmann!« Hoffmann fühlte sich jetzt erneut zum Prügelknaben und Sündenbock gestempelt, verstand aber diesen listigen Schachzug des »Alten« nicht. Natürlich wußte Adenauer, daß es nicht Hoffmann war, der die Aufrechterhaltung aller wirtschaftlichen Vorteile Frankreichs an der Saar zu verantworten hatte, was ein Textvergleich mit einem Interview Hoffmanns gegenüber der »Süddeutschen Zeitung« vom 13. November 1952 ganz eindeutig zeigt. Der selbst »durchtriebene« JOHO, wie ihn Botschafter Dumaine so treffend charakterisiert hat, merkte nicht, daß Adenauer ihn mit seiner Bemerkung gar nicht gemeint, sondern den französischen Verhandlungspartner wegen dessen Starrheit treffen wollte. Hier verfuhr der »Alte« doch nach dem Satz: »Er schlägt den Sack und meint den Esel!« Johannes Hoffmann bezeichnete in seinen Erinnerungen (S. 264) das für ihn so aussichtsreich begonnene Jahr 1952 mit der resignierenden Feststellung: »Alle Mühen umsonst«, geht aber zutreffend davon aus: »Die Besprechungen waren ausschließlich an den wirtschaftlichen Fragen gescheitert. Nicht an der Autonomie, also nicht am Tatbestand der ›Separation‹, der im Falle der Europäisierung beibehalten werden sollte.«

Für uns hatte das Ergebnis trotz aller Enttäuschungen einen Trost: »*Zeit gewonnen, alles gewonnen!*«

Das neue Jahr 1953 brachte der Gegenseite gleich zwei Pluspunkte für die kommenden Verhandlungsrunden; im Herbst sollten noch zwei weitere dazu kommen: die Empfehlung des Europarates zugunsten Frankreichs und die Bemühungen des damaligen CDU-Abgeordneten Dr. Gerstenmaier zugunsten der Europäisierung des Saarlandes als Endlösung.

Das erste Plus für die französische Seite war die am 6. Januar 1953 von dem soeben benannten (designierten) Ministerpräsidenten René Mayer in aller Form verkündete »préalable sarrois« – die saarländische Vorbedingung – und als zweites die Auffassung des Bundeskanzlers – sehr im Gegensatz zu Minister Jakob Kaiser –, die nicht zugelassenen (deutschen) Parteien hätten bei den Wahlen am 30. November 1952 eine Schlappe erlitten, während das Regime Hoffmann gestärkt daraus hervorgegangen sei. Diese Vorstellung Adenauers war wohl in dem Wunsch begründet, die zukünftigen Verhandlungen zur Lösung des Saarproblems in seinem Sinne ohne unsere ständig hemmende Beteiligung zu einem Ende führen zu können. In der Tat bewies das Schweigen des Kanzlers uns gegenüber – es kam, wie gesagt, ja erst am 18. Oktober 1954 auf unser nachhaltiges Drängen wieder zu einem Gespräch –, daß wir für ihn und die zukünftigen Saarverhandlungen dieselbe quantité négligeable waren, wie dies auch bisher schon (zu Recht) die Regierung Hoffmann gewesen ist.

Wie der »Alte« von uns dachte, bewies uns eine kleine Geschichte, die den Vorzug hat, wahr zu sein. Kurze Zeit nach der »Niederlage« vom 30. November 1952 wollte Dr. Adenauer einmal ein Gespräch mit anderen Leuten von der Saar führen. Er bat Minister Kaiser, ihm doch einmal »andere Gesichter« aus dem Saarland vorzustellen. Es wurde also ein Besuch der drei damaligen Vizepräsidenten der Saarbrücker Industrie- und Handelskammer, der Herren Dr. Heitschmidt, Vorsitzender des Textilhandelsverbandes und späterer Finanzminister, Brauereidirektor Dr. Klein/Homburg, und des in den Handelsorganisationen an der Saar führenden Dr. Wildt arrangiert. Dr. Heitschmidt gehörte seit der Reorganisation im Jahre 1950 der DPS an, Dr. Wildt der nicht zugelassenen CDU und Dr. Klein stand uns beiden nahe. In einem längeren Gespräch brachten die drei »anderen Gesichter« die gleiche ablehnende Haltung gegen die »Europäisierung« und die Festigung der französischen Vormachtstellung an der Saar zum Ausdruck. Der Kanzler erfuhr nichts anderes, als er bereits durch uns oder seinen Minister für gesamtdeutsche Fragen zu hören bekommen hatte. Beim nächsten Zusammentreffen mit Jakob Kaiser meinte dann Adenauer trocken: »Wat ham'se mer denn da jeschickt, dat sinn ja die gleiche Strohköpp wie die annere!« Als wir die Geschichte bald darauf erfuhren, waren wir über die »Strohköpp« natürlich verärgert, nahmen uns aber fest vor, dem »Alten« doch noch zu beweisen, was wir »Strohköpp« zustandebringen könnten. Unsere Bemühungen wurden fortgesetzt, immer nach der alten Devise: hart gegen hart, gleichgültig, ob wir sie gegenüber dem Westen, oder aber jetzt auch noch öfters in der östlichen (Bonner) Richtung anzuwenden gezwungen waren.

Auch 1953 führte man Gespräche über die Saar. Beide Seiten betonten des öfteren, wie notwendig eine Lösung im Interesse einer europäischen Verständigung sei, man versicherte auch die Bereitschaft zur Fortsetzung der seit Oktober 1952 unterbrochenen Verhandlungen. Die beiden wichtigen Verträge – der Deutschlandvertrag und der Vertrag über die europäische Verteidigungsgemeinschaft – waren zwar unterzeichnet, aber weder durch die Bundesrepublik noch durch Frankreich ratifiziert.

Gerade in Frankreich zeichnete sich langsam aber sicher eine immer stärker werdende Gegnerschaft gegen die EVG ab, während in der Bundesrepublik erst nach den Bundestagswahlen vom 6. September 1953 die Entscheidung für oder gegen die Annahme der Verträge fallen konnte. Die Franzosen hatten zudem noch die Frage der Ratifizierung mit der Hypothek des Saarproblems belastet, kein Wunder also, daß bei den Vereinigten Staaten die Besorgnis wuchs, auch die »leidige Saarfrage« könnte eine Verabschiedung und Annahme des für die Europapolitik der Vereinigten Staaten so wichtigen Vertragswerkes beeinträchtigen. Daraus ergaben sich mahnende

Hinweise beim Besuch des französischen Ministerpräsidenten René Mayer Ende März und beim Besuch des Bundeskanzlers im April 1953 in den Vereinigten Staaten.

Trotzdem hatte der Bundeskanzler andere Sorgen: Am 6. September wurde ein neuer Bundestag gewählt, der – wie gesagt – entscheidend für das Schicksal der Verträge auf der deutschen Seite sein würde. Da die SPD eine gegnerische Haltung gegenüber einer deutschen Wiederbewaffnung eingenommen hatte, war dem Kanzler klar, daß er bei den Wahlen eine starke Mehrheit für die Verträge gewinnen mußte. Aus diesen Gründen wollte er den Wahlkampf natürlich nicht noch mit dem Vorwurf eines Verzichts auf die Saar belasten. Man legte deshalb das Saarthema, soweit das ging, auf Eis und wartete den Ausgang der Wahlen ab. Im übrigen wußte man, daß der »General Zeit« inzwischen auf die deutsche Seite hinübergewechselt war.

Die gleiche Erkenntnis hatte sich aber auch auf der Gegenseite durchgesetzt, dort war man überzeugt, daß etwas Sichtbares geschehen müsse, wenn das seit 1947 so mühselig, aber erfolgreich eroberte Terrain an der Saar nicht verloren gehen solle. Zwar hatte man mit großem Propagandaaufwand den »Sieg« bei den Wahlen an der Saar vom 30. November 1952 in alle Welt verkündet, und wiederholte dies auch bei jeder sich dazu bietenden Gelegenheit, aber unter der Saarbevölkerung wuchs die Unruhe und die Mißstimmung gegen die durch die enge Verbindung mit Frankreich und die Abschnürung von der Bundesrepublik wachsende wirtschaftliche Unsicherheit. Während bislang nur der Widerstand der nicht zugelassenen politischen Parteien im Vordergrund stand, waren es seit 1952 auch die Gewerkschaften und beachtliche Kreise der Arbeiterschaft, die rebellierten. Im Februar 1953 mußte die Regierung Hoffmann sogar die große Bergarbeitergewerkschaft an der Saar, die IG Bergbau, auflösen und verbieten. Der drohenden Gefahr wollte man von französisch-saarländischer Seite durch eine Revision der Saar-Konventionen von 1950 mit dem Ziel einer Verstärkung der »Autonomie« des Saarlandes entgegentreten, zudem einen Druck auf die deutsche Seite ausüben, zum Abschluß der Verhandlungen zu kommen und sich den französischen Forderungen über die Ausgestaltung der Saar-Regelung zu beugen.

Die Konventionen wurden nach Verhandlungen zwischen Paris und Saarbrücken am 20. Mai 1953 neu abgeschlossen, brachten einige spektakuläre Verbesserungen, änderten aber an der Abhängigkeit des Regimes in Saarbrücken von Paris nichts. Bonn protestierte in aller Form gegen den neuen Vorgriff auf den Friedensvertrag durch eine Note vom 25. Juni 1953, die Franzosen antworteten erst durch eine Gegennote vom 23. September mit der Entschuldigung, man habe »jegliche Aktion« vermeiden wollen, die Sie (den Bundeskanzler, Anm. d. Verf.) während der Wahlen hätte behindern können«. Bei diesen beiden sehr umfangreichen Schriftstücken handelte es sich um die üblichen diplomatischen Stilübungen, die aber keinerlei noch so geringen Fortschritt für eine Annäherung der beiden Standpunkte gebracht haben. Nachdrücklicher verfuhr die französische Seite durch die – nunmehr – offizielle Einführung

### der »saarländischen Vorbedingung«

für alle beiderseitigen Verhandlungen. Noch Ende Dezember 1952 war das Kabinett des Ministerpräsidenten Pinay mit Robert Schuman als Außenminister gestürzt worden, ihre Nachfolger sollten »härtere« Männer werden. Man beauftragte René Mayer mit der Kabinettsbildung, Georges Bidault sollte Außenminister werden, dessen härterer Kurs in der Saarfrage bekannt war, obwohl es zwischen Bidault und Robert Schuman hinsichtlich der französischen Bedingungen für eine Saarregelung keinerlei Unterschiede gab. In Frankreich ist es üblich, daß ein beauftragter, d. h. designierter Präsident vor der Abstimmung im Parlament die Investiturrede hält und darin seine Vorstellungen über seinen Regierungskurs entwickelt. René Mayer hielt diese Rede am 6. Januar 1953 vor der Nationalversammlung und führte zur Saarfrage folgendes aus:

»Schließlich haben die kürzlichen Wahlen den Willen der Saarbevölkerung unter Beweis gestellt, die politische Autonomie des Landes und den wirtschaftlichen Anschluß an Frankreich im Herzen Europas aufrechtzuerhalten. Der Zeitpunkt ist jetzt gekommen, um neue Verträge auszuarbeiten, welche die französisch-saarländischen Konventionen von 1950 abändern, auch müssen Verhandlungen zur Festlegung des europäischen Statuts der Saar aufgenommen werden. Ich bin der Auffassung, daß die Festlegung dieses Statuts die *notwendige Vorbedingung* für jede Ratifizierung des Generalvertrages und des Vertrages über die europäische Verteidigungsgemeinschaft sein muß. Wenn das französische Parlament diese Verträge prüft, wird es *die berechtigten nationalen Belange* zu berücksichtigen haben, die eine Angelegenheit von solch großer Tragweite einschließt, ebenso wie es den dringenden Notwendigkeiten einer Verteidigung Europas, eines gemeinsamen Westens und der atlantischen Verteidigungsgemeinschaft Rechnung tragen muß. Seine Entscheidung wird in jedem Falle von den *höheren nationalen Interessen* bestimmt werden. Diese Interessen werden dann auch mit den Maßnahmen übereinstimmen, die sich als die sichersten für die Erhaltung des Friedens erweisen.« (Zustimmung von verschiedenen Reihen der Linken, der Mitte und der Rechten), (Prot. 1953, Nr. 1, S. 4).

An dieser Proklamation war nicht nur die – jetzt in aller Form erklärte – »Saar-Bedingung« neu, sondern ebenso die Begründung mit den »nationalen Interessen Frankreichs«, die eine Regelung der Saarfrage nach den französischen Vorstellungen erforderlich machten. Ich muß gestehen, daß wir damals wiederum über diese Unbekümmertheit verblüfft waren. Wir wurden jahrelang als die ewig Gestrigen, die unverbesserlichen Nationalisten, ja Nazis verschrien, nur weil wir Deutsche sein und bei Deutschland verbleiben wollten, und jetzt sollten ausgerechnet die »nationalen Interessen Frankreichs« die gegenteilige Regelung für die andere Seite bedingen. Wo blieb der Grundsatz: »Was dem einen recht, muß dem anderen billig« sein? Auch wunderten wir uns, als wir kurze Zeit später in einem Rundfunkinterview des Kanzlers vom 30. Januar 1953 hörten, daß der Kanzler seine Kritiker – nicht etwa die französische Seite – zurückwies mit der Begründung, mit »Ausbrüchen nationaler Entrüstung« käme man einer Lösung nicht näher. Jedenfalls dachte man in Paris hier offensichtlich und grundsätzlich »nationaler«.

René Mayer selbst hat sich später nochmals der von ihm begründeten saarländischen »Vorbedingung« gerühmt, als er am 23. Dezember 1954 in der Nationalversammlung zum Saar-Abkommen vom 23. Oktober 1954 sprach: »Ich erinnere daran, daß ich es war, der am 6. Januar 1953 die »préalable sarrois« aufgestellt hatte«. Nun, ganz zutreffend war diese Bemerkung nicht, denn der geistige Vater und Begründer der »préalable sarrois« war Frankreichs Botschafter an der Saar, Gilbert Grandval, dessen weitreichender Einfluß auf Regierung und Parlament in Paris sich auch in diesem Punkt gezeigt hat. In einer Rede zum Saarproblem hatte Gilbert Grandval auf einem Essen des Internationalen Presseclubs in Saarbrücken schon am 30. September 1952 vorausgesagt: »Ich persönlich habe die Überzeugung, daß die Mehrzahl der Aboeordneten des französischen Parlaments angesichts der lebenswichtigen Bedeutung des Saarproblems für Frankreich nicht bereit sein werden, die Verträge (Deutschlandvertrag und Vertrag über die europäische Verteidigungsgemeinschaft, Anm. d. Verf.) anzunehmen, bevor sie nicht (die Saarfrage, Anm. d. Verf.) endgültig geregelt ist.«

Über den klaren Inhalt dieser »Vorbedingung Saar« gab es nie einen Zweifel:

*Erst Saarstatut, dann Souveränität für Bonn und EVG!*

Bösartige Kritiker formulierten krasser: »Ohne Saarstatut keine Divisionen für Bonn!« (Abb. 77) und: »Der große Mann (Adenauer) muß sich aber auch etwas beugen können« (Abb. 78).

Die Annahme Freymonds (S. 147), die Bedingung könne sich nur auf die »Ausarbeitung« eines Statuts für die Saar bezogen haben, dürfte durch die zahlreichen Wiederholungen der »préalable sarrois« in der Folgezeit widerlegt sein. Diese Wiederholungen von französischer Seite begleiteten fortan alle Verhandlungen über die Saar zwischen Bonn und Paris. Auch die allerletzte Schlußverhandlung zwischen Adenauer und Mendès-France am 23. Oktober 1954 stand unter dem massiven Druck der »saarländischen Vorbedingung«. Vor der gesamten Weltpresse erklärte Mendès-France am Tag vor der Unterzeichnung (22. Oktober) »er werde am Samstag die Unterzeichnung der Verträge ablehnen, wenn bis dahin nicht eine zufriedenstellende Lösung der Saarfrage erreicht sei«. Vor der Abgabe dieser Erklärung hatte eine Kabinettssitzung stattgefunden, in welcher die von Mendès-France eingenommene Haltung zur Saarfrage und eine entsprechende Presseerklärung gebilligt worden waren. Wir gehen später noch auf die Einzelheiten dieser dramatischen letzten Stunden in Paris vor der Unterzeichnung des Saarabkommens ein. Im deutschen Bundestag gab es später noch eine Kontroverse zwischen dem Kanzler und Prof. Carlo Schmid (SPD) wegen der von Carlo Schmid behaupteten Pression der Franzosen auf den Kanzler durch die Wiederholung des »Ultimatums« vor der Unterzeichnung (Abb. 79). Es kann aber nicht die geringsten Zweifel geben, daß auch zum letzten Schluß noch die deutsche Verhandlungsseite unter dem Druck der saarländischen »Vorbedingung = Saarstatut oder keine Verträge« gestanden hatte. Auch der Kanzler stellte dies in seinen Erinnerungen an zwei Stellen fest (Bd. II, S. 318 und 356), wenn auch mit großem Verständnis für die Lage von Mendès-France, der nur hätte vollziehen müssen, was seine Amtsvorgänger und die beiden Parlamente Frankreichs jahrelang proklamiert hatten.

Als Zeugnis für unsere Behauptung dürfen wir eine neutrale Stimme – für viele anderen gleichlautenden – anführen, die nach der Ratifizierung des Saarabkommens im Deutschen Bundestag am 27. Februar 1955 von der großen amerikanischen Zeitung »New York Herald Tribune« in einem Kommentar zum Saarvertrag veröffentlicht worden ist. Die Zeitung schrieb am Montag, dem 28. Februar 1955 u. a.: »Es besteht kein Zweifel darüber, daß Herrn Dehlers Meinung über die Saar von dem größten Teil des Parlaments geteilt wird und daß die Männer, die für das Saarabkommen stimmten, dies hauptsächlich nur taten, um den Zusammenbruch des ganzen Pariser Vertragswerkes zu verhindern. So ist es klar, daß das Saarabkommen, das Dr. Adenauer von dem französischen Ministerpräsidenten Mendès-France im vergangenen Herbst *aufgezwungen worden ist*, den Streit um die Saar nicht beendet hat.«

Wir hatten von der ersten Erklärung Grandvals und derjenigen von Ministerpräsident René Mayer am 6. Januar 1953 über alle Wiederholungen der »préalable sarrois« Buch geführt und zitieren an dieser Stelle wegen der sehr großen Bedeutung, aber auch um der historischen Wahrheit willen, einige der »préalable sarrois« – Erklärungen im Wortlaut. Es wiederholten die französischen Politiker die »saarländische Vorbedingung«:

1. Am 6. 3. 1953
Außenminister Georges Bidault vor der Nationalversammlung (Prot. S. 1671) unter Hinweis auf die Zusicherung René Mayers am 6. 1. 1953: »Nach diesen Zusicherungen muß das Saarstatut unter allen Umständen festgelegt sein, bevor die Verträge von Bonn und Paris der Nationalversammlung vorgelegt werden.«

2. Am 12. 5. 1953
Ministerpräsident René Mayer erneut vor der Nationalversammlung (Prot. S. 2642). Bei dieser Gelegenheit präzisierte Mayer erneut die Forderungen Frankreichs nach einer Sicherstellung der politischen Autonomie des Saarlandes und der Aufrechterhaltung der »gegenwärtig von Frankreich innerhalb der Währungs- und Zollunion ausgeübten Vorrechte«, die im »gegebenen Augenblick leicht den neuen Bedingungen angepaßt werden können, die sich aus dem europäischen Saarstatut ergeben werden«.

3. Am 27. 5. 1953
Paul Reynaud, als beauftragter Ministerpräsident nach dem Sturze der Regierung Mayer, unter Wiederholung der Erklärung Mayers vom 6. Januar 1953: »So lag das Problem zu der Zeit, als mein Vorgänger, Herr Ministerpräsident René Mayer, von der Nationalversammlung eine Erklärung annehmen ließ, wonach die Debatte über die europäische Armee erst *nach* der Regelung der Saarfrage stattfinden könne. Die Nationalversammlung hat sich in diesem Sinne ausgesprochen...« (Prot. S. 2870).

4. Am 10. 6. 1953
Georges Bidault als designierter Ministerpräsident vor der Nationalversammlung (Prot. S. 2990): »Ich bin sicher: Keiner von Ihnen – sei er nun Anhänger der europäischen Verteidigungsgemeinschaft oder nicht – wird sich vorstellen können, daß ein Kabinett daran vorbeikommen wird, bei der gegenwärtigen Situation in einer Frage von solcher Wichtigkeit seine Existenz aufs Spiel zu setzen, wenn ... die Regelung der Saarfrage es dem Parlament ermöglichen wird, sich auszusprechen.«

5. Am 18. 6. 1953
André Marie als designierter Ministerpräsident (Prot. S. 3073): »Die Bemühungen hinsichtlich der Europäischen Verteidigungsgemeinschaft ... werden erst nach ... der Regelung der Saarfrage wirklich beendet sein ...«

6. Am 26. 6. 1953
Joseph Laniel als designierter Ministerpräsident (Prot. S. 3150): »Das Parlament wird sich zu gegebener Zeit über den Plan der europäischen Verteidigungsgemeinschaft aussprechen müssen, das heißt, nachdem wir Gewißheit über eine Regelung der Saarfrage erlangt haben.«

7. Am 6. 1. 1954

Joseph Laniel in seiner Regierungserklärung vor der Nationalversammlung (Prot.
S. 5): »Ich habe mich bemüht – durch mein persönliches Eingreifen – die Erklärungen
von Herrn Bidault zu unterstützen, um die Fragen klarzustellen, deren vorherige
Lösung mir noch immer notwendig erscheint, um in der französischen Öffentlichkeit
das Interesse an der Organisation der europäischen Verteidigungsgemeinschaft zu
stärken.«

Weitere Erklärungen in gleichem Sinne gaben in der Nationalversammlung ab: der
Abgeordnete de Mosambert (am 6. Januar 1954), die Abgeordneten Vendroux und
René Mayer (am 25. Mai 1954), Staatssekretär Maurice Schumann, Verhandlungsführer auf französischer Seite (am 1. Juni 1954), und der Abgeordnete Michel Debré
(am 1. Juni 1954). In welcher Richtung die deutsch-französischen Verhandlungen
über die Saar von jetzt an weiter verlaufen würden, geht aus zwei Äußerungen maßgebender Abgeordneter der französischen Nationalversammlung vom 25. Februar
1954 hervor. So erklärte Jacques Vendroux, der Berichterstatter über die Saarfrage
in der außenpolitischen Kommission der Nationalversammlung: »Ich glaube aber
doch, meine Kollegen von der Notwendigkeit überzeugt zu haben, daß die Tagesordnung der kommenden Woche von der Regierung verlangen wird, uns . . . unzweideutig zu bestätigen, daß sie nicht gewillt ist, durch irgendwelche gemeinsamen Kuh-
händel oder gelegentliche Europäisierungen die folgenden Grundprinzipien beeinträchtigen zu lassen: Politische Unabhängigkeit der Saar, französisch-saarländische
Wirtschaftsunion und Garantie der Unterzeichner hinsichtlich des *endgültigen* Charakters jeder Lösung vor und *nach* dem Friedensvertrag.« In der gleichen Debatte
vom 25. Mai 1954 nahm auch René Mayer Stellung und sprach im Hinblick auf einen
Beschluß der außenpolitischen Kommission die Warnung aus: »Denn dieser Beschluß
könnte jenseits der Grenze als ein Mittel ausgelegt werden, um die saarländische
›Vorbedingung‹ ihres Inhaltes zu berauben. Wenn wir über den Inhalt und die Folgerungen des Berichtes abstimmen, veranlaßt das nicht geradezu die Deutschen, sich in
den Verhandlungen noch widerspenstiger zu zeigen, nachdem sie in letzter Zeit bereits immer weniger Interesse an diesen Verhandlungen gezeigt haben.« Wen nimmt
es bei einer solchen Einstellung maßgebender französischer Politiker Wunder, daß sich
die deutsche Seite Zeit ließ, bevor sie die Verhandlungen fortsetzte, und, wie später
eine Schweizer Zeitung schrieb, »die Kröte schluckte«?

Fassen wir den Stand der Verhandlungen in diesem Zeitpunkt noch einmal zusammen: Bundeskanzler Dr. Adenauer hatte durch die Erklärungen vom 19. März und
23. September 1952 die beiden vordringlichsten französischen Saarforderungen: die
Anerkennung der Abtrennung von Deutschland und das Bestehen eines »autonomen« Saarlandes akzeptiert. Ungeklärt blieben in diesem Zeitpunkt noch die folgenden Punkte, die im Laufe der späteren Verhandlungen erörtert und geregelt worden
sind:

1. Aufrechterhaltung der wirtschaftlichen Vormachtstellung Frankreichs an der
   Saar;
2. Gestaltung des »europäischen« Statuts und sein Verhältnis zur Integration Europas;
3. Schaffung demokratischer Verhältnisse und Freiheiten im Saarland;
4. die französische Forderung, das angestrebte Statut müsse endgültig sein.

Mittlerweile hatte der holländische Delegierte des Europarates, van der Goes van Naters aufgrund des ihm von der beratenden Versammlung des Europarates im Jahre zuvor erteilten Auftrages den großen Bericht über die »künftige Stellung der Saar« fertiggestellt und mit einer Empfehlung – der berühmt gewordenen Nr. 57 – der Versammlung des Europarates vorgelegt. Während die Bundesregierung zunächst von den Vorschlägen des sogenannten Naters-Plan offiziell keine Notiz nahm, beschäftigten sich die Bonner Opposition (SPD, auch FDP), und auch wir, uns sehr gründlich mit dem Plan. Wir stellten bald fest, daß die Vorschläge des Holländers van der Goes van Naters, dem von eigenen Landsleuten nachgesagt worden ist, er sei ein »rabiater Frankophiler«, nichts anderes war, als eine modifizierte Ausarbeitung der französischen Saarforderungen, von einigen Regelungen in weniger ins Auge fallenden Punkten abgesehen.

Der Naters-Plan war völlig einseitig; außer den maßgeblichen Informationen von französischer Seite hatte van der Goes van Naters durch die engen Verbindungen mit dem saarländischen Delegierten des Europarates, Dr. Heinz Braun, alle Inspirationen von dieser Seite erhalten. Ein von uns, der deutschen Opposition an der Saar, erbetenes Gespräch oder eine Fühlungnahme mit uns war von Naters abgelehnt worden, er hielt das nicht für notwendig. Wie sehr van Naters der französischen Seite dienlich war, beweist ein späteres Memorandum van Naters über die »Gegenwärtigen Möglichkeiten einer Lösung der Saarfrage«, das er nicht veröffentlicht hat. Aus den umfangreichen 15 Punkten geht hervor, daß van Naters bestrebt war, noch eine Saarregelung nach dem Scheitern der EVG am 30. August 1954 im französischen Sinne und Interesse zustande zu bringen.

Nach dieser Einstellung des »europäischen« Planverfassers van der Goes van Naters blieb uns nichts übrig, als den Plan gründlich zu analysieren und in aller Öffentlichkeit abzulehnen. Diese Aufgabe fiel mir zu. Ende 1953, anfangs 1954 entstand unsere Schrift: »Warum NEIN zum Naters-Plan?«; Richard Becker zeichnete gemeinsam mit mir als Herausgeber. Diese Schrift wurde Heft Nr. 3 der Stimmen der Deutschen Saar-Opposition. In der gleichen Richtung arbeitete Dr. Mommer (SPD), der als einziger deutscher Delegierter des Europarates gegen den Naters-Plan gestimmt hatte.

Am 6. September 1953 erreichte die CDU/CSU die absolute Mehrheit bei den Bundestagswahlen. Der Kanzler bekam infolgedessen eine noch größere Handlungsfreiheit in der Saarfrage. Äußerungen des Kanzlers in der Regierungserklärung vom 20. Oktober 1953 (Prot. S. 21) und eingehendere Ausführungen des Fraktionsvorsitzenden der CDU/CSU, Dr. von Brentano, am 28. Oktober 1953 im Bundestag kündigten den neuen Kurs an, mehr noch die Richtung, in welcher die kommenden Saarverhandlungen geführt werden würden. Aus dem Rahmen einer Fülle von Deklamationen und beschwichtigenden Versicherungen trat der Kern des neuen Kurses in den folgenden Worten von Brentanos hervor: »Vor wenigen Wochen hat sich nun auch die beratende Versammlung des Europarates in Straßburg mit dieser (Saar-, Anm. d. Verf.) Frage beschäftigt und hat mit überwältigender Mehrheit die Empfehlung Nr. 57 angenommen ...« (in welcher die Europäisierung der Saar, also die Lostrennung der Saar von Deutschland einen wesentlichen Bestandteil bildete, Anm. d. Verf.).

»... Für die Mehrheit der deutschen Delegierten hat mein Freund Gerstenmaier dieser Empfehlung, die sich nicht auf den Inhalt, sondern auf das Verfahren bezog (was nicht stimmte, Anm. d. Verf.) mit Recht zugestimmt und gesagt: ›Die Saarfrage ist eine, vielleicht sogar *die* entscheidende Probe auf die Kraft der Solidarität, die in unseren Völkern erwacht ist.‹« Nach einem Zitat Schumans stellte von Brentano dann fest: »Aber wie könnten wir eine solche Lösung finden, wenn nicht im Wege der Verhandlungen?« (Prot. S. 33).

Diese Erklärung des Sprechers der Partei mit der absoluten Mehrheit im Bundestag führten zu einem Schock in der deutschen Presse und Öffentlichkeit, es gab erregte Proteste, vor allem gegen Dr. Gerstenmaier; wir werden später noch davon hören. Die Haltung der CDU in der Saarfrage wurde – besonders von den Menschen an der Saar – um so weniger verstanden, als Herr von Brentano in der gleichen Rede das berühmte Wort Adenauers zitierte: »Das, was uns angeht, hat der Herr Bundeskanzler an den Särgen der Toten des 17. Juni in Berlin gesagt: ›Wir werden nicht ruhen und wir werden nicht rasten, bis ganz Deutschland wiedervereinigt ist in Frieden und Freiheit.‹« (Prot. S. 31). Verbittert haben wir an der Saar immer die Meinung geäußert, daß diese Erklärung Adenauers, die sogar in ungezählten großen und kleinen Wahlplakaten für die CDU in ganz Deutschland verbreitet worden ist (Abb. 80), offensichtlich nur Gültigkeit für die Forderung einer deutschen Wiedervereinigung gegenüber dem Osten, aber nicht gegenüber Frankreich haben sollte. Darauf wurde auch in späteren Bundestagsdebatten zum Saarstatut hingewiesen. Dr. Dehler stellte jetzt für den Fall einer deutschen Zustimmung zur Europäisierung der Saar das Verbleiben der FDP-Minister im neuen Kabinett Adenauer in Frage.

Noch am Ende des Jahres 1953 kam es zu einigen Gesprächen zwischen dem Kanzler und dem französischen Hohen Kommissar, François-Poncet, die aber lediglich eine Bestandsaufnahme waren und ohne Ergebnisse blieben. Diese Bestandsaufnahme war aber für beide Verhandlungspartner im Grunde genommen hoffnungslos. Wir haben gesehen, daß seit René Mayers Erklärung vom 6. Januar 1953 alle maßgebenden französischen Politiker auf die »saarländische Vorbedingung« eingeschworen worden waren. Eine förmliche Abstimmung in der Nationalversammlung hatte sie dazu verpflichtet. Nach dem Inhalt der von Frankreich als Bedingung geforderten Saarregelung gab es auch keinen Spielraum; die Forderungen standen nach wie vor unverrückbar fest.

Dem französischen Standpunkt diametral entgegen stand der Beschluß des Deutschen Bundestages vom 2. Juli 1953, der die Beendigung der Abtrennung des Saargebietes von Deutschland und die Beachtung seiner Zugehörigkeit zu Deutschland als Handlungsgebot für die Bundesregierung festgelegt hatte.

Wie sollte es also weitergehen? Einer mußte nachgeben – oder man mußte auf die deutschen Vorstellungen von einer internationalen und insbesondere europäischen Ordnung verzichten. Rückschauend ist vom heutigen Standpunkt aus festzustellen, daß *nur ein deutsches Nachgeben* den Ausweg aus der Sackgasse bringen konnte. Natürlich wollten wir das damals nicht wahrhaben. Aber der Kanzler wußte, daß ein Nachgeben von den Franzosen nicht zu erreichen war, daß vielmehr jeder französische Ministerpräsident oder Minister unweigerlich gestürzt würde, wenn er auch nur einen Schritt in der Saarfrage nachgeben wollte. Die absolute Mehrheit von CDU/CSU im Bundestag machte zweifelsohne die Entscheidung für Konrad Adenauer leichter, er wußte, wie er »mit seinen Leuten« fertig werden würde, trotz einer Oppo-

# Mise au point

## (Notre thèse)

**« Une négociation s'impose au nom de l'in-
térêt sarrois lui-même. On ne peut pas se
contenter de supprimer d'un trait de plume
le régime actuel. »**

Sous le titre : *La drame de la Sarre... Une belle partie
gâchée*, nous avons publié en février dernier un article à
notre sens remarquable qui contait l'histoire de notre carence
politique dans le territoire de la Sarre. « Nous n'avons rien
fait, rien tenté, rien imaginé », écrivait l'auteur de cet article
qui, pour avoir la liberté de tout d...
réclamé le droit de ne pas dire qui il...

Il est des cas où l'X... est une g...
exemple quand les personnages qui...
et de savoir doivent à leurs foncti...
ce qu'ils savent. L'anonymat devie...
confidence, et la confidence seule...
secrets.

Dans notre enquête actuelle sur l'...
nous est, pour suivre les divers co...
versent le monde militaire, de taire...
les conceptions s'affrontent. Il fau...
silence sur les faits et les doctrin...
personnalités.

Notre article du mois de février a...
en félicitons, la prescription où com...
de la Sarre. Aussi a-t-il ému en A...

M. le professeur Walther Schü...
internationale d'arbitrage de La H...
réponse. Nous nous faisons un dev...
parce que nous devions cet acte de c...

1032

---

personnalités allemandes qui ont le plus collaboré à un rapprochement de leur pays avec la France, ensuite parce que
cette revue ouverte à toutes les discussions internationales n'a
jamais refusé de confronter les points de vue.

L'article de février concluait à une européanisation de la
Sarre.
Cette thèse n'est pas nôtre. Le miracle de la multiplication
des Etats nous inquiète. Plus les Etats sont petits, plus est
lourde la charge qu'ils imposent à la paix, car ils constituent
des tentations permanentes et leurs difficultés retentissent dans
toutes les grandes nations.

La création d'un Etat nouveau ne se justifie que dans le
cas où une race jadis indépendante, à laquelle on a arraché
sa liberté par la force, revendique clairement sa personnalité
historique. Ce n'est pas le cas dans la Sarre.

Ici tout le monde reconnaît que la très grande majorité de
la population veut être et rester allemande.

Pour nous le problème est ailleurs et il n'y a aucune raison
d'attendre pour le traiter, l'heure du plébiscite.

Mais avant d'exposer notre point de vue, nous allons laisser
la parole à l'auteur anonyme de notre premier article sur
la Sarre.

Nous avions en effet le devoir de lui communiquer l'article
de M. le docteur Schücking et d'insérer sa réponse. Il est
temps de nous faire une doctrine sur la Sarre. L'Allemagne
considère que la ratification du Plan Young comporte la
solution de tous les problèmes rhénans. Or il ne faut jamais
se laisser surprendre. Dans une démocratie l'opinion doit être
presque aussi informée que le gouvernement. C'est le bon
moyen de pousser les gouvernements à travailler.

On va nous parler de la Sarre à la Conférence politique
prochaine, que répondrons-nous ?

Notre correspondant sarrois pose ainsi le problème :
*Jamais il n'a été question d'imposer à la population sar-
roise, contre son gré, « une prorogation de la condition spéciale » du territoire.*

*Mais lorsqu'on vient affirmer que cette « condition spé-
ciale » a été créée pour une « période transitoire » et seulement pour cette pérode, lorsqu'on vient affirmer que le Territoire de la Sarre a été créé dans « l'intention seule d'attri-
buer à la France une compensation spéciale pour les régions
minières dévastées » et que le régime spécial doit être « temporaire » parce que le dommage subi par les mines fran-*

1033

---

75
»Ben Akiba«: Alles ist schon da gewesen!
Ausschnitt aus der Zeitschrift »Revue des
Vivants« von 1929.

Am schwarzen Freitag (20. März 1952): Der Brief der Mutter des Verfassers. In einem Schreiben vom 19. März 1952 hatte Bundeskanzler Dr. Adenauer gegenüber den Franzosen die »Europäisierung der Saar« zugestanden.

sition in der CDU von Rheinland-Pfalz, trotz einiger unerbittlicher Saarkämpfer in den eigenen Reihen und trotz der sich anbahnenden Opposition innerhalb der Koalitionsparteien, vor allem in der FDP. Schließlich fiel die Entscheidung, in der Saarfrage nachzugeben, um so leichter, als für Konrad Adenauer immer die deutschfranzösische Verständigung als vordringlichstes Ziel seiner Außenpolitik rangierte und für ihn die Saarfrage nur zweitrangig war.

Der Kanzler mochte auch noch immer hoffen, daß ein deutsches Entgegenkommen in der Saarfrage trotz des französischen Widerstandes in absehbarer Zeit zu einer politischen Einigung Europas führen könne. In seinen »Erinnerungen« (Bd. II, S. 388) drückte Adenauer diesen Gedanken auch mit den Worten aus: »Würde die Saarbevölkerung das europäische Statut annehmen, so bestand doch gewisse Hoffnung, daß die Pläne zur europäischen Einigung, wenn sie auch durch das Scheitern der EVG einen schweren Rückschlag erlitten hatten, kurz über lang ihre Verwirklichung finden würden. Die Europäisierung der Saar würde einen wichtigen Schritt in dieser Richtung bedeuten.« So entschloß sich der Bundeskanzler, die Empfehlungen des Naters-Planes als Grundlage für die weiteren Saarverhandlungen anzunehmen, vielleicht erschienen sie ihm jetzt sogar als das »kleinere Übel«.

Am 6. März 1954 hatte Außenminister Bidault von einem Gespräch mit Dr. Adenauer kurz zuvor in London berichtet und zugleich ein weiteres Treffen mit dem Kanzler angekündigt. Bei dem Gespräch in London habe er (Bidault) auf die Regierungserklärung und das Saarjunktim des Ministerpräsidenten (Laniel, Anm. d. Verf.) hingewiesen, um nochmals zu unterstreichen, daß das »europäische« Saarstatut vor der Ratifizierung des EVG-Vertrages definiert sein müsse. Die Zusammenkunft mit Bidault fand am 9. März 1954 in Paris statt, das Treffen wurde bekannt als »Blitzgespräch« in der Saarfrage. Auf dem Wege nach Athen und in die Türkei hatte der Kanzler den Flug unterbrochen, um Bidault das Einverständnis mitzuteilen, wonach von nun an der Naters-Plan – man sprach offiziell von dem am 6. Februar 1954 von der Kommission für allgemeine Angelegenheiten des Europarates angenommenen Entwurf – als Grundlage für die weiteren Verhandlungen dienen solle. Gleichzeitig hatte Bidault dem Kanzler den französischen Entwurf für eine gemeinsame Grundsatzerklärung übergeben, die zwölf Punkte umfassen sollte und das Datum vom 8. März 1954 trug.

Auch dieses 12-Punkte-Programm ist trotz einer anfänglichen Geheimhaltung bald bekannt geworden, wir konnten es uns jedenfalls sofort beschaffen und durch Textvergleiche feststellen, daß zwar eine weitgehende Übereinstimmung mit den Vorschlägen des Naters-Planes vorlag, daß aber in wichtigen Einzelfragen doch noch unterschiedliche Auffassungen bestanden. Hier seien nur die Formel des Naters-Planes: »Die Saar wird europäisches Territorium« erwähnt, oder die französische Forderung, daß sich die Bundesrepublik verpflichten müsse, den endgültigen Charakter des Statuts – nach seiner Annahme durch die Saarbevölkerung – auch in einem künftigen Friedensvertrag aufrechtzuerhalten. Jedenfalls war nunmehr der Naters-Plan Verhandlungsbasis geworden, das offizielle Kommuniqué des »Blitzgespräches« stellte ausdrücklich fest: »Der Verlauf der Verhandlungen ergab, daß sich die beiden Parteien einig sind, die Verhandlungen fortzusetzen und sich dabei von den allgemeinen Linien des endgültigen Entwurfes des europäischen Statuts leiten zu lassen, der am 6. Februar 1954 von der Kommission für allgemeine Angelegenheiten der

Konsultativversammlung des Europarates angenommen worden war.«

Die so abgesprochenen Verhandlungen fanden dann einige Wochen später auf der schon bekannten Staatssekretärebene: Prof. Hallstein mit seinen Beratern auf der deutschen und Maurice Schumann mit Beratern auf der französischen Seite statt. Über diese dreitägigen Verhandlungen vom 9.–11. April 1954 erhielten wir alsbald einen sehr umfangreichen Bericht. Aus diesem Bericht können wir heute – ich habe bis zur Publikation meines Buches meinem Informanten Vertraulichkeit zugesichert – diejenigen Einzelheiten wiedergeben, die interessieren und für die Kenntnis der großen Linie der Verhandlungen von großer Wichtigkeit sind; Einzelheiten in Nebenfragen deuten wir nur an. Auch verzichten wir auf eine vergleichende Untersuchung des Naters-Planes mit dem Bidault-Dokument vom 8. März 1954, die in den Verhandlungen zur Erörterung gelangten Bestimmungen des Naters-Planes werden, soweit nötig, nach dem Gang der Gespräche erläutert.

Zum Verständnis der Vorgänge muß aber zuvor über eine Stellungnahme von Staatssekretär Maurice Schumann – des französischen Verhandlungspartners von Staatssekretär Hallstein – berichtet werden, die nur wenige Tage zuvor, am 6. April 1954, im Rat der Republik abgegeben worden ist. Den Erklärungen Schumanns lag eine mündliche Anfrage zugrunde, die der Senator Michel Debré an den Außenminister gerichtet hatte. Die Fragestellung lautete (Prot. S. 654): »Herr Michel Debré fragt den Minister . . ., ob er es nicht für unerläßlich hält, zu präzisieren: 1. einerseits, was die französische Regierung unter Europäisierung der Saar versteht; 2. andererseits, daß sie sich nicht für das Spiel der Regierung in Bonn hergeben kann, die ihre etwaige Zustimmung von der vorherigen Ratifizierung des EVG-Entwurfes abhängig machen will.«

Staatssekretär Schumann erwiderte u. a: »Unter dem Ausdruck ›Europäisierung‹ versteht die Regierung die Übertragung der Frankreich durch die saarländische Verfassung zuerkannten Vorrechte in Angelegenheiten der ausländischen Vertretung und Verteidigung auf eine europäische Behörde, ohne daß dadurch selbstverständlich in die innere saarländische Autonomie eingegriffen wird. Ich benutze diese Gelegenheit, um zu wiederholen, daß andererseits die Europäisierung der Saar nicht die grundsätzlichen Prinzipien der französischen-saarländischen Wirtschafts- und Zollunion berühren darf. Diese wird übrigens dem Fortschritt in der wirtschaftlichen europäischen Entwicklung angepaßt werden, gemäß den Bestimmungen der Allgemeinen Französisch-saarländischen Konvention vom 20. Mai 1953, die der Rat der Republik mit einer überwältigenden Mehrheit gebilligt hat. Zweitens: die Ansichten der französischen Regierung über die Koppelung der Saarfrage mit dem EVG-Vertrag sind in der letzten Zeit durch Herrn Laniel und den Herrn Außenminister öffentlich dargelegt worden. Habe ich nötig, Sie an die Erklärung des Herrn Ministerpräsidenten im Verlauf der Aussprache über die Außenpolitik am 24. November 1953 in der Nationalversammlung zu erinnern? Durch Einsichtnahme in das Protokoll wird Herr Michel Debré feststellen können, daß der Herr Ministerpräsident einmal mehr die Gewißheit für eine Regelung der Saarfrage als eine der *Vorbedingungen* für die Ratifizierung des Vertrages von Paris verlangt hat. Das war damals die Stellungnahme der Regierung, selbstverständlich bleibt sie das auch heute noch« (Prot. S. 654).

Es bedarf keiner Unterstreichung, daß die deutsche Seite über die starke Einschränkung des Begriffs der »Europäisierung« der Saar durch den französischen Sprecher, der zugleich Verhandlungsführer in den Saargesprächen war, enttäuscht und betroffen war. Die erste Verhandlung am 9. April 1954 stand unter diesem Eindruck. Nach dem Bericht kritisierte Staatssekretär Hallstein bei der Erörterung der Grundsatzfragen zunächst in lebhaften Worten diese Antwort, die Staatssekretär Schumann Herrn Debré im Rat der Republik erteilt hatte. Der Bundeskanzler sei darüber zutiefst bewegt und unzufrieden gewesen, die Herren Gerstenmaier und von Brentano seien nach Paris gekommen, um mit den verschiedenen französischen politischen Persönlichkeiten darüber zu sprechen, Herr Gerstenmaier wolle insbesondere mit Herrn Pierre-Henri Teitgen sprechen. Herr Gerstenmaier, der vor allem auch heute noch Herrn Staatssekretär Schumann treffen wolle, appelliere an die Gemeinsamkeit der christlichen Einstellung, welche doch die beiden Staatsmänner einige.

Wenn Hallstein den tieferen Sinn der Argumente richtig erfaßt hätte, die seit langem von Frankreich vertreten würden, dann sähe die französische Seite einfach nur vor, zwei Funktionen auf Europa zu übertragen, die jetzt die Franzosen an der Saar ausübten: Verteidigung und auswärtige Beziehungen, im übrigen wünsche Frankreich die Aufrechterhaltung des gegenwärtigen Zustandes an der Saar. Im Gegensatz dazu wünsche Bundeskanzler Adenauer, daß das neue Regime an der Saar dem Bild entsprechen solle, das sich viele politisch denkenden Menschen in Deutschland und Frankreich von einem zukünftigen Europa machen würden. Es käme deshalb darauf an, sich von dem rein zweiseitigen Charakter der Regelung zu trennen. Es sei nötig, daß beide Partner sich in denjenigen Punkten in der saarländischen Gemeinschaft zusammenfänden, die sie auf der anderen Seite aufgeben würden. Deshalb müsse für das Saarland ein besonderes Regime gefunden werden; es sei wichtig, daß dieses Regime für die Zukunft gestaltet würde, das heißt für die Zukunft Europas. Gelänge dies nicht, dann wäre der Zusammenbruch sicher, und wenn der Kanzler die Verhandlungen scheitern lassen müsse, dann sei das für alle außerordentlich ernst. Es breite sich dann in Deutschland ein allgemeiner gedanklicher und politischer Zustand der Leere aus, dessen Folgen nicht vorausberechnet werden könnten. Oder anders ausgedrückt: Frankreich und Deutschland müßten das Übereinkommen über die Saar auf den Altar Europas legen ... Um eine erfolgreiche Arbeit zu leisten, sei es notwendig, diesen Altar und dieses Europa zu errichten. Wenn der Kanzler den Plan der Allgemeinen Kommission (Naters-Plan, Anm. d. Verf.) als Grundlage angenommen hätte, dann nicht etwa, weil er mit allen Punkten dieses Planes einverstanden sei, es gebe sogar viele Unstimmigkeiten, sondern weil es sich bei diesem Plan um eine Sache Europas handle.

Staatssekretär Hallstein hat schließlich die Frage der Bindung zwischen dem Saarproblem und der europäischen Gemeinschaft angeschnitten: Es sei unerläßlich, daß die Saar eine europäische Funktion erfülle. Die Bindungen, die in dem Bericht der Allgemeinen Kommission enthalten seien, genügten der deutschen Seite. Es verstehe sich von selbst, daß das Saarland Sitz europäischer Organisationen werden müsse. Die Deutschen seien bereit, den Franzosen alle Garantien zu geben, damit das Statut nicht mehr in Frage gestellt werden könne. Auch verstünden die deutschen Verhandlungspartner die Beunruhigung in dieser Hinsicht und sie fänden diese auch berechtigt; sie legten deshalb Wert darauf, diese Bedenken zu zerstreuen und eine Formel zu finden, die zum Ausdruck bringen solle, daß diese Regelung nicht etwa nur von geringer Bedeutung wäre und von der Verantwortlichkeit der Gemeinschaft, aber nicht von der Saarbevölkerung abhängen dürfe. Andererseits unterstrich Hallstein, daß das Saarland, das ja kein Staat sei, auch kein beschließendes Stimmrecht in den europäischen Gemeinschaften haben könne.

Die politischen Motive seien in wirtschaftlicher Hinsicht sehr viel wichtiger als rein wirtschaftliche Beweggründe. Es sei unerläßlich, daß die Grundsätze der Europäisierung der Saar auch in wirtschaftlicher Hinsicht Anerkennung fänden, auch wenn man deutscherseits die besonderen wirtschaftlichen Interessen Frankreichs an der Saar anerkenne. Würde man sich von diesem Grundgedanken lossagen, dann würde dadurch die europäische Einigung in Gefahr gebracht werden.

Staatssekretär Schumann hat alsdann auf die verschiedenen Punkte geantwortet, worauf Herr Hallstein wiederum das Wort ergriff. Der französische Staatssekretär sah sich veranlaßt, die Erörterungen wieder auf die Grundlage des gegenseitigen Vertrauens zurückzuführen. Herr Hallstein folgte seinem Beispiel in freimütiger Weise: *Auf französischer Seite sage man sich, die europäische politische Gemeinschaft werde nie das Licht der Welt erblicken, auf deutscher Seite sage man, daß ohne Verbindung mit dieser politischen Gemeinschaft das Saarstatut einen zweifelhaften und unsicheren Inhalt haben werde.*

Herr Schumann hielt für erforderlich, darauf hinzuweisen, daß Frankreich nur etwas übertragen könne, was es besitze, aber nicht, was die Saarländer besäßen. Diese Konzeption (die europäische, Anm. d. Verf.) sei nicht vollständig; denn sie trage der Gesamtsituation keine Rechnung. Staatssekretär Schumann hat dann noch einmal die rechtlich legitimierte Grundlage der Regierung Hoffmann betont. Herr Hallstein schlug vor, diese Frage aus der Diskussion zu lassen. Er sagte, man schlage von deutscher Seite eine Formel vor, die beweise, daß die Bundesregierung keinerlei Hintergedanken habe und selbst wünsche, daß das Statut für die Saar bis zum Friedensvertrag nicht mehr in Frage gestellt werden dürfe. Andererseits würde aber die Zuerkennung eines beschließenden Stimmrechts für die Saar (in den europäischen Organisationen, Anm. d. Verf.) eine Anerkennung ihrer Staatseigenschaft zur Folge haben, das sei aber wieder mit dem Prinzip der Europäisierung des Gebietes nicht vereinbar.

In wirtschaftlicher Hinsicht wollte Staatssekretär Hallstein einen Widerspruch in der französischen Haltung feststellen. Frankreich erkläre, daß der gemeinsame französisch-saarländische Markt nur nach Maßgabe der wirtschaftlichen Integration Europas für die Bundesrepublik erweitert werden könne; aber alle Maßnahmen der französischen Regierung würden beweisen, daß sie keinerlei Eile zeige, diese Integration zu verwirklichen. Hier liege doch ein Widerspruch im französischen Standpunkt, der Anlaß für ein verständliches Mißtrauen bei den Deutschen gebe. Übrigens sei auch das Statut der Montanunion so gestaltet, daß es den einzelnen Nationen, die in der Union vertreten seien, keine Rechnung trage. Schließlich unterstrich Staatssekretär Hallstein noch einmal die Entschlossenheit der Bundesregierung und ihren Wunsch, das einmal erreichte Statut für die Saar nach seiner Annahme nicht mehr in Frage zu stellen: »Wir werden halten, was wir versprochen haben, und wir versprechen nichts, was wir nicht halten können.«

In diesen Gesprächen wurden noch einmal die gegenseitigen Auffassungen der beiden Vertragspartner über die allgemeine europäische Konzeption, und damit die Grundlage des Saar-Statuts offenbar. Der Verlauf der Diskussionen bis zum Abschluß des Saar-Abkommens hat gezeigt, daß von den deutschen Vorstellungen über eine Bindung des Statuts an eine zukünftige europäische Entwicklung keinerlei Formulierungen in die Abmachungen aufgenommen worden sind, daß es vielmehr allein bei dem französischen Standpunkt verblieb, wie ihn Staatssekretär Hallstein unwidersprochen zu Beginn des Gespräches »als die französische Auffassung von der Europäisierung der Saar« festgestellt hatte.

Die Verhandlungsdelegation beschäftigte sich dann mit der Frage eines deutschen Junktims zwischen dem Saarstatut und der Ratifizierung des EVG-Vertrages. Während die Franzosen darauf hinwiesen, daß der Naters-Plan ja eine solche Verbindung von Saar-Frage und EVG-Vertrag nicht vorsehe, hob Staatssekretär Hallstein die Bedeutung der Annahme des EVG-Vertrages durch Frankreich hervor. *Hallstein meinte: »Wenn die europäische Verteidigungsgemeinschaft nicht in diesem Jahr zustandekommt, dann wird das Kapitel ›Einigung Europas‹ für unsere Generation geschlossen werden müssen.«*

Alsdann kam man auf die Formel: »Das Saarland wird ein europäisches Territorium, sobald die europäische politische Gemeinschaft errichtet sein wird« zu sprechen. Während die deutsche Seite diesen Punkt für wesentlich hielt, antwortete Herr Schumann, daß auch für die Franzosen diese Frage wesentlich sei. Er sei im Prinzip damit einverstanden, aber es sei ihm unmöglich, diese zukünftige Entwicklung in das Statut hereinzunehmen, die einen Unsicherheitsfaktor bilde und für die öffentliche Meinung in Frankreich unannehmbar sei. Nach Rede und Gegenrede über den für die deutsche Seite so wichtigen Punkt verlangte Herr Schumann noch einmal, daß das Saarland sofort ein europäisches Gebiet werden müsse, wobei sich der europäische Charakter des Gebietes nach der Maßgabe weiterentwickeln werde, wie die europäische politische Gemeinschaft sich bilde. In einer Festlegung dieses Zieles im Statut sehe die französische Seite einen Unsicherheitsfaktor, der das Statut in Zukunft in Frage stellen könnte, wenn die europäische Gemeinschaft nicht zustandekommen würde, und davon würde die französische Seite eben ausgehen.

Auf einen Einwand der französischen Seite, daß doch in den früheren Verhandlungen eine Bindung des europäischen Statuts der Saar an eine politische europäische Gemeinschaft nicht gefordert worden sei, erklärte Herr Hallstein, das sei richtig, weil bis zu diesem Augenblick eine europäische Gemeinschaft nicht zur Erörterung gestanden hätte. Die europäische politische Gemeinschaft sei jetzt aber ein Test für die Zukunft Europas, und der Deutsche Bundestag gebe sich nicht zufrieden mit dem Gerede von einer Einheit Europas im Sinne einer bloßen Zusammenarbeit. In der europäischen politischen Gemeinschaft wolle der Bundestag die europäische Einigung verwirklicht sehen. Diese Frage sei von großer Wichtigkeit für die innere Einstellung. *Für die Deutschen sei es schwer, zuzustimmen, daß dieser Teil deutschen Gebietes, und das sei die Saar, einem besonderen Regime unterworfen und vom übrigen Deutschland abgetrennt würde. Das sei nur vertretbar im Rahmen und nach Maßgabe der europäischen politischen Gemeinschaft. Wenn das Saarland für »europäisch« erklärt werde, bevor die politische europäische Gemeinschaft bestehe, dann würde es nur den Namen nach »europäisch« sein; es genüge nicht, daß man einen Kommissar von Straßburg schicke, um diesen nominellen Zustand in einen faktischen zu übertragen.*

Die Entgegnung des Staatssekretärs Schumann ließ wiederum erkennen, daß die deutschen Wunschträume von der Annahme des EVG-Vertrages und einer bald folgenden Vereinbarung über eine europäische politische Gemeinschaft sich nicht erfüllen würden. Schumann sagte: Wenn die europäische politische Gemeinschaft das Licht der Welt erblicken sollte, müsse erst einmal die Verteidigungsgemeinschaft geboren werden. Und wenn die Verteidigungsgemeinschaft das Licht der Welt erblicken solle, müsse erst eine das französische Parlament zufriedenstellende Regelung der Saarfrage gefunden sein. Als Trost für die deutsche Seite fügte Herr Schumann dann noch hinzu, daß jedenfalls auf moralischem Gebiet die Saarregelung ein großer Schritt zur europäischen politischen Gemeinschaft bedeute, auf juristischem Gebiet würden sich allerdings keine Änderungen ergeben. Die von der französischen Seite vertretene Lösung würde einfach die Begründung einer Hoffnung bedeuten, welche die Aufgabe der Bundesregierung erleichtern könnte, die Zustimmung des Bundestages zu der ersten Phase des Naters-Planes zu erlangen.

Soweit die Vorstellungen von Staatssekretär Schumann über den »europäischen Gehalt« der französischen Vorstellungen. Für die deutschen Wünsche hatte man zwar Verständnis, aber nur leere Worte »auf moralischem Gebiet«! Die Verhandlungen endeten infolgedessen auch mit dem Entschluß, die Entscheidung dieser wichtigsten Frage den beiderseitigen Regierungschefs zu überlassen. Wie das Saarabkommen vom 23. Oktober 1954 dann gezeigt hat, wurde auch dieser Streitpunkt kurzerhand fallen gelassen, der Satz: »Die Saar wird (wann?) europäisches Territorium« tauchte nicht mehr auf, ohne daß dadurch jedoch die deutsche de jure-Zustimmung zur Abtrennung des Saarlandes weggefallen wäre.

Schließlich sprach man noch über den Vorschlag des Naters-Planes, dem europäischen Kommissar einen saarländischen Stellvertreter beizugeben. Während die französische Seite sich zustimmend äußerte, lehnte Staatssekretär Hallstein dies grundsätzlich ab, es kam im späteren Abkommen nicht zur Bestellung eines saarländischen Vertreters. Wir haben bei den Erörterungen des Naters-Planes stets vermutet, daß hier der Wunsch Vater des Gedankens war: Herr van der Goes van Naters sollte Kommissar und sein saarländischer Freund, Dr. Braun, sein Stellvertreter werden. Aber, wie gesagt, das sind nur Vermutungen. In diesem Zusammenhang verdient die Forderung des Berichterstatters in der Pariser Nationalversammlung, des Herrn Vendroux, kurz vor den Beratungen vom 9. bis 11. April 1954, erwähnt zu werden. Herr Vendroux verlangte: »Wenn ein europäischer Kommissar berufen wird, sehe ich nicht ein, warum der erste Kommissar nicht ein französischer Beamter sein soll. Im Gegenteil, sehe ich alle Gründe dafür, daß er es wird und lange bleibt« (Prot. S. 654). Das Abkommen schloß dann alle interessierten Parteien aus: Der Kommissar durfte weder Franzose noch Deutscher, noch Saarländer sein, wohl ein geringer Erfolg der deutschen Unterhändler.

Alsdann wurden in Paris die wirtschaftlichen Probleme erörtert, nachdem Staatssekretär Schumann zuvor noch einmal festgestellt hatte, daß auch bezüglich des endgültigen Charakters der Vereinbarung über die Saar noch Meinungsverschiedenheiten bestünden. In wirtschaftlicher Hinsicht wolle sich die französische Delegation zwar mit Artikel 13 – Beibehaltung der französischen Währung im Saarland bis zur Schaffung einer europäischen Währung – einverstanden erklären, jedoch nicht mit der im Naters-Plan (Artikel 12) vorgesehenen alsbaldigen Ausweitung der saarländisch-deutschen Wirtschaftsbeziehungen, bevor nicht eine entsprechende allgemeine Wirtschaftsentwicklung innerhalb der europäischen Länder eingetreten wäre. Die französische Seite sehe darin eine ernsthafte Gefährdung des gemeinsamen französisch-saarländischen Marktes, der ja – das sei der oberste Grundsatz – auch nach Artikel 12 Satz 1 des Naters-Planes aufrecht erhalten werden müsse. Die französischen Vertreter hätten zwar zugestanden, daß der deutsch-saarländische Warenaustausch in einem festzulegenden Maße wachsen solle, er dürfe aber keine Störung oder Gefährdung des französisch-saarländischen Marktes verursachen; vor allem dürfe es nicht zu einer neuen französisch-saarländischen Zollgrenze kommen, um das Abfließen der aus der Bundesrepublik in das Saarland eingeführten Waren nach Frankreich zu verhindern.

Die späteren Sätze 4 und 5 von Artikel XII B des Saarstatuts trugen diesen französischen Bedenken Rechnung. Die so in das Statut eingebauten Bremsen gegen eine stärkere Fortentwicklung des deutsch-saarländischen Warenaustausches lösten natürlich die Probleme nicht, sie verschoben sie nur auf eine spätere Zukunft, wenn es erst einmal zu Verhandlungen über Maßnahmen zur Erweiterung der Wirtschaftsbeziehungen zwischen der Saar und der Bundesrepublik gekommen wäre.

Auch über die im Naters-Plan vorgesehene Übertragung des Eigentums an den Saargruben auf das Saarland konnte man sich im April 1954 nicht einigen, hier reklamierten die Vertreter der Bundesrepublik das ehemalige Reichseigentum an den Bergwerken, über das erst im Friedensvertrag bestimmt werden könne. Das später abgeschlossene Saarstatut klammerte auch diese Frage aus und übertrug in Artikel XII E dem Saarland lediglich die Verwaltung der Kohlengruben; deren Ausbeutung ließen sich die Franzosen allerdings durch eines der vier Geheimabkommen vom 16. Oktober 1954 – wir sprechen später noch davon – und den Wirtschaftsvertrag vom 3. Mai 1955 in der seit der Grubenkonvention von 1953 gehandhabten Form auf 50 Jahre hinaus sicherstellen. Der zweite Verhandlungstag schloß mit der Feststellung eines französischen Wirtschaftsexperten, daß Frankreich eine Regelung wünsche, die durch den Friedensvertrag nur bestätigt zu werden brauche.

Am letzten Verhandlungstag, dem 11. April 1954, kam Staatssekretär Hallstein noch einmal auf das für ihn wohl wichtigste Problem der Bindung des Statuts an die Fortentwicklung der europäischen Gemeinschaften zu sprechen. Er stellte noch einmal heraus, daß die deutsche Seite nicht nur eine Bindung des Statuts an die europäische Verteidigungsgemeinschaft wolle, sondern gleichermaßen auch an die europäische politische Gemeinschaft. Aber es werde sicherlich keine europäische politische Gemeinschaft geben, wenn der EVG-Vertrag nicht ratifiziert werden sollte. Also werde nach seiner Ansicht die Bindung des Statuts mit der Verteidigungsgemeinschaft durch die viel wichtigere Bindung rückversichert, die sie zu der europäischen politischen Gemeinschaft erhalte. Er sage frei heraus, *daß die Lösung des Saarproblems für die Bundesregierung ein Opfer sei, das sie der öffentlichen Meinung klarmachen müsse.* Wenn man nicht zu einer gemeinsamen europäischen Verteidigung komme, dann sei Europa verloren, vielleicht nicht morgen, aber in fünf oder zehn Jahren, das hänge dann ganz von den Russen ab. Dies sei eine Frage auf Leben und Tod für Europa und für Deutschland. Es sei daher nötig, daß der Bundeskanzler der deutschen Öffentlichkeit sagen könne: Wollt Ihr die europäische Politik an der Saarfrage scheitern lassen? Die Bindung, welche die deutsche Seite anstrebe, sei also kein technisches, sondern ein politisches Problem! Es sei doch Frankreich gewesen, das die saarländische ›Vorbedingung‹ gesetzt habe. Es habe dadurch eine Unzahl von Schwierigkeiten gegeben, die jetzt überwunden werden müßten, *um der deutschen Öffentlichkeit die Notwendigkeit einer europäischen Lösung der Saarfrage klarzumachen.* Er, Hallstein, halte es für notwendig, zu diesem Punkt der Diskussion zu bemerken, daß es in der Bundesrepublik auch anti-europäische Strömungen gebe ... Die Opposition in der Bundesrepublik, vor allem die SPD, greife diese Politik mit allen Mitteln an, um die Niederlage vom September 1953 auszugleichen. Man behaupte, daß die Politik der Bundesregierung eine Illusion sei und daß Europa niemals komme. Aus diesen Gründen sei es der Bundesrepublik unmöglich, Zugeständnisse bei ihrer Politik der Europäisierung der Saar machen.

Der französische Sprecher anerkannte, daß das Scheitern der europäischen Verteidigungsgemeinschaft eine Katastrophe sein würde. Die Französische Delegation verstehe vollkommen die Bindung, die zwischen der Ratifizierung der EVG und der Regelung des Saarproblems bestehe, aber sie könne diese Bindung nicht in einem Vertrag festlegen.

Wir werden sehen, wie Bundeskanzler Dr. Adenauer noch einmal einen letzten Versuch machte, um am 20. Mai des gleichen Jahres zu einer französischen Erklärung über die Bindung der Saarregelung an eine weiterentwickelte europäische Gemeinschaft zu gelangen. Vizeministerpräsident Pierre-Henri Teitgen fand sich dazu bereit, seine Zugeständnisse wurden aber von der Regierung in Paris – wie wir im folgenden noch sehen werden – entschieden zurückgewiesen.

Eine weitere Diskussion gab es bei den Verhandlungen dann noch über die im Naters-Plan Ziffer 16 unter dem Begriff »Menschenrechte« vorgesehene Schaffung demokratischer Verhältnisse an der Saar. Der kurze Satz des Naters-Vorschlages: »Politische Parteien, Vereine, Zeitungen und öffentliche Versammlungen bedürfen nicht mehr einer Genehmigung« stieß auf französische Ablehnung.

Staatssekretär Schumann definierte noch einmal die französische Haltung in dieser Frage: Die Parteien sollten vor dem Referendum frei sein und ihre Freiheit behalten, aber sie dürften das Statut nicht in Frage stellen. Herr Schumann erinnerte daran, daß es sich hier um eine Grundsatzfrage handele. Seit Beginn dieser Verhandlungen habe man dieser, von der französischen Seite als wesentlich erklärten Bedingung zugestimmt. Aber es sei doch vollkommen überflüssig, ein Statut zu schaffen, wenn die Parteien die Möglichkeit hätten, dieses Statut wieder in Frage zu stellen. Es sei notwendig, daß die deutsche Delegation begreife, daß es sich hier für die französische Seite um eine wesentliche und unabänderliche Konzession handele, die aber zugleich auch von derselben wesentlichen und unabänderlichen Bedingung abhängig sei.

Gerade diese Streitfrage blieb Gegenstand von Erörterungen und Verhandlungen auf beiden Seiten, vor allem noch nach Abschluß des Saarabkommens zwischen Mendès-France und Dr. Adenauer am 23. Oktober 1954. Auch die betroffenen deutschen Parteien im Saarland hatten sich in die Diskussion eingeschaltet und mit dem Bundeskanzler sogar eine Abmachung darüber getroffen; wir werden davon berichten, insbesondere, wie auch diese Frage letzten Endes – trotz der gegenteiligen Entscheidung des Europarates – durch ein deutsches Nachgeben im März 1955 entsprechend den französischen Forderungen geregelt worden ist. Es dürfte deshalb notwendig sein, hier auf die Haltung der Unterkommission des Europarates in London kurz einzugehen. Dieser Kommission wurde u. a. die Frage gestellt, ob Parteien im Saarland nach der Annahme des Statuts die demokratischen Freiheiten entzogen, sie also aufgelöst werden könnten, wenn sie – unter Beachtung der demokratischen Formen – eine andere Regelung anstrebten oder auf eine Abänderung des Statuts ausgingen. Der Ausschußbericht hat die Formulierung noch deutlicher gefaßt: »ob eine eventuelle ›Heim ins Reich‹-Partei, die vielleicht Verbindung mit den Oppositionsparteien in der Bundesrepublik Deutschland hätte, verfassungsmäßig ist oder nicht (Dok. 225, 2. Teil, Ziffer 18).« Der europäische Ausschuß stellte dazu fest: »Wenn diese Partei sich jedoch ausschließlich demokratischer Mittel bedienen würde, um eine Änderung oder Beseitigung des ›Europäischen Statuts‹ zu fordern, so wäre ihre Tätigkeit durchaus mit den durch das ›Europäische Statut‹ und die neue Verfassung gerantierten politischen Freiheiten vereinbar. Der Ausschuß könnte nur hoffen, daß diese Auffassung von allen geteilt werden würde, es muß jedoch unterstrichen werden, daß die Mehrheit seiner Mitglieder sich ihr nach gründlicher Erwägung aller Seiten des Problems angeschlossen hat . . .« »Hier zählt nur, was gerecht oder ungerecht ist. Denjenigen, die vorgeben, daß die absoluten Grundsätze der Gerechtigkeit – selbst wenn sie erkennbar sind – nur selten gute politische Grundsätze seien, kann geantwortet werden, daß die hier aufgestellten Grundsätze keinen absoluten Charakter haben: Die üblichen Garantien bleiben bestehen. Die Behauptung, daß sich die Saar in Anbetracht der unglücklichen Ereignisse ihrer jüngsten Vergangenheit nicht dasselbe Maß politischer Freiheit gestatten könne, wie die seit langer Zeit bestehenden Demokratien es ohne Befürchtungen gewähren kann, wurde im Hinblick auf die dem ›Europäischen Statut‹ von den vier Garantiemächten gewährte Sicherheit und die Anwesenheit des Europäischen Kommissars abgelehnt. Die Mehrheit des Ausschusses war der Auffassung, daß sich das Problem im Grunde auf eine einfache Frage zurückführen lasse: ›*Soll das Europäische Statut auf der freien Abstimmung der saarländischen Bevölkerung oder soll es auf der Unterdrückung der Parteien beruhen, die seine Änderung in demokratischen Formen fordern?*‹«

Das Statut wurde später trotzdem auf die gleiche Form der Unterdrückung abgestellt wie das Regime von 1947, daraus ergab sich einer der Gründe für seine Ablehnung durch die Saarbevölkerung. Schrieb doch die große französische Zeitung »Le Figaro« schon 1950: »Mit Mitteln der Despotie macht man keine Politik der Freiheit!«

Schließlich kam man bei den Verhandlungen im April 1954 noch auf das Problem der Garantien für das Statut zu sprechen.

Es gab von der deutschen Seite keine Einwendungen, daß Großbritannien und die Vereinigten Staaten in irgendeiner Form beim Zustandekommen des Statuts beteiligt würden, auch erklärte sich die Bundesrepublik uneingeschränkt bereit, »sich zu verpflichten, das Statut bis zum Abschluß eines Friedensvertrages aufrecht zu erhalten und zu garantieren«; die Bundesrepublik war dagegen aber nicht bereit, die französische Forderung in Ziff. 12 des »Bidault-Papiers« vom 8. März 1954 anzunehmen. Darin war vorgesehen, daß sich »Frankreich, Großbritannien und die Vereinigten Staaten überdies verpflichten, in einen künftigen Friedensvertrag die Anerkennung des endgültigen Charakters dieses Statuts einzuschließen. Die Bundesrepublik wird dieser Verpflichtung beistimmen«.

Diese äußerst weitgehende Verpflichtung der Westmächte, die bisher nur eine »Unterstützung« der französischen Forderungen auf die Saar bei etwaigen Friedensvertragsverhandlungen zugesagt hatten, ging der Bundesrepublik entschieden zu weit, sie blieb in dieser Frage hart, so daß auch im späteren Statut die Garantierung über einen Friedensvertrag hinaus unterbleiben mußte. Auch eine Verpflichtung der Bundesrepublik zur Übernahme des Statuts »im Friedensvertrag« wurde von Staatssekretär Hallstein nachhaltig abgelehnt; die Bundesregierung sei zwar bereit, sich bis zum Friedensvertrag zu binden, aber nicht darüber hinaus. Durch eine derartige Bestimmung würde die Bundesregierung jedwedes Ansehen verlieren, wenn man ihr im Bundestag erklären würde, sie könne sich gar nicht über den Friedensvertrag hinaus verpflichten. Offensichtlich war Ursache dieser französischen Forderung eine Zusage, die der Abgeordnete Gerstenmaier in einer Diskussion in der Allgemeinen Kommission des Europarates gemacht hatte, die CDU sei bereit, auch in einem Friedensvertrag für die Aufrechterhaltung des europäischen Statuts der Saar einzutreten.

Wir werden noch sehen, welche Auseinandersetzungen dieser Alleingang und das Vorpreschen des Herrn Gerstenmaier zur Folge hatte. Aber eines erreichten die Franzosen später dann doch: Den *faktisch* – nicht de jure – endgültigen Charakter des Statuts, das nach dem späteren Text vom 23. Oktober 1954 nur noch durch das »Dazwischentreten« – jusqu'à l'intervention d'un traité de paix – hätte geändert werden können, also von einem Friedensvertrag hätte abgelöst werden müssen. Die Ablösung wäre aber ohne Mitwirkung und Zustimmung Frankreichs in keinem Falle möglich geworden. Wir haben heute eine Parallele in den Ostverträgen. Wie die späteren Debatten in der Nationalversammlung und im Rat der Republik in Paris gezeigt haben, genügte den Franzosen die faktische Unabänderlichkeit, sie waren der Auffassung, damit ein für allemal die Saarfrage in ihrem Sinne geregelt zu haben. Die Zeitung des Herrn Grandval an der Saar, die »Chronique sarroise«, drückte das in einem Grundsatzartikel vor Beginn der entscheidenden Saarverhandlungen im April 1954 so aus: »Es gibt bei alledem eine Notwendigkeit, die zu leugnen zwecklos wäre. Entweder weigert sich Deutschland, sich ihr zu *fügen* und macht dadurch mit einem Schlag jegliche Lösung unmöglich, oder Deutschland wünscht, wie es behauptet, diese Regelung. Wozu sollte der derzeitige provisorische Zustand, der beide Parteien befriedigt, durch ein neues Provisorium abgelöst werden, das für alle nur neue Schwierigkeiten mit sich bringen würde? Dann aber muß es auch damit einverstanden sein, daß die Lösung ein für allemal Gültigkeit hat.«

Der umfassende Bericht über die dreitägigen Verhandlungen vom April 1954 hat einen gründlichen Einblick in ihren Stand, aber auch über das zähe Ringen bei den einzelnen wichtigen Formulierungen und Vertragsbestimmungen vermittelt. Die wichtigste Erkenntnis jedoch, den dieser Bericht uns offenbart hat, war die erschütternde Divergenz der deutschen und französischen Ansichten – juristisch würde man sagen: der offene Dissens – in Beziehung auf die zukünftige europäische Entwicklung. Nicht nur die Beschränkung des sogenannten »Europäischen Statuts« der Saar auf zwei unwichtige Elemente (Vertretung der auswärtigen Angelegenheiten und Verteidigung) wurde hier offenbar, sondern auch die Tatsache, daß von dieser Schein-Europäisierung des Saarproblems niemals eine Wirkung auf die von der deutschen Seite so dringend gewünschte Fortentwicklung eines vereinigten Europas erwartet werden konnte. Die hier gefundene Saarlösung war und konnte nichts anderes sein als das berühmte »europäische Etikett« am Status quo von 1947 (L'Information vom 5. November 1953, Abb. 70). Welche Enttäuschungen und welcher Streit hätten sich aus diesem grundlegenden Mangel der sogar als »endgültig und unwiderruflich« angestrebten Regelung des Saarproblems in Zukunft ergeben müssen, wenn das Statut tatsächlich angenommen worden wäre? Läßt nicht gerade das Ergebnis der Verhandlungen vom April 1954 unmißverständlich erkennen, wie ungerechtfertigt die Vorwürfe waren, die man nach der Ablehnung des Statuts durch die Saarbevölkerung den »NEIN-Sagern« gemacht hat, von der ungeheuren Behauptung: »an der Saar wurde Europa ermordet« angefangen, bis zur wissenschaftlichen These bei

Freymond (S. 157 ff.): »Europa gewinnt und verliert«. Gleichgültig, ob man die Bezeichnung »verliert« auf das Abgehen vom Naters-Plan oder auf die Ablehnung des Statuts selbst beziehen will, *Europa hatte an der Saar zu keiner Zeit etwas zu verlieren oder gar verloren.* Wie die Verhandlungen gezeigt haben, bestand dieses Europa gar nicht, es sei denn in den deutschen Vorstellungen und den Wunschträumen einiger Europäer in Straßburg. Darauf war aber eine befriedigende und dauerhafte Regelung des Saarproblems nicht aufzubauen.

Der harte französische Standpunkt bei den Gesprächen im April 1954 hat aber weiter gezeigt, daß weder der saarländische Regierungschef Johannes Hoffmann noch der deutsche Bundeskanzler von diesem Zeitpunkt an noch davon ausgehen konnten, die im späteren Saarstatut gefundene Regelung des Saarproblems sei eine »europäische« und diene der Fortentwicklung der europäischen Einigung. Alle diesbezüglichen Aussagen und Deklamationen im Abstimmungskampf um das Statut besaßen danach keinerlei Grundlage!

Der Vergleich zwischen dem Ergebnis der Verhandlungen und dem am 23. Oktober 1954 vereinbarten Saar-Statut beweist weiter, daß nicht mehr viel geschah, sämtliche Weichen waren gestellt. Nur zwei Ereignisse zerstörten noch einmal die großen Hoffnungen auf der Bonner Seite: Das Scheitern der Adenauer-Teitgen-Vereinbarung und das Scheitern der europäischen Verteidigungsgemeinschaft in der Pariser Nationalversammlung vom 30. August 1954.

Zuvor war aber noch ein formelles Hindernis zu beseitigen, ehe die Annahme der von beiden Seiten ausgehandelten Regelungen erklärt werden konnte: der Beschluß des Deutschen Bundestages vom 2. Juli 1953. Wir haben schon ausgeführt, daß nach diesem Beschluß jede deutsche Bundesregierung verpflichtet war, bei Vertragsverhandlungen und Vertragsabschlüssen der Abtrennung des Saargebietes ein Ende zu machen und die Zugehörigkeit des Saargebietes zu Deutschland zu beachten. Nach diesen politischen Richtlinien konnte selbstverständlich das »Europäische Statut über die Saar« nicht angenommen werden. Am 15. März 1954 hatte die SPD eine große Anfrage an die Bundesregierung gerichtet, die darauf hinauslief, die Bundesregierung erneut an die vorerwähnten Grundsätze des Beschlusses vom 2. Juli 1953 zu binden. Auch wollte Adenauers Opposition wissen, welche Situation sich für die deutsche Seite nach den Besprechungen Adenauers mit Bidault beim »Blitzgespräch« am 9. März in Paris und aufgrund des Bidault-Papiers vom 8. März ergebe. Das Ergebnis der sehr heftigen Debatten des Bundestages am 29. und 30. April 1954 warf bereits seine Schatten voraus und kündigte eine Mehrheit für eine »Europäisierung« der Saar an.

Die »harte« Formulierung des Beschlusses von 1953 wurde – nach Ablehnung eines entsprechenden Antrages der SPD – abgewandelt und durch folgenden Beschluß der CDU/CSU und ihrer Koalitionspartner ersetzt: »Der Deutsche Bundestag bekennt sich erneut zur Politik der Einigung Europas auf der Grundlage gleicher Rechte und Pflichten und erwartet von der Bundesregierung die Fortsetzung dieser Europapolitik ... Der 1. Deutsche Bundestag hat durch die Entschließung vom 2. Juli 1953 zu der Behandlung der Saarfrage Grundsätze aufgestellt. Die darin zum Ausdruck gebrachte Rechtsauffassung über das Verhältnis Deutschlands zur Saar macht sich der 2. Deutsche Bundestag zu eigen.« Mit 275 Ja- Stimmen, 135 Nein-Stimmen und 1 Enthaltung kam dieses Meisterstück diplomatischer Umgehungskunst am 30. April 1954 zustande« wahrscheinlich haben die meisten gar nicht bemerkt, daß damit nur noch eine platonische Meinungsäußerung vorlag, an die sich keine Bundesregierung mehr zu halten brauchte. Auch mit der schönsten Rechtsauffassung kann man einen Prozeß verlieren, wenn dem Gegner die »stärkeren« Rechte zur Seite stehen. So kam es – um in der Sprache des praktizierenden Juristen zu bleiben – am 23. Oktober 1954 zum Verlust des Prozesses für die Deutschen in erster Instanz, das Berufungsurteil sprach dann in letzter und entscheidender Instanz die Saarbevölkerung!

Im Mai 1954 setzten die Staatssekretäre Hallstein und Schumann ihre Verhandlungen fort. Dabei handelte es sich aber nur um die gegenseitige Bestätigung derjenigen Punkte, die inzwischen von den beiden Seiten anerkannt worden waren. Vor allem hatten sich die Franzosen damit abgefunden, keine Verpflichtungen der Bundesrepublik »für« den Friedensvertrag zu erhalten. Von Bedeutung bei den weiteren Verhandlungen war – wie schon erwähnt – noch der letzte Versuch Adenauers, auf der Ebene »christlicher Europäer gleicher Gesinnung« eine deutlichere Verankerung der europäischen Zielsetzung im Saarstatut zu erreichen, sie sollte in der schon erwähnten Bindung des Statuts an die europäische Entwicklung ausgedrückt werden. Die Gelegenheit zu einer solchen Verbesserung des bisherigen Entwurfes aus deutscher Sicht bot sich bei der Tagung des Außenministerkomitees des Europarates, die vom 18. bis 20. Mai 1954 in Straßburg stattfand. Für die Bundesrepublik nahm der Kanzler selbst, für Frankreich der stellvertretende Ministerpräsident Pierre-Henri Teitgen an den Beratungen teil. Durch Vermittlung der Delegierten Paul-Henri Spaak und van der Goes van Naters war ein deutsch-französischer Kompromißentwurf zustande gekommen, von dem sowohl der Kanzler als auch Teitgen, und vor allem die in Straßburg versammelten Europäer glaubten, daß er *die* endgültige Lösung bedeute. Van der Goes van Naters behauptete bei einem Besuch im Saarland, daß »nach der nächsten Woche keine Saarfrage mehr bestehen« werde. Das Adenauer-Teitgen-Dokument hatte folgenden Wortlaut:

»In ihrem Bestreben, durch eine europäische Lösung der Saarfrage zur Einigung Europas beizutragen und in dem Wunsche, ihre Beziehungen auf eine dauerhafte Freundschaft zu gründen, kommen die Regierungen der Bundesrepublik Deutschland und der Französischen Republik überein, die Saarfrage auf der Grundlage der Vorschläge zu regeln, die im Bericht vom 30. April 1954 der Allgemeinen Kommission der Beratenden Versammlung des Europarates enthalten sind; dies unter Vorbehalt der Bestimmungen des Friedensvertrages oder eines Abkommens, das anstelle des Friedensvertrages treten könnte.

*Erstens* – beide Regierungen legen die Artikel 1 und 12 des Berichtes auf folgende Weise aus:

Das Europäische Statut

*Artikel 1*
Ziel der beabsichtigten Lösung ist, aus dem Saarland ein europäisches Gebiet zu machen. Dieses Ziel wird in drei Etappen erreicht werden.

*Erste Etappe:* – Der Ministerausschuß des Europarates ernennt einen Europäischen Kommissar für die Saar. Zur Mehrheit, die diesen Kommissar wählt, müssen notwendigerweise die Stimmen Frankreichs und Deutschlands gehören. Der Kommissar vertritt die Interessen der Saar in Angelegenheiten der Verteidigung und ihre Beziehungen zum Ausland. Er überwacht die Beachtung und Durchführung aller Klauseln des Statuts. Er ist dem Minister-Ausschuß des Europarates verantwortlich.

*Zweite Etappe:* – Sobald eine Europäische Versammlung durch allgemeine und direkte Wahlen geschaffen ist, wird der Europäische Kommissar für die Saar dieser Versammlung unter noch zu bestimmenden Voraussetzungen verantwortlich sein.

*Dritte Etappe:* – Mit der Schaffung der Europäischen Politischen Gemeinschaft, wie diese nach dem Beschluß vom 10. September 1952 der in Luxemburg versammelten Minister vorgesehen worden ist, ist das Saarland Europäisches Gebiet. Der Europäische Kommissar für die Saar oder die seine Funktion ausübende Behörde ist alsdann dem Parlament der Politischen Gemeinschaft verantwortlich. Alle Fortschritte, die im Zuge einer dieser Etappen verwirklicht werden, bleiben während der ganzen Zeit in Kraft, die zur Erreichung der nächsten Etappe erforderlich ist.

*Wirtschaftliche Zusammenarbeit:*

*Artikel 12*

A. Die Prinzipien, auf denen gegenwärtig die französisch-saarländische Union beruht, werden in einem französisch-saarländischen Abkommen über die wirtschaftliche Zusammenarbeit wieder vereinbart.

B. In Bezug auf die Wirtschaftsbeziehungen zwischen Deutschland und der Saar soll das Ziel erreicht werden, unter Vorbehalt der Bestimmungen von Artikel 13, ähnliche Beziehungen zu schaffen wie diejenigen, die zwischen Frankreich und der Saar bestehen. Ein derartiges Ziel kann jedoch nur schrittweise erreicht werden. Um das so beschriebene Ziel zu erreichen, werden die erforderlichen Abkommen zwischen Frankreich, Deutschland und der Saar geschlossen. In diesen Abkommen sind alle Vorsichtsmaßnahmen vorzusehen, um eine Gefährdung der im vorhergehenden Paragraphen vorgesehenen wirtschaftlichen Zusammenarbeit zwischen Frankreich und der Saar zu verhindern. Die fortschreitende Ausweitung der Wirtschaftsbeziehungen zwischen Deutschland und der Saar darf niemals zur Errichtung von Zollschranken zwischen Frankreich und der Saar führen.

C. Die in nächster Zeit zu treffenden Maßnahmen zur Erhöhung des Handelsaustausches zwischen Deutschland und der Saar dürfen die Zahlungsbilanz Frankreichs nicht ernsthaft beeinträchtigen.

*Zweitens* – Artikel 19 hat folgenden Wortlaut erhalten:
Die Regierungen Frankreichs, der Bundesrepublik Deutschland, der Vereinigten Königreiche und der Vereinigten Staaten von Amerika verpflichteten sich, das Europäische Statut des Saarlandes aufrechtzuerhalten und zu garantieren, bis ein Friedensvertrag oder ein sonstiges Abkommen geschlossen wird, das an die Stelle des Friedensvertrages treten könnte. Dabei versteht es sich, daß die Bevölkerung der Saar, gemäß den Bestimmungen des Paragraph 23 des Berichtes, frei um ihre Meinung befragt wird, und daß die Saar zum Sitz europäischer Institutionen wird.«

Obwohl diese Vorschläge zur Ergänzung des Naters-Planes bei genauer Prüfung keinerlei Einschränkungen der französischen Forderungen enthalten und die Aufspaltung in »europäische Etappen« auch nur eine deklaratorische, aber keinerlei rechtlich-verpflichtende Bedeutung hatte, war das Echo aus Paris geradezu nieder-schmetternd. Es ist bekannt, daß Herr Grandval sofort zum Präsidenten Bidault ge-eilt war – wenige Tage zuvor waren in der Presse wieder Rücktrittsdrohungen des allmächtigen Botschafters in Saarbrücken gemeldet worden – und Protest gegen den Adenauer-Teitgen-Entwurf als Grundlage für eine endgültige Einigung in der Saar-frage erhoben hat. In der gleichen Weise traten alle französischen Gegner des EVG-Vertrages und der europäischen politischen Vereinigung auf den Plan und protestier-ten. Das französische Außenministerium – der Quai d'Orsay – gab dann das fol-gende offizielle Kommuniqué heraus, dessen Inhalt für sich spricht:

»Zuständigen Kreisen zufolge ist es nicht wahr, daß die Saarfrage als gelöst be-trachtet werden kann. Auf der Tagung des Ministerausschusses des Europarates ist eine gewisse Zahl von Unterredungen geführt worden, die eine bessere Definition der sich auf die Saarfrage beziehenden Probleme gestatten sollten. Die Regierung ist von den detaillierten Ergebnissen der Unterredungen, deren Aufgabe es nicht war, eine Lösung zu erzielen, sondern die Suche nach einer Lösung zu erleichtern, noch nicht unterrichtet worden. Die gleichen Kreise fügen hinzu, daß die Verbreitung un-wahrer Nachrichten eine Wirkung haben würde, die dem gewünschten Ziel, das heißt einer europäischen und für alle Länder annehmbaren Lösung der Saarfrage direkt zuwiderläuft.«

Damit mußte auch der Bundeskanzler jetzt selbst erfahren, wie zutreffend die Erklärungen der französischen Unterhändler bei den Verhandlungen am 11. April 1954 mit Staatssekretär Hallstein gewesen sind, daß man Bindungen an eine euro-päische Entwicklung zwar wolle, aber nicht in einem Vertragsdokument anerkennen könne. So sehr übrigens die Franzosen das Teitgen-Protokoll nach außen hin ab-lehnten und sich von ihm distanzierten, so sehr pochten sie im Verhältnis zum deut-schen Vertragspartner auf das darin gemachte weitere deutsche Zugeständnis: Die Sicherung der wirtschaftlichen Vormachtstellung Frankreichs an der Saar gegenüber einer höchst zweifelhaften Regelung der Wirtschaftsbeziehungen des Saarlandes mit Deutschland. Nach der schon erwähnten Zusammenstellung über den Gang der Saarverhandlungen von 1952 bis 1954 vom 5. Oktober 1954 sah Paris in dem Teitgen-Protokoll die vierte wesentliche Etappe, also einen der wesentlichsten Ab-schnitte von vier! In der Zusammenstellung wurde dazu festgestellt: »Die *Prinzipien*, auf denen die gegenwärtige französisch-saarländische Wirtschaftsunion gegründet ist, werden in einem Vertrag über die wirtschaftliche Zusammenarbeit Frankreichs und der Saar *erneut* festgelegt.« Übrigens zeigt der endgültige Text des Statuts vom 23. Oktober 1954, daß die Formulierungen des Adenauer-Teitgen-Protokolls bis auf das europäische Rankenwerk – nach Herrn Blankenhorn: »schmückendes Beiwerk« – und gewisse Abschwächungen bei den wirtschaftlichen Regelungen in Artikel XII des Statuts Vertragsinhalt geworden sind.

Nach diesem Schock für alle Europäer geschah zunächst nichts mehr zur Regelung der Saarfrage, die französische Seite drängte nicht einmal mehr darauf, bis zum Be-ginn der Debatte über den EVG-Vertrag in der französischen Nationalversamm-lung die endgültige deutsche Zusage zu einer Textformulierung in Händen zu ha-ben, so überzeugt war man offensichtlich in Paris, daß der EVG-Vertrag von der Mehrheit des Parlaments abgelehnt werden würde. Das auf deutscher Seite als Katastrophe – so die Äußerungen Hallsteins bei den Verhandlungen vom April 1954 – angesehene Ereignis trat am 30. August ein, und zwar in einer besonders deprimierenden Art und Weise: Es kam gar nicht zu ernsthaften Debatten des Für und Wider der Anhänger und Gegner des Vertragswerkes, man setzte die Erörterung einfach von der Tagesordnung ab, die EVG war erledigt.

Es ist erstaunlich, heute nach zwanzig Jahren festzustellen, mit welchem Elan und geradezu atemberaubendem Tempo alle Beteiligten im westlichen Lager daran gingen, die schweren Auswirkungen des Scheiterns der EVG auszugleichen und eine »Ersatz«-Lösung zu finden. Es ging ja nicht nur darum, die Bundesrepublik durch einen beachtlichen Wehrbeitrag zur Verteidigung Europas mit heranzuziehen – wie das vor allem der Wunsch Amerikas war –, für die Bundesrepublik stand die Befreiung von den Zwängen des Besatzungsstatuts und die Erlangung ihrer Souveränität als gleichberechtigter Partner der westlichen Welt auf dem Spiel.

Zudem war die Bundesrepublik bis dahin nicht als Partner des Nord-Atlantik-Paktes, der NATO, zugelassen. Alle diese Probleme waren jetzt plötzlich wieder akut geworden, man mußte eine schnelle Regelung finden. Diese wurde alsbald von britischer Seite wie folgt angeregt:

1. die Bundesrepublik sollte – ebenso wie Italien – Mitglied des Brüsseler Paktes werden, der zu diesem Zweck umgebildet werden sollte;
2. die Bundesrepublik sollte Mitglied der NATO werden; und
3. der Deutschlandvertrag sollte nach gewissen Änderungen zur Anpassung an die jetzige Lage unterzeichnet werden.

Nach Beratungen der Vorschläge, vor allem auf der Londoner Neun-Mächte-Konferenz Ende September 1954 kam die neue Lösung nach den Vorstellungen Edens zustande. Der Brüsseler Pakt – im März 1948 gegen Deutschland gerichtet, zwischen Frankreich, Großbritannien, Holland, Belgien und Luxemburg abgeschlossen – wurde jetzt zur West-Europäischen Union umgeformt, der vielzitierten WEU, deren Beauftragte dann später beim Referendum über das Saarstatut mitgewirkt haben. Die Bundesrepublik und Italien traten der NATO bei. Diese neuen Abmachungen sollten am 23. Oktober in Paris unterzeichnet werden.

Und wieder kam die *Saarfrage* dazwischen!

Im Juni 1954 löste Pierre Mendès-France den bisherigen Ministerpräsidenten Laniel ab und übernahm gleichzeitig als Nachfolger Georges Bidaults das Außenministerium. Schon bald nach seinem Amtsantritt hatte auch Mendès-France – wie seine Vorgänger – die saarländische Vorbedingung aufgegriffen und sie in wiederholten öffentlichen Erklärungen zur grundsätzlichen Voraussetzung für einen Vertragsabschluß mit der Bundesrepublik gemacht, auch nach dem Scheitern des EVG-Vertrages!

So kam der Termin zur Unterzeichnung der Verträge in Paris, der 23. Oktober 1954 heran. Bundeskanzler Dr. Adenauer wußte, daß es jetzt nur noch ein »Entweder – oder« gab, das Saarabkommen anzunehmen, oder das gesamte Vertragswerk »platzen« zu lassen. Wenn der Kanzler ernsthafte Zweifel gehabt hätte, wie er sich entscheiden sollte, könnte man das bekannte Wort über Martin Luthers Gang nach Worms zitieren: »Mönchlein, Mönchlein, Du gehst einen schweren Gang.« Aber der Kanzler wußte längst, was er in Beziehung auf die Saar-Regelung akzeptieren mußte, er hatte auch am Abend vorher noch von dem erneut gefaßten Beschluß des Pariser Kabinetts und der Presseerklärung von Mendès-France Kenntnis erlangt: Ohne Saarregelung keine Verträge!

Oppositionsführer Erich Ollenhauer (SPD) erklärte dann im Bundestag: »Dieses Saarstatut ist das merkwürdigste Vertragsdokument, das je in einem demokratischen Staat den parlamentarischen Körperschaften vorgelegt wurde. Es hat überhaupt keine sachliche Beziehung zu den Angelegenheiten, die durch die Pariser Verträge geregelt werden sollen. Es ist weder für die vertragliche Regelung des militärischen Beitrags der Bundesrepublik noch für die Festlegung des zukünftigen Status der Bundesrepublik zu den Westmächten notwendig. *Es ist einfach der Preis, den die Bundesrepublik für die französische Zustimmung zu der deutschen Mitgliedschaft in der NATO zu zahlen hat*« (Prot. S. 3140).

Auch der am 18. Oktober 1954 von den deutschen Saarparteien als letzter Ausweg vorgelegte Kompromißvorschlag für eine Zwischenlösung – Prof. Freymond zitiert die sieben Punkte dieses letzten Versuches S. 181, 327, Anm. 2 wörtlich – kam ebenso wenig noch zur Diskussion wie der Plan Karl Mommers »Eine Saarlösung mit dem Risiko der Freiheit« (»Stuttgarter Zeitung« vom 9. Oktober 1954) oder der Lösungsvorschlag der FDP-Fraktion vom 18. Oktober 1954. Nach den Verhandlungen, die den wohlmeinenden Verfassern besserer Lösungsvorschläge für die Regelung der Saarfrage damals freilich ebenso unbekannt waren wie alle bisherigen Verhandlungsergebnisse, war es, wie wir heute wissen, eine Illusion, im Oktober 1954 noch an einen Ausweg durch eine Zwischenlösung zu denken. Wir sind überzeugt, daß auch der Bundeskanzler alle diese Vorschläge nicht mehr ernstgenommen hat. Aus diesen Erwägungen heraus dürfte auch die Mitnahme von Vertretern der Bonner Saaropposition – SPD und FDP – zu den letzten Verhandlungen nach Paris nur als ein Alibi für den Kanzler zu werten sein. Dasselbe gilt für das letzte Gespräch des Kanzlers mit den Vorsitzenden der deutschen Saarparteien am 18. Oktober 1954, dem der Kanzler durch eine von ihm veranlaßte Gruppenaufnahme für die Presse so besonderen Nachdruck verliehen hat.

Über die allerletzten Stunden vor der Unterzeichnung liegen keine Protokolle vor. Nach den »Erinnerungen« des Kanzlers (Bd. II, S. 367) begann das Gespräch zwischen Adenauer und Mendès-France nach einem Essen, das der britische Minister Eden für die Konferenzteilnehmer gegeben hatte. Adenauer schreibt darüber: »Mendès-France wiederholte bei dem Essen, was er bereits vorher eindeutig gesagt hatte: Er würde die Pariser Abmachungen nicht unterzeichnen, wenn nicht eine Saarregelung getroffen sei! Sobald der Nachtisch gereicht war, zogen Mendès-France und ich uns zu dem letzten Versuch einer Verständigung zurück . . . Die Beratungen zwischen Mendès-France und mir dauerten etwa bis Mitternacht. Erst gegen 23 Uhr begannen sich Möglichkeiten für einen Kompromiß abzuzeichnen.«

Nach Adenauers Darstellung waren noch streitig:

1. – der endgültige Charakter der Regelung;
2. – die Volksabstimmung, genauer gesagt: Volksbefragung durch ein Referendum der Saarbevölkerung – oder Entscheidung durch einen frei zu wählenden Landtag;
3. – eine zweite Abstimmung über das Schicksal der Saar im Friedensvertrag;
4. – Wahl eines neuen Landtages nach der Annahme des Statuts.

**Das wär' eine feine Ueberraschung!**

77 78

Ohne Saarstatut – keine Divisionen! Schon 1953 machte die in französischem Besitz befindliche Zeitung »Neue Woche« – ehemals das Blatt des MRS im Saarland – durch zwei Karikaturen seinen Lesern die »saarländische Vorbedingung« – le préalable sarrois – klar.

**Der große Mann.    „,... man muß sich aber auch etwas beugen können!"**

*Rückschau auf die Bundestagsdebatte*

# Mußte der Kanzler schweigen?

**Bonn, Mitte Dezember**

Die außenpolitische Debatte in der vergangenen Woche begann so ruhig, die Atmosphäre war zunächst so spannungslos, daß Langeweile sich auf die Tribünenbesucher senkte. Aber nicht lange. Schon bald kam es zu heftigen, ja leidenschaftlichen Auseinandersetzungen, und im letzten Akt ereignete sich die erschütternde Szene, in der der Kanzler, von der Opposition in die Zange genommen, vergeblich nach Worten rang und wie geschlagen vom Rednerpult abtrat. Wie in der griechischen Tragödie bemächtigten sich Furcht und Mitleid der Zuschauer: Mitleid mit dem alten übermüdeten Mann, dessen scheinbar so unerschöpfliche Kräfte nun offensichtlich doch am Ende waren, und Furcht bei dem Gedanken an die Zukunft. Kurz vorher hatte der beste CDU-Redner in dieser schicksalsschweren Debatte, der neue Vorsitzende des Auswärtigen Bundestagsausschusses, Kiesinger, die sorgenvolle Frage ausländischer Politiker zitiert: „Was wird geschehen, wenn der Bundeskanzler nicht mehr am Steuer der deutschen Politik steht?". Die Frage schien plötzlich eine beunruhigende Aktualität zu gewinnen.

Adenauers Mißgeschick war eine Sensation. Am gleichen Platz, an dem er in der außenpolitischen Debatte vom 7. Oktober durch unerbittliche Fragen die Opposition in die Enge getrieben hatte, mußte der Kanzler nun vor derselben Taktik desselben Gegners die Waffen strecken. Seine Antworten auf die beharrliche Frage Carlo Schmids, ob er das Saarabkommen etwa unter französischem Druck unterschrieben habe, lauteten verworren. Abrupt verließ er das Pult, und als er, ein harter Fechter, gegen Ende noch einmal in die Debatte eingriff, wäre es ihm um ein Haar nicht besser ergangen.

## Eine schwierige Situation

Was war geschehen? Dem Kanzler hatten die Kräfte versagt, weniger wohl die Kräfte der Erinnerung als die der Geistesgegenwärtigkeit, der Schlagfertigkeit. Nichts ist unter den ungeheuren Anstrengungen der vorhergegangenen Woche natürlicher als das. Die Situation war besonders schwierig, weil jedes unvorsichtige Wort des Bonner Regierungschefs für seinen parlamentarisch gefährdeten Pariser Kollegen katastrophale Folgen haben konnte. Der Kanzler hatte bereits in seiner am Vortage abgegebenen Regierungserklärung zwei Dinge gesagt, die Mendès-France gefährlich werden konnten: Er hatte festgestellt, das Abkommen widerspreche nicht der deutschen These, nach der die Saar bis zum Friedensvertrag zu Deutschland (in seinen Grenzen von 1937) gehöre. Und er hatte weiter „offensichtliche Meinungsverschiedenheiten" zwischen der deutschen und der französischen Auslegung des Abkommens zugegeben, die bereinigt werden müßten. Beides war an die Adresse des Bundestages gerichtet, der sich — mit Ausnahme der CDU/CSU-Fraktion — trotzdem geweigert hat, das Saarabkommen vorbehaltlos zu akzeptieren.

Am Donnerstag trafen weitere schlechte Nachrichten aus Frankreich ein. Dem Kanzler schien es daraufhin dringend geboten, nun mit dem Blick auf Paris zu erklären, daß er auf jeden Fall zu seiner Unterschrift unter dem Abkommen stehen werde (gleichgültig, welche Auslegung sich als authentisch erweisen werde). In dieser Lage konnte er einfach nicht zugeben, unter Druck unterschrieben zu haben. Damit hätte er doch die Möglichkeit einer Anfechtung des Abkommens geschaffen. So verwickelte er sich am zweiten Tage der Debatte in Widersprüche und mußte später fast unvermittelt versichern, bei seiner Unterschrift zu bleiben. Das Bundespresseamt wiederholte am Samstag diese Versicherung, nachdem Paris erneut jede weitere „Interpretations"-Verhandlung" über die Saarvereinbarung rundweg abgelehnt hatte. Zugleich rügte das Bundespresseamt scharf das Verhalten Carlo Schmids, obwohl alle Zuhörer der dramatischen Auseinandersetzung den Eindruck gewonnen hatten, daß sich der Oppositionssprecher sachlich verhalten hatte. Das Amt hätte besser die Fraktion des Kanzlers kritisiert, die es ohne Zweifel an der dringend nötigen Schützenhilfe für ihren Chef hatte fehlen lassen.

Der Verlauf dieses politischen Ringens legt die Frage nahe, ob der Kanzler seine parlamentarische Niederlage nicht hätte ersparen können, wenn er dem Bundestag Eindeutigeres über die Saar gesagt hätte. Das Saarabkommen ist problematisch wegen seiner Zweideutigkeit. Jedermann weiß oder spürt das. Weshalb also versuchte der Kanzler nicht, zum durchaus vertretbaren Hinweis zu rechtfertigen, daß anders die französische Unterschrift unter die Pariser Verträge nicht zu erreichen gewesen wäre? In seiner Regierungserklärung hatte er doch gerade auf die Unvermeidlichkeit des politischen Junktims zwischen allen Abmachungen und Verträgen hingewiesen.

Das Bewußtsein, daß sich der Spielraum für wirklich freie Entscheidungen rapide verkleinert, daß die politischen Entscheidungen immer verbindlicher werden und damit das Schicksal unausweichbar auf uns zukommt, dieses Bewußtsein lag in der vergangenen Woche drückend auf dem Plenum des Bundestages. Es schuf die gespannte Atmosphäre, die sich nicht nur im Ringen um das Saarabkommen, sondern auch in den dramatischen Auseinandersetzungen um die Wieder... ...

den Wehrbeitrag entlud. Es war für jene Debatte charakteristisch, daß sich die Gegensätze nicht eigentlich an der Regierungserklärung des Kanzlers und an der ersten Erwiderung des Oppositionsführers entzündeten. Vielleicht waren diese beiden Reden, vorbildlich in Form und Inhalt, zu gut vorbereitet. Die ganze Unversöhnlichkeit der Auffassungen von Regierung und Opposition brach erst im Laufe der Diskussion durch, besonders als zwei so ausgezeichnete Debatteredner wie Kiesinger (CDU) und Erler (SPD) sich immer wieder in meisterhafter Weise der Möglichkeit zu unmittelbarem Frage- und Antwortspiel bedienten.

## These gegen These

Obwohl die Thematik alt und vertraut war, saßen diesmal die Akzente doch anders als sonst. Statt sich wie früher im Kampf um die Priorität von Wiedervereinigung und Wiederbewaffnung zu drehen, rang man um die Erkenntnis der politischen Situation, konkreter: um die Bewertung der sowjetischen Politik. Thesen der SPD: Moskau wünscht anscheinend eine Entspannung, das ist der rechte Augenblick für die Einleitung von Deutschlandverhandlungen, zumal das Kreml unzweideutig gedroht hat, für den Fall der Ratifizierung der Pariser Verträge an der Wiederherstellung der deutschen Einheit kein Interesse mehr zu haben. Thesen der Regierung: „Wir sind der Meinung, daß Ihre Meinung falsch ist, und Sie

*Zum erstenmal bedrückte ihn die Last seiner Jahre sichtbar.*

Adenauer wollte nicht zugeben: Unter Druck – unterschrieben!

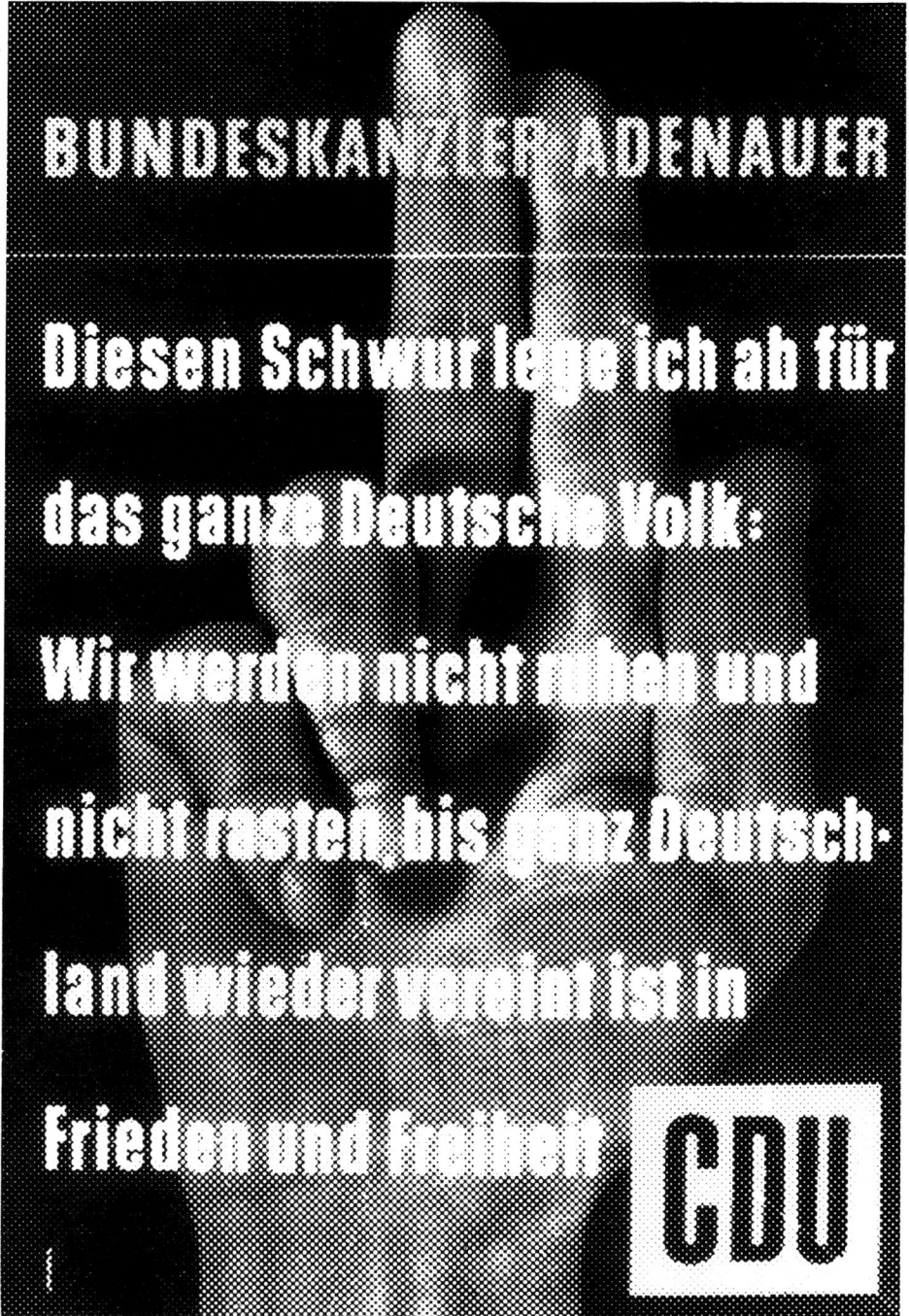

BUNDESKANZLER ADENAUER

Diesen Schwur lege ich ab für das ganze Deutsche Volk: Wir werden nicht ruhen und nicht rasten, bis ganz Deutschland wieder vereint ist in Frieden und Freiheit

CDU

80

Des Kanzlers Schwur: Wahlplakat der CDU zur Bundestagswahl 1953. Erklärung Heinrich von Brentanos am 28. Oktober 1953 vor dem Deutschen Bundestag!

...ösischen Senat...
...e Statut der Saar, dem die Regierung des Saarlandes ihre
Zustimmung gegeben hat, Wirklichkeit wird.

Die Regierung des Saarlande

Ministerpräsident

# DAS EUROPÄISCHE SAAR-STATUT

HERAUSGEBER:
REGIERUNG DES SAARLANDES
DRUCK:
SAARLÄNDISCHE VERLAGSANSTALT UND DRUCKEREI GMBH., SAARBRÜCKEN

81
Zur Entscheidung vorgelegt: In »europäischer« Aufmachung, mit einem Vorwort von Johannes
Hoffmann und dem Händedruckbild Adenauer–Mendès-France ausgestattet, legte die »Regierung
des Saarlandes« der Saarbevölkerung den Text des Statuts vor.

82
Sind sich einig: Bundeskanzler Dr. Adenauer und der französische Ministerpräsident Pierre Mendès-France nach der Unterzeichnung des Saarabkommens. Die »Saarbrücker Zeitung« – das damals französische Blatt in deutscher Sprache – unterrichtete im Überschwang der Freude die Bevölkerung des Saarlandes von dem Ereignis.

Wer Sonntag,13.Januar 1935,nicht zur Wahl
gehen konnte,durfte schon am 12.Januar 35
wählen.Hierzu wurde der helle Wahlschein
benutzt.

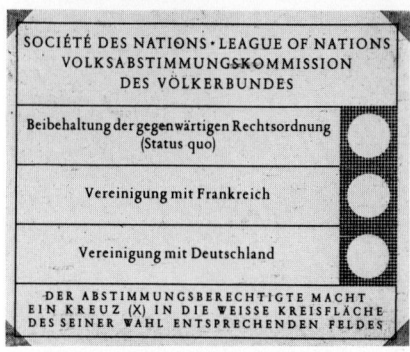

Am 13. Januar 1935 wurde dieser klein
karrierte Schein benutzt.

**Historische
Entscheidungen
an der Saar**

84
Die Stimmzettel für 1935
Der Stimmzettel für 1955

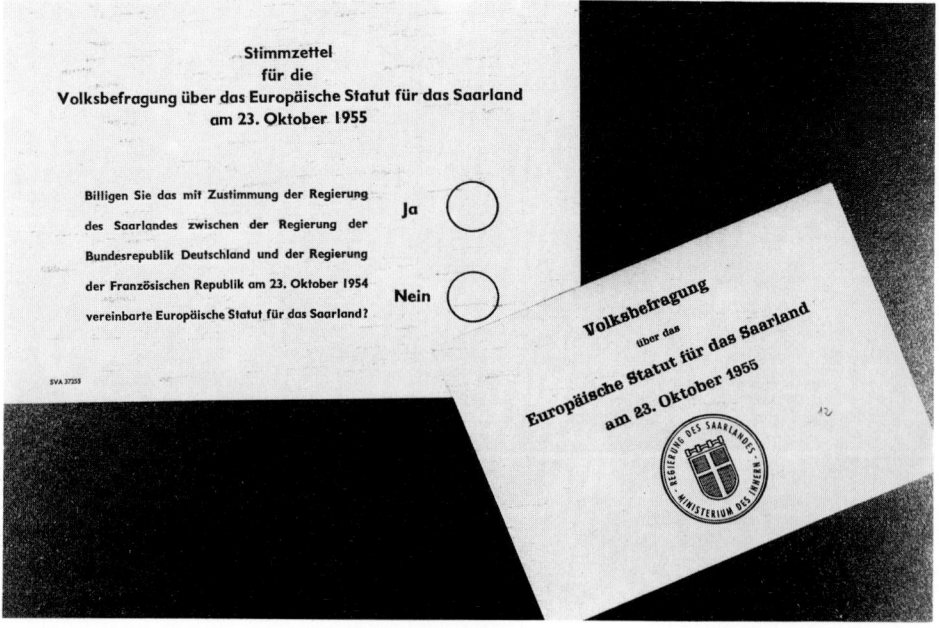

**So sahen es
die beiden Seiten**

86  87
Oben: aus der »Deutschen
Nationalzeitung« vom
29. 5. 1954
Unten: aus dem ehemaligen
MRS-Blatt »Neue Woche«
(in französischem Besitz)
vom Oktober 1954

*Gewogen und zu leicht befunden ...*

**Endlich beglaubigt..!**

**Nach dem Polterabend**

Zeichnung: Szewczuk (Copyright DIE WELT)

87a
Nach der Annahme des Saarstatuts durch Bundeskanzler Dr. Adenauer am 23. Oktober 1954
sah »Die Welt« am 26. Oktober 1954 die deutsch-französische Hochzeit wie unsere Abbildung
oben; die Frankfurter »Abendpost« brachte die Todesanzeige für die SAAR.

**Todesanzeige**

Von uns ging plötzlich aber nicht unerwartet die teure

# SAAR

, in der Blüte ihrer Jahre.

Wer sie gekannt, weiß um die Größe unseres Verlustes. Wir
werden ihr immer ein ehrendes Gedenken bewahren.

DIE HINTERBLIEBENEN

Das Ergebnis der Verhandlungen über diese vier Punkte war das folgende:

1. Die französische Seite erreichte keine förmliche – also de jure – Verpflichtung der Bundesrepublik, sich bereits jetzt zur Übernahme des Saar-Statuts im späteren Friedensvertrag zu binden. Dagegen erreichten die Franzosen – wie schon gesagt – durch zwei äußerst geschickte Formulierungen, dem Saarstatut einen faktisch endgültigen (de facto) Charakter zu verschaffen. Man legte im französischen Text in Artikel I fest: »Ce statut ne pourra pas, jusqu'à l'intervention d'un traité de paix, être remis en cause.« Der amtliche deutsche Text ist ungenau, ja sogar irreführend, wenn es dort heißt: »Nachdem dieses Statut im Wege der Volksabstimmung gebilligt worden ist, kann es *bis zum Abschluß* eines Friedensvertrages nicht mehr in Frage gestellt werden.« Die richtige Übersetzung wäre: das Statut kann – einmal angenommen – nur noch nur das »Dazwischentreten« eines Friedensvertrages in Frage gestellt, das heißt: abgelöst werden. Der Sinn ist also eindeutig der, daß nur ein zustande gekommener Friedensvertrag das Saarstatut hätte ersetzen oder ändern können.

Die Franzosen haben später in allen Debatten zu diesem Streitpunkt erklärt, daß sie mit dieser Formulierung die Handhabe erlangt hätten, jede friedensvertragliche Regelung, die nicht ihren Vorstellungen über die Saarfrage entsprechen würde, zu verhindern. In seinem Bericht an die französische Nationalversammlung erklärte der Berichterstatter, der Abgeordnete Isorni (Rapport Nr. 9704, S. 18/19), daß »weder die Bundesregierung noch eine durch Verschmelzung mit der Ostzone entstehende gesamtdeutsche Regierung in der Lage wären, sich vor dem Zustandekommen eines Friedensvertrages von den Bindungen des Saarstatuts freizumachen«. Die Bestätigung dieser Feststellung gab Ministerpräsident Mendès-France am 23. Dezember 1954 vor der Nationalversammlung:

»Der französische Standpunkt ist, daß das Abkommen, das wir hier beraten, ohne jeden Vorbehalt in den Friedensvertrag übernommen wird und einen Teil des Friedensvertrages bilden muß; jede französische Regierung wird im Hinblick auf die Verpflichtungen unserer Alliierten aus den Jahren 1947/1950 darauf bestehen, daß letztere unseren Standpunkt unterstützen, wenn der Friedensvertrag einmal in Frage gestellt wird.«

Im weiteren Verlauf der Debatte stellte Mendès-France alsdann das zweite französische Argument für den (faktisch) endgültigen Inhalt des Statuts wie folgt heraus:

»Was immer zu diesem Punkt bisher gesagt worden ist, so wird die französische Regierung, wohl gemerkt, bei den Friedensverhandlungen ihre vollständige und uneingeschränkte Handlungsfreiheit in dieser Hinsicht besitzen. Und ich halte es für nötig zu wiederholen, um jedes Mißverständnis in unserem Land und im Ausland auszuschließen, daß die Bestimmungen des Statuts der Saar, wenn die Zeit gekommen ist, ohne jede Abänderung in den Friedensvertrag übernommen werden müssen und daß die französische Regierung sich nicht zu einem Friedensvertrag bereitfinden wird, der mit dieser Forderung nicht übereinstimmt. Um unseren Willen in dieser Frage zu bestätigen, gebe ich folgende genaue Klarstellung: Während der verschiedenen Abschnitte der Saarverhandlungen in den vergangenen Jahren war zu wiederholten Malen gesagt worden ›im Friedensvertrag‹ oder, wie man hinzugefügt hatte, ›einem entsprechenden‹ (ähnlichen, gleichartigen, Anm. d. Verf.) Vertrag. Letzteres gab die Möglichkeit, neue französisch-deutsche Verhandlungen zu eröffnen, die dem Friedensvertrag hätten vorgreifen können und die geeignet sein konnten, zwischen den beteiligten Ländern ein Abkommen abzuschließen, das von dem gegenwärtig erreichten abweichen würde. Die Formel ›oder einem entsprechenden Vertrag‹ ist im vorliegenden Text verschwunden. Es ist also vollkommen klar, daß durch diesen (jetzigen) Wortlaut das europäische Statut der Saar einen *unwiderruflichen* Charakter erhält, allein unter dem Vorbehalt des Friedensvertrages.«

Diese Darlegung und der darin enthaltene Rechtsstandpunkt des damaligen französischen Regierungschefs fanden die Zustimmung der beiden französischen Kammern, viele Sprecher machten sich auch später noch die gleiche Auffassung zu eigen. Frankreich sah sich genügend gesichert – vorausgesetzt, daß das Statut von der Saarbevölkerung angenommen worden wäre! Paris hatte daran nicht die geringsten Zweifel!

2. Aus den gleichen Gründen konnte die französische Seite auch die von Bundeskanzler Adenauer gewünschte zweite Abstimmung »zum« Friedensvertrag zugestehen (Artikel IX des Statuts); die Saarländer wären erst gar nicht dazu gekommen, noch einmal »abzustimmen«, wenn die Franzosen ihr Veto gegen eine anders geartete Regelung der Saarfrage im Entwurf eines Friedensvertrages eingelegt hätten. Das Recht dazu wäre ihnen durch das – einmal angenommene – Statut eingeräumt worden.

3. In den »Erinnerungen« stellte der Kanzler besonders die Bedeutung der Wahl eines neuen Landtages Artikel VII c des Statuts) heraus, die er durchgesetzt habe. Hier wird wohl übersehen, daß schon im Naters-Plan, Kapitel III, Ziffer 23, eine Neuwahl des Landtages nach Annahme des Statuts und Anpassung der Saarverfassung an die neuen Verhältnisse vorgesehen war; Frankreich hatte dem auch nicht widersprochen. Im übrigen hätte der deutschen Opposition die Wahl eines neuen Landtages nach der *Annahme* des Saar-Statuts mit Sicherheit keine Möglichkeit gebracht, jetzt noch eine Änderung herbeizuführen und die Rückkehr der Saar nach Deutschland durchzusetzen. Ganz abgesehen davon, daß dies nach dem international garantierten und vom Europäischen Kommissar in diesem Zeitpunkt schon überwachten Statut gar nicht mehr möglich gewesen wäre, hätte sich im saarländischen Landtag nach einem Sieg der JA-Sager die Mehrheit Hoffmanns und der SPS erhalten. Es war nach unserer Meinung abwegig anzunehmen, es ließe sich zuerst das Statut durch ein JA zur Annahme bringen und Hoffmann dann nach dieser Krönung seiner Politik abwählen!

4. Eine besondere Bedeutung nahm in den Vorstellungen des Bundeskanzlers dann noch die Frage ein, ob das ausgehandelte Statut durch die Saarbevölkerung selbst oder »durch einen frei gewählten Landtag« gebilligt werden sollte. Adenauer vertrat den letzteren Standpunkt jahrelang und hartnäckig (Abb. 69). Zur Begründung führt er in den »Erinnerungen« (Bd. II, S. 367) aus: »Ich war sehr entschieden gegen eine derartige Volksabstimmung, da ich befürchtete, daß in dem Abstimmungskampf stark nationalistische Töne angeschlagen würden, die dem französisch-deutschen Verhältnis abträglich werden mußten. Die französisch-deutsche Annäherung war eine zarte Pflanze, sie mußte sehr behutsam gepflegt werden. Ich hatte Zweifel, ob sie den zu erwartenden psychologischen Belastungen, wie sie ein derartiger Abstimmungskampf mit sich bringen würde, standhalten konnte. Ich konnte jedoch Mendès-France nicht zu einem Verzicht auf die Volksabstimmung bewegen!«

Wir Deutschen von der Saar werden Mendès-France ewig dankbar sein müssen, daß er so hartnäckig auf einer Entscheidung durch die Saarbevölkerung bestanden hat. Selbst der »Verlierer« Johannes Hoffmann meinte zu dieser Frage (S. 385): »Man könnte auch sagen, was Adenauer ursprünglich gar nicht wollte, war im Statut verankert und hat sich nachträglich zu seinem Vorteil ausgewirkt.«

In der Tat wechselte die Meinung über eine Befragung der Saarbevölkerung oder eine Entscheidung durch einen frei gewählten Landtag mehrfach. In den ersten Jahren nach 1945 lehnte die französisch-saarländische Seite – vor allem Grandval und Hoffmann – eine direkte Entscheidung durch die Saarbevölkerung kategorisch ab. Später, als man sich offensichtlich (zu) sicher war, eine überwältigende Zustimmung der Saarbevölkerung zu bekommen, wurde die Volksabstimmung zur Grundsatzforderung der Franzosen erhoben, während Adenauer sich in gleichem Maße auf einen »frei gewählten Landtag« stützen wollte, dem ebensowenig eine – auch völkerrechtliche – Entscheidungskraft beizumessen gewesen wäre wie dem Landtag von 1947. Ein solches Recht und die von den Franzosen ständig daraus abgeleiteten Auswirkungen waren ja gerade immer wieder von deutscher Seite bestritten worden; ich bin auf diese fehlende Rechtsgrundlage des saarländischen Staatsgebildes von 1947 oben schon näher eingegangen. Aber vielleicht bestimmten derartige Erwägungen doch die geheimsten Gedanken des Kanzlers und waren jene »Hintertür«, welche die Franzosen fürchteten, denn eines ist absolut feststehend: Adenauer hatte bei der Unterzeichnung des Abkommens mit Mendès-France und auch später nicht daran gedacht, das Statut könne von der Saarbevölkerung abgelehnt werden. Daran dachte in jenem Zeitpunkt (Oktober 1954) niemand, auch wir nicht. Es gab weder vor der Unterzeichnung noch später das berühmte »Augenzwinkern« mit den deutschen Saarparteien, etwa in dem Sinne: Ich nehme an und Ihr lehnt ab!

Ganz offensichtlich vermuteten die in der Saarfrage stets mißtrauischen Franzosen einen deutschen Hintergedanken bei einer möglichen Entscheidung durch einen frei gewählten Landtag und lehnten deshalb diese Forderung des Kanzlers ab. Auch waren sie ihrer Sache dank der (Fehl-)Informationen durch die Herren Grandval und Hoffmann so sicher, daß sie die Möglichkeit einer Ablehnung durch die Bevölkerung nicht in Erwägung zogen. Jedenfalls noch einmal: Gott sei's gedankt! Ich bin heute noch fest überzeugt, daß über eine »bloße« Landtagswahl die Dinge an der Saar anders verlaufen wären.

Will man sich heute rückschauend ein Bild von dem zweieinhalbjährigen deutsch-französischen Ringen um eine vertragliche Saarregelung machen, dann erscheint mir der Vergleich mit einem Florettgeflecht recht anschaulich. Jeder Fechter versucht, seinen Gegner durch Ausfälle und Zustoßen zurückzutreiben, dagegen selbst – vorwärtskämpfend – immer mehr Boden zu gewinnen. Dieses hin und her der Fechter wird so lange fortgesetzt, bis einer von beiden mit dem Rücken an der Wand steht, also keine Möglichkeit mehr hat, das Gefecht fortzusetzen. So erschien mir – symbolisch gesehen– die deutsche Position in der Nacht vom 23. Oktober 1954 gewesen zu sein. Wir standen mit dem Rücken an der Wand!

Nach dieser ausführlichen Darstellung mag der trockene Wortlaut des Saarstatuts nicht mehr von Interesse sein. Wenn ich aber dennoch den vollen Text folgen lasse, dann nur aus einem Grunde: Wer mein Buch liest, soll sich an dieser Stelle in die Lage von 663 811 Menschen im Saarland – Männer, Frauen, Jugendliche, die das 20. Lebensjahr vollendet hatten, aus allen Berufen, Schichten und Bildungsklassen –

versetzen, die zu dem nun folgenden Text entweder JA oder NEIN sagen sollten. Selbstverständlich hatte die Regierung Hoffmann das Statut in einer ansprechenden Verpackung »europäisch« aufgemacht (Abb. 81) und – versehen mit einem von Hoffmann unterzeichneten Vorwort (Abb. 83) sowie dem Bild des lächelnden Adenauer, der mit Mendès-France einen Händedruck wechselt (Abb. 82) – zur Verteilung bringen lassen.

Hier der Wortlaut:

### I.

Ziel der ins Auge gefaßten Lösung ist es, der Saar im Rahmen der Westeuropäischen Union ein Europäisches Statut zu geben. Nachdem dieses Statut im Wege der Volksabstimmung gebilligt worden ist, kann es bis zum Abschluß eines Friedensvertrages nicht mehr in Frage gestellt werden.

### II.

Ein Europäischer Kommissar nimmt die Vertretung der Saar-Interessen auf dem Gebiet der auswärtigen Angelegenheiten und der Landesverteidigung wahr. Der Kommissar überwacht ferner die Beachtung des Statuts. Der Kommissar wird vom Ministerrat der Westeuropäischen Union ernannt. Er ist diesem Rat verantwortlich.

Der Kommissar darf weder Franzose noch Deutscher noch Saarländer sein. Bei der Mehrheit, mit der er ernannt wird, müssen sich die Stimmen Frankreichs und der Bundesrepublik Deutschland befinden; auch die Zustimmung der Saar ist erforderlich.

Der Kommissar unterbreitet jährlich dem Ministerrat einen Rechenschaftsbericht, der von diesem der Versammlung der Westeuropäischen Union zugeleitet wird.

Soweit der Ministerrat in bezug auf das Saarstatut Aufgaben zu erfüllen hat, entscheidet er mit einfacher Mehrheit.

### III.

Die beiden Regierungen werden den anderen beteiligten europäischen Regierungen vorschlagen, die Wahrnehmung der Interessen der Saar bei den europäischen Organisationen folgendermaßen zu regeln:

a) EUROPARAT:

1. Ministerkomitee:
   Der Kommissar nimmt an den Sitzungen mit beratender Stimme teil.
2. Beratende Versammlung:
   Saarländische Vertretung unverändert.

b) MONTANGEMEINSCHAFT:

1. Besonderer Ministerrat:
   a) Wenn die Außenminister tagen, wird die Saar durch den Kommissar vertreten.
   b) Wenn andere Minister tagen, wird die Saar mit Stimmrecht durch ihren zuständigen Minister vertreten.
2. Gemeinsame Versammlung:
   Drei Abgeordnete werden vom Saarlandtag gewählt, die französische Vertretung bleibt zahlenmäßig den Vertretungen Italiens und der Bundesrepublik Deutsch-

Gemäß den Bestimmungen des Abkommens zwischen der Regierung der Bundesrepublik Deutschland und der Regierung der Französischen Republik über das Statut der Saar vom 23. Oktober 1954, das nach Artikel 1 zum Ziele hat, der Saar im Rahmen der Westeuropäischen Union ein europäisches Statut zu geben, ist die Saarländische Bevölkerung zu fragen, ob sie dem europäischen Saarstatut ihre Zustimmung gibt.

Niemand soll den Vorwurf erheben können, die saarländische Bevölkerung habe nicht genügend Kenntnis von dem Inhalt dieses deutsch-französischen Abkommens erhalten. Deshalb hält es die Regierung des Saarlandes für ihre Pflicht, unter Verzicht auf jede Stellungnahme und Erläuterung den vollen Wortlaut des Abkommens jedem saarländischen Bürger zur Kenntnis zu bringen.

Die Bevölkerung des Saarlandes hat nunmehr zu entscheiden, ob das von Bundeskanzler Adenauer und dem französischen Ministerpräsidenten Mendès-France unterzeichnete und vom Deutschen Bundestag und Bundesrat sowie vom französischen Parlament und vom französischen Senat angenommene europäische Statut der Saar, dem die Regierung des Saarlandes ihre Zustimmung gegeben hat, Wirklichkeit wird.

Die Regierung des Saarlandes

Ministerpräsident

83
Propaganda der Hoffmann-Regierung für das Statut:
Vorwort der amtlichen Bekanntgabe des Textes des Saarstatuts durch Ministerpräsident Johannes Hoffmann. Außer dem Vorwort wurde in der auf Kosten der Steuerzahler hergestellten Schrift auch das Foto von Adenauers Einigung mit Mendès-France (Abb. . . . .) abgedruckt.

land gleich, wie es in Artikel 21 des Vertrages über die Gründung der Montangemeinschaft vorgesehen ist.

c) WESTEUROPÄISCHE UNION:
1. Ministerrat:
Der Kommissar nimmt an den Sitzungen mit beratender Stimme teil.
2. Parlamentarische Vertretung:
Die Versammlung der Westeuropäischen Union umfaßt die saarländischen Delegierten zur Beratenden Versammlung des Europarates.

IV.
Die beiden Regierungen werden vorschlagen, daß die Teilnahme der Saar an der
europäischen Verteidigung in einem Vertrag im Rahmen der Westeuropäischen
Union festgelegt wird und daß in Fragen, die die Saar betreffen, SACEUR stets in
enger Zusammenarbeit mit dem Kommissar handelt.

V.
Auf allen Gebieten, auf denen das Statut nicht ausdrücklich die Zuständigkeit des
Kommissars vorsieht, sind die Regierung und die Organe der Saar ausschließlich zu-
ständig.

VI.
Die politischen Parteien, die Vereine, die Zeitungen und die öffentlichen Versammlungen werden einer Genehmigung nicht unterworfen. Sobald das Statut durch
Volksabstimmung gebilligt ist, kann es bis zum Abschluß eines Friedensvertrages
nicht in Frage gestellt werden. Jede von außen kommende Einmischung, die zum
Ziele hat, auf die öffentliche Meinung an der Saar einzuwirken, insbesondere in Form
der Beihilfe oder der Unterstützung für politische Parteien, für Vereinigungen oder
die Presse, wird untersagt.

VII.
Nimmt die Saarbevölkerung das gegenwärtige Statut durch Volksabstimmung an,
so hat dies nachstehende Verpflichtungen für die Saar zur Folge:
a) Die Saarregierung muß die Bestimmungen des Statuts einhalten;
b) es muß alles Erforderliche geschehen, damit die verfassungsmäßigen Organe der
Saar an der saarländischen Verfassung die durch die Annahme des Europäischen
Statuts notwendig gewordenen Änderungen vornehmen;
c) die Saarregierung hat innerhalb einer Frist von drei Monaten nach der Volksabstimmung die Wahl eines neuen Landtags herbeizuführen.

VIII.
Die Regierungen der Bundesrepublik Deutschland und Frankreichs verpflichten sich,
das Statut der Saar bis zum Abschluß eines Friedensvertrages aufrechtzuerhalten
und zu garantieren. Die beiden Regierungen werden die Regierungen des Vereinigten Königreichs und der Vereinigten Staaten von Amerika bitten, die gleichen Verpflichtungen einzugehen.

IX.

Bestimmungen im Friedensvertrag über die Saar unterliegen im Wege einer Volksabstimmung der Billigung durch die Saarbevölkerung; diese muß sich hierbei ohne
irgendwelche Beschränkungen aussprechen können.

X.

Die in Artikel I vorgesehene Volksabstimmung findet drei Monate nach Inkrafttreten der Bestimmungen, die im ersten Absatz von Artikel VI vorgesehen sind,
statt.

XI.

Die beiden Regierungen werden gemeinsam alle Anstrengungen machen, die notwendig sind, um der saarländischen Wirtschaft Entwicklungsmöglichkeiten in weite-
stem Umfange zu geben.

XII.

A. Die Grundsätze, auf denen die französisch-saarländische Wirtschaftsunion gegenwärtig beruht, werden in ein Abkommen über wirtschaftliche Zusammenarbeit aufgenommen, das zwischen Frankreich und der Saar abgeschlossen wird
   und den folgenden Bestimmungen Rechnung trägt:
B. Bezüglich der wirtschaftlichen Beziehungen zwischen der Bundesrepublik
   Deutschland und der Saar ist das Ziel zu erreichen, gleichartige Beziehungen zu
   schaffen, wie sie zwischen Frankreich und der Saar bestehen. Dieses Ziel ist fort-
   schreitend in der Blickrichtung auf die sich ständig ausweitende deutsch-französische und europäische wirtschaftliche Zusammenarbeit zu verwirklichen. Auf
   dem Währungsgebiet bleibt die derzeitige Regelung bis zur Schaffung einer Währung europäischen Charakters in Kraft. Die fortschreitende Erweiterung der wirtschaftlichen Beziehungen zwischen der Bundesrepublik Deutschland und der
   Saar darf die französisch-saarländische Währungsunion und die Durchführung
   der französisch-saarländischen Konvention über die wirtschaftliche Zusammenarbeit nicht in Gefahr bringen. Dabei ist so vorzugehen, daß die Errichtung einer
   Zollgrenze zwischen Frankreich und der Saar nicht erforderlich wird. Der etwaigen Notwendigkeit, bestimmte Zweige der Saarindustrie zu schützen, ist
   Rechnung zu tragen.
C. In nächster Zeit werden Maßnahmen zur Erweiterung des Wirtschaftsverkehrs
   zwischen der Bundesrepublik Deutschland und der Saar getroffen, um dem Bedarf
   beider Länder an den Erzeugnissen des anderen Landes Rechnung zu tragen.
D. Zwischen Frankreich, der Bundesrepublik Deutschland und der Saar werden Abkommen geschlossen, um die in den Absätzen B und C niedergelegten Grundsätze zu verwirklichen. In diesen Abkommen ist der Notwendigkeit Rechnung zu
   tragen, daß die Zahlungsbilanz zwischen dem Gebiet des französischen Franken
   und der Bundesrepublik Deutschland nicht schwer beeinträchtigt wird; hierbei
   sind jedoch die Gegebenheiten des Wirtschaftsverkehrs zwischen der Bundesrepublik Deutschland und der Saar zu berücksichtigen.
E. Die Saar wird für die Verwaltung sämtlicher Kohlenvorkommen der Saar, einschließlich des Warndt, sowie der von den Saarbergwerken verwalteten Grubenanlagen Sorge tragen.

XIII.
Die beiden Regierungen werden den übrigen Mitgliedsregierungen der Europäischen Gemeinschaft für Kohle und Stahl empfehlen, den Sitz der Gemeinschaft nach Saarbrücken zu legen.

XIV.
Das vorliegende Abkommen wird dem Ministerrat der Westeuropäischen Union übermittelt, damit dieser es zur Kenntnis nehmen kann. Die beiden Regierungen werden die anderen Mitgliedsregierungen der Westeuropäischen Union bitten, diejenigen Bestimmungen des vorliegenden Abkommens zu billigen, die ihrer Zustimmung bedürfen.

Paris, den 23. Oktober 1954.«          gez. Adenauer    gez. Mendès-France

Auch die Fragestellung zum Statut war von der französischen Seite lange vorgeplant und in die – nach ihrer Meinung – günstigste Richtung gebracht worden. Hierüber liegen übereinstimmende Erklärungen von Außenminister Robert Schuman aus dem Jahre 1952 und Botschafter Grandval in einem Interview mit der »Süddeutschen Zeitung« vom 31. Oktober / 1. November 1953 vor. Dr. Mommer, der Saarspezialist der SPD, hatte frühzeitig vor einer solchen Strategie gewarnt und bereits am 22. Oktober 1952, also drei Jahre vor der Volksbefragung, dazu ausgeführt: »Herr Schuman gestattet uns noch einen weiteren Einblick in die französische Saarstrategie. Wenn der Friedensvertrag kommt, sagte er, muß das endgültige Saarstatut die einstimmige, also auch die deutsche Billigung finden. Deshalb sucht er ein Übergangsstatut, das Deutschland schon jetzt an einer anderen Lösung als einer brutalen Wahl zwischen der einen oder anderen Nation interessieren soll. Es sei wesentlich, den Menschen an der Saar nicht noch einmal die Frage ›Frankreich oder Deutschland‹ vorzulegen. In Übereinstimmung mit Bonn soll ihnen die Frage vorgelegt werden: Seid Ihr für das europäische Statut, über das wir uns in Bonn und Paris einig sind?« Noch heute nachzulesen im Sitzungsprotokoll des Deutschen Bundestages der 234. Sitzung vom 22. Oktober 1952, S. 10711! Wenn diese Ausführungen Schumans, zitiert von Mommer, nicht eine zielbewußte, unerhört klare Vorausplanung und -entwicklung verraten würden, müßte man, weiß Gott, hier von Hellseherei sprechen. Unsere Abb. 84 zeigt die unterschiedliche Fragestellung 1935 und 1955.

Im übrigen waren die klugen Initiatoren sehr böse, als wir im Abstimmungskampf die raffinierte Fragestellung unterlaufen und der Saarbevölkerung dann doch sehr schnell klar machen konnten, daß das JA = Frankreich und nicht Europa, und das NEIN = Deutschland bedeute. Johannes Hoffmann blieb nichts übrig, als uns vorzuwerfen, wir hätten das Wahlthema verfälscht!

Nach dem Abschluß des Abkommens vom 23. Oktober 1954 kam es dann noch zu weiteren Verhandlungen zwischen Bonn und Paris. Einmal versuchte sich die deutsche Seite in den Abschluß des Wirtschaftsvertrages zwischen der Saar und Frankreich nach Artikel XII, Absatz 1, einzuschalten, außerdem stand noch eine gemeinsame Regelung des so sehr umstrittenen Röchling-Problems offen. Doch darüber an anderer Stelle mehr. Schließlich verursachte ein drittes, wichtiges Problem weitere gegenseitige Verhandlungen.

Schon bald nach der Unterzeichnung des Abkommens tauchten Zweifel auf, welche Freiheiten den politischen Parteien im Saarland nach der Annahme des Saar-Statuts gewährleistet sein würden. Dr. Ney warnte vor dieser mißverständlichen Formel des Statuts, das nach seiner Billigung »nicht mehr in Frage gestellt werden dürfte«. Wir kannten ja diese Streitfrage aus den Erörterungen und Diskussionen im Unterausschuß der Allgemeinen Kommission des Europarates (oben S. 232), ohne genau zu wissen, daß zwischen Hallstein und Maurice Schumann darüber am 11. April 1954 ausgiebig verhandelt worden war und die Franzosen nicht bereit waren, sich der Ansicht des Europarates anzuschließen (oben Seite 233). Wie in so vielen Punkten hatte man die Streitfrage im Statut nicht behandelt, offensichtlich wollte man die mehrheitliche Billigung des Abkommens im Deutschen Bundestag nicht gefährden. So kam es nachher noch auf beiden Seiten zu lebhaften Auseinandersetzungen, ob und welche Einschränkungen der demokratischen Freiheiten nach Inkrafttreten des Statuts zulässig sein würden.

Im Januar 1955 erfuhren wir vertraulich, daß in den Kanzleien von Hoffmann und von Hector bereits wieder ein »Staatsschutzgesetz« vorbereitet würde, um sofort nach der Annahme des Statuts jede politische Aktion mit dem Ziele einer Änderung unmöglich zu machen. Wegen dieser Frage kam es auch zu einer beinahe dramatischen Besprechung zwischen Bundeskanzler Dr. Adenauer und den Vertretern der deutschen Saarparteien (Richard Becker, Dr. Ney, Kurt Conrad, auch ich war wieder zugelassen). Über diese Sitzung, deren Details äußerst interessant sind, berichte ich später.

Jedenfalls trennten wir uns vom Kanzler mit der Zusage, daß er das Abkommen im Bundestag nicht ratifizieren lassen werde, wenn die demokratischen Freiheiten nach Annahme des Statuts nicht – wie vom Europarat beschlossen – gewährleistet sein würden. Darüber gab es dann offizielle Gespräche und Verhandlungen mit der französischen Seite. Auch dort stand das Problem zur Diskussion, angefacht von Grandval und von Hoffmann, die diese Freiheiten auf jeden Fall eingeschränkt wissen wollten [1].

Vor den Ratifizierungsverhandlungen im Deutschen Bundestag Ende Februar 1955 ging man an dieses heiße Eisen nicht heran, es hätte möglicherweise die erforderliche Mehrheit für das Saarabkommen in Frage stellen können. Erst nach der Verabschiedung der Verträge am 27. Februar 1955 ließ der Kanzler durch seinen Sonderbeauftragten, Bundesminister Franz Josef Strauß, in Paris verhandeln und anschließend das uns im Originalkonzept (Abb. 85) vorliegende Schreiben an den damaligen französischen Ministerpräsidenten Pinay vom 14. März 1955 überbringen, in dem u. a. von deutscher Seite bestätigt wurde:

»Herr Bundesminister Strauß hat mir von dem Gespräch berichtet, das er am 11. März anläßlich seines Besuches in Paris mit Ihnen geführt hat. Auch ich bin der Meinung, daß die in der letzten Zeit in der Öffentlichkeit entstandene Beunruhigung bezüglich der Verhältnisse im Saargebiet nach Inkrafttreten des Saarstatuts beseitigt werden sollte. Um dazu beizutragen schließe ich mich der Interpretation an, über die bezüglich Artikel 6 des Saarstatuts zwischen Ihnen und Herrn Minister Strauß Einverständnis erzielt worden ist, nämlich:

---

[1] Man lese darüber Hoffmanns eigne Darstellung in seinem Buch an zahlreichen Stellen der Seiten 385 bis 406 nach.

Bonn, den 14. März 1955

Sehr geehrter Herr Präsident,

Herr Bundesminister Strauß hat mir von dem
Gespräch berichtet, das er am 11. März anläßlich
seines Besuches in Paris mit Ihnen geführt hat.
Auch ich bin der Meinung, daß die in der letzten
Zeit in der Öffentlichkeit entstandene Beunruhi-
gung bezüglich der Verhältnisse im Saargebiet nach
Inkrafttreten des Saarstatuts beseitigt werden
sollte. Um dazu beizutragen schließe ich mich der
Interpretation an, über die bezüglich des Art. 6
des Saarstatuts zwischen Ihnen und Herrn Minister
Strauß Einverständnis erzielt worden ist, nämlich:

1) Während der Geltungsdauer des Statuts bis
   zum Friedensvertrag wird die Freiheit der
   politischen Meinung selbstverständlich total
   sein. Doch ist jede politische Aktion ausgeschlossen, die geeignet ist, das Prinzip
   des Statuts, d.h. sein reibungsloses Funktionieren und den inneren Frieden an der Saar,
   direkt oder indirekt zu beeinträchtigen.

2) Es wird unter Kontrolle des Ministerrates
   der WEU Aufgabe des europäischen Kommissars
   sein, darüber zu wachen, daß diese beiden
   Grundsätze beachtet werden.

Um die Zusammenarbeit zwischen unseren beiden
Regierungen weiter zu intensivieren, schlage ich

Seiner Exzellenz
dem Außenminister der
Französischen Republik
Herrn Präsidenten Antoine Pinay

-2-

P a r i s

85

Auch die letzte Meinungsfreiheit den französischen Forderungen geopfert:
Erste Originalseite des Schreibens vom 14. März 1955 von Bundeskanzler Dr. Adenauer an den
französischen Außenminister Antoine Pinay. Das Schreiben wurde von Bundesminister Franz-
Josef Strauß persönlich in Paris übergeben.

1. Während der Geltungsdauer des Statuts bis zum Friedensvertrag wird die Freiheit der politischen Meinung selbstverständlich total sein. Doch ist jede politische Aktion ausgeschlossen, die geeignet ist, das Prinzip des Statuts, d. h. sein reibungsloses Funktionieren und den inneren Frieden an der Saar, direkt oder indirekt zu beeinträchtigen.
2. Es wird unter Kontrolle des Ministerrates der WEU Aufgabe des europäischen Kommissars sein, darüber zu wachen, daß diese beiden Grundsätze beachtet werden.«

Nach diesem Brief, den übrigens die Franzosen noch vor der Debatte der Verträge im Rat der Republik veröffentlichten, kann es keinen Zweifel geben, daß sich auch hier wieder der französische Standpunkt voll und ganz durchgesetzt hatte.

Welche Bürde man mit dieser Regelung dem Europäischen Kommissar auferlegt und wie sehr man auch ihn dadurch zum Büttel und Interessenvertreter Frankreichs gemacht hätte, war den beiden Vertragspartnern gar nicht klar. Wir werden später noch sehen, wie gerade in der Doppelfunktion des Europäischen Kommissars – Vertreter einer europäischen Institution und Aufpasser für Frankreich zu sein – sich die unglückliche Rolle des Völkerbundes an der Saar von 1920 bis 1935 wiederholen sollte, wenn nicht die Ablehnung des Statuts diesen Weg verhindert hätte. Mit der Zusage vom 14. März 1955 wären die politischen Parteien an der Saar nach Annahme des Statuts in ihrer demokratischen Tätigkeit genau den gleichen Beschränkungen unterworfen gewesen wie das seit 1947 für alle diejenigen der Fall war, die sich weigerten, die Autonomie des Saarlandes und den wirtschaftlichen Anschluß der Saar an Frankreich *als ein für allemal bindend anzuerkennen.* Von welchem Wert und von welcher Dauer sollte ein auf diese Weise entstandenes Statut sein, das man zudem noch mit dem Ausschluß demokratischer Erörterungen für alle Zukunft ausgestattet hatte? Diese bereits vom Europarat aufgeworfene Frage ließ auch nach der Annahme und Ratifizierung der Verträge in den bundesdeutschen und französischen Parlamenten die ganze Fragwürdigkeit des Unternehmens offenbar werden. Dazu kam eine Vielzahl von Mängeln und unannehmbaren Regelungen, auf die wir bei der Darstellung unseres »Kampfes« gegen das Statut noch näher eingehen werden.

Nach dem Bekanntwerden des Statuts am Sonnabend, dem 23. Oktober 1954, herrschte im saarländisch-französischen Lager eitel Freude und Begeisterung (Abb. 87). Johannes Hoffmann sah bereits die Krönung seines Lebenswerkes erreicht und drückte das in einer spontanen Ansprache über Radio Saarbrücken mit den Worten aus: »Das, was von Anfang an unser politisches Ziel war, nämlich eine gemeinsame deutsch-französische Saarlösung zu finden, ist nunmehr Tatsache geworden, und zwar in einem Sinne, wie wir es all die Jahre hindurch angestrebt haben.«

Auch Botschafter Grandval beeilte sich zu versichern: »er scheide vom Saarland in dem Bewußtsein, daß die jetzige Regelung trotz gewisser juristischer Formulierungen endgültig sei«, und bezeichnete sich als »ein glücklicher Mensch, der sich immer ein Saarabkommen gewünscht habe, damit der Zankapfel zwischen Deutschland und Frankreich endgültig aus der Welt geschafft« sei.

Die im französischen Besitz befindlichen deutschsprachigen Zeitungen an der Saar triumphierten: »Wir haben unser Europäisches Statut«, verkündeten im Extrablatt noch am späten Sonnabendnachmittag die »Saarbrücker Zeitung«; »Ein vernünftiges

Abkommen«, schrieb die »Chronique sarroise«, das Blatt des Botschafters Grandval, »Ein Sieg der Vernunft und des guten Willens« die ehemalige MRS-Zeitung »Neue Woche«. Hoffmanns CVP-Zeitung, die »SVZ«, verkündete gleichfalls im Extrablatt in Schlagzeilen: »Die Saarländer sagen JA« und »Der jahrelange Kampf war nicht vergebens«, während die »Volksstimme«, das Blatt der saarländischen Sozialdemokraten um Kirn, Zimmer und Dr. Braun erklärte: »Saar-Statut entspricht SPS-Forderungen«.

Im Gegensatz dazu herrschte bei allen deutsch gesinnten Menschen, insbesondere natürlich in unserem Lager der »Deutschen Opposition an der Saar« eine allgemeine Niedergeschlagenheit. Wir waren zutiefst deprimiert und sahen unsere jahrelangen Bemühungen um die Deutscherhaltung unserer Heimat als gescheitert. An einen möglichen Kampf gegen die deutsch-französischen Abmachungen oder gar an einen Aufruf zum NEIN gegen das Statut dachte in diesen Stunden niemand. Wir erwarteten ganz und gar nicht, daß *allein darin der Ausweg* liegen könnte. Vielmehr sahen wir uns wirklich und buchstäblich »verraten und verkauft« (Abb. 86, 87a) – trotz einiger gegenteiliger Versicherungen aus den Kreisen um den Bundeskanzler. Von den schönen Worten einer kommenden europäischen politischen Gemeinschaft, die wie ein leuchtender »deus ex machina« alle Konsequenzen des Statuts wieder aufheben würde, hielten wir nicht das geringste. Wir hatten ja schon einmal eine solche Hoffnung auf den Schuman-Plan gesetzt und waren bitter enttäuscht worden; das Scheitern der EVG war in unseren Vorstellungen als das offizielle Begräbnis eines politisch vereinigten Europas erschienen. Heute, zwanzig Jahre danach, hat sich an diesem trüben Bild unserer damaligen Beurteilung noch nichts geändert.

Trotzdem gaben wir den Kampf nicht auf. Noch war das Abkommen im Bundestag nicht verabschiedet, noch hofften wir auf ein Veto des Bundespräsidenten, das Prof. Dr. Heuss verfassungsmäßig zugestanden hätte; noch sahen wir den Weg einer Klage an das Bundesverfassungsgericht gegeben, kurzum wir faßten nach anfänglicher tiefer Niedergeschlagenheit wieder Tritt. Wieder machten wir uns an die Arbeit, eine unendliche Arbeit voller Mühen und Bemühungen um Aufklärung über die Folgen, die das Abkommen haben würde, wenn es einmal die parlamentarischen Gremien passiert und damit innerhalb des Bundesgebietes Rechtswirksamkeit erlangt hätte. An den Kampf gegen das Statut innerhalb der Saarbevölkerung dachte, wie gesagt, noch niemand, denn wir hatten ja stets die bittere Vorstellung vor Augen, die unser Freund Dr. Paul Sethe am 2. November 1953 nach Bekanntwerden der ersten zuverlässigen Meldung über eine mögliche Zustimmung Adenauers zur Europäisierung der Saar in der »Frankfurter Allgemeinen Zeitung« (Abb. 71) als Schockwirkung für die deutsche Öffentlichkeit niedergeschrieben hatte. Sethe schrieb »als eine der wenigen deutschen Stimmen, die sich illusionslos zu dieser Entwicklung der Saarfrage geäußert« hätte, wie Johannes Hoffmann – unter unrichtiger Zitierung Sethes (Seite 326) – behauptet hat: »*Es gibt nirgendwo in der Welt einen Bevölkerungsteil, der seine Zugehörigkeit zu einer Nation aufrechterhalten will, wenn die Regierung dieser Nation sagt, daß sie mit der Ausgliederung einverstanden ist. Soweit menschliches Ermessen reicht, wird Saarbrücken bald aufhören, eine zu Deutschland gehörende Stadt zu sein*« (Abb. 71).
Wie mir in jenen ersten Tagen nach dem Bekanntwerden des Pariser Saarabkom-

mens zumute gewesen ist, möge ein Satz ausdrücken, den ich am 30. Oktober 1954, also nur wenige Tage später, in einem Interview für den Süddeutschen Rundfunk ausgesprochen habe. Zum Schluß des Gesprächs, das ich ein wenig skizziert hatte – das roh entworfene Manuskript gehört noch heute zu meinen wichtigen Dokumenten – stellte mir Wolf Dietrich die Frage: »Und wie beurteilen Sie Ihre Chancen, gegen das Statut anzugehen?« Meine Antwort lautete: »Wie der kleine David seine Chance gegen den Riesen Goliath!«

Genau ein Jahr später sollte es sich zeigen, daß ich die Chancen richtig beurteilt hatte.

# Aber die Saar
# blieb deutsch

# Widerstand

> »Aber wie immer das endgültige Statut der
> Saar sein möge und wie immer die end-
> gültigen Beziehungen des Saarlandes mit
> Deutschland und Frankreich gestaltet wer-
> den sollten, so sind wir der Meinung, daß
> ein Saarländer das Recht haben muß, seine
> Meinung zum Ausdruck zu bringen, wenn
> er den Wunsch hat, daß die Saar ein inte-
> grierender Bestandteil des neuen Deutsch-
> land sein soll« . . . »Mit Mitteln des Despo-
> tismus macht man keine Politik der Frei-
> heit.«
> Aus der französischen Zeitung »Le Figaro«
> vom 26. Januar 1950 (Abb. 33)

Als die Väter der saarländischen Verfassung vom Frühjahr bis Herbst 1947 das erste
»saarländische« Gesetzgebungswerk ausarbeiteten, stellten sie den umfangreichen
Katalog der Grund- und Freiheitsrechte an die Spitze ihrer neuen staatlichen Ordnung. Nach dem Vorbild der Verfassung des deutschen Landes Hessen übernahmen
sie auch den wichtigen Grundsatz der Unabänderlichkeit und Bindungswirkung für
diese Freiheitsrechte: »Die Grundrechte sind in ihrem Wesen unabänderlich. Sie
binden Gesetzgeber, Richter und Verwaltung unmittelbar« (Art. 21, SVerf., 26 Hess.
Verf.). Nach dem Schutz der Menschenwürde (Art. 1) wurde feierlich proklamiert:
»Der Mensch ist frei und darf nicht zu einer Handlung, Unterlassung oder Duldung
gezwungen werden, zu der ihn das Gesetz nicht verpflichtet« (Art. 2), und weiterhin:
»Die Freiheit der Person ist unantastbar« (Art. 3) oder: »Glauben, Gewissen und
Überzeugung sind frei« (Art. 4). Das Recht der freien Meinungsäußerung wurde in
Art. 5 besonders verankert: »Jedermann hat das Recht, innerhalb der Schranken des
Gesetzes seine Meinung durch Wort, Schrift, Druck, Bild oder in sonstiger Weise frei
zu äußern.« »Die Pressezensur ist unstatthaft.« Allen Saarländern wurde die Versammlungsfreiheit gewährt (Art. 6), desgleichen die Vereins- und Parteienfreiheit.
Art. 11, Abs. 2 der neuen Verfassung verbot ausdrücklich: »Kein Saarländer darf aus
dem Saarland ausgewiesen werden.« Und schließlich stellte Art. 12 SVerf. nochmals
ausdrücklich fest: »Alle Menschen ohne Unterschied . . . sind vor dem Gesetz gleich.«
Art. 17 verankerte das Brief-, Post-, Telegrafen- und Fernsprechgeheimnis. Die in
allen Verfassungen vorgesehenen Einschränkungen der Freiheitsrechte durften nach
dem Verfassungswortlaut ihr Wesen nicht antasten oder beschränken. Nur wer darauf ausging, die »verfassungsmäßig garantierten Freiheiten und Rechte durch Gewalt oder Mißbrauch formaler Rechtsbefugnisse aufzuheben oder zu untergraben«,
mußte mit Verboten rechnen (Art. 8).
Letztlich gestattete der weiter oben schon erörterte Art. 10 eine Aufhebung der
Freiheitsrechte (freie Meinungsäußerung, Versammlungs- und Parteienfreiheit) nur
insoweit, als »die *verfassungsmäßige demokratische Grundlage* angegriffen oder gefährdet« wird. Wir haben schon nachgewiesen, daß nach dem Willen und der Auslegung der Verfassungskommission und Gesetzgebenden Versammlung eine poli-

tische Betätigung in demokratischen Formen zugunsten einer vollständigen Einverleibung des Saarlandes in Frankreich keineswegs ausgeschlossen war. Demnach konnte auch ein demokratisches Eintreten für den Verbleib der Saar bei Deutschland oder für eine rechtmäßige Angliederung an die Bundesrepublik ebensowenig verfassungsfeindlich sein. Das diesem Abschnitt vorangestellte Zitat aus »Le Figaro« ist eine Stimme von vielen. Die bedeutsamen Erörterungen in der Unterkommission des Europarates zum Naters-Plan wurden schon erwähnt (oben S. 232/3). Diese freiheitliche Ordnung des »autonomen« Saarlandes im ersten Abschnitt seiner Verfassung von 1947 ist auch keineswegs *gegen* die Meinung und Absichten der französischen Militärregierung geschaffen worden. Im Gegenteil, gerade von französischer Seite wurde nach 1945 immer wieder betont: »Frankreich an der Saar ist gleichbedeutend mit Freiheit für die Saar, und für Frankreich wiederum vor allem Achtung vor der Menschenwürde« . . . (Grandval im Bergmannskalender von 1947).

Schon vor den ersten Wahlen nach dem Zusammenbruch von 1945 erklärte Gouverneur Grandval am 14. September 1946 der Saarbevölkerung: »Dies ist jedenfalls der heiße Wunsch Frankreichs, das gerade aus diesen Erwägungen heraus die demokratischen Rechte so bald wie möglich wieder hergestellt sehen wollte.« Und in der gleichen Rede versicherte Herr Grandval, daß er »nicht hierher gekommen ist mit Rachegedanken, sondern einzig und allein beseelt von den Gefühlen, die dem christlichen Frankreich, dem sozialen Frankreich und dem Frankreich tiefer Menschlichkeit eigen sind« (»Saarbrücker Zeitung« vom 14. September 1946).

In derselben Weise wurde von Gouverneur Grandval die Bedeutung der Landtagswahlen vom 5. Oktober 1947, welche die Grundlage für die Verabschiedung der Verfassung sein sollten, herausgestellt. Wiederum richtete Gouverneur Grandval über Rundfunk und Presse eine große Rede an die saarländische Wählerschaft. Die »Saarbrücker Zeitung« vom 4. Oktober 1947 veröffentlichte sie unter der unübersehbaren Balkenüberschrift: »Die letzte Etappe zur Freiheit«! Hier finden sich Sätze wie: ». . . Sie werden übermorgen einen entscheidenden Schritt auf dem Wege der Freiheit zurücklegen!« Die Wahl selbst nannte Herr Grandval »die erste Bekundung der Gedanken- und Ausdrucksfreiheit«. Wie es damit wirklich aussah, haben wir bereits eingehend dargestellt. Stellt man die Frage nach den *demokratischen Grund- und Freiheitsrechten* nach Annahme der Verfassung des Saarlandes, dann *blieben sie allen denjenigen versagt, die sich mit der Abtrennung der Saar von Deutschland nicht abfinden wollten.*

Nur wer für die französisch-saarländische Politik des Regimes von 1947 eintrat, erfreute sich aller angeführten Freiheiten der neuen Verfassung, wer aber gegen die Lostrennung war, konnte keines der Grundrechte in Anspruch nehmen, er mußte — wie die bereits angeführten Ausweisungen nach der Verabschiedung der Verfassung zeigten — sogar die Aufgabe der Heimat auf sich nehmen. Daß die Verantwortlichen für eine solche Politik der Unterdrückung und Unfreiheit selbst die eigene Verfassung ständig verletzten, daß sie sich selbst damit ihrer verfassungsmäßigen Rechte (in Art. 8 und 10, wie angeführt) begaben, war dem Regime völlig gleichgültig. Es gab ja keinen Richter, der bereit gewesen wäre, die Ungesetzlichkeiten der Regierenden, vor allem des Innenministers Hector und seiner Polizeimacht auch nur festzustellen, geschweige denn zu unterbinden. Auch hier setzte man sich über das ausdrücklich (in Art. 20 SVerf.) verankerte Recht hinweg: »Glaubt jemand durch die saarländische Gewalt in seinen Rechten verletzt zu sein, so steht ihm der Beschwerde- bzw. Rechtsweg offen.« Die Jahre des politischen Geschehens an der Saar nach 1945 bis zur Volksbefragung am 23. Oktober 1955 haben gezeigt, daß auch die schönsten freiheitlichen demokratischen Regelungen nur leeres Papier sind, wenn sich diejenigen, die solche Ordnungen geschaffen haben, selbst nicht daran halten. Insoweit bestand an der Saar kein Unterschied zu den Verhältnissen in den Ostblockstaaten, in denen Freiheit nur dem gewährt wird, der »dafür ist«.

Eine derartige Handhabung der neuen Verfassung war auch von vornherein vorgesehen. Herr Grandval hat nicht nur in zahlreichen Reden von 1947 bis 1952 jeden Gedanken an eine demokratische Entscheidung der Saarbevölkerung über das politische Schicksal des Saarlandes zurückgewiesen, sondern auch alle Maßnahmen zur Mißachtung der in der Verfassung verankerten Freiheitsrechte durch die saarländischen Organe gedeckt, wenn nicht selbst veranlaßt.

Auch Johannes Hoffmann und seine Mitarbeiter waren von vornherein auf die Unterdrückung jedweder Opposition eingestellt. Daher nimmt es nicht Wunder, daß die saarländischen Verfassungsgeber – trotz des Vorbildes der hessischen Verfassung – auf eine Bestimmung verzichteten, die vielleicht ihrem eignen Unrecht ein Ende gesetzt hätte. In Art. 147, Satz 1, bestimmt die hessische Verfassung vom 18. Dezember 1946: »*Widerstand gegen verfassungswidrig ausgeübte öffentliche Gewalt ist jedermanns Recht und Pflicht.*« Wir waren uns dieses Rechtes jedenfalls bewußt und handelten danach, aber nur unter den Voraussetzungen des Art. 10 der SVerf.: Jeder Widerstand bewegte sich im Rahmen der demokratischen Ordnung und geschah nur mit demokratischen Mitteln. Es gab während der jahrelangen Auseinandersetzungen keinen einzigen Fall der Gewaltanwendung oder gar des Terrors, wie er heute – nach mehr als 25 Jahren – zu den von der Gesellschaft schon beinahe als selbstverständlich hingenommenen Mitteln des politischen Kampfes gehört. Außer wegen des Vertriebs verbotener Zeitungen hat es im Saarland auch keine Bestrafung von Anhängern der deutschen Opposition gegeben, wenn man von einer geringfügigen Geldstrafe für einen Karnevalsredner wegen Beleidigung des Ministerpräsidenten Johannes Hoffmann absieht.

Trotzdem hat Hoffmann seine saarländische Opposition immer wieder zu »*Staatsfeinden*« erklärt, denen der Anspruch auf die demokratischen Grundrechte und -freiheiten abzusprechen sei.

Mit der Behauptung, die Abtrennung der Saar und der wirtschaftliche Anschluß an Frankreich beruhe auf dem Willen der Saarbevölkerung, und dieser Wille sei frei und in demokratischer Weise geäußert worden, wurde jahrelang die öffentliche Meinung im In- und Ausland für die französische Saarpolitik eingenommen. Keine Rede, keine Äußerung eines Politikers, keine Debatte im Parlament, keine Presseerklärung, gleich aus welchem Anlaß, ohne daß diese zum Leitsatz des französisch-saarländischen Standpunktes gewordene Formel ins Feld geführt worden wäre. Jeder Beschwerde gegen die Maßnahmen zur Unterdrückung der deutschen Opposition im Saarland hielt man denselben lapidaren Satz entgegen. Wer etwas anderes wollte – auch wenn dies in einer demokratischen Form geäußert wurde –, stellte sich angeblich gegen den Bestand des »saarländischen Staates« und wurde damit politisch vogelfrei.

In seinem Erinnerungsbuch empfand Johannes Hoffmann offensichtlich das Bedürfnis, sich gerade mit diesem Problem auseinanderzusetzen und den Versuch zu machen, sich von dem Vorwurf zu entlasten, mit undemokratischen Mitteln einen undemokratischen Zustand verteidigt zu haben. Er schreibt (S. 268): »Parteien müssen staatsbejahend sein, d. h. den bestehenden Staat, in dem sie sich bilden und betätigen, und seine Verfassung anerkennen. Kein Staat kann und wird Parteien zulassen – oder bestehen lassen –, deren Tätigkeit sich gegen die Existenz des Staates richtet oder deren erklärte Änderungsabsichten das Wohl der in dem Staatsraum lebenden Menschen gefährden, in dem sie das Staatswesen dauernd beunruhigen.« Und ... »Ein Staat in Freiheit kann aber nur bedeuten, Freiheit im bestehenden Staat!«

Hier wendet Hoffmann wieder im Tone des gutmütigen Biedermanns die Methode »haltet den Dieb« an. Wir wissen, daß gerade Johannes Hoffmann als Präsident der Verfassungskommission entscheidend und ausschlaggebend die Gestaltung der Verfassung beeinflußt hat. Wir wissen, daß sich alle Verfassungsgeber – auch Hoffmann – darüber im klaren waren, daß erst ein später zu erlangendes »Internationales Statut« den endgültigen Status der Saar regeln würde. Wir wissen auch, daß der Zustand an der Saar von 1947 nur mit Hilfe der fremden Besatzungsmacht zu einer staats- und völkerrechtswidrigen Separation geführt hat – so Bundeskanzler Dr. Adenauer im Bundestag 1950. Trotzdem stempelte Hoffmann alle diejenigen zu Staatsfeinden, die nicht derselben Meinung sein wollten wie er. Der in dieser Weise geschaffene und auf die Unfreiheit aufgebaute Schein-Staat trug von Anfang an den Todeskeim in sich. Er war nur solange zu halten, als die Unfreiheit gegenüber der Saarbevölkerung aufrechterhalten werden konnte. Mit dem Ende der Unfreiheit kam zwangsläufig das Ende des Regimes und seiner »scheinstaatlichen« Ordnung.

Unsere Aufgabe sahen wir darin, Deutschland und der Welt in streng demokratischen Formen zu beweisen, daß unsere Bevölkerung den Zustand nicht wollte und auf einer Beendigung der Trennung von unserem angestammten Vaterland bestand. Unsere Aufgabe war es, in demokratischer Form – auch unter dem Zustand der Unterdrückung als »Staatsfeinde« – unserer Bevölkerung klar zu machen, wohin sie gehörte. Wann dieser Widerstand begann, und wie wir uns darum in jahrelangem unermüdlichem Einsatz bemüht haben, soll jetzt aufgezeigt werden.

Widerstand gab es von Anfang an, und wenn er nur darin bestand, die Faust in der Tasche zu ballen. Der Widerstand an der Saar lag im übrigen bis Anfang 1948 in ständigem Widerstreit mit Hunger und Furcht, darüber habe ich im zweiten Kapitel ausführlich berichtet. Der erste Widerstand war nicht organisiert, bis es zu organisierter Form kam, sollten noch Jahre vergehen. Am Anfang bemühten sich alle Andersdenkenden, Verbindungen zu Freunden oder politischen Persönlichkeiten »im Reich« aufrechtzuerhalten. Im Nachlaß von Bundesminister Jakob Kaiser fand ich einen Brief, der schon Ende 1946 geschrieben worden war und eine gute Darstellung des wirklichen Geschehens an der Saar enthielt. Schreiber war »Ihr saarländischer Freund«. Wir wissen heute nicht mehr, wer das war; vielleicht war es Karl Hillenbrand, aber er war bereits im Juni 1946 aus dem Saarland ausgewiesen worden.

Kennzeichnend für die damalige Situation an der Saar war der Appell am Ende der achtseitigen Darstellung: »Sorgen Sie dafür, soweit es Ihnen möglich ist, daß an der Saar demokratische Zustände einziehen. Möge die Alternative und Drohung, die bis jetzt dem Saargebiet bewußt aufgebürdet wurde, Anschluß oder Verrecken durch Hunger, bald abgelöst werden durch eine wirklich demokratische Politik und hier endlich jene Methoden verschwinden, über die in Nürnberg das Todesurteil gefällt wurde.« Dieser Art Briefe gab es viele – trotz der Furcht vor der französischen

Zensur und der Gefahr der Ausweisung. Auch ich habe solche Briefe geschrieben, natürlich anonym und unter Beachtung aller Vorsichtsmaßregeln, manchmal sicher zum Ärger der Briefkontrolle in doppelten Umschlägen, die mit unlöslichem Klebstoff ineinander verleimt waren. Ich wollte damit einfach dazu beitragen, die Meinung im »übrigen Reich« abzubauen, die Saarländer hätten freiwillig und um einer besseren und schnelleren Versorgung willen Deutschland aufgegeben. Ich bin sicher, daß Hunderte andere genauso gehandelt haben. In den politischen Parteien konnten sich die meisten von uns nicht betätigen, wir waren ja alle noch nicht entnazifiziert, richtiger gesagt: politisch gesäubert; auch wollten wir uns die »épuration« nicht durch einen Beitritt zum MRS oder Unterstützung der Anschlußpolitik erkaufen.

Die erste Gelegenheit zum Widerstand ergab sich bei der ersten Wahl nach dem Zusammenbruch, den Gemeinderatswahlen vom 12. September 1946. Zwar wagten nur wenige mit guten Gründen der Wahl fernzubleiben; denn auch diese Geste konnte politische Nachteile – bis zu einer Ausweisung, mit der gedroht worden war – zur Folge haben. Aber wir konnten den »separatistischen« Parteien CVP und SPS die Stimme verweigern und entweder kommunistisch wählen – die Kommunisten traten, wie gesagt, als einzige für den Verbleib der Saar bei Deutschland ein – oder eine ungültige Stimme abgeben. Beide Möglichkeiten waren aber sehr begrenzt; denn Johannes Hoffmann hatte es verstanden – damals noch mit Unterstützung der Geistlichkeit –, der Bevölkerung die Notwendigkeit einer gültigen Wahl für die einzige christliche Partei klarzumachen – und an der Saar war die Bevölkerung zu 75 Prozent katholisch! Trotzdem erreichten die Kommunisten bei den beiden Wahlen von 1946 und 1952 den Höchststand an Wählerstimmen, 1946 = 9,1 Prozent und 1952 = 9,5 Prozent (bei der Landtagswahl 1947 = 8,4 Prozent). Dazu kamen 1946 = 5,5 Prozent, 1947 = 9,8 Prozent und 1952 = 24,8 Prozent ungültige Stimmen.

Wer des Volkes Stimme richtig zu hören vermochte, konnte damals bereits die sich später eindeutiger ergebende Entwicklung erkennen. Auch nach der Gründung der beiden politischen Parteien CVP und SPS und beim Gründungsvorgang der DPS gab es »Widerstand«, allerdings nicht organisiert und nur in Anfängen. Es gelang den führenden Persönlichkeiten im Lager Hoffmanns und der saarländischen Sozialisten immer wieder – oft mit Hilfe der Sûreté oder Grandvals – diese Widerstände zu unterdrücken. Aus beiden Lagern haben wir belegte Vorgänge; wie es innerhalb der (ersten) DPS gewesen ist, habe ich in meiner Schrift (Ludwig Pistorius, Der Hohe Kommissar und die DPS) dargetan.

Im Januar 1947 hielt die CVP Hoffmanns ihren außerordentlichen Landesparteitag ab. Hier regte sich zum ersten Male in der öffentlichen Diskussion Widerstand gegen die bedingungslose Anschlußpolitik Hoffmanns. Bezeichnend, daß diese Opposition von jüngeren Kräften kam. Anlaß war die Rede des damaligen CVP-Mitgliedes Franz Ruffing (Abb. 105), der sich später von der Partei Hoffmanns abwandte und nach der politischen Wandlung der DPS unser Generalsekretär wurde. Wohl zum ersten Mal fielen die folgenden Worte: »Und nun zu unseren östlichen Nachbarn: Der Ausdruck östlicher Nachbar ist eigentlich schon falsch. Wir gehören diesem Volk an, das ich eben als nachbarlich bezeichnet habe, denn wir sind darin geboren, es ist unser Vaterland. Gerade wir Christen wissen, daß es christlich-sittliche Pflicht ist, sein Vaterland zu lieben, besonders wenn es in Not ist, und ich glaube, daß ein Volk, das eine heilige Jeanne d'Arc, die Jungfrau von Orleans, so hoch verehrt, uns diese Liebe nicht verwehren wird.« Und an anderer Stelle sagte Ruffing: »Charakterlosigkeit gegenüber der Besatzungsmacht ist nicht der Garant der Zukunft, und ich glaube, die Militärregierung arbeitet lieber mit ehrlichen Gesichtern zusammen als mit krummen Rücken. Wir müssen endlich einmal den Mut zur Offenheit finden. Und daher erkläre ich: Weil wir Saarländer Frieden und Zusammenarbeit wollen, wünschen wir auch in wirtschaftlicher Hinsicht keine einseitigen Lösungen, sondern eine enge wirtschaftliche Verflechtung nach Westen wie nach Osten, und im übrigen wollen wir bleiben, was wir sind: Deutsche!«

Diese mutigen Ausführungen fanden Zustimmung bei vielen Delegierten des Parteitages. Die ältere Generation, vor allem Männer wie der greise Minister a. D. B. Kossmann, Pastor Franz Bungarten, das Mitglied der Verwaltungskommission, Direktor Heinrich Danzebrink, Josef Delheid und der Vorsitzende der Jugendorganisation der CVP, Heinz Voigt, bekannten sich offen zu der Auffassung Ruffings. Natürlich setzte jetzt der Druck gegen Ruffing ein, es gab Beratungen, wie eine solche »offene Rebellion« zukünftig verhindert werden könne. In einer Besprechung am 24. Juli 1947 in der Wohnung von Johannes Hoffmann in Saarbrücken – es liegt uns eine eidesstattliche Versicherung darüber vor – verlangten die westlich orientierten Mitglieder der CVP, die zugleich auch Mitglieder des MRS waren, ein scharfes Vorgehen Hoffmanns gegen Ruffing. Hoffmann stand daraufhin impulsiv auf und telefonierte in Gegenwart der Teilnehmer mit dem Chef der französischen Sûreté bei der Militärregierung, Commandant Radoux; er forderte unter Angabe der Adresse Ruffings dessen sofortige Verhaftung. Als daraufhin verschiedene Mitglieder des beratenden Landesparteivorstandes auf die Unklugheit eines solchen Schrittes hinwiesen, entschloß sich Hoffmann zu einem weiteren, zweiten Telefongespräch mit Radoux. Er bat, die Verhaftung Ruffings nicht durchzuführen, wies aber Radoux an, Ruffing laufend zu überwachen und betonte gegenüber den Teilnehmern der Sitzung, daß man solchen Leuten gehörig auf die Finger sehen müsse.

Schon zuvor hatte Ruffing die Macht der französischen Sûreté erfahren müssen. Ein von ihm entworfenes Schreiben an Johannes Hoffmann vom 16. Juli 1947, in welchem nachhaltig die Unterbindung der Doppelmitgliedschaft bei der CVP und dem MRS gefordert worden war, verschwand mit der Aktentasche Ruffings während einer Tagung der CVP. Später wurde Ruffing die Tasche anonym zurückgegeben.

Diese Vorgänge sind größtenteils bekannt. Das meiste hat Franz Ruffing – ohne seine Person selbst herauszustellen – in seinem Büchlein (Herbert Beckmann, Wahlmanöver an der Saar) dargestellt. Die Vorgänge zeigen, wie schwer es war, in jener Zeit offen seine Meinung zu bekennen. Bekannt wurden auch die Schwierigkeiten, die dem Senior der CVP, dem damals schon schwerkranken, beinamputierten Abgeordneten Kossmann gemacht wurden. Noch vor seinem Tode ließ Herr Kossmann Richard Becker, Karl Hillenbrand und mich in sein Haus kommen und bestärkte uns nachhaltig in unseren Bemühungen um die Deutscherhaltung unserer Heimat. Ihm – Kossmann – war es angesichts seiner Krankheit verwehrt, das in aller Offenheit zu tun. 1947 hatte man Kossmann unter Androhung der Ausweisung noch veranlaßt, in einer Versammlung in Eppelborn den wirtschaftlichen Anschluß zu fordern und damit die Politik Hoffmanns zu unterstützen. Wir wissen, daß das nicht die wirkliche Meinung Kossmanns gewesen ist. Wir wissen auch, daß es viele gab, die genau so dachten wie der greise, ehrenwerte Saarländer Bartholomäus Kossmann, dessen Andenken uns ebenso wertvoll ist, wie dasjenige an so viele unserer Mitstreiter und Gesinnungsfreunde.

Von dem Widerstand der aufrechten katholischen Geistlichen, vor allem Pastor Franz Bungarten und dem späteren Stadtdechanten Augustinus Braun, spreche ich noch.

Aber nicht nur in der CVP, auch in der sozialdemokratischen Partei des Saarlandes regte sich schon frühzeitig Widerstand gegen den westlichen Kurs der Parteispitze unter der Führung von Richard Kirn, Peter Zimmer, Dr. Heinz Braun und Ernst Kunkel. Zwar waren beide Richtungen innerhalb der SPS zunächst bereit, zur Überwindung des schrecklichen Hungers und der Not, insbesondere zur Abwendung der Demontagedrohungen von Seiten der Franzosen dem wirtschaftlichen Anschluß des Saarlandes an Frankreich zuzustimmen, aber die Minderheit bestand darauf, daß die politische Zugehörigkeit der Saar zu Deutschland nicht in Zweifel gestellt werden dürfe. Darüber gab es schon alsbald nach Bildung der Verfassungskommission Auseinandersetzungen in der SPS, die ihren Höhepunkt fanden bei der Abstimmung über die Präambel, welche die Lostrennung der Saar von Deutschland enthielt. Um die einflußreiche Persönlichkeit des Generalsekretärs der Partei, Ernst Roth (Abb. 149), scharten sich fünf Landtagsabgeordnete der saarländischen Sozialisten, die nicht bereit waren, der Präambel bei der Abstimmung in der Gesetzgebenden Versammlung am 6. November 1947 zuzustimmen. Es waren dies die Abgeordneten Hermann Petri, Richard Rauch, Luise Schiffgens, Kurt Conrad (Abb. 130) und Walter Zimmer (Schwarzerden).

Bevor die Abgeordneten in den Landtag fahren konnten, wurden sie in den frühen Morgenstunden durch einen Sonderboten zum Chef der französischen Militärregierung, Oberst Grandval, bestellt; hier hatten sich bereits der Parteivorsitzende der Sozialdemokraten, Richard Kirn, und Johannes Hoffmann eingefunden. Grandval setzte die fünf »Rebellen« mit heftigen Worten unter massiven Druck. Nach der unmittelbar nach der Unterredung gefertigten Niederschrift eines Teilnehmers führte Grandval unter anderem aus (Saar-Denkschrift der SPD vom 15. März 1950, S. 30): »Wenn sich nun heute zeigen sollte, daß dieser einheitliche Wille gar nicht vorhanden ist, daß heute mittag gar die Präambel abgelehnt würde, dann sehe ich mich gezwungen, heute abend nach Paris zurückzufahren. Dann kommt aber der wirtschaftliche Anschluß trotzdem. Aber Sie werden es dann vor Ihrem Lande zu verantworten haben, wenn die Saargruben nicht im Besitz des Saarvolkes bleiben und alles fortfällt, worum ich für Sie gekämpft habe. Denn ich sehe mich dann genötigt, vor meine Regierung zu treten und ihr zu erklären: Ich habe mich in dem guten Willen der Saarbevölkerung getäuscht. Damit sind alle Zusagen, die Ihr davon ausgehend gemacht habt, hinfällig. Nun könnt Ihr mit der Methode fortfahren, mit der Ihr die Saar vor zwei Jahren regieren wolltet, mit der des Siegers!«

Wenn diese Drohung Grandvals auch keinesfalls seiner inneren Einstellung entsprach – denn seine eigene Saarpolitik war ausschließlich die Politik des Siegers –, so beeindruckten seine Ausführungen die Opposition im sozialistischen Lager doch zutiefst.

Bei der Abstimmung am Nachmittag stimmten dann Petri, Rauch und Walter Zimmer – ebenso wie Karl Etienne (Abb. 151), der später zur Opposition innerhalb der SPS hinzutrat – für die Präambel, Kurt Conrad und Frau Schiffgens hatten aus Protest den Sitzungssaal verlassen und sich nicht an der Abstimmung beteiligt. Gegen die Präambel der Verfassung stimmten im übrigen nur die beiden Kommunisten Bäsel und Hoppe sowie der DPS-Abgeordnete Dr. Blank, der allerdings später dann doch den Kurs der linientreuen DPS mitmachte und nach dem Führungswechsel im Jahre 1950 aus der Partei ausschied.

Ernst Roth, der während der damaligen Zeit noch Chefredakteur der »Saarbrücker Zeitung« war, wurde 1948 seiner Ämter enthoben und aus dem Saarland ausgewiesen.

Über die einzelnen Phasen dieser internen Opposition hat Robert Schmidt (Bd. II, S. 37 ff. über die SPS und S. 57 ff. über die CVP) eingehend berichtet. Wesentlich erscheint, daß alle diese Bestrebungen erst Anfänge waren, deren Bedeutung nach außen hin nur relativ gering blieb. Erst als 1950 die Zeit reif wurde, fanden alle diese einzelnen Widerstände ihren sichtbaren Ausdruck in dem Wirken der DPS als erster eindeutiger Oppositionspartei an der Saar – von den wenig wirkungsvollen Bemühungen der Kommunisten abgesehen. Aber eines bewirkten die ersten internen Widerstände doch – die Denkschrift der SPD, an der Ernst Roth noch mitgewirkt hat, drückt das treffend aus: »Wer hat ... noch den Mut, zu behaupten, daß hier die Gewissen nicht vergewaltigt worden sind, wer den Mut, zu behaupten, daß die Abgeordneten völlig frei und ohne Druck abgestimmt hätten.«

Einen bedeutungsvollen Platz innerhalb der beiden Auseinandersetzungen um die Saar von 1920 bis 1935 und von 1945 bis 1955 nahm die Haltung der *Kirche* ein, vor allem aber der katholischen Kirche, und hier wiederum der Bischöfe von Trier und Speyer. Auch der Verfasser als Protestant muß uneingeschränkt das Verdienst der maßgebenden katholischen kirchlichen Würdenträger und der Mehrheit der Geistlichkeit anerkennen, dem *Widerstand* weitester Kreise der Saarbevölkerung eine religiös-sittliche Grundlage gegeben zu haben, vor allem zu einem frühen und ausschlaggebenden Zeitpunkt.

Am 15. März 1947 ließ der Erzbischof von Trier, Dr. Rudolf Bornewasser (Abb. 88), einen Hirtenbrief von den Kanzeln des Saarlandes verlesen, der nicht nur an der Saar, sondern auch in Frankreich und Deutschland, sogar in großen Teilen der Weltpresse ein erhebliches Aufsehen erregt und – je nach der politischen Einstellung – Zustimmung oder Proteste erfahren hat. In diesem Hirtenbrief, der mit seinen Formulierungen bis zur Entscheidung am 23. Oktober 1955 der *Katechismus aller Deutschen an der Saar*, gleich welchen Bekenntnissen, geworden ist, heißt es u. a.:

»Wer vom Vaterland spricht, denkt an gemeinsamen Heimatboden, gemeinsame Abstammung, gemeinsame Geschichte, gemeinsame Kultur, gemeinsame Sprache, gemeinsame Sitte und Seelenhaltung, eine schicksalhafte Zusammengehörigkeit. Diesem Vaterland schulden wir, wie der große Kirchenlehrer, der heilige Thomas von Aquin, sagt, Ergebenheit als Bekundung der Liebe. Die Vaterlandsliebe ist der Kindesliebe zu den Eltern verwandt. Gott hat sie an die erste Stelle auf die zweite Tafel der zehn Gebote geschrieben. Er steht dem Menschen also nicht frei, ob er sein Vaterland lieben will oder nicht. Vaterlandsliebe ist keine Nützlichkeitserwägung, sondern eine religiöse Pflicht. Vaterlandsliebe ist auch kein bloßes Gefühl, sondern Willenstugend, bewußte Hingabe an das Land der Väter. Vaterlandsliebe bedeutet: sich freuen an der Blüte des Vaterlandes, leiden an seinem Leid und stets beten für sein Wohlergehen. Vaterlandsliebe bedeutet aber auch tiefen Schmerz über die Flecken, welche das Bild, das wir von ihm im Herzen tragen, beschmutzen. Vaterlandsliebe bedeutet ferner Treue.

*Wer die Treue bricht, ist ein Verräter.* Wahre Treue bewährt sich, wenn Leid und Not über das Vaterland kommen. Wäre es nicht traurig, wenn in Notzeiten einer anfinge, zu berechnen, ob er nicht besser leben könne, wenn er sich von seinem Vaterland trenne? Aus rein egoistischen Gründen in der Flucht vor verlangten Opfern das Vaterland verlassen, widerstreitet dem Geist des Christentums, welches Treue und Opferbereitschaft höher wertet als materielle Güter.«

Nun wird mancher – heute nach mehr als 25 Jahren und einer weitgehenden Umerziehung zu einer materialistischen Weltanschauung – verwundert fragen, was diese »hochtrabend« klingenden Worte für die Saarbevölkerung bedeuten konnten. Ich glaube nicht zu weit zu gehen, wenn ich sage, daß mit diesem Hirtenwort der Grundstein zur Entscheidung des 23. Oktober 1955 gelegt worden ist, und daß vielleicht viele Mühen umsonst gewesen wären ohne die klare Haltung der katholischen Kirche, der sich später vor dem Referendum die überwiegende Zahl der evangelischen Geistlichen des Saarlandes in gleichem Sinne angeschlossen haben. Die Bedeutung des Hirtenbriefes wird erst an der Reaktion der Gegenseite klar. Wenige Tage später erschien ein anonymes Flugblatt (Abb. 90), in welchem Erzbischof Bornewasser als »alter Nazi und Nationalist« gebrandmarkt wurde. Wütende Äußerungen und Artikel von Johannes Hoffmann und seinem engsten Mitarbeiter, Präsident Erwin Müller, verrieten, wie sehr das Hirtenwort ins Schwarze getroffen hatte. Auch zahlreiche französische Proteste und Angriffe gegen das Episkopat von Trier ließen einen hemmungslosen Haß erkennen.

So veröffentlichte der schon aus der Zeit vor 1935 bekannte, besonders hartnäckige Saarkämpfer, der Abgeordnete André-Fribourg in der Zeitschrift »Le Fait du jour« Nr. 47 vom 20. Mai 1947 einen Artikel unter der Überschrift: »Das IV. Reich geht zum Angriff über«. Darin war zuerst die eindeutige deutsche Haltung des Bischofs Bornewasser bei der Volksabstimmung vom 13. Januar 1935 – wie im Flugblatt, Abb. 90 – geschildert, während im zweiten Teil die Persönlichkeit des Bischofs angegriffen wurde. Hier nur einige wenige Sätze: »Der alte preußische Vorkämpfer, der Mgr. Bornewasser ist, glaubt, daß der Augenblick zum Handeln gekommen ist. Die schwersten Stunden scheinen für die Nazis und ihre Freunde vorbei zu sein« . . . »So nimmt die Sache einen unerwarteten Verlauf. Mgr. Bornewasser entfacht die Schlacht an allen Fronten, und da er besonders die Schaffung eines eigenen Saarbistums fürchtet, zögert er nicht, Rom um Hilfe zu rufen. Preuße und Pangermanist in erster Linie, bettelt er aufdringlich alle an, seine politischen und materiellen Interessen, die ihm teuer sind, zu retten.« Mit den materiellen Interessen hatte Fribourg zuvor »die Einnahmen des Bistums Trier aus der reichen Provinz Saar« angegeben.

Aber auch weniger heftige Angriffe als diejenigen des engagierten französischen Saarkämpfers Fribourg sollten alsbald Anlaß für die Franzosen sein, beim Heiligen Stuhl ein eigenes Saarbistum zu fordern. Hier sei nur der Aufsatz von Albert Duquet[1] in der französischen Zeitung »Le Monde« vom 8. November 1947: »Le problème religieux en Sarre« erwähnt, in welchem die eindeutige Frage aufgeworfen wurde: »Die bevorstehende Schaffung eines politisch, währungs- und zollmäßig vom übrigen Deutschland unabhängigen Saarstaates und die daraus resultierende Grenzziehung verleihen daher der Frage der religiösen Autonomie des Saargebietes eine

---

1 Ein des öfteren verwandtes Pseudonym für einen Mitarbeiter aus der engsten Umgebung Grandvals.

außerordentliche Aktualität. Erscheint es daher nicht notwendig, die kirchlichen Grenzen mit der neuen politischen Grenze in Übereinstimmung zu bringen? Erscheint es nicht notwendig, die saarländischen Teile der Diözesen Trier und Speyer zu einem neuen Bistum zusammenzufassen, dessen Sitz in Saarbrücken wäre und das auf dem kirchlichen Gebiet die sich gegenwärtig formende staatliche Einheit verwirklichen würde? Weder in Trier noch in Speyer ist diese Frage bisher offiziell angeschnitten worden. Man wird ihr aber nicht mehr lange ausweichen können.«

In der Tat begannen auch alsbald die französischen Vorstöße nach dem Zweiten Weltkrieg beim Heiligen Stuhl, um ein eignes Saarbistum zu erreichen. Schon im September 1947 hatte der erste Bericht der französischen Militärregierung in Saarbrücken (»Renaissance de la Sarre«, S. 27) festgestellt: »Hier ergibt sich übrigens eines der wichtigsten Probleme, das wir an die Spitze aller Probleme auf lange Sicht gestellt haben, die im Saarland gelöst werden müssen: es ist die geistige Unabhängigkeit von den Bischöfen von Trier und Speyer, von denen das Saarland abhängig ist.« Deutlicher hat der französische Abgeordnete und zeitweilige Berichterstatter der außenpolitischen Kommission für Saarfragen in der Nationalversammlung, Jacques Bardoux, in der Debatte vom 21. Oktober 1950 das Problem formuliert (Prot. S. 7082): »Nun, das Saarland hat noch keinen Bischof. Auf Grund der Intervention der französischen Regierung hat der Heilige Stuhl einen apostolischen Visitator ernannt. Aber es handelt sich um einen Visitator, nicht um einen Administrator. Indessen üben die Bischöfe jenseits der saarländischen Grenze ihre Autorität auf kirchlichem Gebiet noch frei aus. Es ist für niemanden ein Geheimnis, daß diese Autorität sich auf politischem Gebiet auswirkt, und zwar in einem der saarländischen Autonomie und der franco-saarländischen Zusammenarbeit feindlichen Sinn. Die Einsetzung eines saarländischen Bischofs muß deshalb die erste Voraussetzung einer saarländischen Selbständigkeit sein. Sie muß durch den saarländischen Ministerpräsidenten mit Unterstützung der französischen Regierung vom Vatikan gefordert werden.«

Über 13 verschiedene französische Vorstöße beim Vatikan berichtet Robert Schmidt (Bd. II, S. 448). Vor allem entwickelte der französische Botschafter beim Vatikan, d'Ormesson, eine große Aktivität.

Auch von Johannes Hoffmann sind mehrere Reisen nach Rom bekannt geworden. In Kreisen der katholischen Geistlichkeit des Saarlandes wurde immer wieder behauptet, Hoffmann habe wiederholt die Schaffung eines selbständigen Saarbistums vom Heiligen Stuhl gefordert.

Alle diese Versuche von französischer und saarländischer Seite hatten aber nicht den angestrebten Erfolg. Es kam nur zur Entsendung eines päpstlichen Visitators – wie von Bardoux erwähnt –, der nur »das Ohr des Papstes im Saarland, aber nicht sein Mund« gewesen ist. Zudem hatte der päpstliche Visitator, Mgr. Schulien, als Sohn unserer saarländischen Heimat trotz Bewahrung einer strengen Neutralität durchaus Verständnis für den Standpunkt der deutsch gesinnten Bevölkerung und der überwältigenden Mehrheit aller katholischen Geistlichen im Saarland.

An dieser Stelle erscheint mir notwendig, eine eigene Feststellung gegenüber den französischen Bemühungen zu treffen, auch die kirchliche Separation der Saar durchzusetzen. Es erweckt auch hier Erstaunen, wie einseitig die Franzosen ein und dieselbe Frage beurteilen, je nachdem, ob ihnen das vorgenommene Ziel zum Vorteil gereicht oder nicht. Es gibt in diesen politischen Fragen einfach keine gleichmäßige Beurteilung, die auch der Meinung der Gegenseite Gerechtigkeit zuteil werden läßt. Der greise Erzbischof Bornewasser hat diese schwache Stelle in der französischen Haltung zur Frage eines eigenen Saarbistums auch klar erkannt und und seinem oben wörtlich erwähnten Hirtenwort eine eigentlich unumstößliche Begründung beigegeben. Es heißt dort:

»Ich gehe aus von der 32. Lektion des vorzüglichen französischen Katechismus. Diese Lektion handelt von den ›Pflichten gegen das Vaterland und die menschliche Gemeinschaft‹. Über diesem Lehrstück steht ein Bild, das Jesus gegenüber der Stadt Jerusalem zeigt. Am Schluß ist die Trikolore abgebildet. Einleitend sagt der französische Katechismus zu den Kindern folgendes: ›Jesus liebte sein Vaterland, und er weinte, als er an die Zerstörung Jerusalems dachte. Auch ihr habt ein Vaterland, es ist für euch wie eine Familie, es gibt euch seine Erde, seine Kunstschätze, es schützt euch durch sein Gesetz, seine Polizei, seine Armee. Eure gegenwärtige Pflicht ist es, zu arbeiten, um ein tüchtiger Bürger zu werden und dazu seid zunächst ein vollkommener Christ!‹«

Und nach weiteren Ausführungen wird dann das Bekenntnis des französischen Katechismus für alle französischen Kinder bestimmt: »Treu dem Gesetz der Liebe und der Achtung gegen alle, werde ich vor allem Frankreich lieben und ihm, wenn die Stunde gekommen ist, alles geben, was es von mir verlangt, wenn es nötig ist, mein Leben.«

Mag man darüber streiten, ob diese Grundsätze heute noch eine uneingeschränkte Billigung beanspruchen können. Die Frage, die sich hier stellt, ist allein, ob den deutschen Katholiken an der Saar und ihren Seelsorgern nicht von französischer Seite nach 1945 die gleichen Rechte hätten zugestanden werden müssen. Die Versuche, die Katholiken der Saar und ihre Geistlichkeit von den angestammten Diözesen abzutrennen, hatten ja bereits vor 1935 keinerlei Erfolg.

Noch nach dem Referendum von 1955, ungeachtet der sich damals schon abzeichnenden Einigung zwischen Frankreich und der Saar, wurde in der französischen Zeitschrift: »Politique Étrangère« vom Juli/August 1956, Nr. 4, S. 411 ff., ein aufschlußreicher Artikel von Maxime Mourine über das Thema: »Der Heilige Stuhl und die Saar« veröffentlicht. Darin stellte der Verfasser die französischen Bemühungen nach den beiden letzten Kriegen, vom Heiligen Stuhl ein eignes unabhängiges Saarbistum zu fordern, aus seiner Sicht dar. Der erste Anlaß war offensichtlich ein Hirtenwort des damaligen Trierer Bischofs Michael Felix Korum – übrigens ein gebürtiger Elsässer – aus dem Jahre 1919 an die Saarländer: »Wir müssen den Menschen an der Saar um jeden Preis die Treue bewahren. Sie sollen wissen, daß ich nach wie vor ihr Bischof bin. Die kirchliche Einheit muß unter allen Umständen erhalten bleiben. Das ist jetzt das feste Band, das die treue Saarbevölkerung mit ihrer deutschen Heimat verbindet.« Schon dieser erste französische Versuch schlug fehl. Mourine berichtete darüber (S. 412): »Höflich, aber fest ließ der Staatssekretär Kardinal Pacelli wissen, daß der (von Frankreich gemachte Vorschlag eines eigenen Saarbistums, Anm. d. Verf.) nicht verwirklicht werden könne. Die Veränderung der Grenzen eines Bistums seien – so erklärte man (im Vatikan, Anm. d. Verf.) – eine ernsthafte Angelegenheit und in jedem Falle ungewöhnlich.« Der französische Verfasser meinte dazu: »Man mußte feststellen, daß die Aufrechterhaltung dieses Zustandes (der Zugehörigkeit der Saar zu den angestammten Bistümern, Anm. d. Verf.) in einem Lande mit einer so breiten katholischen Mehrheit von vornherein ein für die Rückkehr der Saar zu Deutschland günstiger Vorentscheid des Vatikans gewesen ist!«

Für die Zeit nach 1945 stellte Mourine in seiner Untersuchung wiederum mit Bedauern das gleiche Ergebnis fest (S. 418/419): »Obwohl die deutschen Länder zerrissen wurden ohne Rücksicht auf die Grenzen der Bistümer, obwohl Frankreich normale diplomatische Beziehungen zum Vatikan unterhielt, obwohl die französische Regierung durch einen christlich-demokratischen Außenminister (Robert Schuman, Anm. d. Verf.) repräsentiert wurde, und trotz der heftigen Kritik an der Haltung der Bischöfe (von Trier und Speyer, Anm. d. Verf.) während des Hilterregimes, *wurde kein eigenes Saarbistum geschaffen.*« Ohne Bedenken gesteht Mourine zu, daß »die französischen Behörden als Antwort (gegen den Trierer Oberhirten, Anm. d. Verf.) die allzusehr prodeutschen Geistlichen aus dem Saarland auswiesen« (S. 419).

Auch nach dem Tode von Erzbischof Bornewasser änderten sich die Verhältnisse nicht. Zwar hatte der Heilige Stuhl – wie erwähnt – den päpstlichen Visitator an die Saar geschickt; irgendeine politische Begünstigung der französischen Ziele an der Saar oder zugunsten der Politik Hoffmanns ergab sich daraus aber nicht.

Über den Nachfolger auf dem Trierer Stuhl, den Saarländer Mathias Wehr (Abb. 89), sagte Mourin: »Es wurde sehr bald offensichtlich, daß der neue Bischof sich an die von seinem Vorgänger gesetzten Richtlinien hielt« (S. 420).

Die saarländischen Landtagswahlen vom 30. November 1952 gaben erneut Anlaß zu einer Beschwerde der Franzosen in Rom. In einem Hirtenbrief über die Pflichten eines Katholiken, christliche Kandidaten zu wählen, war auch der Satz enthalten: »Wer aber nach verantwortungsbewußter Überlegung zu dem Urteil kommt, daß er in der gegenwärtigen Lage den aufgestellten Vertretern seine Stimme nicht geben dürfe, und sich nach dieser Erkenntnis richtet, kann von anderen einer Pflichtverletzung nicht beschuldigt werden. Für ihn besteht, um es klar und einfach zu sagen, in diesem Falle keine Wahlpflicht.« Daraus leiteten die Franzosen und Johannes Hoffmann eine »Predigt zur Wahlenthaltung« und damit eine Unterstützung der prodeutschen Parteien ab, die Wahlenthaltung verkündet hatten. »Die französische Regierung übermittelte dem Heiligen Stuhl ihr Erstaunen und erinnerte an die Anstrengungen, die Frankreich im Saarland unternehme, um dort ein friedliches Europa zu errichten; außerdem unterstrich man die Auswirkungen, die eine solche Haltung auf das politische Leben in Frankreich haben müsse, auch müsse man mit einer lebhaften Opposition der katholischen Parteien (in Frankreich, Anm. d. Verf.) rechnen«, so schrieb Mourine über die erneuten Anstrengungen der französischen Stellen beim Vatikan. Er muß aber wiederum feststellen, daß der Vatikan auch jetzt keine Maßnahmen ergriffen habe. Als einziges Ergebnis stellte Mourine schließlich heraus, daß zum Referendum vom 23. Oktober 1955 keine kirchliche Stellungnahme für die eine oder andere Seite abgegeben worden ist.

Mourine schließt seine Untersuchung mit der lakonischen Feststellung: »Die Klugheit des Heiligen Stuhles und der Bischöfe fand ihre Rechtfertigung«, gemeint war das Ergebnis der Volksbefragung vom 23. Oktober 1955!

Die Haltung des Heiligen Stuhles in der Saarfrage, ja auch die Haltung aller beteiligten Bischöfe entsprach – und gerade das haben die Franzosen und auch Johannes Hoffmann immer wieder verkannt – der inneren Einstellung und dem Willen der Saarbevölkerung. Daher bemühten sich auch die Bevölkerung und die Mehrheit ihrer Geistlichen von Anfang an, ihre Bischöfe in der Abwehr einer kirchlichen Separation zu unterstützen. Die erste und bedeutendste Bemühung in dieser Richtung war die Bittschrift von 351 katholischen Geistlichen an den Heiligen Stuhl vom 19. März

1947; nur zwei Geistliche, die dem MRS angehörten oder nahestanden, verweigerten die Unterschrift; fünf Geistliche enthielten sich, so daß eine überwältigende und absolut eindeutige Meinungsäußerung vorlag. Initiator war der im Saarland hochgeschätzte Saarbrücker Geistliche, Pastor Franz Bungarten, der daraufhin wegen dieses Schrittes aus dem Saarland ausgewiesen wurde, obwohl er Saarländer im Sinne der Verfassung und des Gesetzes war und nach Artikel 11, Absatz 2 SVerf., gar nicht ausgewiesen werden durfte. Unter Hervorhebung der jahrhundertealten Zugehörigkeit des Saarlandes zur Diözese von Trier erbaten die 351 saarländischen Geistlichen den Verbleib bei ihrer Mutterkirche Trier. Wörtlich heißt es u. a. in dem Schreiben: »So umschlingt ein inniges Band heimatlicher und religiöser Verbundenheit die Mutterkirche Trier und die Tochterkirchen an der Saar. Eine kirchliche Loslösung von Trier würde für uns eine Entwurzelung aus dem Mutterboden, eine gefühllose Zerreißung heiliger Familienbande, eine leidvolle Umsiedlung, ein Wandern in die Fremde sein.«

Auch die katholischen Mitglieder der DPS hatten sich vor dem Parteiverbot in gleicher Weise erklärt und in einem Beschwerdeschreiben vom 8. Januar 1951 wegen der unmenschlichen Ausweisungen durch die saarländische Regierung an Papst Pius XII. ausgeführt: »Die Vertreter unserer Partei streben eine allgemeine Verständigung der Völker an, vor allem aber im engen europäischen Raum. Sie billigen aber nicht die Trennung von Bindungen jahrhundertealter volklicher, kultureller, sprachlicher und *kirchlicher* Art. Sie stehen daher in enger Verbundenheit mit ihren Brüdern und Schwestern im deutschen Vaterland, vor allem aber in unverbrüchlicher Treue zu ihren kirchlichen Oberhirten, den HH. Bischöfen von Trier und Speyer. Sie lehnen deshalb auch die von französischen Kreisen und der Parteiführung der Christlichen Volkspartei des Saarlandes immer wieder geforderte Schaffung eines eigenen Saarbistums in Übereinstimmung mit dem weitaus überwiegenden Teil der katholischen Saarbevölkerung ab und bekennen sich erneut in Treue zu ihren HH. Bischöfen im deutschen Vaterland« (Gedrucktes Rundschreiben der DPS, Nr. 20 vom Januar 1951, S. 6).

Alsbald nach ihrer Gründung unternahm auch die nicht zugelassene CDU-Saar Schritte beim Heiligen Stuhl gegen die Forderung nach einem eigenen Saarbistum. Am 29. Juni 1952 wurden der erste Vorsitzende, Dr. Hubert Ney, und Helmut Bergweiler nach Vorgesprächen mit dem Bischof in Trier dem Erzbischof Frings von Köln – auch hier hatte unser Freund Bodens vermittelt – und nach Vorgesprächen mit vatikanischen Persönlichkeiten von Papst Pius XII. in einer Audienz empfangen. Art und Dauer der Audienz – der Papst hatte mit den beiden Herrn ohne Hinzuziehung anderer Personen am Feste Peter und Paul eine halbe Stunde gesprochen – brachten die besondere Aufmerksamkeit für das behandelte Problem zum Ausdruck, sie waren aber zugleich auch eine Ehre für die saarländischen Politiker. Später wurde bekannt, daß der französische Botschafter d'Ormesson eine Rückfrage beim Vatikan wegen dieses Besuches gehalten hatte, daß aber dann von französischer Seite keine weiteren ernsthaften Versuche zur Loslösung des Saarlandes von den angestammten Diözesen mehr unternommen worden sind.

Betrachtet man rückschauend die Bestrebungen zur Schaffung eines eignen Saarbistums, dann muß man auch dazu das bekannte Wort zitieren: »Wen die Götter vernichten wollen, den schlagen sie mit Blindheit!« Durch den hartnäckigen Kampf um die Lostrennung des Saarlandes von den angestammten Diözesen von Trier und

Speyer hat sich Johannes Hoffmann – und mit ihm Gouverneur Grandval – in einen Kampf mit nahezu der gesamten katholischen Geistlichkeit des Saarlandes eingelassen. Durch die Ausweisung des beliebten Pastors Bungarten aus dem gleichen Anlaß wurde ein Märtyrer geschaffen, dessen Persönlichkeit und Wirken (wir haben auf Bungartens Schrift: »Ich darf nicht schweigen« schon hingewiesen) zum ständigen Symbol für die Unfreiheit und Unterdrückung an der Saar geworden ist. Auch löste Bungartens Ausweisung am 5. Januar 1948 – also nach Inkrafttreten der saarländischen Verfassung – eine heftige Ablehnung in der Partei Hoffmanns selbst aus, nachdem früher schon die katholischen Geistlichen Pastor Wassmuth und Pater Hollenbach aus politischen Gründen – sie hatten den erwähnten Hirtenbrief des Bischofs vom März 1947 verbreitet – aus dem Saarland ausgewiesen worden waren. Über die nunmehr noch vorgenommene Ausweisung des Pastors Bungarten kam es sogar zu einer Debatte im Landtag. Sie wurde besonders von dem damaligen CVP-Abgeordneten Danzebrink (Abb. 145) geführt, der dadurch selbst in Opposition zur Partei Hoffmanns geriet und später ebenfalls ausgewiesen wurde. Gerade durch diese Maßnahmen und das spätere Verbot der DPS haben Hoffmann und Grandval bewiesen, daß sie weder Staatsmänner noch kluge Politiker waren. In der Sprache unserer heutigen Zeit würde man sagen: Beide haben Eigentore geschossen, die sie bis 1955 nicht wieder ausgleichen konnten. Zur Zeit Napoleons beurteilte man derartige politische Dummheiten mit dem (Fouché oder Talleyrand zugeschriebenen) Wort: »Das war schlimmer als ein Verbrechen, das war ein Fehler!«

Johannes Hoffmann bemühte sich später zwar redlich, eine Anzahl von katholischen Geistlichen durch großzügige Finanzhilfen für kirchliche Zwecke wieder für sich zu gewinnen, er konnte die einmal verlorene Schlacht aber nicht mehr wettmachen. Mit der Politik gegen Trier und Speyer hatte er sein eigenes politisches Grab geschaufelt; denn seine selbstherrlichen Übergriffe in den Jahren 1948 bis 1951 waren zu tiefgreifend. Dafür liegt ein weiterer Beweis vor. Schon im März 1950 erhoben zehn von zwölf der katholischen Dechanten des Saarlandes – die meisten waren sogar Mitglieder in der Partei Hoffmanns – einen schriftlichen Protest gegen die »fortgesetzte Mißdeutung der bisherigen Wahlen im Saarland«. Wir haben bereits im ersten Teil des Buches bei der Beurteilung der ersten Landtagswahl vom 5. Oktober 1947 Teile aus der Dechantenerklärung wörtlich wiedergegeben. Aber obwohl der Inhalt des Protestschrittes der Spitzen der katholischen Geistlichen im Saarland erst zwei Jahre später bekannt geworden ist, wurde Johannes Hoffmann dadurch auf das tiefste getroffen. Anstatt aber Selbstkritik zu üben und den Fehler bei sich und seinen französischen Freunden zu suchen, setzte er den Kampf fort und versuchte, den Initiator der Dechantenerklärung, den Saarbrücker Geistlichen und Ehrendomherrn von Trier, Dechant Augustinus Braun, auch aus dem Saarland auszuweisen zu lassen.

Zu den Angriffen gegen Dechant Braun suchte sich Hoffmann ausgerechnet eine Besprechung zwischen dem Parteivorstand seiner CVP und 40 katholischen Geistlichen am 27. Dezember 1950 aus. In einer langen Rede warf Hoffmann Braun »Sabotage an der Politik der Regierungspartei« vor. Sie bestünde darin, daß Braun auf die Geistlichkeit einwirke, sich nicht in dem von Hoffmann gewünschten Sinne politisch zu betätigen und eine neutrale Haltung der Geistlichkeit fordere. Dabei stieß Hoffmann die unmißverständliche Drohung gegen Dechant Braun aus: »Im Namen meiner Fraktion (der Christlichen Volkspartei des Saarlandes, Anm. d. Verf.) erkläre ich, daß wir *nicht vor den äußersten Mitteln zurückschrecken werden!*«

Sofort nach dieser Erklärung erhob sich der Parteisenior, Abg. Kossmann, und erklärte: »Ich bin nicht damit einverstanden, daß Herr Dechant Braun ausgewiesen wird, denn eine Ausweisung ist ein Verbrechen gegen die Menschlichkeit!« Auch dieser unglaubliche Vorgang wurde in dem Protestbrief der katholischen Mitglieder der DPS dem Heiligen Stuhl unterbreitet und im Rundschreiben der DPS veröffentlicht. Hoffmann wagte dann in der Tat nicht mehr, die Ausweisung des Dechanten Braun durchzuführen.

Die wichtigsten Vorgänge auf kirchlichem Gebiet können aber nicht abgeschlossen werden, ohne doch dreier Geistlichen zu gedenken, deren Wirken für die Deutscherhaltung unserer Saarheimat von großer Bedeutung war. Dies waren einmal der Generalvikar Prof. Dr. Josef von Meurers, der »Stabschef« des Bischofs Bornewasser. Er war die Seele des Widerstandes gegen die Abtretung des Saarlandes vom »Bistum Trier und vom Reich«. Zum anderen ist die Tätigkeit des ausgewiesenen Saarländers, des Dechanten Hermann Wassmuth, Landesjugendpfarrer für das Saarland und späterer Jugendseelsorger des gesamten Bistums Trier, besonders hervorzuheben. Er und sein Nachfolger, der Bistumsjugendseelsorger Theo Fassbender haben die katholische Jugend des Trierer Episkopates eindeutig im deutschen Sinne geführt. Dechant Wassmuth legte sogar in der letzten Zeit vor der Abstimmung aus Protest sein Amt nieder, weil er glaubte, daß der Widerstand des Nachfolgers von Bischof Bornewasser gegen Johannes Hoffmann nachgelassen habe. Pfarrer Wassmuth lebt heute noch in Mayen (Eifel), auch ihm gelten unsere Grüße und Wünsche!

Schließlich war ein besonderer Förderer der deutschen Sache an der Saar der Abt Eucharius Zenzen von St. Mathias in Trier. Bei Abt Dr. Zenzen fand im Kapitelsaal der Abtei die große Zusammenkunft von Politikern der CDU-Saar und des Bundesgebietes statt, als im Juli 1955 um das JA oder NEIN zum Saarstatut gerungen wurde. Hier hatte sich bei den meisten Anwesenden – trotz einiger betonter Gegenansichten – das NEIN schon so weit herauskristallisiert, daß dadurch die CDU-Saar ihre Zielsetzung erhalten hatte. Vor allem der christliche Gewerkschaftler Peter Hahn hatte durch seine hartnäckige und beredte Haltung auf der Tagung bei Abt Eucharius wesentlich dazu beigetragen.


Zu diesen mehr internen Vorgängen im Leben der Saarbevölkerung waren aber alsbald nach dem Anschluß im November 1947 weitere Enttäuschungen hinzugekommen, man kann – wie Freymond S. 69 f. ausführt – sogar von ernsten Krisen, vor allem unter der Arbeiterschaft, sprechen. Nach der großen Enttäuschung über den ungünstigen Umtauschkurs der Saarmark in Franken – wir sprachen schon davon – folgten ernste wirtschaftliche Schwierigkeiten. Wörtlich meinte Freymond: »Es folgte eine tiefe Enttäuschung. Der wirtschaftliche Anschluß, anstatt die materielle Lage zu verbessern, hatte nur neue Schwierigkeiten mit sich gebracht ... Während der folgenden Monate wuchs die Kritik, und sie kam nun auch aus Kreisen, die dem wirtschaftlichen Anschluß und der Zusammenarbeit mit Frankreich das Wort geredet hatten. Man beklagte sich über den Zustand der Abhängigkeit, in den man geraten war ... Das Ergebnis davon war, daß die ganze Autonomie nichts als ein schöner Traum war.«

Soweit das Urteil des Schweizer Berichterstatters.

Nunmehr war die Zeit herangereift, um durch eine aktive, nach außen hin deutlich in Erscheinung tretende Opposition in das Geschehen an der Saar selbst, aber auch in den interessierten Ländern, einzugreifen.

Dazu wurde die DPS berufen.

88  89
»Wer die Treue bricht, ist ein
Verräter« . . . mahnte
Erzbischof Rudolf Bornewasser (†), Trier (oben), die
Gläubigen an der Saar in
seinem Hirtenbrief vom März
1947 und schuf damit eine
wesentliche Voraussetzung für
die spätere Haltung der Saarländer. Nach seinem Tode
setzte Bischof Mathias
Wehr (†) – hier im Gespräch
mit Ministerpräsident Egon
Reinert und dem Verfasser –
das Werk seines Vorgängers
fort.

**1934**

●

Katholischer Volksgenosse!

## DEIN BISCHOF RUFT DICH!

Aus dem Aufruf des Bischofs vom 26. Dezember 1934 :

« Sonntag, den 13. Januar 1935, wird im Saargebiet die Volksabstimmung stattfinden über die Frage, ob dieses deutsche Land und seine Bewohner in der TRENNUNG VOM DEUTSCHEN REICH verbleiben sollen oder nicht. Der für die ZUKUNFT UNSERES VATERLANDES SO FOLGENSCHWEREN ENTSCHEIDUNG, die in einigen Tagen an der Saar fallen wird, kann kein wahrhaft Deutscher gleichgültig gegenüberstehen. ALS DEUTSCHE KATHOLIKEN SIND WIR VERPFLICHTET, FUR DIE GROSSE, DIE WOHLFAHRT UND DEN FRIEDEN UNSERES VATERLANDES UNS EINZUSETZEN. »

Franz Rudolf
Bischof von Trier.

*Das Sieg-Heil auf den Führer nach der feierlichen Übergabe der Regierungsgeschäfte an Reichskommissar Bürckel in Saarbrücken. Von rechts: Minister Dr. Goebbels, Minister Dr. Frick, Reichskommissar Bürckel, die Bischöfe* Foto Hoffmann

### Grösse, Wohlfahrt und Frieden

hat uns damals der nationalistische Oberhirte BORNEWASSER versprochen

GRÖSSE ? — Das Reich hat als solches zu bestehen aufgehört.

WOHLFAHRT ? — Hunger, Wohnungsnot und Elend sind das greifbare Ergebnis der von Bischof BORNEWASSER gutgeheissenen Nazipolitik.
Wir sind heute auf Gnade und Ungnade der Willkür und Gewaltherrschaft fremder Besatzungstruppen ausgeliefert. Allerdings riskiert der Hochw. Herr Erzbischof dabei am wenigsten.

FRIEDEN ? — Welchen Frieden ? Den Frieden des Grabes wahrscheinlich, den ja tatsächlich Hitler's Krieg so vielen unter uns gebracht hat.

Soweit haben Sie uns « geführt », Herr Erzbischof. Heute tischen Sie uns denselben nationalistischen Kram schon wieder auf.
Aber diesmal, Herr Erzbischof,

**machen wir nicht mehr mit !**

**1947**

●

Aus dem Hirtenbrief des Bischofs vom 30. März 1947 :

Vaterlandsliebe bedeutet ferner Treue. Wer die Treue bricht ist ein Verräter. Wäre es nicht traurig, wenn in Notzeiten einer anfinge zu berechnen, ob er nicht besser leben könne, wenn er sich von seinem Vaterland trenne ? Aus rein egoistischen Gründen in der Flucht vor verlangten Opfern das Vaterland verlassen, widerstreitet dem Geist des Christentums, welches Treue und Opferbereitschaft höher wertet als materielle Güter.

Erzbischof :
Franz Rudolf
Bischof von Trier.

90
Der Bischof von Trier: Ein Nazi! Im Frühjahr 1947 verbreiteten »Unbekannte« an der Saar das hier abgebildete (im Lothringischen gedruckte) Flugblatt, in dem sogar der Bischof von Trier zum Nazi gestempelt wurde!

91
Das war der Anfang: Im November 1948 veröffentlichte die »Stuttgarter Rundschau« den »Sturmzeichen«-Artikel. Anlaß war ein Brief aus Saarbrücken – von Hermann Deutsch (Deckname des Verfassers).

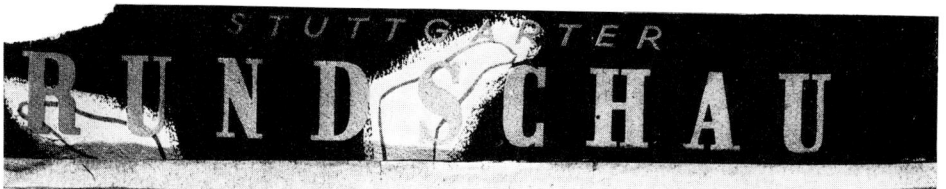

STUTTGARTER RUNDSCHAU

# Sturmzeichen

## AN DER SAAR

In der Julinummer dieser Zeitschrift stellten wir die Frage, ob die Saar verloren ist. Wir wollten das Schweigen über diese peinliche Frage brechen, weil es politisch immer gefährlich ist, den Dingen gedankenlos den Lauf zu lassen. Wer Augen hat zu sehen, der sieht, daß an der Saar das Pendel zurückzuschlagen beginnt. Sollen wir uns darüber freuen? Sollen wir die Gewissensnot der Deutschen an der Saar auf die Mühlen einer neuen nationalistischen Propaganda leiten? Nein. Und abermals: Nein. Können wir die Sturmzeichen aus der Saar übersehen? Unmöglich! Wir müssen die rückläufige Bewegung, die an der Saar anhebt, bei Zeiten und mit allem Vorbedacht in die ruhigen Bahnen eines deutsch-französischen Einvernehmens lenken. Wie ernst die Lage bereits ist, wie scharf die Spannungen bereits geworden sind, zeigt der nachstehende Brief, der uns (einer von vielen) aus der Saar als Antwort auf unsern Aufsatz im Julinummer der „Rundschau" zugegangen ist, den die Saarbrücker „Volksstimme" am 25. September abgedruckt hatte.

Die Männer, die heute die politische Macht an der Saar repräsentieren, können solche Stimmen eine Zeitlang unterdrücken, den Briefverkehr erschweren oder überwachen, die Grenze noch schärfer absperren, und die des Landes verweisen, die in ähnlicher Weise öffentlich zu reden wagen. Man kann einen Paragraphen zum Schutz der Saarländischen Verfassung erfinden und anwenden. Aber durch nichts werden die Fundamente der heute in der Saar bestehenden Ordnung gründlicher erschüttert als dadurch, daß man Märtyrer schafft. Man vergesse dabei nicht, daß die Saar seit 1919 das klassische Land der vollkommenen Flüsterpropaganda geworden ist. In diesem Lande hat es seit 1919 keinen Augenblick eine Regierung gegeben, die vom Vertrauen des Volkes getragen war. Auch gegen Hitler und Bürckel ist nach 1935 in der Saar erheblich „geflüstert" worden.

Es ist besser, man redet über die Saar laut und offen, ehe der Schrei „Heim ins Reich" ausbricht. Deshalb drucken wir den nachstehenden Brief ab.

*Fritz Eberhard*

---

Saarbrücken, den 25. Sept. 1948

Ihr Aufsatz in der Saarbrücker „Volksstimme" vom 25. 9. gibt mir Veranlassung zu einigen grundsätzlichen Ausführungen.

Um es vorweg zu nehmen: Es spricht zu Ihnen ein wirklicher Saarländer, seit Generationen an der Saar ansässig: im Besitz der berühmten roten saarländischen Pässe, bereits 1935 abstimmungsberechtigt, mit allen Einzelheiten der deutsch-französischen und „saarländischen" Geschichte bestens vertraut. Der ununterbrochene enge Kontakt mit Franzosen seit 1918, insbesondere was die Behandlung besetzter Gebiete ' der Saarbevölkerung angeht, gibt dem

[...]

weise eingeführt und [...] Wirtschaft zum Ruin.

Die saarländische Verwaltung ist der aufgeblähteste Apparat, welchen je ein Volk erlebt hat. Zwei nebeneinander regierende Verwaltungsapparate größten Ausmaßes belasten die Bevölkerung in ungekannter Weise. 40 Prozent des gesamten Steueraufkommens verschlingen allein die Verwaltungen. Und der Rest? Reicht nicht einmal aus, um Opfern des Krieges und der Arbeit auch nur ein Hungerdasein zu gestatten.

Und die Männer dieses Staates?

Der saarländische Verwaltung mußte die Stadt ein Schloß (Halberg) ausbauen, welches Millionen verschlungen hat. Und heute, nach einem Jahr, warten noch zahlreiche Handwerker auf die Begleichung ihrer Rechnungen für diese Arbeiten. Und was für den Herrn Gou-

---

wahr ist, aber man behauptet, der Minister Kirn sei Franzose. Minister Strauß, in der Rheinpfalz geboren, sei Franzose. Minister Grommes stammt gleichfalls nicht von der Saar. Der Staatssekretär für das Innere, Hector, ist französischer Kapitän und Franzose. Polizeipräsident Lachmann war bis vor kurzem französischer Major und ist Franzose. Der „Präsident" der Einkaufsgewerkschaft, Wacker, hat die französische Staatsangehörigkeit. Das gleiche gilt für Welter, den Führer der Eisenbahnergewerkschaften. [...]

[...] saarländische Bevölkerung vor der [...] 5. Oktober 1947 beherrscht hat. Haben Sie einmal monatelang, jahrelang Hunger gelitten, so schlimm wie die Tausende ärmster Männer und Frauen in der Rheinpfalz, und sollen dann entscheiden, ob Sie 50 Ihnen teilweise unbekannte Männer wählen, die Ihnen hoch und heilig versprechen, den Hunger zu beseitigen und zugleich die „modernste Verfassung" der ganzen Welt zu bringen? Diese Verfassung hat man Ihnen kaum zur Kenntnis gebracht. Hat man jemals in einer Welt eine Verfassung als „demokratisch" schaffen können, über die von der Bevölkerung selbst nicht abgestimmt wurde? Wer hat von all den 900 000 wirklichen Saarländern wurde gefragt, ob die Kandidaten von ihnen gewünscht wurden? Wer hat die Kandidaten präsentiert? Jene Männer, deren Nationalität ich Ihnen eingangs vorausgeschickt habe.

Was an der Saar geschieht, weiß nur die Saar selbst. Für sie existiert so lange keine Demo-

---

schillernde Bild vom Brückenbau auf, um damit einen Zustand zu rechtfertigen, der das Schicksal eines — und das wagt die andere Seite nicht einmal zu bestreiten, selbst wenn man es hier nicht sagen darf — urdeutschen Volksteiles ohne die geringste Berücksichtigung seines eigenen unbeeinflußten Willens bestimmen soll. In diesen Tagen hat die andere „Seite" ihre Meinung zum Brückenbauproblem zum Ausdruck gebracht. Das Mouvement pour le Rattachement de la Sarre ..à la France" (MRS), die Partei des politischen Anschlusses an Frankreich, will den völligen Anschluß der Saar an Frankreich, genau nach den Richtlinien, wie sie das Testament Richelieus gab. Diese Propaganda ist ebenso amtlich geduldet, wie es gefährlich ist, ein Wort für die deutsche Heimat zu sagen. Was die saarländische Bevölkerung von der Brücke hält? Ebensoviel wie von dem Wert der uns aufgezwungenen französischen Währung. Nichts.

Es würde zu weit führen, hier ein Bild zu entwerfen, in welchen Zustand unsere saarländische Wirtschaft seit dem Anschluß versetzt worden ist. Gewiß, das ist richtig, der schreckliche, allmächtige und für alle Not und Gewissenszwang verantwortliche Hunger hat aufgehört, für die meisten von uns, aber nicht für alle! Warten wir nicht die Entwicklung dieser Dinge ab, die Zeit wird es zeigen, Was soll uns eine Brücke, die planmäßig und zielbewußt alle und jede Bindungen „abschneidet, welche von der Saar nach Deutschland führen?

Von einem T[...] [...]deren hat ma[...]

---

Geben Sie uns im großen Vaterland nicht auf! Denken Sie stets daran, daß wir Deutsche sind! Blut von Euerem Blut, und Fleisch von Euerem Fleisch! So wie ein Vater, eine Mutter ihr ärmstes Kind nicht freiwillig verstößt, so hoffen und erwarten wir, daß auch Sie und alle, welche mit uns die deutsche Sprache sprechen, uns Saarländern immer wieder die Hände reichen und uns helfen, so immer es nur irgend möglich ist. Helfen Sie mit, dem deutschen Volke die Wahrheit über die Saar zu sagen, und verweigern Sie, wo es immer verlangt werden sollte, den freiwilligen Verzicht auf die Saar. Mit welcher Freude haben wir die Entschließung der deutschen SPD auf dem letzten Parteitag gelesen und mit welcher inneren Anteilnahme haben wir die „Wiedergeburt Deutschlands in Berlin", wie die Schweizer „Weltwoche" dieser Tage schrieb, miterlebt! Mögen alle Deutschen auch in unserer Frage fest und standhaft bleiben, dann gibt es keinen Ruf mehr „Heim ins Reich", aber die Gewißheit lodert wie eine leuchtende Fackel:

„Geduld, Geduld, bald reift die Saat,
wenn andere welken, werden wir e i n Staat!"

92  93
Richard Becker im Einsatz. Bild oben: Richard Becker spricht in der Saarbrücker »Wartburg« auf
einer Großveranstaltung der DPS; eine der unzähligen Reden und Ansprachen dieses Kämpfers
für die deutsche Saar. – Bild unten: Der Parteichef der FDP, Dr. Erich Mende, gratuliert Richard
Becker zur Vollendung des 75. Lebensjahres. Zwischen Richard Becker und Erich Mende:
Beckers Tochter, Frau Christel Aretz, und Schwiegersohn Ludwig Aretz.

94
Richard Becker und seine Mitstreiter. Von links nach rechts: Paul Simonis (später Arbeitsminister), Peter Engel, Kurt John, Erich Schwertner (Minister für Wiederaufbau), der Verfasser, Senator Richard Becker nach Verleihung des Großen Bundesverdienstkreuzes mit Stern und Schulterband zur Vollendung des 75. Geburtstages am 10. Oktober 1959, Walter Hoff, Julius Marschall, Fritz Schuster (Oberbürgermeister der Stadt Saarbrücken), Ernst Schäfer, Fritz Wedel, Frau Ilse Reiter und Dr. Arthur Heitschmidt (später Finanzminister).

95
Der väterliche Freund: Richard Becker und Dr. Heinrich Schneider

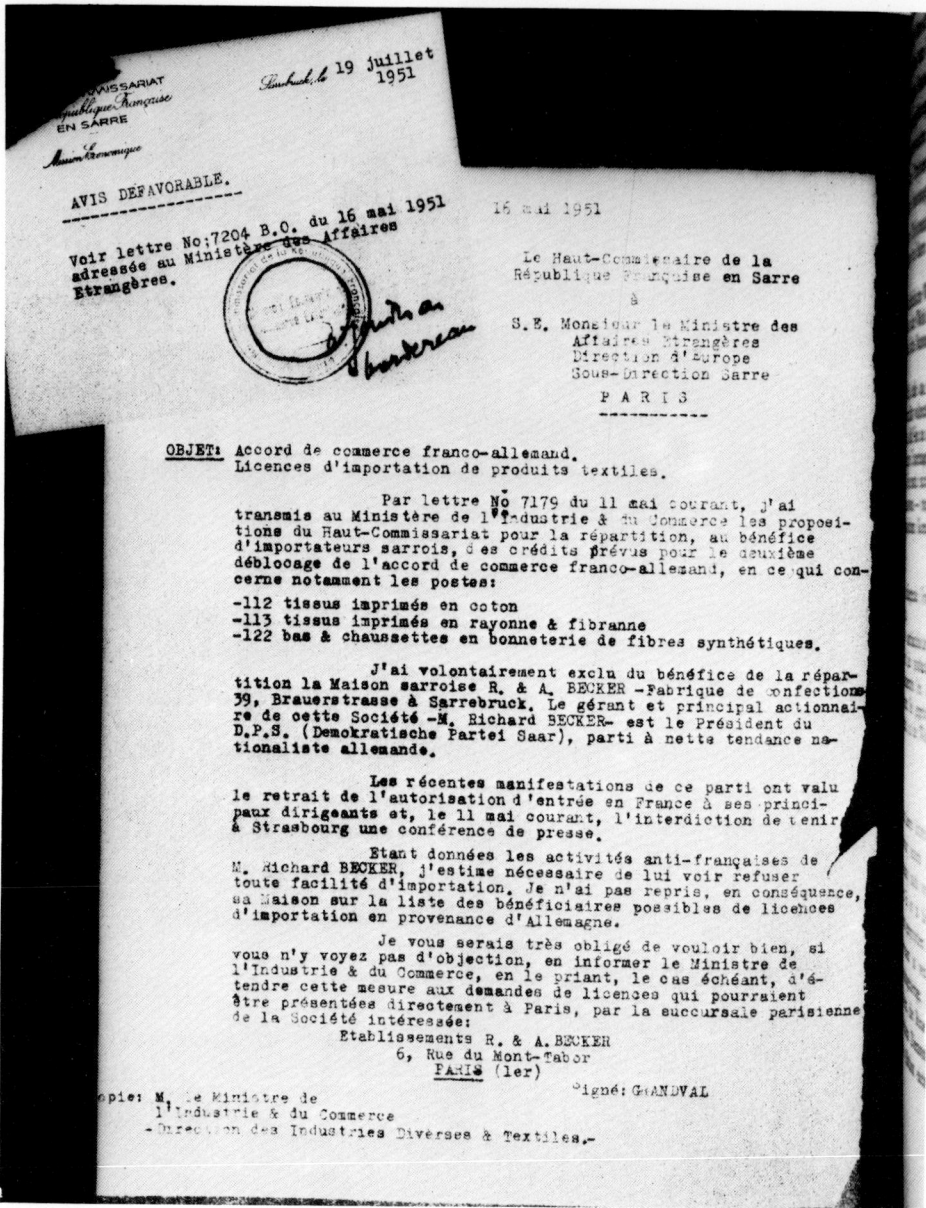

Saarbruck, le 19 juillet 1951

AVIS DEFAVORABLE.
-------------------
Voir lettre No;7204 B.O. du 16 mai 1951
adressée au Ministère des Affaires
Etrangères.

16 mai 1951

Le Haut-Commissaire de la
République Française en Sarre

à

S.E. Monsieur le Ministre des
Affaires Etrangères
Direction d'Europe
Sous-Direction Sarre

P A R I S
------------

OBJET: Accord de commerce franco-allemand.
Licences d'importation de produits textiles.

Par lettre No 7179 du 11 mai courant, j'ai
transmis au Ministère de l'Industrie & du Commerce les proposi-
tions du Haut-Commissariat pour la répartition, au bénéfice
d'importateurs sarrois, des crédits prévus pour le deuxième
déblocage de l'accord de commerce franco-allemand, en ce qui concerne notamment les postes:

-112 tissus imprimés en coton
-113 tissus imprimés en rayonne & fibranne
-122 bas & chaussettes en bonneterie de fibres synthétiques.

J'ai volontairement exclu du bénéfice de la répartition la Maison sarroise R. & A. BECKER -Fabrique de confection-
39, Brauerstrasse à Sarrebruck. Le gérant et principal actionnai-
re de cette Société -M. Richard BECKER- est le Président du
D.P.S. (Demokratische Partei Saar), parti à nette tendance nationaliste allemand.

Les récentes manifestations de ce parti ont valu
le retrait de l'autorisation d'entrée en France à ses principaux dirigeants et, le 11 mai courant, l'interdiction de tenir
à Strasbourg une conférence de presse.

Etant données les activités anti-françaises de
M. Richard BECKER, j'estime nécessaire de lui voir refuser
toute facilité d'importation. Je n'ai pas repris, en conséquence,
sa Maison sur la liste des bénéficiaires possibles de licences
d'importation en provenance d'Allemagne.

Je vous serais très obligé de vouloir bien, si
vous n'y voyez pas d'objection, en informer le Ministre de
l'Industrie & du Commerce, en le priant, le cas échéant, d'é-
tendre cette mesure aux demandes de licences qui pourraient
être présentées directement à Paris, par la succursale parisienne
de la Société intéressée:
Etablissements R. & A. BECKER
6, Rue du Mont-Tabor
PARIS (1er)

Signé: GRANDVAL

Copie: M. le Ministre de
l'Industrie & du Commerce
-Direction des Industries Diverses & Textiles.-

96

Und bist du nicht willig, so brauch' ich Gewalt: Hochkommissar Grandval fordert das Pariser
Außenministerium auf, die Betriebe der Familie Becker zu boykottieren. Grund: »Antifranzösische
Aktivitäten des Herrn Richard Becker«.

## Ehrungen
## für Richard Becker

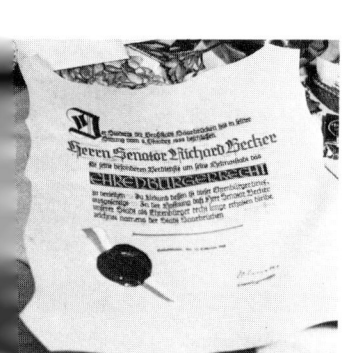

**97**
1954: Senator h. c. der Technischen Universität Berlin (mit Professor Mellerowitz)
1959: Ehrenbürger der Stadt Saarbrücken

**98**
1959: Großes Bundesverdienstkreuz mit Stern und Schulterband (siehe die vorgehende Bildseite)

**99**
Sohn: Konsul Ulrich Becker, Mitglied der ersten großen DPS-Stadtratsfraktion 1956. Hier: Verpflichtung durch Oberbürgermeister Fritz Schuster

100 101 102
Verdienste um die Rückkehr der Saar nach Deutschland: Von l. nach r.: Wilhelm Bodens (Referent im Min. f. gesamtd. Fragen), Richard Becker und der Verfasser, Rolf Vogel, Bonner Saarkorrespondent f. Presse u. Rundfunk und Ludwig Bruch, Hauptschriftleiter der DPS-Zeitung und Verfasser zahlreicher Schriften u. Artikel.
Verdiente Geschäftsführer: Willi Spoerhase (links) und Emil Schäfer (rechts). Im Hintergrund: Schatzmeister Adolf Heiz.
Prominenter Saarländer: Bundestagsabgeordneter und langjähriges Mitglied der Hohen Behörde der Montan-Union, Dr. Fritz Hellwig (rechts) mit Saarminister Dr. Manfred Schäfer, beide CDU.

# Sturmzeichen
an der Saar –
die DPS
und ihr Verbot

In der Novemberausgabe des Jahres 1948 veröffentlichte die illustrierte Monats-schrift: »Stuttgarter Rundschau« einen viel beachteten Artikel: »Sturmzeichen an der Saar« (Abb. 91). Zu seiner weiten Verbreitung trug das bunte, auch in der franzö-sischen Besatzungszone plakatierte Titelblatt bei. Es zeigte die Umrisse eines offen-sichtlich nackten Mannes, dessen Blöße ein stilisiertes Feigenblatt symbolisch ver-deckte. Dazu war der Text beigegeben: »Stellt mich auf den Kopf, hier ist nichts zu holen!« Neben der Hauptgestalt liefen nach rechts und links fünf Männer, ein jeder beladen mit einer schweren Last, der eine trug die Ostgebiete fort, der andere Ma-schinen, der dritte Patente, der vierte die Ruhrindustrie und schließlich der letzte die Saar! Im Vorspann zu dem Saarartikel des Blattes war auf den Anlaß hingewie-sen worden: Der verantwortliche Herausgeber der Zeitung, der württembergische Staatssekretär Fritz Eberhard, hatte im Juli 1948 an derselben Stelle des Blattes einen Artikel: »Ist die Saar verloren?« veröffentlicht. Die beachtlichen Ausführungen Eber-hards wurden von den Machthabern im Saarland als Zeichen einer realistischen Be-trachtungsweise des Saarproblems aufgefaßt und am 29. September 1948 von der Zeitung »Volksstimme« abgedruckt. »Deshalb«, so schrieb diese damals westlich orientierte Zeitung, »erscheint es uns richtig, dieses Bekenntnis eines deutschen So-zialisten zur Saarfrage im wesentlichen ungekürzt zu bringen. Hier offenbart sich ein aufrichtiger Sozialist, ein guter Europäer und ein vornehmer Mensch!« Bei diesem Lob ahnten die saarländischen Kritiker nicht, was hinter der Sache steckte, und was sich vor allem daraus entwickeln sollte. In der Tat konnte der Aufsatz, den Fritz Eberhard mit seinem Namen gezeichnet und gedeckt hatte, als Zustimmung zu der von Frankreich betriebenen Saarpolitik aufgefaßt werden. Mehrfach betonte der Ver-fasser, daß man auch in Deutschland den Ruf »Heim ins Reich« nicht mehr hören wolle. In Beziehung auf die Zukunft der Saar hieß es: »Wir setzen unsere Hoffnung auf eine übernationale Organisation Europas, in die Deutschland eingegliedert wer-den soll und in der es uns ebenso leicht fallen wird, friedfertig zu leben, wie unsere Nachbarn. Der erste Markstein dieser Organisation wird eine westeuropäische Zoll-union sein müssen, auf die eine Währungsunion folgen wird. Kommt es so weit, dann spielt die Saarfrage von heute keine Rolle!«

Und dann ein paar Zeilen weiter: »Solange wir auf die große Lösung hoffen, brauchen und dürfen wir uns mit den Franzosen wegen der Einzelfrage Saar nicht verzanken!«

Zugleich richtete der Artikel aber auch eine ernste Mahnung an Frankreich: »Wir suchen heute für die Westzone ein Besatzungsstatut. Wir fühlen, gerade die Franzosen möchten am liebsten den Besatzungsmächten alle und der deutschen Bevölkerung keine Rechte geben. Das französische Volk mißtraut uns. Und es scheint uns zuweilen, als ob die französische Regierung ihrer eigenen Kraft mißtraut, wenn sie an die Lösung der deutschen Frage denkt. Wir glauben, die Lösung der deutschen Probleme ist für die Franzosen um so schwieriger, je enger sie sich ihre Ziele stecken. Grundsätze, auf allzu engem Raum angewandt, wirken sich schlecht aus, während sie im großen Raum zum Segen beider Völker wirken könnten.«

Zur Rechtfertigung dieses Appells folgte dann in Eberhards Ausführungen ein merkwürdiger Schluß. Es hieß: »Die Erfahrungen, die die Franzosen an der Saar machten, könnten sie in ganz Deutschland machen – und dort auf die Dauer –, vorausgesetzt, daß sie nach den gleichen Methoden verfahren, die nicht auf das Zwingen, sondern auf das Gewinnen abgestellt sind . . . Herr Grandval, der die Saar gewonnen hat und heute ihr ›Hoher Kommissar‹ ist, wird diesem Satz nicht widersprechen. Wenn die Franzosen – und ebenso die Amerikaner und Engländer – nach diesem Satz handeln, so ist die Saar nicht verloren. Und Deutschland ist für Europa gewonnen.«

So treffend und vor allem frühzeitig hier von Eberhard und seinen Mitarbeitern die spätere Idee einer »europäischen Lösung« des Saar- und Deutschlandproblems erkannt worden ist, so sehr lag doch die Beurteilung der Verhältnisse an der Saar und vor allem das angeblich erfolgreiche und politisch richtige Wirken des Herrn Grandval neben den Tatsachen. Der Artikel verursachte Leserzuschriften und Protestschreiben aus dem Saarland. Eines davon kam von *Hermann Deutsch* (»Spiegel« Nr. 43/ 1955, S. 16: »Post von Hermann Deutsch«) und wurde der Anlaß für einen zweiten Artikel der »Stuttgarter Rundschau« vom November 1948, den sogenannten »Sturmzeichen«-Artikel. Im Vorspann schrieb wiederum Fritz Eberhard:

»In der Julinummer dieser Zeitschrift stellten wir die Frage, ob die Saar verloren ist. Wir wollten das Schweigen über diese peinliche Frage brechen, weil es politisch immer gefährlich ist, den Dingen gedankenlos den Lauf zu lassen. Wer Augen hat zu sehen, der sieht, daß an der Saar das Pendel zurückzuschlagen beginnt. Sollten wir uns darüber freuen? Sollen wir die Gewissensnot der Deutschen an der Saar auf die Mühlen einer neuen nationalistischen Propaganda leiten? Nein, und abermals nein. Können wir die Sturmzeichen übersehen? Unmöglich! Wir müssen die rückläufige Bewegung, die an der Saar anhebt, bei Zeiten und mit allem Vorbehalt in die ruhigen Bahnen eines deutsch-französischen Einvernehmens lenken. Wie ernst die Lage bereits ist, wie scharf die Spannungen bereits geworden sind, zeigt der nachstehende Brief, der uns (einer von vielen) aus dem Saarland als Antwort auf unseren Aufsatz . . . zugegangen ist . . . Die Männer, die heute die politische Macht an der Saar repräsentieren, können solche Stimmen eine Zeitlang unterdrücken, den Briefverkehr erschweren und überwachen, die Grenze noch schärfer absperren, und die des Landes verweisen, die in ähnlicher Weise öffentlich zu reden wagen. Man kann einen Paragraphen zum Schutz der saarländischen Verfassung erfinden und anwenden. Aber durch nichts werden die Fundamente der heute an der Saar bestehenden Ordnung gründlicher erschüttert werden als dadurch, daß man Märtyrer schafft.«

In der Tat zeigte sich in diesen Feststellungen die weitere prophetische Gabe, – neben der Vorstellung von einer europäischen Lösung des Saarproblems – auch die kommende Entwicklung der Dinge an der Saar, wie sie Frankreich nicht haben wollte, genau vorausgesehen zu haben. Über den Inhalt des Hermann Deutsch-Briefes aus Saarbrücken ist nicht viel zu berichten. Er endete mit einem Appell an die »Deutschen im Reich«: »Geben Sie uns im großen Vaterland nicht auf! Denken Sie stets daran, daß wir Deutsche sind! Blut von Eurem Blut und Fleisch von Eurem Fleisch! So wie ein Vater, eine Mutter ihr ärmstes Kind nicht freiwillig verstößt, so hoffen und erwarten wir, daß auch Sie und alle, welche mit uns die deutsche Sprache sprechen, uns Saarländern immer wieder die Hände reichen und uns helfen, wo immer es nur irgend möglich ist. Helfen Sie mit, dem deutschen Volke die Wahrheit über die Saar zu sagen, und verweigern Sie, wo immer es verlangt wird, den freiwilligen Verzicht auf die Saar.«

Noch bevor ich den »Sturmzeichen«-Artikel zur Kenntnis bekam – natürlich hat ihn die Saarbrücker »Volksstimme« nicht mehr abgedruckt –, bekam ich einen Brief aus Stuttgart. Mein hochverehrter früherer Chef aus dem Auswärtigen Amt, der Gesandte Dr. Albrecht, war aus amerikanischer Haft – man hatte ihn mehrere Jahre in Nürnberg festgehalten – entlassen und außer Verfolgung gesetzt worden. Mit Herrn Dr. Albrecht verband mich eine enge, aber für uns beide nicht ungefährliche Tätigkeit während des Krieges. Als Sachbearbeiter im Auswärtigen Amt für die damals feindstaatlichen Zivilinternierten im deutschen Machtbereich hatte ich immer wieder Gelegenheit, Menschen aus dem lebensgefährlichen Bereich polizeilicher oder militärischer Stellen heraus und sie in die Sicherheit unserer unter ständiger neutraler Kontrolle stehenden Interniertenlager zu bringen. Diese Bemühungen retteten – darüber besitze ich zahlreiche Zeugnisse – vielen Menschen, vor allem jüdischer Herkunft, das Leben. Natürlich gab es auch in unserem Arbeitsbereich einen oder mehrere »wilde Männer«, die meine Bemühungen als die Tätigkeit eines »Advokaten der Internierten« abzustellen versuchten.

Hier war es immer wieder der Leiter unserer Abteilung und zugleich der stellvertretende Leiter der Rechtsabteilung des Auswärtigen Amtes, Dr. Albrecht, der unsere Aktionen deckte und gegenüber den allmächtigen Stellen der Geheimen Staatspolizei durchsetzte. Auch hielt er seine Hand schützend über mich und stellte die Weiterarbeit sicher. Nach dem Kriege konnte ich ein wenig dazu beitragen, daß Dr. Albrechts Tätigkeit bei den zuständigen Stellen des Internationalen Geerichtshofes in Nürnberg belegt und nachgewiesen wurde. Leider nutzte dem ehrenwerten Manne die Entlassung nichts, durch die Haft war seine Gesundheit so untergraben worden, daß er bald darauf in Stuttgart verstarb. Er war an dem Tage frühmorgens im Robert-Bosch-Krankenhaus gestorben, als ich ihn nach so langer schwerer Zeit erstmals wieder hätte besuchen können.

Doch zurück zu seinem Brief. Darin hatte er mir mitgeteilt, daß er eine Tätigkeit im *Friedensbüro* in Stuttgart aufgenommen habe und an den mannigfaltigen Problemen mitarbeite, die eine kommende Friedensregelung mit sich bringen würde. Und dann kam im Brief so nebenbei die Frage: »Kennen Sie in Saarbrücken einen Hermann Deutsch und wie ist seine Adresse?« Außerdem erwähnte Dr. Albrecht einen seiner Mitarbeiter, *Dr. Gustav Strohm* (Abb. 136), der auch im Friedensbüro mitarbeite. Damit war für mich klar, wer hinter den Publikationen der »Stuttgarter Rundschau« über die Saar stand und warum man dort Verbindung zu Hermann

Deutsch suchte. Dr. Strohm war ein alter Bekannter. Er gehörte bis 1935 zum Saarreferat des Auswärtigen Amtes in Berlin und war der erste Mitarbeiter des schon einmal erwähnten »Saarvaters«, »Geheimrat«[1] Voigt, dem Leiter der Saarabteilung des Auswärtigen Amtes vor und nach der ersten Rückkehr der Saar nach Deutschland. Wie viele Sitzungen und gemeinsame »Aktionen« hatten Strohm und ich damals zusammen gemacht? Als junger Assessor war ich als Saarreferent ins Preußische Innenministerium in Berlin berufen worden – und hatte meine Amtsgeschäfte von dem späteren Kanzlervertrauten Dr. Hans Globke übernommen.

Eine jener gemeinsamen Arbeiten mit Strohm war meine Schrift von 1934 »Unsere Saar«, die mir – wie ich schon schrieb – ein jahrelanges Epurationsverfahren beschert hat. Nun, ich konnte Dr. Albrecht postwendend Auskunft geben, wer Hermann Deutsch war, natürlich in verschlüsselter Weise, so daß die Postüberwachung kaum dahinter kommen konnte, wenn der Brief an Dr. Albrecht – wie so viele – abgefangen würde. In der Tat blieb der Deckname Hermann Deutsch zunächst geheim. Erst 1952 erlangte die Gegenseite durch den Verrat eines gekauften Mitarbeiters vom Deutschen Saarbund die Kenntnis, daß Hermann Deutsch kein anderer als ich selbst war! Über die Niederlassung der Becker-Betriebe in Stuttgart war der Kontakt sehr schnell hergestellt, und noch im Jahre 1948 fanden Richard Becker und ich uns mehrere Male bei Dr. Strohm ein. Das Friedensbüro war damals in leerstehenden Kasernen im Raum von Stuttgart untergebracht. Von nun an sollte sich der offene, organisierte Widerstand an der Saar entwickeln!

Zuvor aber noch ein Wort über das für uns so wichtige Stuttgarter Friedensbüro. Durch eine Vereinbarung der vier Länder der amerikanischen Besatzungszone vom 15. April 1947 wurde das »Deutsche Büro für Friedensfragen« mit dem Sitz in Stuttgart gegründet. Seine Aufgabe war, alle Vorbereitungen für einen deutschen Friedensvertrag mit den ehemaligen Kriegsgegnern zu treffen, insbesondere das erforderliche umfangreiche Material zu sammeln und bereitzustellen. Angesichts des Wegfalls des früheren Auswärtigen Amtes mit seinen Unterlagen und Archiven war die Aufgabe des Friedensbüros ebenso schwierig wie umfangreich. Selbstverständlich gehörte zu dem gegebenen Aufgabenkomplex auch die Saarfrage, die aufgrund der einseitigen französischen Maßnahmen schon frühzeitig zu einem Streitpunkt für einen kommenden Friedensvertrag geworden war. Zum Leiter des Friedensbüros war der damalige Staatssekretär bei der Landesregierung von Württemberg-Baden, Dr. Fritz Eberhard, – schon vorher mit den Vorbereitungen der Friedensregelung innerhalb der Landesregierung betraut – bestellt worden. Heute ist übrigens Dr. Eberhard Professor und Direktor des Instituts für Publizistik an der Freien Universität Berlin.

Über den ersten Mitarbeiter Eberhards, den späteren Staatssekretär im Amt des Bundespräsidenten, Manfred Klaiber, kam Dr. Strohm bereits in den ersten Tagen der Tätigkeit des Büros »zur Mannschaft« und nahm sich neben anderen Aufgaben sofort der Saarfrage an, die für ihn aus der Zeit vor 1935 ja »zum Handwerk gehörte«. Die Aufgaben des Friedensbüros bestanden auch in der Herausgabe der illustrierten Zeitschrift: »Stuttgarter Rundschau« und der publizistischen Behandlung aller zum Friedens- und Deutschlandproblem gehörigen Fragen, nicht zuletzt im Rundfunk, dessen Stuttgarter Intendant Fritz Eberhard schon 1949 geworden war.

---

1 Die Vortragenden Legationsräte 1. Klasse im Auswärtigen Amt wurden noch bis nach dem zweiten Weltkrieg einer alten Tradition entsprechend so bezeichnet und angeredet.

Die Dokumentarsendungen des Süddeutschen Rundfunks über die Saarfrage brachten Eberhard schon damals eine von den Franzosen veranlaßte Verwarnung durch die amerikanische Besatzungsbehörde ein. Eberhard erfuhr später, daß ihn die Amerikaner sogar auf französischen Druck hin absetzen wollten.

Die publizistische Bearbeitung der Saarfrage durch das Friedensbüro, also durch Dr. Strohm, war umfangreich und für die spätere Entwicklung außerordentlich bedeutungsvoll. Zu erwähnen sind an erster Stelle die fünf Bände »Materialien zur Saarfrage«, in welchen die gesamten Stellungnahmen der Alliierten nach 1945 dokumentarisch zusammengetragen und übersetzt worden sind, außerdem eine erste umfassende Darstellung über die Saargruben und die Saarwirtschaft in Beziehung auf die französische Zielsetzung. Daneben verfaßte Strohm wichtige (teilweise gedruckte) Zusammenstellungen und Vergleiche über das Saarproblem in früherer Zeit, er registrierte laufend alle wichtigen ausländischen und inländischen Pressestimmen und machte die vervielfältigten Texte allen interessierten Stellen und Personen zugänglich. Ich konnte mir bei meinen Besuchen in Stuttgart stets ein Paket dieses Materials mitnehmen und an der Saar den danach buchstäblich hungernden Freunden zugänglich machen.

Der erste Saarländer, der nach dem Zusammenbruch Verbindung mit Gustav Strohm und dem Friedensbüro aufnahm, war Dr. Fritz Hellwig (Abb. 102), der in Düsseldorf ein Beratungsbüro für industrielle Fragen unterhielt. Durch seinen Wirkungskreis war es ihm möglich, weitere Kreise für das Saarproblem zu interessieren und vor allem Dr. Strohm mit fachkundigem Material zu versorgen. Band V der »Materialien zur Saarfrage« war die Arbeit von Dr. Hellwig über die Saargruben. Auch war Fritz Hellwig daran beteiligt, die bedeutendste Publikation des Friedensbüros zur Saarfrage zustandezubringen. Ein Bekannter Hellwigs, Herr Brüningshaus – ein aufrechter Deutscher, der im Stabe der britischen Besatzungsarmee tätig war – hatte schon Anfang 1949 die Denkschrift des amerikanischen Außenministeriums: »The present status of the Saar« vorliegen und konnte eine Abschrift an Dr. Hellwig geben, der sie sofort an Dr. Strohm weiterleitete. Diese Denkschrift war im Oktober 1948 in den amtlichen amerikanischen »Documents und State papers« (Bd. I, Nr. 7, S. 435 ff.) veröffentlicht worden. Ich erinnere mich noch gut, mit welcher verschmitzten Freude Strohm von diesem »Fund« berichtete und seinen Plan zur Veröffentlichung des deutschen Textes durch den nordrhein-westfälischen Ministerpräsidenten Arnold – es war damals gar nicht leicht, die Verantwortung dafür zu übernehmen! – entwickelte. So wurde dieses erste, absolut unanfechtbare Dokument über die Situation an der Saar nach 1945 zu einem unersetzlichen Beweisstück für alle Verfechter der deutschen Sache. Hier nur einige wenige Sätze aus der Denkschrift:

Über die von Frankreich nach 1945 an der Saar geschaffene Lage heißt es: »Für die geschaffene Lage gibt es im Augenblick (das war Mitte 1948, Anm. d. Verf.) noch kein internationales Übereinkommen. Eine rechtlich fundierte Lösung für die besondere Rolle, die die Saar im gesamteuropäischen Rahmen spielen soll, muß also erst noch gefunden werden.«

Man kann sich heute kaum vorstellen, was diese kurze Feststellung des amerikanischen Außenministeriums für alle Beteiligten bedeutete, versuchten doch die französischen Stellen der Bevölkerung immer wieder klar zu machen, Frankreich handle mit Zustimmung seiner westlichen Alliierten und es läge bereits ein Abkommen darüber vor.

An anderer Stelle der Denkschrift wurde gesagt: »Es gibt erhebliche Gruppen innerhalb aller Saarparteien, die gegen den Wirtschaftsanschluß an Frankreich und gegen die daraus zu erwartenden politischen Folgen sind; aber diese Kreise haben keinerlei Möglichkeit, ihre Ansichten zu bekunden.«

Oder: »Wahrscheinlich sind die Franzosen in der politischen Einverleibung des Saarlandes nur deshalb nicht weitergegangen, weil sie davon ausgehen, daß die Bevölkerung im wesentlichen deutsch geblieben ist.«

Oder: »Das Rechtsverhältnis der Saar zu Frankreich enthält aber eine ganze Anzahl von Zweideutigkeiten, die weder durch die saarländische Verfassung noch durch die französischen Verordnungen ausgeräumt werden. Das Saarland ist nicht offizielles Mitglied der Union Française, wie sie in der französischen Verfassung geschaffen wurde, und es wird wahrscheinlich nie offiziell ein Teil des französischen Mutterlandes werden. Frankreich hofft, die de-jure-Anerkennung des jetzigen defacto-Zustandes durch eine internationale Charta zu erhalten; aber, so wie die Dinge heute liegen, ist es keineswegs erwiesen, daß die französische Regierung eine solche Billigung ihrer Maßnahmen erlangen wird.«

Und zum Schluß: »Unter solchen Verhältnissen kann es leicht geschehen, daß Umschwung in der politischen Haltung der Saarländer eintritt, die in erster Linie für den Wiederaufbau ihres Landes stimmten, indem sie ihre Stimmen für den Wirtschaftsanschluß an Frankreich abgaben.«

Der von den amerikanischen Verfassern der Denkschrift des State Departments vorausgeahnte Umschwung in der politischen Haltung der Saarbevölkerung sollte kommen, das war der feste Wille Strohms und aller Mitarbeiter des Friedensbüros, das nach Konstituierung der Bundesrepublik in das Bonner Auswärtige Amt überführt worden ist. Was die Männer des Friedensbüros tun konnten, wurde getan. Fritz Eberhard »bearbeitete« die SPD, die unter der Führung von Dr. Kurt Schumacher sofort eine eindeutige Haltung in der Saarfrage einnahm und sie bis zur Änderung der Verhältnisse an der Saar nach der Volksbefragung von 1955 unverrückbar beibehielt. Über die Publikationsmöglichkeiten des Büros – Presse und Rundfunk – wurde auch die deutsche öffentliche Meinung frühzeitig mit dem Saarproblem und der Notwendigkeit einer festen deutschen Haltung vertraut gemacht und ständig auf dem laufenden gehalten. Schließlich wurde Dr. Strohm der Initiator eines organisierten Widerstandes an der Saar! Seine Werkzeuge sollten wir werden!

Unsere Besuche bei Dr. Strohm waren anfangs recht schwierig. Ich erinnere mich, daß ich in der ersten Zeit noch in den Geschäftsräumen der Firma R. & A. Becker in Stuttgart – mitten unter Körben und Kästen mit Waren – notdürftig übernachten mußte, weil Hotelzimmer in dem stark zerstörten Stuttgart nicht zu haben waren. Auch mit der Verpflegung war es anfangs nicht weit her; hier half Richard Beckers Betrieb gleichfalls aus. Im Zuge der Besserung der wirtschaftlichen Verhältnisse in der Bundesrepublik wurden die regelmäßigen Besuche bei Dr. Strohm in Beziehung auf Versorgung und Unterkunft weniger schwierig, dafür hatte aber die französische Sûreté in Saarbrücken inzwischen ein wachsames Auge auf uns geworfen. Von dem Lock-Telegramm und dem Verhör durch den obersten Chef der Sûreté des Gouvernement Militaire habe ich oben S. 153 schon berichtet. Durch das Verhör wollte man meine derzeitigen und früheren Verbindungen zum Auswärtigen Amt und dem Friedensbüro in Erfahrung bringen. Natürlich hatten die Franzosen an der Saar längst herausgefunden, daß das Zentrum des Widerstandes in Deutschland gegen die französischen Saarpläne in Stuttgart lag; zudem hatte Johannes Hoffmann bereits Mitte 1949 über die deutsche Aktivität Klage bei Außenminister Robert Schuman geführt.

Trotzdem ließen Gustav Strohm und wir uns nicht beirren. Zu wiederholten Malen forderte uns Strohm etwa Mitte 1949 auf, im Saarland selbst Verbindung zu andern, gleichgesinnten Menschen aufzunehmen und in absehbarer Zeit in irgendeiner möglichen Form *parteipolitisch* tätig zu werden. Ich muß gestehen, daß mir der Gedanke daran zunächst wenig sympathisch war. Als ich im November 1937 mitten in eine Gerichtssitzung hinein den Ausschluß aus der NSDAP zugestellt bekommen hatte und darüber beinahe meine wirtschaftliche Existenz verlor, schwor ich mir innerlich, nie wieder einer politischen Partei beizutreten. Und jetzt, 1949, sollte ich mich wieder in ein ungewisses Abenteuer stürzen, das mindestens so gefährlich erschien als ein gemäßigter Widerstand im Dritten Reich. Andererseits war ich überzeugt, daß unsere Probleme ohne Einsatz unserer eigenen Person und ohne eigene Opfer nicht gelöst werden konnten. Es gab in uns etwas wie einen kategorischen Imperativ, den Fichte nach dem Kant'schen Imperativ so formuliert hatte: »Und handeln sollst Du so, als hinge von Dir und Deinem Tun allein das Schicksal ab der deutschen Dinge, und die Verantwortung wär' Dein!«

Auch dieser Satz mag heute – nach 25 Jahren – vielleicht hohl und pathetisch klingen; Richard Becker, meine Freunde und ich haben die uns aus der Zeit der ersten Saarabtrennung von 1920 bis 1935 überlieferten Worte des deutschen Dichters und Denkers J. G. Fichte durchaus ernst genommen. Darin hat uns in jener Zeit nachhaltig bestärkt unser Freund Dr. Bodo Karcher (Abb. 103) aus Beckingen, der »letzte Preuße an der Saar«, wie er sich oft selbst nannte. Bodo Karcher dürfte wohl auch einer am längsten im Saarland nachweisbaren Familie stammen. Mit Stolz zeigte er uns den einwandfrei belegten Stammbaum seiner Familie, der bis in das Jahr 1238 zurückging. Mit ihm und unserem Ludwig Bruch, dessen Familie schon über 350 Jahre in Saarbrücken nachweisbar ist, konnten wir der Mehrzahl der »Hergeloffenen« im gegnerischen Lager, wie die alten Saarbrücker oft spöttisch sagten, sehr beachtliche bodenständige Anhänger unserer deutschen Sache entgegenstellen.

Karchers Familie genoß im Saarland – wie diejenige Richard Beckers – großes Ansehen. Bodo Karcher war lange Jahre Präsident der Industrie- und Handelskammer Saarbrücken und wurde auch als Fabrikant sehr geschätzt. Gegen Ende des Krieges verlor er noch seine beiden Söhne, die einzigen männlichen Nachkommen und Erben seiner Betriebe; sie fielen als Fliegeroffiziere der deutschen Luftwaffe. Die Kämpfe um die untere Saar führten zur Zerstörung seiner Fabriken und seines schönen Wohnhauses aus der Barockzeit. Für Bodo Karcher war der Grundsatz des Preußentums Verpflichtung. Nicht hegemonielles Machtstreben, sondern freiwillige Unterordnung unter das Wohl des Ganzen, eben des »Vaterlandes« war für ihn in jenem Wort Friedrichs des Großen verkörpert: »Ich bin der erste Diener des Staates!«

Über Karcher stießen auch zwei Männer zu unserem Kreis, die nach Karchers allzu frühem Tode unsere aktivsten Kämpfer im Raum an der unteren Saar wurden: Kurt John (Abb. 166) und Karchers Neffe, Dr. Fritz-Henning Karcher (Abb. 134), der heute sein Nachfolger und Leiter seiner Betriebe ist. Auch mit Dr. Strohm trafen wir in unserer ersten Dreiergruppe noch zusammen, obwohl Bodo Karcher damals schon schwer leidend gewesen ist und bald verstarb. Zu den allerersten, die zu uns kamen und in stets gleichbleibendem Einsatz für die Deutscherhaltung der Saar tätig waren, gehörte *Walter Schütz*, heute Geschäftsführer bei der Industrie- und Handelskammer Saarbrücken. Als junger Student der Wirtschaftswissenschaften stieß er 1950 zu uns und trat seitdem bei jeder sich nur bietenden Gelegenheit für die deutsche Sache ein. Im Bereich der Universität machte er aus seiner Gesinnung kein Hehl und versuchte, unter seinen Kommilitonen Anhänger zu gewinnen. Walter Schütz tat das mit jenem bewundernswürdigen Mut, der so selten ist und nur bei wenigen zu finden war. Obwohl er das Schicksal eines Vertriebenen schon einmal erlitten hatte – sein Vater war zunächst evangelischer Pfarrer einer deutschen Gemeinde in Jugoslawien und wurde später mit seiner Familie aus Ostpreußen vertrieben –, trug der junge Akademiker das Risiko einer erneuten Ausweisung, die Monsieur Hector, als Schütz' Tätigkeit bekannt wurde, 1953 auch aussprach. Trotzdem setzte Schütz die Tätigkeit für die Saar auch im Bundesgebiet fort, er kam zu Dr. Hellwig, der damals das Deutsche Industrieinstitut leitete, und konnte dort Fragen der Saarwirtschaft bearbeiten. Erst nach der Abstimmung von 1955 wurde auch für Walter Schütz der Weg zurück in die Heimat wieder frei, nachdem Ministerpräsident Heinrich Welsch trotz der Proteste der Mission Diplomatique in Saarbrücken (noch nach der Volksbefragung!) alle Ausweisungen aus dem Saarland aufgehoben hatte. Schütz kam als Diplomvolkswirt zur Industrie- und Handelskammer und unterstützte uns noch in den folgenden Jahren zusammen mit Peter Weiant durch wissenschaftliche Ausarbeitungen und praktische Vorschläge. Auch Walter Schütz gehört zu jenen in Vergessenheit geratenen Deutschen von der Saar, deren Wirken – zusammen mit anderen – die Rückkehr der Saar zu Deutschland ermöglicht hat. Ich habe mir immer gewünscht, daß gerade für Männer wie Walter Schütz sich wenigstens einmal der »Dank des Vaterlandes« gezeigt hätte.

Das Jahr 1949 verging mit weiteren »Sondierungen«, es wurden Verbindungen angeknüpft und Fäden gesponnen, um dem Ziel einer parteipolitischen Ummünzung unserer Vorstellungen näher zu kommen. Zunächst mußten wir erkennen, daß wir niemals die Genehmigung zur Gründung einer neuen Partei erhalten würden, dafür waren wir den maßgebenden französischen und saarländischen Stellen viel zu suspekt, zudem waren wir ja nicht gewillt, die dazu erforderlichen Bedingungen – ausdrückliche Anerkennung der politischen Trennung des Saarlandes von Deutschland – anzuerkennen. Blieb also nur der Weg, in eine der bestehenden Parteien einzutreten und dort unsere politischen Vorstellungen zum Tragen zu bringen. In der Tat gab es eine solche Partei – die CVP Hoffmanns und die SPS um Kirn-Zimmer-Dr. Braun kamen selbstverständlich nicht in Frage –, das war die Demokratische Partei Saar, die DPS. Auch bis es »so weit war« blieben wir nicht untätig. Dr. Strohm erhielt regelmäßig Informationen, wir bekamen das Material vom Friedensbüro und verbreiteten es, insbesondere jede Äußerung in der Auslandspresse und der deutschen Presse, die eine Stärkung unserer Vorstellungen über das zukünftige Schicksal der Saar bedeuten konnte. Außerdem wurde in jener Zeit mit dem Aufbau unseres *Archivs* begonnen.

Um es vorweg zu nehmen: Während der gesamten Auseinandersetzungen um die Saar bis zur Rückgliederung spielte das Becker-Schneider-Archiv eine ausschlaggebende Rolle. Ich hatte schon bei der Evakuierung 1945 begonnen, alle wichtigen Zeitungsartikel oder -meldungen auszuschneiden, wenn nötig aufzukleben und in

Mappen nach thematischen Gesichtspunkten abzulegen. Nach meiner Rückkehr in die Heimat 1946 setzte ich diese Betätigung an jedem Wochenende planmäßig fort. Sämtliche im Saarland erscheinenden politischen Zeitungen wurden »seziert«, alles Material geordnet und unter politischen Gesichtspunkten abgeheftet. Aber nicht nur die laufenden Erscheinungen, sondern vor allem auch die zurückliegenden Dokumentationen des politischen Geschehens an der Saar wurden beschafft und – soweit wir keine Originale erhalten konnten – abgeschrieben. So wurden allein aus der »Saarbrücker Landeszeitung« der Jahre 1930 bis 1932 Hunderte von Seiten mit Äußerungen des früheren Chefredakteurs Johann Hoffmann herausgesucht und erneut »aktenkundig« gemacht. Das gleiche geschah mit den umfangreichen Veröffentlichungen des ersten Pressechefs der Hoffmannregierung, Albert Dorscheid, im »St. Wendeler Volksblatt«.

Dann tauchte die bereits erwähnte Doktorarbeit des amtierenden Kultusministers der Saarregierung, Dr. Emile Straus, wieder auf. Er war mittlerweile französischer Staatsangehöriger geworden und ist den Behauptungen, Mitglied der Bewegung für den Anschluß der Saar an Frankreich, den MRS, gewesen zu sein, nie entgegengetreten. Auch Peter Zimmers Rede zur Jahrtausendfeier der Rheinlande wurden ebenso festgehalten wie Johannes Hoffmanns Bekenntnis zu Hitlerdeutschland in der »Kölnischen Volkszeitung« vom 27. August 1933, oder Konrad Adenauers Urteil über die treudeutsche Saarbevölkerung aus dem Jahre 1925. Natürlich registrierte ich auch genauestens Hoffmanns weitere politische Wandlungen. Aber nicht nur die Schwächen unserer Gegner wanderten in unser Archiv. Der wesentliche Teil bestand in der stets greifbaren Dokumentation ihres gegenwärtigen Standpunktes, also aus der Zeit nach 1945. Dazu gehörten alle französischen Äußerungen, Stellungnahmen und Publikationen zur Saarfrage. Es gab keinen wichtigen Artikel oder Aufsatz, der nicht ausgeschnitten, aufgeklebt und in Ordnern abgelegt wurde.

Vor allem registrierte ich Äußerungen der französischen und der sonstigen ausländischen Presse, die unseren Standpunkt unterstützten; aber das waren verschwindend wenige Stimmen! Es ist einmal der Einwand erhoben worden, die Benutzung unseres Archives führe zu einer einseitigen Beurteilung des Geschehens an der Saar nach 1945 in unserem Sinne. Das ist Unsinn.

Die Stärke eines politischen Archivs liegt nicht darin, die Bestätigung der eigenen Auffassung durch andere zu suchen und festzuhalten (obwohl das auch notwendig ist), sondern vor allem darin, die Äußerungen und Publikationen des Gegners zu kennen und jederzeit griffbereit zu haben, um jede – auch nur die geringste – Wandlung jederzeit herausstellen zu können. Hinzu kommt, daß allein durch ein planmäßiges Verfolgen aller Publikationen die politische Zielsetzung zu erkennen ist, selbst wenn – wie das gerade bei den Saarverhandlungen jahrelang geschah – eine strenge Geheimhaltung gewahrt wird. Allein daraus ergab sich für uns schon ein mosaikartiges Bild, das zu richtigen Schlußfolgerungen führte.

Schließlich gehörte zur Archivarbeit auch das Beschaffen von Unterlagen aus dem gegnerischen Lager. Unsere Leser werden noch sehen, daß die Gegenseite uns gegenüber nicht anders verfuhr, ja uns dank ihrer unerschöpflichen Geldmittel sogar überlegen war. Trotzdem war unser Archiv mit seinen vielen hunderten von gefüllten Leitzordnern unschlagbar. Dank der Hilfe unserer Freunde im Gesamtdeutschen Ministerium konnten wir in den letzten Jahren mehrere Angestellte beschäftigen; das Archiv füllte schließlich vier Räume.

Nach Beendigung der Auseinandersetzungen um die Saar wurde das Becker-Schneider-Archiv dem Saarland geschenkt und bildet heute zusammen mit der Zeitungssammlung jener Jahre einen wichtigen Bestand des Landesarchivs. Es erscheint mir eine Ehrenpflicht, festzustellen, daß Richard Becker jahrelang ganz erhebliche finanzielle Mittel zur Anlegung des Archivs zur Verfügung gestellt hat. Außerdem arbeitete seine Sekretärin an der Einordnung mit. Auch ich darf für mich in Anspruch nehmen, nicht nur jahrelang meine Freizeit, sondern auch erhebliche finanzielle Opfer für diese Arbeit am Archiv aufgewandt zu haben. Wie in allen anderen Bereichen unserer politischen Tätigkeit geschah das alles ehrenamtlich. Wir haben nie einen Pfennig an Entschädigung erhalten, weder gefordert noch erwartet. Die ganzen Mühen um die Deutscherhaltung unserer Heimat standen von Anfang bis zum Ende unter dem Grundsatz: »Deutsch sein heißt, eine Sache um ihrer selbst willen tun!«

Schon im Herbst 1949 bekamen wir die erste Verbindung zur DPS. Dort war mittlerweile eine erhebliche Mißstimmung gegen die drei westlich eingestellten Landtagsabgeordneten, Dr. Blank, Dr. Gustav Levy und Radziewsky aufgekommen. Die Abgeordneten hatten jede Verbindung mit ihrem (sehr geringen) Wählerstamm verloren; auch die wenigen Funktionäre im Landesvorstand und in den örtlichen Vorständen waren von den Volksvertretern der Partei nach der Wahl von 1947 kurzerhand links liegen gelassen worden. Hinzu kam die allgemeine Mißstimmung über die negativen Auswirkungen des einseitigen wirtschaftlichen Anschlusses an Frankreich. Auch konnten die meisten Mitglieder des alten DPS-Vorstandes als »Liberale« die Art und Weise nicht vergessen, wie sie seit 1946 politisch »vergewaltigt« worden waren.

So hatte sich im DPS-Vorstand bereits eine sehr ausgeprägte Opposition herausgebildet, deren tatkräftige Sprecherin die mutige Frau Maria Lichtenhagen (Abb. 156) war. Oft wurde behauptet, sie sei – wie Dr. Marie Lüders in der FDP – der einzige »Mann« in der Partei. Das hieße aber die durchaus aktiven und von deutscher Gesinnung beseelten Mitglieder des alten DPS-Vorstandes abwerten. Hier fanden sich zusammen: der leider alsbald und viel zu früh verstorbene Dr. Kindel, Johann Ecken (Abb. 106), jahrelanger verdienter Stadtverordneter in Saarbrücken; Adolf Heiz, unser späterer Landesschatzmeister und Abgeordnete (Abb. 222); Dr. med. Dünnebier; Georg Geiger, der später durch die Polizisten Hectors zu Tode kam, und Rudolf Lorig, Neunkirchen.

Sicher habe ich den einen oder anderen vergessen, man muß mir das verzeihen, nach so langer Zeit versagt auch einmal das beste Gedächtnis. Auch die Unterlagen sind insoweit nicht lückenlos. Dr. Kindel, Frau Lichtenhagen und Johann Ecken nahmen die ersten Kontakte mit Richard Becker und mir auf und bald zeichnete sich der Plan ab, die DPS durch eine Anzahl von neuen Mitgliedern zu erweitern und der Partei eine neue Zielsetzung zu geben, selbstverständlich unter Wahrung aller demokratischer Grundsätze. Dieses Ziel zu erreichen, erschien den Mitgliedern des bisherigen Landesvorstandes nicht schwer, gab es doch zusammen nur etwa 120 stimmberechtigte Delegierte im ganzen Land; durch Hinzutreten von 40 bis 50 neuen Mitgliedern ließ sich ein neuer Kurs der Partei völlig legal nach innen und außen erreichen. Unsere neuen Freunde in der alten DPS sagten zudem richtig voraus, daß die drei Abgeordneten in der Partei keinen Anhang besäßen und außer ihrer eigenen Stimme keine weiteren erhalten würden. Unser Vorhaben wurde – satzungsgemäß –

dadurch begünstigt, daß die DPS bis dahin keine konstituierende Mitglieder- oder Delegiertenversammlung durchgeführt hatte. Infolgedessen war auch keine ordnungsmäßige Satzung verabschiedet worden. Das alles konnten wir nachholen und dabei – wie geplant – unsere Ziele verwirklichen. Das Wesentliche jedoch war

*Richard Becker* (Abb. 2, 92–95) *sollte Vorsitzender,*
oder wie sich später zeigte –
*»Chef« der neuausgerichteten DPS werden!*

Mein Platz in der umgebildeten DPS war – von mir bewußt gewollt – im dritten oder vierten Glied. Mit der Bezeichnung eines Rechtsberaters wurde ich nach und nach der »Chefideologe in Wort und Schrift« und schließlich das »Mädchen für alles«.

Wenn die Frage aufgeworfen wird, ohne welche Persönlichkeiten es wohl keine Wiedervereinigung der Saar mit Deutschland nach dem zweiten Weltkrieg gegeben hätte, dann ist Richard Becker an erster Stelle und Jakob Kaiser an zweiter Stelle zu nennen. Einer Würdigung von Richard Becker habe ich einmal das Leitwort: »Ein Leben für Deutschland« gegeben, und zur Vollendung seines 75. Lebensjahres wurde ihm von seiner Partei, deren Präsident er mittlerweile auf Lebenszeit geworden war, auf einer silbernen Plakette die Ehrenbezeichnung des alten Rom zuerkannt: »De rei publicae bene meruit« – Er hat sich um das Wohl des Vaterlandes wohl verdient gemacht!

Als ältestes von elf Kindern wurde Richard Becker am 10. Oktober 1884 als Sohn des Kaufmanns Arnold Becker und seiner Ehefrau, Gertrud geb. Sinn in Saarbrücken geboren. Sein Vater hatte mit großem Fleiß und Erfolg ein Textilhandelshaus – die heute noch bestehende Firma Gebr. Sinn in Saarbrücken – gegründet und dann bald auch ein Großhandelshaus, die Firma Arnold Becker & Co, angeschlossen. In den zwanziger Jahren wurden ein Fabrikationsbetrieb – die Firma R. & A. Becker GmbH – und andere Tochtergesellschaften wie z. B. eine Strumpffabrik angegliedert; Zweigunternehmen im übrigen Deutschland folgten. Richard Becker war allzeit seines Lebens Führer und Vorbild zugleich. Nach seiner höheren Schulausbildung und einem kurzen Studium in der Schweiz übernahm er bereits als Zwanzigjähriger die Leitung der Firma Gebr. Sinn. Von 1923 an leitete er das Großhandelsunternehmen Arnold Becker & Co.; 1929 wurde er außerdem Geschäftsführer des neu gegründeten Verwaltungsunternehmens des Familienkonzerns aller Becker-Betriebe, der VERGAB in Saarbrücken. Richard Becker wurde zum ausschlaggebenden Faktor des Aufstiegs und der Größe seines Hauses und seiner Familie, er war der Typ des »königlichen Kaufmanns«, dessen Kennzeichen darin bestand, daß ein einmal gegebenes Wort so viel bedeutete wie die feierlichste Unterschrift.

Im ersten Weltkrieg eilte Richard Becker schon zu Beginn als Kriegsfreiwilliger zu seinem Regiment, bei dem er zuvor als Einjähriger gedient hatte. Richard Becker wurde bald Offizier und zeichnete sich durch besondere Tapferkeit aus: 1915 erhielt er das EK II, 1916 das damals noch recht seltene EK I, gleichzeitig das Verwundetenabzeichen und 1918 nach den schweren Kämpfen in der Champagne das Kreuz der Ritter des Hausordens der Hohenzollern, eine für den »Bürgerlichen« im Kaiserreich besonders hoch zu wertende Auszeichnung für soldatische Tapferkeit. Auf diese Auszeichnung war er immer besonders stolz. Es war der angeborene Mut und seine Unerschrockenheit, die ihn auch 1950 das schwere Amt des Oppositionsführers an der Saar übernehmen ließ. »*Wer Mut besitzt und die Freiheit will*« – das war seine höchsteigene Devise geworden (Abb. 107). Wen wundert es also, daß sich Richard

Becker schon unmittelbar nach dem Zusammenbruch des alten Reichs 1918 der deutschen Sache an der Saar zur Verfügung stellte, um der Annexion seiner Heimat durch die Franzosen entgegenzutreten.

Richard Becker hat gerne die Geschichte erzählt, wie er schon sofort nach dem Zusammenbruch von 1918 »zur Politik verpflichtet« wurde. Im Zuge der großen, von der Front in die Heimat zurückflutenden Armee der heimkehrenden deutschen Truppen ritt auch der Oberleutnant Richard Becker an der Spitze seiner geordneten Batterie durch seine Heimatstadt Saarbrücken. In der Bahnhofstraße war man gerade vor dem väterlichen Geschäft, der Firma Gebr. Sinn, angelangt, als plötzlich ein katholischer Geistlicher die Batterie anhielt und ihren Führer herzlich begrüßte. Es war der bekannte Pastor Bungarten, der sich durch seine Auseinandersetzungen mit den Soldatenräten bereits engagiert hatte und sofort den Heimkehrer Richard Becker verpflichtete, sich für die politische Arbeit bereitzuhalten und zur Verfügung zu stellen. So kam Richard Becker zur Politik!

Die berühmte und erfolgreiche Saar-Eingabe an den damaligen Präsidenten der Vereinigten Staaten von Nordamerika, Wilson, wurde bald danach von ihm und den Gesinnungsfreunden ausgearbeitet, er unterschrieb an dritter Stelle. Dieses heute kaum noch bekannte Dokument verdient festgehalten zu werden. Es hieß darin: »Wir Einwohner des Stadt- und Landkreises Saarbrücken, eines rein deutschen Gebietes, erheben feierlichst Einspruch gegen das in verschiedenen französischen Zeitungen hervorgetretene Verlangen, uns von unserem deutschen Vaterland zu trennen und uns Frankreich, einem uns innerlich völlig fremden Staate, einzuverleiben. Wir sind Deutsche nach Abstammung, Sprache, Geschichte und Gesinnung. Wir wollen auch jetzt in der Zeit des tiefen Unglücks mit unseren deutschen Brüdern und Schwestern weiter vereint bleiben. Neun Jahrhunderte hindurch war das Saarbrücker Land ein selbständiges deutsches Fürstentum, es wurde 1801, zur Zeit der französischen Revolution, Frankreich einverleibt, kam aber durch den zweiten Pariser Frieden von 1815 wieder an Deutschland, und zwar an die preußische Rheinprovinz, entsprechend dem lebhaften und einmütig bekundeten Willen der Bürgerschaft von Saarbrücken und St. Johann, der in einem Beschluß vom 11. Juli 1815 niedergelegt ist. Eine nochmalige Angliederung des Saarbrücker Gebietes an Frankreich würde daher unvereinbar sein mit den Grundsätzen des Präsidenten Wilson, die nicht nur von Deutschland, sondern auch von unseren Gegnern als Grundlage für die Friedensverhandlungen angenommen worden sind. Wir bitten den Herrn Präsidenten und alle, die einen Frieden der Gerechtigkeit und der Versöhnung herbeiführen wollen, nicht zu dulden, daß wir von Deutschland losgerissen werden. Saarbrücken, Im Dezember 1918.« (Es folgten dann die Unterschriften.)

Das war ein Bekenntnis, das Richard Becker 1918 freiwillig abgab und dem er treu blieb bis an sein Lebensende. Die Tragik des zweiten für Deutschland verlorenen Krieges 1945 führte zu einer Wiederholung des Schicksals der Saar nach dem Vorbild von 1920; allerdings verhinderten diesmal harte Zwangsmaßnahmen der militärischen Besatzungsbehörden einen ähnlichen Schritt der Bevölkerung wie 1918. Trotzdem fand sich auch nach 1945 Richard Becker mit Pastor Bungarten (Abb. 141) und einigen anderen zusammen, um wenigstens einen aus Sicherheitsgründen anonym gehaltenen Protest gegen die Landtagswahl vom 5. Oktober 1947 »aktenkundig« zu machen. Im Sitzungsprotokoll der Gesetzgebenden Versammlung erwähnt, wurde dieser wohl erste Protestschritt nach dem Kriege in meinem Buch über die Entstehung der saarländischen Verfassung (Stöber, S. XVII bis XIX) im Wortlaut festgehalten.

Schon frühzeitig widmete Richard Becker seine Arbeit dem allgemeinen Wohl, 1919 wurde er mit 35 Jahren Vorsitzender des Schutzvereins für Handel und Gewerbe im Saarland und Mitglied in Fachausschüssen der Industrie- und Handelskammer, deren Vizepräsident er bereits 1926 geworden war. Schon bald zeigte sich, daß Richard Beckers Tätigkeit im öffentlichen Leben sich nicht auf die wirtschaftlichen Bereiche beschränken ließ. Ganz gegen seinen Willen wurde er in den Strudel der Tagespolitik gezogen. Schon 1922 wurde er auf der Liste des Zentrums – der damals großen katholischen Partei an der Saar – in den Landesrat des Saargebietes gewählt, dem er bis zur ersten Rückkehr der Saar im Jahre 1935 in engster Zusammenarbeit mit Kommerzienrat Hermann Röchling, Peter Kiefer, Wilhelm Schmelzer, Pfarrer Wilhelm, Franz Steegmann, Dr. Levacher und anderen bekannten Vorkämpfern des Deutschtums an der Saar angehörte.

Selbst im Dritten Reich glaubte man nicht, auf den profilierten katholischen Politiker und einen der angesehensten Vertreter unserer Bevölkerung verzichten zu können. Richard Becker wurde 1935 Ratsherr, also Mitglied des Stadtrates von Saarbrücken, dem er bis zum Zusammenbruch angehörte.

Wer Richard Becker und sein unermüdliches Wirken genauer kennt, weiß, daß dieser Mann immer davon beseelt war, anderen Gutes zu tun und zu helfen. Vielleicht war es das mütterliche Erbe, das diese Eigenschaften bestimmte. Wer erinnert sich von uns Älteren nicht mehr an Frau Gertrud Becker, die zur Wohltäterin ungezählter Armen und ihrer Kirche geworden war, und deren unermüdliches Wirken mit »Gutes tun« die höchste Anerkennung durch eine päpstliche Auszeichnung fand?

Auch ich habe in meiner Zusammenarbeit mit Richard Becker immer nur am Rande und ganz so nebenbei gehört, daß unser »Chef Becker«, wie wir ihn stets nannten, einmal diesem oder jenem geholfen und wirtschaftlich unter die Arme gegriffen hat. Manchmal waren es sogar Leute, die politisch gar nicht einmal so gedacht haben wie er. Hier handelt Richard Becker wirklich nach dem Christuswort, daß die »Rechte nicht wissen soll, was die Linke tut«!

Für Richard Becker war die Zugehörigkeit unserer Heimat zu Deutschland stets eine echte Verpflichtung; wie ich schon erwähnt habe, der kategorische Imperativ seines Daseins. Dieser Verpflichtung hat er in ganz selbstverständlicher Weise ohne Rücksicht auf das eigene Wohl und Schicksal unzählige Opfer gebracht. Wie schwer diese Opfer – auch in wirtschaftlicher Hinsicht – waren, mußte Richard Becker während seiner Tätigkeit als Vorsitzender der DPS von 1950 bis 1955 oft erfahren. Die recht hohen Summen, die er persönlich zur Finanzierung unserer politischen Arbeit – trotz der anerkennenswerten Hilfe durch unseren Freund Jakob Kaiser – aufbrachte, hat er selbst nie erwähnt oder auch nur für erwähnenswert gehalten. Die Verluste aber, die ihm und seiner Familie, vor allem dem Produktionsbetrieb R. & A. Becker in Saarbrücken entstanden sind, schmerzten ihn sehr. Hier war es nicht zuletzt der Haß der Gegenseite, der dem von Grund auf edlen und aufrechten Manne sehr zugesetzt hat. Durch die totale Abschnürung aller Handelsbeziehungen des Saarlandes mit der Bundesrepublik war die saarländische Wirtschaft seit 1946 darauf angewiesen, lizenzierte Rohstoffe aus Deutschland zu erhalten und sich den Absatz ihrer Fertigprodukte in Frankreich zu suchen. Obwohl das auch der Wille der Franzosen war, nutzten sie diese Zwangslage mancher saarländischer Betriebe aus, um deren Inhaber politisch unter Druck zu setzen. Schon wenige Tage vor dem Verbot der DPS am 21. Mai 1951 richtete Gouverneur Grandval das im Original abgebildete Schreiben (Abb. 96) an den französischen Außenminister in Paris, der keineswegs ein solches Ansinnen zurückwies, sondern es den nachgeordneten französischen Behörden und allen Abnehmern der Beckerbetriebe in Frankreich zuleiten ließ. Die wichtigsten Stellen des Briefes lauten in deutscher Übersetzung:

»Ich habe bewußt von dem Vorzug der Verteilung die saarländische Firma R. & A. Becker, Bekleidungswerke in Saarbrücken, Brauerstraße 39, ausgeschlossen. Der Geschäftsführer und Hauptaktionär dieser Gesellschaft – Richard Becker – ist der Präsident der DPS (Demokratische Partei Saar), einer Partei mit rein nationalistisch-deutscher Tendenz. Die letzten Kundgebungen dieser Partei haben die Zurücknahme der Einreisegenehmigung nach Frankreich für ihre Hauptführer und am 11. d. M. das Verbot zur Folge gehabt, in Straßburg eine Pressekonferenz abzuhalten. In Anbetracht der antifranzösischen Tätigkeit von Herrn Richard Becker halte ich es für notwendig, ihm jegliche Importerleichterungen zu verweigern. Ich habe infolgedessen seine Firma nicht mehr in die Liste der möglichen Lizenzbegünstigten für Importe aus Deutschland aufgenommen. Ich wäre Ihnen sehr verbunden, wenn Sie keine Einwendungen erheben würden und den Industrie- und Handelsminister hiervon in Kenntnis setzen und ihn bitten würden, diese Maßnahme, wenn es nötig wird, auf Lizenzgesuche auszudehnen, die direkt in Paris durch die Pariser Geschäftsstelle der interessierten Gesellschaft gestellt werden könnten: Maison R. & A. Becker, 6 Rue du Mont Tabor, Paris 1ᵉ. gez. Grandval!«

So kam es, daß die Becker'schen Firmen immer wieder Absagen erhielten, wenn sie versuchten, Lizenzen für Rohwaren aus Deutschland zu erhalten oder ihre Erzeugnisse auf dem allein zur Verfügung stehenden französischen Markt abzusetzen. Auf diese Weise entstanden der Firma R. & A. Becker empfindliche, jahrelang andauernde Verluste, die häufig auch zu berechtigten Vorwürfen aus dem Familienkreis gegen den »Senior« geführt haben. Auch ein gemeines Flugblatt, in dem Richard Becker wegen der Herstellung von Drillichanzügen für französische Soldaten durch seine Betriebe als französischer Fremdenlegionär dargestellt worden war, verletzte ihn zutiefst. Er sah die deutsch-französische Verständigung mit anderen Augen als seine politischen Gegner. Für ihn war die Bereinigung des Verhältnisses mit Frankreich durch eine gerechte Regelung der Saarfrage, wie sie von der DPS wiederholt vorgeschlagen und 1956 tatsächlich auch erreicht worden ist, eine Herzensangelegenheit. Er hatte nie Aversionen gegen unser Nachbarvolk, das er schätzte und zu dem er von Jugend auf eine innere Zuneigung hatte, natürlich von den Handlungen und Maßnahmen der militärischen Exponenten, vornehmlich des Herrn Grandval, abgesehen.

Wie möglich ein solches Verhalten für einen so hochgestellten Repräsentanten der französischen Nation war, beweisen die beiden Briefdokumente vom 21. und 22. Juli 1950. Grandvals Brief an Richard Becker – ohne die übliche französische Höflichkeitsanrede »Monsieur« und ohne die übliche Schlußformel – wurde fünf volle Jahre nach Beginn der militärischen Besetzung, also fünf Jahre nach Kriegsende, geschrieben! Drei Jahre zuvor hatte der Schreiber, Colonel Grandval, den Saarländern feierlich verkündet – ich muß diesen Satz wiederholen –:

»Frankreich an der Saar ist gleichbedeutend mit Freiheit an der Saar, und für Frankreich wiederum vor allem Achtung vor der Menschenwürde, Hebung der sittlichen und materiellen Lebensbedingungen.«

Richard Beckers ganzes Verbrechen war, daß er sich über 2½ Jahre nach der Ausweisung des Pastors Franz Bungarten für die Aufhebung dieser Maßnahme bei dem letztverantwortlichen Hohen Kommissar der französischen Republik im Saarland, Gilbert Grandval, verwandt hatte.

Hier der Wortlaut der beiden Schreiben, in welchem die Anrede des Becker'schen Briefes den französischen Gepflogenheiten entsprach:

*Demokratische Partei des Saarlandes*

Saarbrücken, den 21. Juli 1950

An den
Herrn Hohen Kommissar
Frankreichs im Saarland

Saarbrücken

Herr Hoher Kommissar!

Der Parteivorstand der Demokratischen Partei gestattet sich, Ihnen in der Anlage die Abschrift einer Eingabe an den Herrn Ministerpräsidenten des Saarlandes zur Kenntnisnahme zu überreichen und Ihnen, Herr Hoher Kommissar, die Bitte zu unterbreiten, dem Wunsche der Demokratischen Partei Ihre Unterstützung zu geben und auch Ihrerseits die Rücknahme der Ausweisung zu verfügen. Der Antrag der Demokratischen Partei entspricht nicht alleine dem Wunsche der katholischen, sondern der gesamten Saarbevölkerung. Die Zurücknahme der Ausweisung des Herrn Pfarrer Bungarten nach so langen Jahren entspricht nicht nur einem Gebot der Menschlichkeit, sondern würde auch von der gesamten Bevölkerung als ein Akt der Versöhnung und der Beendigung einer von der Bevölkerung nicht verstandenen Politik angesehen werden.

Genehmigen Sie, Herr Hoher Kommissar, den Ausdruck unserer vorzüglichen Hochachtung!

gez. Richard Becker
(Vorsitzender)

Grandvals Antwort:

Haut-Commissariat
de la République Française
en Sarre

Le Haut-Commissaire

Saarbrücken, den 22. Juli 1950

Gilbert GRANDVAL
Haut Commissaire de la
République Française en Sarre

an

Monsieur Richard BECKER
Président du Parti démocrate de
la Sarre

Ich habe die Ehre, den Empfang Ihres Briefes vom 21. Juni zu bestätigen, dem ein Durchschlag Ihres Briefes an den Präsidenten der Saar-Regierung wegen Pfarrer Bungarten beigefügt war.

Ich bitte Sie davon Kenntnis zu nehmen, daß ich die völlige Verantwortung für die Entscheidung, die Ihre Vermittlung verursacht, trage und auf die ich nicht zurückkommen kann.

Die Entscheidung ist bereits Gegenstand einer gewissen Anzahl von Schritten der saarländischen Regierung und Christlichen Volkspartei gewesen, denen ich einen begründeten abschlägigen Bescheid geben mußte.

Ich glaube nicht, daß selbst im Rahmen ihrer Autonomie die saarländische Regierung auf gewisse Entscheidungen, die in der Vergangenheit von dem Vertreter Frankreichs getroffen wurden, zurückkommen kann, da dann ihre Stellungnahme als gänzlich unfreundlich betrachtet werden würde.

Im übrigen bitte ich Sie davon Anmerkung zu nehmen, daß, wenn Sie sich an den Vertreter Frankreichs wenden, Sie das Anstandsgefühl haben sollten, zu vermeiden von »rein menschlicher Pflicht«, von »Versöhnung« und »nicht verstandener Politik« zu sprechen.

Ein noch nicht lange zurückliegender, wenn auch schon zu oft vergessener Zeitraum läßt mich denken, daß die Begriffe vielleicht mehr unter meiner als Ihrer Feder angebracht gewesen wären.

Zum Schluß begnüge ich mich damit, die glückliche Zeit zu begrüßen, die es Ihnen ermöglicht, an die Saarregierung und mich selbst ein Schreiben zu richten, das Sie gewiß nicht vor 10–15 Jahren an die damalige öffentliche Gewalt gerichtet hätten.

gez. Grandval

Zu diesem Brief und seinem Ton wie Inhalt ist festzustellen, daß Monsieur Grandval wirklich »eine schöne Partie verspielt« hat, um mit den Worten des französischen Aufsatzes aus dem Jahre 1929 (Abb. 74) zu sprechen. Wer eine der angesehensten Persönlichkeiten eines Landes, in dem zugestandenermaßen nur 800 000 Deutsche lebten, so behandelt, der kann das Scheitern seiner eignen Mission nur mit den Worten: »mea culpa, mea maxima culpa« bekennen.

Richard Becker ließ sich nicht einschüchtern. Auch nicht durch Johannes Hoffmann, der ihn wenige Tage vor dem entscheidenden Landesparteitag der DPS, am 29. Juni 1950, zu sich bestellte, um ihn von der Übernahme des Amtes als Parteivorsitzender der DPS abzuhalten und zugleich zu warnen. Er, Hoffmann, lasse sich sein Werk, das er nach dem Kriege mühselig an der Saar aufgebaut habe, nicht zerschlagen. Richard Becker erwiderte, er verlange ja nichts anderes als die demokratischen Rechte und Freiheiten und sei selbst um ein gutes Verhältnis zu Frankreich bemüht, das setze aber in jedem Falle die Gewährung der politischen Rechte für alle voraus. Hoffmann hat dann später noch einmal mit dem überall an der Saar bekannt gewordenen Satz gedroht, er (Hoffmann) »werde Richard Becker zerschmettern, wenn Becker die Politik der Opposition weiterbetreibe«.

Nach der ersten Unterredung unterrichtete Hoffmann sofort die französischen Behörden, die dann durch ihren Presseattaché Zenner versuchten, Einfluß auf mehrere Delegierte des Parteitages vom 2. Juli 1950 zu nehmen, damit nicht Richard Becker, sondern ein den Franzosen genehmer Kandidat zum Vorsitzenden der DPS gewählt werde. Zugleich installierte die französische Sûreté heimlich im Sitzungssaal des Johannishofes in Saarbrücken eine Abhöranlage, deren Existenz den Teilnehmern zunächst unbekannt blieb; wir erfuhren erst später davon. Auf diese Weise konnte die Gegenseite unmittelbar und authentisch feststellen, wie die Anhänger unserer Sache damals dachten.

Richard Becker wurde mit 110 gegen 1 Stimme – bei einigen ungültigen Stimmen – zum Vorsitzenden gewählt. Die frankophil eingeschworenen Abgeordneten hatten jeweils nur ihre eigenen Stimmen erhalten.

Richard Becker erhielt erst Jahre später Genugtuung und eine teilweise Anerkennung, wenn auch gerade diejenige des wichtigsten Politikers im Streit um die Saar, des Bundeskanzlers Dr. Adenauers immer ausgeblieben ist, abgesehen von den Lobpreisungen in Adenauers »Erinnerungen«. Richard Becker wurde 1954 Ehrensenator der Technischen Universität Berlin, 1959 Ehrenbürger seiner Vaterstadt Saarbrücken (Abb. 97), außerdem verlieh ihm Bundespräsident Heinrich Lübke als eine seiner ersten Amtshandlungen das Große Bundesverdienstkreuz mit Stern und Schulterband (Abb. 94). Diese Gesten mögen zwar heilend auf viele der Wunden gewirkt haben, die man Richard Becker während seines Einsatzes für Deutschland geschlagen hat, einzelne blieben aber durchaus unnötigerweise immer offen, wie wir später an anderer Stelle noch sehen werden.

Mit Richard Becker als erstem verantwortlichen Vorsitzenden der DPS wurde ein erweiterter Landesparteivorstand gewählt, der eine Reihe von angesehenen Persönlichkeiten umfaßte. Dazu gehörten zahlreiche Handwerksmeister aus meinem eigenen Bekanntenkreis. Repräsentant der Kriegsgeneration und Spätheimkehrer aus der Gefangenschaft war Paul Simonis (Abb. 94), der spätere Arbeitsminister nach 1960. Dritte Vorsitzende wurde Frau Lichtenhagen (Abb. 156), außerdem gehörte Johann Ecken dem Landesvorstand an. Eine Aufzählung aller Mitglieder, ihres Werdeganges und ihrer früheren politischen Vergangenheit findet sich im veröffentlichten DPS-Schriftsatz an das Oberverwaltungsgericht »Saarfrage in Dokumenten« (S. 33 bis S. 39).

Vier Namen aber müssen noch genannt werden, die besonders verdienen, vor der Geschichte unserer Heimat festgehalten zu werden. Zu der Partei stießen: Ludwig Bruch (Abb. 100), der erfahrene und profilierte Journalist, der nach 1945 lieber als Hilfsarbeiter in einer Gärtnerei sein Brot verdienen wollte, als in die französische Redaktion seiner alten Zeitung, der »Saarbrücker Zeitung« einzutreten. Sodann stießen zu uns: Der bereits einmal zu Unrecht ausgewiesene, christliche Gewerkschaftsführer Karl Hillenbrand (Abb. 104); ferner der als Heimatschriftsteller bekannte und verdiente Schulpolitiker, Schulrat Wilhelm Martin, und schließlich der Saarbrücker Fabrikant Dr. Arthur Heitschmidt (Abb. 94), der später als Vertreter der DPS zeitweilig Finanzminister des Saarlandes war.

Durch mehrere Entschließungen hatte der Landesparteitag seine Zielsetzung festgelegt (Abb. 107/108). In erster Linie und immer wieder wurden die demokratischen Freiheiten und Menschenrechte gefordert. Ihre Formulierung fand sich in der UNO-Deklaration der Menschenrechte vom 10. Dezember 1948, wir haben sie zur Grundlage unseres allgemeinen Programms gemacht.

In einer weiteren Entschließung II (Abb. 109) proklamierte die neue DPS: »Das Saarland kann zwischen Frankreich und Deutschland nur dann eine wirkliche Brücke

**Es gibt kein Glück ohne Freiheit und keine Freiheit ohne Mut!**

Der franz. Ministerpräsident PLEVEN
am 11. 7. 50 vor der Nationalversammlung.

**Die schlimmste Sklaverei ist die der Angst, der Feigheit und des Parteisektierertums Davon müssen wir uns befreien!**

Frankreichs Ministerpräsident Georges BIDAULT
am 4. Juni 1950 in Roanne.

„Sollte bei den Saarländern in den Jahren 1935 bis 1945 das Freiheitsgefühl erstickt worden sein, so müßte es der Regierung gerade besonders angelegen sein, diesen Freiheitssinn zu entwickeln und der Opposition nicht das Schuldgefühl einzuimpfen, wie es nur Diktaturen zu tun pflegen!"

(Aus der französischen Zeitung „Le Figaro" vom 26. Januar 1950)

# Wer Freiheit will und Mut besitzt

### meldet sich sofort als Mitglied der DPS.

## Demokratische Partei Saar.

---

Anmerkung: Die Beitragshöhe bitten wir freiwillig nach folgenden
Richtlinien selbst festzusetzen:

| | | |
|---|---|---|
| bis zu 10000,— Frs. Monatseinkommen | 25.— Frs. monatlich | |
| 10—20000.— Frs. „ | 50.— „ „ | |
| 20—30000.— Frs. „ | 100.— „ „ | |
| 30—50000.— Frs. „ | 150.— „ „ | |
| 50000.— Frs. und darüber | 200.— „ „ | |

107
Der erste Aufruf der DPS von 1950

# DPS

## DEMOKRATISCHE PARTEI DES SAARLANDES

SAARBRÜCKEN 3 · RATHAUSPLATZ 7, I. ETAGE · TELEFON 71 46

---

## DIE DEMOKRATISCHE PARTEI DES SAARLANDES
### fordert
### ACHT|UN|G DER

# *Freiheit und Menschenrechte*

### Das Saarland: Mitglied des Europarates

In seiner 79. Sitzung vom 2. Mai 1950 hat der Saarländische Landtag den Beitritt des Saarlandes zum Europarat beschlossen. In einer einmütigen Abstimmung wurde eine feierliche Erklärung angenommen, die u. a. folgendes Bekenntnis enthält:

„Der Landtag des Saarlandes ist sich bewußt, daß gemäß der Verfassung des Saarlandes vom 15. Dezember 1947, die Freiheit, Menschlichkeit, Recht und Moral als Grundlagen des neuen Staates festlegte und ihm als Aufgabe stellte, Brücke zur Verständigung der Völker zu sein, um damit in Ehrfurcht vor Gott dem Frieden zu dienen, die Politik des Saarlandes in ihren Methoden und in ihrer Zielsetzung sich stets dieser Verpflichtung gerecht werden muß.

Die Erwägungen, die am 5. Mai 1949 zur Bildung eines Europarates führten und in der Präambel zu dessen Statut festgelegt sind, werden vom Landtag des Saarlandes als gleichartige und die Beziehungen der europäischen Völker zueinander in idealer Weise regelnde Prinzipien anerkannt."...

..." und beauftragt die Regierung des Saarlandes durch den Herrn Ministerpräsidenten dem Herrn Generalsekretär des Europarates mitzuteilen, daß das Saarland gemäß dem Wortlaut des Artikels 5 des Europarats-Statuts vom 5. Mai 1949 dieses Statut mit den in ihm aufgestellten Leitgrundsätzen und Zielen des Europa-

1

108
Die DPS forderte.
Aus dem Programm vom 2. Juli 1950

# Entschließung II:

Die Demokratische Partei des Saarlandes fordert in Erfüllung der als Mitglied des Europarates feierlich eingegangenen Verpflichtungen von Regierung und Landtag des Saarlandes:

1) Das Saarland kann zwischen Frankreich und Deutschland nur dann eine wirkliche Brücke werden, wenn alle Bewohner als Angehörige des deutschen Volkstums ihre persönlichen, kulturellen und demnächst auch wirtschaftlichen Bindungen und Beziehungen in gleicher Weise wie zu Frankreich auch mit Deutschland und schließlich auch den übrigen Mitgliedern des Europarates aufnehmen und ausüben können.

Alle bestehenden Hemmnisse sind unverzüglich zu beseitigen.

2) Alle Bewohner des Saarlandes müssen ab sofort mit ihren Personalausweisen in derselben Weise wie nach Frankreich auch die deutsche Grenze in beiderseitiger Richtung überschreiten können.

Alle Deutschen und Franzosen, welche Angehörige im Saarland haben oder sich zu Geschäftszwecken in das Saarland begeben wollen, haben ohne jede Schwierigkeiten und ohne Entrichtung von Gebühren das Recht, sich besuchsweise in das Saarland zu begeben.

3) Alle Personen, welche

   a) im Saarland geboren sind oder von einem saarländischen Elternteil abstammen oder mit einer Person saarländischer Zugehörigkeit verheiratet sind,

   b) welche vor dem 31. Dezember 1945 ununterbrochen 10 Jahre ihren Wohnsitz im Saarland hatten ohne eine der Voraussetzungen der Ziff. a) zu erfüllen,

   erhalten sofort alle Rechte, welche den Personen saarländischer Staatsangehörigkeit im Sinne des Gesetzes betreffend die saarländische Staatsangehörigkeit vom 15. Juli 1948 zustehen. Sie können insbesondere ohne jede Formalitäten in das Saarland zurückkehren und wieder ihren ständigen Wohnsitz im Saarland nehmen.

4) Alle seit 1945 erfolgten Ausweisungen, gleichgültig aus welchen Gründen und von welchen Stellen sie ausgesprochen wurden, sind mit sofortiger Wirkung aufzuheben. Den betroffenen Personen und ihren Familienangehörigen wird die sofortige Rückkehr in das Saarland gestattet.

Ausweisungen dürfen gegen Bewohner des Saarlandes in Zukunft nicht mehr ausgesprochen werden. Die Aberkennung ihrer Staatsangehörigkeit ist unzulässig. Die Bedrohung mit einer dieser Maßnahmen wird unter Strafe gestellt.

10

109
Eine bedeutsame Entschließung.
Im frühen Zeitpunkt vom 2. Juli 1950 beschlossen!

werden, wenn alle Bewohner als Angehörige des deutschen Volkstums ihre persönlichen, kulturellen und demnächst auch wirtschaftlichen Bindungen und Beziehungen auch zu den übrigen Mitgliedern des Europarates aufnehmen und ausüben können. Alle bestehenden Hemmnisse sind unverzüglich zu beseitigen.«

Im Rahmen dieses allgemeinen Zieles wurde gefordert, daß alle Saarländer »in derselben Weise wie nach Frankreich auch die deutsche Grenze in beiderseitiger Richtung überschreiten können«, ferner die Rücknahme der Ausweisungen und viele andere Selbstverständlichkeiten, von denen man heute nur kopfschüttelnd fragen kann, ob sie an der Saar tatsächlich einmal ein politisches Problem gewesen sind.

Nach dem Parteitag begann eine intensive und fruchtbare Arbeit. Es wehte buchstäblich ein neuer Wind an der Saar, der vor allem der deutschen und ausländischen Presse nicht verborgen blieb. Im Oktober begannen wir mit der regelmäßigen Versendung von Rundbriefen an unsere Mitglieder, die zuerst auf einfache Weise vervielfältigt, später dann gedruckt verschickt wurden. Daneben verfaßten wir Artikel; Richard Becker: »Der Weg der Saar« in der Zeitschrift »Außenpolitik« 1951, Nr. 4. Ich schrieb über eine ganze Reihe von Themen, darunter einen beachteten Aufsatz: »Die DPS, Frankreich und Deutschland«. Auch die immer reichhaltiger werdenden Rundschreiben (Abb. 110) wurden außer von unserem Pressechef Otto Halberstadt weitgehend von mir gestaltet. Im Jahre 1951 wurden dann die Forderungen und Vorschläge der DPS zur vorläufigen Regelung der Saarfrage von mir ausgearbeitet (unten S. 365 ff.). Soweit möglich, veranstalteten wir Pressekonferenzen und verteilten Informationen. Auch die Gelegenheit, über den deutschen Rundfunk zu sprechen, wurde wahrgenommen, nachdem uns das Regime jede Beteiligung an Radio Saarbrücken verweigerte.

Der Niederschlag unserer Bemühungen, vor allem in der deutschen Presse, war unüberhörbar. Schon am 6. Dezember 1950 brachte das FDP-Informationsblatt »Der Freie Demokrat« einen Bericht »Kampf um die Menschenrechte der Demokratischen Partei an der Saar – Neuorientierung der DPS«. Im März/April 1951 folgten dann umfangreiche Berichte und Kommentare, unter anderem am 15. März 1951 in der »Frankfurter Allgemeinen Zeitung«: »Wer Freiheit will und Mut besitzt – die Opposition an der Saar«, von unserem Freund Rolf Vogel, und am 24. April 1951 im gleichen Blatt: »Wandlungen an der Saar«, ein viel beachteter Artikel des Schweizer Korrespondenten F. R. Allemann (siehe S. 298). Andere Berichte trugen den Titel: »Im Saargebiet rumort es« (»Pfälzische Volkszeitung« vom 5. April 1951) oder »Die Saar kämpft um ihre Freiheit« (»Essener Allgemeine Zeitung« vom 4. April 1951) oder »Französische Irrtümer an der Saar«, wiederum von dem Schweizer F. R. Allemann in der »FAZ« vom 25. April 1951, und viele mehr.

Der allgemeine Tenor war »Zunehmende Opposition an der Saar« (Richard Thilenius in der »Deutschen Wirtschaftszeitung« vom 18. April 1951). Der »Deutsche Kurier« vom 28. April 1951 brachte ein Urteil über die Verhältnisse an der Saar nach einem Reisebericht des Engländers Mervin Jones in »New Statesman and Nation« Nr. 1029, und: »Regierung ohne Volk« stellte die »Rheinpfalz« vom 5. Mai 1951 fest.

In der Tat war durch die Aktivität die »Saarpolitik in Bewegung« geraten, wie die Schweizer Zeitung »Die Tat« am 3. Mai 1951 berichtete.

Dr. Otto Häcker hatte das Ergebnis unseres Wirkens unmittelbar nach dem Verbot der Partei in einem Reisebericht in der »Stuttgarter Zeitung« vom 8. Juni 1951 wie folgt zusammengefaßt: »In der ›Demokratur‹ des Herrn Hoffmann ist aber jegliche Art von Kritik verboten, ob sie sich nun gegen die politische Hörigkeit oder gegen den wirtschaftlichen Ausverkauf im Verhältnis zu Frankreich richtet. Im ganzen Saargebiet gibt es kein publizistisches Organ dafür. Daß es überhaupt zur Bildung einer Opposition kam, ist nur der geschickten Taktik zuzuschreiben, mit der innerhalb der schon bestehenden und vorher völlig bedeutungslosen Demokratischen Partei unter Führung des früheren Zentrumsvorsitzenden *Richard Becker* ein Sammelpunkt der Kräfte gebildet wurde, die den allgemein empfundenen Mißständen offen entgegentraten. Sie konnten nur durch Rundschreiben (insgesamt nur 12 [Abb. 110], Anm d. Verf.) und Versammlungen wirken. Trotzdem wuchs die Bewegung lawinenhaft an und machte vor allem auch in der Arbeiterschaft die Kräfte frei, die sich durch ihre wirtschaftliche Abhängigkeit und die Diktaturparagraphen des Regimes gefesselt sahen.«

Nach der Unterzeichnung des Schuman-Planes am 18. April 1951 war bei uns allen neue Hoffnung eingezogen. Wie schon erwähnt, hatte Bundeskanzler Dr. Adenauer seinen Saarreferenten, den Gesandten Dr. Strohm zu uns geschickt und die sichere Gewißheit mitteilen lassen, durch die »Europäisierung« der Grundprodukte von Kohle und Stahl, habe die Saarfrage jede Bedeutung – auch für Frankreich – verloren und sei so gut wie gelöst. Wir verkündeten die frohe Botschaft in einem der bekannten roten Flugblätter der DPS an unsere Mitglieder. Gleichzeitig begannen wir, durch öffentliche Versammlungen unsere Probleme zur Diskussion zu stellen. Anfang März fand die (wohl erste) größere Versammlung in St. Ingbert im vollgefüllten Karlsberg-Saal statt. Als Diskussionsredner der Hoffmann-Partei war dessen Staatssekretär Kurtz erschienen. Er konnte sich mit seinen Ausführungen nur eine eindeutige Abfuhr einhandeln, so daß er die Nerven verlor und mit den Worten: »Dann geht doch zu Hitler« wütend, aber unter dem Gelächter der Zuhörer den Saal verließ. Ich erinnere mich noch, daß ein junger Beamtenwärter, Herr Gilpain, mit seinem treffenden Diskussionbeitrag zu dem Erfolg der Versammlung beigetragen hatte. Gilpain bekam deswegen später noch berufliche Schwierigkeiten.

Es folgten dann eine ganze Reihe von weiteren Versammlungen, so in Ormesheim und Ensheim und in Saarbrücken-Malstatt; hier hatte Dr. Anton Merz die Führung unserer DPS-Ortsgruppe übernommen; er ist heute Staatssekretär und Chef der Staatskanzlei und steht mir seit jener Zeit besonders nahe. Am 8. April 1951 fand dann eine größere Versammlung der DPS im Saalbau von Homburg und Anfang Mai eine weitere in Dillingen statt. Wenn wir auch darüber hinaus in vielen anderen Orten unsere überfüllten Versammlungen abhalten konnten, so sind mir die hier aufgezählten Orte wegen des besonderen Erfolges noch in Erinnerung. Der Zulauf der interessierten Bevölkerung war damals außerordentlich groß, unsere Ausführungen – meist waren Richard Becker und ich die Hauptredner – fanden ungeteilten Beifall. Sogar »Die Welt« hatte einen Sonderberichterstatter an die Saar entsandt und am 9. Mai 1951 einen sehr positiven Bericht veröffentlicht.

Nach dieser sich ständig steigenden Aktivität war dann der Termin für die erste Großkundgebung in Saarbrücken am 6. Mai 1951 im damals größten Saal, dem Johannishof, herangekommen. Als Redner sollten Richard Becker, Karl Hillenbrand, Schulrat Martin und ich sprechen (Abb. 112). Als Gäste hatten wir einige Bundestagsabgeordnete, Dr. von Brentano und Dr. Kiesinger (CDU), Franz Josef Strauß

**DEMOKRATISCHE PARTEI
DES SAARLANDES**

Saarbrücken, Februar 1951
Postschießfach 79, Telefon 7146
Bankkonto Vereinsbank Sbr. 6987
Postscheckkonto: Sbr. 6320

# Rundschreiben Nr. 21

(Zur Information der Partei — Nachdruck verboten!)

*Noch einmal der Fall Voigt:*

# Unser Ziel: Freiheit vor Furcht und Not für alle

Herr Voigt, über dessen Ausweisung wir in Nr. 20 eingehend berichtet haben, mußte das Saarland inzwischen verlassen. Seine Frau und die beiden Kinder blieben unversorgt zurück! Wie wir erfahren haben, ist bereits eine Klage beim Saarbrücker Landgericht eingereicht worden, welche jetzt das ordentliche Gericht mit dem „Fall Voigt" befassen wird. Darüber werden wir demnächst unsern Lesern zu berichten.

Wie weiter bekannt wurde, hat Herr Voigt in Deutschland eine Erklärung abgegeben. Um diese Erklärung hat sich eine umfangreiche Diskussion hüben und drüben ergeben.

## HH. Pfarrer Bungarten grüßt die Saar

Der greise Pfarrer i. R. Bungarten, der aus dem Saargebiet, der Stätte einer jahrzehntelangen seelsorgerischen Tätigkeit, ausgewiesen wurde und dem auch heute noch die Heimkehr verwehrt wird, hat zum Jahreswechsel an den Vorsitzenden der Demokratischen Partei Saar folgendes Schreiben gerichtet:

Neuenahr, 15. 12. 50

Sehr verehrter Herr B e c k e r !

Es hat mich mit aufrichtiger Freude erfüllt, als mir von befreundeter Seite mitgeteilt wurde, daß Sie auf dem Parteitag der Demokratischen Partei des Saarlandes zum Führer dieser innerlich und äußerlich neu organisierten Partei berufen wurden, denn in dem Augenblick wußte ich, daß die im Saargebiet so oft mißbrauchten Worte „Demokratie, Freiheit, Recht, Christentum, Europa", durch Sie und Ihre Partei wieder Sinn, Bedeutung und Inhalt bekommen würden. Und wenn Sie Ihr 18-Punkte-Programm vom 2. Juli 1950 in den Mittelpunkt Ihrer gesamten öffentlichen und politischen Tätigkeit stellen, dann wird Ihnen einst die ganze Seele des Saarlandes zum Dank. Ich stehe voll und ganz zu Ihrem Parteiprogramm und kann nur wünschen, daß hinter Ihnen alle Saarländer stehen, die die Freiheit lieben und Mut besitzen, öffentlich für die Ideale einzustehen, deren Anwalt Sie sein wollen und werden.

An der Schwelle eines neuen Jahres rufe ich Ihren Freunden ein herzliches „Glück auf" zu.

Mit Gott für eine christliche Demokratie, für Freiheit und Recht im Saargebiet.

Mit herzlichen Grüßen und Wünschen zum neuen Jahr verbleibe ich Ihr ergebenster

B u n g a r t e n , Pfarrer i. R.

N. B. Ich wäre Ihnen dankbar wenn mir die Rundschreiben Ihrer Partei regelmäßig zugeschickt würden. D. O.

Offensichtlich ist der Sinn der Erklärungen von Herrn Voigt teilweise entstellt wiedergegeben worden. Wie uns Herr Voigt bestätigte, hat er lediglich betont, daß sein Fall zeige, wie sämtliche Inhaber von grauen Pässen unter dem ständigen Druck lebten, daß sie selbst oder ihre Familienangehörigen jederzeit innerhalb von wenigen Tagen ausgewiesen werden können. Die Existenz der „Graupäßler" und ihrer Familien sei von der reinen Willkür der Regierung abhängig.

Herr Hoffmann hat in seiner Erklärung vor dem Landtag ausdrücklich zugegeben, daß **Personen aus politischen Gründen** ausgewiesen worden sind. Das aber ist der allein maßgebende Gesichtspunkt der gesamten Diskussion. Wenn Herr Hoffmann zugibt, daß er oder seine Minister aus politischen Gründen Ausweisungen anordnen, so setzt man damit die oppositionelle Bevölkerung des Saarlandes unter politischen Druck. Ob 9 oder 900 Personen ausgewiesen werden, ist dabei ganz gleichgültig. Wer am 9. anfängt, kann, bei steigender Opposition, auch zu 900 oder 9000 kommen. Wir erinnern uns noch sehr genau der Drohungen, die Herr Hoffmann anfangs 1950 im Kreise einiger Parteifreunde ausgebracht hat, als er erklärte, daß es ihm nicht darauf ankäme, auch 20 Leute mit roten Pässen auszuweisen. Dabei wurde von einer Zahl Beamter und einem Saarbrücker Großkaufmann gesprochen. Schließlich sind eine ganze Anzahl von alteingesessenen Saarbrücker Persönlichkeiten und Familien, die vor 1947 ausgewiesen worden sind, noch nicht zurückgekehrt. Hat man beispielsweise vergessen, daß der bekannte Pfarrer Bungarten deshalb ausgewiesen wurde, weil er eine Bittschrift an den Vatikan verfaßte, die für ein Verbleiben des Saarlandes bei der Diözese Trier eintrat? Für uns geht es allein um das Prinzip:

Haben wir eine freie Demokratie, einen Rechtsstaat, in welchem die Menschenrechte beachtet und befolgt werden, oder nicht?

Herr Hoffmann sprach in seiner offiziellen Erklärung vor dem Landtag von 50 000 „Ausländern", darunter 38 000 Deutschen und 12 000 anderen Ausländern. Der französische Kreisdelegierte von Neustadt spricht von 38 000 „Angehörigen der Bundesrepublik" und 12 000

(Fortsetzung Seite 2)

*Die Freiheit der Meinung :*

110

Das einzigste Kommunikationsmittel: Bis zu ihrem Verbot konnte die DPS nur Rundschreiben an ihre Mitglieder verschicken. Nach der Umgründung erschienen insgesamt 12 dieser Mitteilungen (Nr. 12 bis 23).

(CSU) und Dr. Hamacher vom damals noch vertretenen Zentrum eingeladen. An diesem Tage sollten die neue Parole unserer Partei: »Christlich, sozial, deutsch« und ein neuer Lösungsvorschlag für die Saar feierlich aus der Taufe gehoben werden.

Es würde hier zu weit führen, die umfangreiche Programmatik der DPS im einzelnen zu erörtern. Ihr etwas mehr als einjähriges Wirken bis zu ihrem Verbot – und ihre spätere Tätigkeit – umfaßt so unendlich viele Meinungsäußerungen, Artikel, Briefe, Rundmitteilungen, Presse- und Rundfunkinformationen sowie Interviews, Vorschläge und Stellungnahmen, daß hier eine auch nur annähernde Darlegung unmöglich erscheint und den Rahmen dieses Buchen sprengen würde.

Es könnte einmal die Aufgabe eines Doktoranden sein, die für die Entscheidung der Saarfrage im Jahre 1955 so wichtige Tätigkeit der DPS und ihrer verantwortlichen Politiker zu untersuchen und darzulegen. Vielleicht findet diese Anregung bei den politischen Wissenschaftlern Gehör; uns erscheint der Kampf eines kleinen Volksteiles um Freiheit und Recht und damit zugleich um die Zugehörigkeit zum angestammten Vaterland durchaus untersuchungswert. Jedenfalls verfügen wir über so viel Material, Originalbelege und Unterlagen, die sämtlich dem Landesarchiv der Regierung des Saarlandes überlassen wurden, daß sich daraus wohl eine wissenschaftliche Arbeit anfertigen läßt. Soweit unser »Lösungsvorschlag zur Saarfrage« vom 6. Mai 1951 von grundsätzlicher Bedeutung gewesen ist, werden wir noch darauf eingehen.

Einen Tag vor dem Termin am 6. Mai 1951 verbot Innenminister Hector kurzfristig die Durchführung der Versammlung. Die eingeladenen Bundestagsabgeordneten konnten nicht einmal mehr ausgeladen werden. Wie unsere Abb. 115 zeigt, war Franz Josef Strauß an der Saargrenze bei Zweibrücken eingetroffen und von den saarländischen Grenzpolizisten zurückgewiesen worden, er durfte nicht einmal eine Beschwerde über eine saarländische Telefonleitung an das zuständige Innenministerium abgeben.

Wir stellten ebenso schnell einen Überkleber: »Von der Hoffmann-Hector-Hoppe-Demokratur verboten« her (Abb. 111/112) und erzielten dadurch einen zweiten Treffer; in der Nacht mußten die Polizisten des Regimes die Überkleber zum Gaudium der Bevölkerung mühselig entfernen.

Am Abend zuvor hatte der Pressechef der Hoffmann-Regierung, der ehemalige Kommunist und inzwischen übergewechselte Landtagsabgeordnete Hoppe in einer üblen Hetzrede über Radio Saarbrücken das Verbot begründet. Wahrheitswidrig war von ihm behauptet worden, das Verbot beruhe auf einem einmütigen Beschluß der gesamten Regierung. In den Akten von Johannes Hoffmann waren die Gegenbeweise. Sowohl Wirtschaftsminister Ruland als auch Finanzminister Reuter hatten sich in formellen Schreiben gegen die Unterstellung ihrer Zustimmung zum Verbot verwahrt. Abb. 116 zeigt das Originalschreiben Rulands, das wegen des alsbald folgenden Parteiverbots von besonderer Bedeutung ist. Ruland schrieb u. a.: »Ich vertrete die Auffassung, daß man der DPS-Bewegung nicht durch Verbote, sondern durch eine planmäßige, insbesondere wirtschaftliche Aufklärung der Bevölkerung entgegentreten sollte. Verbote – sie mögen noch so gut begründet sein – wirken nie überzeugend, geben – wie im vorliegenden Fall – den saarpolitischen Gegnern und den oppositionellen Gruppen nur einen ungerechtfertigten Auftrieb, gewähren den damit

FRANZ RULAND
MINISTER

# Vertraulich

SAARBRÜCKEN, DEN 7. Mai 1951

An den
Herrn Ministerpräsidenten
Johannes H o f f m a n n

S a a r b r ü c k e n

Sehr geehrter Herr Ministerpräsident !

Das unerwartet und ohne vorherige Besprechung im Ministerrat am
5.5.1951 ausgesprochene Verbot der für den 6.5.1951 vorgesehenen
DPS.-Versammlung in Saarbrücken gibt mir Veranlassung, auf folgendes hinzuweisen :
Ich vertrete die Auffassung, dass man der DPS.-Bewegung nicht
durch Verbote sondern durch eine planmässige, insbesondere wirtschaftliche Aufklärung der Bevölkerung entgegentreten sollte.
Verbote – sie mögen sachlich noch so gut begründet sein – wirken
nie überzeugend, geben – wie im vorliegenden Falle – den saarpolitischen Gegnern und den oppositionellen Gruppen nur einen ungerechtfertigten Auftrieb, gewähren den damit verbundenen Illusionen
den Schein der politischen Rechtfertigung, bestärken die seit
längerer Zeit vorgetriebene Propagandawelle gegen eine angebliche
Beschränkung der persönlichen Freiheit im Saarland und belasten
letztlich die Gesamtheit der in der Regierung zusammenwirkenden
Minister. Ohne den Kompetenzen des zuständigen Ressortministers
irgendwie vorgreifen zu wollen, möchte ich nicht verfehlen, meine
Meinung dahin zu präzisieren, dass alle Maßnahmen, denen eine all-
gemeinpolitische Bedeutung zukommt, von einem entsprechenden Beschluss des Ministerrates abhängig gemacht werden sollten.
Soweit in besonders eiligen Fällen die Einberufung des Ministerrates nicht tunlich sein sollte, besteht jederzeit die Möglichkeit,
durch die telefonische Konferenzanlage sämtliche anwesenden Minister kurzfristig anzuhören.
In Anbetracht der besonderen Bedeutung, die dieser grundsätzlichen
Forderung zukommt, bitte ich zur Sicherung einer vertrauensvollen
Zusammenarbeit aller Kabinettsmitglieder, möglichst umgehend mein
Anliegen zum Gegenstand eingehender Besprechungen im Ministerrat zu
machen.

Hochachtungsvoll !

116
Rechtzeitig gewarnt: Saarminister Franz Ruland.

verbundenen Illusionen den Schein der politischen Rechtfertigung, bestärken die seit längerer Zeit vorgetriebene Propagandawelle gegen eine angebliche Beschränkung der persönlichen Freiheit im Saarland und belasten letztlich die Gesamtheit der in der Regierung zusammenwirkenden Minister.« Nun hatte Franz Ruland in der damaligen Zeit durchaus noch diesen Glauben, seine für das Verbot aber verantwortlichen Ministerkollegen wußten besser, daß Freiheit für die DPS das Ende des Grandval-Hoffmann-Regimes bedeuten würde.

Das hatte der Bericht des Schweizers F. R. Allemann, der am 24. April 1951 in der »FAZ« veröffentlicht worden war, auch ziemlich klar herausgestellt: »Hector (ist französischer Staatsangehöriger) wird sich früher oder später für einen der beiden möglichen Kurse entschließen müssen. Er kann entweder dieser Opposition Gleichberechtigung zugestehen und damit die bisherige Praxis preisgeben, die darauf hinauslief, jede Opposition gegen die politische Selbständigkeit des Saarlandes, gegen den wirtschaftlichen Anschluß an Frankreich, gegen die Saarkonventionen als landesverräterisch zu verfolgen. Oder er wird zu der Konsequenz gezwungen sein, die Schraube der Unterdrückung noch schärfer anzuziehen und die letzten ›demokratischen‹ Prätentionen fallen zu lassen – auf die Gefahr hin, daß dann die Opposition sich radikalisiert, ins extremistisch deutsch-nationale Fahrwasser gerät oder gerade auf die Bahn der Illegalität gestoßen wird, was Adenauer fast unmöglich machen würde, seinen Kurs des Ausgleichs weiter zu verfolgen. Wie die Entscheidung fallen wird – und sie liegt praktisch nicht in Saarbrücken, sondern in Paris –, kann bestimmend dafür sein, ob der Stimmungsumschwung an der Saar eine deutsch-französische Verständigung erleichtern oder erschweren wird.« Soweit der Schweizer F. R. Allemann am 24. April 1951, also noch Tage vor den sich dann überstürzenden Ereignissen, über die wir jetzt berichten.

Zuvor aber eine Zwischenbemerkung: Man hat mir oft den Vorwurf gemacht, ich hätte die Dinge auf die Spitze getrieben, d. h. zu einer Entscheidung, wie sie Allemann als Konsequenz vorausgesehen hat. Durch eine gemäßigtere Politik hätte gerade ich als »Steuermann des Kurses« das Verbot und damit die Unterdrückungspolitik verhindern können. Dagegen wäre zunächst zu sagen, daß – abgesehen von der Meinung eines (noch halb im westlichen Lager stehenden) Vorstandsmitgliedes – alle anderen meiner Auffassung waren. Außerdem aber wären wir an der Saar niemals um diese Entscheidung, die im Mai 1951 fiel, herumgekommen. Die Auseinandersetzung mit dem Regime mußte so oder so kommen, die Entscheidung mußte die Gegenseite treffen, wir konnten und mußten sie dazu zwingen. Nur durch Offenlegung der Brutalität der Maßnahmen zur Unterdrückung der Freiheiten konnte eine entsprechende Beeinflussung der Menschen im Saarland selbst und in der Bundesrepublik erreicht werden. Wir mußten, wie das Ruland in seinem Brief und Konrad Adenauer in einer Erklärung uns gegenüber am 4. November 1952 (unten S. 322 ff.) einmal ausgedrückt hatten, *Märtyrer* werden. Nur das Unrecht uns gegenüber konnte uns letzten Endes zu unserem Recht verhelfen. Es gab an der Saar ohne Unterdrückung keine Freiheit! Ich habe schon an anderer Stelle ausgeführt, daß auf einem Saardenkmal: »Wir danken unsere Wiedervereinigung mit Deutschland . . .«, an erster Stelle die Namen: Grandval, Hector und Hoffmann stehen müßten. Natürlich haben wir damals diese Entwicklung nicht exakt vorausberechnet – so weit konnte keiner von uns sehen – aber wir haben sie angesichts der Erfahrungen mit dem Regime für möglich gehalten.

Zusammen mit dem Verbot der DPS-Kundgebung am Sonntag, dem 6. Mai 1951, in Saarbrücken, war von den Verantwortlichen bereits das Verbot der Partei ins Auge gefaßt worden, obwohl das Presse- und Informationsamt noch scheinheilig versicherte, es sei kein Verbot der Partei beabsichtigt. Bis zur öffentlichen Bekanntmachung und Zustellung des Verbotes am 21. Mai 1951 wurde von der Gegenseite eine Aktion durchgeführt, die nichts anderes als eine billige Kriminalkomödie gewesen ist, geeignet, den in die Sache hineingezogenen Außenminister Robert Schuman zu täuschen und die Organe des Straßburger Europarates daran zu hindern, die Verletzung aller Grundsätze des Art. 3 der Satzung des Europarates zum Gegenstand von Untersuchungen und Maßnahmen gegen das Mitglied zu machen. Daß dadurch letzten Endes sowohl Schuman als auch der Europäische Rat – vor allem in den Augen der Saarbevölkerung und der Mehrheit des deutschen Volkes – lächerlich gemacht wurde, hat man nicht erkennen wollen. Auch wir haben als Betroffene die Sache bitter ernst genommen und uns nach Kräften unserer Haut gewehrt. Auch daß diese Aktion sich letzten Endes ausschließlich zu unseren Gunsten ausgewirkt hat und das Ergebnis des 23. Oktober 1955 sehr maßgeblich mitvorbereiten half, war Ironie des Schicksals – für die verantwortlichen Akteure und Drahtzieher.

Die »Story« begann am Sonnabend, dem 5. Mai 1951, mit einem (schwachen) mündlichen Protest der Minister Ruland und Reuther gegenüber Ministerpräsident Hoffmann wegen des Verbots der DPS-Kundgebung vom 6. Mai; der schriftliche Protest der beiden Minister folgte erst am Montag, dem 7. Mai. Hoffmann versuchte seine aufgebrachten Mitarbeiter zu beruhigen und versicherte ihnen sofort (Samstag): »Ich werde Ihnen bis zum Montag Material gegen die DPS bringen, daß Ihnen die Haare zu Berge stehen.«

Am Abend des gleichen Tages hielt der Chef des Presse- und Informationsamtes der Regierung, der schon mehrfach von uns erwähnte ehemalige Kommunist und Südbadener Karl Hoppe (Abb. 114), eine seiner üblichen Hetzreden gegen die Opposition über Radio Saarbrücken und führte darin wörtlich aus: »Es geht um die Rettung der demokratischen Einrichtungen im Saarland, gegen eine sehr sonderbare Art von Demokraten. Diese befinden sich nicht nur in der vom Osten dirigierten Kommunistischen Partei, sondern auch in der sogenannten Sozialistischen Reichspartei des Herrn Remer und einer saarländischen Splittergruppe, der Demokratischen Partei.«

Diese von Hoppe erfundene Verbindung gewann ihre Bedeutung durch die Tatsache, daß am 6. Mai in Niedersachsen Landtagswahlen stattfanden und ein hoher Stimmenanteil für die Sozialistische Reichspartei der Herren Remer und Dr. Dorls erwartet wurde; tatsächlich fielen über 10 Prozent der abgegebenen Stimmen auf die SRP, ein Ergebnis, das insbesondere in Frankreich und dem übrigen Ausland als ein Alarmsignal gewertet wurde. Die Agitation gegen die deutsche Rechtspartei war also eine durchaus erfolgversprechende Taktik. Demzufolge überbrachte dann auch am Montag, dem 7. Mai 1951, nachmittags eine »unbekannte Dame« der Sekretärin des Generalsekretärs des Europarats, Camille Levi, einem Fräulein Mandel, mehrere auf kanariengelbem Durchschlagpapier gefertigte Abschriften, die an die einzelnen Presseagenturen ausgezeichnet waren und von Fräulein Mandel in die beim Rat eingerichteten Postfächer der Agenturen gelegt werden sollten. Die Deutsche-Presse-Agentur (DPA) war von der Aktion (begreiflicherweise) ausgeschlossen worden.

Die Zettel hatten folgenden Text in englischer Sprache:

»Council of Strasbourg

APT HAN 1503 May 7 SGERST

General Secretary Council of Strasbourg.
Have just been informed of complaint addressed to you by our friends of Democratic Party of the Saargebiet because their mass-meeting forbidden by saar-authorities.
Wish to join in protest and draw attention council of Europe on even more difficult situation prevailing here throughtout recent banishment of our party-organisation Reichsfront by Adenauer Governement. Council of Europe accord us also protection against unbelievable prosecution by applying human rights convention signed in Rome.
Remer SRP Dorls.«

Obwohl das Telegramm erst am 7. Mai 15.03 Uhr in Hannover aufgegeben worden sein sollte, wurde bereits am nächsten Vormittag vom amtlichen Informationsdienst der saarländischen Regierung der deutsche Text des angeblichen Telegramms unter der Überschrift: »Remerpartei und Demokratische Partei Saar Arm in Arm!« (Abb. 117) bekanntgegeben. Angeblich wollte Ex-General Remer »seinem saarländischen Freunde Becker mit dem ganzen Gewicht seiner kompromittierenden Persönlichkeit zu Hilfe kommen« mit der Erklärung:

»Wir schließen uns dem Protest unserer demokratischen Freunde des Saarlandes an und lenken die Aufmerksamkeit des Rates auf die neuen Schwierigkeiten hin, die hier durch den Beschluß der Regierung Adenauers unsere Partei von der Deutschen Front (hier schwebte dem Verfasser der Meldung offensichtlich die alte Deutsche Front an der Saar vor 1935 vor Augen, im Telegramm hieß es »Reichsfront«, die im Bundesgebiet verboten worden war, Anm. d. Verf.) auszuschließen, hervorgerufen wurden.«

Die Verbreitung dieser Meldung löste natürlich auf der deutschen Seite eine fieberhafte Tätigkeit aus, die nach wenigen Stunden zu dem Ergebnis führte:
*Das Telegramm war eine plumpe Fälschung!*
Remer und Dorls erklärten in einer vor einem Notar abgegebenen eidesstattlichen Versicherung, daß sie niemals ein solches Telegramm nach Straßburg aufgegeben oder abgesandt hätten. Das Postamt Hannover bestätigte, daß dort kein solches Telegramm aufgegeben worden oder weitergeleitet worden sei. Und Herr Camille Levi, der Generalsekretär des Europarates, heftete einen lakonisch klingenden Anschlag an die Tafel des Rates, daß bei ihm ein Telegramm der Herren Remer und Dorls nicht eingegangen sei.

Diese Feststellung vom Dienstag, dem 8. Mai, hinderten Hoffmanns »SVZ« nicht daran, in ihrer Ausgabe vom Mittwoch, dem 9. Mai 1951, die ganze erste Seite sensationell aufzumachen mit der Balkenüberschrift: »Neofaschisten enthüllen die DPS« und den Untertitel: »Die saarländischen ›demokratischen Freunde‹ der Remer und Dr. Dorls – Sozialistische Reichspartei (SRP) wenden sich für die DPS protestierend an den Europarat. Bundesregierung beschließt scharfe Maßnahmen gegen die verfassungsfeindlichen Umtriebe der SRP – Auflösung dieser Partei? – Beste Rechtfertigung für das Kundgebungsverbot der DPS.«

Schließlich war auch der Leitartikel des Blattes »Das SRP-DPS-Gespann« voll und ganz auf die Fälschung gestützt. Schon diese Titel des Hoffmannblattes verrieten die Absicht, die DPS unter Berufung auf das Verbot der Reichspartei im Bundesgebiet ebenfalls zu verbieten.

# PRESS EDIENST

### des Informationsamtes der Regierung des Saarlandes
### v. 8.Mai 1951

## Politik

### Remerpartei und Demokratische Partei Saar Arm in Arm !

Zum Verbot der DPS-Kundgebung durch die Regierung des
Saarlandes hat der Ex-General R e m e r, der Leiter der
Sozialistischen Reichspartei, deren SA-ähnliche Ordnungs-
truppe soeben von der deutschen Bundesregierung verboten
wurde, ein Protest-Telegramm an den Europarat gerichtet,
um seinem "saarländischen Freunde " B e c k e r  mit dem
ganzen Gewicht seiner kompromittierenden Persönlichkeit
zur Hilfe zu kommen. Das Telegramm hat laut AFP folgenden
Wortlaut:

"Hannover, 7. Mai 1951

Wir vernehmen, dass Ihnen eine Klage unserer Freunde

von der Demokratischen Partei des Saarlandes zuging,
nachdem die saarländischen Behörden eine von der Demokratischen Partei beabsichtigte Kundgebung untersagt
haben. Wir schliessen uns dem Protest unserer demokratischen Freunde des Saarlandes an  und lenken die Aufmerksamkeit des Rates auf die neuen Schwierigkeiten hin,
die hier durch den Beschluss der Regierung Adenauer,
unsere Partei von der Organisation der Deutschen Front
auszuschliessen, hervorgerufen wurden. Wir ersuchen den
Europarat, auch uns gegen eine unglaubliche Verfolgung
zu schützen, und wir appellieren an die in Rom unterzeichnete Konvention der Menschenrechte.

Sozialistische Reichspartei
gez. Remer, Dr. Doels "

### "DPS.-CDP.-NSDAP ?"

Unter dieser Überschrift befasst sich die " Volksstimme "
mit dem Verbot der DPS-Kundgebung und erklärt sich davon
" überrascht ", ja sie glaubt sogar protestieren zu müssen.
Denn das Verbot hindere sie daran, meint die " Volksstimme ",
"sich mit den schwarzweiss-roten Kücken mit dem gebrochenen
Kreuze auf dem Rücken, dem Hakenkreuzchen, nun einmal
öffentlich und ungeniert zu beschäftigen." Das Blatt

-2-

117
Regierung Hoffmann verbreitet das gefälschte Remer-Telegramm.

Das von Johannes Hoffmann schon sonnabends (5. 5. 1951) den Ministern Ruland und Reuther angekündigte »Material über die DPS, das den Ministern die Haare zu Berge stehen lassen würde«, war also nichts anderes als ein gefälschtes Telegramm!

Mittlerweile befand sich Herr Hoffmann in Begleitung von Herrn Grandval auf dem Wege nach Paris zu einem persönlichen Gespräch mit Außenminister Robert Schuman. Am Vormittag des 9. Mai 1951 erhielt Johannes Hoffmann ein Handschreiben Schumans. Wir hatten uns sehr bald eine Ablichtung dieses Originalschreibens Schumans »besorgt« und geben Teile daraus in unserer Abb. 35 wieder. Hier der volle Wortlaut des Schuman-Briefes in der deutschen Übersetzung:

|  |  |
|---|---|
| »Der Minister<br>für Auswärtige<br>Angelegenheiten<br><br>Vertraulich | Hoco<br>Freiheit – Gleichheit –<br>Brüderlichkeit<br>Republik Frankreich |

Paris, den 9. Mai 1951

Herr Präsident,

seit einiger Zeit wurde die Aufmerksamkeit der französischen Regierung auf den umstürzlerischen Charakter der Tätigkeit der »Demokratischen Partei Saar« gegen das Statut der Saar gelenkt. Wenn man die Erklärungen und Dokumente, die mir kürzlich zur Kenntnis gebracht worden sind, würdigt, dann wollen die Führer dieser Partei tatsächlich den Prinzipien ein schnelles Ende bereiten (»font table rase«), die in der Präambel der saarländischen Verfassung festgelegt sind und über welche die französische und saarländische Regierung übereingekommen sind, ihre Aufrechterhaltung sicherzustellen.

Ich erinnere daran, daß diese Prinzipien unter anderem vorsehen, daß die Saarbevölkerung ihre Zukunft auf den wirtschaftlichen Anschluß und die Währungs- und Zollunion des Saarlandes mit Frankreich gründet, aus welcher sich die politische Unabhängigkeit des Saarlandes gegenüber Deutschland ableitet. Das ist das Statut, das mit der freiwilligen Zustimmung einer überwältigenden Mehrheit der saarländischen Bevölkerung geschaffen wurde und dessen einzelne Regelungen in den letzten Konventionen mit Frankreich – in Übereinstimmung mit seinen Alliierten – vereinbart worden sind. Mit der Behauptung, den Willen der saarländischen Bevölkerung auszudrücken, zielt die Demokratische Partei Saar darauf ab, das Saarstatut durch ein Regime zu ersetzen, das die Existenz eines autonomen Saarlandes leugnet und diesem ein Ende bereiten will durch die Vorwegnahme einer endgültigen Regelung der Saarfrage. In dieser Hinsicht hat die französische Regierung nie bestritten, daß es dem Friedensvertrag oder einem Vertrag an Stelle eines Friedensvertrages vorbehalten bleibt, das endgültige Regime des Saarlandes zu bestimmen. Gleichzeitig hat sie aber auch nicht verhehlt, daß sie bei den Friedensverhandlungen den Grundsatz der politischen Unabhängigkeit des Saarlandes von Deutschland und seine Wirtschaftsunion mit Frankreich vertreten wird. Anderseits konnte die französische Regierung nicht ohne Beunruhigung die Tätigkeit einer Partei sich entwickeln sehen, die darauf abzielt, die Grundlagen in Frage zu stellen, auf denen die zwischen unseren beiden Ländern abgeschlossenen Konventionen gegründet sind.

Aus diesen verschiedenen Gründen muß ich es Ihrer Sorge überlassen, diejenigen

Maßnahmen zu ergreifen, die Sie als notwendig erachten gegenüber einer Partei, die unter dem Vorwand, einen Beitrag zur europäischen Verständigung leisten zu wollen, auf nichts anderes hinarbeitet als darauf, die öffentliche Ordnung im Saarland zu bedrohen, die französisch-deutschen Beziehungen zu stören und dadurch sogar die Verwirklichung und friedliche Entwicklung einer europäischen Gemeinschaft zu beeinträchtigen.

gez. Schuman«

Als die beiden Saarpolitiker Grandval und Hoffmann mit ihrem Brief nach Saarbrücken zurückgekehrt waren, befanden sie sich in einer Klemme; denn hier war mittlerweile nicht nur die Fälschung des Remertelegramms bekannt geworden, es hatten sich durch die Ermittlungen in Straßburg auch greifbare Spuren auf die Täterschaft der Fälschung ergeben. Die französische Sûreté hatte festgestellt, daß die Durchdrucke auf einer Schreibmaschine von Radio Saarbrücken geschrieben wurden, die vom Chefredakteur des Senders, Harald Boeckmann, übers Wochenende vom 5. bis 7. Mai 1951 in dem Sekretariat der saarländischen Delegation beim Europarat abgestellt wurde.

Weiter hatte man festgestellt, daß das kanariengelbe Papier üblicherweise nur von den Redakteuren des Saarbrücker Senders für Meldungen verwendet worden ist.

Es war also kaum verwunderlich, daß der Verdacht, die Fälschung hergestellt zu haben, auf den Chefredakteur von Radio Saarbrücken, Harald Boeckmann, fiel. Eine spätere Veröffentlichung in der »Kölnischen Rundschau« stellte auch Behauptungen in dieser Richtung auf.

Was würde geschehen, wenn jetzt mitten in dem Wirbel um das gefälschte Telegramm, der natürlich auch Aufmerksamkeit der deutschen und internationalen Presse gefunden hatte, auch noch das Parteiverbot platzen würde? Was würde gar geschehen, wenn der wirkliche Täter als Angehöriger des engsten Kreises der Verfechter der französischen Saarpolitik ermittelt würde? Hier blieb nur eins übrig: Das Verbot der DPS mußte einstweilen zurückgestellt werden und der Schuman-Brief ungenützt in der Schublade liegen bleiben! Auch mußte man abwarten, ob nicht auch der französische Außenminister, empört über die Täuschung mit dem Telegramm seine Zustimmung zum DPS-Verbot zurückziehen würde.

Es geschah also in Saarbrücken zunächst nichts gegen die DPS.

Dagegen ergriffen die französischen Behörden massive Maßnahmen: Gegen Richard Becker und mich wurden generelle Aufenthaltsverbote in Frankreich (Abb. 119) ausgesprochen. Wir durften trotz unseres Passes der »République Française« keinen Schritt mehr auf französisches Gebiet tun. Damit war unser Vorhaben, eine Beschwerde vor dem »exterritorialen« (!) Europarat in Straßburg wegen Verletzung der Menschenrechte durch die saarländische Regierung vorzubringen, unmöglich gemacht worden. Auch ein Besuch anderer Parteifreunde – Frau Lichtenhagen, Otto Halberstadt und Richard Beckers Sekretärin, Fräulein Jochum – war durch ein sofortiges »refoulement« der französischen Behörden in Straßburg verhindert worden (Abb. 120). Wie auch uns gegenüber, war als Grund für die Ausweisung aus Frankreich angegeben: »Indésirable en France« – in Frankreich unerwünscht!

Es erschien uns übrigens als ein typisches Zeichen für die Schwäche des Europarats und seiner Organe, daß sie sich ein solches Verhalten trotz der Exterritorialität des Rates ohne jede Reaktion gefallen ließen. Man stelle sich vor, die Regierung der

# RÉPUBLIQUE FRANÇAISE

## MINISTÈRE DE L'INTÉRIEUR
### DIRECTION GÉNÉRALE DE LA SURETÉ NATIONALE

PRÉFECTURE

d ⎯⎯⎯⎯

Service des Etrangers

Nº

# REFOULEMENT

*(application de la circulaire ministérielle*
nº          du          )

M. *Lichtenhagen née Franzen Marie*

né·le *3 septembre 1893*

à *Sarrebruck*

de nationalité *sarroise*

demeurant à *Sarrebruck - Mainzerstr Nº 104*

objet de la décision (1) *préfectorale* de refoulement

en date du *11 V 1951* est mis en demeure de

quitter le territoire français le *11 mai 1951*

MOTIFS :

*Indésirable en France*

Il a déclaré se rendre à *Sarrebruck*

Le présent bulletin lui tiendra lieu d'autorisation de séjour
jusqu'à la date fixée pour son départ.

LE PRÉFET.

*Werner Lichtenhagen*

Le Secrétaire Général
MARCEL DIEBOLT

(1) Ministérielle ou préfectorale.

**Exemplaire à remettre à l'intéressé.**

Mod. 6204 — Série 10

120
Beschwerde beim Europarat in Straßburg –
Aufenthaltsverbot und Ausweisung!

103
Fabrikant Dr. Bodo Karcher, langjähriger Präsident der Industrie- und Handelskammer Saarbrücken, einer der ersten Initiatoren des aktiven Widerstandes.

104
Gewerkschaftsführer Karl Hillenbrand, 1946 aus dem Saarland ausgewiesen, stellte sich sofort nach seiner Rückkehr der DPS zur Verfügung und wurde später Mitglied der CDU.

105
Generalsekretär der DPS, Franz Ruffing, heute Oberverwaltungsrat bei der Arbeitskammer des Saarlandes

106
Gründungsmitglied der DPS und langjähriger Stadtrat Johann Ecken. Zusammen mit Frau Lichtenhagen und Dr. Kindel war Ecken eine der treibenden Kräfte der Kurswandlung.

112
Verbotene Kundgebung

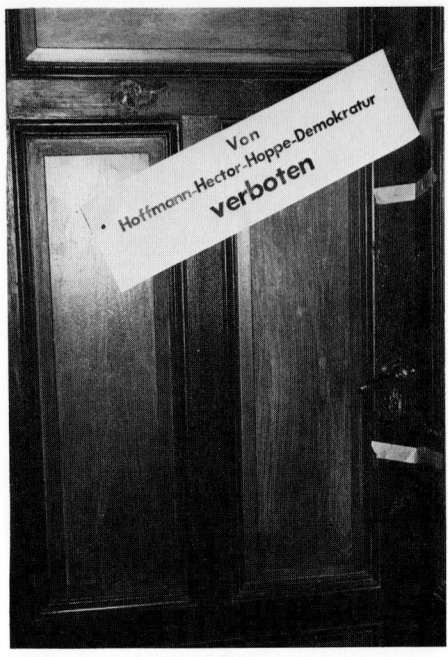

111
Polizeilich versiegelte Geschäftsstelle der DPS

113
Im Hintergrund um die Fälschungsaffäre: Der ehemalige saarländische Justizminister und Delegierte des Europarates, Dr. Heinz Braun (SPS)

114
Verantwortlich für die Hetze und Verbreitung des gefälschten Telegramms: Landtagsabg. Karl Hoppe, 1947 Vertreter der Kommunisten, dann zu »Joho« übergetreten und Leiter des Presse- und Informationsamtes der Saarregierung. Hier während einer Landtagssitzung den Krimi »König der Bankräuber« lesend!

115
»Hier endet die europäische Einheit« schrieb die Illustrierte »Der Stern« unter dieses Bild vom
6. Mai 1951. Die Regierung Hoffmann-Hector hatte dem damaligen CSU-Abgeordneten Franz-
Josef Strauß die Einreise in das Saarland und die Teilnahme an einer DPS-Kundgebung verboten.
Strauß durfte nicht einmal telefonieren, um gegen das Verbot an zuständiger saarländischer
Stelle zu protestieren!

**119**
Ein französischer Paß – aber kein
Schritt nach Frankreich:
Nach Verabschiedung der Saar-
verfassung von 1947 mußten
alle Saarländer Reisepässe der
Französischen Republik führen.

Trotz des französischen Passes
wurde gegen mehrere Vertreter
der DPS ein Verbot, französischen
Boden zu betreten, verhängt.
Anlaß war: Die Sprecher der DPS
wollten sich beim (exterritorialen)
Europarat in Straßburg wegen
Verletzung der Menschenrechte
an der Saar beschweren. Das
Aufenthaltsverbot wurde erst 1956
aufgehoben!

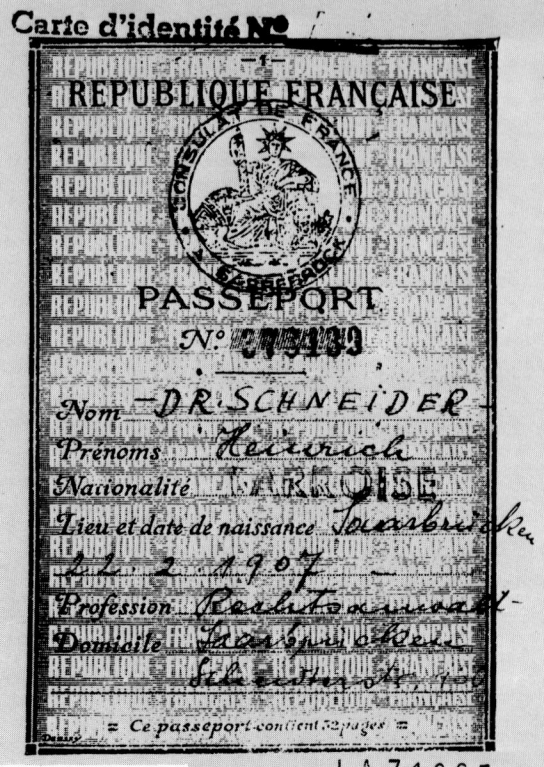

Carte d'identité N°

REPUBLIQUE FRANÇAISE

PASSEPORT
N° 273103

Nom DR SCHNEIDER
Prénoms Heinrich
Nationalité SARROISE
Lieu et date de naissance Saarbrücken
22 2 1907
Profession Rechtsanwalt
Domicile Saarbrücken
Schratten Str 100

= Ce passeport contient 32 pages =

L A 71297

REGIERUNG DES SAARLANDES          Saarbrücken,den    10.Mai 1951
Ministerium des Innern            Talstr.3
Abteilung D/2 -VI-

An
Herrn/~~Frau/Fräulein~~
Dr.jur.SCHNEIDER Heinrich
geb. 22.Februar 1907
~~in~~ S a a r b r ü c k e n
Brauerstrasse 26.

Betrifft: Verbot des Betretens französischen Terri-
          toriums.

Das Hohe Kommissariat der französischen Republik im
Saarland teilte mit, daß nach einer Mitteilung des
französischen Innenministeriums Sie französisches
Territorium nicht betreten dürfen,Sollten Sie dennoch
dortselbst angetroffen werden, haben Sie nach den in
Frankreich geltenden Bestimmungen Strafe zu erwarten.

Einen evtl. Einspruch gegen diese Maßnahme wäre von
Ihnen schriftlich in deutscher und französischer Sprache
bei der obigen Dienststelle einzureichen.

                              I.A.

                              Reg.Amtmann

**121 (rechts)**
Um die Fälschung des Remer-
Telegramms: Die wichtigste
Stelle aus der vor einem Notar
abgegebenen Eidesstattlichen
Versicherung des Chefredakteurs
von Radio Saarbrücken, Harald
Boeckmann

Vereinigten Staaten verweigere heute irgendeinem Besucher der Vereinten Nationen das Betreten des umliegenden amerikanischen Territoriums.

Auf diese Weise wurde auch eine Konferenz mit der internationalen Presse in der näheren Umgebung des Europarats, im »Bürehiesel«, durch eine besondere Verfügung der französischen Polizei in Straßburg untersagt. Ich selbst hatte im Zuge dieser Maßnahmen noch eine amüsante Geschichte erlebt. Man hatte mir nicht nur das Aufenthaltsverbot für Frankreich (Abb. 119, unten) zugestellt, sondern auch in meinen roten Personalausweis ein großes »I. F.« hineinperforiert. Dieses »I. F.« bedeutet gleichfalls »Indésirable en France«. Da ich wußte, daß mein Telefon abgehört wurde, rief ich sofort einige Pressevertreter an und bat sie um ihren Besuch, um dieses wohl einmalige Dokument zu besichtigen. Außerdem kündigte ich an, Fotografien zur Veröffentlichung in der deutschen Presse herstellen zu lassen. Es dauerte noch keine Stunde und ein Sonderbote der Hector-Polizei erschien, um meinen Ausweis sofort einzuziehen. Ein Grund wurde nicht angegeben. Wenige Stunden später erhielt ich einen neuen roten Ausweis ohne die Perforierung. Man war doch ein wenig schamhaft geworden!

Am 21. Mai 1951 erreichte uns schließlich das von Monsieur Hector unterzeichnete Auflösungsdekret für die DPS. Gleichzeitig wurde der Brief Schumans an Johannes Hoffmann trotz seiner Vertraulichkeit zur Rechtfertigung des Verbotes in der separatistischen Presse veröffentlicht, allerdings ohne Datum. Auf dem Original hatte das schlechte Gewissen der Verantwortlichen vermerken lassen: *Bitte ohne Datum veröffentlichen.* Natürlich war man sich bei der Saarregierung darüber im klaren, daß durch das Datum der Zusammenhang mit der Telegrammfälschung und die sich daraus ergebende Täuschung Schumans offenbar würde.

Allerdings blieb – wie alles in Saarbrücken – auch das richtige Datum des Schuman-Briefes nicht geheim. Die Angelegenheit löste entsprechende Kommentare in der deutschen und Auslandspresse aus.

Die Begründung des Verbotes war lakonisch kurz: Wir beabsichtigten, die verfassungsmäßige staatsrechtliche Form von Regierung und Parlament grundsätzlich zu ändern und die politische Unabhängigkeit des Saarlandes sowie den wirtschaftlichen Anschluß an Frankreich, wie dies in der Verfassung festgelegt sei, zu beseitigen; dadurch verstießen wir gegen die im einzelnen angezogenen Artikel der saarländischen Verfassung. Später stellte die Regierung Hoffmann in einem umfangreichen Memorandum, das in erster Linie für den europäischen Rat, die ausländische Presse und zu eigenen Propagandazwecken bestimmt war, eine ganze Anzahl von angeblichen Gründen zusammen, die jedoch so lächerlich waren, daß wir dieses Memorandum sofort auf unsere Kosten drucken ließen und – mit einem kleinen Deckblatt versehen – überall zur Verteilung brachten. Die Argumente Hoffmanns und Hectors für unser Verbot wurden auf diese Weise zu unserem damals besten Werbemittel für unsere Sache! Hier hatte sich das Prinzip des Alten Fritz vom »Niedriger hängen« wieder einmal bewährt.

Zugleich mit dem Verbot der Partei ließ der zuständige Innenminister, Staatssekretär Hector, bei einer Reihe von Politikern der DPS, vor allem bei Richard Becker, Ludwig Bruch, Dr. A. Merz und bei mir Haussuchungen durchführen, die jeder gesetzlichen Grundlage entbehrten. Obwohl im Saarland das Recht der deutschen Strafprozeßordnung galt, wurden keinerlei richterliche Anordnungen zur Durchführung der Maßnahmen erwirkt, alles geschah »auf die kalte Tour«, ausschließlich gerechtfertigt durch die Macht der Gewalt. Besonders bei Ludwig Bruch wurden umfangreiche geschichtliche Dokumente und historisch wertvolle Unterlagen, die mit der DPS gar nichts zu tun hatten, weggenommen; Ludwig Bruch hat sein jahrzehntelang gesammeltes Material nie wieder gesehen. Die »Herren« hielten es auch nicht für nötig, sich die ungesetzliche Beschlagnahme später richterlich bestätigen zu lassen, es kam auch nie zu einer Einziehungsverfügung des praktisch gestohlenen Privateigentums. Richard Becker wurde nur ein Notizbüchlein weggenommen, das angeblich belastende Eintragungen enthalten sollte, im Prozeß kam es aber nie zu einer Erörterung dieser angeblichen Belastung. Bei mir wurde nicht einmal ein Stück Papier für wichtig erachtet, mitgenommen zu werden. Allerdings konnte ich feststellen, daß die beauftragten Kriminalbeamten in meinem Fall – im Gegensatz zu den Durchsuchungen bei Ludwig Bruch – nur widerwillig und gegen ihre innere Überzeugung tätig geworden sind. Selbstverständlich wurde auch alles Material auf der Parteigeschäftsstelle mitgenommen, die Eingangstüre zur Geschäftsstelle wurde versiegelt (Abb. 111).

Man hatte aber auch dort nichts finden können, wie der spätere Prozeßverlauf zeigte. Unsere Mitgliederkartei und die wertvollen Unterlagen waren ja, wie schon berichtet, vorher sichergestellt worden.

Gegen das Verbot erhoben wir sofort Klage beim allein zuständigen Oberverwaltungsgericht in Saarlouis, dessen politischer Senat freilich von vornherein entsprechend zusammengesetzt war. Sämtliche Mitglieder des Landesparteivorstandes traten geschlossen als Kläger auf. Über diesen Prozeß und seine von vornherein bestehende Aussichtslosigkeit habe ich weiter oben schon berichtet. Aber eines übersahen die Urheber des Verfahrens: Sie hatten uns Gelegenheit verschafft, noch volle 2½ Jahre als Kläger eines schwebenden Verfahrens von unserer Sache zu reden, umfangreiche Schriftsätze anzufertigen und sie (sogar in zwei Büchern gedruckt!) zu verbreiten. Außerdem war das Interesse an unserer Sache in der deutschen und ausländischen Presse ständig wachgehalten worden, es gab immer wieder Diskussionen und Erörterungen.

Selbstverständlich hatte das Verbot der DPS auch in der Bundesrepublik ein gewaltiges Echo ausgelöst. Hier seien nur einige der Überschriften von Artikeln in der deutschen Presse nach dem 21. Mai 1951 erwähnt.

»Ein Fehler« überschrieb Paul Sethe seine erste Glosse vom 22. Mai 1951 in der »FAZ«. Die »Nordseezeitung Bremerhaven« berichtete unter dem Titel: »Polizeistaat Saar« (22. Mai 1951). »Dummheit oder Angst« nannte die »Kasseler Post« (22. Mai 1951) das Vorgehen. Das württembergische »Haller Tagblatt« schrieb (23. Mai 1951) vom »Skandal an der Saar«, und das »Schwäbische Tagblatt« (23. Mai 1951) von »Hoffmanns Torheiten«. Die »Nürnberger Zeitung« (23. Mai 1951) ließ die »Saar-Katze aus dem Sack« und »Die Welt« brachte einen großen Leitartikel unter der Überschrift: »Saar-Demokratur« (24. Mai 1951).

Auch die deutschen Politiker brachten ihre ablehnende Haltung zum Ausdruck. Dr. Adenauer nannte das Verbot vor der in- und ausländischen Presse »ein Zeichen der großen Schwäche des Saar-Regimes«. Wörtlich hatte Adenauer hinzugefügt: Er hoffe, daß die Saarbevölkerung sich gegen alle undemokratischen Maßnahmen empöre und ihrem Unmut in der Weise Luft mache, wie sie dazu in der Lage sei«.

Auch der deutsche Bundestag beschäftigte sich in zwei kurz aufeinanderfolgenden

Saardebatten mit dem Verbot der Partei und der dadurch erst (oder wieder einmal) schlagartig sichtbar gewordenen Saarfrage. Außer der SPD hatten diesmal auch Abgeordnete der Koalitionsparteien unter der aktiven Führung von Franz Josef Strauß zwei Interpellationen (Nr. 2115 vom 5. April und Nr. 2298 vom 4. Juni 1951) eingebracht, in denen alle kritischen Punkte des Regimes an der Saar angeschnitten wurden. Die beiden Sitzungen des Bundestages vom 30. Mai und 6. Juli 1951 wurden im Rundfunk übertragen und natürlich im Saarland begierig abgehört. Später haben wir die Protokolle der beiden Sitzungen 144 und 157 in größerer Zahl herstellen lassen und an der Saar verbreitet.

Die Bedeutung der Bundestagsdebatten über das Geschehen an der Saar wurden noch durch den tragischen Tod des Abgeordneten Ernst Roth (Abb. 149) unterstrichen. Roth war bekanntlich aus dem Saarland ausgewiesen (oben S. 264) und dann als Mitglied der SPD 1949 in den Bundestag gewählt worden. Der Bundestag wiederum entsandte Ernst Roth als deutsches Mitglied in den Europarat. Hier erlitt er am 10. Mai 1951 einen Schlaganfall, als er in höchster Erregung vor dem europäischen Rat zur Saarfrage und zum Verbot der DPS-Kundgebung sprechen wollte.

Inzwischen waren auch wir nicht untätig gewesen. Wir verfertigten eine Beschwerdeschrift in mehreren Sprachen an den damaligen Präsidenten des Europarates, Paul Henri Spaak, und konnten sie durch einen jungen amerikanischen Studenten, Hans Christian Larson aus dem Freundeskreis des Prinzen Hubertus zu Löwenstein, dem Adressaten sicher zustellen lassen, nachdem von uns keiner mehr nach Frankreich einreisen durfte. Unser Einreiseverbot wurde erst 1956 aufgehoben, als wir selbst als Mitglieder des saarländischen Landtags zu Delegierten des Europarates bestimmt worden waren.

Über die Odyssee unserer Beschwerdeschrift und andere Aktionen an der Saar, berichtete Prinz zu Löwenstein (Abb. 157) in seinem Buch: »Botschafter ohne Auftrag« (S. 271 ff.).

Auch die Affäre um die Telegrammfälschung ließen wir nicht ruhen. Chefredakteur Boeckmann hatte mittlerweile seine Tätigkeit bei Radio Saarbrücken aus Protest gegen die Verdächtigung seiner Person und gegen die Untätigkeit der saarländischen Stellen, den wirklichen Täter zu ermitteln, aufgegeben und an zwei Stellen in der Bundesrepublik notariell beglaubigte eidesstattliche Versicherungen niedergelegt, in denen er schwere Beschuldigungen gegen das saarländische Mitglied des Europarates, den früheren Justizminister der saarländischen Regierung, Dr. Heinz Braun (Abb. 113), erhob. Wörtlich hieß es in der eidesstattlichen Erklärung Boeckmanns (Abb. 121): »Ich habe gegenüber dem Justizminister Müller (CVP und ebenfalls Delegierter des Saarlandes im Europarat, Anm. d. Verf.) erklärt, daß nach meinen Ermittlungen der damalige Justizminister Dr. Braun der Fälscher sei.«

Sowohl die Zeitschrift »Der Spiegel« (Nr. 22 vom 28. Mai 1952) als auch zu wiederholten Malen die »Deutsche Saar-Zeitung« veröffentlichten diese Anschuldigungen, ohne daß es zu einer Klage des beschuldigten hohen Politikers von der Saar gekommen wäre. Dr. Braun begnügte sich mit einem Dementi in der in Saarbrücken erscheinenden Zeitung »Volksstimme« vom 5. Juni 1952, in dem er die Anschuldigungen zurückwies. Wir waren jedenfalls nicht davon überzeugt, daß damit diese üblen Machenschaften auf sich beruhen könnten und verlangten im Verbotsprozeß vor dem Saarlouiser Oberverwaltungsgericht die Klärung der Vorgänge, die ja so offensichtlich die Voraussetzung und Grundlage für unser Verbot gewesen sind. Trotz eines eingehend begründeten Beweisantrages vom 24. Mai 1952 ist das Gericht darauf nicht eingegangen und hat die Aufklärung der peinlichen Angelegenheit umgangen. Übrigens war uns später noch ein weiteres Indiz bekannt geworden. Eine der Damen aus dem Bereich der saarländischen Geschäftsstelle beim Europarat hatte sich sofort nach dem Bekanntwerden der Fälschung die Haare umfärben lassen, offenbar fürchtete sie die Identifizierung durch die Sekretärin des Europarates, Fräulein Mandel. Diese allerdings erklärte, sie würde den Namen nicht nennen, auch wenn sie ihn kenne!

Stellt man – wie in allen ungeklärten Kriminalfällen – die Frage nach dem »cui bono«, d. h.: zu wessen Vorteil ist die Tat geschehen, dann kann es darauf nur eine Antwort geben. Wenn auch bis heute nie einwandfrei festgestellt worden ist, wer letzten Endes der Fälscher des Telegramms war, so konnte er doch allein aus dem Kreise der an unserem Verbot interessierten politischen Gegner kommen. Daß die Geschichte so schnell »aufflog« und wie eine Seifenblase zerplatzte, lag an der Kleinkariertheit der Macher, die gerade am Beispiel »DPS-Verbot« bewiesen haben, welch' schlechte Politiker – und Fälscher! – sie doch letzten Endes waren.

Wir dürfen ihnen rückschauend nur dankbar sein und wieder an das Zitat denken: »Wen die Götter vernichten wollen . . .« Das Verbot der DPS hatte noch eine weitere, höchst bedeutsame Wirkung. Die durch das Verbot endgültig dokumentierte Unterdrückung aller demokratischen Freiheiten an der Saar hatte in der Bundesrepublik und bei der Saarbevölkerung einen derartigen Widerhall gefunden, daß auch Bundeskanzler Adenauer bei allen seinen Verhandlungen die Forderung nach der Schaffung demokratischer Freiheiten an der Saar stets an die Spitze des deutschen Standpunktes stellen mußte. Dadurch – und durch die wirtschaftlichen Probleme – ergab sich eine Hinauszögerung der Verhandlungen bis Ende 1954, also eine erhebliche Zeitspanne, um die Meinungsbildung unter der Saarbevölkerung »reif werden« zu lassen. Zum anderen wurden die Franzosen dazu gebracht, doch auf einer Volksbefragung – anstelle eines von Adenauer geforderten »frei gewählten Landtages« – zu bestehen und dadurch zuzugestehen, was nach den früheren Erklärungen Grandvals in den Jahren bis 1952 nie beabsichtigt war.

Dehousse sah in diesem Vorgang einen der Kapitalfehler Grandvals (Mission en Sarre). So wirkte sich – abschließend betrachtet – das zunächst brutal erscheinende Verbot unserer Partei zum Vorteil der deutschen Sache, aber auch letzten Endes positiv im Sinne der deutsch-französischen Verständigung aus. Die offensichtlich von Herrn Grandval inspirierten Formulierungen am Ende des Schuman-Briefes blieben nur Polemik!

# Die Opposition
# breitet sich aus

»Trotz Verbot nicht tot« – blieb auch nach den Ereignissen vom Mai 1951 unsere Parole. Zwar hielten wir uns an das Gesetz, vermieden jede organisierte Betätigung, es gab keine Versammlungen mehr, keine Rundbriefe oder Mitteilungen an einen größeren Kreis unserer Anhänger. Aber wer konnte uns verbieten, im Einzelfall unsere Meinung zu sagen, insbesondere, wenn Presseleute aus Deutschland oder dem Ausland an die Saar kamen, um die jetzt interessant gewordene »verbotene Opposition« kennen zu lernen? Manche wollten auch nur berichten, daß das Verbot so drückend gar nicht sei; denn die Betroffenen liefen doch frei herum, seien nicht in Kz's eingesperrt, auch nicht in Haft, und könnten sich frei bewegen und sagen, was sie dächten. So trat ganz zwangsläufig an die Stelle einer organisierten Parteiarbeit die »Zelle«, d. h. das Wirken von Mann zu Mann, von Frau zu Frau, von Mund zu Mund! Am Ende der Verbotszeit konnten wir dann erleben, wie sich in allen Kreisen unseres privaten und öffentlichen Lebens, in allen Behörden- und Amtsstuben Zellen gebildet hatten.

All das ergab sich ganz von selbst, die Entwicklung war nicht einmal von uns gesteuert worden. Wir taten nur das Unserige dazu, indem wir mutig und zielstrebig unsere Gedanken weitertrugen. Dazu hatten wir an der Spitze unser Vorbild, Richard Becker. Von der Natur in jeder Weise dazu geschaffen, wurde er buchstäblich zu unserer Symbolgestalt, zum »Winkelried an der Saar« wie ich ihn einmal am Anfang unserer ungewissen Opposition bezeichnet hatte. Aber er war mehr als nur Symbol, er war zugleich der Kapitän auf unserem in der Verbotszeit gar nicht mehr existierenden DPS-Schiff. Seine Ernennung zum »Senator« war das letzte, vielleicht noch fehlende äußere Zeichen für diesen bedeutenden Mann. Wenn ich von der Entwicklung durch die sich von selbst ergebende Zellenbildung spreche, muß natürlich erwähnt werden, daß bis zur Entscheidung am 23. Oktober 1955 noch 4¹/₂ Jahre vor uns lagen und daß sich bis dahin sowohl die Unterdrückung als auch die Mängel im System des wirtschaftlichen Anschlusses und der Abschnürung von Deutschland auswirkten. Ich werde später eine Reihe von verdienten Männern und Frauen und ihre Wirkungsbereiche nennen, selbstverständlich stellvertretend für die vielen Tausende, ja Zehntausende, die am 23. Juli 1955 jeder an seinem Platze mit dazu beitrugen, das

Bekenntnis für »Freiheit und Vaterland« herbeizuführen. Welche Arbeit von uns in diesen Jahren noch zu leisten war, und wieviele Rückschläge auch wir noch hinnehmen mußten, kann natürlich auch nicht verschwiegen werden. Was wir erlebt haben, ergibt sich für alle Fragen unserer deutschen Zukunft, die in der unglücklichen Spaltung unseres Volkes begründet sind. Hier ist einfach das Wort Goethes aus dem »Faust« richtungsweisend: »Das ist der Weisheit letzter Schluß: Nur der verdient sich Freiheit wie das Leben, der täglich sie erobern muß!«

Außer der DPS war dem Regime an der Saar inzwischen ein zweiter Gegner erwachsen, mit dem es gleichfalls bis zu seinem Ende nicht mehr fertig werden sollte: die organisierte *Arbeiterschaft!*

Die französische Politik gegenüber der Saarbevölkerung war von Anfang an mit dem Fehler behaftet, daß sie auf die wirtschaftlichen Interessen der breiten Masse der Bevölkerung zu wenig Rücksicht nahm. Herrn Grandvals Eingeständnis in seiner Abschiedsrede vom 30. Juni 1955, daß er im Saarland seit zehn Jahren zunächst einmal die Wahrnehmung der französischen Interessen verfolgt habe, und seine Äußerung gegenüber Außenminister Schuman am 15. Dezember 1948, daß man der Saarbevölkerung nichts geben solle, was diese nicht verlange, kennzeichnet diese Politik der verschlossenen Hand. Umgekehrt jedoch mußte das Saarland seine Bodenschätze, seine Arbeitskraft und seine Produktion weitgehend Frankreich überlassen, so daß diese als »Reparationsobjekt« für ganz Deutschland in Anspruch genommen werden konnten. Vor allem der Saarbergbau wurde von den Franzosen als Ausbeutungsobjekt angesehen. Bei der französischen Betriebsgesellschaft, der »Régie des Mines de la Sarre«, wurden alle leitenden und gut bezahlten Positionen nur von französischen Staatsangehörigen besetzt, den Saarländern fiel die weniger gut bezahlte, vor allem aber schwere Tätigkeit zu. Hinzu kam, daß die Régie nur wenige Pfennige an Abgabe für die Tonne geförderter Kohle an das Saarland zahlte, während umgekehrt die saarländischen Steuerzahler ein Vielfaches an Aufwendungen für die Kranken- und Altersversorgung der Bergleute und Bergbauangestellten aufzubringen hatten.

Die Mißstimmung unter der Bergarbeiterschaft wurde weiterhin durch ein von Johannes Hoffmann mit den Franzosen am 3. Mai 1950 im Zusammenhang mit den ersten französisch-saarländischen Konventionen abgeschlossenes (weiteres) Geheimabkommen verstärkt, das den Franzosen die Ausbeutung der großen saarländischen Kohlenvorräte im Warndt unter der Grenze hindurch ermöglichte, ohne daß dem Saarland dafür ein entsprechender wirtschaftlicher Ausgleich gewährt wurde. Auch eine höchst ungeschickte Propaganda in Bezug auf das zukünftige Schicksal der Saargruben verstärkte die ablehnende Haltung der Arbeiterschaft. Wir haben schon dargetan, daß die Franzosen der saarländischen Regierung Ende Januar das große Paket der von ihnen ausgearbeiteten ersten Saar-Konventionen vorgelegt hatten, zu denen auch die Gruben-Konvention gehörte. Noch bevor die Verhandlungen am 7. Februar 1950 in Paris begannen, versprach Gilbert Grandval in einer Pressekonferenz: »Die Saargruben sollen dem Saarvolk gehören«; so verkündete jedenfalls die sozialistische Zeitung »Volksstimme« die Erklärungen des Hohen Kommissars in dicker Balkenüberschrift in ihrer Ausgabe vom 24. Januar 1950. Als Untertitel war gesagt: »Bei den Friedensverhandlungen wird Frankreich diese Forderung verteidigen.« Bei genauerem Hinsehen hatte Herr Grandval das aber gar nicht versprochen, sondern lediglich ausgeführt: »Die Saarländer verlangen in der Tat, daß die Saargruben dem Saarvolk gehören sollen, und unter gewissen Bedingungen ist die französische Regierung bereit, auf ihre Eigentumsansprüche an den Saargruben zu verzichten, wenn diese dem saarländischen Volk im *Friedensvertrag* zuerkannt werden.«

Hier war also etwas versprochen worden, was allenfalls in weiter Ferne liegen konnte; denn heute, 25 Jahre danach, ist der Zeitpunkt für einen Friedensvertrag immer noch nicht gekommen. Ganz abgesehen davon, daß Herr Grandval sich auch bezüglich der angeblichen Eigentumsansprüche irrte; denn Frankreich besaß solche nicht, allenfalls Reparationsansprüche. Die zu den Verhandlungen in Paris vorgelegten Entwürfe für eine Grubenkonvention ließen bald erkennen, daß die Franzosen die gesamten Ausbeutungs- und Betriebsrechte an allen saarländischen Gruben auf die Dauer von 50 Jahren beanspruchten. Übrigens sahen die späteren, zweiten Konventionen von 1953 und der für den Fall der Annahme des Saarstatuts schon abgeschlossene Wirtschaftsvertrag die gleiche einseitige Regelung zugunsten Frankreichs vor.

Gegen diese Pläne hatten die gewerkschaftlichen Organisationen der Bergarbeiterschaft, die mit rund 65 000 den größten Anteil der Beschäftigten im Saarland stellte, schon Stellung genommen. Auch sahen die Gewerkschaften durch die Unterdrückungsmaßnahmen des Regimes das Recht der freien Meinungsäußerung beeinträchtigt, sie richteten auch dagegen ihre Proteste. Zu den Pariser Verhandlungen im Februar 1950 waren auch Vertreter der Gewerkschaften, hinzugezogen worden; diese lehnten jedoch den französischen Entwurf ab und schlugen statt dessen eine gemeinsame saarländisch-französische Verwaltungsgesellschaft als Zwischenlösung bis zum Friedensvertrag vor. Eigenartigerweise wies gerade die Regierung Hoffmann diesen vernünftigen Vorschlag zurück, offensichtlich stand auch in dieser Frage Johannes Hoffmann zu sehr »unter der Fuchtel« des Herrn Grandval.

Dieser Fall war typisch für das Verhalten der saarländischen Regierung, wie immer sie auch zusammengesetzt war. Johannes Hoffmann und seine Mitarbeiter aus der Christlichen Volkspartei hatten sich ebenso wie die Männer um den Sozialisten Richard Kirn so sehr in die Abhängigkeit der Besatzungsmacht begeben, daß sie eine eigene saarländische Politik gar nicht betreiben konnten. Gewiß hätte Hoffmann das oft gerne getan, vor allem als er in späterer Zeit die Notwendigkeit dazu erkannt hatte; seine Versuche blieben aber immer in Ansätzen stecken oder wurden sofort von Herrn Grandval, oft sogar von Grandvals Mitarbeitern, im Keim erstickt. Wir haben schon an anderer Stelle das Urteil des Schweizer Professors Freymond dazu zitiert, der in dieser Hinsicht (S. 84) über Hoffmann sagte: »Außerdem hatte er sich viel zu weit vorgewagt, um jetzt noch einen Rückzug antreten zu können. Er hatte alle Brücken hinter sich verbrannt und unterstützte die französischen Vorschläge, weil seine Ansichten und Interessen mit jenen der Regierung in Paris übereinstimmten (Abb. 122/123), und eine beträchtliche Mehrheit seines Parlamentes unterstützte ihn dabei.«

Als die Vertreter der wichtigsten Gewerkschaft (des Industrieverbandes Bergbau) im Februar 1950 aus Protest gegen die totale Überantwortung der Saargruben an Frankreich die Pariser Verhandlungen vorzeitig verließen, war der Riß entstanden, der sich von jetzt an zunehmend erweitern sollte. Die Männer aber, die diese Entscheidung getroffen hatten, waren Paul *Kutsch* (Abb. 124) und Alois *Schmitt*, deren politische Haltung von nun an bis zur Änderung der Verhältnisse nach der Volksbefragung von 1955 im Widerstreit mit dem Grandval-Hoffmann-Hector-Regime stand. Welche Kämpfe, Unterdrückungsmaßnahmen und sogar persönliche Verunglimpfungen auch diese Männer und ihr Kreis durchzustehen haben würden, ahnten sie damals nicht. Auch für sie galt die Parole: »Was mich nicht umbringt, macht mich nur hart.« Paul Kutsch erhielt eine späte Genugtuung durch die Verleihung des Großen Bundesverdienstkreuzes im Jahre 1957. In Folge seines Berufsleidens als Bergmann – Kutsch hatte 20 Jahre unter Tage gearbeitet – verstarb er am 4. Februar 1959. Die Namen von Paul Kutsch und seiner Freunde verdienen, von der Geschichte unserer Heimat und des deutschen Volkes festgehalten zu werden. In ihren Kämpfen und in ihrer Haltung offenbarte sich, daß der »ärmste Sohn oft der treueste Sohn« seiner Heimat ist.

Wir haben ausgeführt, daß die Franzosen besonders die wirtschaftlichen Interessen der Arbeiterschaft stark vernachlässigten. Im Gegensatz dazu entwickelte sich die Lage für die mittleren und kleineren Unternehmer durchaus in positiver Weise. Unter ihnen fand sich daher auch die meisten und entschlossensten Anhänger des Regimes, von gewissen katholischen Bevölkerungskreisen abgesehen. Das JA fand vor allem bei ihnen Unterstützung; ein Großindustrieller aus dem Raume Mettlach ist hinzuzurechnen. Dank einer gewissen Überlegenheit der Saarwirtschaft blühte der Handel mit Frankreich; die noch bestehenden Zollschranken gewährten auch Schutz gegen die damals bereits überlegene deutsche Konkurrenz. Mit dieser Entwicklung hielten allerdings die Löhne und Gehälter der Arbeiter- und Angestelltenschaft nicht Schritt. Ursachen waren einmal das starre französische Lohn- und Gehaltssystem (sogenanntes Ecklohnsystem), das nach den Grundsätzen des wirtschaftlichen Anschlusses im Saarland strikt angewendet werden mußte und die freie Tarifgestaltung einschränkte. Zum andern trat während der Zeit des wirtschaftlichen Anschlusses eine fühlbare Verschlechterung des französischen Franken ein, die zu Verteuerungen der Lebenshaltung führte, ohne daß sich eine entsprechende alsbaldige Verbesserung der Einkommen der arbeitenden Bevölkerung ergeben hätte. Da es an der Saar weder eine Mitbestimmung noch ein freies Tarifrecht gab, zudem in politischer Hinsicht jede freie Meinungsäußerung unterdrückt wurde, begann auch die Arbeiterschaft zur Verteidigung ihrer sozialen Rechte und Forderungen gegen das Regime aufzubegehren. Diese Entwicklung fand zum ersten Male ihren eindeutigen Ausdruck, als in vielen Orten des Saarlandes am 1. Mai 1952 Demonstrationen innerhalb der Maiumzüge erfolgten, und – wie unsere Abb. 124–126 zeigen – unmißverständliche Forderungen gegenüber der Regierung und damit auch gegenüber dem Vertreter Frankreichs erhoben wurden.

Bereits einige Wochen zuvor war die Leitung der Gewerkschaften an die »Opposition« übergegangen. Anstelle des bisherigen, westlich eingestellten, aus Württemberg stammenden Heinrich Wacker war Paul Kutsch zum Präsidenten der Einheitsgewerkschaft an der Saar gewählt worden. Ich hatte bald darauf Fühlung mit ihm bekommen und auch an der ersten Kundgebung von Kutsch am 1. Mai 1952 auf dem Saarbrücker Landwehrplatz (Abb. 124) teilgenommen. Hier kündigte sich angesichts der zahlreichen Transparente (»Änderung des undemokratischen Zustandes in Staat und Wirtschaft«; »Kündigung der Konventionen«; »Hände weg vom Warndt«; »Weg mit der Knebelung der Pressefreiheit und dem undemokratischen Lizenzzwang« u. a.) der Anbruch einer neuen Ära an der Saar an. Kutsch hatte seinen ständig durch Beifall unterbrochenen Ausführungen das Goethe-Wort vorangestellt: »Denn der Mensch, der zur schwankenden Zeit auch schwankend gesinnt ist, vermehrt das Übel und breitet es weiter und weiter.« Zum ersten Male begann mit Kutsch nach dem Verbot der DPS ein Mann unserer Heimat wieder freier zu sprechen und dem Ausdruck zu verleihen, was die große Mehrheit dachte, als er »vom Protektorat Saar« sprach und unumwunden die Aufkündigung der Konventionen forderte. Kutsch sprach auch von der Vorenthaltung der Marshall-Plan-Gelder, auf welche die Saar ihren Anspruch habe, der aber von Frankreich nicht respektiert werde. Kutsch beklagte, daß sich die saarländische Wirtschaft in allen ihren wesentlichen Zweigen in französischer Hand und Leitung befinde, und daß alle Gewinne nach Frankreich abfließen würden. Zu den Bestrebungen einer europäischen Regelung des Saarproblems sagte Kutsch wörtlich: »Wir lehnen es ab, als Lamm auf dem Altar Europas geopfert zu werden, auf dem wir ewig die wirtschaftliche Freiheit, das Selbstbestimmungsrecht über unsere Rohstoffe und Betriebe und damit den Ertrag unserer eigenen Arbeit verloren hätten.« Paul Kutsch, der die kommende Entwicklung klar voraussah, nachdem erst wenige Wochen zuvor der »schwarze Freitag von Paris« uns alle erschüttert hatte, fuhr dann fort: »Selbst wenn eine solche Vereinbarung zwischen der deutschen und französischen Regierung zustandekäme, müssen wir unser entschiedenes NEIN in alle Weltöffentlichkeit hinausrufen!«

Das Echo auf diese begeistert – und auf der Gegenseite mit Erschrecken – aufgenommene Rede, die nach dem DPS-Verbot und der Unterdrückung aller oppositionellen Parteien wie ein Paukenschlag wirkte, war groß. In der deutschen Presse und der Weltpresse stellte man fest, daß jetzt eine neue Opposition an der Saar erstanden sei: die Arbeiterschaft! Zustimmungs- und Sympathiekundgebungen gingen bei Kutsch und seinen Mitstreitern von vielen Seiten ein. Die Gegenseite unterdrückte die Verbreitung der Rede Kutschs, die natürlich auch nicht von Radio Saarbrücken übertragen wurde. Von Johannes Hoffmann wurde alsbald nach der Kundgebung die Äußerung bekannt, daß er »in Kürze Paul Kutsch beseitigen werde«. Wenn man den Begriff »in Kürze« auf sechs Monate ausdehnt, dann wurde die Drohung Hoffmanns in der Tat wahrgemacht. Am 20. November 1952, zehn Tage vor der Landtagswahl, über die wir noch sprechen, ließen die Machthaber durch einen überhaupt nicht zuständigen Schiedsausschuß, in welchem ihre Anhänger unter Führung eines gewissen Sebastian Glöbel eine Mehrheit von 4 : 1 hatten, Kutsch aus dem Verband ausschließen und – das war entscheidend – durch ein Polizeikommando unter Führung des Chefs der Grenzpolizei, des Franzosen Jacques Becker, die Büroräume im Gewerkschaftshaus besetzen, alle Akten beschlagnahmen und Kutsch und seine Anhänger nicht mehr tätig werden. Das Polizeikommando und seine Mitglieder waren das gleiche Schlägerkommando, das einen Überfall auf die Wohnung der Familie unseres früheren Mitglieds Georg Geiger durchgeführt hatte.

Kennzeichnend für diese amtlich gesteuerten Aktionen war die Tatsache, daß nach den Novemberwahlen von 1952 eine besondere Amnestie erlassen wurde, durch die jede strafrechtliche Verfolgung der polizeilichen Übergriffe unmöglich gemacht wurde. Gegen die Übergriffe der Gruppe Glöbel beantragte ich als Verteidiger des betroffenen Verbandes und von Paul Kutsch sofort vor dem Landgericht in Saarbrücken den Erlaß einer einstweiligen Verfügung. Nach mehreren Verhandlungen und einer Richterablehnung durch die Gegenseite erließ die 6. Zivilkammer des Landgerichts unter dem Vorsitz ihres Direktors Rintelen den Beschluß: Den Gegnern von Paul Kutsch wird aufgegeben, 1. bei Vermeidung einer Geldstrafe von 50 000 Frs. es zu unterlassen, Paul Kutsch und die übrigen Antragsteller in der Ausübung ihres Amtes zu beeinträchtigen oder in ihrer Tätigkeit als Funktionäre der Gewerkschaften zu behindern; 2. bei Vermeidung einer Geldstrafe von 100 000 Frs. alle Geschäftsräume, Akten und Unterlagen herauszugeben; 3. bei Vermeidung einer Geldstrafe von 100 000 Frs. den Dienstwagen von Paul Kutsch herauszugeben.

Damit war wohl zum ersten Mal das von der obrigkeitlichen Macht des Saarlandes mit einigen Drahtziehern verwirklichte Unrecht durch ein gerichtliches Urteil öffentlich gebrandmarkt worden. Zudem stellte die Urteilsbegründung die von der Gegenpartei Kutschs vorgenommenen Rechtsbrüche eindeutig fest. Eines konnte allerdings nicht erreicht werden: Das dem Gewerkschaftsverband von Kutsch zugehörige Verbandsorgan »Der Saarbergbau« blieb vorerst in der Hand der Gegner, zudem war die Entscheidung des Gerichts erst nach den Novemberwahlen ergangen, so daß sie an dem Wahlergebnis nichts mehr ändern konnte. Auch Paul Kutsch und seine Mitarbeiter konnten sich nicht lange ihrer gerichtlich wiederhergestellten Rechte erfreuen. Anfang Februar 1953 erreichte Paul Kutsch die nachfolgende Verfügung des Herrn Hector:

»Regierung des Saarlandes       Saarbrücken, den 5. 2. 1953
Ministerium des Innern

*Auflösungsverfügung*

(1) Die Regierung des Saarlandes – M. d. I. verfügt auf Grund § 7 Abs. 1 des Vereinsgesetzes vom 13. 7. 1950 (Amtsblatt Nr. 55/50 S. 839 v. 6. 9. 1950) und unter Bezugnahme auf die Art. 7, Art. 10, Art. 56 und Art. 57 der Verfassung des Saarlandes vom 15. 12. 1947 in Verbindung mit § 1 des Gesetzes über die Berufsorganisationen der Arbeitgeber und Arbeitnehmer, des § 6 des Gesetzes betr. politische Parteien vom 17. 4. 1952 sowie hilfsweise des § 43 Abs. 3 BGB mit sofortiger Wirkung die Auflösung des Industrieverbandes Bergbau der Einheitsgewerkschaft.
(2) Das Verbandsvermögen ist einstweilen sicherzustellen.
(3) Gegen diese Verfügung ist nach § 7 Abs. 3 in Verbindung mit § 13 des Vereinsgesetzes binnen einer Frist von einem Monat Klage beim Oberverwaltungsgericht zulässig.

                       Hector«

Die zahlreichen und auch »hilfsweise« herangezogenen Paragraphen hatten keine andere Bedeutung als das Auflösungsdekret gegen die DPS: Die Nichtanerkennung des damaligen politischen Status der Saar (Lostrennung von Deutschland und Wirtschaftsunion mit Frankreich) und die Forderung nach einer Änderung der Verhältnisse genügten, um alle Grund- und Freiheitsrechte zu entziehen. Auch der auf diese Weise gewaltsam unterdrückte I.V. Bergbau mußte jetzt den Schritt an den politischen Senat beim Oberverwaltungsgericht in Saarlouis tun. Was dabei herauskam, war keine freie Entscheidung wie diejenige des Saarbrücker Landgerichts, sondern eine solche nach den Forderungen der dem Gericht vorgesetzten Dienstbehörde, dem Innenministerium des Monsieur Hector. Ich habe besonders diese Vorfälle oft als Begründung dafür angeführt, alle rechtsprechenden Instanzen einem einzigen Rechtspflegeministerium zu unterstellen.

Mit dem Verbot und der Unterdrückung der größten Arbeitergewerkschaft an der Saar war dieser »Widerstandsherd« weder beseitigt noch stillgelegt, genauso wenig wie die Maßnahmen gegen die DPS ein solches Ziel erreichen konnten. Das zeigte sich im Februar 1955, als schlagartig wieder ein »Aufstand« der Arbeiterschaft ausbrach. Obwohl es sich äußerlich gesehen nur um einen Lohnkampf handelte, breitete sich über Nacht ein Generalstreik aus, der zu Protestaktionen und Demonstrationen gegen das Regime führte. Mit einem großen Polizeieinsatz mußte die Regierung Hoffmann die aufgebrachten Arbeitermassen vor dem Landtagsgebäude zurückdrängen lassen (Abb. 127). Auch hier kündigte sich – kurz vor dem beginnenden Kampf um die Volksbefragung – mit unterirdischem Donnergrollen der Umschwung an, der dann seinen Ausdruck in dem Bekenntnis der Bevölkerung am 23. Oktober 1955 finden sollte. Die saarländische Arbeiterschaft hatte einen ausschlaggebenden Anteil daran. Paul Kutsch und seine Männer hatten die Voraussetzungen dafür geschaffen!

Das Jahr 1952 förderte noch weitere unliebsame Erscheinungen zutage, die zeigten, daß die Dinge im Saarland nicht so verliefen, wie es sich die Väter des Regimes vorgestellt hatten. Selbst auf dem Gebiet des sonst so unpolitischen *Sports* trat eine Wandlung mit beinahe explosivartigem Charakter ein. Die Franzosen hatten von vornherein Vorsorge treffen wollen, daß die Sport-, Gesang- und sonstigen Vereine nicht – wie das vor 1935 der Fall war – ein Hort und Ausstrahlungszentrum der deutschen Gesinnung der Saarbevölkerung werden sollten. Daher sah eine Verfügung des Gouverneurs Grandval vom 29. Dezember 1945 über die Umbildung der Sportvereine im Saargebiet nur die Zulassung von sogenannten »Omni«-Vereinen vor, d. h. alle Sportarten mit wenigen Ausnahmen (Reit-, Rad-, Tennis- und Wintersport) durften nur in einem einzigen Verein ausgeübt werden. Da sich die Militärregierung die Genehmigung zur Bildung eines Vereins und die Bestätigung ihres Vorsitzenden vorbehalten hatte, glaubte man, auf diese Weise den gesamten Sport unter Kontrolle halten zu können. Auch ein späteres saarländisches Gesetz über den Vereinssport im Saarland vom 13. Juli 1950 sah noch das Prinzip des Omnisports vor. Natürlich war die Fortführung alter Klubnamen nach wie vor untersagt.

Die Aufsicht über das gesamte Sportwesen war dem saarländischen Kultusminister Dr. Straus übertragen; Dr. Straus (oben S. 281) war aus einem aus der Vorderpfalz stammenden Paulus zum französischen Saulus geworden. Kein Wunder also, daß Herr Straus eifrig darüber wachte, jedes Aufkommen eigener Vereine mit selbständigen Vorständen zu unterbinden. Ich erinnere mich noch gut daran, wie wir 1948 unsere Rudergesellschaft mit dem jahrzehntealten, unverfänglichen Namen »Undine« wieder aufleben lassen wollten. Der Straus-Adlatus Geibig zwang uns, uns dem 1. Fußball-Club Saarbrücken anzuschließen, dessen Präsidenten Hans Helmer die Franzosen wohl als Garanten für eine politisch zuverlässige Betätigung der Ruderer ansahen. Zu Hans Helmers Ehre sei gesagt, daß er sich keineswegs zum Büttel machen ließ. Er ließ uns freie Hand und wurde später zum Kämpfer für die Umschaltung des Fußballsports auf die alten Verbindungen mit den deutschen Vereinen. Der saarländische Fußballbund ernannte Helmer zu seinem Ehrenmitglied.

Über die Frage: Mit wem dürfen saarländische Vereine, vor allem die Fußballer, spielen, entzündete sich ein heftiger politischer Streit. Nach einem besonderen Wunsch des Herrn Grandval, der sich häufig bei den Sportlern sehen ließ und als ihr besonderer Mentor gelten wollte, mußten sich die saarländischen Fußballspieler dem französischen Verband anschließen und an den Ausscheidungskämpfen der französischen Mannschaften teilnehmen. Als sich der Saarbrücker 1. FC in der zweiten französischen Division an die Spitze gespielt hatte und französischer Meister zu werden drohte, ergab sich zwangsläufig die Frage nach seiner weiteren Teilnahme an der französischen Meisterschaft. Plötzlich waren sich die Franzosen wieder einig, daß ein (deutscher) Verein aus dem Saarland unmöglich französischer Meister werden könne! Es gab Proteste und anonyme Zuschriften an die französischen Zeitungen – und aus war der Traum! Die saarländischen Vereine blieben fürderhin an der Teilnahme der Meisterschaften in Frankreich ausgeschlossen. Darauf folgte zwangsläufig die Umorientierung nach der deutschen Seite! Sprecher waren der damalige Präsident Hermann Neuberger (Abb. 283) des Saarländischen Fußballbundes, der mittlerweile von der Regierung zugelassen und mit 45 000 Mitgliedern der größte Sportverband des Landes geworden war, sowie die Redakteure zweier saarländischer Sportzeitungen, des »Sport-Echo« und des »Sport-Express«. Hermann Neuberger ist heute Vizepräsident des Deutschen Fußballbundes, er hat die Vorgänge an der Saar nach 1945 von Anfang an erlebt und mitgesteuert.

Um die Jahreswende 1950/51 versuchte Kultusminister Straus den Eintritt des erfolgreichen 1. FC Saarbrücken in die deutsche Oberliga zu verhindern und richtete deshalb das folgende Schreiben an seinen Chef, den Ministerpräsidenten Hoffmann: »Die beiden saarländischen Sportzeitungen ›Sport-Echo‹ und ›Sport-Express‹ plädieren in der jüngsten Zeit allzu offen für den Eintritt des 1. FC in die Südwestdeutsche Oberliga. Ich schlage daher vor, die genannten Zeitungen zu verbieten und deren Chefredakteure bei einer neu zu gründenden Sportzeitung an untergeordneter Stelle zu verwenden. An die Spitze dieser Zeitung wäre ein zuverlässiger Sportredakteur der »SVZ« (Hoffmanns Zeitung, Anm. d. Verf.) zu stellen. Der Bevölkerung ist die Angelegenheit so hinzustellen, als seien die beiden Zeitungen aus finanziellen Gründen eingegangen.«

Die Bemühungen des Herrn Straus blieben vergeblich. Der saarländische Sport ging trotz aller Anstrengungen seinen traditionellen Weg und erwirkte seinen sportlichen Anschluß an die deutschen Vereine. Höhepunkt der Entwicklung war die prachtvolle Leistung des 1. FC Saarbrücken, der es 1952 bis zum deutschen Vizemeister gebracht hatte und im Endspiel um die deutsche Meisterschaft zur großen Enttäuschung der nach Ludwigshafen geeilten Saarländer gegen Stuttgart unterlag. Ich habe damals ironisch gemeint, man merke, daß die Stuttgarter nichts von Politik verstünden, sonst hätten sie die Saarbrücker gewinnen lassen. Aber auch ohne den Titel des »Deutschen Meisters« war das Eis gebrochen und die natürliche, alte Ausrichtung auch auf sportlichem Gebiete wiederhergestellt. In diesem Zusammenhang scheint es angebracht, auf zwei Dokumente hinzuweisen, die uns schon frühzeitig von einem guten Wind zugeweht worden sind. Sie offenbaren den Geist, der damals bei unseren saarländischen Regierenden vorgeherrscht hat, zeigen aber auch, wie vergeblich alle Anstrengungen gewesen sind, in emsiger Kleinarbeit den deutschen Geist aus der saarländischen Bevölkerung herauszubringen.

1. Regierung des Saarlandes                       Saarbrücken, den 1. Juli 1948
   Ministerium für Kultus,
   Unterricht und Volksbildung

Der Minister
Z II – A 2 b – Dr. G/M –

Herrn Ministerpräsident
*im Hause*

Betr. Geplante Verwaltungskurse in Grenoble für saarländische Studenten
und Beamte
Bezug: Präsidialkanzlei Tgb. Nr. 2235/48, Schl./Le v. 23. 6. 48

Der saarländische Beamtenkörper ist in seinen unteren und besonders in seinen
mittleren Stufen noch stark von einem kleinbürgerlich-nationalistischen Geiste
durchsetzt, der im gegebenen Augenblick schnell wieder in die ›Heim-ins-Reich‹-
Stimmung umschlagen könnte. Die Umschulung dieser Schichten in einen *franzö-
sisch-europäischen Geist* ist daher eine vordringliche Aufgabe.

Der Minister
gez. Straus

2. Regierung des Saarlandes          Saarbrücken, den 8. Juli 1948
– Der Ministerpräsident –

Tgb. Nr. 2513/48 Schl./Le.

Herrn
G. Grandval
Hoher Kommissar

Betr.: Geplante Verwaltungskurse in Grenoble für saarländische Studenten
und Beamte

Hoher Kommissar!
Der saarländische . . . (wie oben. . .)

gez. Hoffmann«

Kommentar überflüssig!


Im Jahr 1952 entstanden drei weitere Oppositionsgruppen im Saarland, von denen
jedoch nur eine als politische Partei zugelassen worden ist. Es waren dies:
1. Die Christlich-Demokratische Union Saar (CDU), die am 6. Februar 1952 den Antrag auf Zulassung beim saarländischen Innenministerium stellte;
2. die Deutsche Sozialdemokratische Partei Saar (DSP), deren Antrag auf Zulassung
am 14. März 1952 folgte, und schließlich
3. die Demokratische Volkspartei (DV), die am 13. September 1952 erstmals den
Antrag auf Zulassung vorlegte.
   1. Die Gründung einer *CDU-Saar* wurde alsbald nach dem Verbot der DPS ernsthaft in Erwägung gezogen. Gespräche zwischen Richard Becker (unter meiner Beteiligung) und mit unseren Freunden im gesamtdeutschen Ministerium führten zu
der Überzeugung, daß die Zahl der in Opposition stehenden Gruppierungen im Saar-

317

land gar nicht groß genug sein könne, auch wenn – was zu erwarten war – die neuen Parteien vom Regime – wir sagten damals kurzerhand: den Separatisten – nicht zugelassen würden. Richard Becker erklärte sich auch bereit, alle Bemühungen um die Gründung einer CDU tatkräftig zu unterstützen. Er bat verschiedene Mitglieder unseres Kreises – auch aus dem Landesparteivorstand der verbotenen DPS – sich für den Gründungsvorstand der CDU zur Verfügung zu stellen. So stießen Richard Beckers Chefsekretärin der VERGAB, Fräulein Berta Koch, unser seitheriger Generalsekretär Franz Ruffing (Abb. 105) und der tatkräftige Leiter unserer Geschäftsstelle Willi Spoerhase (Abb. 101), ferner Richard Beckers treuer Begleiter zu vielen Beratungen in Bonn, Rechtsanwalt Helmut Bergweiler (Abb. 142, 165), und nicht zuletzt unser besonders aktiver Freund, der ehemalige christliche Gewerkschaftsführer Karl Hillenbrand (Abb. 104) zum Gründungsvorstand der CDU. Auch unser damaliger 2. Vorsitzender, Paul Simonis, hatte sich zur Verfügung gestellt. Den Vorsitz im Gründerkreis übernahm Helmut Bergweiler. Neben ihm traten schon sehr bald bekannte Persönlichkeiten, die schon zuvor mit uns zusammen gearbeitet hatten: Rechtsanwalt Egon Reinert (Abb. 129), der spätere Ministerpräsident des Saarlandes; der Sekretär der christlichen Gewerkschaften, Karl Walz, von dem wir noch hören, und der Versicherungsangestellte Josef Krischel (Abb. 165) in den Vordergrund. Schon im Oktober 1951 hatten Karl Walz (Abb. 165) und Helmut Bergweiler zusammen mit dem hochangesehenen greisen Rechtsanwalt Franz Steegmann mit Bundeskanzler Dr. Adenauer in Bonn über die Gründung der CDU-Saar verhandelt. Auch hier hatte Wilhelm Bodens (oben S. 84) seine »Hand im Spiel« und den Besuch Steegmanns bei Dr. Adenauer zustandegebracht. Der Kanzler, der mit Franz Steegmann noch aus den alten Zeiten des rheinischen Zentrums bekannt war, hatte Vertrauen und gab die Zustimmung.

Für das Amt des 1. Vorsitzenden war der Saarlouiser Rechtsanwalt Dr. Hubert Ney (Abb. 128) auserwählt worden; später wurde Dr. Ney der erste saarländische Ministerpräsident nach der Volksbefragung. Zu der Gruppe stießen alsbald eine Reihe weiterer einflußreicher und angesehener Persönlichkeiten, von denen hier nur stellvertretend für alle anderen zu nennen sind: Professor Dr. Schäfer, ehemaliger Reichsgerichtsrat und Landgerichtspräsident, ferner Professor Dr. Schindler und der besonders verdiente Schatzmeister Dr. Hansjörg Kohlbecher (Abb. 282); die beiden Vettern, Dr. Anton Merz (oben S. 294) und der Arzt Dr. Hans Wendel Merz, ferner Peter Clemens, der spätere Abgeordnete im saarländischen Landtag und der Lehrer Erwin Tabillion, der Schwiegersohn unseres DPS-Freundes Karl Burk, der von der Hoffmann-Regierung sofort in die entlegenste Ecke unseres Landes strafversetzt wurde. Weitere Gründungsmitglieder der CDU-Saar waren der Revierförster Ronde aus Neunkirchen, Rektor Nikolaus (Rohrbach) und Rektor Schwarz aus Saarbrücken-St. Arnual. Wenn ich am Ende der Reihe den St. Wendeler Kaufmann Dr. Walter Bruch nenne, so nur, um seinen opferbereiten Einsatz besonders herauszustellen. Schon durch die Unterstützung der Saaraktionen des Prinzen Löwenstein hatte Walter Bruch viele Sorgen und Lasten auf sich genommen. Mit Dr. Ney kamen dessen Freund Dr. Erwin Albrecht (Abb. 143), die getreue, unermüdliche Frau Jakisch und der christliche Gewerkschaftler Karl Steinhauer zu dem Kreis.

Dem Antrag der CDU folgte auf dem Fuße die Gretchenfrage Hectors: »Wie hältst Du's mit dem Anschluß?«

Hector forderte eine schriftliche Anerkennung durch alle Gründungsmitglieder der neuen Partei mit folgendem Wortlaut:

»Die Konstituierung des Saarlandes als autonomes, demokratisch und sozial geordnetes Land, das wirtschaftlich an Frankreich angeschlossen ist (Art. 60 der Verfassung), die politische Unabhängigkeit des Saarlandes vom Deutschen Reich (Präambel der Verfassung),
die Währungs- und Zolleinheit mit der französischen Republik.
Zu diesen verfassungsrechtlich wie verfassungspolitisch entscheidenden Grundsätzen muß das Parteiprogramm gemäß § 3, Abs. 1 a, des Parteiengesetzes eine eindeutige Stellungnahme enthalten.«

Es bestanden keine Zweifel, daß keiner der an der Gründung beteiligten Persönlichkeiten bereit war, diese Erklärung abzugeben. Nachdem zunächst von allen Antragstellern am 14. März 1952 eine Protesterklärung gegen das Verlangen an die Regierung und an alle Landtagsabgeordneten gerichtet worden war, forderte Hector erneut mit Schreiben vom 14. August 1952 – so lange war die Entscheidung über den Zulassungsantrag hinausgezögert worden – das Anerkenntnis der politischen Trennung des Saarlandes von Deutschland. Am 25. September 1952 setzte das Innenministerium eine letzte Frist bis zum 10. Oktober zur Abgabe der Erklärungen. Die CDU kam diesem Ersuchen unter Hinweis darauf, daß alle nach dem Gesetz erforderlichen Unterlagen und Erklärungen eingereicht seien, nicht nach. Die Regierung ließ daraufhin den Zulassungsantrag einfach unerledigt liegen, so daß die CDU-Saar an den Landtagswahlen vom 30. November 1952 nicht teilnehmen konnte. Sie wurde auch nachher nicht zugelassen.

2. Das gleiche Schicksal erfuhr der Zulassungsantrag der *Deutschen Sozialdemokraten* an der Saar, der am 14. März 1952 gestellt wurde. Treibende Kraft der (deutschen) Opposition innerhalb der SPS war Kurt Conrad (Abb. 130), der spätere Vorsitzende und langjährige geistige und organisatorische Führer der Sozialdemokraten im Saarland. Da Conrad zunächst noch in der alten SPS verblieben war, trat er im Gründungsausschuß noch nicht in Erscheinung; es waren dies Karl Berg, Werner Wilhelm, Willi Kuhnen, Fritz Niebling, Erich Neumann, Josef Wambach und Oskar Detemple, ein besonders rühriger Verfechter unserer deutschen Sache. Als die SPS dann ein Ausschlußverfahren gegen Conrad in die Wege leitete, traten er und mit ihm sein späterer Stellvertreter Friedrich Regitz (Abb. 131) aus der SPS aus und der neuen Gruppe bei. Auch der der SPS angehörige Landtagsabgeordnete Karl Etienne (Abb. 151) bekannte sich bald darauf zu den Deutschen Sozialdemokraten.

Bei der Wahl des Gründungsvorstandes wurde Kurt Conrad zum ersten und Fr. Regitz zum zweiten Vorsitzenden gewählt, weiter gehörten zum damaligen Landesparteivorstand außer einigen der angeführten Gründungsmitglieder: Robert Bach (Limbach), ein getreuer Gefolgsmann von Paul Kutsch; Adolf Schiffler, der Bürgermeister der Gemeinde Holz, der wegen seiner Zugehörigkeit zu der neuen Oppositionspartei seines Amtes enthoben wurde, ferner Josef Paulus (Schwalbach) und Oskar Detemple, der sich besonders der Verteilung der »Freien Saarpresse« angenommen hatte.

Auch dieser Parteigründung wurde von Hector die Gretchenfrage im gleichen Wortlaut wie der CDU-Saar vorgelegt. Amüsanterweise wollte Herr Hector auch weiter wissen: »Im übrigen wäre Aufklärung darüber zu geben, welche Bedeutung die Antragsteller dem Beiwort ›deutsch‹ in dem Parteinamen beilegen?« In ihrer gut formulierten Antwort – unterzeichnet von Kurt Conrad am 21. Juli 1952 – machte die Gruppe Herrn Hector klar, daß sein Verlangen ungesetzlich und völkerrechtlich unbegründet sei. »Unter Berücksichtigung der Zugehörigkeit der Saarbevölkerung zum deutschen Volke tritt die DSP bei einer endgültigen Regelung für den Verbleib der Saar bei Deutschland ein«, war die klare Erwiderung, und zu dem schmückenden Beiwort »deutsch« machte man Herrn Hector klar: »Das Beiwort ›deutsch‹ im Namen der DSP dient der eindeutigen Unterscheidung von den Saarparteien, die durch ihre Politik die Separation der Saar von Deutschland unterstützen. Im übrigen hat das Wort ›deutsch‹ die gleiche Bedeutung wie das Wort ›française‹ im Namen der Sozialistischen Partei Frankreichs (SFIO) – Section française de l'Internationale Ouvrière.« Damit war Herr Hector zweifellos bedient, die Deutschen Sozialdemokraten an der Saar erhielten freilich ihre Zulassung nicht. Wir waren also auf mittlerweile drei nicht zugelassene Oppositionsparteien an der Saar angewachsen, deren Verbot im Endergebnis dem Regime mehr geschadet als genützt hat. Die drei »Verbotenen« nannten sich vor und nach den Wahlen von 1952 die »Deutsche Opposition an der Saar« – DOS –, ihre Vorsitzenden wurden von den Vertretern des Regimes spöttisch die »drei Eisheiligen« bezeichnet, was aber ihrer Popularität ebenso wenig Abbruch tat wie die Bezeichnung »Joho« für Johannes Hoffmann.

3. Im Gegensatz zu den beiden – praktisch Landesverbänden – der CDU und SPD – akzeptierten die Vertreter der Demokratischen Volkspartei an der Saar (DV) die Bedingungen des Innenministeriums und erhielten die Zulassung noch vor der Wahl am 30. November 1952. Bei der Wahl erhielt diese Partei aber nur 2,3 Prozent der abgegebenen gültigen Stimmen, lediglich 14 770 Wähler hatten sich für sie entscheiden können. Nach diesem Fehlschlag vereinigte sich der deutsch orientierte Flügel unter Führung von Erich Schwertner (Abb. 170) mit unserer DPS.

Über diese Gründung sind viele Gerüchte verbreitet worden. Unser Freund Schwertner mußte sich später oft Verleumdungen gefallen lassen, er hätte eine von den Franzosen finanzierte Partei ins Leben gerufen und geführt. Ich betrachte es als meine Ehrenpflicht, einem meiner treuesten Freunde – ich rechne Erich Schwertner und Ernst Schäfer neben Richard Becker dazu – hier noch posthum (Erich Schwertner starb am 9. Januar 1965 viel zu früh und viel zu jung an den Folgen einer schweren Kriegsverwundung) – eine Rettung seiner makellosen Ehre zu verschaffen. Im Sommer 1952 hatte mich der Nachfolger Dr. Strohms, der Legationsrat im Auswärtigen Amt Dr. Thierfelder, wissen lassen, daß man dort nach dem Verbot der DPS und der Nichtzulassung der beiden anderen Parteigruppierungen auf jeden Fall eine saarländische Partei wünsche, die sich am politischen Leben beteiligen sollte. Eine enge Verbindung der neuen Partei mit Bonn sollte gewährleistet werden; allerdings müsse diese neue Partei auf die Bedingungen der saarländischen Regierung für die Zulassung eingehen. Thierfelder nannte mir unter dem Siegel der Verschwiegenheit als seinen Verbindungsmann Erich Schwertner, den ich bis dahin nicht gekannt hatte, der aber von Wilhelm Bodens für zuverlässig gehalten und deshalb »lanciert« worden war. Zusammen mit Schwertner war eine Gruppe von ehemaligen Soldaten bereit, sich für diese Aufgabe zur Verfügung zu stellen. Zugleich aber hatte die französische Sûreté auf die Parteigründung Einfluß genommen und einige ihrer Vertrauensleute in das Gründungskomitee hineingebracht. Schwertner und seine Leute konnten sie nicht von vornherein hinaussetzen, sie mußten um der Sache willen gute Miene zum

## Eidesstattliche Erklärung.

Ich, Harald B o e c k m a n n , war vom 1.5.1948 bis 15.2.1952 Chefredakteur bei Radio Saarbrücken. Mein Ausscheiden bei Radio Saarbrücken erfolgte aufgrund einer Kündigung durch mich. Der Grund für meine Kündigung ist darin zu suchen, daß ich zur Wahrung meiner Berufsehre als Journalist eine weitere Mitarbeit bei Radio Saarbrücken nicht länger für vertretbar hielt. In die Zeit meiner Tätigkeit als Chefredakteur fällt die Affäre um das gefälschte Remer-Telegramm, das angeblich von den maßgeblichen Führern der Sozialistischen Reichspartei Deutschlands zur Unterstützung der Beschwerdeführung der Demokratischen Partei Saar an         abgegangen An einem der darauffolgenden Tage habe ich im Gebäude des saarländischen Landtages den amtierenden Justizminister Erwin Müller gebeten, eine Untersuchung über die Fälschung des Remer-Telegramms einzuleiten. Ich habe gegenüber dem Justizminister Müller erklärt, daß nach meinen Ermittlungen der ehemalige Justizminister Dr. Braun der Fälscher sei, ohne jedoch die Herkunft meiner Informationen anzugeben. In dieser Unterhaltung habe ich eine Rehabilitierung meiner Person verlangt, weil in

... der Tat ...                                     ...er

... worden war, erzähl... ...e Telegramm-Fälschung verwickelt, da ich dem ehemaligen Justizminister Dr. Braun die Schreibmaschine zur Fälschung zur Verfügung gestellt habe.

Meine vorstehenden Angaben versichere ich hiermit an Eidesstatt.

K ö l n , den 20. Mai 1952.

*Harald Boeckmann*

Urkundenrolle Nummer **467** /1952 Mü.

Vorstehende Unterschrift von Herrn Harald Boeckmann, Journalist, wohnhaft zu Hamburg, Erlenkampstrasse 5, sich ausweisend durch Vorlage seines saarländischen Reisepasses Nr. 00985 mit Lichtbild ausgestellt am 6. September 1951 vom Hohen Kommissariat der Französischen Republik im Saarland, beglaubige ich hiermit.

K ö l n , den 20. Mai 1952.

*[Unterschrift]*

Notar.

**Sind sich einig:**

122
Schuman und Hoffmann

123
Hoffmann unterschreibt; zufrieden: Pinay und
Grandval!

124   125
Der Anfang vom Ende: Arbeiterschaft gegen sich! Kundgebung mit Paul Kutsch, dem Präsidenten
der Einheitsgewerkschaft und I V Bergbau an der Saar, am 1. Mai 1952 in Saarbrücken. Die Kundgebung war ein Meilenstein im Kampf gegen die Unterdrückung!

126
Saararbeiter fordern 1952:

127
Kurz vor dem Ende: Der Generalstreik im Februar 1955. Einsatz der Polizei gegen die Streiken-
den, mit Gummiknüppeln gegen Demonstranten!

**Verdienstvolle Kämpfer
für die Rückkehr
der Saar nach Deutschland**

128
Ministerpräsident Dr. Hubert Ney
vom 10. Januar 1956 bis 4. Juni 1957
und Minister der Justiz vom 4. Juni 1957
bis 26. Februar 1959

129
Ministerpräsident Egon Reinert
vom 4. Juni 1957 bis zu seinem tragischen
Tode am 23. April 1959; Minister der
Justiz im Kabinett Dr. Ney
vom 10. Januar 1956 bis 4. Juni 1957

**Verdienstvolle Saarkämpfer
und Politiker:**

130
Kurt Conrad (SPD), jahrelanger
1. Vorsitzender der deutschen
Sozialdemokraten an der Saar, Minister
in den Kabinetten von Dr. Ney, Egon
Reinert und Dr. Röder von 1956 bis 1961

131
Friedrich Regitz (†), Stellvertreter
von Kurt Conrad und zweiter
Vorsitzender der deutschen Sozialdemokraten an der Saar, langjähriges
Mitglied der SPD-Fraktion im saarländischen Landtag

132

Wahlkampfschrift – für den Heizofen. Zur Landtagswahl von 1952 hatte der Verfasser eine umfangreiche Aufklärungsschrift »Die Saar = eine Kolonie Frankreichs« verfaßt. Als die Broschüren – ein Möbelwagen voll! – an die Saargrenze kamen, hatten die französischen Zollbehörden die Grenze zur Bundesrepublik so abgeriegelt, daß keine hundert Stück in die Hände der saarländischen Wähler gelangen konnten. Die Broschüren mußten nach der Wahl in Kaiserslautern verbrannt werden.

bösen Spiel machen. Über diese Gruppe gelangte dann auch die Geldspende des Herrn Grandval zum Wahlkampf 1952 an die DV; es waren 1 Million Franken, damals eine ganz hübsche Summe, obwohl der Gegenwert nur etwa 12 000 DM war.

Übrigens erfuhren wir dadurch, daß die Mission Diplomatique des Herrn Grandval den ganzen Wahlkampf 1952 mit 80 Millionen Franken oder knapp einer Million DM Direktgeldern unterstützt hat. Davon erhielten die Partei Hoffmanns 28 Mio., die der Sozialisten um Kirn 18 Mio., die frankreichfreundlichen Gewerkschaften 12 Mio., die Parteizeitung »Volksstimme« 5 Mio., die Christlichen Gewerkschaften 2 Mio. und die DV 1 Mio. Sofort nach der Wahl schieden sich bei der DV wieder die Geister; Erich Schwertner wurde unser Mitstreiter, der sich in jahrelangem, unermüdlichem Einsatz betätigt hat, später auch erfolgreicher Minister in dem wichtigen Ministerium für Wiederaufbau geworden ist. Die großen neuen Straßen unserer Heimat, an erster Stelle die Autobahn von Saarbrücken zum Rhein hin, waren sein Werk.

Erich Schwertner war der einzige aller Mitstreiter und Mitkämpfer jener Jahre, mit dem mich das brüderliche Du verband. Die Freundschaft hat sich bewährt, ich wurde von Erich Schwertner nie enttäuscht. Ich habe immer nur bedauert, daß man seiner Witwe nicht ein sorgenfreies Dasein ermöglicht hat; sie mußte nach seinem Tod wieder einer beruflichen Tätigkeit nachgehen. Auch hier ein Beispiel, wie sehr alle unsere Mühen auf die persönliche Opferbereitschaft gegründet waren.

Mittlerweile waren die Wahlen zum saarländischen Landtag am 30. November 1952 herangekommen. Bundeskanzler Dr. Adenauer hatte, wie schon berichtet, sich vorher vergeblich bemüht, die Wahlen bis zur Zulassung der oppositionellen Parteien an der Saar verschieben zu lassen. Seine (streng geheim gehaltenen) zustimmenden Erklärungen zur »Europäisierung« und damit zur *Lostrennung der Saar von Deutschland* sollten den Weg dazu frei machen. Am 24. Oktober waren die Verhandlungen zwischen Paris und Bonn dann schließlich an einer den Kanzler nicht zufriedenstellenden Regelung der Wirtschaftsbeziehungen gescheitert. Die Franzosen waren immer noch nicht bereit, auch der Bundesrepublik nach und nach die gleichen wirtschaftlichen Beziehungen mit dem Saarland einzuräumen, wie sie durch den Anschluß der Saarwirtschaft an Frankreich dorthin bestanden. Nachdem Dr. Adenauer dann nochmals einen von den saarländischen Oppositionsparteien entwickelten, auf die Dauer von fünf Jahren befristeten Lösungsvorschlag gemacht hatte, den die saarländisch-französische Seite aber sofort zurückwies, war der Kanzler jetzt daran interessiert, durch die Wahlen vom 30. November ein sichtbares Zeichen für das Vorhandensein einer starken pro-deutschen Opposition im Saarland zu erlangen. Dadurch erhoffte der Kanzler eine fühlbare Stärkung seiner Position für den weiteren Verlauf der deutsch-französischen Saarverhandlungen.

In den beiden, der Wahl vorausgegangenen Debatten im Deutschen Bundestag am 22. Oktober 1952 (234. Sitzung) und am 18. November 1952 (237. Sitzung) waren harte Worte über die undemokratischen Zustände an der Saar gefallen. Auch Dr. Adenauer hielt sich nicht mit einer deutlichen Kritik zurück. Wörtlich führte er aus (Protokoll vom 18. November 1952, S. 10924): »Wir schreiben dem Bewohner des Saargebiets keine Meinung vor. Er mag sich entscheiden, wie er will. Aber wir können nicht zulassen, daß der Wille der Bevölkerung an der Saar dadurch verfälscht wird, daß einem Teil des Volkes, und zwar einem sehr erheblichen, die Möglichkeit genommen wird, seinen politischen Willen zum Ausdruck zu bringen. Da Wahrheit und Gerechtigkeit sich letzten Endes immer durchsetzen, zweifle ich nicht daran, daß der Sieg denen gehören wird, die in diesem Kampf gegen den Zwang Mut zeigen.«

Mit diesen Schlußworten seiner Regierungserklärung sollte der Kanzler Recht behalten, allerdings erst drei Jahre später und dann – das ist nicht zu verheimlichen – gegen seinen Willen! Jedenfalls gehörte im November 1952 der Widerstand gegen das Regime auch zur uneingeschränkten Konzeption des Kanzlers; wir erfuhren das bei unserer Besprechung mit ihm am 4. November 1952 im Bundeskanzleramt. Ich besitze noch heute in meiner Dokumentensammlung den von mir zurückbehaltenen Besuchszettel: Dr. Schneider und 5 Begleiter. Zur Aussprache über den von uns an der Saar zu führenden Wahlkampf hatten wir die Zusage zur Besprechung erhalten. Von der Saar kamen Richard Becker, Dr. Ney, Kurt Conrad, ich selbst, Helmut Bergweiler und als Bonner Journalist »mit Draht zum Bundeskanzleramt« unser Freund Rolf Vogel.

Die Besprechung stand zunächst ganz unter dem Eindruck, daß die oppositionellen Parteien sich am Wahlkampf nicht beteiligen konnten. Hinzu kam, daß jede aktive politische Tätigkeit im Wahlkampf für uns ausgeschlossen war: Wir durften keinerlei Versammlungen abhalten, keine Plakate herausbringen und keine Flugblätter (legal) verteilen, alle leistungsfähigen Druckereien blieben uns versagt. Rundfunk und Presse standen nur der Gegenseite zur Verfügung, uns blieben auch diese Mittel restlos verschlossen. Die Möglichkeit, durch Diskussionsredner in Versammlungen der Regierungsparteien unsere Meinung zum Ausdruck zu bringen, waren gering. Meist wurden unsere Sprecher aus den Sälen verwiesen oder am Sprechen gehindert. Mancher Zwischenrufer wurde brutal verprügelt. Alle diese Umstände zwangen uns ein ganz bescheidenes Konzept auf: Die Bevölkerung an der Saar aufzurufen, ungültige Stimmzettel abzugeben, d. h. »weiß« zu wählen. Man sprach deshalb auch von den »Weißen Wahlen«, die sie jedoch später nur in sehr beschränktem Umfange geworden sind.

Unser Gespräch mit dem Kanzler sollte die Wege eines gemeinsamen Vorgehens und einer wirksamen Hilfe durch Bonn ergeben. Deshalb nahmen an dem Gespräch außer dem Kanzler und dessen Berater Dr. Globke sowie Pressechef Felix Eckhardt auch Bundesminister Jakob Kaiser und dessen Staatssekretär Thedieck teil. Unsere guten Freunde aus dem gesamtdeutschen Ministerium Dr. Knoop und Bodens gehörten ebensowenig zu dieser »hohen Ebene« wie der Referent im Auswärtigen Amt, Dr. Thierfelder. Dr. Strohm war ja zu unserem Unglück schon ein halbes Jahr zuvor vom Kanzler entlassen worden. Über den Stand der deutsch-französischen Saarverhandlungen machte uns der Kanzler keine Mitteilung, wir erhielten insbesondere auch keinerlei Aufklärung darüber, welche Zugeständnisse der Kanzler der französischen Seite bereits gemacht hatte: Auch Jakob Kaiser, der – wie sich aus seinen Unterlagen im Nachlaß ergab – Kenntnis von den Vorgängen »hinter den Kulissen« hatte, schwieg sich darüber aus. Er wollte uns ganz offensichtlich nicht den Mut nehmen. Auch über den Brief, den ihm Dr. Adenauer noch am Abend vor der Besprechung geschrieben hatte – wir kommen noch darauf zu sprechen – schwiegen der Kanzler und sein Minister.

Statt dessen gab uns Adenauer zwei grundsätzliche Zusagen, die wir als ein bindendes Versprechen ansahen und auf die wir in späteren Vorstellungen gegenüber dem Kanzler auch hingewiesen haben. Diese Zusagen gingen dahin, daß der Kanzler keine Abmachung mit den Franzosen über die Saar treffen werde, ohne uns zuvor davon in Kenntnis zu setzen, auch werde er gegen unseren Willen keiner Regelung der Saarfrage zustimmen. Gerade diese uns völlig überzeugenden Erklärungen des Kanzlers versetzten uns in eine Hochstimmung. Wir lobten in einer anschließenden gemeinsamen Besprechung beim Essen im »Bergischen Hof« den Kanzler über den grünen Klee. Nach den allgemeinen Fragen wurde das Wahlkampfthema behandelt. Hier schnitt der Kanzler zunächst sein Steckenpferd an: Er trieb mit uns Wahlarithmetik. Wieviel Prozent an ungültigen Stimmen wir schaffen könnten? Das war die immer wieder von ihm aufgeworfene Frage. Wir verstanden das damals gar nicht so sehr. Für uns war das Resultat zwar wichtig, aber nicht entscheidend. Heute ist uns natürlich längst klar geworden, daß der Kanzler für die weiteren Verhandlungen mit Paris eine möglichst hohe Zahl an »weißen Stimmen« im Saarland benötigte. Wir dagegen gingen davon aus, daß auf keinen Fall eine bundesdeutsche Zustimmung zur Separation des Saarlandes von Deutschland gegeben werden dürfte und daß unsere Bemühungen um eine hohe Zahl von ungültigen Stimmen ein Schritt auf dem Wege dazu sein würden. Am meisten sagte dem Kanzler die Prognose unseres Freundes Dr. Ney zu, der glaubte, der Anteil an ungültigen Stimmen werde 35–38 Prozent betragen. Ich selbst schätzte höchstens 28 Prozent. Das erschien mir damals angesichts der ungeheuren Schwierigkeiten, uns überhaupt an der Saar Gehör zu verschaffen, schon als ein gutes Ergebnis.

Nach diesen, den Hauptteil des Gesprächs bildenden Erörterungen, kam dann der für uns – vor allem für mich – am wichtigsten erscheinende Teil der Besprechung: Wie führen wir den Wahlkampf? Ich entwickelte unsere Situation vor der Wahl wie folgt: Wir konnten nicht damit rechnen, uns an der Saar auf irgendeine legale Weise Gehör zu verschaffen. Versammlungen, Plakate und legale Flugblätter werde es für uns nicht geben. Ebenso stehe der Rundfunk nur der Gegenseite zur Verfügung. Gerade der Saarbrücker Sender aber werde das Hauptgewicht der Propaganda tragen. Es komme danach vor allem darauf an, ein Gegengewicht gegen Radio Saarbrücken zu bekommen und auszubauen. Auf die Frage des Kanzlers, wie ich mir das vorstellte, antwortete ich, wir müßten auf der Welle von Saarbrücken einen Schwarzsender installieren – diese Sender seien ja ohnehin im Westerwald in Betrieb und brauchten nur nach Westen ausgerichtet zu werden. Auf diese Weise sollten laufend Nachrichten ausgestrahlt und die Propaganda der Gegenseite über Radio Saarbrücken widerlegt werden. Ich konnte dem Kanzler auch sofort einen personellen Vorschlag machen: unseren anwesenden Freund Rolf Vogel (Abb. 100), dem das Saarproblem im einzelnen gut bekannt war und mit dem wir schon alles abgesprochen hatten.

Ich hatte kaum geendet, als Staatssekretär Thedieck auf seinem Platz hochfuhr und meinte: »Aber Herr Schneider, was wollen Sie uns da zumuten?« Adenauer drehte sich zu dem in seiner Reihe sitzenden Staatssekretär herüber und sagte lakonisch: »Herr Thedieck, jetzt stecke Se mal Ihr Beamtenherz wech.« Wir glaubten ernsthaft, gewonnen zu haben; leider ließ der ersehnte Gegensender niemals einen Ton von sich hören. Unser Traum war bald wie eine Seifenblase zerplatzt. Dann kam man auf die Herstellung von Propagandamaterial in der Bundesrepublik zu sprechen, das in das Saarland herübergeschmuggelt werden müßte. Ich wies darauf hin, daß davon nicht viel zu erhoffen sei; denn die Franzosen verstärkten ihre Zollkontrollen, die ja durch französische Zollbeamten durchgeführt würden, und unsere Leute wanderten in die Gefängnisse. Darauf unterbrach mich Dr. Adenauer sofort und sagte: »Dann jehn Se ruhig ins Jefängnis, ich war auch zweimal einjesperrt, ich brauche Märtyrer an der Saar.« Als später zwischen dem Kanzler und mir wegen dieser Vorgänge vom 4. November 1952 ein Streit entstand, habe ich gerade auf diese Worte in einer veröffentlichten Stellungnahme hingewiesen.

Zur Bekräftigung, welche Mittel unseren politischen Gegnern im Saarland zur Verfügung stünden, hatte ich ein wichtiges Dokument zu der Besprechung mitgebracht: den amtlichen französischen Haushaltsplan für die Mission Diplomatique des Herrn Grandval für das Jahr 1953. Der Haushaltsplan war wenige Tage zuvor, am 28. Oktober 1952, in der französischen Nationalversammlung (Protokoll S. 4543) verhandelt und verabschiedet worden. Aus dem berühmten blauen »Projet de Loi«, dem Gesetzesvorschlag für die Kosten des Ministeriums für Auswärtige Angelegenheiten, hier: »Service français en Sarre« – also für den »Apparat« des Herrn Grandval – konnte ich nachweisen, daß Frankreich dafür 1953 insgesamt aufwendete: 1380 Millionen Franken oder rund 165 Millionen DM, wovon nach den Angaben des Berichterstatters Massot in der Nationalversammlung 986 Millionen Franken (ca. 120 Millionen DM) Ausgaben für die Dienststellen des Herrn Grandval entfielen und 394 Millionen Franken (über 40 Millionen DM) Ausgaben für »Interventions publiques«, also für »öffentliche Einwirkungen«. Diese »Interventions publiques« waren aber nichts anderes als die Propagandaaktionen des Herrn Grandval zur Aufrechterhaltung des damaligen politischen Zustandes an der Saar. Übrigens wurde eines der Dokumente nach den Wahlen von 1952 in dem auf wissenschaftlicher Grundlage erarbeiteten Buch unseres Freundes Dr. Helmut Lauk (Dr. Hans-Joachim Hagmann »Die saarländischen Landtagswahlen vom 30. November 1952«, Bild 29) im Original abgebildet. Der Bundeskanzler war durch diese Dokumentation sichtlich beeindruckt und meinte in unserer Gegenwart, daß Felix Eckhardt darüber eine Presseveröffentlichung veranlassen solle. Leider wurde auch daraus nichts. Wir haben nie etwas davon in der deutschen oder ausländischen Presse lesen können. Im Gegenteil, es wurde nur von der Gegenseite immer wieder ein lautes Geschrei über die – im Verhältnis zum französischen Aufwand geradezu lächerlich geringen – Summen erhoben, die »vom Kaiserministerium zur Unterstützung der deutschen Parteien an der Saar ausgegeben« würden. Jedenfalls sagte uns der Kanzler zu, daß die Herstellung von Propagandamaterial im Bundesgebiet großzügig unterstützt werden solle; der Bundesminister Jakob Kaiser solle das Nötige veranlassen.

Praktisch war diese Zusage die einzige ins Gewicht fallende Hilfe; sie erforderte, wie sich später herausgestellt hat, einen Kostenaufwand von 60 000 Mark gegenüber den Millionen, die von Herrn Grandval gerade für diesen Wahlkampf an der Saar aufgewendet worden sind! Ich verfaßte dann umgehend zusammen mit einem guten Grafiker – wahrscheinlich auch unter Mitwirkung von Helmut Lauk – eine wirksame Broschüre (Abb. 132) »Saarländer, das mußt Du wissen! – Die Saar = eine Kolonie Frankreichs?« Mit einem Umfang von 32 bebilderten und teilweise farbigen Seiten, mit Darstellungen, Zeichnungen und Grafiken wurden alle brennenden Probleme verständlich gemacht und die Nachteile des einseitigen wirtschaftlichen Anschlusses ohne gleichartige Beziehungen der Saar mit der Bundesrepublik offengelegt. In ausreichendem Maße rechtzeitig vor der Wahl im Saarland verteilt, würde die Schrift sicherlich viele weitere »weißen« Stimmen eingebracht haben. Das Schicksal dieser Broschüren-Aktion zeigt aber, was es damals hieß, eine prodeutsche Gegenpropaganda zu betreiben. Die Herstellung der Broschüre – es waren viele Tonnen Material –

verzögerte sich bis etwa 10 Tage vor der Wahl. Dann kam fast ein Möbelwagen voll davon in Kaiserslautern an, sein Inhalt sollte illegal über die Saargrenze geschafft werden! Mittlerweile hatte der französische Zoll seine Beamten um etwa 1000 Mann verstärkt, so daß so gut wie keine Maus mehr ungesehen über die Saargrenze kommen konnte. Zwei Versuche unserer Leute, mit alten Lastwagen herüberzukommen, endeten beim Zoll, die Leute hatten schwere finanzielle Verluste und Nachteile zu tragen. So mußten wir etwa 7 Tonnen Broschüren nach der Wahl in Kaiserslautern verbrennen lassen. Freiheit, die ich meine! Übrigens hat Johannes Hoffmann diese mißglückte Aktion in seinem Buch erwähnt (S. 416), aber sie auf die Zeit des Referendums von 1955 verschoben, um damit eine deutsche Einmischung und Verletzung des Saarabkommens zu belegen. Während des Referendums standen uns genügend Druckereien und Mittel an der Saar zur Verfügung, so daß wir uns der Gefahr einer sehr kostspieligen Beschlagnahme durch die französischen Zollbehörden, die in diesen politischen Dingen natürlich keinerlei Pardon kannten, gar nicht auszusetzen brauchten. Die deutsche Wahlkampfbroschüre 1952 aber endete in den Öfen der Bundesrepublik, sie hatte so gut wie keinen ihrer Empfänger erreicht.

Die letzte Zusage des Kanzlers bestand dann in einer Verstärkung von Nachrichtensendungen im deutschen Rundfunk. Auch in dieser Hinsicht wurden wir enttäuscht. Zu ungünstigen Sendezeiten (z. B. Stuttgart vormittags 6.10 Uhr) wurden 5 Minuten Saarnachrichten verbreitet, dazu dreimal wöchentlich (mittags 12.40 Uhr) zehn Minuten Berichte aus dem Saarland. Außer dem Süddeutschen Rundfunk brachte der Norddeutsche Rundfunk, den man an der Saar kaum hören konnte, im Anschluß an seine Abendnachrichten um 22.10 Uhr einige Saarnachrichten. Für den Bayerischen Rundfunk stellte Herr von Cube in einer späteren Zuschrift an die Zeitung »Rheinischer Merkur« fest: »Ich möchte feststellen, daß der bayerische Rundfunk sich zu einem solchen Einsatz nicht hat mißbrauchen lassen. Wir haben uns weder in unserem Nachrichtendienst noch in unseren Kommentaren von der herrschenden Hysterie anstecken lassen.« Hysterie – so sah man damals beim bayerischen Rundfunk die Bemühungen um ein Stück deutscher Wiedervereinigung an! War angesichts einer solchen Einstellung die spätere Rückkehr der Saar nach Deutschland nicht doch das *Wunder an der Saar?*

Demgegenüber ließ der saarländische Rundfunk, vor allem am Wahltage, immer wieder Sirenen aufheulen, um der Bevölkerung damit klarzumachen, daß Wahlenthaltung = Kriegsgefahr bedeute. So dumm diese Art von Greuelpropaganda heute auch erscheinen mag, sie war nicht dumm genug, um nicht angewendet und auch geglaubt zu werden! Bei Hagmann (Bild 21) sind mehrere Flugblätter aus dem Wahlkampf abgebildet, auf denen von den saarländischen Machthabern erklärt wurde: »Weiß gewählt – Krieg gewählt« – »Krieg – Trümmer – Untergang – Das ist der Weg der Nationalisten. Willst Du das zum dritten Mal?« Auf einem anderen Blatt wurde ein Bombenhagel gezeigt und erklärt: »Denke daran, Bomben brachten Tod und Zerstörung! Die CVP will den Frieden und die Sicherung Deiner Existenz!« Radio Saarbrücken unterstrich diese besonders üble Wahlpropaganda durch das Aufheulen der Sirenen innerhalb der normalen Sendungen. Berücksichtigt man, daß für den saarländischen Rundfunk ausschließlich die Franzosen die Verantwortung trugen, dann sieht man allein daraus, wie weit diese sich bei den Wahlen engagiert hatten. Das bewies auch die damals in französischen Händen befindliche »Saarbrücker Zeitung«, die sich nicht scheute, wenige Tage vor der Wahl ein falsches Interview mit dem

Trierer Generalvikar Dr. Weins zu verbreiten (Hagmann, S. 162). – Erst am Tage vor der Wahl druckte sie an völlig unauffälliger Stelle ein Trierer Dementi ab. Da es sonst keinerlei Mittel zur Richtigstellung einer bewußten Falschmeldung gab, hat ihr die Bevölkerung weitgehend Glauben geschenkt.

Unser Freund Dr. Lauk (Hagmann S. 159) hat mit größter Gründlichkeit die Einmischung der französischen Mission Diplomatique in den Wahlkampf 1952 zusammengestellt. In Frankreich wurden auf ihre Kosten Millionen von Flugblättern, kleine Schriften und – das sei durchaus zugegeben – sehr wirkungsvolle »Strips« hergestellt und dann an der Saar verteilt. Daran beteiligten sich auch Angehörige der französischen Dienststellen und des im Saarland stationierten französischen Militärs. Auch ließ die Mission Diplomatique durch ein Privatflugzeug viele Tausend ihrer Flugblätter abwerfen. Man stelle sich vor, ein deutsches Flugzeug – wir hatten durchaus daran gedacht – hätte unser »drüben« hergestelltes Propagandamaterial über dem Saarland abgeworfen! Schließlich hatte man der Bevölkerung – genau wie vor der Wahl vom 5. Oktober 1947 – eingeredet, die Wahlentscheidung betreffe ausschließlich die Innenpolitik. Bei Hagmann (Bild 15) ist das Titelblatt von Hoffmanns Zeitung »SVZ« Nr. 274 abgebildet mit der Balkenüberschrift: »Eindringlicher Rundfunk-Appell des Ministerpräsidenten vom 30. November – Wahlentscheidung nur über Innenpolitik.« Hier konnte natürlich niemand entgegnen und die Behauptung widerlegen. Nach der Wahl freilich wurde das Ergebnis dann zu einem einzigartigen Bekenntnis der Saarbevölkerung zur Politik Hoffmanns, d. h. zur Abtrennung unserer Heimat von Deutschland umgefälscht!

Neben diesen äußerlich noch demokratisch erscheinenden Mitteln gab es auch brutalen Terror. Im Buch von Helmut Lauk (Hagmann, S. 132) sind eine Reihe von Orten namentlich aufgeführt, in denen Zwischenrufer von der saarländischen Polizei festgenommen und – in Ottweiler mit Handschellen gefesselt – abgeführt wurden. Daneben wurden in vielen Fällen Haussuchungen mit Beschlagnahmen durchgeführt, um die Bevölkerung einzuschüchtern und sie davon abzuhalten, illegal hergestellte Flugblätter der Opposition aufzubewahren. Höhepunkt der Aktionen wurde der von dem Hector-Adlaten, Polizeirat Jacques Becker, befohlene Überfall von vier Angehörigen des Schlägerkommandos XI in der Wohnung unseres 70jährigen Mitgliedes Georg Geiger. Da sich früher in einem vor der Wohnung Geiger gelegenen Raum die Geschäftsstelle der DPS befunden hatte, vermutete Becker in der Wohnung Geigers ein Flugblattlager der DPS. In Zivil, ohne Ausweis und ohne sich zu legitimieren, stürmten die vier Polizeibeamten Josef Schackmann, Oskar Breit, Hubertus Bohlen und Karl Wilhelm am 20. November 1952 – zehn Tage vor der Wahl – die Wohnung, verprügelten den anwesenden Sohn, den Arzt Dr. Geiger (Abb. 133), mit Gummiknüppeln und Fäusten, bedrohten Dr. Geigers Ehefrau und rissen schließlich mit brutaler Gewalt den alten Herrn vom Fenster zurück, das er aufmachen wollte, um Hilfe zu rufen. Geiger erlitt einen Herzanfall, an dem er wenige Stunden danach starb.

Natürlich hatten die Hector-Polizisten kein Flugblattlager gefunden; außer ein paar Saarzeitungen und einigen von der Familie aufbewahrten Flugblättern war nichts vorhanden. Die Täter wurden sehr bald ermittelt, die »Rheinpfalz« (Hagmann, Bild 27) fand heraus, daß Polizeichef Jacques Becker den Auftrag zu dem Überfall gegeben hatte. Als Antwort auf diese Veröffentlichung ließ Becker den Korrespondenten der »Rheinpfalz«, unseren späteren guten Freund Paul Kaps, aus dem Saarland ausweisen! Das gleiche Polizeikommando organisierte – wie bereits oben S. 313 dargetan – am 20. November 1952 den Überfall auf das Gewerkschaftsbüro von Paul Kutsch und dessen Leute. Von weiteren gewalttätigen Übergriffen der saarländischen Polizei vor den Wahlen berichtet das Buch von Dr. Lauk (Hagmann, S. 143 f.). Es gab nach der Wahl keinen objektiven Beobachter, der nicht der Auffassung war, daß alle Maßnahmen zusammengenommen einen außerordentlich großen Einfluß auf die Meinungsbildung der Bevölkerung ausgeübt haben, und daß vor allem die Einschüchterung durch die Kette von Gewaltmaßnahmen wieder die gleiche Furcht und Angst verbreitet hatte, die schon 1947 zu der einseitigen Meinungsbildung in der saarländischen Wählerschaft geführt hat.

Was ist eigentlich aus den »Gewalttätern im Amt« aus jener Zeit geworden? Nun, von der vom Regime sofort erlassenen Amnestie habe ich bereits berichtet. Private Entschädigungen wurden an die Betroffenen nie geleistet; eine Klage in dieser Richtung erschien vor 1955 auch aussichtslos; später waren die Ansprüche verjährt! Die »Täter« jener Zeit aber, an ihrer Spitze Edgar Hector, erhalten noch heute aus Mitteln der saarländischen Steuerzahler ihre Pensionen! Die meisten von ihnen leben in Frankreich.

Unsere Möglichkeiten, in den Wahlkampf einzugreifen, waren nach alledem äußerst minimal. Wir hatten zwar zwei kleine Druckereien ausfindig gemacht, deren Inhaber Gesinnungsfreunde waren und den Mut aufbrachten, uns nachts heimlich kleine Flugblätter herzustellen. Diese Druckereien waren aber dank eines lückenlosen Überwachungssystems der Hectorpolizei sehr bald »aufgeflogen« und polizeilich geschlossen worden. So blieben uns nur zwei letzte »Kampfmittel«, die aufzeigen, welche Zustände damals an der Saar geherrscht haben, und wie sehr unser Kampf demjenigen zwischen dem Riesen Goliath und dem kleinen David glich. Wir beschafften über die Becker-Betriebe so viel als möglich Stecknadeln mit weißen Köpfen als Symbol der »Weißen Wahlen«, die unsere Anhänger und wir uns an das Revers von Mantel oder Anzug steckten. Sehr bald aber war auch diese – für das Saarland Importware aus Deutschland – ausverkauft. Jetzt kam irgendeiner auf den Slogan: »Wählt Jesaja 41 Vers 24!« Wir ließen uns schnell Stempelchen mit einem kleinen Farbkissen in einem Döschen herstellen und dann ging man daran, auf Zeitungen und Speisekarten in den Restaurants, kurzum auf jede geeignete Stelle (einschließlich mancher Rolle auf einem gewissen Örtchen) aufzustempeln: »Wählt Jesaja 41, Vers 24!« Dadurch neugierig geworden, sprach sich bald herum, was in Jesaja 41, Vers 24 zu finden war. Die Textstelle lautete: »Siehe, ihr seid aus nichts, und euer Tun ist auch aus nichts, und euch zu wählen ist ein Greuel!« Wir hatten zwar die Lacher auf unserer Seite, aber zum Gewinnen der Wahlen von 1952 reichten diese Mittel nicht aus. Wir verloren zweifelsohne diese erste Runde, richtiger gesagt, wir mußten sie verlieren, um die zweite Runde am 23. Oktober 1955 zu gewinnen.

Das Ergebnis der Wahlen von 1952 führte zu den merkwürdigsten Beurteilungen. Natürlich feierte Johannes Hoffmann seinen großen Sieg (Abb. 135 u. 224), die Franzosen unterstützten ihn mit allen Mitteln der ihnen zur Verfügung stehenden Publikations- und Propagandamöglichkeiten. Zum zweiten Male wurde jetzt wiederum das Wahlergebnis nach der Wahl in eine plebiszitäre Entscheidung der Bevölkerung umgemünzt. Eigentlich hätten Hoffmann, Grandval und alle Beurteiler der Wahl sich die Frage stellen müssen, wieviele der wahlberechtigten Saarländer positiv für die beiden Anschlußparteien CVP und SPS votiert haben. Die Antwort ist verblüffend: Von 622 397 Wahlberechtigten haben 239 412 die Partei Hoffmanns und 141 883 die Partei Kirns gewählt. Zusammen also 381 395 Wähler, während 241 002 Wahlberechtigte diesen Parteien – gleich aus welchen Gründen – die Stimme verweigerten! Das Verhältnis von 381 000 zu 241 000 aber ergibt 61,3 Prozent. Anstatt dieses wirkliche Resultat herauszustellen, gab man die weißen Stimmen mit »nur« 24,5 Prozent der abgegebenen Stimmen (und 22,8 Prozent der Wahlberechtigten) an.

Bedauerlicherweise übersah auch die große Mehrheit der deutschen Presse diese Auslegungsart, man schloß sich ganz allgemein dem Tenor an, die Wahlen seien ein Erfolg für Johannes Hoffmann gewesen, obwohl ein großer Teil der Nichtwähler sowie die Stimmen der Kommunisten und ein Teil der Stimmen für die DV der Opposition hätten zugerechnet werden müssen. Auch in Bonn herrschte der Eindruck einer verlorenen Schlacht vor. Jedenfalls war das die Auffassung von Bundeskanzler Adenauer. Über diese Einstellung liegt uns heute ein erschütterndes Dokument vor, das Schreiben des Kanzlers vom 8. Januar 1953 an seinen zuständigen Bundesminister Jakob Kaiser. Hier der Brief im Wortlaut:

»Bundesrepublik Deutschland                           Bonn, den 8. Januar 1953
Der Bundeskanzler

Herrn Bundesminister J. Kaiser

Bonn
Bundesministerium
für gesamtdeutsche Fragen

Sehr geehrter Herr Kaiser!

Auf Ihren Brief vom 15. Dezember erwidere ich ergebenst folgendes: Ich habe von der Wahl an der Saar und von den ganzen Verhältnissen dort eine andere Auffassung als Sie. Die Berichterstattung der Vertreter von Sendern, die während der Wahl an der Saar waren, entspricht durchaus dem, was mir über die Mentalität der Saarbevölkerung schon vorher mitgeteilt worden war. Ich befürchte, daß Sie sich durch zu optimistisch und zu einseitig gehaltene Berichte besonders national gesinnter Persönlichkeiten haben täuschen lassen. Im Grunde genommen, d. h. auch wenn man berücksichtigt, daß die drei Parteien nicht zugelassen waren, bedeutet das Ergebnis der Wahlen einen starken Erfolg für Herrn Hoffmann und seine Politik. Das können wir nicht aus der Welt schaffen. Unsere Aufgabe wird es nunmehr sein, dafür zu sorgen, daß die Saarbevölkerung wirtschaftlich von Frankreich möglichst unabhängig wird. Die Erklärung des jetzigen französischen Ministerpräsidenten René Mayer hat ein neues Moment in die ganze Angelegenheit gebracht. Welche Folge diese Erklärung haben wird, überschaue ich noch nicht. Aber ich bitte Sie als Leiter der Bundesregierung, dafür Sorge zu tragen, daß Ihr Ministerium sich gegenüber den Saarangelegenheiten nunmehr völlig zurückhaltend verhält. Die Bemühungen Ihrer Herren haben nicht nur keinen Erfolg gehabt, sie haben im Gegenteil geschadet.

Ich bin weiter der Auffassung, daß Sie und Ihr Ministerium nach Osten hin ein so großes Feld der Betätigung haben wie nur wünschenswert und daß sich hier die Arbeit konzentrieren sollte.

Mit verbindlichen Grüßen
Ihr ergebener
gez. Adenauer«

Wir werden noch sehen, wie sich Jokab Kaiser und seine Freunde gegen diese Attacke des Kanzlers erfolgreich zur Wehr gesetzt haben. Jedenfalls war Jakob Kaiser, wie aus seinem Brief an den Kanzler vom 15. Dezember 1952 hervorging, ganz anderer Auffassung über die Saarwahlen von 1952. Die spätere Entwicklung hat gezeigt, daß Kaiser auch hier recht behalten hat. Auch unsere Freunde von Rheinland-Pfalz, Ministerpräsident Peter Altmeier (CDU) und Innenminister Dr. Alois Zimmer (CDU), traten in einem umfangreichen Schreiben vom 28. Januar 1953 dem Kanzler entgegen und forderten, daß »alles getan werden müsse, um das Saarland für Deutschland zu retten. Wie der Kanzler Unrecht tun konnte, ergibt sich aus (S. 322 ff.). Hier hatte der Kanzler doch alle gemeinsam abgesprochenen Maßnahmen gebilligt und dem Minister Kaiser Auftrag zur Durchführung gegeben. Von einem Mißtrauen gegen unsere Auffassung über die Lage an der Saar oder einer anderen Beurteilung der Lage war keine Rede. Auch daß der Kanzler in dem Brief vom 8. Januar 1953 nichts mehr von seinen Erklärungen im Bundestag am 18. November 1952 über die undemokratischen Verhältnisse an der Saar und die sich daraus ergebenden Folgen für die Wertung der Wahlen wußte, erscheint höchst verwunderlich.

Tatsächlich spiegelt der Inhalt des Kanzlerbriefes vom 8. Januar 1953 allein die Entschlossenheit Adenauers wieder, seine Verhandlungspolitik mit den Franzosen fortzusetzen und die wirtschaftliche Freiheit für die Saarbevölkerung zu erlangen, ein Unterfangen, das – wie wir oben bereits dargetan haben – auch erfolglos geblieben ist. Der Kanzler hatte ganz offensichtlich ein falsches Bild von den Dingen an der Saar, er war zu sehr in der Vorstellung befangen, durch ein Entgegenkommen gegenüber Frankreich über eine »Europäisierung« zu einer Erledigung des für ihn so leidigen Saarproblems zu kommen. Wären die Vorstellungen des Kanzlers durch die Wahl vom 30. November 1952 erreicht worden, dann würden die Verhandlungen schon alsbald zu einem Ende gekommen sein: Die »Europäisierung« der Saar wäre schon Ende 1952 oder Anfang 1953 vertraglich geregelt worden, sie hätte im damaligen Zeitpunkt unmittelbar nach den Wahlen von 1952 auch eine Mehrheit bei der Saarbevölkerung – zum mindesten als das kleinere Übel – gefunden.

Wie auf der deutschen Seite hat das Wahlergebnis auch auf der französischen Seite zu einer starken Verkennung der wirklichen Lage an der Saar geführt. In erster Linie sahen die Franzosen angesichts »ihres« Wahlsieges keinen Anlaß, den Deutschen in Bezug auf eine Verbesserung der Wirtschaftsbeziehungen der Saar mit Deutschland entgegen zu kommen. Allein dadurch trat eine Hinauszögerung des Vertragsabschlusses um fast zwei Jahre ein. Diese Zeit hat aber für Deutschland gearbeitet, was der Kanzler, nach seinem Schreiben vom 8. Januar 1953 zu urteilen, auch nicht berücksichtigte. Darüber hinaus erweckte der »Wahlsieg« Hoffmanns vom 30. November 1952 einen falschen Eindruck von der wirklichen Einstellung der Saarbevölkerung bei allen Verfechtern der Separation. Man glaubte, der Zustimmung der

Saarbevölkerung zur »Europäisierung« nach französischen Wünschen und Forderungen in jedem Falle sicher zu sein. Jetzt erst befreundete man sich mit der bisher immer kategorisch abgelehnten Entscheidung durch die Saarbevölkerung und drängte selbst auf eine Billigung des auszuhandelnden Status durch die Bevölkerung, während der Kanzler angesichts der vermeintlichen Niederlage nur einen (leichter korrigierbaren )Landtagsbeschluß zugestehen wollte.

Wie glücklich müssen wir Deutschen von der Saar – heute, rückschauend gesehen – über den Wahlausgang von damals sein! Wie sehr war der Sieg Hoffmanns ein »Pyrrhus-Sieg«, den die beiden Fotos unserer Abb. 135, 244 so eindeutig dokutieren. Ein Glück für uns, daß wir, dank des Schweigens des Kanzlers und unseres Freundes Jakob Kaiser, damals den wahren Stand der Verhandlungen und der Zugeständnisse des Kanzlers nicht gekannt haben. Wir würden andernfalls mit Sicherheit resigniert und unsere weiteren Bemühungen eingestellt haben. Ich denke hier nur an den Brief meiner Mutter (Abb. 76). So gereichte letzten Endes das »schlechte Abschneiden« der Deutschen Opposition an der Saar uns allen zum Segen.

# Freunde, Helfer
# und Gegner

»Im Bewußtsein seiner Verantwortung vor Gott
und den Menschen, von dem Willen beseelt, seine
nationale und staatliche Einheit zu wahren . . .
hat das deutsche Volk . . dieses Grundgesetz
beschlossen.
Es hat auch für jene Deutschen gehandelt, denen
mitzuwirken versagt war.
Das ganze Deutsche Volk bleibt aufgefordert, in
freier Selbstbestimmung die Einheit und Freiheit
Deutschlands zu vollenden.«
(Aus der Präambel des Grundgesetzes
für die Bundesrepublik Deutschland)

Für unsere Freunde im Gebiet der Bundesrepublik Deutschland, die sich im Laufe der
Jahre unserer Sache annahmen und für uns Mitstreiter für die Wiedervereinigung
des Saarlands mit der Bundesrepublik wurden, waren dies – oft durch den Eid auf
das Grundgesetz bekräftigt – keine leeren Worte. An der Erfüllung der sich daraus
für jeden Deutschen ergebenden Pflicht wirkten alle mit, ohne Unterschied auf Namen
und Rang, Dienststellung oder Einflußbereich, und schließlich ohne Rücksicht auf
Parteizugehörigkeit. Da waren die Christdemokraten um Bundesminister Jakob Kaiser, unsere Freunde und Helfer bei den Sozialdemokraten um Dr. Kurt Schumacher
und seine Mitkämpfer. Zu uns gehörten die Freidemokraten unter der Führung
von Dr. Thomas Dehler. Für uns setzten sich ein Mitglieder des Zentrums, des BHE
und anderer Gruppen, genauso, wie – bis auf geringe Ausnahmen – Journalisten,
Presse- und Rundfunkleute sich unserer annahmen. Keiner fragte: Welcher Partei
gehörst Du im Bundesgebiet an oder welcher neigst Du zu? Keiner fragte danach,
welchen Standpunkt dieser oder jener im übrigen außerhalb der Saarfrage einnehme.
So sehr sonst die Meinungen voneinander abwichen, in der Auffassung zur Saarfrage
waren sich unsere *Freunde und Helfer alle einig*. Es gab nur den einen Gedanken und
das eine Ziel: Das Land an der Saar muß wieder mit Deutschland vereinigt werden!

Über allen Parteienstreit hinweg bildete sich noch am 2. Juli 1953 die einstimmige
Auffassung des Deutschen Bundestages: »Bei der weiteren Behandlung der Saarfrage
ist von folgenden Grundsätzen auszugehen: »Der de-facto-Trennung des Saargebietes von Deutschland ist ein Ende zu machen und seine Zugehörigkeit zu Deutschland ist zu beachten!« (Prot. S. 1179). Wenn auch später diese Grundsätze durch die
deutsch-französischen Saarverhandlungen durchbrochen wurden, so blieben doch so
viele unserer Freunde und Helfer aus allen politischen Lagern und Parteien unserer
Sache treu, daß daraus letzten Endes unser Bekenntnis vom 23. Oktober 1955 erwachsen und der Weg zur ersten deutschen Wiedervereinigung auf dem kleinen
Raum an der Saar Wirklichkeit werden konnte. Ergibt sich aus diesem Geschehen
nicht zwangsläufig der Schluß, *daß alle Probleme der deutschen Wiedervereinigung
nur in gleicher Einmütigkeit und Überparteilichkeit gelöst werden können?* Wir haben uns im Saarland in der allerschwersten Stunde des Kampfes um den Volksent-

scheid noch einmal zusammengetan und auch jede äußere Parteiunterscheidung aufgegeben. Gemeinsam im »Deutschen Heimatbund an der Saar« vereinigt haben wir das künftige Schicksal des Landes unserer Bevölkerung anvertraut. Sie hat diese Geste verstanden und honoriert. Sollte das nicht auch einmal für die größeren deutschen Schicksalsfragen möglich werden? Das wäre dann das Wunder um Deutschland!

Wenn ich jetzt von unseren Freunden und Helfern spreche und dabei ihre Parteizugehörigkeit erwähne, dann nur, um alle Einzelheiten festzuhalten. Für unsere Sympathien spielte die Parteifrage keine Rolle. Wir wollen auch in diesem Buch keiner der deutschen Parteien einen größeren Anteil am Erfolg beimessen. Sie waren alle gleichermaßen daran beteiligt, sie haben alle zum Erfolg beigetragen, wenn auch manchesmal unbewußt und sogar gegen die eigene Überzeugung. Wenn schließlich einer – wie beispielsweise der Kanzler – einen Weg gehen zu müssen glaubte, der sich nach unserer festen Überzeugung, wenn er Erfolg gehabt hätte, zu unserem Unglück ausgewirkt haben würde, dann wurde dies wieder ausgeglichen durch den unerschütterlichen und unwandelbaren Einsatz von Bundesminister Jakob Kaiser (Abb. 3), ohne dessen Wirken die Saar wohl kaum wieder ein Teil Deutschlands geworden wäre. So wollen wir allen denen Gerechtigkeit widerfahren lassen, auf die wir bauen und uns stützen konnten. Wenn der eine oder andere Name fehlen sollte, dann ist dies keine böse Absicht, dann stehen die angeführten Namen stellvertretend für die vergessenen oder die zahllosen ungenannten Mitstreiter.

Die wichtigste Aufgabe des gesamten Geschehens um die Saar von 1947 bis zur Volksbefragung bestand darin, bei der Saarbevölkerung die Überzeugung wachzurufen, daß der Wunsch nach Wiedervereinigung unseres Landes mit Deutschland auch der unerschütterliche Wille des deutschen Volkes und seiner Regierenden ist. Es mußte an der Saar die Gewißheit entstehen, daß die Mehrheit aller Deutschen auf die Rückkehr der Saar warte und die Verwerfung des Statuts wolle. Dazu gehörte die Gewißheit, daß die Vertreter der Separation von der Bundesregierung und der deutschen Bevölkerung kompromißlos abgelehnt würden, daß es mit ihnen keine politische Gemeinsamkeit und keinerlei Paktieren geben könne. Gerade in diesem Punkt vertrat auch Bundeskanzler Dr. Adenauer bis zuletzt einen klaren und eindeutigen Standpunkt; über seinen Ausspruch von den »Separatisten« haben wir schon gesprochen.

Äußerst ungünstig für uns war dagegen das Entgegenkommen des Kanzlers seit 1952 in Bezug auf eine scheinbare Europäisierung der Saar. Deshalb mußten wir bei unserer Bevölkerung den Eindruck wachrufen, daß der Kanzler unter dem Druck des französischen Junktims stand und gar nicht anders handeln konnte, im Grunde aber eine andere Haltung von den »guten Deutschen an der Saar erwarte« (Erinnerungen Bd. II, S. 368). Eine solche Überzeugung konnte nur durch den Kreis entschlossener Freunde und Helfer mit Rang und Namen im Bundesgebiet geweckt werden.

Dies von Anfang an erkannt zu haben, war das große Verdienst von Dr. Gustav Strohm (Abb. 136), den wir wiederholt bereits erwähnt haben. Bereits 1947 setzte er als erster nach dem Zusammenbruch wieder die Saar-Fahne, er provozierte mit dem Artikel: »Ist die Saar verloren?« das Echo eines Widerstandes und einer Opposition der Saarbevölkerung. Er begriff sofort den Appell in meinem Schreiben aus dem Jahre 1948: »Laßt uns nicht im Stich!« und vermittelte uns ständig das Gefühl, daß wir nicht allein stünden. Sehr schnell hatte Strohm erfaßt, daß die Saarbevölkerung angesichts der Macht der Besatzungsbehörden und ihrer einseitigen Maßnahmen jenem Baron Münchhausen glich, der sich an seinem eigenen Kopf aus dem Sumpf herausziehen sollte. Strohm wußte aber auch, daß das zwar dem »Lügenbaron« gelungen sein mochte, für uns jedoch eine Unmöglichkeit sein würde. Deshalb öffnete er uns auch alsbald alle Wege zu den maßgebenden neuen Männern in Bonn. Das Friedensbüro war Ende 1949 von Stuttgart nach Bonn übergesiedelt und in das Auswärtige Amt der neuen Bundesregierung eingegliedert worden. Strohm war jetzt der offizielle Saarreferent der Bundesregierung. Durch die bestehende Verbindung mit Dr. Hellwig kam es zu einer ersten Kontaktaufnahme am 12. und 13. Januar 1950, kurz vor dem Besuch des französischen Außenministers Robert Schuman in Bonn (oben S. 195). Hier trafen wir – Richard Becker, Dr. Martin und ich – außer mit Dr. Strohm und Dr. Hellwig auch mit einer Reihe von Abgeordneten des im Herbst gewählten ersten Deutschen Bundestages zusammen. Ich erinnere mich noch an die Namen, Etzel, Henle, Pohle, Dr. Lehr und Kemper (Trier), alles Männer von Einfluß und mit Verbindungen zur westdeutschen Wirtschaft und Politik.

Richard Becker konnte in diesen zwei Tagen auch das erste Gespräch mit dem neuen Bundesminister für gesamtdeutsche Fragen, Jakob Kaiser, führen. Einige Zeit später öffnete uns Strohm auch den Weg zur Opposition. Dr. Kurt Schumacher (Abb. 139), der nur wenige Monate zuvor mit nur einer Stimme als Kanzlerkandidat gegen Dr. Adenauer unterlag, war nach Jakob Kaiser der zweite prominente deutsche Politiker, der uns vertrauensvoll empfing und immer wieder Zeit und Gehör für uns fand, obwohl wir doch aus dem bürgerlichen Lager kamen und die Verbindung von der bundesdeutschen SPD zu oppositionellen Sozialdemokraten an der Saar bereits bestand. Hier dachte man eben weiter und über die Parteien hinweg. Dr. Strohm unterhielt von Anfang an enge Verbindung zum Ministerium für gesamtdeutsche Fragen und dessen Saarspezialisten Dr. Knoop (Abb. 137) und Wilhelm Bodens (Abb. 138); beide Stellen arbeiteten eng zusammen und unterstützten sich gegenseitig. Alle deutschen Saarnoten an die Alliierte Hohe Kommission und an den Europarat aus den Jahren 1950 bis 1952, insbesondere die Noten vom 5. Mai 1950 wegen der Saarkonventionen, vom 9. Februar 1951 wegen der Ausweisungen, und vom 29. Mai 1951 wegen der Einschränkung der Grund- und Freiheitsrechte im Saarland sind von Gustav Strohm unter Mitwirkung des gesamtdeutschen Ministeriums verfaßt worden.

Auch die bedeutendste Veröffentlichung jener Zeit ging auf die Tätigkeit Strohms zurück: die »Denkschrift der Bundesregierung zur Saarfrage« vom 9. März 1950. Hier hatte Strohm zuvor einige der »großen Kenner« des Saarproblems: Dr. Hellwig, den früheren Leiter der Saargruben A.-G., Direktor Franz Wächter, Ministerialrat Dr. von Loebell und seine Mitarbeiter und den früheren Präsidenten der Eisenbahndirektion Saarbrücken, Dr. Sarter, zu Rote gezogen. Strohm hatte kurzerhand die Herren einen Tag lang »in Klausur gesetzt«, um deren Vorschläge für die Behandlung des Themas zu bekommen. Aus dem Kreis der Kohlefachleute entwickelte sich später übrigens eine enge Verbindung zwischen uns und der Vereinigung Kohle und Stahl in Bad Godesberg, deren Leiter, Bergrat a. D. D. Th. Kayser, einer unserer besonderen Freunde und Förderer wurde.

Strohm verfaßte dann später auch die Beschwerde an den Europarat wegen Verletzung der Menschenrechte im Saarland vom 29. Februar 1952, über die wir oben schon berichtet haben. Schließlich waren auch die Entwürfe zu den ersten großen Reden Dr. Adenauers zur Saarfrage im Deutschen Bundestag aus den Jahren 1950 und 1951 das Werk Strohms. Als Richard Beckers erstes Gespräch 1951 mit dem Bundeskanzler stattfand, war Adenauers Politik schon so weit auf eine »europäische« Lösung ausgerichtet, daß aus der Einstellung des Kanzlers eine echte Kraft zum Widerstand bei uns nicht mehr erwachsen konnte. Wir waren auf andere Hilfe angewiesen – und fanden sie bei Adenauers zuständigem Minister für gesamtdeutsche Fragen: *Jakob Kaiser*. Nach Strohms Absetzung durch den Bundeskanzler am 19. März 1952 wurden Jakob Kaiser und seine Mitarbeiter Dr. Knoop und Wilhelm Bodens »ruhender Pol in der (Saar) Erscheinungen Flucht«.

Wenn später einmal der »Spiegel« (Nr. 53/1955, S. 17) in einer für mich schmeichelhaften Weise schrieb: ». . . immer ist es so gut wie sicher, daß ›Heini‹[1] Schneider dahintersteckt«, dann muß man gerechterweise sagen: Was immer in Bonn in den Saarangelegenheiten geschehen ist, bis März 1952 steckten Gustav Strohm und nachher Jakob Kaiser und seine beiden Mitarbeiter dahinter!

Der Einsatz Kaisers begann in den ersten Tagen des Jahres 1950 mit einem Paukenschlag: Ohne den Kanzler vorher zu fragen, verbreitete Kaiser am 12. Januar 1950 die erste große Saardenkschrift, von der wir schon einmal berichtet haben. Wenn im »Gesamtdeutschen« – so hieß das Ministerium sehr bald bei uns – auch Herr von Zahn die Denkschrift zusammengestellt und abgefaßt hat, Gustav Strohm steckte auf jeden Fall dahinter, auch wenn er aus Sicherheitsgründen aus der Schußlinie geblieben ist. Und wie richtig war das! Als der Kanzler das Presseecho über die Denkschrift und die französischen Proteste erfuhr, gab es den ersten handfesten Krach zwischen dem Kanzler und seinem »gesamtdeutschen Jakob«! Die Einzelheiten darüber sind in Kaisers Biographie von Conze-Kosthorst-Nebgen (S. 116 f. und 319 f.) festgehalten.

Am 26. Januar 1950, eingegangen am 30. Januar, schrieb der Kanzler seinem Minister einen Brief, der uns im vollen Wortlaut vorliegt. Es war der erste, aber nicht der letzte Rüffel, den Adenauer bis zur glücklichen Lösung der Saarfrage seinem Minister erteilte. Kennzeichnend für Adenauers Ausführungen ist der Grundcharakter, der schon damals, im Januar 1950, in dem Schreiben vorgeherrscht hat, obwohl der Kanzler von dem kurz zuvor stattgefundenen Besuch des französischen Außenministers Robert Schuman in Bonn zutiefst enttäuscht war und allen Grund gehabt hätte, der französischen Seite gegenüber in der Saarfrage den deutschen Standpunkt deutlicher zum Ausdruck zu bringen. Wahrscheinlich hätte es dann später weniger Schwierigkeiten gegeben.

Adenauers Ausführungen an Kaiser beginnen mit der Formel: »Ich halte es für erforderlich, Ihnen meinen Standpunkt zu der Behandlung Ihres Memorandums zur Saarfrage und zu den Presseveröffentlichungen zu dieser Angelegenheit nochmals klar und abschließend zum Ausdruck zu bringen. Es ist dieses nötig, damit künftig derartige Zwischenfälle, die der Politik der Bundesrepublik ernstlich schaden können, nach Möglichkeit vermieden werden.« In grundsätzlicher Hinsicht heißt es dann in

---

1 Dieser aus meinem Elternhaus und dem Kameradenkreis hängengebliebene Rufname bürgerte sich nach und nach ein, so daß die guten Freunde und Anhänger mich nur »de Heini« nannten, die Gegner natürlich in abwertender Form. Bis heute wissen die Älteren im Saarland noch, wer gemeint ist, wenn man sagt: »der Heini« (Anm. d. Verf.).

dem dreiseitigen Schreiben: »Darüber hinaus ergibt aber das Studium Ihrer Denkschrift, daß tatsächlich Gedanken und Vorschläge in ihr erörtert und vertreten werden, die mit den Richtlinien *meiner* Saarpolitik, die ich, wie ich immer wieder hervorhebe, mit dem Kabinett abgestimmt habe, im gegenwärtigen Augenblick nicht übereinstimmen. Abgesehen von manchen Formulierungen, die zu gebrauchen in unserer derzeitigen Lage äußerst unklug ist (›die Saarverfassung mehr Protektorat als Autonomie‹), und abgesehen von Angriffen gegen die von der französischen Regierung bei ihren Maßnahmen in der Saar gebrauchten Mittel, die nur dazu geeignet sind, eine Verhärtung der Fronten herbeizuführen, nehmen Sie auch ausdrücklich gegen mich Stellung. Auf Seite 15 des mir vorliegenden Exemplars erklären Sie, ich hätte nicht genügend Einwände und Bedenken gegen die gleichzeitige Aufnahme des Bundes und des Saargebietes in den Europäischen Rat vorgebracht. Sie erklären weiter, das Kabinett habe eine prinzipielle Entscheidung zu Gunsten der politischen Loslösung des Saargebietes von Deutschland gefällt. Auf die übrigen Ausführungen einzugehen, erübrigt sich. Unter diesen Umständen war ich gezwungen, auch sachlich von Ihrem Memorandum abzurücken.«

Mit dieser kurzen Darlegung seiner Vorstellungen zur Saarpolitik gab der Kanzler schon frühzeitig eine Zielsetzung zu erkennen, die er nicht nur beibehalten, sondern bis zur Volksbefragung am 23. Oktober 1955 in steigendem Maße im Sinne des französischen Standpunktes vertreten hat. Umgekehrt ließ sich Jakob Kaiser von seiner Auffassung nicht abbringen und vertrat ebenso klar und eindeutig den Standpunkt, daß die Saar ein Teil Deutschlands ist und zu bleiben hat. Darüber liegt ein weiterer Brief des Kanzlers an seinen Minister vor, der hier – des Zusammenhangs wegen – zitiert werden muß:

Bundesrepublik Deutschland                    Bonn, den 18. November 1952
Der Bundeskanzler

*Persönlich!*

An den
Bundesminister für gesamtdeutsche Fragen
Herrn Jakob Kaiser

*Bonn*/Rhein
Bottlerplatz 3
Sehr geehrter Herr Kaiser!
Nach einer mir vorliegenden Niederschrift der Rede, die Sie am 15. 11. 52 über RIAS gehalten haben, sollen Sie u. a. folgendes ausgeführt haben:

> Und genauso entschieden, wie wir die Wiedervereinigung der zwanzig Millionen mit uns verlangen, fordern wir die Wiedervereinigung der Saar mit Deutschland Denn die Saar ist so deutsch wie Brandenburg, Mecklenburg, Sachsen, Sachsen-Anhalt und Thüringen. Sie ist so deutsch wie das Land jenseits der Oder und Neiße. Nicht nur der Friede ist unteilbar. Auch das Recht ist unteilbar. Und ein Volk hat das Recht auf seine Zusammengehörigkeit in Freiheit. Dieses Recht – das ist das Bewußtsein, das Euch in der Zone wie uns beherrscht – wird sich gegen alle Widerstände durchsetzen.

Ich bitte um umgehende Mitteilung, ob Sie diese Ausführungen in dem wiedergegebenen Wortlaut gemacht haben.

Mit besten Grüßen
Ihr
gez. Adenauer«

Diese Anfrage des Kanzlers hatte ihre Ursache in einer Erklärung, die der französische Außenminister Robert Schuman tags zuvor, am 17. November 1952 von dem französischen Parlament als Antwort auf die Rede Jakob Kaisers in Berlin abgegeben hatte. Schuman wies darauf hin, daß »er im Besitz von Dokumenten sei, aus denen klar hervorgehe, daß zwischen der deutschen und der französischen Regierung Einverständnis über die Europäisierung der Saar herrsche« (Prot. S. 10 929 und »Le Monde« vom 18. November 1952). Begreiflicherweise war dieser Hinweis dem Kanzler peinlich, insbesondere angesichts der am gleichen Tage anstehenden Debatte des Deutschen Bundestages über die Saarfrage, in welcher der Kanzler wieder einen harten Standpunkt einzunehmen gedachte.

Kaiser gab auf die Anfrage keine unmittelbare Antwort; erst am 15. Dezember 1952 folgte Kaisers Darstellung über das von Adenauer unzutreffend beurteilte Wahlergebnis im Saarland vom 30. November 1952 (siehe S. 328/29). Zu der Anfrage des Kanzlers vom 18. November stellt die Biographie über Kaiser (S. 330) fest: »Daß es immer wieder die gleiche Aussage war, die Kaiser machte, daß er immer wieder die gleiche Parallelisierung von Saarfrage und mitteldeutscher Frage vornahm mit der hinzugefügten Feststellung unteilbaren Friedens und unteilbaren Rechtes, war Adenauer hinreichend bekannt. Er brauchte dies nicht eigens zu erfragen. Wenn er es dennoch tat, mutet es an wie eine stereotype Warnung, wie das Zählen der Tropfen, die das Faß voll machen, oder wie das Ticken eines Zeitzünders, der eines Tages die Abstoßung von diesem unbotmäßigen Minister auslösen sollte.«

Wir müssen dieser Schlußfolgerung zustimmen; denn das Beispiel des Gesandten Strohm, das ja gerade erst ein halbes Jahr vor diesem Brief vom Kanzler statuiert worden war, und das Beispiel des Kaiser-Mitarbeiters Wilhelm Bodens, der kurz vor der Volksbefragung suspendiert wurde, zeigen, wie unbeirrt und hart der Kanzler sein einmal gesetztes Ziel verfolgt hat, und wie er jeden Widerstand beiseite schob, der sich ihm entgegenstellte. Um so bewunderswürdiger war die unerschütterliche Haltung des zuständigen Ministers, der sich nicht beirren ließ – und seinen Weg mit uns bis zum erfolgreichen Ende fortsetzte. Konnte es eine bessere Anerkennung für den Minister geben als Adenauers Erklärung am 1. Januar 1957 zur Feier der glücklichen Wiedervereinigung der Saar mit Deutschland im Saarbrücker Stadttheater: »Das ist der glücklichste Tag meines Lebens!«? Wie schwer und steinig dieser Weg gewesen ist, zeigt der weitere Schriftwechsel. Ein halbes Jahr nach dem »ersten Rüffel« im Januar 1950 erhielt Kaiser ein Schreiben des Kanzlers vom 9. Juni 1950:

»Bundesrepublik Deutschland                                Bonn, den 9. Juni 1950
Der Bundeskanzler

Herrn
Bundesminister Jakob Kaiser

*Bonn a. Rh.*, Bottlerplatz 3

133
Der deutschen Sache und der DPS eng verbunden: Dr. Georg Geiger und seine Gattin im Gespräch mit Richard Becker. Sie mußten den Überfall der Hector-Polizisten am 20. November 1952 und den dadurch verursachten Tod des Vaters Georg Geiger erdulden.

134
Dr. Fritzhenning Karcher, Neffe von Dr. Bodo Karcher. Er übernahm nach dem Tode des Onkels die Leitung der großen Schraubenwerke Karcher und setzte sich für die deutsche Sache an der Saar besonders ein.

DIE SAAR KANN MAN NICHT HEIMHOLEN
"Daheim ist Europa": Johannes Hoffmann (siehe "Deutschland")

135
Der Sieger von 1952: Spieglein, Spieglein an der Wand, wer ist der Stärkste im ganzen Land?

136
Gesandter Dr. Gustav Strohm (links) mit Gattin und Richard Becker (Mitte) 1952 in Bad Mergentheim

137   138
Die treuen Helfer aus Bonn: Die »Unermüdlichen« des gesamtdeutschen Ministeriums in Bonn, links: der heutige Ministerialdirigent Dr. Emil Knoop; rechts: Ministerialrat i. R. Wilhelm Bodens

**Verdient um die
Saarrückkehr**

139
Dr. Kurt Schumacher, Vorsitzender der
Sozialdemokratischen Partei
Deutschlands

140
Bundesminister a. D. Dr. Thomas Dehler
Vorsitzender der Freien Demokratischen
Partei und Vizepräsident des Deutschen
Bundestages

Sehr geehrter Herr Kaiser!

Der stellvertretende französische Hohe Kommissar, Herr *Bérard*, hat gestern Herrn Blankenhorn zu sich kommen lassen und ihm wegen der Tätigkeit des in Ihrem Hause eingerichteten Saarreferats eindringliche Vorhaltungen gemacht. Ich bitte, nähere Einzelheiten aus der anliegenden Aufzeichnung zu entnehmen. Herr François-Poncet, der mich am gleichen Tage aus anderem Anlaß besuchte, unterstrich die Kritik, die Herr Bérard an der Tätigkeit des Saarreferats geübt hatte. Da es darauf ankommt, angesichts der in Kürze beginnenden Verhandlungen über den Schuman-Plan alles zu vermeiden, was zu einer Beeinträchtigung des deutsch-französischen Verhältnisses führen könnte, bitte ich Sie, Ihr *Saarreferat anzuweisen, seine Tätigkeit bis auf weiteres einzustellen.* Die Saarfrage wird sich im Laufe der Zeit noch regeln.

Mit vorzüglicher Hochachtung!

gez. Adenauer«

Und die Aufzeichnung des Herrn Blankenhorn vom 8. Juni 1950:

»*Aufzeichnung*

Anläßlich meiner heutigen Unterredung mit Herrn Bérard brachte dieser die Sprache auf die zunehmende Aktivität des Ministeriums für gesamtdeutsche Fragen im Saargebiet. Es sei in diesem Ministerium ein Saarreferat eingerichtet worden, das – wie von den zuständigen französischen Stellen berichtet werde – in letzter Zeit im Saargebiet mittels Agenten stark gegen Frankreich agitiere. Dieses Saarreferat verfüge über erhebliche Geldmittel.

Wenn diese Tätigkeit fortgesetzt würde, so würden sich ungünstige Reaktionen aus Frankreich nicht vermeiden lassen.

Bonn, den 8. Juni 1950«

Die Behauptungen Bérards wies Kaiser in seiner umgehenden Antwort vom 11. Juni 1950 als unhaltbar zurück und verlangte eine Nachprüfung der Meldung. In der Tat gab es in jenem Zeitpunkt weder Agenten des Ministeriums im Saarland noch waren irgendwelche Geldmittel eingesetzt. Herr Bérard konnte auch unsere Bemühungen, über die DPS eine Opposition gegen die Politik der Separation in Gang zu bringen, nicht gemeint haben; denn sie gab es Anfang Juni 1950 noch nicht; der entscheidende Parteitag der DPS fand ja erst am 2. Juli 1950 statt. Der französische Vorstoß war also nichts anderes als eine vorbeugende Maßnahme im Hinblick auf die an der Saar längst eingetretene allgemeine Ernüchterung, in welcher ja Johannes Hoffmann und sein Kultusminister Dr. Straus schon 1948 die Gefahr erkannt hatten, daß »diese Lage schon sehr bald in eine ›Heim-ins-Reich-Stimmung‹ umschlagen könnte. Nach dem Grundsatz »wehret den Anfängen!« wollte die saarländisch-französische Seite rechtzeitig einer Entwicklung begegnen, die später – für alle Beteiligten unabwendbar – sich aus der Sache heraus ergab.

Daß der Bundesminister für gesamtdeutsche Fragen diese Aufgabe erkannt und unbeirrbar gegen den zum mindesten mehrfach schriftlich fixierten Willen seines Kanzlers erfolgreich erfüllt hat, muß als das *große historische Verdienst von Jakob Kaiser* immer wieder herausgestellt werden. Der Schlußsatz seines Antwortschreibens auf die Vorstellung von Herrn Bérard belegt diese Schlußfolgerung, wenn er erklärte: »Abschließend kann ich nur sagen: Wenn in Verbindung mit der Saarfrage überhaupt ein Vorwurf gegen mein Ministerium erhoben werden könnte, dann ist es der, die Deutschland verbundenen Kräfte im Saargebiet – ohne gegen Frankreich zu agitieren – nicht genügend mit Rat und Tat unterstützt zu haben. In aufrichtiger Begrüßung Ihr gez. Jakob Kaiser.«

Wir werden sehen, wie der Minister Kaiser und seine Mitarbeiter nach der Organisierung einer deutschen Opposition an der Saar diese durchaus mit Rat und Tat unterstützt haben. Hier befolgte der Minister rückhaltlos die ihm vom Grundgesetz auferlegte Verpflichtung; wir haben den Wortlaut gerade im Hinblick auf die Haltung von Jakob Kaiser diesem Kapitel vorangestellt.

Der nächste Vorstoß gegen die Bemühungen des Ministeriums für gesamtdeutsche Fragen in Saarangelegenheiten folgte zwei Jahre später. Darüber liegt folgendes Schreiben vor:

»Bundesrepublik Deutschland                 Bonn am 3. 11. 1952
Der Bundeskanzler

Herrn Bundesminister J. Kaiser

Bundesministerium für
gesamtdeutsche Fragen

Sehr geehrter Herr Kaiser!
Die Saarfrage hat eine solche allgemein politische Bedeutung gewonnen, daß ich Sie bitten muß, keine selbständige Politik dort zu treiben oder treiben zu lassen.

Mit vorzüglicher Hochachtung
gez. Adenauer«

Von allen Interventionen des Kanzlers gegenüber seinem zuständigen Minister ist dieses Schreiben für mich das unverständlichste. Es wurde am Vorabend vor unserer großen Besprechung mit Adenauer, Kaiser und anderen Mitarbeitern des Kanzlers geschrieben; tags darauf vereinbarten wir mit Adenauer und Kaiser die Führung des Wahlkampfes an der Saar für die Wahlen am 30. November 1952. Ich habe oben (S. 322 ff.) den äußerst harmonischen Verlauf dieser mehrstündigen Beratung vom 4. November 1952 beschrieben. Der Kanzler machte uns alle Zusagen in jeder von uns gewünschten Form, vor allem bekräftigte er unsere Haltung, dem Regime an der Saar entgegenzutreten und trotz der Beschränkung aller Freiheiten an der Saar so viele ungültige Stimmen wie möglich zu erreichen. Zwei Wochen nach diesem Brief vom 3. November sprach der Kanzler dann nochmal im Deutschen Bundestag zu den Saarwahlen und führte eine äußerst harte Sprache. Die Deutschen an der Saar ermunterte der Kanzler mit den Worten: »Aber wir können nicht zulassen, daß der Wille der Bevölkerung an der Saar dadurch verfälscht wird, daß einem Teil des Volkes, und zwar einem sehr erheblichen, die Möglichkeit genommen wird, seinen politischen Willen zum Ausdruck zu bringen. Da Wahrhaftigkeit und Gerechtigkeit sich letzten Endes immer durchsetzen, zweifle ich nicht daran, daß der Sieg denen gehören wird, die in diesem Kampf gegen den Zwang Mut zeigen« (Prot. S. 10924).

Mußte der Bundesminister gerade die letzten Worte nicht auch auf sich und seine Mitarbeiter im Verhältnis gegenüber dem Kanzler beziehen? Die Folgezeit dürfte den

Beweis dafür liefern; denn die Arbeit des Ministeriums wurde uneingeschränkt fortgesetzt, obwohl Adenauer schon kurze Zeit später einen weiteren – den nunmehr dritten – Vorstoß unternahm, die Tätigkeit des gesamtdeutschen Ministeriums in Saarangelegenheiten zu beenden. Wir haben im vorangegangenen Kapitel ausführlich die kontroverse Auffassung von Kanzler und Minister über die Bedeutung des Wahlergebnisses an der Saar vom 30. November 1952 dargetan und dabei den Brief Adenauers an Kaiser vom 8. Januar 1953 im Wortlaut wiedergegeben. Darin wurde nicht nur die Saarpolitik des Ministeriums in Bausch und Bogen als verfehlt bezeichnet, sondern der zuständige Bundesminister von dem Kanzler »als Leiter der Bundesregierung in aller Form ersucht, daß sich sein Ministerium gegenüber den Saarangelegenheiten nunmehr völlig zurückhalte«. Muß sich aus diesen Zwiespältigkeiten nicht die Frage aufdrängen: Was wollte der Kanzler eigentlich? Galten die im Bundestag und uns gegenüber abgegebenen Erklärungen und die Ermunterungen für unsere Tätigkeit (Adenauer: »Ich vertraute den Saarländern. Ich wußte, daß sie deutsch fühlen. Man mußte ihnen Freiheit verschaffen, das andere würden sie dann selbst tun«, Erinnerungen, Bd. II, S. 371) – oder aber die bis November 1952 schon so weit gediehenen Absprachen mit Frankreich, die auch den de-jure-Verzicht auf die Zugehörigkeit der Saar zu Deutschland enthielten? Hier ist uns ein Rätsel aufgegeben, das zu der wohl am schwierigsten zu beantwortenden Frage des ganzen Buches führt. Man hat den Bundeskanzler häufig eine »politische Sphinx« genannt; daran ist sicher manches wahr. Wir haben das in unseren Saarangelegenheiten jedenfalls ebenso erfahren wie unser Freund und Helfer Jakob Kaiser. Wie anders sollte er Adenauers nachgezogenes Schreiben (auf den zitierten Absagebrief vom 8. Januar 1953) auffassen, das nur wenige Tage später, am 14. Januar 1953, an ihn gerichtet worden ist:

»Bundesrepublik Deutschland                          Bonn, am 14. Januar 1953
Der Bundeskanzler

Herrn
Bundesminister J. Kaiser

*Bonn*
Bundesministerium für gesamtdeutsche Fragen

Sehr geehrter Herr Kaiser!
Im Nachgang zu meinem Schreiben vom 8. Januar bemerke ich noch, daß selbstverständlich die Pflege kultureller Beziehungen mit der Saar außerordentlich wünschenswert ist. Mit freundlichen Grüßen Ihr ergebener

gez. Adenauer«

Natürlich hat Jakob Kaiser die Bestrebungen des Kanzlers, den Tätigkeitsbereich des gesamtdeutschen Ministeriums einzuschränken oder gar ganz aufzuheben, nicht kampflos hingenommen. In zwei umfangreichen Briefen vom 24. Januar 1953 widerlegte Kaiser die Argumentation des Kanzlers und wies vor allem auf die gegenteiligen Erklärungen Adenauers hin, die dieser zur Saarfrage abgegeben hatte. Vor allem wurde von Kaiser auch auf die uns gegebenen Zusagen in der Besprechung vom 4. November 1952 hingewiesen. Zur gleichen Zeit schaltete sich der Landesvorsitzende der CDU von Rheinland-Pfalz, Ministerpräsident Peter Altmeier, ein und richtete am 28. Januar 1953 ein umfangreiches Schreiben an den Kanzler mit Vorstellungen gegen dessen Saarpolitik. Dieses Schreiben schließt mit der Feststellung: »Lassen Sie uns schließen mit dem Bemerken: Wir in Rheinland-Pfalz, als die unmittelbaren Nachbarn nach der Saar, haben seit dem Zusammenbruch unverändert unsere Aufgabe in der in der Präambel des Grundgesetzes niedergelegten Verpflichtung gesehen, das Saargebiet für Deutschland zu erhalten und wir sind der Meinung. daß der Friede zwischen Deutschland und Frankreich auf die Dauer auf das schwerste gefährdet ist, wenn ein neuer Zankapfel »Saargebiet« geschaffen wird. Gerade weil wir leidenschaftliche Anhänger einer deutsch-französischen Verständigung sind, müssen wir uns dem in den Weg stellen.«

Mitverfasser und Unterzeichner war neben Peter Altmeier der Innenminister von Rheinland-Pfalz, Dr. Alois Zimmer, einer unserer verläßlichsten Freunde und Mitkämpfer im Nachbarland. Schließlich wurde der Vorstoß aus Mainz noch unterstützt von dem nimmermüden Abgeordneten der CDU im rheinland-pfälzischen Landtag, dem Weingutbesitzer Jakob Diel, Bad Kreuznach, der durch zahllose Briefe an den Kanzler und Artikel in der Presse, Rundbriefe an Freunde usw. ein ständiger »Helfer in Saarangelegenheiten« gewesen ist. Auch aus Kreisen der SPD und der FDP um Thomas Dehler erhielt Jakob Kaiser Hilfe zur Abwehr des Generalangriffs gegen seine Stellung, genauer gesagt: gegen sein Wirken in der Saarfrage, so daß der Kanzler schließlich eine ganze Fronde gegen sich hatte. Ein Schreiben Jakob Kaisers an den Kanzler vom 27. Januar 1953 gab den letzten Stoß: »Verehrter Herr Bundeskanzler, aus dringendem Anlaß und aus wirklicher Besorgnis heraus muß ich Sie bitten, die Weiterbehandlung der Saarfrage in der nächsten Kabinettsitzung mit zur Erörterung zu stellen. In aufrichtiger Begrüßung verbleibe ich Ihr gez. Jokab Kaiser.«

Damit war zwar keine Änderung der Adenauerschen Saarpolitik erreicht, aber umgekehrt war die Weiterarbeit des für uns so wichtigen Ministeriums im Prinzip unangetastet geblieben. Wir haben bereits erwähnt, daß der Kanzler während des Jahres 1953 andere Sorgen hatte: Die im September 1953 bevorstehenden Bundestagswahlen mußten erfolgreich geführt werden, ihr Ergebnis war entscheidend für die gesamte Außenpolitik des Kanzlers, vor allem aber wichtig für die von Dr. Adenauer angestrebte europäische Verteidigungsgemeinschaft, also der Wiederbewaffnung der Bundesrepublik, die von der SPD damals nachhaltig abgelehnt wurde. Adenauer gewann diese Wahlen, die CDU/CSU erreichte die absolute Mehrheit.

Nur kurze Zeit nach dem Zusammentreten des neu gewählten (zweiten) Deutschen Bundestages setzte der Kanzler seine Bestrebungen zur Regelung der Saarfrage in *seinem* Sinne fort. Adenauers Regierungserklärung vom 20. Oktober 1953 und die Aussprache darüber im Bundestag am 29. Oktober 1953 hatten die deutsche Öffentlichkeit wachgerufen, den schockierenden und provozierenden Artikel von Paul Sethe in der »FAZ« haben wir als Beispiel für eine ungeschminkte Beurteilung der weiter zugespitzten Saarfrage (S. 252) zitiert. Auch das gesamtdeutsche Ministerium geriet wieder in die Schußlinie. Ende November erhielt Bundesminister Kaiser das folgende Schreiben:

»Der Bundeskanzler und                       Bonn, den 25. Nov. 1953
Bundesminister des Auswärtigen

Sehr geehrter Herr Kaiser!

Unter Bezugnahme auf meine Briefe vom 3. November 1952 und vom 8. Januar 1953 teile ich Ihnen ergebenst folgendes mit:

Die außenpolitische Lage hat es nötig gemacht, in konkrete diplomatische Verhandlungen über die Saarfrage einzutreten. Diese Verhandlungen setzen die zusammenfassende Behandlung aller politischen Saarprobleme in einem einzigen Bundesministerium voraus. Das kann im Hinblick auf den diplomatischen Charakter der Verhandlungen nur das Auswärtige Amt sein.

Daraus ergibt sich, daß die Zuständigkeit Ihres Ministeriums für die Saarfrage in Zukunft wegfällt. Dasselbe gilt für die Behandlung der übrigen Grenzfragen im Westen, insbesondere soweit sie die Niederlande und Belgien betreffen.

Ich habe Herrn Staatssekretär Hallstein gebeten, sich mit Ihnen darüber ins Benehmen zu setzen, wie die Arbeiten Ihres Ministeriums, soweit sie nicht abgewickelt werden können, auf das Auswärtige Amt zu überführen sind. Er wird Sie ferner über den Gang der Verhandlungen informieren.

Mit freundlichen Grüßen
Ihr
gez. Adenauer

An den
Bundesminister
für gesamtdeutsche Fragen
Herrn Jakob Kaiser

Bonn

Wie der sehr kategorische und bestimmte Wortlaut dieses Schreibens zeigt, wurde es jetzt ernst mit dem Schicksal des Ministeriums und seiner für uns inzwischen *noch wichtiger* gewordenen Arbeit, trieben die Dinge doch immer mehr zu einer Entscheidung, die letzten Endes allein von der Saarbevölkerung und damit auch von unserer politischen Tätigkeit abhängig sein würde. Ich gehe nicht zu weit, wenn ich feststelle, daß ein Nachgeben Kaisers auf Adenauers Forderung auf viele Jahrzehnte hinaus das Ende einer »deutschen Saar« gewesen wäre. Wieder gelang es Jakob Kaiser, Adenauer umzustimmen. In einem persönlich und versöhnlich gehaltenen Schreiben vom 3. Dezember 1953 stellte Kaiser der Forderung Adenauers, die Saarfrage allein dem Auswärtigen Amt zu unterstellen, wichtige Argumente entgegen: »Aber die Saarfrage bleibt nun einmal nicht nur eine Angelegenheit der Außenpolitik. Sie ist und bleibt vor allem auch eine innerdeutsche Frage. Die Saarfrage ausschließlich zu einer Sache des Auswärtigen Amtes zu machen, käme einer Demonstration gleich, die bedeuten würde, daß man das Saargebiet als Ausland behandele. Zugleich würde die Wahrnehmung der innerdeutschen Verantwortung für die Bevölkerung an der Saar eine einfach störende Belastung für das Außenamt und für unsere Beziehungen zu den westlichen Ländern zur Folge haben.«

Jakob Kaiser hatte nur zu recht mit seinen Feststellungen; denn gerade wir haben ja erfahren, wie wenig das Auswärtige Amt »unser Freund und Helfer« sein konnte, nachdem Gustav Strohm vom Kanzler entfernt worden war und sein Nachfolger sich hüten mußte, ein gleiches Schicksal zu erleiden. Mit dem Bundeskanzler war nicht zu spaßen; Adenauer vertrug alles weniger als einen Widerstand gegen seine Auffassungen. Daher ist nicht verwunderlich, daß wir Deutschen von der Saar nach dem Gespräch vom 4. November 1952 keinerlei Verbindungen mehr zum Bundeskanzleramt und zum Bundeskanzler selbst, aber auch ebenso wenig solche zum Saarreferat des Auswärtigen Amtes hatten, obwohl der Nachfolger Strohms, Legationsrat Dr. Thierfelder, der Schwiegersohn unseres ältesten Mitkämpfers bei der DPS, des Saarbrücker Kaufmanns Karl Burk, war, und nach Hoffmanns Urteil (S. 368) »auf Umwegen eine Rückgliederung der Saar« betrieben hat.

Gerade hier zeigte es sich, wie hart Jakob Kaiser seinen Standpunkt gegenüber dem Kanzler erkämpfen mußte und auch vertreten hat. Jedenfalls gab Adenauer Ende 1953 wieder nach. Nach einer mündlichen Aussprache mit Kaiser am 16. Dezember 1953 bestätigte Kaiser dem Kanzler: »Es besteht nicht die Absicht, dem Ministerium für gesamtdeutsche Fragen seine bisherige Zuständigkeit für Saarfragen sowie die Behandlung der übrigen Grenzfragen im Westen zu entziehen. In Anlehnung an die Zuständigkeitsabgrenzung in der Weimarer Zeit ist das Auswärtige Amt für außenpolitische Verhandlungen über die Saarfrage federführend; im übrigen ist die Betreuung des Saargebietes als eines deutschen Territoriums innerhalb der Grenzen vom 31. Dezember 1937 eine Aufgabe der deutschen Innenpolitik. Soweit nicht für Spezialfragen das Bundesministerium des Inneren zuständig ist, gehört diese Aufgabe zur Kompetenz des Bundesministeriums für gesamtdeutsche Fragen.«

Damit hatte sich Jakob Kaiser endgültig durchgesetzt und konnte auch in der Folgezeit uns seine volle Unterstützung gewähren, ohne die ein aussichtsreicher Kampf gegen die saarländische Regierung, die sie tragenden Parteien und die mit unbeschränkten Geldmitteln ausgestatteten französischen Dienststellen im Saarland unmöglich gewesen wäre. Jakob Kaisers Haltung ist aber nicht abschließend zu beurteilen, ohne seine Einstellung zum Saarstatut zu kennen, das der Bundeskanzler und der französische Ministerpräsident Mendès-France am 23. Oktober 1954 abgeschlossen haben und das die Saarbevölkerung nach dem Willen beider Vertragsschließenden annehmen sollte. Zwei Briefe Adenauers an Kaiser geben darüber Aufschluß:

»Bundesrepublik Deutschland             Bonn, den 23. November 1954
Der Bundeskanzler

Herrn
Bundesminister Jakob Kaiser

*Bonn*
Bundesministerium für gesamtdeutsche Fragen

Sehr geehrter Herr Kaiser!
In der Kabinettsitzung vom 19. 11. 1954 haben Sie bei der Abstimmung über die Pariser Vereinbarungen Ihre Stimme nicht für die Vereinbarungen abgegeben. Bei der Wichtigkeit der Entscheidungen, die die Wiederherstellung der deutschen Souveränität auf der Grundlage der Gleichberechtigung und die Vorbereitung der Wiedervereinigung Deutschlands zum Gegenstand haben, werden Sie verstehen, daß ich über Ihre Auffassung völlige Klarheit haben muß. Es sind mir Zweifel gekommen über Ihre Einstellung zu den sämtlichen Pariser Verträgen und Vereinbarungen. Ich

wäre Ihnen dankbar, wenn Sie mich zur Vorbereitung eines Gesprächs sehr bald über Ihre Auffassungen schriftlich unterrichten würden.

Mit freundlichen Grüßen
Ihr
gez. Adenauer«

Jakob Kaiser gab zunächst mündlich, dann später am 20. Februar 1955 nochmals schriftlich folgende Erklärung gegenüber dem Kanzler ab: »Lassen Sie mich Ihnen gegenüber, Herr Bundeskanzler, um der Wahrheit und Sauberkeit zwischen Ihnen und mir willen noch einmal sagen: Ich bin vom ersten Augenblick an für die Ratifizierung der Verträge – abgesehen von der *Frage um die Saar* eingetreten. . . . Nun noch ein Wort zur Saar. Sie wissen, Herr Bundeskanzler, daß ich dem Saarabkommen in der vorliegenden Form nicht zustimmen kann. Ich verkenne nicht die Zwangslage, der Sie sich in Paris gegenübersahen. Ich kann aber bei der Haltung der französischen Politik sowie bei der Fragwürdigkeit des Regimes in Saarbrücken nicht der Überzeugung sein, daß das vorliegende Saarstatut Ihre Zuversicht rechtfertigt . . .«

Adenauers Antwort auf dieses stolze und mannesmutige Bekenntnis des verantwortlichen Ministers entsprach der Mentalität des Kanzlers:

»Bundesrepublik Deutschland                                    Bonn, am 23. Februar 1955
Der Bundeskanzler

Herrn
Bundesminister J. Kaiser

*Bonn*
Bundesministerium für gesamtdeutsche Fragen

Sehr geehrter Herr Kaiser!
Ich danke Ihnen für Ihren Brief vom 20. Februar. Ich bin bestürzt, daß Sie trotz des Beschlusses des Parteivorstandes, des Parteiausschusses und der Bundestagsfraktion (Adenauer hatte sie inzwischen alle für das Saarabkommen gewinnen können, Anm. d. Verf.), als Mitglied des Kabinetts dabei beharren, *gegen das Saarabkommen* zu stimmen. Ich bitte Sie, alles, was in den genannten Gremien ausgeführt worden ist, doch noch einmal zu überdenken. Ich würde es sehr begrüßen, wenn Sie Ihren Beschluß ändern könnten. Eine Ablehnung des Saarstatuts durch Sie würde ja notwendigerweise auch Konsequenzen mit sich bringen, die ich gern vermieden sehen möchte.

Mit freundlichen Grüßen
Ihr ergebener Adenauer«

Damit war Kaiser vor die Zwangslage gestellt, als Minister auszuscheiden oder einen Ausweg zu finden. Auch das gelang dem Minister; dessen Verbleiben im Amt während des Kampfes um die Volksbefragung im Saarland für uns von allerhöchster Wichtigkeit war. In der Biographie (Kaiser, S. 346–348) ist dieser innere Kampf des aufrechten, deutschen Mannes dargetan und Kaisers Verhalten bei der Abstimmung über den Saarvertrag im Bundestag mit den Worten des bekannten Bonner Kommentators Walter Henkels wie folgt beschrieben: »Der Minister Kaiser saß in sich gesunken auf seinem Abgeordnetensitz in der ersten Reihe. Er hatte sich, wie jedermann bemerkte, zur Ruhe gezwungen, wohl wissend, daß ihn viele Augen unter Kontrolle hielten. Dann sahen es alle: bei der Abstimmung über das Saarstatut warf Kaiser, der Minister von der Partei des Kanzlers, einen weißen Stimmenzettel in die Urne. Weiß bedeutet Enthaltung. Kaiser hatte nicht mit seiner Fraktion gestimmt!«

Ich habe alle diese Vorgänge erst nach Erscheinen der Biographie über Jakob Kaiser im Jahre 1972 erfahren. Das Studium der Originalschreiben und aller Dokumente, die im Rahmen der Biographie nur in beschränktem Umfang verwendet werden konnten, hat mich zutiefst erschüttert. Wir haben nie, auch nicht im entferntesten geahnt, in welcher Gefahr unsere Sache während der ganzen Jahre nach der Abberufung Strohms geschwebt hat, und wie sehr das Schicksal unserer Heimat in der Tat nur von der Haltung dieses einen Mannes abhängig war. Alles hing doch buchstäblich immer am seidenen Faden! Zu der Bestürzung kommt die Bewunderung, die Bewunderung darüber, daß Kaiser diese harten Auseinandersetzungen mit dem mächtigsten Manne in der Bundesrepublik für sich behielt und allein getragen hat. Wir haben nie auch nur Andeutungen über alles das erfahren, was sich hinter den Kulissen abgespielt hat.
  Die gleiche Bewunderung gebührt auch Kaisers Mitarbeitern, vor allem den Herren Dr. Knoop und Wilhelm Bodens, die wußten, in welcher Gefahr ihre Arbeit um die Saar ständig schwebte. Auch sie haben nie etwas verlauten lassen und uns stets mit gleichbleibender Hilfsbereitschaft, aber auch mit Begeisterung und Leidenschaft beigestanden. Ich möchte gerade an dieser Stelle die Frage aufwerfen: Wie hat man alle diese Helfer und Kämpfer für die Erhaltung eines wichtigen Teiles unseres Vaterlandes eigentlich geehrt oder ihnen Genugtuung zuteil werden lassen? Die Antwort muß ich schuldig bleiben. Ich könnte höchstens mit Schiller – auch in Beziehung auf uns an der Saar – sagen: »Ihr Glaube war ihr zugewogenes Glück!«

Es würde ein eigenes Buch von vielen hundert Seiten erfordern, wenn man die praktische Tätigkeit des gesamtdeutschen Ministeriums einigermaßen vollständig darstellen wollte. Im Rahmen der Abteilung III (Grenzfragen) leitete der Abteilungsleiter Ministerialrat und heutige Ministerialdirigent Dr. Emil Knoop (Abb. 137), von seinem Eintritt in das Ministerium im Jahre 1950 an bis zum Abschluß aller Eingliederungsprobleme federführend auch das Saarreferat. In ihm fanden wir einen Mann, der seinem Minister in nichts nachstand. Seit wir uns im Jahre 1950 kennen lernten, entwickelte sich eine enge und vertrauensvolle Zusammenarbeit. Dr. Knoop ging nicht nur mit uns »durch dick und dünn«, er wurde vielmehr zu einem »Freund und Helfer der Saar«, der zusammen mit Jakob Kaiser und Wilhelm Bodens für die Namensgebung dieses Abschnittes meines Buches Pate stand. Heute nach 23 Jahren sind die alten freundschaftlichen Bindungen, die in der eigentlichen und harten Kampfzeit ihre Bewährungsprobe bestanden haben, noch ebenso eng und herzlich wie ehedem. Ich verdanke Dr. Knoop auch eine tatkräftige Beratung bei der Gestaltung dieses Buches. Selbst wenn bei den Auseinandersetzungen um unsere Heimat nur die Freundschaft mit diesen Männern entstanden wäre, würde das schon einen ganz großen Gewinn bedeutet haben.
  Ich weiß, daß Richard Becker genauso dachte wie ich. Ministerialrat i. R. Wilhelm Bodens (Abb. 138) war der enge und ständige Mitarbeiter Knoops und hatte schon

als Geschäftsführer des Rheinischen Heimatbundes und als Kulturreferent der Rheinischen Provinzialverwaltung, zu der bis 1945 auch das Saarland gehörte, praktische Kenntnisse über Land und Leute gesammelt und vor allem nützliche Verbindungen zu führenden Persönlichkeiten in allen Bevölkerungskreisen erlangt. Er war, was seine wissenschaftliche Vorbildung angeht, aus dem Institut für geschichtliche Landeskunde an der Universität Bonn hervorgegangen, das seit dem ersten Weltkrieg über beide Saarabtrennungen hinweg auch für die saarländische Landeskunde und Geschichte die wissenschaftlichen Grundlagen erarbeitete und den Nachwuchs der jungen Forscher schulte. Im Zusammenhang mit Wilhelm Bodens muß dankbar der Name von Professor Franz Steinbach genannt werden, der als Direktor des Instituts und als Leiter der Westdeutschen Forschungsgemeinschaft über die Landesgrenzen hinaus wirkte und internationale Anerkennung fand. Zu dem Kreis um Professor Steinbach gehörten Männer wie die Professoren Herold, Niessen, Droege und Metz/Freiburg ebenso wie der Diplomat Dr. Merxes und unser Mitstreiter Klaus Altmeyer (Abb. 142). Sie alle waren ein Glied in jener langen Kette von Männern und Streitern, die – wenn immer sich Gelegenheit dazu bot – das Ihre zu der großen Aufgabe der Erhaltung des Gebietes für Deutschland beitrugen. Gute Hilfe leistete auch der Pressereferent des gesamtdeutschen Ministeriums, Ludwig von Hammerstein, und der stets hilfsbereite Regierungsdirektor Herbert Spicale. Auch der damalige Regierungsrat (heute Ministerialrat) Dr. Erwin Perkuhn war uns ein guter Freund und Helfer.

Im ganzen genommen waren es mit dem Minister Kaiser nur diese wenigen Persönlichkeiten, die auf deutscher Ministerialebene Saarpolitik gemacht haben. Berücksichtigt man einmal die ständigen Angriffe der Gegenseite, dann wird erst die Leistung der kleinen Schar offenbar. Für die saarländisch-französischen Saarpolitiker gab es drei »Feinde Nr. 1«. Das waren einmal die DPS und ihre Politiker, zum zweiten die »Deutsche Saar-Zeitung« (ein Kind des Ministeriums) und zum dritten das Kaiser-Ministerium.

Natürlich gehörte zur Propaganda gegen die Arbeit Jakob Kaisers in Saarangelegenheiten die stets wiederholte Behauptung von den Kaiser-Millionen, die ständig an die Saar geflossen seien. Nichts ist unsinniger gewesen als diese Behauptung. Mir sind die Zahlen über die vom gesamtdeutschen Ministerium aufgewendeten Mittel einigermaßen bekannt. Sie sind mit den von der Gegenseite aufgebrachten Geldern nicht einmal in eine Bruchteilsrelation zu setzen. Gehörte doch zu den Aufgaben des gesamtdeutschen Ministeriums die kulturelle Betreuung nicht nur des Saarlandes selbst, sondern auch der umliegenden Grenzgebiete von Rheinland-Pfalz. Für die direkte Unterstützung der prodeutschen Kräfte im Saarland und die Saararbeit im Bundesgebiet ist insgesamt nicht ein Viertel der Summe aufgewendet worden, die Herr Grandval für »interventions publiques« in einem Haushaltsjahr im Saarland ausgeben konnte.

Hierzu ist besonders zu betonen, was Robert Schmidt schon untersucht und hervorgehoben hat: Für die an der Saarentscheidung mitwirkenden Persönlichkeiten war der Einsatz »Ehrensache«; wir ließen uns nicht einmal Fahrtkosten oder Spesen für Reisen nach Bonn ersetzen! Für unsere publizistische Tätigkeit – eine Aufstellung folgt noch – ließen wir uns grundsätzlich keine Honorare oder Entschädigungen geben. Alle Prozesse wurden »um der Sache willen« geführt, allenfalls gab es hinterher vom Klienten einen Beitrag zu den Unkosten des Büros – oder im einzigen Falle des gewonnenen Kutsch-Prozesses – die Gebühren vom unterlegenen Gegner. Die großen Sachen – ich denke dabei an den jahrelang geführten DPS-Prozeß oder die 12–14 Verfahren vor der WEU-Kommission – wurden alle ehrenamtlich durchgeführt. Ich weiß mich noch zu erinnern, daß mich Dr. Knoop eines Tages nach der Volksbefragung bat, ich solle doch jetzt dem Ministerium eine Honorarabrechnung für meine politisch-anwaltliche Tätigkeit während der Jahre vor dem Referendum vorlegen. Man wolle dort später nichts mehr mit Zahlungen für die Saar zu tun haben. Ich antwortete: »Machen Sie bitte einen Aktenvermerk, daß von Heinrich Schneider nie eine derartige Rechnung zu erwarten sei; was getan worden ist, sei um der Sache willen geschehen.«

Trotz einer solchen Einstellung, die gleichermaßen bei Richard Becker und allen unseren Mitstreitern vorhanden war, bekamen wir natürlich auch finanzielle Hilfen, aber nur für wirkliche Aufwendungen: Das waren Ausgaben für einige wenige, später aber etwa 15 vollberufliche Hilfskräfte, ferner Mittel für Drucksachen und Propagandamaterial, und schließlich während des Referendums Gelder für Plakate, Flugblätter und – was natürlich einen entsprechenden Aufwand erforderlich machte – für die Herausgabe unserer drei oppositionellen Zeitungen. Hierfür der deutschen Seite einen Vorwurf zu machen, erscheint einfach lächerlich, wenn man bedenkt, daß alle früher einmal in deutschen Händen befindlichen Zeitungen im Saarland von der Gegenseite übernommen worden waren und zusätzlich Subventionen von Herrn Grandval erhielten – vielleicht die annoncenträchtige »Saarbrücker Zeitung« ausgenommen. Daher waren die Angriffe wegen der »Kaiser-Millionen« nichts anderes als die bekannte Methode des »Haltet den Dieb«; wir sind ihr durch die Veröffentlichung der Haushaltspläne der Dienststellen des Herrn Grandval im Saarland entgegengetreten. Über Johannes Hoffmanns Propagandageldern konnten wir nur soviel bekanntgeben, daß er sie in seinem Bücherschrank in einer »Schuhschachtel« aufbewahrte und je nach Bedarf Gebrauch davon machte.

Die wichtigsten Maßnahmen des gesamtdeutschen Ministeriums waren die Gründung des »Deutschen Saarbundes« im Jahre 1951 mit der ersten Generalversammlung in Wiesbaden am 30. März 1952, und – durch den Saarbund – die Herausgabe der »Deutschen Saar-Zeitung«. Sie erschien in Bad Kreuznach und wurde nach dem Verbot durch die Hoffmann-Regierung im Saarland illegal verbreitet.

Den Vorsitz im »Saarbund« übernahm in der ersten Zeit unser allseits verehrter Pastor Bungarten (Abb. 141), der nach seiner Ausweisung aus dem Saarland im Jahre 1948 (oben S. 269) in Bad Neuenahr im Ruhestand lebte. Neben Pastor Bungarten übernahm Dr. Hellwig (Abb. 102) bis zur nächsten Wahl am 19. April 1953 das Amt des zweiten Vorsitzenden. Als Schatzmeister und damit wichtiger Mann betätigte sich jahrelang im »Deutschen Saarbund« Richard Beckers Bruder Carl Arnold Becker (Abb. 163), der die Beckerfirmen im Bundesgebiet von Wiesbaden-Frankfurt aus leitete. Mit zum Vorstand von 1952 gehörte als Schriftführer unser Freund und Mitstreiter Dr. Prinz Hubertus zu Löwenstein (Abb. 157) und – last not least – als Presse- und Propagandaleiter der Chefredakteur der »Deutschen Saar-Zeitung«, Hermann Kresse (Abb. 144). An die Stelle des doch körperlich beeinträchtigten greisen Pastors Bungarten trat ab 19. März 1953 ebenfalls ein alter Saarbrücker Schulfreund, der in Essen lebende Rechtsanwalt Dr. Heinrich Lietzmann (Abb. 163), 2. Vorsitzender wurde Prinz zu Löwenstein, Dr. Hellwig blieb Beisitzer. Im Jahre 1955 kamen die beiden saarländischen Abgeordneten des Deutschen Bundestages, Karl Walz (Abb. 165) (CDU) und Hermann Trittelvitz (Abb. 263) (SPD) in den Vorstand.

Dem »Saarbund« – und das erscheint wesentlich – gehörten zunächst 20 Abgeordnete des Deutschen Bundestages aus allen Parteien an, im Juni 1954 betrug die Zahl (nach Schmidt Bd. I, S. 529) bereits 42, im November 1954 schon über 60 und bei der Jahreshauptversammlung von 1955 bereits 65; das waren 13,5 v. H. aller Abgeordneten. Übrigens war auch die heutige Präsidentin des Bundestages, Frau Annemarie Renger, Mitglied des Saarbundes und gehörte zeitweilig auch dem Vorstand an.

Die Tätigkeit des »Deutschen Saarbundes« zur Bildung der öffentlichen Meinung über die Saar im Bundesgebiet und die sich daraus ergebende »Rückstrahlung« an die Saar darf nicht unterschätzt werden; das gilt ganz besonders bezüglich der zahlreichen Publikationen über das Saarproblem nach 1947. Um alle Einzelleistungen herauszustellen, fehlt der Raum. Aber eines muß gesagt werden, daß es keinem der Mitarbeiter des »Saarbundes« an Fleiß und Mut gefehlt hat, um der Sache der Saar zu dienen, selbst wenn das knallharte und aggressive Vorgehen der Geschäftsführung – zuletzt Dr. Erwin Dittler – zu einem Streit mit dem Bundeskanzler und damit zur endgültigen Einstellung aller finanziellen Unterstützungen für den Saarbund geführt hat. Nach der Unterzeichnung des Saarabkommens am 23. Oktober 1954 durch Dr. Adenauer und Mendès-France ließ der Saarbund – offensichtlich in der von uns allen geteilten ersten Aufregung, daß das Saarland nunmehr endgültig von Deutschland abgetrennt werde – im Bundesgebiet, vor allem in Bonn, Plakate anschlagen, die den Zorn des Bundeskanzlers erweckten. Auf den Plakaten prangte der Titeltext: »Die Saar bleibt deutsch – fort mit den Separatisten«, woraus unschwer herauszulesen war, daß auch die Verfechter des Abkommens auf deutscher Seite damit angesprochen werden sollten. Der weitere Satz: »Kain wo ist Dein Bruder Abel? Adenauer, wo ist die Saar?« dürfte wohl jeden Zweifel ausschließen, was mit dem Plakat gemeint war. Die Reaktion des Bundeskanzlers ließ nicht lange auf sich warten. Hier das Schreiben:

»Bundesrepublik Deutschland                    Bonn, den 23. Nov. 1954
Der Bundeskanzler


Herrn
Bundesminister Jakob Kaiser

*Bonn*
Bottlerplatz 3

Sehr geehrter Herr Kaiser!
Wie ich bereits mündlich mitgeteilt habe, halte ich weitere Unterstützungen für den Saarbund nicht mehr mit den von mir aufgestellten Richtlinien der Politik vereinbar. Um mir ein Bild machen zu können, wie weit andere Unterstützungen, die mit der Saarfrage in Zusammenhang stehen, in diesem Rahmen vertretbar sind, bitte ich, mir eine detaillierte Übersicht über die insoweit bisher geleisteten Zahlungen vorzulegen.

Mit freundlichen Grüßen
gez. Adenauer«

Offensichtlich ist die geforderte detaillierte Aufstellung im Zuge der weiteren Auseinandersetzungen um das Saarabkommen »untergegangen«, jedenfalls ist von einer Übersendung oder Erörterung im weiteren Schriftwechsel des Kanzlers mit seinem Minister nichts bekannt geworden. Allerdings mußte der Saarbund die Mittel zur Fortsetzung des Kampfes bis zur Volksbefragung (und später für die deutsche Wiedervereinigung) von anderer Seite beschaffen. Uns waren die Männer und Frauen des Saarbundes auf jeden Fall eine gute und fühlbare Hilfe; sie dienten, wie wir, der Sache, der wir uns verschrieben hatten. Auch in diesem Falle müssen zwei alte deutsche Sprichwörter gelten, die vor allem auch zur Würdigung der »Deutschen Saar-Zeitung« (DSZ) (Abb. 146) beachtet werden sollten: »Wo gehobelt wird, fallen Späne« und »Wie man in den Wald hineinruft, so schallt es heraus!«

Der Beschluß, im Bundesgebiet eine Zeitung herauszugeben, die im Saarland verbreitet werden sollte, wurde 1951 gefaßt. Er beruht auf einer übereinstimmenden Meinung aller Beteiligten, an ihrer Spitze Dr. Strohm, der damals noch im Amt war, ferner der Mitarbeiter Jakob Kaisers und von uns als Vertreter von der Saar. Anlaß, ein solches Organ zu schaffen, war einzig und allein die politische Unfreiheit in unserem Lande: Hier war uns ja jedes *freie* Wort untersagt; Zeitungen konnten wir nicht herausbringen und der Ausweg, unseren Mitgliedern und Freunden in Rundschreiben unsere Meinung kundzutun, war durch das Verbot der DPS verschlossen worden. Die Verwirklichung des »totalen Staates in der Gestalt einer Diktatur« war im Saarland zur Vollendung durchgeführt. Von den Diktaturen im Osten oder im Dritten Reich unterschied sich das System an der Saar allein dadurch, daß es keine KZs oder Gefängnisse für die Widerspenstigen gab. So wesentlich dieser Unterschied auch war, wir bestanden darauf, auch die demokratischen Rechte in bezug auf unsere Meinungs- und Pressefreiheit zu erlangen. Da man uns dies verweigerte, verschafften wir uns ein eigenes Sprachrohr in der Bundesrepublik – eben die »Deutsche Saar-Zeitung« – und hauten drauf! Die saarländische Regierung hatte die Zeitung für das Saarland schon verboten, ehe die erste Nummer erschienen war, also ehe man überhaupt wußte, welchen Ton das Blatt anschlagen würde. Das war uns Anlaß genug, von der zweiten oder dritten Nummer an – das Blatt erschien vierzehntägig – deutlicher zu werden.

Die Machthaber im Saarland haben sich häufig über den Ton der »DSZ« beschwert, sie mit Streichers »Stürmer« verglichen und vom »Saar-Stürmer« gesprochen oder unser Blatt die »Kreuznacher Dreckschleuder« genannt. Natürlich war das reiner Ärger; denn die Zeitung wurde geschmuggelt und im Saarland eifrig gelesen – und vor allem weitergegeben! Da es im Saarland keine Meinungsfreiheit gab, war die Wirkung der »DSZ« begreiflicherweise stark. Auch konnte die saarländische Seite sich nicht mit unseren Artikeln und Angriffen auseinandersetzen, weil dies die Wirkung unserer Veröffentlichungen noch erhöht hätte. Bei den Persönlichkeiten der saarländischen Politik fanden wir Angriffsflächen genug, sie gaben uns durch ihre früheren anderslautenden Bekenntnisse und ihr Verhalten nach 1945 hinreichend Stoff. Über die »DSZ« hagelte es in Bonn Beschwerden seitens der französischen Dienststellen. Der Kanzler gab sie an den Minister Kaiser weiter, der sich dann auch »von dem Ton, der ihm auch nicht gefiele«, distanzierte.

Schon sehr bald nach der zweiten Nummer wurde ich – ganz ungewollt – zum spiritus rector des Blattes, und ich scheue mich auch nicht, das einzugestehen. Ich selbst habe viel und regelmäßig (natürlich ehrenhalber) für die Zeitung geschrieben. Der große Leitartikel im Kasten auf der zweiten Seite war durchweg von mir, oft mit Hermann Deutsch oder Arminius (bis zum Verrat von 1952), dann mit Cicero oder aber gar nicht gezeichnet. Auch viele Glossen und kleinere Beiträge, die eine genaue Kenntnis der saarländischen Verhältnisse voraussetzten, stammen von mir. Wegen des rauhen oder harten Tons hat man mich oft gescholten, auch Jakob Kaiser sah sich genötigt, mir eines Tages eine »Zigarre«, die er wegen der »DSZ« vom »Alten« bekommen hatte, weiterzugeben. »Sie können doch auch in ganz anderem Ton schreiben, das hat mir ihr kürzlicher Artikel in der ›FAZ‹ bewiesen, warum schreiben Sie die Saar-Zeitung nicht in dem gleichen Stil?«, war die Frage des Ministers. Meine Antwort war lakonisch kurz: »Weil sie dann an der Saar niemand lesen würde!« Als der Minister etwas überrascht dreinsah, gab ich die Erklärung: Die »Frankfurter Zeitung« sei im Saarland an jedem Kiosk zu kaufen, kaum oder nie verboten, sie könne also auch nicht auf unsere Verhältnisse eingehen. Die Leute interessierten sich aber für dieses Geschehen und die dafür verantwortlichen Persönlichkeiten. Wenn der Verbreitung einer im Saarland verbotenen Zeitung schon eine Gefängnisstrafe von drei Monaten drohe, oder sogar oft eine Entziehung des Reisepasses beim Verbringen eines einzigen Exemplars der Zeitung über die Saargrenze erfolge, dann wollten die Leute auch etwas Entsprechendes zu lesen haben. An einer Zeitung im Stil einer »Gartenlaube« sei im Saarland bei dem dort herrschenden Zustand der Unfreiheit kein Mensch interessiert.

Die Begründung leuchtete Jakob Kaiser ein. Auch leuchteten ihm meine Grundsätze ein, die ich nach zwei Goetheworten geprägt hatte: Aus dem Neujahrgruß (das Original befindet sich im Museum der Veste Coburg) »auf jeden groben Klotz ein grober Keil, auf einen Schelmen anderthalbe«!, und aus dem »Westöstlichen Diwan«: »Du Kräftiger, sei nicht so still, wenn sich auch andere scheuen, wer den Teufel erschrecken will, der muß laut schreien!« Nach unserer Unterredung begleitete mich der Minister zur Türe, legte seinen Arm um meine Schulter und sagte: »Machen Sie ruhig weiter so!« In der Tat konnte Jakob Kaiser unser wichtigstes Kampfmittel, die »Deutsche Saar-Zeitung« über alle Fährnisse hinweg bis zum Ende der Auseinandersetzungen hinüberretten. Später wurde im Saarland die »Deutsche Saar« gegründet, welche die »DSZ« ablöste.

Wenn man von der »DSZ« spricht, dann dürfen ihre einsatzfreudigen und unermüdlichen Mitarbeiter nicht unerwähnt bleiben. Die Hauptlast der Redaktion trug Chefredakteur Hermann Kresse, häufig auch unter dem Pseudonym Karl-Heinz Franke schreibend. Neben seinen Aufgaben als Chefredakteur der Zeitung wurde Hermann Kresse nach und nach »das Mädchen für alles«. Er besorgte den Umschlag aller Informationen von der Saar nach Bonn und umgekehrt, zugleich leitete er die Propagandaarbeit des Saarbundes. Wie viele Fahrten mußte Kresse zu allen unseren Freunden – oft mit mir – unternehmen, um die anstehenden Fragen schnell und erfolgreich zu regeln. Es gab keinen Sonntag, oft sogar keinen Feiertag. Hinzu kamen Ärger und Verdruß, vor allem, wenn in einigen Fällen unsere harte Sprache zu Prozessen führte. Auch hier stand Hermann Kresse, unterstützt durch meinen Kreuznacher Kollegen Dr. Düx, seinen Mann. Kresse tat zu jeder Zeit weit mehr als er im Rahmen seines Angestelltenverhältnisses zu tun verpflichtet gewesen wäre. Neben Hermann Kresse arbeiteten regelmäßig an der Zeitung mit: Dr. Josef Ungeheuer (Abb. 154), der Pressechef und Saarreferent der FDP, sowie der Wirtschaftsfachmann Dr. Walther E. Schmitt. Gelegentliche Mitarbeiter waren der Prinz zu Löwenstein und der rheinland-pfälzische Landtagsabgeordnete Jakob Diel. 1953 stieß dann Heinz Bader (Abb. 144) zur Redaktion, zuerst als Pariser Korrespondent, später nach der Ausweisung aus Frankreich als ständiger Mitarbeiter. Seine spritzige und amüsante Feder hat unsere Leser köstlich unterhalten. Zeichnerischer Mitarbeiter war der aus dem Saarland ausgewiesene Grafiker Hermann Müller, der uns auch wertvolle Hilfe leistete.

Außer der »Deutschen Saar-Zeitung« gaben Hermann Kresse und ich den Saar-Informationsdienst »azw« (Abb. 147) heraus, der sehr bald zu einem wirksamen Informationsmittel für die deutsche Presse geworden ist. Auch diese Möglichkeit verdankten wir dem gesamtdeutschen Ministerium und seiner finanziellen Hilfe. Natürlich war der Ton im »azw« ein von der »DSZ« verschiedener.

Im Jahre 1953 schufen sich die Deutschen Sozialdemokraten an der Saar unter Führung von Kurt Conrad ein eigenes »illegales« Informationsblatt, die »Freie Saarpresse« (Abb. 148), die auch an die Saar hinübergeschmuggelt und illegal verteilt werden mußte. Wie in unserem Kreis wurden auch hin und wieder die Schmuggler der »Freien Saarpresse« vom französischen Zoll entdeckt und nach vorübergehender Inhaftierung mit entsprechenden Strafen belegt. Es bedarf kaum einer Erwähnung, daß wir unsere gleichgesinnten Freunde aus dem sozialdemokratischen Lager in gleicher Weise herausgepaukt haben wie unsere eigenen Leute.

An dieser Stelle seien einige der wichtigsten Mitarbeiter bei der Verteilung unserer »DSZ« genannt: Berthold Conter aus Saarhölzbach, der neun Monate wegen Schmuggels der Zeitung in Beugehaft gehalten wurde, ferner Josef Frisch, der etwas weniger lang »brummen« mußte, Helmut Theobald und in Saarbrücken unser damaliger Geschäftsführer Willi Spörhase, später Emil Schäfer; auch die Schwägerin unseres ausgewiesenen Heinz Voigt – dem zeitweiligen Geschäftsführer des Saarbundes –, Fräulein Erika Klein und Frank Dünnebier waren meist mit von der Schmuggler- oder Verteilungspartie unserer Zeitung. Wenn wir von Schmuggelfahrten mit unseren Zeitungen sprechen, dann dürfen die Männer von »drüben« nicht vergessen werden, unsere Helfer auf der deutschen Seite. Da war in Bruchmühlbach der bundesdeutsche Zollsekretär Zinn, der mit seinen Kameraden ein eifriges Mitglied des Deutschen Saarbundes war und ständig nach Mittel und Wegen sann, unsere »DSZ« herüberzuschaffen. Oder in Türkesmühle jener unbekannte Bundesbahnangestellte, der im verschlossenen Abteil die Rucksäcke mit der »Freien Saarpresse« im Niemandsland aus den Fenstern warf, wo sie die bereitstehenden Kameraden von der DSP aufsammeln konnten. Alle halfen mit, ohne Lohn und Entschädigung, allein um der Sache willen!

Von den Sozialdemokraten sind mir die Namen Heinz Schiffler, Oskar Detemple, Peter Knauber und Werner Wilhelm noch in lebhafter Erinnerung. Überhaupt war unser Verhältnis zu den Sozialdemokraten eng und gut. Ich habe schon berichtet, daß wir Dr. Kurt Schumacher (Abb. 139) als ersten deutschen Politiker sprechen konnten, um ihm unsere Sorgen anzuvertrauen. Ich sehe den großartigen Mann mit den stahlharten Augen noch heute vor mir, wie er – der auf das schwerste körperbehindert war, auf seine treue Hilfe, Frau Annemarie Renger, gestützt – sein Notizbuch unter das Kinn geklemmt, mit der linken Hand in steilen Buchstaben unser Anliegen und unsere Mitteilungen aufschrieb. Seine Reden zur Saarfrage im Bundestag verfolgten wir mit Genugtuung und Spannung: Das war unsere Sprache, das waren Worte, die uns aus der Seele gesprochen wurden. Nach Kurt Schumachers allzu frühem Tode setzten zunächst Prof. Carlo Schmid und Fritz Erler und später der Parteivorsitzende Erich Ollenhauer (Abb. 151) die traditionelle Saarpolitik Schumachers fort. Wer Schumacher nennt, darf seinen ersten Mitarbeiter, Dr. Gerhard Lütkens, der auch bald verstarb, nicht vergessen. An Eifer und Fleiß und vielleicht auch zäher Unerbittlichkeit überragte alle Politiker der SPD ihr Abgeordneter und Mitglied des Europarates, Dr. Karl Mommer (Abb. 150). Karl Mommers Einsatz für die Saar wäre eine eigene Arbeit wert. Schon am 29. August 1949 schrieb Karl Mommer der englischen Zeitung »Continental Daily Mail«:

»Ein deutscher Sozialdemokrat protestiert gegen die Saarpolitik

An den Chefredakteur der Daily Mail.
Erst heute kommt mir die Sonderbeilage Ihrer Zeitung in die Hand, die dem Saarland gewidmet ist.
Ehe Sie mich wegen der Ansichten, die ich bekunde, einen Nationalisten heißen, bitte ich Ihre Aufmerksamkeit auf folgende Tatsachen lenken zu dürfen: Ich wurde soeben als Abgeordneter in den deutschen Bundestag gewählt. Ich bin Mitglied der Sozialdemokratischen Partei Deutschlands. Im Jahre 1934 wurde ich zu 21 Monaten Gefängnis verurteilt, weil ich gegen die Tyrannei Hitlers kämpfte.
Von 1935 bis 1946 lebte ich in Belgien und Frankreich. Während des Krieges kämpfte ich in den Reihen der französischen Widerstandsbewegung. Nicht gegen Deutschland, sondern für die Freiheit.
Im Jahre 1945 wurde an allen deutschen Grenzen eine Politik betrieben, die ich haßte, solange sie von Hitler betrieben wurde. Ländererwerb und Grenzveränderungen in allen Schattierungen, von der Massenaustreibung bis zu der weniger schmerzlichen Form der politischen Abtrennung (Autonomie und wirtschaftlichen Anschluß an ein anderes Land). Kann man erwarten, daß wir deutschen Hitlergegner und Demokraten die Anwendung von Nazimethoden gutheißen?
Im Jahre 1946 lebte ich in Paris. Ich kam wiederholt ins Saarland. Ich sah dort Hunger, Demontagedrohung, Ausweisungen, jede Art individuellen wirtschaftlichen Zwangs und Ausschaltung der freien Meinungsäußerung durch die Zensur. Das Saarvolk wurde nie aufgerufen, über die Frage abzustimmen: ›Bist Du für die Trennung der Saar von Deutschland? Ja oder Nein!‹ Es fanden nur die auch sonst üblichen Wahlen zu einem Landtag statt.
Heute verlangt man von uns deutschen Demokraten, daß wir diesen Landtagswahlen einen Sinn beimessen, der über die volksmäßige Zugehörigkeit des Gebiets, über seine Geschichte und nicht zuletzt über die Volksabstimmung des Jahres 1935 einfach hinweggeht. Dazu sage ich NEIN, wie ich zu ähnlichen Wahlen der Hitlerzeit NEIN sagte.
Ich kann nur lächeln, wenn ich in dem Aufsatz, den die ›Daily Mail‹ aus der Feder des Ministerpräsidenten Hoffmann bringt, den Satz lese: ›Grenzen haben heute nicht mehr viel zu bedeuten.‹ Sicherlich nicht, soweit es sich um die saarländisch-französische Grenze handelt. Aber für uns Deutsche ist die Saargrenze so unüberschreitbar wie der Eiserne Vorhang an der Elbe. Unüberschreitbar für Menschen, für Zeitungen, für Waren. Liegt eine solche Saarpolitik im Interesse Europas? Nein! Sie ist das Haupthindernis für bessere deutsch-französische Beziehungen, sie ist deshalb anti-

europäisch. Auch Hitler führte das Wort »Europa« im Munde, um die Welt über seine wahren Absichten zu täuschen.

Ihr sehr ergebener
KARL MOMMER
Doktor der Staatswissenschaften
der Universität Brüssel,
Mitglied des Deutschen Bundestages.«

Es erschien kaum eine Ausgabe des »Neuen Vorwärts«, ohne daß ein Saarartikel von Dr. Mommer darin enthalten gewesen wäre. Es gab kaum eine Anfrage der SPD zur Saarfrage, die nicht von Karl Mommer verfaßt oder redigiert war. Im Europarat oder seinen Ausschüssen vertrat Dr. Mommer fast immer als einziger der deutschen Delegierten den unverrückbaren deutschen Standpunkt in der Saarfrage. Lange und hart bekämpfte er den Naters-Plan und lehnte ihn dann als einziger der drei deutschen Delegierten ab. Mommer arbeitete auch maßgebend mit an der späteren umfangreichen Dokumentation der SPD zur Saarfrage. Von der ersten Denkschrift aus dem Jahre 1950 habe ich schon gesprochen. 1953 legte die bundesdeutsche SPD der Sozialistischen Internationale eine Denkschrift über die Verletzung sozialdemokratischer Grundsätze durch die Sozialdemokratische Partei Saar vor. Etwa zur gleichen Zeit gab die SPD den 245 Seiten starken Band: »Die SPD zur Saarfrage« heraus.

Wir sammelten alle diese Stimmen und Dokumentationen eifrig, verbreiteten sie bei der Saarbevölkerung und konnten damit die Überzeugung stärken: »Wir stehen nicht allein«, – und darauf kam es ganz entscheidend an. In dieser Richtung lag auch die Unterstützung, die wir durch die FDP, einige Abgeordnete des GB-BHE und einen Abgeordneten der DP erfahren haben.

In der FDP ragten zwei Männer heraus, deren Einsatz um die Saar zusammen mit dem schon besprochenen von Jakob Kaiser und Kurt Schumacher zu nennen ist. Dr. *Thomas Dehler* (Abb. 140) hat seine Person und die Partei für die Sache der Saar aufs Spiel gesetzt. Wenn es schließlich 1956 zur Spaltung in der FDP und zum Auszug einer Gruppe von über 20 Abgeordneten kam, dann lag die Ursache darin in der Saarentscheidung. Dr. Dehler hatte sich zum Sprecher des Kampfes gegen das Saarabkommen gemacht. Mit juristischer Schärfe sprach er jedem Deutschen das Recht zur Separation von Deutschland ab, mit innerer Leidenschaft kämpfte er um das Verbleiben des Saarlandes bei Deutschland. Das deutsche Schicksal und die deutsche Wiedervereinigung waren für Thomas Dehler ebenso geheiligte und unverletzliche Grundsätze wie sein Eintreten für den Liberalismus, den er – davon bin ich fest überzeugt – ganz anders gesehen hat, als dies heute unter Hinzufügen des »sozialistischen« Attributes geschieht. Thomas Dehler war ein glühender Patriot – und oft ein einsamer Mensch. Er litt darunter, daß er von seinen Freunden, denen er vertraut hatte, denen er Gutes getan und Vorteile gebracht hatte, im Stich gelassen wurde. Es mag durchaus sein, daß manche seiner Reden unkontrollierte Schärfen enthielten, die ihm selbst Ärger bereiteten. Diese »Entgleisungen«, die im Grunde genommen gar nicht so hart gemeint waren, mochten seine Gegner ernst nehmen, seine Parteifreunde aber hätten sich vor ihn stellen müssen. Viele ließen ihn fallen und schoben ihm die Schuld an der Spaltung der Partei zu.

In Wirklichkeit waren es opportunistische Gründe, die den Ja-Sager-Flügel der FDP zum Saarabkommen veranlaßten, von der vorher festgelegten Parteilinie ab-

141
Besonders verdiente Freunde und Helfer bei der CDU: Pastor Franz Bungarten (rechts) empfängt die Glückwünsche des saarländischen Ministerpräsidenten Egon Reinert (links) aus Anlaß der Verleihung des Großen Bundesverdienstkreuzes und der Ehrenbürgerschaft der Stadt Saarbrücken.

142
Drei Streiter für die CDU-Saar (von links nach rechts): Minister Dr. Manfred Schäfer; Klaus Altmeyer, Pressereferent des saarländischen Rundfunks und Publizist der deutschen Sache an der Saar, und Rechtsanwalt Helmut Bergweiler, Gründungsmitglied der CDU-Saar

143
Dr. Erwin Albrecht, der Freund von Dr. Ney

144
Streiter und Kämpfer: Chefredakteur der »Deutschen Saar-Zeitung«, Hermann Kresse, der jahrelang die Last des Kampfblattes für die deutsche Sache der Saar trug, und sein Mitarbeiter Heinz Bader

145
Regierungsdirektor Heinrich Danzebrink, zunächst Mitglied der ersten Verwaltungskommission von 1946, dann Helfer für die Rückkehr der Saar nach Deutschland

146  147  148

Durch Verbote zur Illegalität gezwungen: Zeitungen der deutschen Saaropposition. Oben und Mitte: Die stark angefeindete »Deutsche Saar-Zeitung« (überparteilich) und der »Allgemeine Zeitungsdienst West«, ein gut verbreiteter Informationsdienst für die deutschsprachige Presse. Unten: Die von den deutschen Sozialdemokraten an der Saar herausgegebene und »illegal« verbreitete »Freie Saarpresse«

149
Besonders verdiente Freunde und Helfer bei
der SPD: Ernst Roth, 1948 aus dem Saarland
ausgewiesen, dann Landrat in Frankenthal,
1949 Abgeordneter des Deutschen Bundestages. Ernst Roth erlag im Mai 1951 einem
Schlaganfall, als er – deutscher Delegierter
im Europarat – vor der Vollversammlung des
Straßburger Parlamentes gegen das Verbot
der DPS sprechen wollte.

150
Dr. Karl Mommer, Abgeordneter und Saarreferent der SPD im deutschen Bundestag.
Mommers Einsatz für die Rückkehr der Saar
war unermüdlich und im Bonner Parlament
unerreicht.

152
Oberpostrat Karl-Heinz Schneider (SPD), der
wackere Streiter gegen die Telefonüberwachung durch die Franzosen. Heute Leiter der
Verkehrsbetriebe der Stadt Saarbrücken,
langjähriger Abgeordneter des saarländischen Landtages und Stadtrates, zeitweilig
Bürgermeister und Beigeordneter der Stadt
Saarbrücken

151
Von links nach rechts: Parteivorsitzender der
SPD, Erich Ollenhauer, mit den saarländi-
schen deutschen Sozialdemokraten: Dr. Hans-
Peter Will, Kurt Conrad und Karl Etienne

153

Freunde und Helfer aus der FDP (von rechts nach links): Wolfgang Döring, Bundesschatzmeister Rubin, Dr. Thomas Dehler, Minister Willy Weyer, Oswald Kohut, der Verfasser und der Landesgeschäftsführer des LV Nordrhein-Westfalen.

155   154

Bild unten links: Vizepräsident des Bundestages Dr. Max Becker, bekannt durch seine Saarrede vom 27. Februar 1955. Der Presse- und Saarreferent der FDP: Dr. Josef Ungeheuer

156
Willkommene Freunde und Helfer: Senator Becker begrüßt den Vizepräsidenten des Deutschen
Bundestages, Dr. Max Becker, in Saarbrücken. Rechts neben Richard Becker, der Vorsitzende
der FDP in Hessen und stellvertr. Bundesvorsitzende der FDP, Dr. Oswald Kohut. Sitzend
dritte von links: Die Alterspräsidentin des Deutschen Bundestages Frau Dr. Marie Lüders (†),
links daneben die älteste Streiterin der DPS für die deutsche Sache an der Saar (seit 1948)
Frau Maria Lichtenhagen. Hinter Frau Lüders der Vater des Verfassers.

157
Ein Freund und Helfer der Saar: Prinz Hubertus zu Löwenstein (zweiter von rechts) mit seiner
Gattin, der Prinzessin zu Löwenstein, daneben (rechts außen) Professor Dr. Senf, verdienter
Politiker und Saarminister. Links hinter der Prinzessin Löwenstein die Frau des Verfassers mit
ihrer Mutter.

# DZ an der Saar

## DEMOKRATISCHE ZEITUNG
### für Wahrheit, Freiheit und Recht

Werbedruck!     Saarbrücken, den 6. Mai 1951     Werbedruck!

# Was wir wollen

**Die deutsche Stimme unserer Heimat**

im Chor der europäischen Völker wieder vernehmbar zu machen, ist eine der vornehmsten Aufgaben der DZ, ihre Schriftleiter und ein Stab hierzu berufener Mitarbeiter

Ein Jahr nach der Antragstellung hat die Regierung des Saarlandes nunmehr endlich der Demokratischen Partei Saar (DPS) die Genehmigung zur Herausgabe einer Zeitung erteilt. Sie wird tes Rechnung zu tragen. Sie will im wahren und guten Sinne eine Saar-Heimat-Zeitung...

# Vom Willen zur Verständigung getragen

### Forderungen und Vorschläge der DPS zur vorläufigen Regelung der Saarfrage

Nachdem die europäischen Staaten durch Unterzeichnung des Schuman-Planes einen ersten Schritt auf dem Wege zur europäischen Einheit getan haben, ist die Zeit gekommen, durch Regelung der Saarfrage einen weiteren Beitrag zu einer echten europäischen Verständigung zu leisten. Unter Berücksichtigung des völlig eindeutig deutschen Charakters von Land und Leuten an der Saar, aber auch unter Würdigung der wirtschaftlichen Interessen aller Beteiligten: Deutschland, Frankreich und der Saar, unterbreitet die Demokratische Partei Saar der Bevölkerung und den beteiligten Ländern einen Lösungsvorschlag, der geeignet sein dürfte, die Diskussionsgrundlage für eine erfolgreiche Neugestaltung des Problems zu bilden. Die D. P. S. geht dabei von dem aufrichtigen Wunsche aus, daß die vorläufige Bereinigung des Saar-Problems bis zu einem Friedensvertrag einen Großteil dazu beitragen wird, die von allen Europäern gewünschte Einigung in einem wirklich europäischen Geiste zu fördern.

## A) Von der saarländischen Regierung fordern wir:

als Sofortmaßnahmen in Erfüllung dem Europarat gegenüber übernommener Verpflichtungen:

1. Gleichstellung aller an der Saar lebender Deutscher, ohne Rücksicht darauf, ob sie den roten oder grauen Ausweis besitzen;

2. Aufhebung aller ausgesprochenen Ausweisungen und unverzügliche Genehmigung der Rückkehr der Ausgewiesenen; Verbot von Ausweisungen, Aufenthaltsverboten oder Entziehung der Aufenthaltserlaubnis für die Zukunft;

3. Sofortige Verwirklichung der Grundfreiheiten und Menschenrechte, insbesondere unverzügliche Einführung der uneingeschränkten Meinungs-, Presse-, Vereins- und Versammlungsfreiheit;

4. Aufhebung aller polizeilicher Überwachungen im gesamten öffentlichen Leben, insbesondere sofortige Beseitigung der Brief-, Telegramm- und Telefon-Überwachung, Zurückziehung sämtlicher Beamter und Angestellter der französischen Polizei und des französischen

Sicherheitsdienstes aus dem Saarland und aus den Diensten der saarländischen Regierung.

## B) Zur vorläufigen Regelung der Saarfrage

zwischen Deutschland und Frankreich schlagen wir vor:

Bis zum Friedensvertrag oder einem gleichartigen Vertrag wird die Saarpolitik der Saarbevölkerung entpolitisiert und durch folgende Maßnahmen als sichtbare Tat zur europäischen Befriedung und Verständigung auf einen gemeinsamen Nenner gebracht:

### 1. Allgemeine Massnahmen:

Anstelle der bisherigen einseitigen Regelung in Gestalt eines von Frankreich geschaffenen und kontrollierten Protektorats-Systems entsenden zukünftig Frankreich und Deutschland auf ihre Kosten je einen Beobachter an die Saar mit gleichen Rechten. Diesen Beobachtern obliegt die Überwachung einer unpolitischen, neutralen und rein fachlichen Verwaltung des Gebietes durch Regierung und Parlament. Für den Fall von Meinungsverschiedenheiten in der Auffassung der Beobachter soll ein übergeordnetes Kontrollorgan des Europarates geschaffen werden, welchem die endgültige Entscheidung übertragen wird. Als äußeres Zeichen erhalten die Bewohner des Saarlandes einen Paß, der zur visumsfreien Einreise in alle diejenigen Länder berechtigt, in welche Deutsche und Franzosen einreisen können. Im Postverkehr mit Deutschland und Frankreich gilt das Saarland als Inland.

Die Bundesrepublik und Frankreich verzichten auf jede politische, kulturelle oder sonstige Durchdringung des Saarlandes und überlassen diese Fragen in aller Freiheit dem Willen der saarländischen Bevölkerung.

### 2. Verwaltungsmassnahmen:

Die Verwaltung des Saarlandes wird entsprechend der Kleinheit des Gebietes auf das notwendige Mindestmaß herabgesetzt:
a) Die Regierung des Saarlandes wird nach Neuwahlen und einer alsbaldigen Verwaltungs-

(Fortsetzung Seite 2)

DPS-Lösungsvorschlag vom 6. Mai 1951 – der vorgeschobene Verbotsgrund!

# Vom Willen zur Verständigung getragen

(Fortsetzung von Seite 1)

reform auf ein rein fachlich ausgerichtetes und von Grund auf fachlich besetztes **Regierungspräsidium mit fünf Abteilungen** — Inneres, Finanzen, Wirtschaft, Arbeit und Kultus — und einer Verwaltungsgerichtsbarkeit zurückgeführt. An ihrer Spitze stehen ein Regierungspräsident, sein Stellvertreter und fünf Abteilungsleiter (Direktoren).

## Ministerpräsident und Minister werden abgeschafft

Die Verwaltung ist aus Berufsbeamten zu bilden.

b) Die Gesetzgebung vollzieht ein **Parlament** von dreißig Abgeordneten, die von der Bevölkerung in direkter und geheimer **Wahl** zu wählen sind.

c) Die **Justizverwaltung** wird dem Oberlandesgericht angegliedert. Ihre Leitung obliegt dem Präsidenten des Oberlandesgerichts. In Verwaltungsangelegenheiten untersteht die Justizverwaltung der Aufsicht des Regierungspräsidenten. Im übrigen ist die Justiz von Regierung und Parlament in vollem Umfange unabhängig. Es wird unverzüglich ein **Oberster Verfassungsgerichtshof** gebildet. Er besteht aus fünf der angesehensten Berufsrichter. Dem Obersten Verfassungsgerichtshof obliegt die Beratung und Kontrolle des Parlaments, insbesondere auf Einhaltung der Grund- und Menschenrechte sowie der Verfassungsmäßigkeit von Gesetzen.

d) Die gesamte Verwaltung ist von dem Grundsatz größter Sparsamkeit zu leiten. Höchste und vornehmste Aufgabe muß sein:

## Verbesserung des Lebensstandards der schaffenden Menschen, der Kranken und der nicht mehr Arbeitsfähigen.

Von diesem Gesichtspunkt aus sind sämtliche Maßnahmen der Verwaltung und Wirtschaftslenkung zu treffen. An erster Stelle hat der soziale Wohnungsbau zu stehen; solange das Wohnungselend nicht beseitigt ist, dürfen keine Behördenbauten mehr errichtet werden. Ersatz der Schäden der Kriegs- und Nachkriegszeit soll gleichfalls eine der wichtigsten Aufgaben der Verwaltung werden: die erforderlichen Mittel müssen durch Heranziehung der natürlichen Quellen des Reichtums unseres Landes, durch Einsparungen und durch eine gesunde und gerechte Wirtschafts- und Steuerpolitik beschafft werden.

## 3. Wirtschaftliche Massnahmen:

Ausgehend von der Erkenntnis, daß die gegenwärtige wirtschaftliche Regelung des Saar-Problems eine einseitige Berücksichtigung der Interessen Frankreichs darstellt, dagegen weder die eigenen Belange und Bedürfnisse der saarländischen Bevölkerung und ihrer Wirtschaft genügend berücksichtigt, noch viel weniger die Elemente einer wirklich europäischen Wirtschaftsgestaltung in sich schließt, wird gefordert:

a) Schaffung einer **wirtschaftlichen Selbständigkeit**, deren Sinn und Zweck es ist, die saarländische Wirtschaft so wettbewerbsfähig zu gestalten, daß sie von Zollschranken befreit zum Vorläufer für die wirtschaftliche Zusammenschließung der Europaratsstaaten wird.

Hierzu wird für erforderlich gehalten:

Eine planmäßige Förderung der Modernisierung und Rationalisierung **aller** Betriebe, auch der Grundstoffindustrien,

aa) durch uneingeschränkte Belassung der im Lande selbst aufkommenden **Kreditmittel**, die zur Zeit zu einem großen Teil der französischen Wirtschaft zur Verfügung gestellt sind, ferner durch Unterstellung der saarländischen Kreditpolitik unter saarländische Verwaltung,

bb) durch uneingeschränkte Gewährung der dem Saarland zustehenden **Marshallgelder**, die nicht nach der Kopfzahl der Bevölkerung zu berechnen sind, sondern nach dem Verhältnis der Produktionskapazität der einzelnen saarländischen Wirtschaftszweige zu den französischen, mit welchen sie konkurrieren müssen;

cc) durch Schaffung der günstigsten Absatz- und Bezugsmöglichkeiten mittels weitergehender **Oeffnung des deutschen Marktes**.

Als erstrebenswertes Ziel wird die Wiedereinführung des Wirtschafts- und Zollsystems angesehen, wie es in der Zeit von 1920 bis 1925 für das damalige Saargebiet bestanden hat; dabei ist eine Angleichung der unterschiedlichen Gestehungskosten ins Auge zu fassen.

dd) durch **steuerliche Unabhängigkeit**, die eine Kapitalbildung im eigenen Lande gewährleistet und die wesentlich günstigere Behandlung des französischen Steuerpflichtigen in Frankreich berücksichtigt;

ee) durch eine, den besonderen saarländischen Verhältnissen angepaßte **Reform der Sozialversicherung** mit dem Ziele, die Leistungen für die Versicherungsnehmer **günstiger** zu gestalten.

b) Die **Grubenkonvention** ist einer umgehenden **Revision** zu unterziehen. Die Régie des Mines muß nach den Grundsätzen einer sparsamen und kaufmännischen Verwaltung geführt werden. An der gesamten Verwaltung der Gruben haben, wie dies den 65 000 **einheimischen Arbeitskräften** entspricht, wieder in entscheidendem Maße **einheimische Führungskräfte** unter Beteiligung der Vertreter der **Saarbergarbeiterschaft** mitzuwirken. Die Gruben müssen unter Ansetzung normaler Abschreibungssätze die **gleichen Steuern** aufbringen, wie die übrigen saarländischen Unternehmungen. Verlustbelastungen für Kohlenexporte, deren Vorteil allein der französischen Wirtschaft zugutekommt, sind aufzuheben. Schließlich haben die Saargruben eine **angemessene Pacht** zu zahlen, welche mindestens den Lasten entsprechen muß, die das Saarland aus allgemeinen Steuermitteln zur Versorgung der Bergleute aufzubringen hat.

**In Anbetracht der Tatsache, daß der Lohnanteil des Saarbergmannes der geringste in Westeuropa ist, muß und wird es möglich sein, durch die Verwirklichung dieser Forderungen das Lohnniveau im Saarbergbau entscheidend zu heben.**

Zur Hebung der Wirtschaftlichkeit und Wettbewerbsfähigkeit des saarländischen Bergbaues ist die Kohleveredelung im Saarland und an den gleichen Stand zu bringen wie in Deutschland und Frankreich.

c) der vom Saarland zu leistende **Reparationen-Anteil ist endgültig** festzulegen und gleichzeitig die Feststellung zu treffen, daß darüberhinaus keinerlei Reparationsansprüche bestehen. Die Auffassung, daß die gegenwärtige Saarlösung insgesamt einem Reparationsanspruch Frankreichs entspreche, wird ebenso kategorisch abgelehnt wie die Auffassung, die Ausbeutung der Saargruben aufgrund der Grubenkonventionen vom 3. 3. 1950 erfülle einen französischen Reparationsanspruch. Alle anderen, nicht ausdrücklich als Reparationen festgelegten Vermögenswerte im Saarland sind unverzüglich den rechtmäßigen **Eigentümern** zurückzugeben. Das gilt insbesondere bezüglich der Hüttenwerke, der Versicherungen, Banken, Verlagsunternehmen (Druckereien) und der sonstigen, den rechtmäßigen Eigentümern entzogenen Vermögenswerte.

d) Die **Verwaltung aller Einrichtungen des wirtschaftlichen und öffentlichen Lebens** muß wieder unter allein entscheidendem Einfluß von **Saarländern** gestellt werden.

## 4. Sozialpolitische Massnahmen:

Die saarländische **Arbeiterschaft** und ihre Vertreter sind ohne **Ausnahme** an der Verwaltung der Betriebe zu beteiligen in demselben Maße, wie dies in der deutschen Bundesrepublik bereits geschehen ist und noch geschieht. (Anerkennung des Mitbestimmungsrechts.)

**Es liegt im Interesse der deutsch-französischen Verständigung, daß die Saarfrage alsbald ihre Lösung findet. Sollte über die deutsche Haltung der Saarbevölkerung ein Zweifel bestehen, so wird eine allgemeine, freie, geheime unter überstaatlicher Kontrolle stattfindende Volksabstimmung gefordert.**

zuweichen. Vor der Kabinettsbildung im Jahre 1953 – Dehler war von seinen eigenen Leuten als Minister ausgebootet worden – verpflichteten sich die Minister Blücher, Preusker, Hermann Schäfer und Neumayer schriftlich, aus dem Kabinett Adenauer auszuscheiden, wenn ein Abkommen mit der Trennung der Saar von Deutschland geschlossen würde. An der Entscheidung darüber zerbrach dann die FDP, und Thomas Dehler zerbrach zuletzt dann auch innerlich an der Partei, für die er sich so restlos engagiert hatte. Auch uns hatte Dehler während der Zeit seiner tiefen Niedergeschlagenheit im Jahre 1956 im Verdacht, ihn verlassen zu haben und zu seinen Gegnern übergegangen zu sein. Wir konnten diese unbegründete Annahme entkräften und blieben persönliche Freunde bis zu seinem – gerade für die FDP – viel zu frühen Tode.

Neben Thomas Dehler gab es viele Freunde in der FDP, die in der Saarfrage ebenso unerbittlich eingestellt waren, wie der Parteivorsitzende und spätere Vizepräsident des Deutschen Bundestages, Thomas Dehler; so Dr. Erich Mende (Abb. 93), Wolfgang Döring (Abb. 153), Willy Weyer (Abb. 153), Siegfried Zoglmann, ferner Oswald Kohut (Abb. 153, 156) und die Alterspräsidentin des Deutschen Bundestages, Frau Dr. Marie Lüders (Abb. 156); vor allem aber der Vizepräsident des Bundestages, Dr. Max Becker (Hersfeld) (Abb. 155), der mit seiner berühmt gewordenen Saarrede gegen Konrad Adenauer aufbegehrte. Von den Mitarbeitern standen Dr. Josef Ungeheuer (Abb. 154), Saarreferent und Pressechef der Partei, ebenso hilfsbereit zur Verfügung wie Thomas Dehlers liebenswürdige und immer hilfsbereite Sekretärin, Frau Kostka-Haferland. Vor der Volksbefragung unterstützten uns die hessischen Freien Demokraten durch Schulungskurse für unsere saarländischen Mitarbeiter, hier tat sich vor allem unser hessischer Parteifreund Fritz Kolb hervor.

Auch die CDU von Rheinland-Pfalz war uns ein jahrelanger, treuer Freund und Helfer. Wir haben schon an vielen Stellen darüber berichtet und wollen uns nicht allzu sehr wiederholen. Ministerpräsident Peter Altmeier (Abb. 268), der in Saarbrücken-Burbach geborene Saarländer, und der aus Trier stammende Innenminister Dr. Aloys Zimmer waren immer einsatzbereit, ebenso der damalige Ministerialrat und heutige Staatssekretär Hermans. Ich denke nur an das umfassende offizielle Saargutachten des Landes Rheinland-Pfalz und die zahlreichen Debatten im rheinland-pfälzischen Landtag, natürlich auch an die Interventionen innerhalb der bundesdeutschen CDU und gegenüber dem Bundeskanzler. Man hat der CDU-Führung von Rheinland-Pfalz später den Vorwurf gemacht, im März 1955 für das Saarabkommen im Bundesrat gestimmt und damit den Pariser Saarvertrag zur Annahme gebracht zu haben. Gewiß hat uns diese Haltung unserer guten Pfälzer Freunde damals zunächst auch enttäuscht, aber später mußten wir doch die Gründe Peter Altmeiers und seiner Mitarbeiter anerkennen; ihre Entscheidung trug mit zum Gelingen bei. Bei unserer Saarbevölkerung war die Haltung der Rheinland-Pfälzer aus allen Parteien so gut bekannt, daß ihre Zustimmung im Bundesrat zum Saarabkommen der mehrheitlichen Haltung der Saarbevölkerung keinen Abbruch getan hat, sehr im Gegensatz zu den Einmischungen des Kanzlers während des Referendums zugunsten der Annahme des Statuts.

Auch unter den Bundestagsabgeordneten der CDU hatten wir eine Reihe von Freunden und Helfern, die sich vor allem bis Anfang 1954 nachhaltig für die Sache der Saar eingesetzt haben. Dr. Hellwig, den Saarländer, habe ich schon genannt, auch Franz Josef Strauss war zunächst »unser Mann«, Helmut Bergweiler hatte die ständigen Kontakte zu ihm unterhalten. Im Auswärtigen Ausschuß vertrat der spätere Vorsitzende, Abgeordnete Kopf (Freiburg), unsere Sache, und seinen Bemühungen ist nicht zuletzt die Verabschiedung der immerhin besten Entschließung für uns vom 2. Juli 1953 mit zu danken. Zu dem Kreis unserer Freunde in der CDU gehörten die Berliner CDU-Abgeordneten Ernst Lemmer und Dr. Friedensburg, ferner die Vertreter unseres Nachbarlandes, die Abgeordneten Kemper (Trier) und Knobloch (Pirmasens). Erst als der Kanzler auf der Entscheidung seiner Fraktion für das von ihm ausgehandelte Saarstatut bestand, mußten sich die Geister scheiden, die Zahl der Verfechter unseres Standpunktes in der CDU schrumpften dann erheblich zusammen.

Als die einzigen unmittelbaren Vertreter der Saar im deutschen parlamentarischen Bereich gehörten unsere beiden ausgewiesenen Saarländer Karl Walz (Abb. 165), Abgeordneter der CDU, und Hermann Trittelvitz (Abb. 263), Abgeordneter der SPD, seit 1953 dem Deutschen Bundestag an. Beide waren unermüdliche Verfechter der Sache ihrer Heimat, und Karl Walz mußte den besonders schweren Kampf durchstehen, als die Politik Konrad Adenauers andere Wege ging. Karl Walz und Hermann Trittelvitz hatten – neben Walter Schütz – das schwerste Los der Ausweisung auf sich genommen: Sie wußten sogar, daß sie ausgewiesen würden, wenn sie das Mandat im Deutschen Bundestag annehmen würden. Die saarländischen Machthaber hatten eine entsprechende Sonderbestimmung in das saarländische Staatsangehörigkeitsgesetz aufgenommen. Als sich der christliche Gewerkschaftssekretär Walz bei seinem Gewerkschaftspräsidenten Hans Ruffing an der Saar beschwerte und um Hilfe bat, antwortete dieser (Schreiben vom 16. November 1953): »Ich nehme an, daß Dir der Inhalt dieses Gesetzes vor der Annahme Deines Mandates bekannt war, zumal ich Dir diesen Paragraphen damals aus dem Amtsblatt vorgelesen habe und nehme ferner an, daß Du Dir auch über die Konsequenzen, die daraus folgen, im klaren warst. Der Landtag ist die Legislative. Die Regierung ist die Exekutive. Die Regierung ist damit verpflichtet, das vom Landtag geschaffene Gesetz auszuführen. Deshalb halte ich es für aussichtslos, daß wir als (»christliche« Anm. d. Verf.) Gewerkschaft gegen Deine Ausweisungsverfügung (bei der »christlichen« Regierung Hoffmann, Anm. d. Verf.) intervenieren. Es wird wenig dabei herauskommen.«

Karl Walz und Hermann Trittelvitz konnten erst nach dem Referendum vom 23. Oktober 1955 in ihre Heimat zurückkehren. Neben Karl Walz und Hermann Trittelvitz half uns in vielen Einzelaktionen, Reden im Deutschen Bundestag, Vorträgen und Versammlungen, insbesondere mit den ins Saarland geschmuggelten und von der Jugend sehr begehrten kleinen Adlern der »Deutschen Aktion«, Prinz Hubertus zu Löwenstein, auch hier »Botschafter ohne Auftrag«, wie er sein letztes Buch überschrieb.

Der Abschnitt über unsere Freunde und Helfer ist aber nicht abzuschließen, ohne der vielen Journalisten und Redakteure zu gedenken, die in der deutschen Presse und auch im Rundfunk für uns eingetreten sind und mehr getan haben, als nur die Spalten ihrer Zeitungen zu füllen. An der Spitze vor allen ist noch einmal Dr. Paul Sethe, der jahrelange Saarspezialist der »Frankfurter Allgemeinen Zeitung«, zu nennen. Wie er, war auch unser persönlicher Freund Rolf Vogel (Abb. 100), unermüdlich für unsere Sache tätig. Leider reicht der Raum nicht aus, um alle die Interviews, Artikel und Aktionen anzuführen, die wir gemeinsam bearbeitet haben. In Detmold standen uns Dr. Horst Hohensee vom Curt L. Schmitt-Informationsdienst und Verlagsleiter Gasper von der »Lippischen Landeszeitung« jahrelang besonders helfend zur Seite.

Es fällt mir schwer, eine Rangfolge aufzustellen und zu entscheiden, wer uns mehr geholfen hat als der »Spiegel« unter der verantwortlichen Leitung von Rudolf Augstein und mit dem für unser Gebiet zuständigen Nachrichtenredakteur Hans Hermann Maus. Nach einer ersten Panne mit einem unfreundlichen Artikel gegen unseren »Boß« Richard Becker (»Mein großer Bruder Richard« in Nr. 19/1952, S. 11) entwickelte sich ein beinahe herzliches Verhältnis zu den »Spiegel«-Leuten. Sie haben uns während der langen Jahre unserer Bemühungen um die Deutscherhaltung der Saar aufrichtig und aus Überzeugung geholfen; auch sie behielten letzten Endes mit ihrer Kritik und den Prognosen recht. Auch für die journalistische Arbeit – nicht nur für die Politiker – gilt das Dichterwort: »Die Weltgeschichte ist das Weltgericht!«

Zu unsern guten Helfern gehörte auch der Mitarbeiterstab der Frankfurter »Abendpost«, vor allem ihr damaliger Chefredakteur E. Frotscher und der großartige Karikaturist H. Heyne.

Außer diesen vorgenannten journalistischen Helfern waren Richard Thilenius von der »Deutschen und Wirtschaftszeitung«, Wilhelm Gries vom Berliner »Tag« und der »FAZ«-Korrespondent Joachim Schwelien sowie der AP-Vertreter Carl Ehrhardt, aber vor allem die beiden hochverdienten Journalisten Paul Kaps von der »Rheinpfalz« und Kurt Dürpisch von der DPA-Agentur in Saarbrücken tatkräftige Helfer unserer Sache. Paul Kaps wurde wegen seiner Opposition gegen Minister Hector schon im Februar 1953 ausgewiesen, ich habe ihn später als Pressereferent in das zeitweilig von mir geleitete Wirtschaftsministerium des Saarlandes berufen. In der Zeitung »Die Welt« zeichnete sich vor allem Joachim Besser durch seine zahlreichen objektiven Berichte und Kommentare über das Geschehen an der Saar aus, und in Bonn-Köln wirkte der aus dem Saarland ausgewiesene Journalist Alfred Daum, in Augsburg unserer früherer Chefredakteur Dr. Drexler, der ebenfalls aus dem Saarland ausgewiesen worden war. In Bonn war der Saarbrücker Korrespondent Willy Gasper tätig, der bereits vor seiner Übersiedlung nach Bonn an der Saar so suspekt gewesen ist, daß die Sûreté seinen Telefonanschluß auf ständige Überwachung geschaltet hatte.

Auch unter den ausländischen Korrespondenten gab es einige objektiv urteilende Berichterstatter. Ich denke nur an F. R. Allemann von der Züricher »Tat« und Terence Prittie, den Korrespondenten englischer Zeitungen. Auch der Schweizer Publizist Dr. Aldo Dami stand zu uns.

Von den Rundfunkleuten sind der heutige stellvertretende Intendant des Saarländischen Rundfunks Karl-Heinz Reintgen (Abb. 273), Wolf Dietrich und Rolf Vogel zu nennen, die manches Interview für uns gemacht haben. Zu unserem gut gesinnten Freundeskreis gehörte auch der geschäftsführende Vorsitzende des Komitees »Unteilbares Deutschland«, Wolfgang Wilhelm Schütz.

Mit der zunehmenden Bereitschaft des Bundeskanzlers, auf die französischen Forderungen nach einem deutschen Verzicht auf das Saarland in der Form einer scheinbar autonomen Regelung mit europäischen Vorzeichen einzugehen, erwuchs eine Gegnerschaft zwischen den »Streitern für Adenauer« und uns, die trotz unseres Erfolges und trotz der glücklichen Rückkehr der Saar zu Deutschland nie eine Aussöhnung fand. An die Spitze der »Kämpfer« für den Kanzler hatte sich in der zweiten Jahreshälfte 1953 der Bundestagsabgeordnete Dr. Eugen Gerstenmaier (CDU) vorgearbeitet. Im zweiten, 1953 mit absoluter CDU-Mehrheit gewählten Deutschen Bundestag, war Dr. Gerstenmaier Vorsitzender des außerpolitischen Ausschusses. Schon damals war er ein einflußreicher Politiker, lange bevor er Ende 1954 Präsident des Deutschen Bundestages wurde. Dr. Gerstenmaier gehörte auch dem Straßburger Europarat an. Mit Dr. Karl Mommer (SPD) und Dr. Karl Georg Pfleiderer (FDP) waren drei Schwaben die deutschen Vertreter, von denen immer wieder lächelnd berichtet wurde, daß diese drei Deutschen drei verschiedene Standpunkte zur Saarfrage im Europarat eingenommen hätten, als der Goes-van-Naters-Plan zur Abstimmung kam. Dr. Gerstenmaier habe mit »Ja« und Dr. Mommer mit »Nein« gestimmt, der Vertreter der Freien Demokraten habe sich enthalten. (Einzelheiten über die Vorgänge bei Schmidt, Bd. II, S. 569 ff., insbesondere S. 573 und 575.)

Wir haben bereits näher ausgeführt, wie mit Beginn der Legislaturperiode des zweiten Bundestages eine deutlich sichtbare Wende in den Erklärungen der führenden CDU-Politiker zur Saarfrage eintrat. Der Kanzler und auch sein Fraktionsvorsitzender Dr. von Brentano hatten in den ersten Erklärungen (Adenauer am 20. Oktober 1953 in der Regierungserklärung und Dr. von Brentano am 28. Oktober in der Aussprache) die Entschlossenheit erkennen lassen, von nun an die Verhandlungen über die Saarfrage auf der Grundlage des von dem holländischen Delegierten van der Goes van Naters ausgearbeiteten Saarplanes des Europarates zu führen. Wie wir jetzt genau wissen, hatte der Kanzler schon 1½ Jahre zuvor große Zugeständnisse gegenüber Frankreich gemacht, von denen aber die deutsche Öffentlichkeit noch nichts wußte. Diese Zugeständnisse standen im Widerspruch zu Grundsätzen, die der Deutsche Bundestag in der Deutschland- und Saarpolitik seit Jahren festgelegt und immer wieder vertreten hatte. Um den französischen Forderungen entgegenkommen zu können, mußte der Kanzler diese Grundsätze »aufweichen«; es mußte also noch eine Reihe von bis dahin als geheiligt geltenden Tabus fallen.

Zu diesen Tabus gehörte die bisher vom gesamten Bundestag vertretene These, daß ein Verzicht auf das Saarland zugleich auch Verzicht auf die deutschen Ostgebiete bedeute. Mit diesem Argument hatte besonders Bundesminister Kaiser seine klare Haltung in der Saarfrage bekräftigt und erfolgreich verteidigt. Eugen Gerstenmaier blieb es vorbehalten, dieses wichtige Argument in der Bundestagssitzung vom 29. Oktober 1953 (Prot. S. 93) abzubauen. Die »Frankfurter Allgemeine Zeitung« berichtete über Gerstenmaiers Erklärungen mit der zutreffenden Erkenntnis: »Revidierte Auffassung in der Saarfrage«, und wenige Tage später, am 2. November 1953, erschien der von mir bereits öfters zitierte Schockartikel in der »FAZ« von Paul Sethe. Mit einem Satz hatte die »FAZ« begriffen, worum es ging: »In diesem Zusammenhang fiel mit dem ›Junktim‹ zwischen der Saar und den deutschen Ostgebieten, nach dem ein Verzicht auf die Zugehörigkeit der Saar zu Deutschland ein untragbares Präjudiz für das Schicksal der deutschen Ostgebiete bedeutet, die bemerkenswerte Warnung vor einer unzulässigen Parallelisierung von Saar und Oder-Neiße!« Die Argumentation des außenpolitischen Sprechers der CDU konnte gar nicht anders aufgefaßt werden als ein Versuch, die deutsche Öffentlichkeit auf einen kommenden bundesdeutschen Verzicht auf die Saar vorzubereiten. Wie unsere wiedergegebenen Unterlagen beweisen, war diese Annahme absolut richtig. Auf Herrn Gerstenmaier hagelten Protestbriefe ein, und die gesamte deutsche Presse befaßte sich kritisch, meist ablehnend, mit diesem neuen Kurs.

Eugen Gerstenmaier hatte schon vor seinen Erklärungen im Bundestag Anfang Oktober in Straßburg in einer Rede ähnliche Äußerungen gemacht, gegen die unser Freund Karl Hillenbrand (Abb. 104) (CDU-Saar) bereits in einem Schreiben an ihn vom 10. Oktober 1953 heftig protestiert hatte. Dazu hatte Dr. Gerstenmaier in seiner Antwort vom 19. Oktober nur beruhigend gemeint: »Ich bedaure, daß Sie das Opfer einer offensichtlich völlig entstellenden Berichterstattung geworden sind.« Zu den Protesten gegen die Bundestagsrede vom 29. Oktober gehörte auch ein Schreiben von mir vom 1. November 1953, ihm folgte ein von mir verfaßter Artikel im »allgemeinen zeitungsdienst-west« vom 2. November: »Saarverzicht bedeutet Preisgabe von Oder-Neiße, zu der Erklärung des Bundestagsabgeordneten Dr. Gerstenmaier.« Auch unser Vorstandsmitglied Adolf Heiz (Abb. 222), zugleich Kirchmeister einer unserer evangelischen Gemeinden in Saarbrücken, sagte Herrn Dr. Gerstenmaier in seinem Brief vom 3. November 1953 »von Protestant zu Protestant« die Meinung. Besonders wies Heiz auf das geradezu begeisterte Echo »im gelenkten saarländischen Blätterwald« – also bei den Vertretern der Separation im Saarland – hin.

Am 5. November schrieb mir Dr. Gerstenmaier einen Rechtfertigungsbrief, der mehr sein schlechtes Gewissen als eine wirkliche Begründung der gegenteiligen Meinung zum Ausdruck brachte. Hier fanden sich Sätze wie: »Ich habe mir den ›Zeitungsdienst West‹ durchgelesen und kann nur sagen, daß ich darin wieder die gleiche dreiste Arroganz und Ignoranz finde, mit denen sich die Deutschen schon einmal ins Unglück gebracht haben. Niemand gibt auch Ihnen das Recht, mit der Unterstellung zu arbeiten, daß hier in Bonn, jedenfalls im Bereich meiner Freunde, irgend jemand bereit sei, sich wie Sie sagen, ›zum Handlanger der französischen Erpressungspolitik‹ machen zu lassen. Wenn Sie eine solche Unterstellung nicht zurücknehmen[1], ist unser Gespräch zu Ende. Ich bin jedenfalls nicht gesonnen, mich von Leuten, die ich bis jetzt ernst genommen habe, bloß deshalb sinnlos beleidigen zu lassen, weil ich von der Methode des bloßen Proklamierens des deutschen Rechtsstandpunktes wenig oder nichts halte.«

Unsere Leser werden nach dem Kapitel über die »Saarverhandlungen« selbst urteilen, wer bei dieser Auseinandersetzung das Geschehen um die Saar zutreffend beurteilt und ungeschminkt dargelegt hat. Dr. Gerstenmaier war wendig genug, später unseren Erfolg, den *wir gegen seine* und seiner Freunde (einschließlich des Kanzlers) Willen und Meinung durchgesetzt haben, auf das eigene Konto zu buchen. Auf dem Parteitag der CDU am 13. Mai 1957 führte er aus: »Die Angliederung der Saar wird dankbar begrüßt. Sie ist ein charakteristisches Ergebnis der Richtigkeit unserer Saarpolitik, ein klassischer Beweis auch für die Richtigkeit ihrer Methode. Denn, was immer darüber gesagt oder geschrieben worden ist, den Status quo an der Saar hat niemand und nichts anderes aufgebrochen als die Politik Konrad Adenauers.«

Wie Eugen Gerstenmaier die Politik Konrad Adenauers in der Saarfrage durchzusetzen versucht hat, sollten wir kurze Zeit nach dem Briefwechsel vom November 1953 erfahren. Vom 20. bis 22. November 1953 tagte in Paris der allgemeine Ausschuß der Versammlung des Straßburger Europarates. Gegenstand der Beratungen war die von dem holländischen Delegierten van der Goes van Naters ausgearbeitete

---

[1] Ist nie geschehen, es gab daher auch keine Verhandlungen mehr zwischen Herrn Gerstenmaier und mir; Anm. d. Verf.

Empfehlung Nr. 57 (siehe S. 223). Naters hatte von vornherein der französischen Forderung Rechnung getragen und in § 18 vorgesehen: »Die Regierungen Frankreichs, Deutschlands, des Vereinigten Königreichs und der Vereinigten Staaten von Amerika verpflichten sich, die dargelegte Lösung zu unterstützen und zu garantieren, bis ein Friedensvertrag geschlossen wird. Sie verpflichten sich ferner, die Annahme dieser Lösung als endgültige Lösung sowohl bei den Vorverhandlungen zu diesem Vertrag (d. h. dem Friedensvertrag, Anm. d. Verf.) bzw. dieser Regelung wie bei ihrer Durchführung vorzuschlagen und zu unterstützen.« In dem uns später auf doppeltem Wege zugegangenen Protokoll des Ausschusses fanden wir Anfang Januar 1954 folgende Feststellung zu dem hier zitierten § 18:

»*H. Gerstenmaier* begründet den Abänderungsantrag dahingehend, daß die Bundesregierung sich nicht bis über den Friedensvertrag verpflichten könne, da dieser mit der gesamtdeutschen Regierung abgeschlossen werden müsse. Andererseits könnte sich jedoch eine westdeutsche Partei zur Aufrechterhaltung eines gemeinsam vereinbarten Statutes verpflichten. Wenn dieses Statut eine Form bekäme, die *seinen* (d. h. des Herrn Gerstenmaier, Anm. d. Verf.) Vorstellungen entspräche, so sei er bereit, eine Verpflichtung einzugehen, sich auch innerhalb Gesamtdeutschlands für diese Aufrechterhaltung einzusetzen. In einem wiedervereinigten Deutschland würde seine Partei voraussichtlich weiterhin für eine Politik der Integration eintreten.«

Die Niederschrift über die Sitzung enthielt noch weitere Erklärungen, die uns nur bestärken konnten, den Naters-Plan abzulehnen und nachhaltig zu bekämpfen. Typisch für Herrn Gerstenmaiers Einstellung gegenüber einer Million deutscher Menschen – denn letzten Endes ging es allein darum – war sein Antrag zu § 10, in welchem die Vertretung der Saarländer im Ausland geregelt werden sollten. Hierzu hieß es im Protokoll:

»*H. Gerstenmaier* begründet seinen Antrag dahingehend, daß die Vertretung der Interessen von Saarländern ähnlich wie die von Luxemburgern geregelt werden solle. Danach hätten sie die Möglichkeit, sich im Ausland entweder an die deutsche oder an die französische Vertretung zu wenden.«

Daß nach dem Bekanntwerden dieser protokollarisch belegten Aussagen eines der einflußreichsten deutschen Abgeordneten neue Kontroversen und Angriffe aufkamen, wird niemand wundernehmen. Wir verfolgten das Prinzip, uns zu wehren und die Öffentlichkeit so weit wie nur möglich darüber zu informieren. Am 3. Februar kam es dann zu einer erneuten Differenz mit Herrn Gerstenmaier innerhalb der CDU-Fraktion. Außerhalb der Tagesordnung verlangte Eugen Gerstenmaier die Zustimmung der CDU zur Annahme des Naters-Planes, über die in Kürze in Paris entschieden würde. Dagegen wandte sich unser Freund Fritz Hellwig (Abb. 102) (CDU) mit aller Schärfe und erklärte, daß der Naters-Plan Vorschläge enthalte, die unter keinen Umständen annehmbar seien. Trotzdem kam es bald darauf im außenpolitischen Arbeitskreis V der CDU zu einer eingehenden Saar-Diskussion, die am 29. März 1954 stattfand und sich mit dem Für und Wider der »Europäisierung« und dem Naters-Plan beschäftigte. Über die Sitzung wurde eine Niederschrift gefertigt, die sich sowohl in meinen eigenen Unterlagen als auch – gleichlautend – im Nachlaß des Bundesministers Jakob Kaiser befindet. Der Streit fand auch in der Biographie über Jakob Kaiser (S. 340) Erwähnung. Ich möchte hier allein die Niederschrift sprechen lassen:

»Niederschrift

In der Woche vom 29. März fanden innerhalb der CDU eingehende Verhandlungen über den Natersplan und die darin vorgesehene ›Europäisierung‹ der Saar sowie einen Gegenplan, den der CDU-Abgeordnete Dr. Kopf, Freiburg, entworfen hat, statt. Mit der Bearbeitung beschäftigte sich der Arbeitskreis V der CDU, dem 35 Mitglieder angehören. Vorsitzender ist der frühere Staatssekretär Dr. Lenz. Dem Ausschuß gehören u. a. an: Dr. Gerstenmaier, Dr. Kiesinger, Minister Franz Josef Strauß, die ›»Saar‹-Abgeordneten Dr. Hellwig, Walz, Admiral Heye sowie Baron Manteuffel. Ebenso gehört dem Ausschuß die Abgeordnete Rehling an.

In der Sitzung des Ausschusses am Montag, dem 29. März 1954, vertrat der Vorsitzende des Außenpolitischen Ausschusses des Bundestages und maßgebende deutsche Vertreter im Europarat und dem allgemeinen politischen Ausschuß des Europarates (Natersplankommission), Dr. Gerstenmaier, noch einmal mit allem Nachdruck seinen Standpunkt zu Gunsten der Annahme des Naters-Planes. Die Sitzung, die in den Nachmittagsstunden stattgefunden hatte, war teilweise außerordentlich heftig. Durch Gespräche mit verschiedenen Abgeordneten konnten mit Sicherheit folgende Einzelheiten festgestellt werden:

Gerstenmaier griff mit allem Nachdruck die Opposition gegen den Natersplan, vornehmlich aus saarländischen Kreisen, an. Er verteidigte dabei den Natersplan. Besonders stellte Gerstenmaier heraus, daß in verschiedenen Verhandlungen über den Natersplan, so besonders in Brüssel, ein ›europäischer Konsensus gegen Frankreich‹ (!!) erzielt worden sei. Dabei brachte Gerstenmaier wörtlich zum Ausdruck: *›Wenn es darauf ankommt, müssen wir den Naters-Plan annehmen, auch ohne daß die demokratischen Freiheiten hergestellt sind.‹*
Gerstenmaier berief sich dabei besonders auf die Erklärungen, die der Bundeskanzler am Morgen des 29. März vor der gesamten Fraktion der CDU/CSU abgegeben habe. Bei dieser Gelegenheit hätte der Bundeskanzler zwei Gesichtspunkte als feststehende Entscheidung herausgestellt, und zwar:
1. Die Europäisierung der Saar sei eine beschlossene Sache;
2. es finde eine Volksabstimmung der Saarbevölkerung darüber statt.
Auf diese Behauptung des Herrn Dr. Gerstenmaier entspann sich sofort eine erregte Diskussion. Verschiedene Abgeordnete, insbesondere Walz und Baron Manteuffel, erklärten, daß diese Behauptung nicht zutreffe, denn ein Fraktionsbeschluß sei hierzu nicht erfolgt. Auch habe der Kanzler sich nicht so ausgedrückt. Gerstenmaier hat darauf erwidert, die Erklärung des Kanzlers am Vormittag sei ja durch Akklamation gebilligt worden und kein Mitglied der CDU habe widersprochen. Daraufhin erklärte Heye, er habe nicht akklamiert und werde es auch in Zukunft nicht tun. Walz oder ein anderer Abgeordneter erklärte ›man könne solch wichtige Fragen nicht durch Akklamation oder Beifall entscheiden lassen.

Der bayerische Abgeordnete Graf Spreti hat dabei den Zwischenruf gemacht, er werde auch noch einmal akklamieren, wenn der Kanzler diese Erklärung wiederhole. (Spreti ist ein Anhänger der französischen Saar-These, ebenso wie der bayerische CSU-Abgeordnete Jaeger.) Im weiteren Verlauf der Debatte griff Gerstenmaier die Opposition an, die eine Europäisierung ablehnte und damit die Europa-Politik des Bundeskanzlers gefährde und möglicherweise zunichte mache. In bezug auf die saarländischen Politiker (deutsche Opposition) sagte Gerstenmaier wörtlich: ›*sie seien Hochverräter*‹. Dagegen wandte sich sehr erregt Dr. Hellwig, der sich dagegen verwahrte, daß seine Freunde von der Saar als Hochverräter bezeichnet würden. Hellwig stellte an Gerstenmaier die Frage, wer ihn denn eigentlich beauftragt habe, die Saarverhandlungen zu führen und dem Naters-Plan zuzustimmen. Hellwig wies darauf hin, daß Gerstenmaier weder einen Auftrag des Deutschen Bundestages oder der Bundesregierung, noch einen Auftrag der CDU erhalten habe. Er nehme an den Verhandlungen der Naters-Plankommission nur als Privatmann teil und sei deshalb von niemanden ermächtigt, für die Saar zu sprechen. Wenn von Verrat gesprochen werden könne, dann nur von seiner Seite aus, da er die Saar preisgeben wolle.

Vor dieser Auseinandersetzung mit Hellwig hatte sich Gerstenmaier noch scharf gegen einen (aus Saarbrücken stammenden) Artikel im Allgemeinen Zeitungsdienst West Nr. 80 vom 25. März 1954 ›Europäisierung ohne Freiheit‹ gewandt. Dieser Artikel sei eine einzige Lüge und vertrete den Standpunkt, wie ihn der SPD-Abgeordnete Dr. Mommer immer vertrete. Auf die Frage eines anderen Abgeordneten der CDU, Gerstenmaier möge Einzelheiten angeben, stellte Gerstenmaier eine einzige Formulierung des betreffenden Artikels heraus, daß die von Naters vorgeschlagenen drei Stufen auf gut Saarländer-Deutsch mit

1. Maulhalten,
2. Abstimmungstheater und
3. wieder Maulhalten

bezeichnet werden müßten. Er werde diese Sache vor das Parlament bringen (obwohl er selbst gegen den 3-Stufen-Plan des Naters-Vorschlages gestimmt und ihn abgelehnt hat.)

Die Sitzung fand nach den letzten Worten des Abgeordneten Hellwig ihr Ende. Eigentlich wollte der CDU-Abgeordnete Kiesinger schon vorher die Sitzung schließen. Auf den Protest von Hellwig aber, der darauf bestand, daß der Eindruck der Abgeordneten nicht unter der unwidersprochen gebliebenen Erklärung Gerstenmaiers verbleiben könne, war die Sitzung um 15 Minuten verlängert worden. Walz erklärte am Schluß noch, daß er sich den Ausführungen von Dr. Hellwig anschließe.

Auch der Bundesminister Kaiser hatte in der Sitzung mit Gerstenmaier eine scharfe Kontroverse. Gerstenmaier hat nach den Worten von Hellwig die Sitzung protestierend verlassen.

Während der Auseinandersetzung hat Herr Gerstenmaier offen zugegeben, daß gegen seine Auffassung ganz erhebliche Widerstände bestünden. So gab er selbst zu, daß er laufend Protest- und sogar Drohbriefe erhalte. Wiederholt habe man ihm mit Aufhängen gedroht, und erst vor wenigen Tagen habe ihm jemand geschrieben, er sei der erste, der aufgehängt würde, wenn die Besatzungsmächte einmal Deutschland verlassen hätten. Das berühre ihn aber nicht. Er sei zu Hitlers Zeiten bereits im Untergrund gewesen und fürchte sich nicht vor derartigen Bedrohungen. Seine Auffassung würde er deshalb weiter verfolgen. Die Gegenansicht bezeichnete Gerstenmaier als den ›revisionistischen Nationalismus‹. Er habe auch früher einmal, besonders als Mitglied der Jugendbewegung, einem solchen Nationalismus gehuldigt. Am 8. Mai 1945 habe er ihn aber ein für allemal abgelegt.

Während der Debatte kam Gerstenmaier auch auf einen Brief zu sprechen, den der 1. Vorsitzende der verbotenen DPS, Richard Becker, ihm geschrieben habe. Er habe Becker eingeladen, aber Becker habe mit der Begründung, nach Stuttgart reisen zu müssen, das Erscheinen abgesagt und ihn gebeten, Dr. Schneider einzuladen. Mit dem wolle er aber nichts zu tun haben. In dem Brief habe Herr Becker behauptet, der Bundeskanzler hätte den Vorsitzenden der Opposition im Saargebiet zugesichert, keine Entscheidung in der Saarfrage gegen ihre Meinung zu treffen und auch nichts zu unternehmen, ohne sie vorher zu befragen. Das sei doch unglaublich, und er (Gerstenmaier) werde das dem Bundeskanzler mitteilen und ihn fragen, ob diese Erklärung von ihm abgegeben worden sei [1].

In den folgenden Tagen wurde der von dem Abgeordneten Dr. Kopf ausgearbeitete 14-Punkte-Plan im Arbeitskreis V erörtert. Gegen einzelne Bestimmungen wurden Bedenken vorgetragen, die dann zu einer Abänderung der Vorschläge führten. Die Arbeiten sind noch nicht abgeschlossen. Mit dem Plan des Abgeordneten Kopf liegt ein Vorschlag vor, der eine vertretbare Diskussionsgrundlage gegen den Naters-Plan sein dürfte.«

Dr. Gerstenmaier hat seinen Kampf für die von Frankreich vertretene und von uns immer wieder abgelehnte Saar-Lösung fortgesetzt. Auf dem 5. Bundesparteitag der CDU in Köln führte er in einer außenpolitischen Grundsatzrede zur Saarfrage aus: »Bei allem Respekt vor den schweren Bedenken, die sich dabei zu Wort gemeldet haben und bei hoher Würdigung der Reichstreue von Männern und Frauen an der Saar, glaube ich doch, daß jene europäische Lösung aus zwingenden politischen Gründen durchgeführt werden muß. Solange wir erwarten, daß die Franzosen sich über ihre nationale Tradition hinaus mit uns in einem vereinigten Europa verbinden, solange dürfen wir trotz vieler Vorleistungen nicht aufhören, auf das Ziel zu sehen und daraufhin zu handeln. Der Bundeskanzler hat deshalb ein sittliches Recht und nicht nur einen zwingenden politischen Grund, von der CDU/CSU die Billigung seiner Politik auch in dieser Sache zu fordern.«

Niemand wird annehmen können, daß ein so maßgebender Außenpolitiker und Sprecher der größten Partei im Bundestag nicht darüber unterrichtet gewesen wäre, daß die Franzosen in jenem Zeitpunkt – Frühjahr 1954 – gar nicht mehr daran dachten, in eine politische Vereinigung Europas einzuwilligen, und daß der Verzicht auf die Zugehörigkeit der Saar zu Deutschland ein Wegbereiter für diese europäische politische Gemeinschaft hätte sein können. Wir kennen die harten Verhandlungen zwischen Staatssekretär Hallstein (CDU) und dem französischen Staatssekretär Maurice Schumann vom 9.–11. April 1954 (oben S. 226 ff.). Selbst wenn Eugen Gerstenmaier zu denjenigen gehört hätte, die des Kanzlers Geheimpolitik um die Saar nicht kannten, dann hätte er die Einzelheiten durch uns erfahren können. In den von ihm angegriffenen und beanstandeten Artikel im »azw« – sie stammten alle von mir – wurde immer wieder auf die Sinnlosigkeit einer derartigen nur scheinbar »europäischen« Regelung hingewiesen. Überdies waren die Artikel auch in der »Deutschen Saar-Zeitung« zu lesen: »Europäisierung ohne Freiheit« in Nr. 6, 2.-März-Ausgabe 1954, und »Saarregelung ohne Saarländer« in Nr. 8, der 2.-April-Ausgabe. Vornehmlich an die Adresse von Herrn Gerstenmaier, aber auch an den in der Saarfrage – im Gegensatz zu Thomas Dehler – farblosen und ohne Linie mitwirkenden FDP-Abgeordneten und Delegierten Dr. Pfleiderer, schrieb ich (auch »azw« II/89 vom 28. 4. 1954: »Wohl hält man eine gewisse Fühlung mit der ›prodeutschen‹ Opposition, aber die

---

1 Diese Zusicherung hat Dr. Adenauer in der Tat gegeben und auch nie bestritten.

Beteiligung wirklicher Saarländer an den Verhandlungen und dem Geschehen um die Lösung der Saarfrage ist erschütternd negativ. Anstelle aus dem Saargebiet stammender und dort heimatberechtigter Menschen vertreten maßgebend die ansonsten lieben und werten – württembergischen – Delegierten (gemeint sind Eugen Gerstenmaier und Georg Pfleiderer, Anm. d. Verf.) die deutschen Saarinteressen. Ihre Beschäftigung mit dem Saarproblem und seinen zahllosen, durch seine letzte 35jährige Geschichte verwirrend gewordenen Details geht nicht weiter als gut ein Jahr zurück. Ihre Verbindung zu den Menschen im Saargebiet beschränkt sich auf mehr oder weniger heftige Briefe, die von Saarländern an diese deutschen Vertreter gerichtet werden. Als einzige Ausnahme, das muß um der historischen Wahrheit willen gesagt werden, sei Dr. Mommer genannt. Auch die offizielle Seite des Bonner Auswärtigen Amtes behandelt die *Saarfrage als Reservat einer Geheimdiplomatie.*«

Übrigens war die Situation bei den saarländischen Delegierten des Europarates nicht anders. Dr. Braun (SPS) (Abb. 113) stammte aus Neuss/Rhein und hatte sich erst mit der Besatzung nach 1945 an der Saar niedergelassen. Erwin Müller (CVP) stammte aus Duisburg und Dr. Singer (CVP) aus Seligenstadt in Hessen. Auch der »Macher« des europäischen Planes, van der Goes van Naters, hatte zur Saar keine anderen Beziehungen als den Auftrag, einen dem französischen Standpunkt weitgehend genehmen Lösungsvorschlag auszuarbeiten. Er bediente sich dabei durchweg seines politischen Freundes Dr. Braun, so daß wir den Plan meist nur spöttisch den »Braun van Naters-Plan« genannt haben. Ein Versuch der Vorsitzenden der unterdrückten Opposition an der Saar, wenigstens über den Präsidenten des allgemeinen Ausschusses des Europarates zu Gehör zu kommen – nachdem ein gleiches Ansinnen an Herrn van der Goes van Naters erfolglos geblieben war –, blieb gleichfalls ohne jedes Echo. Wahrscheinlich dachte man in Straßburg, daß eine Anhörung der Saarländer nach der Mehrheitsmeinung der beiden deutschen Delegierten, Dr. Gerstenmaier und Dr. Pfleiderer, überflüssig sei. Unser Schreiben vom 22. September 1953 hatte folgenden Wortlaut:

»Kurt Conrad                                  Saarbrücken, den 22. September 1953
Dr. Heinrich Schneider                   Scheidterstraße 150
Dr. Hubert Ney

An den
Herrn Vorsitzenden des Ausschusses
für allgemeine Angelegenheiten
beim Europarat
Straßburg

Herr Präsident!
Die unterzeichneten Vertreter der unterdrückten politischen Parteien an der Saar beehren sich, Ihnen folgendes mitzuteilen:
Der von dem Herrn Berichterstatter van der Goes van Naters vorgelegte Bericht über die Probleme der Saar, der von dem Herrn Berichterstatter als »das zukünftige Statut der Saar« bezeichnet wird, ist den Unterzeichneten zur Kenntnis gelangt. Sie nehmen Veranlassung, dazu folgendes zu erklären:

1. Der Herr Berichterstatter van der Goes van Naters hat vor Abfassung seines Berichts keine Fühlung mit den Vertretern der politischen Opposition an der Saar genommen. Es konnte auch nicht festgestellt werden, daß er in nennenwertem Umfange außer Persönlichkeiten der saarländischen Regierung Kreise der saarländischen Bevölkerung befragt hat.

2. Der Bericht enthält zahllose unzutreffende Ausgangspunkte und unrichtige Voraussetzungen.

3. Der Bericht gelangt deshalb in vielen wichtigen und entscheidenden Fragen zu fehlerhaften Schlußfolgerungen.

4. Der Bericht befaßt sich zu einem großen Teil mit der angeblich unzulässigen Einwirkung der bundesdeutschen Regierung auf die Bildung der öffentlichen Meinung im Saargebiet. Dagegen hat der Bericht überhaupt nicht untersucht, inwieweit die Verhältnisse im Saargebiet seit 1945 von Frankreich gestaltet und beeinflußt worden sind.

Angesichts dieser grundlegenden Mängel kann der Bericht nach unserer Auffassung nicht die Grundlage für eine objektive Betrachtung des Saarproblems sein.

Genehmigen Sie, Herr Präsident, den Ausdruck unserer vorzüglichsten Hochachtung.

| | | |
|---|---|---|
| gez. K. Conrad | gez. Dr. H. Schneider | gez. Dr. H. Ney |
| (für die Deutsche Sozial- | (für die verbotene | (für die christlich-Demo- |
| demokratische Partei) | Demokratische Partei | kratische Union Saar) |
| Homburg | Saar) | Saarlouis |
| Obere Allee 22 | Saarbrücken | Metzerstr. 26« |
| | Scheidterstr. 150 | |

Ich glaube nicht zu übertreiben, wenn ich an diese Darstellung der Vorgänge um die Saarfrage innerhalb des Europarates und durch die deutsche Vertretung feststelle, daß man kaum mit einem größeren Dilettantismus an die Probleme herangehen konnte. Grund und Ursache dafür war eine wohl maßlose eigene Überheblichkeit und eine Geringschätzung der deutsch gesinnten Saarländer und Politiker. Ich habe meinen Artikel vom April 1954 mit der Warnung geschlossen: »Die eingeborenen Saarländer müssen schon heute den fremden Managern einer Schein-Europäisierung zurufen: *Ohne uns!*«


So sehr wir uns mit Eugen Gerstenmaier streiten und auseinandersetzen mußten, so wenig sind über unsere sonstigen Gegner Einzelheiten zu berichten.

Der Satz: Viel Feind, viel Ehr, stand bei uns nicht im Kurs. Mit den Gegnern an der Saar selbst hatten wir mehr als genug zu tun. Daß das gesamte Ausland – bis auf wenige rühmliche Ausnahmen – gegen uns stand, ist angesichts der Übermacht der gegen uns eingesetzten Propaganda nicht verwunderlich. Auch war das Thema der gegnerischen Propaganda nur allzu beliebt: »Das sind ja alles nur Nazis«; und damit waren wir vogelfrei und abgetan.

Im Bundesgebiet gab es drei Kreise, die unserer deutschen Haltung in der Saarfrage grundsätzlich feindlich gegenüberstanden. Ich habe sie als den »rheinischen« Kreis, den »fränkischen« und den »bayrischen« (Münchner) Kreis bezeichnet. Der »rheinische« Kreis um die Redakteure der Zeitung »Rheinischer Merkur« im Zusam-

menwirken mit dem rheinland-pfälzischen Abgeordneten Minister a. D. Dr. Süsterhenn war offensichtlich noch »europäischer« als der Bundeskanzler selbst. Es hätte
mich immer interessiert, zu wissen, was die Männer dieses Kreises zu Adenauers »Erinnerungen«, zum Saarproblem und zu unserer guten Haltung, die uns der Kanzler
später bescheinigt hat, und auf die er immer vertraut habe, wohl gesagt haben mögen.
Oder etwa zu unserer kritischen, aber leider zutreffenden Beurteilung der damaligen europäischen Wunschträume und Illusionen. Mit Professor Süsterhenn haben
sich übrigens Ministerpräsident Altmeier (Abb. 268) und Innenminister Dr. Zimmer
selbst auseinandergesetzt. Es blieb uns nichts hinzuzufügen. Zu dem »rheinischen«
Kreis rechnete ich noch einige Mitarbeiter zweier bekannter Frankfurter Zeitungen,
natürlich nicht von der »FAZ«. Der »fränkische« Kreis hatte sich um Professor von
der Heydte gebildet, der offensichtlich durch eine Gastprofessur an der damals ganz
im französischen Fahrwasser schwimmenden Saarbrücker Universität beeinflußt worden war. Das spätere Zeitgeschehen und das Urteil des Kanzlers sind unsere besten
Argumente gegen die Angriffe von dieser Seite, der durchweg die Sachkenntnis über
unsere Probleme, aber auch die Kenntnis von der wirklichen Einstellung der Franzosen zu den Fragen der europäischen Einigung gefehlt haben. Der »süddeutsche« Kreis
bestand im wesentlichen aus dem Mitarbeiterstab der »Süddeutsche(n) Zeitung«, die
offenbar traditionsgemäß laufend Interviews von Grandval und Johannes Hoffmann
publizierte, obwohl sie damit allein auf weiter Flur stand.

Drei Tage vor der Abstimmung hätte der Korrespondent dieser Zeitung uns um
den Erfolg unserer Sache bringen können, wenn die Franzosen nicht ruhiges Blut
bewahrt hätten. Die Falschmeldung, die deutschen Parteien hätten für den Abend des
Abstimmungstages einen Putsch geplant, die Besetzung des Saarbrücker Senders vorgesehen usw., konnte uns wirklich schweren Schaden bringen. An der Meldung war
kein Wort wahr, sie war frei erfunden.

Zu dem süddeutschen Kreis gehörten dann noch einige übereifrige Kanzleranhän-
ger, die – wie der rheinische Kreis – »Adenauerischer waren als Adenauer« selbst;
ihr Einfluß war jedoch unbedeutend. Auch der Versuch einiger CSU-Politiker, noch
nach dem Referendum sich mit der Partei Hoffmanns zusammenzutun (unten S. 483 ff.)
und Hoffmann noch nachträglich Hilfestellung zu gewähren, indem man uns in
öffentlichen Versammlungen in Bayern noch 1956 und 1957 angriff, blieb ohne Erfolg. Ohne jedes Echo blieb auch eine von Saarbrücken unterstützte Sendung des
bayerischen Rundfunks über die Saar und eine vom gleichen Autor, Werner Eckhardt,
verfaßte Schrift: »Die Saar fließt nach Europa.« Er hatte sogar ein Naturgesetz mißachtet: Wasser fließt nicht den Berg hinauf. Europa aber blieb bis heute ein Ziel,
das auf hohem Berg mit einem steilen Anstieg liegt, der Weg der Saar »herunter«
verlief aber bislang durch die Jahrhunderte: nach Deutschland!

# Das war unsere Tätigkeit – Nationalismus oder Pflichterfüllung?

Wir hatten von Anfang an ebenso klare Vorstellungen über die Regelung des Saarproblems wie unsere Gegner. Während diese dem von der Besatzungsmacht einseitig geschaffenen Zustand internationale Anerkennung verschaffen wollten, war unsere Zielsetzung unverrückbar auf folgende Punkte ausgerichtet:

1. Keine Anerkennung des nach 1945 geschaffenen Zustandes;
2. staats- und völkerrechtliche Zugehörigkeit des Saarlandes zu Deutschland;
3. Abbau aller einseitigen Maßnahmen, insbesondere Beseitigung der totalen Abschnürung von Deutschland und der Überlassung aller wichtigen Positionen unseres öffentlichen und wirtschaftlichen Lebens an Frankreich;
4. eine Regelung der Saarfrage unter »europäischen« Vorzeichen konnte *nur eine Zwischenlösung* sein. Da die Gegenseite auf einer unabänderlichen Endregelung bestand, beharrten wir auf einer eindeutig festzulegenden *Befristung*;
5. Endziel mußte die de-facto-Wiedervereinigung unseres Landes mit Deutschland sein, die – de jure – Zugehörigkeit hatte nach unserer Auffasung nie aufgehört zu bestehen.

Auf der Basis dieser Grundsätze waren wir auch als erste an der Saar bereit, an einem europäischen Experiment in Bezug auf das Saarland mitzuarbeiten. Wir machten sogar einen nach unserer Auffassung brauchbaren Lösungsvorschlag, der von jedem Politiker, der aufrichtig an eine Vereinigung der europäischen Nationen glaubte, unterstützt werden konnte. Die von uns vorgeschlagene Zwischenregelung hätte sogar »bis zu einem Friedensvertrag oder einem gleichartigen Vertrag« in Kraft bleiben können. Unser wesentliches Ziel war, den Streit um die Saar abzubauen und die Saarpolitik, wie es wörtlich hieß, in der Zeit bis zum Friedensvertrag zu »entpolitisieren«. Hier die wichtigsten Teile dieses ersten Vorschlages vom 6. Mai 1951 in der Original-Wiedergabe unseres damaligen Zeitungsprospektes »DZ an der Saar für Wahrheit, Freiheit und Recht« kurz vor dem Verbot der DPS (Abb. 158 u. 159).

Johannes Hoffmann hat in seinem Buch (S. 270/271) drei Stellen aus diesem Lösungsvorschlag wörtlich angeführt und daran die Frage geknüpft: »Doch womit gab Schneider uns die Handhabe, die Partei zu verbieten? Nach seinem Vorschlag sollte die Saar entpolitisiert werden.« Dann folgen auszugsweise unsere Vorschläge, die beiden wichtigsten Zitate sind durch senkrechte Striche angezeichnet, die dritte Stelle lautete in unserem Lösungsvorschlag: »Schaffung einer wirtschaftlichen Selbständigkeit.« Hoffmann zog selbst noch 1963 – zum Zeitpunkt der Herausgabe seines Buches – die Schlußfolgerung: »Damit waren drei verfassungswidrige Tatbestände gegeben:

1. Die Aufhebung der inneren Selbstverwaltung im Rahmen einer bestehenden demokratischen Staatsordnung;
2. die Lösung der Wirtschaftsunion mit Frankreich;
3. die Kontrolle des Parlaments, nicht allein über den Verfassungsgerichtshof, sondern durch zwei außenstehende Kontrolleure wie im Falle der Überwachung der Regierung.«

Und ein paar Zeilen später schreibt Hoffmann: »Der Vorschlag richtete sich gegen den saarländischen Staat als selbständigen Staat im demokratischen Sinn.« Als später nach dem Naters-Plan ein europäischer Kommissar die Überwachung des Statuts für die Saar übernehmen sollte, hatte Hoffmann mit Freuden zugestimmt. Über die totale Abhängigkeit des Hoffmannschen Regimes von der fremden (Besatzungs-)Macht verliert er natürlich ebenso wenig ein Wort wie über die Tatsache, daß alle Maßnahmen, die zur Wirtschaftsunion mit Frankreich und zur angeblichen saarländischen Autonomie geführt haben, »une situation de fait illégale«, d. h. nach französischer Rechtsauffassung »eine Situation auf Unrechtsbasis« gewesen sind. Daß Hoffmann aber die Eingangsformel unseres *Vorschlages* völlig überging, ist für ihn typisch. Zeile 12 von oben links sagten wir in unserem Dokument (Abb. 158): ». . . . . . unterbreitet die DPS der Bevölkerung und den beteiligten Ländern einen Lösungsvorschlag, der geeignet sein dürfte, die *Diskussionsgrundlage* für eine erfolgreiche Neugestaltung des Problems zu bilden.« Dazu wurde im folgenden Satz dann nochmals wiederholt, »daß die *vorläufige* Bereinigung des Saarproblems bis zu einem Friedensvertrag« angesprochen sei. Man wird unschwer aus diesen »Beanstandungen« erkennen, in welchem Ausmaß damals an der Saar die Meinungsfreiheit geknebelt war und sogar ein »Lösungsvorschlag zur Diskussionsgrundlage« als Verbrechen gegen den damaligen Scheinstaat ausgelegt werden konnte. Daß Hoffmann und alle, die mit ihm gleicher Meinung waren, ihre politische Dummheit noch »10 Jahre danach« nicht eingesehen haben, zeugt von dem Geiste, mit dem man damals glaubte, große Politik machen zu können.

Am 1. September 1952 unterbreiteten wir dem Minister für gesamtdeutsche Fragen, Jakob Kaiser, eine weitere klare Stellungnahme zu den französischen Saarplänen des Jahres 1952 und grenzten demgegenüber unseren Standpunkt genauestens ab. Die auch im Nachlaß des Ministers Kaiser vorhandene Aufzeichnung hatte folgenden Wortlaut:

»Bonn, den 1. September 1952

Stellungnahme der saarländischen Opposition
zur Europäisierung der Saarfrage

Herr Richard Becker und Dr. Schneider haben anläßlich ihres Besuchs in Bonn folgende Gedanken niedergelegt, die sich auf Grund zuverlässiger Informationen aus dem Kreise der Saarregierung und nach der franko-saarländischen Propaganda an der Saar ergeben.

I. Französische Absichten

1. Volksbefragung (vor Schaffung demokratischer Zustände) zu dem Thema »Wollt Ihr die Europäisierung der Saar?« Das Votum der Bevölkerung kann nur lauten »ja« oder »nein«.

2. Das Ergebnis dieser Volksbefragung soll die Endlösung der Saarfrage darstellen und ein für allemal bindend sein.

3. Jetzt erst sollen politische Oppositionsparteien zugelassen werden, sofern sie das Ergebnis der Volksbefragung anerkennen. Auch sollen jetzt erst demokratische Zustände geschaffen werden.

4. Im Anschluß daran sollen die Landtagswahlen durchgeführt werden.

5. Der kommende Landtag soll alle Einzelheiten der Europäisierung diskutieren und seine Entscheidung dazu abgeben.

II. Gegen diesen Plan nimmt die Opposition eine eindeutig ablehnende Stellung ein. Von ihrem Standpunkt aus sind folgende Forderungen zu stellen:

1. Jede Regelung der Saarfrage im europäischen Sinne kann nur ein *Provisorium* sein, da keinerlei europäische Institutionen vorhanden sind. Die kommende Regelung (Zwischenlösung) kann nur einen Versuch darstellen, der eine entsprechend lange Bewährungsprobe für die Saarbevölkerung geben muß. Diese Bewährungszeit muß sich auf Jahre erstrecken. Eine Entscheidung kann erst gefällt werden, wenn die Bevölkerung ausreichend Zeit hatte, die vorgesehene Regelung in ihren Auswirkungen, vor allem auch das Verhalten Frankreichs und der Saarregierung zu dieser Regelung zu beobachten.

2. Eine endgültige Entscheidung kann nicht von einem Landtag getroffen werden, sondern muß am Ende der Bewährungszeit von der Bevölkerung selbst in einer Volksabstimmung gefällt werden, die alle Voraussetzungen wie diejenige von 1935 haben muß (Hinweis auf die Grundsätze des französischen Professors Scelle in der Einführung zu Stöber, »Die saarländische Verfassung« S. VII/VIII).

3. Es bestehen jedoch keine Bedenken, wenn die vorgesehene *Zwischenlösung* und ihre Einzelheiten vom kommenden Saarlandtag verhandelt werden und die Stellungnahme hierzu dem Landtag überlassen bleibt. Dies setzt aber voraus, daß vor jeder Wahl oder Entscheidung die demokratischen Freiheiten im Saarland hergestellt werden. Hierzu gehören:

a) Zulassung aller politischen Parteien, die volle Presse- und Versammlungsfreiheit.

b) Allen Parteien müssen gleiche Startbedingungen, insbesondere in finanzieller Hinsicht gegeben werden.

c) Die oppositionellen Parteien müssen eine entsprechende Anlaufzeit von mindestens $^{1}/_{2}$ Jahr haben.

d) Es muß eine internationale Garantie gegeben sein, daß die politischen Freiheiten auch in Zukunft aufrechterhalten und gewährleistet werden.

4. Das entscheidende Gewicht einer provisorischen Regelung muß auf wirtschaftliche Fragen gelegt werden. Hier ist eine erhebliche wirtschaftliche Freiheit anzustreben. Außerdem müßte besondere Aufmerksamkeit der Gruben- und Warndtkohlenfrage gewidmet werden (Hinweise auf die Forderungen der saarländischen Bergarbeiter vom 31. 8. 1951). Die Währungsfrage ist durch die ständige Inflation des französischen Franken von Bedeutung geworden (Hinweis auf die Forderungen der Sozialdemokratischen Partei von Anfang August 1951 – eigene Währungshoheit im Saargebiet).

III. Die Vertreter der saarländischen Politik bemängeln nachdrücklichst die mangelnde Zusammenarbeit zwischen sich und den entscheidenden Persönlichkeiten der Bundesrepublik (Bundeskanzler Dr. Adenauer, Staatssekretär Hallstein, Ministerialdirektor Blankenhorn und Auswärtiges Amt). Nachdem der Leiter der französischen Saarabteilung, de Beaumarchais, in einem Interview der ›Saarbrücker Zeitung‹ vom 28. August 1952 erklärt hat, daß Frankreich keine Verhandlungen führt und keine Entscheidungen trifft, ohne die Saarregierung zu befragen und zu hören, bitten die saarländischen Vertreter nochmals nachdrücklichst um die Aufnahme einer ständigen Verbindung mit den genannten Herren der Bundesregierung. Auch eine alsbaldige inoffizielle Verbindung der Herren der Saar zu den Vertretern des Saarausschusses wird nachdrücklichst erbeten.«

Im Jahre 1953 unterbreiteten wir drei weitere, von mir namentlich gezeichnete Lösungsvorschläge (Stimmen der Deutschen Saaropposition, Heft 2/I, S. 2 ff.), nachdem der im Herbst 1952 zwischen Bundeskanzler Dr. Adenauer und den drei saardeutschen Oppositionsparteien vereinbarte *befristete* Lösungsvorschlag von der Gegenseite abgelehnt worden war. Die neuen Vorschläge aus dem Jahre 1953 (vgl. unsere Abb. 160) waren wesentlich »staatsgefährdender« als der erste Vorschlag vom 6. Mai 1951. Danach hätten Hoffmann und Hector sofort ein Hochverratsverfahren gegen mich einleiten müssen, wenn ihr früherer Standpunkt, der zum Verbot der DPS geführt hatte, rechtens gewesen wäre. Denn: im neuen Lösungsvorschlag war kurz und bündig die Rückgliederung des Saarlandes an die Bundesrepublik als 12. Bundesland (wir rechneten damals noch Berlin zu den 10 anderen hinzu) vorgeschlagen worden; Frankreich sollte durch einen großzügigen Wirtschaftsvertrag auf die Dauer von 50 Jahren alle diejenigen Vorteile sichergestellt erhalten, die es durch den wirtschaftlichen Anschluß erlangt hatte. Das war genau das Modell, das nach der Volksbefragung von 1955 zwischen Frankreich und der Bundesrepublik ausgehandelt wurde und zum (zweiten) Saarvertrag vom 27. Oktober 1956, dem sogenannten »Luxemburger Vertrag« geführt hat.

Als Vorschlag B war von mir die Praktizierung einer »faktischen Europapolitik« vorgeschlagen worden, die darin bestehen sollte, daß die europäischen Staaten im Saarland eine wirklich europäische Politik auf allen Gebieten, einschließlich der Wirtschaft führen sollten. Die D-Mark sollte als zweite gesetzliche Währung zugelassen werden. Man hatte mich damals gerade wegen des letzteren Gedankens als wirtschaftlichen Ignoranten hingestellt, ohne zu ahnen, daß schon wenige Jahre später die freie Konvertibilität der europäischen Währungen eine viel weitergehende wirtschaftliche Freiheit schaffen würde. Was man uns damals als Staatsverbrechen ausgelegt hatte, ergab sich wenige Jahre später von selbst. Noch einmal: »gouverner c'est prévoir!« (»Regieren heißt voraussehen.«)

Der dritte Vorschlag lief auf eine amerikanische Treuhänderschaft auf die Dauer von 5 bis 10 Jahren hinaus, Ziel war auch bei diesem Vorschlag eine Entgiftung der Atmosphäre und die Herstellung der demokratischen Freiheiten im Saarland.

Obwohl diese Vorschläge allenthalben bekannt wurden, nahm jetzt niemand mehr daran Anstoß, man lehnte sie höchstens ab. Die »starken« Männer an der Saar waren offensichtlich schon etwas müder geworden. Zum letzten Mal verabredeten unsere Parteivorsitzenden am 18. Oktober 1954 vor der Pariser Schlußverhandlung eine befristete Zwischenlösung, die aber gar nicht mehr zur Erörterung kam.

# STIMMEN DER DEUTSCHEN SAAROPPOSITION

### Heft 2

## Lösungsvorschläge zur Saarfrage

zusammengestellt
von

*Dr. Heinrich Schneider, Saarbrücken*

### I

**Drei Lösungsvorschläge zur Saarfrage**

### II

**Memorandum vom 26. November 1953**

### III

**Forderungen und Vorschläge der DPS
vom 6. Mai 1951**

### IV

**Erklärung der DPS vom 22. Februar 1951**

öffnen die verschiedensten Aussichten, eine Regelung zu finden, die sowohl die Interessen Frankreichs und der Saarbevölkerung, als auch die politischen und wirtschaftlichen Ansprüche Deutschlands berücksichtigen. Ein Memorandum vom 26. November 1953 (II) erläutert — teilweise unter Wiederholung von Einzelheiten der Vorschläge (I) — die Gedankengänge der Verfasser.

Die Vorschläge der Saaropposition sind in entscheidendem Maße von dem Gedanken des unabdingbaren deutschen Rechtsanspruchs getragen. Die Verfasser sind davon ausgegangen, daß nur eine Lösung der Saarfrage auf der Grundlage des Rechtes von Bestand sein kann und für die Zukunft das Aufkommen eines gefährlichen Revisionismus ausschließt.

### I.
### Drei Lösungsvorschläge zur Saarfrage

ausgearbeitet nach Gedanken führender Persönlichkeiten der deutschen Opposition an der Saar aus Politik und Wirtschaft
von Dr. H. Schneider, Saarbrücken.

**Vorschlag A:**

#### EINGLIEDERUNG IN DIE BUNDESREPUBLIK

I. **Rechtsgrundlage:** Rechtslage entsprechend der Entschließung des Bundestages vom 2. Juli 1953

II. **Gestaltung:** Die Saar wird 12. Bundesland gemäß Art. 23 Satz 2 GG

III. **Europäische Gestaltung:** Die Saar vereinigt sich gemeinsam mit der Bundesrepublik zu einer europäischen Gemeinschaft

IV. **Garantien für Frankreich:**
**Zweck:** Sicherung seiner bisherigen wirtschaftlichen Vorteile.
**Mittel:** 50jähriger Vertrag (zu verbinden mit dem Schuman-Plan oder der EPG).

**Inhalt:**

1. Frankreich erhält das Bezugsrecht, in Frankenwährung zum französischen Inlandspreis,

   a) von jährlich 4,5 Millionen Tonnen Kohle und Koks saarländischen Ursprungs,

   b) von jährlich einer Million Tonnen Erzeugnisse der saarländischen eisenschaffenden Industrie (Stahl, Guß etc.),

   (Gegenwert von a) und b) im Jahre 1952 rund 76 Milliarden Franken).

2. Deutschland (Bundesrepublik einschl. Saar) verpflichtet sich zum Ankauf in französischer Währung nach französischen Inlandsgroßhandelspreisen in Höhe des jährlichen Gegenwertes zu a) und b):
   von Lebensmitteln aller Art,
   von Rohstoffen französischen Ursprungs und von sonstigen Verbrauchsgütern.

3. Deutschland und Frankreich verpflichten sich außerdem gegenseitig, im Interesse der Aufrechterhaltung des gegenwärtigen wirtschaftlichen Austausches zwischen Frankreich und der Saar

   a) **Deutschland:** von Frankreich zusätzlich zu beziehen: französische Produkte im Werte von 85 Milliarden Franken (Wertmaßstab 1952),

   b) **Frankreich:** Produkte saarländischen Ursprungs der weiterverarbeitenden Industrie, im Rahmen der im Jahre 1952 (oder einer anderen Referenzperiode) erfolgten Bezüge zu französischen Inlandspreisen zu beziehen.

4. **Militärische Garantien:**
   Während der Vertragsdauer außerhalb einer europäischen Verteidigungsgemeinschaft keine deutschen Truppen im Saargebiet zu stationieren oder Verteidigungsanlagen zu errichten und zu unterhalten.

5. **Garantien für die Bewohner des Saargebietes:**
   Vereinbarung eines Schutzes nach Art des Römischen

160   161

Schon Ende 1953 unterbreitete die DPS drei Lösungsvorschläge des Verfassers in der Broschüre »Stimmen der deutschen Saaropposition«. Der erste Vorschlag A war die später (1956) nach dem Referendum vereinbarte Endlösung.

162
Hohe Auszeichnungen: Berghauptmann Fritz Schönemann (Mitte links), Kinderarzt Dr. Schulz-Schmidtborn (Mitte rechts); Bergarbeiterführer Paul Kutsch und Landgerichtspräsident und Reichsgerichtsrat a. D. Prof. Dr. Franz Schäfer werden 1957 mit dem Großen Bundesverdienstkreuz ausgezeichnet.

163
Der erste Vorsitzende des Deutschen Saarbundes, Rechtsanwalt Dr. Heinz Lietzmann, Essen (links), ein geborener Saarbrücker, gratuliert Senator Becker (Mitte). Zwischen beiden Beckers Bruder Carl-Arnold, der jahrelange Schatzmeister des Deutschen Saarbundes, der Organisation der Saarländer im Bundesgebiet

## Treue Freunde
## und Helfer
## für die deutsche Sache

164
Der Studentenseelsorger an der Universität
Saarbrücken, Lic. Dr. Peter Jung, heute kath.
Pastor in Kapellen, ein tapferer Streiter für
die deutsche Sache

165
Verdienste um die Saarrückkehr: Dechant Johannes Müller, ein gebürtiger Saarbrücker (zweiter
von links), zusammen mit CDU-Politikern. Von rechts nach links: Rechtsanwalt Helmut Bergweiler, Ministerpräsident Dr. Röder, der frühere Bundestagsabgeordnete der Saar, Karl Walz,
Dechant J. Müller und Josef Krischel, langjähriges führendes CDU-Mitglied.

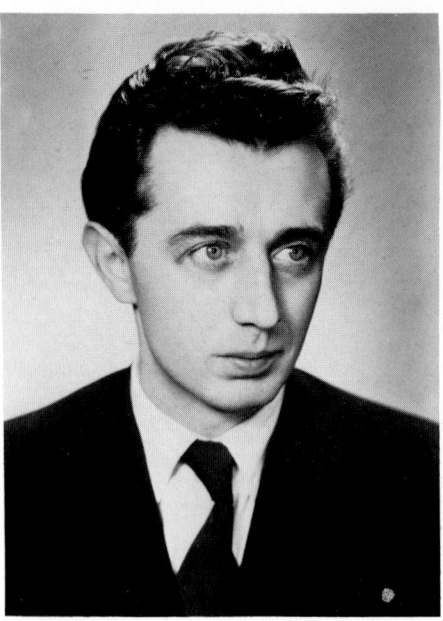

166
Kurt John, Vorsitzender der DPS des Kreises
Merzig-Wadern, Mitglied des saarländischen
Landtages und langjähriger Vizepräsident

167
Josef Frisch, Vorsitzender der DPS des Krei-
ses Saarbrücken-Land und Mitglied des
Kreisrates. Er war Hauptorganisator für die
Verteilung unserer Schriften während und
nach der Verbotszeit und brachte große per-
sönliche Opfer. 1956 gab er das Buch heraus:
»Die Saar blieb deutsch«.

168
Heinz Specht, einer unserer erfolgreichsten
Versammlungsredner

169
Dr. K. Heinz Buchholz, Geschäftsführer der
Handwerkskammer Saarbrücken. Redner der
DPS und Abgeordneter im saarländischen
Landtag, früh verstorben

Wir haben uns beträchtliche Mühe gegeben, um auch von unserem deutschen Standpunkt aus zu einem Kompromiß beizutragen. Hätte die französische Seite diese durchaus ehrlich gemeinten Lösungsvorschläge stärker beachtet, würde vielleicht manche Enttäuschung und viel Ärger für alle Beteiligten erspart geblieben sein. Natürlich teilten wir diese Gedanken unseren Freunden im Bundesgebiet, auch dem Bundeskanzler, mit. Wir konnten aber angesichts der strikt ablehnenden Haltung der saarländisch-französischen Seite keinen Erfolg haben. Vor allem Hoffmann wollte unbedingt die endgültige Anerkennung seines Regimes erreichen. Die Furcht, über Nacht abtreten zu müssen, wie das dann tatsächlich auch so kam, war stets die treibende Kraft für seine Haltung.

Die verschiedenen Lösungsvorschläge waren nur die Schwerpunkte unserer Bemühungen. Hinzu kam eine unendliche Kleinarbeit. Wir lieferten laufend Informationen, die über die Geschäftsstelle in Bad Kreuznach als sogenannte Schlüsselberichte an alle interessierten Stellen gingen. Ich besitze heute noch zwei dicke Aktenbände der damals sicher verwahrten Berichte. Wir nannten sie Schlüsselberichte, weil jede in Saarangelegenheiten tätige Persönlichkeit – hüben wie drüben – eine Schlüsselbezeichnung, z. B. S 4, hatte, so daß beim Auffangen eines Schlüsselberichtes nicht sofort feststand, von wem die Nachricht kam und an wen sie gelangte. Natürlich haben wir unsere Codes gehütet wie unseren Augapfel, auch wurde die Schlüsselbezeichnung der Beteiligten mehrmals gewechselt.

Eine Panne mit unseren Schlüsselinformationen ist nicht bekannt geworden. Dagegen mußten wir eines Tages feststellen, daß eine wichtige Information aus dem Bereiche des Herrn Grandval über Bonn wieder zurückgelangt ist, man suchte in der Dienststelle Grandvals nach unserem Informanten. Das veranlaßte auch uns, die Dinge zu überprüfen. Wir wußten, daß sich durch die Zusammenarbeit des Verfassungsschutzes mit den Besatzungsmächten ein normaler Austausch von Nachrichten ergab, der Herrn Grandval zugänglich machte, was wir mit unseren bundesdeutschen Freunden »vertraulich« zu regeln hatten. Eine andere Panne entstand durch den Verrat eines unserer Mitarbeiter des Deutschen Saarbundes und der »DSZ«. Von einem höheren Beamten des Hector-Ministeriums, mit dem ich mich geheim an einem neutralen Ort treffen konnte, erfuhr ich, daß die Mission Diplomatique gemeinsam eine Denkschrift für 800 000 Franken (das waren damals ca. 10 000 DM) angekauft hätten, die sich mit der Tätigkeit des Saarbundes, der verbotenen DPS und auch mit mir beschäftigte. Insbesondere seien in der Schrift Dokumente über die Subventionierung der »Deutsche(n) Saar-Zeitung« durch das Kaiser-Ministerium enthalten. Mein Vertrauensmann überließ mir über Nacht das 106 Seiten starke Dokument, das wir fotokopierten und den Bonner Stellen zugänglich machten. Übrigens lebte die gesamte französische Propaganda gegen das Ministerium für gesamtdeutsche Fragen bis zum Schluß allein von dieser Denkschrift. Die darin belegten 20 000 Mark Unterstützung für die »DSZ« bildeten in den Artikeln und Broschüren unserer Gegner das einzige Beweismaterial. Mit der Denkschrift waren auch meine bis dahin verwandten Decknamen geplatzt.

Unmittelbar nach dem »schwarzen« Freitag, dem 20. März 1952, hatte ich nach Adenauers Zugeständnissen gegenüber den Franzosen ein sehr umfangreiches Memorandum mit dem Titel »Der Zusammenbruch der deutschen Saarpolitik« verfaßt und vertraulich einer Anzahl von Stellen zugehen lassen. Da auch der Saarbund ein Exemplar erhalten hatte, wurde nun auch die Gegenseite damit versorgt. Viel genützt hat das auch nicht, denn unsere damalige Niedergeschlagenheit und Bedrückung hat – wie immer während der Auseinandersetzungen bis zum erfolgreichen Ende – die andere Seite in Sicherheit gewiegt und entweder zu Zugeständnissen (Volksabstimmung) oder zu politischen Dummheiten veranlaßt.

Von den seitenweisen Ausführungen über meine Person – offenbar wollten die zahlenden Empfänger der Denkschrift das gerne hören – seien nur einige wenige Sätze zitiert: Seite 38 der Denkschrift heißt es: »Dr. Schneider ist es auch, der es immer wieder versteht, seine Pläne bei der Bundesregierung durchzusetzen.« Eine Seite später schrieb dann derselbe Verfasser: »Immerhin erklärte man im Auswärtigen Amt einmal: ›Dr. Schneider ist für uns keine Kabinettsfrage.‹ Im Bundesministerium für gesamtdeutsche Fragen wurde dieser Ausspruch mit Befremden aufgenommen.« Nach dem Hinweis auf meine Pläne fährt die Denkschrift fort: »Er (Schneider, Anm. d. Verf.) ist der erste, der eine Klage beim Europarat wegen Verletzung der Menschenrechte an der Saar vorschlägt. Er ist es, der immer wieder auf die Gründung der Deutsche(n) Saar-Zeitung hindrängt und der diese Zeitung schließlich an sich reißt. Er war es auch, der Bundesstellen, die saarländische Besucher empfingen, dazu brachte, die Gespräche auf Tonband aufzunehmen. Er schrieb dazu: ›Nur damit kann man bestimmte Äußerungen festlegen und später, wenn die Gefahr eines Umfalls droht, die betreffenden entsprechend entlarven.« Mir ist wirklich nicht mehr in Erinnerung, ob diese Tonbänder tatsächlich gelaufen sind; daß sie notwendig waren, beweist der Verfasser der Denkschrift, der zahlreiche Gespräche mit höchsten Bundesstellen an die Gegenseite verkauft hat. Wer wollte schon kontrollieren, ob sie auf Wahrheit beruhten? Natürlich erfuhr ich auch den Namen des Verfassers der Denkschrift. Die »DSZ« hat ihn mehrfach genannt und ihn aufgefordert, die Zeitung zu verklagen. Der Betreffende hat dies nie getan, obwohl er seinen Wohnsitz im Bundesgebiet hatte.

Man wird fragen, warum ich den Namen hier nicht nenne. Vielleicht ist es dem einen oder anderen schon aufgefallen, daß ich nicht die Absicht habe, Unbedeutenden im politischen Kräftespiel zu schaden. Mir geht es darum, die große Linie aufzuzeigen und mich mit den Verantwortlichen – mit den Großen und nicht mit den Kleinen – in einer historisch gerechtfertigten Weise auseinanderzusetzen. Die erwähnte Denkschrift aus dem Jahre 1952 war übrigens für unseren Freund Dr. Strohm die bitterste Enttäuschung, denn er hat dem Verfasser am meisten vertraut. Allerdings war Strohm zum Zeitpunkt des Verrats schon abberufen. Ich bin überzeugt, das noch mancher weitere Spitzelbericht bei P 6 über uns einging und dort festgehalten wurde. Wir konnten freilich auch feststellen, daß man bei P 6 bezahlten Nachrichtenverkäufern auf den Leim gegangen ist und für baren Unsinn gutes Geld ausgab. Wir haben dagegen grundsätzlich keine Nachricht bezahlt, dazu hatten wir ohnehin keine Mittel. Immerhin war das Hin und Her des Nachrichtenspiels so etwas wie die Würze unserer Tätigkeit, ohne die es auch im politischen Kampf nun einmal nicht geht.

In unsere Informationen schlossen wir natürlich auch die gründliche Auswertung der gesamten in- und ausländischen Presse ein. Wichtige fremdsprachliche Artikel wurden übersetzt und natürlich auch archiviert. An dieser Stelle darf ich zwei Mitarbeiter nennen, die unermüdlich übersetzt und vervielfältigt haben: Fritz Kliebenstein, ein Mitarbeiter meines Fachverbandsbüros und Richard Beckers Kriegskamerad Schaeffer.

Daneben hatten wir zwei Zeitungs-Ausschnittsdienste abonniert, die uns jeden Saarartikel, wo immer er erschien, zugeleitet haben. Die Auswertung der Presse wurde in unserem Informationsdienst »azw« und in den Schlüsselberichten nach einer vorherigen journalistischen Verarbeitung vorgenommen. Das gleiche geschah mit allen Propagandabroschüren und Schriften der Gegenseite, an denen es wirklich nicht mangelte. Wir haben uns mit alledem eine unendliche Mühe gemacht und sogar ganze Bücher übersetzt, wie z. B. »La Renaissance de la Sarre« oder die nur in englischer Sprache von Johannes Hoffmann herausgegebene (unmögliche) Propagandaschrift »The Saar, key to European unity« – »Die Saar, der Schlüssel zur Einheit Europas«. Alle diese Schriften lieferten uns Argumente und reichliches Material für unsere Arbeit. Zur Auswertung gelangten auch alle Originalprotokolle der beiden französischen Kammern – der Nationalversammlung und des Rates der Republik – mit ihren Gesetzesvorlagen und Begründungen sowie den Haushaltsplänen für die Saar. Erfaßt und z. T. übersetzt wurden daraus alle wichtigen Textstellen, die sich auf die Saarfrage bezogen. Meist nahmen unsere Artikel in der »Deutsche(n) Saar-Zeitung« oder im »azw« darauf Bezug. Auch in meinen eigenen Artikeln oder Schriften konnte ich mich immer auf gut belegte Stellen und Zitate der Gegenseite stützen, ich denke, man wird das bereits festgestellt haben. Natürlich setzten wir uns besonders hart mit den Anhängern der Separation der Saar im Bundesgebiet auseinander, selbst auf die Gefahr eines Beleidigungsprozesses hin. Ich habe in diesen Fällen immer an ein Wort meiner Großmutter gedacht, die häufig zu uns Kindern sagte: »Die Furcht muß den Wald hüten!« Das gilt auch in der Politik!

Neben den schriftlichen Informationen und Publikationen nahmen die Besuche in Bonn, Mainz und anderen Orten, die Anwesenheit auf Parteitagen und Großveranstaltungen einen breiten Raum unserer Tätigkeit ein. Dies beanspruchte viel Zeit und erforderte auch persönliche finanzielle Opfer. Einmal mußten wir, wie es in der Denkschrift hieß, »den Versuch machen, bei der Bundesregierung unseren Willen durchzusetzen«. – Wir wären sonst schlechte Politiker gewesen! Wir mußten in das saarpolitische Geschehen im Bundesgebiet, soweit das irgend möglich war, eingreifen und versuchen, das »Schlimmste« zu verhüten – vor allem Zeit zu gewinnen! Wie anders wäre zu erreichen gewesen, daß aus dem Zugeständnis des Kanzlers vom 19. März 1952 (oben S. 203 ff.) erst 2$\frac{1}{2}$ Jahre später eine nach außen sichtbare vertragliche Regelung wurde. In diesem Zeitgewinn bestand der Erfolg! Selbstverständlich haben viele Freunde im Bundesgebiet mit uns in gleichem Sinne gewirkt. Aber wir wollten ständige Mahner sein, wir betrachteten uns einfach als den Sauerteig für den Saarkuchen. Dazu kam unser Bestreben, durch die Herausstellung unseres Standpunktes, unseres Wollens und auch unserer Namen ein Echo im Saarland zu erzielen. Die Herren Grandval, Hector und Hoffmann hatten uns durch das Verbot der DPS im Mai 1951 zu Märtyrern gemacht. Wir mußten dieses Signum weiter behalten bis zum Tage der Freiheit – das war vier Jahre später! Nur wenn wir in den Augen der Saarbevölkerung am Tage des »Ausbruchs« der politischen Freiheiten die Vorstellungen einer Mehrheit erfüllen würden, konnten wir mit einem Erfolg in der Sache rechnen. Daß uns all das schließlich gelang, war eine ungeheure Fleißarbeit unter Einsatz aller Beteiligten, zu deren Sprecher ich mich an dieser Stelle machen möchte.

Bevor ich auf die Arbeit im Saarland im Schatten des Verbots, der Nichtzulassungen und Unterdrückung eingehe, soll hier eine Übersicht über unsere wichtigsten Veröffentlichungen in chronologischer Reihenfolge mit den wirklichen Verfassernamen gegeben werden. Die historische Wahrheit erfordert diese Feststellung.

Den Anfang unserer Aufklärungsarbeit machte der Aufsatz von

Richard Becker

*Der Weg der Saar* in der deutschen Zeitschrift: »Außenpolitik«, 2. Jg. 1951, Heft 4 (7 Seiten). Diesem ersten mutigen Bekenntnis des führenden saarländischen Politikers der deutschen Opposition folgte auf dem Fuße die noch vor dem Verbot der DPS an Ostern 1951 verfaßte Schrift:

Richard Becker
(als Herausgeber)
Dr. H. Schneider
(als Verfasser)
Helmut Bergweiler
(Mitarbeiter)

*Freiheit für die Saar* (146 Seiten), die erste eingehend belegte und bewiesene Darstellung der undemokratischen Verhältnisse im Saarland. Bald darauf folgte die gleichfalls noch im Jahre 1951 verfaßte Arbeit des bekannten katholischen Geistlichen aus Saarbrücken:

Pastor
Franz Bungarten

*Ich darf nicht schweigen* (67 Seiten), eine Schrift über »meine Ausweisung aus dem Saarland«. Mit dem kleinen Werk begann die Schriftenreihe des Deutschen Saarbundes e. V., die der Comel-Verlag in Köln verlegt hat. Als weitere Arbeit in der gleichen Reihe erschien ebenfalls noch 1951:

Georg Schneider

*Die Wahrheit über die Saarwirtschaft* (46 Seiten). Daran schloß sich das besonders gründlich dokumentierte Büchlein von

Franz Ruffing
(Pseudonym:
Herbert Beckmann)

*Wahlmanöver an der Saar* (166 Seiten), erschienen 1952 als Band 5 der Schriften des Deutschen Saarbundes. Der Verfasser war der damalige Generalsekretär der DPS, wurde nach ihrem Verbot Gründungsmitglied der CDU-Saar. Ebenfalls unter einem Decknamen erschien fast zur gleichen Zeit:

Dr. Eduard Martin
(Pseudonym:
Martin Hoffmeister)

*Wer regiert die Saar?* (117 Seiten). Der Verfasser war ein guter Freund Richard Beckers und leitender Direktor der Saarländischen Kreditbank in Saarbrücken. Durch seine berufliche Tätigkeit hatte er die besonderen Einblicke gewonnen, die zu der aufschlußreichen Schrift Veranlassung gaben. Im Zusammenhang mit dem Verbot der DPS im Mai 1951 veröffentlichte ich:

Dr. Heinrich Schneider
(Pseudonym:
Ludwig Pistorius)

*Der hohe Kommissar und die DPS* (85 Seiten), eine mit 33 abgebildeten Dokumenten belegte Darstellung, wie 1946/47 von den französischen Besatzungsbehörden an der Saar auf die Parteigründung und politische Zielsetzung eingewirkt worden ist. (Band 4 der Schriften des Deutschen Saarbundes). Zur Vorlage im großen Prozeß der DPS gegen ihr Verbot wurde nach dem ersten großen (unveröffentlichten und nur hektographierten) Schriftsatz von 86 Seiten Umfang das grundlegende Werk:

Dr. H. Schneider

*Die saarländische Verfassung vom 15. Dezember 1947 und*

(Pseudonym:
Robert Stöber)

*ihre Entstehung* (566 Seiten), Comel-Verlag, Köln 1952, dem Gericht und der Öffentlichkeit vorgelegt.

Diese sehr umfangreiche Arbeit ist in späteren Untersuchungen immer wieder die Grundlage für die Beurteilung der saarländischen Verhältnisse nach 1945 gewesen und als das »unentbehrliche Standardwerk« bezeichnet worden.

Als weiteren, dritten (gedruckten) Schriftsatz im DPS-Prozeß legten wir dann 1952 vor:

Dr. H. Schneider

*Saarfrage in Dokumenten. Die Beweise gegen das Verbot der DPS* (144 Seiten).

Mit 523 sorgfältig ausgewählten fremden Zitaten oder Erklärungen ließen wir in dieser Arbeit »andere« oder die Vertreter des Regimes, also die beklagte Seite des Prozesses selbst sprechen. Für jeden unbefangenen Leser sprach die umfassende Dokumentation für sich. Bei dieser Veröffentlichung zeigte das Regime an der Saar besonders deutlich den Mangel jedweder Toleranz und eine rücksichtslose Unterdrückung des politischen Gegners. Da die Schrift *nur* fremde Stellungnahmen oder eigene Äußerungen von Anhängern des Regimes enthielt, waren wir der Meinung, die Zusammenstellung unbehindert im Saarland drucken lassen zu können. Weit gefehlt! Als die Bücher fertig waren, sollten sie nachmittags bei einem Tochterunternehmen der Becker-Betriebe, der Fa. Gebr. Sinn Saarbrücken, in deren Warenablieferung ausgeliefert werden. Nach einer Absprache eines leitenden Angestellten der Druckerei mit der politischen Polizei des Hector-Ministeriums fuhr schon von der Druckerei aus ein Pkw der Polizei hinter dem Lieferwagen der Druckerei her und »beschlagnahmte« vor der Übergabe die gesamten Bücher, selbstverständlich ohne rechtliche Grundlage. Es war wiederum reiner Diebstahl! Glücklicherweise hatte ich mir vorher einige zwanzig Originale sichergestellt – man konnte ja nie wissen – so daß wir nachher vom Original im Offsetverfahren in der Bundesrepublik eine ganze Auflage nachdrucken lassen konnten, teilweise sogar als auszugsweisen

*Sonderdruck:*
*Die Regierung des Saarlandes spricht hier ausnahmsweise die Wahrheit* (65 Seiten).

Übrigens ergab sich hinterher noch eine amüsante Auseinandersetzung wegen der Kosten der Saarbrücker Druckerei, die man von uns haben wollte. Wir verwiesen die Druckerei an die politische Polizei, welche die Lieferung vor der Übergabe an uns beschlagnahmt hatte, also einige Sekunden zu früh, so daß wir auch gegenüber der Druckerei erfolgreich die »Nichterfüllung des Vertrages« einwenden konnten. Leider kam es nicht zu einem Prozeß, um die Hintermänner dieses üblen Spiels zu entlarven. Aber alle diese Vorgänge im Zusammenhang mit den zahlreichen von uns zu führenden politischen Prozessen brachten uns weitere Sympathien und Anhänger ein, die sich über das Unrecht, das hier so offensichtlich zutage trat, empörten.

Vor den saarländischen Landtagswahlen am 30. November 1952 ließen wir im Bundesgebiet die Kampfbroschüre drucken:

**Dr. H. Schneider** (ohne Verfasserangabe)

*Saarländer, das mußt Du wissen* (32 Seiten) (Abb. 132). Leider erfolgte die Auslieferung so spät, daß wir die mehrere Tonnen schwere Aufklärungsschrift nicht mehr rechtzeitig über die Saargrenze »schmuggeln« lassen konnten. Natürlich war – wie bei allen unseren Schriften – der Druck im Saarland durch die Machthaber unmöglich gemacht und eine legale Einfuhr durch die französischen Zollbehörden verhindert worden.

Die Rede des 1. Vorsitzenden der nicht zugelassenen Deutschen Sozialdemokratischen Partei an der Saar:

**Kurt Conrad**

*Europäisierung der Saar soll das Siegerrecht Frankreichs verewigen* (8 Seiten) – herausgegeben von der SPD Bonn und gedruckt in Köln. Der Verfasser hatte die Rede am 7. Oktober 1952 im saarländischen Landtag (Protokoll S. 1170 f. und 1181 f.) gehalten. Diese mutigen und vor einem nahezu völlig feindselig eingestellten Parlament gemachten Ausführungen verdienen besondere Hervorhebung.

Nach den Landtagswahlen erschienen weitere Veröffentlichungen aus unserem politischen Kreis. Auch hier ist das Standardwerk unseres verstorbenen Freundes und Mitstreiters

**Dr. Helmut Lauk** (Pseudonym: Dr. Hans Joachim Hagmann)

*Die saarländischen Landtagswahlen vom 30. November 1952* (240 Seiten), Verlag Deutsche Glocke GmbH, Köln, zu nennen. Dr. Helmut Lauk hatte im gleichen Jahr an der Universität Tübingen mit der Arbeit promoviert:

**Dr. Helmut Lauk**

*Der Rechtstyp der französisch-saarländischen Staatenverbindung* (197 Seiten, Maschinenschrift, unveröffentlicht). Dem gleichen Ziele einer wahrheitsgemäßen Darstellung der Verhältnisse im Saarland vor und während der Landtagswahl 1952 diente die Schrift unseres DPS-Freundes:

**Ludwig Bruch** (Pseudonym: Ludwig Brenner)

*Freie Wahlen* (48 Seiten), Band 7 der Schriftenreihe des Deutschen Saarbundes, erschienen 1952. Bruchs Arbeit wurde auch in englischer und französischer Sprache gedruckt und sollte vor allem der völlig einseitig beeinflußten Auslandspresse unseren Standpunkt vermitteln.

Im Jahre 1953 folgte dann die neue Schriftenreihe

| | |
|---|---|
| Dr. H. Schneider | *Stimmen der deutschen Saaropposition*, Heft 1 (23 Seiten) mit drei Ausarbeitungen, die in der deutschen Presse schon zuvor veröffentlicht worden waren.<br>1. »Auch nach dem Gesetz sind wir Deutsche, die staats- und völkerrechtliche Stellung des Saargebietes« in der »Zeit« vom 28. August 1952;<br>2. »Europäisierung oder Anerkennung?« in der »Rheinpfalz« (und anderen Zeitungen) vom 11. Oktober 1952;<br>3. »Sind wir Verfassungsfeinde?« in der »Frankfurter Allgemeinen Zeitung« vom 1. November 1952.<br>Auch dieses Heft wurde in englischer und französischer Sprache herausgebracht.<br>*Heft 2* erschien im Spätherbst 1953 und enthielt von |
| Dr. H. Schneider | *Drei Lösungsvorschläge zur Saarfrage* (26 Seiten), sowie ein Memorandum zu unseren Lösungsvorschlägen vom 26. November 1953 und ein Nachdruck der von mir 1951 ausgearbeiteten »Forderungen und Vorschläge der DPS zur Lösung der Saarfrage« vom 6. Mai 1951.<br>Das Jahr 1953 rückte angesichts der sich immer stärker abzeichnenden Tendenz, das Saarland zu »europäisieren«, also endgültig von Deutschland loszutrennen, die *juristischen Probleme* in den Vordergrund. War die Bundesrepublik als ein Teil Deutschlands überhaupt legitimiert, für das Ganze (Deutschland) zu entscheiden und einen kleinen Teil – das Saarland – rechtswirksam auszugliedern? Für uns galt es schon damals, die Weichen für später zu stellen und frühzeitig die rechtlichen Bedenken anzumelden, wenn die Bundesrepublik sich mit einer parlamentarischen Mehrheit bereitfinden würde, ein Statut für die Saar mit definitiver Wirkung anzuerkennen. Hier sah ich eine besondere Aufgabe, der ich mich in der äußerlich ruhiger gewordenen Atmosphäre des Jahres 1953 und Anfang 1954 widmete. So entstand die Schrift: |
| Dr. H. Schneider | *Die rechtlichen Probleme einer Saarlösung* (47 Seiten) Jus-Verlag 1954, Baden-Baden. Durch dieses Büchlein und einen gemeinsamen Vortrag vor der Akademie des Auswärtigen Amtes in Speyer angeregt, erschien von |
| Prof. Dr. Eberhard Menzel | *Die Diskussion über die gegenwärtige Rechtsstellung des Saargebietes* (18 Seiten) in der Zeitschrift »Europa-Archiv« 1954, S. 6599 ff.<br>Auf die Arbeit von Prof. Menzel folgte die Erwiderung |
| Dr. H. Schneider | *zum gleichen Thema* (13 Seiten) in der Zeitschrift »Europa-Archiv«, 1954, S. 7003 ff.<br>Übrigens hatte Prof. Menzel, der Leiter der Forschungsstelle für Völkerrecht und ausländisches öffentliches Recht der Uni- |

versität Hamburg, schon früher im »Europa-Archiv« beachtliche Arbeiten über die Rechtslage des Saargebietes nach dem zweiten Weltkrieg veröffentlicht. Eine wertvolle und wesentliche Hilfe bedeuteten auch die Abhandlungen und Materialzusammenstellungen sowie eine Bibliographie des gleichen Instituts zur Saarfrage, auf die besonders hinzuweisen ist. Im »Europa-Archiv« erschien 1956 eine Arbeit unseres CDU-Freundes

Klaus Altmeyer

*Die Volksbefragung vom 23. Oktober 1955* (12 Seiten), »Europa-Archiv« 1956, S. 9049, die – obwohl erst nach dem Referendum erschienen – doch in engem Zusammenhang damit stand. Dasselbe gilt für die große Untersuchung unseres DPS-Freundes und heutigen Landrates von Saarbrücken

Dr. Walter Henn

*Die verfassungsrechtliche Lage des Saarlandes* (145 Seiten), Verlag Anton Hain, Meisenheim (Glan) 1959.
Zu der juristischen Diskussion der damaligen Zeit gehörten zwei Rechtsgutachten, und zwar einmal

Landesregierung
Rheinland-Pfalz

*Die Rechtslage der Saarbergwerke* (20 Seiten), ein Gutachten des Ministeriums von Rheinland-Pfalz, veranlaßt von Ministerpräsident Peter Altmeier und Innenminister Dr. A. Zimmer, zum anderen

Prof. Dr.
Ulrich Scheuner

*Die Rechtslage der Saarberwerke* (20 Seiten), ein Gutachten des bekannten Bonner Rechtsgelehrten.
Anfang 1954 war immer deutlicher geworden, daß Bundeskanzler Dr. Adenauer den im Schoße des Europarates ausgearbeiteten, aber völlig einseitig den französischen Interessen Rechnung tragenden *Naters-Plan* als Grundlage für ein deutsch-französisches Saarabkommen akzeptieren würde. Wir stellten deshalb unsere Bemühungen darauf ab, die deutsche Öffentlichkeit – und soweit es ging die Saarbevölkerung – vor allem aber die politische Saaropposition in der Bundesrepublik über diesen Plan und die Gründe unserer rückhaltlosen Ablehnung aufzuklären. So entstand die Schrift:

R. Becker
Dr. H. Schneider

*Warum NEIN zum Naters-Plan?* (89 Seiten), Heft 3 der Stimmen der deutschen Saaropposition. Ich hatte die Arbeit geschrieben, Richard Becker zeichnete dankenswerter Weise mit als Herausgeber, um unserer Veröffentlichung dadurch einen größeren Aussagewert und vor allem Nachdruck gegenüber gewissen Bonner Kreisen zu geben.
1954 meldeten sich auch unsere Freunde von der unterdrückten CDU-Saar und den Deutschen Sozialdemokraten an der Saar nochmals zu Wort. In einer Saar-Sondernummer der

| | |
|---|---|
| verschiedene Verfasser: | *Bonner Hefte* erschienen die folgenden Aufsätze: |
| Karl Walz | 1. »Wirkliche Freiheit gesucht« aus der Feder des aus dem Saarland ausgewiesenen CDU-Bundestagsabgeordneten; |
| Kurt Conrad | 2. »Wie sollte die Saarlösung aussehen?« und |
| Klaus Altmeyer (Pseudonym: Gottfried Perger) | 3. »Wer ist Gilbert Grandval?« und ebenfalls vom gleichen Verfasser 4. »Edgar Hector, Innenminister oder politischer Kommissar?« |

Nach dem von uns rückhaltlos abgelehnten Saarabkommen mit dem Statut vom 23. Oktober 1954 folgte die erste Stellungnahme in einem Vortrag von mir am 23. November 1954 vor dem Rhein- und Ruhr-Club e. V. in Düsseldorf. Die Schrift mit dem Wortlaut des Pariser Abkommens erschien alsbald im Comel-Verlag Köln als Broschüre

| | |
|---|---|
| Dr. H. Schneider | *Die Saar deutsch oder europäisch* (63 Seiten) 1954. Dem gleichen Thema zur geistigen Vorbereitung auf unseren Kampf gegen das Saarstatut beim Referendum am 23. Oktober 1955 dienten zwei auf Rotaprint gedruckte, maschinengeschriebene Ausarbeitungen: |
| Unbekannter Verfasser: | *Der Wirtschaftsvertrag zwischen Frankreich und dem Saarland* (vom 3. Mai 1955), *eine kritische Analyse des Abkommens* (28 Seiten). Die Arbeit dürfte entweder von Peter Weiant oder von Prof. Dr. Blind verfaßt worden sein; leider ließ sich das nicht mehr feststellen. Sie war uns als Grundlage zur Widerlegung der Behauptungen der Gegenseite über die »wirtschaftlichen Verbesserungen« des Saarstatuts sehr dienlich. |
| Dr. H. Schneider | *Warum sagt die DPS NEIN?* eine Grundsatzrede, gehalten auf dem Parteitag der FDP in Oldenburg am 26. März 1955 (6 Seiten). Dem eigentlichen Abstimmungskampf dienten die weiteren folgenden Ausarbeitungen: |
| Dr. H. Schneider | *Warum sagen die Saardeutschen »NEIN« zum Saarstatut?* (20 Seiten). Die kleine Broschüre enthielt – das Schreiben des Landesparteivorstandes der verbotenen DPS vom 14. März 1955 an Bundespräsident Prof. Dr. Theodor Heuss; – das Schreiben von R. Becker und Dr. Schneider an Bundeskanzler Dr. Adenauer vom 31. Januar 1955 und – die Denkschrift über die verfassungsrechtlichen Bedenken gegen das Pariser Saarabkommen, die auch die Grundlage unserer Verfassungsbeschwerde in Karlsruhe waren. |
| Dr. H. Schneider | *Das wollen wir* (20 Seiten) Kampfbroschüre gegen das Statut |

mit dem 8-Punkte-Vorschlag der DPS zu »neuen Verhandlungen«. Die Grundtendenz der Schrift war: »Wir wollen kein Kolonialstatut und keine fremde Ausbeutung«; in Fortsetzungen auch abgedruckt in der »Deutschen Saar«.
Unsere Freunde von der CDU veröffentlichten zum gleichen Zweck

| | |
|---|---|
| Klaus Altmeyer | *Die CDU-Saar im Abstimmungskampf* (78 Seiten) mit den wichtigsten Reden und Erklärungen der CDU-Saar zur Ablehnung des Statuts. |

Weitere ausgesprochene Kampfschriften waren:

| | |
|---|---|
| Werner Hoitz (Pseudonym: Werner Holtzmann) | *Joho – das bin ich* (24 Seiten). Mein Sozius in der Anwaltskanzlei, Werner Hoitz, stellte hier eine Fülle von einwandfrei belegten Erklärungen und politischen Aussagen unseres »Gegners Nr. 1«, Johannes Hoffmann, zusammen und dokumentierte damit die großen politischen Wandlungen dieses saarländischen Politikers. |
| Dr. H. Schneider | *15 »Lügen« um das »europäische« Statut,* Fortsetzungsreihe als Antwort und Widerlegung der von der Gegenseite am 23. August 1955 in der »SVZ« begonnenen Reihe: »Um was geht es? Die 15 Punkte des europäischen Saarstatuts«. Die durch Erklärungen französischer Politiker und die Vertragstexte belegte Entgegnung wurde zunächst in der Zeitung »Deutsche Saar« am 3. September 1955 begonnen und dann auch in den übrigen Zeitungen des Heimatbundes abgedruckt. Schließlich darf nicht übergangen werden die von unseren Bonner Freunden initiierte Schrift |
| W. Eberhard Schopen (Pseudonym: Walter Eberhard) | *Wer kaufte Joho? – Dreimal an der Saar* (63 Seiten), eine Darstellung eines zum engsten Mitarbeiterkreis Hoffmanns gehörigen »intimen Kenners« der dargestellten Vorgänge. Von den Freunden unseres weiteren politischen Kreises wurden zu unserer Unterstützung – vor allem zu den *Wirtschaftsfragen* – veröffentlicht: |
| Dr. Fritz Hellwig | *Saar zwischen Ost und West,* Die wirtschaftliche Verflechtung des Saarindustriebezirks mit seinen Nachbargebieten (219 Seiten) 1954, Röhrscheid-Verlag Bonn und |
| Dr. Werner Bosch | *Die Saarfrage, eine wirtschaftliche Analyse* (174 Seiten) 1954, Verlag Quelle & Meyer, Heidelberg. Schließlich sind noch zwei politische Schriften anzuführen: |
| Paul H. Kaps | *Rheinland-Pfalz und Frankreichs Saarpolitik nach 1945* (88 Seiten), 1954, eine gut dokumentierte Arbeit, und |
| Dr. Max Becker | *Historische Saarrede vom 25. Februar 1955* im Deutschen Bundestag (40 Seiten), die – von ungezählten Menschen am |

Rundfunk miterlebt – uns eine ebenso wertvolle Unterstützung war wie Dr. Thomas Dehlers Verteidigungsrede für seinen Freund Max Becker vom 27. Februar 1955.

Ich hoffe, in dieser Liste alle wichtigen Veröffentlichungen der deutschen Opposition an der Saar *bis zum Referendum vom 23. Oktober 1955* genannt zu haben. Sollte ich die eine oder andere vergessen haben, so gilt auch dafür meine bereits ausgesprochene Entschuldigung.

Neben diesen Schriften waren unsere Artikel und Reden zur Saarfrage beinahe Legion. Sie füllten dicke Ordner voller Manuskripte und Ausschnitte. Allein die Leitartikel für die zweite Seite der »Deutsche(n) Saar-Zeitung« und die ungezählten Artikel für die »Deutsche Saar«, die ich während vieler Jahre geschrieben habe, füllen Bände. Dazu kam eine große Zahl anderer Veröffentlichungen, wie z. B. in der Zeitung »Der Saar-Handwerker« und ähnlichen Organen. Kurt Conrad von den deutschen Sozialdemokraten an der Saar schrieb ähnlich fleißig für das SPD-Organ der »Neue Vorwärts«, vor allem natürlich das illegale Kampfblatt seiner Parteigruppe, die »Freie Saarpresse« )Abb. 148). Daß unsere Freunde von der CDU mit Publikationen weniger in Erscheinung traten, war in der Schwierigkeit ihrer Position gegenüber der Saarpolitik des Kanzlers begründet. Außerdem organisierte sich die CDU-Saar erst wesentlich später als wir.

Nach dieser Zusammenstellung unserer Arbeiten stellt sich die Frage nach den Aufklärungs- und Propagandaschriften unserer Gegner. Ich möchte an dieser Stelle das Urteil einer wissenschaftlichen Untersuchung zitieren (Dietrich Berwanger, Massenkommunikation und Politik im Saarland 1945–1959, Dissertation München 1969), zumal der Autor dieser Arbeit das Regime, das er sehr wohlwollend mit dem Begriff »saarländische Eigenständigkeit« bezeichnet, eher verteidigt als angreift. Berwanger schreibt nach einer Beurteilung unserer publizistischen Tätigkeit (S. 436):

»Dem hatten die Verteidiger der saarländischen Eigenständigkeit fast nichts entgegenzusetzen. Was die Regierung des Saarlandes und ihre Dienststellen dazu beitrugen, war wenig eindrucksvoll. Die Reihe ›Wille und Weg‹ begnügte sich mit dem Nachdruck bereits im Druck erschienener Reden und dem unvollständigen Nachdruck eines Berichts des ›Reichskuratoriums für Wirtschaftlichkeit von 1938‹ (in ›Saarproblematik in Dokumenten‹) und muß schon als der wichtigste, wenn nicht als der einzige sachlich relevante Beitrag zur Diskussion der ›Saarfrage‹ angesprochen werden. Das Memorandum von 1949, später noch zweimal überarbeitet, erschien hektographiert und konnte schon deshalb eine größere Verbreitung kaum erfahren, die Stellungnahme von 1952 war nicht für eine breitere Öffentlichkeit bestimmt. Alles andere – vom Bericht der Saar-Korrespondenz über die Wahlen 1952 bis zu den verschiedenen, eher auf Touristenwerbung denn auf politische Propaganda ausgerichtete Broschüren – konnte wenig oder nichts beitragen zur politischen Meinungsbildung und -beeinflussung. Die Gegner der saarländischen Eigenständigkeit hatten in vielen Fällen sicher die besseren Argumente, aber so schlecht, wie es nach ihren Publikationen erscheinen könnte, war die Position der saarländischen Regierung und der von ihr vertretenen Politik denn doch nicht. Woran lag es dann aber, daß die saarländische Regierung, der es an den dazu notwendigen, immerhin bescheidenen (?? d. Verf.) finanziellen Möglichkeiten nicht gefehlt haben dürfte, so wenig zur literari-

schen Rechtfertigung ihrer Politik beigetragen hat?« Berwanger meint auf Grund
der Befragung von Politikern der Gegenseite davon ausgehen zu können, »daß die
saarländischen Politiker (des Regimes, Anm. d. Verf.) im Vertrauen darauf, daß
Frankreich seine Stellung an der Saar nicht preisgeben werde, sich der Notwendigkeit
enthoben fühlten, nicht nur bei Außenstehenden, sondern selbst bei ihren Gegnern
für ihren Standpunkt zu werben«.
Damit sind aber die Gründe für unsere propagandistische Überlegenheit keineswegs
erschöpft. Der entscheidende Grund war die Tatsache, daß auch der beste Propaganda-
apparat mit einer schlechten Politik – vor allem einer Politik der Unterdrückung und
Unfreiheit – keine Erfolge erzielen kann und von vornherein ein untauglicher Versuch
am untauglichen Objekt ist. Hätte das Grandval-Hoffmann-Regime eine gute Politik
gemacht, dann wäre auch seine politische Werbung erfolgreich gewesen. Hinzu kam
die überhebliche Überzeugung, die Saarbevölkerung werde in jedem Falle mit einer
großen Mehrheit ein Statut bejahen. Diese Überzeugung wurde bei unseren Gegnern
noch durch den vermeintlichen Wahl»sieg« vom 30. November 1952 bestärkt. Man
hielt es einfach nicht für erforderlich, bei den saarländischen Wählern eine wirksame
politische Werbung zu betreiben. Statt dessen wurden Unsummen ausgegeben, vor
allem von der französischen Seite, um in der ausländischen Presse Publikationen über
das angeblich »gut gelungene Experiment« und die »absolute Zufriedenheit der Saarbevölkerung«, über den »Fortschritt für Europa durch die an der Saar erreichte Lösung« unterzubringen.

Was soll man zum Beispiel dazu sagen, daß eine Regierung auf Kosten der Steuerzahler eine nur in englischer Sprache verfaßte Propagandabroschüre: »Die Saar, der
Schlüssel zur europäischen Einheit« in Paris an die internationale Presse verteilte, aber
es nicht wagen konnte, den deutschen Wortlaut den eigenen Landsleuten zur Kenntnis zu bringen? Dies gab uns dann Gelegenheit, den Spieß herumzudrehen, und
weite Stellen der Broschüre als Gegenpropaganda zu benutzen. Mir war nie klar geworden, welche Wirkung die Propagandisten Hoffmanns und Grandvals bei der Bevölkerung des Saarlandes erwarteten. Die mit großen finanziellen Mitteln hochge-
peitschte Auslandsmeinung, daß alle Anhänger des NEIN und Gegner des Regime
»Nazis« seien, konnte doch die saarländischen Wähler nicht überzeugen und davon
abhalten, das Statut abzulehnen. Für eine schlechte Sache kann man eben keine gute
Propaganda machen, jedenfalls nicht auf lange Sicht!


Die Unfreiheit und Ausschaltung weiter Kreise der Bevölkerung vom politischen oder
sozial-politischen Leben – man denke an das Verbot der Bergarbeitergewerkschaft von
1952 – lieferte uns zwar wertvolle Argumente, erschwerte aber doch die Aufklärungsarbeit im Saarland sehr stark. Andererseits wurden wir gezwungen, alle unsere Anstrengungen darauf zu richten, uns bei den Menschen unserer Heimat mit unseren
Ansichten Gehör zu verschaffen. Wir konnten deshalb anders als unsere Gegner die
Aufklärung im Ausland vernachlässigen, um statt dessen die Meinungsbildung bei
unseren Landsleuten in höchstem Maße zu fördern. Wie schwierig das freilich ohne
die Hilfe der modernen Publikationsmittel von Presse, Rundfunk, Plakaten, Flugblättern und Versammlungen war, kann die heutige Generation wahrscheinlich nicht
mehr beurteilen. Wer kann heute noch verstehen, daß dies in einem westlichen, »demokratischen« Gebiet, nur 120 km vom Sitz des Europarates, dem Hüter und Protek-

tor der Menschenrechte, entfernt, möglich war?

Der einzige Weg, an der Meinungsbildung im Saarland mitzuwirken, ja sie entscheidend zu beeinflussen, war das uralte Mittel der *Zellenbildung*. Natürlich gab es bei uns keine Blockwarte oder Zellenwarte wie im früheren NS-Regime, auch keine politischen Hauswarte wie in den Ostblockländern. Wir verstanden unter der »Zelle« nichts anderes als die Überzeugung eines einzelnen, die stark und gut fundiert war. Der Träger dieser Ansicht gab sie weiter und überzeugte wiederum andere von der Richtigkeit der Idee, und so fort. In der Tat war dieses »System« letzten Endes die einzige äußere Form der Meinungsbildung im Sinne der deutschen Opposition an der Saar. Der »innere Gehalt« war die schlechte Politik der anderen und der Fleiß, die Begeisterung und der große Idealismus unserer Freunde und Anhänger.

Ich möchte an dieser Stelle, soweit das technisch überhaupt möglich ist, durch Erwähnung einzelner Zellen und Gruppen unter Angabe der bekanntesten Mitstreiter einer Ehrenpflicht genügen. Dabei bin ich mir der Schwere dieser Aufgabe durchaus bewußt, es ist möglich, daß ich diesen oder jenen vergesse, wofür ich nun um Verständnis bitte. Auch sollen nur die Gruppen und Namen genannt werden, die am eigentlichen Kampf um das Referendum teilgenommen haben. Die treuen Helfer und Kämpfer für das NEIN, die nach dem »Ausbruch der Freiheit« am 23. Juli 1955 zu uns geströmt sind, und in Tag- und Nachteinsatz unaufgefordert und freiwillig in jeder nur denkbaren Weise mitgewirkt haben, sind ohnehin nicht alle aufzuzählen.

Die erste Zellenbildung ergab sich schon Anfang 1948, als die Versuche der französischen Seite offenbar wurden, alle Organisationen und Verbände des wirtschaftlichen Lebens an der Saar in einer Gesamtorganisation zusammenfassen und unter die Führung durch den französischen Generaldirektor der großen Hüttenwerke, Georges Thédrel, zu bringen. Ich war damals – als Anwalt noch nicht wieder zugelassen – in der Organisation der Holzindustrie tätig und wurde bald darauf ihr Geschäftsführer. Über meinen Vater, der in jener Zeit Landesinnungsmeister der Schreinerinnungen war, bekam ich die Kontakte zu allen Handwerker-Innungen. Mitte 1948 traten dann die Bestrebungen offen zu Tage, den unter Führung von Thédrel gegründeten, schon sehr starken Industriellenverband an der Saar, eine Art Parallelorganisation zum »Patronat français«, auf die Organisationen des Handwerks und Handels auszudehnen. Damit war die Zeit gekommen, in einer Gesamtorganisation der drei Teile: Industrie, Handel und Handwerk ein Gegengewicht gegen die Beherrschung durch die französische Seite zu schaffen.

Ich fing beim Handwerk an. Hier kannte ich ja schon eine Reihe von Landesinnungsmeistern, die bereit waren, einen Zusammenschluß des Handwerks auf Landesebene mitzumachen. Vor allem fand ich in dem Landesinnungsmeister des Elektrohandwerks, Carl Jose, Saarbrücken, die geeignete Persönlichkeit, die Organisation aufzuziehen und zu führen. Der schwierigste Punkt war die Finanzierung der Organisation und die laufende geistige Betreuung der Meister draußen im Lande. Wir beschlossen, eine »Arbeitsgemeinschaft des saarländischen Handwerks« zu gründen, deren Gesamtvorstand die einzelnen Landesinnungsmeister bilden sollten. Als Sprachrohr und Finanzierungsmittel zugleich gaben wir eine vierzehntägig erscheinende Zeitung: »Der Saar-Handwerker« heraus, die über ein Postabonnement jedem Mitglied der Arbeitsgemeinschaft zugestellt wurde. Der Abonnementspreis war zugleich der Mitgliedsbeitrag zur Arbeitsgemeinschaft. Außer einer Fülle von belehrenden Aufsätzen und Mitteilungen für das Handwerk war der Bezug der Zeitung mit einer kostenlosen Rechtsberatung in allen einschlägigen Fragen des Handwerks verbunden. Später wurde noch eine kostenlose Steuerberatung damit verbunden. Die Sache schlug großartig ein. Herr Hector tat uns zudem noch den Gefallen, die Zeitung einmal zu verbieten. Damit hatten wir in der Leserschaft die erforderliche Resonanz gefunden. Dr. Erich Opitz war der erste Redakteur und Ewald Treib der Geschäftsführer und Rechtsberater, in schwierigeren Fällen sprang ich ein. Die Sache war so gut aufgezogen, daß heute – nach fast 25 Jahren – die Organisation des saarländischen Handwerks und der »Saar-Handwerker« noch in gleicher Weise bestehen wie damals, wenn auch mit einer größeren Zahl von Mitarbeitern.

Über den »Saar-Handwerker« gelang uns auch eine systematische politische Beeinflussung, wenn auch in »homöopathischen Dosen«. Man hat mir oft vorgeworfen, ich könnte nur »auf die Pauke hauen«, den Trommler spielen, aber nicht in vorsichtig abgewogener Weise politische Meinung an den Mann bringen. Nun, ich glaube, daß dieser Vorwurf durch meine vier- bis fünfjährige Mitarbeit am »Saar-Handwerker« widerlegt wird. Unsere Zusammenarbeit mit den Innungsmeistern funktionierte reibungslos, alle zogen mit, obwohl es einige gab, die der CVP oder der SPS angehörten oder – parteilos – Anhänger des wirtschaftlichen Anschlusses waren. Wir bildeten bald eine Gemeinschaft, deren Erfolg auch auf dem politischen Sektor nicht zu übersehen war. Es gelang uns, an Stelle des von den Franzosen bestimmten Handwerkskammerpräsidenten Arend, der zugleich führendes MRS-Mitglied war, den Mechanikermeister Wilhelm Maurer, den Schwager unseres alten DPS-Freundes Dr. A. Merz, zum Präsidenten der Kammer wählen zu lassen. Mit Maurer kam der neue umsichtige Geschäftsführer der Kammer: Dr. Karl-Heinz Buchholz (Abb. 169), der später Abgeordneter der DPS im saarländischen Landtag wurde. Auch der spätere Geschäftsführer, Assessor Spengler, gehörte zu diesem Kreis. Daß eine Reihe von Landesinnungsmeistern schon frühzeitig zur DPS stießen, habe ich schon erwähnt. Es waren u. a. Peter Daum (Merzig); Christian Korst (Limbach); Georg Schatz (Saarbrücken) und Walter Lorang (später CDU, Neunkirchen); der infolge eines Überfalls der Polizei verstorbene Schmiedemeister Georg Geiger (Saarbrücken) sowie Heinrich Leichtweis (Neunkirchen). Aus der Zelle »Handwerk« stieß zu uns unser unermüdlicher späterer Geschäftsführer Emil Schäfer (Abb. 101), der sich in einer Handwerkerversammlung in Sulzbach bei uns anmeldete, schon 1949 Mitglied der DPS im Stadtrat von Sulzbach wurde und heute neben seiner Tätigkeit beim saarländischen Rundfunk der sehr bekannte Bürgermeister von Güdingen bei Saarbrücken ist.

Die gleiche Entwicklung wie beim saarländischen Handwerk ergab sich beim Handel. Auch hier gelangten überzeugte, deutsch gesinnte Männer in die führenden Stellen der Organisation, an der Spitze der bekannte Saarbrücker Kaufmann Dr. Hermann Wildt, später führendes Mitglied der CDU-Saar, sowie Dr. Arthur Heitschmidt, unser späterer DPS-Landtagsabgeordneter und zeitweiliger Finanzminister, ferner Richard Beckers Schwiegersohn Ludwig Aretz (Abb. 93). Auch die Geschäftsführer der Verbände bekannten sich mehrheitlich zu unserer Politik, so in der Organisation der Verbände des Handels: zum Beispiel Dipl.-Volkswirt A. Heilz und Dr. Manfred Schäfer, der bekannte spätere CDU-Minister.

Auch in einigen Verbänden der Industrie trat immer mehr eine oppositionelle Haltung zum Regime zutage. Die Schwierigkeiten der Saarwirtschaft infolge ihrer einseitigen Ausrichtung nach Frankreich und der Abschnürung von Deutschland überzeugten natürlich am ehesten die verantwortlichen Verbandsleiter und ihre Mitarbeiter von der Richtigkeit unserer Politik. So führten unsere Sitzungen zu einer zuerst noch heimlichen und nur geflüsterten Kritik am System, später wurde man darin freier und machte aus der oppositionellen Haltung kein Hehl. Ich denke an den Geschäftsführer der Bauwirtschaft, Herrn Kuhlmann, und seinen Mitarbeiter Assessor August Junker, späteres führendes CDU-Mitglied, ferner an den Geschäftsführer des Verbandes der Baustoffindustrie, Dr. Fehringer, und den Sohn unseres alten DPS-Parteifreundes Ernst-Heinrich Schäfer, Dr. E. H. Schäfer, unsern verehrten Freund Dr. Latz, ehemals Bürgermeister der Stadt Saarlouis und Saarkämpfer aus der Zeit vor 1935, sowie an den Steuersyndikus Karl Berg aus Dillingen. Zur Sensation wurde schließlich das brüske Ausscheiden des Geschäftsführers des Industriellenverbandes, Dr. Gustav Lanser, der die Machtpolitik seines Vorsitzenden Georges Thédrel nicht mehr ertragen konnte. Dr. Lanser wurde dadurch mein Freund und später einer meiner ersten und tüchtigsten Mitarbeiter im saarländischen Wirtschaftsministerium.

Durch die enge Zusammenarbeit mit den Verbänden entwickelte sich sehr frühzeitig das »Widerstandsnest Industrie- und Handelskammer«, das der Gegenseite so gefährlich erschien, daß die Telefonleitungen der Kammer ständig auf Überwachung durch die Sûreté geschaltet waren, und der deutsch gesinnte Geschäftsführer Dr. Theo Lenz 1953 auf Weisung des Wirtschaftsministers Franz Ruland entlassen wurde. Dafür führten dann der Pressereferent der Kammer, Peter Weiant, und seine Kammerkollegen, vor allem der in jener Zeit zur Kammer gekommene Jurist Fritz Schuster (Abb. 272), der spätere DPS-Innenminister und langjähriger Oberbürgermeister der Stadt Saarbrücken, den Kampf erfolgreich weiter. Zu dem gleichen Kreis gehörte auch der Leiter der Steuerabteilung der Kammer, Dr. Reinhard Koch, der von 1965 bis 1970 als Finanz- bzw. Wirtschaftsminister der Regierung des Saarlandes angehört hat, ferner die Abteilungsleiter Dr. Werner Schneider (Riegelsberg) und Dr. Karl Bernhard. Aus dem Kreis der Nachwuchs-Wirtschaftswissenschaftler stieß später Dr. Rudolf Reiss zu uns.

In den Räumen der Kammer fanden beinahe täglich »Ressortbesprechungen der Widerständler« statt. Es trafen sich dort immer Gleichgesinnte, oft auch neue Gesichter, die sich zu dem Kreis bekannten. Ich nenne hier nur Dr. Manfred Schäfer (Abb. 101), den ich schon erwähnt habe, den Wirtschaftsjournalisten und heutigen Hauptgeschäftsführer der Kammer, Albert Seyler. Wie viele Ideen und Möglichkeiten für unsere Tätigkeit wurden in diesem Kreis erörtert oder auch ausgeheckt? Wie viele Ausarbeitungen mit Vorschlägen für eine zukünftige – nach Frankreich *und* Deutschland ausgerichtete – Wirtschaftslenkung und wie viele Textvorschläge für wirtschaftliche Reden kamen von Peter Weiant und seinem Kreis!

Vor allem, wenn Kammerwahlen anstanden, wurden alle Wege gesucht, neben den frankophilen Mitgliedern prodeutsch eingestellte Persönlichkeiten in das Kammerpräsidium zu lancieren. Hier hatte Peter Weiant die große Genugtuung, schon 1952 die drei Herren Dr. Wildt, Dr. Heitschmidt und Dr. Philipp Klein (Homburg) an führender Stelle als Vizepräsidenten zu sehen. Leider wurde Peter Weiant viel zu früh durch eine schwere Krankheit dahingerafft, er gehörte zu den ganz besonders engagierten, aber auch großartigen geistigen Köpfen jener aufregenden Jahre.

Zu dem weiteren Freundeskreis von Peter Weiant gehörte einer der bedeutendsten Männer jener Zeit an der Saar: Professor Dr. Adolf Blind (Abb. 235), der spätere Minister und saarländische Verhandlungsführer bei den zweiten Saarverhandlungen im Jahre 1956. Schon 1949 konnte Dr. Strohm in den Materialien zur Saarfrage

(Heft V) eine Arbeit von Professor Blind unter dem Titel: »Ein saarländisches Plädoyer gegen den Wirtschaftsanschluß an Frankreich« bekanntgeben, die – wenn auch in der damals notwendig äußerst vorsichtigen Form abgefaßt – die innere Einstellung des Verfassers gegen den einseitigen wirtschaftlichen Anschluß der Saar an Frankreich und die vollständige Abschnürung von Deutschland erkennen ließ. 1947 hatte Professor Blind als damaliger Leiter des Statistischen Amtes der Stadt Saarbrücken das Manöver mit der Unterbindung einer Bekanntgabe des Verfassungstextes festgehalten und an uns weitergegeben (oben S. 101). Ich bekam schon frühzeitig Verbindung mit Professor Blind, die wohl Peter Weiant hergestellt hatte. In der Folgezeit unterstützte uns Professor Blind, wo immer er konnte. Von ihm stammen viele Ausarbeitungen und Anregungen. Schon im Übergangskabinett des Ministerpräsidenten Welsch wurde Prof. Blind Finanzminister, er blieb dies im Kabinett von Dr. Ney bis zu seinem Ruf an die Universität Frankfurt als Ordinarius für Statistik. Wir haben seinen Weggang sehr bedauert, mehr aber noch, daß es seither so still um diesen bedeutenden Mann unserer Heimat geworden ist. Zwar hat man ihm später das Große Bundesverdienstkreuz verliehen, aber dies war meines Erachtens keine hinreichende Würdigung und Anerkennung seiner Haltung als Mensch und Deutscher, seiner Leistungen als Universitätsprofessor, Finanzminister, Wirtschaftsfachmann und schließlich als Streiter für die deutsche Sache an der Saar. Ich wünsche mir, daß gerade dieser Freund fern der Heimat die Gewißheit hat, bei uns nicht vergessen zu sein.

Die Kraft aller dieser Persönlichkeiten strahlte bis in die kleinsten Gemeinden. Wenn ich von den Kaufleuten unter unseren Freunden nur einige wenige anführe, dann nur aus dem einen Grunde, weil mir die Namen fehlen. Unsere bekanntesten Vertreter der Kaufmannschaft und Wirtschaft: Dr. Wildt, Dr. Heitschmidt, Dr. Klein und Ludwig Aretz habe ich schon genannt; zu ihrem Kreis gehörten außerdem Albert Bahner, Wighard Fourman, der Neffe unseres Senators Becker, und dessen Sohn Ulrich Becker (Abb. 99). Auch meine persönlichen Freunde Emil Hund und Arthur Süss vertraten unseren Standpunkt und mit ihnen zahlreiche Mitglieder der Rudergesellschaft »Undine«. Zu den besonders Aktiven unter den selbständigen Geschäftsleuten, deren Zahl nicht übermäßig groß war, denn die »besseren Geschäfte« waren damals dank der Abschnürung von der Bundesrepublik mit dem Westen zu machen, gehörte Dr. Hansjörg Kohlbecher (Abb. 282), der Vorkämpfer für die CDU-Saar und spätere Landesschatzmeister. Zum Gesinnungskreis der DPS zählten seit 1950 vor allem der kämpferische, weit bekannte Gastwirt Arthur Weber (Saarbrücken), der Kaufmann Albert Beyschlag (Blieskastel) unser Vorstandsmitglied Johann-Josef Hofmann aus Ommersheim und Peter Lorig (Dillingen). Auch mein Freund Carl Spiess, später Mitglied der DPS im Stadtrat von Saarbrücken, war schon frühzeitig einer der Unsrigen. Wenn ich nur diese wenigen Namen nennen kann, dann geschieht dies auch an dieser Stelle stellvertretend für die vielen ungenannten aufrechten Deutschen in unserer Saarheimat.

Das Wirken im Bereich der saarländischen Landwirtschaft war schon schwieriger, weil ihre Führung fest in der Hand des tatkärftigen und kämpferischen CVP-Mitgliedes, Staatssekretär Josef Kurtz, lag. Aber schon bald gab es auch bei den Bauern Zellen und entschlossene Widerständler, ich denke nur an den späteren Präsidenten des Bauernverbandes, Hermann Steitz (CDU), unsere Freunde Julius Marschall (Abb. 173) (Einöd) und Peter Weber (Nunkirchen), später beide Landtagsabge-

170 Erich Schwertner, 2. Vorsitzender der DPS, Minister in der Regierung des Saarlandes und Abgeordneter des saarländischen Landtages

171 Ernst Schäfer, Bundesbahnoberrat, Abgeordneter des saarländischen Landtages und Fraktionsvorsitzender der DPS, Mitglied des Stadtrates von Saarbrücken

172 J. Baptist Comtesse, Vorsitzender der DPS im Kreis Saarlouis und Mitglied des Kreisrates

173 Julius Marschall, Vertreter der Bauernschaft in der DPS. Mitglied des saarländischen Landtages. Marschall ist eines der ältesten Mitglieder der DPS.

175
Soll unterschreiben: Joh. Hoffmann und Außenminister Georges Bidault vor Unterzeichnung der zweiten Saarkonventionen 1953. Man beachte die Blicke der beiden Partner!

176
Unterzeichnung des Wirtschaftsvertrages am 3. Mai 1955, die von seiten Hoffmanns nur widerwillig erfolgt ist; für Frankreich unterzeichnete Außenminister Pinay, links neben Hoffmann Saar-Wirtschaftsminister Franz Ruland.

ordnete, oder Hans Adt aus Ensheim, der schon zum ersten DPS-Landesvorstand gehörte und später ein aktives Mitglied der CDU-Saar wurde. Oder an unsere Aktivisten aus der Landwirtschaft Johann Baptist Manstein (Perl) und August Spurk (Haustadt), und nicht zuletzt auch an den Hauptgeschäftsführer des Bauernverbandes, Norbert John, den Bruder unseres Kreisvorsitzenden K. John.

Wie in den berufsständischen Organisationen bildeten sich auch in den Behörden und Büros unsere Zellen. Wo immer die Menschen zusammenkamen, im Betrieb, im Verein, an Stammtischen wurde über die Saarfrage diskutiert und natürlich auch geschimpft!

Aus dem Bereich der Landesverwaltung kam schon frühzeitig – wenn auch unter Anwendung aller Vorsichtsmaßregeln – der Landesarchivar Dr. Walter Lauer, dem das Saarland das später geschaffene Wappen (Abb. 238) verdankt, mit Informationen zu uns. Bei Bibliothekar Alfred Schmidbauer von der Stadtbibliothek trafen sich alle diejenigen, die in dem großen Schatz der historischen Heimliteratur Unterlagen und Kraft zugleich finden wollten. Alfred Schmidbauer wußte immer Neuigkeiten aus dem Lager der Gegenseite und gab uns manche Schrift, die während der Zeit der harten Zensur und Kontrolle auf dem Index stand. Bei Schmidbauer trafen wir uns auch häufiger mit dem letzten bekannten Nachkommen des »alten Freiherrn«, dem leider auch schon verstorbenen Gesandten a. D. Dr. Gustav Braun von Stumm. Mit dem fern von seiner zweiten Heimat lebenden ehemaligen Reichskanzler Franz von Papen, dessen Gattin eine geborene von Boch-Galhau aus dem Saarland stammte, verband uns ein gelegentlicher Briefwechsel. Am Erfolg des 23. Oktober 1955 hatte der einstige Streiter für die Saar aus den Jahren vor 1935 mit großer Freude Anteil genommen und uns seine aufrichtigsten Glückwünsche zukommen lassen. Doch nach dieser kleinen Abschweifung auf das Gebiet alter Erinnerungen wieder zurück zu den Männern, die unseren Weg begleitet haben und uns Freunde und Helfer waren.

Einer der ersten Aktivisten im Bereich der saarländischen Finanzverwaltung war der heutige Finanzpräsident Dr. Wilfrid Arens, damals noch junger Assessor im Probedienst. Als 1951 einige höhere Regierungsbeamte versuchten, den Altherrenverband Saar der Angehörigen der katholischen Studentenverbindungen des C.V. vom bundesdeutschen Verband abzutrennen, lehnte sich der junge Dr. Arens dagegen auf und verlas ein Manifest seines erkrankten Vaters, der Ehrenpräsident der Vereinigung war. Nach einem kurz darauf erfolgten Zusammenstoß mit Johos Pressechef, Albert Dorscheid, wurde Dr. Arens aus den Diensten der saarländischen Finanzverwaltung entlassen. Da er als Behördenjurist in seiner Heimat jetzt keinerlei Beschäftigung mehr fand, mußte auch er das Saarland verlassen und eine Stelle bei der Finanzverwaltung unseres Nachbarlandes Rhein-Pfalz annehmen. Aber die Vertreibung dieses Beamten aus der Heimat genügte den Machthabern an der Saar noch nicht. Dr. Arens wurde zu seinem früheren obersten Dienstvorgesetzten, dem aus Bayern stammenden Saarländer, Ministerialdirigent Wagner, bestellt, der ihm eröffnete, er stehe »in den Diensten einer ausländischen Macht und habe deshalb die saarländische Staatsangehörigkeit verloren«. Dr. Arens konnte also auch nicht mehr seine Heimat und sein Elternhaus besuchen! In Trier versuchte die französische Sûreté dann noch, seinen saarländischen Personalausweis einzuziehen! Ein Einzelschicksal – gewiß, aber kennzeichnend für das damals an der Saar herrschende Regime der Unterdrückung!

Unter den Steuerbeamten war der damalige Regierungsrat Reinhold Sartorius einer der ersten »Zellenväter«. Auf dem Gebiet des unübersichtlichen und nach deutschen Begriffen schwer durchführbaren französischen Mehrwertsteuersystems kamen wir frühzeitig miteinander in Verbindung, und mancher Mitarbeiter der Finanzverwaltung wurde nach und nach Mitglied der DPS oder Anhänger von CDU und SPD. Oberregierungsrat Dr. Karl Waltzinger, der spätere Vertreter des Saarlandes in Bonn und Präsident des Rechnungshofes des Saarlandes a. D. war einer von ihnen. Auch der spätere Stellvertreter unseres DPS-Finanzministers, Ministerialdirigent Erich Jakob, war damals ebenso dabei wie unser Aktivist, Zollsekretär Rudi Klein, und die anderen ungezählten Anhänger in der Finanzverwaltung. Könnte ich sie nur alle aufzählen! Ich denke auch an die vielen politischen Gespräche mit ihnen, in denen sehr schnell offenbar wurde, auf welcher Seite das Herz der Betreffenden schlug. Aus dem großen Kreis nur einige wenige Namen: der damalige Finanzpräsident Tegethoff und sein Schwiegersohn, der heutige Präsident des Finanzgerichtes, Brengel, aber ebenso gut auch der Steueramtmann Amboss und sein Assistent Lichterfeld. Und alle anderen!

Im Bereich der Justiz lagen die Verhältnisse nicht anders. Das Regime erteilte am eindrucksvollsten seinen Rechtskundigen beinahe täglich Anschauungsunterricht über einen Unrechtsstaat. Auch waren die beiden amtierenden Justizminister zwischen 1947 und 1955 nicht die Persönlichkeiten, die bei ihren Untergebenen den Eindruck einer von Fleiß und Gerechtigkeit erfüllten Amtsführung hätten erwecken können. Was sollten die Juristen darüber denken – sagen durften sie nichts –, daß einer ihrer Minister gleichzeitig als zugelassener Anwalt in einer Reihe von (teilweise sehr lukrativen) Prozessen für das Saarland auftrat? So gerieten oft Richter und Staatsanwälte in den inneren Zwiespalt, gegen den eigenen Minister entscheiden und eine mögliche Beförderung aufs Spiel setzen zu müssen. Durch alle diese, für ein kleinkariertes Staatsgebilde typischen Umstände, gerieten nach und nach immer mehr Juristen in Opposition zu dem Regime.

Ich möchte auch hier den Versuch machen, einige Namen zu nennen. Da waren beim Oberlandesgericht die Richter Dr. Hermann Reiners und Dr. Rolf Best, der spätere Chef der Staatskanzlei und Oberlandesgerichtspräsident, ferner der damalige Landgerichtsrat Dr. Egon Nalbach, heute leitender Ministerialrat im Innenministerium. Diese drei Richter waren bei dem Regime besonders suspekt. Während die übrigen Richter ihre Ernennungsurkunden auf Lebenszeit bereits in den Jahren 1950 bis 1952 erhalten hatten, wurden sie den Genannten erst im Juli 1955 ausgehändigt. Auch dürfte die Aktivität der drei offen opponierenden Richter dazu geführt haben, im Gesetz über die Durchführung der Volksbefragung vom 8. Juli 1955 in § 33 den »hauptamtlichen Richtern zu untersagen, sich während und bei Gelegenheit der Ausübung ihres Dienstes mit dem Kampf um das Saarstatut« zu befassen. Für Dr. Nalbach sprang dessen Gattin in die Bresche und trat als Rednerin für die CDU im Abstimmungskampf auf.

Welchem Druck viele Richter ausgesetzt waren, erfuhren schon 1950 die Richter im Kommunistenprozeß. Einige Kommunisten hatten beim Maiumzug 1949 schwarz-rot-goldene Fahnen mit sich geführt und sich zur Wehr gesetzt, als die saarländische Polizei versuchte, ihnen die Fahnen wegzunehmen. Die damaligen Richter Frantz,

Jochum und Dr. Nalbach wurden vom Justizministerium unter Mitwirkung des damaligen Landgerichtspräsidenten gehörig »unter Druck gesetzt«, dem französischen Verteidiger Nordmann wurde vom saarländischen Generalstaatsanwalt, der in roter Robe in der Verhandlung erschien, mit der Ausweisung gedroht, wenn er noch einmal im Prozeß die Staatlichkeit des Saarlandes in Zweifel ziehen würde. Dr. Nalbach wurde bereits 1952 im Kutsch-Prozeß wegen seiner prodeutschen Haltung als Richter abgelehnt.

Außer den Genannten waren als »prodeutsch« bekannt, die Direktoren bzw. Richter: Dr. Erich Lawall, ebenfalls Oberlandesgerichtspräsident und späterer Direktor der Justiz im Übergangskabinett Welsch, ferner Dr. Peter Bongartz, sowie die Landgerichtsdirektoren Klaus Kaster und Erich Wunn, zuletzt Senatspräsident am Oberverwaltungsgericht, die Landgerichtsräte Wilhelm Gehrlein, heute Oberlandesgerichtspräsident, und Karl Jennewein, heute leitender Direktor des Amtsgerichts Saarbrücken, die Räte Friedrich Gapp und Ernst Alexander, beide spätere Senatspräsidenten am Oberlandesgericht, sowie Dr. Philipp Marzen, heute Präsident des Oberverwaltungsgerichts. Von den jüngeren Richtern waren »bei uns« Dieter Klein, heute Landgerichtspräsident von Saarbrücken, Amtsgerichtsrat Günter Christmann, heute aufsichtsführender Richter beim Arbeitsgericht in Neunkirchen, und Hans Joachim Müller, heute Präsident des Verwaltungsgerichtes des Saarlandes.

Von den Strafrichtern sind mir noch in lebhafter Erinnerung der Direktor einer Kammer, Dr. Ferdinand Heiden, oder jene Strafkammer, die gerüffelt wurde, weil sie einem Karnevalisten aus Wadern »nur« 5000 Franken, das waren ganze 60 DM, Geldstrafe für ein Couplet aufgebrummt hatte, dessen Refrain: »Landesbabbe – Trauerlappe« lautete, auch jener Assessor, der die Beschlagnahme unserer ersten Flugblätter für das Referendum durch Innenminister Hector aufhob. Oder der junge Assessor Otto Abel – mein früherer Referendar – der den Zorn der Polizeiabteilung Hectors erregte, weil er einen »Attentäter«, der anläßlich eines Fußballspiels in Saarbrücken einen Knallkörper mit prodeutschen Flugblättern in die Luft geschossen hatte, nicht in Haft behalten wollte. Da war auch eine Richterin am Oberverwaltungsgericht, Frau Dr. Schaufler, die, obwohl französische Staatsangehörige, den Mut hatte, den von der Hector-Polizei beschlagnahmten Reisepaß an Frau Reiter zurückzugeben.

Auch bei der Staatsanwaltschaft fanden sich immer mehr Männer mit Mut zusammen. Als erster verfaßte der damalige Staatsanwalt Paul Pike schon 1951 eine Denkschrift gegen das gerade verabschiedete sog. Staatsschutzgesetz. Noch heute habe ich ein Exemplar des mir damals in aller Heimlichkeit übergebenen Dokumentes bei meinen Unterlagen. Da war der Staatsanwalt Dr. Karl Schneider, ein (Saar-)Pfälzer von echtem Schrot und Korn. Er gehörte zu den besonderen Aktivisten. Seine Referendare verließen ihn selten, ohne zu Bekennern der deutschen Sache geworden zu sein. Seine »Erziehungserfolge« bewiesen seine ehemaligen Referendare Fritz Schuster (Abb. 273) und unser späterer DPS-Fraktionsvorsitzender im Landtag Ernst Schäfer (Abb. 171). Mit einem ungeschminkten Zwischenruf in einer meiner Versammlungen riskierte auch er Kopf und Kragen. Zu den prodeutschen Staatsanwälten gehörten damals unter anderen noch Edmund Hassdenteufel, der heutige Bürgermeister der Stadt Saarbrücken (Abb. 272), Kurt van Recum, der heutige Ministerialdirigent und Stellvertreter des Innenministers, Bruno Persch, der heutige Generalstaatsanwalt und die damaligen Staatsanwälte Ernst Pfahler und Wilhelm Bender.

Unter besonders schwierigen Verhältnissen konnten zwei Staatsanwälte in der politischen Abteilung der Staatsanwaltschaft vielen Verfolgten des damaligen Regimes helfen und zahlreiche Verfahren »kurzerhand« zur Einstellung bringen. Es waren dies der damalige Erste Staatsanwalt Diesinger und sein Mitarbeiter Dr. Ernst-Willi Rappräger, mein heutiger Anwaltskollege. Männer wie diese beiden mit untadeliger deutscher Gesinnung und Haltung waren in jener Zeit eine wirkliche Hilfe für unsere Sache.

Jüngere Juristen fanden sich regelmäßig zu einem »prodeutschen Kreis« im Saarbrücker Café Kiwit zur Kaffeestunde zusammen. Dazu gehörten: die damaligen Staatsanwälte Josef Müller (heute Rechtsanwalt) und sein Bruder Paul, heute Richter am Bundessozialgericht, der heutige Senatspräsident am Oberverwaltungsgericht Hermann Buchheit, unser späteres DPS-Mitglied Dr. Karl-Günther Wern, heute Ministerialdirektor im Arbeitsministerium, sowie mein Anwaltskollege Alex Müller-Bruverius. Natürlich fehlte auch Dr. Nalbach nicht – und mancher andere.

Aber auch »draußen« – außerhalb der Stadt – bekannten sich nach und nach immer mehr Rechtsbeflissene zu unserer Sache. Ich denke da nur an den Amtsrichter von Tholey, Ernst Kretschmer, heute Stellvertreter des Justizministers, ferner an den Amtsrichter von St. Ingbert, Walter Selzer, heute Amtsgerichtsdirektor beim Amtsgericht in Saarbrücken, oder den Amtsrichter Aloys Backes von Merzig, heute Verwaltungsgerichtsdirektor in Saarlouis. Oder an den tatkräftigsten unserer Richter »von draußen«, den damaligen Amtsrichter Aloys Becker von Wadern, der Freund unseres Ministerpräsidenten Dr. Röder; er ist seit Jahren bereits amtierender Justizminister des Saarlandes. Mit welcher Genugtuung haben wir damals in den schweren Zeiten davon Kenntnis genommen, wenn uns berichtet wurde, der oder jener habe sich zu uns bekannt, »der gehört auch zu uns«, besonders unter den Juristen! Bereits als Referendar wurde Kurt Stolz, heute aufsichtsführender Amtsrichter in Wadern und zeitweilig Rechtsanwalt in Sulzbach, von dem MRS-Präsidenten Dr. Sender in einem Zeitungsartikel angegriffen, weil er die Rechtmäßigkeit der saarländischen Verfassung in Zweifel gezogen hatte. Aus diesen frühen Anfängen heraus wirkte auch er – wie so viele – für die deutsche Sache an der Saar. Zu den uns nahestehenden Richtern gehörten frühzeitig schon der heutige Landrat von Ottweiler, Dr. Günther Schwehm; die Saarbrücker Oberamtsrichter Artmann und Wolff; der später nach Perl versetzte Amtsgerichtsrat Dr. Völker und sein Nachfolger Mattar sowie die Landgerichtsräte Hager und Kiefer. Viele andere Richter, Staatsanwälte, Anwaltskollegen, vor allem aber auch Justizbeamte und -angestellte – außer den Genannten – machten im persönlichen Gespräch aus ihrem Herzen keine Mördergrube, auch wenn sie dienstlich Zurückhaltung üben mußten. Ich denke vor allem an den Beisitzer im DPS-Prozeß, Oberverwaltungsgerichtsrat Dr. Julius von Lautz (Abb. 263), unseren späteren CDU-Freund, Minister und zeitweiligen Landtagspräsidenten. Oft war es auch nur ein freundlicher, aufmunternder Blick für den oppositionellen Politiker, der neben der Politik noch seine berufliche Tätigkeit ausgeübt hat.

Wie beim höheren Dienst in der Justiz, sah es auch bei den unzähligen Beamten der Geschäftsstellen und unter den Justizangestellten aus. Wie viele waren von ihnen auf unserer Seite und machten auch kein Hehl daraus. Wenn ich sagen sollte, wer von ihnen zu den »Separatisten« gehört hat, so wüßte ich eigentlich nur einen einzigen Namen. Von allen anderen könnte ich es nicht einmal behaupten, wenn das damals auch zu optimistisch gewesen wäre. Aber alle Namen? Außer Werner Breinig und

Paul Kraus weiß ich keine mehr. Ich hoffe, die namentlich Übergangenen werden mir nicht böse sein, oder mich gar dafür »bestrafen«. Ich habe bei der Abfassung dieses Kapitels wirklich mein Gedächtnis strapaziert und befragt, wen ich fragen konnte, mehr war für alle Bereiche unseres politischen Kampfes nicht mehr festzustellen.

Auch unter meinen Anwaltskollegen gab es viele, die sich aktiv beteiligten. Ich erinnere mich noch, daß beispielsweise mein Kollege Franz Schneider aus Lebach häufig in mein Büro kam und unaufgefordert »Material« mitnahm, das er dann zu Hause zur Verteilung brachte. Außer diesem Kollegen wirkte ebenso unermüdlich für die nationale Sache mein Lebacher Kollege Dr. Walter Bock. In St. Wendel war es Justizrat Dr. Strauß, der schon frühzeitig durch die enge Verbindung mit unserem Freund Heinrich Danzebrink für die Opposition eintrat. Aus der Vielzahl der gutgesinnten Anwaltskollegen ragten an erster Stelle heraus der Saarlouiser Rechtsanwalt Dr. Hubert Ney und mein Saarbrücker Kollege Egon Reinert, beide später führende CDU-Politiker und Ministerpräsidenten des Saarlandes. In Merzig war Rechtsanwalt Wilhelm Kratz (Abb. 240) (CDU), zeitweilig Landtagspräsident, am Werk. In Saarbrücken bekannten sich für uns meine Kollegen Schmitt-Winter (CDU), Dr. Walter Zorn (DPS), Fritz Hoffmann (CDU), August Maaß, Dr. von Rekowski, Justizrat Dr. Gaß, Dr. Walter Senssfelder, unsere damaligen Senioren Pfeiffer und Justizrat Krämer (St. Wendel) sowie der damalige Gerichtsreferendar Dr. Kuntschert, inzwischen längst Rechtsanwalt in Saarbrücken. In Saarlouis waren es die Rechtsanwälte Eugen Winter (SPD) und C. M. Jochum sowie Hubert Schreiner (zeitweilig Bürgermeister von Saarlouis), in Dillingen Ernst Scherer, in Homburg Walter Ruppenthal (DPS) und in Sulzbach Kurt Stolz. Unser Kollege Friedrichs (St. Wendel) geriet schon als Assessor wegen seiner aufrechten Haltung in den Schußbereich der Gegenseite.

Der Abschnitt »Rechtswesen« ist aber nicht abzuschließen, ohne die auch in allen politischen Dingen aktiven und einsatzbereiten Mitarbeiter meines Büros zu erwähnen. Ich bin überzeugt, daß es in hunderten von anderen Büros ebenso gewesen ist. Vom jüngsten Stift – unserem Josef Spengler – bis zum Bürovorsteher Willy Reinkober, dem späteren leitenden Stadtdirektor von Saarbrücken und dem praxis-leitenden Assessor Hoitz, waren alle mit Leib und Seele dabei, auch wenn es nur darum ging, Klebezettel zu verteilen oder draußen anzuheften, oder – wie mein anwaltlicher Mitarbeiter Werner Hoitz – »JOHO« unter die Lupe zu nehmen. Auch unsere Damen waren mit von der Partie, die Rosemarie Müller, Thea Schumacher und Inge Bickelmann. Natürlich waren auch die Referendare mit Leib und Seele dabei; um nur drei Namen zu nennen: unsere junge Kollegin Rosemarie Frantz, die Tochter des schon erwähnten Richters, der heute wohlbestellte Notar Otto Abel und der derzeit amtierende Bürgermeister von St. Ingbert, Dr. Werner Hellenthal. Nach Beendigung ihrer kurzen Ausbildungszeit – also nicht nur in juristischen Fragen – haben sie eifrig fortgewirkt. Ein Einzelfall nur? Nein, ein Beispiel von vielen!

Auch im Bereich des von den westlich orientierten Sozialdemokraten beherrschten Arbeitsministeriums entwickelte sich frühzeitig ein Wiederstandsnest der Opposition. Hier ist vor allem der ganz in der Stille wirkende damalige Regierungsrat Hans Dratwa zu nennen, der als dekorierter und schwer verwundeter Offizier von Anfang an seinen Mann gestanden hat. Durch die Bekanntschaft mit dem ersten Generalsekretär der CDU in Bonn, Dörpinghaus, kam Dratwa in Verbindung mit unseren dortigen Freunden, vor allem mit Wilhelm Bodens. Dratwas Informationen bildeten einen wichtigen Teil der ersten Erkenntnisse über das Geschehen, auch im sozialpolitischen

Bereich, an der Saar. Über Dratwa kam der Landesschlichter Oberregierungsrat Karl Lawall zu uns. Durch Dratwa konnten wir auch unsere erste treue Sekretärin und »Botin nach Bonn«, Liesel Brenner, gewinnen. Natürlich waren Hans Dratwa und unser ehemaliger Generalsekretär Franz Ruffing aus der gemeinsamen Zeit im Arbeitsministerium eng liiert. Zum Bereich der Zelle »Arbeitsministerium« gehörte auch Hans Berrang, bald eine der Stützen der deutschen Sozialdemokraten an der Saar um Kurt Conrad.

Unter den Ärzten fanden sich nach und nach immer mehr Anhänger der deutschen Sache zusammen. Ihr Syndikus, Dr. Erwin Albrecht (Abb. 143), wurde später erster Gefolgsmann von Dr. Ney (CDU). Von den vielen Medizinern seien auch nur einige Namen genannt: Zum ersten DPS-Landesparteivorstand von 1950 gehörten auch die Ärzte Dr. med. Dünnebier und Dr. Georg Fichtenmeyer (St. Wendel). Außer ihnen wirkten in der Stadt Saarbrücken seit der frühen Zeit: mein alter Schulfreund Dr. Kurt Fritsche, Frau Dr. Sonntag, unsere spätere Stadtverordnete, Dr. Haustein, gleichfalls langjähriger Stadtrat der CDU, ferner die Ärzte Dr. Oskar Six, Dr. Obé, Dr. Schmelz und last not least, mein Bruder Dr. Werner Schneider. In Völklingen taten sich besonders hervor unsere guten Freunde, das Arztehepaar Dr. Irmgard Höer und ihr Mann, der Chefarzt des Hüttenkrankenhauses, Dr. Erwin Höer. Und in Dudweiler der Chefarzt Dr. Hans Engel (DPS). Im Kreis St. Wendel trat unter den Ärzten Dr. Hans Maurer besonders für die CDU hervor, er kam nach 1955 in den saarländischen Landtag und ist bis heute amtierender Präsident des saarländischen Parlamentes. In Blickweiler gehörte zur CDU Dr. Wendel-Hans Merz und in Homburg zu uns der Vorsitzende des saarländischen Ärztesyndikats, Dr. Bittner und dessen Sohn, ein damals noch eifrig für uns werbender Student. In Merzig wirkte mein alter Schulkamerad Dr. Adolf Rosch, in Dillingen unser Dr. Scheil (DPS). Zur deutschen Sache bekannte sich auch Dr. Hans Gennenger (Riegelsberg), der spätere Vorsitzende des Verbandes der Kriegsopfer. Von den Tierärzten tat sich besonders mein alter Freund aus der Schulzeit, Fritz Conrad (Schmelz) hervor. Und zum Schluß dieser Liste, aber nur, um seiner besonders zu gedenken, ist der weit über Saarbrücken hinaus bekannte Kinderarzt Dr. Schulz-Schmittborn zu nennen, der schon von 1920 bis 1935 ein besonders aktiver Kämpfer für die deutsche Sache an der Saar war. Ihm wurde zusammen mit Professor Schäfer und Berghauptmann Schönemann im Juli 1957 das Große Bundesverdienstkreuz verliehen (Abb. 162).

Auch im Bereich des Innenministeriums – wohl dem schwierigsten Arbeitsplatz für einen deutsch denkenden Beamten – gab es »Widerständler«. Hier wirkte unser frühes DPS-Mitglied Otto Hemmer, später Oberbürgermeister von Völklingen. Besondere Verdienste erwarb sich der damalige Oberregierungsrat Werner Amann, der uns – in völliger Tarnung – wertvollste Hilfe zuteil werden ließ. In der letzten Zeit vor dem Referendum erfuhren wir auch manche wichtige Information durch den unglücklichen »Dr.« Decke. Zu nennen sind auch die damaligen Amtsräte Naumann und Goebel, die trotz der westlichen Ausrichtung dieses Ministeriums unter der Leitung seines Ministers Hector das geblieben sind, was sie waren: Deutsche! An dieser Stelle möchte ich noch einmal den früheren Polizeipräsidenten unter dem Hector-Regime erwähnen, den Saarbrücker Kurt Lackmann (Abb. 62), der schon 1945 der Familie unseres Chefs Richard Becker und später anläßlich der Wahlen von 1952 in einer politisch sehr prekären Situation unserem Freunde Dr. Heitschmidt geholfen hat.

Bei der Kriminalpolizei gab es ebenfalls bald Zellen. Das gewaltmäßige Vorgehen gegen die DPS, die illegalen Haussuchungen und Beschlagnahmen, die Jagd auf die Leser und Verteiler der »Deutsche(n) Saar-Zeitung« und anderer »illegaler« Erzeugnisse der Opposition weckte bei manchem aufrechten Polizeibeamten Widerwillen und Ablehnung. So wurde alsbald nach der Teilnahme an der Haussuchung in meiner Wohnung der Kriminalsekretär Peter Ackermann einer unserer treuesten Anhänger und übernahm nach seiner Pensionierung die ehrenamtliche Leitung unseres Archivs. Die wichtigsten Gegenspieler aber von »P 6«, jener an der Saar berühmt gewordenen Dienststelle von Hectors politischer Polizei, wurden die damaligen Kriminalbeamten Herbert Müller (Fechingen) und August Poth. Ich werde nie die gefährlichen Treffs, um in der Sprache der Agenten zu reden, vergessen, die wir – Müller, Poth und ich – bei Nacht und Nebel hatten. Wie gefährlich diese Tätigkeit für die Beamten war, bewies uns eine Anzeige, die eines Tages – zum Glück – auf dem Tisch meiner Freunde selbst landete: In dem Pkw mit der Nummer meines Wagens sollten sich im Walde zwischen Fechingen und Ensheim drei Männer zur Vornahme unsittlicher Handlungen versammelt haben! Wir haben zwar darüber herzlich gelacht, aber ganz wohl war uns dabei nicht zumute. Was wäre wohl geschehen, wenn P 6 die Anzeige erhalten hätte?

Auch unter den Pädagogen zeigte sich ein wachsender Widerstand. Ein typisches Beispiel war das Wirken des angesehenen Lehrers und Seminardirektors von Lebach, Franz Josef Röder, des Vaters unseres heutigen Ministerpräsidenten, der mit seiner großen Familie – vor allem seinem Sohn Dr. Franz Josef – im heimatlichen Bereich ein bekannter Verfechter der deutschen Sache war. So wie er, gab es unzählige aufrechte Lehrer in den Dörfern und Städten, die wußten, welches ihre selbstverständliche deutsche Pflicht war. Zu den allerersten gehörte der Schulrat Wilhelm Martin aus Quierschied, der schon vor 1935 »dabei« war und in seinem mehrfach aufgelegten Buche: »Land und Leute an der Saar« aus seiner deutschen Gesinnung kein Hehl gemacht hatte. Schulrat Martin gehörte zu den »Umgründern« der DPS und war Mitglied des ersten Landesparteivorstandes vor dem Verbot von 1951. Johannes Hoffmann nannte ihn deswegen nur das »kleine Schulmeisterlein«!

Auch sonst gab es draußen im Land viele Lehrer, die uns unterstützten. Ich erinnere mich noch gut, daß unser erster Kampfgefährte anfangs 1951 in St. Ingbert der »Lehrer Moritz« war. Er wirkte unerschütterlich, fand weitere Gefährten, organisierte die erfolgreiche Versammlung in St. Ingbert von 1951 und war auch nach dem Verbot noch weiter für uns tätig; leider verloren wir uns später aus den Augen. Auch der Bruder unseres ersten Aktivisten im Raume Hüttersdorf, der Lehrer Ernst Klauk, gehörte zu jenem Kreis von Pädagogen. In Ottweiler hatte unser leider zu früh verstorbener Freund, Studienrat Dr. Löffler, diese Aufgabe übernommen. In Saarbrücken wirkte, vor allem in der Organisation der Beamten, Seminardirektor Wilhelm Meister. In Püttlingen setzte sich der Schuldirektor Richard Klein unermüdlich für die Deutschen Sozialdemokraten ein; er war dann später lange als Abgeordneter der SPD Mitglied des saarländischen Landtages. In St. Wendel wurde der Lehrer Leo Gottesleben (CDU) der Aktivist der deutschen Sache und vertrat mehr als ein Jahrzehnt seinen Kreis im Deutschen Bundestag. Aus dem Kreis seiner Kollegen traten weiterhin besonders hervor der spätere Ministerialdirigent und stellvertretende Kultusminister Alfons Arnold (CDU), ferner die Rektoren Nikolaus (Rohrbach) und Schwartz (St. Arnual).

Auch junge Pädagogen wie Dr. Werner Veauthier, heute längst Professor und zeitweiliger Rektor der Pädagogischen Hochschule in Saarbrücken, gehörten zu dem ersten Kreis der Opponenten. Zu unseren Reihen gehörten weiter die Professoren Dr. Schindler (St. Wendel, CDU) und Gladel (Saarlouis, CDU), die Studienräte Dr. Eich (Völklingen, DPS) und Dr. Andreas Mailänder (Saarlouis, DPS), Oberstudiendirektor Walter Abegg (Saarbrücken, CDU) und mein alter Lehrer Dr. Klaus Thewes (Saarbrücken, CDU); und vor allem der spätere Oberstudiendirektor Franz Funk (CDU) in Homburg sowie Studienrat Sitzmann (Dudweiler, DPS).

Im Bereich der saarländischen Eisenbahnen entwickelten sich gleichermaßen Zellen, obwohl der französische Präsident Werner, ein geborener Elsässer, eine milde Hand führte und sachliche Arbeit leistete. Der Widerstand ging von den Mitgliedern der saarländischen Christlichen Gewerkschaften aus, an ihrer Spitze Peter Hahn, der als erster innerhalb des CDU-Kreises das kategorische NEIN forderte. Neben Peter Hahn vertrat auch der zweite Präsident der Christlichen Gewerkschaften, Peter Giehr, die deutsche Sache. Zur gleichen Gruppe gehörten neben Karl Walz, den ich an anderer Stelle schon genannt habe, Karl Steinhauer, Abgeordneter der CDU im saarländischen Landtag, und Josef Fuhrmann, der spätere 1. Vorsitzende des saarländischen Beamtenbundes.

Unter den Beamten der Eisenbahndirektion fanden sich ebenfalls bald eine ganze Reihe von »Widerständlern«. Hier sind zu nennen: Von den Aktivisten unser späterer Fraktionsvorsitzender der DPS im saarländischen Landtag, Ernst Schäfer, einer meiner allertreuesten, leider auch schon verstorbenen Freunde. Daneben wirkten mein Schwager Ernst Müller, damals schon Abteilungspräsident, mit seinen Kollegen Richard Berg, Ludwig Bäumler und Alfons Reißner. Mit ihnen bekannten sich ihre zahlreichen Mitarbeiter, deren Namen mir nicht mehr gegenwärtig sind – außer dem Bahnamtmann Walter Kronz –, zur deutschen Sache.

Auch bei der Post standen viele Männer zu unserer Sache. Hier ist nochmals auf den Widerstand von Postrat Karl-Heinz Schneider (Abb. 152) (SPD) hinzuweisen, der durch sein entschlossenes Handeln der illegalen Telefonüberwachung ein Ende bereitete. Außer ihm gehörten zu uns: Oberpostdirektor Dipl.-Ing. Bode und der damalige Postrat und heutige Abteilungspräsident Ernst Schilly. Er war jahrelang der verantwortliche Briefmarkenreferent der Saarbrücker Oberpostdirektion. Das Saargebiet gab bekanntlich eigene Briefmarken heraus, die – wie kaum ein anderes Mittel – in der Lage sind, für das Ausgabeland zu werben. Es fehlte daher auch nicht an Versuchen, mit den Briefmarken des Saarlandes für die Autonomie zu werben, solange die Besatzungsbehörden selbst für die Gestaltung der Saarmarken zu entscheiden hatten: Die Abbildung des Standbildes des Marschalls Ney, die Verständigungsmarke (Händedruck) zu 10,60 cts. und 1 Fr. vom 1. April 1948 sowie die Dienstmarkenserie von 1948 mit der Wiedergabe der neuen Saarfahne (weißes Kreuz in der blau-weiß-roten Trikolore). Übrigens hatten die Franzosen 13 Millionen dieser Dienstmarken mit der französischen Landesbezeichnung »Sarre« herstellen lassen; sie wurden aber in Paris vernichtet, bevor sie an der Saar zur Verwendung gelangten. Man hatte wohl die gleiche Empörung befürchtet, wie sie 1920 beim Überdruck der deutschen Marken mit »Sarre« entstanden war. Der Entwurf für die Sondermarke zum Besuch des französischen Außenministers Robert Schuman am 15. Dezember 1948 (zwei Werte zu 10 und 25 Fr.), der über den Umrissen des Saarlandes eine Brücke nach Ost und West zeigen sollte, scheiterte. Johannes Hoffmann strich auf dem noch vorhandenen Entwurf eigenhändig die Brücke! Seit jener frühen Zeit gab es dann keine saarländische Marke mehr mit politischem oder autonomischem Motiv. Ernst Schilly hat zusammen mit einer kleinen Kommission, deren Mitglied auch mein alter Lehrer, Professor Dr. Hermann Pies, der bekannte Kaspar-Hauser-Forscher und Publizist, war, alle Versuche abgebogen. Der leitende Postdirektor, mein früherer Amtskollege Dr. Rauch, hatte dieses »Wirken im Stillen« nie behindert. Neben diesen Männern wirkte so mancher Postler für die Deutscherhaltung der Saar. Hier ist in erster Linie für alle anderen der damalige Vorsitzende der Postgewerkschaft, Hans John, ein treuer Helfer von Paul Kutsch, zu nennen.

Im Saarbergbau hatten Saarländer wenig oder gar nichts zu sagen. Alle leitenden Stellen waren von Franzosen besetzt. Vielleicht gab es gerade deshalb hier bald den stärksten Widerstand. Von der Tätigkeit des Gewerkschaftsverbandes I.V. Bergbau habe ich oben schon gesprochen. Aus dem gehobenen Dienst tat sich sehr bald unser DPS-Freund, der spätere Betriebsdirektor Aloys Theiss, hervor, der leider viel zu früh durch einen Unfall aus unserer Mitte gerissen wurde. Neben Theiss betätigte sich ganz besonders aktiv Dr. Gerd Schuster, der vor allem die publizistischen Grundlagen schuf, die wir für den Bereich der französisch geleiteten Saargruben so dringend benötigten. Dr. Schuster gehört heute noch zu den bewährten Mitarbeitern im Saarbergbau. Auch der Grubenbeamte Heinrich Bauch, dem später das Bundesverdienstkreuz 1. Klasse verliehen wurde, war einer der unseren. Vor allem aber machte sich der zunächst der Aufsichtsbehörde, später dem Grubenrat angehörende Berghauptmann Fritz Schönemann (Abb. 162) (DPS), gleichfalls ein geborener Saarländer, um die deutsche Sache verdient. Seiner Tätigkeit verdanken wir eine Klärung, aber auch tragbare Regelung des Warndtproblems. Natürlich waren daneben viele Bergleute »vor Ort«, wie es in der Fachsprache heißt, also Männer, die ihr schweres Brot unter Tage verdienen mußten, Mitglieder, Anhänger oder Kämpfer der drei prodeutschen Parteien an der Saar. Stellvertretend für die vielen nenne ich unseren späteren DPS-Landtagsabgeordneten Walter Hoff (Abb. 94) aus St. Nikolaus.

Wenn es darum geht, politisch wirkende Kräfte in Erinnerung zu rufen, dürfen die saarländischen Karnevalisten nicht vergessen werden. Unser Freund Ludwig Bruch hat sich als erster auf diesem Gebiet besondere Verdienste für unsere Sache erworben. Durch die Gründung einer eigenen Gesellschaft, der Saarbrücker Karnevalsgesellschaft »Rätsch« – Ludwig Bruch war lange ihr Präsident – gelang es ihm, mit feinem, aber auch scharf gewürztem Humor »Politik zu machen«. Den Machthabern gefiel das ganz und gar nicht, so daß schließlich die Gesellschaft zeitweilig von Minister Hector verboten wurde. Doch das Beispiel hatte Schule gemacht und der politische Witz gegen das Regime war aus den Büttenreden der Vereine an der Saar nicht mehr zu bannen.

Selbstverständlich dürfen auch die Sportler in der großen Reihe nicht fehlen. Fußballpräsident Hermann Neuberger habe ich schon erwähnt, ebenso die Ruderer. Natürlich fand man in vielen anderen Vereinen die gleiche Haltung. Ich vergesse nie unsere brave Turnerkapelle von Völklingen, die bei meiner ersten Großveranstaltung zum Abstimmungskampf aufspielte und die ausländischen Journalisten mit ihrer Marschmusik schockierten. Diese glaubten damals wohl, jetzt seien alle »Nazis« wieder da! Von unseren Saarbrücker DPS-Sportlern ist nicht zuletzt unser Nickel Ziegler zu nennen.

Auch die Geistlichen beider Konfessionen bildeten an vielen Orten unseres Landes Widerstandszellen. Ich kann sie nicht alle namentlich angeben, in einem Aufruf vor dem Referendum am 23. Oktober 1955 haben 34 evangelische Pfarrer zum NEIN aufgefordert, darunter unsere jahrelangen Helfer Pfarrer Öffler (Bexbach), Rühling (Merzig), Jakob (Völklingen), Wende (Ensheim), Daudert (Saarbrücken) und Zickwolf (Dillingen), um nur einige aus ihrer Zahl hervorzuheben. Vor allem gehörte zu unseren evangelischen Getreuen der Mitunterzeichner des Aufrufes, unser Freund Pfarrer Mohns, Ludweiler, der tapfere Leiter einer alten Hugenotten-Gemeinde, deren Wahlspruch »*Résistez!*« – Leistet Widerstand! – auch für uns eine symbolhafte Stärke ausgestrahlt hat.

Neben den evangelischen Geistlichen waren uns die meisten katholischen Pfarrer seit langem verbunden, besonders die Saarbrücker Herren. Hier habe ich den großartigen Dechanten Augustinus Braun schon genannt. Wie oft haben Richard Becker und ich in seiner Amtsstube gesessen und und mit ihm beratschlagt! Seine Amtsbrüder Kettel, Schmitt und Schmitz, Heinrich Massing und Pfarrer Deschang aus St. Wendel dachten nicht anders. Auch der auf französischen Druck aus dem Saarland entfernte Pater Landolf ist zu nennen. Von den Herren des Trierer Klerus hatten sich noch der Abt Dr. Vitus Recke und P. Konrad Koch von Himmerod unserer Sache angenommen. Auch Dechant Johannes Müller, ein geborener Saarländer (Abb. 165), gehörte zu den tatkräftigen Helfern der deutschen Opposition an der Saar. Über das zugelassene Maß hinaus hat der katholische Studentenseelsorger der Universität, Lic. Dr. P. Jung (Abb. 164), für die deutsche Sache gewirkt und besonders in den Morgenandachten, die im saarländischen Rundfunk übertragen wurden, die Einheit des Volkes und der Kirche in den Vordergrund seiner Betrachtungen gestellt. Dr. Jung wurde in weiten Kreisen der Hörerschaft verstanden, auch bei unseren Gegnern, wie die Angriffe in der »SVZ« vom 2. Oktober 1955 gegen ihn zeigten. Robert Schmidt (Bd. III, S. 316 ff.) hat mehr über diesen großartigen Mann und Seelsorger berichtet. Pastor Dr. Jung verstand es, wie kaum ein anderer, die Gläubigen zu überzeugen. Wir grüßen den leider außerhalb des Saarlandes tätigen Geistlichen in alter Verbundenheit.

Natürlich gehören hierher auch die vielen treuen Angestellten und Arbeiter, die dem Vaterland stets die Treue gehalten haben. Hier nur einige Namen für viele: Aus unserem ersten DPS-Landesvorstand von 1950: Rudolf Lorig (Neunkirchen), Fritz Becker (Saarbrücken), der besonders aktive Vorsitzende des Verbandes der Haus- und Grundbesitzervereine des Saarlandes; Paul Gornik und Friedrich Hartmann (Neunkirchen), Friedrich Ostermann und Ludwig Regitz (Neunkirchen), und schließlich unser langjähriges Stadtratsmitglied von Saarbrücken, Oskar Rott, sowie Otto Selzer (Dudweiler). Später kamen viele Hunderte hinzu. Mit der Nennung dieser Freunde befinden wir uns schon mitten unter den im Bereich der politischen Parteien der deutschen Opposition an der Saar tätigen Männern und Frauen. Ich möchte mit den Helfern und Streitern der uns befreundeten Parteien beginnen.

Von der CDU-Saar habe ich die meisten vor dem Referendum hervorgetretenen Freunde und Helfer schon genannt. Ergänzend wären aus meiner Erinnerung noch zu erwähnen: In Saarbrücken der damalige Dozent und zeitweilige Mitarbeiter an der CDU-Zeitung »Neuste Nachrichten«, der heutige Professor Dr. Walter Marzen. Im gleichen Sinne wie Dr. Mazen betätigten sich Klaus Altmeyer (Lebach) (Abb. 142) und Dr. Erwin Sinnwell (Saarbrücken); beide gaben später die kleine Schrift: »Der 23. Oktober 1955« im Hausen-Verlag, Saarlouis, heraus. Zu den Aktivisten in der CDU gehörte ferner Dr. Stiff, der heutige Geschäftsführer der »Saarbrücker Zeitung«, ebenso ihr heutiger stellvertretender Chefredakteur, Erich Voltmer. Als Kriegskamerad des Bonner CDU-Abgeordneten Dr. Rudolf Vogel trat Erich Voltmer schon 1950 mit unseren Bonner Freunden in Verbindung; er blieb während der ganzen Jahre der deutschen Sache treu verbunden und stellte sich schon frühzeitig Dr. Ney zur Verfügung. Nach Gründung der »Neusten Nachrichten« wurde Erich Voltmer ihr Mitarbeiter.

Im Kreis Merzig-Wadern betätigte sich neben meinem Kollegen Kratz besonders der jetzige Bundestagsabgeordnete Josef Schmitt-Lockweiler, zeitweilig Fraktionsvorsitzender der CDU-Saar im saarländischen Landtag, deren Präsident er auch gewesen ist. Im Sulzbachtal war der Apotheker Dr. Karl-Heinz Fürstenberger (Friedrichsthal) erster Kreisvorsitzender der CDU. Für die CDU betätigten sich aktiv die später als Vertreter ihrer Wahlkreise in den Deutschen Bundestag entsandten Abgeordneten der CDU-Saar: Albert Baldauf (Saarlouis) und Heinrich Dräger (Völklingen), Leo Gottesleben habe ich an anderer Stelle schon erwähnt. Auch mit diesen drei Abgeordneten-»Kollegen« verband mich durch die jahrelange Tätigkeit im Bonner Parlament eine herzliche politische Freundschaft. Zwei besonders aktive Mitstreiter der CDU möchte ich noch erwähnen: den jahrelangen Landesgeschäftsführer Helmut André und den Lehrer Walter Diehl aus Gersweiler.

Von den deutschen Sozialdemokraten sind ergänzend noch zu erwähnen: Mein feinsinniger Freund Dr. Hans-Peter Will (Abb. 151), neben Erich Schwertner mein einziger Duzfreund aus der politischen Zeit. Hans-Peter Will – zuletzt Ministerialdirektor im Wirtschaftsministerium – bemühte sich mit mir später lange Zeit um unser Saarbrücker Theater. Rudi Recktenwald, seit über einem Jahrzehnt Vizepräsident des saarländischen Landtags, und Norbert Engel – seit Jahren Präsident der Arbeitskammer des Saarlandes – waren gleichfalls vertraute Kollegen im Landtag, mit denen ich stets ein gutes Verhältnis hatte. Alwin Kulawig (Saarlouis), Alwin Brück (Holz) und Werner Wilhelm (Neunkirchen) gehörten vor dem Referendum zur Stütze der deutschen Sozialdemokraten an der Saar und sind heute noch Abgeordnete der SPD im Deutschen Bundestag. Zu den Mitkämpfern Kurt Conrads und Friedel Regitz' gehörten ferner Karl Petri (Neunkirchen), Karl Wolfskeil (Sulzbach), Helmut Nickele (Saarbrücken), Hans Seiwert (Brebach), Josef Lutz (St. Ingbert), Willi Schmidt (Hirzweiler), Vater und Sohn Schiffler (Holz), und Hans Berrang (Arbeitsministerium) sowie der SPD-Landtagsabgeordnete Alfred Kühn. Unter den »alten Kämpfern« bei der SPD befand sich auch unser damaliger Landtagskollege Nikolaus Schreiner, heute Arbeitsdirektor in Dillingen.

Schon frühzeitig traten für die deutsche Sache im Saarland ein der heutige Beigeordnete und Direktor der Stadt Saarbrücken, Franz Roth (Abb. 272), der damalige Assessor und heutige Bürgermeister der Stadt Merzig, Gerd Caspar, sowie der Landtagsabgeordnete Wilhelm Silvanus. Keiner besonderen Erwähnung bedarf das Wirken von Hermann Trittelvitz nach der Aufhebung seiner Ausweisung. Zwei weitere SPD-Freunde mußten ihre Heimat wegen ihrer politischen Haltung verlassen: Der Angestellte des Amtes Heusweiler, Lambrich, – ein Freund von Paul Kutsch – und Hans-Werner Lantz (Saarbrücken), der Sohn eines meiner alten Lehrer. Lantz, der erste Geiger am Stadttheater Saarbrücken, wurde wegen Verteilens prodeutscher Flugblätter und Zeitungen von einem Angehörigen des Orchesters denunziert. Er wurde entlassen und mußte mit seiner Familie die Heimat verlassen, um im Bundesgebiet einen anderen Arbeitsplatz zu finden.

Wenn ich zum Schluß der langen Reihe meine Freunde und Anhänger der DPS erwähne, dann bin ich mich besonders bewußt, wie schwer es ist, aus der großen Zahl derer, die seit 1950 viele Jahre in unseren Reihen standen, nur einige wenige herauszustellen. Da wir den ersten Widerstand organisiert hatten und drei Jahre lang überparteilich tätig waren, fand sich bei uns von selbst die größere Zahl der Mitkämpfer ein. In der »Zentrale« arbeiteten das erweiterte Büro Richard Becker und unser Archiv, in der späteren Landesgeschäftsstelle neben den schon erwähnten verdienten Geschäftsführern Willi Spoerhase und Emil Schäfer die zahlreichen freiwilligen Helfer, von denen ich nur die damaligen Referendare Lothar Köth, heute Ministerialrat im Wirtschaftsministerium, und Walter Henn, heute Landrat von Saarbrücken, nennen kann.

In den Kreisen »draußen« war es nicht anders. Die örtliche Parteiorganisation von Saarbrücken hatte so viele freiwillige Mitstreiter und Helfer, daß ihre Zahl gar nicht anzugeben ist. Da taten sich in St. Arnual außer unserem Ludwig Bruch (Abb. 100), unser Rudi Klein und der heutige Oberbaudirektor Erich Zehl sowie der Regierungsangestellte Adolf Lippe besonders hervor. In Saarbrücken-St. Johann setzten sich unermüdlich ein das Ehepaar Franz und Ilse Reiter (Abb. 94), die häufig »als Liebespaar« getarnt die illegale Flugblattverteilung vornahmen. In ihrem Hause arbeitete monatelang unser Freund Dr. Helmut Lauk, der bei ihnen Aufnahme gefunden hatte. Nach einer Denunziation aus dem engsten Bekanntenkreis, für die DPS ins Bundesgebiet Kurierdienste zu besorgen, verlor Frau Reiter für lange Zeit ihren Reisepaß (oben S. 387). Mit den Reiters zusammen wirkte das Ehepaar Ingenieur Hermann Horn ebenso unermüdlich. In Alt-Saarbrücken arbeiteten Georg Schatz und Dr. Gottschall, in Jägersfreude unser verstorbener Freund Wawrazin. In Saarbrücken-Malstatt arbeiteten mit anderen zusammen: Oswald Conrad und Manfred Münster; zu ihrem Kreise gehörten vor allem die unerschütterlich Getreuen: Karl Stein und Zahnarzt Dr. Baarss. In Burbach traten besonders hervor unser Freund Dr. Heinrich Braun, Oskar Rott und der Architekt Hugo Meinhold.

In den Landkreisen fanden sich ebenfalls viele eifrige Helfer. Im Kreis Saarbrücken waren der spätere Kreisvorsitzende Josef Frisch (Abb. 167) (Riegelsberg) und im Kampf für das NEIN die Fürsorgerin Fräulein Helene Schommer, unterstützt von den evangelischen Pfarrern Jakob und Heintz die Seele des Widerstandes. An ihrer Seite standen der örtliche Vorsitzende des Hausbesitzerverbandes Friedrich Kremp und der Malermeister Gottschalk, beide aus Völklingen, ferner Stadtinspektor Willy Mauel, unser späterer Kommunalpolitiker, Oberstudienrat Dr. Pöhlemann, in Heusweiler Theodor Volz, in Klarenthal der Dipl.-Kaufmann Werner Herrmann, in Brebach Dipl.-Ing. Walther, in Friedrichsthal Verwaltungsoberinspektor Jakob Huppert, in Scheidt der damalige Gerichtsassessor Bucher, in Riegelsberg Jakob Thomé und Ingenieur Heinz Jungfleisch, in Püttlingen Werner Breinig und Erich Albert, und nicht zuletzt einer unserer besten Versammlungsredner, Heinz Specht (Abb. 168) aus Völklingen. Im Ortsbereich Sulzbach wirkten als zeitweiliger Kreisvorsitzender der Knappschaftsinspektor Karl-Friedrich Jahn und Erwin Jank zusammen, getreulich unterstützt von meinen Lehrer Stud.-Prof. Heinrich Simon, der uns schon 1919 neben Religion die selbstverständliche Liebe zum Vaterland gelehrt hatte. In Luisenthal, unweit von Saarbrücken, war der angesehene Kaufmann Heinrich Kleber unsere unermüdliche Stütze, auch er ist längst verstorben. Neben ihm stand als jüngere Kraft Karl Hermann (Luisenthal), dessen Aufmerksamkeit und Vermittlung wir die Kenntnis von dem Postkontrollsystem der Sûreté verdankten.

Zu den führenden Männern der DPS von Saarbrücken-Land gehörte unser zeitweiliger Fraktionsvorsitzender im Kreisrat, Dr. Ing. Hans Lenhard, früherer Direktor der Technischen Lehranstalt in Saarbrücken. An der oberen Saar wirkten Jakob Birster in Bliesransbach, Karl Lorenz in Sitterswald und Berthold Görg (Hanweiler). Im Kreis St. Ingbert war Verwaltungsinspektor Albert Stein unser ältester Mitstreiter, nachdem Hans Adt (Ensheim) nach unserem Verbot für die CDU tätig wurde. Außer Stein waren von der älteren Generation der Bauingenieur Karl Knerr und der Buchdruckereibesitzer Fritz Katsch bei uns. Unserem Kreis gehörten an: Oskar Vinzent (St. Ingbert) und Gottfried Wind (Rohrbach), in Blieskastel Handelsvertreter Robert Brill, in Blickweiler unser Metzgermeister Peter Motsch, und in Blieskastel weiter ein getreuer Regierungsrat aus der Finanzverwaltung, dessen Name mir entfallen ist. Im weiteren Bereich von St. Ingbert gehörten: in Breitfurt Gipsermeister Wilhelm Schneider und in Gersheim Fabrikant Karl Wust, in Bliesdalheim Justizinspektor Wittenmeier. Im Kreis Homburg fanden sich als Streiter für die DPS: Außer unserem schon genannten Christian Korst (Limbach) dessen Neffe, Gymnasiallehrer Max Lehmann, Dipl.-Ing. Walter Schneider (Homburg), Berufsschuldirektor Heinrich Mildau, Dipl.-Volkswirt Hans-Günter Binkle, Architekt Georg Allgöwer, Rudolf Stalter, unser Kreisvorsitzender, und mein verstorbener Kollege Walter Ruppenthal. Sie wurden unterstützt von den Homburger Chefs der Karlsberg-Brauerei, Dr. Paul Weber (Abb. 283) und Dr. Philipp Klein, die – wenn auch nicht parteigebunden – immer zur deutschen Sache gestanden haben.

Im Bereich von Neunkirchen wirkten unermüdlich der spätere Kreisvorsitzende, Notariatsbürovorsteher Willi Petri, und im benachbarten Wiebelskirchen der Eisenbahnamtmann Hans Schild. Ihn unterstützten in Neunkirchen besonders Otto Nauhauser und Fritz Bartels. In Ottweiler setzte sich unser leider gleichfalls viel zu früh verstorbener Studienrat Dr. Löffler besonders aktiv für die DPS ein. Im weiteren Bereich des Kreises waren tätig: In Eppelborn Aloys Sorg und Hans Brenner, in Schiffweiler Karl Lawall und in Hüttigweiler Andreas Zimmer.

In St. Wendel wirkten für uns vor allem als Flugblatt- und Zeitungsverteiler Mathias Kreuz, ferner Studienrat Gräber, Bergmann Peter Lermen und Architekt Karl Wiesend aus Niederlinxweiler, Karl Heinz Klein aus Niederkirchen und Hans Hennes aus Münchwies. Zu den allerersten in St. Wendel gehörte auch der leider schon bald verstorbene Gastwirt Blinn. In Theley, fast an der Grenze zur Bundesrepublik, war ein besonderer Schwerpunkt der DPS durch die unermüdliche Tätigkeit unseres späteren Landtagsabgeordneten Fritz Wedel. Er war einer unserer besten Redner und Organisatoren. Auch er wurde leider viel zu früh aus unserer Mitte gerissen.

Im Kreise Merzig-Wadern stand Kurt John (Abb. 166) lange Jahre als Kreisvorsitzender in der vordersten Linie. Um ihn scharten sich Dr. Peter Simmer (Merzig), Heinz Bauer (Mettlach), Frau Maria Löwe als tüchtige Geschäftsstellenleiterin, Schuldirektor Joachim Althoff (Merzig), der Arzt Dr. Willy Weinand, Schuhmachermeister Heinrich Flammersfeld, und im weiteren Bereich des Kreises: Steuerassistent Nikolaus Laux (Wahlen), Wilhelm Bierbrauer (Weiskirchen), Apotheker Paul Seiwert (Wadern) sowie Arnold Kotz (Reimsbach), Josef Angel (Beckingen) und der verdiente frühere Polizeioberleutnant Willi Wagner (Merzig). In Hüttersdorf, Kreis Saarlouis, wirkten Leo Klauk und sein Bruder Ernst, beide gehörten zu der ganz alten Garde und hatten bereits seit 1950 Verbindung mit unseren Freunden in Bonn.

Um unseren Kreisvorsitzenden Baptist Comtesse (Abb. 172) in Saarlouis scharten sich zahllose treue Männer und Frauen, die auch im letzten Dorf für die deutsche Sache geworben haben. Nach der Zulassung im Juli 1955 wurden pausenlos Plakate geklebt, Flugblätter und Zeitungen verteilt, Versammlungen durchgeführt und der Kampf um das NEIN geführt. Es ist schwer, von den vielen einsatzfreudigen »Saarlouisern« auch nur wenige herauszugreifen. In Saarlouis hat sich auch 1955 wieder der alte Leitsatz: »Die Stadt mit dem französischen Namen, aber dem deutschen Herzen« bewahrheitet; die Männer und Frauen, die hinter den drei deutschen Parteien standen, vor allem auch die Anhänger der CDU um Dr. Ney, haben das Wort wieder wahr gemacht. Aus diesem Kreis, der heute noch überparteilich zusammenhält und alljährlich am 23. Oktober in der »Linde«, dem Gasthof des CDU-Aktivisten Walter Cavelius zusammenkommt, sind als besonders herausragende Mitstreiter anzuführen: Von der CDU der ehemalige Bürgermeister von Saarlouis, Hubert Schreiner; Josef Geßner (Saarlouis); Frau Wilhelmine Toussaint (Saarlouis); Peter Schmitt (Saarlouis), der Gefolgsmann von Dr. Ney; und aus der engeren Nachbarschaft: der leider verstorbene Minister Helmut Bulle (Überherrn); Bürgermeister Dr. Nikolaus Fery (Schwalbach); Hans Rupp (Schwalbach); Peter Kirsch (Fraulautern); Bürgermeister Rudolf Ruffing (Gerlfangen); Bürgermeister Michel Riehm (Lebach); Hermann Constroffer (Lisdorf) und Johann Strassel (Neuforweiler). Baptiste Comtesses engste Mitarbeiter in der DPS waren unter anderen: Josef Karrenbauer (Dillingen); Dr. Scheil (Dillingen); Peter Lorig (Dillingen); Dr. Andreas Mailänder (Saarlouis); Heinrich Saal (Saarlouis); Peter Hilt und Willi Ney (Wallerfangen); Josef Ley und Aloys Brissier (Überherrn); Heinrich Gellenberg (Hemmersdorf); Hans Schneider (Bous); Ortsvorsteher Otto Schubert (Lisdorf); Emil Gross (Lebach), der wie Aloys Brissier auch schon nicht mehr unter den Lebenden weilt, und Peter Altmeyer (Neuforweiler). Wenn ich am Ende dieser langen Reihe der Getreuen unsern Peter Engel (Ensdorf) anführe, dann nur, um ihn besonders herauszuheben. Er war als Arbeiter der Völklinger Röchling-Werke einer unserer besonderen Aktivisten, bewährte sich als Redner und war schließlich langjähriges Mitglied des saarländischen Landtages.

Man wird verstehen, wie schwierig es angesichts des Verbots für die wenigen führenden Männer war, mit diesen vielen einsatzfreudigen Helfern, die ja über unser ganzes Land verstreut waren, Kontakte und Verbindung zu halten. Wie viele gegenseitige Besuche und Gespräche, aber auch geheime private Zusammenkünfte oder gar kleine Versammlungen in rauchigen Nebenzimmern einer Gastwirtschaft waren nötig, um die Leute immer wieder zu informieren und aufzumuntern, wenn die große Bonner Saarpolitik uns nur düstere Wolken herübergeweht hatte. Immer kam es darauf an, die Zellen wachsen zu lassen, unsere Anhänger zu bestärken und neue Verfechter unserer Sache zu gewinnen.

*

Ich denke, daß ich jetzt die Frage stellen kann, ob unsere Tätigkeit verderblicher Nationalismus oder gar – wie unsere Gegner immer wieder verbreiteten – ein »Wiederaufleben des Faschismus durch alte Nazis« war. Ich sprach schon davon, daß die Franzosen vom ersten Tage an jedem, der ihre Politik an der Saar nicht bejahte, einen

»Nazi« nannten. Johannes Hoffmann und seine Mitarbeiter übernahmen diese Taktik und führten angeblich im Prinzip nur den »Kampf gegen die Nazis« – wie sie die Vertreter der deutschen Opposition bezeichneten. Daß diese Propagandamethoden letzten Endes bei unserer Saarbevölkerung keinen Widerhall fanden, bewies der Ausgang der »Wahlschlacht« vom 23. Oktober 1955.

Im Gegensatz zur Situation im Ausland, wo wir überall unentwegt als »Nazis« galten, hatte sich nach einer beinahe 10jährigen Praktizierung diese Art der politischen Diffamierung des Gegners an der Saar allmählich abgenutzt, sie war verschlissen und wirkungslos. Alle Bemühungen der Anhänger des JA, uns auf Plakaten oder in Flugzetteln als »die alten Nazis« abzuqualifizieren, stießen 1955 – im Gegensatz zu der Landtagswahl von 1952 – ins Leere. Die Bevölkerung hatte längst gemerkt, daß auf diese Weise die Mängel des eigenen Regimes nicht zu verdecken waren. Schon in seiner frühen Schrift »Wahlmanöver an der Saar« hatte Franz Ruffing (S. 37) festgestellt: »Wer sein Deutschtum nicht verleugnete, war ein »Nazi«; und wenn er nicht der NSDAP angehört hatte, war er eben ein ›verkappter Nazi‹, ein ›Nazi ohne Parteibuch‹, und das waren die schlimmsten.« Ich habe oben (S. 265) schon dargetan, daß nach einem Hirtenbrief von 1947 der Erzbischof von Trier, Rudolf Bornewasser, auf einem Flugblatt (Abb. 90) als »Nazi« beschimpft wurde.

Wie diese Denkweise bis in die höchsten und vor allem hoch gebildeten Kreise der französischen Diplomatie vorgeherrscht hat, bewies mir eine Stelle in dem beachtlichen Erinnerungsband des französischen Botschafters Dumaine, »Quai d'Orsay 1945–1951«. Wie schon erwähnt, schilderte Dumaine den Besuch des französischen Außenministers Robert Schuman Anfang Januar 1950 in Bonn. Nach einer lebendigen Schilderung des Oppositionsführers Dr. Kurt Schumacher, der zeitweilig Dumaines Gesprächspartner war und offensichtlich seinen unnachgiebigen Standpunkt zur Frage der deutschen Wiedervereinigung und der Zugehörigkeit des Saarlandes zu Deutschland zum Ausdruck gebracht hatte, schloß Dumaine die Betrachtung über die Persönlichkeit Schumachers:

»J'ai pu tout de même déceler combien sa pensée politique est négative et s'aboutit qu'à se contredire. Schumacher se croit démocrate et fut l'ennemi passionné d'Hitler. Mais il est, à sa manière, aussi nationaliste que le nazi.« Auf deutsch: »Ich konnte selbst entdecken, wie negativ sein politisches Denken ist und in Widersprüchlichkeiten endigt. Schumacher hält sich für einen Demokraten und war ein leidenschaftlicher Feind Hitlers. Aber er ist auf seine Weise ebenso *ein Nationalist wie ein Nazi*.«

Wen wundert es also, daß weniger gebildete und weniger weitsichtige Franzosen als der Botschafter Dumaine uns in Bausch und Bogen nur deshalb als »Nationalisten« und »Nazis« angriffen, weil wir – wie Kurt Schumacher – rückhaltlos und leidenschaftlich für die Wiedervereinigung unserer Heimat mit unserem Vaterland eingetreten sind. Gerade die Franzosen, die diese Tugend mehr als jedes andere Volk Europas pflegen, hätten für unsere Handlungsweise mehr Verständnis aufbringen müssen. Daß eine Reihe von deutschen Journalisten und Politiker diese Kampagne gegen uns blindlings mitmachten, war kaum verwunderlich, wenn man bedenkt, daß von einer Bonner Stelle ein ausländischer Journalist eigens engagiert wurde, um uns, vor allem aber mich, als »Nazi« abzuqualifizieren. Hierfür hatte ich während des Referendums einwandfreie Beweise erhalten. Das waren wohl die bittersten Erfahrungen jener politischen Jahre!

# Für und Wider
# das Statut

Mit großer Spannung verfolgten wir im Sommer 1954 wachsenden Widerstand gegen die Ratifizierung des Vertrages über die »Europäische Verteidigungsgemeinschaft« (EVG) in Frankreich. Nach unsern Beobachtungen waren wir überzeugt, daß der EVG-Vertrag in der Nationalversammlung abgelehnt werden würde. Um ehrlich zu sein, wir hofften auf dieses Ergebnis, weil wir glaubten, daß durch die Ablehnung dieses »europäischen« Vertragswerkes vielen deutschen Politikern, vor allem Bundeskanzler Dr. Adenauer, die letzten illusionären Vorstellungen genommen würden, es könne durch das Opfer der Saar auf »dem Altar Europas« die erstrebte Europäische Politische Gemeinschaft »erkauft« werden. Unsere Kenntnis der Mentalität der französischen Nachbarn sagte uns, daß die Zeit für einen so weitgehenden Schritt in Frankreich noch nicht reif war. So schöpften wir neue Hoffnung, als am 30. August 1954 tatsächlich die Verträge abgelehnt wurden.

Doch die scheinbare Ruhe nach dem für die Bundesrepublik, die Vereinigten Staaten von Nordamerika und für Großbritannien schockierenden Ereignis sollte sich für uns als trügerisch erweisen. Anfang Oktober nahmen die Informationen und Gerüchte zu, wonach sich die beteiligten westeuropäischen Nationen auf der Londoner Konferenz geeinigt hätten (oben S. 239 ff.) und weitere Vertragsverhandlungen vor der Türe stünden. Der damals amtierende Ministerpräsident Pierre Mendès-France erklärte außerdem mehrfach, daß für Frankreich eine Unterzeichnung neuer Verträge mit der Bundesrepublik nicht ohne gleichzeitige *endgültige* Regelung der Saarfrage in Betracht käme.

Würde Dr. Adenauer nachgeben? Das war die bange Frage, die wir uns immer wieder stellten. Uns waren im damaligen Zeitpunkt die drei Dokumente bekannt, die den französischen Standpunkt klar und eindeutig umrissen: Einmal das im Frühjahr 1954 durch die Naters-Dokumentation des Europarates bekannt gewordene Bestätigungsschreiben von François-Poncet an die Bundesregierung vom 25. Oktober 1952 (oben S. 213), zum zweiten das Bidault-Papier mit seinen 12 Punkten vom 8. März 1954 (siehe S. 225) und schließlich das Protokoll der Straßburger Vereinbarung zwischen Dr. Adenauer und dem stellvertretenden französischen Ministerpräsidenten Pierre-Henri Teitgen vom 20. Mai 1954. Danach hatten wir von neuen

**Der Janus-Kopf**

DER REINFALL

177 178
Problem gelöst: Drei Seiten suchen eine
Lösung: Die französische (Januskopf
links), die deutsche (Januskopf rechts),
und die Deutschen an der Saar zer-
schneiden den Knoten! Karikatur oben:
Aus der »Neuen Woche«, franz. Zeitung
an der Saar; unten »Rheinpfalz« vom
31. 12. 1955.

179
Das entscheidende JA zum Statut: Bundeskanzler Dr. Adenauer bei der Stimmabgabe zum Saarstatut am späten Sonntagabend, den 27. Februar 1955 im Deutschen Bundestag. Durch sein Eintreten für das Statut stellte sich der Kanzler in Widerspruch zur Mehrheit der Saarbevölkerung.

Verhandlungen nichts Gutes zu erwarten. Unsere tiefe Besorgnis über die kommende Entwicklung hatten wir durch ein Schreiben von Richard Becker an den Bundeskanzler Dr. Adenauer vom 1. Juni 1954 zum Ausdruck gebracht. In diesem Schreiben hieß es u. a.:

»Sehr geehrter Herr Bundeskanzler, meine politischen Freunde und ich verfolgen seit langem mit Besorgnis die Verhandlungen über den sogenannten Naters-Plan[1], ohne daß es uns bisher möglich gewesen wäre, unsere begründete Meinung auch nur in einer einzigen Frage darzutun, und zwar sowohl gegenüber dem holländischen Verfasser als auch gegenüber den deutschen Verhandlungsführern und Experten. Auch mit Ihnen, sehr geehrter Herr Bundeskanzler, hat seit Herbst 1952 keine Aussprache mehr über die uns wohl am meisten betreffende Saarfrage stattgefunden. In diesem Zusammenhang dürfen wir Ihre Zusicherung von 1952 in die Erinnerung zurückrufen, daß Sie keine Entscheidung in der Saarfrage treffen werden, ohne die Vertreter der oppositionellen Partei im Saargebiet vorher dazu im einzelnen gehört zu haben, und daß Sie auch keine Regelung annehmen werden, die nicht zuvor die Zustimmung der Vertreter der oppositionellen Parteien finden würde . . . Die vorliegenden Entwürfe eines »Europäischen Statuts« stehen im Widerspruch zu zwei fundamentalen Grundsätzen des bisherigen deutschen Standpunktes, der immer mit dem unsrigen übereingestimmt hat. Einmal ist keine Gewähr gegeben, daß die vollständige Integration der europäischen Staaten auf supranationaler Basis in absehbarer Zeit überhaupt folgen kann und wird . . . Zum zweiten bleibt nach der geplanten Lösung die französische Vormachtstellung in jeder Hinsicht, besonders aber in wirtschaftlichen Angelegenheit erhalten!«

Das Schreiben schloß mit folgendem Satz: »Die Verantwortung für das zukünftige Schicksal des Saargebietes und seiner Million deutscher Menschen können und werden deshalb allein die Bundesregierung und diejenigen Experten[2] tragen müssen, die *ohne Mitwirkung* und Beratung der betreffenden Kreise der Saarbevölkerung die beabsichtigte Regelung beschlossen haben.«

Das Schreiben blieb unbeantwortet. Nachdem wir heute wissen, was hinter den Kulissen mit den Franzosen vereinbart war, erscheint uns das Verhalten von Bundeskanzler Dr. Adenauer begreiflich. Erst wenige Tage vor den Schlußverhandlungen über das Saarstatut erreichte uns die plötzliche Einladung zum 18. Oktober 1954 ins Bundeskanzleramt. Von den drei Oppositionsparteien war je ein Vertreter eingeladen, ich war nicht zugelassen. Ich habe oben (S. 194) über die Hintergründe dieses merkwürdigen und völlig nutzlosen Gesprächs schon berichtet. Angesichts der längst festliegenden Tatsachen konnte das Gespräch an dem Ergebnis nichts mehr ändern. Die Hinzuziehung der Opposition – und ein Foto mit der Unterzeile »im besten Einvernehmen« – konnte nicht anderes bedeuten als eine Entlastung für den Kanzler.

---

1 Bei dem sogenannten Blitzgespräch in Paris vom 9. März 1954 hatte der Bundeskanzler gegenüber dem damaligen französischen Ministerpräsidenten Georges Bidault den Naters-Plan als Grundlage für die weiteren deutsch-französischen Saarverhandlungen akzeptiert (vgl. oben S. 225). Darüber hatten wir jedoch keine endgültige Gewißheit, sondern nur aus allgemeinen Pressemeldungen erfahren.
2 Anspielung auf die Verhandlungen vom 9.–11. April 1954, Seite 226 ff.

Die Lage der Regierung Hoffmann am Vorabend der abschließenden Verhandlungen über das Statut für die Saar war in vieler Hinsicht äußerst prekär. Die Finanzlage des Saarlandes war stark angespannt. Der Haushalt 1954 würde – das übersah man Anfang Oktober bereits – mit einem Defizit von über 14 Milliarden Franken – ca. 180 Mio DM – abschließen. Hoffmann brauchte dringend Kredite, die ihm nur von der französischen Regierung oder aber – nach Abschluß des Saarabkommens – von bundesdeutscher oder internationaler Seite gewährt werden konnten. Mit eigenen Kräften konnte das Saarland aus dieser Lage nicht herauskommen. Der später aufgefundene Brief Grandvals an Johannes Hoffmann vom 3. Dezember 1954 (Siehe S. 171 ff.) machte deutlich, wie ernst die Situation damals für die Regierung in Saarbrücken gewesen ist.

Auch in politischer Beziehung waren die Krisenzeichen allenthalben sichtbar. Nach dem Scheitern der EVG glaubten weite Kreise der Saarbevölkerung nicht mehr an eine Vereinigung Europas; sie zogen daraus die Schlußfolgerung, daß die immer noch angestrebte »Europäisierung der Saar« nichts anderes sein könne als der Vorwand für die Aufrechterhaltung des bestehenden Zustandes. Dieser Zustand war nach wie vor gekennzeichnet durch die wirtschaftliche Vorherrschaft Frankreichs an der Saar.

Die Wirtschaft litt unter einem doppelten Mangel: Einmal fehlten ihr die Kredite zur Modernisierung der Betriebe, sie verlor gegenüber der deutschen Konkurrenz mehr und mehr an Boden. Der Konkurrenzdruck war in jener Zeit zwar durch die noch bestehenden Zollschranken zwischen der saarländisch-französischen Wirtschaftsunion und der Bundesrepublik gemildert, die Bestrebungen, eine europäische Wirtschaftsgemeinschaft ohne Zollschranken zu errichten, zeichneten sich aber immer deutlicher ab. Die saarländischen Unternehmungen mußten also davon ausgehen, daß sie in nicht allzu ferner Zeit der überlegenen bundesdeutschen Konkurrenz voll ausgesetzt sein würden, ohne deren Ausrüstungsstand nur zu einem Bruchteil erreicht zu haben.

Daher waren die Forderungen der saarländischen Wirtschaft darauf gerichtet, außer den notwendigen Investitionskrediten auch deutsche Ausrüstungsgüter in dem erforderlichen Maß zu erlangen. Die Einfuhr von Investitionsgütern aus Deutschland unterlag jedoch damals noch einer strengen Kontingentierung. Das Verlangen nach mehr deutschen Investitionsgütern brachte die Saarwirtschaft in Widerstreit zur Industrie im benachbarten elsaß-lothringischen Raum. Auch dort erwartete man den Druck der bundesdeutschen Konkurrenz im Zuge einer europäischen Liberalisierung und man wandte sich gegen eine mögliche Bevorzugung der Saarwirtschaft durch Investitionshilfen und Ausrüstungsgüter aus der Bundesrepublik. Dem Druck aus Kreisen der französischen Wirtschaft konnte sich die französische Regierung nicht entziehen. Sie fand sich deshalb nicht bereit, dem Saarland eine Sonderstellung einzuräumen. Hinzu kam, daß man in der saarländischen Wirtschaft über die mangelnde Zuteilung von Mitteln aus dem Marshall-Plan durch Frankreich verärgert war. Wegen dieser Benachteiligung, die auf viele Milliarden Franken geschätzt worden ist, wurde immer wieder Klage geführt.

Auch Johannes Hoffmann und seine mitverantwortlichen Minister waren sich längst darüber im klaren, daß die Stimmung im Lande gegen die Regierung ständig wuchs und die Chancen für eine Zustimmung der Saarbevölkerung zu einem nur »scheinbar europäischen Statut« von Tag zu Tag geringer wurden. Das ergab sich auch sehr deutlich aus den Polizeiberichten, die aus dem Saarland laufend über die Entwicklung der Stimmung vorgelegt worden sind. Ich besitze heute noch einen umfangreichen Band dieser Berichte, die uns damals wertvolle Hilfe leisteten.

Es war nach alledem nicht verwunderlich, daß Johannes Hoffmann als verantwortlicher Regierungschef auf eine rasche Lösung der Saarfrage gedrängt hat. Am 9. Oktober 1954 richtete er ein Schreiben an den französischen Ministerpräsidenten und Außenminister Mendès-France, in dem unter anderem gesagt wurde: »Auf der Londoner Konferenz haben Sie den engen Zusammenhang zwischen den dort behandelten Problemen und der Lösung der Saarfrage herausgestellt. Ich habe die Ehre, Ihnen mitzuteilen, daß auch nach Ansicht meiner Regierung der Zeitpunkt gekommen ist, die Verhandlungen über das Europäische Statut für das Saarland wieder aufzunehmen und zu einem raschen Ende zu führen. Es ist kaum anzunehmen, daß nach erfolgter Wiederherstellung der Souveränität und Wiederbewaffnung der deutschen Bundesrepublik die augenblicklichen Voraussetzungen für eine befriedigende Saarlösung erhalten bleiben. Nach übereinstimmender Auffassung der französischen und saarländischen Regierung bleibt der Naters-Plan und das vom deutschen Bundeskanzler und dem französischen Vizepräsidenten Teitgen vereinbarte Straßburger Protokoll nach wie vor die geeignete Grundlage für die Schaffung eines europäischen Statuts.«

Dieser Appell des saarländischen Ministerpräsidenten, der durch eine wenige Tage später gegenüber Mendès-France abgegebene mündliche Erklärung noch verstärkt wurde, offenbarte nicht nur das Verlangen nach einer schnellen Regelung der Saarfrage, sondern auch das Bestreben Hoffmanns, die Zwangslage auszunützen, unter der die Bundesregierung infolge der Koppelung der Pariser Verträge mit dem Saarvertrag stand.

Das Schreiben Hoffmanns führte dazu, daß die Saarregierung sehr bald nach Paris zur Führung neuer Verhandlungen unter der Leitung von Ministerpräsident Mendès-France eingeladen wurde. Infolge seiner mißlichen Lage, die natürlich Herrn Grandval bis in das letzte Detail bekannt war, hatte freilich Hoffmann eine wenig aussichtsvolle Ausgangsposition. Hinzu kam, daß der Rahmen, in dem diese »internen« Verhandlungen zwischen Saarbrücken und Paris geführt werden sollten, längst abgesteckt war. Bereits am 20. Mai 1954 hatten sich Bundeskanzler Adenauer und der stellvertretende französische Ministerpräsident P. H. Teitgen auf die Grundbedingung der wirtschaftlichen Regelung im zukünftigen Saarstatut festgelegt. Sie lautete nach Art. 12, Abs. A, des Protokolls:

»Les principes sur lesquels se fonde actuellement l'union franco-sarroise seront repris dans une convention de coopération économique conclue entre la France et la Sarre«. Der deutsche Wortlaut: »Die Grundsätze, auf welche die französisch-saarländische Wirtschaftsunion gegenwärtig gegründet ist, werden in eine Konvention über die wirtschaftliche Zusammenarbeit, die zwischen Frankreich und dem Saarland abzuschließen ist, wieder aufgenommen.« Übrigens war dies der genaue Wortlaut des Art. XII Abs. A im späteren Saarstatut vom 23. Oktober 1954.

Die Chancen für eine den wirtschaftlichen und politischen Erfordernissen des Saarlandes entsprechende Neugestaltung der saarländisch-französisch-deutschen Wirtschaftsbeziehungen waren damit von vornherein außerordentlich gering. Rückschauend hätte es vielleicht eine Möglichkeit gegeben, das europäische Experiment an der Saar zu retten, wenn die französische Seite bereit gewesen wäre, einen Vorschlag zur

Regelung der wirtschaftlichen Fragen anzunehmen, den die Regierung Hoffmann vorliegen hatte, und wenn die Regelung befristet worden wäre. Denn als endgültige Saarregelung hätten wir auch diesen, durchaus beachtlichen Vorschlag einer wirtschaftlichen Neuordnung nicht anerkennen können.

Hier die wichtigsten Grundsätze dieses Vorschlages:

»I. *Grundsätze*
1. Der wirtschaftliche Status der Saar wird auf der Grundlage der deutsch-französischen Zusammenarbeit geregelt.
2. Ziel dieser Zusammenarbeit ist, der Saarwirtschaft Entwicklungsmöglichkeiten im weitesten Umfange zu geben. Im Vordergrund steht also das Interesse der Saar selbst. Die mit diesem Ziel aufzunehmende Zusammenarbeit soll einmal der inneren Festigung der Saarwirtschaft (Investitionen, technische Hilfe usw.) dienen; zugleich muß die Regelung der Beziehungen der Saar nach außen auf das Ziel der weitesten Entfaltungsmöglichkeiten ausgerichtet sein.
3. Die Neuregelung beruht auf dem Gedanken der wirtschaftlichen ›Koexistenz‹ der Bundesrepublik und Frankreichs an der Saar.

II. *Verhältnis Frankreich/Saar*
1. Die bisherigen, unter den Begriff der Wirtschaftsunion gehörigen Vereinbarungen fallen weg. An ihrer Stelle ist ein neuer Vertrag auszuhandeln. Hierbei ist der Begriff der unter die Wirtschaftsunion fallenden Vereinbarungen weit auszulegen.
2. In den neuen Vertrag werden nur Grundsätze übernommen. Damit scheidet die Übernahme ganzer Konventionen oder wesentlicher Teile derselben aus.
3. Die Begriffe Wirtschaftsunion (bisherige Regelung) und Abkommen über wirtschaftliche Zusammenarbeit (Neuregelung) stehen in Antithese. Der letztere Begriff ist der weniger umfassende. Von der bisherigen Regelung darf nicht übernommen werden, was nicht unter den Begriff der Zusammenarbeit, d. h. echter Partnerschaft fallen oder sogar mit diesem in Widerspruch stehen würde.
4. Das neue Abkommen muß dem Umstand Rechnung tragen, daß zwischen der Bundesregierung und der Saar gleichartige Beziehungen, wie sie dieses Abkommen im Verhältnis zwischen Frankreich und der Saar vorsieht, mit Ausnahme des Währungsgebiets, herzustellen sind. Es darf also grundsätzlich – mit der erwähnten Ausnahme – keine Bindungen enthalten, die nicht zugleich im Verhältnis zwischen der Bundesrepublik und der Saar herzustellen wären. Verhandlungen Saar–Frankreich müssen gleichzeitig mit Verhandlungen Saar-Bundesrepublik geführt werden.

III. *Verhältnis Bundesrepublik/Saar*
1. Grundsatz ist die Herstellung der gleichartigen Beziehungen.
2. Die *einzige* Ausnahme stellt das Währungsgebiet dar. Dieser Begriff schließt nicht notwendigerweise das Kreditwesen ein.
3. Weitere Teilgebiete sind nicht ausgenommen. Insbesondere ist also ein gemeinsamer Markt (Abschaffung von mengenmäßigen Ein- und Ausfuhrbeschränkungen sowie von Zöllen und sonstigen Ein- und Ausfuhrabgaben) herzustellen.
4. Alle übrigen Vereinbarungen, die mit der ›Herstellung der gleichartigen Beziehungen‹ im Zusammenhang stehen, sind lediglich Durchführungsvorschriften, die

das Tempo und sonstige Modalitäten des Prozesses der Herstellung gleichartiger Beziehungen regeln. Sie stellen also keine materielle Einschränkung des Prinzips der gleichartigen Beziehungen dar.«...

Es ist nicht bekannt, wer diesen damals völlig neuartigen Plan, der so ganz und gar nicht in das französische Konzept einer Saarregelung paßte, ausgearbeitet hat; möglicherweise wurde er als ein Versuchsballon von deutscher Seite lanciert. Über spätere ähnliche Versuche, die endgültigen Wirtschaftsverhandlungen zwischen dem Saarland und Frankreich zu beeinflussen, liegen zuverlässige Angaben vor. Sicher dürfte sein, daß die saarländische Delegation, die am 12. Oktober 1954 unter Führung des Ministerpräsidenten Johannes Hoffmann in Paris eintraf, diesen Vorschlag nicht vorgetragen hat; vielmehr hatte man sich vor der Abreise in Saarbrücken darauf beschränkt, von dem schon längst bekannten Naters-Dokument (siehe S. 223) auszugehen und dazu einige saarländische Abänderungswünsche vorzutragen. Diese Wünsche waren aber, insgesamt gesehen, ohne politische oder wirtschaftspolitische Bedeutung.

Dagegen hatte Johannes Hoffmann für den Beginn der Verhandlungen eine Erklärung (Aide Mémoire) entworfen und in Paris vorgetragen, aus der einige wichtige Gedanken erwähnt werden müssen. Hoffmann erklärte Herrn Mendès-France unter anderem: »Ich hatte die Ehre, Ihnen schon kurz nach Ihrem Regierungsantritt – durch mein Schreiben vom 5. Juli – den Standpunkt meiner Regierung zur Regelung der Saarfrage angesichts der damaligen Situation zu übermitteln. Wir stehen heute zweifellos vor einer neuen Situation. Aber die in meinem Schreiben vom 5. Juli dargelegten Gründe für die Dringlichkeit einer baldigen Lösung der Saarfrage haben nach unserer Auffassung auch heute nicht nur die gleiche, sondern noch eine verstärkte Berechtigung«... »Wenn es in den letzten Monaten möglich war, die Verhandlungen über die Europäisierung soweit voranzutreiben, daß ein konkreter Lösungsvorschlag ausgearbeitet und die grundsätzliche Zustimmung der direkt Beteiligten dazu herbeigeführt werden konnte, so war dies sicherlich nicht unwesentlich dadurch begünstigt worden, daß seinerzeit von dem französischen Ministerpräsidenten René Mayer die Lösung der Saarfrage als eine der Vorbedingungen für die Ratifizierung des EVG-Vertrages aufgestellt wurde.«... »Die außenpolitische Situation wie auch die innersaarländischen Verhältnisse lassen aber die Wiederaufnahme der Saarverhandlungen als unbedingt dringlich erscheinen. Innenpolitisch sind es vornehmlich wirtschaftliche Gründe, auf die ich noch zu sprechen komme.«... »Was die internationale Lage anbetrifft, so erscheint mir die Dringlichkeit der Wiederaufnahme der Saarverhandlungen insbesondere daraus zu resultieren, daß die Frage einer – irgendwie gearteten – deutschen Wiederbewaffnung und der Wiederverleihung der deutschen Souveränität unmittelbar vor der Diskussion stehen. Würde man die Verhandlungen zur Regelung der Saarfrage erst nach einem etwaigen Abschluß der Verhandlungen über die beiden vorgenannten Fragen aufnehmen, so wären die Aussichten, zu einem befriedigenden Ergebnis zu kommen, sicherlich sehr gering. Aus diesem Grunde würden wir es für unerläßlich halten, daß bereits im vorbereitenden Stadium der Verhandlungen über die großen europäischen Fragen die Saarfrage mit einbezogen wird.«

Nach dieser Ermunterung der französischen Seite durch den saarländischen Ministerpräsidenten, die sich aus der Zwangslage für die Deutschen ergebende Situation auszunützen, kam Hoffmann auf seine wirtschaftlichen Anliegen zu sprechen und betonte besonders: »Vordringlich sind dabei die Aufnahme einer Staatsanleihe, die

Regelung der Sequesterverwaltung und das für unsere Großindustrie so bedeutsame Problem des Kohlepreises, nicht zuletzt aber eine im Rahmen des Vertretbaren großzügige Behandlung der Einfuhrkontingente aus dritten Ländern, weil sonst die notwendige Sicherung und Ausweitung unseres Exportes nicht gewährleistet werden könnte.«

Nach dieser Offenbarung einer, insgesamt gesehen, unerfreulichen eigenen Lage konnten die saarländischen Verhandlungspartner von der französischen Seite kein besonderes Entgegenkommen in Grundsatzfragen erwarten. Daher wurden – offensichtlich im Gegensatz zu den saarländischen Wünschen – von französischer Seite die Entwürfe von fünf Abkommen vorgelegt, die noch vor den Verhandlungen zwischen Mendès-France und Adenauer – sie waren für den 22. und 23. Oktober 1954 vorgesehen – von den Saarländern angenommen und unterzeichnet werden sollten. Der Inhalt dieser Abkommen war die Verwirklichung der in Artikel 12 Abs. A des Naters-Dokumentes verankerten Wiedervereinbarung der französischen Vorherrschaft an der Saar. Die Franzosen wollten auf jeden Fall sichergehen und die saarländische Regierung schon vor einer Vereinbarung des endgültigen Textes eines Saarabkommens mit Bonn festgelegt wissen, vor allem in der Frage, welche Rechte Frankreich nach dem Abschluß und der Annahme des Saarstatuts erhalten bleiben würden. Auf diese Weise wurden Vorstellungen der deutschen Seite und gewisser saarländischer Kreise unterlaufen, man könne die zukünftige Regelung der wirtschaftlichen Beziehung gemäß § 12 Abs. A des Statuts einem neu zu wählenden Landtag mit einer möglicherweise anderen Zusammensetzung überlassen.

Die französischen Vorschläge für die fünf Abkommen wurden zum Diktat. Man verhandelte zwar etwas hin und her, aber es kam zu keiner auch nur irgendwie ins Gewicht fallenden Abänderung der französischen Forderungen. Noch am 16. Oktober 1954, dem eigentlichen Verhandlungstag, erklärte Johannes Hoffmann im Namen der saarländischen Regierung die Zustimmung zu den fünf Abkommen. Sie wurden noch am gleichen Tage in fünf Schreiben vom französischen Ministerpräsidenten Mendès-France an Ministerpräsident Johannes Hoffmann festgehalten und bestätigt. Zugleich hatten die Verhandlungspartner strengste Geheimhaltung über das Ergebnis der Verhandlungen vereinbart.

Die fünf Abkommen behandelten:

1. Die Prinzipien der saarländisch-französischen Wirtschaftsunion; das war die Verpflichtung zur Wiedervereinbarung der bestehenden Konventionen;
2. die Garantierung der Ausbeutung der Saargruben durch die Franzosen – wie bisher – auf die Dauer von 50 Jahren;
3. die Übernahme der Kosten für die im Saarland stationierten französischen Truppen;
4. Anerkennung einer Beschränkung der zukünftigen Handelsbeziehungen zwischen dem Saarland und der Bundesrepublik;
5. zusätzliche – aber völlig unbefriedigende – Quoten für Einfuhren aus der Bundesrepublik für das nächste sowie ein Vorgriff auf das übernächste Jahr.

Der Wortlaut des Abkommens zu 5 entsprach zum größten Teil einem Annex zu der Abmachung zu 4. Von diesen fünf Bestätigungsschreiben sind bisher veröffentlicht die Texte der Nr. 1, 2 und 5. Robert Schmidt (Bd. III, S. 675 f.) hat den von uns im Februar 1955 bekanntgegebenen Wortlaut übernommen. Eine Wiedergabe der bisher nicht veröffentlichten Texte dürfte sich jedoch erübrigen, da ihr Inhalt auch für die historische Beurteilung der Vorgänge heute nicht mehr von Interesse ist.

Im Rahmen der Verhandlungen über die fünf Geheimabkommen zeigte sich unter anderem die unterschiedliche saarländische und französische Auffassung über die Regelung der Verhältnisse bei den Saargruben; bei den späteren Verhandlungen im März 1955 kam noch die Forderung der Franzosen auf den Abbau von saarländischer Kohle im Warndtgebiet (unter der Grenze hinweg) hinzu. Auch aus dieser Frage ergaben sich bei dem Für und Wider um das Statut später heftige Auseinandersetzungen. Besonders in der Regelung der Kohlenfrage hatten die französischen Unterhändler einen äußerst unnachgiebigen Standpunkt eingenommen. Der als Grundlage dienende Naters-Plan hatte in Art. XII Abs. IV eine für das Saarland günstigere Regelung vorgesehen: »Das Europäische Statut überträgt der Saar unter noch festzulegenden Bedingungen das Eigentum an den Bergwerken und Bergbaueinrichtungen, die von den »Saarbergwerken« verwaltet werden, sowie an dem gesamten Kohlenvorkommen des Warndt. Die Verwaltung dieser Werke obliegt dem Saarland.« Die Übernahme dieses Vorschlages in das Statut scheiterte am Widerstand Frankreichs, über die Eigentumsverhältnisse schwieg sich das spätere Saarstatut aus. Dort war in Art. XII Abs. E nur noch gesagt: »Die Saar wird für die Verwaltung sämtlicher Kohlenvorkommen der Saar einschließlich des Warndt sowie der von den Saarbergwerken verwalteten Grubenanlagen Sorge tragen.« . . . Es bedarf keiner Begründung, daß gerade diese nichtssagende Formulierung über eine der lebenswichtigen Fragen des Saarlandes die saarländische Seite auf das bitterste enttäuscht hat.

Hoffmann war sich darüber im klaren, daß er mit einer enttäuschenden Regelung vor einen großen Teil der saarländischen Wählerschaft treten mußte, und — bei der Durchsetzung des französischen Standpunktes — mit leeren Händen dastand. Wie würde er unter solchen Voraussetzungen mit einer Zustimmung zum Statut rechnen können? Deshalb wollten Hoffmann und die Mitglieder seiner Delegation unter allen Umständen eine für das Saarland günstigere Regelung, wenigstens des Grubenproblems, erreichen. Um einem solchen saarländischen Wunsch Nachdruck zu verleihen, hatte die Regierung von Saarbrücken vor der Abreise nach Paris einen förmlichen Kabinettsbeschluß gefaßt und die Umwandlung der Saarbergwerke in eine gemeinschaftliche Dreiergesellschaft vorgesehen, an der das Saarland, Frankreich und die Bundesrepublik gleichmäßig beteiligt werden sollten. Finanzminister Professor Dr. Senf hatte von dieser Lösung ein Verbleiben im Kabinett Hoffmann abhängig gemacht.

Botschafter Grandval hatte schon vor der Abreise der saarländischen Delegation von diesen Vorstellungen Kenntnis erlangt. Professor Freymond (S. 185) meinte, Grandval habe Hoffmanns Gedanken lesen können. Wir sind dagegen der Auffassung, daß der »Gedankenleser« im Kabinett Hoffmann Grandvals Landsmann Edgar Hector gewesen ist. Auf jeden Fall eröffnete Herr Grandval, der an den Verhandlungen der saarländischen Delegation in Paris teilnahm, den Saarländern: »Wenn Sie auf der Forderung der Dreier-Gesellschaft bestehen, verhandeln wir nicht mehr mit Ihnen, sondern mit den Deutschen. Wir werden dann zusammen mit den Deutschen eine Grubenverwaltung 50 : 50 vereinbaren.«

Unter dem Druck dieser Drohungen Grandvals, welche die Billigung des französischen Verhandlungschefs fanden, mußten die Saarländer auf ihre Forderung in der Grubenfrage verzichten. Da ein formeller Kabinettsbeschluß vorlag, mußte er auch in der gleichen Form wieder aufgehoben werden. In aller Eile berief man das Kabinett nach Paris. Professor Senf war zwischenzeitlich nach Zürich gereist, um Verhandlungen mit einem Schweizer Bankenkonsortium zur Regelung des Röchling-Problems zu führen. Die Minister Klein und Hector, die nicht nach Paris gefahren waren, wurden telefonisch dorthin bestellt. In einem neuen Kabinettsbeschluß beugten sich alle Minister und »schluckten« die französische Forderung, wie sie im »Gruben-Geheimabkommen« vom 16. Oktober 1954 festgelegt ist. Wir bilden das von Mendès-France unterzeichnete Originalschreiben hier ab:

AFFAIRES ÉTRANGÈRES
———

LE MINISTRE
———

Paris, le 16 Octobre 1954.

Monsieur le Président,

J'ai l'honneur d'accuser réception de votre lettre de ce jour par laquelle vous avez bien voulu me confirmer que si la rédaction définitive du protocole franco-allemand sur la Sarre maintient, dans les dispositions relatives au gisement houiller sarrois, la clause suivant laquelle la Sarre en assure la gestion, celle-ci continuera à être assurée par les Saarbergwerke./.

Veuillez agréer, Monsieur le Président, les assurances de ma plus haute considération.

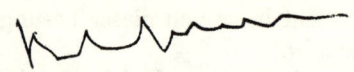

Monsieur Johannes HOFFMANN
Président du Gouvernement
de la Sarre

S a r r e b r u c k
- - - - - - - - - - - - - - - - - -

174
Vier Geheimabkommen garantieren erneut Frankreichs Vorrechte an der Saar.

Die deutsche Übersetzung dieses wichtigen Geheimabkommens Nr. 2 lautet:

»Der Minister                                    Auswärtige Angelegenheiten
                                                       Paris, den 16. Okt. 1954

Herr Präsident,
ich habe die Ehre, Ihnen den Empfang Ihres Schreibens vom heutigen Tage zu bestätigen, in dem Sie mir versichert haben: Wenn in einer endgültigen Fassung eines
deutsch-französischen Abkommens über die Saar in den Bestimmungen betreffend
die saarländischen Kohlenvorkommen eine Klausel enthalten ist, nach welcher die
Saar für die Verwaltung der Gruben Sorge trägt, so ist diese Klausel dahingehend zu
verstehen, daß die »Saarbergwerke« die Verwaltung fortführen werden.
Genehmigen Sie, Herr Präsident, die Versicherung meiner höchsten Wertschätzung
                                                                   gez. Mendès-France

Herrn Johannes Hoffmann
Präsident der Regierung
des Saarlandes
Saarbrücken«

Vielleicht werden unsere Leser bei einem so harmlos klingenden Text gar nichts
empfinden. Tatsächlich aber hatte sich die Regierung Hoffmann damit verpflichtet
– wie dies später auch in Art. 38 des zwischen ihr und Paris am 3. Mai 1955 abgeschlossenen Wirtschaftsvertrages vereinbart wurde – »den Vertrag über den gemeinsamen Betrieb der Saargruben zwischen Frankreich und dem Saarland vom 20. Mai
1953 (Abb. 186) aufrechtzuerhalten«. In dem Vertrag von 1953 aber war den »Saarbergwerken« die Ausbeutung der Saarkohlenvorkommen einschließlich der reichen
Kohlenlager im Warndt auf die Dauer von 50 Jahren, das war bis zum Jahre 2000,
übertragen worden. In den Organen der »Saarbergwerke« (Grubenrat und Vorstand)
verfügten die Franzosen aber über so viele Sitze, daß ihnen die ausschlaggebenden
Entscheidungen in allen wichtigen Fragen zustand. Außerdem war die überwiegende
Mehrzahl aller Führungskräfte bei den Saarbergwerken Franzosen.
   Diese Bestätigung der französischen Vorherrschaft auf dem Gebiete des Bergbaus
stieß auf die besondere Ablehnung der Bevölkerung; wir hatten später auch gerade
darauf unsere Ablehnung des »Kolonialstatuts« gestützt. Sicherlich beruht das Ergebnis des 23. Oktober 1955 zu einem großen Teil auf der Unnachgiebigkeit der
französischen Seite. Herr Grandval hätte das voraussehen müssen.

Das Schicksal der Geheimabkommen beleuchtet nicht nur das Klima der Verhandlungen, sondern vor allem auch das Bemühen, die Saarbevölkerung im Unklaren zu
lassen. Infolge einer Indiskretion erfuhr die Öffentlichkeit durch einen Artikel der
berühmt-berüchtigten Madame Tabouis in der Zeitung »L'Information« vom 2. 11.
1954, daß die bisher geheimgehaltenen Verhandlungen zwischen der französischen
und saarländischen Regierung zu einem bedeutsamen Erfolg für den französischen
Standpunkt geführt hätten. Wörtlich schrieb Frau Tabouis: »In Saarbrücken und
Paris ist man erfreut über das französisch-deutsche Abkommen vom 23. Oktober,
das im Saarland sowohl von der öffentlichen Meinung wie vom Parlament und der
Regierung sehr günstig aufgenommen worden ist. Doch sind die maßgebenden Kreise

in Paris der Ansicht, daß dieses Abkommen in Verbindung mit denjenigen beurteilt werden müsse, die in der vorhergehenden Woche zwischen Paris und Saarbrücken (also den Geheimabkommen, Anm. d. Verf.) abgeschlossen wurden ... Bevor die entscheidenden Verhandlungen mit dem Bundeskanzler aufgenommen wurden – so stellte man weiterhin fest – hätte die französische Regierung Wert darauf gelegt, gemeinsame französische-saarländische Grundsätze festzulegen ... Dagegen war man bisher nicht darüber unterrichtet, daß diese Verhandlungen zum Austausch verschiedener Briefe zwischen den Herren Mendès-France und Hoffmann geführt hatten. In diesen Briefen legen die beiden Präsidenten die Stellungnahme ihrer Regierungen zu den in Frage stehenden Problemen fest. Es braucht nicht betont zu werden, daß diese Briefe von der größten Bedeutung sind. Die festgelegten Grundsätze werden in den Vertrag zur französisch-saarländischen wirtschaftlichen Zusammenarbeit aufgenommen werden, der an die Stelle der bisherigen Konventionen treten soll.« Nach einer Inhaltsangabe der einzelnen Briefe kommt Frau Tabouis dann zu der abschließenden Feststellung: »Es scheint daher, daß die französisch-saarländischen Konventionen vom 20. Mai 1953 in ihrer Gesamtheit durch die neuen Vereinbarungen bestätigt werden. Das sei, so wird (in Pariser parlamentarischen und diplomatischen Kreisen, Anm. d. Verf.) erklärt, ein sehr großer Erfolg des Herren Grandval, der im Saarland seine Aufgabe erfüllt.« Unsere Abb. 176 zeigt den Augenblick der Verwirklichung der Geheimabkommen durch die spätere Unterzeichnung des Vertrages vom 3. Mai 1955 in Paris.

Die Genauigkeit der Angaben von Frau Tabouis beweist die französische Zielsetzung in diesem frühen Zeitpunkt. Trotz der späteren Bemühungen, zu einer für das Saarland und die Bundesrepublik günstigeren Regelung der Wirtschaftsfragen zu gelangen, ergab der weitere Ablauf des Geschehens, wie sehr sich die Franzosen mit allen ihren Vorstellungen durchzusetzen vermochten.

Der Artikel von Frau Tabouis machte uns hellhörig. Wir bemühten uns, den Text der Abkommen zu erhalten, um so mehr, als deren Existenz in der Saarpresse – so z. B. in der sozialistischen »Volksstimme« vom 2. November 1954 »Keine geheimen Bestimmungen im Saarabkommen« – dementiert wurde. Ende Januar 1955 gelang uns das, wir erhielten drei der fünf Geheimabkommen, die ich dann sofort in der »Deutsche(n) Saar-Zeitung« Nr. 3, erste Februar-Ausgabe 1955, und in unserem Informationsdienst »azw« veröffentlichen ließ. Damit konnten wir den wesentlichen Inhalt der Abmachungen der Öffentlichkeit bekanntmachen. Bei dem späteren Kampf gegen das Statut spielten die Geheimabkommen, deren Existenz immer wieder bestritten und auch von bundesdeutscher Seite nie offiziell zugegeben wurde, eine besondere Rolle. Die Abmachungen vom 16. Oktober 1954 gaben uns die Gewißheit, daß sich auch nach Annahme des »europäischen« Saarstatuts an der französischen Vorherrschaft in unserem Lande nichts ändern würde, und daß die wirtschaftliche Beherrschung – und damit nach Adenauer auch die politische Beherrschung – unserer Heimat durch Frankreich aufrechterhalten blieb.

Die Kenntnis der Abkommen trug besonders dazu bei, daß ich mich im Februar 1955 entschloß, trotz der ungeheueren Schwierigkeiten unsere Bevölkerung zur Ablehnung des Statuts aufzurufen und – entgegen meiner ersten Erklärung vom 25. Oktober 1954 – einen darauf abgestellten Abstimmungskampf zu führen. Zu dieser Auffassung war ich nicht zuletzt durch eine Besprechung der wirtschaftlichen Fragen gelangt, die wir als Vertreter der deutschen Parteien an der Saar am 12. Februar 1955 mit dem Bundeswirtschaftsminister Professor Dr. Ludwig Erhard in Bonn hatten. Erhard hatte schon im Januar in Paris Gespräche geführt und insbesondere auch – sehr zu unserem Ärger – mit Johannes Hoffmann verhandelt, der daraus natürlich eine deutsche Anerkennung und Bestätigung seiner Person und Politik herleitete. Über den Zweck und das Ergebnis der Erhard-Gespräche ist keine offizielle deutsche Erklärung abgegeben worden; von unserem Informanten aus der Umgebung Hoffmanns erfuhren wir, daß in den Verhandlungen Erhards in Paris im Januar 1955 vereinbart wurde:

»1. Die französisch-saarländischen Verhandlungen über den Vertrag über wirtschaftliche Zusammenarbeit entsprechend Absatz A des Artikels XII des Saarabkommens sollen in nächster Zeit erfolgen. Der Vertrag tritt jedoch erst in Kraft, wenn das Saarabkommen in Kraft getreten ist.

2. Die Bundesregierung wird in der nächsten Woche der französischen Regierung ihre Vorschläge über die deutsch-saarländischen Wirtschaftsbeziehungen in einer Denkschrift überreichen (zu Absatz B des Artikels XII des Saarabkommens).

Die erforderlichen dreiseitigen Verhandlungen über Absatz B und C und D sollen nach Abschluß der 3. Lesung im Bundestag und nach Annahme des Saarabkommens durch den Senat in Paris beginnen.

3. Das französisch-saarländische Wirtschaftsabkommen soll eine Klausel enthalten, derzufolge die Bestimmungen des saarländischen Wirtschaftsabkommens erforderlichenfalls den dreiseitigen Abmachungen angepaßt werden.«

Zu dem Gesprächsinhalt, so wurde uns versichert, sei von Paris besonders der Wunsch des Ministerpräsidenten Mendès-France mitgeteilt worden, diese zweiseitigen deutsch-französischen Verhandlungen nicht der Öffentlichkeit bekannt zu geben. In der Tat hat man später darüber auch nur mitgeteilt, daß »Verhandlungen zur Ausfüllung des Saarstatuts« geführt worden seien. Die in Ziff. 1 der Mitteilung erwähnten saarländisch-französischen Verhandlungen wurden dagegen später wochenlang in aller Öffentlichkeit erörtert.

Angesichts des großen Schweigens über die Regelung der zukünftigen deutsch-saarländischen Wirtschaftsbeziehungen nach einer Annahme des Statuts sind wir daher wohl mit Recht davon ausgegangen, daß der Bundeskanzler seinen Wirtschaftsminister mit dieser Aufgabe im Januar 1955 in Paris betraut hatte, um durch einen äußerlichen Akt zu dokumentieren, wie sehr die Bundesregierung sich bereits auf die Annahme des Saarstatuts eingestellt habe. Auch Erhards Bemühungen, in seinem Gespräch mit Johannes Hoffmann eine härtere Haltung bei den bevorstehenden saarländisch-französischen Verhandlungen über den Wirtschaftsvertrag zu erreichen, blieben erfolglos, nachdem Hoffmann durch die Geheimabkommen schon alle Hände gebunden waren. Diese Erkenntnis und unsere unerschütterliche Auffassung, daß der im März auszuhandelnde Wirtschaftsvertrag zwischen Paris und Saarbrücken nichts anderes sein werde als eine Wiedervereinbarung der alten Konventionen vom 20. Mai 1953, veranlaßten Professor Erhard zu der spontanen Erklärung uns gegenüber: »Dann lasse ich den Vertrag platzen.« Gemeint war die Ablehnung des Saarabkommens in der anstehenden Debatte vor dem Deutschen Bundestag. Professor Erhard hat in dem Gespräch mit den drei Saarvertretern Anfang Februar 1955 unsern Standpunkt durchaus anerkannt, daß es ein Unding sei, im Saarstatut die Neuwahl eines saarländischen Landtages in demokratischer Freiheit vorzusehen, andererseits aber die unter undemokratischen Voraussetzungen gewählte Regierung Hoffmann einen so weitreichenden und die neue Regierung für alle Zukunft bindenden Vertrag abschließen zu lassen.

Im Grunde genommen waren die Vorgänge nichts anderes als die Fortsetzung der seit 1945 von Herrn Grandval vertretenen Praxis eines Militärregimes. Mag diese Politik nach dem totalen Zusammenbruch von 1945 noch erfolgreich gewesen sein, zehn Jahre später konnte das einfach nicht mehr gut gehen. Das erkannten – wie wir später hörten – auch die erfahrenen Diplomaten und Juristen des Quai d'Orsay, die sich allerdings gegen den mächtigen Botschafter in Saarbrücken nicht durchsetzen konnten. Auch Professor Ludwig Erhard konnte seine uns gegenüber erklärte Meinung nicht durchsetzen.

Hoffmanns Beauftragte – und auch er selbst – verhandelten dann noch viele Wochen in Paris über den Wirtschaftsvertrag. Robert Schmidt (Bd. III, S. 110 f.) hat darüber eingehend berichtet. Am 23. März veröffentlichte die »Saarbrücker Zeitung« das »französisch-saarländische Protokoll eines Übereinkommens« vom 21. März 1955, dessen Inhalt eine Fixierung des späteren Vertrages – selbstverständlich auf der Grundlage der Geheimabkommen – gewesen ist. Am 3. Mai 1955 endlich unterzeichneten Johannes Hoffmann und der französische Außenminister Antoine Pinay (Abb. 176).

Doch wieder zurück zum 23. Oktober 1954. Wie wir oben Seite 239 ff. dargelegt haben, endeten die Schlußverhandlungen zwischen Dr. Adenauer und Mendès-France am Abend des 23. Oktober 1954 mit der Unterzeichnung des Saarabkommens, dessen wesentlicher Teil das zukünftige Statut der Saar bildete. Das Verhandlungsergebnis konnte nicht besser und treffender charakterisiert werden, als das die Schweizer Zeitung »Basler Nationalzeitung« in ihrer ersten Ausgabe nach dem Abschluß des Abkommens beschrieb. Dabei muß besonders berücksichtigt werden, daß die »Basler Nationalzeitung« stets den französischen Standpunkt und nicht den Standpunkt der deutschen Opposition an der Saar unterstützt hatte. Ihrem Urteil über das Pariser Ergebnis kommt aus diesem Grunde besondere Bedeutung zu. Sie schrieb am 25. Oktober 1954 (Morgenblatt Nr. 492):

»Dann kam die Kunde: die Saareinigung ist gelungen. Sie war das Signal zum Beginn der großen Unterzeichnungszeremonie.

*Was die erwähnten Konzessionen angeht, so ergibt sich, daß sie im Verhältnis 99 : 1 gemacht wurden. 99 von Adenauer, 1 von Mendès-France*[1].

Die Besprechungen mit den Bonner Parteiführern erwiesen sich als *überflüssiger Ballast*[1]. Adenauer hatte die neuen Streitkräfte in der Tasche, die Selbständigkeit und die Mitgliedschaft im atlantischen Rate. Die Saar ging in diese Tasche nicht mehr hinein. Mendès-France setzte durch, was er verlangt hatte.

*Es wird ein autonomer Saarstaat entstehen, den nach außen ein von der westeuropäischen Union eingesetzter Kommissar vertritt*[1].

Die französisch-saarländische Wirtschaftsunion bleibt aufrechterhalten. Einfuhren aus Deutschland gibt es nur insoweit, als sie nicht etwa eine französisch-saarländische Zollgrenze nötig machen.

*Auch den Kampf um die prodeutschen Parteien hat Adenauer aufgegeben. Sie können zwar vor der Volksabstimmung, die das neue Statut bestätigen wird, agitie-*

---

[1] Von der »Basler Nationalzeitung« im Fettdruck wiedergegeben!

*ren, aber dann haben sie das Statut zu respektieren, und es darf bis zum Friedens-
vertrag nicht in Frage gestellt werden*[1].

Die folgende Tabelle läßt die Richtigkeit des von der »Basler Nationalzeitung« er-
rechneten Verhältnisses der beiderseitigen Zugeständnisse erkennen:

Der französische Standpunkt bei den Verhandlungen

| Forderungen | Erreichte Ziele | Zugeständnisse an die BRD |
|---|---|---|
| I. De-jure-Anerkennung der Abtrennung | De-jure-Anerkennung der Abtrennung | keine |
| II. Aufrechterhaltung des wirtschaftl. Anschlusses, d. h. der wirtschaftl. Vormachtstellung | Aufrechterhaltung der wirtschaftlichen Vor-machtstellung | »ist das Ziel zu erreichen, gleichartige Beziehungen, wie sie zwischen Frankreich und der Saar bestehen, zu schaffen« |
| III. Anerkennung des »autonomen« Saar-landes | Anerkennung des »autonomen« Saar-landes | Übertragung der Saar-Interessen in auswärtigen Angelegenheiten und der Verteidigung sowie die Überwachung des Statuts auf den europäischen Kommissar |
| IV. Endgültige Regelung | definitives Provisorium, das nur durch einen Friedensvertrag abge-löst werden kann | zweite Abstimmung im Falle einer friedensvertrag-lichen Regelung |

Daß wir über diese »deutsche Kapitulation« (von 99 : 1) gegenüber den französischen
Forderungen außerordentlich enttäuscht waren, wird niemand verwundern. Da ich
mich als Sprecher der DPS nicht einfach in den Boden verkriechen konnte und wollte,
gab ich der drängenden Presse die folgende Erklärung und schrieb für unseren Informationsdienst »azw« und die »Deutsche Saar-Zeitung« den Artikel: »*Opfergang
der Saar*«. Resignierend erklärte ich: »Für die DPS kommt die Beteiligung an einer
Referendumskampagne nicht in Frage. Es steht uns nicht an, die Saarbevölkerung zu
einem NEIN aufzurufen, nachdem der Bundeskanzler einem ultimativen Druck nachgegeben und das geplante Referendum gebilligt hat. Das Referendum über das Statut
läßt keine echte demokratische Entscheidung der Saarbevölkerung zu. Das Abstimmungsergebnis steht von vornherein fest, obwohl das Statut eine Verschlechterung
des von uns abgelehnten Naters-Planes unter Ausmerzung der europäischen Elemente
darstellt.«

Übrigens hat zur gleichen Zeit der Saarreferent im Auswärtigen Amt, Dr. Thierfelder, in einer offiziellen Erklärung besonders diesen Gedanken bestätigt und fest-

[1] Von der »Basler Nationalzeitung« im Fettdruck wiedergegeben!

gestellt, daß das Saarabkommen vom 23. Oktober von der »supranationalen«, also von der »europäischen« Regelung abgegangen sei und eine »internationale« Lösung bedeute. Trotz dieser Charakterisierung haben später alle Befürworter des Statuts bis zum Referendum der Saarbevölkerung immer wieder vorgemacht, daß das Saarstatut »Europa bedeute«. Noch am Abend des 23. Oktober 1954 – nach den ersten Sondermeldungen von Radio Saarbrücken – habe ich mich hingesetzt und für unsere Freunde in Bonn eine begründete Beurteilung des Abkommens und der sich daraus für uns ergebenden Situation gefertigt. Mir erscheint diese Niederschrift so wichtig zu sein, daß ich sie hier folgen lasse. Das »Wunder an der Saar« ist nur verständlich, wenn man von der völlig ausweglosen Lage ausgeht, in der wir uns damals befunden haben, und wenn man sich vor Augen hält, welche Mühen notwendig gewesen sind, zuerst uns selbst und dann unsere Bevölkerung davon zu überzeugen, daß es *keinen Opfergang der Saar* geben durfte. Hier meine Niederschrift vom 23. Oktober 1954:

»Die Pariser Saarvereinbarung ist eine bedingungslose Kapitulation der Deutschen gegenüber den französischen Forderungen. Im einzelnen:

1. Die Lösung enthält *alle* wesentlichen Gesichtspunkte des Naters-Plans, verschärft durch die Berücksichtigung der von den Franzosen gegen den Naters-Plan erhobenen Bedenken.
2. Deutsche Forderungen sind nicht berücksichtigt worden. Alle in der Fraktionssitzung der FDP vom 19. Oktober und in der Besprechung bei Dr. Dehler vom 20. Oktober erörterten Einzelheiten sind in der Pariser Vereinbarung *gegenteilig* und zum Nachteil Deutschlands entschieden.
3. Die Lostrennung der Saar von Deutschland wird de jure »bis zum Friedensvertrag«, de facto aber *endgültig* zugestanden; denn
   a) jede anderweitige Saarregelung im Friedensvertrag bedarf der Zustimmung Frankreichs, das damit jeden Friedensvertrag mit einer anderweitigen Saarregelung verhindern kann;
   b) die Saarländer sind (»bei Strafe«) verpflichtet, das in Paris ausgehandelte »europäische Statut« unangetastet zu lassen. Jede demokratische Diskussion über eine Änderung ist verboten. Parteien und Einzelpersonen, die dagegen verstoßen, können verboten und verfolgt werden.
4. Das Plebiszit ist eine Farce; denn
   a) der Saarbevölkerung wird ein von der Bundesrepublik bereits ratifiziertes Abkommen zur Entscheidung vorgelegt; sie hat entweder JA oder NEIN zu sagen. Die Frage, ob die Bevölkerung bei Deutschland bleiben will, darf nicht gestellt werden;
   b) die scheinbar demokratischen Freiheiten *beginnen* erst, wenn die Bundesrepublik das Abkommen ratifiziert hat, sie *enden* bereits wieder nach drei Monaten. Wer will angesichts dieser klaren Machtlage es wagen, sich zu einer Oppositionspartei zu bekennen?
   c) durch die deutsche Verpflichtung, die Oppositionsparteien nicht ideell und finanziell zu unterstützen, ist jede oppositionelle Parteitätigkeit an der Saar von vornherein illusorisch. Den oppositionellen Parteien fehlen die gleichen Startbedingungen und die geringsten Mittel der Publizität.
   d) Frankreich wird durch seine innersaarländischen Machtfaktoren auch in Zukunft das gesamte politische, wirtschaftliche und kulturelle Leben a. d. Saar bestimmen.

5. An den nach weiteren drei Monaten (6 Monate nach der Ratifizierung) angesetzten Landtagswahlen kann sich die deutsche Opposition gleichfalls nicht beteiligen,
denn
a) durch das deutsche Zugeständnis (richtiger: völlige Preisgabe der Saar) haben die
prodeutschen Parteien ihr politisches Gesicht verloren. Es gibt *keine* Parole und
kein Programm, das sie dem »Sieger« der Pariser Verhandlungen entgegensetzen
könnten. (Man vgl. Hoffmanns Radio-Ansprache vom 23. Oktober mit seinem
Dank an Adenauer!);
b) es fehlen die gleichen Möglichkeiten wie sie unter 4. aufgezählt sind.
6. In wirtschaftlicher Hinsicht behält Frankreich sämtliche Positionen, einschließlich
dem Beteiligungsverhältnis bei den Saargruben. Eine deutsche Zusage, trotzdem
– ohne politische Gegenleistungen für die Deutschen an der Saar – Milliarden-
Kredite zu geben, kann nur als Idiotie bezeichnet werden.

Schlußfolgerungen:
I. Das Ergebnis des *Referendums* liegt mit 80 Prozent »Ja«-Stimmen fest; allein
der Gedanke, daß die prodeutschen Parteien an der Saar auf eine negative Beeinflussung des Referendums einwirken könnten, ist absurd.
II. Die Landtagswahlen werden die gleiche Zusammensetzung des Landtags ergeben wie bisher.
III. Das organisierte Deutschtum an der Saar ist auf Jahre hinaus erledigt.«

Ein gütiges Schicksal hat bewirkt, daß diese pessimistische Beurteilung unserer
Lage sich als unzutreffend, ja sogar als eindeutig falsch erwies. Unsere Nieder-
geschlagenheit hielt übrigens auch nur vier Tage vor. Am 27. Oktober fanden wir
Vertreter der an der Saar immer noch verbotenen Parteien uns in Bonn ein, um ein
erstes Gespräch mit Ministerialdirektor Blankenhorn zu führen und uns über eine
Reihe von Unklarheiten des Statuts aufklären zu lassen. Über die sehr ausführliche
Besprechung existieren zwei Niederschriften, die übereinstimmen, eine in den Akten
des Bundesministers Jakob Kaiser und eine von 21 Seiten, die ich sofort nach dem
Gespräch als Gedächtnisprotokoll angefertigt habe. Uns interessieren nur zwei Erklärungen Blankenhorns, die sich später auch nicht als richtig erwiesen und Gegenstand einer weiteren Besprechung mit Bundeskanzler Dr. Adenauer am 13. Dezember 1954 wurden. Dazu aus der Niederschrift:

»*Frage:* Was bedeutet die Formulierung, daß das Statut »bis zum Abschluß eines
Friedensvertrages« nicht mehr in Frage gestellt werden könne?
*Herr Blankenhorn:* Damit ist nicht gesagt, daß die Möglichkeit einer Abänderung
nicht diskutiert oder erörtert werden könnte. Der französische Begriff »remettre en
cause« bedeute nach Mendès-France: Das Statut darf nicht umgeworfen werden! Es
darf kein Propaganda-Feldzug der Parteien mit dem Ziel einer völligen Beseitigung
des Statuts erfolgen. Es darf nicht gesagt werden, wir wollen das Statut durch eine
andere Regelung ersetzen. Dagegen dürfen die Parteien auch nach Inkrafttreten des
Statuts Mängel erörtern und Änderungswünsche über den europäischen Kommissar
der WEU unterbreiten lassen.
*Frage:* Schließt diese Formulierung die Erörterung eines Standpunktes aus, den die
Parteien beim Plebiszit im Friedensvertrag einnehmen werden?
*Herr Blankenhorn:* Nein, es ist den Parteien völlig freigestellt, schon jetzt und auch

nach dem Inkrafttreten des Statuts zu erklären, was im Friedensvertrag geschieht und welchen Standpunkt die Parteien dann einnehmen wollen. Jede politische Partei kann jetzt schon in ihr Programm aufnehmen: Im Friedensvertrag setzen wir uns für die Rückgliederung der Saar ein.«

Auch unser wichtigster Einwand *gegen das Statut* kam bereits am 27. Oktober 1954 mit Herrn Blankenhorn zur Sprache. Dazu heißt es in der Niederschrift:

»*Dr. Schneider:* Bedeutet die Formulierung ›bis zum Friedensvertrag‹ nicht doch ein *faktisches Definitivum?* Frankreich habe es doch in der Hand, den Abschluß eines Friedensvertrages solange abzulehnen, bis eine spätere deutsche Regierung das jetzige Saarstatut auch im Friedensvertrag anerkenne. Wenn Frankreich bei den Friedensverhandlungen einen solchen Standpunkt einnehme, dann würde sich dieselbe Erpressung wiederholen wie am 23. Oktober in Paris. Damit sei die Änderung des Statuts im Friedensvertrag ausschließlich von der freien Entscheidung der Franzosen abhängig und faktisch endgültig.

*Herr Blankenhorn* konnte diesen Einwand nicht widerlegen. Er meinte, das müsse sich aus der künftigen Entwicklung heraus ergeben!«

Schließlich führte die vor den parlamentarischen Debatten in Bonn und Paris noch heftig diskutierte Frage, ob das Saarstatut ein Provisorium, oder gar ein »definitives Provisorium«, oder ein »provisorisches Definitivum« sei, zu einer weiteren Vereinbarung zwischen dem Bundeskanzler und Ministerpräsident Mendès-France. Am 14. Januar 1955 verhandelten beide Regierungschefs in Baden-Baden. Ihre Vereinbarungen wurden in der Bundesrepublik oft als sehr vorteilhaft für die deutsche Seite ausgelegt, obwohl nur Fragen der Durchführung des Referendums und der Befugnisse des europäischen Kommissars behandelt wurden. »Nebenbei« aber gab es auch bei den Baden-Badener Besprechungen eine wichtige Vereinbarung, von der kaum jemand Notiz nahm. Die amerikanische Presseagentur »United Press« berichtete darüber in ihrer Meldung vom 1. Februar 1955 Nr. 183 lt. Nachrichtenspiegel des Bundespresseamtes (I) vom 2. Februar 1955: »Mendès-France teilte dem Auswärtigen Ausschuß der Nationalversammlung mit, er sei mit Dr. Adenauer in Baden-Baden übereingekommen, das Saarabkommen als ›definitiv‹ anzusehen.« Damit stand natürlich für uns fest, daß eine Zustimmung zum Statut unter solchen Voraussetzungen nicht in Frage kommen konnte.

Die Zeit bis zu den entscheidenden Debatten im Deutschen Bundestag (1. Lesung und Behandlung einer Großen Anfrage der SPD am 15. und 16. Dezember 1954; 2. Lesung am 25. und 26. Februar 1955, und 3. Lesung am Sonntag, dem 27. Februar 1955) füllten wir mit zahlreichen Besuchen in Bonn aus, um noch zu versuchen, so viele Abgeordnete wie möglich dafür zu gewinnen, gegen die Ratifizierung des Saarabkommens im Bundestag zu stimmen. Unsere Freunde von der SPD hatten es einfach, ihre Freunde im Bundestag blieben bei ihrer jahrelang erklärten Haltung und stimmten geschlossen gegen das Abkommen. Am schwierigsten hatten es unsere Freunde von der CDU; hier waren außer Bundesminister Jakob Kaiser nur wenige Abgeordnete umzustimmen, die Überzeugungskraft des »Alten« war in jedem Falle stärker (Abb. 179). Zuletzt stimmten nur Walz und Knobloch (Pirmasens) dagegen; Admiral Heye – der Schwager unseres verstorbenen Freundes Bodo Karcher –, der CDU-Außenpolitiker Dr. Kopf, Bundesminister Jakob Kaiser und der CDU-Abgeordnete Kemper (Trier) enthielten sich der Stimme; der Berliner Abgeordnete und

**FREIE DEMOKRATISCHE PARTEI** BUNDESGESCHÄFTSSTELLE · BONN · MOLTKESTRASSE 5 · FERNRUF 22850

– Saarreferat –　　　　　　　　　　Bonn, den 19. Juli 1954

An die　　　　　　　　　　　　V e r t r a u l i c h !
Mitglieder des Bundesvorstandes der
Freien Demokratischen Partei
und an die
Abgeordneten der FDP-Bundestagsfraktion

Bei seinem letzten Bonner Besuch hinterliess Rechtsanwalt
Dr. Heinrich Schneider (Saarbrücken) einige Aufzeichnungen
zum Komplex des Saarstatuts von Marinus van der Goes van
Naters, die er dem Bundesvorstand und der Bundestagsfraktion
der Freien Demokratischen Partei mitzuteilen bat. Die Aufzeichnungen stellen eine Ergänzung zu der Broschüre Richard
Beckers und Heinrich Schneiders "Warum Nein zum Naters-Plan?"
dar. Obwohl gegenwärtig die Saarfrage in den Hintergrund der
internationalen Erörterung getreten ist und wir alles Interesse
haben, sie nicht vordergründig werden zu lassen, erscheint
es doch notwendig, sich mit den jetzt deutlicher sichtbar
gewordenen Motiven des immer noch gefährlichen Naters-Planes
zu befassen. Rechtsanwalt Dr. Heinrich Schneider schreibt:

"1.) Wenn auch gegenwärtig die Europäisierung der Saar etwas
　　　auf Eis gelegt ist, so dürfte sie doch in Kürze wieder
　　　aktuell werden, auch wenn die EVG nicht von Frankreich
　　　ratifiziert würde. Aus massgebenden französischen Kreisen
　　　haben wir erfahren, dass die Franzosen jetzt ein neues
　　　Junktim planen: Sie wollen der sogenannten Souveränitäts-
　　　übertragung an die Bundesrepublik nur zustimmen, wenn vor-
　　　her die "Saarfrage gelöst" sei, d.h. der deutsche Verzicht
　　　vorher erpresst ist. Selbst wenn auch damit offenbar wür-
　　　de, wie sehr das Saargebiet mit seiner 1 Million Deutscher
　　　zum Kuhhandelsobjekt herabgewürdigt wird, ist doch anzu-
　　　nehmen, dass der Kanzler die zweifelhafte Souveränität
　　　wichtiger einschätzt als die Saar. Es erscheint nötig,
　　　hiergegen rechtzeitig Front zu machen.

2.) Nachdem Naters inzwischen die Motive und Erläuterungen
　　　der Allgemeinen Kommission des Europarates zu seinem Plan
　　　veröffentlicht hat, ergibt sich eine noch wesentlich un-
　　　günstigere Situation, als sie in Teil II unserer Broschüre
　　　dargestellt ist. Im Einzelnen:

　　a) Zunächst einmal steht fest, dass uns Adenauer vor den Saar-
　　　wahlen 1952 auf das schändlichste belogen hat. Naters veröf-
　　　fentlicht unter Ziffer 29 der Motivsammlung eine Note vom
　　　25. Oktober 1952, wonach Adenauer die politische Autonomie
　　　der Saar bereits garantiert hat. Einige Tage später, am
　　　4. 11. 1952 hat er uns zur Wahlbesprechung empfangen und
　　　uns die berühmten Versprechungen gemacht, von denen nicht
　　　eine gehalten wurde. (z. B. Schwarzsender gegen Radio Saar-
　　　brücken) Ich darf noch daran erinnern, dass Adenauer mir
　　　gegenüber damals erklärt hat, wir sollten ruhig ins Gefäng-
　　　nis gehen, er wäre auch zweimal eingesperrt gewesen, und er
　　　brauche politische Märtyrer. Das war zu einem Zeitpunkt, in
　　　dem er uns den Franzosen gegenüber schon völlig abgeschrie-
　　　ben hatte.

　　b) In Ziffer 75 und 79 stellt die Strassburger Kommission fest,
　　　und ja nur vorbehaltlich des Friedensvertrages. Unsere Aufgabe
　　　muss es sein, diesen Nebelschleier zu beseitigen und jedem Abge-
　　　ordneten seine ungeheure Verantwortung klarzumachen."

　　　　　　　　　　　　　　　　　　　gez. Dr. Josef Ungeheuer

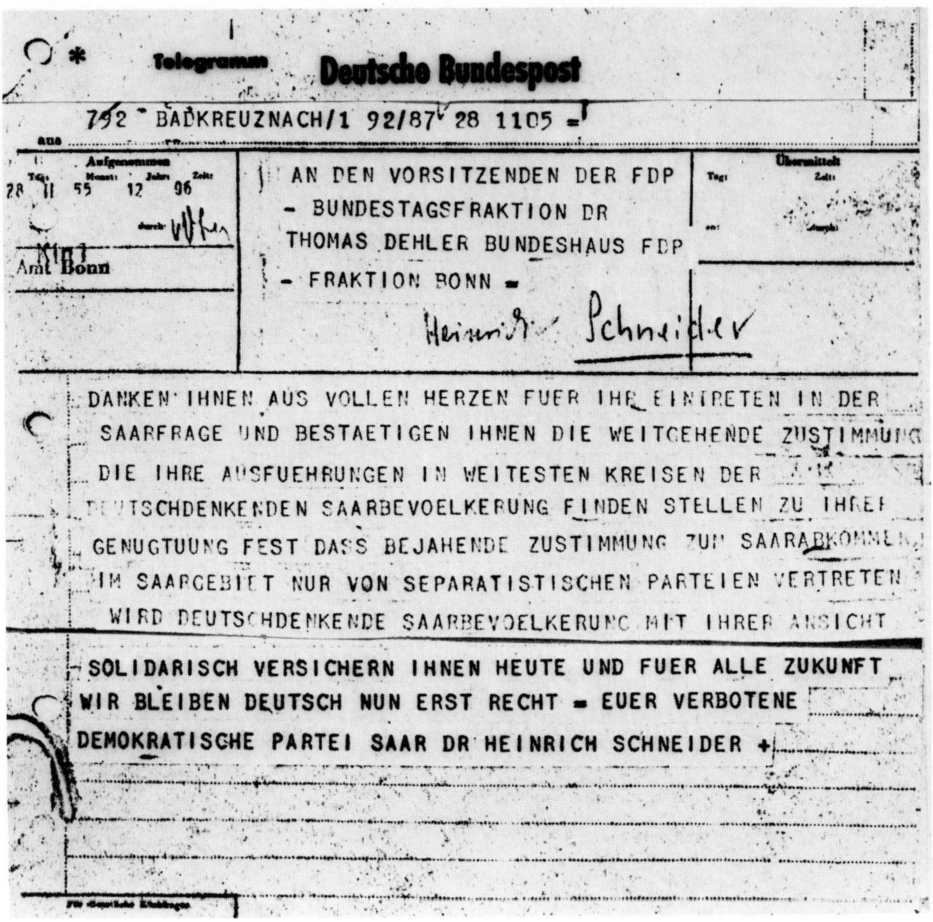

Telegramm Deutsche Bundespost

792 BADKREUZNACH/1 92/87 28 1105 =

aus

Aufgenommen
Tag: 28 Monat: II Jahr: 55 Zeit: 12 96

Amt Bonn

AN DEN VORSITZENDEN DER FDP
- BUNDESTAGSFRAKTION DR
THOMAS DEHLER BUNDESHAUS FDP
- FRAKTION BONN =

Heinrich Schneider

Übermittelt
Tag: Zeit:

DANKEN IHNEN AUS VOLLEN HERZEN FUER IHR EINTRETEN IN DER SAARFRAGE UND BESTAETIGEN IHNEN DIE WEITGEHENDE ZUSTIMMUNG DIE IHRE AUSFUEHRUNGEN IN WEITESTEN KREISEN DER DEUTSCHDENKENDEN SAARBEVOELKERUNG FINDEN STELLEN ZU IHRER GENUGTUUNG FEST DASS BEJAHENDE ZUSTIMMUNG ZUM SAARABKOMMEN IM SAARGEBIET NUR VON SEPARATISTISCHEN PARTEIEN VERTRETEN WIRD DEUTSCHDENKENDE SAARBEVOELKERUNG MIT IHRER ANSICHT SOLIDARISCH VERSICHERN IHNEN HEUTE UND FUER ALLE ZUKUNFT WIR BLEIBEN DEUTSCH NUN ERST RECHT = EUER VERBOTENE DEMOKRATISCHE PARTEI SAAR DR HEINRICH SCHNEIDER +

181
NEIN zum Statut: Am 28. Februar 1955 proklamierte die DPS als erste das Nein zum Saarstatut und legte damit zugleich die Zielsetzung für die deutsch gesinnten Parteien fest. Das Telegramm wurde von der deutschen Presse verbreitet.

spätere Minister für gesamtdeutsche Fragen, Ernst Lemmer, nahm an der Abstimmung nicht teil. Die Koalitionsparteien gaben, wie so oft in entscheidenden Fragen der Nation, ein Bild von innerer Zerrissenheit und Opportunismus ab. Bei der FDP blieben vier Abgeordnete der Wahl fern, ebenso viele enthielten sich der Stimme, darunter die Minister Dr. Preusker und Dr. Schäfer; sieben Abgeordnete stimmten mit JA, darunter Minister Blücher und Dr. Pfleiderer, während Minister Neumayer nicht mehr an der Abstimmung teilnahm. 30 Abgeordnete der FDP stimmten unter Führung von Thomas Dehler mit NEIN. Beim BHE gab es elf JA-Stimmen, darunter diejenigen der Minister Kraft und Oberländer; 16 Abgeordnete des BHE unter Führung der Abgeordneten Dr. Linus Kather[1], Feller und Seiboth stimmten mit NEIN. Bei der Deutschen Partei (DP) stimmte nur der Abgeordnete Dr. Schranz gegen das Saarabkommen, während sich der Abgeordnete Schneider (Bremerhaven) der Stimme enthielt und elf Abgeordnete der Parole des Bundeskanzlers folgten. Das Gesamtergebnis war dann: 264 JA, 201 NEIN bei 9 Enthaltungen.

Trotz dieser scheinbaren Niederlage der Gegner des Statuts brachten die Debatten über das Statut – sie wurden im Rundfunk übertragen und von der Saarbevölkerung mit größtem Interesse angehört – unserem Standpunkt eine erhebliche Unterstützung. Schon die Nachricht vom 19. November 1954 erregte Aufsehen, daß fünf Minister im Kabinett Adenauer gegen das Saarabkommen gestimmt hatten. Auch wenn Vizekanzler Blücher (FDP) später umfiel und die übrigen Minister sich bei der Schlußabstimmung der Stimme enthielten, schloß man daraus, daß dieses Statut nicht sein könne, wie es seine Befürworter behaupteten. Auch die erste Debatte des Saarabkommens im Landtag von Rheinland-Pfalz am 5. November 1954 bestärkte uns; denn in einer umfangreichen Regierungserklärung kritisierte Ministerpräsident Peter Altmeier die zahlreichen Mängel des Statuts in dem von uns schon geltend gemachten Sinne. Altmeiers Erklärung schloß mit der Versicherung: »Die Landesregierung wird in ihrem Bemühen fortfahren, bei der Bundesregierung darauf zu drängen, daß diese ihre Forderung bei den unstreitig notwendigen weiteren Verhandlungen über die Auslegung und Verbesserung des Pariser Grundsatzabkommens (über die Saar, Anm. d. Verf.) Berücksichtigung findet.« (Protokoll S. 2256.) Auch wenn von der Bundesregierung keine derartigen Erfolge erzielt wurden, ja nicht einmal die Möglichkeit zu neuen Verhandlungen mit Paris bestand, so wurde doch diese Haltung von Rheinland-Pfalz von unserer Saarbevölkerung registriert. Wir bekamen dadurch eine sichtbare Hilfe für unsere Parole im Abstimmungskampf: »Durch NEIN zu neuen Verhandlungen!«

An Herrn Blankenhorn richteten die drei Vertreter der prodeutschen Parteien am 14. November 1954 ein weiteres, 13 Seiten umfassendes Schreiben und baten um Aufklärung über eine ganze Serie von ernsten Bedenken gegenüber einzelnen Bestimmungen des Statuts, insbesondere zu Fragen von gegenteiliger Auslegung durch die französische Seite. Auch wußten wir, daß die weiteren Gespräche, die Ministerialdirektor Blankenhorn Ende Oktober und Anfang November in Paris mit dem französischen Botschafter Soutou geführt hatte, eher zu einer Verhärtung des französischen Standpunktes in der Frage der demokratischen Freiheiten im Saarland nach der An-

---

1 Linus Kather hat die entschlossene und unerschütterliche Haltung seiner Gruppe zur Saarfrage in dem 1965 erschienenen Buch: »Die Entmachtung der Vertriebenen, 2. Bd.: Die Jahre des Verfalls«, S. 48–73, im einzelnen beschrieben.

nahme des Statuts als zu einer Bestätigung der deutschen Auslegung geführt hatten. Damit waren maßgebende Kreise der CDU erneut vor die Frage gestellt, ob sie dem Saarabkommen zustimmen könnten. So hatte der CDU-Politiker Dr. Eugen Gerstenmaier noch am 31. Oktober in der »Stuttgarter Zeitung« erklärt: »Nach deutscher Auffassung hängt die Ratifikationswürdigkeit des Saarabkommens davon ab, daß die deutschen Parteien nach ihrer Zulassung auch nach stattgefundener Volksabstimmung sich im Saargebiet frei und legal betätigen können.« Ich habe schon früher darauf hingewiesen, daß diese Freiheit nach saarländisch-französischer Meinung so aussehen sollte, wie seit 1947: Nur wer die Separation (jetzt durch das angenommene Saarstatut) anerkennt, hat Anspruch auf die demokratischen Freiheiten, wer das nicht tut, kann sich nicht auf sie berufen.

Auf Veranlassung Grandvals und besonders Hoffmanns hatte sich das Problem der demokratischen Freiheiten im Falle der Annahme des Statuts zu einer Gretchenfrage entwickelt. Nahezu alle Sprecher der französischen Parteien machten einen entsprechenden Standpunkt zur Voraussetzung für ihre Zustimmung zu den Pariser Verträgen, über welche die Nationalversammlung am 23. Dezember 1954 abstimmte.

Auch für die deutsche Opposition an der Saar wurde dieses Problem neben dem »Definitivum« zur Gretchenfrage. Der Bundeskanzler mußte mit uns darüber sprechen. Es kam deshalb zur letzten (für mich zweiten) Aussprache vom 13. Dezember 1954. Ich war wieder zugelassen, wußte aber, daß ich wegen einer Äußerung gegenüber der FDP vom »Alten« zur Rechenschaft gezogen würde. Am 19. Juli 1954 hatte der Saarreferent der FDP, Dr. Josef Ungeheuer, ohne mein Wissen und ohne meine Zustimmung ein dreiseitiges Rundschreiben an etwa 70 Mitglieder des FDP-Bundesvorstandes und an alle FDP-Abgeordneten geschickt (Abb. 180), in dem ich eine Reihe von Gründen gegen den Naters-Plan angeführt hatte. Dieser Plan war bekanntlich von der Bundesregierung am 9. März 1954 als Grundlage für die weiteren Verhandlungen über das Saarstatut angenommen worden. Anlaß für meine Äußerungen war die im April 1954 bekannt gewordene Dokumentation Nr. 225 des Europarates. Da Dr. Dehler nicht erreichbar und Dr. Ungeheuer krank war, hatte ich auf Bitten von Dr. Ungeheuer eine Notiz diktiert, in der unter anderem folgende Sätze enthalten waren: »Zunächst einmal steht fest, daß uns Adenauer vor den Saarwahlen 1952 auf das schändlichste belogen hat. Naters veröffentlicht unter Ziffer 29 der Motivsammlung eine Note vom 25. Oktober 1952, wonach Adenauer die politische Autonomie der Saar bereits garantiert hat[1]. Einige Tage später, am 4. November 1952, hat er uns zur Wahlbesprechung[2] empfangen und uns die berühmten Versprechungen gemacht, von denen nicht eine gehalten wurde (z. B. Schwarzsender gegen Radio Saarbrücken). Ich darf noch daran erinnern, daß Adenauer mir gegenüber damals erklärt hat, wir sollten ruhig ins Gefängnis gehen, er wäre auch zweimal eingesperrt gewesen, er brauche politische Märtyrer. Das war zu einem Zeitpunkt, in dem er uns den Franzosen gegenüber schon völlig abgeschrieben hatte[3].

Obwohl diese Mitteilung für »vertraulich« erklärt worden war, hatte es der Kanzler sehr bald vorliegen, ich erfuhr davon im Sommer. Staatssekretär Hallstein hatte seinem Unmut über den »unbotmäßigen Rebellen« Dr. Schneider gegenüber einer

1 Dazu S. 213.
2 S. 216.
3 Vgl. dazu Kapitel Die Saarverhandlungen.

418

Reihe von FDP-Freunden zum Ausdruck gebracht. Zur Strafe hatte mich der Kanzler bei der Besprechung vom 18. Oktober 1954 ausgeschlossen. Damals war er an meiner Abwesenheit interessiert, bei der neuen Besprechung war die Situation umgekehrt; denn zu diesem Zeitpunkt (vom 13. Dezember 1954) setzte der Kanzler alles daran, auch von uns eine Zustimmung zum Statut, zum mindesten aber ein »Gewehr bei Fuß« zu erlangen, wie ich das bereits in einer Erklärung vom 23. Oktober 1954 anklingen ließ. Als wir am 13. Dezember dann Adenauers Sprechzimmer betraten, sah ich auf dem Tisch vor dem Platz des Kanzlers schon das Schreiben mit dem FDP-Adler liegen. Bevor die Besprechungen über das Statut begannen, eröffnete mir der Kanzler in seinem rheinischen Dialekt: »Herr Schneider, Sie ham da wat jeschriewe, dat kann ich nit auf mir sitze lasse, dat müsse Se zurücknehme, sonst kann ich nit mit Ihne verhandele.« Ich gab darauf zunächst die entschuldigende Erklärung ab, daß ich von diesem Rundbrief nichts gewußt hätte und die Versendung ohne meine Zustimmung erfolgt sei. Hierbei habe es sich um eine rein persönliche Notiz für den Saarreferenten der FDP gehandelt, selbstverständlich hätte ich einen anderen Ton gewählt, wenn ich geahnt hätte, daß meine Notiz noch einem anderen bekannt würde. Daher bedauerte ich die Verbreitung einer Formulierung, die ich in Kenntnis der Verbreitung niemals gewählt haben würde.

In der Sache selbst griff ich aber sofort an und erklärte erneut, er – der Kanzler – habe uns 1952 die Unwahrheit über seinen Standpunkt in der Saarfrage gesagt, das habe sich inzwischen ja leider bestätigt. Dr. Adenauer bestand trotz meiner Erklärung auf einer Zurücknahme, während ich nicht bereit war, den materiellen Vorwurf meiner Erklärung zurückzunehmen. Ich hielt sie – und tue das heute noch – für wahrheitsgemäß. Nach längerem hin und her einigten wir uns dann, daß ich den Ausdruck in der Form zurücknähme und mich deswegen entschuldige. In der Sache blieb ich bei meiner Auffassung. Wie sehr sich der Kanzler getroffen fühlte, ergab sich für uns daraus, daß er während unserer fast zweistündigen Verhandlungen immer wieder betonte: »Ich belüje Sie doch nich, meine Herren!« Auch über dieses Gespräch habe ich sofort eine Gedächtnisniederschrift angefertigt.

Die Aussprache beschäftigte sich mit vielen Fragen des Statuts und mit den vorangegangenen Verhandlungen. Adenauer gab außerdem seine Vorstellungen über die Entwicklung im Saarland im Falle der Annahme des Statuts bekannt. Dann wurde wieder die Kernfrage erörtert: Wie sieht es mit den Freiheiten nach dem Inkrafttreten des Statuts aus? Darüber heißt es in der Niederschrift: »Dr. Adenauer legte die Frage vor, ob die Saarparteien der Ansicht seien, er müsse das Statut ablehnen, wenn Mendès-France den Artikel IX so auslege, daß sich die Saarbevölkerung nur noch »beim« Friedensvertrag über ihr endgültiges Schicksal aussprechen könnte und sich während der Dauer des Statuts nicht dazu äußern dürfte. Dr. Ney, Dr. Schneider und Kurt Conrad erklärten übereinstimmend, daß nach ihrer Ansicht das Statut dann abgelehnt werden müsse, weil die deutschen Parteien keine Chance hätten, wenn sie nicht sagen dürften, daß sie am Ende dieses Zeitraumes die Beseitigung des Zwergstaates und den Verbleib bei Deutschland fordern könnten, auch keine Abänderung des Statuts bis zum Friedensvertrag in demokratischen Formen angestrebt werden dürfte. Dr. Adenauer: »Geben Sie mir das schriftlich?«

Dr. Ney, Conrad und Dr. Schneider erklärten sich sofort bereit, Dr. Adenauer diesen Standpunkt schriftlich zu bestätigen. Adenauer wollte unsere Erklärung jedoch nicht sofort entgegennehmen. Wir sollten unsere Antwort nochmals gut überlegen, ehe wir eine so bedeutungsvolle Erklärung schriftlich bestätigten. Um 17 Uhr, meinte der Kanzler, sollten wir uns nochmals bei seinem Staatssekretär Dr. Globke, der an der Besprechung teilgenommen hatte, vorsprechen und diesem unsere Stellungnahme übergeben. Da es mittlerweile 14 Uhr geworden war, schlug der Kanzler vor, unsere Besprechung im übrigen abzubrechen und das Gespräch nach dem 20. Dezember 1954 zur Erörterung von Detailfragen fortzusetzen. Dazu kam es jedoch nicht mehr.

Vereinbarungsgemäß übergaben wir um 17 Uhr des gleichen Tages Herrn Globke die folgende Erklärung:

Bonn, den 13.Dezember 1954

An den
Herrn Bundeskanzler

**B o n n**

Sehr geehrter Herr Bundeskanzler !

Ihrem Wunsch entsprechend überreichen wir nachstehend zu
einigen Bestimmungen des Saarstatuts unsere Erklärung.

Nach uns von Vertretern der Bundesregierung gegebenen Erklärungen
werden die Bestimmungen der Artikel I, VI Abs.2 und IX des
Pariser Abkommens von der Bundesregierung dahin ausgelegt:

1) daß die Saarbevölkerung auch nach Inkrafttreten des Statuts
   gemäß Artikel IX jederzeit frei und auf demokratische Weise
   ihren Standpunkt in Beziehung auf die endgültige Regelung im
   Friedensvertrag zum Ausdruck bringen kann, insbesondere auch
   jederzeit die Forderung vertreten darf, daß das Verbleiben
   des Saargebietes bei Deutschland Bestandteil des Friedensvertrages sein müsse;

2) daß die in Artikel IX vorgesehene zweite Abstimmung die echte
   Alternative, d.h. auch die Frage des Verbleibs des Saargebietes
   bei Deutschland enthalten müsse;

3) daß nach Inkrafttreten des vorläufigen Statuts die Abänderung
   einzelner, sich später für die Interessen der Saarbevölkerung
   als unhaltbar erweisender Bestimmungen, jederzeit frei und
   auf demokratische Weise gefordert werden kann, ohne jedoch
   dadurch die Beseitigung des Statuts in seiner Gesamtheit zu
   verlangen;

4) daß auch nach Inkrafttreten des Statuts die demokratischen
   Freiheiten und Menschenrechte uneingeschränkt gewährleistet
   werden.

Sollte die französische Auffassung nicht mit dieser Auslegung
des Saarabkommens in Übereinstimmung zu bringen sein, so müßten
die unterzeichneten Vertreter der deutschen Saarparteien der
Bundesregierung empfehlen, das Pariser Saarabkommen schon aus
diesem Grunde abzulehnen.

Mit vorzüglicher Hochachtung

Für die deutsche Sozialdemo-     Für die Demokratische Partei-Saar
   kratische Partei

Für die Christlich-demokratische
   Union-Saar

421

Die öffentliche Diskussion der in unserem Schreiben aufgeworfenen Streitfrage in Frankreich, dem Saarland und in der Bundesrepublik, insbesondere während der Ratifizierungsdebatten, führte schließlich zu einem weiteren Nachgeben der deutschen Seite. Der Bundeskanzler verzichtete auf die uns zugestandenen und von uns klar formulierten Standpunkte zu 1, 3 und 4 und brachte das in einem Schreiben vom 14. März 1955 (oben S. 249–251), das Bundesminister Franz-Josef Strauß als Sonderbote nach Paris brachte, zum Ausdruck. Die Franzosen hatten sich wieder einmal durchgesetzt.

Bis zum Tag der Abstimmung im Bundestag setzten wir unsere Bemühungen fort, die Abgeordneten zur Ablehnung des Statuts zu bewegen. Mit unserem Schreiben vom 31. Januar 1955 – abgedruckt bei Schmidt, Bd. III, S. 690 – trugen wir dem Kanzler noch einmal zusammengefaßt unsere Bedenken gegen das Statut vor. Gleichzeitig fügten wir eine umfangreiche Denkschrift über die verfassungsrechtlichen Bedenken gegen das Pariser Saarabkommen bei. Die Schrift wurde auch später die Begründung unserer Beschwerde an das Bundesverfassungsgericht. Das Schreiben an den Kanzler, ein Schreiben an den Bundespräsidenten und die Denkschrift haben wir während des Abstiegskampfes in einem kleinen Heft: »Warum sagen die Saardeutschen NEIN zum Saarstatut?« verbreitet. Kurt Conrad richtete am 4. Februar 1955 ein weiteres Schreiben an den Kanzler und bat, das Gespräch fortzusetzen. Auch darauf geschah nichts mehr.

Die Debatte des Bundestages brachte Höhepunkte und Enttäuschungen zugleich. Enttäuscht waren wir darüber, daß viele unserer Freunde in der CDU, vor allem eine ganze Reihe von Abgeordneten in der FDP, im BHE und in der Deutschen Partei, deren Abgeordneten Dr. Elbrächter wir stets als einen Verfechter unserer Sache angesehen hatten, für das Statut stimmten und dadurch eine Mehrheit von 60 Befürwortern zustandekam. Wenn das Saarabkommen schon angenommen werden mußte – und das war ja letzten Endes die Voraussetzung dafür, daß wir an der Saar überhaupt abstimmen konnten –, dann mußte die Mehrheit so gering wie möglich sein. Gerade von einer äußerst geringen Mehrheit hing es nach unserer Meinung ab, an der Saar mit dem NEIN durchzukommen, zu dem meine Freunde von der DPS und ich uns schon entschlossen hatten; mein Telegramm an Dr. Thomas Dehler vom 28. Februar 1955 (Abb. 181) läßt daran keinen Zweifel, wenn ich bewußt formuliert hatte: »Stellen zu Ihrer Genugtuung fest, daß bejahende Zustimmung zum Saarstatut im Saargebiet nur von separatistischen Parteien gegeben wird.«

Übrigens bekam ich wegen dieser Äußerung einen heftigen Rüffel aus Bonn. In den ersten Märztagen bestellte mich Staatssekretär Thedieck und machte mir heftige Vorwürfe, ich hätte durch meine öffentlich verbreitete Erklärung unsere Freunde aus den anderen beiden prodeutschen Parteien an der Saar, die sich durchaus noch nicht für das NEIN entschieden hätten, präjudiziert und – falls sie sich für das JA entscheiden würden – schon jetzt als Separatisten bezeichnet. Herr Thedieck drohte mir dabei noch, uns die Unterstützung zu entziehen, falls wir diese Taktik weiter anwenden und unsere eigenen, unentschlossenen Freunde zu einem NEIN zwingen wollten. Herr Thedieck hielt mir auch meine frühere Erklärung vor, in der ich eine Beteiligung am Referendum und das Risiko der Verantwortung für die saarländische Bevölkerung abgelehnt hätte. Ich konnte Herrn Thedieck nur erwidern, daß inzwischen die Fronten an der Saar und vor allem in unserer Partei sich so geklärt hätten, daß nur ein entschiedenes NEIN in Frage käme, für das wir mit allen unseren Kräften eintreten würden. Im übrigen sei mir, auch bei unseren Freunden, kein führender Politiker bekannt, der das Statut bejahen wolle.

Für uns ferner stehende Beobachter des Bonner »Milieus« war eine Tatsache überraschend, ja beinahe unfaßlich:

*Es gab nicht einen einzigen Politiker, der vom Tage der Unterzeichnung des Saarabkommens bis einige Wochen nach Beginn des Abstimmungskampfes – etwa Mitte August 1955 – im entferntesten daran gedacht hat, daß sich an der Saar für das Statut keine Mehrheit ergeben könnte. Keine der vielen Reden im Bundestag ließ eine solche Hoffnung auch nur anklingen. Keiner, vor allem nicht der Bundeskanzler, brachte in der Debatte um das Statut die Gedanken zum Ausdruck, die später Adenauers »Erinnerungen« zur Saarfrage durchziehen, wenn er schrieb: »Würde die Saarbevölkerung das Saarstatut ablehnen, nun: hier lag meine Hoffnung. Ich konnte mir nicht denken, daß Frankreich, wenn sich die Saarbevölkerung für den Anschluß an Deutschland aussprechen und dies durch einen frei gewählten Landtag bestätigen würde, an derartigen Wünschen vorbeigehen könnte.« Oder: »Man mußte versuchen, dem Ziel so nahe zu kommen wie möglich. Das galt hier erst recht. Von den Menschen an der Saar würde es dann abhängen, ob sie zu Deutschland zurückkehren wollten oder nicht.« Oder: »Ich vertraute den Saarländern. Ich wußte, daß sie deutsch fühlten. Man mußte ihnen Freiheit verschaffen, das andere würden sie dann selbst tun.« (Bd. III, S. 368, 370, 373.)*

Hätte der Kanzler während der ganzen Jahre – selbst wenn das nur unter vier Augen geschehen wäre – einen solchen Gedanken nur anklingen lassen, wäre uns allen viel Leid und Ärger erspart geblieben. Bei der Saardebatte im Bundestag hatten selbst unsere besten Freunde und Kenner der Saarfrage nicht diese Überzeugung. Sie waren überzeugt, daß es »keine andere Saarlösung in unserem (deutschen, Anm. d. Verf.) Sinne gebe, wenn sie nicht auf dem Wege über die europäische Integration, d. h. über unsere heutige Europapolitik (der CDU, Anm. d. Verf.) herbeigeführt wird«. Dabei wurden unsere Lösungsvorschläge von 1951 als Argument zugunsten des Statuts (Prot. S. 3710) erwähnt, obwohl diese Vorschläge überholt und gegenstandslos geworden waren. In unserem sehr klaren Standpunkt von 1953 (oben S. 368) war längst klargestellt, daß im Jahre 1955 für eine »Entpolitisierung des Saarproblems durch eine europäische Regelung« kein Raum, vor allem aber keine Voraussetzungen mehr gegeben waren. Statt dieser und ähnlicher Feststellungen hätte nach meiner Überzeugung wenigstens der eine oder andere Abgeordnete die Frage aufwerfen müssen, woher man denn im Bundesgebiet die Überzeugung nehmen wolle, daß die Saarbevölkerung mit Mehrheit das Statut billigen werde. Daß man in Paris und bei den Regierungsparteien an der Saar eine solche Überzeugung hatte, ist verständlich, daß aber Bonn seine guten Deutschen an der Saar so gründlich verkannte, das offenbart doch zum mindesten eine Kleingläubigkeit. Oder aber, was näher lag: Man wollte das NEIN unter keinen Umständen, daher wurden auch von allen Befürwortern immer wieder die angeblichen Vorteile des Statuts herausgestellt.

Die Denkweise des Kanzlers: Jetzt JA, beim Friedensvertrag NEIN, wäre aber die unglücklichste Lösung geworden, die man sich hätte denken können. Nicht einmal die auffallende Ähnlichkeit mit dem Saargebiet der Völkerbundzeit von 1920 bis 1935 in der Form der Doppelfunktion des Treuhänders – jetzt europäischer Kommissar –, zugleich Wahrer der europäischen Idee und Bewahrer aller Vorrechte Frankreichs an der Saar zu sein, hat nicht zu der Erkenntnis: »vestigia terrent« – Spuren schrecken – geführt. Der Bundeskanzler war sich zweifelsohne der unglücklichen Rolle bewußt, die er vor dem Bundestag und dem deutschen Volke spielen mußte, ein ihm aufgezwungenes Abkommen mit Überzeugung verteidigen zu müssen. Daher ergaben sich auch bei den Saardebatten im Bundestag »Pannen«, die man bei dem harten Kanzler nie vorher oder nachher erlebt hat. Bereits bei der ersten Lesung führte die Auseinandersetzung zwischen dem Kanzler und Professor Carlo Schmid zu einem offensichtlichen Schwächeanfall des Kanzlers (Abb. 79), als Carlo Schmid die Frage an Dr. Adenauer richtete: ». . . ist es nicht so gewesen, daß am Freitag um die Mittagszeit Herr Mendès-France einen Ministerrat einberufen hatte, daß dieser Ministerrat einen Beschluß gefaßt hat dahin, daß der Ministerpräsident die Verträge nicht unterschreiben dürfe, wenn Sie nicht vorher das Saarabkommen unterschreiben?« (Protokoll S. 3233.)

Eine noch größere Unsicherheit des Kanzlers zeigte sich bei der zweiten Lesung, als der Kanzler die hervorragende und durch alle späteren Ereignisse bestätigte Rede des FDP-Abgeordneten Max Becker (Hersfeld) in einer unmöglichen Art und Weise abqualifizierte. In Adenauers Antwort an Max Becker finden sich Sätze wie: »Ich bedauere diese außerordentlich unglückliche Rede des Herrn Abgeordneten Becker. Diese Rede, meine Damen und Herren, zu der der Herr Abgeordnete Becker sich anscheinend vielleicht etwas wenig vorbereitete und hat hinreißen lassen, hat, meine Damen und Herren, Deutschland außerordentlich geschadet. . . . Aber mit solchen nationalistischen Reden, wie Sie, Herr Dr. Becker, sie geführt haben, wird man das niemals erreichen . . . Noch eines möchte ich Ihnen sagen. Wer an solche völkerrechtlichen Probleme herangeht auf Grund einer dreißigjährigen notariellen Erfahrung, der bleibt besser davon! . . . Und wenn jetzt von Herrn *Dr. Becker gesagt* worden ist, daß die deutsche Öffentlichkeit irregeführt würde, *weil die Leute an der Saar ja gar nicht das Recht hätten, darüber abzustimmen, ob sie zu Deutschland zurückwollen* oder zu Frankreich oder selbständig bleiben wollten, *hat er recht. Aber das ist doch bewußt und absichtlich geschehen.*«

Und schließlich kam zum Schluß der Philippika Adenauers gegen Max Becker das berühmte Wort, das uns so außerordentlich genützt hat. Von Beckers politischer Konzeption meinte der Kanzler:

»Die Folge würde sein, daß Herr Grandval und der Herr Hoffmann dableiben – Ihre Politik verewigt die beiden! –, während wir doch darauf ausgehen, die beiden zu entfernen, im Vertrauen darauf, daß dann das Saarvolk von den Freiheiten, die ihm zugesichert sind, den rechten Gebrauch macht, weil sie Deutsche sind.« (Protokoll S. 3691.)

Ich besorgte später einen Tonbandausschnitt mit den Bemerkungen Adenauers, und wir ließen sie wochenlang in allen unseren Versammlungen abspielen! Es gab dazu immer Beifallsstürme, weil die Saarbevölkerung in ihrer Mehrheit genau wußte, daß dieses vom Kanzler proklamierte Ziel nur über die Ablehnung des Statuts zu erreichen war. Max Becker, unser lieber, guter Freund, hatte uns unbewußt als Opfer dieser Angriffe unschätzbare Dienste geleistet. Offensichtlich war sich der Kanzler der Fragwürdigkeit seiner Argumentation und seiner Angriffe gegen Max Becker auch bewußt, als er seine Rede schloß: »Ich bitte um Entschuldigung, wenn ich mich vielleicht habe etwa hinreißen lassen. Aber diese Rede des Herrn Becker war ungefähr das schlimmste, was den deutschen Interessen begegnen konnte.« Mit den »deutschen« Interessen meinte der Kanzler natürlich nur seine eigenen Vorstellungen über das Saarstatut, die er, wie so oft, wenn ihm treffendere Argumente fehlten, mit den deutschen Interessen gleichsetzte.

Auf die Ausführungen des Kanzlers gab Dr. Thomas Dehler am späten Sonntagnachmittag des 27. Februar 1955 die Erwiderung und eine Verteidigung seines Freundes Max Becker. Es ist nicht übertrieben, festzustellen, daß die gesamte Saarbevölkerung, soweit sie irgend konnte, um die Rundfunkempfänger saß und die so zugespitzte Debatte verfolgte. Thomas Dehlers Worte: »Selten ist einem Manne und selten ist einer Sache so Unrecht getan worden wie meinem Freund Becker mit der Sache der deutschen Saar und mit der Sache der Wiedervereinigung am Freitagnachmittag in diesem Raum. Mein Freund Becker hat mir nach der Sitzung ein Telegramm seines Sohnes gezeigt, ... und er hatte Tränen in den Augen. Wenn man sich vorstellt, wie dieser Bub am Rundfunk miterlebt hat, was man seinem Vater angetan hat, wie er von dem Chef der Regierung, zu der wir uns bekennen und zu der sich Herr Becker bekennt, von diesem Pult aus behandelt worden ist! Der Sohn hat telegrafiert: *Nun erst recht!*«

Damit war auch uns an der Saar eine weitere Parole gegeben, die von dieser Stunde unsere gesamte Aktivität bestimmte: *Nun erst recht!* Und wir waren eins mit Thomas Dehlers Worten an Max Becker (Protokoll S. 3908): »Ich sage vor der Öffentlichkeit und vor dem deutschen Volke meinem Freunde Max Becker: Herr Becker, Sie haben durch diese Rede dem Rechte, der Gerechtigkeit und der deutschen Sache gedient und sich um Deutschland verdient gemacht!« Betrachten wir heute rückschauend diese dramatischen Vorgänge, dann ist eine Feststellung sicher richtig: Ob Konrad Adenauers übersteigertes Eintreten für das Statut oder seine Angriffe gegen Max Becker, ob Beckers Rede, ob Thomas Dehlers klassische Verteidigungsrede für seinen Freund, alle haben objektiv Bedingungen gesetzt, ohne die das glückliche Ergebnis vom 23. Oktober nicht erreicht worden wäre.

Nach den Höhepunkten dieser tagelangen Debatten des Bundestages und der Annahme des Statuts durch den Bundestag setzten wir unsere Bemühungen dennoch fort, buchstäblich noch in letzter Minute die Annahme des Statuts zu verhindern: Der Appell an den Bundespräsidenten Professor Dr. Heuss, und die Klage an das Bundesverfassungsgericht. Beide Versuche blieben erfolglos. Der von einer großen Anzahl von Bundestagsabgeordneten beim Verfassungsgericht in Karlsruhe eingereichten Klage hatten wir – etwa 40 Persönlichkeiten aus den drei prodeutschen Parteien an der Saar, meist aus der DPS – uns in Form einer Verfassungsbeschwerde angeschlossen und unseren Standpunkt in einem von mir ausgearbeiteten umfangreichen Schriftsatz begründet. Vor allem erschien mir der Rechtsgedanke ausschlaggebend zu sein, den bereits der Rechtsausschuß des Bundestages im Minderheitengutachten (Protokoll S. 3660/3661) zum Ausdruck gebracht hatte. Darin wurde die Verletzung von mehreren Artikeln des Grundgesetzes (so Art. 23 und 25) durch das Saarstatut gerügt. In Art. 23 ist jedem Teil des ehemaligen Deutschen Reiches der Beitritt zur Bundesrepublik offengehalten. Ein einmal angenommenes Saarstatut hätte diesen Beitritt der Saar ausgeschlossen. Wörtlich führte das von dem SPD-Juristen Dr. Arndt federführend verfaßte Gutachten zu dieser Frage aus: »Dieses Recht wird den Deutschen an der Saar, in der sowjetisch besetzten Zone und in den polnisch verwalteten

Gebieten östlich der Oder und Neiße zwar tatsächlich durch Besatzungszwang auszuüben verwehrt, steht ihnen jedoch nach deutschem Staatsrecht zu und kann ohne vorausgegangene Änderung des Grundgesetzes durch einen freiwillig geschlossenen Vertrag nicht abbedungen werden. Es bedarf keiner weiteren Begründung, daß dies durch das Abkommen für die Dauer des Statuts geschehen soll.«

Diese rechtliche Situation der nach Annahme des Statuts von Deutschland abgetrennten Deutschen an der Saar wurde weiter erschwert durch die schon erörterte Formel, daß erst ein mit Zustimmung Frankreichs abgeschlossener Friedensvertrag den jetzt geschaffenen Zustand ändern konnte. Das Karlsruher Verfassungsgericht hat durch Urteil vom 4. Mai 1955 beide Klagen abgewiesen. So viele rechtlichen Gesichtspunkte in der Begründung unseres damaligen Urteils auch jetzt im Urteil des Bundesverfassungsgericht vom 31. Juli 1973 zum Grundvertrag eine Wiederholung gefunden und wir die Bestätigung unseres damaligen Rechtsstandpunktes erfahren haben, so unzufrieden war ich mit der Entscheidung der Kernfrage: Wie wäre die Lage der Deutschen an der Saar zu beurteilen gewesen, wenn das einmal gebilligte Abkommen zum unabdingbaren Verfassungsrecht an der Saar geworden wäre? Darauf gab das Urteil von damals keine Antwort; dieselbe Frage wird sich einmal stellen, wenn die Verträge mit dem Osten zugunsten einer deutschen Wiedervereinigung abgeändert werden sollen. Die Karlsruher Richter erkannten auch offensichtlich diesen Zwiespalt; denn in der mündlichen Begründung wies man darauf hin, das Saarabkommen sei gerade darauf abgestellt, den Menschen an der Saar nach und nach die Grundfreiheiten zu verschaffen, es läge deshalb an ihnen, das Ihre dazu zu tun. Nach der Volksbefragung habe ich mir erlaubt, dem zuständigen Präsidenten des Senats von unserer Entscheidung am 23. Oktober und der Beherzigung seines guten Ratschlages Vollzugsmitteilung zu machen. So gesehen waren auch die 14 Stunden Verhandlungen und Plädoyers in Karlsruhe nicht umsonst!

Noch vor der Anrufung des Verfassungsgerichtes richteten wir am 14. März 1955 einen Appell an den Bundespräsidenten, Professor Heuss. Unser Schreiben, das auch im Saarland während des Abstimmungskampfes weit verbreitet wurde, hatte den folgenden Wortlaut:

»Die ehem. Mitglieder des Landesparteivorstandes
der verbotenen Demokratischen Partei Saar (DPS)

Saarbrücken, den 14. März 1955

Hochverehrter Herr Bundespräsident!
Die unterzeichneten Vertreter der verbotenen Demokratischen Partei Saar wenden sich in einer schweren Gewissensnot um das am 23. Oktober 1954 in Paris unterzeichnete Saarabkommen an Sie mit der Bitte, den in anliegender Denkschrift zusammengestellten ernsten Bedenken Ihre Aufmerksamkeit widmen und dieselben einer verfassungsrechtlichen Prüfung unterziehen zu wollen. Die Unterzeichneten gehen davon aus, daß es sich bei dem Saarabkommen um einen Vertrag handelt, der von Ihnen, Herr Bundespräsident, »im Namen des Bundes mit einem auswärtigen Staate« (Frankreich) abzuschließen ist. Nach Artikel 59 des Grundgesetzes und der einhelligen Rechtslehre hierzu obliegt Ihnen, hochverehrter Herr Bundespräsident, das alleinige Recht zum Abschluß des Vertrages und damit auch die letzte materielle

Entscheidung, die wiederum nach übereinstimmender Auffassung der Rechtslehre im Rahmen der vom Grundgesetz gezogenen Schranken liegen muß. Wie die anliegenden, gewissenhaft ausgearbeiteten Gründe unschwer erkennen lassen, sprechen schwerwiegende Gesichtspunkte dafür, daß die Übereinstimmung des Saarabkommens mit den im Grundgesetz *auch* der einen Million Deutschen an der Saar zuerkannten Rechten nicht gewährleistet wird. Ohne die Gründe zu wiederholen, möchten wir hier nur den wichtigsten Gesichtspunkt gegen das Saar-Abkommen noch einmal herausstellen:

Das Saar-Abkommen schließt eine Million Deutsche im Saargebiet von der Wiedervereinigung und allen gesamtdeutschen Wahlen zu einer Nationalversammlung aus, *solange Frankreich das will.* Verweigert Frankreich bei den Friedensverhandlungen seine Zustimmung zu einer von dem Saar-Abkommen abweichenden Regelung – das haben die französischen Politiker inzwischen nachdrücklich erklärt –, dann wird die mit dem Saarabkommen unter deutscher Zustimmung erfolgte Ausschließung des Saargebietes von einer deutschen Wiedervereinigung *endgültig.*

Wir sind der Meinung, daß eine solche Deklassierung von einer Million Deutschen verfassungswidrig sein muß, ohne die zahlreichen anderen Bedenken zu übergehen. Aus diesem Grunde bitten die Unterzeichneten, denen sich durch unterschriftliches Bekenntnis noch zahlreiche weitere Saarländer anschließen werden, Sie, hochverehrter Herr Bundespräsident, die Zustimmung zum Saarabkommen zu verweigern, zum mindesten aber durch eine Entscheidung des Bundesverfassungsgerichts die schwerwiegenden Bedenken überprüfen und klarstellen zu lassen.

Mit der Versicherung unserer besonderen Wertschätzung zeichnen

gez. Unterschriften.«

Eine Antwort erhielten wir nicht, obwohl die gesamte deutsche Presse über das Schreiben an Professor Heuss berichtet hatte. Erst später erfuhren wir, daß auch Theodor Heuss eine unserem Standpunkt entgegengesetzte Haltung in der Saarfrage sich zu eigen gemacht hatte. Für uns war das einigermaßen überraschend; denn in seiner Rede vom 12. Januar 1950 hatte Professor Heuss – sehr zum Ärger der Franzosen – keine Zweifel an der Zugehörigkeit des Saarlandes zu Deutschland gelassen. Wir haben darüber oben S. 195 berichtet. Nach diesen Äußerungen hatte sich Theodor Heuss in Bezug auf die Saarfrage und das Schicksal der einen Million dort lebenden Deutschen nicht mehr geäußert. Erst Botschafter Jacques Dumaines Erinnerungen brachten uns darüber Aufklärung. Dumaine schrieb über das Treffen Schumans mit Bundespräsident Professor Heuss am 13. Januar 1950 (S. 454): »Sein Gespräch mit Herrn M. Schuman war eine protokollarische Belanglosigkeit (»banalité«). Herr Heuss drückte uns danach sein Bedauern aus, den schon vorhandenen Zustand allgemeiner Gereiztheit durch seine soeben gehaltene Koblenzer Rede verstärkt zu haben, in der er die Wiedereingliederung der Saar in die Bundesrepublik gefordert hatte. Er versprach Herrn Schuman, nicht mehr ins Feuer zu blasen, ›beim Eid des Seemanns‹ (giuramento di marinaio, wohl eine scherzhafte Bekräftigungsformel, Anm. d. Verf.).«

Professor Heuss hat dieses, wenn auch scherzhaft gemeinte Versprechen bis zum Tage der Eingliederungsfeier am 27. Januar 1957 in Saarbrücken gehalten. Er sprach nicht mehr über die Saar, ja mehr noch: sie interessierte ihn nicht mehr; was damit zusammenhing, war ihm unangenehm. In seinen 1970 veröffentlichten »Tagebuchbriefen« heißt es an einer Stelle vom 8. September 1955, also während des Höhepunktes des Abstimmungskampfes (S. 59): »In Bonn am Montag gab es noch 1¹/₂ Stunden ein intensives Gespräch mit Adenauer, Abtasten der weichen Stellen – es ist so ekelhaft, daß gerade wieder die Saar-Frage mit allerhand Wirrnis und undurchsichtigen Intrigen hoch gekommen ist . . .« – Aufschlußreich ist auch ein Schreiben des Bundespräsidenten Heuss an den Vorsitzenden der FDP, Dr. Dehler, worin er diesen auffordert, den Widerstand gegen das Saar-Statut aufzugeben (1. Faksimile, Bild Nr. 182).

In den Ausführungen von Professor Heuss auf der ersten Seite des Briefes findet sich dieselbe unzutreffende Beurteilung der Saarbevölkerung, wie sie Konrad Adenauer in seinem Schreiben an Jakob Kaiser vom 8. Januar 1953 (oben S. 339) zum Ausdruck gebracht hat. Kanzler und Bundespräsident stimmten auch in der Saarfrage überein, auch wenn es später zwischen beiden Differenzen wegen der Nachfolgeschaft im Amt des Bundespräsidenten gab. In der Ablehnung der deutschgesinnten Saarpolitiker waren beide ebenfalls derselben Meinung. Darüber gibt Erich Mende (Die FDP, S. 63) ein Beispiel. Er schreibt:

»Als Bundespräsident Theodor Heuss am 31. Januar 1954 seinen 70. Geburtstag feierte, erschien im Kreis der zur Gratulationscour sich versammelnden Persönlichkeiten aus Politik, Wirtschaft und Kultur auch Richard Becker im feierlichen schwarzen Anzug, begleitet von einigen Saarbergleuten und bat, sich der Delegation der FDP-Fraktion anschließen zu dürfen. Da Dr. Dehler sich auf einer Reise befand, führte ich als stellvertretender Fraktionsvorsitzender die Delegation an. Meine Freunde und ich hatten keine Bedenken. Als wir programmgemäß aufgerufen wurden und sich die Schiebetüren zu dem Raum öffneten, in dem Bundespräsident Heuss die Gratulanten empfing, ging ein Raunen über die vergrößerte Delegation durch die anwesenden Fotoreporter und Journalisten. Die Fernsehkameras surrten, die Fotolichter blitzten. Der Unmut von Theodor Heuss war unübersehbar, als nach mir auch Richard Becker im Namen der deutschen Saar gratulierte und als Symbol eine Grubenlampe übergab. Als sich die Türen hinter uns wieder geschlossen hatten, bat Bundespräsident Heuss die anwesenden Fotoreporter und Fernsehleute, die eben gemachten Bilder nicht zu veröffentlichen. Er sei durch diese Demonstration überrumpelt worden und wolle sich nicht in die Auseinandersetzung um das Saarstatut einmischen[1]. Mir nahm er die Erweiterung der FDP-Glückwunschdelegation noch lange übel.

Es dauerte seine Zeit, bis auch Senator Richard Becker seine tiefe Enttäuschung über die Behandlung in Bonn verwand. Immerhin hatte sich der ebenfalls 70jährige voller Ideale über winterliche, zum Teil vereiste Straßen[2] auf den langen Weg von Saarbrücken nach Bonn begeben, um seinem Bundespräsidenten Theodor Heuss zu gratulieren.«

Übrigens irrte Erich Mende, wenn er im Anschluß an diese Zeilen hinzufügte: »Theodor Heuss wiederum muß später selbst eingesehen haben, daß er in seiner Zurückhaltung und parteipolitischen Neutralität als Staatsoberhaupt zu weit gegangen war. Er ehrte die Verdienste Richard Beckers durch die Verleihung des Großen Verdienstkreuzes mit Schulterband und Stern.« Die Verleihung kam nicht von Professor

---

1 Irrtümliche Annahme von Erich Mende. An Heuss' 70. Geburtstag, am 31. Januar 1954, war das Saarstatut noch nicht beschlossen, es lag damals noch in der Ferne. Erich Mende meint, daß sich Theodor Heuss durch einen Empfang Richard Beckers nicht habe in die Saarfrage einschalten wollen.
2 Richard Becker hatte noch auf eigene Kosten eine beachtliche Kiste köstlichen Saarweins für den Weinkenner Heuss mitgebracht.

**THEODOR HEUSS**                    BONN,    24.Februar 1955
Koblenzer Straße 135


Herrn
Dr.Thomas Dehler

B o n n    a.Rh.


Lieber Dehler !

Die gestrige Besprechung mit den der FDP angehörenden Ministern beschäftigt mich heute immerzu. Ich
weiss aber nicht, ob in der Fraktion irgend welche
Beschlüsse gefasst worden sind. Ich war nur erstaunt
zu erfahren, wie ungefähr die Lage bei der Stimmenabgabe
sein würde, da auch die Gruppe der realistisch denkenden Menschen, die in dieser Sache über einen geglaub-
ten populären Stimmungseffekt hinaus sehen können,
so gering ist wie mir das beschrieben wurde.

Ich spüre die Schwierigkeit der Partei, die in den
letzten Landtagswahlkämpfen die Saarfrage agitatorisch
vordergründig gemacht hat. Sie ist damit aber bei der
Wählerschaft, wie offensichtlich ist, gar nicht in dem
erwarteten Umfang aufgenommen worden. Man wird das beklagen können. Aber ich glaube mich nicht zu täuschen,
dass die grosse Masse der Bevölkerung die Saarproblematik nicht so zugespitzt sieht, wie sie von Euch jetzt
vordergründig behandelt wird. Und es scheint mir auch,
was vor ein paar Jahren übrigens den Kennern deutlich
war, die Bewertung der Stimmungslage im Saargebiet selber insofern falsch zu sein, als die durchschnittlichen
Menschen dort, von Lastenausgleich, Flüchtlingssorgen
und dgl. nicht beschwert, zufrieden sein werden, aus
dem politischen Druck, den Spitzeleien herauszukommen,
denn wir alle selber wissen, dass die jetzt zu treffen-

den

182
Bundespräsident Professor Th. Heuss schaltet sich ein:
In dem Schreiben fordert der Bundespräsident den Vorsitzenden der FDP, Dr. Thomas Dehler,
auf, den Widerstand gegen das Saarstatut aufzugeben.

treffenden Entscheidungen ihrem inneren Charakter nach
gar keine geschichtliche Bindung von Dauer darstellen
können.

Ich glaube, dass Ihre persönliche These, dass irgend
ein Gebiet kein Recht der Meinungsäusserung über staatliche Zugehörigkeit habe sondern nur das Ganze, eine
heuristische These ist, die aber in der Geschichte,
auch in der neueren, wiederholt anders praktiziert
worden ist. Aber das ist ein weites Gebiet, wie auch
die Berufung auf Bismarck, verzeihen Sie mir, bei total
gewandeltem Begriff der Legitimitäten  fast immer
dubios - überlegem Sie sich einmal, welche Rolle in
den "Gedanken und Erinnerungen" die Persönlichkeiten
von Monarchen und zumal deren Frauen spielen und wie
fast gar nicht vorhanden die Elemente der Parteien und
der öffentlichen Meinung,der sozialwirtschaftlichen Gegebenheiten.

Ich habe, ohne den Verhandlungen nahe gestanden zu
haben, das Gefühl, dass mannigfache taktische und technische Fehler gemacht worden sind, auch in dem Hin und
Her der Formulierungen über das Saarproblem. Auf der
anderen Seite aber spüre ich doch, dass die Baden-
Badener Besprechungen über die Pariser Oktobersituation
hinausgeführt haben und dass an die Saarkommission und
an den Saarkommissar Zuständigkeiten heranwachsen, die
das Wagnis gestatten. Wir haben doch wahrlich genug in
diesen letzten Jahrzehnten erlebt, wie Abreden und Absichten in den Druck wechselnder Machtkombinationen kommen und neue Interpretationen aus der Sachlage heraus fordern. Deutlich ist das Schicksal heute der Potsdamer Beschlüsse. Niemand darf sich darüber täuschen, dass die
Saarfrage für die angelsächsische Welt ungewöhnlich un-
interessant ist. Und für die Saarlösung sich russische
Hilfe zu versprechen (Propaganda der SED),ist doch nach
dem Schicksal der Ostgebiete mehr als naiv.

Ich

Ich habe mit dem Kanzler in den letzten Wochen über
diese Dinge nie gesprochen.

Soweit ich übersehe, wollen einige Mitglieder der
Fraktion an sich Zerbrechen der Koalition. Das sind
aber keine politisch verantwortlich denkenden Menschen,
sondern entweder Leute mit Ressentiments oder Rach-
sucht oder im besten Fall Gesinnungsethik. Verantwor-
tungsethik wird, wenn man schon diese Spaltung akzeptieren will, bei ihnen nicht geübt. Ihr könnt nicht
nach meiner Meinung etwas wie Fraktionszwang auch für
die Minister aussprechen. Ein Kabinett ist, wie oft
habe ich das gesagt, etwas anderes wie ein interfraktionel-
ler Dauerausschuss. Jetzt eine Koalitionskrise erzwingen
zu wollen, halte ich geradezu für leichtfertig. Ihr
lasst Euch dann bei der Gestaltung von Wehrgesetz und
Sozialreform in die zweite oder in die dritte Linie
schieben und spielt eine verteufelt ungeschickte Rolle
neben der SPD.

Ich habe vor Jahren einmal gesagt, dass ich nicht die
Auffassung habe, der liebe Gott hätte mich herausgesucht,
die Rolle von Alfred Hugenberg zu übernehmen - und ich
möchte Sie herzlich bitten, die Meinung des lieben Gottes auf Sie auch nicht falsch zu verstehen. Er hatte
mit Ihnen und hat, glaube ich, mit Ihnen noch andere
Intentionen.

Dieser Brief ist unpräzise, weil ich ihn ohne Kenntnis
der personellen Sachlage innerhalb der Fraktion schreibe und ich auch nicht weiss, wie Eure innere Freiheit
oder Eure innere Bindung sich zu einander verhalten.
Aber ich wollte doch nicht versäumt haben, einmal mein
besorgtes Herz zu erleichtern.

Mit guten Grüssen

                    Ihr

                    Theodor Heuss

Heuss, sondern war Bundespräsident Heinrich Lübkes erste Amtshandlung. Vom saarländischen Vertreter in Bonn, Ministerialdirektor Dr. Waltzinger erfuhren wir später, daß Heuss sich knurrend geäußert habe: »Von mir kriegen Sie es nicht!« Mit dem Dank des Vaterlandes ist es so eine Sache. Den kennen die Franzosen auf jeden Fall besser als wir Deutschen!

Nach der Schlacht haben wir auch Professor Heuss einen guten Empfang an der Saar bereitet (Abb. 183). Er hatte mich deswegen kurz vorher zu sich kommen lassen, um nicht auch Pfiffe und Ablehnung zu erhalten, wie ihm das von Adenauers Besuch am 1. Januar 1957 berichtet worden war. Ich versprach einen »besseren Empfang«, innerlich alle Unfreundlichkeiten vergessend, die wir außer vom Kanzler auch vom deutschen Bundespräsidenten erfahren hatten. Theodor Heuss hat in seinen Tagebuchbriefen von dem Aufenthalt an der Saar am 27. Januar 1957 dann notiert: »Der Zeitungsschmok würde die zwei Tage eine ›Triumph-Fahrt‹ nennen, obwohl gar kein Triumphator kam. Du darfst beides pflegen, Mitleid oder Bewunderung, man kann auch beides mischen.«

Die Saarbevölkerung und viele unserer Anhänger hatten mit Dankbarkeit und Genugtuung die Worte gehört, die Professor Heuss am Ende seiner feierlichen Ansprache im Saarbrücker Stadttheater aussprach: »Das Volk steht im Gesetz der Ewigkeit, der Staat im Gesetz wechselvoller Geschichte. In diesem Vorgang des 23. Oktober 1955 ist das Ewige über das Gegenwärtige Herr geworden. Wem ist das zu danken? Dem Schicksal? Ach, das Schicksal hatte in der Seele, in der Treue, in dem Willen der Ungezählten, gerade auch der ›kleinen Leute‹ Quartier bezogen, um sich, aufgerufen in einer Mehrheit, zu sich selbst zu bekennen.«

Ich hätte mir nur gewünscht, diese großartigen Gedanken wären einige Jahre früher gesprochen worden!

183
Der Bundespräsident feiert die Wiedervereinigung. Am 26. Januar 1957 dankte der Bundespräsident den deutschen Menschen an der Saar mit den Worten: »In diesem Vorgang des 23. Oktober 1955 ist das Ewige über das Gegenwärtige Herr geworden.«

184
Ein berühmter Slogan und seine Entstehung: Schon vor dem »Ausbruch der Freiheit« wurden von der verbotenen DPS kleine Klebezettel mit der Parole »Der Dicke muß weg« im Saarland verbreitet. Sie hatten eine von keiner Seite erwartete Wirkung auf die Stimmung der Bevölkerung und trugen auch zum Ergebnis vom 23. Oktober 1955 bei.

# Das Unmögliche wird möglich: Die Saar hilft sich selbst – Das Rätsel Konrad Adenauer

Die Auseinandersetzung um das Saarstatut begann schon Monate vor der Einführung demokratischer Bedingungen im Saarland. Die Freiheit »brach erst am 23. Juli 1955 aus«, wie die Bevölkerung spöttisch bemerkte. Es begann auf eine ganz merkwürdige Art. Wie so oft in der Politik spielte dabei der Zufall eine Rolle. Eigentlich müßte man sagen, es war der »General Zufall«, der die erste große Schlacht für die »Prodeutschen« gewann.

Es war an einem grauen Wintertag um die Jahreswende 1954/55. Einige Politiker der verbotenen DPS saßen – wie fast täglich – zur politischen Kaffeestunde im Saarbrücker Café Sartorio. Ihre Stimmung war ebenso unfreundlich wie das Wetter. Die Verhandlungen mit Bonn über eine Änderung des Saarabkommens waren ergebnislos geblieben. Der französische Standpunkt hatte sich nach der Annahme des Abkommens noch verhärtet: Endgültig und unantastbar war die Parole der Franzosen! Ihnen schien die Zustimmung der Saarbevölkerung so sicher, daß sie selbst das geringste Entgegenkommen für überflüssig hielten. Wir spielten zwar in jenen Tagen schon mit dem Gedanken, unsere Bevölkerung doch zum NEIN gegen das Statut aufzurufen, hielten ein solches Unterfangen in jenem Zeitpunkt aber noch für aussichtslos. Mein Schlagwort vom »Opfergang der Saar« drückte alles das aus, was uns damals innerlich bewegte. Während dieser trüben Gespräche berichtete einer unserer Freunde, die Bevölkerung verschmiere gelegentlich die umlaufenden 100 Frankenscheine; aus der Zahl »100« mit dem davor stehenden Strich (Abb. 184) male man einen JOHO-Kopf und schreibe darunter allerlei kritische Anmerkungen. Hoffmann habe angeordnet, daß auf diese Weise »politisierte« Geldscheine nicht mehr eingelöst werden dürften; dagegen habe jedoch die (damals zuständige) Banque de France protestiert und bestimmt, daß auch beschriftete Scheine auf jeden Fall eingelöst werden müßten. Als dann ein Mitglied unserer Tischrunde einen 100-Frankenschein herauszog, war darauf schnell das JOHO-Konterfei gemalt. Dabei fiel die Bemerkung: *Der Dicke muß weg!* Ich weiß längst nicht mehr, von wem der Satz kam, jedenfalls sprang bei mir sofort der zündende Funke: Das wird unsere Parole!

Ich nahm den Schein an mich, und schon am Wochenende kam das »Projekt Klebezettel« zur Sprache. Hermann Kresse hatte unseren ausgewiesenen Freund, den Gra-

fiker Hermann Müller aus Pferdsfeld bestellt. Er erhielt den Auftrag, rasch eine Anzahl von Entwürfen herzustellen. Sie befinden sich heute noch in unserem Archiv.
Kresse unterrichtete unseren Freund Bodens, der sofort Feuer und Flamme war und
mit unserer bewährten Druckerei, dem Rheinland-Druck in Köln-Dellbrück, Fühlung
aufnahm. Die Druckerei hatte gerade ein neues Gummierungsverfahren zur Herstellung von wasserfesten Klebepapieren eingeführt. In der Woche darauf einigten
wir uns sehr schnell auf die Schwarz-weiß-Ausführung, wie die Abb. 184 zeigt, und
kurze Zeit später war das erste umfangreiche Paket mit Tausenden von Klebezetteln
fertiggestellt. An die Saar gebracht, schlugen die kleinen, streichholzschachtel-großen
Papierchen mit dem typischen, dick bebrillten JOHO-Kopf ein wie eine Bombe. Nur
wenige Tage, und die Schulkinder nahmen sich der Sache an. In Scharen strömten sie
zu den wenigen Büros, in denen sie einen Vorrat vermuteten und gingen ans Werk.
In weniger als 6 bis 8 Wochen war die Parole im ganzen Saarland verbreitet; überall
prangten die Kleber: »*Der Dicke muß weg!*« Einmal im Land bekannt gemacht, begleitete dieser Satz alle Auseinandersetzungen bis zum Rücktritt Hoffmanns in der
Nacht vom 23./24. Oktober 1955.

Es ist nicht übertrieben festzustellen, daß durch diesen Slogan, unbewußt und gar
nicht vorausgesehen, eine Waffe entstanden war, die entscheidend zum Abstimmungsergebnis beigetragen hat. Klaus Bölling schrieb darüber in einer Betrachtung
über den Abstimmungskampf in »Christ und Welt« (Deutsche Saar vom 3. November
1955, S. 3): »Der Dicke muß weg! – das war fraglos der beste propagandistische Ein-
fall der deutschen Parteien.« Natürlich spielte auch in der Zeit des Referendums vom
23. Juli bis 23. Oktober 1955 die Parole eine Rolle. Die Mehrheit unserer Bevölkerung machte sich einen Spaß daraus, sie überall anzubringen, wo immer das möglich
war. Als gegen Ende der Auseinandersetzungen die JA-Sager mich in verfälschten
Flugblättern oder Plakaten als SA-Mann in Uniform darstellten – ich war weder bei
der SA noch bei der SS, wie auch viele französische Zeitungen wahrheitswidrig behaupteten –, ließen wir nach dem Muster unserer kleinen Klebezettel noch große
Plakate anfertigen. So gelangte die Parole nochmals bis ins letzte Dorf und ins letzte
Haus. Aus dem kleinen, von uns selbst zuerst kaum ernst genommenen Scherz,
wurde auf diese Weise bitterer Ernst und ein wichtiger Beitrag im Abstimmungskampf.

Professor Schmidt (Bd. III, S. 243) hat zu der »im Ton allerdings nicht sehr feinen
Standard-Parole« vermerkt: »Damit kein falsches Bild entsteht, muß darauf hingewiesen werden, daß die Gegenseite einige Beispiele von Diffamierungen in bildlicher
und textlicher Darstellung geliefert hat, gegen die die wahrlich nicht sehr humane
Bezugnahme auf ein körperliches Gebrechen, wie sie in der Parole ›Der Dicke muß
weg‹ enthalten ist, wirklich noch harmlos ist. (Vgl. zum Beispiel einige der Karikaturen in SZ, SVZ und Volksstimme vom 21. Oktober 1955). Und die Diffamierungen
der Führer des Heimatbundes (über den Bereich des Körperlichen weit hinaus) durch
CVP und SPS waren ja schon seit langem im Gange und hatten viel Verbitterung
hervorgerufen.« Soweit der wissenschaftliche Beurteiler der damaligen Situation.


In den ersten Tagen des Mai 1955 hatten wir alle Bemühungen, das Abkommen doch
noch zu Fall zu bringen, oder wenigstens in wichtigen Fragen eine Änderung zu erreichen, endgültig aufgegeben. Am 3. Mai wurde in Paris der Wirtschaftsvertrag

zwischen der saarländischen und französischen Regierung unterzeichnet, am 4. Mai hatte das Bundesverfassungsgericht unsere Klage zurückgewiesen. Das Gesetz des Handelns lag nunmehr allein bei der Saarbevölkerung. Wir hatten bereits für den 5. Mai eine in diesem Zeitpunkt noch »illegale« Zusammenkunft unseres alten Landesparteivorstandes an einem geheim gehaltenen Tagungsort anberaumt und schon an diesem Tage unsere Wiederbegründung, richtiger gesagt: unser nach außen sichtbares Wiederaufleben, beschlossen. Sehr zum Ärger unserer saarländischen Gegner, die uns auch prompt bescheinigten, die DPS sei immer noch illegal. Das störte uns aber nicht, wir hatten sofort das NEIN und den Kampf gegen das Statut beschlossen; außerdem war in der Führung der Partei eine Änderung eingetreten: Senator Richard Becker war auf Lebenszeit zum Präsidenten der Partei, ich selbst zum 1. Vorsitzenden gewählt worden. Die DPS hatte damit eine ähnliche Teilung der Funktionen und Aufgaben durchgeführt wie dies zwischen Bundespräsident und Bundeskanzler geregelt ist. Wir hatten auf diese Weise schon zu Anfang des Abstimmungskampfes eine schlagkräftige Organisation erlangt. Das kam der Sache in den folgenden schweren Monaten bis zum 23. Oktober des denkwürdigen Jahres 1955 zugute.

Unserem jetzt auch nach außen hin unverrückbar feststehenden NEIN zum Statut folgten einige Tage später unsere sozialdemokratischen Freunde; sie mußten allerdings zunächst noch ein Verbot Hectors gegen die Durchführung einer von ihnen angemeldeten Versammlung hinnehmen und daraufhin – wie wir – »illegal« zusammenkommen. Die CDU hatte es wiederum wesentlich schwerer als wir anderen. Sie war dem ständigen Druck der Bonner Stellen ausgesetzt, der Politik ihres Bundesvorsitzenden und Kanzlers zu folgen und das Statut zu bejahen.

Wir von der DPS konnten uns erheblich leichter den Bonner Bemühungen, uns zur Annahme des Statuts zu bewegen, entziehen. Ebenso die Sozialdemokraten. Trotzdem hat keine der drei Parteien die Entscheidung, sich gegen Bonn zu stellen, leichten Herzens gefällt. Ich habe schon von den monatelangen Diskussionen, Erörterungen, geheimen Befragungen berichtet. Unsere Bedenken lagen vor allem in der Übernahme der Verantwortung begründet, die wir durch eine aktive Einschaltung in den Abstimmungskampf übernehmen mußten. Würde die Sache »schief« gehen, d. h. würde das Statut mehrheitlich von der Saarbevölkerung angenommen, dann wäre alle späteren Schwierigkeiten allein zu Lasten der Saar gegangen; wir hätten uns nie darauf berufen können, bei dem Zustandekommen des Statuts gar nicht beteiligt gewesen zu sein. Der Bundeskanzler hatte dieses Problem durchaus erkannt und später in seinen »Erinnerungen« (Bd. II, S. 368) mit den Worten ausgedrückt: »Mit meiner Zustimmung zu dem Saarabkommen in der nunmehr vorliegenden Fassung nahm ich eine schwere politische Bürde auf mich. Für uns lag in diesem Abkommen ein großes Risiko, *das Risiko der völligen Abtrennung der Saar. Darüber jedoch konnte und mußte allein die Saarbevölkerung entscheiden.*«

Ich brauche natürlich nicht zu betonen, daß bei allen Debatten im Bundestag und bei den späteren Aufforderungen des Kanzlers an die Saarbevölkerung, das Statut anzunehmen, niemals die Rede von dem »Risiko der völligen Abtrennung« war. Es blieb also uns allein überlassen, mit unserer Verantwortung fertig zu werden und im Gegensatz zu den Befürwortern in aller Welt, besonders jedoch in Bonn, die Realität unseres Risikos zu erkennen. Wir sind inzwischen dem Kanzler dankbar, daß er uns durch dieses Bekenntnis nach vielen Jahren eine Rechtfertigung für unser damaliges Handeln gegeben hat. Es war aber nicht allein die Erkenntnis der führenden

Politiker, NEIN zu sagen. Kräfte aus allen Schichten wollten das NEIN, sie waren den Erwägungen hinsichtlich der Abwälzung des unerhört großen Risikos auf das Saarland gar nicht zugänglich.

Ich erinnere mich noch gut an eine geheime Versammlung im Januar 1955 in Völklingen, in der ich gerade dieses Risiko besonders herausstellte und damals noch darauf hinwies, wir sollten dem Kanzler dieses Risiko nicht abnehmen. In der damaligen kleinen Versammlung stellten die beiden evangelischen Pfarrer – unterstützt von unserer Helene Schommer – das bekannte Bibelwort dagegen: »Eure Rede sei Ja, Ja oder Nein, Nein, alles andere ist von Übel!« Sie hatten recht, alles andere wäre von Übel gewesen. Auch die noch zögernden Politiker in den drei prodeutschen Saarparteien sahen sich immer mehr dem »Druck von unten« ausgesetzt. Es gab viele Zuschriften, manchmal sogar harte Worte, wenn es den Anhängern des NEIN nicht schnell genug mit der Entscheidung in »ihrer« Partei ging. Ich weiß, daß auch der Vater Dr. Röders an den Parteivorsitzenden Dr. Ney in ähnlich drängender Weise geschrieben hat. Es zeigte sich so immer deutlicher, daß die Politiker – soweit sie nicht schon selbst entschlossen waren – sich dem NEIN gar nicht entziehen konnten, sie wären mit Sicherheit von ihren Stellungen hinaus gedrängt worden. Der Wille des Volkes hat sich ganz einfach durchgesetzt!

Natürlich fiel uns allen der Entschluß nicht leicht. Man bedenke doch, vor welcher Aufgabe wir standen: Seit der Unterzeichnung des Saarabkommens am 23. Oktober 1954 hatten alle Beteiligten, aber besonders die Mehrheit unserer eigenen deutschen Landsleute im Bundesgebiet das Statut bejaht und als »europäisches Wunderwerk« gepriesen, dessen Ablehnung schwerste Folgen haben werde. Damit hatte man doch von vornherein unseren Gegnern alle wesentlichen Argumente für den Abstimmungskampf geliefert. Sie brauchten, wie das auch später geschah, nur zu sagen: *Das JA will Dr. Adenauer!* Vor einer solch ungünstigen Lage der prodeutschen Parteien an der Saar hatte die gut informierte Frankfurter »Abendpost« schon 14 Tage nach Abschluß des Saarabkommens eindringlich gewarnt. Unter der Überschrift »Adenauer muß Johos Wahlschlager abgeben« schrieb das Blatt am 8. November 1954: »Abendpost enthüllt Saargeheimnisse. Die Abendpost ist heute in der Lage, Geheimnisse des saarländischen Ministerpräsidenten Johannes Hoffmann zu verraten. Sie beweisen besser als alles andere, wie anfechtbar und gefährlich das Saar-Abkommen ist.

*Tatsache:* Johannes Hoffmann (Joho) will den Abstimmungskampf und den Wahlkampf an der Saar unter der Devise führen: »Mit Hoffmann und Adenauer für die europäische Saar.« Er spannt also Dr. Adenauer vor seinen Wahlkarren.

*Kommentar:* Dem Mißbrauch des Namens des deutschen Bundeskanzlers ist wenig entgegenzusetzen, denn Mendès-France und Dr. Adenauer haben das Abkommen unterschrieben, und Joho nützt nur den Wortlaut aus. Er kann also Dr. Adenauer als Kronzeugen für seinen Erfolg anführen.

*Folgerung:* den deutschen Oppositionellen ist damit jede Möglichkeit für eine Gegenaktion genommen. Sie können nicht für Deutschland und gleichzeitig gegen Adenauer sein. Sie müßten einen Abstimmungskampf gegen Hoffmann, gegen Mendès-France und gegen Adenauer führen. Dann bleibt ihnen nur noch die Stimmenthaltung übrig.

*Frage:* Wie will der Bundeskanzler den Mißbrauch seines Namens verhindern?«

Soweit die »Abendpost«. Es ist nicht anzunehmen, daß diese Gedankengänge in Bonn unbekannt geblieben wären. Auch die prodeutschen Parteien haben sofort mit

Nachdruck in Bonn dieselben Vorstellungen schriftlich und mündlich erhoben. Der Kanzler ging jedoch trotz aller Warnungen noch einen Schritt weiter: Er trat erneut in aller Öffentlichkeit für die Annahme des Statuts durch die Saarbevölkerung ein. Nachdem in der Kabinettsitzung vom 19. November 1954 fünf Minister der Bundesregierung das Saarabkommen abgelehnt hatten (siehe S. 417), erklärte Adenauer in einer Rede am 25. November 1954 in München: »*Wer gegen das Statut ist, hat es entweder gar nicht gelesen – und das sind die meisten – oder er ist nicht besonders beim Heiligen Geist gewesen, als er auf die Welt gekommen ist. Es ist unmöglich,* den Saarvertrag abzulehnen, wenn man die übrigen Abmachungen von Paris gutheißt. *Ich glaube, daß das Saarabkommen ein gutes Abkommen ist.*«

Natürlich wurde diese heute völlig unverständlich erscheinende Rede des Kanzlers zum Hauptpropagandaschlager der Separatisten an der Saar. Bis zum 23. Oktober 1955 wurde seine Erklärung zu wiederholten Malen in ganzseitigen Zeitungsseiten der JA-Sager-Presse im Saarland veröffentlicht (Abb. 185). Bald darauf erschienen auch schwarz-rot-golden umrandete Plakate bis zum größten Doppel-Din A 0-Format mit dem wichtigsten Teil des Wortlauts dieser Münchner Erklärung Adenauers (Abb. 212). Die Frankfurter »Abendpost« knüpfte an die Veröffentlichung vom 26. November 1954 die ironische Frage: »Wen meint er? Welchen seiner fünf Minister, die gegen das Saarabkommen stimmten, meinte der Kanzler eigentlich, als er auf den Heiligen Geist anspielte?« Aber mit diesem Satz war die Kette der einseitig positiven Beurteilung des Statuts durch den Kanzler und seine engsten Mitarbeiter noch nicht zu Ende. Der Rechtsberater der Bundesregierung, Professor Dr. Erich Kaufmann, schrieb am 23. November 1954 an seinen alten Kriegskameraden Richard Becker: »In der Tat halte ich das Saarabkommen für eine glückliche Lösung und bedaure, daß wir in diesem Punkt auseinandergehen.« Und Dr. Gerstenmaier: »Selbst der Vertrag über das neue Statut für die Saar ist ein durchaus geglückter Kompromiß!« Und nochmals Dr. Adenauer am 11. Mai 1955 in Paris: »Ich sehe nicht ein, warum das Saarland nicht seine Zustimmung zu einer Vereinbarung geben sollte, über die sich Frankreich und Deutschland geeinigt haben« (wiedergegeben in der gesamten JA-Sager-Presse, zitiert nach der »SVZ« vom 28. August 1955). Gegenüber den Vertretern der prodeutschen Saarparteien äußerte sich der Kanzler in gleichem Sinne. Bei der Unterredung am 13. Dezember 1954 (oben S. 419) erklärte er auf einen Vorhalt von Kurt Conrad, das Statut sei der Preis, den die Saar für die übrigen Verträge zahle: »Ich halte das Statut für gut und würde es auch abgeschlossen haben, wenn die übrigen Verträge nicht zur Debatte gestanden hätten!« (Niederschrift, S. 4). Darauf antwortete Conrad unter Zustimmung von Dr. Ney und mir: »Er könne dieser Ansicht nicht zustimmen, und keine der drei Parteien würde dem Bundeskanzler empfohlen haben, das Statut zu unterzeichnen, wenn man sie darum gefragt hätte.«

Man kann sich also vorstellen, vor welchen Aufgaben die Führer der deutschen Parteien an der Saar standen, als sie in den ersten Maitagen des Jahres 1955 ihre Entschlüsse fassen und den eigenen Standort für den kommenden Wahlkampf bestimmen mußten. Allerdings wurden sie durch einen französischen Artikel in der Zeitung »Le Figaro« – unmittelbar nach Abschluß des Wirtschaftsvertrages vom 3. Mai 1955 – in ihrer Meinungsbildung bestärkt. Die französische Zeitung schrieb am 4. Mai 1955: »Das Abkommen über die Saar hat nichts entschieden. Es hat auf beiden Seiten der Grenze Keime der Zwietracht zurückgelassen, die man nicht leicht wird ersticken können. Zahlreiche Franzosen, die, wie man weiß, das Drama von

Elsaß-Lothringen nicht vergessen haben, verweigern den Deutschen das Recht, auf Lösungen in »nationaler Weise« zu reagieren, die das Saarland politisch vom deutschen Körper trennen. Und zahlreiche Deutsche zögern ihrerseits, an die Wirksamkeit einer Versöhnung zu glauben, die auf einem Verkennen der unbestreitbaren völkischen Realität (d. i. d. Zugehörigkeit der Saarbevölkerung zum deutschen Volke, Anm. d. Verf.) gegründet ist. Es ist nutzlos, die Irrtümer zu kritisieren, die uns in die gegenwärtige Lage gebracht haben. Im Rahmen eines integrierten Europas würde dieses Statut eine lebendige Wirklichkeit geworden sein.« Der Artikel des »Figaro« schloß mit der Warnung: »An der Saar ist ein Infektionsherd geschaffen worden. Es ist eine gebieterische Pflicht, ihn zu beschränken und auszumerzen!«

Für die Begründung unserer Ablehnung des Statuts ergaben sich die folgenden Gesichtspunkte, auf die ich unsere Aussagen im Abstimmungskampf aufgebaut habe.

1. Die Drucksituation, in der sich der Kanzler bei der Unterzeichnung befand, und die nach unserer Auffassung – wir hatten Beweise – auch noch bis zum 23. Oktober 1955 fortgedauert hat;
2. der »Schwindel« mit dem Attribut »europäisch«;
3. statt dessen: die totale Aufrechterhaltung der französischen Vormachtstellung an der Saar;
4. insbesondere die Ausbeutung der Saargruben durch Frankreich bis zum Jahre 2005, und zuletzt noch
5. die Überantwortung der großen Röchling-Werke an eine deutsch-französische Gesellschaft unter einer auf Jahre voraus festgelegten französischen Leitung;
6. der endgültige Charakter des Statuts und der Wegfall der demokratischen Freiheiten in Bezug auf eine Änderung des so geschaffenen Zustandes.

Diese sechs grundlegenden Argumente bildeten die wiederkehrende Begründung für unseren ablehnenden Standpunkt. Wir führten dafür in unseren Aussagen eine Reihe von wichtigen Argumenten an, die sich teilweise noch nach der Unterzeichnung des Abkommens in Paris am 23. Oktober 1954 ergeben hatten. Diese Gründe waren im wesentlichen:

*Zu 1:* Selbstverständlich waren die zahlreichen »Junktim«, die schon seit dem 6. Januar 1953 alle deutsch-französischen Verhandlungen begleitet hatten, auch der Saarbevölkerung bekannt. Wir erhielten aber nach dem 23. Oktober 1954 noch zwei besonders augenfällige Bestätigungen von französischer Seite, die wir im Abstimmungskampf zur Bekräftigung unseres Standpunktes herausstellen konnten. Einmal hatte die oben zitierte Zeitung »Le Figaro« vom 4. Mai 1955 ihren warnenden Artikel eingeleitet: »Sous la pression d'un secteur important du Parlement, la France a arraché de vive force à l'Allemagne la concession majeure que représente l'accord du 23 octobre 1954 sur la Sarre.« Übersetzt: »*Unter dem Druck eines erheblichen Teiles seines Parlamentes hat Frankreich mit harter* (lebhafter, fühlbarer, empfindlicher u. ä., Anm. d. Verf.) *Gewalt das beträchtliche Zugeständnis erzwungen,* welches das Abkommen über die Saar vom 23. Oktober 1954 zum Inhalt hat.« Zum andern konnten wir den engsten Mitarbeiter des Kanzlers, Ministerialdirektor Blankenhorn, zitieren, der uns bei der Erläuterung des Abkommens am 27. Oktober 1954 (Protokoll S. 3 oben) wörtlich erklärt hatte: »Die Franzosen haben dem Bundeskanzler in Paris die Pistole auf die Brust gesetzt. Das Abkommen mußte angenommen werden, nachdem sowohl die Amerikaner wie die Engländer in der Freitag-Nacht den Standpunkt des Bundeskanzlers nicht unterstützten und den Abschluß entsprechend den französischen Forderungen verlangt hatten. Es ist den deutschen Unterhändlern nicht möglich gewesen, weitere Zugeständnisse von der französischen Seite zu erlangen. Mendès-France hat immer wieder betont, daß er die drei Pariser Verträge in der Nationalversammlung niemals durchbringen könnte, wenn er nicht zuvor die Saarlösung erreicht hätte. Mendès-France hat dem Kanzler gegenüber zum Ausdruck gebracht, daß er (Mendès-France) die Überzeugung habe, daß die Saar deutsch sei und auch später wieder nach Deutschland zurückkehren werde, daß dies aber im gegenwärtigen Zeitpunkt im Saarabkommen nicht zum Ausdruck gebracht werden könne.«

Damit war für uns selbstverständlich, das unter dem Druck auf den Kanzler zustandegekommene Saarabkommen abzulehnen.

*Zu 2:* Der Ausdruck »Schwindel« in Bezug auf das Attribut »europäisch« für die Pariser Saarregelung vom 23. Oktober 1954 mag hart klingen, er erscheint aber noch milde, wenn man die tatsächliche Situation nach den langen Verhandlungen des Jahres 1954 kennt. Wir sind (oben S. 226 ff.) auf den uns damals bekannt gewordenen Bericht über die Verhandlungen vom 9. bis 11. April 1954 sehr ausführlich eingegangen. Dieser Bericht, der außer der französischen Seite auch dem Bundeskanzler und Johannes Hoffmann in allen seinen erschütternden Einzelheiten bekannt war, sowie der gescheiterte Versuch vom 20. Mai 1954 in Straßburg (S. 400/401) konnten bei keinem der Beteiligten mehr den Gedanken aufkommen lassen, die Saarlösung sei »europäisch« oder bedeute auch nur einen einzigen Schritt zu einer Vereinigung Europas. Was der Saarbevölkerung in der Zeit vom 23. Juli bis zum 23. Oktober 1955 in dieser Hinsicht vorgemacht wurde, mag zwar aus politisch-taktischen Gründen bei den Vätern des Statuts und seinen Befürwortern verständlich gewesen sein, es war aber – was den Wahrheitsgehalt angeht – »Schwindel«.

Wen wundert es also, daß wir nach einem Versuch der saarländischen JA-Sager, in 15 Fortsetzungen vom 23. August 1955 ab die »15 Punkte des europäischen Saarstatuts« in günstigem Sinne herauszustellen, mit den »15 Lügen um das ›europäische‹ Saarstatut« geantwortet haben? Auch dafür besaßen wir drei handgreifliche Belegstellen. Einmal konnten wir uns immer wieder auf die ungeschminkten Äußerungen der französischen »L'Information« vom 5. November 1953 (Abb. 70) zur Saarregelung berufen: »Es kann sich nur darum handeln, den gegenwärtigen Zustand der Saar aufrechtzuerhalten, indem man ein europäisches Etikett daran klebt.« Auch die französische Zeitung »Le Monde« hat zwei Tage nach der Unterzeichnung des Vertrages am 25. Oktober 1954 eine ähnlich lautende Bestätigung gegeben, wenn sie von der »Lösung, die *unter europäischem Etikett ein tatsächliches französisches Protektorat über die Saar aufrechterhält*« schrieb und fortfuhr: »Es ist übrigens sehr wahr, daß die Einstellung gewisser Industrieller und politischer französischer Kreise einigen Grund zu dieser Befürchtung gibt, selbst wenn man die neuen französisch-saarländischen Konventionen berücksichtigt . . .«

Und schließlich hatte Herr Blankenhorn bei der Erläuterung des Saarabkommens am 27. Oktober 1954 den Vertretern der prodeutschen Parteien unmißverständlich erklärt, das Wort »europäisch« in Beziehung auf das Statut sei nur ein »*schmückendes Beiwort*«. In meinen Versammlungen habe ich dann von den »europäischen Gipsfiguren an der Fassade des neuen Saarhauses« gesprochen. Das haben meine Zuhörer besser verstanden. Auch gelang mir, die Behauptung von den angeblich günstigen Auswirkungen des Statuts in Bezug auf eine Einigung Europas auf einfache Weise durch den Vergleich mit einem Märchen von Gebrüder Grimm, dem »Frieder und das

Catherlieschen«, verständlich zu machen. Ich erzählte den Leuten die Geschichte von der Frau, die einen schönen runden Käse den Berg herunterrollen läßt, damit er den vorher unfreiwillig heruntergerollten mitzurückbrächte. »Mit Europa«, so sagte ich, »ist das genauso. Auch wenn man das Saarland den Berg herunterrollen läßt, so bringt es doch nicht Europa mit herauf!«

*Zu 3:* Die französische Vorherrschaft war durch den äußerst umfangreichen Wirtschaftsvertrag zwischen den Regierungen von Saarbrücken und Paris gestärkt geworden. Ich habe in allen meinen Versammlungen das »dicke Buch des Wirtschaftsvertrags« (Abb. 186), das immerhin 150 gedruckte Seiten (in deutscher Sprache und ebenso viele in französisch) enthielt, mitgebracht und danach ausführlich abgeleitet, wie es mit unserer wirtschaftlichen Stellung nach Annahme des Statuts aussehen würde. Ich konnte feststellen, daß die Franzosen mit ihren damaligen Gebieten (Marokko, Algerien usw.) keine anderen Verträge abgeschlossen hatten. Unsere Argumentation fand durch eine Feststellung des französischen Ministerpräsidenten Mendès-France vor dem außenpolitischen Ausschuß der Nationalversammlung am 4. November 1954 ihre Bestätigung. Aus der Wiedergabe in »Le Monde« vom 5. November 1954 wurde von uns der Satz plakatiert (Abb. 187): »Die Regelung der Saarfrage, die wir erlangt haben, ist sehr gut, denn sie besteht in der Aufrechterhaltung der französisch-saarländischen Wirtschaftsunion, die bewirkt, daß es niemals Zollschranken zwischen Frankreich und der Saar geben wird, während diejenigen zwischen der Saar und Deutschland fortdauern werden! Natürlich zitierten wir in diesem Zusammenhang auch wieder Adenauers Erklärung vom 18. November 1952 im Bundestag: »Wenn dem Saargebiet in politischer Hinsicht ein europäischer Status gegeben werden soll, so würde das nicht möglich sein, solange die wirtschaftliche Beherrschung durch Frankreich andauert.«

*Zu 4:* Auch für unsere Kritik an der Regelung der Grubenfrage lieferte uns der französische Ministerpräsident Mendès-France ein ausgezeichnetes Argument. Gleichfalls in der Sitzung vom 4. November 1954 hatte er vor dem außenpolitischen Ausschuß der Nationalversammlung erklärt: »Die deutsche Forderung bezüglich der Gruben ist abgelehnt worden, weil dieser Teil der Saarwirtschaft die einzige wirkliche Reparationsleistung ist, die Frankreich zugestanden wurde.« Wir waren dagegen nur bereit, Frankreich die benötigten Kohlen zu liefern und diese Lieferungen sicherzustellen, wie es im späteren, zweiten Saarvertrag dann auch vereinbart wurde.

*Zu 5:* Auch die noch in letzter Minute vor Beginn der Referendumszeit erzwungene »Lösung« des Röchling-Problems gab uns hinreichenden Grund für die Ablehnung des Statuts. Über den Kopf der Eigentümer – der Familie Röchling (unten S. 504 ff.) – vereinbarten die französische Regierung und die Bundesregierung die Schaffung einer gemischten deutsch-französischen Gesellschaft zur Führung der Werke. Der Leiter sollte auf nicht absehbare Zeit ein Franzose sein. Es wäre wohl mit Sicherheit wieder Monsieur Georges Thédrel geworden, der langjährige Sequesterverwalter. Am 25. März 1955 hatte Außenminister Antoine Pinay vor dem Rat der Republik erklärt: »Wir haben Rechte an diesen Werken. Es geht darum, die Ausübung dieser Rechte in einer endgültigen Weise zu regeln ... Wir haben die Pflicht, mit allen Mitteln dahin zu gelangen, daß die Ausübung der Rechte Frankreichs sichergestellt wird, *und selbst durch Anwendung von Gewalt.«* Tagsdarauf erklärte auch der französische Ministerpräsident Edgar Faure vor dem Rat der Republik: »Ich versichere, daß die Regierung, der ich vorstehe, die Rückkehr der Röchlings an die Spitze der Völklinger

# Das sagt M. Mendès-France:

„Das Abkommen, das wir über die Saar erlangt haben, ist SEHR GUT, weil es in der Aufrechterhaltung der französisch-saarländischen Wirtschaftsunion besteht, die bewirkt, dass es niemals Zollschranken zwischen Frankreich und der Saar geben wird, während diejenigen zwischen der SAAR und DEUTSCHLAND fortdauern werden."

Erklärung des französischen Ministerpräsidenten Mendès-France vor der Außenpolitischen Kommission der Nationalversammlung in Paris am 4. November 1954

SOLL DAS DIE „EUROPÄISCHE' SAARLÖSUNG SEIN?

NIEMALS! Ein Statut, das die GRENZEN nach der DEUTSCHEN Seite bestehen läßt, ist kein europäisches, sondern ein Kolonialstatut!

Darum sagen ALLE am 23. Oktober NEIN!

187

Abwehr gegen die Einmischung aus Paris: Plakat der DPS aus der letzten Phase des Abstimmungskampfes nach zahlreichen – verbotenen – Einmischungen in das Wahlgeschehen.

Werke nie zulassen wird.« Beide Erklärungen waren in den Ohren unserer Bevölkerung, wie man zu sagen pflegt, »ein besonders starker Tobak«. Wir haben sie stark verbreitet und auch durch die Wiedergabe der stenographischen Pariser Protokolle in unserem »azw«-Informationsdienst (vom 27. 4. 1955) der deutschen Öffentlichkeit zugänglich gemacht. Die Ablehnung des Statuts am 23. Oktober hat auch den französischen Standpunkt in Bezug auf die Röchling-Werke gegenstandslos werden lassen.

*Zu 6:* Daß die am 23. Oktober 1955 erreichte Saarregelung endgültig und unwiderruflich sein sollte, war für die Franzosen eine Selbstverständlichkeit. Von deutscher Seite wurde das immer wieder bestritten. Man versuchte mit allen Mitteln, diese Auswirkungen vor der Bevölkerung an der Saar und im Bundesgebiet zu verschleiern. Wir hatten so viele maßgebliche französische Erklärungen, nicht zuletzt auch von dem an der Saar in dieser Hinsicht durchaus als glaubwürdig angesehenen Botschafter Grandval, daß die Tatsache ernsthaft nicht bestritten werden konnte. Mit dem Text des Statuts belegten und widerlegten wir alle Schalmeientöne, man »gebe von deutscher Seite das Saarland nur vorübergehend in eine fremde Pension«, so wie man etwa Kinder in ein Pensionat stecke! Wie recht wir mit unserer damaligen Argumentation besonders in diesem wichtigsten Punkt hatten, ergibt sich für den Historiker aus den »Erinnerungen« des Kanzlers, wenn er (Bd. II, S. 368) schreibt: »*Für uns lag in diesem Abkommen ein großes Risiko, das Risiko der völligen Abtrennung der Saar.*«

So gelang es uns vor allem, den Menschen klarzumachen, daß das JA die endgültige Abtrennung der Saar von Deutschland bedeuten würde.

Daß die demokratischen Freiheiten nach Annahme des Statuts wieder eingeschränkt würden, bestätigte uns ebenfalls die französische Seite. Führende Bonner Politiker versuchten noch bis zuletzt diesen Umstand zu bestreiten. So wurde uns aus Rheinland-Pfalz berichtet, daß vor der Schlußberatung des Saarabkommens im Landtag von Rheinland-Pfalz am 15. März 1955 der Vizekanzler, Minister Blücher, eigens zu den Parteifreunden der FDP geschickt worden sei, um diese zur Annahme des Saarabkommens – was dann auch geschah – zu bewegen. Dabei versicherte Blücher – im Widerspruch zum Kanzlerbrief vom 14. März 1955 –, daß die Freiheiten an der Saar später in jeder Hinsicht gewährleistet seien. Demgegenüber konnte man bereits am 20./21. März 1955 in Nr. 3158 der französischen Zeitung »Le Monde« lesen: »Il est vrai qu'hier, devant la commission sénatoriale des affaires étrangères, M. Pinay a pu se prévaloir d'une communication qui lui a été remise récemment par M. Strauss, ministre de Bonn sans porte-feuille, de la part du chancelier Adenauer, et d'où il résulte que pendant toute la durée du statut et jusqu'au traité de paix la liberté de l'opinion politique sera évidemment totale et sera exclu toute action politique à même de porter atteinte, directement ou indirectement, au principe même du statut, c'est à dire à son bon fonctionnement et à la paix intérieure de la Sarre.« Die deutsche Wiedergabe dieses von den Franzosen, unbekümmert um den deutschen Geheimvermerk, veröffentlichten Textes zeigt Abb. 85. Die wörtliche Übersetzung lautet nach dem französischen Text: »Es ist richtig, daß Herr Pinay sich gestern vor dem auswärtigen Ausschuß des Rates der Republik einer Mitteilung bedienen konnte, die ihm vor kurzem der Bundesminister ohne Geschäftsbereich, Herr Strauss, im Auftrage des Kanzlers überbracht hat, worin zum Ausdruck gebracht wurde, daß während der Dauer des Statuts *und* bis zum Friedensvertrag die Freiheit der politischen Meinung (es müßte sinngemäß hier eingefügt werden: »zwar«, Anm. d. Verf.) augenscheinlich total sein soll und daß (»aber«, Anm. d. Verf.) jede politische Aktion, die geeignet ist, das Prinzip des Statuts, d. h. sein gutes Funktionieren und den inneren Frieden an der Saar, direkt oder indirekt zu stören, ausgeschlossen sein soll.«

Damit wäre, wie wir stets behauptet haben, das einmal angenommene Statut unantastbar geworden. Jede Forderung nach einer Änderung des Statuts – und damit der Trennung der Saar von Deutschland – war »exclu«, ausgeschlossen. Der »europäische« Kommissar hatte darüber zu wachen. Da auch eine andere deutsche Regierung ohne Zustimmung der Franzosen bei einem Friedensvertrag keine Rückkehr der Saar durchsetzen konnte, hätte das einmal angenommene Statut, wie Adenauer später bekannt hat, die endgültige Trennung der Saar von Deutschland bedeutet.

Die sechs Grundthesen wurden unter das Schlagwort gestellt, das später alle drei deutschen Saarparteien übernommen und zum Gegenstand ihres Kampfes gegen das Statut gemacht haben: das

Kolonialstatut.

Bereits in der 1. Juni-Ausgabe der Deutsche(n) Saar-Zeitung hatte ich unter dem wieder angenommenen alten Decknamen Hermann Deutsch einen Aufsatz mit der Überschrift: »Herr Hoffmann und das ›Kolonialstatut‹« geschrieben. Später wurde die Themenstellung verändert und die Frage an die Wähler gerichtet: »Europa oder Kolonialstatut?« jetzt: (»Deutsche Saar« vom 27. Juli 1955). Bei den saarländischen Landtagswahlen von 1952 hatte ich die Erfahrung gemacht, daß es außerordentlich schwierig ist, größere Wählermassen mit einer reinen Negation zu gewinnen. Damals hatten wir – die unterdrückte deutsche Opposition an der Saar – aufgerufen, dem Regime Hoffmann durch die Abgabe »weißer Stimmzettel«, d. h. ungültiger Stimmen, das Mißtrauen auszudrücken. Dieses Unterfangen war leider nur zum Teil gelungen, wir konnten damals den Wählern keinerlei positive Aussage machen, wenn sie sich in größerer Zahl zu einer Absage an das Regime entschließen würden. Daraus zog ich die Lehre, daß man der Bevölkerung für den Fall der Ablehnung des Statuts auch etwas Positives bieten müsse. Die Menschen mußten wissen, wie die Sache weitergehen würde, wenn sie das Statut ablehnten. Es mußte also etwas in Aussicht gestellt werden, das besser sein würde als das gegenwärtig vorgelegte Statut. Dieses »Positive« war einmal die Aussicht, durch ein mehrheitliches NEIN die inzwischen in weiten Bevölkerungskreisen verhaßt gewordene Herrschaft der Grandval-Hector-Hoffmann los zu werden. Die oben erörterte Parole (»Der Dicke muß weg«, Abb. 184) und das berühmte Adenauer-Zitat (oben S. 424) aus dem Streit mit Max Becker im Deutschen Bundestag verfolgten das gleiche Ziel. Darüber hinaus mußten wir aber ein Mehr tun. Ich entwickelte ein

8 Punkte-Programm (Abb. 189),

wie die Saarfrage gelöst werden könnte, wenn die Saarbevölkerung dem Statut mehrheitliche Zustimmung verweigerte. Naturgemäß konnte dieses Programm nur durch neue Verhandlungen zwischen Bonn und Paris verwirklicht werden. Daher prägte ich die später stets wiederholte Parole:

*Durch NEIN zu neuen Verhandlungen* (Abb. 190)

und ließ davon Anfang Juni schon die erste Auflage der DPS-Plakate für den bevorstehenden Wahlkampf drucken (Abb. 161). Prompt beschlagnahmte Monsieur Hector die in der Druckerei Funk in Saarbrücken hergestellte Auflage. Eine erste Beschwerde an die WEU-Kommission blieb zunächst erfolglos, die Kommission war noch nicht zuständig. Dagegen verweigerte der »kleine« Amtsrichter die Bestätigung der Beschlagnahme, so daß wir unsere Plakate zu Beginn des Wahlkampfes zurückerhielten und rechtzeitig ankleben konnten. Auch die Kommission der WEU hatte in diesem Sinne auf Hector eingewirkt.

Außer der Parole »Durch NEIN zu neuen Verhandlungen« mußte zugleich auch die Zugehörigkeit der Saar zu Deutschland unmißverständlich zum Ausdruck kommen. Für dieses zweite Ziel prägte ich die Parole: »*Mit Deutschland nach Europa*« (Abb. 193). Auch diese Parole, später in den meisten Versammlungen der drei prodeutschen Parteien in Spruchbändern gezeigt, verfehlte ihre Wirkung nicht. Natürlich wurden die gleichen Schlagworte auch in vielen Flugblättern und Einladungszetteln zu den Versammlungen wiederholt. Mit den beiden Aussagen mußten wir zugleich aber auch unser Wiedererscheinen nach so langer Verbotszeit ankündigen. Das geschah durch eine erste Plakatwelle: »*Wir sind wieder da*« (Abb. 194)! Der Gegenseite und unserer Bevölkerung wurde auf diese Weise klar gemacht, daß die Verbote und Unterdrückungen erfolglos geblieben waren. Die Reaktion der JA-Sager besonders auf den letzten Slogan bewies uns, daß wir richtig überlegt hatten. Das genaue Studium der gegenerischen Reaktionen auf unsere Tätigkeit war überhaupt ein ständiger Gradmesser dafür, inwieweit wir »ankamen«. Je größer ihr Ärger, um so richtiger war unser Vorgehen, wir konnten dieses dann getrost intensivieren. Besonders einige Redakteure der Zeitung Hoffmanns, der »SVZ«, an ihrer Spitze der aus Fulda an die Saar geholte Peter Pfeiffer, leisteten uns in dieser Hinsicht unschätzbare Dienste. Auch die Beurteilung des politischen Gegners und seine Behandlung in der Gegenpropaganda muß gekonnt sein.

Schließlich mußten wir uns noch ein äußeres Symbol schaffen, das blickpunktartig sofort sichtbar machte, wer spricht, oder besser gesagt, »wer dahinter steckt«! Ich denke, wer die Darstellung über die »Fremdherrschaft« gelesen hat, wird verstehen, daß unser Symbol nur der die deutsche Seite verkörpernde Adler sein konnte. In der uns nahestehenden FDP war der stilisierte Adler jahrelang Parteisymbol gewesen. Wir wollten aber in »unseren Adler« etwas mehr Aussagekraft bringen. Deshalb wurde auf die Stilisierung verzichtet und der »sitzende Adler auf der Wacht« ausgewählt. Hermann Müller schuf nach mehreren Beratungen mit Hermann Kresse und mir das nach meiner Überzeugung bestens gelungene Plakat. Es hat seinen Zweck sicher erfüllt. Auch die Reaktion der Gegenseite bewies das. Sie brachte nach den schon vorzeitig hergestellten gehaltlosen Plakaten mit dem Kurztext: »JA zu Europa« das Großplakat heraus, das wir schon einmal erwähnt haben: »Sie sind wieder da, die Nationalisten, aber nicht wieder da sind die 52 Millionen Toten!« (Abb. 196 links). So gekonnt die graphische Darstellung des Plakates gewesen ist, so überzogen war seine Aussage: sie löste Abscheu und Empörung aus, die durch den gelungenen Überkleber der CDU noch verstärkt wurde.

Auch wir blieben nichts schuldig und antworteten mit zwei Gegenplakaten, indem wir die Tätigkeit einiger Politiker des Regimes an »Feindsendern während des Krieges« gegen Deutschland herausstellten. Da unsere Parole aber stets: »auf einen Schelmen anderthalbe« war, ließ ich ein zweites Plakat herstellen, das nach einheitlichem Urteil das wirkungsvollste des Abstimmungskampfes gewesen ist (Abb. 196 rechts). Das Statut hatte unbegreiflicherweise die Frage ungeklärt gelassen, auf welche Weise die Saarländer ihren Verteidigungsbeitrag zu leisten haben. Zuständig dafür war der »europäische« Kommissar. Da ohnehin schon französische Truppen an der Saar stationiert waren und nach dem Wirtschaftsvertrag (und Geheimabkommen vom 16. Oktober 1954) das Saarland auch ihre Kosten zu tragen hatte, lag die Schlußfolgerung greifbar nahe, daß nach Annahme des Statuts die jungen Saarländer den Nato-Wehrbeitrag in französischen Einheiten leisten müßten. Entsprechende Erwägungen in maßgebenden Kreisen waren uns glaubhaft mitgeteilt worden. Der von unserem Landstuhler Freund, Professor Hans Schweitzer, gezeichnete Entwurf mit einem Kopf des saarländischen Arbeiters, dem eine blau-weiß-rot gekennzeichnete Hand den Stahlhelm der französischen Armee aufdrückt, war ein besonders wirkungsvolles und aussagekräftiges Plakat. Umsonst versuchte die Gegenseite später, diese Aussage zu dementieren, es nutzte nichts mehr.

Doch zurück zum *8-Punkte-Programm*! Man hat mir in der Auslandspresse immer wieder vorgeworfen, wir hätten die Saarbevölkerung nur »nationalistisch« aufgeputscht und das eigentliche Wahlthema verfälscht. Kein Vorwurf war unbegründeter als dieser. Ich werde an anderer Stelle das maßgebende Urteil von Beobachtern unserer Versammlungen zitieren, das diese Unwahrheiten eindeutig widerlegt. Das 8-Punkte-Programm ist ein weiterer Beweis. In Flugblättern und in der zu Hunderttausenden verteilten Wahlkampfbroschüre *»Das wollen wir!«* (Abb. 188) haben wir dieses Programm erläutert, gründlich kommentiert und schließlich noch in einer großen Plakataktion bekannt gemacht (Abb. 189). Außerdem wurde unser Gegenprogramm zusammen mit dem Wirtschaftsvertrag (Abb. 186) in jeder Versammlung sehr ausführlich behandelt. Die Thematik unseres 8-Punkte-Programms lautete:

»Wir wollen kein Kolonialstatut und keine fremde Ausbeutung! Wir lehnen die einseitige Vormachtstellung Frankreichs im wirtschaftlichen, kulturellen und damit auch politischen Leben der Saar ab!

Wir fordern    durch unser NEIN
                neue Verhandlungen!

Eine Regelung der Saarfrage in wahrhaft europäischem Geiste kann *nur so* aussehen:
1. Alle Abmachungen über die Saar sind auf eine Höchstdauer von 5 bis 8 Jahren zu befristen; sie müssen jederzeit mit der gleichen Willensmehrheit der Saarbevölkerung abgeändert oder aufgekündigt werden können, wie sie angenommen sind.
2. Jede Abmachung hat die ausdrückliche Feststellung zu enthalten, daß die Saar ein Bestandteil Deutschlands bleibt und nur wiedervereinigt mit Deutschland in Europa aufgehen kann.
3. Alle Konventionen mit Frankreich sind aufzuheben. Den in völliger Freiheit zu wählenden Organen der Saar ist das uneingeschränkte Selbstbestimmungsrecht zu gewähren.

4. Gleichartige Wirtschaftsbeziehungen sind unverzüglich herzustellen mit Deutschland wie mit Frankreich, d. h. Zollfreiheit nach beiden Seiten unter Aufrechterhaltung von Zollschutz, soweit die saarländische Wirtschaft einen solchen zur Erhaltung ihrer Lebensfähigkeit benötigt.

5. Geld- und Kreditwesen und eine etwa erforderliche Zollverwaltung obliegen allein der Hoheit saarländischer Organe. Die freie Konvertibilität der D-Mark neben dem Franken ist unverzüglich herzustellen. Der saarländische Devisenüberschuß hat zur Deckung des vollen saarländischen Einfuhrbedarfes zu dienen.

6. Abschluß langfristiger Lieferungs- und Abnahmeverträge mit Frankreich in französischer Währung zur Sicherstellung des französischen Bedarfs an saarländischen Erzeugnissen und Lieferung französischer Waren, insbesondere von Eisenerzen und Lebensmitteln, an die Saar.

7. Wiederherstellung der Eigentumsverhältnisse bei allen saarländischen Unternehmungen und Vermögen nach dem Vorkriegsstand. Vermögenswerte des Deutschen Reiches sind ausschließlich durch saarländische Organe unter Beteiligung deutscher Vertreter treuhänderisch zu verwalten.

8. Einführung aller demokratischen Freiheiten ohne jede Einschränkung auch für die Zukunft; Aufhebung aller Ausweisungen und Boykottmaßnahmen.

Das Kolonialstatut vom 23. Oktober 1954 erfüllt diese Voraussetzungen nicht in einem einzigen Punkt.

Deshalb sagen wir NEIN und fordern unter unserer Beteiligung neue Verhandlungen!«

Die Befürworter des Statuts in Paris, Bonn und Saarbrücken haben während der Referendumszeit immer wieder erklärt, im Falle eines mehrheitlichen NEINs gebe es keine neue Verhandlungen, es bleibe vielmehr alles beim früheren Zustand (der Unfreiheit und Unterdrückung). Auch der Bundeskanzler hat sich dieses Argument bis zuletzt zu eigen gemacht, um eine Annahme des Statuts zu erreichen. Wir blieben dagegen fest und unbeirrbar: Bei einer mehrheitlichen Ablehnung müsse es einfach zu neuen Verhandlungen kommen. Ein Rechtsgutachten des Bonner Rechtswissenschaftlers Professor Schätzel hat uns diesen Standpunkt noch während des Referendums bestätigt. Und wir haben recht behalten. Es kam zu neuen Verhandlungen und hat zur Wiedervereinigung der Saar mit Deutschland geführt.

In der Zeit nach der Verabschiedung des Saarabkommens bis zum Beginn des Abstimmungskampfes waren von den beteiligten Regierungen die Modalitäten des Abstimmungsverfahrens vereinbart worden. Auch wurde vom Rat der Westeuropäischen Union (WEU) die Kommission zur Überwachung der Volksabstimmung ernannt. Sie nahm am 1. Juli 1955 ihre Tätigkeit in Saarbrücken auf. Vorsitzender der Kommission war der belgische Senator Fernand Dehousse, ich nannte seinen Namen schon an anderer Stelle. Weiter gehörten der Kommission je ein Vertreter und Stellvertreter Großbritanniens, Italiens, Hollands und Luxemburgs an. Unsere Abb. 197 zeigt die Kommission, vor der die Beschwerdeführer im Verlauf der Auseinandersetzungen ihre Gründe vortragen und verhandeln mußten. Oft saß ich allein am Kopfende des Tisches und trug die Gründe gegen die ständigen Einmischungen von außen in unseren Abstimmungskampf vor.

Den Auftakt zum eigentlichen Abstimmungskampf machten unsere Freunde von der Deutschen Sozialdemokratischen Partei (DSP). Am 27. Juni 1955 hielten sie in der großen Festhalle in Sulzbach ihre große Gründungsversammlung, verbunden mit der ersten öffentlichen Kundgebung nach Jahren der Unterdrückung, ab. Aus dem Bundesgebiet waren die SPD-Abgeordneten Mellies, Wehner und der Saarspezialist Dr. Mommer, sowie aus Rheinland-Pfalz die Herren Bögler und Jacobs gekommen. Bereits diese erste Versammlung vermittelte ein eindrucksvolles Bild von der Stimmung für die NEIN-Parteien: Der Saal war überfüllt, viele konnten keinen Einlaß mehr finden und standen in den Gängen oder vor der Festhalle. Die 200 Delegierten waren bis auf einige wenige erkrankte Vertreter erschienen. Unter dem Jubel und der Begeisterung aller Besucher wurde das NEIN zum Statut bekräftigt und wurden fünf Forderungen der DSP gebilligt, die im wesentlichen mit den oben erörterten Forderungen unseres 8-Punkte-Programmes übereinstimmten. Darüber gab es keine Meinungsverschiedenheiten zwischen den deutschen Saarparteien. Kurt Conrad gedachte des unvergessenen Streiters für die Saar, Ernst Roth, und vermerkte, daß im gleichen Saale vor nicht allzu langer Zeit noch das Wort eines saarländischen Sozialdemokraten von den »deutschen Schweinen« gefallen sei, übrigens ein beliebtes Schimpfwort der Separatisten aus der Zeit vor dem Referendum. Schon bald bemühte man sich bei den JA-Sagern verzweifelt, in den Augen der Saarbevölkerung jetzt wieder als »Deutscher« zu erscheinen. Hoffmann ließ in seinen Versammlungen wieder deutsche Märsche spielen, die JA-Parteien umrandeten ihre Plakate schwarz-rot-golden und versicherten in Flugblättern und Erklärungen ihr unverbrüchliches Deutschtum. Die NEIN-Parteien wurden auf einmal zu »Contradeutschen« gestempelt, weil sie der Aufforderung Adenauers, das Statut anzunehmen, nicht folgten. So schnell änderten sich an der Saar die Verhältnisse!

Der erste Auftakt bei unseren Freunden wurde zugleich der Beginn der Tätigkeit der Überwachungskommission. Die Gegner der DPS hatten sofort eine Beschwerde an die Kommission wegen der Anwesenheit der Vertreter der SPD aus dem Bundesgebiet gerichtet, obwohl diese – getreu nach dem Text des Statuts – keinerlei Aufforderung zur Abgabe einer bestimmten Meinung – JA oder NEIN – geäußert hatten. Trotzdem richtete die WEU-Kommission in einem Telegramm an die Bundesregierung die Aufmerksamkeit auf diesen Vorgang und erbat Schritte, damit derartige Vorgänge sich nicht wiederholten. Der damalige Außenminister, Dr. von Brentano, ersuchte sofort die bundesdeutsche CDU, keinen Vertreter zu der Gründungsversammlung der CDU-Saar am 7. August 1955 zu entsenden, was auch geschah. Die Regierung Hoffmann nahm die Auffassung der WEU-Kommission über die Einmischung so ernst, daß sie sogar dem abstimmungsberechtigten saarländischen Bundestagsabgeordneten Karl Walz den Besuch in Saarbrücken verweigerte und ihn an der Grenze abfangen und zurückweisen ließ!

Auf die deutschen Sozialdemokraten folgten wir von der DPS mit unserer ersten großen Kundgebung. Wir hatten diesen »Versuch« bewußt nach Völklingen verlegt und für Freitag, den 29. Juli 1955, zur Kundgebung in die Festhalle mit dem Thema »Verrat an Völklingen« aufgerufen (Abb. 192). Mit einigem Bangen und Herzklopfen sah ich diesem ersten Schritt auf lange ungewohntem Parkett entgegen. Würden genügend Leute kommen? Wie würde unser NEIN ankommen, würden wir auch genügend Anhänger finden? Nun, alle diese Befürchtungen waren umsonst.

Schon als ich in die enge Straße zur Festhalle fuhr, sah ich von weitem eine große Menge von Menschen, die alle zur Versammlung wollten, aber wegen der Überfüllung des Saales draußen bleiben mußten. Zum Glück hatten unsere Leute für eine Übertragungsanlage gesorgt, so daß auch die draußen gebliebenen die Zustimmung und den Beifall unserer Zuhörer im Saal mitbekamen und buchstäblich »angesteckt« wurden. Dieser erste Auftakt war Fanal und Beispiel zugleich. Von jetzt an bis zum letzten Abend vor dem Referendum hatten wir nur noch überfüllte Säle, frohe, jubelnde Menschen, Begeisterung und das Bekenntnis zum deutschen Vaterland.

Auf Völklingen folgte schon am nächsten Abend Saarbrücken. Zwischen 3000 und 5000 Menschen hatten sich eingefunden. Die vor dem »Johannishof« – unserem Versammlungslokal – gelegene Durchgangsstraße war verstopft, zeitweise konnten die Straßenbahnen nicht mehr fahren! Auch in dieser Kundgebung erfaßte die Menschen eine unvorstellbare Begeisterung. Ich hatte meine Rede mit dem Satz begonnen: »Wir kommen, und die anderen müssen gehen!« und schon brach ein Jubelsturm ohnegleichen aus. Nach der gründlichen Erörterung aller unserer Argumente gegen das »Kolonialstatut« ging ich in wenigen Sätzen auf die politische Bedeutung der Entscheidung ein: Zum ersten Mal nach dem Zusammenbruch von 1945 sei einem kleinen Teil der deutschen Bevölkerung auf einem Teil deutschen Bodens Gelegenheit gegeben, sich zu Deutschland zu bekennen. Das sei unsere Verpflichtung, die wir nur durch ein NEIN zu diesem Statut erfüllen könnten. Als ich mit dem Bekenntnis schloß, daß wir Deutsche seien und Deutsche bleiben würden, »komme, was da wolle«, brach wiederum eine unbeschreibliche Begeisterung aus. Die Menschen erhoben sich und sangen spontan das Deutschlandlied und das Saarlandlied (Abb. 49), ohne daß wir eine Aufforderung dazu gegeben hätten. Hier wiederholte sich, was tags zuvor schon in Völklingen geschehen war! Man hat uns oft Vorwürfe gemacht, daß wir nichts unternommen hätten, um das Singen der ersten Strophe des Deutschlandliedes zu verhindern. Dieser Vorwurf ist richtig, aber wir waren wohl mit Recht der Überzeugung, daß es bis zum 23. Oktober 1955 an der Saar darauf ankam, den Menschen unserer Heimat klar zu machen, daß uns eben »Deutschland über alles« gehe und dies in unserem Bekenntnis zum NEIN seinen Ausdruck finden müsse. Die Bevölkerung hatte uns in ihrer überwiegenden Mehrheit verstanden. So hielten in Saarbrücken die Straßenbahnen an, Fahrgäste und Schaffner traten aus den Wagen heraus und sangen barhäuptig das Bekenntnis zu Deutschland mit.

Es gab dann keine Versammlung mehr, die einen anderen Abschluß fand als diese ersten. Unsere dritte Großkundgebung fand einige Tage später in Saarlouis statt und stand unter dem Thema »Abrechnung mit Hector«. Wie würde es in Saarlouis aussehen? Auf diese Stadt hatte die Gegenseite ihre besonderen Hoffnungen gesetzt, war für sie Saarlouis doch eine alte französische Stadt, die nach 1945 angeblich ihr Bekenntnis für Frankreich erneuert hätte. Hatte man nicht auch in Saarlouis besondere Anstrengungen gemacht, durch einen großzügigen Wiederaufbau der Stadt ein neues Gesicht zu verleihen? Aber auch Saarlouis zeigte kein anderes Bild: Der überfüllte Saalbau, Tausende von Menschen auf dem Markt vor den Lautsprechern, Beifall, Zustimmung, Jubel, am Schluß die erste Strophe des Deutschlandliedes und das schon zur Tradition gewordene Saarlied. Saarlouis war die Stadt mit dem französischen Namen und dem deutschen Herzen geblieben!

Am 7. August hielt die CDU-Saar ihre Gründungsversammlung im Saarbrücker »Johannishof« ab. Wieder das gleiche Bild: Der überfüllte Saal und die dichtge

448

185
Bundeskanzler Adenauer
fordert zum JA auf: Ganz-
seitige Werbeanzeige, die
mehrfach in der »JA-Sager«-
Presse des Saarlandes
während des Abstimmungs-
kampfes veröffentlicht wurde.

Der Kanzler der Bundesrepublik Deutschland, Dr. Konrad Adenauer,
zum Europäischen Saar-Statut:

„Wer gegen das Pariser Saar-Abkommen ist, hat es entweder garnicht
gelesen - und das sind die meisten - oder er ist nicht besonders
beim Heiligen Geist gewesen, als er auf die Welt gekommen ist.«

Es ist unmöglich, den Saar-Vertrag abzulehnen, wenn man die übrigen
Abmachungen von Paris gutheißt...

Ich glaube, daß das Saar-Abkommen ein gutes Abkommen ist!"

Soll das Saar-Volk jetzt dem deutschen Bundeskanzler
in den Rücken fallen? - Das Saar-Volk wird zur
Unterschrift des Bundeskanzlers stehen!

 Mit Adenauer für das Saar-Statut!

DIE EUROPA BEWEGUNGEN
DES SAARLANDES

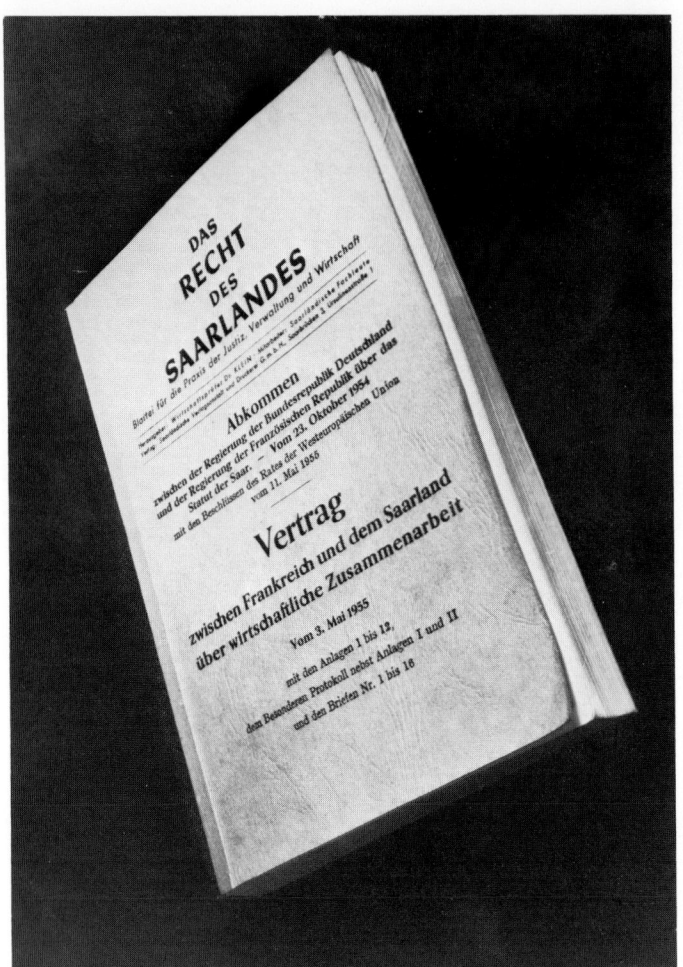

186
Wichtigstes Aufklärungsmaterial: Das Hauptargument der Gegner des Statuts war der große Wirtschaftsvertrag (150 Druckseiten deutscher Text!) vom 3. Mai 1955, das »Kolonialstatut«, das alle Vorrechte Frankreichs an der Saar aufrecht erhalten sollte. Anhand des – abgegriffenen – Exemplars erläuterte der Verfasser in etwa 150 Versammlungen die für die Saarbevölkerung untragbare Regelung.

188

Aktive DPS: Das 8-Punkte-Programm gegen das Saarstatut; umfangreiche Aufklärungsschrift des Verfassers gegen das abgelehnte Saarstatut mit einem Gegenvorschlag in 8 Punkten

189
DPS gegen das Saarstatut: »Durch Nein zu neuen Verhandlungen.« Anstelle des »Kolonialstatuts«
eine befristete europäische Zwischenlösung!

190
Versammlungswelle gegen das Saarstatut: »Durch Nein zu neuen Verhandlungen!«

191
Überfüllte Säle: »Für Freiheit und Vaterland«. Im Hintergrund der Verfasser beim Betreten des
großen Wartburgsaales in Saarbrücken.

192    193
Nach langem Verbot: Auftakt in Völklingen. Unten: In der Saarbrücker Wartburg. Mitte: Lautsprecher-Übertragung auf die Straßen! Parolen der deutschen Parteien: Mit Deutschland nach Europa – Durch Nein zu neuen Verhandlungen!

194
Im Kampf um das Referendum. Ein typisches Bild: Hochbetrieb in den Geschäftsstellen, hier bei der DPS.

195
Eine typische Plakattafel im kleineren Ort. An dem Werbeplakat für das JA: »Das will Dr. Adenauer wirklich« haben empörte Bürger versucht, das JA auszukratzen.

**Ein übles Plakat . . .
und unsere Antwort**

196
Die separatistisch eingestellten »JA-
Parteien« brachten schon zu Beginn der
Auseinandersetzungen das Plakat mit
der Hetze um die »52 Millionen Toten
des letzten Krieges« zum weit verbreiteten Aushang. Die Empörung bei der
Bevölkerung und bei der deutschen
Opposition war groß. Von Anhängern der
CDU wurde vereinzelt der Überkleber
angebracht. Wir antworteten mit zwei
»Gegenschlägen«. Die Gefahr, daß Saarländer unter dem europäischen Kommissar französische Soldaten werden
könnten, wurde mit dem Plakat der
DPS unten links wirkungsvoll herausgestellt. Außerdem wiesen wir auf die
hetzenden Hintermänner in einem weiteren Plakat hin (Abb. 194 oben rechts).

197
Die WEU-Kommission zur Überwachung des Referendums und ihr Präsident Fernand Dehousse.
Die gesamte Kommission in ihrem Sitzungssaal. Am unteren Kopfende (allein) sitzend hat der
Verfasser zahlreiche Klagen und Beschwerden der deutschen Oppositionsparteien mündlich
vorgetragen und begründet.

198
Präsident Dehousse in einer Versammlung des Verfassers in Dillingen. Auch Herr Dehousse
lernte die fröhliche Stimmung in unseren Versammlungen kennen. Neben Dehousse Erich Schwertner und unser FDP-Freund aus Hessen, Kolb. Daneben Frau Schneider und Vater Schneider.

*Mit traumwandlerisch anmutender Sicherheit vertritt Dr. Heinrich Schneider, der Vorsitzende der Demokratischen Partei Saar, den prodeutschen Standpunkt.*

199
Dr. Heinrich Schneider im Wahlkampf: Motor der deutschen Opposition, aus der Zeitung »Tages-Anzeiger«, Zürich vom 1. Oktober 1955.

200
Die deutschen Parteien riefen – und alle, alle kamen. Froh gestimmte Menschen bekennen sich zum NEIN!

201
Überfüllte Säle für das NEIN! Die Säle fassen die Menschen nicht, die hereinströmten, um die Sprecher der Heimatbundparteien zu hören.

drängt stehenden Menschen in den Treppenhäusern, Nebensälen und auf der Straße. Das schon zuvor in internen Gesprächen und Diskussionen, vor allem am 9. Juli 1955 bei einer Zusammenkunft in Trier, vorberatene NEIN zum Statut fand jetzt seine besondere Bekräftigung. Mit der Ankündigung

*»Die CDU sagt ›NEIN‹ zum Statut*

wurde folgende Entschließung gefaßt:

»Die CDU-Saar steht treu zu Heimat, Volk und Vaterland, fühlt sich der wahren Europa-Idee verpflichtet und tritt ein für die echte und dauerhafte deutsch-französische Verständigung. Das zur Volksbefragung stehende Statut läßt nicht erwarten, daß mit seiner Verwirklichung ein echtes Europa gefördert wird und daß die sogenannte Saar-Europäisierung Ausgangspunkt und Vorbild einer Weiterentwicklung zum Vereinten Europa sein wird, daß sich aufgrund des bestehenden Systems der Saar-Konventionen die saarländische Wirtschaft in dem gesamten europäischen Raum, insbesondere auch nach Deutschland hin entwickeln kann.

Die CDU-Saar vermag aus dem vollen Verantwortungsbewußtsein vor ihrer vaterländischen und europäischen Verpflichtung einem Statut nicht ihre Zustimmung zu geben, dessen Geltung zeitlich nicht abzusehen ist, das aber die tatsächliche politische und wirtschaftliche Abtrennung von Deutschland herbeiführt und die kirchliche Loslösung von Trier, Speyer und Düsseldorf befürchten läßt.

Wir wünschen und hoffen, durch unser ›Nein‹ eine bessere und den Lebensinteressen unserer Bevölkerung entsprechendere Gestaltung des Schicksals unserer Heimat zu erreichen.«

Mit dieser Großkundgebung hat sich der Siegeszug der Versammlungen für das NEIN fortgesetzt, der bis zum letzten Tage nicht mehr aufzuhalten war. Tag für Tag setzten die drei Parteien insgesamt über 150 Redner allein in den offiziell angekündigten Versammlungen ein. Die Spitzenredner der drei Parteien waren bis aufs äußerste angespannt (Abb. 199). Zu den Rednern der NEIN-Parteien gehörten alle politischen Freunde, deren Namen ich schon genannt habe. Leider reicht der Raum nicht aus, auch die übrigen zu nennen, die – vor allem zur CDU-Saar – strömten, um in unermüdlichem Rednereinsatz unserer Sache zum Siege zu verhelfen. In den noch vorhandenen Versammlungsankündigungen finden wir viele bekannte Namen, u. a. auch Dr. Röder, der Abend für Abend, meist zusammen mit Dr. Ney, hinauszog, um für Deutschland zu werben. Während ich in den ersten Wochen täglich etwa drei Versammlungen durchführte, steigerte sich die Zahl auf täglich fünf mit einem etwas abgekürzten Redeprogramm; sonnabends waren es meist sechs bis sieben; am letzten Sonntag vor der Abstimmung habe ich insgesamt neunmal gesprochen. Meinen Kollegen Dr. Ney und Kurt Conrad erging das nicht anders.

Natürlich erforderten derartige Strapazen eine besonders sorgfältige Pflege der Stimme. Schon frühzeitig hatte ich mich in die Spezialbehandlung unseres DPS-Freundes Dr. med. Oskar Six begeben und war täglich »gepinselt« und von seiner für unsere Sache so begeisterten Assistentin Doris Wahrenberg bestrahlt worden. Auf dem Behandlungsstuhl entstand einer der besten Wahlwitze, die zur Auflockerung der schwer verdaulichen Wirtschaftsthematik unerläßlich waren. Wir hatten uns alle bemüht, jede Verkrampfung von unseren Versammlungen fernzuhalten, wir wollten die Menschen fröhlich stimmen und manche politische Wahrheit durch einen Scherz, einen Witz oder ein Bonmot einprägsamer gestalten. Das ist uns sicher gelungen; denn die politischen Witze jener drei Monate gingen wochenlang durch unser Land, leider waren sie nach einer Woche für den Redner verbraucht, die Leute kannten sie schon! Selbst die französische Zeitung »Le Monde« brachte einmal während des Referendums einen meiner Schlager-Witze als »le pointu du Dr. Schneider«. Wie sie aufkamen und wer ihre Erfinder waren, war nicht feststellbar. Oft ergab sich der Scherz ganz spontan, oft wurde ein Bonmot durch einen Zwischenruf geboren und machte dann die Runde. Hier nur einige wenige, mir in Erinnerung gebliebenen Fälle:

Es war am 7. September 1955, als ich, wie täglich, auf dem Arztstuhl saß und mein Doktor den tags zuvor erfolgten Rücktritt des noch der Joho-Regierung angehörenden, aber durchaus deutsch gesinnten Finanzminister Professor Dr. Senf mit den Worten feststellte: »Der Senf ist ja jetzt auch weg!« Worauf ich antwortete: »Aber die Würstchen sind geblieben!« Wir sahen uns an und brachen in ein schallendes Gelächter aus! »Das wird der Witz für die nächste Großkundgebung.« Es ist unvorstellbar, welche Freude und Beifall aufkam, als ich meinen Zuhörern diesen Scherz »servieren« konnte. Und während der kleinen Pause des Beifalls, fiel mir ein, noch einmal nachzuziehen. Ich fügte hinzu: »Und das sind alles Lyoner!« Man muß wissen, daß im Saarland die Fleischwurst ganz allgemein als »Lyoner« bezeichnet wird. Natürlich war mit diesem zweiten Scherz die westliche Orientierung der nicht zurückgetretenen Minister des Kabinetts Hoffmann – es ging vorher das Gerücht, es würden noch zwei weitere dem Beispiel von Professor Senf folgen – gemeint.

In der zweiten Hälfte des Abstimmungskampfes war die Gegenseite in ihrer Not dazu übergegangen, sich weitgehend auf die auswärtigen Politiker oder politischen Gremien als Helfer für das JA zu beziehen. So stellten sie – auch auf ihren Plakaten – fest (Abb. 217): »Der Bundestag sagt JA, der Bundesrat sagt JA, der Bundeskanzler sagt JA, die französische Regierung sagt JA usw.« Als der Sprecher der SPS, Peter Zimmer, in einer Versammlung in Saarlouis bei einer solchen Aufzählung eine kleine Pause machte, erschallte aus der hintersten Reihe die Stimme eines alten Mannes, eines jener typischen saarländischen Arbeiter-Rentner, im heimatlichen Dialekt: »Unn eich saan nää!«. Man ließ den Zwischenrufer sofort aus dem Saal hinauswerfen, aber seine kleine Geschichte machte die Runde, sein Zwischenruf wurde zum Schlagwort des Abstimmungskampfes. Ich glaube, wir haben die Worte zuletzt noch plakatiert. In diesem kleinen »nää« steckte der ganze Trotz der Saarländer, der auch in ihrem heimatlichen »grad se läds« – gerade zu Leide, d. h. nun erst recht nicht – verkörpert wird. Deshalb blieben auch alle späteren Versuche von Bonner Stellen, die prodeutschen Parteien, vor allem die CDU, noch während des Referendums zum JA umzustimmen, vergeblich.

Auch ich hatte mit der Trotz-Reaktion meiner Landsleute gerechnet und immer wieder das »Komme, was da wolle« in die Schlußsätze meiner Reden aufgenommen. Ich wußte ja, welche Schwierigkeiten uns durch die erwarteten und dann tatsächlich auch erfolgten Einmischungen aus Bonn, Paris und Luxemburg noch bevorstanden.

Der fröhliche Zug in unseren Versammlungen zeigte sich auch auf vielen Fotos (Abb. 200). Selbst der Präsident der Überwachungskommission, Dehousse, konnte sich ihm nicht entziehen, wie das Foto (Abb. 198) aus meiner Versammlung in Dillingen zeigt, er hat mir hinterher ein ganz schönes Lob gespendet, das er dann teilweise auch in seine Schrift »Mission en Sarre« übernahm.

Ende Juli erschienen zum ersten Mal wieder Zeitungen der deutschen Oppositionsparteien an der Saar: Am 26. Juli die »Neuesten Nachrichten« (CDU-Saar) und am

28. Juli die »Deutsche Saar« (DPS). Am 13. August folgte die »Saarbrücker Zeitung« (DSP). Sie trugen wesentlich zur Aufklärung der Bevölkerung bei, die bis zu diesem Zeitpunkt ja keinerlei oppositionelle Druckschriften aus dem Saarland zur Kenntnis bekam. Wir hatten die »Deutsche Saar« als ausgesprochenes Kampfblatt im Boulevard-Stil aufgezogen und dadurch das besondere Interesse der Leserschaft geweckt, die Zeitung fand guten Anklang und war meistens bald vergriffen. Chefredakteur war unser bewährter Ludwig Bruch, der in alter Form und unermüdlicher Tätigkeit mit gewandter Feder von allem berichtete, was die jetzt auf das höchste interessierte Bevölkerung an der Saar wissen wollte. Zugleich vermittelte er auch unser unerschütterliches Wollen, wieder mit unserm Vaterland vereinigt zu werden. Ludwig Bruch zur Seite standen Paul Haake als Schriftleiter, und im Bereich der Werbung und Verwaltung Rudi Lichtenhagen, der Sohn unserer Mitstreiterin seit 1949, Frau Maria Lichtenhagen. Auch im Vertrieb hatten wir tüchtige und gesinnungstreue Mitarbeiter, vor allem Josef Landgraf. Natürlich standen die beiden anderen Zeitungen der deutschen Parteien an der Saar unserer Zeitung nicht nach, im Gegenteil, sie hatten den Vorteil, täglich zu erscheinen, während unser Blatt angesichts der beschränkten Druckmöglichkeiten und des fehlenden großen Mitarbeiterstabes nur wöchentlich zweimal herauskommen konnte.

Die »Neuesten Nachrichten« (»NN«) standen unter der Leitung und Chefredaktion von Dr. Manfred Schäfer (siehe S. 382), ihm zur Seite stand Erich Voltmer (oben S. 395) als Chef vom Dienst, und Dr. Walter Marzen als Redakteur für Wirtschaft und Soziales. Bei der »SAZ« war Herbert Hoppstädter Chefredakteur, Stellvertreter war Friedrich Regitz, der zweite Vorsitzende der deutschen Sozialdemokraten an der Saar. Die drei Zeitungen, die über Nacht aus dem Nichts heraus geschaffen werden mußten, um der alteingesessenen Konkurrenz, vor allem der von der Gegenseite gelenkten »Saarbrücker Zeitung«, Paroli zu bieten, erbrachten eine besondere Leistung und widerlegten die Befürchtungen, man könne in so kurzer Zeit keine wirksame Gegenarbeit mit der neue gegründeten Presse des Heimatbundes vollbringen.

Unsere politischen Gegner hatten ihren Abstimmungskampf vorzeitig beginnen müssen. Der Siegeslauf des NEIN während der ersten drei Wochen brachte für die Befürworter des Statuts erschreckende Erkenntnisse. Während im April 1955 die erste Allensbach-Umfrage noch 59 Prozent Unentschlossen, 21 Prozent NEIN- und 20 Prozent JA-Stimmen (Allensbach-Umfrage: »Die Stimmung im Saargebiet«, Tabelle 11) ergab, meldete das Emnid-Institut nach einer Befragung vom 8. bis 13. August eine Mehrheit von 79 Prozent der NEIN-Stimmen und nur 21 Prozent für das JA! Diese Stimmung war auch den führenden Politikern im Lager der JA-Sager nicht verborgen geblieben. Sie führten am 13. August im größten Saale von Saarbrücken, der »Wartburg« – hier hatte 1935 die Auszählung des Abstimmungsergebnisses vom 13. Januar 1935 stattgefunden – ihre erste Großkundgebung durch. Als Träger hatte man nicht die etwas lädierten Parteien »CVP« und »SPS« auftreten lassen, sondern gewissermaßen als Verkörperung eines europäischen Willens die (dafür aber wenig bekannten) »Europabewegung des Saarlandes«. An der Stirnfront des Gebäudes war ein großes Transparent »JA für Europa« angebracht. Der Große Saal war voll besetzt, draußen versammelten sich nach und nach etwa 7000 bis 8000 Menschen. Da ich selbst die Kundgebung nicht miterleben konnte – ich hatte zur gleichen Zeit eine größere Versammlung in Blieskastel – lasse ich hier die Darstellung von Robert Schmidt (Bd. III, S. 336) über dieses wohl bedeutendste Ereignis der Abstimmungszeit sprechen. Später hat Hoffmanns erster Mitarbeiter und Chef seiner Staatskanzlei Schlehofer bestätigt, daß diese Kundgebung von ausschlaggebender Bedeutung gewesen sei. Für ihn sei an diesem Abend klar geworden, daß das JA unterliegen müsse. Schmidt schreibt darüber:

»Bei der mit großem Aufwand propagierten und aufgezogenen Großkundgebung vom 13. August, bei der zwei- bis dreitausend Linientreue, aber auch einige hundert Oppositionelle im Saal saßen oder in den Gängen standen und etwa siebentausend Gegner im Hof und auf der breiten Straße vor der »Wartburg« (Abb. 203) zuhörten (und dann demonstrierten), las ein Sprecher vom Saarländischen Rundfunk in feierlicher Form als Prolog hymnische Verse von Franz Werfel. In ihnen kam der übrigens mit großem Pathos vorgetragene Satz vor: »*Denn was wir halten, ist nicht mehr zu halten!*« Die Wirkung war durchschlagend. Nach einem kurzen Moment der Stille und der Überraschung brach bei den Zuhörern sowohl im Saal als auch draußen von der »Wartburg«, wohin per Lautsprecher übertragen wurde, ein schallendes Gelächter aus. Bei dem ausgeprägten Sinn für Humor und Pointen, der den Saarländern weitgehend eigen ist, war diese Wirkung der Verse unvermeidlich, selbst bei solchen Personen, die eigentlich als Befürworter des Statuts anzusehen waren. Allein schon mit diesem Zwischenfall war die gewollte »Würde« der Veranstaltung weitgehend verloren gegangen. Entsprechend steigerte sich die Nervosität der Veranstalter. Personen, die während der Reden Zwischenrufe machten (was besonders bei der mit wüsten Schimpfkanonaden gespickten Rede Hoffmanns, die bei vielen Zuhörern ganz natürlich stärksten Widerspruch hervorrief, nicht verwunderlich war), sind auf Veranlassung von Minister a. D. Dr. Braun, der als Präsident der Europa-Union das Hausrecht ausübte[1], aus dem Saal gewiesen, teilweise aus dem Saal geworfen worden. Daß das »Klima« der ganzen Veranstaltung auch dadurch immer hitziger wurde, läßt sich denken. Während und nach der Kundgebung wurden Sprechchöre laut, in denen Hoffmann zum Gehen, beziehungsweise Abdanken aufgefordert wurde. (Es handelt sich um Sprechchöre der draußen stehenden Gegner, die abwechselnd riefen: »Der Dicke muß weg!« oder »Johannes geh ab nach Marokko, aber laß die Kass do!« Auch wurden draußen das Deutschland- und Saarlied gesungen, Anm. d. Verf.) Der Abgang der Redner erfolgte durch einen Notausgang. Es mag sein, daß Johannes Hoffmann sich subjektiv bedroht gefühlt hat[2], objektiv sah die Situation keineswegs danach aus. Dazu war die Stimmung in vielem denn doch zu sehr aufgelockert. Den von den Demonstranten negativ Betroffenen wird das aber verständ-

1 Er hat das Hausrecht übrigens an alle Anwesenden delegiert. (»Wir wollen alle, die hier stören, packen! Es darf jeder jeden packen, der stört!« Zitiert nach »Christ und Welt« vom 18. 8. 1955, einer als außerordentlich seriös bekannten Wochenschrift). Daraufhin konnten sich dann auch die Rowdies im Lager der Befürworter austoben. Es kam zu entsprechenden Prügelszenen. Die Polizei verhielt sich hier noch zurückhaltend. Sie hat aber beim Ende der Veranstaltung mit dem Gummiknüppel auf die Demonstranten vor dem Haus eingeschlagen, als diese sich nicht zerstreuten (allerdings sie, wo die Polizisten am Eingang standen, auch gar nicht zerstreuen konnten, weil die Masse der Demonstranten hinter ihnen nicht gewichen ist). – Diese Polizeiaktion, die erste ihrer Art im Abstimmungskampf, hat sehr dazu beigetragen, daß das Verhältnis zwischen Polizei und Gegnern des Statuts stellenweise sehr schlecht wurde und sich dann gelegentlich in Demonstrationen gegen die Polizei selbst Luft machte, wie etwa gegen Ende der Kundgebung mit Hoffmann in Neunkirchen am 17. August 1955.

2 Das ist später – ähnlich auch bei anderen Gelegenheiten – von der JA-Einheitsfront behauptet worden, um die These vom »Terror« der Gegner des Statuts, die dabei alle in einen Topf geworfen wurden, zu untermauern.

licherweise nicht so deutlich geworden sein wie einem Beobachter, der die Dinge mit nüchternem, wissenschaftlichem Blick zu sehen versucht hat. Im übrigen: die Tausende von Zuhörer außerhalb des Gebäudes sangen beim Ende der Kundgebung und beim Abgang der Redner das Deutschlandlied und das Saarlied (und es darf schon theoretisch als sicher gelten, daß Personen, die Hymnen dieser Art singen, keine körperliche Bedrohung ausüben[1].«

Soweit Professor Schmidt, der damals schon an seinem großen Werk arbeitete und als Beobachter an der Veranstaltung teilnahm. Wenn auf seiten der Befürworter des Statuts noch ein weiterer Fehler zu machen möglich war, dann geschah auch das. Am folgenden Tag berichtete die Zeitung Hoffmanns »SVZ« in dicken Schlagzeilen: »Zehntausend in und vor der Wartburg-Großkundgebung der Europabewegungen von einmaliger Wucht und Eindringlichkeit – Johannes Hoffmann: ›Wir werden verhindern, daß alles in Scherben fällt‹ – Peter Zimmer: ›Wir lassen nicht mit uns spielen‹.« Trotz der Drohungen waren die Zehntausend jetzt mehr oder weniger zu Anhängern des JA umfunktioniert worden.

Nach diesem ersten »Schlagabtausch« war auf seiten der Hoffmannanhänger die *Nervosität* zum bestimmenden Faktor aller weiteren Maßnahmen geworden. Das hatte sich schon in den beiden Nächten zuvor, am 11. und 12. August gezeigt, als Anhänger Hoffmanns, die mit Autos der Firma Grosso-Haus, des Schwiegersohn Hoffmanns, unterwegs waren, in großer Zahl Hakenkreuze über die Plakate der NEIN-Parteien klebten. Eine von mir der WEU-Kommission vorgelegte Beschwerde blieb ohne Ergebnis, wie die meisten unserer Beschwerden. Nach dem 13. August ließ Hoffmann bei allen Kundgebungen starke Polizeiaufgebote einsetzen. Durchweg fuhren 300 bis 400 Mann in den Mannschaftswagen in den Versammlungsorten auf (Abb. 204). Daß allein schon durch das äußere Bild der Polizeimacht bei der Wählerschaft ein denkbar ungünstiger Eindruck erweckt worden ist und die von uns immer wieder behauptete Unterdrückung der Freiheit auf diese Weise besonders bestätigt wurde, fiel den Veranstaltern offenbar nicht auf. Hinzu kam ein weiterer Umstand. Seit Jahren war die saarländische Polizei mit Uniformen und Stahlhelmen der französischen Garde mobile ausgestattet worden. Hoffmann und Hector ließen sie bei den ersten Einsätzen in dieser Ausrüstung auftreten (Abb. 205). Erst als man merkte, daß man die »fremde Präsenz« an der Saar gar nicht besser demonstrieren konnte, mußten die Polizisten wieder ihre alten Uniformen anziehen. Natürlich fehlte bei diesen Einsätzen auch der Wasserwerfer nicht, der aber meines Wissens nie in Aktion trat. Überhaupt verhielten sich die demonstrierenden Menschen äußerst diszipliniert. Außer einigen Zwischenrufen und Parolen für das NEIN gab es keine Äußerungen der Gegner des Statuts. Wenn man die heute üblichen und ganz selbstverständlichen Demonstrationen in unseren Städten mit dem vergleicht, was Herr Hoffmann und Herr Hector an der Saar niederknüppeln ließen (Abb. 205), dann wird das letzte Aufzucken offenbar, mit welchem sich das damalige Regime noch zu halten versuchte. Sie hatten offenbar den Satz ihres Sprechers nicht erfaßt: »Was wir

---

1 Auf diese Umstände muß eben deshalb besonders hingewiesen werden, weil die Befürworter des Statuts der Weltöffentlichkeit immer wieder darzutun versuchten (damals und auch später noch), wie groß der »Terror« der Gegner gewesen sei, ferner weil diese Version in der Weltöffentlichkeit weithin für bare Münze genommen worden ist. Daß es unter Tausenden sich normal verhaltender Menschen, hier eben Oppositionellen, immer auch einige Schreier gibt, ist ja an und für sich nichts Neues.

halten, ist nicht mehr zu halten!« Dieser Gedanke wurde in einer Aufnahme eines amerikanischen Fotoreporters eingefangen, die wir dann zum Motiv eines unserer Plakate gemacht haben (Abb. 206). Auf diesem Bild umringen sieben uniformierte Saarpolizisten ein junges Paar; beide suchen sich gegen die Schläge mit den Gummiknüppeln durch ihre Hände über dem Kopf zu schützen. Mindestens drei der Polizisten schlagen auf das wehrlose Paar ein! Ausschlaggebend dürfte aber das auf dem Bild sichtbare Verhalten der umstehenden Menschen sein. Keiner hat eine drohende Haltung eingenommen, alle halten sich hinter der Polizei zurück, sie schauen lediglich neugierig oder entsetzt zu! Eindrucksvoller als durch diese Aufnahme ist wohl kaum Ursache und Schuld erkennbar geworden.

Hoffmanns Nervosität hat auch in der Verstärkung der bewaffneten persönlichen Sicherheitsbeamten ihren äußeren Ausdruck gefunden. Er wurde ständig von 7 bis 8 Sicherheitsbeamten begleitet, die ihre Hand griffbereit an der Pistole (Abb. 209), durch Kreise eingezeichnet!) hielten – oder aber sich als Claqueure betätigen mußten. Im Gegensatz dazu fuhren wir wochenlang Abend für Abend durch das ganze Land, ohne Bewachung und vor allem ohne Polizeischutz. Erst in den letzten vier Wochen drängte man auch mir eine Begleitung auf. Der Anlaß war aber ein ganz anderer als Angst vor Überfällen, obwohl ich mittlerweile einige massive Drohungen erhalten hatte. Meine fünf und mehr Versammlungen hintereinander an einem Tage lagen oft so weit auseinander, daß ich in höchstem Tempo von Ort zu Ort rasen mußte. Bei der jetzt früher einsetzenden Dunkelheit hatte ich mich des öfteren verfahren und daher die Zuhörer warten lassen. Diesen Mißstand stellten meine Freunde unter der freiwilligen Leitung unseres eifrigen Anhängers Ludwig Kuhnen ab. Er bildete mit vier Kameraden eine Begleitgruppe, die vor allem für den richtigen Weg und das Einlotsen zu den Versammlungssälen sorgte. Im übrigen gab es auf unserer Seite nie einen Zwischenfall. In keiner meiner Versammlungen wurde auch jemals ein Zwischenrufer hinausgeworfen. Ich habe im Gegenteil wiederholt unsere Leute gebeten, Zwischenrufe ruhig zuzulassen; denn der souveräne Redner findet in einem Zwischenruf erst die Würze für die eigene Rede.

Im Gegensatz zu unseren Versammlungen ließ die Besucherzahl der Hoffmannschen Versammlungen immer mehr zu wünschen übrig. Es mag sein, daß viele Befürworter des Statuts ohnehin zum JA entschlossen waren und den Besuch der Versammlungen für überflüssig hielten. Viele aber wurden abgeschreckt durch das große Polizeiaufgebot, das die JA-Sager-Kundgebungen begleitete. Auch das hatte man auf der Gegenseite nicht beachtet. Jetzt mußte man auch Besucher antransportieren. So zeigten sich immer lange Omnibusreihen (Abb. 211), wenn in einem Ort eine Kundgebung der »Europäer« stattfand, wie es spöttisch hieß. Wiederum fand der Witz unserer Bevölkerung schnell das treffende Wort, man nannte jetzt die JA-Sager »*Transporteuropäer!*«

Als die JA-Parteien ihre Felle immer mehr davonschwimmen sahen, wurde der »Terror der Statut-Gegner« hochgespielt, obwohl überhaupt nur bei insgesamt vier Kundgebungen (Wartburg, Neunkirchen, St. Ingbert und im Oktober nochmals in Beckingen) Auseinandersetzungen mit der Polizei stattfanden, für die aber allein die Einsatzleiter der JA-Parteien verantwortlich zu machen waren. Hoffmann spielte immer gern den Märtyrer, wenn er nicht »von oben herab« diktieren konnte. Deshalb drohte er jetzt angesichts der Lage, seine Anhänger aufrufen zu wollen, auch das Statut abzulehnen. Die Unwahrhaftigkeit solcher Propaganda-»Sprüche« geht allein schon aus einigen Überschriften der Presse aus dem JA-Sager-Lager hervor, die Schmidt (Bd. III, S. 219) zusammengestellt hat:

| | |
|---|---|
| »SVZ« vom 26. 9. 1955 | »Das JA weiter siegreich vorwärts« |
| »SVZ« vom 28. 9. 1955 | »Sie sind schlechte Verlierer« |
| »SVZ« vom 3. 10. 1955 | »Mit Siegesbewußtsein in den Schlußkampf« |
| »SVZ« vom 7. 10. 1955 | »Die NEIN-Parteien sachlich am Ende« |
| »Volksstimme« vom 11. 10. | »Gefolgschaft der NEIN-Parteien bröckelt weiter ab« |
| »Volksstimme« vom 11. 10. | »Versammlungspleite der NEIN-Sager auf der ganzen Linie« |
| »SVZ« vom 13. 10. 1955 | »Sie tun nur noch so als ob« |
| »Volksstimme« vom 15. 10. | »NEIN-Sager befinden sich in höchster Not« |
| »SVZ« vom 15. 10. 1955 | »Letzter Rettungsversuch für das NEIN« |

In Wirklichkeit war die Lage ganz anders. In größter Sorge, nur mit etwa zwanzig Prozent der Stimmen für das Statut aus dem Referendum herauszukommen, wandte sich Hoffmann an Paris. Der französische Vertreter in Bonn – damals noch Hochkommissar François-Poncet – suchte (mehrfach) den Bundeskanzler auf, obwohl die bundesdeutsche CDU-Führung einen solchen Anstoß nicht notwendig hatte.

Bereits am 4. August 1955 forderte der Deutschland-Union-Dienst der CDU-Bonn zur Annahme des Statuts auf, wahrscheinlich hatte man gehofft, die für den 7. August vorgesehene Entscheidung der CDU-Saar beeinflussen zu können. Wir richteten daraufhin ein Telegramm an den CDU-Dienst nach Bonn: »Nach Rundfunkmeldungen sollen Sie die drei deutschen Saarparteien ermahnt haben, das Saarstatut anzunehmen. Wir weisen diese Empfehlung zurück und bitten, sich nicht in eine Entscheidung einzumischen, die allein Sache der Saarländer sein muß. Nachdem wir bei allen Verhandlungen über das Statut, den Wirtschafts- und Röchlingvertrag ausgeschlossen waren, sollte man uns wenigstens jetzt in freier Willensbildung entscheiden lassen, andernfalls kann das Ergebnis der Volksbefragung nie anerkannt werden. Ihre Intervention stimmt auffallend überein mit Erklärungen und Hilferufen des Herrn Hoffmann vom 2. August an Bonn.«

Am 5. August unterstrich dann unser Chef Senator Becker den Inhalt des Telegramms, indem er in einer dpa-Meldung erklärte: »Wenn man schon der Saarbevölkerung die Verantwortung für das Saarstatut aufbürdet, dann ist es geradezu unfaßbar, wenn man jetzt von Bonn aus durch Verletzung des Statuts die objektive Meinungsbildung unmöglich macht.« In der Tat war diese erste Bonner Einmischung nicht nur »Munition« für Hoffmann und seine Anhänger, sondern eine eklatante Verletzung des Statuts. Auf ausdrückliches Verlangen der Franzosen, die eine Wiederholung des »Ergebnisses von 1935 durch Nazipropaganda« ausschließen wollten, wurde im Artikel VI Satz 3 des Statuts bestimmt:

*»Jede von außen kommende Einmischung, die zum Ziele hat, auf die öffentliche Meinung an der Saar einzuwirken, insbesondere in der Form der Beihilfe oder der Unterstützung für politische Parteien, für Vereinigungen oder die Presse, wird untersagt.«*

An diese Verpflichtung hielt sich angesichts der drohenden Niederlage des Statuts niemand mehr, leider am wenigsten der Bundeskanzler, wie unsere Abbildungen des »Plakatkrieges« um Dr. Adenauer zeigen (Abb. 212 und 213).

Ich hatte das im stillen immer befürchtet und mit dem alten Ziethen gedacht, der einmal vor seinen Soldaten vor der Schlacht gebetet hat: »Lieber Gott, wenn Du mir nicht helfen willst, dann hilf auch wenigstens nicht meinen Feinden!« Sicherlich nicht ohne Zustimmung Adenauers mischte sich der DUD-Dienst der CDU nochmals in das Abstimmungsgeschehen ein und veröffentlichte – trotz unserer Aufforderung, uns allein entscheiden zu lassen – einen weit verbreiteten Artikel vom 26. August 1955, in dem außer einer nachdrücklichen Befürwortung des Statuts unter anderen ausgeführt wurde: »Die Entscheidung über das Saarstatut ist keine Entscheidung für oder gegen den derzeitigen Ministerpräsidenten Hoffmann; diese Entscheidung bleibt den nach der Annahme des Saarstatuts vorgesehenen Landtagswahlen vorbehalten. Es ist sehr zu bedauern, daß durch die Entwicklung des Abstimmungskampfes die Fragestellung der Abstimmung am 23. Oktober völlig verschoben wird, und daß der Abstimmungskampf Formen angenommen hat, die der Freiheit unwürdig, dem deutschen Ansehen schädlich und nicht geeignet sind, die Bevölkerung sachlich darüber aufzuklären, für oder gegen was sie sich zu entscheiden hat.«

Diese Behauptung war ebenso unwahr wie auch politisch falsch. Der Verfasser kannte weder die Problematik, die unsere Leser inzwischen kennengelernt haben, noch hatte er die Vorgänge im Saarland seit dem Beginn des Abstimmungskampfes am 23. Juli miterlebt. Darauf dürfte es ihm aber gar nicht angekommen sein, sondern allein, den Anhängern des Statuts Hilfe zu leisten und das Statut durchzubringen. Das drückte die Zeitung Hoffmanns, die »SVZ« vom 3. September auch ganz unverblümt aus, als sie einen Leitartikel überschrieb: »*Der Kanzler will unter allen Umständen, daß das Statut verwirklicht wird.*« Kein Wunder, daß schon der DUD-Artikel vom 26. August im Lager der JA-Sager mit Jubel und Begeisterung begrüßt worden ist. Am 27. August schrieb die »Volksstimme«: »Adenauer und seine CDU gegen CDU-Saar – Der Bundeskanzler erklärt, seine Unterschrift sei nicht erpreßt worden.« Und am 29. August 1955 schrieb das gleiche Blatt, wiederum in Balkenüberschrift: »Vernichtender Schlag für die NEIN-Parteien – Eindeutige Antwort gegen die unerhörten Unterstellungen – Dr. Adenauer gegen Schneider–Ney–Conrad. – Bundeskanzler steht nach wie vor zum Saar-Statut und widerlegt die unverschämten Lügen der Contradeutschen!« Ähnliche Kommentare und Hinweise fanden sich in Hoffmanns »SVZ«.

Aber der Artikel des Deutschland-Union-Dienstes der CDU sollte nur der Vorläufer eines noch härteren und für die drei deutschen Saarparteien noch bittereren Schlages werden, der aus dem eigenen deutschen Lager kam und – wie die Schweizer Zeitung »Die Tat« dazu schrieb: »Der Dolchstoß in den Rücken der prodeutschen Parteien« war. Am Abend des 2. September 1955 – dieser Tag war eigentlich der zweite schwarze Freitag für die Saar – hielt der Bundeskanzler eine Rede in Bochum, die über den deutschen Rundfunk verbreitet wurde. In dieser Rede führte Adenauer in Beziehung auf die Saar aus: »Meine Damen und Herren, da ich von Europa spreche, lassen Sie mich hier in aller Offenheit und in aller Freimut etwas sagen: Ich bin in großer Sorge wegen der Vorgänge an der Saar. Ich verstehe, daß die Empörung gegen die Unterdrückung durch die Regierung Hoffmann, die nun zehn Jahre gedauert hat, sich in emotionaler Weise Luft gemacht hat. Aber meine Damen und Herren, in der Politik darf man nicht nur emotional denken. In der Politik muß man dann und wann sicher mal Luft sich machen. Aber dann muß man wieder mit kühlem Kopf die ganze Sachlage überdenken. Die herzliche Bitte habe ich an die Bevölkerung der Saar zu richten. Ich verstehe, daß sie die Regierung Hoffmann nicht mehr will und ich bin der Auffassung, die Regierung Hoffmann hat im Saargebiet keinen Boden mehr bei der Bevölkerung. Aber der Weg, zu einer anderen Regierung zu kommen ist derjenige, *dieses Statut anzunehmen* und dann in der darauf stattfindenden Landtagswahl einen Landtag zu wählen, der in einer Mehrheit gegen die Regierung Hoffmann gerichtet ist. – (Beifall) Und wenn man das tut, meine Damen und Herren, dann beachtet man gleichzeitig auch die europäischen Interessen, die es nicht vertragen, daß ausgerechnet in diesem Augenblick und in diesen Wochen, diesen wenigen Wochen vor der zweiten Genfer Konferenz, in Europa zwischen Deutschland und Frankreich ein Unruheherd wieder geschaffen wird.«

Für die Befürworter des Statuts waren diese Worte des Kanzlers so erstaunlich, daß die »Volksstimme« noch am 4. September in einem Leitartikel von »Eine(r) unerwartete(n) Stellungnahme« sprach. Beide JA-Parteien verkündeten von nun an: »Bundeskanzler Adenauer ruft Saarbevölkerung zum JA auf.« *Wie konnte das geschehen?* Der Bundeskanzler ist in seinen sehr geschickt formulierten »Erinnerungen« auf die Bochumer Rede und seine weiteren späteren Einmischungen zur Annahme des Statuts nicht eingegangen. Wir erfuhren aber bald durch unsere Freunde, daß der Bochumer Rede wieder ein Druck von französischer Seite vorausgegangen war. Zuverlässig wurde uns vom Besuch des französischen Hochkommissars François-Poncet Mitteilung gemacht; der Bundeskanzler sei vor seiner bevorstehenden Reise nach Moskau dringend auf eine französische Unterstützung gegenüber den Russen angewiesen gewesen und habe gar nicht anders handeln können. Wie dem auch sei, ein Blitzschlag in ein Haus konnte nicht verheerender wirken als die Aufforderung des Kanzlers in Bochum. Trotzdem war das nur ein »kalter« Blitz. Noch am Abend der Bochumer Rede bereiteten unsere Freunde von der CDU: Dr. Best, Josef Müller, Paul Müller, Günther Schwehm und Dr. Nalbach in der Wohnung von Dr. Best eine Gegenaktion vor. Man beratschlagte hin und her und verfiel auf den einzig richtigen Gedanken:

*Zusammenschluß der drei Saarparteien zum Deutschen Heimatbund an der Saar!*

Den Namen hatte die Gattin unseres Freundes Dr. Best in Erinnerung an die Vorgänge von 1920 in Oberschlesien vorgeschlagen. Mit einer Bekräftigung der bisherigen politischen Haltung gegen das Statut ging jetzt der Kampf weiter; er wurde aber noch mehr als bisher *auf die Person des Bundeskanzlers Dr. Adenauer abgestellt* (Abb. (212). Die Befürworter des Statuts hatten auf einmal ihre Plakate schwarz-rot-golden umrandet, also mit den Farben der deutschen Bundesrepublik, die sie wenige Jahre zuvor noch polizeilich beschlagnahmen ließen. Der deutsche Regierungschef wurde jetzt ihr bester »Wahlschlager« und Verbündeter, wie die Abb. 212 einiger Plakate zeigt. Daneben wurden Hunderttausende von Flugblättern und Zeitungen mit dem gleichen Tenor: »Mit Adenauer JA zum Statut« verbreitet. Trotzdem stellte sich bald heraus: Unsere Gegner hatten zu früh frohlockt, wenn beispielsweise die »Volksstimme« am 9. September schrieb: »Dr. Schneider wankt – Das JA des Bundeskanzlers besiegelt Niederlage«! (Abb. 219) Der ruhige und kurze Aufruf der drei deutschen Parteien an der Saar überzeugte die Bevölkerung in kurzer Frist. In dem Aufruf hieß es:

»Die drei deutschen Parteien an der Saar:
Christlich-Demokratische Union Saar (CDU)
Deutsche Sozialdemokratische Partei (DSP)

Demokratische Partei (DPS)
schließen sich mit heutigem Tage zu der Arbeitsgemeinschaft
*Deutscher Heimatbund*
zusammen.

Der Deutsche Heimatbund gelobt den Deutschen an der Saar entgegen allen inneren und äußeren Einflüssen *am deutschen Vaterlande festzuhalten*, die deutsche Kultur an der Saar gegen alle Bestrebungen der Entfremdung zu verteidigen, gegen jede Verfälschung des wahren Volkswillens einzutreten, die deutsch-französische Verständigung im Geiste der Wahrhaftigkeit durch eine gerechte Lösung der Saarfrage zu fördern und als Deutsche mitzuarbeiten an der Vereinigung Europas auf der Grundlage der Gleichberechtigung aller europäischen Völker.

Christlich-Demokratische Union                 Deutsche Sozialdemokratische
Saar (CDU)                                     Partei (DSP)
gez. Dr. Hubert Ney                            gez. Kurt Conrad

Demokratische Partei (DPS)
gez. Dr. Heinrich Schneider«

Mit der Bochumer Rede war aber der Leidensweg der drei allein auf weiter Flur kämpfenden prodeutschen Saarparteien keineswegs beendet. Der Kanzler war einfach entschlossen, dem Statut zur Annahme zu verhelfen. Dieser Wille dürfte zwar durch französische Vorstellungen immer wieder bestärkt, aber keineswegs dadurch hervorgerufen worden sein. Als sich im Verlauf des September 1955 herausstellte, daß auch die Bochumer Erklärungen des Kanzlers keine Wende in der Auffassung der Mehrheit der Saarbevölkerung gegen das Statut gebracht hatten – Jokab Kaiser hatte das dem Kanzler in einem persönlichen Schreiben vom 6. September sehr klar vorausgesagt –, fanden erneute Beratungen innerhalb des Parteivorstandes und Parteienausschusses der CDU in Bonn statt. Auf der Sitzung vom 30. September 1955 berichtete der Kanzler »zur Lage« und meinte, die »nationalistischen Ausbrüche an der Saar hätten der Bundesrepublik im Ausland sehr geschadet. Man habe im Ausland kein Verständnis für die seelischen Hintergründe in der Frage der deutschen Wiedervereinigung und der deutschen Einheit. Das NEIN gegen das Saarstatut wäre international ein großes Unglück, ja sogar ungünstig für die Frage einer deutschen Wiedervereinigung wegen der mit der Ablehnung des Saarstatuts zum Ausdruck gelangten nationalistischen Haltung.« Dieser Auffassung Adenauers widersprachen vor allem der Bundesminister Jakob Kaiser und unser saarländischer Freund Dr. Fritz Hellwig. Nachbarn Hellwig gesprochen hatte, verlangte der nordrhein-westfälische CDU-Abgeordnete Johnen, daß der Bundesvorstand der CDU nicht schweigen könne und dürfe und eine Erklärung abgeben müsse; denn bei einem NEIN der Saarbevölkerung drohe die völlige Ausschaltung der Saarbevölkerung. Nach einer langen Debatte über die Frage, ob der CDU-Vorstand eine Entschließung an die Saarbevölkerung richten und sie zur Annahme des Statuts aufrufen solle, verlangte der Bundeskanzler eine Abstimmung über den Antrag des Herrn Johnen. Das Ergebnis dieser Abstimmung waren 14 Stimmen für den Antrag, fünf dagegen, und sechs Enthaltungen! Gegen den Antrag hatten gestimmt: Bundesminister Jakob Kaiser, Ministerpräsident Peter Altmeier und Innenminister Dr. Zimmer, beide von Rheinland-Pfalz, Bundesminister Dr. Heinrich Krone und Dr. Fritz Hellwig. Nach diesem knappen Ergebnis, das alsbald auch in der

Öffentlichkeit bekannt wurde (»Deutsche Saar« vom 8. Oktober 1955), verzichtete der Kanzler auf die Entschließung, er gab aber eine Presseerklärung über die Sitzung des Bundesvorstandes der CDU vom 30. September 1955 ab, über welche die »Saarbrücker Zeitung« vom 3. Oktober berichtete: »Adenauer erklärte: ›Es stehen so große Fragen vor uns, daß man verlangen muß, daß auch die Entscheidung an der Saar die weitere europäische Entwicklung nicht beeinträchtigen wird.‹ Sowohl Parteivorstand wie auch Parteiausschuß billigten diese Auffassung des Kanzlers.«

Wenige Tage später reiste der Kanzler zu den Verhandlungen mit dem französischen Ministerpräsidenten Edgar Faure nach Luxemburg. In gut informierten Kreisen Bonns wußte man, daß auch bei diesen Gesprächen die Saarabstimmung und eine erneute Aufforderung an die Saarbevölkerung Gegenstand der Besprechungen sein sollte. Am 4. Oktober, einen Tag vor der Abreise, warnte Minister Kaiser den Kanzler in einem persönlichen Handschreiben:

»Jakob Kaiser                                                          4. Oktober 1955
Bundesminister                                                        K/Ph

Herrn Bundeskanzler Dr. Konrad Adenauer
Bonn

Verehrter Herr Bundeskanzler,

da ich über die Situation beunruhigt bin, der Sie sich der Saar wegen morgen in Luxemburg gegenübersehen dürften, kann ich nicht umhin, Ihnen in dieser umstrittenen Sache noch ein Wort zu schreiben.

Ich erinnere Sie zunächst noch einmal an die Erklärung des damaligen französischen Ministerpräsidenten Mendès-France, der vor der Nationalversammlung am 23. Dezember 1954 erklärte:

›Ich halte es für nötig zu wiederholen, um jedes Mißverständnis in unserem Lande und im Ausland auszuschalten, daß die Bestimmungen des Statuts der Saar, wenn die Zeit gekommen ist, ohne jede Abänderung in den Friedensvertrag übernommen werden müssen. Die französische Regierung wird sich nicht zu einem Friedensvertrag bereit finden, der mit dieser Forderung nicht übereinstimmt.«

Ich erinnere Sie weiter an die Erklärung, die Außenminister Pinay am 30. März 1955 gleichfalls vor der Nationalversammlung abgab. Sie lautet:

›Das zweite Referendum kann nicht vor Abschluß des Friedensvertrages stattfinden und hier – ich präzisiere das – wird das französische Einspruchsrecht genügen, um den Abschluß des Friedensvertrages zu verhindern.‹

Beide Erklärungen machen die Entschlossenheit Frankreichs deutlich, das Saargebiet nach Annahme des Statuts durch die Saarbevölkerung endgültig von Deutschland abgetrennt zu halten.

Es kann kein Zweifel bestehen, daß es nicht zuletzt das Wissen um diesen Willen der französischen Politik ist, das die ablehnende Haltung der Bevölkerung an der Saar gegenüber dem Statut bestimmt.

Bei dieser eindeutigen Sachlage muß auch ich der Meinung bleiben, daß die Bevölkerung des Saargebietes ohne jede weitere Beeinflussung von außen ihre freie Entscheidung treffen kann. Ich bleibe dabei der Überzeugung, Herr Bundeskanzler, daß angesichts des politischen Verantwortungsbewußtseins der maßgeblichen Persönlichkeiten

an der Saar das Ergebnis des Referendums unsere Beziehungen zu Frankreich nicht auf längere Sicht nachteilig beeinflussen wird.
Mit allen Wünschen für Ihre schwierige Aufgabe bleibe ich

in verbindlicher Begrüßung
Ihr ergebener
gez. Jakob Kaiser«

In der gleichen sehr deutlichen Form richtete auch der Landesvorsitzende der CDU von Rheinland-Pfalz, Ministerpräsident Peter Altmeier am 4. Oktober 1955 eine Warnung an Dr. Adenauer. Hier der volle Wortlaut auch dieses historischen Schreibens:

»CDU
Christlich-Demokratische Union
Rheinland-Pfalz
Landesvorsitzender

Herrn                                                    Mainz, den 4. Oktober 1955
Bundeskanzler Dr. Adenauer
Bonn

Sehr geehrter Herr Bundeskanzler!
Durch die heutigen Presseverlautbarungen wird bekannt, daß Sie sich morgen mit dem französischen Ministerpräsidenten Faure treffen, wobei neben der Vorbereitung der Genfer Konferenz das Hauptthema die Entwicklung des Abstimmungskampfes an der Saar sein soll.
Landesvorstand und Landtagsfraktion der CDU von Rheinland-Pfalz erheben in letzter Minute ihre warnende Stimme gegen eine hier beabsichtigte gemeinsame Erklärung von Ihnen und Ministerpräsident Faure, die sich zu Gunsten eines Ja aussprechen würde.
Eine solche Erklärung wäre ein flagranter Verstoß gegen Art. 6 des Saarabkommens, der »jede von außen kommende Einmischung, die zum Ziele hat, auf die öffentliche Meinung an der Saar einzuwirken«, untersagt. Wenn die zwei höchsten politischen Autoritäten von Frankreich und der Bundesrepublik eine solche Erklärung abgäben, dann bedeutet sie zumindest den stärksten moralischen Druck, der überhaupt denkbar ist. Schon die Bochumer Erklärung hat bei den besten Anhängern unserer Partei in Rheinland-Pfalz, ganz abgesehen von den anderen Bevölkerungsschichten, eine tiefgehende Enttäuschung und Bestürzung hervorgerufen. Die Rückwirkungen einer erneuten Erklärung auf unsere Partei und ihre Stellung im öffentlichen Leben des Landes sind noch nicht abzusehen, zumal alle übrigen politischen Parteien sich klar an den Wortlaut des Art. 6 des Saarabkommens halten.
Eine gemeinsame Erklärung mit Ministerpräsident Faure im Sinne eines Ja würde Landesvorstand und Fraktion der CDU vor eine Situation stellen, die sie unter Umständen zu einer gegenteiligen öffentlichen Verlautbarung zwingen würde.
Weiterhin wird eine Einmischung von der Bevölkerung auch deshalb abgelehnt, weil sowohl Ministerpräsident Faure als Außenminister Pinay in der Französischen Kammer Erklärungen abgegeben haben, die als das Ziel einer jeden französischen Politik die definitive Abtrennung der Saar von Deutschland begründen. So hat Minister-

präsident Faure am 23. 2. 1955 (Journal Officiel 1955, Débats parlementaires, A.N. S. 868) u. a. folgendes erklärt:

›. . . Was den Friedensvertrag anbetrifft, so erinnert die französische Regierung an ihren Standpunkt. Sie wird darauf bestehen, im Friedensvertrag die Bestätigung des europäischen Statuts zu erreichen, welches das Saargebiet als getrennte politische Persönlichkeit anerkennt; sie wird in dieser Hinsicht auch alle Rechte geltend machen, die ihr auf Grund der internationalen Verhandlungen zustehen. Es versteht sich jedoch von selbst, daß, um die Dauerhaftigkeit des Statuts sicherzustellen, sein gutes Funktionieren und die Zustimmung der saarländischen Bevölkerung von wesentlicher Bedeutung sind.

Die französische Regierung hat schließlich keinen Grund anzunehmen, daß eine Änderung in der Haltung eingetreten ist, die von ihren Alliierten seit 1947 öffentlich eingenommen oder in Zusagen erklärt worden ist und die sich auf die Bestätigung der politischen Autonomie des Saargebiets im Friedensvertrag ebenso wie auf die Erhaltung der französisch-saarländischen Wirtschaftsunion bezieht.

Das Abkommen vom 23. Oktober kann diesen Zusicherungen und Erklärungen erst die volle Wirksamkeit verschaffen, weil es gleichermaßen die beiden grundlegenden Bestimmungen enthält, die nunmehr in das europäische Statut aufgenommen sind, das ebenso von Frankreich wie von der Bundesrepublik angenommen worden ist.‹

Außenminister Pinay erklärte in der Kammer am 30. 3. 1955 laut »Trierischer Landeszeitung« Nr. 76 vom 31. 3. 1955:

›. . . Die beste Garantie bestehe für Frankreich darin, das Saarstatut als endgültige Lösung durchzusetzen. Da die zweite Volksbefragung an der Saar erst nach dem Abschluß eines Friedensvertrags mit Deutschland erfolgen solle, habe Frankreich die Möglichkeit, die Unterzeichnung des Friedensvertrages solange hinauszuzögern, bis es die gewünschten Zusicherungen in der Saarfrage erhalten habe.‹

Diese Erklärungen stehen in der Welt. Wer sich in Kenntnis dieses Tatbestandes also öffentlich für ein Ja festlegt, übernimmt damit die Verantwortung für die Folgen, die aus einem etwaigen Ja eintreten werden.

Ein Ja, ohne äußere Einmischung zustande gekommen, überläßt diese Verantwortung der betroffenen Saarbevölkerung.

Zusammenfassend bitten wir daher dringend, von der Abgabe einer gemeinsamen Erklärung Abstand zu nehmen und der Saarbevölkerung allein die Entscheidung über das Saarstatut am 23. Oktober zu überlassen.

> Mit herzlichem Unionsgruß
> Namens des Landesvorstandes und der Landtagsfraktion der CDU von Rheinland-Pfalz«

Auch wir waren angesichts dieser neuen Gefahr nicht untätig geblieben. Kurz entschlossen reisten alle Parteivorsitzenden der deutschen Parteien im Saarland nach Bonn und veranstalteten noch am 4. Oktober 1955 eine Pressekonferenz, in welcher in aller Form »gegen eine etwaige deutsch-französische Erklärung zugunsten des Saarstatuts« Protest erhoben wurde. Wir forderten, daß sich Bonn und Paris »künftig jeder Einmischung in den Abstimmungskampf um das Saarstatut enthalten sollten«. Das Echo auf diese Blitzaktion blieb nicht aus. In der deutschen Presse fanden sich Berichte mit dem Titel: »Saar-Parteiführer schlagen Alarm« (»Welt« vom 5. Oktober 1955) oder »Ein unüberhörbarer Appell« (»Rheinische Post« vom 6. Oktober 1955) oder »Deutsche Saarparteien warnen vor ›Empfehlung‹« (»Bonner Rundschau« vom 5. Oktober 1955). Zwar glaubte der »Deutschland-Union-Dienst« der CDU vom 5. Oktober 1955 unsere Warnungen dahin auslegen zu sollen, wir setzten die Bundesregierung unter Druck, er fand aber damit keinerlei Echo; im Gegenteil, viele waren mit uns der Meinung, daß man umgekehrt uns von Bonn und Paris erneut unter Druck setzen wollte, das Statut anzunehmen. Jedenfalls endeten die Luxemburger Besprechungen mit einem sehr gewundenen Empfehlungstext für das Saarabkommen, den die Zürcher Zeitung »Die Tat« vom 7. Oktober 1955 mit der Überschrift versah: »Die abgestandenen Phrasen von Luxemburg«. Das Kommuniqué hatte folgenden Wortlaut:

»Unter Berücksichtigung der Tatsache, daß das Saarabkommen vom 23. Oktober 1954 Teil einer solchen Politik (der Politik der deutsch-französischen Zusammenarbeit im Rahmen Europas) ist, sind die beiden Regierungen übereingekommen, daß die Einzelheiten des Statuts, die nach dessen Annahme durch die saarländische Bevölkerung im Einvernehmen mit dieser ausgearbeitet werden sollen, die volle Wahrung der materiellen und ideellen Interessen, der Neigungen und des Charakters der saarländischen Bevölkerung garantieren müssen. Sie kamen weiterhin überein, daß die politischen Freiheiten, wie sie in Artikel 6 des Statuts und in den Entscheidungen der WEU festgelegt sind, auch nach der Annahme des Statuts beibehalten werden sollen. Die beiden Regierungen erklärten sich andererseits bereit, ab Februar des kommenden Jahres mit den in Artikel 12 des Abkommens vorgesehenen Dreierbesprechungen (Bundesrepublik, Frankreich und Saarland) zu beginnen.«

Der französischen Seite schien der Wortlaut nicht zu genügen; denn beim Verlassen des Konferenzraumes in Luxemburg gab der französische Außenminister Pinay nochmals die Erklärung ab, daß »nach einer Ablehnung des Statuts selbstverständlich der augenblickliche Zustand bestehen bleibe und daß von neuen Verhandlungen keine Rede sein könne«. Auf die Frage eines Korrespondenten, wie der deutsche Bundeskanzler darüber denke, erklärte Pinay: »Ich sagte Ihnen ja schon, daß zwischen uns eine Gemeinsamkeit der Auffassungen besteht.« Natürlich versuchten die saarländischen Befürworter des Statuts auch aus diesen Luxemburger Erklärungen Kapital zu schlagen und ihre Propaganda darauf zu stützen, wie die Berichte aus Luxemburg, vor allem in der »Saarbrücker Zeitung« vom 6. Oktober 1955 zeigen.

Diesen weniger erfolgreichen Bemühungen der beiden Seiten – Paris und Bonn – folgten dann während des ganzen Monats Oktober laufend weitere Erklärungen maßgebender französischer Politiker, die gar nicht anders ausgelegt werden konnten, als einen Druck auf die zum NEIN entschlossenen saarländischen Stimmberechtigten auszuüben. So gab es zwei offizielle Erklärungen der französischen Regierung vom 13. und 19. Oktober 1955, die noch einmal die zitierten Äußerungen des Außenministers Pinay bestätigten. Herr Pinay selbst gab der amerikanischen Zeitung »U.S. News und World Report« ein Interview, das am 19. Oktober 1955 erschien, und in dem Herr Pinay auf eine gezielte Frage wörtlich versicherte: »Der gegenwärtige Status an der Saar wird beibehalten. Die dem Statut feindlich gegenüber stehenden Saarparteien verbreiten ein lügnerisches Gerücht, wenn sie den Wählern versichern, die Ablehnung des Abkommens würde nur die Wiederaufnahme der deutsch-französischen Verhandlungen bedeuten, um sofort eine neue Lösung zu finden.« Zu dieser letzten Erklärung Pinays veröffentlichte die das »JA« vertretende Saarbrücker »Volksstimme« am 21. Oktober – zwei Tage vor dem Referendum – die folgende Meldung:

»Adenauer begrüßt Pinays Saarerklärung. – Bonn. Bundeskanzler Adenauer stellte am Donnerstag auf eine Frage der Deutschen Presseagentur zu den jüngsten Erklärungen des französischen Außenministers Antoine Pinay über die französische Saarpolitik folgendes fest: ›Die bei der Abstimmung über das Saarstatut maßgeblichen Argumente sind inzwischen alle dargetan worden. Ich begrüße es aber besonders, daß Außenminister Pinay auf die Bedeutung der Abstimmung an der Saar hingewiesen hat. Meine eigene Stellungnahme habe ich in der Bochumer Erklärung zum Ausdruck gebracht. Ich hoffe zuversichtlich, daß die Saarbevölkerung unter Berücksichtigung aller dargebotenen Gesichtspunkte eine politisch kluge Entscheidung treffen wird.‹«

Das Saarbrücker Blatt fügte zu der Meldung hinzu: »Diese Erklärung des Bundeskanzlers bekräftigt mit Nachdruck seine bereits in seiner Bochumer Rede an die Saarländer gerichtete Aufforderung, am nächsten Sonntag das Saarstatut zu bejahen.«

Außer diesen Versuchen, die deutlich sichtbar gewordene Niederlage des Ja abzuwenden, schickte man von Bonn einen persönlichen Beauftragten des Kanzlers, den in Saarlouis geborenen Kaufmann Kindt-Kiefer, nach Saarbrücken. Er sollte zwischen den Parteien verhandeln und eine Einigung zwischen den JA- und NEIN-Parteien zustandebringen. Für uns war Kindt-Kiefer kein Unbekannter mehr. Schon 1950 war er noch vor dem Verbot der DPS aufgetaucht und hatte uns das Blaue vom Himmel herunter versprochen, vor allem die Beschaffung ausreichender Geldmittel für unsere politische Tätigkeit. Mir fielen seine angeberischen Erklärungen von 1950 sofort wieder ein. Zu wem wollte Kindt-Kiefer nicht damals schon die engsten Beziehungen haben? Mit Georges Bidault stand er angeblich auf Du und Du, und in Dillingen sollte man ihn zum Ehrenbürger gemacht haben. Wir hatten sehr bald festgestellt, daß den Versprechungen keine Taten folgten, und daß man auch in Dillingen nichts von einem Ehrenbürger Kindt-Kiefer wußte. Deshalb ließen sich die drei Vorsitzenden der deutschen Saarparteien auch im Herbst 1955 nicht mit ihm ein und weigerten sich, ihn überhaupt zu empfangen. Mittlerweile hatte man auch in Rheinland-Pfalz allerlei Auskünfte über den merkwürdigen »Beauftragten des Kanzlers« eingezogen; unser Freund Bodens hatte sich eingeschaltet, und bald darauf konnte auch Ministerpräsident Altmeier den Bundeskanzler entsprechend unterrichten. Auf diese Weise ist die in der Presse des In- und Auslandes groß aufgemachte »Aktion Kindt-Kiefer« – in meinem Archiv ist ein ganzes Aktenstück darüber zusammengekommen – schnell »geplatzt« und heute kaum noch des Erwähnens wert.

Wer diese für uns so dramatische Zeit miterlebt hat, wird sicher verstehen, warum wir die Entscheidung vom 23. Oktober 1955, bei der sich zwei Drittel der Saarbevölkerung auch von allen äußeren Einwirkungen nicht beirren ließen, als das »Wunder an der Saar« bezeichnen.

Schon um alle Weichen für die Zukunft richtig zu stellen, hatte ich im Auftrag der DPS sofort nach der Bochumer Rede eine Beschwerde an die Überwachungskommission der WEU gerichtet und gegen diese Einmischung und Verletzung des Art. VI Satz 3 des Statuts protestiert. Gleichlautende Beschwerden wurden dann später bei allen weiteren Einmischungen von bundesdeutscher und französischer Seite erhoben. Die Stellungnahme der Kommission in ihrem Schreiben vom 9. September 1955 war geradezu klassisch. Während man wenige Wochen zuvor schon in der Anwesenheit sozialdemokratischer Gäste auf der Gründungsversammlung der DSP, oder eine

Äußerung des Bonner Minister von Merkatz als eine unzulässige Einmischung nach Art. VI Satz 3 ansah, verteidigte die Kommission jetzt Adenauers Aufforderung zum JA mit den Worten: »Die Kommission ist der Auffassung, daß der Kanzler sich darauf beschränkt hat, seine Stellung zum Statut für die Saar als Antwort auf verschiedene Kritiken zum Ausdruck zu bringen, die Gegenstand mehrerer saarländischer und ausländischer Zeitungsberichte, vor allem in Ländern der WEU, gewesen sind. Durch diese Erklärungen (von Bochum, Anm. d. Verf.) hat der Bundeskanzler nur von einer Art von Recht zu antworten Gebrauch gemacht, das jeder politischen Persönlichkeit zusteht, wenn seine persönliche Maßnahme in Zweifel gezogen wird. Die Kommission teilt deshalb nicht Ihre Auffassung (der DSP, Anm. d. Verf.), das Referendum vom 23. Oktober werde von nun an verfälscht.«

Auf erneute Feststellungen der DPS unterstrich die Kommission in ihrem weiteren Schreiben vom 13. September noch einmal den gleichen Standpunkt: »Die Kommission kann Ihnen nur bestätigen, daß nach ihrer Ansicht die Rede des Bundeskanzlers Dr. Adenauer, die am 2. September in Bochum gehalten wurde, keine Einmischung im Sinne des Artikels VI Satz 3 des französisch-deutschen Saarabkommens vom 23. Oktober 1954 darstellt.«

Schließlich hat die Kommission in einer weiteren Entscheidung auf eine Beschwerde der DPS wegen einer Erklärung des französischen Ministers Robert Schuman den gleichen Standpunkt im Schreiben vom 1. Oktober 1955 noch einmal eingenommen. Robert Schuman hatte in Metz am 25. September 1955 die saarländische Wählerschaft erheblich unter Druck gesetzt und Warnungen und Drohungen ausgesprochen für den Fall, daß das Statut abgelehnt würde. Vor allem wurde – entgegen dem späteren Geschehen – die Möglichkeit neuer Verhandlungen zurückgewiesen. Die Antwort der Kommission war: »Die Kommission ist der Ansicht, daß aus dem Text der Rede, der ihr im genauen Wortlaut vorliegt, klar hervorgeht, daß Herr Minister Schuman es für notwendig erachtete, die Stellung der Regierung Frankreichs hinsichtlich des Saar-Statuts zu präzisieren, um auf verschiedene Kritiken von seiten mehrerer saarländischer Parteien zu antworten, worin die genannte Regierung angesprochen worden ist. Bei Abgabe dieser Erklärung hat Herr Minister Schuman, genau wie vor ihm in Bochum Bundeskanzler Adenauer, nur von einem Antwortrecht Gebrauch gemacht. Dieses Recht steht außer allem Zweifel einem Minister zu, der annimmt, daß seine Regierung Gegenstand ungerechtfertigter Kritiken ist. (Als ob die Parole »Durch NEIN zu neuen Verhandlungen« eine unberechtigte Kritik an der französischen Regierung gewesen wäre!, Anm. d. Verf.). Demnach kann die Kommission nicht feststellen, daß die Erklärungen des Herrn Ministers Schuman eine Verletzung von Art. VI Satz 3 des französisch-deutschen Abkommens bedeuten.«

Noch größere Freiheit zur Einmischung billigte schließlich die Kommission in ihrem Bescheid vom 15. Oktober 1955 den Außenstehenden zu, wenn überhaupt keine Kritik saarländischer Parteien oder der Presse Anlaß zu der Einflußnahme auf das Abstimmungsgeschehen gegeben hatte. In diesem Bescheid schrieb die Kommission unter anderem:

»Sie erwähnen:

1. das französisch-deutsche Kommuniqué vom 5. Oktober,
2. die Erklärung des Herrn Pinay, Minister für Auswärtige Angelegenheiten der französischen Republik,
3. die Erklärung des Herrn E. Faure, Ministerpräsident der französischen Republik,

## 13. August 1955:
## Der Anfang vom Ende!

203
Anhänger des JA hatten zur Großkundgebung
in der Saarbrücker »Wartburg« aufgerufen.
Joh. Hoffmann und Peter Zimmer sollten aus
dem Fenster (Bild oben) zu der unten wartenden Menge sprechen. Hier hatten sich viele
tausende NEIN-Sager versammelt und forderten Hoffmanns Rücktritt.

**Saarpolizei
gegen friedliche
Demonstranten**

204
Ein gewohntes Bild während des Abstimmungskampfes. Zu jeder Kundgebung für das »JA« ließ
Regierungschef Hoffmann ein Polizeiaufgebot von 300 bis 400 Polizisten auffahren. Hier acht
Mannschaftswagen der Saarpolizei in Neunkirchen.

205
Die Polizei drängt mit Gewalt die vor dem Versammlungslokal in St. Ingbert wartende Menschenmenge zurück –

Eine Ursache der Niederlage: Gewalt vor Recht! Das erschütterndste Dokument aus der Hoff-
mann-Ära: Der Text des Wahlplakates der DPS lautet: »Jagt ihn, er ist ein Mensch!« 8 (acht)
Polizeibeamte der Hectorpolizei gegen einen wehrlosen Mann (in Seppl-Hosen) und eine wehrlose Frau! Mindestens zwei Beamte schlagen mit Gummiknüppeln auf die beiden ein. Die Aufnahme zeigt, daß die umstehenden Menschen sich absolut ruhig und diszipliniert verhalten.

207    208
Ein Zu- oder Zwischenruf genügt
zur . . . Verhaftung! Hector-Polizisten
verhaften harmlose Rufer! Oben versuchen zwei ältere Frauen, den
festgenommenen jungen Mann, dem
von den Polizisten die Jacke herunter-
gerissen wird, festzuhalten. Erschreckt
sieht der linke Polizeibeamte in das
gerade aufgeflammte Blitzlicht!

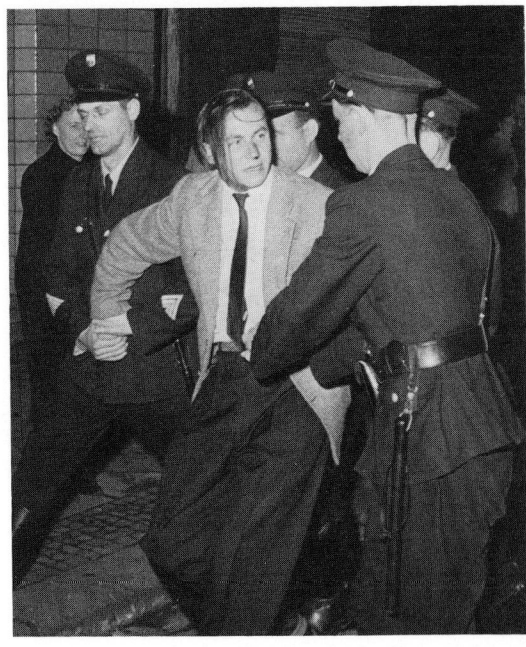

209     210

So wollte Johannes Hoffmann das »JA« gewinnen. Ein alltägliches Bild im Kampf um das Referendum: Polizei- und Kriminalbeamte schützen Johannes Hoffmann; oben: mit griffbereiten Pistolen, unten: (im Kreis) zugleich auch als Claqueure.

211
Transport-Europäer: Nach dem schwachen Besuch der Kundgebung der JA-Parteien mußten Abend für Abend in großen Omnibussen Besucher zu den Versammlungen gefahren werden. Die Bevölkerung machte sich darüber lustig und erfand die Bezeichnung »Transport-Europäer«. Die Mühe hat den JA-Sagern wenig genützt.

214

Plakate der JA-Parteien versuchen Angst zu erwecken vor der Gefahr des Krieges und Bolsche-
wismus. Links unten: Den Rentnern wird der Verlust ihrer Versorgung für den Fall der Ablehnung
vor Augen geführt. Die DPS appellierte dagegen an die deutsche Einstellung der Bevölkerung.
Hier lag ein entscheidender Grund für den Erfolg.

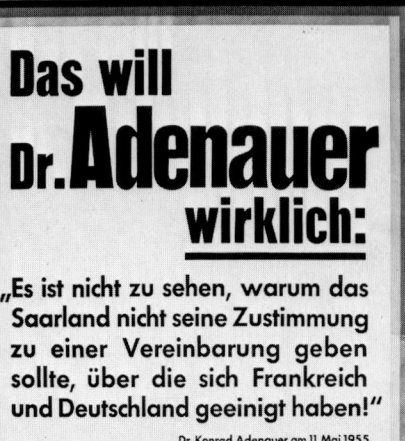

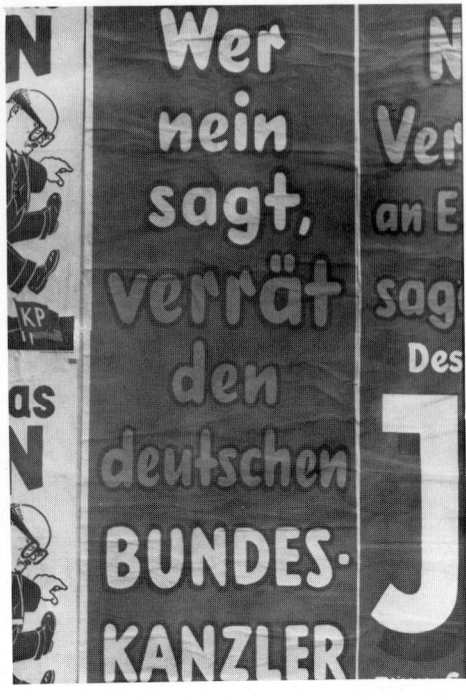

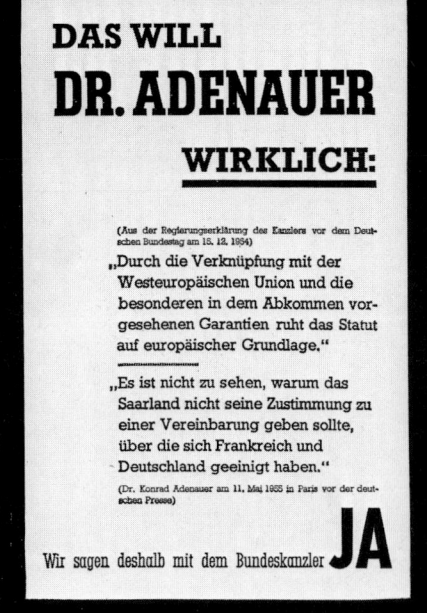

212

JA-Propaganda mit Adenauer: Die nach Art. 6 des Statuts untersagte Einmischung von Bundeskanzler Dr. Adenauer zugunsten des »JA« bewirkte fühlbare Einbußen für die das NEIN vertretenden deutschen Parteien an der Saar. Plakate der »separatistischen« Parteien unter Berufung auf
den Bundeskanzler

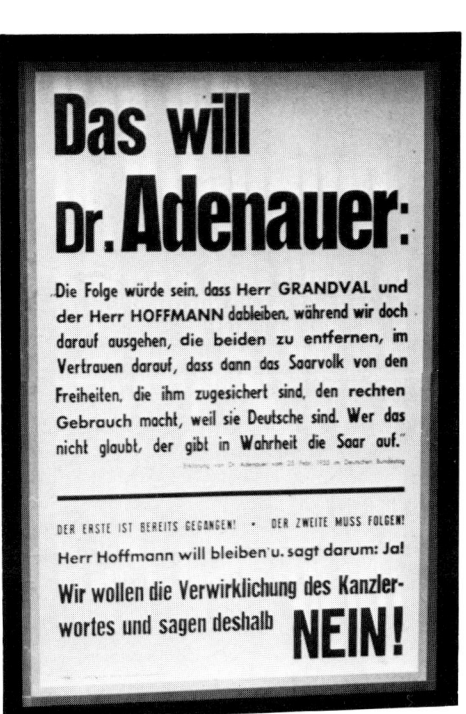

**Das will Dr. Adenauer:**

"Die Folge würde sein, dass Herr GRANDVAL und der Herr HOFFMANN dableiben, während wir doch darauf ausgehen, die beiden zu entfernen, im Vertrauen darauf, dass dann das Saarvolk von den Freiheiten, die ihm zugesichert sind, den rechten Gebrauch macht, weil sie Deutsche sind. Wer das nicht glaubt, der gibt in Wahrheit die Saar auf."

Erklärung von Dr. Adenauer vom 25. Febr. 1955 im Deutschen Bundestag

DER ERSTE IST BEREITS GEGANGEN! · DER ZWEITE MUSS FOLGEN!

Herr Hoffmann will bleiben u. sagt darum: Ja!

**Wir wollen die Verwirklichung des Kanzlerwortes und sagen deshalb NEIN!**

**Die SEPARATISTEN**

mißbrauchen in ihrer letzten Not Bundeskanzler und Bundesfarben schwarz - rot - gold!

Aber es geht ihnen nur um Posten und Pfründe!

**Sie müssen weg!**
Das will Adenauer, das wollen wir Saarländer!

Darum sagen wir zum Saarstatut **NEIN**

Die Deutschen Parteien an der Saar:
Christlich-Demokratische Union Saar (CDU)    Demokratische Partei Saar (DPS)
Deutsche Sozialdemokratische Partei (DSP)

**EUROPA?**
ja – aber kein Kolonialstatut!

VERSICHERUNG

BANK

*Daher:* **NEIN**
*und neue Verhandlungen!*

**DPS** *sagt*

SAAR

CVP
SPS

**NEIN**

213

Adenauer für das NEIN? Europa oder Kolonialstaat? Plakate oben: Letzte Abwehr vor dem Referendum gegen die Berufung auf den Bundeskanzler Dr. Adenauer für das Statut: das gemeinsame rotleuchtende Plakat der drei Heimatbundparteien (oben rechts). Plakate unten: Die DPS charakterisiert das Statut »Kolonialregime und Abtrennung von Deutschland«!

216
Das besonders wirkungsvolle farbige Plakat
der deutschen Sozialdemokraten an der Saar.

215
Einfach und klar die Aussage der CDU-Saar:
»Wir wollen ein ehrliches Europa, darum NEIN
zu diesem Statut«!

217
Die letzte Hoffnung für das »JA«: Außersaar-
ländische Politiker und Organisationen sollen
das »JA« bekräftigen!

218
Die Separatisten sind verwirrt und stellen die
Frage: »Wer vertritt uns besser: Adenauer
oder Heini Schneider (Verfasser)?«

# Dr. Schneider wankt

## Das Ja des Bundeskanzlers besiegelt Niederlage — Saar-„Stürmer" verdreht Wahrheit

Drei Schläge hat der Bundeskanzler Adenauer, sei es indirekt durch seine CDU/CSU-Bundestagsfraktion, sei es direkt durch seine öffentliche Erklärung, den undeutschen Parteien an der Saar in steigender Stärke versetzt.

Der erste Schlag erfolgte am 4. August, als die Bonner CDU im stillschweigenden Einverständnis mit ihrem Chef Adenauer die Erklärung abgab:

„Wer das Saarstatut ablehnt, setzt die Erleichterungen und die Möglichkeiten, die es mit sich bringt, aufs Spiel, denn niemand vermag eine Gewähr dafür zu übernehmen, daß Frankreich nach einem Scheitern des Saarstatuts zu neuen Verhandlungen über die Saar bereit ist. Das Europäische Saarstatut sollte dem Brückenschlag der Verständigung zwischen Frankreich und Deutschland dienen. Ein Stein des Anstoßes, der die deutsch-französischen Beziehungen mit immer neuen Spannungen belastet hatte, sollte beiseite geräumt werden. Die CDU/CSU-Fraktion erblicke darin eine Lösung, die unter den gegebenen Verhältnissen das Bestmögliche darstelle."

Diesen ersten Schlag quittierte Dr. Heinrich Schneider mit folgendem leisem Aufschrei:

„Es war schon eine Zumutung von der Bundesrepublik, daß die Saarbevölkerung für die Bundesrepublik und für die Pariser Verträge das Saarabkommen in Kauf nehmen mußte. Geradezu unfaßbar ist es aber, daß die Bundesrepublik sich jetzt in diese Angelegenheit einmischt und eine objektive Entscheidung der Saarbevölkerung beeinflußt." (Es soll nur daran erinnert werden, daß der „loyale Franzose" Dr. Ney diese erste Zurechtweisung aus Bonn mit einer Fälschung eines nicht vorhandenen Adenauer-Telegramms am 7. August beantwortete und zu parieren versuchte.)

## Abstimmungskampf: „Der Freiheit unwürdig"

Der zweite, kräftigere und nachhaltigere Schlag wurde den Nein-Parteien am 26. August versetzt, als die CDU/CSU öffentlich erklärte:

„Die Entscheidung am 23. Oktober 1955 über das Saarstatut ist keine Entscheidung für oder gegen den derzeitigen Ministerpräsidenten Hoffmann. Diese Entscheidung bleibt den nach der Annahme des Statuts vorgesehenen Landtagswahlen vorbehalten. Es ist sehr zu bedauern, daß durch die Entwicklung des Abstimmungskampfes die Fragestellung der Abstimmung des 23. Oktober völlig verschoben wird und daß der Abstimmungskampf Formen angenommen hat, die der Freiheit unwürdig, dem deutschen Ansehen schädlich und nicht geeignet sind, die Bevölkerung der Saar sachlich darüber aufzuklären, für oder gegen was sie sich zu entscheiden hat.
Wer das Saarstatut ablehnt, setzt die Erleichterungen und Möglichkeiten aufs Spiel, die es mit sich bringt. Niemand vermag eine Gewähr dafür zu übernehmen, daß Frankreich nach einem Scheitern des Statuts zu neuen Verhandlungen bereit sein wird. Dies waren die Gründe, die seinerzeit die Bundestagsfraktion der CDU/CSU veranlaßten, dem Statut zuzustimmen. Sie erblickte darin eine Lösung, die unter den gegebenen Verhältnissen das Bestmögliche darstelle. Diese Ueberlegungen haben bis heute an Beweiskraft nichts verloren.

Zuvor hatte noch die größte Bundestagsfraktion erklärt:

„Daß die Verständigung zwischen Frankreich und Deutschland angesichts der weltpolitischen Lage ein entscheidendes Ziel der deutschen Außenpolitik sein müsse. Auch die Vereinigten Staaten und England, die seinerzeit Frankreich gewisse Zusagen hinsichtlich der Wünsche Frankreichs an der Saar gegeben hatten, hätten das Saarstatut lebhaft begrüßt. Eine bessere Vereinbarung zwischen Frankreich und Deutschland über die Weiterentwicklung an der Saar sei nicht zu erreichen gewesen."

## Neue Regierung nur bei JA

Am 2. September 1955 lancierte dann der Bundeskanzler Dr. Konrad Adenauer vor 10 000 Zuhörern in Bochum den dritten Schlag, als er erklärte:

„Er sei wegen der Vorgänge an der Saar in großer Sorge und fordere die Saarbevölkerung auf, das Saarstatut anzunehmen. Politische Probleme könnten nur durch Sachlichkeit gelöst werden. Der Weg, zu einer anderen Regierung zu kommen, sei,
1. das Statut anzuerkennen und
2. danach einen neuen Landtag zu wählen, der in seiner Zusammensetzung gegen die Regierung Hoffmann gerichtet sei.
Wenn die Saarbevölkerung diesen Weg beschreiten würde, würden auch die europäischen Interessen beachtet. Gerade diese Interessen verträgen es nicht, wenn jetzt, wenige Wochen vor der Genfer Konferenz, in Europa ein Unruheherd zwischen Frankreich und Deutschland geschaffen werde."

Dieser vernichtende Schlag Adenauers warf den „Helden"-Schneider völlig aus dem Gleichgewicht. Er glaubt nicht mehr, daß der Abstimmungskampf gewonnen werden kann und versucht nur noch, sich ein Alibi für den Kampf nach der Annahme des Saarstatuts zu schaffen. Bevor er für die Zeit auf die Bretter ging, hatte er nur noch die Kraft zu erklären:

„Mit dieser Erklärung Adenauers verliert das Statut schon jetzt seine rechtliche Wirkung für die Zukunft, es wird illegal, weil es nicht mehr auf einer freien und unbeeinflußten Willensentscheidung beruht, wie es nach dem Vertrag vom 23. Oktober 1954 sein sollte."

Dieses Eingeständnis seiner Niederlage gab Schneider der dpa am 3. 9., gleich nach Erhalt der Adenauer-Erklärung ab. Er hat aber Vorsorge getroffen, daß von dieser Feststellung einer Niederlage in den saarländischen undeutschen Zeitungen nichts gesagt wird. Wir werden also damit rechnen müssen, daß Schneider und seine Schneider-Gesellen sich nicht durch Annahme des Statuts sich durch dessen Bestimmungen gebunden fühlen und sie sich in die Illegalität zurückziehen wollen.

Die Bedeutung dieser Erklärung wurde durch den stellvertretenden Bundespressechef Robert D v o r a k vor den Bonner Auslandsjournalisten durch seine Erklärung unterstrichen, daß die Bundesregierung ausdrücklich wünsche, daß die vorstehende Erklärung zur Kenntnis des Auslandes gebracht werde, und daß auch der Kanzler, als Chef der Regierung und Chef der stärksten Bundestagsfraktion, ihre volle Zustimmung gegeben habe, er wolle dadurch den Vorwurf gegenstandslos machen, daß er durch sein bisheriges Schweigen zum Saarwahlkampf eine zweideutige Politik treibe. Ausdrücklich habe er auch erklärt, daß er am 23. Oktober 1954 bei der Unterzeichnung des Europäischen Saarstatuts in keiner Weise unter Zwang gehandelt habe.

Nach diesem Schlag zeigte sich Schneider schon recht angeschlagen. Er antwortete in einem Artikel vom 31. August 1955 unter der Ueberschrift: „Kampfansage an Separatisten" und will seine Leser glauben machen, die Bonner Erklärung sei lediglich gegen Hoffmann und die positiven Parteien an der Saar gerichtet: Seine tödliche Verlegenheit zeigt sich in der unsinnigen Feststellung:

„Die Erklärung der CDU/CSU stellt eine erneute, eindeutige und undiskutierbare Kampfansage der Partei des Bundeskanzlers gegen die Separatisten an der Saar dar."

Zur Entschuldigung Schneiders kann man nur sagen, daß ihn der zweite Treffer halb groggy geschlagen hatte.

219
Nach der Bochumer Erklärung des Bundeskanzlers am 2. September 1955: Flugblatt »Unter der Lupe« (»Volksstimme«, Saarbrücken) vom 10. September 1955. Herausgeber die Sozialdemokratische Partei des Saarlandes (SPS), die für das JA zum Statut eintrat.

220
Die Antwort an die Kanzler-Erklärung von Bochum: Die drei deutschen Parteien an der Saar
schlossen sich zum Deutschen Heimatbund an der Saar zusammen. Einigkeit macht stark – das
bedeutete den Erfolg!

# Aufruf!

## Deutsche Landsleute an der Saar!

Verpflichtet durch die Schwere und beunruhigt über die Unklarheit der Entscheidung, vor die das Referendum über das Saarstatut uns alle stellt,
erheben die Unterzeichneten, unabhängig von Parteibindungen und über solche hinweg, ihre Stimme, um vor der Bevölkerung der Saar und vor der Weltöffentlichkeit zu bekennen:

Getrieben von tiefer Verantwortung wollen wir dem unverfälschten europäischen Gedanken und damit dem Frieden und der Sicherheit der freien Welt dienen.
Geleitet von den Grundsätzen der Wahrheit, des Rechtes und der Freiheit wissen wir uns von europäischem und christlichem Geist getragen, wie er in der Atlantik-Charta und der Konvention des Europarates zum Schutze der Menschenrechte und Grundfreiheiten seinen dokumentarischen Niederschlag gefunden hat und nach dem zu handeln die demokratische Staatenwelt des Westens sich feierlich verpflichtet hat.

### Die Wahrheit über die Saar

Wahrheit ist, daß das sogenannte Saargebiet seit jeher zum deutschen Volks-, Sprach-, Kultur- und Geschichtsraum gehört und damit in der schicksalhaften Zusammengehörigkeit mit Deutschland steht, die es an dieses sein Vaterland bindet.

Wahrheit ist, daß das sogenannte Saargebiet in seiner ganzen Vergangenheit niemals staatlich, verwaltungsmäßig, kirchenorganisatorisch oder sonst irgendwie ein einheitliches und selbständiges Gebiet gewesen ist und daß die Grundlagen dazu in keiner Form gegeben sind, vor allem auch nicht wirtschaftlich.

Wahrheit ist, daß die Bevölkerung der Saar nach 1945 nie nach ihrem staatspolitischen Wollen gefragt worden ist.

Wahrheit ist, daß die Abstimmung am 23. Oktober diese Fragestellung bewußt vermeidet und so die Entscheidungsfrage verfälscht.

### Freiheit und Recht in der Saarfrage

Freiheit bedeutet, daß auch der Saarbevölkerung heute und in Zukunft das Selbstbestimmungsrecht der Völker und die demokratischen Freiheiten zur Gestaltung ihrer politischen, kulturellen, sozialen und wirtschaftlichen Verhältnisse uneingeschränkt zustehen müssen.

Das Recht fordert, daß auch im Falle der Saar zunächst die Grenzen von 1937 geachtet werden und daß der Saarbevölkerung allein zusteht zu entscheiden, ob eine andere Lösung ihren Lebensinteressen entspricht. Auf diesen Grundlagen ist ein Ausgleich zwischen den Wirtschaftsinteressen Frankreichs und Deutschlands und denen der Saar zu suchen.

1. Das Saarstatut ist unklar, vieldeutig und sogar widerspruchsvoll und kann daher keine friedliche und gerechte Ordnung schaffen.

Das beweisen die Ratifizierungsdebatten in der französischen Nationalversammlung und im deutschen Bundestag und vor allem auch die Erklärungen in Luxemburg. Bei dieser Situation können aus der Annahme des Statuts an der Saar und in den internationalen Beziehungen nur neue Spannungen und neuer Unfriede erwachsen. Alle aufrichtigen Bemühungen, die Unklarheiten durch völkerrechtlich bindende Auslegungen und Ergänzungen zu beseitigen, sind gescheitert.

2. Die Annahme des Saarstatuts bedeutet eine einstweilige, jedoch in der Dauer nicht abzusehende, völkerrechtlich gültige Abtrennung von Deutschland und leistet darüber hinaus einer endgültigen Abtrennung in erheblichem Maße Vorschub.

Alle maßgebenden französischen Politiker haben das Statut gleichbleibend als geeignetes Mittel bezeichnet, die endgültige Trennung der Saar von Deutschland zu sichern.

3. Die Lösung von den naturrechtlichen Verpflichtungen gegenüber dem angestammten Volk, verbunden mit der überragenden wirtschaftlichen Machtstellung Frankreichs an der Saar, führt die Menschen unserer Heimat auf die Dauer zwangsläufig in eine geistige und kulturelle Zwitterstellung und damit zur inneren Entwurzelung.

4. Das Saarstatut gibt den Wirtschaftsinteressen Frankreichs an der Saar einen so weitgehenden Vorrang, daß die Saarbevölkerung ihre eigenen Interessen nicht als gesichert ansehen kann.

Der Ausbau „gleichartiger" Wirtschaftsbeziehungen mit Deutschland ist mit schwerwiegenden Einschränkungen versehen (Saarstatut XII B. D). Die Wirtschaftspolitik Frankreichs an der Saar hat zudem das Vertrauen in ein wirtschaftl. Wohlwollen Frankreichs erschüttert und läßt uns klar werden, daß die Saarbevölkerung, die in Zeiten zurückgehender Wirtschaftskonjunktur immer schwer getroffen worden ist, nicht auf eine wirtschaftliche Hilfe Frankreichs rechnen könnte.

5. Das Saarstatut enthält eine starke Einschränkung des Selbstbestimmungsrechtes und der demokratischen Freiheiten (Art. I und VIII und der Beschluß der WEU über Artikel II).

Dadurch werden die Ziele Frankreichs und der maßgebenden Männer der Regierung des Saarlandes nach Annahme des Statuts auch gegen einen anders gerichteten Willen der Saarbevölkerung bis zum Friedensvertrag gesichert. Bei Nichtbewährung des Statuts oder einzelner seiner Bestimmungen ist eine ernsthafte Kritik oder erst recht eine Abänderung vor dem Friedensvertrag schlechthin unmöglich. Damit sind auch denkbar ungünstige Voraussetzungen zur Durchsetzung einer Änderung im Friedensvertrag gegeben.

Die Drohung, bei einem Nein als Abstimmungsergebnis keine neuen Verhandlungen führen zu wollen, um eine für die Bevölkerung der Saar tragbare Lösung zu finden, rückt das Referendum über das Saarstatut in das Licht eines unwahrhaftig gemeinten Plebiszites und ihre Verwirklichung müßte die übelsten Folgen haben. Wir können uns nicht vorstellen, daß irgend ein Staat oder Staatsmann entgegen den Bestimmungen der Atlantik-Charta und der Konvention über die Menschenrechte eine freie Entscheidung der Saarbevölkerung nicht achten könnte.

**Deutsche Landsleute an der Saar!**

**Im Namen der Wahrheit, des Rechtes und der Freiheit,**
**in Verantwortung für das Wohl unserer Heimat,**
**für eine echte europäische Einigungspolitik und für einen dauerhaften Frieden**
**rufen wir Euch auf zu einem entschiedenen NEIN!**

Zugleich appellieren wir an das Gewissen der westlichen Welt, auch in der Lösung der Saarfrage klar den Grundsätzen zu folgen, die sie als Fundament jeder politischen Ordnung proklamiert hat.

## Dieser Aufruf ist von folgenden namhaften Bürgern unterschrieben:

Abegg, Walter, Oberstudiendirektor, Saarbrücken
Dipl.-Ing. Ahammer, Fritz, Oberregierungs- u. Baurat, Saarbrücken
Allert, Max, Oberst a. D., Saarbrücken
Altmeyer, Kurt, Garagenmeister, Saarlouis
Altmeyer, Leo, Kaufmann, Spiesen
Arnold, Alfons, Oberstudienrat, Merzig
Augustin, Nikolaus, Schulrat a. D., Ensdorf
Bach, Peter, Fabrikdirektor a. D., Saarbrücken
Bach, Robert, Limbach b. Homburg, 2. Vors. des I. V. Bergbau
Bauer, Katharina, Mittelschuldirektorin, Saarbrücken
Baum, Heinrich, Handelsstudienrat, St. Wendel
Bäumler, Ludwig, Eisenbahn-Oberrat, Saarbrücken
Dr. Bayer, Sanitätsrat, Saarbrücken
Dr. Becker, Viktor, Chefarzt, Saarbrücken
Becker-Krapp, Goldschmied und Buchhändler, Merzig
Beilstein, Nicola, Direktor, Neunkirchen
Dipl.-Ing. Berg, Richard, Abteilungsdirektor, Saarbrücken
Bieg, Heinrich, Saarbrücken, Hauptgeschäftsführer der Christlichen Gewerkschaften des öffentlichen Dienstes
Bingler, Kurt, Kaufmann, Saarlouis
Dr. Binnefeld, Maria, Oberstudienrätin, St. Wendel
Dr. Blaß, Arzt, Saarbrücken
Dr. Blind, Universitätsprofessor, Saarbrücken
Dipl.-Ing. Bode, Oberpostrat, Saarbrücken
Bogenschütz, Hans, Fabrikant, Riegelsberg
Dr. Böcker, Rudolf, Oberstudienrat i. R., Saarbrücken
Bröckerhoff, Karl, Schulrat, Merzig
Dr. Bruch, Walter, Kaufmann, St. Wendel
Dr. Busse, Ferdinand, Homburg-Erbach, Rechtsberater der Gewerkschaft Christlicher Saarbergleute
Cavelius, Walter, Kaufmann, Saarlouis
Clemens, Peter, Saarbrücken, Hauptvorstandsmitglied des Gesamtverbandes der Christlichen Gewerkschaft und 1. Vorsitzender des Christlichen Hütten- und Metallarbeiterverbandes
Collet, Agnes, Gewerbeoberlehrerin, Saarbrücken
Collet, Maria, Fürsorgerin, Saarbrücken
Collmann, Nikolaus, Direktor, Saarbrücken
Comtesse, Karl, Spediteur, Saarlouis
Dr. Cordes, Werner, Facharzt, Saarbrücken
Croon, Maria, Schriftstellerin und Lehrerin, Merzig
Dehnen, Ludwig, Berufsschuldirektor i. R., Saarbrücken
Dr. Dietz, Fritz, Justizrat, Saarbrücken
Dr. med. Dörr, Facharzt, Saarbrücken
Dr. Ebeling, Friedrich, Fregattenkapitän a. D., Saarbrücken
Dr. med. Egenberger, praktischer Arzt, Rohrbach
Endres, Edmund, Lehrer, Merzig
Engel, Norbert, Schiffweiler, Vorstandsmitglied des Verbandes öffentliche Betriebe und Verwaltung der Einheitsgewerkschaft
Dr. med. Frank, Wilhelm, praktischer Arzt, Dudweiler
Franesch, Max, Rechtsanwalt, Saarbrücken
Dr. Fritzsche, Kurt, Facharzt, Saarbrücken
Früh, Otto, Direktor der Volksschule, Saarbrücken
Fuhrmann, Josef, Eisenbahnamtmann, Saarbrücken
Gärtner, Peter, Studienrat, Merzig
Dr. Gass, Justizrat, Saarbrücken
Gatz, Hermann, Buchhalter, Saarbrücken
Gauch, Otto, Oberpostamtmann, Saarbrücken
Geiss, Adolf, Saarbrücken, Geschäftsführer der Christlichen Postgewerkschaft
Gier, Peter, Bous, Sozialreferent der Gewerkschaft Christlicher Saarbergleute und 2. Vors. der Christl. Bergarbeitergewerkschaft
Gladen, Studienprofessor i. R., Saarlouis
Dr. Goebel, Kinderarzt, Saarbrücken
Dr. Graf, Verleger, Saarlouis
Gräsel, Georg, Stadtrat, St. Wendel
Günkel, Joseph, Lehrer, St. Ingbert
Hahn, Günther, Eisenbahnoberrat, Saarbrücken
Hahn, Peter, Saarbrücken, Hauptvorstandsmitglied des Gesamtverbandes der Christlichen Gewerkschaften
Hard, Wilhelm, Schulrat, Saarbrücken
Hartung, Felix, Eisenbahnrat, Saarbrücken
Haßdenteufel, Edmund, Staatsanwalt, Saarbrücken
Hau, Johann, Bürgermeister, Urweiler
Hauck, Walter, Oberregierungsrat, Saarbrücken
Dr. med. Haubensack, Arzt, Saarbrücken
Dr. med. Haustein, Karl, Arzt, Saarbrücken
Dr. Heitschmidt, Arthur, Fabrikant, Saarbrücken
Hemmer, Otto, Regierungsrat, Saarbrücken
Herges, Wilhelm, Kaufmann, Spiesen
Hillebrand, Berthold, Saarbrücken, 2. Vorsitzender der Christl. Gewerkschaft des öffentlichen Dienstes
Hof, Walter, Neunkirchen, 1. Vorsitzender der Christlichen Gewerkschaft des öffentlichen Dienstes
Holzer, Josef, Studiendirektor, Lebach
Houy, Fritz, Kaufmann, St. Wendel
John, Hans, Herrensohr, Sekretär der Postgewerkschaft
Dr. Karcher, Beckingen
Kaster, Klaus, Landgerichtsdirektor a. D., Saarbrücken
Kell, Schulrat a. D., Merzig
Kieffer, Otto, Regierungsrat, Saarbrücken
Dr. Kell, Josef, Oberregierungsrat a. D., Neunkirchen
Dr. Keller, Fritz, Arzt, Saarbrücken
Kesler, Josef, Quierschied, Bezirksleiter der Gewerkschaft Christlicher Saarbergleute
Knerr, Karl, Stadtinspektor, Saarlouis
Knieber, Wilhelm, Oberstudienrat a. D., Saarbrücken
Koch, Anna, Direktorin der Volksschule, Saarbrücken
Dr. Koch, Maria, Dipl.-Volkswirtin, Saarbrücken
Koehler, Josef, Kaufmann, Blieskastel
Köhl, Ernst, Kaufmann, Saarbrücken
Dr. Köhler, Arzt, Saarbrücken
Dr. Kraemer, Arzt, Saarbrücken
Dr. Krieger, Harald, Studienrat, Saarbrücken
Kropf, Ernst, Justizrat, Saarlouis
Kuhnen, Willi, Sekretär des Fabrikarbeiterverbandes, Saarbrücken
Kuntschert, Adalbert, Dipl.-Kfm. u. Gerichtsreferendar, Saarbrücken
Kutsch, Paul, 1. Vors. d. I. V. Bergbau (alter Verband), Kutzhof
Dr. Kutz, Alfons, Arzt, Saarbrücken
Lang, Willi, Konstrukteur, Sulzbach
Dr. Laubenthal, Wilhelm, Studienrat, Merzig
Lauer, Karl, Dirmingen, Stellv. Vorsitzender der Christlichen Eisenbahnergewerkschaft
Dr.-Ing. Lenhard, Hans, Oberbaurat, Saarbrücken
Dr. Lichthard, Karl, Oberregierungsrat a. D., Saarbrücken
Dr. med. Linnig, Arzt, Saarlouis
Lodes, Anton, Oberstaatsanwalt i. R., Saarbrücken
Dr. jur. Luxemburger, Paul, Staatskommissar, Saarbrücken
Dr.-Ing. Lenhard, Hans, Oberbaurat, Saarbrücken
Dauer, Franz, Kaufmann, Saarbrücken
Dr. Maurer, Hans, Arzt, St. Wendel
Maurer, Eduard, Kaufmann, Saarbrücken
Meilchen, Ehrenpräsident, Saarbrücken
Meißner, Herbert, Schlosser, Betriebsratsmitglied, Saarbrücken
Meister, Wilhelm, Seminardirektor, Saarbrücken
Dr. Mern, Anton, Reg.-Angestellter, Saarbrücken
Dr. Metzger, Otto, Kaufmann, Saarbrücken
Dr. Metzger, Franz, Arzt, Saarbrücken
Metzger, Werner, Oberregierungsrat, Saarbrücken
Moser, Leo, Wellesweiler, 1. Vors. d. I. V. Metall d. Einheitsgewerkschaft
Müller, Alex, Rechtsanwalt, Saarbrücken
Dr. Müller-Coehn, Facharzt, Neunkirchen
Dipl.-Ing. Müller, Ernst, Abteilungsdirektor, Saarbrücken
Müller, Paul, Staatsanwalt, Saarbrücken
Müller, Wilhelm, Eisenbahner, Fechingen
Dipl.-Ing. Nobis, Walter, Architekt, Saarbrücken
Peter, Helmut, Regierungsrat, St. Wendel
Picke, Paul, 1. Staatsanwalt, Saarbrücken
Dr. Purper, Heinz, Facharzt, Saarbrücken
Rabanus, Fritz, Eisenbahnoberrat, Saarbrücken
Rauch, Richard, Friedrichsthal, 1. Vors. d. I. V. Metall d. Einheitsgewerkschaft
Recktenwald, W. H., Professor, Saarbrücken
Reißner, Alfons, Eisenbahnrat, Saarbrücken
Dr. med. Rosch, Arzt, Merzig
Schaadt, Peter, Hofeld, Vizepräsident der Christlichen Gewerkschaften und 1. Vors. der Christlichen Eisenbahnergewerkschaft
Schäfer, Ernst, Eisenbahnrat, Saarbrücken
Dr. Schäfer, Franz, Professor, Saarbrücken
Dr. Scharschmidt, Arzt, Saarbrücken
Dr. med. Scherer, Hans, Arzt, Saarbrücken
Dr. Scherf, Max, Oberarzt, Saarbrücken
Dr. med. Schiffels-Geiger, Helene, Ärztin, Saarbrücken
Schilly, Ernst, Postrat, Saarbrücken
Schinhofen, Wilhelm, Seminaroberlehrer, Lebach
Dr. med. Schmelz, Arzt, Saarbrücken
Schmitt, Maria, Seminaroberlehrerin, Lebach
Schmitt-Winter, Albert, Rechtsanwalt, Saarbrücken
Schoenemann, Fritz, Berghauptmann a. D., Saarbrücken
Dr. Schmoll gen. Eisenwerth, Universitätsprofessor, Saarbrücken
Dr. Schneider, Karl, 1. Staatsanwalt, Homburg
Dipl.-Ing. Schneider, Postrat, Saarbrücken
Dr. med. Schneider, Werner, Arzt, Saarbrücken
Schommer, Alois, Studienrat, Saarbrücken
Schreiber, Anton, Stadtoberamtmann a. D., Saarbrücken
Dr. med. Schumacher, Alfred, Mettlach
Schuck, Hans-Kurt, Neuscheidt, Verantwortlicher Redakteur des Gesamtverb. d. Christl. Gewerkschaften und der Gewerkschaft Christlicher Saarbergleute
Schuh, Josef, Oberstudienrat, St. Wendel
Dr. Senf, Paul, Universitätsprofessor, Saarbrücken
Dr. Sonnefelder, Walter, Rechtsanwalt, Saarbrücken
Dr. Siemes, Heinrich, Chefarzt, St. Wendel
Dr. med. Six, Oskar, Arzt, Saarbrücken
Spengler, Erich, Geschäftsführer, Saarbrücken
Steegmann, Frau, Klara, Saarbrücken
Steinhauer, Karl, Riegelsberg, Rechtsberater der Gewerkschaft Christlicher Saarbergleute
Stier, Anton, Kaufmann, St. Wendel
Stock, Willy, Handelsstudienrat, St. Wendel
Dr. Stockhauser, Wilhelm, Facharzt, Saarlouis
Stollhof, Felicitas, Saarbrücken
Dr. Strauß, Heinrich, Amtsgerichtsrat, St. Wendel
Strempel, Willy, Schlosser und Betriebsratsmitglied, Saarbrücken
Thiel, Jakob, Saarbrücken, Geschäftsführer des Christlichen Hütten- und Metallarbeiterverbandes
Thome, Michel, Direktor der Volksschule, Saarbrücken
Dr. Vollbach, Dieter, Facharzt, Saarbrücken
Dr. Waltzinger, Oberregierungsrat, Saarbrücken
Warken, Franz, Studienrat, Saarbrücken
Wein, Alois, Oberstudiendirektor, St. Wendel
Dr. Weiß, Hans, Arzt, Saarlouis
Wentz, Ernst, Kirkel, 1. Vors. d. Deutschen Gewerkschaftsbundes (Saar)
Dr. Wildt, Hermann, Kaufmann, Saarbrücken
Wilhelm, Werner, Neunkirchen, Vorstandsmitglied des Verbandes öffentlicher Betriebe und Verwaltung der Einheitsgewerkschaft
Willmann, Hans, Werkmeister, Saarbrücken
Dr. Wolff, Franz, Facharzt, Saarlouis
Dr. Zemlitsch, W., Chefarzt, Merzig
Dipl.-Ing. Zenker, Peter, Oberpostdirektor, Saarbrücken
Zenner, Peter, Stadtschulrat, Saarbrücken
Zimmer, Alfred, Landwirt, Dörrenbach
Zimmer, Otto, Postmeister, Saarbrücken
Dr. Zorn, Walter, Rechtsanwalt, Saarbrücken

## Deutscher Heimatbund • Großkundgebung

**Saarbrücken, Wartburg, Samstag, 22. Oktober, 20 Uhr**

Redner: Dr. Schneider (DPS) - Dr. Ney (CDU) - Kurt Konrad (DSP) - Richard Rauch, 1. Vorsitzender des I. V. Metall - Paul Kutsch, Vorsitzender des I. V. Bergbau (Alter Verband) - Peter Gier, 2. Vorsitzender der Gewerkschaft Christlicher Saarbergleute, Vizepräsident der Arbeitskammer - Peter Schaadt, Vizepräsident des Gesamtverbandes Christlicher Gewerkschaften - Dipl.-Ing. Karl Heinz Schneider, Postrat - Dr. Hermann Wildt, Mitglied des Präsidiums der Industrie- und Handelskammer - Dr. Artur Heitschmidt, Vizepräsident der Industrie- und Handelskammer - Peter Schneider, Dagstuhl, Landwirt.

221
Aufruf namhafter Persönlichkeiten des Saarlandes zum NEIN gegen das Saarstatut. Wie 1814/1815, 1866, 1919, 1934/35 haben auch vor der Volksbefragung vom 23. Oktober 1935 namhafte Persönlichkeiten des wirtschaftlichen und öffentlichen Lebens sich durch einen Aufruf zum NEIN für Deutschland bekannt.

222
Ein historischer Augenblick: Die Gewinner des 23. Oktober 1955 stellen sich – an Stelle von Johannes Hoffmann herbeigerufen – der deutschen und internationalen Presse im Gebäude des saarländischen Landtages. Der Verfasser betritt zum ersten Mal den Landtag, dahinter Frau Schneider und Erich Schwertner, vorn halb verdeckt, Chefredakteur Ludwig Bruch, ganz vorn rechts, Schatzmeister Adolf Heiz.

223
8 Wochen später: Am 2. Januar 1956 wählte der saarländische Landtag mit den Stimmen der Heimatbundparteien: CDU, SPD und DPS, Dr. Heinrich Schneider zu seinem Präsidenten. Hier beglückwünscht der kurz darauf gewählte Ministerpräsident Dr. Hubert Ney den Landtagspräsidenten (rechts).

224
Sieg und Niederlage 1952–1955: Johannes Hoffmann als strahlender »Sieger« in der Wahlnacht vom 30. November 1952.

225
An der gleichen Stelle vor der Anzeigetafel im saarländischen Landtag vollendete sich Hoffmanns politisches Schicksal in der Nacht vom 23. auf 24. Oktober 1955. Hier zeigte der Verfasser die soeben eingetroffene Meldung vom Rücktritt Hoffmanns den wartenden Journalisten aus aller Welt an. Von rechts nach links: Senator Becker, der Verfasser, Kurt Conrad und Dr. Ney.

In der Saar-Küche

"Tja, liebe Marianne, das wissen Sie ja am besten, daß so'n Europa-Eintopf keinen Druck verträgt, nicht wahr?"

226
Am 23. Juli 1955: »Die Freiheit bricht aus«: Karikatur aus der »Deutschen und Wirtschaftszeitung« vom 27. August 1955

227
»Guter« Rat von den Separatisten. Handzettel der JA-Parteien vom August 1955

NEY: „Heini, brems doch ein bißchen!!!"

4. die Erklärung vom 13. ds. Mts. durch Herrn Plaisant, Präsident der Kommission für auswärtige Angelegenheiten im Rat der Republik.

Die Kommission stellt fest, daß in allen diesen Fällen die Erklärungen durch offizielle Vertreter der Partner des französisch-deutschen Abkommens über die Saar gemacht sind.

Die Kommission stellt fest, daß die Parteien eines Vertrages das Recht haben, diesen zu erklären und auszulegen, auf die eventuellen Folgen seiner Annahme oder Ablehnung hinzuweisen und das bekanntzugeben, was sie als Vorteil oder als Hindernis ihres gemeinsamen Werkes ansehen. Demzufolge kann die Kommission Ihren Hinweis nicht teilen, nach dem die öffentliche Meinung an der Saar im Gegensatz zum Art. VI Satz 3 des erwähnten Abkommens beeinflußt wird.«

Die Kommission hat sich durch diese Bescheide wahrhaftig kein Ruhmesblatt als Repräsentantin für eine freiheitlich-demokratische und unbeeinflußte Durchführung des ihrer Überwachung anvertrauten Referendums erworben. Mit einer am Vorabend der Abstimmung fünfmal über den saarländischen Rundfunk verbreiteten Stellungnahme ihres Präsidenten zum Statut hat sie sich im Gegenteil noch dem Verdacht ausgesetzt, in letzter Stunde den Wählerwillen für das Statut beeinflussen zu wollen. Die Vertreter des Heimatbundes haben durch ein Blitztelegramm an Präsident Dehousse hart darauf reagiert und diese Einmischung energisch zurückgewiesen.

Mit der Darstellung der aufgeführten Einmischungen in das Abstimmungsgeschehen und der Aufzählung eines Teiles unserer Beschwerden an die Überwachungskommission ist aber die Bedeutung dieses Vorgehens der außerhalb des Saarlandes tätigen Politiker und Befürworter des Statuts keineswegs erschöpft. Einmal am 4. August 1955 angefangen, hagelte es fortgesetzt Aufforderungen, Drohungen und Warnungen. Es würde hier zu weit führen, die vollständige Sammlung wiederzugeben, die ich damals angelegt und Abend für Abend unseren Zuhörern vorgetragen habe. Auch dadurch hat sich gezeigt, wie falsch die hinter den Einmischungen stehenden Kräfte beraten waren: Wir gaben nach dem Prinzip des Niedrigerhängens ihre Äußerungen weiter und bestärkten dadurch erst recht den Widerstandswillen unserer Anhänger. Trotzdem: die Wirkung blieb nicht aus!

*Das Ergebnis des Referendums wurde nicht unwesentlich beeinflußt.* Nach den Emnid-Umfragen änderte sich das Bild wie folgt:

Von 79 Prozent NEIN-Stimmen am 13. August ging die Zahl zurück auf

72 Prozent NEIN-Stimmen am 24. September und weiter zurück auf

67,7 Prozent am 23. Oktober 1955. Umgekehrt erhöhte sich die

Zahl der Ja-Stimmen von

21 Prozent JA-Stimmen am 13. August auf

28 Prozent JA-Stimmen am 24. September und auf

32,3 Prozent JA-Stimmen am 23. Oktober 1955.

So muß ernsthaft die Frage aufgeworfen werden, was geschehen wäre, wenn die Dauer des Referendums nach unseren Vorschlägen auf ein halbes oder gar ein Jahr ausgedehnt worden wäre!


Die letzten Wochen des Abstimmungskampfes verliefen trotz aller Einmischungen ohne ernsthafte Gefährdung der ablehnenden Mehrheit. Die Menschen hatten sich inzwischen auch an die Beeinflussung von außen gewöhnt und nahmen sie nicht mehr so wichtig wie am Anfang. Vor allem beeindruckte sie die Geschlossenheit des Heimatbundes, der wie unsere Abb. 220 zeigt, außerordentlich wirkungsvoll aufzutreten verstand. Eine Besonderheit des Abstimmungskampfes war die weitgehende Neutralität des saarländischen Rundfunks – Fernsehsendungen gab es damals noch nicht –. Die Parteien durften nicht über den Rundfunk sprechen, auch alle Nachrichten und sonstigen Sendungen sollten sich aus dem Abstimmungsgeschehen heraushalten. Da »Radio Saarbrücken« aber noch von den Vertretern des Hoffmann-Regimes geleitet war, wurde wiederholt versucht, mehr oder weniger versteckt für das Statut zu werben. Auch die Verbreitung der von außerhalb des Saarlandes kommenden Einmischungen konnte als »Nachrichtenmeldungen« nicht ausgeschlossen werden. Wir hatten infolgedessen Anlaß, uns mehrmals wegen Verletzung der Neutralität des Rundfunks beschwerdeführend an die WEU-Kommission zu wenden. Mehr als Mahnungen der Kommission kam aber auch dabei nicht heraus.

Wie es um unsern großen Gegenspieler Johannes Hoffmann in der letzten Phase des Ringens um das Statut aussah, schilderte Klaus Bölling, der Korrespondent von »Christ und Welt«, mit wenigen treffenden Worten: »Für einige Minuten stand ich unmittelbar neben ihm und erkannte einen abgekämpften, müden und verbrauchten Mann, der in seinem Herzen schon resigniert hatte. Der Mann, der zehn Jahre lang mit seinem Polizeiminister Hector bemüht war, die Saarländer ihrer natürlichen Heimat zu entfremden, war als Propagandist einer deutsch-französischen Verständigung nicht mehr glaubwürdig. Zu lange wirkte er als eilfertiger Advokat der Pariser Kabinette, als daß er die Saarländer nun als Anwalt der europäischen Einigung noch hätte überzeugen können.« Auch mit Bundeskanzler Adenauer hatte man sich abgefunden. Pfiffe und ein kalter Empfang am 1. Januar 1957 haben gezeigt, daß viele Saarländer sein Eingreifen während des Referendums nicht vergessen hatten.

Einen letzten Höhepunkt vor dem ereignisreichen 23. Oktober bildete der Aufruf einer größeren Anzahl angesehener und einflußreicher Bürger unseres Landes. In Weiterführung einer alten Tradition gaben fast 200 Persönlichkeiten aus allen beruflichen Schichten die folgende persönlich unterzeichnete Erklärung (Abb. 221) ab:

»Deutsche Landsleute an der Saar!
Im Namen der Wahrheit, des Rechtes und der Freiheit, in Verantwortung für das Wohl unserer Heimat, für eine echte europäische Einigungspolitik und für einen dauerhaften Frieden rufen wir Euch auf zu einem entschiedenen NEIN!
Zugleich appelieren wir an das Gewissen der westlichen Welt, auch in der Lösung der Saarfrage klar den Grundsätzen zu folgen, die sie als Fundament jeder politischen Ordnung proklamiert hat.« Es folgten die Unterschriften.

Wie in den Jahren 1815, 1866, 1919 und 1935 brachten auch diese Bürger durch ihre Unterschrift das anspornende Bekenntnis zum Ausdruck, das über alle Parteien, Standesunterschiede und weltanschaulichen wie religiösen Auffassungen hinweg den Willen zur Zugehörigkeit der Saar zu Deutschland zum Ausdruck bringen sollte.

An der großen Anzeigetafel im saarländischen Landtag wurde am 23. Oktober 1955 kurz nach Mitternacht das Ergebnis dieser gewaltigen, wochenlang andauernden Anstrengungen bekannt gegeben:

Mit NEIN hatten gestimmt: 423 421[1] = 67,7 Prozent der Stimmberechtigten,
mit JA hatten gestimmt: 201 975 = 32,3 Prozent der Stimmberechtigten,
2,5 Prozent der abgegebenen Stimmen waren ungültig und 3,4 Prozent der Berechtigten hatten sich nicht an der Abstimmung beteiligt. Die Wahlbeteiligung von 96,6 Prozent war außerordentlich hoch.

Noch in der Nacht überstürzten sich die Ereignisse. Die Vertreter der französischen Behörden an der Saar, vor allem Grandvals Nachfolger, Botschafter de Carbonnel, lehnten ein Ansinnen von CVP-Politikern ab, die entlang der lothringisch-saarländischen Grenze in Bereitstellung liegenden französischen Truppen im Saarland einmarschieren zu lassen. Nachdem sich schon gegen 22 Uhr die Niederlage Hoffmanns deutlich abgezeichnet hatte, erschien der französische Botschafter mehrmals zu Besprechungen im »Weißen Haus«, dem Amtssitz Johannes Hoffmanns. Dort hatten sich die Verfechter des Statuts schon zu einer vorbereiteten Siegesfeier eingefunden. Jetzt wurde nur noch erörtert, ob Hoffmann die Regierungsgeschäfte weiterführen könne oder zurücktreten solle. Wie bekannt wurde, hat Botschafter de Carbonnel Hoffmanns Entschluß, aufzugeben, nachhaltig unterstützt, wenn nicht sogar bestimmt. Hoffmann erschien auch nicht mehr vor der im Landtag versammelten in- und ausländischen Presse. Statt dessen wurden wir Vertreter der Heimatbundparteien in den Landtag gebeten (Abb. 222).
Nach einer herzlichen Begrüßung durch die zahlreich versammelten Deutschen gaben wir nacheinander eine kurze Erklärung zum Ausgang der Volksbefragung ab.
Noch während Dr. Ney sprach, brachte ein Bote die Nachricht, daß Hoffmann zurückgetreten sei. Einige in meiner Nähe stehende Journalisten mußten etwas davon mitbekommen haben. Sie drängten mich durch Gebärden zu einer Antwort, obwohl Dr. Ney sich noch mitten in seiner Erklärung befand. Ich machte daher nur die bekannte Daumenbewegung (Abb. 225) nach unten; man hatte verstanden und allenthalben zuckten Blitzlichter auf. Auf diese Weise hatte eine bewegte Zeit ihren ersten Abschluß gefunden. Die Sekunden oder wenigen Minuten im Landtag waren jene Augenblicke eines Lebens, von dem Goethe seinen Faust sagen läßt: »Verweile doch, du bist so schön!« Aber auch für uns wurde bald offenbar, daß nur »unser Glaube unser zugewogenes Glück war«.

Es verlohnt sich schon, nach dem heißen Kampf und den monatelangen harten Auseinandersetzungen einen Blick in die fröhlicher stimmenden Karikaturen zu werfen, die größtenteils mit treffender Schärfe den Kern der Vorgänge erfaßten. Die Wirkung der jahrelangen Unterdrückung beim »Ausbruch der Freiheit« zu Beginn des Abstimmungskampfes am 23. Juli 1955 brachte der Zeichner der »Deutschen und Wirtschaftszeitung« eindrucksvoll zum Ausdruck (Abb. 226). Die überheblichen Befürworter des JA sahen ihre Gegner als ein kleines, verzweifeltes Häuflein (Abb. 228), das die Schlacht schon längst verloren hat (Abb. 229).
Mich selbst sahen sie als den rasenden Autolenker, der seine Freunde in den Abgrund fährt (Abb. 227). Eine pfälzische Zeitung sah in Anlehnung an die Märchenfigur das »tapfere Schneiderlein« (Abb. 230); übrigens ein Motiv, das später die Deutsche Bundesbahn dem Saarland auf einer Märchenkarte für Deutschland beilegte;

---

1 Später wurden amtlich 201 898 JA- und 423 655 NEIN-Stimmen festgestellt.

dort hatte man noch hinzugesetzt: »Sieben auf einen Streich!« Unsere eigene Zeitung sah die Verzweiflung der Marianne und Johos gegenüber dem »Sorgenkind Saar, das früher doch immer alles geschluckt hat« (Abb. 231). Unser Freund Heyne von der »Frankfurter Abendpost« sah das Mißvergnügen des Kanzlers gegenüber der NEIN-Mehrheit besonders treffend (Abb. 232). Schließlich wußten es die politischen Schüler an der Saar doch besser als der Herr Lehrer (Abb. 233).

Zur Beruhigung der Gemüter, vor allem für unsere französischen Nachbarn, die – wie so oft schon betont – großartig reagiert haben, wenn man von einigen erbosten Pressekommentaren absieht, gaben wir noch in der »Wahlnacht« folgende Erklärung ab:
»Die saarländische Bevölkerung hat mit überwältigender Mehrheit das ihr zur Abstimmung vorgelegte Vertragswerk abgelehnt und damit zum Ausdruck gebracht:
1. Den Willen zur Selbstbestimmung in voller demokratischer Freiheit.
2. Ihren Willen, mit Deutschland verbunden zu bleiben.
3. Die Ablehnung der bisherigen einseitigen Orientierung ihrer Wirtschaft.
4. Die klare Absage an das bisherige Regime.
Ihre Entscheidung ist kein Votum gegen Frankreich. Im Gegenteil, sie hat die Voraussetzungen für eine echte und dauerhafte Freundschaft mit Frankreich geschaffen und den Weg zu einer europäischen Einigung freigemacht.
An das französische Volk und die Völker der westlichen Welt richten wir in dieser Stunde die Bitte, unsere Saarbevölkerung zu verstehen und die getroffene Entscheidung zu respektieren.«
In einem weiteren gemeinsamen Kommuniqué hatte der Heimatbund unter anderem erklärt:

»*Wir grüßen ganz Deutschland!* Die Deutschen an der Saar haben in würdiger und eindrucksvoller Weise die Lostrennung ihrer Heimat von Deutschland ein für allemal abgelehnt. Drei Monate politische Freiheit an der Saar haben genügt, zehn Jahre auszulöschen. Das Abstimmungsergebnis ist um so höher zu werten, als diesmal im Gegensatz zur Volksabstimmung von 1935 die Willensbildung durch starke Gegenkräfte von innen und außen beeinflußt worden ist. Hätte man uns die gleiche Frage gestellt wie 1935, so würde sich die Saarbevölkerung in nicht weniger überzeugender Weise als damals erneut zu ihrem Vaterland bekannt haben. Wir danken aus vollem Herzen allen, die zu diesem Sieg der deutschen Sache beigetragen haben . . .
Wir grüßen in dieser Stunde ganz Deutschland. Von neuem versichern wir unsere unverbrüchliche Treue und Verbundenheit mit dem deutschen Volk und Vaterland. Zugleich aber wenden wir uns auch an Frankreich mit dem Wunsch, eine Entscheidung zu verstehen und zu achten, die jeder Franzose im gleichen Falle von jeder seiner Grenzprovinzen nicht anders erwartet hätte. Wir werden künftig alles, was in unseren Kräften steht, tun, um der deutsch-französischen Verständigung zu dienen und die europäische Einigung zu fördern. Voraussetzung aber ist die Beachtung des klaren Willens der Saarbevölkerung.«

Die kommende Entwicklung hat – bis auf das unvollendet gebliebene Werk der europäischen Vereinigung – allen unseren Voraussagen recht gegeben. Als Bundeskanzler

Dr. Adenauer am 1. Januar 1957 erstmals wieder an die Saar gekommen war und nach seinen Worten den schönsten Tag seines Lebens erlebt hatte, schrieb die große amerikanische New-York-Times: »*Ein Sieg für Deutschland.*« Ein inhaltgleiches Grußtelegramm der DPS an den Bürgermeister der ehemaligen Reichshauptstadt Berlin blieb nicht nur ohne Antwort, wir wurden deswegen sogar von vielen Seiten heftig kritisiert. Wenn auch unsere Freunde in der SPD und FDP, wenn uns Bundesminister Jakob Kaiser, die Ministerpräsidenten Altmeier und von Hassel ihre Glückwünsche nicht versagten, auf ein anerkennendes Wort des Bundeskanzlers haben wir vergeblich gewartet. So hatten sich schon bald die ersten Wermutstropfen in die Freude gemischt; es sollten später noch viele werden. Aus Jakob Kaisers Mund erfuhren wir zwei Sätze des Kanzlers vom Abstimmungstage: Als Kaiser am Vormittag Adenauer anrief und einige aufmunternde Worte hören wollte, meinte der Kanzler nur: »Herr Kaiser, Sie werde mal sehen, wat Se sich da einjebrockt habe.« Und als dann Kaiser in der Nacht voller Freude das glückliche Ergebnis mitteilen wollte, meinte Adenauer nur: »Herr Kaiser, die Saar wird uns noch viel Sorje mache!« Die beiden Aufnahmen aus dem Bundestag (Abb. 260/261) dürften kaum einen anderen Eindruck von der Meinung des Kanzlers über sein nunmehr jüngstes Bundesland vermitteln.

Man hat mich nach dem für uns so glücklichen Ausgang der Abstimmung in weiten Teilen der Weltpresse, vereinzelt auch in der deutschen Presse, heftig angegriffen und beschuldigt, mit »nazistischen Methoden« die Wählerschaft aufgeputscht zu haben. Als alter SS-Mann (der ich ebenso wenig war wie Angehöriger der SA oder einer Kampfgruppe) hätte ich die Methoden des Dritten Reiches wieder aufleben lassen und somit am meisten dazu beigetragen, das Abstimmungsergebnis zu verfälschen. Mich haben diese Angriffe nicht ernsthaft berührt; sie waren Verleumdungen. Es waren eben die üblichen politischen Zweckmeldungen, um eine Niederlage zu verschleiern, für die ganz andere verantwortlich zu machen waren. Da es nicht meine Sache sein kann, mich heute – nach fast zwanzig Jahren – noch zu verteidigen, möchte ich statt dessen zum Abschluß einen Auszug aus dem Bericht der großen Zeitung »Die Welt« vom 26. Oktober 1955 »Drei Parteiführer unter einem Hut« wiedergeben, der auf diese Fragen eingeht und zugleich eine Würdigung meiner Person im Abstimmungsgeschehen darstellt. Der Korrespondent der »Welt«, Joachim Besser, schrieb:

»Die Regierung Hoffmann ist zurückgetreten. Voraussichtlich wird der Präsident des saarländischen Landesversicherungsamtes, der Jurist Heinrich Welsch, eine Übergangsregierung bilden, bis nach neuen Landtagswahlen die bisherigen Vorsitzenden der deutschen Parteien die Regierung übernehmen können. Wer sind die Männer, die nun aus der Opposition heraustreten und die Schwere der Verantwortung übernehmen müssen? Der profilierteste Kopf unter ihnen ist Dr. Heinrich Schneider, der Vorsitzende der Demokratischen Partei, der Schwesternpartei der bundesdeutschen FDP. Ihm gehört die Zuneigung der Saarländer quer durch alle Parteien hindurch. Der 48-jährige Rechtsanwalt ist deshalb so beliebt, weil er niemals zu einem Kompromiß mit dem Hoffmann-Regime bereit war. Als Dr. Ney, der CDU-Vorsitzende, und Kurt Conrad, der Chef der Saar-SPD, noch zur CVP Hoffmanns und zur SPS der Herren Kirn und Braun gehörten, kämpfte Dr. Schneider schon gegen Hoffmann und half seinen Landsleuten in Prozessen gegen den Polizeiterror.

*Unbegreiflicher Haß*

Gegen ihn hat sich in den vergangenen drei Monaten immer der Haß der Gegner gerichtet. Hoffmann hat Schneider als den ›Obersturmbannführer der NEIN-Sager‹ bezeichnet, wofür sich Schneider damit revanchierte, daß er Hoffmann den ›Fähnleinführer der Versprengten‹ nannte. Immer aber wurde Schneider vorgehalten, er sei ein Nazi. Auch jetzt, nach der Abstimmung, wird dieser Mann von der ausländischen Presse mit einem unbegreiflichen Haß überschüttet! So schreibt François-Poncet, der ehemalige Hohe Kommissar und Botschafter in der Bundesrepublik im Pariser ›Figaro‹: ›Bei dieser unheilvollen Abstimmung muß die Person des Mannes, der sich an die Spitze des Feldzuges gegen das Statut gestellt hat, die größte Besorgnis erwecken. Der Chef der Opposition war Heinrich Schneider, ein alter Nazi, der auf seine hitlerische Vergangenheit stolz ist. Er handelte entsprechend den Methoden des Dritten Reiches. Er ist ein Extremist, der schamlos das Nationalgefühl ausbeutet.‹

*Kein ›alter Nazi‹*

Diese Darstellung François-Poncets ist keinesweg zutreffend. Schneider ist kein alter Nazi. Er trat zwar 1931 der NSDAP bei. Damals war er 24 Jahre alt. Er glaubte, daß er zusammen mit Hitler die Saar am ehesten wieder nach Deutschland zurückführen könne. Aber schon im Jahre 1937 hatte er erkannt, auf welchen Irrweg Hitler unser Vaterland geführt hat. Er opponierte laut und vernehmlich und wurde im Jahre 1937 am 21. Oktober wegen parteischädigenden Verhaltens aus der NSDAP ausgeschlossen. Als 30jähriger also, in einem Alter, in dem ein Mensch erst wirklich für seine politischen Ansichten verantwortlich wird, war er schon ein erwiesener Gegner des nationalsozialistischen Staates. Von da an verteidigte er als Rechtsanwalt Juden, Sozialdemokraten, Gewerkschaftler und alle anderen Personen, die Gegner des Hitler-Systems waren. In einer Zeit, in der fast niemand gegen diesen Staat aufzustehen wagte, betätigte er sich als aktiver Gegner. Das ist die Wahrheit. Und ausgerechnet diesen sehr sauberen, gänzlich unopportunistischen Mann als alten Nazi zu bezeichnen, ist eine bewußte Verdrehung der Wahrheit. Es trifft auch nicht zu, daß Schneider nationale Gefühle ausgebeutet hat. Ich habe ihn in mehr als 20 Versammlungen erlebt und kann nur immer wieder seine Zurückhaltung und seine maßvolle Einstellung Frankreich gegenüber hervorheben. Niemals hat er unseren westlichen Nachbarn angegriffen oder verleumdet.

*Ein rechter Advokat*

Es gibt viele politische Broschüren Schneiders, in denen er ein überzeugtes Bekenntnis zum europäischen Gedanken schriftlich niedergelegt hat. Er ist jedoch kein Träumer. Nach seiner Meinung ist Europa nicht mit Reden, sondern nur auf dem Wege über eine wirtschaftliche Annäherung zu schaffen. Ehe nicht die Gestehungskosten der europäischen Nationalwirtschaften einander angeglichen sind, hält er alles Gerede von Europa für Illusion. Er fordert, daß man auf diesem Wege des wirtschaftlichen Ausgleichs beginnen möge und bedauert es immer wieder, daß in Straßburg nichts geschieht.

Schneider ist der einzige der saarländischen Parteiführer, der weltgewandt ist, einen ausgesprochenen Sinn für öffentliche Meinung besitzt und der daher immer um ein gutes Verhältnis zur Presse bemüht war. Er ist ein Mann des kühlen Verstandes, ein rechter Advokat, der mit Dokumenten und Beweisen anstatt mit Phrasen aufwartet. Er kennt nicht den Ehrgeiz, der andere Menschen mit Ellenbogenkraft beiseite schiebt. Lieber tritt er mit seiner Person in den Hintergrund, als daß er sich auf persönlichen Streit einläßt.

### Er kennt die Grenzen

Im persönlichen Gespräch zeigt er stets etwas von einem fröhlichen Lausbuben, den ein guter Witz, eine schlagfertige Antwort immer erfreuen. Er gehört zu jenen angenehmen Menschen, die über sich selbst lachen können. Allerdings besitzt er einen ›Fehler‹, daß er an seinem Vaterland hängt. Da man sich aber nach der Saarabstimmung anscheinend daran gewöhnen muß, daß eine gewisse ausländische Presse diese Haltung als Nationalismus verleumdet, so mag man ihn denn getrost als Nationalisten beschimpfen. In Wirklichkeit ist er ein maßvoller, realer Deutscher, der die Grenzen für sein Handeln sehr genau kennt.

Eines aber muß vor allem betont werden, er lebt nicht von der Politik. Schon heute hat er erklärt, daß er niemals ein Amt übernehmen wird, wenn er die Überzeugung gewinnen sollte, daß er dabei für seine politischen Ansichten nicht in der rechten Weise wirken kann. Er unterhält sich und seine Familie von seiner Rechtsanwaltpraxis und benötigt kein Ministergehalt.

Seine persönliche Popularität ist allerdings größer als die seiner Partei. Von einem übergeordneten Gesichtspunkt aus muß man es bedauern, daß er nicht der Vorsitzende einer der anderen großen Parteien ist, doch Schneider empfindet sich als echten Liberalen. So kann es geschehen, daß er sich eines Tages in der Opposition wiederfinden wird. Das wäre zu bedauern, aber viele Anzeichen deuten darauf hin.«

### Was wollte Adenauer wirklich?

An anderer Stelle habe ich schon einmal gesagt, daß die Beantwortung dieser Frage die schwierigste Aufgabe meiner ganzen Arbeit ist. Die unergründliche »Sphinx Adenauer« hat mich über zwanzig Jahre beschäftigt, und ich weiß nicht, ob ich nunmehr zu einem richtigen Urteil gelangt bin. Seit wir im Jahre 1950 in Berührung mit der Saarpolitik des Kanzlers gekommen sind, gab er uns immer wieder neue Rätsel auf. Das Studium seiner »Erinnerungen« verursachte – was die Behandlung des Saarproblems angeht – an vielen Stellen ein erneutes Kopfschütteln. Auch die Biographen Jakob Kaisers haben sich mit dem gleichen Problem weidlich abgemüht. Es dauerte erst einmal viele Jahre, ehe ich erkannt hatte, daß der »Alte« Politik ausschließlich ohne gefühlsmäßig beeinflußtes Denken betrieben hat. Er blieb kalt, man könnte sagen: eiskalt, wenn er politische Entscheidungen zu treffen hatte. Das galt nicht nur für das Saarproblem. Die deutsche Ostpolitik und die Fragen der deutschen Wiedervereinigung erfuhren bei ihm keine andere Betrachtungsweise. Die von Adenauer wiederholt verwendeten Begriffe »Vaterland« und »nationales Denken« legte der Kanzler auf eine ganz andere Art und Weise aus als wir. Er konnte nach seiner Auffassung ein national denkender, vaterlandsliebender Mensch sein und bleiben, auch wenn er »das Risiko der völligen Abtrennung der Saar« von Deutschland – wie er selbst schrieb (Bd. II, S. 368) – einging, ja selbst noch alles dazu tat, um dieses von ihm auf lange Sicht angeblich nicht gewollte Ziel herbeizuführen. Für unsere gefühlsbedingte, aber ebenso unerbittliche Einstellung, Deutsche zu sein und auf alle Fälle und unter allen Umständen Deutsche zu bleiben, hatte er offenbar kein Verständnis.

Er betrachtete uns als »Strohköpfe«, wie er nach den Saarwahlen von 1952 seinem gesamtdeutschen Minister gegenüber erklärt hat. Auch waren diejenigen, die er selbst vor dem Bundestag als »Separatisten« bezeichnet hatte, später für ihn »genau so gute Deutsche« wie wir (unten S. 486), als es darum ging, 1957 die Wählerstimmen der Gruppe um Johannes Hoffmann für seine Partei zu gewinnen.

Für Konrad Adenauer steckte in der Beurteilung unseres politischen Anliegens, das für uns *die Lebensfrage*, für ihn nur ein kleiner, unbedeutender Teilausschnitt seiner Lebensaufgabe war, immer der Gedanke, *ein lästiges Hindernis* aus dem Weg räumen zu müssen. Je schwieriger infolge der französischen Härte in der Saarfrage die deutsche Stellung wurde, um so härter empfand Adenauer die Bürde dieser Last. Er wollte sie los werden. Und in dieser Richtung bedrängten auch die Amerikaner den Kanzler. Hinzu kam für Adenauer die selbst gesetzte Priorität: Die deutsch-französische Verständigung war ihm wichtiger, er mußte ihr Opfer bringen. Der von ihm selbst hochgespielte Gedanke, eine baldige europäische politische Vereinigung löse das leidige Saarproblem von selbst, war für ihn jahrelang eine Beruhigung, nachdem er den Franzosen im Jahre 1952 zu weitgehende Zugeständnisse gemacht hatte, von denen er zwei Jahre später, als der europäische Traum bereits verflogen war, nicht mehr wegkommen konnte; wahrscheinlich, ja mit Sicherheit auch nicht mehr abkommen wollte.

Und hier stellt sich wieder die Frage nach dem »warum«! Warum blieb der Kanzler so hartnäckig und unternahm die letzten Anstrengungen, um das Statut durchzubringen? Warum berief er sich nicht auf den Art. VI Abs. 3, der auch dem Bundeskanzler jede Einmischung in den Abstimmungskampf verbot? Ein solcher Hinweis auf die Verpflichtung der Nichteinmischung hätte auch jedem französischen Drängen entgegengesetzt werden können. Und noch eins! Warum verhielt sich der Kanzler nach dem »jroßen Erfolch«, um seine Worte zu gebrauchen, allen Vertretern der drei prodeutschen Saarparteien gegenüber so ablehnend, während er die Vertreter der Hoffmannpartei gegenteilig behandelte? (Unten S. 485.) Warum das alles, ganz abgesehen von einem Wort des Dankes oder der Anerkennung, das keiner der deutschen Parteiführer von der Saar je von ihm erhalten hat, während er den Mitgliedern der Hoffmann-Partei die Anerkennung, als gute Deutsche gehandelt zu haben, noch schriftlich bestätigte?

Für dieses Verhalten des bundesdeutschen Regierungschefs dürfte vor allem eine menschliche Schwäche des stets autoritär regierenden Kanzlers die ausschlaggebende Rolle gespielt haben. Adenauer konnte die offensichtliche Niederlage in der Saarfrage denjenigen nicht verzeihen, die er dafür verantwortlich machte. Es ist ja auch aus anderen Vorgängen bekannt, daß Adenauer außerordentlich nachtragend war. Hinzu kam ein ihm angeborener Eigensinn, andere Auffassungen als seine nicht oder nur im Notfall gelten zu lassen. Schließlich hatte sich bei dem alternden Kanzler die ohnehin in seiner Natur liegende Eigenwilligkeit noch zu einem oft recht beachtlichen Altersstarrsinn entwickelt. Wir Saarländer bekamen ihn viele Jahre lang, eigentlich bis zum Ausscheiden Adenauers aus der Politik, zu spüren.

Der Zwiespalt, in welchen der Kanzler durch seine Saarpolitik geraten ist, wird doch erst offenbar, wenn man alle Vorgänge so genau und belegt kennt, wie das jetzt dargestellt werden konnte. Wenn ich auch erst durch die Papiere Jakob Kaisers in vielen Einzelheiten die letzte dokumentarische Bestätigung erhalten habe, so ist doch rückschauend festzustellen, daß wir Adenauers zwiespältige Haltung – einmal gegen-

"Wir werden denen mal zeigen, wie man Politik macht!"

**228**
Verzage nicht, du Häuflein klein . . . Dr. Schneider sagte am 30. November 1954: »Unsere Chancen sind wie die des kleinen David gegen den Riesen Goliath!« Noch während des Referendums brachte die ehem. MRS-Zeitung »Neue Woche« vom 4. 8. 1955 diese Karikatur zum gleichen Thema.

**229**
Und zum gleichen Thema »Europa ruft« im September 1955

„Wir halten unsere Provinzmeinung bis zum Umfallen . . .!"

**Das tapfere Schneiderlein**
Eine allseitsbegrüßte Ney-Erscheinung mit saargenhaftem Inhalt. Politisch wertvoll.

Das Sorgenkind

„Marianne, es hat doch früher immer alles geschluckt!"

230    231    232
»Und erstens kommt es anders, und zweitens als man denkt«! Oben links: »Pfälzer Sunndag« Nr. 47/1955. Oben rechts: »Deutsche Saar« vom 13. 8. 1955. Unten: »Abendpost« vom 19. 9. 1955

„JAAA!"   SAAR

NEIN!!!   SAAR

**Wie man in den Wald hineinruft, schallt es nicht immer heraus!!**
Die CDU Saar beschloß gestern in Saarbrücken erneut, ihre Haltung gegenüber dem Saarstatut nicht zu revidieren und bei dem „Nein" zu bleiben.

**Saarstatut in der Karikatur**

233  233a
JA-Sager spannen Dr. Adenauer vor ihren Wagen!
Oben: aus einem Flugblatt der CVP »Wir sagen Ja« vom 9. 9. 1955, unten: aus »Europa ruft«
vom September 1955

**DER SPIEGEL**

NEIN ODER NICHT NEIN?
Chef der Demokratischen Partei Saar, Dr. Heinrich Schneider, siehe „Saar"

234
Vor der Entscheidung: Eine im Saarland viel gelesene Spiegel-Nr. kurz vor dem Referendum am
23. Oktober 1955 »JOHO« ist nicht mehr gefragt!

über den Franzosen, zum anderen gegenüber uns und der deutschen Öffentlichkeit – immer so eingeschätzt hatten, auch wenn uns, wie schon betont, zum großen Glück für uns und unsere Sache, stets die letzte Gewißheit fehlte. Wahrscheinlich wollte der Kanzler das auch nicht und ist absichtlich »zweigleisig« gefahren. Die von mir eingehend wiedergegebene Absprache des Wahlkampfes von 1952 (oben S. 321 ff.) spricht jedenfalls für eine solche Annahme. Wie anders können wir uns sonst erklären, daß der Kanzler letzten Endes – und wie die Kaiser-Biographen schrieben: »widerstrebend« (S. 348) – immer wieder zuließ, daß unsere Tätigkeit aus Mitteln seiner Regierung finanziell unterstützt wurde. Selbst wenn wir auch für die Kosten unseres Kampfes *gegen das Statut* keinerlei Zusagen vom Kanzler erhalten hatten und er guten Gewissens *in diesem Punkt* seine Einmischung verneinen konnte, so ließ der Kanzler immerhin »wissend und schweigend« zu, daß sein Minister Jakob Kaiser das Problem auf seine Weise lösen würde. Hinterher jedenfalls wurden unsere Schulden bezahlt.

Derselbe Vorgang wiederholte sich nach dem Referendum vom 23. Oktober 1955, als der Kanzler und Außenminister Dr. von Brentano gegenüber dem Bundesminister Kaiser jede finanzielle Unterstützung der drei deutschen Saarparteien für den Wahlkampf zu den Landtagswahlen vom 18. Dezember 1955 unterbinden wollten. Jakob Kaiser widersprach nachhaltig, wie der vorliegende Schriftwechsel beweist, und setzte sich, wie so oft schon in derselben Frage, gegen den Kanzler und den Außenminister durch. Sicherlich hätte ein in der Saarfrage zum letzten Verzicht entschlossener Kanzler anders gehandelt und die Mittel für die Finanzierung der deutschen Opposition an der Saar gesperrt. Vielleicht war es auch die Furcht, in der deutschen Öffentlichkeit wegen einer solchen letzten Konsequenz nicht verstanden oder aber von der starken Opposition im Bundestag zu sehr (und erfolgreich) angegriffen zu werden, die ihn davon abhielt, die Saar gänzlich preiszugeben. Der oben S. 335 ff. veröffentlichte Briefwechsel zwischen dem Kanzler und Minister Kaiser zeigt jedoch eindeutig, daß Adenauer die letzte Konsequenz nie zog und damit unseren Erfolg ermöglichte. Wie erklärt sich aber demgegenüber der krasse Widerspruch durch seine Einmischung und das »verbotene« Eingreifen in das Abstimmungsgeschehen? Wir wissen ja, daß durch seine Erklärungen der Stimmenanteil des NEIN in acht Wochen um fast 12 Prozent zurückgegangen ist. Wie hätte sich ein derartiger Stimmenverlust für die deutsche Sache an der Saar auswirken müssen, wenn die Mehrheit im August geringer, also nur etwa 60 Prozent betragen und dann schließlich das JA überwogen hätte?

Nach seiner oben angeführten Erklärung in den »Erinnerungen« hatte der Kanzler doch die klare Gewißheit, daß mit dem einmal angenommenen Statut die völlige Abtrennung der Saar verbunden war, auch wenn er in keiner seiner Stellungnahmen auf die wiederholten (unwiderlegbaren) französischen Versicherungen eingegangen ist, jeden Friedensvertrag abzulehnen, wenn darin nicht dieselbe Saarregelung enthalten sei wie im Statut. Mußte also der Kanzler nicht davon ausgehen, daß er die Saar abschreibe? Adenauer schneidet selbst die Frage an (Bd. II, S. 372), wenn er auf die Plakate »unserer Nationalisten«: »Adenauer hat die Saar verkauft« zu sprechen kam. Seine Antwort: »Die Saar ist keineswegs verkauft worden. Der Bevölkerung an der Saar wurde durch das Abkommen die Möglichkeit gegeben, sich politisch und wirtschaftlich frei zu entfalten, sich frei eine politische Meinung zu bilden *und beim Friedensvertrag* die von ihr gewollte Entscheidung herbeizuführen.«

Hier lag also »des Pudels Kern«. Der Kanzler wollte die Annahme des Statuts auf jeden Fall, er unterstützte daher das JA mit allen seinen Kräften und Möglichkeiten, *die Korrektur* dieser Regelung sollte *aber erst beim Friedensvertrag* durch die Saarbevölkerung erfolgen. In *diesem Zeitpunkt*, aber *erst* dann, sollten die Saarländer von der Freiheit, die man ihnen verschafft hatte, den richtigen Gebrauch machen, d. h. beim Friedensvertrag für die Rückkehr der Saar nach Deutschland eintreten. Diese Denkweise war typisch »Adenauerisch«, wir haben sie lange Zeit nicht begreifen können. Daher habe ich auch den Unterschied zwischen den beiden Saarabstimmungen von 1935 und 1955 halb im Scherz, halb ernsthaft wie folgt beschrieben:

»1935 hatte der Gauleiter Bürckel an Hitler telegrafiert: Melde, mein Führer, abgesprengte Kompanie Saar ist zur Einheit zurückgekehrt!

1955 haben die drei Vorsitzenden der deutschen Saarparteien erklärt: Melden, Herr Bundeskanzler, abgespengte Kompanie Saar ist *befehlswidrig* zur Einheit zurückgekehrt.«

Man hat oft versucht, den Zwiespalt in der Haltung des Kanzlers zur Saarfrage durch andere Erwägungen zu erklären. Die einen haben behauptet, Adenauer habe mit den Franzosen ein Doppelspiel gespielt, auf der einen Seite habe er sich vertragstreu verhalten, auf der anderen durch uns die Ablehnung des Statuts betrieben. Diese Behauptung ist absolut unrichtig, auch wenn wir im Abstimmungskampf des öfteren solche Möglichkeiten gegenüber unseren Wählern nicht dementiert habe. Adenauer hat aber nie und zu keiner Zeit mit den Augen gezwinkert, nicht einmal hinterher, als ein »Dankeschön, Ihr habt's gut oder richtig« gemacht, am Platz gewesen wäre. Daher konnte auch François-Poncet in seinem Nekrolog zur französischen Saarpolitik: »Ein unheilvolles Votum« im »Figaro« vom 25. Oktober 1955 dem Kanzler bescheinigen: »Der Bundeskanzler Adenauer hat – und das ist die Wahrheit – niemals ein Hehl daraus gemacht, daß die Annahme (des Statuts, Anm. d. Verf.) sein Wunsch war. Er hat von Anfang an bis zum Vorabend der Volksbefragung klar zum Ausdruck gebracht, daß er die Annahme des Statuts wünscht. Aber gewisse Teile seiner parlamentarischen Mehrheit haben sich gegen ihn aufgelehnt und seine eigenen Anhänger sind ihm nur zögernd gefolgt. Er ist auch ebensowenig von der Linie abgewichen, die er bestimmt hatte. Es wäre auch ebenso ungerecht, ihn zu verdächtigen, ein doppeltes Spiel getrieben zu haben, er hat vielmehr ein seltenes Beispiel im politischen Leben gegeben: Er ist gegen den Strom geschwommen und hat seine Meinung standhaft beibehalten. Er hat sich als ein Staatsmann von großem Format und als Ehrenmann verhalten. Aber für seinen persönlichen Kredit und seine Politik, die er versucht hat im Gleichgewicht zu halten, war das Ergebnis des 23. Oktober ein Schock.«

Diese Charakteristik des prominenten Franzosen, der sich während seiner Tätigkeit in Bonn jahrelang mit allen Kräften und Mitteln für einen französischen Erfolg in der Saarfrage eingesetzt hat, läßt den wichtigsten Gesichtspunkt der Adenauerschen Frankreich-Politik erkennen, die letzten Endes auch die zufriedenstellende Regelung der Saarfrage im zweiten (Luxemburger) Vertrag vom 27. Oktober 1956 ermöglichte:

*Das grenzenlose Vertrauen Frankreichs zu der Person des deutschen Bundeskanzlers!*

Ohne dieses Vertrauen wäre auch trotz unseres Bekenntnisses vom 23. Oktober 1955 eine Wiedervereinigung der Saar kaum denkbar gewesen. Beide Umstände: unser NEIN und des Kanzlers Verständigungspolitik waren die objektiven Bedingungen, ohne die eine Regelung der Saarfrage, wie sie nach dem Referendum dann erfolgt ist, nicht möglich gewesen wäre. Wesentlich für die beiden Umstände aber ist die Tatsache, daß beide Vertreter dieser Zielsetzung das Vorgehen des anderen für falsch gehalten und bekämpft haben, natürlich nur insoweit als die Verständigungspolitik durch *ein Saaropfer* erreicht werden sollte. Der Kanzler hatte das Saaropfer in Kauf genommen. Seine spätere Versicherung in den »Erinnerungen« (S. 368): »Würde die Saarbevölkerung das Statut ablehnen, nun: hier lag meine Hoffnung« ist der Versuch einer späten Rechtfertigung und muß Legende bleiben. Hier besteht Übereinstimmung mit dem Urteil der Kaiser-Biographen (S. 352/353) über einen Satz in der Begrüßungsansprache des Ministerpräsidenten Dr. Ney am 1. Januar 1957. Hier hatte Dr. Ney erklärt, dem Kanzler gebühre Dank, daß er nie von dem Gedanken abgelassen habe, die Saarländer müßten selbst in Form einer Abstimmung in voller Freiheit über ihr Schicksal bestimmen dürfen. Dazu wird in dem Buch über den verdienstvollen Minister für gesamtdeutsche Fragen, Jakob Kaiser, richtig festgestellt: »er (Adenauer) hatte das Plebiszit in den Verhandlungen in der Nacht vom 22. auf den 23. Oktober 1954 in Paris nachdrücklichst zu verhindern und später die Saarländer massiv zur Annahme des Statuts zu bewegen versucht.«

Auch hier wird der Zwiespalt erneut offenbar, der immer wieder zutage tritt, wenn man versucht, das letzte Wollen des Kanzlers mit seiner Handlungsweise in Einklang zu bringen. Wir haben zur Abwehr der gegenerischen Propaganda »Mit Adenauer für das JA« uns auf eine Reihe von Zitaten des Bundeskanzlers gestützt, die letzten Endes mit seiner Forderung an die Saardeutschen, das Statut anzunehmen, nicht vereinbar waren. Ich denke nur an das berühmte Wort Adenauers von den »Separatisten«, das am 30. Mai 1951 im Bundestag gesprochen wurde und uns jahrelang zur Kennzeichnung unserer Gegner gedient hat. Oder das von uns zur Abwehr groß aufgemachte Zitat des Kanzlers aus der Rede vor dem Bundestag am 25. Februar 1955: »Die Folge würde sein, daß Herr Grandval und Herr Hoffmann dableiben, während wir doch darauf ausgehen, die beiden zu entfernen, im Vertrauen darauf, daß *dann* das Saarvolk von den Freiheiten, die ihm zugesichert sind, den rechten Gebrauch macht, weil sie Deutsche sind.« Oder das Wort im Bundestag vom 18. November 1952: »Da Wahrheit und Gerechtigkeit sich letzten Endes immer durchsetzen, zweifle ich nicht daran, daß der Sieg denen gehören wird, die in diesem Kampf gegen den Zwang Mut zeigen.«

Alle diese Äußerungen bezog der Kanzler aber nur auf die Zeit *»beim Friedensvertrag«.* Das *»dann«* im Zitat über die Entfernung Grandvals und Hoffmanns stellt das ebenso eindeutig klar wie die Begründung in der bereits wörtlich wiedergegebenen Erklärung in den »Erinnerungen«, er (Adenauer) habe die Saar nicht verkauft. Daraus ergibt sich aber doch zwangsläufig die weitere Frage, welche Vorstellungen der Kanzler hatte, wann und ob es überhaupt zu einem Friedensvertrag kommen würde. Darüber hat er sich begreiflicherweise nie ausgelassen. Unterstellt, wir wären damals seinen Forderungen gefolgt und hätten das Statut angenommen. Heute nach zwanzig Jahren hat sich die Lage der Bundesrepublik in Beziehung auf eine Friedensregelung auch nicht im geringsten geändert. Und wer will heute noch daran zu denken wagen, daß es überhaupt noch zu einem Friedensvertrag kommen wird?

Die gleiche Widerlegung seiner Vorstellungen mußte der Kanzler auch in Beziehung auf die Schaffung einer europäischen Gemeinschaft noch zu seinen Lebzeiten erfahren. Die Zugeständnisse Adenauers gegenüber Frankreich, die Saar zu europäisieren, stammen aus einer Zeit, als der Kanzler und Robert Schuman sich einig waren, die Vereinigung der europäischen Nationen sei kurzfristig zu erreichen. Der Erfolg des Schuman-Planes und der bereits abgeschlossene Vertrag über die europäische Verteidigungsgemeinschaft waren greifbare Anhaltspunkte, daß die weiteren Schritte »nach Europa« folgen würden. So konnte man damals verstehen, daß der Kanzler in den beiden wiedergegebenen Briefen vom 19. März und 23. September 1952 (oben S. 203 ff.) Zugeständnisse gemacht hat, deren Folgen durch die dabei vorausgesetzte europäische Vereinigung vielleicht gegenstandslos geworden wären. Diese »Geschäftsgrundlage«, um einmal juristisch zu sprechen, änderte sich aber doch vollkommen, als Schuman nicht mehr einflußreicher Außenminister war und seine Nachfolger sich immer mehr von dem Gedanken einer Vereinigung Europas abgewendet hatten. Jetzt wurde die europäische Vorstellungswelt von der weit nüchternen französischen Forderung der »préalable sarroise« – der saarländischen Vorbedingung – für alle anderen Verträge abgelöst. Von jetzt an – Anfang des Jahres 1953 – stand der Kanzler unter dem Druck der Vorbedingung, er war nicht mehr völlig frei in seiner Handlungsweise. Man hatte ihm, wie Herr Blankenhorn uns am 27. Oktober 1954 erklärte, »die Pistole auf die Brust gesetzt«. Auch diese Zwangssituation, die bis zum Vorabend der Abstimmung fortdauerte, kann nicht übergangen werden, wenn man die Verhaltensweise des Kanzlers in der Saarfrage würdigt. Ich möchte mein Urteil daher zusammenfassen: Der Kanzler hat nicht daran gedacht, das Saarland endgültig und für immer von Deutschland loszutrennen. Er war überzeugt, daß die Saarländer gute Deutsche waren und – *nach der Annahme des Statuts* – Mittel und Wege finden würden, »beim Friedensvertrag« wieder zu Deutschland zurückzukehren. Ob dieses Ziel nach den Formeln des Statuts und nach den politischen Möglichkeiten jemals erreichbar gewesen wäre, blieb das Geheimnis des Kanzlers. Wenn er daran ernsthaft geglaubt hat, war diese Meinung falsch, die 67,7 Prozent der saarländischen Wähler wußten es dann besser.

# Die Saar, elftes Bundesland

# Geburtswehen
# eines
# Bundeslandes

Das Ergebnis der Volksbefragung und die Ablehnung des Saarstatuts führten zu einer völlig neuen Lage für alle Beteiligten. Nicht nur die Vertreter des bisherigen politischen Kurses an der Saar sahen sich vor neue Tatsachen gestellt, die ihre gesamte politische Konzeption seit 1945 buchstäblich über Nacht über den Haufen geworfen hatten. Auch die großen vertragsschließenden Mächte – die Bundesrepublik und Frankreich – hatten so gut wie nichts für den Fall der Ablehnung des Statuts vorbereitet. Wohl war nach Art. VII c nach der *Annahme* des Statuts durch die Regierung des Saarlandes innerhalb von drei Monaten die Wahl eines Landtages durchzuführen. Aber es war nach dem Rücktritt Hoffmanns keine Regierung mehr vorhanden und die Bestimmung nach der Ablehnung des Statuts zum mindesten formell nicht anwendbar. Auch das Mandat der WEU-Kommission war mit dem Tage der Abstimmung beendet, allenfalls konnte die Kommission bis zur Abgabe ihres Berichtes in der ersten Novemberhälfte noch eine Rechtfertigung für ihre weitere Anwesenheit im Saarland herleiten. Demgegenüber hatten die Befürworter des Saarstatuts während des harten Abstimmungskampfes immer wieder betont, auch im Falle der Ablehnung »werde alles beim alten bleiben«, d. h. die Regierung Hoffmann werde mit Unterstützung der französischen Mission Diplomatique – wenn auch nicht mehr unter der Leitung des inzwischen abberufenen Herrn Grandval – ihre bisherige Herrschaft und Politik fortsetzen.

Diese Vorstellung wurde jedoch bereits in der Nacht des Referendums dadurch gegenstandslos, daß besonders der Vertreter Frankreichs im Saarland zum Rücktritt von Johannes Hoffmann beitrug. Dadurch hatten auch die Franzosen zum mindesten faktisch sofort die große Wende anerkannt, die mit der eindrucksvollen Willensbekundung der Saarbevölkerung verbunden war. Auch die Partei Hoffmanns und die im Landtag noch in der SPS vertretenen Sozialdemokraten beugten sich dem Spruch des Volkes und bestanden nicht mehr darauf, ihre bisherige Politik fortzusetzen – auch nicht unter einem anderen Regierungschef der CVP. Als Folge mußte sich auch der Landtag auflösen, dessen Legislaturperiode verfassungsgemäß erst im November 1957 abgelaufen wäre. Der Landtag faßte diesen Beschluß in seiner ersten Sitzung nach dem Referendum am 29. Oktober 1955; er bewies damit, daß er – ebenso wie

Hoffmann – die Konsequenzen aus dem Votum der Saarbevölkerung zu ziehen bereit war. Schließlich mußte der noch »amtierende« Landtag bis zur Neuwahl alle weiteren Maßnahmen beschließen, vor allem eine Übergangsregierung bilden und die zur Durchführung der Landtagswahl notwendigen demokratischen Wahlgesetze verabschieden. Diese Aufgaben waren nicht leicht, sie mußten im Einvernehmen mit den »siegreichen« Parteien des 23. Oktober gelöst werden. Ein betonter Widerspruch der Heimatbundparteien würde unter Umständen die für den 18. Dezember 1955 beschlossene Wahl in Frage gestellt haben. So kam es nach einigem Hin und Her in derselben Sitzung des Landtages vom 29. Oktober – also nur sechs Tage nach der Abstimmung – zur Bildung der Übergangsregierung unter der Leitung des hochangesehenen Ministerpräsidenten Heinrich *Welsch*, eines Mannes des Rechts und der Gerechtigkeit, dessen Leben durch Hilfe für andere gekennzeichnet ist. Übrigens hatte Johannes Hoffmann selbst Herrn Welsch vorgeschlagen, nachdem zuvor die Zustimmung der Heimatbundparteien zur Kabinettsliste gegeben worden war.

Obwohl von seiten des Heimatbundes gegenüber dem einen oder anderen Mitglied der neuen Regierung (Abb. 235) gewisse Vorbehalte gemacht wurden, erwies sich später die kurze Amtstätigkeit der Regierung Welsch ohne Parteibindung als außerordentlich wirksam, vor allem beruhigend auf die durch die harten Auseinandersetzungen aufs äußerste erhitzten Gemüter. Auch zeigte sich, daß die Berufung angesehener Persönlichkeiten ohne ein bestimmtes politisches Engagement in jener Zeit sehr sachdienlich war. Man hätte sich nachhinein gewünscht, daß gerade diese Regierung die Geschicke unseres Landes während der Übergangsperiode eine längere Zeit hätte leiten können. Nach den parlamentarischen Grundsätzen stand dies freilich außerhalb ernsthafter Diskussionen. Zu seinen Mitarbeitern berief Heinrich Welsch als Minister des Innern und für Kultus, Unterricht und Volksbildung den früheren Landrat von St. Wendel, Dr. Paul Schütz, den späteren langjährigen Präsidenten der Landeszentralbank in Saarbrücken. Zum Minister für Finanzen wurde der bereits an anderer Stelle erwähnte Professor Dr. Adolf Blind bestellt, der nach der Wahl des neuen Landtages dann auch in der Regierung des Ministerpräsidenten Dr. Ney dieses Ressort übernahm. Zum Minister für Wirtschaft und Verkehr wurde der bisherige Direktor im Wirtschaftsministerium Dr. Eugen Huthmacher ernannt. Als Schwiegersohn des zum alten DPS-Vorstand gehörigen Karl Hillenbrand genoß auch Herr Huthmacher das Vertrauen der »anderen« Seite; wir haben später noch lange erfolgreich zusammengearbeitet, als ich zeitweilig das Wirtschaftsressort verwaltete. Das Arbeitsministerium übernahm Herr Welsch neben seinem Amt als Präsident der neuen Regierung, zum Kabinettchef bestimmte er seinen langjährigen und besonders bewährten Direktor Kirsch, der – wie Herr Welsch – auch unser uneingeschränktes Vertrauen besaß. Zu Direktoren mit Kabinettsrang wurden schließlich die Herren Dr. Erich Lawall (siehe S. 387) für Justiz und Professor Dr. Eugen Meyer für Kultus in die Regierung Welsch berufen.

Eine der ersten Hürden für das neue Kabinett war die Verabschiedung eines freiheitlichen Wahlgesetzes. Hier versuchten die bisherigen Parteien ihre Chancen im Wahlkampf zu verbessern, indem sie zunächst einen sogenannten Separatistenartikel in das Wahlgesetz hineinbringen wollten. Die Bestimmung sollte lauten: »Der Wahlkampf muß in anständiger Form geführt werden. Beleidigende oder verletzende Äußerungen in Schrift und Bild müssen unterbleiben. Insbesondere ist die Diffamierung von Parteien oder Einzelpersonen durch den Gebrauch von Worten

235
Nach dem Rücktritt Hoffmanns: die Übergangsregierung Welsch (von rechts nach links): Direktor der Justiz Erich Lawall; Professor Dr. Eugen Meyer (Kultus); Ministerpräsident Heinrich Welsch; Landrat Schütz (Inneres); Professor Dr. Blind (Finanzen); Eugen Huthmacher (Wirtschaft)

236
Regierung des Ministerpräsidenten Dr. Hubert Ney (CDU) (rechts am Kopfende); gegenüber Direktor G. Lorscheider; rechte Reihe (von rechts nach links): Direktor der Staatskanzlei Kirsch, Finanzminister Professor Dr. Blind; Innenminister Fritz Schuster (DPS); Staatssekretär für Wiederaufbau Erich Schwertner (DPS); linke Reihe (von rechts nach links): Arbeitsminister Kurt Conrad (SPD); Wirtschaftsminister Dr. Brinkmann (CDU); Minister für Kultus und Justiz Egon Reinert (CDU) und Direktor im Justizministerium Erich Lawall

**Die Saar
elftes Bundesland**

237
SPD-Vorsitzender Erich Ollenhauer besuchte am 1. Januar 1957 das Saarland, Begrüßung durch Kurt Conrad, 1. Vorsitzender der SPD-Saar.

238
Das neue Wappen des Saarlandes repräsentiert die Gebiete der Grafschaft von Nassau-Saarbrücken (links oben), Kurtrier (rechts oben), Herzogtum Lothringen (links unten) und Kurpfalz (rechts unten).

239
Saarabgeordnete ziehen offiziell in den Deutschen Bundestag ein. In der vorderen Reihe von rechts nach links: Erich Schwertner, Dr. Schneider, Franz Schneider, dahinter Fritz Wedel, Franz Ruland, dahinter Hermann Trittelvitz, Dr. Franz-Josef Röder, Wilhelm Kratz und Dr. Manfred Schäfer.

240
Freundschaft mit Frankreich: Besuch des französischen Botschafters in der Bundesrepublik, M. Couve de Murville und Gattin im Saarland. Von rechts nach links: Landtagspräsident Wilhelm Kratz, Botschafter de Courson, Botschafter Couve de Murville, Chef der Staatskanzlei Dr. Best und Frau Couve de Murville

241
Botschafter Tanguy de Courson im Gespräch mit dem Verfasser

242
Freundschaft mit Frankreich: Ministerpräsident Dr. Ney und der Nachfolger Grandvals, der französische Botschafter Eric de Carbonnel

243
Ministerpräsident Reinert, Minister Conrad und der französische Kulturattaché Wölfflin

wie Separatist, Vaterlandsverräter, Nazi, Nationalist oder ähnliche verboten.« So wünschenswert an sich eine derartige Klausel für den Wahlkampf gewesen wäre, so war die Forderung doch zu sehr von den Interessen der Partei Hoffmanns bestimmt als daß sie von der Regierung Welsch hätte gebilligt werden können. Welsch mußte sogar seinen Rücktritt für den Fall ankündigen, daß die CVP mit ihrer Mehrheit im alten Landtag diese Bestimmung noch in das Wahlgesetz aufnehmen würde. Schon an diesem kleinen Beispiel zeigte sich, wie groß die Schwierigkeiten in jenen hektischen Wochen und Monaten nach dem großen Schock für alle Beteiligten gewesen sind. Aber dabei blieb es nicht.

Auch die Neubildung der Regierung nach den Landtagswahlen vom 18. Dezember 1955 beendete die vielschichtigen Probleme nicht, die ihre Ursachen in der zehnjährigen Trennungszeit und der herrschenden Unfreiheit hatten. Es ergaben sich in der Folgezeit eine ganze Reihe von Spannungen, von denen auch die Heimatbundparteien nicht verschont blieben. Vor allem war für alle Beteiligten das »Gewöhnen an die neue Lage« äußerst schwierig. Die Heimatbundparteien auf der einen Seite forderten stürmisch die Konsequenzen aus der Niederlage des Separatismus, während die Partei Hoffmanns auf der anderen Seite aus dem noch für sie beachtlichen Wähleranteil von 32,3 Prozent JA-Stimmen die Legitimation zur gleichberechtigten Mitwirkung neben der CDU-Saar im »christlichen Lager« herleitete.

Auch die französische Mission Diplomatique, insbesondere der frühere Kabinettchef Grandvals, Gauthier, brauchte Zeit, um den jetzt plötzlich im politischen Leben des Saarlandes tonangebenden Parteien nicht mehr aus der nie ganz aufgegebenen Position der Besatzungsmacht heraus entgegenzutreten. Die noch bis ins Frühjahr hinein vorgelegten Beschwerden der Mission geben davon beredtes Zeugnis. Die unter der Führung von Ministerpräsident Welsch besonders sachlich und ruhig arbeitende Regierung veranlaßte kaum personelle Veränderungen, sie entließ lediglich einige schwer belastete Polizeibeamten aus dem Ministerium Hector, berief den saarländischen Gesandten Dr. Straus aus Paris zurück und beurlaubte einen hohen Beamten aus dem Kultusministerium sowie den ohnehin bereits gekündigten Generaldirektor des Saarländischen Rundfunks, Professor Dr. H. M. Goergen. Trotzdem wurde ihr bereits am 4. November 1955 eine Note der Mission Diplomatique zugestellt, in der es unter anderem hieß:

»Die französische Regierung ist zutiefst betroffen über gewisse, gestern von der provisorischen saarländischen Regierung getroffenen Maßnahmen. Sie ist andererseits lebhaft beunruhigt über die an zahlreiche im Saarland wohnhafte Franzosen gerichteten anonymen Drohungen. Die französische Regierung ist keineswegs gewillt, eine derartige Entwicklung der Situation zu dulden. Sie erinnert die saarländische Regierung daran, daß diese auf provisorischer Grundlage gebildet ist, um die laufenden Geschäfte zu führen, die Ordnung und Gesetzmäßigkeit aufrechtzuerhalten sowie die Durchführung einer ordnungsmäßigen Wahl zu gewährleisten. Die französische Regierung bemerkt hierzu:

1. daß die saarländische Regierung in keiner Weise ermächtigt ist, Entscheidungen zu fällen, die Personen betreffen und politischen Charakter tragen, ohne daß die Zustimmung der WEU-Kommission vorliegt, für welche die französische Regierung die Übertragung von Vollmachten zu diesem Zweck vorgeschlagen hat;

2. daß man sich fragen kann, ob gewisse Maßnahmen, die Entscheidungen der französischen Behörden betreffen, vereinbar sind mit dem Status des Saarlandes, den

keine saarländische Regierung aus eigener Machtvollkommenheit ändern kann;

3. daß man sich gleichfalls fragen kann, ob diese Maßnahmen nicht geeignet sind, die Gemüter zu verwirren und die öffentliche Ordnung zu bedrohen;

4. daß eine dieser Maßnahmen außerdem als flagrante Verletzung des Prinzips wirkt, wonach niemanden ein politischer Nachteil aus seiner vergangenen politischen Haltung erwachsen darf.

Die französische Regierung ist fest entschlossen, diese Richtlinien genauestens respektieren zu lassen.«

In seiner Antwort vom 8. November 1955 hob Ministerpräsident Welsch die parlamentarische Grundlage seiner Regierung hervor und wies die Berechtigung der beanstandeten Maßnahmen in der ihm eigenen überlegten und sachlichen Form zurück. Er betonte zudem das Einvernehmen mit dem Präsidenten der WEU-Kommission. Entscheidend aber stellte die Antwort den Punkt 2 der französischen Kritik klar: Ohne das zu bezeichnen, war hier die von der Regierung Welsch angeordnete *Aufhebung der früheren Ausweisungen* durch die Besatzungsmacht heftig kritisiert worden. In einer Reihe von Gründen für die Aufhebung der Ausweisungen führte die Antwort von Herrn Welsch dazu noch aus: »Im übrigen darf ich daran erinnern, daß es sich größtenteils um Maßnahmen aus den Jahren 1945 bis 1947 handelt, deren Beseitigung heute, im Jahre 1955, verständlich sein sollte. Herr Außenminister MacMillan, der erste Präsident des Rates der Westeuropäischen Union, hat Herrn Ministerpräsidenten Hoffmann im Sommer dieses Jahres sinngemäß erklärt: Ausweisungen seien keine Maßnahmen, deren sich ein demokratischer Staat noch bedienen könne. Auch der französische Ministerpräsident, Herr Mendès-France, ist, soweit wir unterrichtet sind, bei der früheren saarländischen Regierung für die Aufhebung der Ausweisungen eingetreten. Für eine weitere Aufrechterhaltung dieser aus der Nachkriegszeit resultierenden Maßnahmen hätte unsere Bevölkerung mit Sicherheit kein Verständnis gehabt.«

Gerade dieses Zwischenspiel zeigt, unter welchen Schwierigkeiten sich die beiden Beteiligten im Saarland erst an den entscheidenden Wandel gewöhnen mußten, der durch das Abstimmungsergebnis eingetreten war. Es gibt dafür noch zahlreiche andere Beispiele. So hatte auch die Regierung Ney noch bis ins späte Frühjahr 1956 hinein eine ganze Reihe von französischen Noten zu beantworten, die Klage über gewisse Formulierungen in den Zeitungen des Heimatbundes führten. Einige kritische Äußerungen über Herrn Grandval und über die ihm zuteil gewordene Ehrenbürgerschaft von Saarlouis, eine kritische Würdigung des damals verstorbenen Generals Andlauer, des Repräsentanten der französischen Saarpropaganda, genügten für die andere Seite, bei der Regierung eines nunmehr wirklich demokratisch geführten kleines Landes scharfe Proteste zu erheben. Umgekehrt war man auf der Gegenseite keineswegs bereit, auch den Politikern im kritisierten Land das gleiche Recht einer äußerst empfindlich abgestimmten Behandlung in der Presse zuzubilligen. So konnte Herr Welsch in einer Antwort auf eine solche Beschwerde darauf hinweisen, wie man ihn in einem gehässigen Artikel in einer lothringischen Zeitung angegriffen habe. Daß man mich in jener Zeit noch in einer bekannten gaullistischen Pariser Zeitung als »Bandenführer, der demnächst seine Bedingungen stellen werde« titulierte, hat mich wenig berührt; wahrscheinlich die Gegenseite auch nicht, die uns jedoch eine gelenkte und kritiklose Presseberichterstattung vorschreiben wollte.

Diese Vorgänge zeigen deutlich, wie es noch kurz zuvor, also vor dem Abstimmungstag, an der Saar aussah und wie viel Ärger und Auseinandersetzungen notwendig waren, um diese Zeit zu überwinden. Dr. Ney war als Ministerpräsident noch lange gezwungen, sich *auch* mit diesen Fragen zu befassen und – den Ausdruck darf man ruhig gebrauchen – herumzuschlagen. Leider blieb es aber keineswegs allein bei diesem Spannungsfeld. Der alte Gegensatz zwischen den »Prodeutschen« auf der einen und den in der damaligen Sprache noch so genannten »Separatisten« auf der anderen Seite wirkte sich auch im Kampf um die Landtagswahlen vom 18. Dezember 1955 noch voll und ganz aus.

Hier tat sich aber im Hintergrund schon wieder ein neues Spannungsfeld auf: *Die jahrelange Einschaltung der bundesdeutschen CDU-Führung zur Vereinigung der CDU-Saar und der CVP, der Partei Hoffmanns.* Wenn man rückschauend davon ausgeht, daß dieser Kampf noch fast fünfzehn Jahre gedauert hat, ehe sich die letzten Reste aus der Partei Hoffmann aufgelöst und der CDU-Saar angeschlossen oder aus der Politik zurückgezogen haben, dann wird man das Urteil verstehen, daß die Bonner Politiker, die sich schon 1955 für eine zwangsweise Fusion der beiden Parteien mit allen ihren Kräften einsetzten, schlecht beraten waren. Man hat oft behauptet, daß unmittelbar nach dem »Schlag des 23. Oktober« auch die Partei Hoffmanns bereit gewesen sei, sich aufzulösen und die belasteten Politiker aus dem öffentlichen Leben an der Saar zurückzuziehen, wenn die CDU ihrerseits bereit gewesen wäre, alle sonstigen Mitglieder der CVP aufzunehmen. Das habe aber vor allem Dr. Ney verhindert. Ich habe diese Behauptung nie geglaubt. Bei allen mir bekannt gewordenen Verhandlungen hat die CVP immer darauf bestanden, gleichberechtigt neben der CDU weiter zu bestehen und mit allen ihren Politikern zusammen mit der CDU »fusioniert« zu werden. Man hatte lediglich zugesagt, daß sich Johannes Hoffmann und Edgar Hector aus der saarländischen Politik zurückziehen würden. Jedenfalls wurde in Richtung einer mehr oder weniger zwangsweise verordneten Fusion jahrelang von Bonn Druck auf die Saar ausgeübt. Daß durch diesen Druck die CDU-Saar gespalten wurde und verdienstvolle Saarpolitiker wie der Ministerpräsident Dr. Ney, Dr. Erwin Albrecht, der Gewerkschafter Karl Steinhauer und eine Reihe anderer wertvoller Kämpfer für die deutsche Sache die CDU verlassen mußten, zeigt, daß man (wieder einmal) die Verhältnisse an der Saar falsch beurteilte und vor allem unverändert die unglückliche Hand bei der Behandlung der Probleme im Saarland beibehielt.

Es gab nach dem 23. Oktober 1955 für alle Politiker an der Saar – ich schließe die Partei Hoffmanns nach ihrer grundsätzlichen Hinwendung zur deutschen Zielsetzung ein – nur eine einzige Aufgabe von Wichtigkeit:

*Die reibungslose Eingliederung des Saarlandes in die Bundesrepublik unter Aufrecht- erhaltung der Wirtschaftsbeziehungen mit Frankreich!*

Darüberhinaus strebten wir alle auch freundschaftliche Beziehungen mit unserm westlichen Nachbarn an (Abb. 240–243). Gegenüber diesem Ziel mußten alle anderen, vor allem parteitaktischen, Erwägungen zurückstehen. Jeder verantwortliche Politiker der drei deutschen Saarparteien mußte sich alsbald nach dem 23. Oktober 1955 die Frage vorlegen, *wie* dieses Ziel verwirklicht werden könnte und welcher Zeitraum dazu ungefähr notwendig sein würde. Jedem war von vornherein klar, daß nach der zweimaligen Abtrennung der Saar von Deutschland von 1920 bis 1935 und 1945 bis zur späteren Eingliederung 1959 und der damit verbundenen Heranziehung des

Saarlandes und seiner Wirtschaft als *Reparationsobjekt für ganz Deutschland* die saarländische Zielsetzung nur durch zähe und von vornherein genau geplante Verhandlungen sowohl mit Paris als auch mit Bonn erreicht werden konnte.

Nachdem schon das Abstimmungsergebnis in der letzten Phase nur durch ein Höchstmaß *an Gemeinsamkeit* erreicht wurde, konnte die politische Konzeption nach dem Referendum für die Zukunft keine andere sein. Man war sich zwar in groben Zügen einig, aber es fehlte an dem festen Willen, an einem regelrechten Abkommen, den Heimatbund bis zur endgültigen Eingliederung – also nicht nur bis zur formellen politischen Wiedervereinigung der Saar mit der Bundesrepublik – aufrechtzuerhalten und durch dick und dünn miteinander zu gehen. Wenn irgendwo im politischen Bereich der alte römische Satz: »in unitate robur« – in der Einigkeit liegt die Kraft – eine Bedeutung haben konnte, dann an der Saar nach 1955!

Leider nahm die Entwicklung einen anderen Verlauf. Schon vor den Landtagswahlen zeigten sich die ersten Anzeichen, daß maßgebende Kreise um den Bundeskanzler auf eine sofortige Verschmelzung der beiden »C«-Parteien an der Saar hinarbeiteten. Ähnliche Gedanken hatte der Kanzler schon alsbald nach Abschluß des Saarabkommens in der Unterredung vom 13. Dezember 1954 (siehe S. 419) mit den Vorsitzenden der deutschen Saarparteien geäußert. Er hatte (Niederschrift S. 3 unten) gemeint, die »deutschen Parteien an der Saar sollten sich unter Ausschaltung gewisser Persönlichkeiten (aus der Saarregierung) mit den damals zugelassenen Saarparteien vereinigen, damit im Saarlandtag eine deutsche Mehrheit zustandekomme«. Diese Gedankengänge hatten wir damals schon zurückgewiesen. Bald nach der Abstimmung griff als erste eine dem Kanzler nahestehende Zeitung in der Bundesrepublik die Überlegung wieder auf und bestätigte, daß darüber – damals schon – zwischen führenden Politikern der Hoffmann-Partei und Bonn Gespräche geführt worden seien. Die Zeitung meinte, daß der Verzicht Hoffmanns und Hectors auf ein Landtagsmandat in einem sehr starken Maße die Möglichkeit gefördert hätte, im neuen Landtag zu einer Aktionsgemeinschaft zwischen der CDU-Saar und der CVP Hoffmanns zu kommen. Wörtlich meinte das Blatt: »Entwicklungen, die in gewissen Kreisen heute noch als ›utopisch‹ betrachtet werden, dürften nach dem 18. Dezember 1955 als absolut normal und längst erwartet betrachtet werden.« Auch auf französischer Seite – wahrscheinlich nach einem üblichen Gedankenaustausch – wurde das Thema aufgegriffen. Die bekannte französische Zeitung »Combat« schrieb um dieselbe Zeit: »Selbst wenn es zu keiner Zeit zu einer Verschmelzung der beiden christlichen Parteien kommt, wird die Zusammenarbeit zwischen ihnen unvermeidlich sein. Ein *Ney*, der in Saarbrücken regiert, wird wenigstens für einige Monate – solange sich nicht die gesamte deutsche Außenpolitik entwickelt hat – das relative Unterpfand einer gewissen *Vernunft* in den deutsch-französischen Beziehungen sein.«

Ich hatte in einem viel beachteten Artikel, der warnend mit »Argus« gezeichnet worden war, vor dieser schon vor der Landtagswahl 1955 für die gesamte Sache der Saarbevölkerung abträglichen Entwicklung gewarnt. Es war für jeden gründlichen Beobachter klar, daß dieselbe Kraft unserer Bevölkerung, die den Politikern das NEIN zum Statut aufgegeben hatte, sich jetzt auch gegen eine alsbaldige Verschmelzung oder auch nur eine Aktionsgemeinschaft der beiden »C«-Parteien richten würde. Jeder Druck von außen konnte die Situation, vor allem der maßgebenden Politiker der CDU-Saar nur schwächen. Ich habe nie daran gezweifelt und das auch zum Ausdruck gebracht, daß sich die Gegner von gestern eines Tages zusammenfinden würden und zusammenfinden müßten; dieses Ziel konnte aber nach meiner Überzeugung »erst nach jahrelanger Bewährung auf der Grundlage eines ehrlichen Willens auf der Seite des ›ancien régime‹ gefunden werden«. Auch damit habe ich recht behalten.

Bei der SPD nahm die Lösung dieses Problems einen wesentlich schnelleren Verlauf. Durch Einschaltung maßgebender Bonner SPD-Politiker war den führenden Vertretern der westlich orientierten Sozialdemokraten an der Saar klar gemacht worden, daß ihre Zeit vorbei sei und daß sie sich aus der aktiven Politik zurückziehen müßten. Das geschah ohne jedes Aufheben. Richard Kirn, Peter Zimmer, Dr. Heinz Braun und Ernst Kunkel zogen sich zurück und alle übrigen Mitglieder der alten Partei bildeten kein Problem mehr. Kurt Conrad konnte bereits im März 1956 die Mitglieder der alten SPS aufnehmen, ohne daß irgendwelche Einflüsse von früher mehr fortbestanden.

Leider handelte die CDU-Führung in Bonn auf ganz andere Art. Man verhandelte ständig hinter dem Rücken des Parteivorsitzenden Dr. Ney mit verschiedenen Gruppen und Persönlichkeiten der CVP Hoffmanns und stärkte damit deren Selbstbewußtsein und ihren Willen, »gleichberechtigt« neben der CDU-Saar auch in Zukunft fortzubestehen und politischen Einfluß zu nehmen. Der Bundeskanzler selbst bekräftigte diese Einstellung in einer sogar verletzenden Art und Weise, als die zehn saarländischen Abgeordneten »preisend mit viel schönen Reden« am 10. Januar 1957 in den Deutschen Bundestag aufgenommen wurden (Abb. 239). Bei dieser Gelegenheit begrüßte Dr. Adenauer nur die beiden Vertreter der Hoffmann-Partei mit Handschlag, die anderen, auch seine eigenen CDU-Kollegen von der Saar, übersah er; sie waren für ihn nicht da! Zehn Tage zuvor hatte er ihnen in Saarbrücken bescheinigt, (durch sie) den schönsten Tag seines Lebens erlebt zu haben. So war eben die »Sphinx« Konrad Adenauer. Den Höhepunkt der nach meiner Auffassung falschen und für unser Land abträglichen Politik bildete ein Schreiben, das Adenauer am 22. Mai 1957 nach einem gemeinsamen Gespräch mit Vertretern der CDU-Saar und der CVP Hoffmanns an die CVP richtete, wohl in der Erwartung, daß sich die CVP jetzt auflösen und in der CDU aufgehen würde. Dieses Schreiben, das keinen Erfolg gezeigt hat – erst viel später kamen einige Abgeordnete oder Gruppen der ehemaligen CVP zur CDU –, war wirklich ein Beispiel, wie man Saarpolitik nach dem Referendum nicht machen durfte. Sein Wortlaut war:

»Bundesrepublik Deutschland                                    Bonn, 22. Mai 1957
Der Bundeskanzler

An die Christliche Volkspartei
des Saarlandes

Saarbrücken
Ursulinenstraße 1

Sehr geehrte Herren!
Die Beantwortung der in Ihrem Schreiben vom 18. Mai 1957 angeschnittenen Frage ist davon abhängig, daß man die nach dem Kriege verfolgte Politik einer Bereinigung des deutsch-französischen Verhältnisse als Ganzes betrachtet. Die deutsch-französischen Vereinbarungen über die Saar bilden einen Teil dieser Politik, die den alten

deutsch-französischen Gegensatz beseitigt und zu einer deutsch-französischen Freundschaft geführt hat. Es ist klar, daß man über die Wege, die zu diesem Ziel führten, verschiedener Auffassung sein konnte. Dies gilt auch für die Stellungnahme zu dem Saarstatut. Ich habe keinen Zweifel, daß diejenigen, die am 23. Oktober 1955 sich gegen das Saarstatut aussprachen, damit ihrer Treue zum deutschen Volk und Vaterland Ausdruck geben wollten.

*Andererseits steht nach meiner Überzeugung fest, daß auch diejenigen, die sich für die Annahme des Saarstatuts eingesetzt und es bejaht haben, einer deutschen und europäischen Verpflichtung dienen wollten und daher ebenso gute Deutsche waren und sind.*

Ich bin darum der Auffassung, daß es nicht angängig ist, irgend jemand wegen seiner Haltung zum Saarstatut zu diffamieren oder zu diskriminieren. Man sollte die Vergangenheit positiv überwinden und die wertvollen moralischen Impulse und Motive, die JA- und NEIN-Sager für sich in Anspruch nehmen, für eine konstruktive Politik der innerpolitischen Befriedung, die Verständigung mit Frankreich und die Gründung eines Vereinigten Europas einsetzen. Die Besonnenheit, die alle Beteiligten, insbesondere auch das deutsche Saarvolk, in außenpolitischer Hinsicht nach dem 23. Oktober gezeigt haben, war die Voraussetzung für die nunmehr gefundene endgültige Regelung der Saarfrage. Sie ist auch eine Voraussetzung für eine gerechte Befriedung an der Saar, die über alle politischen Meinungsverschiedenheiten der Vergangenheit hinweg die getrennten Lager wieder zusammenführen sollte.

Mit freundlichen Grüßen                                                    gez. Adenauer.«

Damit hatte der Kanzler nicht nur in ein Wespennest gestochen, sondern die angestrebte »christliche Einigung« erst recht auf weitere Jahre hinausgezögert; ganz abgesehen von der Abspaltung der Gruppe um Dr. Ney von der CDU. Mit dem Inhalt des Schreibens vom 22. Mai 1957 war doch nichts anderes unternommen als der Versuch, die Quadratur des Kreises zu lösen. Am 31. Mai 1951 hatte der Kanzler vor dem Deutschen Bundestag erklärt (Prot. S. 5666):

»Vom deutschen Standpunkt aus ist folgendes zu sagen. Ob das Saargebiet von Frankreich annektiert oder ob es zu einem zweiten Luxemburg gemacht wird, ist von unserm Standpunkt aus gesehen gleichgültig. Von unserem Standpunkt aus gesehen ist es immer nur die Separation, die Losreißung von Deutschland; und die Saarpolitiker, die sich für diese Lösung stark machen, können sich nicht darüber beklagen, wenn die Verfechter der Separation in unseren Augen als Separatisten gelten!«

Nach dieser Erklärung durfte Adenauer 1957 denselben Verfechtern der Losreißung nicht bescheinigen, daß sie die gleichen guten Deutschen gewesen seien wie diejenigen, die letzten Endes die Losreißung durch ihr NEIN verhindert hatten. Gewiß kam es dem Kanzler nur auf die Stärkung seiner Partei an der Saar an, ein solches Ziel hätte sich aber ohne eine derartig plumpe und vor allem unglaubwürdige Argumentation schneller erreichen lassen. Hätte man unsere Freunde von der CDU zusammen mit den beiden anderen Heimatbundparteien das Problem allein und vor allem ohne Hilfe für die Gegenseite durch die Bonner CDU lösen lassen, es wäre sicher schneller und ohne Spannungen und Spaltungen aus der Welt geschafft worden. Man konnte aber eine Parteigruppierung wie die CVP nicht ständig stützen und stärken, wenn man ihr Aufgehen in der CDU wollte.

Das waren auch die ersten Schwierigkeiten bei der Bildung der ersten Heimatbundregierung unter der Präsidentschaft von Dr. Ney. Am 18. Dezember 1955 war der neue Landtag gewählt worden. Die CDU-Saar wurde unter Führung von Dr. Ney stärkste Partei und hatte 149 525 Stimmen mit 14 Mandaten (25,4 Prozent) auf sich vereinigt, die DPS – also die Partei, deren Vorsitzender ich war – wurde zweitstärkste Partei mit 142 602 Stimmen (24,2 Prozent) und hatte zunächst 12 Mandate, und später aufgrund einer Entscheidung der Verfassungskommission ein 13. Mandat erhalten. Die CVP Hoffmanns hatte 128 658 Stimmen (21,8 Prozent) und zunächst 13, dann 12 Mandate. Schon nach den ersten Gesprächen über die Bildung einer neuen Regierung und der Besetzung des Landtagspräsidiums hatte die CDU-Bonn prominente Vertreter – Franz Josef Strauß und den Bundesgeschäftsführer Dr. Heck – nach Saarbrücken entsandt, die alle Versuche unternahmen, eine Heimatbundregierung zu verhindern und eine Regierung zwischen der CDU-Saar und der Partei Hoffmanns zustandezubringen. Dadurch verzögerte sich die Regierungsbildung zwei Wochen lang, es ergaben sich Verärgerungen und Brüskierungen, die trotz der später noch zustandegebrachten Heimatbundregierung die ersten Risse in das Bündnis brachten.

Da dieses schlechte Beginnen mir eine wenig verspechende Zukunftsentwicklung zu sein schien, ließ ich das Kulissenspiel in einer Dokumentation über die Regierungsbildung von 1955/56 festhalten. Aus den insgesamt veröffentlichten 15 Dokumenten gibt am eindeutigsten das Schreiben der DPS an den zweiten Heimatbundvorsitzenden, Kurt Conrad, vom 1. Januar 1956 Aufschluß. Ich schrieb ihm damals: »Lieber Herr Conrad, ich möchte Sie auf mir zugegangene zuverlässige Informationen aufmerksam machen. Danach sind *alle* Schwierigkeiten darauf zurückzuführen, daß planmäßig durch Bonner Beauftragte daraufhingewirkt wird, daß eine Heimatbundregierung *nicht* zustandekommt. Nachdem es nicht gelang, Dr. Ney und mich gleichzeitig kaltzustellen, wird man jetzt folgenden Weg gehen:

1. Die Verhandlungen zur Regierungsbildung werden von der CDU planmäßig vereitelt.
2. Unter Zeitdruck wird man sich auf die Wahl des Landtagspräsidenten beschränken, wobei erklärt wird, die Wahl sei ja nur vorläufig. Als Landtagspräsident soll Herr Reinert (CDU) und als 1. Vizepräsident ein CVP-Mann gewählt werden(!).
3. Wenn dann eine Regierungsbildung unter Dr. Ney mit Beteiligung der DPS, wobei Dr. Schneider ausgeschaltet bleibt, nicht zustande kommt, dann soll als letzter Ausweg die CVP zustimmen.

Dieses Spiel ist mit dem Bonner CDU-Beauftragten abgesprochen und liegt fest.
Um die volle Verantwortung des Bonner Hintermannes und der CDU-Saar festzulegen, haben wir heute sämtlichen Abgeordneten und uns bekannten Mitgliedern des Vorstandes der CDU eine uns bindende Zusage zur Regierungsbildung und Besetzung des Landtagspräsidiums gemacht. Wenn die CDU auch dieses Angebot ablehnt, wird das ganze Spiel an die Öffentlichkeit gelangen.
Wir glauben aber, daß unser neuester Vorschlag nicht abgelehnt werden kann und daß in letzter Minute noch die Heimatbundfront gerettet wird.
Wir wären Ihnen für eine Unterstützung dankbar.
Mit freundlichen Grüßen

gez. Dr. Schneider«

Die Zustellung unseres Angebotes an alle Abgeordneten der Heimatbundparteien am Neujahrtag 1956 – übrigens bei gefährlichem Glatteis auf allen Straßen – hatte die

Heimatbundregierung noch einmal gerettet. Sie sah wie folgt aus (Abb. 236):
– Ministerpräsident: Dr. Hubert Ney (CDU)
– Wirtschaftsminister (und späterer Stellvertreter des Ministerpräsidenten):
  Dr. Brinkmann (CDU)
– Kultus- und Justizminister: Egon Reinert (CDU)
– Innenminister: Fritz Schuster (DPS)
– Finanzminister: Professor Dr. Adolf Blind (parteilos)
– Direktor für Justiz: Dr. Erich Lawall (parteilos)
– Staatskommissar für Wiederaufbau: Erich Schwertner (DPS)

Als Ausgleich wurde der DPS das Amt des Präsidenten im Landtag (Dr. Schneider) (Abb. 223) überlassen, eine Praxis, die jahrelang zuvor zwischen den beiden die Regierung tragenden Parteien CVP und SPS so geübt worden war.

Dr. Ney hatte nach alledem kein leichtes Beginnen. Die Koalition war von Anfang an belastet und wurde später noch weiteren Belastungsproben ausgesetzt. Da wurde der DPS, die nur 7000 Stimmen weniger als die CDU-Saar erreicht hatte, die selbstverständliche Stellvertretung des Ministerpräsidenten verweigert, da wurde der frühere Direktor und Vertraute von Johannes Hoffmann, Direktor G. Lorscheider, in seiner Stellung belassen und rückte nach und nach zum Berater von Dr. Ney auf, da gab es in dem ganzen Jahr der gemeinsamen Regierungstätigkeit nur eine einzige Koalitionsbesprechung, und diese fand erst auf unser fortgesetztes Drängen hin statt! Da fehlte es schließlich an einer gründlichen Planung des Eingliederungsprozesses, die nach unserer Ansicht vor dem Beschluß des saarländischen Landtages nach Art. 23 Grundgesetz – Beitritt des Saarlandes zur Bundesrepublik Deutschland – hätte festgelegt werden müssen. Trotz einer unermüdlichen Tätigkeit von Regierung und Landtag und trotz erheblicher Erfolge bei den deutsch-französischen Sachverhandlungen erweiterte sich der Riß immer mehr – bis am 13. Dezember 1956 die Vertreter der DPS in der Regierung von Dr. Ney und im Landtag ihre Ämter zur Verfügung stellten.

Schon Ende Februar 1956 – nach der Neubildung der Regierung Guy Mollet in Frankreich – begannen die neuen Saarverhandlungen zur endgültigen Regelung des Saarproblems unter Würdigung und Berücksichtigung des am 23. Oktober 1955 zum Ausdruck gekommenen Willens der Saarbevölkerung. Die grundlegende Zielsetzung konnte nur die Wiedervereinigung der Saar mit der Bundesrepublik sein, wobei die wirtschaftlichen Wünsche Frankreichs in weitgehendem Maße vertraglich gesichert werden sollten. Es war einer der beachtlichsten Erfolge der Heimatbundparteien, im Landtag eine Grundsatzerklärung zustande gebracht zu haben, die diese Zielsetzung für alle Beteiligten in Paris und Bonn unzweideutig zum Ausdruck brachte. Nach langen und schwierigen Verhandlungen wurde dank der Mitwirkung der CVP-Abgeordneten Franz Schneider, Emil Weiten und Frau Dr. Fuest auch die Partei Hoffmanns für eine Zustimmung zur Grundsatzerklärung gewonnen, und zwar ohne Druck und Einflußnahme der Bonner Stellen. Gerade dieser erste Schritt einer Gemeinsamkeit auch mit der CVP, dem spätere weitere gleiche Schritte in Beziehung auf die Rückgängigmachung aller die Autonomie des Saarlandes verankernden Maßnahmen folgten, zeigte, daß es weit besser ging, wenn man uns allein handeln ließ. Die *historische Grundsatzerklärung vom 31. Januar 1956*, die in der Tat die Rückkehr der Saar einleitete, lautete u. a.:

»Der Landtag des Saarlandes hält sich verpflichtet, den am 23. Oktober 1955 erklärten Willen der Saarbevölkerung in die Tat umzusetzen. Er bekundet seine feste
Absicht, die Trennung der Saar von Deutschland zu beenden. Er wird zu gegebener
Zeit alle in seiner Zuständigkeit liegenden Maßnahmen treffen, um dieses Ziel zu
erreichen.

Demgemäß verfolgt er die Lösung der Saarfrage im Sinne folgender Grundsätze:

Das Saarland ist ein Teil Gesamtdeutschlands. Die politische Vereinigung mit der
Bundesrepublik Deutschland als der Sprecherin Gesamtdeutschlands soll so schnell
wie möglich erfolgen.

Dieses Ziel soll im Wege einer stufenweisen Eingliederung der saarländischen Wirtschaft in die Wirtschaft der Bundesrepublik im Einvernehmen mit der Bundesrepublik und Frankreich möglichst ohne die Errichtung neuer Zollschranken erreicht werden. Dabei dürfen der Saarwirtschaft, ihren Betrieben und den schaffenden Menschen,
insbesondere den Rentnern und Empfängern von Sozialleistungen, keine Nachteile
erwachsen.

Die bestehenden Handels- und Wirtschaftsbeziehungen zwischen der Saar und
Frankreich sollen nach den Grundsätzen echter Partnerschaft durch Verträge zwischen
der Regierung der deutschen Bundesrepublik und der französischen Republik erhalten und weiter entwickelt werden. Alle Bestrebungen zur Schaffung eines gemeinsamen europäischen Marktes sollen gefördert werden.

Besonders dringliche Anliegen sind:

Die Verwaltung der Saargruben muß dem Saarland übertragen und die Warndt-
frage in einer Weise geregelt werden, die den berechtigten Interessen der Menschen
unserer Heimat entspricht.

In der Röchlingfrage bekräftigt der Landtag seine Entschließung vom 17. Januar
1956.

Die Abgeltung französischer Forderungen gegenüber dem Saarland oder den Saarländern, die bei der Lösung der Saarfrage geltend gemacht werden, ist als eine gesamtdeutsche Verpflichtung anzusehen.

Keinesfalls darf durch die Gestaltung der Wirtschaftsverhältnisse an der Saar die
staatsrechtliche und tatsächliche Zugehörigkeit des Saarlandes und seiner Bewohner
zu Deutschland in Frage gestellt werden. Der Landtag gibt der Erwartung Ausdruck,
daß diese Regelung der deutsch-französischen Verständigung und der europäischen
Einigung dient.«

Man muß sich vergegenwärtigen, daß diese Grundsatzerklärung von sämtlichen Abgeordneten des Landtages – ausgenommen von den beiden Vertretern der Kommunistischen Partei, die mit der Formulierung nicht einverstanden waren – angenommen worden ist. Kranke oder verhinderte Abgeordnete, auch die Herren Petri und
Peter Zimmer von der früheren SPS, teilten ihre Zustimmung schriftlich mit! Die
Wende, die hier ihren Ausdruck gefunden hat – das Referendum lag doch gerade
erst drei Monate zurück – darf wohl als einmalig oder besser: als das Wunder bezeichnet werden. Nach dieser absolut einmütigen Bekundung des saarländischen Parlaments gab es natürlich auch für die bevorstehenden Verhandlungen zwischen Bonn
und Paris keinen anderen Weg mehr. Trotzdem zogen sich diese Verhandlungen noch
Monate hin, es kam zu harten und oft gereizten Auseinandersetzungen. Besondere
Schwierigkeiten ergaben sich bezüglich der Währungsumstellung, des Warndtkohlen-

problems und in Bezug auf die französische Forderung nach dem Bau des Mosel-kanals.

Am 4. Juni 1956 trafen sich der damalige französische Ministerpräsident Guy Mollet und Bundeskanzler Dr. Adenauer in Luxemburg. Es wurde eine grundsätzliche Einigung in der Form von Direktiven für die weiteren Verhandlungen erzielt. Zu den Verhandlungen waren von vornherein die Vertreter des Saarlandes als »sachverständige Berater« hinzugezogen worden. Die saarländische Delegation stand unter der Leitung des sehr verdienten Finanzministers Professor Dr. Blind, ihr gehörten an für die CDU-Saar Wirtschaftsminister Dr. Brinkmann, für die DPS Staatskommissar Erich Schwertner und für die SPD Arbeitsminister Kurt Conrad. Das Ergebnis der Adenauer-Mollet-Einigung vom 4. Juni 1955 bestand in folgenden Grundsätzen, die später im zweiten Saarvertrag von 1956 ihren Niederschlag gefunden haben:

Politische Rückgliederung bereits am 1. Januar 1957; Abkürzung der wirtschaft-lichen Übergangszeit auf drei Jahre; Beendigung der Wirtschafts-Währungs- und Zollunion mit Frankreich spätestens am 31. Dezember 1959 (die Frist wurde später auf den 5. Juli 1959 verkürzt); sofortige Errichtung zweier Großschachtanlagen im Warndt zur Sicherung von 20 000 Arbeitsplätzen an der Saar (später auf eine Groß-anlage beschränkt; Aufrechterhaltung des saarländisch-französischen Warenaus-tausches im vollen Umfange und damit Erhaltung des saarländischen Marktes für Frankreich und des französischen Marktes für die Saarwirtschaft; Rückgabe der Saar-gruben sechs Monate nach Vertragsschluß in saarländisch-deutsche Hände; Übergang aller wichtigen Institutionen der bisherigen französisch-saarländischen Wirtschafts-union in saarländische Hände; sofortige zoll- und kontingentfreie Ausfuhr saarlän-discher Erzeugnisse in die Bundesrepublik; Zoll- und kontingentsbegünstigter Bezug deutscher Investitionsgüter; sofortiger erleichterter Kapitaltransfer von der Bundes-republik an die Saar.

Damit hatten sich für die Saarbevölkerung Hoffnungen erfüllt, an die ein Jahr zu-vor noch niemand an der Saar oder sonstwo zu glauben gewagt hätte! Das Saarland würde wieder deutsch sein und zu einem festgelegten Endtermin – das war spätestens in drei Jahren – mit Deutschland wiedervereinigt sein! Eigentlich hätte diese Ver-tragsregelung in den ersten Junitagen des Jahres 1956 an der Saar Anlaß zu unge-teilter Freude sein müssen. Doch das Ergebnis wurde nur mit einem lachenden und einem weinenden Auge begrüßt, wie unser Ludwig Bruch in seinem Artikel »Licht und Schatten« in der »Deutsche(n) Saar« vom 8. Juni 1956 schrieb. Die deutschen Zugeständnisse gegenüber Frankreich waren groß. Von französischer Seite war, wie schon gesagt, der Bau des Moselkanals ausbedungen worden, der auf lange Sicht zu einem ernsten Problem für die Wirtschaft des Saarlandes werden würde. Auch war das Röchlingproblem noch nicht nach den Vorstellungen des saarländischen Landtages gelöst worden. Außerdem wurden Frankreich weitgehende Zusagen zum Abbau saarländischer Kohle im Warndtgebiet gemacht.

Rückschauend hat sich jedoch gezeigt, daß unsere damaligen Befürchtungen, die bundesdeutschen und saarländischen Opfer seien zu groß gewesen, nicht begründet waren. Der spätere Saarvertrag, der aufgrund der Luxemburger Direktiven von den Sachverständigen der drei Beteiligten nach weiteren Verhandlungen in Paris und Bonn ausgearbeitet wurde, hat sich durchaus bewährt. Am 27. Oktober 1956 – also fast genau ein Jahr nach der Volksbefragung – unterzeichneten die Außenminister Frankreichs, Chr. Pineau, und der Bundesrepublik, Dr. von Brentano, wiederum in

Luxemburg, das umfangreiche Vertragswerk, das nunmehr die Saarfrage endgültig zwischen den beiden großen Nachbarländern bereinigt und ein für allemal gelöst hat. Der Vertrag ist als der Luxemburger (Saar-)Vertrag in die Geschichte unseres Landes und der beiden Völker Deutschlands und Frankreichs eingegangen. Über einige, sich für das Saarland und seine Wirtschaft ergebenden besonderen Probleme der getroffenen Regelung sprechen wir noch im nächsten Kapitel.

Für die Regierung Dr. Ney ergab sich sofort die bedeutsamste Aufgabe überhaupt: die rechtzeitige und umfassende Vorbereitung und Planung der wirtschaftlichen Umstellung. Nach unserer Auffassung mußten alle wichtigen Probleme, welche die Wiedereingliederung unseres Landes in die Bundesrepublik mit sich bringen würde, *vor der Erklärung unseres Beitritts zur Bundesrepublik* geregelt und vertraglich festgelegt sein, damit der Saarbevölkerung daraus keinerlei Schaden erwachsen könne. Wir konnten uns in dieser Auffassung auf Erklärungen des Bundeskanzlers Dr. Adenauer stützen, die in einem Rundfunk-Interview mit unserem Freunde Rolf Vogel (Abb. 100) aus Anlaß der Unterzeichnung des Luxemburger Saarvertrages abgegeben worden waren. Hier hatte Dr. Adenauer unter anderem zugesichert: »Wir werden aber diese Opfer, die der Bund für die Saar übernimmt, nicht der Saarbevölkerung anrechnen. Sie wird während der wirtschaftlichen Übergangszeit *und nach der völligen Rückkehr* der Hilfe von Bund und Ländern, aber auch der Hilfe der deutschen Wirtschaft bedürfen, um – eingebettet in die Bundesrepublik – eine besondere Brücke für die wirtschaftlichen Probleme beider Staaten zu werden!« . . .

»Die wirtschaftliche Übergangszeit, die vielfach von unberufenem Munde kritisiert worden war, wird gerade für die Saarwirtschaft nötig sein. Wer die Rückkehr der Saar 1935 miterlebt hat, der weiß, wie das rücksichtslose Umschalten von einer Volkswirtschaft zur anderen der Saar schwere Schäden zugefügt hat. Diese wollen wir vermeiden. Es wird in dieser Zeit darauf ankommen, die wirtschaftlichen Maßnahmen mit Behutsamkeit durchzuführen, damit auch auf sozialem Gebiet keine Schwierigkeiten entstehen. Der allgemeine Grundsatz, daß niemandem Nachteile erwachsen dürfen, wird hinsichtlich der sozial Schwächeren als oberstes Gesetz gelten müssen. Die Bundesregierung wird im Zusammenwirken mit der Saarregierung alles tun, um diesen Ausgleich zu erreichen.« Im Hinblick auf die Frankreich zugestandene Moselkanalisierung erklärte der Kanzler in Blickrichtung auf die Saar: »Im Zuge des Ausbaus aller Verkehrswege wird die Saar bevorzugt neue und stärker ausgebaute Verbindungen zum Bundesgebiet erhalten, um der saarländischen Wirtschaft einen freien Zugang zum deutschen Markt zu gleich guten Bedingungen zu ermöglichen.«

Mit diesen Worten hatte der Kanzler Zusagen gemacht, die – wenn sie erfüllt worden wären – die Sorgen aller saarländischen Regierungen bis auf den heutigen Tag behoben hätten, zum mindesten die großen Sorgen in den grundsätzlichen Fragen. Ich denke nur an den in der Kanzler-Erklärung zuletzt genannten verkehrspolitischen Ausgleich für den Moselkanal. Seit diesen Zusagen sind 17 Jahre vergangen, und die saarländische Wirtschaft kämpft mit ihrer Regierung unter der Führung von Dr. Röder noch heute um das Kanalprojekt von der Saar zur Mosel, nachdem die Pläne eines Kanals durch die Pfalz zum Rhein leider längst begraben werden mußten. Da wir von der DPS gegenüber den Versprechungen kritisch eingestellt waren, bestanden wir darauf, daß die erforderlichen Regelungen für die Wiedereingliederung der Saar *im bundesdeutschen Eingliederungsgesetz festgelegt werden müß-*

*ten, ehe wir dem Beitrittsbeschluß des Landtags zustimmen würden.*

Schon frühzeitig hatten wir unsere »Eingliederungsforderungen« formuliert. Sie standen durchaus im Einklang mit den zitierten Zusagen des Kanzlers. Als Erich Schwertner am 11. August 1956 den ersten Spatenstich (Abb. 244) zum Autobahnanschluß Saarbrücken–Homburg–Kaiserslautern machte, richtete er zugleich einen Appell an die Bundesregierung, der Struktur unseres Landes Rechnung zu tragen, und vor allem auch die Elektrifizierung der saarländischen Eisenbahnstrecken voranzutreiben. Am 15. September 1956 führten wir einen außerordentlichen Delegiertentag derd DPS durch, der sich fast nur mit den Problemen der Saareingliederung befaßte und »einen Katalog berechtigter Forderungen an die Bundesregierung« aufstellte. Erich Schwertner hatte – richtig vorausschauend – seinen Ausführungen vorangestellt: »Wir wollen nicht als Bittsteller vor der Tür des Vaterlandes stehen.« Und ich hatte grundsätzlich ausgeführt: »Das Saarland muß für die von ihm während der zweimaligen Abtrennungszeit für ganz Deutschland geleisteten Reparationen *Garantien für einen wirtschaftlichen Ausgleich* verlangen.« Unsere Zeitung (»Deutsche Saar«) hatte am 17. September 1956 eingehend darüber berichtet.

Wie die Stimmung in jenen Monaten vor der zweiten großen Entscheidung gewesen ist, charakterisiert ein Bonner Journalist, der schon Anfang September 1956 schrieb: »Das Stiefkind Saar ist reichlich nervös geworden. Dabei kommen die bitteren Pillen doch erst noch!« Leider sollte der uns heute noch unbekannte Beobachter recht behalten! Unser ganzer Kummer war in jenen Monaten die nach unserer Meinung sorglose und beinahe »unbeteiligte« Haltung unseres Freundes Dr. Ney, der in diesen hochwichtigen Fragen der wirtschaftlichen Eingliederung auch keine entsprechende Unterstützung durch seinen Wirtschaftsminister hatte. Wir versuchten immer wieder, mit Dr. Ney über die Probleme ins Gespräch zu kommen und ihn zu gründlichen Verhandlungen mit Bonn zu bewegen. Ein einziges gemeinsames Gespräch fand am 18. Oktober 1956 statt, blieb aber leider ohne Resonanz. Für Dr. Ney und insbesondere seinen vertrauten Berater Dr. Albrecht war auch die wirtschaftliche Regelung des Beitritts des Saarlandes zur Bundesrepublik in erster Linie eine Angelegenheit des Herzens, während meine Freunde und ich darin eine Frage des kühlen Verstandes sahen. Am 23. Oktober 1955 hatten wir mit Herz und Verstand entschieden! So waren unsere warnenden Forderungen: »Jetzt verpflichtende Vereinbarungen mit Bonn« verhallt. Anfang November 1956 wurde der Entwurf des bundesdeutschen Eingliederungsgesetzes an der Saar bekannt. Er rief sofort unsere Bedenken hervor. Unser Freund Fritz Wedel legte dem Landtag unverzüglich eine Große Anfrage vor, in der fünf verschiedene Fragen, die im Gesetzentwurf unberücksichtigt geblieben waren, aufgeworfen wurden. Bereits in ihrer Ausgabe vom 30. November 1956 mußte sich das Organ der DPS, die »Deutsche Saar« beklagen: »Der Landtag mußte in entscheidender Stunde schweigen – Keine Stellungnahme zum Eingliederungsgesetz.« Die Mehrheit von CDU, SPD zusammen mit der Partei Hoffmanns hatte eine Diskussion verhindert.

Vor allem war durch diese Haltung das später sich als Sprengstoff auswirkende Problem des »*sozialen Besitzstandes*« ungeregelt geblieben, ebenso die Frage eines Ausgleichs zugunsten der Saarwirtschaft für den Ausbau des Moselkanals. Statt dieser wichtigen Fragen wurde wieder einmal über die Auflösung des Heimatbundes und die anfangs des Jahres 1956 gescheiterte Fusion zwischen CDU-Saar und der CVP verhandelt. Wieder versuchte ich, buchstäblich in letzter Minute noch, eine Einigung der Heimatbundparteien zu einer klaren Haltung bei der gesetzlichen Regelung der Eingliederungsprobleme zu erzielen. Vor allem schien mir die Begrenzung aller Hilfen in § 10 ungenügend. Wir beriefen wiederum einen außerordentlichen Delegiertentag auf den 12. Dezember 1956 ein, der folgende Beschlüsse faßte:

»Nachdem am 23. Oktober 1955 durch die Entscheidung der Saarbevölkerung eindeutig die Zugehörigkeit der Saar zu Deutschland festgelegt worden ist, kann es sich jetzt nur noch um die Art und Weise handeln, wie die Eingliederung verwaltungsmäßig und wirtschaftlich durchgeführt wird. Der bisherige Standpunkt der Verhandlungen und die spärlichen Erklärungen geben nicht die Gewähr, daß die zukünftige Ordnung unserer sozialen und wirtschaftlichen Verhältnisse ohne empfindliche Schwierigkeiten und Nachteile erfolgen wird. Die von der Regierung des Saarlandes geforderte und von einzelnen Parteien unterstützte Erklärung des Beitrittsbeschlusses im Laufe des morgigen Nachmittags gibt nicht die Möglichkeit einer sachgemäßen Prüfung und Erörterung der Probleme, wie dies bei jeder anderen parlamentarischen Entscheidung üblich ist. Durch die plötzlich und überstürzt geforderte Entscheidung der Abgeordneten ohne parlamentarische Behandlung in den Ausschüssen und in der Öffentlichkeit wird die Entscheidung des einzelnen überfordert und eine sachgemäße Behandlung der ungeklärten Fragen und Probleme verhindert.

Aus diesen Gründen beauftragt der Landesdelegiertentag die Landtagsfraktion, alle Anstrengungen zu machen, daß in der Landtagssitzung vom 13. Dezember über das gesamte Vertragswerk noch nicht endgültig entschieden wird und zunächst einmal die zuständigen Ausschüsse des Landtages damit befaßt werden. Weiterhin hält es der Landesdelegiertentag für erforderlich, noch die Stellungnahmen der wichtigsten Berufsorganisationen, insbesondere der Gewerkschaften, zu den einzelnen noch ungeklärten Problemen einzuholen und zu berücksichtigen...« »Sollten diese Bemühungen des Landesparteivorstandes und der Landtagsfraktion bis zum Beginn der Landtagssitzung vom 13. Dezember keinen Erfolg haben, und die Regierung bzw. die Mehrheit des Landtages auf einer vorbehaltlosen Annahme der die Eingliederung betreffenden Abmachungen bestehen, so sieht sich die DPS veranlaßt, gegen die Art und Weise, wie die Einordnung der Saar in die Verwaltung der Bundesrepublik erfolgt, *ihre Ablehnung auszudrücken*. Für diesen Fall empfiehlt der Delegiertentag den Abgeordneten, sich *ihrer Stimme zu enthalten*. Außerdem wird die DPS durch die Behandlung der Angelegenheit alsdann die Voraussetzung für die gemeinsam getragene Regierungskoalition nicht mehr als gegeben ansehen. Die DPS wird in dieser Auffassung bestärkt durch die Aufkündigung des Heimatbundes seitens des Parteitages der SPD am 1. Dezember 1956...« »Der außerordentliche Delegiertentag ermächtigt die von der DPS in die Regierung und das Präsidium des Landtages entsandten Vertreter, die entsprechenden Konsequenzen zu ziehen.«

Damit war vorgezeichnet worden, was sich am folgenden Tage im saarländischen Landtag dann ereignet hat. Bei Stimmenthaltung der DPS-Abgeordneten nahmen CDU, SPD und die CVP den Beschluß zum Beitritt des Saarlandes zur Bundesrepublik bedingungslos an. Am darauffolgenden 14. Dezember 1956 verabschiedete der Bundestag in Bonn das von uns als ungenügend kritisierte Eingliederungsgesetz. Noch in der Nacht vom 13. auf 14. Dezember waren die Vertreter der DPS in der Regierung Dr. Ney und im Präsidium des Landtages zurückgetreten.

Man hat mich wegen dieses Verhaltens zunächst stark angegriffen. Selbst ein neutraler Politiker wie Professor Blind konnte unsere Entschlüsse nicht verstehen; ein Mitglied einer uns befreundeten deutschen Saarpartei nannte unsere Bedingungen für die Regelung der wirtschaftlichen Probleme »politische Prostitution«, ein anderer meinte: »Wir kommen doch zu einem guten Vater, der wird schon für uns sorgen« – gemeint war Bundeskanzler Dr. Adenauer.

Als sich dann nach Jahren herausstellte, welche Schwierigkeiten gerade im Hinblick auf die von uns angeführten, ungeklärt gebliebenen Fragen auftraten – ich hatte sie damals in einer Liste von 15 Punkten zusammengestellt und in meiner Rede am 13. Dezember 1956 vor dem Landtag eingehend begründet –, kam ein Abgeordneten-kollege nach dem anderen zu mir und versicherte mir, wie recht ich damals gehabt hätte, und um wie viel besser alles verlaufen wäre, wenn man mir damals gefolgt wäre. Auch unser langjähriger erfolgreicher Regierungschef an der Saar, Minister-präsident Dr. Röder, hat mir des öfteren versichert, wie viel weniger Sorgen er später gehabt hätte, wenn wir gemeinsam in jener Nacht nach unseren Vorstellungen ge-handelt hätten. Auch Abgeordnete der CVP, mit denen sich später eine persönlich gute und vertrauensvolle Zusammenarbeit ergab, nachdem der trennende Graben überwunden war, räumten ein, wie recht ich leider in jener Nacht hatte. Emil Weiten, mit dem ich später freundschaftlich verbunden war, meinte, er hätte schon in der Nacht am liebsten mit mir gestimmt! Aber die Parteidisziplin habe ihn daran gehin-dert. Franz Schneider, mein Namensvetter aus Brotdorf, und meine werte Anwalts-kollegin Frau Dr. Fuest standen damals noch in hartem Gegensatz zu dem unerbitt-lichen Verfechtern der deutschen Sache, erkannten aber gleichfalls später an, daß man auch ein guter Deutscher sein kann, wenn man »für die Ehe zuvor einen aus-führlichen Ehevertrag abschließt«, wie ich damals formuliert hatte. Übrigens hatten wir bei diesen grundlegenden Auseinandersetzungen eine gewichtige Stütze: die saarländischen Gewerkschaften! Leider reichte ihr Einfluß nicht aus, um die anderen Parteien von der Richtigkeit und Notwendigkeit eines gemeinsamen Vorgehens zu überzeugen. Als ich zum ersten Male durch Robert Schmidt auf das von mir so oft zitierte Wort Montesquieus stieß: »gouverner c'est prévoir. – Regieren heißt voraus-bedenken – wurde mir klar, warum ich die harte und von vielen nicht verstandene Entscheidung in der Nacht des 13. Dezember 1956 treffen mußte, und daß wir unsere Ämter dafür in die Waagschale legen mußten. Es war eine jener Sternstunden im Leben eines politisch wirkenden Menschen, in der er nicht versagen darf, auch wenn ein Kompromiß im Augenblick weniger dramatisch und für uns nicht so folgenschwer gewesen wäre! Die Verantwortung mußten aber diejenigen tragen, die unsere War-nungen und Ratschläge überhört und vielleicht nicht einmal ernst genommen hatten.

Im übrigen bestand an jenem 13. Dezember 1956 gar kein Anlaß zur Eile und zu einem überstürzten Beitrittsbeschluß, es sei denn, man trug dem Willen des Kanzlers Rechnung, gewissermaßen als Auftakt für die Bundestagswahlen des Jahres 1957 schon zu Beginn dieses Jahres den Einzug in das wiedergewonnene Saarland zu halten (Abb. 246). Ich hatte dazu im Landtag ausgeführt: »Es ist uns Saarländern lieber, der Bundeskanzler kommt am 15. Januar und wir sind zufrieden, als daß er am 1. Januar kommt, und in unserer Bevölkerung steckt der Stachel der Unzufriedenheit.«

Der Riß zwischen den Kämpfern des Jahres zuvor wurde noch vertieft durch die Art und Weise, wie die feierliche, politische Eingliederung des Saarlandes am 1. Januar 1957 durch Bundeskanzler Dr. Adenauer vorgenommen wurde. Auch hier glaubte

Dr. Ney, dem Kanzler mit besonders versöhnlichen Worten entgegenkommen und den Forderungen des (Bonner) Protokolls nachkommen zu sollen. Darüber berichtete die »Welt« in einer Glosse »Intermezzo am Rande – Die JA-Sager saßen im Parkett«: »Elfhundert Menschen fanden im Theater Platz, einige Hundert standen auf dem Theatervorplatz (Abb. 246), andere sahen und hörten die Feierstunde am Fernsehgerät auf der Kammerspielbühne mit. Tags zuvor hatten sich auf dem Schreibtisch des Ministerpräsidenten Dr. Ney Protestbriefe gestapelt. Die ›alten Kämpfer‹ rebellierten gegen die Platzverteilung. Sie saßen auf dem ersten, zweiten und dritten Rang. ›Im Parkett‹, so hörte man sie sagen, ›sitzen die, die das Saarstatut bejahten und uns alle von Deutschland abtrennen wollten.‹ . . . . ›Mir stehen die Haare zu Berg, wenn ich die Platzverteilung sehe‹, schrieb ein prominenter Abgeordneter des Landtages an den Ministerpräsidenten. Die handgeschriebene Randbemerkung Dr. Neys auf diesem Schreiben war: ›Stiftekopp‹!« . . . So weit die »Welt«.

Neys Randbemerkung war gewiß witzig, sie trug ihm aber ebenso wenig Freude und Freundschaft ein wie sein Satz in der Rede an den Kanzler im Stadttheater: »Zu besonderem Dank sind wir dem Herrn Bundeskanzler verpflichtet, daß er bei allen Zugeständnissen nie von dem Gedanken abließ, uns Saardeutschen müsse die Freiheit der Selbstbestimmung, ein Grundrecht der abendländischen Kultur, gewahrt bleiben, wir müßten selbst in Form einer Abstimmung in voller Freiheit über unser Schicksal bestimmen dürfen.« Adenauer fand besonderen Gefallen an Neys Versicherung in der Rede: »Jeder richte deshalb heute, in der Freude über die Rückkehr zum Vaterlande, seine Blicke nicht nur rückwärts, in eine schwere Zeit, sondern vor allem vorwärts! Jeder frage auch in bescheidener Selbsterkenntnis nicht, was er von dem andern fordern wolle, sondern was er mitbringen müsse in der Hand, die er, Frieden schließend, in die andere des einstigen Gegners legen will, damit sich wieder Mensch zu Mensch vertrauensvoll verstehend finde: Frieden bringend, nicht Frieden fordernd! Dann erst wird unsere Freude in Reinheit und Glanz strahlen!«

Das waren gewiß wundervoll formulierte Worte an die Gegner von gestern, die mit im Parkett saßen und Beifall zollten. Aber waren diese Worte, die vom Chef der CDU in Bonn aufgrund seiner Einstellung zum Problem der »christlichen Einheit« an der Saar als ein Wechsel aufgefaßt wurden, den Dr. Ney als Chef der CDU und Chef der Regierung des Landes selbst einlösen mußte, ernst gemeint? Würden den schönen Worten die Taten folgen? Die Jahre danach haben gezeigt, daß dieser Wechsel nicht eingelöst werden konnte, die von Bonn dafür gegebene Verfallzeit war viel zu kurz! Dr. Ney, der tapfere Kämpfer für die deutsche Sache an der Saar ist daran zerbrochen. Er fand 1959 als Gast bei der Fraktion der DPS eine vorübergehende Heimstatt. Wir selbst blieben der Feier am 1. Januar 1957 verbittert fern. Man hatte uns zugemutet, in der dritten Reihe unter »ferner liefen« Platz zu nehmen, um allenfalls als Statisten für andere ein Fest zu verschönern, das nicht das Unsrige war. Im übrigen war es ja nicht das erste Mal, daß wir die glückliche Heimkehr unserer Heimat zum deutschen Vaterland am Lautsprecher miterleben mußten. Die Illustrierte Zeitung »Die Bunte« hatte darüber treffend berichtet (Abb. 245). Auch 1935 waren Adolf Hitler mit Gauleiter Bürckel aus der benachbarten Pfalz als »Sieger« im Saarland eingezogen und hatten geglaubt, die Menschen unseres Landes »heimholen zu müssen«. Diejenigen, die damals 15 Jahre unermüdlich für den Tag der Heimkehr am 1. März 1935 gearbeitet und geopfert hatten, die Hermann Röchling, Richard Becker, Wilhelm Schmelzer, Peter Kiefer, Pfarrer Bungarten, Pfarrer Wilhelm und Schulrat

Martin und auch Heinrich Schneider, mußten schon 1935 am Lautsprecher sitzen, sie paßten damals nicht mehr in das System des Nationalsozialismus hinein. Im Jahre 1957 wiederholte sich das Schicksal vieler Männer und Frauen auch in dieser Hinsicht ein zweites Mal. Aber auch der Kanzler hatte wenig Freude am »schönsten Tag seines Lebens«, wie er sich über den 1. Januar 1957 ausgedrückt hat. Der Empfang durch die Bevölkerung war erstaunlich kühl und kalt, die Freude blieb gedämpft, wie fast alle Zeitungen des In- und Auslandes berichteten. Auch verschwiegen sie die Pfiffe nicht, die hier und dort fielen, als sich der Kanzler auf den Straßen von Saarbrücken zeigte.

So blieb die Saar auch am Tage ihres größten Erfolges in Zwietracht und Mißklang befangen (Abb. 247–248). Über dem präsidierenden Chef des Landes schwebte die Ungewißheit weiter. Am 25. März 1957 richtete er folgendes Schreiben an den Präsidenten des Landtages:

»Die von mir gebildete Regierung erklärt mit dem heutigen Tage ihren Rücktritt, um den Weg für die Neubildung einer Regierung auf breiterer parlamentarischer Ebene freizumachen.

Ney, Ministerpräsident«

Die Geburtswehen des elften Bundeslandes hatten ihr erstes Opfer gefordert und gefunden. Die nächsten sollten mein Freund Erich Schwertner und ich werden!

244
Besonderes Anliegen: Autobahn-Bau in Richtung Deutschland! Die verdienstvollen Männer des Straßenbaus nach 1955: (unten und oben rechts) Minister Erich Schwertner und sein verantwortlicher leitender Direktor Weise beim ersten Spatenstich für das Autobahnstück Saarbrücken–Landesgrenze

245
Aus einem Bildbericht der »Bunten Illustrierten« vom Januar 1957

246
Konrad Adenauer: »Der schönste Tag meines Lebens.« Bundeskanzler Dr. Adenauer vollzieht am 1. Januar 1957 die politische Wiedervereinigung der Saar mit der Bundesrepublik Deutschland. Hier: Ankunft des Kanzlers vor dem Stadttheater in Saarbrücken, wo der Staatsakt in Abwesenheit der DPS und zahlreicher Kämpfer für die Rückkehr der Saar durchgeführt worden ist.

## Saarheimkehr in der Karikatur

**Der Vogelfänger**

Dem Vogel war schon lange
vor des Kanzlers Schlinge bange!

247    248    248a
Bissig: »Deutsche Saar« vom 8. Februar 1957 (links) und »Fortschritt« vom 5. Januar 1957

**Mit fremden Federn**

„Onkel Konrad, sag' doch bitte,
was jetzt los wäre, wenn ich damals
„Ja" gesagt hätte, wie du es wolltest!"

249
Neue Landesregierung 1957: 1. Kabinett unter Ministerpräsident Egon Reinert (ab 4. Juni 1957) (von rechts nach links) Julius von Lautz (Inneres); Dr. Schneider (Wirtschaft); Dr. Schäfer (Finanzen); Ministerpräsident Egon Reinert; Kurt Conrad (Arbeit); Dr. Ney (Justiz) und Dr. Röder (Kultus)

250
Geburtswehen des jungen Bundeslandes: Infolge der Auseinandersetzungen um die Verschmelzung von CDU und CVP schied die DPS aus dem Kabinett Reinert aus. Hier das zweite Kabinett Reinert (ab 26. Februar 1959) während einer Landtagssitzung. Oberste Reihe Mitte: Landtagspräsident Dr. von Lautz, rechts davon Landtagsdirektor Dr. Wobido, daneben rechts: Vizepräsident Recktenwald. Mittlere Reihe (Regierungsbank): Am Rednerpult links: Dr. Schneider. Daneben die Minister: Trittelvitz (Arbeit); Kurt Conrad (Inneres); Ministerpräsident Reinert; Dr. Röder (Kultus); Dr. Schäfer (Wirtschaft); Schnur (Finanzen)

# Schwierige
# Eingliederung

Das Jahr 1957 stand auch für die Saar wiederum im Zeichen eines Wahlkampfes: Im Herbst sollte der deutsche Bundestag neu gewählt werden. So wurde das jüngste Bundesland zum vierten Mal innerhalb von zwei Jahren mit einem Wahlkampf belastet, der wegen der großen Gegensätze zwischen den Anhängern und Vertretern des Heimatbundes und ihren Gegnern im Lager der Partei von Johannes Hoffmann heftiger denn irgendwo in einem anderen Bundesland geführt wurde. Und gerade das Saarland hätte doch der Ruhe und inneren Befriedung bedurft, um die ohnehin gegebenen Schwierigkeiten der Umstellung, aber auch der noch bestehenden Wirtschaftsunion mit Frankreich zu überwinden.

Die CVP Hoffmanns hatte sich in den Wahlen nach der Volksbefragung erstaunlich gut gehalten. Bei den Landtagswahlen vom 18. Dezember 1955 entfielen 128 658 Stimmen (21,8 Prozent) auf ihre Listen, bei den Gemeinde- und Kreisratswahlen vom 13. Mai 1956 erhielt sie 123 679 (22,4 Prozent) und bei der Bundestagswahl vom 15. September 1957 noch immer 117 322 (21,3 Prozent) der Stimmen. Es bedarf keiner weiteren Hervorhebung, daß die dadurch begründete Aufspaltung der »christlichen« Wählerschaft an der Saar weder von der bundesdeutschen CDU/CSU noch von den katholischen Geistlichen des Saarlandes – und auch den bischöflichen Behörden in Trier und Speyer – gern gesehen wurde. Daher war auch das 1956 von der CVP Hoffmanns mit der bundesdeutschen Zentrumspartei eingegangene Bündnis keineswegs begrüßt oder gar mit Freude betrachtet worden. Ständige Verhandlungen zwischen Vertretern der CVP und Bonner Stellen der CDU führten schließlich die Auflösung der Parteigemeinschaft von CVP und Zentrum herbei; die CVP wurde nunmehr Landesverband Saar der bayerischen CSU, sie führte fortan den Namen CVP/CSU. Damit war die CVP der Saar, deren Geschicke noch maßgebend von Johannes Hoffmann selbst beeinflußt wurden, obwohl er sich sehr im Hintergrund hielt und nach außen wenig in Erscheinung trat, immer noch als gleichwertige Parteigliederung der großen bundesdeutschen CDU/CSU anerkannt. Das führte zwangsläufig zu Mißhelligkeiten innerhalb der CDU-Saar, in der sich schon sehr bald zwei Gruppen herausbildeten: Die eine, die nach den Bonner Vorstellungen eine baldige Vereinigung der beiden Parteien anstrebte, die andere, die demgegenüber als Voraussetzung für eine Einigung die Auflösung der CVP und das Ausscheiden einiger besonders stark »belasteter« Politiker aus dem Lager der CVP verlangte. Nach dem Rücktritt von Dr. Ney im März 1957 setzte naturgemäß ein besonders starker Druck der Bonner Zentrale auf die Abgeordneten der CDU-Saar ein, im Hinblick auf die bevorstehenden Bundestagswahlen die Fusion kurzfristig herbeizuführen und gemeinsam in den Wahlkampf zu ziehen. Wenn die Gegner einer raschen Einigung in der CDU-Saar auch nicht so stark waren, um sich durchzusetzen, reichten aber auch die Stimmen der Befürworter der Fusion nicht aus, um eine tragfähige Regierungsmehrheit von CDU und CVP im saarländischen Landtag zusammenzubringen.

Damals hatte der spätere Ministerpräsident Dr. Franz Josef Röder zum ersten Male versucht, auf der Grundlage einer Heimatbundregierung ein neues Kabinett unter Einbeziehung eines (tragbaren) Mitgliedes der CVP zu bilden. Aber auch diese Bemühungen blieben letzten Endes ohne Erfolg, die Zeit dazu war einfach noch nicht reif. Weder die SPD-Saar, noch wir von der DPS konnten angesichts der Stimmung unter unseren Mitgliedern und Anhängern wagen, schon jetzt »mitzumachen«, zumal jedermann greifbar erkannte, daß die Wünsche der Bonner CDU-Führung mehr ihren eignen wahltaktischen Interessen als den Saarinteressen dienten. Wie ich schon für die Zeit des Referendums festgestellt habe: Jeder Parteivorsitzende der Heimatbundparteien wäre weggeschwemmt worden, der sich damals dem NEIN entgegengestellt oder sich im Frühjahr 1957 für eine Koalition mit der Partei Hoffmanns eingesetzt oder gar daran beteiligt hätte. Das mag für die Wahrnehmung unserer saarländischen Interessen vielleicht ungünstig gewesen sein, die zehnjährige Zeit der Unterdrückung aller demokratischen Freiheiten und die politische Preisgabe der Zugehörigkeit unserer Heimat zu Deutschland ließ sich aber nicht von heute auf morgen auslöschen oder vergessen. Die Menschen in unserem Lande dachten eben anders als der nüchtern denkende Wahltaktiker Dr. Adenauer. Man hatte kein Verständnis für unglückliche Aufwertung der CVP durch die Anerkennung ihrer Politik und Politiker nach dem Referendum, vor allem durch den schon wiedergegebenen Brief Adenauers vom 22. Mai 1957 (oben S. 486) und die brüskierende Behandlung der beiden Heimatbundparteien aus Anlaß der Eingliederungsfeier am 1. Januar und bei der Aufnahme der saarländischen Abgeordneten in den Bundestag am 10. Januar 1957.

Hinzu kam das Verhalten der nunmehrigen CVP/*CSU*, die alsbald nach Erhalt des Adenauerbriefes vom 22. Mai 1957 (oben S. 15/14) ihren seitherigen Vorsitzenden, Ministerpräsident a. D. Johannes Hoffmann, zum Ehrenpräsidenten ernannte. Damit war das Kuriosum eingetreten, daß Hoffmann nicht nur Mitglied, sondern noch Ehrenvorsitzender der CDU/CSU wurde! Hier zeigte sich doch recht eindeutig, daß der Bundeskanzler und seine parteipolitischen Berater in Bonn wie im Saarland wenig Einfühlungsvermögen in die Mentalität der Saarländer und die Probleme des Landes nach der Volksbefragung aufbrachten und daß man auf das Urteil von Kennern unserer Verhältnisse wenig oder gar keinen Wert gelegt hatte. Ich erinnere mich noch, daß ein Bonner Vertreter Adenauers an der Saar, der jüngere Diplomat Schwarz-Liebermann, sehr bald die scherzhafte Bezeichnung erhalten hatte: Wenn ich dich seh, Schwarz-Liebermann, denn seh' ich schwarz, lieber Mann!

So blieb nach dem Scheitern der Fusionsversuche im Frühjahr 1957 und den vergeblichen Bemühungen, ein Kabinett unter Einbeziehung von Mitgliedern der CVP zustande zu bringen, keine andere Wahl als die Bildung einer *zweiten Heimatbundregierung,*

diesmal etwa in der von mir bereits im Dezember 1955 zur Alternative gestellten Zusammensetzung (Abb. 249):

Ministerpräsident: Egon Reinert (CDU)
Wirtschaftsminister und stellvertr. Ministerpräsident: Dr. Schneider (DPS)
Innenminister: Julius von Lautz (CDU)
Justizminister: Dr. Hubert Ney (CDU)
Finanzminister: Dr. Manfred Schäfer (CDU)
Kultusminister: Dr. Franz Josef Röder (CDU)
Arbeitsminister: Kurt Conrad (SPD))
           ab 14. 2. 1958 Hermann Trittelvitz (SPD)
Minister für öffentliche Arbeiten und Wiederaufbau: Erich Schwertner (DPS)

Bei dieser Verteilung der Ministerämter zwischen den drei Heimatbundparteien im Verhältnis 5 : 2 : 1 war die »stillschweigende« Vertretung der Partei Hoffmanns durch die CDU-Saar bereits anerkannt und von den Partnern der CDU-Saar honoriert worden; nach dem Stimmenverhältnis der Landtagswahlen (CDU rd. 150 000; 142 600 für die DPS und 84 400 für die SPD zuzüglich der 34 000 Stimmen für die SPS, also zusammen 118 000) hätten die beiden Koalitionsparteien der CDU eine andere Verteilung der Sitze im Kabinett, zum mindesten 3 : 3 : 2 fordern können. Die Selbstbeschränkung auf 5 : 2 : 1 geschah durchaus in Blickrichtung auf eine »Besänftigung« der CDU-Bonn. Wir wollten der bundesdeutschen CDU klarmachen, in welchem Umfang wir schon damals den Führungsanspruch, aber auch den Vertretungsanspruch der CDU für die (noch nicht aufgelöste) CVP anerkennen und achten würden. Leider sahen wir uns auch in dieser Hoffnung schon bald getäuscht; denn der Druck von Bonn in Richtung auf eine Fusion ließ keineswegs nach, er führte schließlich nach einer durchaus harmonischen und auch erfolgreichen Kabinettstätigkeit unter Ministerpräsident Egon Reinert zu weiteren Spannungen und am 21. Januar 1959 zum Rücktritt von Reinert. Dadurch sollte der Weg für die Hereinnahme eines Mitglieds aus der Partei Hoffmanns – vorgesehen war Ludwig Schnur – freigemacht und die Auflösung der CVP vorbereitet werden.

Dieser Entwicklung gingen im Jahre 1958 viele Monate von erregten internen Auseinandersetzungen sowohl innerhalb der CDU als auch innerhalb meiner Partei, der DPS, voraus. Dort wie hier waren eine ganze Reihe einflußreicher und aktiver Politiker nicht bereit, *vor Auflösung* der Partei Hoffmanns ihre Vertreter in ein Heimatbundkabinett aufzunehmen. Bei mir hatten diese und die vorangegangenen jahrelangen Aufregungen im Laufe des Jahres 1958 eine ernsthafte Erkrankung hervorgerufen: Nach zwei Jahre dauernden, sich ständig steigernden Koliken stellten die Ärzte schließlich fest, daß ich mir eine große Anzahl von Gallensteinen »angeärgert« hatte, die sofort operativ entfernt werden mußten. Obwohl die Operation sehr sorgfältig und gut durchgeführt worden war, ergab sich – durch meine eigene Schuld und die fortdauernden politischen Auseinandersetzungen – eine viele Monate dauernde Rekonvaleszenz. Ich war damals der Überzeugung, ich müßte über alles Bescheid wissen und alles mitentscheiden, ließ mir darum bereits am dritten Tage nach der Operation ein zweites Telefon mit Direktanschluß an das Krankenbett legen und erschien zudem schon Anfang Dezember wieder viel zu früh in der Fraktion. Die Folgen waren Rückfälle und weitere Kuren auf der Bühlerhöhe und in Arosa. Hauptbelastung für mich war der immer deutlicher werdende Bruch der Koalition mit den Gefahren einer Spaltung innerhalb der beiden Partnerparteien: CDU und DPS! Einmal widersetzten sich Dr. Ney und seine Freunde einer Hereinnahme von Vertretern der CVP *vor* deren Auflösung, zum anderen gab es auch im Landesparteivorstand der DPS eine beachtliche Gruppe, die der gleichen Auffassung war und Schwertner und mir vorwarfen, unsere Zustimmung zu der geplanten Änderung des Kabinett sei von dem Willen bestimmt, unsere Ministerämter behalten zu wollen. Da ich während dieser Auseinandersetzungen gesundheitlich kampfunfähig war und überdies weitab von Saarbrücken meine Operation ausheilen mußte, war es mir unmöglich, eine tragbare Mehrheit für meine Auffassung im Kreis der eignen Partei zu schaffen. Auch wäre es mir sicher möglich gewesen, die persönlichen Motive einiger Parteifreunde deutlicher zu machen, denen es weniger auf eine unversöhnliche Haltung gegenüber den »Separatisten« ankam, als um einen freien Weg für die Übernahme eines Ministeramtes durch sie selbst. Die spätere Entwicklung hat mir auch in dieser Hinsicht recht gegeben. Schließlich hatten sich meine Freunde während meiner monatelangen Abwesenheit auch in Beziehung auf die Haltung unseres dritten Heimatbundpartners, der SPD-Saar, getäuscht. Zwar wurde in Gesprächen immer wieder betont, daß auch die SPD-Saar bei einem eventuellen Rücktritt des Ministerpräsidenten Reinert nur gemeinsam mit der DPS eine Heimatbundregierung bilden würde, bald darauf stellte sich aber heraus, daß die Gutgläubigen in unseren Reihen auf leichten Sand gebaut hatten.

Am 21. Januar 1959 erklärte Egon Reinert den Rücktritt der gesamten Regierung, nachdem zuvor die DPS und SPD nicht bereit gewesen waren, der Entlassung des Justizministers und früheren Ministerpräsidenten Dr. Ney zuzustimmen, der durch einen Vertreter der Partei Hoffmanns ersetzt werden sollte. Diese Entscheidung hatte auch meine Zustimmung gefunden; denn wir empfanden auch gegenüber dem Mitstreiter aus dem Lager der CDU-Saar eine Treueverpflichtung, die man offenbar in Bonn und im eignen Parteikreis der CDU-Saar nicht mehr als gegeben ansah. Unsere Zeitung »Deutsche Saar« schrieb über den Vorgang am 24. Januar 1959: »Die Tatsache, daß man gerade ihn (Dr. Ney, Anm. d. Verf.) auf dem Altar der christlichen Einigung opfern wollte, ist vielleicht das würdeloseste Kapitel in dem ganzen Spiel. Hat man in der CDU (es müßte hier »CDU-Bonn« heißen, Anm. d. Verf.) vergessen, was dieser Mann neben anderen für die Rückkehr der Saar zu Deutschland geleistet hat?«

In den nunmehr geführten Verhandlungen zur schnellen Bildung einer neuen Saarregierung – wir befanden uns doch nur wenige Monate vor dem endgültigen Tag der wirtschaftlichen Eingliederung des Saarlandes in die Bundesrepublik – war ich mir darüber im klaren, daß wir von der DPS auch durch ein Fernbleiben in der kommenden Regierung die Fusion der beiden C-Parteien nicht mehr verhindern könnten, auch im Interesse unseres Landes nicht mehr verhindern durften. Bereits am 8. Dezember 1958 hatten die beiden C-Parteien eine »Arbeitsgemeinschaft christlicher Demokraten« gebildet und ihre Verschmelzung – zum mindesten eines wesentlichen Teiles der Abgeordneten und Mitglieder der CVP mit der CDU fest beschlossen. Weder wir noch die Sozialdemokraten konnten diesen Zusammenschluß verhindern, noch eine weitere Ministertätigkeit von Dr. Ney, der diese Fusion abgelehnt und bekämpft hat, erzwingen. Das wäre zwar theoretisch möglich gewesen, wenn DPS und SPD eine gemeinsame und unabhänderlich feste Haltung eingenommen hätten; denn im Landtag ergaben sich Anfang Januar 1959 folgende Sitzverhältnisse: die CVP Hoffmanns verfügte nach dem Übertritt des Abgeordneten Feller zur CDU am 11. Februar 1957 noch über 11 Mandate, die CDU hatte mit Feller 15 Vertreter. Durch das schon angekündigte Ausscheiden von Dr. Ney und seiner Freunde, die dann als Hospitanten zur DPS kamen, verblieben der CDU nur noch 12 Mandate, so daß CDU und CVP zusammen nur 23 Mandate von 50 für eine Regierungsbildung aufbringen konnten. Die DPS verfügte nach dem Übertritt von Dr. Ney und seiner Freunde über 16 Mandate, die Sozialdemokraten unter der Führung von Kurt Conrad hatten 9 Abgeordnete; beide zusammen hätten dann zwar 25 Stimmen von 50 zusammengebracht, aber auch die absolute Mehrheit nicht erreicht; auf die beiden Vertreter der Kommunistischen Partei konnte man eine Regierung gegen die CDU/CVP-Minderheit nicht gründen. Diese Konstellation ließ den nüchternen politischen Beobachter klar erkennen, daß die CDU/CVP-Fusion nur einen bisherigen Partner der Heimatbundkoalition zu gewinnen brauchte, um eine Regierung ohne den Dritten zu bilden. Da die SPD-Saar bereits im Dezember 1956 den Heimatbund aufgekündigt hatte, rechnete ich im Gegensatz zu einem großen Teil meiner Parteifreunde im Landesparteivorstand nicht mehr mit einer weiteren Solidarität bei der SPD gegenüber Dr. Ney und seinen Freunden. Erich Schwertner und ich entschlossen uns deshalb zur Beteiligung an einer neuen Heimatbundregierung unter der Führung von Egon Reinert, wobei lediglich ein Vertreter der CVP in das Kabinett aufgenommen werden sollte – unter der Voraussetzung der alsbald folgenden Auflösung der CVP. Zur Förderung dieser Bereitschaft im Parteivorstand der DPS richtete ich deshalb Ende Januar 1959 aus meinem Kurort Arosa den folgenden Appell an die Partei in Saarbrücken:

»Liebe Parteifreunde, lassen Sie mich vor der entscheidenden Sitzung Ihnen meinen folgenden Standpunkt bekanntgeben:
Ich gehe – auch nach einem Gespräch mit Ministerpräsident Reinert – davon aus, daß nach den letzten Verhandlungen eine Zwischenregierung auf Zeit gebildet werden soll, bis die CVP auf ihrem Delegiertentag im März ihre Auflösung beschlossen oder abgelehnt hat. Sollte sie sich nicht auflösen, so wird erst dann eine endgültige Regierungsbildung ohne die CVP erfolgen. Wir können in diesem Falle also die letzte Entscheidung unseres Delegiertentages herbeiführen. Jetzt geht es demnach nur um eine Entscheidung über die Beteiligung an einer zeitlich befristeten Zwischenregierung, die uns alle Wege für die Zukunft offen halten wird. Lehnen wir jetzt schon ab, so wird alsbald eine endgültige Regierung ohne uns gebildet und wir bleiben ausgeschaltet. Ich wiederhole, was ich im Dezember vor der Fraktion ausgeführt habe:
1. Unsere Aufgabe bestand nicht nur darin, den 23. Oktober 1955 zu gewinnen, sondern ebenso in der Mitwirkung bei der wirtschaftlichen Eingliederung ohne Nachteile für Land und Volk an der Saar.
2. Das Schicksal der DPS hängt ab von der Machtposition, die sie bei den nächsten Wahlen 1960/61 hat. Eine DPS in Opposition ist zum Sterben verurteilt. In den nächsten Wahlkämpfen in 1½ Jahren fragt im Saarland kein Wähler mehr nach Separatismus und dergleichen, sondern nur: Was habt Ihr für die Saar geleistet?
3. Was wollen wir unseren Parteifreunden in den Kreisen und Gemeinden noch bieten ohne jede Machtposition? Wie wollen wir unsere Zeitung erhalten, wie unsere Anhänger aufklären?

4. Nach alledem halte ich die Ablehnung einer Beteiligung an einer bis nach dem Landesdelegiertentag der CVP zeitlich befristeten Zwischenregierung für absolut unvertretbar.

Sollte das zuständige Parteigremium mehrheitlich einen solchen Beschluß fassen, so muß ich diesen als persönliches Mißtrauen gegen meine politische Überzeugung auslegen und meine Führungstätigkeit in der Partei mit dem Tage des Ausscheidens der DPS aus der Verantwortung niederlegen. Auf unserem Landesdelegiertentag werde ich dann meine politische Auffassung vertreten und eine endgültige Abstimmung herbeiführen, ob für mich noch eine Basis für eine Weiterarbeit in der DPS besteht.

Ich betone, daß diese meine Entscheidung völlig unabhängig ist von der Ausübung eines Ministeramtes. Mein Entschluß, im gegebenen Falle in meinen Privatberuf zurückzukehren, steht seit langem fest. Wir sollten uns unserem, an sich völlig begründeten Ausscheiden aus der Regierung im Dezember 1956 gelernt haben: verstanden haben uns nur wenige, gedankt hat es uns niemand und parteipolitische Vorteile hat uns der Schritt auch nicht gebracht. Ein zweites Mal gehe *ich* einen solchen Weg nicht mehr. Ich hoffe und erwarte, daß alle Parteifreunde, die mich in der Vergangenheit vielleicht manches Mal nicht verstanden haben, jetzt das Vertrauen in diese politische Vernunft zeigen und nicht durch eine Gefühlsentscheidung das Ende der DPS besiegeln.

Euer Dr. Schneider«

Die politische Entwicklung in der folgenden Zeit sollte mir – leider! – wieder einmal recht geben. Die Sozialdemokraten an der Saar entschieden weniger gefühlsbedingt als meine Parteifreunde während meiner Abwesenheit: Sie bildeten am 26. Februar 1959 das zweite Kabinett Reinert *ohne* uns, Kurt Conrad (SPD) übernahm das Innenministerium und Hermann Trittelvitz (SPD) das Arbeitsministerium, im übrigen setzten die bisherigen Vertreter der CDU-Saar: Egon Reinert, Dr. Schäfer, Dr. Röder zusammen mit Ludwig Schnur von der CVP als Minister für öffentliche Arbeiten und Wohnungsbau ihre bisherige Tätigkeit in der Regierung fort (Abb. 250). Wir hatten uns selbst aus der Mitverantwortung, aber auch Mitgestaltung, buchstäblich »herauskatapultiert« und, wie sich bei den bald folgenden Debatten um die wirtschaftliche und soziale Eingliederung des Saarlandes in die Bundesrepublik ergeben sollte, sogar zum Alleinverantwortlichen für alle negativen Ergebnisse gemacht! Eine größere politische Dummheit in unserem eigenen Lager war kaum möglich. Sie besiegelte in der Tat letzten Endes unser politisches Schicksal. Ich trat zwar nicht – wie im Appell von Arosa angekündigt – sofort zurück und führte die Partei bis zum nächsten Riß im Herbst 1961 weiter, habe aber dieses Nachgeben später immer wieder bedauert. Ich hätte damals trotz aller körperlichen Beschwerden von Arosa nach Saarbrücken eilen und die Gretchenfrage an die eigene Partei stellen – und notfalls zurücktreten – müssen; denn aufhalten konnte ich die dann folgende Entwicklung trotz aller Mühen und trotz eines noch jahrelangen unermüdlichen Einsatzes für die wirtschaftliche Gestaltung der Eingliederung nun nicht mehr.

Egon Reinert sollte auch nur noch ganze kurze Zeit die Geschicke unseres Heimatlandes leiten dürfen. Ein tragisches Schicksal für alle Beteiligten riß ihn am 23. April 1959 im Alter von 50 Jahren infolge eines Autounfalles aus der Mitte seiner Familie und Freunde. Auch wir trauerten um diesen großartigen Menschen, der mir jahrzehntelang nicht nur ein lieber Kollege, sondern auch ein guter Freund gewesen ist.

»Wenn sich auch die politischen Wege zwischen ihm und uns als DPS in jüngster Vergangenheit getrennt haben, so ist doch sein Verlust auch für uns schwer und hart. Wir gedenken in Ehren und Trauer dieses aufrechten deutschen Mannes, der zusammen mit uns im Abstimmungskampf gestanden und seine ganze Schaffenskraft dem Aufbau unserer Heimat gewidmet hat«, schrieb ich in der »Deutsche(n) Saar«.

Wenige Tage nach Egon Reinerts Tod übernahm Dr. Franz Josef Röder die Führung des bisherigen Kabinetts. Mit der Auflösung der CVP Hoffmanns am 19. April 1959 war aber – für uns keineswegs überraschend – der alte Streit im »christlichen« Lager noch keineswegs beendet. Gewiß waren ein Teil der Mitglieder und alle Abgeordneten zur CDU übergetreten, sie wurden seither maßgebend von dem langjährigen Innenminister in der Regierung Röder, Ludwig Schnur, und dem Kultusminister und heutigen Parteivorsitzenden der CDU-Saar, Josef Scherer, repräsentiert. Ein anderer Teil aber schloß sich nicht der CDU an, konstituierte sich vielmehr als neue Partei mit alten politischen Zielen unter der Führung des zweiten Mannes nach Hoffmann, Erwin Müller: »SVP« – »Saarländische Volkspartei«. Welche Stimmung unter der großen Mehrzahl der Anhänger Hoffmanns noch 1959 – also vier Jahre nach der Volksbefragung – vorherrschte, ließ eine Erklärung eines Völklinger Delegierten auf dem Auflösungsparteitag vom 19. April 1959 erkennen, der unter großem Beifall von über 500 Delegierten ausgeführt hatte: »Ich bin in die CVP eingetreten, weil mir ihre außenpolitische Konzeption gefallen hat, ihr Programm, ihr Ziel ein autonomes Saarland zu schaffen, und nicht die Absicht, nach Deutschland zurückzukehren. Aber es ist anders gelaufen, weil am 23. Oktober 1955 ein nationalsozialistischer Aufstand stattgefunden hat. Dazu gehören auch jene Leute, die heute die CDU repräsentieren.« Es war klar, daß auch die CDU-Saar bei aller Bereitschaft, den alten Streit zu begraben und – gemeinsam mit uns seit 1961 – den Graben zuzuschütten, und trotz aller Pressionen von Bonn die totale Ausschaltung dieser politischen Kreise aus dem politischen Leben an der Saar nicht erzwingen konnte. Daher hatte auch die »Ersatz«-CVP, die »SVP«, noch ganz beachtliche Erfolge. Bei den saarländischen Landtagswahlen 1960 erreichte sie ihren Höchststand mit rd. 60 000 Wählerstimmen oder 11,4 Prozent (zum Vergleich die DPS bei derselben Wahl: nur noch 13,8 Prozent). Bei den Landtagswahlen vom 27. Juni 1965 sank die Zahl der Stimmen für die Nachfolgepartei der CVP auf 5,2 Prozent; erst 1970 kam das Ende mit einem Stimmenanteil von nur 0,9 Prozent!

Es hatte also fast 15 Jahre gedauert, bis die letzten Reste einer die Eigenständigkeit des Saarlandes – bei politischer Trennung von Deutschland – vertretenden Partei verschwunden waren. Es bedarf keiner Begründung, welche Schwierigkeiten alle Regierungen während dieser langen Jahre allein infolge dieses Dualismus und Zwiespaltes im »christlichen« Lager zu überwinden hatten. Berücksichtigt man die trotzdem geleistete Arbeit, insbesondere die Bewältigung aller Probleme der wirtschaftlichen Eingliederung – soweit sie überhaupt von uns zu bewältigen waren –, dann wird erst klar, was in dem kleinen Land an der Saar geleistet worden ist. Diese Anerkennung verdienen trotz ihrer Mängel und Fehler alle Regierungen seit der politischen Umwälzung im Jahre 1955. Wie groß hätte aber der Erfolg erst sein können und müssen, wenn man das politische Zusammengehen der »christlichen« Partei Hoffmanns sich selbst und uns überlassen und die Überwindung der wirtschaftlichen und sozialen Probleme zu einem großzügigen und gemeinsamen Projekt zwischen Bonn und der Saar gemacht hätte! Wir hatten die Planung dazu geliefert, das erforderliche Verständnis für eine großzügig gestaltete Eingliederung aber war – insgesamt gesehen – nicht vorhanden. Wenn der Bundeskanzler in seinem schon erwähnten (siehe S. 491) Interview vom Oktober 1956 davon ausgegangen war, daß im Jahre 1935 »das rücksichtslose Umschalten von einer Volkswirtschaft zur anderen der Saar schwere Schäden zugefügt hat«, dann haben sich diese Fehler 1959 in vielen wichtigen Fragen leider wiederholt. Es war uns – vor allem mir persönlich – trotz vieler harter Auseinandersetzungen nicht möglich, rechtzeitig 1956 die Weichen zu stellen und Bonn zu einer anderen Einstellung zu bewegen. Ich bin während der ganzen Jahre des Eingliederungsprozesses nie den Eindruck losgeworden, daß wir von der Saar ein ungewolltes Kind waren, für das man nur widerwillig und so wenig wie möglich Alimente zahlt. Einige unserer Schwierigkeiten seien hier ihrer Wichtigkeit wegen kurz angedeutet:

Als erstes packten wir schon wenige Wochen nach der Volksbefragung das *Röchling*-Problem an. Bekanntlich war auf Druck der französischen Seite (siehe S. 440) am 3. Mai 1955 ein deutsch-französischer Vertrag über den gemeinsamen Betrieb der Röchling-Werke an der Saar zustande gekommen, den die Anteilseigner – etwa 70 Mitglieder der Familie Röchling – durch Verkauf der Werke an Frankreich und die Bundesrepublik akzeptieren mußten. Bundeskanzler Dr. Adenauer hat sich nicht gescheut, diesen Zwang – wenn auch in diplomatisch geformten Worten – zu bestätigen (Abb. 251). Mochte die Abmachung und die an die Anteilseigner geleistete Anzahlung von 30 Mio DMark die Familie Röchling zunächst gebunden haben, wir an der Saar empfanden auch diesen Zwang und vor allem die vertragliche Abmachung, daß »ein Franzose den Vorsitz in der Werksführung haben und seine Stimme ausschlaggebend sein sollte«, als unerträglich.

Und wie wir dachten viele Tausende von gerecht denkenden, vor allem die einfachen Menschen in unserer Heimat. Für mich selbst war die Lösung des Röchling-Problems weit mehr als die Anerkennung des Eigentumsprinzips, das hier von beiden Seiten – der deutschen und französischen – aus politischen Gründen gröblichst mißachtet werden sollte. Ich sah in dem »Fall Röchling« vor allem die *Erfüllung einer Treupflicht*. Es gab nie einen Zweifel, daß die Entfernung der Röchlings von der Saar für die Franzosen ein politisches Ziel gewesen ist. Wenn es daran je Zweifel gegeben hätte, würden sie durch die letzten Erklärungen von Außenminister Pinay (siehe S. 440) und Ministerpräsident Faure (siehe S. 440 f.) beseitigt worden sein. Wenn aber einer Familie aus unserem Volke wegen ihres politischen Einstehens für Deutschland wirtschaftliches Unrecht geschehen sollte, dann mußten wir alle zusammenstehen! So habe ich auf einer der vielen Protestkundgebungen zum »Fall Röchling« in Völklingen anfangs Dezember 1955 unter dem Beifall der Zuhörer gesagt: »Hier geht es nicht um die Familie Röchling allein, sondern vor allem um unsere Heimat, um den Grundsatz des Rechts und um die Verteidigung des Eigentumsbegriffs. Was man einem von uns antut, tut man uns allen an. Und daher stehen wir in der Sache der Röchlings: ›Einer für alle, alle für einen‹!« Die Menschen verstanden diesen Appell, und es war geradezu typisch, daß die in dieser Kundgebung gefaßte Entschließung, den Röchlingvertrag zwischen Bonn und Paris rückgängig zu machen, sogar die ausdrückliche Zustimmung der Vertreter der örtlichen Kommunistischen Partei gefunden hatte.

Hinzu kam für mich persönlich noch eins: Ich fühlte mich auch persönlich gegen-

Bonn, den 30. April 1955

An die
Röchling'sche Familiengemeinschaft
z. Hd. des Herrn. Dr. Ernst Röchling

Eine friedliche Beilegung der Meinungsverschiedenheiten, die im Zusammenhang mit der Aufhebung der
Sequester-Verwaltung der Röchling'schen Eisen- und
Stahlwerke GmbH, Völklingen, entstanden sind, liegt
sowohl im Interesse der Bundesrepublik als im europäischen Interesse. Sie liegt auch in dem des Saargebiets
selbst.

Auf Grund dieser Überlegungen erweist es sich
als unausweichlich, eine Lösung ins Auge zu fassen,
die darauf abzielt, das Eigentum an dem Völklinger Werk
auf die Bundesregierung und die Französische Regierung
zu gleichen Teilen zu übertragen. Hierzu müsste von
Ihnen den beiden Regierungen eine entsprechende Option
angeboten werden.

Ich erkenne an, daß Sie mit der Entscheidung,
dieser Lösung zuzustimmen, aus politischer Verantwortung
gehandelt haben.

(Adenauer)

---

251
Bescheinigtes Opfer: Röchling-Werke.
Durch das Ergebnis der Volksbefragung vom 23. Oktober 1955 und die anschließenden Aktionen
der DPS und weiter Kreise der Saarbevölkerung wurde das Opfer gegenstandslos und das Werk
an die früheren Eigentümer zurückgegeben.

über dem alten Kommerzienrat Dr. Hermann Röchling (Abb. 253) verpflichtet. Genau wie seine Pensionäre sich bereit erklärt hatten, nacheinander die ihm vom französischen Militärgericht verhängte Gefängnisstrafe abzusitzen (siehe S. 19), so mußte ich nach meinen Kräften für den Kampfgefährten von 1935 einstehen, waren wir doch schließlich 1935 gleichermaßen von den siegreich einziehenden NS-Bataillonen um den äußeren Erfolg unseres jahrelangen Einsatzes gebracht worden. Auch war ich ein wenig davon überzeugt, daß wir beide durch unser Eintreten für die deutsche Sache an der Saar den Zorn, ja sogar Haß der anderen Seite auf uns gezogen hatten. Wie sehr fühlte ich mich angesprochen, als ich in Hermann Röchlings Buch »Wir halten die Saar« von 1934 den Satz fand: »Inzwischen hatte ich die Zeit ... benutzt, um im Saargebiet überall bis in die kleinsten Ortschaften hinein Wahlversammlungen abzuhalten, die bei der begreiflichen durch die Zeit bedingten politischen Interessiertheit meist außerordentlich überfüllt waren. Sie hatten zur Folge, daß Herr André Tardieu im ›Echo de Paris‹ meine ganze Lebensgeschichte und meine Schlechtigkeit den entsetzten französischen Lesern vortrug.« Ich brauchte nur an die Stelle von Herrn Tardieu den Namen von Herrn François-Poncet zu setzen und konnte genau dasselbe von mir sagen. Auch hatte mich Hermann Röchlings Verteidigungsrede vor dem Rastatter Militärtribunal besonders nachhaltig beeindruckt, wenn er dort unter anderen die Worte ausgesprochen hatte: »Die Sorge um mein Vaterland hat mir immer höher gestanden als meine persönlichen Sorgen.« So wurde ich – das darf ich unbescheidenerweise sagen – aus voller Überzeugung auch zum Motor für eine gerechte Lösung des Falles Röchling. Noch bevor wir überhaupt in den neuen Landtag am 18. Dezember 1955 gewählt worden waren, hatte ich einen Gesetzesentwurf ausgearbeitet und der Bevölkerung des Saarlandes unterbreitet, den ich als erste Maßnahme – ungeachtet verfassungsrechtlicher Probleme – dem neuen Landtag vorlegen wollte. Dieser »Gesetzesentwurf über einen Volksentscheid über die Röchling-Werke« hatte folgenden Wortlaut:

»§ 1
Zusammen mit den Gemeinde- und Kreisratswahlen ist bis spätestens 29. Februar 1956 ein Volksentscheid über das Schicksal der Röchling-Werke in Völklingen durchzuführen.
§ 2
Der abstimmungsberechtigten Bevölkerung an der Saar ist die Frage vorzulegen:
›Fordern Sie die Rückführung der Röchling-Werke in saarländische Hände und die Wiederherstellung der rechtmäßigen Eigentumsverhältnisse nach dem Stande vor Abschluß des mit dem Saarstatut abgeschlossenen Röchling-Vertrages vom 3. Mai 1955?‹
§ 3
Auf die vorstehend zur Entscheidung durch die Stimmberechtigten vorgelegte Frage ist die Antwort JA oder NEIN zu erteilen.
§ 4
Die Regierung des Saarlandes wird ermächtigt, alle erforderlichen Maßnahmen zur Durchführung dieses Gesetzes im Wege der Rechtsverordnung zu treffen.«

Später haben wir dann den Entwurf im Landtag eingebracht und trotz zahlreicher Proteste von bundesdeutscher und französischer Seite – der Vertreter Frankreichs an der Saar hatte sogar eine offizielle Demarche gegen das Röchling-Gesetz unternommen – weiter verfolgt. Wir hätten es auch auf ein verfassungsänderndes Gesetz ankommen lassen. Aber schon sehr bald zeigte sich der Erfolg unserer Aktion. Zunächst verabschiedete der neue Landtag in seiner 3. Sitzung vom 17. Januar 1956 mit allen Stimmen gegen zwei kommunistische Abgeordnete den von der CDU-Saar eingebrachten Beschluß:

»Der Landtag erhebt die Forderung, daß bei den kommenden Saarverhandlungen auch die Frage der Röchling-Werke zufriedenstellend geklärt wird. Er bringt den einmütigen Willen der Saarbevölkerung zum Ausdruck, nach den Grundsätzen des Rechtes eine Regelung herbeizuführen, welche die saarländischen Eigentums- und Besitzverhältnisse entsprechend dem Stand vor dem 30. April 1955 unverzüglich herstellt.«

Als dann längere Zeit nichts geschah, kündigten wir in der »Deutsche(n) Saar« vom 7. August 1956 eine erneute Große Anfrage zum Röchling-Problem an. Kurz vor dem ersten Jahrestag am 23. Oktober 1956 gab die französische Seite dann ihren Verzicht auf den Röchling-Vertrag und das Werk bekannt. Ich hatte die Freude, an unserer Jahresfeier zum 23. Oktober diese erfreuliche Tatsache in Völklingen bekanntgeben zu können. Unter starkem Beifall führte ich aus: »Wenn wir in unserem Kampf nach dem 23. Oktober 1955 nichts anderes erreicht hätten, als daß dieses Werk in dieser Stadt wieder in die Hände seiner Eigentümer zurückkommt, daß die Verwaltung dieses Werkes wieder von Menschen unserer Heimat übernommen wird, könnten wir uns allein schon mit diesem Erfolg sehen lassen.« In Verhandlungen zwischen der Familie Röchling und den maßgebenden Pariser Stellen kam dann auch am 12. und 13. November 1956 die förmliche Einigung zustande, natürlich mußten die Röchlings einen recht erheblichen Betrag zur Abgeltung der französischen Reparationsansprüche auf das Werk zahlen. Aber auch hier zeigte sich die Einsicht der französischen Seite, die wir auch heute noch dankbar anerkennen. Man sollte grundsätzlich politische Probleme, die durch einen finanziellen Ausgleich zu regeln sind, so lösen, wie das letzten Endes in allen Einzelfragen des vielschichtigen Saarproblems nach der Volksbefragung geschehen ist. Zusammen mit der Arbeiterschaft des Werkes und der Bevölkerung von Völklingen konnten wir dann recht bald die Rückkehr der Familie Röchling vollziehen; ihr Senior, der »alte Kommerzienrat«, hat den Tag nicht mehr erlebt, er war während des Kampfes um das Referendum am 25. August 1955 in Heidelberg verstorben. Dagegen begingen wir am 21. April 1958 gemeinsam mit Dr. Ernst Röchling, dem damaligen Chef des Werkes, die Feier der Vollendung seines 70. Lebensjahres (Abb. 254/255) verbunden mit der Verleihung des Ehrenbürgerrechtes der Stadt Völklingen und des Großen Verdienstkreuzes mit Schulterband und Stern. Seit dieser Zeit sind auch die Völklinger Werke aufgeblüht und haben sich trotz aller konjunkturbedingten Schwierigkeiten mächtig entwickelt, wie unsere Abb. 256 von der nach 1956 errichteten modernen Walzenstraße zeigt.

Wenn auch die Flitterwochen jener politischen »Hoch«-Zeit nach und nach verflogen sind, und auch in unseren Beziehungen zum Völklinger Werk der graue Alltag immer mehr Raum eingenommen hat, war für mich die erreichte Lösung eine innere Notwendigkeit. Sie gehörte zu den drei großen Aufgaben, die ich mir gesetzt hatte: den 23. Oktober 1955 mitzugestalten und entscheidend zu beeinflussen, das Völklinger Werk in einer Gesetz und Recht entsprechenden Weise wieder seinen alten deutschen Eigentümern zuzuführen und – darüber später – die im Kriege vollständig zerstörte Ludwigskirche in ihrer alten, von Stengel geschaffenen Form wieder erstehen zu lassen (siehe S. 537 ff.). Meine Freunde haben mir später oft Vorwürfe gemacht, ich hätte mich zu sehr für »die Röchlings« eingesetzt und dadurch selbst der Propaganda unserer politischen Gegner Grundlage und Nahrung gegeben. In der Tat wurde der spätere Kampf aus dem sozialistischen und sozialdemokratischen Lager, nicht zuletzt auch von Gewerkschaftsseite, gegen die DPS/FDP immer mehr unter der Parole geführt, die DPS sei eine »Unternehmerpartei«, ihr Eintreten für die Röchlings sei dafür ja Beweis, auch sei der Vorsitzende der DPS – also ich selbst – der »Syndikus« der Röchlings. So verlogen diese Behauptung war, es blieb immer etwas davon hängen. Ich konnte mit Nachdruck versichern, daß ich nie einen Pfennig von den Röchlings, weder von der Familie noch vom Werk, auch keinerlei berufliche Aufträge in irgendeinem Zeitpunkt bis heute erhalten hätte. Man glaubte eher den Verleumdern, die gerichtlich natürlich nie zu fassen waren. Als dann ganz natürlicherweise auch soziale Spannungen zwischen der Arbeiterschaft des Werkes (und anderer Saarwerke) und der Unternehmensleitung auftraten, verfehlte die Propaganda gegen uns ihre Wirkung nicht.

Und trotzdem muß ich nachträglich bekennen, ich bereue auch im Falle Röchling keine meiner Handlungen, ich würde sie genau noch einmal wiederholen, wenn ich vor die gleichen Entscheidungen gestellt wäre. Ich kann das einfach nur mit dem Begriff der uns Saarländern so sehr eigenen Treuebindung an unsere Heimat und ihre Menschen erklären, wie ich das als Wesensmerkmal schon eingangs herausgestellt habe.

Die *wirtschaftliche Planung der Übergangszeit* bildete die wichtigste Aufgabe seit dem glücklichen Ausgang der Abstimmung. Ich habe mich damit ebenso intensiv beschäftigt wie vorher mit dem Widerstand gegen die Abtrennung der Saar von Deutschland und mit dem Kampf für das NEIN gegen das Statut. Bereits vor der Landtagswahl vom 18. Dezember 1955 hatte ich zusammen mit unseren fachkundigen Freunden, Professor Blind, Peter Weiant und anderen Mitarbeitern das erste Wirtschaftsprogramm der DPS für die kommende Entwicklung mit dem Ziel einer Wiedereingliederung der Saar in die Bundesrepublik entwickelt und – groß aufgemacht – als Wahlprogramm der DPS in der »Deutsche(n) Saar« vom 19. November 1955 (Abb. 257) veröffentlicht. Seit diesem ersten Schritt stand das Ziel einer das Saarland befriedigenden Regelung aller wirtschaftlichen Probleme und sozialen Fragen im Mittelpunkt meiner Tätigkeit bis zum Ausscheiden aus dem politischen Leben. Noch heute zeugen unzählige grundsätzliche Reden, große Planungen und Vorschläge – man sprach zeitweilig vom »Schneider-Plan« zur wirtschaftlichen Eingliederung (»Deutsche Saar« vom 18. April 1948) –, Forderungen und Verhandlungen an und mit Bonn, und schließlich eine Unzahl von Artikeln, Aufsätzen und Stellungnahmen, vor allem in unserer DPS-Zeitung »Deutsche Saar«, aber auch in den Protokollen der Landtagssitzungen von diesen Bemühungen.

Sie begannen mit dem schon erwähnten Streit mit unseren Partnern vom Heimatbund um den erfolglosen Versuch, im bundesdeutschen Eingliederungsgesetz vom 14. Dezember 1956 gesetzlich verankerte Grundsätze und Ansprüche für das Saarland zu erreichen. Sie erstreckten sich bis zu den großen Debatten über die Eingliederungsgesetze im Deutschen Bundestag am 24. und 25. Juni 1959, deren Ergebnis die enttäuschende Feststellung für uns war, daß die Grundsätze und Versprechungen, die vor allem Bundeskanzler Dr. Adenauer in seinem Interview vom 27. Oktober 1956 (siehe S. 491) gegeben hatte, nicht eingehalten worden sind. Einige meiner grundsätzlichen Darstellungen dürften noch heute von Bedeutung für die Bewältigung der wirtschaftlichen Aufgaben unseres Landes sein. Soweit dies der Fall ist, will ich kurz darauf eingehen. Im übrigen findet der Historiker, der unsere Tätigkeit und Bemühungen in jenen schwierigen zehn Jahren nach der Abstimmung untersuchen und überprüfen will, genügend schriftliche Belege über alles, was sich damals abgespielt hat. Ich nenne hier nur den Abschnitt Wirtschaft im Regierungsprogramm der ersten Regierung unter Egon Reinert, der von mir ausgearbeitet und in der »Deutsche(n) Saar« vom 21. Juni 1957 ausführlich wiedergegeben worden ist. Bald danach folgte das große und umfassende »Memorandum der Regierung des Saarlandes an die Bundesregierung vom 13. November 1957 betreffend die derzeitige besondere wirtschaftliche Lage des Saarlandes« (125 Seiten) und die sich in jenem Zeitpunkt ergebenden Konsequenzen und Forderungen.

Unter Mitarbeit aller Verbände und Organisationen hatte ich im Wirtschaftsministerium unter Mitarbeit meines Stellvertreters im Ministeramt, Minister a. D. Eugen Huthmacher, und der Herren Dr. Lanser, dem heutigen Ministerialrat Josef Even und Walter Schütz (oben S. 280) eine wirklich fundierte Grundlage geschaffen, die zu günstigen Entwicklungen für die Saar hätten führen können, wenn es möglich gewesen wäre, unsere Vorschläge durchzusetzen. Selbstverständlich ist anzuerkennen, daß auch Bonn allein – ohne Zustimmung und Mitwirkung Frankreichs – nicht zur Durchführung aller unserer Wünsche in der Lage war. Vieles hätte aber besser geregelt werden können, wenn man sich nach den Adenauerschen Grundsätzen vom 27. Oktober 1956 und den von der besseren Sachkenntnis getragenen Vorschlägen gerichtet hätte. Aber wie immer im Bereich der Verwaltung und Politik: die oben sitzen und sich in der Mehrheit befinden, wissen es besser! In einer Broschüre »Rückblick und Ausblick 1957/58« hatte ich die damaligen Schwierigkeiten und Aufgaben noch einmal unterstrichen. Das Fazit faßte ich in den Worten (S. 19 d. Schrift) zusammen: »Die Aufzählung der Schwierigkeiten, die der Verwirklichung nur der wichtigsten unserer Probleme entgegenstehen – vollständig sind sie hier gar nicht darzustellen – läßt wohl unschwer erkennen, daß vordringlichste Aufgabe des neuen Jahres sein muß, *im Saarland die Solidarität aller zu schaffen und einen allgemeinen politischen Burgfrieden herzustellen, bis die Aufgaben der wirtschaftlichen Eingliederung gelöst sind.*« »Alle Parteien« – dieser Satz war besonders an die noch stark agierende und ein einheitliches Vorgehen der saarländischen Regierung störende CVP/CSU-Saar gerichtet – »und Berufsorganisationen, alle Politiker und Funktionäre müssen erkennen, daß jetzt *Solidarität statt Sonderinteressen* das Gebot der Stunde ist.«

Wir haben gesehen, wie in dem damals bevorstehenden Jahr 1958 die Entwicklung genau entgegengesetzt verlief, indem das gut funktionierende Kabinett Reinert auseinandergesprengt und den Versuchen einer Vereinigung von CDU-Saar und CVP geopfert wurde. Ich konnte nie den Eindruck los werden, daß die ständigen Einwirkungen in dieser Richtung auch nach dem Grundsatz des »divide et impera« – teile und herrsche – vorgenommen worden sind. Bis zur Erreichung dieses Zieles der sogenannten »christlichen Einheit an der Saar« haben wir immer wieder für eine reibungslose wirtschaftliche Eingliederung »getrommelt« und dahingehende Verhandlungen geführt.

Die wirtschaftlichen Probleme des Saarlandes sind – heute und in der Zukunft, gleichgültig, welche Parteien eine Landesregierung bilden – durch die besondere Lage

und Struktur unseres Landes bedingt. Hier ergeben sich drei Gesichtspunkte:
1. die besondere, auch von den anderen Bundesländern abweichende Wirtschaftsstruktur,
2. die politisch bedingten Probleme und
3. vorübergehende, von außen kommende Einflüsse.

Die allgemeine Wirtschaftsstruktur unseres Landes ist einmal das Resultat der *Randlage* im äußersten Westen Deutschlands und der unmittelbaren Nachbarschaft mit Frankreich, zum anderen das Ergebnis der geschichtlich gewachsenen Konzentration der Wirtschaftstätigkeit auf dem Kohlenbergbau und die darauf basierende eisenschaffende Industrie. Durch die Randlage zwischen den großen Nachbarn Frankreich und Deutschland war auch die Wirtschaft der Saar seit über hundert Jahren als Folge der militärisch-politischen Auseinandersetzungen ständig hin- und hergerissen worden. Nach der Vereinigung von Elsaß-Lothringen mit dem Deutschen Reich in der Zeit von 1871 bis 1918 war die Randlage der Saar zurückgetreten, mit der Bildung der Wirtschaftsunion zwischen Frankreich und dem Saarland von 1920 bis 1935 und 1945 bis 1959 war sie nach Osten von neuem entstanden. Die mangelnde Einsicht unserer westlichen Nachbarn, daß das Saarland nur gedeihen kann – und dadurch zu einer politischen Beruhigung zu bringen ist –, wenn es seine wirtschaftlichen Beziehungen nach beiden Seiten, Ost wie West, entwickelt, hat zu ständigen Schwierigkeiten und natürlich auch Reibereien mit den jeweils verantwortlichen Kräften geführt. Gerade die Abneigung der Saarbevölkerung gegen die Fremdherrschaft von 1945 bis 1955 ist zu einem großen Teil auf die völlige Mißachtung dieser grundlegenden Tatsachen zurückzuführen. Hinzu kam, daß die Saarwirtschaft nach den beiden für Deutschland verlorenen Kriegen jahrzehntelang als Reparationsobjekt zugunsten Frankreichs behandelt wurde. Man konnte und durfte aus den beiden tragenden Wirtschaftskräften des Landes – Kohlenbergbau und eisenschaffende Industrie – nicht jahrzehntelang Werte entnehmen, ohne den Betrieben die Mittel zu ihrer Erneuerung und Anpassung an die modern ausgestattete Konkurrenz in den Nachbarländern zu belassen.

Gerade hier lagen die Aufgaben der Übergangszeit bis zur Wiedereingliederung in die Bundesrepublik, jenem berühmten Tag, an welchem die saarländische Industrie von einer Stunde auf die andere dem gesamten Druck und Vorsprung der deutschen Konkurrenz ausgesetzt wurde. Dazu war die Übergangszeit belastet mit zusätzlichen »zeitbedingten« Schwierigkeiten wie dem starken Verfall des französischen Franken – dem damals allein gültiges Zahlungsmittel im Saarland – in den Jahren 1956 bis 1958 und der daraus resultierenden zweimaligen Abwertung des Franken gegenüber der DMark. Hieraus ergaben sich zahlreiche wirtschaftliche Probleme, vor allem Mißhelligkeiten und Verärgerungen unter der Bevölkerung, die im Grenzland während einer Übergangszeit natürlich stärkere politische Auswirkungen haben als in normalen Zeitabläufen. Schließlich stellen die Folgen von Währungsänderungen, wie auch die spätere zweimalige Aufwertung des DMark-Kurses gegenüber dem Franken gezeigt hat, ein »kleines Land zwischen den Großen« vor besonders schwierige und unerfreuliche Probleme. Unsere Erkenntnisse an der Saar haben immer wieder deutlich gemacht, daß zuerst alle wirtschaftlichen Unterschiede und das sich daraus ergebende Gefälle zwischen den europäischen Ländern beseitigt werden müssen, bevor man an eine politische Vereinigung herangehen kann.

Das wesentliche Merkmal der Rückkehr des Saarlandes zur Bundesrepublik war die

Umstellung vom französischen auf den deutschen Markt. Zwar blieb – dank der Regelung im Saarvertrag von 1956 – der saarländisch-französische Warenaustausch durch die Zollfreiheit weitgehend erhalten, es entstanden jedoch beträchtliche »grenzüberschreitende« Schwierigkeiten bei den nunmehr zur Außenwirtschaft gewordenen Handelsbeziehungen zu Frankreich. Hier hatte man im Saarland bei der Verwirklichung »klein-europäischen« Marktes seit 1959 die gleichen Erfahrungen machen müssen, wie sie nach dem Eintritt der Zollfreiheit innerhalb der EWG am 1. Juli 1968 fortbestanden. Bei der Eingliederung am 6. Juli 1959 hatte die saarländische Wirtschaft noch keineswegs den Ausrüstungs- und Produktionsstand erreicht, den ihre Konkurrenz im Bundesgebiet durch das sprichwörtliche (Erhardsche) Wirtschaftswunder in den elf Jahren seit der Währungsreform von 1948 erlangt hatte. Es fehlten in den Jahren der Trennung von Deutschland vor allem die – auch zollfreien – Einfuhrmöglichkeiten für deutsche Investitionsgüter, aber auch die erforderlichen Kapitalhilfen, um einen Gleichklang mit der deutschen Wirtschaft zu erreichen. Wie wir schon dargetan haben, legte die französische Konkurrenz verständlicherweise keinen Wert darauf, das Saarland innerhalb der französisch-saarländischen Wirtschaftsunion derartig bevorzugt zu sehen. Auch sie mußte sich erst an die allgemeine europäische Entwicklung gewöhnen. Ein derart plötzlicher Wandel in der Wettbewerbslage und ein Konkurrenzdruck, wie ihn die Saarwirtschaft am 6. Juli 1959 erfahren und auszuhalten hatte, ist innerhalb des Bereichs der westeuropäischen Wirtschaften bis heute ohne Beispiel geblieben. Für die Saarwirtschaft war mehr oder weniger das Übel eingetreten, das Konrad Adenauer ausdrücklich vermeiden wollte (oben S. 491).

Bei aller Kritik an der Haltung der Bundesregierung, welche die Möglichkeiten hatte, vieles besser zu machen, darf die *Hilfe des Bundes für die Saar* aber nicht verkannt werden. Auf Grund von Steuererleichterungen und finanzieller Hilfen sowohl für das Land als auch für die Wirtschaft konnte sich die Saarwirtschaft, begünstigt auch durch die konjunkturelle Situation, rascher an die neue Markt- und Wettbewerbslage anpassen und viele Probleme schneller meistern, als wir anfänglich angenommen hatten. Der Bau der großen Schachtanlage im Warndt (Abb. 264) und die große Walzenstraße bei Röchling (Abb. 256) sind für die Intensivierung der allgemeinen Investitionstätigkeit herausragende Beispiele. Auch die kleineren und mittleren Betriebe entwickelten sich günstiger als erwartet und widerlegten so die düsteren Kampfparolen der JA-Sager, wonach die Rückkehr der Saar nach Deutschland zu einem Rückgang der Wirtschaft und einer Verarmung der saarländischen Bevölkerung führen würde.

Hier könnten viele Beispiele von erfolgreicher Entwicklung saarländischer Betriebe angeführt werden, wobei die Tüchtigkeit der Unternehmensführung das Ihre dazu beitrug. Weder »prodeutsche« Unternehmen waren bevorzugt noch politische Gegner von damals ausgeschlossen. In Dillingen konnte unser Freund Aloys Lauer (Abb. 258) aus kleinen Anfängen heraus ein bedeutendes Werk des Rohrleitungsbaues entwickeln, am gleichen Ort aber führten der Schwiegersohn Johannes Hoffmanns, Hans Welsch, und sein Teilhaber, Generalkonsul Linster, den 1955 noch in den Anfängen steckenden »Dillinger Stahlbau« zu einem Unternehmen, das heute Weltgeltung hat. Auch unser größter politischer Gegner der damaligen Zeit aus der Wirtschaft, der geschäftsführende Mitinhaber der Firma Villeroy & Boch in Mettlach, Luitwin von Boch sen. (Abb. 67), dem es gelungen war, durch besonders ungünstige Prognosen über die Beschäftigungslage seiner Betriebe im Falle einer NEIN-Mehrheit in vier

Wohnorten seiner Arbeiter eine JA-Mehrheit herbeizuführen (Mettlach: 1503 JA, 1245 NEIN; Orscholz 887 JA, 609 NEIN; Nohn 170 JA, 123 NEIN und Weiten 344 JA und 317 NEIN), mußte später erkennen, daß bis auf den heutigen Tag keine der ursprünglich geäußerten Befürchtungen eingetreten ist, sondern daß vielmehr auch die Mettlacher Betriebe an der allgemeinen günstigen Entwicklung der weiterverarbeitenden Industrie im Saarland teilgenommen haben.

So konnte auch die saarländische Regierung nach einigen Jahren intensiver Bemühungen, vor allem durch Minister a. D. Huthmacher, diejenigen weiterverarbeitenden Unternehmungen wieder erfolgreich reprivatisieren, die zu Hoffmanns Zeiten durch die Landesregierung in staatliche Regie übernommen werden mußten, um den Verlust der Arbeitsplätze durch einen drohenden Konkurs zu vermeiden. Gerade bei diesen etwa 8 bis 10 Betrieben hat sich schon zu Hoffmanns Zeiten gezeigt, wie außerordentlich schwierig die erfolgreiche Ansiedlung eigenständiger mittlerer Betriebe während der Zeit der Abschnürung von Deutschland und der einseitigen Ausrichtung nach Frankreich gewesen ist. Erst eine lange Übergangszeit für die Eingliederung unserer Wirtschaft in die bundesdeutsche ermöglichte die Sanierung, ohne daß letzten Endes eine Garantie für den erfolgreichen Bestand eines jeden selbständigen saarländischen Unternehmens, auch als Zweigbetrieb großer erfolgreicher deutscher und ausländischer Firmen, gegeben wäre, wie die jüngste Stillegung zweier Betriebe von einer beachtlichen Größenordnung mit je 800–900 Beschäftigten gezeigt hat.

Das *Kernproblem* des Saarlandes, das *Kohlenproblem*, konnte im Zuge der Wiedereingliederung des Saarlandes in die Bundesrepublik nicht gelöst werden. Der 1957 begonnene Strukturwandel auf dem Energiemarkt hat diesem früher tragenden Wirtschaftszweig unseres Landes zu den politischen Schwierigkeiten weitere schwere Erschütterungen gebracht. Zweimal im Laufe dieses Jahrhunderts spielte zwischen Frankreich und Deutschland nach den beiden Kriegen das »Problem Kohle« die ausschlaggebende Rolle. Frankreich verlangte die Ausbeutung der Saarkohlenvorkommen als Wiedergutmachungsleistung für die Zerstörung seiner eigenen Kohlengruben in Nordfrankreich. Bei den Verhandlungen über die endgültige Regelung der Beziehungen zwischen den beiden Ländern im Jahre 1956 ging es wesentlich um die Sicherstellung des französischen Bedarfs an Kohle: Einmal mußte sich das Saarland verpflichten, außer der Lieferung von 1,2 Mio Tonnen Kohle jährlich auf die Dauer von zwanzig Jahren an die französische Kohlengrubengesellschaft »HBL« in Lothringen (Art. 81 des 2. Saarvertrages) *ein Drittel* der gesamten zum Verkauf verfügbaren Kohlenförderung des Saarlandes Frankreich zur Verfügung zu stellen (Art. 83). Die deutschen Unterhändler – vor allem der saarländische Finanzminister Professor Dr. Blind, unterstützt von dem saarländischen Bundestagsabgeordneten Dr. Fritz Hellwig – bestanden bei den Vertragsverhandlungen darauf, daß die auf die Dauer von 25 Jahren, also bis 1981, eingegangene deutsche Verpflichtung zur *Lieferung* eines Drittels der saarländischen Kohlenerzeugung nach dem Stand von 1956 an Frankreich auch auf die Grundlage einer *Abnahme*verpflichtung durch Frankreich gestellt wurde. In der Anlage 28 zum Saarvertrag wurde in Art. 3 bestimmt, daß »Frankreich selbst den Absatz (des Drittels, Anm. d. Verf.) auf eigene Rechnung sicherstellt«.

Bei den Vertragsverhandlungen dachte man noch nicht daran, daß schon wenige Jahre später die Erfüllung dieser Abnahme*verpflichtung* erneute Schwierigkeiten bringen würde. Im Laufe der Jahre 1958/59 ging der Kohlenbedarf in Europa und damit

253
Röchling-Werke wieder deutsch! Kommerzienrat Dr. h. c. Hermann Röchling, der Streiter und Dulder für seine saarländische Heimat und ihre Zugehörigkeit zu Deutschland

252
Empfang in Völklingen: Dipl.-Ing. Dr. h. c.
Ernst Röchling, der neue Chef des Völklinger
Werkes, im Gespräch mit dem Verfasser,
damals Wirtschaftsminister des Saarlandes.
Zwischen beiden: der langjährige Vorsitzer
des Vorstandes, Professor Dr. Osthoff

255
»Die Kohle gratuliert dem Stahl«. Glückwünsche zum Bundesverdienstkreuz (links) durch
den Chef der Saarbergwerke, Dr. Hubertus
Rolshoven

254
Ministerpräsident Egon Reinert erläutert
Dr. Ernst Röchling die Verleihungsurkunde
des Großen Bundesverdienstkreuzes mit
Schulterband und Stern anläßlich der Voll-
endung des 75. Lebensjahres von Dr. Ernst
Röchling. Daneben der Chef der Staatskanz-
lei und spätere Oberlandesgerichtspräsident
Dr. Rolf Best

256
Die Saar holt auf: Die nach der Wiedereingliederung der Saar in die Bundesrepublik neu erbaute moderne Walzenstraße des Völklinger Werkes.

# Das wollen wir:

# Wirtschafts-Programm der DPS

## Zur Sicherung der Arbeitsplätze aller Schaffenden an der Saar

Modernisierung der Gruben - Großschachtanlage im Warndt
Kohleveredlung und Kohlechemie - Elektrifizierung der Eisenbahnen
Großkraftwerk, Gaserzeugung und Ferngasversorgung
Erneuerung der Hüttenindustrie - Ausbau der Autobahn

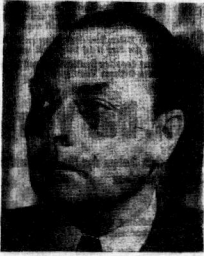

Initiator des Wirtschafts-Programms:
Dr. Schneider

## Unter Berücksichtigung der Tatsachen,

daß der von Frankreich an der Saar geschaffene sogenannte „autonome Staat" nicht lebensfähig ist und die wirtschaftliche Existenz seiner Bewohner nicht garantieren kann,

daß für dieses Gemeinwesen ein aufgeblähter und die Finanzkraft der Saar übersteigender Verwaltungsapparat geschaffen wurde, der nur schrittweise wieder abgebaut werden kann,

daß an der Saar weit mehr Berg- und Hüttenpensionäre, Rentner, Kriegsopfer und Empfänger von sonstigen Sozialleistungen unterhalten werden müssen als in anderen Ländern,

daß an der Saar in einem Umfange Kriegs- und Kriegsfolgeschäden bestehen, deren Ausgleichung über das bisherige Maß der Entschädigung hinaus geregelt werden muß,

daß der Saarwirtschaft seit Jahren ständig bedeutende Kreditmittel zugunsten der französischen Wirtschaft entzogen wurden,

daß die von der Saarwirtschaft erarbeiteten Devisen nicht zur Sicherung der notwendigen Einfuhren für die Saar, sondern zur Verbesserung der französischen Handelsbilanz verwandt werden,

daß der Saarwirtschaft von Frankreich mindestens 40 Mrd. Frs. Geschenke des amerikanischen Volkes vorenthalten werden, die als Marshallplanmittel Frankreich treuhänderisch für die Saar gegeben wurden,

daß die Saarwirtschaft zum zweiten Male seit Kriegsende Reparationsobjekt für Frankreich war und Opfer bringen mußte, die in keinem Verhältnis zu ihrer eigenen Leistungsfähigkeit stehen,

daß die Saarwirtschaft weit hinter dem allgemeinen wirtschaftlichen Aufschwung und der Produktivitätssteigerung in den Nachbarländern zurückblieb,

daß als Folge hiervon zahlreiche Betriebe überaltet und unmodern geworden und dadurch im Vergleich zu den Nachbarländern nicht mehr wettbewerbsfähig sind,

daß aus all diesen Gründen Bevölkerung und Wirtschaft an der Saar in einem unvertretbaren Ausmaß zur Bestreuerung herangezogen werden müssen,

daß es schließlich Ziel einer verantwortungsbewußten Regierung sein muß, die Arbeitsplätze zu sichern, die Kaufkraft zu heben, den schaffenden Menschen zu einem gerechten Lohn zu verhelfen und den Lebensstandard aller zu verbessern,

### hält die DPS

eine grundlegende Neuordnung auf allen Gebieten unseres Wirtschaftslebens für unerläßlich. Nach der Verwirklichung dieser Ordnung zu streben, muß erste Aufgabe der kommenden deutschen Saarregierung sein. Sie zu erreichen, ist ein wichtiges Ziel der künftigen deutsch-französisch-saarländischen Verhandlungen.

Von der Bundesrepublik Deutschland fühlbare Hilfe und Entlastung zu fordern und auch zu erhalten, hält die DPS aus doppeltem Grunde für gerechtfertigt. Schon von 1920 bis 1935 war die Saar Reparationsobjekt für ganz Deutschland und blieb dadurch in der Ausrüstung und Modernisierung ihrer Wirtschaft erheblich unter den deutschen Stand. Daraus ergaben sich fühlbare Schwierigkeiten und Nachteile beim Wiederanschluß im Jahre 1935. Auch nach dem verlorenen Kriege 1945 sah und sieht Frankreich die gesamte Saarwirtschaft als Reparationsausgleich an; es hat infolgedessen seit 10 Jahren wiederum umfangreiche Einnahmen aus der Saar getätigt und dadurch entscheidend zu dem derzeitigen Zustand der Saarwirtschaft beigetragen. Die an der Saar lebende 1 Million deutscher Menschen kann aber nicht zweimal innerhalb 35 Jahren allein eine Reparationslast tragen, die allenfalls von der gesamten deutschen Bevölkerung aufgebracht werden müßte.

Unabhängig von den Bemühungen um eine baldige vollständige Wiedervereinigung der Saar mit Deutschland legt hiermit die DPS

## ein wirtschaftliches Sofortprogramm sowie ein wirtschaftliches Vierjahresprogramm

der Öffentlichkeit vor.

Sie erklärt gleichzeitig, daß die zur Durchführung dieser Programme notwendigen Maßnahmen sichergestellt werden müssen:

● Durch sofortige Verhandlungen zwischen der Bundesregierung und der französischen Regierung unter Beteiligung der kommenden Saarregierung als gleichberechtigten Partner und durch ein

## Wirtschaftshilfe-Gesetz,

das von dem neuen Landtag alsbald zu verabschieden ist.

257
Das Wirtschaftsprogramm der DPS für die Eingliederung der Saar in die Bundesrepublik. Das Programm wurde unverzüglich nach dem Abstimmungsergebnis vom 23. Oktober 1955 ausgearbeitet und zur Landtagswahl am 18. Dezember 1955 veröffentlicht. Hier ein Abdruck aus der »Deutschen Saar« Nr. 43 vom 29. November 1955, Seite 5. In diesem Zeitpunkt waren Verhandlungen über einen neuen Saarvertrag noch nicht einmal ins Auge gefaßt worden!

## Die Saar
## holt auf

258
Der Verfasser im Gespräch mit dem erfolgreichen Saarindustriellen Alois Lauer, Dillingen. Dahinter Kaufmann Carl Mettler

259
Nach der Wiedereingliederung an der Saar
neu etabliert: die Bank für Gemeinwirtschaft.
Der Verfasser im Gespräch mit dem leitenden
Direktor Ohlwein

260
Der Kanzler und die heimgekehrte Saar:
Dr. Röder spricht für die saarländischen Ab-
geordneten beim Einzug in den Deutschen
Bundestag am 10. Januar 1957.

261
Dr. Schneider stellt Forderungen für die Eingliederung des Saarlandes in die Bundesrepublik und verlangt die Erhaltung des »Sozialen Besitzstandes« am 25. Juni 1959.

»Am 1. Januar wurden die Deutschen an der
Saar wieder mit uns vereinigt ... Was mich
erstaunte, war die Tatsache, daß man in
Deutschland gegenüber diesem Ereignis re-
lativ teilnahmslos blieb.« Konrad Adenauer,
Erinnerungen, Bd. III S. 279/280.

262
Um das Saarland und seine Bevölkerung wohl verdient: Ministerpräsident Dr. Franz-Josef Röder, vom 4. Juni 1957 bis 30. April 1959 Minister für Kultus und Volksbildung, ab 30. April 1959 Ministerpräsident des Saarlandes

263
Die Saar holt auf: Stabile Verhältnisse unter Ministerpräsident Dr. Franz-Josef Röder. Das erste Kabinett Röder (30. April 1959 bis 17. Januar 1961); (von rechts nach links): Arbeitsminister Hermann Trittelvitz (SPD); Innenminister Kurt Conrad (SPD); Ministerpräsident Dr. Röder (CDU); Justizminister Dr. Julius von Lautz (CDU); Wirtschaftsminister Dr. Manfred Schäfer (CDU); (ab 9. Februar 1960: Eugen Huthmacher [CDU]); Minister für öffentliche Arbeiten und Wohnungsbau Ludwig Schnur (CDU)

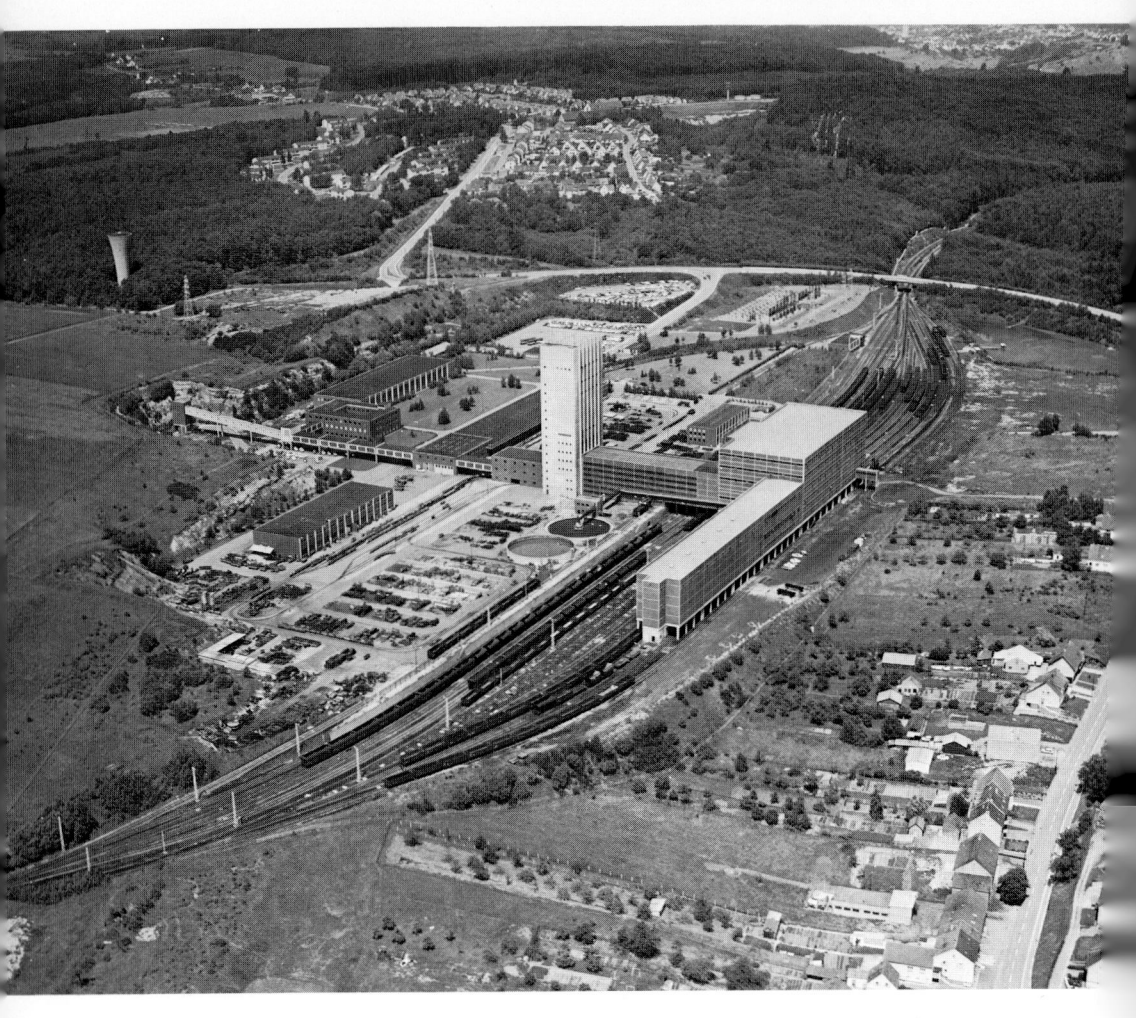

264
Die Saar holt auf: Die große und modernste Schachtanlage Europas im kohlenreichen Warndt-
gebiet des Saarlandes. Erbaut nach der Wiedereingliederung 1959 unter dem verantwortlichen
Leiter der Saarbergwerke A.-G., Dr. Hubertus Rolshoven (Abb. 255)

auch der Absatz der Saarkohle fühlbar zurück, die Bestände auf den Halden wuchsen immer mehr an, und Feierschichten, Einschränkungen und schließlich auch Stillegungen waren nicht mehr zu vermeiden. Die Bundesregierung mußte Maßnahmen zum Schutze der deutschen Kohlenproduktion ins Auge fassen, und im Deutschen Bundestag kam es aufgrund einer Großen Anfrage der SPD betreffend die Lage des Kohlenbergbaus (Drucks. Nr. 1318) am 4. November 1959 zu einer großen Kohlendebatte. Hier wurde klar, daß die Fragestellung auf einen Schutz der deutschen Kohlenproduktion auf der einen, oder auf ungehindertes Hereinnehmen von ausländischen Brennstoffen, vor allem Heiz- und Mineralöle, später auch Erdgas, auf der anderen Seite hinauslief. Die Verfechter der weitgehend liberalen Energiepolitik stimmten zwar der Einführung einer Heizölsteuer und später weiterer Schutzmaßnahmen zugunsten der deutschen Kohlenproduktion zu, fanden sich aber nicht bereit, einen wirksamen Plan zur Erhaltung der nationalen deutschen Energiequellen zu entwickeln und durchzuführen. Vor allem blieb damals das Problem einer stärkeren Verstromung der Kohle ungelöst. Auch ich habe mit einer Reihe von anderen Abgeordnetenkollegen an jenem 4. November 1959 im Bundestag zu dem Problem Stellung genommen und dazu unter anderem ausgeführt (Prot. S. 4667/8):

»Was würde geschehen, wenn einmal die Schrumpfung des Bergbaus um ein Drittel – ich verweise auf die Zahlen von der Saar, die ich vorhin genannt habe – eingetreten wäre und es gäbe irgendeine Störung, beispielsweise in der Ölzufuhr? Ich glaube, es gibt niemand hier im Hause, der uns für fünf bis zehn Jahre garantieren kann – auch der Herr Bundeswirtschaftsminister kann das nicht –, daß es keine Krise oder Störung in der Zufuhr ausländischer Brennstoffe geben wird. Wir erinnern uns noch sehr gut daran, daß – als die Suezkrise eintrat – bei uns an der Saar, damals noch im französischen Wirtschaftsraum, folgendes passierte: Es wurden über Nacht sämtliche Vorräte an Treibstoffen und Ölen beschlagnahmt, und am nächsten Morgen wurden Bezugscheine eingeführt. Das ist vor 2$^{1}$/$_{2}$ Jahren gewesen ... Ich möchte einmal sehen, was geschehen würde, wenn sich so etwas in zwei oder drei Jahren hier ereignete.« ... Nun, meine Prognose gewann zwar erst nach mehr als einem Jahrzehnt Bedeutung, aber während dieser Zeit wurde die wirtschaftliche Abhängigkeit der Bundesrepublik – wie aller europäischen und vieler überseeischer Länder – von den ausländischen Ölzufuhren in einem Ausmaß gesteigert, daß die damalige Krise des Jahres 1959 heute geradezu als ein Kinderspiel erscheint. Man hatte die Warnungen aller einsichtigen Fachleute in den Wind geschlagen und erst Mitte 1973 – als die Krise schon greifbar vor der Türe stand – einen deutschen Energiewirtschaftsplan aufgestellt. Ich hatte damals noch ausgeführt: »Ich bin nicht der Meinung, daß die Heizölsteuer ein ausreichendes Mittel ist, um der gesamten Krise – oder Strukturwandlung, oder wie Sie es nennen – zu begegnen. Ich bin eher der Meinung, daß nach gründlicher Prüfung aller Voraussetzungen ein Bündel von Maßnahmen getroffen werden muß, um mit den Problemen fertig zu werden. Ich glaube, man sollte die Probleme im Ausschuß gemeinsam anpacken, und zwar nicht nur konzentriert auf die Ölsteuer, sondern gerichtet auf eine *langfristige Ordnung mit dem Ziel: Erhaltung der Arbeitsplätze und Erhaltung der nationalen Kohlenproduktion*« (Prot. S. 4668 D).

In der Folgezeit hat man die Entwicklung der deutschen Kohlen- und Brennstoffwirtschaft in hohem Maße sich selbst überlassen, die Unternehmen mußten sehen, wie sie im Rahmen der freien Marktwirtschaft mit ihren Problemen fertig wurden. Man prägte das Schlagwort vom »Gesundschrumpfen« des Bergbaus und stand im

Jahre 1972 im Saarland vor den folgenden Tatsachen, die wohl auch als richtung-weisend für den übrigen Bergbau in der Bundesrepublik angesehen werden können: Von Mitte 1959 an wurden planmäßig »unrentable« Gruben stillgelegt und die För-derung zurückgenommen. Von den im Jahre 1957 in Betrieb befindlichen 18 Förder-anlagen der Saarbergwerke waren 1972 noch 6 übrig geblieben. Gleichermaßen ging die Zahl der Abbaubetriebe von 126 auf 43 während des gleichen Zeitraums zurück. Demgegenüber konnten durch Rationalisierungsmaßnahmen gesteigert werden: Die Tagesförderung je Förderanlage von 3070 t im Jahre 1957 auf 6100 t im Jahre 1970. Zur gleichen Zeit stieg die Untertageleistung je Mann und Schicht, der bekannteste Gradmesser für die Beurteilung der Leistungen im Bergbau, von 1720 kg im Jahre 1957 auf rund 4000 kg im Jahre 1972; 1973 dürfte eine weitere Steigerung erzielt worden sein. Diesen positiven Zahlen stehen aber weniger erfreuliche Zahlen gegen-über: Die Zahl der Beschäftigten der eigentlichen Grubenbetriebe ging von 57 561 im Jahre 1958 auf 18 801 im Jahre 1972, also auf ein Drittel, zurück. Trotz der Steige-rung der Produktivität und trotz großer Anstrengungen, durch Rationalisierung und Stillegung »unrentabler« Gruben, ergab sich keine ins Gewicht fallende Ver-besserung der Ertragslage. Die Förderung ging von 16,2 Mio t jährlich im Jahre 1957 zurück auf 11,1 im Wirtschaftsjahr 1968/69 und 10,4 Mio t im Jahre 1972. Trotz der Verminderung des Personalbestandes auf ein Drittel stiegen die Personal-ausgaben von 571,8 Millionen DM im Jahre 1957 auf 636,2 Millionen DMark im Geschäftsjahr 1972.

Während des ganzen Zeitraumes ergaben sich erhebliche *Verluste* für die Saar-bergwerke A.G., die zu 74 Prozent Bundeseigentum sind und zu 26 Prozent dem Saarland gehören. Zusammen genommen haben die Verluste von 1957 bis 1972 eine Größenordnung von fast 350 Millionen DMark erreicht. Wenn auch diese Ver-luste zum Teil durch eine Reihe von Umständen begründet waren, die ihre Ursache in der vorangegangenen Ausbeutung der Saargruben als Reparationsobjekt hatten, und wenn die Saargruben auch vor 1957 seit vielen Jahrzehnten schon keine Gewinne mehr abgeworfen haben, so zeigt sich doch, daß *die Preisgabe einer nationalen deutschen Energiewirtschaft durch »Schrumpfung«* des Kohlenbergbaus teuer zu stehen kam. Da der Abbau der Kohle im Gegensatz zu vielen anderen Produktionen nur langfristig wieder gesteigert werden kann – abgesehen von der Frage der dazu notwendigen Bergarbeiter –, erscheint das Ergebnis dieses weder von der Verwal-tung der Saarbergwerke noch vom dem der saarländischen Regierung zu verhindern-den Prozesses höchst bedauerlich. Hinzu kam, daß der Landesregierung noch die Aufgabe zufiel, die im Saarbergbau freigesetzten Arbeitskräfte anderweitig zur Beschäftigung zu bringen. Diese Aufgabe ermöglichte aber zugleich eine (allmäh-liche) Umstrukturierung unserer Wirtschaft im Sinne der Stärkung der weiterver-arbeitenden Industrie. In welchem Umfang dies inzwischen verwirklicht werden konnte, darüber gibt die folgende Tabelle Aufschluß. Sie zeigt die Bemühungen aller beteiligten Stellen zur Verbesserung der Wirtschaftsstruktur unseres Landes:

Anteil der Industriegruppen
an der Gesamtbeschäftigung in vH

| Industriegruppe | 1960 | 1968 | 1970 |
|---|---|---|---|
| Bergbau | 33 | 21 | 16 |
| Eisenschaffende Industrie | 24 | 25 | 23 |
| Sonstige Grund- und Produktionsgüterindustrie | 9 | 9 | 9 |
| Investitionsgüterindustrie | 18 | 26 | 32 |
| Verbrauchsgüterindustrie | 11 | 13 | 15 |
| Nahrungs- und Genußmittelindustrie | 4 | 6 | 5 |
| Gesamtindustrie | 100 | 100 | 100 |

Zum Ergebnis dieser Bemühungen heißt es in der Untersuchung des Geschäftsführers der Industrie- und Handelskammer Saarbrücken, Albert Seyler, dem ich diese Unterlagen verdanke, zu dem Problem der Umstrukturierung der Saarwirtschaft:

»Bis zum Jahre 1968 blieb die Zuwachsrate der Industrieproduktion im Saarland regelmäßig hinter der Entwicklung der gesamten Bundesrepublik zurück. Zum ersten Mal ist demgegenüber in den Jahren 1969, 1970 und 1971 die Industrieproduktion im Saarland wieder rascher gestiegen als im Bundesdurchschnitt . . . Dank dieser Entwicklung ist auch der Abstand in der gesamtwirtschaftlichen Leistung zwischen dem Saarland und den übrigen Bundesländern, ausgedrückt im Brutto-Inlandsprodukt je Einwohner, kleiner geworden . . . Diese Kennziffer für die wirtschaftliche Leistung und den Lebensstandard, die im Jahre 1960 im Saarland 93 Prozent des Bundesdurchschnitts ausmachte, war im Jahre 1967 auf rd. 80 Prozent gesunken; inzwischen dürfte sie wieder auf etwa 87 Prozent gestiegen sein. Damit dürfte das Saarland auch in der Rangfolge der Bundesländer vom elften und letzten wieder auf den neunten Platz vor Niedersachsen und Schleswig-Holstein gerückt sein.«

Das Ergebnis dieser Betrachtungen zeigt, daß der Eingliederungsprozeß des Saarlandes keineswegs in drei Jahren der damals vorgesehenen Übergangszeit erreicht werden konnte. Auch wenn sich erstmals 1968 eine Wende zum Besseren zeigte, hat das Saarland immer noch nicht seinen früheren Stand hinsichtlich der Prosperität der Bundesländer erreicht, ein Beweis dafür, welche Hilfe auch heute noch zur Verbesserung der Wirtschaftslage und wirtschaftlichen Entwicklung unseres Landes durch Bund und Länder nötig ist, und welche schweren Aufgaben den kommenden Regierungen an der Saar aufgebürdet sind. Ich hätte sie gerne durch wenige Worte mit einer Fassung des § 10 Eingliederungsgesetz vom 14. Dezember 1956 vereinfacht. Das war mir bedauerlicherweise nicht vergönnt. Den Kritikern unserer politischen Entscheidung vom 23. Oktober 1955 muß aber anderseits die Frage vorgelegt werden, was geschehen wäre, wenn das Saarland 1959 nicht an die Bundesrepublik zurückgegliedert worden wäre und mit allen vorgeschilderten Problemen innerhalb der früheren Wirtschaftsunion Frankreich-Saar hätte allein fertig werden müssen, von der Abdeckung des Riesendefizits der Hoffmann-Regierung in Höhe von 38,6 Milliarden Franken am 31. Dezember 1955 ganz zu schweigen.

Ich habe schon erwähnt, daß Frankreich sich als deutsche Gegenleistung für die Rückkehr der Saar den Bau des *Moselkanals* durch die Bundesrepublik ausbedungen hat. Wir hatten wegen der damit verbundenen wirtschaftlichen Nachteile für das Industrierevier an der Saar gegenüber den lothringischen Revieren, zu deren Vorteil und Nutzen der Anschluß an das große Wasserstraßennetz erfolgt ist, den Bau zunächst abgelehnt. Als dann die unwiderrufliche Zusage der Bundesregierung offenbar wurde, versuchten wir ein Doppeltes zu erreichen: einmal die Sicherstellung eines *Ausgleichs* für die Saarwirtschaft, zum anderen (langfristig) den Bau eines Kanalanschlusses für die Saar. In meiner politischen Zielsetzung gehörte auch dieses Problem zu jenen unabdingbaren Punkten, die vor dem Beitrittsbeschluß am 12./13. Dezember 1956 hätten gesetzlich geregelt werden sollen. Man sagte uns zwar sogenannte Als-ob-Tarife zu, wie sie bereits einmal im Jahre 1936 eingeführt worden waren. Danach mußte die Eisenbahn der saarländischen Wirtschaft Frachttarife in einer Höhe einräumen, als ob die Güterbeförderung auf der Wasserstraße erfolgen würde. Diese Als-ob-Tarife wurden nach langem hin und her im Jahre 1964 eingeführt, stießen aber auf härtesten Widerstand der Montan-Union, nach deren Satzung die bevorzugte tarifliche Behandlung einzelner Wirtschaftszweige ausdrücklich untersagt ist. Versuche der Bundesregierung, die Genehmigung der Montanbehörden für die Als-ob-Tarife zugunsten der Saar zu erlangen, blieben erfolglos. Im Gegenteil: in einem Gerichtsverfahren vor dem Gerichtshof der Hohen Behörde wurde die Unzulässigkeit der Tarife ausdrücklich festgestellt. Sie wurden daraufhin in reine Unterstützungstarife umgewandelt und werden jetzt schrittweise abgebaut. Damit ist die deutsche Seite erneut vor die Entscheidung gestellt, den unerläßlichen Ausgleich für die Wirtschaft an der Saar durch den Bau eines Wasserstraßenanschlusses zu schaffen.

Wir hatten uns bereits auf dem außerordentlichen Delegiertentag der DPS am 16. September 1956 auch mit diesem Problem befaßt (»Deutsche Saar« Nr. 26 vom 17. September 1956) und in einer einstimmig gefaßten Entschließung unter dem Titel: »Jetzt verpflichtende Vereinbarungen mit Bonn« u. a. gefordert: »Ausgleichsleistungen für die durch den Bau des Moselkanals entstehenden Nachteile«, und in engem Zusammenhang damit unter Ziff. 3: »Zustimmung der Montan-Union-Staaten zu allen die Regelung des Saarproblems betreffenden Abmachungen.« Hätten wir das erreichen und Bonn zwingen können, mit dem Bau des Moselkanals erst zu beginnen, nachdem die Staaten der Montan-Union der tariflichen Sonderregelung für die Saar zugestimmt hätten, so wären wir alle Sorgen los gewesen und hätten auf die Forderung des Kanalanschlusses verzichten können. Leider hat man uns auch in dieser Hinsicht nicht gehört; Bonn verhielt sich in seinem Entgegenkommen gegenüber dem französischen Partner so weitgehend, daß darüber auch die für unsere Wirtschaft so lebenswichtige Frage der wirtschaftlichen Gleichstellung mit den übrigen Anliegerrevieren der Montan-Union-Länder am Kanal unter den Tisch fiel.

Übrigens hatten wir auf jenem Delegiertentag vom 16. September 1956 auch die weiteren verkehrspolitischen Probleme des Saarlandes klar herausgestellt: Elektrifizierung der saarländischen Eisenbahnen und der pfälzischen Anschlußstrecken bis zum Rhein; umgehende Fertigstellung der Autobahn Kaiserslautern–Saarbrücken einschließlich des Anschlusses nach Trier und Luxemburg; Finanzierung der notwendigen Neubau- und Ausbaumaßnahmen der Bundesfernstraßen im Saarland; Ausbau des Flughafens Saarbrücken-Ensheim und Kredithilfe für die Verbesserung und Modernisierung der saarländischen Nahverkehrsbetriebe. Erich Schwertner hat dann im darauf folgenden Jahr die notwendigen Maßnahmen im einzelnen nochmals in einem sehr umfassenden Programm seines Ministeriums am 20. Mai 1958 in der Zeitung »Deutsche Saar« Nr. 39 veröffentlicht. Von seiner Planung erlebte er selbst nur die Fertigstellung des Autobahnanschlusses Saarbrücken–Kaiserslautern (Abb. 244), den er ohne lange zu fragen, sehr zum Ärger des damaligen Bundesministers Seebohm bereits Anfang August 1956 (»Deutsche Saar« Nr. 62 vom 31. Juli 1956) begonnen hatte. Die Fertigstellung geschah dank des Einsatzes von Minister Schwertner und seines Direktors Weise so zügig, daß dieser Autobahnteil nach dem späteren Urteil von Herrn Seebohm innerhalb der kürzesten Zeit und von allen bundesdeutschen Autobahn-Bauprojekten am billigsten gebaut werden konnte.

An weiteren Projekten hatte Erich Schwertner geplant (»Deutsche Saar« vom 20. Mai 1958, S. 2): den Ausbau der Saaruferstraße – der sog. E 42, heute B 406 – von der Landesgrenze bei Saargemünd entlang dem Lauf der Saar bis nach Trier und Luxemburg; hierfür war eine Bauzeit bis 1965 vorgesehen. Leider wurde dieses Ziel nur zum Teil und in wesentlich längerer Bauzeit erreicht. Als zweites Großprojekt war die Kraftfahrbahn zur Hunsrückhöhenstraße vorgesehen, die ebenfalls 1965 hätte fertig gestellt sein sollen. Auch davon sind heute nur wichtige Teile fertiggestellt. Als drittes war der Ausbau der Grühlingstraße von Saarbrücken – Neunkirchen – Ottweiler – St. Wendel – Türkismühle geplant, deren vorgesehene Fertigstellung bis 1962 aber nicht zu erreichen war. Schließlich wurde als viertes Großprojekt eine neue Autobahnzubringerstraße von Dillingen über Neunkirchen – Limbach in den Zweibrücker Raum projektiert, zugleich als Teilstück des Straßenzuges von München über Karlsruhe – Landau – Pirmasens mit Anschluß über das Saarland nach Luxemburg und Trier, das war der Ausbau der B 10 als Autoschnellstraße. Auch von dieser Straße sind inzwischen im Saarland weite Teilstücke fertiggestellt und für den ständig gewachsenen Kraftfahrzeugverkehr nutzbar geworden. Aber noch immer warten die Saarländer sehnsüchtigst auf den Fortgang der Arbeiten in Rheinland-Pfalz, mit welchem dieser zügige Straßenbau abgesprochen worden war. Hier endet heute leider die Schönheit der modernen Straße bereits hinter Zweibrücken in Fahrtrichtung Rhein, abgesehen von einem kleinen Teilstück zur Umgehung von Pirmasens. Es ist bedauerlich, daß gerade dieser für die »Anbindung« des Saarlandes an den süddeutschen Raum so wichtige Straßenabschnitt nach 18 Jahren noch immer nicht wesentlich vorangekommen ist. Ich wünsche mir, daß diese Kritik, die mit mir sicherlich im stillen Zehntausende von Kraftfahrern üben, wenn sie der oft verstopften Autobahn vom Viernheimer Dreieck über Mannheim nach Karlsruhe entgehen wollen, dazu beiträgt, dieses seit zwanzig Jahren geplante und beschlossene Straßenteilstück durch die Pfalz zum Rhein bei Karlsruhe zügig in Angriff zu nehmen und fertigzustellen. Derselbe Wunsch gilt auch bezüglich der anderen drei Projekte.

Die Anstrengungen des Saarlandes zur verkehrspolitischen Anschließung an die Bundesrepublik, die überhaupt erst 1956 beginnen konnten, wären aber unvollständig behandelt, wenn man die Weiterführung der Autobahn vom Rhein nach Saarbrücken-Landesgrenze und die inzwischen auf französischer Seite gebaute Weiterführung nach Metz in die Stadt Saarbrücken hinein unerwähnt ließe. Wir dürfen wohl mit Stolz feststellen, daß Saarbrücken die einzige Stadt ist, deren Stadtzentrum bis auf eine Entfernung von nur 100 Metern auf der Autobahn zu erreichen ist (Abb. 274). An dieser Planung haben auch die Fachkräfte des Bauamtes der Stadt Saarbrücken erfolgreich mitgewirkt. Nur einmal mußten wir vom Landtag »dazwischenfunken«, als die Planer die Stadtautobahn – anstatt am Flußufer der Saar – vor der schönen Schloßmauer und den Gebäuden an der Hindenburgstraße, hoch aufgestelzt in ca. 25 bis 30 m Höhe, entlangführen wollten. Das bedeutete uns doch zu viel Verschandelung des schönen Landschaftsbildes unserer Vaterstadt. Auch die späteren Anstrengungen um den Kanalanschluß verdienen festgehalten zu werden.

Ich möchte hier feststellen, daß nach meiner Meinung auch die heutige Bundesregierung, und möglicherweise spätere Bundesregierungen in anderer Zusammensetzung in bezug auf die Kanalfrage an die Zusage gebunden sind, die der Kanzler Dr. Adenauer gerade im Hinblick auf die Kanalisierung der Saar gegeben hat. Damals sagte der Kanzler: »Im Zuge des Ausbaus aller Verkehrswege wird die Saar *bevorzugt* neue und stärker ausgebaute Verkehrsverbindungen ins Bundesgebiet erhalten, um der saarländischen Wirtschaft einen freien Zugang zum deutschen Markt zu gleich guten Bedingungen zu ermöglichen!« Für alle, die in der nächsten Zukunft mit Bonner Stellen um den Bau des Kanalanschlusses ringen müssen, sei hier nochmals die Quelle des Zitats und der Zeuge für die Richtigkeit angegeben: Es handelte sich um das Interview des Bundeskanzlers Dr. Adenauer mit dem Bonner Korrespondenten Rolf Vogel am 27. Oktober 1956 wiedergegeben in der »Deutsche(n) Saar« Nr. 88 vom 30. Oktober 1956. Vielleicht ist auch das Tonband des Interviews beim Saarländischen Rundfunk noch erhalten geblieben, es dürfte sich besonders gut zur Auffrischung von Gedächtnislücken eignen. Den Streitern für den Bau des Kanals, an ihrer Spitze dem unermüdlichen Generaldirektor der Landesbank und Girozentrale, derzeitigen Präsidenten der Saarbrücker Industrie- und Handelskammer, Hubert Dohmen, sei ein weiteres Argument in Erinnerung gerufen. Als bereits im Jahre 1891 (!) die Diskussion über den Bau eines Kanals in das Land an der Saar im Gange war, äußerten sich auch die die beiden damaligen Wirtschaftskapitäne der Saar, Karl Röchling und der Freiherr Carl Ferdinand von Stumm dazu. Beide lehnten eine Beteiligung am Kanalbau ab. Stumm erklärte am 25. September 1891, daß »er die Kanalisation der Mosel unverändert als schädlich für die von ihm vertretenen Interessen der Saarindustrie betrachte. Sollte aber die Kanalisierung tatsächlich zur Ausführung kommen, so hält er die gleichzeitige Kanalisierung der Saar ... für wünschenswert, um einigermaßen die Nachteile der Moselkanalisierung für die Saargegend auszugleichen« (Zitat des Regierungsrates zur Nedden, in: Fritz Hellwig, Carl Freiherr von Stumm-Halberg, S. 371). Zweifelsohne ein Urteil, das nach über 80 Jahren seine Gültigkeit nicht verloren hat.

Weitere schwere Sorgen bereitete uns die *soziale Eingliederung* des Saarlandes in die Bundesrepublik. Während des Abstimmungskampfes war eines der Hauptargumente unserer politischen Gegner – der Befürworter des JA –, durch eine Rückkehr der Saar nach Deutschland würden die an der Saar bestehenden sozialen Verbesserungen wegfallen. Die Besserstellung bestand in der Tat; denn das an der Saar eingeführte französische System der Familienzulagen, vor allem des Kindergeldes, die hier selbständig festgelegten Renten für die Kriegsopfer, auch einzelne Leistungen der Sozialversicherung und die sog. Schlechtwetterregelung waren bei uns günstiger als im übrigen Bundesgebiet. Hinzu kam, daß die Regierung Hoffmann zur Stärkung ihrer Position diese Zulagen durch Sonderleistungen und willkürliche Erhöhungen – gegen die Vorhaltungen Grandvals – in der letzten Zeit sehr gesteigert hatte (vgl. das Protestschreiben Grandvals an Johannes Hoffmann vom 3. Dezember 1954). Mit dieser sicher wirksamen Propaganda gegen das von uns vertretene NEIN zum Statut beschäftigte sich auch ein Antrag vom 12. Oktober 1955 (Drucks. Nr. 1781) von Abgeordneten der SPD, FDP und des BHE im Deutschen Bundestag. In diesem Antrag wurden von der Bundesregierung Maßnahmen zur Erleichterung einer Wiedervereinigung der Saar mit Deutschland gefordert. Zu dem Maßnahmenkatalog gehörte auch die Sicherung von Sozialleistungen. Es hieß dazu wörtlich: »Empfänger von Sozialleistungen im Saargebiet sollen bei der tatsächlichen Wiedervereinigung keine Einbußen erleiden, soweit sie bisher höhere Leistungen als in Deutschland beziehen. Personen mit geringeren Ansprüchen, als den in Deutschland gewährten, sollen vom Zeitpunkt der Wiedervereinigung an auch in den Genuß der höheren deutschen Leistungen kommen.« Nachdem Bundesminister Jakob Kaiser unseren beiden nach Bonn entsandten Sprechern, für die CDU Dr. Wildt und für die DPS Dr. Heitschmidt, die Zustimmung der CDU zu diesen Forderungen erklärt hatte, wurden von uns während des Abstimmungskampfes die entsprechenden Zusagen an die betroffene Saarbevölkerung weitergegeben. Am 22. Februar 1956 beschäftigte sich dann der Ausschuß für gesamtdeutsche und Berliner Fragen in seiner 51. Sitzung nochmals mit dem Beschlußantrag. Das Protokoll enthält (S. 13) dazu die folgenden Feststellungen:

»*Punkt 2* der Tagesordnung: Beratungen zu Drucksache 1781, Antrag der Abg. Dr. Mommer, Dr. Becker (Hersfeld), Engell u. Gen. betr. Maßnahmen zur Erleichterung der Rückgliederung des Saargebietes. *Berichterstatter:* Abg. Walz.

*Abg. Dr. Mommer* . . . Bei den Sozialleistungen interessiere es, vom Arbeitsministerium zu erfahren, ob es dem in Ziffer B 2 des Antrages 1781 zum Ausdruck kommenden Willen entsprechen wolle, nämlich keine Gleichschaltung nach unten, sondern, wenn in den Sozialleistungen eine Angleichung erfolge, diese nach oben vorzunehmen. Für die weiteren Verhandlungen sei es nützlich, den politischen Willen des Ausschusses in den einzelnen Fragen kundzutun . . . In der Frage der Sozialleistungen nimmt das Arbeitsministerium folgenden Standpunkt ein:

»Empfänger von Sozialleistungen des Saargebiets werden bei der Wiedervereinigung keinerlei Einbußen erleiden, wenn auch solche Sozialleistungen höher sein sollten als innerhalb der Bundesrepublik, weil die Tendenz besteht, auch schon vor der Durchführung der Sozialreform bestehende günstigere Verhältnisse zu belassen. In jedem Fall besteht die Absicht, bestehende Leistungen nicht zu vermindern, sondern eher zu erhöhen.« . . .

Auch diese vom Ausschuß einstimmig gebilligte Zusage wurde uns von unseren Freunden mitgeteilt und im Saarland verbreitet. Eine letzte Bekräftigung gab uns der Bundeskanzler selbst in dem schon wiederholt zitierten Interview vom 27. Oktober 1956, wenn er darin zu den Sozialleistungen ausführte: »Es wird darauf ankommen, die wirtschaftlichen Maßnahmen mit Behutsamkeit durchzuführen, damit auch auf sozialem Gebiet keine Schwierigkeiten entstehen. Der allgemeine Grundsatz, daß niemandem Vorteile, aber auch niemandem Nachteile erwachsen dürfen, wird hinsichtlich der sozial Schwächeren als oberstes Gesetz gelten müssen.« Wer wird von meinen Lesern glauben, daß von allen diesen Zusagen, die oberstes Gesetz sein sollten, nicht mehr die Rede war, als der zuständige Bundesarbeitsminister Blank (CDU) seinen Entwurf eines Gesetzes zur Einführung des deutschen Rechts auf den Gebieten der Arbeitsbedingungen und des Familienlastenausgleichs im Saarland (Drucksache 1012) eingebracht hatte? Eigentlich hätte dieses Gesetz die Bezeichnung »Gesetz zur Einhaltung gegebener Versprechungen gegenüber der Saarbevölkerung« erhalten müssen.

Die dramatischen Bundestagssitzungen vom 24. und 25. Juni 1959 werden noch manchem älteren Saarländer in Erinnerung sein; denn der saarländische Rundfunk übertrug den gesamten Verlauf der Debatten im vollen Umfang, sehr zum Ärger der Gegenseite, die durch ihren Abgeordneten Wacher von der CDU/CSU offiziell im Bundestag gegen die Übertragung Protest erhob. Ich selbst kämpfte an diesen beiden Tagen »nur« 27 mal auf der Tribüne des Bundestages (Abb. 261). Für die Belange der Saarbevölkerung, maßgeblich jedoch für die Einhaltung der gegebenen Versprechungen, insbesondere zur Erhaltung des sozialen Besitzstandes. Dazu habe ich unter anderem ausgeführt (Prot. S. 4330/4331): »Aber wir wurden ermächtigt, meine Damen und Herren – und zwar von Bundesministern, die damals amtierten –, dieses Versprechen mit voller Überzeugung der saarländischen Bevölkerung, also den Abstimmenden gegenüber, abzugeben. (Hört! Hört! bei der SPD.) Wir haben es in dem guten Glauben abgegeben, daß wir heute nicht hier stehenbleiben und in unserer Heimat als Lügner erscheinen (Hört! Hört! bei der FDP – Beifall bei der FDP und der SPD). Das ist doch die Frage, um die es für uns geht.«

Anschließend sagte ich noch: »Dann kam die erste Diskussion. Meine Damen und Herren, jetzt gebe ich Ihnen ein Bekenntnis ab. Ich habe dem Frieden nicht getraut. Ich habe immer die Sorge gehabt, ob wir nicht auf diesem Versprechen sitzen bleiben, und habe deshalb mit meinen Freunden gefordert, daß die Regelung dieser entscheidenden Frage vor dem Beitrittbeschluß der Saarbevölkerung in einem Briefwechsel schriftlich festgelegt wird. Wir wußten und fühlten, daß die jetzige Stunde kommen werde. Heute vor zweieinhalb Jahren war es, meine Damen und Herren, daß meine Parteifreunde und ich überstimmt wurden.« Nachdem ich dann einen vermittelnden Vorschlag für eine vierjährige Zwischenlösung gemacht hatte, der den Bund jährlich 40 Mio DM, insgesamt 160 Mio DM, gekostet hätte, schloß ich mit den Worten:

»Die Einlösung des Versprechens und der planmäßig abgestufte Übergang, wie er in meinem Vorschlag enthalten ist, ist deshalb die Erfüllung einer selbstverständlichen Verpflichtung der deutschen Bundesregierung, des deutschen Bundestages und, das darf ich mit gutem Gewissen sagen, des ganzen deutschen Volkes. Wir von der Saar haben unter schwersten Bedingungen am 23. Oktober 1955 unsere Pflicht getan, ohne zu fragen, was hinterher materiell kommt. *Tun Sie jetzt die Ihre!*« (Beifall bei der FDP und SPD.)

Auch diese Bemühungen blieben umsonst. Man war auf Seiten der ablehnenden Mehrheit im Bundestag nicht einmal auf das damals so naheliegende, von mir auch erörterte Problem eingegangen, wie denn eine Harmonisierung der französischen Sozialleistungen mit den deutschen in einem vereinigten Europa möglich sein sollte, wenn das nicht einmal mit einer Zwischenregelung im Saarland erreicht werden könnte. Die der Saar auferlegte totale Unterwerfung unter das bundesdeutsche Sozialsystem von einem Tag auf den anderen führte natürlicherweise zu einer ganz erheblichen Mißstimmung und Verärgerung unter der Bevölkerung. Diese sah sich in dieser Frage einfach getäuscht und betrogen. Das Phänomen aber war, daß die Menschen unserer Heimat bei der folgenden Landtagswahl nicht mit denjenigen ins Gericht gingen, welche die Einlösung dieser Versprechen verhindert oder nicht auf der rechtlichen Bindung der Bundesregierung an die gegebenen Versprechungen vor der Aufgabe unserer politischen Selbständigkeit bestanden haben. Die großen Stimmenverluste stellten sich nach diesen Auseinandersetzungen im Sommer 1959 ausgerechnet und nur bei der FDP (DPS) an der Saar ein. Die Menschen dachten einfach und primitiv: »Der Schneider hat uns zum NEIN gebracht, der hat uns versprochen und das nicht gehalten, also wählen wir ihn und seine Partei nicht mehr.« Während ich mit Sicherheit in den ersten Tagen nach der zweitägigen Rundfunkübertragung der Bonner Saarsitzung am 24. und 25. Juni 1959 eine Mehrheit der Bevölkerung für mich hätte erreichen können – so groß war das Echo und die Anerkennung über den Einsatz –, geriet das ganze Geschehen wenige Wochen danach, und vor allem nach dem Tage X (6. Juli 1959) mit seinen vielen ärgerlichen Folgen, in völlige Vergessenheit. Wie oft habe ich im Zusammenhang mit der Erhaltung des »sozialen Besitzstandes« an der Saar an das Wort gedacht: »Des Volkes Gunst ist wechselhaft!«

Ein besonders schwieriges Problem im Zuge der wirtschaftlichen Umschaltung unseres Landes in die Bundesrepublik ergab sich für uns aus der Regelung über zollfreie Handelsbeziehungen zwischen dem Saarland und Frankreich. Hier war im Saarvertrag (Art. 62) vorgesehen, daß der Handelsverkehr zwischen dem Saarland und Frankreich auch nach dem Ende der Übergangszeit unter Berücksichtigung der Ergebnisse des Jahres 1955 (Referenzperiode) auf einem möglichst hohen Stand zu halten sein sollte. In Art. 64 wurde weiterhin eine alljährliche Prüfung der Ergebnisse dieses zukünftigen Warenverkehrs zwischen Frankreich und der Saar vorgesehen: »Wenn die Prüfung zeigt, daß sich das Verhältnis zwischen Lieferungen und Gegenlieferungen des Jahres 1955 geändert hat, wird eine Neufestsetzung der Kontingente erfolgen«, mit anderen Worten: Im Falle eines unter den festgelegten Schlüsselzahlen liegenden Rückganges von Warenlieferungen aus Frankreich an die Saar mußte der Absatz saarländischer Waren nach Frankreich entsprechend gekürzt werden. Für alle verantwortlichen Politiker im Saarland, insbesondere aber den Wirtschaftsminister war es eine Verpflichtung, alles zu tun, um einen solchen Fall zu verhindern; denn die Saarwirtschaft brauchte – gerade in den ersten Jahren nach der Eingliederung – den französischen Markt für ihren Absatz. Aus diesen Gründen warben wir, wo immer das ging, für den Bezug französischer Waren, die aufgrund des Saarvertrages zollfrei in das Saarland eingeführt werden konnten. In dieser Werbung zum Bezug von Waren aus Frankreich in dem größtmöglichen Umfang waren wir uns mit der Industrie- und Handelskammer, hier dem verstorbenen Peter Weiant, mit dem Saarländischen Minister für Finanzen, zunächst noch Prof. Dr. Blind, aber auch mit dem Bundeswirtschaftsminister Prof. Erhard weitgehend einig. Leider enthielt der Saarvertrag als Bremse für den bundesdeutschen Vertragspartner eine sehr unglückliche Formulierung, die bis auf den heutigen Tag zu zahlreichen Unzuträglichkeiten geführt hat. In Artikel 63 Abs. 2a hieß es: »Zollbefreiung (für französische Warenlieferungen an die Saar«) wird nur gewährt, wenn die Waren zum Verbleib im Saarland bestimmt sind.« Dies schloß zwar nicht aus, daß ein Importeur französischer Waren, der im Saarland keinen Absatz fand, diese später in das übrige Bundesgebiet weiterliefern durfte. Beging aber einer die Dummheit, vorher verlauten zu lassen, er bestelle beim französischen Lieferanten Waren, die später ins übrige Bundesgebiet weitergeliefert werden könnten oder gar sollten, dann saß er mächtig in der Tinte. Da sich die deutschen und französischen Zollbehörden gegenseitige Ermittlungshilfe gewähren, kam es später zu zahlreichen Untersuchungs- und strafrechtlichen Verfahren, die heute, über 18 Jahre nach der Abstimmung noch nicht abgeschlossen sind und alle Beteiligten auf das schwerste belasten, zumal die gesamten Lieferungen in das übrige Bundesgebiet seit über einem Jahrzehnt abgewickelt sind und den saarländischen Unternehmungen keinerlei Mehreinnahmen in Höhe der nachgeforderten Zölle, Abgaben oder gar Strafen eingebracht haben.

Weitere Erschwerungen brachte einen von der Bundesregierung am 3. Juli 1959 erlassene Kontingentswaren-Verordnung, die – einem Druck der bundesdeutschen Konkurrenz nachgehend – zu neuen Einschränkungen für die Saareinfuhren aus Frankreich führte. Auch wurde durch eine Entscheidung des Bundesfinanzhofes der Begriff in Art. 62 Abs. 2d des Saarvertrages in Beziehung auf Waren, die »eine wirtschaftlich gerechtfertigte und eine wesentliche Veränderung ihrer Beschaffenheit bewirkende Bearbeitung erfahren« haben, sehr eng ausgelegt, so daß nachträglich alle diejenige in die Fallstricke von Zollhinterziehungen mit ihren ungeheuren finanziellen Nachbelastungen gerieten, die vorher der politischen Werbung, dem Saarvertrag durch großzügige Warenabnahmen aus Frankreich zum Funktionieren zu verhelfen, nachgekommen waren. Dabei war in bezug auf die Weiterlieferung in das Bundesgebiet von allen Beteiligten mehr oder weniger inoffiziell zugesichert worden, daß man »dabei ein Auge zudrücken würde«, die Weiterlieferung französischer Spirituosen und Alkoholika natürlich ausgenommen. Nach dem Erlaß der Kontingentswaren-Verordnung ergaben sich dann auch noch Ordnungswidrigkeiten durch die Übertragung von Einfuhrlizenzen, die selbst beim Einbringen durch einen Einzelkaufmann in eine von ihm mitgegründete Gesellschaft als Verstoß angesehen und durch sehr hohe Bußgelder geahndet worden sind.

Leider hat auch die Einführung der allgemeinen Zollfreiheit im Bereich der EWG-Länder am 1. Juli 1968 diese Überhänge aus der Übergangzeit noch nicht gegenstandslos werden lassen. Wenn auch jetzt alle Einfuhren aus Frankreich an die Saar und das übrige Bundesgebiet zoll- und kontingentfrei wurden, der Saarvertrag mit seiner einengenden Reglementierung also weitgehend gegenstandslos geworden ist, sah man immer noch keinen Anlaß, durch eine allgemeine Amnestie und Niederschlagung der Verfahren den Viele belastenden früheren Auseinandersetzungen ein Ende zu bereiten. Wenn heute noch hunderte von Verfahren schweben, bei denen schon viele Angeklagte und Zeugen gar nicht mehr leben oder aufzufinden sind, wenn viele Unternehmungen längst nicht mehr bestehen oder nie in der Lage sein werden, auch nur Bruchteile der nachgeforderten Strafen, Zölle und Abgaben aufzubringen, wenn heute selbst einsichtige Sachbearbeiter der Meinung sind, daß ihre eigenen Zeugen in etwaigen Gerichtsverfahren sich heute – nach über zehn Jahren – nicht mehr erinnern könnten, um überführende Aussagen zu machen, wenn also der Ausgang dieser meist in der Zeit von 1961 bis 1963 anhängig gewordenen Verfahren nur noch von Zufällen abhängt, dann ist eine rechtsstaatliche Erledigung und vor allem Beachtung des Grundsatzes der Gleichbehandlung aller Beteiligten vor dem Gesetz nicht mehr gewährleistet. Der Staat wäre verpflichtet, dem Rechnung zu tragen und unter diese Zeit des Übergangs einen Schlußstrich zu ziehen.

Auch die Industrie- und Handelskammer Saarbrücken hat sich wiederholt in dieser Richtung bemüht und Vorstellungen erhoben, die bisher leider gleichfalls keine Erfolge hatten. Hierzu lesen wir in dem Bericht der Kammer »Die Saarwirtschaft im Jahre 1963« (S. 110): »Im Berichtsjahre hat sich die Zahl der gegen Importeure in Gang gesetzten Verfahren auf etwa 300 erhöht. Mit dem Anlaufen zahlreicher weiterer Verfahren ist zu rechnen. In Eingaben und mündlichen Verhandlungen ist seitens der Kammer immer wieder darauf hingewiesen worden, daß die Verstöße gegen die bestehenden Bestimmungen teils aus wirtschaftlichen Gegebenheiten, teils wegen der Kompliziertheit der rechtlich unübersichtlichen Situation unvermeidlich sind. Betroffen sind in erster Linie die Betriebe des Großhandels. Gegen Ende des Berichtsjahres hatten die Verhandlungen noch keine wirklichen Erleichterungen erbracht. Die Kammer wird daher weiterhin ihre Anstrengungen darauf richten müssen, daß Rechtsvorschriften, die durch die zunehmende Verwirklichung der EWG ohnehin weitgehend überholt sind, geändert werden.« Die Bemühungen hat die Kammer fortgesetzt. Im Jahresbericht für 1965 heißt es dann wiederum dazu (S. 99): »Die Kammer, deren Interventionen bisher kein Erfolg beschieden war, hat den gesamten Problemkreis noch einmal dem Bundesfinanzminister anläßlich seines Besuches am 22. Juni 1965 in Saarbrücken vorgetragen und anschließend in einer Eingabe ihre Wünsche präzisiert und ausführlich begründet. ... Bezüglich der Nachverzollung von Kontingentswaren hat die Kammer in ihrem Schreiben gebeten, bei Entscheidungen über Billigkeitsanträge auch die objektiven Gegebenheiten, die durch die Umstellungsschwierigkeiten hervorgerufen wurden, zu berücksichtigen und die zur Zeit der Geltung der ersten Kontingentswaren-Verordnung eingetretenen Fälle in einer allgemeinen Billigkeitsrichtlinie zu regeln.«

Auch diese Vorschläge der Kammer blieben ebenso erfolglos wie Stellungnahmen zu den anhängigen Bußgeldverfahren nach dem Abschlußwirtschaftsgesetz. Seit diesen Bemühungen im Jahre 1965 sind inzwischen weitere acht Jahre verstrichen. Die zahlreichen Verfahren sind immer noch unerledigt, ohne daß die Möglichkeit bestünde, jemals an eine gerechte und vor allem auch realisierbare Erledigung zu denken. Hier sollten jetzt endlich die verantwortlichen Politiker und Finanzressort-Chefs den unerläßlichen allgemeinen Schlußstrich unter Vorgänge ziehen, die aus einer Zeit des politischen Umbruchs und der Umgliederung unseres Landes aus der Wirtschaft des einen in die Wirtschaft des anderen Landes stammen. Das Land an der Saar und seine Bevölkerung haben eine solche geringfügige Sonderbehandlung in dieser und einigen wenigen anderen, noch unerledigten Problemen der wirtschaftlichen Eingliederung verdient.

# Die Saar holt auf –
# Erfüllte und
# unerfüllte Wünsche –
# Freundschaften

In den letzten Wochen des Kampfes um das Saarstatut hatten die Befürworter und JA-Sager mehr und mehr die Parole ausgegeben, daß die Ablehnung des Statuts die Vollbeschäftigung, die Arbeitsplätze sowie die Einkommen, vor allem der Rentner und Kriegsopfer, gefährden würde. Die wichtigste Aufgabe bestand deshalb nach dem 23. Oktober 1955 darin, die Wiedervereinigung des Saarlandes mit der Bundesrepublik so durchzuführen, daß diese düsteren Prognosen unserer politischen Gegner widerlegt wurden und auch der letzte Arbeitsplatz erhalten blieb. Der Wohlstand der Menschen an der Saar mußte in kürzester Frist an denjenigen in der Bundesrepublik herangebracht werden und der soziale Besitzstand jedenfalls, soweit uns das von Bonn zugestanden wurde, erhalten bleiben. Wir haben schon dargetan, wie die beiden ersten Kabinette unter der Führung von Dr. Ney und Egon Reinert die erforderlichen Planungen dafür durchgeführt hatten. Aber damit war die Aufgabe keinesfalls gelöst. In die Weichen mußte erst einmal der Zug eingefahren werden; seine Fahrt sollte noch lange Zeit beschwerlich und kurvenreich sein. Zum »Führer« dieses Zuges wurde nach Egon Reinerts plötzlichem Tod am 23. April 1959 Dr. Franz Josef Röder (Abb. 262) berufen. Umsichtig und entschlossen übernahm er bereits am 30. April 1959 die Präsidentschaft im Kabinett und fuhr – um bei dem Beispiel des Zuges zu bleiben – die schwierigste Strecke der Umstellung des Saarlandes von der französischen in die deutsche Wirtschaft. Nur neun Wochen nach der Amtsübernahme Röders wurde ohne vorherige Bekanntgabe über Nacht der Tag X der Währungsumstellung und Eingliederung, der 6. Juli 1959, angeordnet. Wir hatten zwar immer wieder gefordert, rechtzeitig von dieser wirtschaftlich bedeutsamen Zäsur in Kenntnis gesetzt zu werden; aber letzten Endes mußten auch wir einsehen, daß zur Vermeidung von Spekulationen und unlauteren Geschäften die vorherige Bekanntgabe des Termins nicht möglich war. Dr. Röder setzte nach Reinerts Tod die bisherige Koalition (Abb. 263) fort, nachdem schon kurz zuvor die Abgeordneten der bisherigen CVP/CSU geschlossen zur CDU übergetreten waren. Die gleichzeitig gegründete neue »christliche« Oppositionspartei, die »Saarländische Volkspartei« (SVP), hatte zunächst keinen Vertreter im Landtag, erst bei der darauf folgenden Landtagswahl vom 4. 12. 1960 erhielt sie wieder sechs der 50 Parlamentssitze.

Zusammen mit den Sozialdemokraten wurde die erste Regierung Röder von 32 Abgeordneten gestützt, sie besaß also eine gute und unanfechtbare Mehrheit. Trotzdem war ihre Wirkungszeit begrenzt; denn im darauf folgenden Jahre mußte im Saarland erneut gewählt werden. Am 4. Dezember 1960 ging die fünfjährige Legislaturperiode zu Ende. Hinzu kam, daß die Absicht Röders, die Gegensätze im »christlichen« Lager zu überwinden und im Interesse einer uneingeschränkten Entfaltung aller Kräfte des neuen Bundeslandes den innenpolitischen Frieden an der Saar herzustellen, trotz aller Bemühung nicht vollständig gelang. Einmal stand die aktivste Kämpfergruppe für die Wiedervereinigung der Saar mit Deutschland, die DPS (FDP), in Opposition; sie hatte sich zwar selbst von der Mitwirkung ausgeschlossen (siehe S. 501 ff.), war aber – verstärkt durch die aus der CDU ausgetretene Oppositionsgruppe um Dr. Ney – in ihrer großen Mehrheit zum Kampf gegen die neue Regierungskoalition entschlossen. Dr. Röder hat diesen unnatürlichen Zustand durchaus erkannt, wenn er ihn auch zunächst nicht zu ändern vermochte.

Bei der nächsten Landtagswahl am 4. Dezember 1960 ergab sich jedoch die Gelegenheit, das Kabinett umzubilden. Auf die mit den Abgeordneten der CVP/CSU vereinigte CDU-Saar entfielen jetzt nur noch 19 Mandate anstelle von bisher 23, während die oppositionelle Nachfolgepartei aus ehemaligen Hoffmann-Anhängern, die »Saarländische Volkspartei« (SVP, siehe S. 524) immerhin noch über sechs Mandate von 50 verfügte. Die nunmehrige FDP (DPS) war stark zurückgefallen, sie kam nur noch mit sieben statt bisher mit 13 Sitzen in den Landtag. Dagegen hatte die SPD 16 Mandate – statt bisher neun – gewonnen und damit ihr lange gehegtes Ziel, die Arbeiterstimmen von der FDP (DPS) zurückzugewinnen, erreicht. Bei dieser Sitzverteilung stand die CDU-Saar vor der Wahl, entweder mit der SPD – wie bisher – oder mit der FDP (DPS) die neue Regierung zu bilden. CDU und FDP (DPS) verfügten allerdings nur über eine schwache Mehrheit von 26 von 50 Abgeordneten, während CDU und SPD zusammen durch 35 Abgeordnete vertreten gewesen wären. Freilich hätte sich die CDU bei einer neuen Koalition mit der SPD bei einem Mandatsverhältnis von 19 : 16 erheblich bescheiden und Machtpositionen an die SPD abgeben müssen; die stark reduzierte FDP (DPS) war dagegen bescheidener: Mit den beiden Ministerien für Finanzen (Dr. Heitschmidt, Abb. 94) und Arbeit und Wohlfahrt (Paul Simonis, Abb. 94) wurde sie von 1961 an wieder Koalitionspartner. Man hatte anfangs starke Bedenken gegen die schwache Mehrheit von nur einem Abgeordneten, später zeigte sich aber, daß gerade die schwache Mehrheit eine besonders gute Zusammenarbeit der beiden Koalitionspartner gewährleistete. Beide waren aufeinander angewiesen und mußten gegenseitig Rücksicht nehmen. Keiner konnte den anderen ernsthaft »überfahren«. Als Sprecher der FDP (DPS) zur Regierungsbildung am 17. Januar 1961 hatte ich das vorausgesagt. Auch Dr. Röder hatte diesen Schritt, mit einer schwachen Mehrheit zu regieren, nie bereut. Er konnte in den folgenden fünf Jahren bis zur nächsten Wahl am 27. Juni 1965 die Stellung der CDU-Saar stärken (von 36,6 Prozent auf 42,7 Prozent), und schließlich bei der darauf folgenden Wahl am 14. Juni 1970 mit 47,8 Prozent der abgegebenen gültigen Stimmen die absolute Mehrheit der CDU im saarländischen Landtag erringen, während die FDP (DPS) unter die Fünf-Prozent-Klausel fiel.

Dieser kontinuierliche Fortschritt für die von Dr. Röder verantwortlich geleitete Politik an der Saar ermöglichte zweifelsohne auch eine entsprechend stabile und nicht mehr von dem früheren politischen Hin und Her beeinträchtigte Regierungstätigkeit. Nach dem fünfzehnjährigen, ununterbrochenen Wirken als Ministerpräsident und einer siebzehnjährigen Kabinettszugehörigkeit kann niemand – auch der politische Gegner nicht – die Erfolge dieses Mannes bestreiten. Es ist vielleicht noch zu früh, Röders Persönlichkeit zu würdigen. Vielleicht bin auch ich selbst – trotz früherer Gegensätze in vielen Fällen – zu befangen, um das an dieser Stelle zu tun. Aber ich glaube, niemandem wehe zu tun, wenn ich feststelle, daß Dr. Röder allen seinen Mitarbeitern überlegen war und der wirkliche »Führer« seiner Regierungen und damit auch zur Lenkung der Politik an der Saar berufen gewesen ist. Gewiß haben ihm dies manche aus den eigenen Reihen hin und wieder übelgenommen und ihm ein oft zu autoritäres Handeln vorgeworfen.

Ich meine aber, daß man gerade eine solche Eigenschaft in unserer heutigen Zeit als eine besondere Tugend würdigen sollte. Das bis zur letzten Konsequenz exerzierte System der demokratischen Auswahl unserer politischen Köpfe und »Führer« durch die untersten Parteigremien erschien mir immer problematisch. Wie sehr wird doch dadurch die Möglichkeit geschaffen, daß einfach ausgewählt wird, »wer am besten sprechen kann«, um nicht zu sagen, wer der »größte Schwätzer« ist. Die Fähigkeiten, die Charaktereigenschaften und die Leistungsbereitschaft für das Allgemeinwohl können sich bei einem solchen Auswahlsystem selten durchsetzen. Der in diesen Tagen das Bild unserer Demokratie beeinträchtigende Bestechungsskandal von Bundestagsabgeordneten sollte zum mindesten Anlaß zum Nachdenken in dieser Richtung geben. Ich habe in all den Jahren meiner politischen Betätigung immer an das Schillerwort denken müssen: »Was ist die Mehrheit? Mehrheit ist der Unsinn; Verstand ist stets bei wen'gen nur gewesen.« Aus dieser Denkweise heraus habe ich in den langen Jahren, in denen ich nicht mehr politisch tätig bin, Franz Josef Röder beobachten und vor allem Vergleiche anstellen können. Das Ergebnis ist eine echte, von einer aufrichtigen Überzeugung getragene Wertschätzung, die heute ihren Ausdruck in einer freundschaftlichen Verehrung und Achtung eines um unsere Heimat und das Vaterland verdienten Mannes besteht. Die Liebe zu Deutschland und zu unserer saarländischen Heimat, der wir entstammen und mit der wir zutiefst verwurzelt sind, das immerwährende Mitempfinden für die ehrlichen, treuen und fleißigen Bewohner dieses Landes, das Bestreben, sich stets von neuem – trotz gesundheitlicher Beeinträchtigungen – für dieses Land und seine Bewohner aufopferungsvoll einzusetzen, haben das Bild der siebzehn Jahre des Ministers und Ministerpräsidenten Dr. Röder geprägt. Darüber hinaus habe ich immer mit freudiger Genugtuung feststellen müssen, in wie vielen Fragen »am Rande des politischen Geschehens«, wie in den Dingen der Kunst, ihrer Pflege und Förderung, der Wissenschaft, Ausbildung und Erziehung, Franz Josef Röder jene gesunde konservative Haltung gezeigt und sich vor allem bewahrt hat, die ihre letzten Wurzeln in der Bodenständigkeit der Menschen unserer Saarheimat hat. Aus ihr entwickelt sich dann auch die Freundschaft mit Gleichgesinnten und Gleichdenkenden. Ich bin glücklich, zu einem solchen Kreis zu gehören.

Die gesamte Regierungstätigkeit Röders ist gekennzeichnet durch den Kampf um die Erhaltung der Arbeitsplätze. Der Weg dazu ist die Verbesserung der Wirtschaftsstruktur unseres Landes! Über die Schwierigkeiten dieser Aufgabe im Zuge der Eingliederung in die Bundesrepublik haben wir schon gesprochen.

Unserer Wirtschaft war es aber trotz allem bis zu den sechziger Jahren gelungen, die meisten Schwierigkeiten aufzufangen, die nicht zuletzt auch der Wechsel von einem stark dirigistischen zu einem auf die freie Marktwirtschaft gegründeten Wirtschaftssystems mit sich bringen mußte. Freilich war ihr dabei die allgemeine gute Konjunkturlage in der Bundesrepublik zugute gekommen. Auch die Erhaltung der traditionellen Absatzmärkte in Frankreich gelang nahezu vollständig. Hier wirkte sich für alle Beteiligten das beispielhaft gute Verhältnis zu Frankreich aus, dessen Pflege Dr. Röder immer zu seiner besonderen Aufgabe und Sorge gemacht hat. Um die Wettbewerbsfähigkeit der – trotzdem noch im Rückstand befindlichen – Saarwirtschaft zu verbessern, erhielten einheimische Betriebe nach einem von der Bundes- und Landesregierung aufgestellten Plan Investitionshilfen in Form steuerlicher Erleichterungen und zinsgünstiger Kredite, die ihre Wirkungen nicht verfehlten. Von den Bemühungen um die Verbesserung der Kohlenförderung wurde schon berichtet. Auch die Erfolge bei der Schaffung neuer Arbeitsplätze für 32 000 Beschäftigte sind eingehend dargestellt worden. Auch die eisenschaffende Industrie blieb nicht von Sorgen verschont. Ende der 50er Jahre begann die Erzeugung und der Absatz von Roheisen und Rohstahl zu stagnieren, so daß auch für diesen wichtigen Erwerbszweig unseres Landes mit rund 42 000 Beschäftigten Hilfe geleistet werden mußte.

Mit allen diesen Problemen in den Jahren der Eingliederung – natürlich mit Hilfe und nachhaltiger Unterstützung der Bundesregierung – erfolgreich fertig geworden zu sein, ist zweifellos ein Erfolg der Landesregierung. Zur Bewältigung der wirtschaftlichen Schwierigkeiten war auch die Öffentlichkeitsarbeit unerläßlich. Ein beachtlicher Anteil an der erfolgreichen Werbung für unsere Wirtschaft kommt der »Gesellschaft für Wirtschaftsförderung Saar« kurz »GW-Saar« genannt, zu. Ich selbst konnte mich während meiner Ministerzeit von der Bedeutung gerade dieser Einrichtung und ihrer Mitarbeiter, vor allem ihres tatkräftigen Leiters, des heutigen Ministerialrat Klitscher, überzeugen, auch wenn wir ein Jahrzehnt zuvor andere politische Auffassungen hatten.

Die politischen Erfolge unseres Landes und seines so lange verantwortlichen, aber auch bestimmten Regierungschefs werden häufig von Außenstehenden oder Politikern ohne wirtschaftliche Kenntnisse und Erfahrungen verkannt. Damit werden sich auch in Zukunft noch manche andere herumschlagen müssen! Politisches Sondergebiet, Wirtschaftsstruktur und Randlage zwischen den beiden großen Nachbarländern Deutschland und Frankreich sind die besonderen Kennzeichen des Saarlandes, die noch lange eine Sonderbehandlung erforderlich machen werden.


Gemeinsam haben Regierung und Landtag in den zehn Jahren meiner Berichtszeit die gesetzlichen Regelungen und Grundlagen geschaffen, welche die Umstellung seit 1955 erforderlich machte. Man muß einmal die gedruckten Protokolle unserer Landtagssitzungen und -debatten seit Anfang 1956 durchlesen, um die unerhörte Fülle, aber auch den Fleiß und die Mitarbeit der Abgeordneten aller Parteien, gleich wer sich jeweils in Opposition oder in der Koalition befand, zu würdigen. Ich erinnere mich noch an die tage- und teilweise sogar nächtelangen Sitzungen der ersten Jahre nach der politischen Umwandlung. Hier gab keine fremde Macht mehr Weisungen, jetzt konnte und mußte alles selbst erwogen, erarbeitet und erkämpft werden. Eine der wichtigsten Regelungen war die Anpassung der »autonomistischen« saarländischen Verfassung mit ihren auf das damalige System zugeschnittenen diktatorischen Bestimmungen. Dazu kam die Schaffung eines freiheitlichen Presserechtes.

Von den zahlreichen Gesetzen des Zeitabschnittes von 1959 bis 1965 seien nur folgende erwähnt:
- das Gesetz zur Einführung des Heimkehrergesetzes,
- das Kriegsgefangenenentschädigungsgesetz und das Häftlingshilfegesetz,
- das Wohnungsbaugesetz für das Saarland,
- das saarländische Ausführungsgesetz zum Flurbereinigungsgesetz,
- das saarländische Wassergesetz,
- das saarländische Ausführungsgesetz zur Verwaltungsgerichtsordnung,
- das Rechtsbereinigungsgesetz, eine der umfangreichsten gesetzgeberischen Maßnahmen,
- das Privatschulgesetz,
- das saarländische Beamtengesetz,
- das Gesetz über das Liegenschaftskataster,
- das Gesetz über den Rechnungshof des Saarlandes,
- das Gesetz über die Apothekenkammer des Saarlandes,
- das Gesetz über die Selbstverwaltung der Gemeinden, Ämter und Landkreise,
- ein Gesetz über die Tierärztekammer des Saarlandes,
- die Neufassung des Universitätsgesetzes,
- das Landesplanungsgesetz,
- die Neufassung des Gesetzes über den kommunalen Finanzausgleich im Saarland,
- das Sparkassengesetz,
- das Saarländische Straßengesetz,
- das Gesetz zur Ordnung des Schulwesens im Saarland und nicht als Schlußlicht:
- die Landesbauordnung für das Saarland,

an welcher der leider nach tragischer Krankheit allzu früh verstorbene, spätere Finanzminister Helmut Bulle mit mir zusammen im Ausschuß besonders eifrig gearbeitet hat. Einige für unser Land wichtige Bestimmungen zeugen noch heute von dieser Arbeit. Wer – wie ich – miterlebt hat, wie schwer schon im Bundestag die gesetzgeberische Arbeit ist, obwohl dort »Gesetzeshilfe« in jeder nur denkbaren Weise vorhanden ist, vermag zu ermessen, wie schwierig erst die gleiche Tätigkeit für den bescheidenen Kreis eines kleinen Länderparlaments ist.

Die im Interesse unseres Landes zeitweilig von mir ausgeübte Doppelmitgliedschaft hat mir viele Einblicke und Erfahrungen verschafft, besonders da ich zeitweilig auch als verantwortlicher Länderminister ausführen mußte, was »höheren Orts« in Bonn beschlossen wurde. Häufig habe ich dabei festgestellt, daß sich bei der Verabschiedung von Bundesgesetzen mit Auswirkungen auf die Länderverwaltungen »oben« niemand großes Kopfzerbrechen darüber gemacht hat, welche Probleme dabei den Ländern auferlegt wurden. In der FDP-Fraktion hatte ich deshalb einmal – natürlich vergeblich – den Antrag gestellt, darauf hinzuwirken, daß jedem Entwurf eines Bundesgesetzes schon bei der Einbringung eine Aufstellung beigegeben werden müsse, welche Kosten die Durchführung bei den Bundesländern verursacht und vor allem, welchen zusätzlichen Personalbedarf das Gesetz auslöst. Ich bin heute noch überzeugt, daß ein solcher Zwang zu intensiverer Überlegung führen würde, was man den Ländern auferlegen und zumuten kann.

Die Bemühungen des Saarlandes, seiner Bevölkerung günstigere Lebensbedingun-

266
Bundesminister Ernst Lemmer überbringt das Geschenk der Bundesregierung an die Saar: Den Bau der Kongreßhalle. (Von rechts nach links): Ministerpräsident Dr. Röder, Minister Lemmer, dahinter MdL Ernst Schäfer; Dr. Schneider und Minister Kurt Conrad

## Willkommene Besucher
## an der Saar

265
Bundesminister Jakob Kaiser im Saarland

267
Bundeswirtschaftsminister Professor Erhard besucht die Saar. Hier mit Ministerpräsident Dr. Röder vor einem Stand der Saarwirtschaft

268
Ministerpräsident Dr. Ney begrüßt den Ministerpräsidenten von Rheinland-Pfalz, Peter Altmeier, einen besonders treuen Freund der Saar.

269
Bundespräsident Heinrich Lübke besucht Saarbrücken aus Anlaß der Eröffnung des Deutsch-Französischen Gartens in Saarbrücken, eine großzügige, von Präsident Lübke tatkräftig geförderte Anlage.

270    271

Schaufenster und Drehscheibe für das Saarland: Zweimal jährlich werden auf dem großen
Messegelände bei Saarbrücken (Bild oben) unter internationaler Beteiligung große Ausstellungen
veranstaltet. Hier eröffnet (Bild unten) Bundeskanzler Willi Brandt – damals noch Regierender
Bürgermeister von Berlin – die Saar-Messe 1962. Links neben Brandt der verdienstvolle Schöpfer
und Leiter der Messe, Heinz Grandmontagne

gen zu verschaffen, erstreckten sich auf alle Bereiche des öffentlichen Lebens. Besonders deutlich wurde das auf kulturell-schulischem und außerschulischem Gebiet.

Um die unterschiedlichen Begabungsrichtungen der Jugendlichen zu berücksichtigen, wurde ein vielgliedriges System von Schulformen aufgebaut und die Möglichkeit von Übergängen geschaffen. Begabte Schüler, die sich noch spät zu einem Wechsel in eine höhere Schulform entschlossen, konnten einen berufsbezogenen zweiten Bildungsweg gehen. Die verhängnisvollen »Einbahnstraßen im Bildungswesen« wurden im Saarland als erstem Bundesland durch die Angleichung der Volksschuloberstufe an die Unterstufe der weiterführenden Schulen beseitigt. Es muß als eine weitreichende soziale Maßnahme angesehen werden, daß der damalige Kultusminister Dr. Röder schon 1957 mit dem Ausbau des sogenannten zweiten Bildungsweges begonnen hat. Die traditionell leistungsfähige Volksschule war an die Arbeits- und Organisationsformen der Volksschulen der übrigen Bundesländer anzugleichen und die seminaristische Vorbildung der Lehrer trotz ihrer unbestrittenen Verdienste durch die Vorbildung in Pädagogischen Hochschulen zu ersetzen; die nur schwach vertretenen Hilfs- und Mittelschulen (heute Sonder- und Realschulen) waren auszubauen. Die höheren Schulen mußten der teilweise andersartigen Entwicklung in anderen Bundesländern angepaßt, die berufsbildenden Schulen auf ihrem hohen Stand gehalten werden. Schließlich mußten die Hochschulen, vor allem die Universität des Saarlandes, weiter ausgebaut werden.

Einige Zahlen veranschaulichen die Entwicklung auf schulischem Gebiet. Von 1960 bis 1965 stiegen die Schülerzahlen in den Realschulen von 3800 auf 6500, in den Gymnasien von 15 000 auf 20 100, in Berufsaufbauschulen von 1300 auf 2300, in den berufsbildenden Schulen von 28 200 auf 41 3000, die der Studierenden an den Hochschulen von 5700 auf 7300. Großzügige Bauprogramme schufen die räumlichen Voraussetzungen für ein vielgestaltiges und gediegenes Unterrichtswesen. Nicht zuletzt wurde die Universität des Saarlandes besonders nachhaltig gefördert und erheblich ausgebaut.

Schon in den frühen 6oer Jahren hatte ich einmal im Haushalt- und Finanzausschuß des Landtages, dem ich damals angehörte, ausgerechnet, daß aus Steuermitteln des Landes für jeden an der Universität des Saarlandes Studierenden monatlich ein Betrag von 1000 DM je Student zum Betrieb und Ausbau der Universität aufgewendet wird, die Unterhaltszuschüsse nach dem sogenannten »Honnefer Modell« nicht eingerechnet. Bis heute dürfte sich diese Zahl noch erheblich erhöht haben.

In den frühen sechziger Jahren wurde ein Institut für Landeskunde des Saarlandes errichtet. Für die evangelische pädagogische Hochschule, die später mit der katholischen zur »Pädagogischen Hochschule des Saarlandes« zusammengefaßt worden ist, wurde ein neues Gebäude zur Verfügung gestellt. Das Saarländische Landestheater wurde zur staatlichen Einrichtung erhoben und das Deutsch-Französische Gymnasium in Saarbrücken geschaffen.

In der Sozialpolitik ging die Regierung davon aus, daß eine gesunde gesellschaftliche Ordnung nur durch soziale Gerechtigkeit zu verwirklichen ist. Sie setzte Mittel der staatlichen Fürsorge überall ein, wenn die Kräfte des einzelnen oder gesellschaftlicher Gruppen nicht ausreichten, um die notwendigen Aufgaben auf sozialem Gebiet zu lösen. Dabei sah sich die Regierung den schon oben dargelegten Schwierigkeiten gegenüber, die aus der nach unserer Auffassung unzureichenden Berücksichtigung des »sozialen Besitzstandes« herrührten. Daher versuchte auch die Landesregierung, auf die familienpolitischen Entscheidungen des Bundes Einfluß zu nehmen. Im Saarland selbst wandte sie sich mit großer Entschiedenheit der Sicherung und dem Ausbau des Gesundheitswesens sowie dem Schutz des arbeitenden Menschen zu. Sie erhöhte die Bettenzahl in den staatlichen Krankenhäusern ganz beträchtlich, baute die Universitätskliniken zügig aus und unterstützte die nichtstaatlichen Krankenhäuser durch großzügige Hilfen. Außerdem nahm sie sich tatkräftig der Schul- und Gesundheitspflege an und machte die Gesundheitsvorsorge zu einem wirksamen Instrument der gesundheitlichen Betreuung.

Um die Belastungen des arbeitenden Menschen im Betrieb möglichst gering zu halten, achtete die Regierung auf die sorgfältige Einhaltung der Arbeitsschutz- und Arbeitszeitbestimmungen, insbesondere auf den Schutz der Frauen und Jugendlichen. Ihre Hilfe galt den alten Menschen, den sozial Schwachen, den Kriegsopfern, für die das im übrigen Bundesgebiet geltende Recht der Kriegsopferversorgung im Saarland eingeführt worden war, und anderen auf die Hilfe des Staates angewiesenen Gruppen der Bevölkerung. Bei diesen Bemühungen war stets die Absicht richtungweisend, den sozialen Rechtsstaat so weit wie möglich zu verwirklichen.

Die rechtsstaatliche Ordnung zu verwirklichen und zu bewahren, sah auch die saarländische Justiz als ihre wichtigste Aufgabe an. Mit der Eingliederung in die Bundesrepublik Deutschland hatten sich die gesetzgeberischen Aufgaben des saarländischen Justizministeriums von der Landesgesetzgebung auf die Mitwirkung bei der Bundesgesetzgebung verlagert. Die Landesregierung, insbesondere das Justizministerium, kam der veränderten Aufgabenstellung durch sachliche Mitarbeit in den einschlägigen Gremien des Bundes und der Länder weitgehend nach.

In gleicher Weise war die Regierung bemüht, die personellen, sachlichen und organisatorischen Voraussetzungen dafür zu schaffen, daß die Justiz ihre Rolle im staatlichen und gesellschaftlichen Leben erfüllen konnte. Ihre besondere Sorge wandte sie einem fortschrittlichen Jugendstrafvollzug zu. Sie gab u. a. die Anordnung zum Bau der Jugendstrafanstalt Ottweiler, die am Ende der Amtszeit des zweiten Kabinetts Röder fast fertiggestellt war. Hier möchte ich einige eigene Gedanken zum Problem unserer Jugendkriminalität und dem vieldiskutierten Thema der Resozialisierung anfügen. Sie gelten auch für die Frage einer wirksamen Bekämpfung der Rauschgiftsucht, besonders unter den Jugendlichen. Ich habe während meiner langen beruflichen Tätigkeit immer wieder feststellen können, daß »der Müßiggang stets der Anfang aller Laster« gewesen ist. Unsere Gesellschaft versteht es einfach nicht, den zeitgemäß gewordenen Begriff von der totalen Freiheit des einzelnen einschränkend dahin zu interpretieren, daß Freiheit nur im Rahmen einer Unterordnung und Einordnung in die Gemeinschaft bestehen kann. Unsere großen deutschen Denker haben nicht ohne Grund die Worte geprägt: »Das Gesetz nur kann uns Freiheit geben« und: »Willst du, daß wir mit hinein in das Haus dich bauen, Stein, laß es dir gefallen, daß wir dich behauen!« Einer der ersten Schritte einer so gemeinten Einordnung in das Ganze oder unter das Gesetz, ist die Verpflichtung zur Ausübung einer geregelten und geordneten Arbeit. Fast in den meisten mir bekannt gewordenen Fällen war die Flucht vor einer geregelten Arbeit der Anfang auf dem Wege zur Kriminalität oder Rauschgiftsucht. Unsere Gesellschaft verkennt, daß die Rückführung zum geordneten Dasein nur in der gleichen Weise: über den Zwang zur geregelten Arbeit, erreicht werden kann. Wir sollten daher alle Strafvollzugsanstalten, Rauschgiftentziehungsanstalten, vor allem aber solche, die den Jugendlichen helfen sollen, mit großzügig angelegten und weiträumigen Gelegenheiten zur Arbeits-gewöhnung und anschließenden regelmäßigen Arbeitsleistung ausbauen.

Auch die innere Verwaltung forderte der Regierung unseres Landes keine geringere Mühe ab. Der öffentliche Dienst hatte in den Jahren nach der politischen und später nach der wirtschaftlichen Eingliederung eine Fülle zusätzlicher oder veränderter Aufgaben wahrzunehmen. Um so stärker sah sich die Landesregierung ihren Beamten, Angestellten und Arbeitern verpflichtet. Am 11. Juli 1962 wurde das Saarländische Beamtengesetz verkündet, durch welches das saarländische Beamtenrecht den Vorschriften des Bundes angepaßt worden ist. Die gemeindliche Selbstverwaltung, in der eines der Fundamente des demokratischen Staates liegt, wurde nachhaltig gestärkt. Am 15. Januar 1964 verkündete die Regierung das Gesetz über die Selbstverwaltung der Gemeinden, Ämter und Landkreise, das den Grundsatz berücksichtigte: Soviel Selbstverwaltung wie möglich, soviel Staatsaufsicht wie nötig. Der kommunale Finanzausgleich war schon im Jahre 1960 neu geordnet worden. Staatszuschüsse förderten die für die Bevölkerung so wichtigen Maßnahmen der Selbstverwaltungskörperschaften zum Bau von Schulen und Krankenhäusern, Straßen und Kläranlagen, zur Trinkwassergewinnung und zum sozialen Wohnungsbau.

Um die durch die stetige Zunahme des Verkehrs und die wachsende Kriminalität bedrohte öffentliche Ordnung und Sicherheit zu gewährleisten, mußten Personal und Ausrüstung der Polizei vergrößert und verbessert werden. Die Regierung kam dieser Aufgabe durch Organisations- und Rationalisierungsmaßnahmen, nicht zuletzt aber durch zusätzliche finanzielle Aufwendungen nach.

Alle Leistungen unseres Landes konnten naturgemäß nur auf der Grundlage einer genügenden finanziellen Ausstattung erfolgen. Die erheblichen Schwierigkeiten des Saarlandes gerade auf finanziellem Gebiet wurden von mir schon angedeutet, ebenso die Versuche, ihnen abzuhelfen. Die infolge der geschichtlichen Entwicklung und der einseitigen Wirtschaftsstruktur vergleichsweise schwache Finanzkraft des Saarlandes konnte mit Hilfe von Bund und Ländern beachtlich, wenn auch nicht voll befriedigend, gestärkt werden. Das Saarland nahm auf seine Finanzschwäche vor allem dadurch Rücksicht, daß es den Grundsatz einer sparsamen Verwendung öffentlicher Mittel beachtete und alle Einnahmemöglichkeiten ausschöpfte.

Der saarländischen Regierung ist es nach alledem bis 1965 gelungen, die große und viele Jahre beanspruchende Aufgabe der politischen und wirtschaftlichen Eingliederung des Saarlandes in die Bundesrepublik Deutschland zu einem beachtlichen Teil zu lösen. Sie hat gleichzeitig auch die Weichen für die Zukunft gestellt, so daß in den folgenden Jahren eine kontinuierliche und fruchtbare Politik zum Wohl unseres Landes und seiner Menschen betrieben werden konnte. Zu der Eingliederung des Saarlandes in die Bundesrepublik gehörte wesentlich sein Hineinwachsen in die staatlichen Organe der Bundesrepublik Deutschland. Am 23. Oktober 1959 wurde mit Dr. Röder erstmals ein Ministerpräsident des Saarlandes zum Präsidenten des Bundesrates gewählt, ein Amt, das er inzwischen zum zweiten Mal ausgeübt hat. In dieser Eigenschaft vertrat er den Bundespräsidenten. Im Juni 1963 übernahm Dr. Röder das Amt des Vorsitzenden der Ministerpräsidentenkonferenz. Für seine Verdienste um die Eingliederung des Saarlandes in die Bundesrepublik Deutschland wurde dem saarländischen Regierungschef am 14. Juli 1960 das Großkreuz des Verdienstordens der Bundesrepublik Deutschland verliehen.

Mit der Aufwärtsentwicklung im Lande hielt auch die Entwicklung der Städte und Gemeinden Schritt. Die Situation mag sich heute zwar nicht mehr von derjenigen in den andern Bundesländern unterscheiden; wer aber darüber urteilen will, muß immer davon ausgehen, was 1956 gewesen ist. Damit soll keineswegs gesagt werden, daß bis dahin – unter der Regierung von Johannes Hoffmann – nichts oder wenig für die Entwicklung des Landes oder seiner Bevölkerung getan worden sei. Schließlich sind es immer dieselben fleißigen und ordentlichen Menschen, die ihrer Pflicht nachgehen und sparsam und redlich gearbeitet und gelebt haben. Auch Johannes Hoffmann und seine Mitarbeiter hatten sich durchaus bemüht, dem Fortschritt des Landes zu dienen. Auch schon vor 1956 wurde nach den großen und weitreichenden Zerstörungen in unserer Heimat viel geleistet und erfolgreich aufgebaut. Diese Leistungen sind um so anerkennenswerter, als die Last der Abschnürung vom übrigen Deutschland sowie der Zwang militärischer Besatzung und einer von außen auferlegten Ordnung unser Land wesentlich stärker belastete als irgendein anderes deutschen Bundesland. Dazu wirkte sich die von Frankreich ausgehende dirigistische Wirtschaftsführung, an der im Saarland bis zur Wiedereingliederung in die Bundesrepublik niemand etwas ändern konnte, in Bezug auf eine großzügige Entwicklung hemmend aus. Alle diese Umstände wurden verstärkt durch die gewollte Abschnürung gegenüber der Bundesrepublik, die nicht nur das Hereinströmen von Waren, Investitionsgütern und Kredithilfen verhinderte, sondern auch jede handels- und verkehrspolitische Entfaltung zu unserem angestammten Mutterland ausschloß. Die eignen Anstrengungen im Lande mußten also Stückwerk bleiben. Die Fehler der damals Verantwortlichen lagen nicht etwa im Nichtstun – das sei an dieser Stelle ausdrücklich festgestellt –, sondern in der damaligen Verkennung unserer Lage und Verhältnisse. Danach war ein von Deutschland aus rein politischen Gründen abgetrenntes und einseitig an Frankreich angeschlossenes Saarland nicht lebensfähig.

An der Spitze der Entwicklung zu einer modernen Großstadt steht zweifelsohne *Saarbrücken*, meine Geburts- und Vaterstadt. Wer Saarbrücken 1955 verlassen hätte und heute zurückkäme, würde die Stadt nicht wiedererkennen. Zudem hat Saarbrücken eine für unser gesamtes Vaterland sehr bedeutsame Aufgabe erfüllt: Sie blieb »die zu Deutschland gehörige Stadt«, um die Paul Sethe in seinem berühmten Artikel in der »FAZ« einmal ernsthaft gebangt hat. Wir von der DPS hatten einmal davon geträumt, daß man Saarbrücken den Ehrentitel: »Stadt der deutschen Wiedervereinigung« zulegen würde, aber in unserer nüchternen und realistischen Zeit müssen solche Vorstellungen Wunschträume bleiben. Dafür hat unsere Vaterstadt – wie schon erwähnt – ihren einmaligen Anschluß an das große Netz der deutschen Verkehrsstraßen erhalten und – symbolisch zugleich – auch die Fortsetzung an das französische Autobahnnetz von Saarbrücken nach Metz – später bis Paris – schon heute verwirklicht. Saarbrücken ist nicht mehr eine deutsche – oder französische – Endstation, sondern Drehscheibe! Das Gesicht der großen Kaufhäuser, die nach 1959 wieder zurückgekehrten deutschen Banken – ich erwähne nur die Bank für Gemeinwirtschaft und die Dresdner Bank, die Kundenkreditgesellschaften und viele andere Wirtschaftsunternehmungen – haben das Ihre dazu beigetragen, die Entwicklung unserer Landeshauptstadt voranzutreiben. Die bis zu 75 und mehr Prozent ausmachenden Kriegszerstörungen sind zum größten Teil beseitigt, das Gesicht von Saarbrücken ist ein anderes geworden. Entlang der Saar zieht sich nicht nur die von Ost nach West durchgehende Autobahn, sondern auch – hoch über der Saar einmalig schön – die »Berliner Promenade« als Fußgängerzentrum hinter der Rückfront der großen Kauf- und Geschäftshäuser. Zu den großen, wenn auch kostspieligen Errungenschaften gehört eine der modernsten und größten deutschen Krankenhausanlagen, das Winterbergkrankenhaus hoch über der Stadt.

Nachdem im Kriege der Saarbrücker »Saalbau«, das Veranstaltungszentrum, vollständig zerstört worden war, trug das Geschenk der Bundesregierung an die Stadt dazu bei, hier den dringend notwendigen Ersatz eines Veranstaltungszentrums zu schaffen. Während dem Bundeskanzler zunächst vorschwebte, Saarbrücken aus Anlaß der Rückkehr nach Deutschland einen Bibliotheksbau zu schenken, gelang es mir, durch unsere Freunde im gesamtdeutschen Ministerium und vor allem Jakob Kaiser den Kanzler zu überzeugen, daß in Saarbrücken ein Kongreßzentrum mit einem entsprechend großen Saal entstehen müßte. So erhielten wir dann die »Kongreßhalle«, die allerdings unsere Vorstellungen und Wünsche nicht voll befriedigt hat. Mit dem damaligen Bundesminister für gesamtdeutsche Fragen, unserem Freunde Ernst Lemmer, freuten wir uns zwar bei der Grundsteinlegung (Abb. 266), später gab es aber doch Enttäuschungen. Entgegen der ursprünglichen Planung, die noch unter der Leitung des Ministeriums für Wiederaufbau durch Erich Schwertner mit einem ansprechenden Modell entwickelt worden war, kam nach einem öffentlichen ausgeschriebenen Wettbewerb eine städtebaulich wenig ansprechende Lösung zustande. Aus Ersparnisgründen – obwohl der Bund nur ein Drittel der Baukosten dazu beisteuerte – mußte davon abgesehen werden, eine modern ausgestattete Kammerbühne für Theater und Kleinkunst einzubauen. Schließlich hatte der große Saal nach seiner Fertigstellung eine nur mäßige Akustik, so daß auch der ursprüngliche Plan, alle großen Konzerte in der neuen Halle zu veranstalten, fallen gelassen werden mußte.

Meine Vorstellungen – ich war zeitweilig als Minister für Wirtschaft, Verkehr und Landwirtschaft beteiligt und hatte mich besonders bei der Grundstücksbeschaffung eingeschaltet – waren andere. Ich hatte vorgeschlagen, das gesamte Gelände entlang der Saar von der Luisenbrücke bis zum heutigen, westlich gelegenen Ende der Kongreßhalle einheitlich und vor allem nach beiden Seiten – nach der Saar und der Stadt zu – repräsentativ zu gestalten. Nach Osten – zur Brücke hin – sollte ein großes neuzeitliches Hotel errichtet und an die Kongreßhalle angeschlossen werden, das gleichzeitig die Bewirtschaftung des Kongreßzentrums durch eine unterirdische Verbindung übernehmen sollte; die einzelnen Fest- und Veranstaltungsräume einschließlich des kleinen Theaterraumes hätten in Kongreßhalle und Hotel aufeinander abgestimmt werden sollen. Wenn heute der Hotelbau auf dem Grundstück zwischen der Brücke und der Kongreßhalle noch immer erörtert wird, dann muß man doch wohl von einer verpaßten Gelegenheit sprechen. Trotz allem aber hat sich Saarbrücken durch die Kongreßhalle und die aus Sportmitteln im Ludwigsparkgelände erbaute wesentlich größere Mehrzweckhalle, die »Saarland-Halle«, zu einer Kongreßstadt entwickelt, die ihre Anziehungskraft auf viele Besucher – nicht zuletzt wegen der unmittelbaren Nähe Frankreichs – nicht verfehlt. Schon 1959/60 gab es bedeutsame Tagungen, u. a. der Max-Planck-Gesellschaft in Anwesenheit von Bundespräsident Heuss (Juni 1959), die Westdeutsche Rektorenkonferenz in Anwesenheit von Bundespräsident Lübke (Juli 1960), die Konferenz der Kultusminister der deutschen Länder (September 1960) und der Ministerpräsidenten der deutschen Länder (Juni 1963) in Saarbrücken.

Mehr noch als diese Kongresse erfüllen die alljährlichen mindestens zweimal statt-findenden großen *Messeveranstaltungen* auf dem Gelände der *Saarmesse* am Schanzenberg (Abb. 270) die wichtige Aufgabe, Drehscheibe und Schaufenster zugleich zu sein. Schon vor der politischen Umstellung hatte der Chef des Messeunternehmens, Heinz Grandmontagne (Abb. 271), seine Idee von einer jährlich durchzuführenden Messe in Saarbrücken verwirklichen können und die Unterstützung der zuständigen Stellen der Regierung Hoffmann wie auch der französischen Mission Diplomatique gefunden. Die eigentliche Entwicklung zur überregionalen Messe aber war erst möglich, als das Saarland aus dem beengten einseitigen Wirtschaftsraum heraustreten und sich – nicht zuletzt im Zuge der europäischen Wirtschaftsgemeinschaft – nach allen Seiten entfalten und öffnen konnte. An dieser alljährlichen Großveranstaltung unserer Wirtschaft nahmen seither zahlreiche führende Persönlichkeiten teil. Unsere Abb. 271 zeigt den heutigen Bundeskanzler Willy Brandt bei der Eröffnung der Messe 1962.

Die Darstellung der Entwicklung unserer Stadt ist nicht abzuschließen, ohne ihre erheblichen kulturellen Anstrengungen und Leistungen zu würdigen, die insbesondere auch auf dem Gebiete des Theaters und Musiklebens erbracht wurden und heute noch erbracht werden. Das inzwischen zum Staatstheater gewordene ehemalige Saarbrücker Stadttheater war bereits durch die Größe des Gebäudes und der Räumlichkeiten als Geschenk der Reichsregierung aus Anlaß der Rückgliederung der Saar von 1935 »vorprogrammiert«, leider auch in Beziehung auf ein ständig wachsendes Defizit! Bald nach dem Kriege trug schon Gouverneur Grandval wesentlich dazu bei, das stark zerstörte Haus umgehend wieder instandsetzen und recht bald friedliche und von der rauhen Wirklichkeit ablenkende Theater- und Musikaufführungen veranstalten zu lassen. Da die Bevölkerung unseres Landes nur deutschsprachig ist, nahm – abgesehen von einigen wenigen Gastspielen durchaus erwünschter französischer Ensembles – das deutsche Theater- und Bühnengeschehen praktisch den alleinigen Platz unter allen Darbietungen ein. Dazu kamen die großen Konzerte und Musikaufführungen in dem akustisch gut abgestimmten großen Theaterraum. Auch verstanden die verantwortlichen Leiter: Intendant Dr. Schüller, Intendant Professor Dr. Günther Stark und nach dessen Pensionierung sein Nachfolger, Generalintendant Hermann Wedekind für das Theater, sowie Generalmusikdirektor Professor Philipp Wüst und nach seiner Pensionierung Generalmusikdirektor Professor Siegfried Köhler, dem Haus Rang und Namen zu verschaffen. Wie viele großartige Aufführungen und namhafte Künstler konnten während der langen Jahre unserer Bevölkerung den Eindruck von einer großen und wahrhaften Kunst vermitteln!

Leider setzte sich dann im letzten Jahrzehnt auch in Saarbrücken die Tendenz durch, Althergebrachtes und vielen Liebgewordenes umzugestalten, genauer gesagt »umzufunktionieren«. Ich denke an zwei Beispiele von Inszenierungen: Grillparzers »Des Meeres und der Liebe Wellen« (als »Hero und Leander«) und Beethovens »Fidelio«. Unser klassisches Theater sollte uns zu wertvoll sein, um daraus politische oder zeitgenössische Agitationsstücke zu machen. Der Erfolg solcher Experimente drückt sich zudem eindeutig (zum Nachteil der Steuerzahler) im stetigen Rückgang der Besucherzahlen aus. Eine Feststellung, die übrigens von vielen deutschen Bühnen gemacht worden ist. Das bedeutet keineswegs eine Ablehnung moderner Kunst oder auch nur des modernen Theaters. Man sollte eine reinliche Scheidung bestehen lassen und weder die Festwiese der »Meistersinger« zu einem medizinischen Hörsaal noch des »Meeres und der Liebe Wellen« zu einem Anti-Zölibat-Stück mit Rockerbanden auf der Bühne umgestalten. Auch läßt sich eine zeitgenössische, vielleicht gerade Mode gewordene Tendenz nicht jedermann aufzwingen. Das habe ich schon in meiner Jugend erlebt, als man Shakespeare's Hamlet im Frack und Abendtoilette aufführen ließ. Wer spricht heute noch davon?

Zwei bedeutsame Errungenschaften meiner Vaterstadt Saarbrücken verdienen noch Erwähnung, die heute wesentlich zum neuen Gesicht unserer Stadt beitragen: der deutsch-französische Garten und die »Moderne Galerie«. In beiden Fällen konnte ich mitwirken und die politischen Auswirkungen auf die doch wahrhaftig am Rande des Geschehens liegenden kulturellen Angelegenheiten miterleben. Es war ein glücklicher Gedanke zweier Persönlichkeiten unserer Stadt, des damaligen Amtsrates Näcke und meines früheren Mitarbeiters Willy Reinkober (Abb. 272), in dem brachliegenden, aber landschaftlich wunderschön gelegenen Bereich um den Deutschmühlenweiher bis in die Nähe der deutsch-französischen Landesgrenze an der »Goldenen Bremm« eine großzügig angelegte Gartenanlage – etwa eine Art verkleinerter Bundesgartenschau – zu planen. Da auch dieses Projekt in die Zuständigkeit des Wirtschaftsbereichs fiel, wurde ich ziemlich frühzeitig damit befaßt und konnte mich sofort überzeugen und begeistern lassen. Meine Bekanntschaft mit dem früheren Bundeslandwirtschaftsminister und späteren Bundespräsidenten Heinrich Lübke erleichterte das Bittgesuch in Bonn; denn ohne die finanzielle Hilfe des Bundes – und auch Frankreichs für einen Teil der Anlagen – war das Großprojekt nicht durchzuführen. Heute haben die zahlreichen Besucher, die sich beinahe in jeder Jahreszeit an den herrlichen Anlagen und dem landschaftlich schönen Gelände erfreuen, längst vergessen, daß sie dies vielleicht zu einem entscheidenden Teil dem später oft kritisierten Bundespräsidenten Lübke verdanken. Unsere Abb. 269 zeigt seinen ersten Besuch in den damals fertiggestellten Anlagen. In Heinrich Lübke hatten wir einen warmherzigen Freund, dessen menschliches Denken und Fühlen alles überstrahlte und das ihm die Herzen der Menschen – auch politisch oder religiös anders Denkender – im Nu eroberte. Heinrich Lübke gehörte zu jenen Vatergestalten, die im politischen Bereich so selten sind, und von denen wir – was die Saar angeht – so wenige erlebt haben.

Auch die »Moderne Galerie« unserer Vaterstadt hat einen Zusammenhang mit einem deutschen Bundespräsidenten: Professor Theodor Heuss. Der Leiter der Galerie und des Saarland-Museums, Dr. h. c. Rudolf Bornschein, verstand, schon sehr früh eine gute Sammlung moderner Malerei, Grafik und Plastiken zusammenzutragen. Darunter sind auch viele Gemälde von anerkannten Künstlern, die während des Dritten Reiches abgelehnt worden waren. Noch bevor der schöne Neubau für die Galerie, die heute jedem Besucher einen eindrucksvollen Querschnitt der modernen Kunst vermittelt, geplant werden konnte, gab es einen politischen Eklat. In der »Deutsche(n) Saar« erschienen zwei Artikel, die sich kritisch mit einigen Werken der abstrakten Malerei auseinandersetzten. Einer der beiden Artikel war aus der österreichischen Kunstzeitschrift »Die Furche« übernommen worden, der andere kritisierte – sehr zu Unrecht – den Kostenaufwand für zwei Anschaffungen des Saarlandmuseums. Wie für alles, was in der DPS-Zeitung stand, wurde ich verantwortlich gemacht, obwohl ich von der Veröffentlichung der beiden Artikel vor ihrem Erscheinen keine

Ahnung hatte. Da sich die Dinge mitten während der politischen Auseinandersetzungen ereigneten, erschien unverzüglich ein – nach meiner Überzeugung gesteuerter – Reporterstab in Saarbrücken, der sich mit »den Nazi-Methoden bei der Kunstbetrachtung durch die oppositionellen deutschen Parteien an der Saar« befaßte. Mir sind noch einzelne Formulierungen in Erinnerung. So schrieb eine damals bekannte deutsche Journalistin »vom Nazigeist an der Saar, der sich dem Besucher schon beim Verlassen des Bahnhofs durch das im Hitlerstil erbaute Verwaltungsgebäude der Eisenbahn ebenso offenbare wie durch die in den Schaufenstern der Kaufhäusern wie SA-Männer ausgerichtete Modepuppen«. Auch Professor Heuss schaltete sich ein. Er las mir brieflich die Leviten und schickte mir sein kleines Büchlein über die moderne Kunst, der er besonders zugetan war. Ein Gemälde unseres bekanntesten modernen saarländischen Malers Albert Weisgerber, das vor dem ersten Weltkrieg in Paris entstand, zeigt den auf einem Sofa sitzenden jungen Theodor Heuss. Jedenfalls nahm Professor Heuss seinen Besuch im Januar 1957 zum Anlaß, das Saarland-Museum und seine moderne Sammlung zu besichtigen und sich – mit Fug und Recht – sehr lobend über seinen Leiter Rudolf Bornschein auszusprechen. Es dauerte noch lange, bis wir uns von dem wirklich unbegründeten Vorwurf befreien konnten, wir seien gegen die moderne, unter Hitler verfemte Malerei. Unser Freund und Senior Richard Becker war seit unserem Eintritt in den saarländischen Landtag einer der tatkräftigsten Förderer eines würdigen Bauwerks für die moderne Sammlung des Saarland-Museums. Ministerpräsident Dr. Röder und das saarländische Sporttoto nahmen sich schließlich des Projekts an, und bald kam der in allen seinen Teilen überzeugend gelöste Bau zustande, dessen Architekt das Beste geleistet hat.

Rudolf Bornschein wurde später für seine Verdienste mit der Würde eines Ehrendoktors der Universität des Saarlandes ausgezeichnet. Mit ihm und seiner Familie verband mich schon die Freundschaft unserer Väter, insbesondere mit seinem Bruder Richard.

Wenn wir den Aufstieg unserer Vaterstadt Saarbrücken würdigen, dann gilt es auch, diejenigen zu nennen, die entscheidend dazu beigetragen haben. Seit Dezember 1956 leitet Oberbürgermeister Fritz Schuster (früher DPS, heute CDU) verantwortlich die Geschicke der Stadt (Abb. 273). Ihm zur Seite stehen die vier politischen Direktoren: Bürgermeister Edmund Haßdenteufel, Dr. Norbert Scherer, Franz Roth und Willy Reinkober (Abb. 272), mit dem ich vor seinem Hinüberwechseln zur Stadtverwaltung schon jahrelang persönlich verbunden war. Wenn wir die Politiker herausstellen, so sollen darum doch die maßgebenden Fachdirektoren nicht vergessen werden. Hier seien genannt die Herren Höfer, Becker und – inzwischen bereits pensioniert – Dr. Krajewski, Stromski und Sick.

Hoch über unserer Stadt – gegenüber dem Winterberg mit seinem neuen Krankenhaus – befinden sich auf dem Gelände des ehemaligen Königs Stumm (oben S. 175) die Verwaltung und Räumlichkeiten des Saarländischen Rundfunks, seit Anfang 1957 erfolgreich und verantwortlich geleitet von dem Intendanten Dr. Franz Mai (Abb. 275). Mit dem Ausbau der Hörfunk- und Fernsehanlagen (Abb. 276) auf dem Halberg hat Dr. Mai eine wirklich einmalige Leistung vollbracht und zugleich der Anstalt mit der »Europawelle Saar«, einen internationalen Namen verschafft, wenn auch die zahlreichen Schlagersendungen eher bei der Jugend als bei den auf mildere Töne eingestellten älteren Hörer ankamen. Daß die »Europawelle Saar« auch der deutsch-französischen Verständigung dient, beweist die Auszeichnung des Intendanten Dr. Mai mit dem Kreuz der französischen Ehrenlegion. Die herrlich gelegenen Anlagen mit dem freiherrlichen Schloß in ihrem Mittelpunkt sind nicht nur dem Rundfunk und seinen Mitwirkenden vorbehalten geblieben, sondern auch dem Publikum zugängig. Das Feinschmecker-Restaurant mit exzellenter Küche in den modern umgestalteten ehemaligen Festräumen des Stumm-Schlosses sollte den Gästen unserer Stadt einen Besuch wert sein.

Ich wünschte mir nur, daß Dr. Mai bei seinem Ideenreichtum noch den Weg finden möchte, den Besuchern des Halbergs den Blick auf die Stadt, ihre herrliche Lage und Umgebung zu öffnen, so wie das zu Lebzeiten des Freiherrn, ohne den inzwischen hochgewachsenen Baumbestand, möglich war. Dadurch würde der Halberg um eine wesentliche Attraktion reicher. Freilich müßten die Besucher dann auch einen Mißklang in Kauf nehmen, den uns das neuzeitliche Fernheizwerk an der Saar beschert hat, den hohen, weit in das schöne Landschaftsbild vor dem Winterberg hinaufragenden Schornstein. Als wir 1965 unsere Landesbauordnung schufen, glaubten wir mit der Rahmenvorschrift des § 14 Abs. 3 hinreichende Richtlinien gesetzt zu haben, deren Beachtung durch alle mit dem Bauwesen befaßten Stellen oberstes Gesetz sein würde. Es heißt dort: »Bau- und Naturdenkmäler *dürfen* nicht beeinträchtigt werden. Auf andere erhaltenswerte Eigenarten der Umgebung *ist* Rücksicht zu nehmen.« Ich hoffe, daß diesen vom Parlament gesetzten und sehr eindeutig verstandenen Forderungen des Gesetzgebers in Zukunft mehr Beachtung geschenkt wird als in der Vergangenheit.

Das gilt insbesondere für die Wiederherstellung des bedeutendsten Baudenkmals unserer Stadt und unseres Landes überhaupt: der *Ludwigskirche* in Saarbrücken. Es dürfte wenige Menschen in Deutschland geben, die nicht irgendeinmal das Bild dieses herrlichen Baues im »protestantischen Barockstil« (Abb. 278) gesehen haben. Der Krieg hatte auch dieses einmalige Kunstdenkmal zu einem großen Teil zerstört (Abb. 277). Schon frühzeitig entschloß sich das Presbyterium der evangelischen Kirchengemeinde – die Eigentümerin der Kirche –, sie wieder im alten Stil nach den Plänen ihres Erbauers, des bekannten Barockbaumeisters Friedrich Joachim Stengel, einst fürstlich-nassauischer Generalbaudirektor des kunstsinnigen Fürsten Wilhelm-Heinrich von Nassau-Saarbrücken, wiederherzustellen, genauer gesagt: zu restaurieren. Die Notwendigkeit einer originalgetreuen Restaurierung ergab sich vor allem auch aus ihrer zentralen Stellung als Mittelpunkt eines großzügigen und zauberhaft angelegten Platzes, der in Deutschland kein Ebenbild haben dürfte (Abb. 278). Schon im Mai 1946 legte der mit der Leitung der Wiederherstellungsarbeiten beauftragte Architekt, Professor Rudolf Krüger, die von der Kirchengemeinde beschlossenen Pläne »im alten Stil« der Baupolizei vor, die sie am 18. August 1947 in dieser Form genehmigte. Wir zeigen hier als Abb. 279 einen Teilplan mit der Ansicht des Hauptstückes: die westliche Längsseite mit Orgel, Altar, Kanzel und den eingezeichneten Emporen auf den beiden Seiten. Leider nahmen die Wiederherstellungsarbeiten, vor allem im Inneren der Kirche, nicht den geplanten und vorhergesehenen Verlauf, so daß heute – nach 25 Jahren – die Kirche noch immer nicht in ihren früheren Zustand versetzt ist. Welch beschämendes Ergebnis, wenn man bedenkt, daß die gesamte Bauzeit im 18. Jahrhundert »nur« 13 Jahre betragen hat! Kann sich unsere Zeit ein größeres Armutszeugnis ausstellen? Was sind die Ursachen dieses beklagenswerten Zustandes?

Während die Wiederherstellungsarbeiten am Äußeren der Kirche – von einigen weniger auffallenden Änderungen abgesehen – nach dem alten Vorbild und den Plänen des Erbauers durchgeführt wurden, verfolgten einige der verantwortlichen Persönlichkeiten seit 1954 das Ziel, den Innenraum zu »modernisieren«. Der Architekt war zeitweilig der Überzeugung, sich selbst durch eine moderne und zeitgenössische schöpferische Eigenleistung ein besseres Denkmal setzen zu können als durch die Wiederherstellung des Originals. Der verantwortliche Beamte der Kirchenleitung in Düsseldorf glaubte, durch eine einfache und zeitgemäße Ausgestaltung des Innenraums zu einer größeren Verinnerlichung des Gottesdienstes und damit zu einem stärkeren Besuch des Gotteshauses beitragen zu können. Der zeitweilig einflußreiche Organist schließlich glaubte, durch den Einbau einer großen Konzertorgel, die naturgemäß die großartige Harmonie des Hauptstückes (Abb. 279) sprengen mußte, die Kirche in stärkerem Maße für musikalisch-geistliche Veranstaltungen nutzbar machen zu können. Um von den alten Plänen wegzukommen, wurde von der Kirchenleitung Mitte der fünfziger Jahre ein Architektenwettbewerb ausgeschrieben für diejenige Raumgestaltung des Inneren, die dem barocken Stil des früheren Zustandes »am nächsten« kommen würde. Vielleicht war es nur ein Zufall, daß der bisherige bauleitende Architekt auch den Wettbewerb gewann und – nach dem Rücktritt einiger Mitglieder des Presbytoriums, die die neuen Pläne ablehnten – an die Verwirklichung der nunmehr geänderten Zielsetzung gehen konnte. Unter eindeutiger Verletzung der maßgebenden baugesetzlichen Bestimmungen wurde in Abweichung von den genehmigten Bauplänen eine moderne, kasettenartige Holzdecke eingebaut, ohne daß zunächst ernsthafte öffentliche Proteste erhoben wurden. Ich selbst erfuhr davon erst lange Zeit später, als die Decke bereits eingebaut und die Kosten mit etwas über 140 000 DM vom Saarland, also den saarländischen Steuerzahlern, geleistet worden waren.

Dieses eigenwillige Vorgehen entfachte in weiten Kreisen der Bevölkerung Ärger und Unwillen. Man hatte kein Verständnis dafür, daß das einzige große Kunstwerk von Bedeutung an der Saar – die kriegerischen Auseinandersetzungen zwischen Deutschland und Frankreich in den vergangenen Jahrhunderten hatten ständig zur Zerstörung fast aller anderen Bau- und Kunstdenkmäler geführt – nun mit Staatsmitteln im wertvollen Innenraum entstellt wiedererrichtet werden sollte. Daher traten eine Reihe von interessierten Bürgern unter der Führung des in Saarbrücken geborenen und als Direktor des Kunsthistorischen Instituts der Universität tätigen Professors Dr. I. A. Schmoll gen. Eisenwerth zusammen und gründeten 1963 eine besondere »Vereinigung ›Ludwigskirche‹ zum Schutze saarländischer Kulturdenkmäler«. Ich selbst wurde zum zweiten Vorsitzenden und später nach der Übersiedlung von Professor Schmoll nach München zum Vorsitzenden der Vereinigung gewählt. Wir fanden die tatkräftige Unterstützung des besten Kenners der Kirche und ihres barocken Baustils durch den tüchtigen Denkmalspfleger der Stadt Saarbrücken, Dipl.-Ing. Dieter Heinz, der ebenso wie Professor Schmoll eine Veröffentlichung über dieses einmalige Bau- und Kunstdenkmal herausgebracht hatte. Die Abweichungen von dem baugeschichtlichen Vorbild und den Plänen führten schließlich zur Erörterung der Angelegenheit im saarländischen Landtag. Nicht zuletzt schaltete sich der kunstsinnige und kunstverständige Ministerpräsident Dr. Röder persönlich ein, dem – wie uns – die Wiederherstellung der Kirche, ihres Innenraumes und des großartigen Platzes in der früheren Gestaltung zu einem Herzensbedürfnis geworden ist. Da die

Wiederherstellungsarbeiten fast vollständig aus öffentlichen Mitteln bezahlt werden mußten, war es nur natürlich, daß sich auch die gewählten Vertreter unserer Bevölkerung mit dem Streit – dazu hatte sich inzwischen die Angelegenheit ausgewachsen – befaßten. Zur Entkräftung des Argumentes, es gebe heute keine Kunsthandwerker mehr, die in der Lage seien, Stuckierungs- und ähnliche Arbeiten der Barockzeit herzustellen, entsandte der Landtag eine Abordnung von Mitgliedern in den baden-württembergischen Raum zur Besichtigung namhafter Restaurierungsarbeiten an den Schlössern und Kirchen in Bruchsal und Mannheim.

Das Ergebnis führte dazu, daß schließlich die unmögliche Holzdecke wieder herausgerissen und die Stuckierungsarbeiten – wiederum mit allerdings geringfügigen Abweichungen – durch geeignete Fachhandwerker nach dem alten Vorbild vorgenommen wurden. Es war für uns alle ein erhebender Anblick, als uns Ministerpräsident Dr. Röder voller Stolz die fertiggestellten und wieder in der alten Vergoldung erstrahlenden Arbeiten an den Wänden und der Decke zeigen konnte. Leider trog die an die Fertigstellung der Stuckierung geknüpfte Hoffnung, daß jetzt alle Beteiligten für die Wiederherstellung des Innenraumes nur noch den einen Gedanken hegen würden: die Arbeiten »plangetreu nach Stengel« schnell zu Ende zu bringen. Dr. Röder hatte als Regierungschef schon in der Debatte des Landtages vom 8. Mai 1963 das Ziel festgelegt, als er damals unter anderem wörtlich ausführte: »Aber alle Arbeiten sollen so ausgeführt werden, daß dabei die Stengelsche Konzeption nicht verdorben wird . . . Ich glaube, diesem Ansinnen [1] der Evangelischen Kirche zustimmen zu können, wobei ich immer wieder gesagt habe, daß das Konservatoramt und ich selbst es nicht zulassen könnten, wenn auf diesem Umweg nun ein Provisorium im Sinne der abweichenden Maßnahmen des Herrn Krüger beispielsweise zustande käme, das schließlich ein Definitivum werden könne. Das kann ich nicht verantworten.« Leider entstanden in den seit dieser Erklärung vergangenen zehn (!) Jahren immer wieder von neuem Auseinandersetzungen über die Arbeiten, und ständig wurde versucht, Abweichendes oder Modernes – zuletzt eine lilafarbene, moderne Verglasung – in das ehrwürdige Baudenkmal hineinzubringen. Dabei hat der Gesetzgeber den Weg doch so klar und eindeutig durch die (S. 537) zitierte Bestimmung der Landesbauordnung vorgeschrieben: »Baudenkmäler *dürfen* nicht beeinträchtigt werden!« Jeder Kenner gesetzlicher Normen weiß, daß »nichtdürfen« ein klares Verbot bedeutet. Auch der von den verantwortlichen Ausschußmitgliedern, zu denen ich gehört habe, gewählte Begriff »Baudenkmal« ist so weitgehend gefaßt, daß ein Streit, ob ein Bauwerk unter einem ausgesprochenen Denkmalschutz steht oder nicht, gar nicht aufkommen kann. Die gerade im Hinblick auf das Problem der Ludwigskirche in Saarbrücken im Jahre 1964 in die Landesbauordnung aufgenommene Formel verbietet auch die etwa nachträgliche oder zukünftige vom Original abweichende Gestaltung durch Genehmigung seitens irgendwelcher staatliche Stellen, seien es Baupolizei oder Konservatoramt, dem die Überwachung der Bauausführung *nach den alten Plänen,* aber nicht die Genehmigung von Kompromißlösungen übertragen ist.

Viele unserer Bürger, vor allem evangelische Christen unserer Vaterstadt hatten gehofft, daß die Kirche aus Anlaß der 200. Wiederkehr der Einweihung im Jahre 1975 auch im Innenraum in der alten Form wieder völlig hergestellt sein würde. Wie die Dinge liegen, besteht keine Hoffnung, daß dieses Ziel erreicht wird. Die Erhaltung

---

1 gewisse provisorische Zwischenarbeiten auszuführen.

dieses einmaligen Baudenkmals von Bedeutung für das gesamte Kunstschaffen des Barocks in Deutschland erfordert:
- die Kenntnis der barocken Bauelemente oder die Bereitschaft, diese Kenntnis überall dort zu erwerben, wo das möglich ist;
- die uneingeschränkte Bereitschaft, »vorlagegetreu« nach den Plänen ihres großen Erbauers zu verfahren, und
- den Willen und das Entgegenkommen aller maßgebenden Persönlichkeiten, mit denjenigen zusammenzuarbeiten, die etwas von diesem Baudenkmal verstehen, oder alles daransetzen, das erstrebte Ziel der völligen Wiederherstellung im Inneren wie im Äußeren zu erreichen, und schließlich
- die Ehrfurcht vor einem großen Kunstwerk.

So gesehen, gehört die Ludwigskirche zu dem Kreis der »unerfüllten Wünsche«, den ich damit angeschnitten habe. So bleibt wohl nur übrig, der nächstfolgenden Generation, nicht zuletzt den Vertretern unserer Bevölkerung im Parlament, das Vermächtnis zu übertragen, zu verfahren wie bisher und wie beschlossen: Sich jeder Zustimmung und Mittelbewilligung zu versagen, die nicht zu einer Erhaltung und – auf dem Wege dazu – Wiederherstellung der Ludwigskirche nach den Plänen ihres Erbauers führt!

Auch der Wiederaufbau des Saarbrücker Schlosses gab eine Zeitlang Anlaß zu ernsthaften Diskussionen. 1793 von Revolutionären und Marodeuren in Brand gesteckt, blieb es zunächst viele Jahre eine Ruine. Dann wurde es mehr schlecht als recht in einzelnen Teilen wieder aufgebaut, ohne daß das Ganze wieder zu einem Bild der Geschlossenheit und einstigen Pracht (Abb. 280/281) geworden wäre. In den letzten Jahrzehnten stellte sich zudem heraus, daß einzelne Teile baufällig geworden sind, Grund genug, einen vollständigen Wiederaufbau in Erwägung zu ziehen. Ohne Auftrag und ehrenhalber entwickelten zwei Mitglieder unserer Vereinigung, die Architekten Dipl.-Ing. Arthur Hellat und Dipl.-Ing. Heinz Jungfleisch (siehe S. 396) Pläne, die einen finanziell und wirtschaftlich tragbaren Wiederaufbau nach dem alten Vorbild (Abb. 280) bei dem Einbau von Festräumen im Mittelteil des Schlosses und der Erhaltung von Büroräumen für die Verwaltung in den anderen Teilen ermöglicht hätten. Daß diese Vorstellungen keine Phantasiegebilde waren, zeigen die größeren Vorbilder wie zum Beispiel der Wiederaufbau des großen Mannheimer Schlosses mit seinen nach den alten Vorbildern wiederhergestellten Festräumen, oder des Stuttgarter Schlosses, das äußerlich seine alte Gestalt, im Inneren aber modern ausgestattete Räumlichkeiten erhalten, trotz der ursprünglichen Absichten nach dem Kriege, die Ruine des gesamten Schlosses vollständig zu beseitigen.

Auch mit diesen Vorstellungen hinterläßt unsere Generation »denen, die nach uns kommen«, eine Aufgabe, an die man zu gegebener Zeit denken sollte. Sie erscheint um so notwendiger als der Bereich des Saarbrücker Schlosses nach 1945 in bedauerlicher Weise baulich verunstaltet worden ist. Viele der schönen, am Gesamtplatz um das Schloß herum gelegenen Barockbauten aus der Stengelzeit wurden durch moderne Zweckbauten ersetzt, ohne daß dazu eine Notwendigkeit vorlag. Zwischen dem Schloß und dem vor dem ersten Weltkrieg erbauten (stilwidrigen) Kreisständehaus errichtete man das sogenannte Kreiskulturhaus, von dem Bundesminister Seebohm bei der Besichtigung nur meinte: »Wann reißt Ihr diesen Güterschuppen endlich ab?« Auch die altehrwürdige Schloßkirche verfiel den Vorstellungen, daß nur eine modernisierte Kirche heute ihre kirchlich-religiösen Zwecke erfüllen könne. Die im Inneren der Kirche vorhandenen modernen Bauelemente, nicht zuletzt die für meine Begriffe geradezu schrecklichen zeitgenössischen Glasfenster – sie mögen durchaus in eine neu erbaute moderne Kirche hineinpassen – gehören nicht in einen gotischen Kirchenraum, der zudem noch durch die großartigen Grabdenkmäler einer Anzahl von Saarbrücker Fürsten und ihrer Familien eine besondere Note erhält. Daher erscheint es auch kaum verwunderlich, daß die Landesregierung keinerlei Neigung zeigt, den provisorischen und notdürftig hergestellten Turm durch eine dem alten Turm angepaßte Erneuerung zu ersetzen. Hier könnte die Bereitschaft, das »Althergebrachte« in der Ludwigs- und Schloßkirche wiedererstehen zu lassen, sich durchaus zum größeren Vorteil für die Kirchengemeinde auswirken, ohne daß man deshalb die Kirchen, wie mir schon vorgehalten worden ist, zu Museen des Staates machen muß. Bei diesem Einwand wird verkannt, daß zu allen früheren Zeiten sich die großen Künstler in aller Welt, nicht zuletzt in Frankreich, Österreich, Italien, Spanien und bei uns bemühten, ihre größte Leistung und größte Kunst zur Ehre Gottes zu vollbringen. In der Erhaltung und Wiederherstellung dürften wir daraus einen besseren und auch weit größeren Beitrag zum Wohle unserer Kirchen leisten, als heute so mancher glaubt, durch einen zeitgemäßen Wortreichtum erbringen zu können.

Zu dem Kreis der »unerfüllten Wünsche« gehört auch die unterbliebene Restaurierung der historischen Gemälde unserer Stadt. Bis zur Zerstörung des Altsaarbrücker Rathauses am Schloßplatz bildeten die großen Gemälde mit Motiven aus der Geschichte unserer Stadt und unseres Vaterlandes den Schmuck des Rathaussaales. Von Professor Anton von Werner nach 1870 gemalt, galten sie lange Zeit als »große Schinken«, deren Wiederherstellung sich nicht lohne. In den letzten Jahren hat sich die Auffassung zur Kunst des vorigen Jahrhunderts zu wandeln begonnen. Man versucht auch diese Zeit mehr und mehr zu begreifen und ihre künstlerischen Ausdrucksformen zu achten. So gesehen, aber vor allem wegen ihrer historischen Bedeutung für unsere Stadt, hätten diese Gemälde[1] auf jeden Fall restauriert werden müssen. Senator Richard Becker und Ministerpräsident Dr. Röder hatten bereits namhafte Beträge für die Arbeiten zugesagt. Dann aber tauchte das Problem der Unterbringung auf, auch war das Bild »Deutsche Einheit« so stark zerstört, daß eine Wiederherstellung kaum mehr möglich erschien. Der Rathaussaal mit seinen großflächigen Wänden war nach 1947 nicht wieder hergestellt worden, und andere repräsentative Räume mit den erforderlichen Flächen standen – kaum glaublich – nicht mehr zur Verfügung. So liegen die historischen Gemälde unserer Stadt heute eingerollt und weiter verfallend unter dem Dach des St. Johanner Rathauses. Ob jemals ein »Märchenprinz« kommen wird, sie zu befreien und zu dem zu machen, was sie einstmals waren: ein Stück Heimatgeschichte und »besonnter Vergangenheit«, um mit Carl Ludwig Schleich zu sprechen?

Auch die nach dem Krieg zerstörten Denkmäler zu Ehren der Gefallenen von 1870/71 und 1914/18, nicht zuletzt das bis zu seiner Sprengung durch die Wehrmacht im Jahre 1939 für Saarbrücken symbolische Winterbergdenkmal, sind nicht mehr wiederhergestellt worden. Die durch eine auf meine Veranlassung noch herausgebrachte Briefmarkenserie von 1956 erlangte stattliche Summe für die ersten Planungs- und Baukosten gab den Verantwortlichen leider kein Anlaß, »etwas« zu tun. Seither

---

1 Ernst Schilly schrieb über die Entstehung der Gemälde in den »Postgeschichtliche(n) Blätter« der Oberpostdirektion Saarbrücken, 1970 S. 10 ff.

verfällt der Betrag immer mehr im Zuge der ständigen Geldentwertung. Auch in diesen Dingen müßte man sich an der Saar die Frage vorlegen, ob unsere französischen Nachbarn in gleicher Weise verfahren würden, wenn es sich um die Erhaltung von Werten aus der Vergangenheit handelt.

Dabei denke ich an eine weitere unerfüllte Aufgabe in dieser Richtung: die Übernahme einer Patenschaft für die kleine Andreaskapelle in der Straßburger protestantischen Thomaskirche, jene großartige (leider nur teilweise erhaltene) romanische Kirche, die gleichzeitig die Ruhestätte zweier Persönlichkeiten geworden ist: Außer dem protestantischen Moritz von Sachsen, Marschall von Frankreich und Sieger (unter Ludwig XV.) in der Schlacht von Fontenoy, finden sich dort die sterblichen Überreste eines der bedeutendsten Saarbrücker Grafen, Gustav Adolf von Nassau-Saarbrücken, der in der Schlacht am Kochersberg zwischen Straßburg und Zabern schwer verwundet worden war und am 9. Oktober 1677 verstarb. Er starb, getreu seinem Wort »lieber als Bettler am Stecken durch das Reich ziehen, als dem Kaiser die Treue brechen« den Reitertod. Während das einmalig großartige Denkmal des französischen Bildhauers Pigalle für Moritz von Sachsen ein ewig währendes Monument von nicht zu übertreffender Größe darstellt, liegt Gustav Adolf in der kleinen Kapelle, deren einfache, aber würdige Ausgestaltung und Instandhaltung Aufgabe und Sache saarländischer Stellen sein sollte, natürlich im engsten Einvernehmen mit den französischen Stellen und der evangelischen Kirchenleitung von St. Thomas zu Straßburg.

Aber warum denn in die Ferne schweifen, wenn das Gute so nahe liegt? Auch für die verdienstvollen, inzwischen verstorbenen Mitstreiter hätte etwas getan werden müssen. Ich hatte – leider erfolglos – in einer persönlichen Unterhaltung vor dem Besuch des Bundespräsidenten Professor Heuss im Januar 1957 an der Saar auf dessen Frage, was er für die Saarländer tun könne, den Vorschlag gemacht, eine besondere Ausfertigung des Bundesverdienstkreuzes – es genüge da schon das Einweben eines blauen Streifens in das Ordensband – für *Verdienste um die deutsche Wiedervereinigung* zu schaffen. Professor Heuss schien sogar überzeugt und wollte den Vorschlag an den Kanzler weitergeben. Später erfuhren wir aber (oben S. 427 ff.), daß er innerlich ganz anderer Meinung war. Infolgedessen erhielten die zahlreichen Mitstreiter nie eine Anerkennung für ihre Treue zu Heimat und Vaterland. Wir wenigen an der Spitze haben dann nach vielen Jahren, als man uns eine hohe Stufe des Bundesverdienstkreuzes anbot, abgelehnt, nicht ohne das genau überlegt zu haben. Ich selbst hatte darum einen Vorschlag unseres Freundes Dr. Lauer verfolgt, der die Schaffung eines besonderen saarländischen Ehrenzeichens nach dem Vorbild des letzten Nassau-Saarbrückischen Ordens »der ächten Treue« vorschlug, ein Ehrenzeichen, das der letzte Saarbrücker Fürst Ludwig eingeführt hatte. Leider fand auch dieser Plan nicht die nachhaltige Unterstützung, die notwendig gewesen wäre, um einem größeren Kreis von verdienten Menschen unserer Heimat die Anerkennung auszudrücken. Andere Nationen hätten das unter denselben Umständen wohl kaum unterlassen.

Aber auch unsere Vaterstadt Saarbrücken steht »noch in der Schuld«. Dem Andenken unserer Freunde und Mitkämpfer Egon Reinert und Pastor Bungarten sind inzwischen Straßen gewidmet worden, aber Senator Becker – Ehrenbürger von Saarbrücken – fehlt in der Reihe ebenso wie der für die Stadt so verdienstvolle Minister Schwertner, dessen Wirken Saarbrücken die großzügige Heranführung der Autobahn verdankt. Auch Bundesminister Jakob Kaiser sollte nach allem, was er für die Saar getan hat, in Saarbrücken durch eine Straße geehrt und im Andenken unserer Menschen festgehalten werden. Ich habe es immer bedauert, daß man besonders Jakob Kaiser nicht auch zum Ehrenbürger unserer Stadt ernannt hat.

Zu dem Kreis der unerfüllten Wünsche möchte ich schließlich – gerade im Hinblick auf meine Vaterstadt – noch zwei Planungen zählen, die mich jahrelang beschäftigt haben und deren Mißerfolg mich heute noch betrübt. Das eine Problem war der »Ring um die Stadt«, das andere die schnelle Entstaubung des Saartales und der Hüttenstadt Neunkirchen durch eine von Staats wegen unterstützte große Aktion. Der »Ring um die Stadt« sollte eine sechsspurige Autobahn (je drei Spuren für eine Richtung) werden, in die alle in die Stadt hereinführenden Straßen, einschließlich der Stadtautobahn, einmünden würden. Dieser Ring hätte als großes Oval um die Stadt herum, meist in das am Stadtrand gelegene Waldgelände gebaut werden sollen, ohne daß dadurch eine fühlbare Beeinträchtigung des waldreichen Geländes um Saarbrücken eingetreten wäre. Die Überquerung des Saartales hätte auf zwei hochgestelzten Straßenführungen im Raume Burbach–Schanzenberg und im Raume des Kieselhumes auf der St. Johanner- und der Julius-Kiefer-Straße auf der St. Arnualer Seite vorgenommen werden sollen. Dieses Projekt, das auf eine Laufzeit von 30 bis 40 Jahren zu planen war, hätte zwar ansehnliche Kosten verursacht, wäre jedoch keinen unüberwindlichen Schwierigkeiten begegnet. Leider fand ich zu wenig Gegenliebe, besser gesagt: zündende Initiative bei meinen maßgebenden Gesprächspartnern im Bereich der verantwortlichen Stadtplaner und Persönlichkeiten; ich predigte tauben Ohren. Und doch wird eines Tages die Enge des Saartales und des Stadtverlaufes entlang dem Fluß in der West-Ost-Richtung gar keine Wahl lassen, als den Straßenring um die Stadt zu bauen. Seine Errichtung würde zudem noch weiteres Baugelände in den engeren Stadtbereich hineinbringen, das heute schwer erreichbar ist. Hier sollten die demnächst für unsere Stadt Verantwortlichen an die Vorbilder von Berlin (schon 1936!), München (demnächst!) oder Mailand denken.

Auch für die Lösung der zukünftigen Nahverkehrsprobleme im Raum um Saarbrücken mit seiner überaus dichten Besiedelung hatte ich einen Vorschlag gemacht: an den Bau einer Art »Allweg-Schnellbahn« zu denken, die am Fluß der Saar entlang geführt werden und sogar einen Abzweig in das Sulzbachtal bis Neunkirchen erhalten könnte. Vielleicht wird diese Zukunftsmusik aus den fünfziger Jahren schon im Jahre 2000 nicht mehr so weltfremd erscheinen und eine Notwendigkeit werden, ebenso wie in weiteren zwanzig Jahren kaum einer mehr die heute so umstrittene und von allen Seiten so hartnäckig umkämpfte Gebietsreform beanstanden dürfte.

Auch das für das Saarland so leidige Staubproblem hätte sich lösen lassen, wenn der von mir 1957/58 im Wirtschaftsministerium vorgelegte Plan zur Entstaubung aller Hütten von dem damals zuständigen Referenten weiter verfolgt worden wäre. Hier hatte ich vorgesehen, daß alle Hüttenwerke gesetzlich verpflichtet werden, binnen einer Frist von 10 bis 15 Jahren sämtliche stauberzeugenden Anlagen, vor allem die Konverter- und Sinteranlagen, staubfrei umzugestalten. Das Wirtschaftsministerium sollte durch technische Gutachten namhafter Fachwissenschaftler die Unterlagen und Kostenberechnungen liefern. Die erforderlichen Mittel sollten den betroffenen Werken durch zinsverbilligte Kredite zur Verfügung gestellt werden. 1957 war auch diese wirtschaftliche Hilfe nicht nur vertretbar, sondern auch durchaus zu erreichen. Leider verfiel auch dieser Plan – wir hatten ihn in unserer Zeitung »Deutsche Saar« veröffentlicht – der Maschine der Bürokratie: Nichts ist so eilig, daß es nicht durch längeres Liegenbleiben noch eiliger werden könnte! Ich selbst wurde, wie schon erwähnt, krank und fiel monatelang aus; dann war meine Amtszeit um, heute sind nicht einmal mehr die Akten aus jenen Jahren vorhanden!

So reiht sich ein unerfüllter Wunsch an den anderen. Vielleicht aber erinnert sich später einer meiner Leser daran und findet eine Anregung, das zu verwirklichen, was uns versagt geblieben ist!

Ich möchte diesen Abschnitt über das gemeinsame Wirken mit unseren Freunden, vor allem mit Ministerpräsident Dr. Röder und seinen Mitarbeitern, nicht abschließen, ohne der zahlreichen Freundschaften zu gedenken, die nach der politischen Bereinigung sich überall entwickelt haben. Von dem guten Verhältnis zu Frankreich und dem steten Bemühen, diese Beziehungen ständig zu verbessern, habe ich schon mehrhaft gesprochen. Ich wünsche mir nur, daß auch auf der Seite unserer westlichen Nachbarn so wenig Ressentiments vorhanden sind – trotz meines Buches – wie das bei uns der Fall ist. Ich habe keine größeren und schöneren Erlebnisse gehabt, als auf meinen Kunstfahrten und -reisen durch alle Teile Frankreichs, vor allem mit dem Wohnwagen. Daß sie für mich erst nach 1959 möglich geworden sind, dürfte das einzig Bedauerliche daran gewesen sein.

In ähnlicher Weise entstand eine enge Freundschaft mit den Menschen in Südtirol und seinen politischen Führern, an ihrer Spitze der Landeshauptmann Dr. Silvius Magnago, dem ich in jeder Weise aufrichtig und freundschaftlich verbunden bin. Unter der fachkundigen Führung des leider auch längst verstorbenen Geographen und Volkskundlers Professor Dr. Metz (Freiburg) durchstreiften wir das zauberhafte Land an der Etsch und fanden Kontakte mit seinen Menschen, die so viel Verständnis für unsere Entscheidung an der Saar hatten, ja uns oft und ehrlich beneidet haben, weil uns schließlich eine Freiheit beschert worden ist, die ihnen versagt blieb! Auch gleichartige Fahrten durch Österreich mit seinen Kunstschätzen und herrlichen Landschaften schlossen sich an, überall trafen wir gleichdenkende Politiker und Menschen, die uns ihre Sympathien so sichtbar zum Ausdruck brachten. Wie viele unvergleichliche Stunden und Erlebnisse in all den Jahren geben Zeit und Muße zum Nachdenken, zum Zurückblicken in den Ruhestunden des Lebensabends!

Aus dem politischen Geschehen des Jahres 1955 entwickelten sich auch enge und tiefe Freundschaften, und es wurde in ungezählten Fällen wieder die alte Verbundenheit zwischen der Heimat und den Menschen wiederhergestellt, die das Saarland einmal verlassen haben. An erster Stelle ist die Rückkehr der nach 1945 ausgewiesenen Landsleute hervorzuheben, denen die Entscheidung des 23. Oktober so schnell die Beendigung ihrer Leidenszeit brachte. Auch das Wieder-Zusammenkommen mit den in Amerika lebenden Saarländern war eine Folge der politischen Wandlung. Hier knüpfte unser Freund Eddy Jungmann (Abb. 282) aus Chicago wieder das alte Band zur Heimat, das seither nicht mehr abriß. Schon vor 1935 war Eddy Jungmann in den Vereinigten Staaten unermüdlich für die Rückkehr der Saar nach Deutschland tätig und bemühte sich seither unaufhörlich, das Zusammengehörigkeitsgefühl mit den Saarländern auf beiden Kontinenten wachzuhalten. Jungmann gründete schon 1934 den Saarländer-Verein von Chicago, der heute noch einer der größten und aktivsten dieser Art ist. Ich wünsche mir nur, einmal mit diesen Freunden in der neuen Welt

544

272
Die politischen »Direktoren« der Stadt Saarbrücken. Von rechts nach links: 1. Beigeordneter Dr. Norbert Scherer; leitender Verwal-
tungsdirektor Willy Reinkober; Bürgermeister
Edmund Hassdenteufel; Beigeordneter Franz
Roth

273
Der verantwortliche Oberbürgermeister seit
1956: Fritz Schuster (rechts) wird hier von
Karl-Heinz Reintgen interviewt. Reintgen erwarb sich schon vor der Volksbefragung besondere Verdienste um die Rückkehr der
Saar nach Deutschland. Er ist heute Chef
vom Dienst der »Europawelle Saar«.

274
Blick auf das »moderne« Saarbrücken. Rechts (entlang der Saar) im Bild: die Stadtautobahn;
sie mündet mitten in das Stadtzentrum mit der neuen Wilhelm-Heinrich-Brücke (vorn). Im Vorder-
grund links das große Gebäude der Finanzverwaltung, gegenüber der Neubau der Karstadt A.-G.
Ganz vorn (unten links) der Beginn der Berliner Promenade. Über dem Finanzgebäude das jetzige
Staatstheater; gegenüber auf der anderen Saarseite: Landtag, Handelskammer, Amtsgericht,
Staatsanwaltschaft, Land- und Oberlandesgericht und dahinter (nach Osten) die Gebäude der
Ministerien

275    276
Der saarländische Rundfunk, die »Europa-
Welle Saar«, und ihr verdienstvoller Intendant Dr. Franz Mai. Der umfangreiche Ge-
bäudekomplex auf dem Halberg bei Saarbrücken. Im Vordergrund links das Schloß,
dessen gepflegtes Restaurant für jedermann
zugänglich ist. Die großzügigen Anlagen wurden unter der tatkräftigen Leitung von Dr.
Mai nach der Wiedereingliederung der Saar
in die Bundesrepublik errichtet.

277
Ludwigskirche und Ludwigsplatz mit seinen
Palais' nach der Zerstörung am 5. Oktober
1944

278

Aus Schutt und Trümmern wiedererstanden: Die Ludwigskirche und die Palais' am Platz um die Kirche sind äußerlich wiedererstanden und zeugen von der einstigen herrlichen Pracht des Barocks. Das Gebäude in der Mitte der linken Reihe ist inzwischen mit seinen beiden Verbindungsbogen gleichfalls fertiggestellt. Am Äußeren der Kirche fehlen noch einige der Figuren der Dachbalustrade, ebenso die Türen. Über die Restaurierung des einmaligen Innenraumes nach den Plänen des Erbauers der Kirche, Hofarchitekt Friedrich Joachim Stengel, schwebt noch immer Streit, obwohl dank des nachdrücklichen Einsatzes vieler – vor allem des Ministerpräsidenten Dr. Röder – die Barock-Stukaturen wiederhergestellt werden konnten.

DIE LUDWIGSKIRCHE IN SAARBRUECKEN

ERBAUT UNTER DEM FUERSTEN WILHELM HEINRICH VON DEM BAUMEISTER JOACHIM FRIEDRICH STENGEL 1762–1775 ZERSTOERT IN DER SCHRECKENSNACHT VOM 5. 6. OKT. 1944
DIE EVANGELISCHE GEMEINDE ALT-SAARBRUECKEN BEGINNT DEN WIEDERAUFBAU IM JAHRE DES HERRN 1946, WELCHES UNTER DEM WORT STEHT : JOHANNIS 14 VERS 6

Der Querschnitt
Maßstab 1 : 100

279
Die Ludwigskirche in Saarbrücken: Der 1946–1948 erstellte und baupolizeilich genehmigte Plan für die Wiederherstellung des Innenraums nach den Plänen ihres Erbauers Friedrich Joachim Stengel.

280
Unerfüllte Wünsche: Der Wiederaufbau und die Wiederherstellung des Saarbrücker Schlosses.
Das Schloß von Saarbrücken vor seiner Zerstörung am 7. Oktober 1793. Nach einem Gemälde
eines unbekannten Malers aus dem Saarland-Museum (Zustand 1770)

281
Der heutige, teilweise baufällige Zustand nach einem planlosen Aufbau im vorigen Jahrhundert.
Die linke Seite des Bauwerks entspricht der großen Terrassenfront des Gemäldes.

282
Politische Freunde in froher Runde: Ministerpräsident Dr. Hubert Ney (Mitte) mit dem Vorsitzenden der Saarländer-Vereinigung in Chikago (USA), Eddy Jungmann (rechts), und Generalkonsul Dr. Hansjörg Kohlbecher, dem langjährigen Schatzmeister der CDU-Saar. Eine bekannte Chikagoer Zeitung bezeichnete Eddy Jungmann anläßlich des 53. Deutschen Tages in Amerika als »Triebfeder bei der Saarabstimmung«. Seither hält er die Verbindung zur alten Heimat und seinen zahlreichen Freunden aufrecht.

283
Der Vizepräsident des Deutschen Fußballbundes, Hermann Neuberger (links), zusammen mit dem Chef der Karlsberg-Brauerei in Homburg (Saar), Dr. Paul Weber (Mitte), und dem Verfasser. Die politischen Verdienste Neubergers und Dr. Webers um die Saarrückkehr sind im Buch gewürdigt.

zusammenzutreffen, und dann Eddy Jungmann in alter Frische und Gesundheit wiederzusehen.

Aber auch ohne in die Ferne zu schweifen: Das Ergebnis des 23. Oktober brachte auch die Saarländer wieder ihrer alten Heimat nahe, die schon 1935 »dabei« waren, aber seither »im Reich« eine neue Heimat gefunden haben. Ich denke hier nur an einen Mitstreiter aus der Zeit vor 1935, Dr. Karl Schlessmann, der zusammen mit dem damaligen Bürgermeister von Saarlouis Dr. Latz und mir als Saarreferent in Berlin praktische Saarpolitik im Raume von Saarlouis betrieben hatte. Auch seiner sei gedacht und ihm Wohlergehen gewünscht. Ich denke auch an die heimwehkranken Saarländer, die im südlichsten Teile Württembergs, nahe der Schweizer Grenze zum Abbau der »Doggererze« angesiedelt worden waren und nicht mehr zurückkehren konnten. Ein Besuch bei diesen Landsleuten hat mir gezeigt, wie sehr auch sie noch mit der alten, jetzt wiedervereinigten Heimat verbunden sind.

Zu unseren politischen Freundschaften gehörte die enge Verbindung mit Nordrhein-Westfalen. Hier fanden wir uns bis 1961 häufig mit den FDP-Freunden (Abb. 153) zusammen. In Detmold bildete sich ein Freundeskreis um den Ableger des Rhein-Ruhr-Clubs Westfalen-Ost heraus, der durch zahlreiche gegenseitige Besuche und Vorträge lange Jahre aufrechterhalten blieb, nicht zuletzt dank der Initiativen unserer Freunde Dr. Hohensee und Gasper. Auch der Düsseldorfer Rhein-Ruhr-Club, dessen Vorsitzender lange Zeit unser Freund Dr. Lietzmann (Abb. 163) war, hatte sich der Saarfrage besonders angenommen und uns noch vor der Volksbefragung die erste Plattform für einen viel beachteten Vortrag: »Die Saar deutsch oder europäisch?« zur Verfügung gestellt. In Bonn hatten sich die Mitglieder des Wirtschaftspolitischen Clubs unter der Leitung des Generalkonsuls Conrad mit uns zu häufigen Diskussionen und gegenseitigen Besuchen zusammengefunden. Gleichermaßen bekundeten uns die Verbände der Heimatvertriebenen aus den deutschen Ostgebieten und Mitteldeutschland ihre Sympathien und nahmen Anteil an unserem Erfolg, vielleicht auch in dem Gedanken, wie glücklich wir uns schätzen konnten, dieses Schicksal erreicht zu haben. Hier möchte ich nochmals Dr. Kather (BHE) und Herrn Sting vom Bund der Mitteldeutschen erwähnen. Auch mit einigen Angehörigen aus dem Auswärtigen Amt, mit denen ich während des Kriegs die schwierige Tätigkeit der Betreuung von Internierten durchzuführen hatte (oben S. 21), wurde durch das politische Geschehen an der Saar sehr bald die alte Verbindung wiederhergestellt. Ich erwähne hier vor allem meinen damaligen Chef, Geheimrat Dr. Kundt, unsern Amtsrat Max Baumgärtel und Erich Finmann, den Betreuer der Deutschen in Brasilien.

Nicht zuletzt erfuhren auch die Studentenbünde durch das Geschehen um die Saar einen lebhaften Auftrieb. Einige von uns wurden Ehrenmitglied einer Verbindung: Richard Becker bei den Burschenschaften, ich selbst beim VDSt, so daß wir öfter im Kreise unserer studentischen Jugend von der Meisterung unserer Aufgabe berichten konnten. Leider haben sich inzwischen die Themenkreise unserer studierenden Jugend gewandelt, das Thema »Wiedervereinigung« ist wohl von der Tagesordnung gekommen; aber trotzdem möchte ich die Hoffnung nicht aufgeben, daß es eines Tages wieder anders sein wird. Im Kreis der Freunde im VDSt gehört auch eine Bekanntschaft, die ich heute als eine der wertvollen bezeichnen möchte: mit dem Dortmunder Pfarrer Dr. Alexander Evertz, Verfasser bedeutsamer evangelischer Schriften und häufiger Mitarbeiter der »Welt am Sonntag«. Wie viele Übereinstimmung gibt es zwischen unserer Handlungsweise und den Thesen Evertz' »vom Abfall vom Vaterland«?

Wenn ich mein eigenes Wirken im politischen und ministeriellen Bereich überschaue, dann erscheint mir eine Betrachtung wesentlich. Sie betrifft das persönliche Verhältnis, das sich zwischen meinen Mitarbeitern, ebenso aber auch den Kollegen im Landtag und mir herausgebildet hat, und das bis auf den heutigen Tag erhalten geblieben ist. Schon durch meine erste politische Tätigkeit als Präsident des Landtages nach Änderung der Verhältnisse im Jahre 1955 entwickelten sich die »Bindungen«, die – wenn auch nicht bei allen – doch weit über das übliche Maß dienstlicher Beziehungen hinausgingen. Sie setzten sich fort, als ich das Wirtschaftsministerium übernahm, obwohl dort immerhin 220 Beschäftigte tätig waren. Später erlebte ich die gleichen engen Kontakte mit den Mitarbeitern der Staatskanzlei und anderer Dienststellen, mit denen ich während meiner politischen Zeit zu tun hatte. Von allen meinen Mitarbeitern – man kann auch sagen: Untergebenen – wird nicht ein einziger sagen können, ich hätte ihn wegen seiner früheren (gegensätzlichen) Haltung benachteiligt oder gar entlassen; selbst dann nicht, wenn ich eine Handhabe dazu gehabt hatte. Eine meiner ersten Erklärungen war, ich wünsche nicht, daß meine Mitarbeiter glauben sollten, sie müßten in meine Partei eintreten. Es sei mir auch gleichgültig, welcher Partei sie früher angehört hätten. Wenn sie darin bleiben wollten, sollten sie das tun. Ich verlangte nur das Eine: ehrliche und treue Zusammenarbeit, die sich auf gegenseitiges Vertrauen stützen müsse. Ich habe diese Grundsätze nie zu bedauern gehabt und dadurch großartige Mitarbeiter gefunden, mit denen sich sehr oft ein freundschaftliches Verhältnis entwickelt hat, nicht zuletzt im Bereich der Landtagsverwaltung, der ich heute noch besonders zugetan bin. Ich bin auch überzeugt, daß das auch umgekehrt so ist. Daher darf ich allen danken, die aus dem Bereich meiner ehemaligen Dienststellen, aber auch aus anderen Verwaltungen, vor allem der Staatskanzlei und dem Landesarchiv, meine Arbeit und mich selbst einmal tatkräftig unterstützt haben. Für mich war die gemeinsame Tätigkeit und das Zusammenwirken mit allen, die mir seit 1955 nahe gekommen sind, höchste Genugtuung und Glück zugleich!

# Das Ende einer politischen Laufbahn - Rückblick und Ausblick

Nach dem Abstimmungserfolg vom 23. Oktober 1955 gab es eine ganze Anzahl Prognosen und Prophezeiungen für meinen weiteren politischen Lebensweg. Die schlimmsten Voraussagen malten sogar eine Machtübernahme des Nationalsozialismus durch mich in Bonn an die Wand. Ich möchte nur zwei Stimmen anführen, die so recht zeigen, wie unterschiedlich Menschen urteilen können, die damals überzeugt waren, von dem Geschehen an der Saar und den Politikern etwas zu verstehen. So schrieb der schon mehrfach erwähnte Präsident der WEU-Überwachungskommission für die Saar, der Belgier Fernand Dehousse, in seiner Schrift »Mission en Sarre«: »Eines ist sicher, es gibt bei Herrn Schneider ausgesprochene Überbleibsel des Nazismus. Ich halte es aber dennoch für notwendiger, festzuhalten, daß man für ihn eine glänzende Zukunft voraussehen muß. Es gibt auch Leute, die ihn schon an der Spitze der FDP (Freien Demokratischen Partei) sehen, der Partei Dr. Dehlers. Es gibt sogar welche, die ihn schon als Kanzler sehen, der im Falle einer Veränderung der gegenwärtigen Mehrheitsverhältnisse den Platz von Bundeskanzler Dr. Adenauer einnimmt.« Soweit Herr Dehousse, und dagegen der nüchterne und realistische Korrespondent der »Welt«, Joachim Besser, den ich oben (S. 469 ff.) schon zitiert habe. Hier die wichtigsten Sätze über mich: »In Wirklichkeit ist er ein maßvoller, realer Deutscher, der die Grenzen für sein Handeln sehr genau kennt ... Seine Popularität ist allerdings größer als die seiner Partei ... Von einem übergeordneten Gesichtspunkt aus muß man es bedauern, daß er nicht der Vorsitzende einer der anderen großen Parteien ist. So kann es geschehen, daß er sich eines Tages in der Opposition wiederfinden wird. Das wäre zu bedauern, aber viele Anzeichen deuten darauf hin.«

Der in den beiden Äußerungen liegende große Zwiespalt belastete auch mein Verhältnis zur FDP. Dort gab es leider zahlreiche Politiker, vor allem in einzelnen Landesbereichen, die in uns eben doch »nur die verkappten Nazis« sahen, was sie allerdings nicht hinderte, mit unserem Erfolg in der Saarfrage ihre Propaganda zu machen. So kam es, daß man häufig distanzierende Stellungnahmen aus dem eigenen Parteibereich vernahm, während man sich gleichzeitig die »Federn des Saarerfolges an den Hut steckte«. Hier möchte ich Dr. Dehler und seine Freunde ausdrücklich ausnehmen. Wie unerfreulich diese internen Vorgänge manchmal gewesen sind, bewies uns der

FDP-Bundesparteivorstand, als einige Jahre später der Antrag gestellt wurde, unseren Senator Richard Becker neben Reinhold Maier, der diese Auszeichnung bereits früher erhalten hatte, zum Ehrenvorsitzenden der Partei zu ernennen. Hier erhob sofort ein norddeutscher Stadtverband Einspruch, mit dem Hinweis, Richard Becker sei doch früher einmal Mitglied der NSDAP gewesen. Statt eine derartige Erörterung angesichts der Bedeutung und Verdienste Richard Beckers zurückzuweisen und in die richtige Relation zu bringen, wurde die Diskussion fortgesetzt, bis ich wütend aufstand und für meinen nicht anwesenden Freund Becker erklärte, daß wir auf eine solche »Ehre« dankend verzichteten. Übrigens war der Antrag nicht von uns ausgegangen.

Hier zeigte sich, wie in vielen anderen Fällen, die zwiespältige Haltung der FDP, die eine große Anzahl von politisch engagierten Persönlichkeiten umfaßte, deren Meinungen von der äußersten demokratischen Linken bis zur extremen Rechten reichten. Da die Partei nie ein festes, unverrückbares Grundsatzprogramm hatte – es gab von Wahl zu Wahl ständig neue Wahlplattformen, die zu einem häufigen Wechsel des Standorts der Partei in Grundsatzfragen führten – hing es immer von den jeweiligen Umständen und dem Vorsitzenden ab, welche Entscheidung im einzelnen Fall zustandekam. Diese Entscheidungen waren durchweg von der Zweckmäßigkeit des jeweiligen Augenblicks bestimmt, ein Umstand, welcher der FDP – nicht zu Unrecht – die Charakterisierung als Partei der Opportunisten oder des »Umfallens« einbrachte. Der dramatischste Umfall ergab sich nach der für die FDP erfolgreichsten Bundestagswahl vom 17. September 1961: Unter dem Vorsitz und der Führung von Dr. Erich Mende hatte sie den Höchststand seit ihrem Bestehen mit 68 Abgeordneten erzielt. Das hohe Ergebnis war einmal erreicht worden durch das Vertrauen breiter Wählerschichten des Bürgertums in die Person des hochdekorierten Offiziers Erich Mende, zum anderen durch das sehr bestimmt und eindeutig bekanntgemachte Wahlziel, eine Ablösung des doch schon stark gealterten Bundeskanzlers Dr. Adenauer durchzusetzen. Unter Zustimmung der gesamten Parteiführung hatte Mende während des Wahlkampfes und auch in den ersten Wochen nach der Bundestagswahl immer wieder verkündet, die FDP werde auf keinen Fall einer vierten Kanzlerschaft Adenauers zustimmen. Derartige mit wenigen Gegenstimmen gefaßten Beschlüsse hatten den Kurs der Partei festgelegt; den Beschluß vom 19. September hatte Herr Mende sogar entgegen einer Abmachung alsbald auch der Presse mitgeteilt. Schon am 27. September ließ Dr. Mende gegenüber dem Redakteur der »FAZ«, Bitzer, und am darauffolgenden Tage in einer Wahlversammlung in Simmern einen Umfall – also doch FDP mit Adenauer – im Bereich des Möglichen erscheinen. Wiederum einen Tag später, am 29. September, beschloß das oberste Parteigremium – Bundesvorstand und alle neu gewählten Abgeordneten – erneut, daß sich die FDP unter keinen Umständen an einer Regierung unter der Kanzlerschaft Adenauers beteiligen werden. Dann folgten drei Wochen des üblichen Bonner Kulissenspiels, und am 21. Oktober 1961 legte der Bundesvorsitzende der FDP, Dr. Mende, dem Bundeshauptausschuß und den neuen Abgeordneten einen genau gegenteiligen Beschlußantrag vor: Die FDP solle ein viertes Kabinett unter der Kanzlerschaft Adenauers unterstützen und sich mit mehreren Ministern daran beteiligen. Adenauer selbst habe eine Befristung zugesagt, solange werde auch er (Mende) nicht in das Kabinett eintreten. Nach einer zwölfstündigen Debatte in der Bonner Beethovenhalle wurde dann die Beteiligung der FDP an der vierten Regierung Dr. Adenauer von 67 Delegierten gegen 18 bei 5 Enthaltungen beschlossen. Es ging dabei keineswegs nur um ein Koalitionsprogramm. Auch die von Dr. Mende angeführten Gründe (Erich Mende, Die FDP, S. 193 f.) konnten für die Entscheidung am 21. Oktober noch keinerlei Rolle gespielt haben; denn die Unterrichtung Mendes durch Adenauer von der bevorstehenden Kuba-Krise und der Möglichkeit einer militärischen Auseinandersetzung zwischen den Vereinigten Staaten und der Sowjetunion, die Adenauer als zwingenden Grund für seine vierte Kanzlerschaft ins Feld geführt hatte, wurden Dr. Mende nach seiner eigenen Darstellung erst am 30. Oktober bekanntgegeben. In diesem Zeitpunkt war aber der »Umfall« bereits neun Tage beschlossen.

Oswald Kohut und ich, zwei der Stellvertreter Mendes im Bundesvorstand, zogen sofort die Konsequenzen, wir erklärten noch in der Nacht vom 21. auf 22. Oktober unseren Rücktritt. Kohut trat zugleich als Landesvorsitzender der FDP in Hessen zurück, nachdem er auch von seinem Landesvorstand im Stich gelassen worden war.

Wenn auch bei allen Diskussionen die Person des damaligen Bundeskanzlers im Vordergrund stand, so war die Frage, ob noch einmal mit oder ohne Adenauer, letzten Endes für die Beurteilung der Haltung der FDP gar nicht mehr ausschlaggebend. Wenn eine Partei einmal den Führungswechsel im staatlichen Leben der Bundesrepublik zu ihrem Parteidogma erhoben hatte, dann durfte es eben – gleichgültig aus welchen Erwägungen – keine Preisgabe dieses einmal festgelegten Standpunktes geben. Der Vorsitzende der Partei und erste Verfechter des Dogmas mußte dann »stehen – oder gehen«! Bezeichnend für die Meinungsänderung innerhalb der Partei war die Tatsache, daß wir drei Stellvertreter des Bundesvorsitzenden zu keiner der Verhandlungen, die dem »Umfall« vorausgingen, hinzugezogen worden waren. Ja man hielt es nicht einmal für nötig, uns zu unterrichten. Ein kleiner Freundeskreis um den Bundesvorsitzenden Dr. Mende verhandelte über Mittelsmänner – hier gab es noch einen häßlichen Streit über das Maß der Mitwirkung des bekannten Großkaufmanns Horten – und stellte schließlich die Beschlußgremien vor vollendete Tatsachen. In einer Partei mit feststehenden Grundsätzen wären derartige Praktiken nie möglich gewesen; 67 Delegierte und Abgeordnete hätten sich nach den vorausgegangenen Erklärungen und Beschlüssen nicht einfach umstimmen lassen; denn die Folgen eines Umfalls waren während der langen Debatte am 21. Oktober hinreichend klargestellt worden. Typisch für die FDP war, daß die Mehrheit aller zuständigen Parteiinstanzen ihrem Bundesvorsitzenden noch weitere sieben (!) Jahre gefolgt ist, um ihn dann hinterher mit Vorwürfen zu überschütten, als er schließlich aus der Partei aus- und zur CDU übertrat.

Auch in der Saarfrage gab es in der FDP zu keiner Zeit eine einheitliche Linie. Die klare Haltung und Verdienste Dehlers und seiner Freunde habe ich schon herausgestellt, aber in der Saarfrage war Thomas Dehler keineswegs die FDP. Schon anfangs 1950 griff der FDP-Abgeordnete von Rechenberg Adenauer nach dem Besuch des französischen Außenministers Robert Schuman heftig an, weil der Kanzler »über die Saarfrage die Europafrage scheitern lassen wollte«. Nach der Ansicht von Rechenbergs sei es »gleichgültig, ob die Saargruben auf 5 oder 50 Jahre verpachtet würden«. »Die Politik Adenauers hätte erreicht, den einzig wahren Freund der Bundesrepublik in der französischen Regierung, Herrn Schuman, zu verärgern. Die Stimmung an der Saar sei völlig anders, die Bevölkerung fühle sich dort durchaus wohl. Seines Erachtens müsse man unbedingt die europäische Einheit erstreben, ohne sich dabei an der Saar zu stoßen.« Soweit ein Abgeordneter der FDP bereits Anfang 1950. Die Haltung des in der FDP sehr angesehenen Abgeordneten Dr. Pfleiderer zum Naters-Plan und seine und seiner Freunde Zustimmung zum Saarabkommen im Bundestag standen nicht nur im Gegensatz zur Auffassung einer erheblichen Mehrheit der FDP, sie zeigten auch die für die FDP typische Haltung einer Minderheit, auch in nationalen Grundsatzfragen ihren eigenen Weg zu gehen, selbst wenn es dabei zu einer Spaltung der Partei kommen kann. Leider war auch der Einfluß der hochangesehenen Person des damaligen Bundespräsidenten Professor Dr. Theodor Heuss innerhalb der FDP nicht so, daß die Partei wenigstens durch ihn und seine Autorität eine klare politische Linie erhalten hätte. Professor Heuss war zu sehr auf sein Ansehen und seine Autorität bedacht, als daß er sich regelmäßig und vor allem zielstrebig in das Parteigeschehen eingeschaltet hätte. Wenn sich Heuss – wie beispielsweise in der Saarfrage – bemüht hat (siehe S. 427 ff.), war das entweder zu spät oder weniger glücklich. Man könnte dieses Hin und Her in einer Partei, die während der meisten Jahre der Nachkriegszeit das Zünglein an der Waage in Bonn war, also vom Schicksal ausersehen war, der deutschen Politik nach innen und außen eine Richtung zu geben, noch mit vielen anderen Beispielen belegen. Ich denke vor allem an die letzte grundsätzliche Kurswandlung der FDP, die Anlaß für mich gewesen ist, mich von ihr zu trennen.

Schon im April 1960 hatte ich in einem wissenschaftlich ausgearbeiteten Vortrag von dem Landesverband der FDP Nordrhein-Westfalen in Aachen nachgewiesen, daß es das Schicksal aller deutschen liberalen Parteien seit dem Aufkommen des Liberalismus im 19. Jahrhundert gewesen sei, sich nach wenigen Jahren in zwei Richtungen aufzuspalten, wenn nicht neben dem liberalen Gedankengut eine die Partei *tragende Idee* (zusätzlich) den notwendigen Halt, und damit auch Zusammenhalt gewährleiste. Am Beispiel der Nationalliberalen des vorigen Jahrhunderts müsse man erkennen, daß auch für uns im gespaltenen Deutschland eine gesunde, aber keineswegs überspitzte nationale Haltung die unerläßliche, zweite Zielsetzung für die parteipolitische Tätigkeit der FDP sein müsse. Man hat mir zwar damals weitgehend zugestimmt und viel Beifall gezollt, aber sich kaum nach diesem Prinzip gerichtet, obwohl der große Wahlsieg vom 17. September 1961 nach meiner Überzeugung ganz auf dieses Doppelziel gegründet war. Noch unter der Führung von Erich Mende traf die FDP Wahlentscheidungen, die den späteren großen Kurswechsel eingeleitet haben, der dann häufig zu Bestrebungen innerhalb der FDP und der Jungdemokraten geführt hat, den sozialdemokratischen Koalitionspartner noch »links zu überholen«. Die Zukunft wird zeigen, ob die Skepsis berechtigt ist, die viele frühere Anhänger und Freunde der FDP – wie ich selbst – gegenüber der gegenwärtigen Entwicklung hegen.

Sehr im Gegensatz zur FDP hatten wir von der DPS im Saarland von Anfang unseres Bestehens an nach der Umgründung von 1950 sehr klare programmatische Vorstellungen und auch festgelegte Grundsätze in allen Fragen des politischen, sozialen und wirtschaftlichen Lebens. Auch nach der Wiederzulassung der verbotenen Partei im Juli 1955 verabschiedeten wir als eine unserer ersten Handlungen unser fest umrissenes Parteiprogramm vom 27. Juli 1955, das – wenn auch weitgehend auf die damaligen politischen Verhältnisse im Saarland zugeschnitten – doch unsere grundsätzliche Haltung für den Kurs der Partei bestimmt hat. Wir haben uns bewußt an die für das Saarland in jenen Jahrzehnten ausschlaggebenden Grundsätze »Christlich-sozial-deutsch« gehalten, ohne dadurch zu einer »christlichen« oder »sozialistischen« Partei zu werden. Wir bekannten uns zum »sozialen Staat«, haben aber keineswegs Maßnahmen gebilligt oder gar mitgemacht, die in ihren Auswirkungen alles andere als sozial sind. Ich denke hier nur an den inflationären Kurs unserer heutigen Wirtschaftspolitik, der im Endergebnis durchaus geeignet sein kann, zum marxistischen Staat zu führen. Vor allem gab es bei uns keine Umfall-Politik, unsere gerade und konsequente politische Haltung war die Voraussetzung für unseren politischen Erfolg und die große Anhängerschaft der DPS im Saarland, die den sonstigen Anteil der FDP-Wähler weit überschritten hat. Joachim Besser hatte das in seinem Urteil über uns in der »Welt« (siehe S. 469 ff.) ja klar erkannt. Um so größer waren für uns die Probleme und Schwierigkeiten, nach der politischen Wiedereingliederung der Saar in das Bundesgebiet uns einer anderen bundesdeutschen Partei anzuschließen. Da praktisch nur die FDP in Frage kam, ich aber andererseits die Schwäche der FDP und die dadurch für uns begründeten Gefahren im Falle eines Anschlusses klar voraussah, zögerte ich buchstäblich bis zur letzten Minute – das war vor den Bundestagswahlen von 1957 – die Vereinigung von DPS mit der FDP zu vollziehen. Das führte naturgemäß zu Verstimmungen und auch zur Kritik im eigenen Lager. Viele meiner Mitarbeiter und politischen Anhänger waren der Meinung, die einmal hinter uns stehenden Wählermassen – Höchststand am 18. Dezember 1955 = 142 602 = 24,2 Prozent – seien ein bleibendes Kapital, ohne Rücksicht wie man damit wirtschaften würde. Wie irrig diese Vorstellung gewesen ist, habe ich selbst am stärksten erleben müssen; bei der Bundestagswahl von 1961 hatten sich die Wählerstimmen für den Landesverband Saar der FDP (DPS) auf die Hälfte verringert. Trotzdem glaubten diese »Unbelehrbaren«, man müsse den Anschluß an die FDP sofort vollziehen und könne unseren guten, klangvollen Parteinamen »DPS« nicht schnell genug ablegen. Mir war klar, daß damit der Verfall der DPS erheblich verstärkt würde; denn bei einem Mitglieder- und Wählerstamm von etwa 65 bis 70 Prozent Arbeitern und sogenannten »kleinen Leuten« war auf die Dauer die bundesdeutsche FDP-Politik nicht erfolgreich zu vertreten.

Zwar konnte ich bei der Bundestagswahl vom 15. September 1957 noch das Direktmandat von Saarbrücken gewinnen und war damit der einzig direkt gewählte Abgeordnete in der FDP im 3. Deutschen Bundestag, aber die Stimmenzahl für die DPS war nach dem zuvor erklärten Anschluß an die FDP schon auf rund 100 000 zurückgegangen. Da die Auseinandersetzungen und Verärgerung der Saarbevölkerung über die wirtschaftliche Eingliederung in diesem Zeitpunkt des Jahres 1957 noch gar nicht aufgekommen waren und erst zwei Jahre später spürbar wurden, war der Rückgang der DPS ein eindeutiges Ergebnis des Strukturwandels, der sich mit dem Anschluß an die FDP vollzogen hatte. Da wir im Saarland während dieser Zeit auch an der Regierung beteiligt waren, konnte sich auch insoweit kein abträglicher Einfluß auf die Wählermeinung ergeben haben. Joachim Besser hatte also richtig vorausgesehen (siehe S. 469 ff).

Durch meinen Rücktritt als stellvertretender Bundesvorsitzender wurde auch meine bisherige Autorität als Landesvorsitzender im Saarland beeinträchtigt. Schon bei der Abstimmung über den »Umfall« am 21. Oktober 1961 in Bonn hatten zwei meiner saarländischen Parteifreunde entgegen zwei einstimmig gefaßten Beschlüssen des erweiterten Landesvorstandes anders votiert als Ernst Schäfer und ich und dabei ihr Handzeichen so niedrig und versteckt gehalten, daß ich ihre Zustimmung zur Politik Mendes nicht sehen sollte. Von diesem Zeitpunkt an spielte ein direkter Draht von Saarbrücken nach Bonn, es wurde hinter meinem Rücken gegen mich gearbeitet. Leider ließ es Erich Mende damals gegenüber dem in der Sache anders denkenden politischen Freund und Landesvorsitzenden an der erforderlichen Loyalität fehlen. Er hätte die Quertreibereien sofort unterbinden und mich informieren müssen. Später erlebte Erich Mende das gleiche Spiel in weit stärkerem Maße am eignen Leib. Am 30. November 1961 sah ich mich darum genötigt, das älteste Mitglied unseres geschäftsführenden Landesvorstandes im Saarland auf diese politischen Quertreibereien einer Gruppe von knapp einem Dutzend Parteimitgliedern, zu denen zwei Mitglieder des geschäftsführenden Vorstandes gehörten, hinzuweisen. Ich warnte: »Angesichts dieser Lage ist die bisherige Basis für eine gemeinsame politische Arbeit nicht mehr vorhanden, zum mindesten ist das für mich jetzt eindeutig offenbar geworden. Es fehlt das Vertrauen in die gegenseitige Kameradschaft; von Treue und Gefolgschaft ist keine Rede mehr, und Enttäuschungen beherrschen die Atmosphäre. Ich überlasse es jedem, selbst zu beurteilen, inwieweit unbefriedigter politischer und persönlicher Ehrgeiz die Triebfeder für diese Entwicklung gewesen ist. Unter solchen Umständen und Voraussetzungen *kann und werde ich die Partei nicht mehr führen.*«

Diese Ankündigung kam einigen wenigen — wie die Entwicklung gezeigt hat — durchaus recht, sie warteten nur darauf, meinen Platz einzunehmen oder bessere eigene Positionen in der Partei zu gewinnen. Andere wiederum nahmen meine Rücktrittsankündigung nicht ernst; jedenfalls nahmen die Querelen ihren Fortgang. Die treibenden Kräfte glaubten, sie brauchten nur in ein »gemachtes Bett« zu steigen, alles andere bleibe dann wie es bis dahin war. Natürlich brauchte man kaum zwei Wahlgänge, und die FDP-Saar erreichte nicht mehr die 5 Prozent-Grenze. Ich blieb zwar noch Abgeordneter, erfüllte auch getreu meine Pflichten und übte Parteisolidarität in allen anstehenden Fragen. Mit dem Ende der Legislaturperiode im Jahre 1965 zog ich mich in meinen Beruf zurück.

Wenn mancher Freund später gemeint hat, ich hätte als Vorsitzender der DPS aushalten und die politisch relativ unbedeutende Opposition innerhalb der Parteigremien ausschalten müssen, so habe ich darauf immer geantwortet, daß man für eine Sache nur dann kämpfen kann, wenn man auch die innere Überzeugung hat, daß ein solches Bemühen erfolgreich sein würde. Gerade diese Überzeugung hatte ich seit unserem Anschluß an die FDP zu keiner Zeit mehr. Ich habe mich darum auch nicht um ein Amt in der Bundespartei bemüht. Als man mich am 28. Januar 1960 in Stuttgart zu einem der drei Stellvertreter von Herrn Mende gewählt hatte, waren viele erstaunt über mein »saures« Gesicht und die wiederwillige Annahmeerklärung. Es war mir immer klar, daß eine Partei wie die FDP nicht erfolgreich »zu führen« war, es gab allenfalls nur eine Gruppentätigkeit, die sich nach jeweils gegebenen Umständen und Vorteilserwägungen ausrichtet. Ich hatte jedenfalls andere Vorstellungen von einer erfolgreichen Partei und ihrer Führung. Auch muß nach meiner Auffassung eine politische Partei ein Mindestmaß an festen Grundsätzen aufweisen, die für alle, auch die Vorsitzenden und Vorstandsgremien, unantastbar bleiben müssen. So hatte die FDP einige mir ganz wesentlich erscheinende Grundsätze, die in der großen Wahlaussage von 1961 festgelegt worden sind. Hier nur einige wenige Beispiele daraus:

1. Die neue Bundesregierung muß . . .
- »der Entspannung zwischen Ost und West auch durch Aufnahme diplomatischer Beziehungen zu den Ostblockstaaten dienen, die allerdings nicht durch Grenzverzichte erkauft werden dürfen.«

– »den Rechtsanspruch auf die Wiederherstellung des Deutschen Reiches in den Grenzen von 1937 wahren.«

2. Im gleichen Wahlprogramm von 1961 erklärte die FDP:
– »Vorhandenes Eigentum ist zu erhalten ... Alle Pläne zur Umverteilung bestehenden Privateigentums sind abzulehnen.«
und weiter zu diesem Programm:

– »Voraussetzung einer gesunden Gesellschafts- und Wirtschaftsordnung ist eine gesunde Währung. Gesunde Währung heißt Erhaltung der Kaufkraft der D-Mark. Regierungspolitik und Tarifpolitik der Sozialpartner müssen dieser Forderung mehr als in der Vergangenheit entsprechen.«

3. Im Wahlprogramm von 1961 hat die FDP außerdem erklärt:
– »Bei jährlich um Milliarden steigenden Steuereinnahmen ist jede Steuererhöhung abzulehnen.«
Deshalb wurde unter dem Begriff »gesundes Volk« die Forderung aufgestellt:
– »Verminderung der Steuerlasten und Sozialabgaben.«

Jeder einzelne ist in der Lage, selbst zu beurteilen, was von diesen Aussagen, die ja Programmsätze der Partei waren, eingehalten, richtiger gesagt, *nicht* verwirklicht worden ist. Ich war überzeugt, daß keine Partei ihre Wähler und Anhänger, mehr noch ihre in der Sache standhaften Mitglieder, in dieser Weise enttäuschen kann, ohne auf die Dauer gesehen ernsthaften Schaden zu erleiden. Daran ändern auch vorübergehende Verbesserungen des Wählerstandes nichts.


Rückblick und Ausblick

Heute ist der 23. Oktober 1973. Achtzehn Jahre liegt das Ereignis zurück, das noch einmal – wie der 13. Januar 1935 – das Schicksal des kleinen Landes an der Saar bestimmen sollte. Die schwarz-rot-goldenen Fahnen an den öffentlichen Gebäuden unseres Landes weisen auf ein bedeutsames Ereignis hin. Fragt man doch die Menschen, vor allem die jüngeren, warum wohl heute die Fahnen gezeigt würden, so ist die Antwort durchweg ein Zucken mit der Schulter. Schon vor zehn Jahren, als das Ereignis noch in größerer Erinnerung war, hatte einer meiner Landtagskollegen im Bereich des Bahnhofs eine Belohnung von 15 DM ausgesetzt für denjenigen, der ihm sagen könne, warum die Fahnen aufgezogen seien. Niemand konnte sich die Belohnung verdienen, schon damals nicht, vor zehn Jahren! Heute zeigt man an diesem Tage noch immer die Fahnen; ein Erlaß der Landesregierung hat es wohl einmal so festgelegt. Und seither steht es im Kalender des Hausmeisters, also wird das weiter so gehandhabt. Das Volk hat das Ereignis anscheinend längst vergessen, und die jüngeren, die jene Zeit nicht miterlebt haben, wissen nicht mehr, worum es geht. Woher auch? In den Schulen, auch in den höheren Schulen oder Fortbildungsschulen, spricht man nicht davon; die neuere Geschichte nach 1945 gehört offenbar nicht zu den Lehrplänen der Heimatgeschichte. In den Zeitungen unseres Landes und im Rundfunk nimmt man auch schon lange keine Notiz mehr von diesem Tag der Saar. Vielleicht geschieht das später einmal wieder, wenn nach 20 oder erst nach 25 Jahren Anlaß zu einem Jubiläumsgedenken gegeben sein wird.

Als der heutige Ministerpräsident Dr. Röder am 10. Januar 1957 für alle saarländischen Abgeordneten aus Anlaß ihrer Aufnahme in den Deutschen Bundestag sprach, würdigte er das Ereignis zutreffend mit den Worten: »Durch die Wiedervereinigung eines deutschen Volksteils im Westen unseres Vaterlandes ist die natürliche Ordnung hier wiederhergestellt worden. Es ist etwas in Ordnung gekommen, was in der Vergangenheit in Unordnung war. Die Tatsache, daß es in dieser so ungeordneten und daher auch so gegensätzlichen und gefährdeten Welt möglich war, mit Geduld und Beharrlichkeit wenigsten an einer Stelle dem Guten und dem Rechten zum Durchbruch zu verhelfen, ohne daß die Welt dabei aus den Fugen ging, sollte uns allen doch Mut machen, im Kampf um die Einheit unseres Volkes in Frieden und Freiheit nicht zu erlahmen.« Und Röder fügte nach dem Beifall zu diesen Worten noch hinzu: »Das wäre auch die schönste Anerkennung unserer Arbeit.« Leider nahm unsere geschäftige Gesellschaft nur den ersten Teil der Gedanken Röders zur Kenntnis. Es kam etwas in Ordnung, was in Unordnung war. Und wenn etwas in Ordnung gebracht ist, macht man nicht mehr viel Aufhebens davon; denn jedes »In-Ordnung-bringen« ist ja nichts anderes als eine Selbstverständlichkeit. So sehen wir auch in unserem Lande, daß das, was wir 1955 in Ordnung gebracht haben, längst zur Selbstverständlichkeit geworden ist.

Ob mit einer solchen Entwicklung eines sicherlich bedeutsamen politischen Geschehens der Aufgabe gedient worden ist, die dem deutschen Volk noch immer auferlegt ist, und die Dr. Röder im zweiten Gedankengang seiner Ausführungen angesprochen hat: den Kampf um die Einheit unseres Volkes in Frieden und Freiheit nicht erlahmen zu lassen, erscheint mir zweifelhaft. Ich war stets der Auffassung, daß die Rückkehr der Saar nach der hoffnungslos erscheinenden Zeit von 1945 bis zur politischen Wiedereingliederung im Jahre 1957 nur möglich war durch den unerschütterlichen Willen der großen Mehrheit seiner Bevölkerung. Ein solcher Wille, der stärker war als alle politische Klugheit und Weisheit der großen Staatsmänner in Europa und der Welt, kam aber keineswegs von ungefähr. Er war nicht etwa einfach da und vorhanden, als die Entscheidung getroffen werden mußte. *Das politische Wollen eines Volkes, oder auch nur eines Teiles einer Bevölkerung, muß gebildet, ja muß erzogen werden. Es gibt kein Beispiel in der Geschichte, das anders verlaufen wäre. Es gibt aber viele Beispiele im umgekehrten Falle, in denen die Völker ihre Zusammengehörigkeit verloren haben oder auch untergegangen sind.*

Könnte uns der Selbsterhaltungswille Israels gerade in diesen Wochen nicht auch ein wenig Richtschnur sein, wenn unser eigenes Beispiel schon zu lange zurückliegt und keine Wirkungskraft mehr hat? Gewiß war die Rückkehr der Saar nach 1955 kein »Modellfall für die deutsche Wiedervereinigung«, wie auch wir in der ersten Begeisterung über unseren Erfolg annehmen wollten, aber das Geschehen an der Saar war ein »Modellfall eines gemeinsamen politischen Willens«, der allzeit unerschütterlich und unverrückbar geblieben ist! Und wenn dieses Buch ein wenig dazu beitragen könnte, den beinahe verloren gegangen Willen zur deutschen Einheit wieder etwas zu beleben, dann wäre das in meinen Augen schon ein Erfolg. Aber ohne ständige und intensive Aufklärung unserer Jugend und der breiten Schichten unseres Volkes über das, was an der Saar geschah, und welche Aufgaben dem geteilten Deutschland während seiner Spaltung auferlegt sind, dürfte auch in Zukunft der Verpflichtung aller Deutschen nicht Genüge getan werden. Davon kann uns auch der Grundvertrag und die Entspannungspolitik mit dem Osten nicht freistellen. Vielleicht schien das so zu sein; denn allenthalben verschwanden in unserer Bundesrepublik die letzten Zeichen, die in den beiden Jahrzehnten zuvor noch auf die Dreiteilung unseres Vaterlandes hinwiesen und dem ein kategorisches NEIN – genau wie wir an der Saar – entgegensetzen wollten. Im Übereifer der großen Entspannung ließ man auch die letzten Abbildungen des Brandenburger Tores in der Öffentlichkeit verschwinden. Hier zeigen sich doch bedenkliche Vorgänge, die so gar nicht mit den Proklamationen und dem Verhalten (vor allem in der Saarfrage) derjenigen Parteien im Einklang stehen, die jetzt eine neue Ära eingeleitet haben. Im alten Rom warnte man die Verantwortlichen: Sie mögen acht haben, daß dem Vaterland kein Schaden erwächst!

Gegen eine solche Entwicklung hat zur rechten Zeit das Bundesverfassungsgericht in Karlsruhe seine Stimme erhoben, wenn es, vom Lande Bayern aufgerufen, zur Frage der politischen Verpflichtung unserer verantwortlichen Männer und Frauen in Regierung und Parlamenten Stellung nahm. Die Parallele zum Urteil im Saarstreit erscheint mir so augenfällig, daß man an den Grundsätzen des höchsten deutschen Gerichts nicht vorbeigehen darf. Dies um so mehr, als der Vorsitzende des entscheidenden Senats damals als Abgeordnetenkollege bei der SPD an den Auseinandersetzungen um die Saar mitgewirkt und mit einem NEIN gegen das Saarabkommen mitentschieden hat. Das Urteil vom 31. Juli 1973 (S. 20) führt u. a. aus: »Zum Wiedervereinigungsgebot und Selbstbestimmungsrecht, das im Grundgesetz enthalten ist, hat das Bundesverfassungsgericht bisher erkannt und daran hält der Senat fest: Dem Vorspruch des Grundgesetzes kommt nicht nur politische Bedeutung zu, er hat auch rechtlichen Gehalt. Die Wiedervereinigung ist ein verfassungsrechtliches Gebot . . . Aus dem Wiedervereinigungsgebot folgt zunächst: Kein Verfassungsorgan der Bundesrepublik Deutschland darf die Wiederherstellung der staatlichen Einheit als politisches Ziel aufgeben, alle Verfassungsorgane sind verpflichtet, in ihrer Politik auf die Erreichung dieses Zieles hinzuwirken – das schließt die Forderung ein, den Wiedervereinigungsanspruch im Inneren wachzuhalten und nach außen beharrlich zu vertreten – und alles zu unterlassen, was die Wiedervereinigung vereiteln würde.«

*Diese Feststellung des höchsten deutschen Gerichts ist nicht nur eine Rechtfertigung und Bestätigung – nach achtzehn Jahren – für unsere Handlungsweise, sie zwingt auch alle Organe des Bundes und der Länder, ihre Wiedervereinigungspolitik zu aktivieren und den »Wiedervereinigungsanspruch im Innern wachzuhalten und nach außen beharrlich zu vertreten.« Mir scheint, daß der »Modellfall Saar« ein hervorragendes Beispiel für das Wachhalten der Geister im Innern sein könnte, wenn das, was hier bis 1955 geschah, aus dem Dunkel der Vergangenheit und Vergessenheit herausgenommen und in Zukunft in das Geschichtsbild, und vor allem Geschichtsdenken, unseres Volkes so eingefügt würde, wie das in unserem französischen Nachbarland geschähe.*

Feiert man doch noch, heute nach 55 Jahren, den Tag des deutschen Zusammenbruchs von 1918 (l'armistice) am 11. November, und am 8. Mai den Tag der Kapitulation von 1945. Aber das Beispiel »Saar« sollte noch aus einem anderen Grund Anlaß zum Nachdenken geben. Wir haben nicht ohne Grund und Überlegung »dem Wunder an der Saar« die Bezeichnung »Ein Erfolg politischer Gemeinsamkeit« hinzugefügt. Der Erfolg war nur aus der politischen Gemeinsamkeit heraus möglich und denkbar. Auch die Wiedereingliederung mit allen ihren großen Schwierigkeiten wäre leichter, reibungsloser und für unsere Bevölkerung zufriedenstellender verlaufen, wenn die Gemeinsamkeit in der äußeren Gestalt des Deutschen Heimatbundes an der Saar hätte aufrechterhalten werden können. Sollten jemals die Probleme der großen deutschen Wiedervereinigung auf unser Volk und seine Regierung zukommen, dann wird die »Lehre von der Saar« wieder vor uns stehen: Nur gemeinsam und unter Überwindung aller parteipolitischen Gegensätze können die deutschen Fragen behandelt werden. Ob sie zu meistern oder gar – entsprechend dem Wiedervereinigungsgebot des Grundgesetzes – zu lösen sind, wird nicht zuletzt von einem gütigen Schicksal abhängen, das auch uns günstig gesonnen war.

Ein Rückblick auf die Ereignisse im Saarland nach dem Zweiten Weltkrieg ist aber nicht denkbar, ohne zwei Gedanken zu berühren, die in engstem Zusammenhang mit der Saarfrage standen: Europa und Frankreich. Wir haben schon erwähnt, wie eine unwissende Auslandspresse nach dem Spruch der Saarbevölkerung vom 23. Oktober 1955 Sensationsüberschriften in die Welt setzte, wie »Europa an der Saar ermordet« oder »Europa über Bord« oder »Der europäische Gedanke an der Saar beerdigt« und ähnliches mehr. Ich hoffe, daß meine Darstellung diesem Unsinn ein für allemal ein Ende bereitet hat. Die Saarbevölkerung hat mit ihrer Entscheidung dem europäischen Gedanken keinerlei Schaden oder auch nur Beeinträchtigung zugefügt. Nach der Abberufung von Außenminister Robert Schuman aus dem Quai d'Orsay Ende 1952 war der Gedanke einer europäischen politischen Vereinigung nur noch Wunschtraum, für die von Frankreich angestrebte Regelung der Saarfrage nur noch *Etikett*. Die Tatsache, daß heute – mehr als zwanzig Jahre danach – das »Vereinigte Europa« noch keinen Schritt weiter als Ende 1952 gekommen ist, beweist, daß die Saarentscheidung auf das europäische Problem keinerlei Auswirkungen hatte. Im Gegenteil, ich bin fest davon überzeugt, daß eine Saarlösung durch das Saarstatut ständiger Anlaß und Ursache von Auseinandersetzungen zwischen Frankreich und der Bundesrepublik geworden wäre, und daß sich – wie schon während der Übergangszeit von 1955 bis 1959 – alle wirtschaftlichen, währungsmäßigen und sozialen Schwierigkeiten aus dem immer noch vorhandenen Gefälle zwischen den beiden großen Nachbarländern störend auf das Verhältnis ausgewirkt hätten. Eine mehr oder weniger autonome Saar zwischen den beiden großen Nationen konnte nie »funktionieren«, wenn sie in der wirtschaftlichen Abhängigkeit von Frankreich blieb. Dann hätte man das Saarland so selbständig und unabhängig machen müssen wie Luxemburg, aber daran hatten die Franzosen zu keiner Zeit gedacht, wenn aus propagandistischen Gründen auch des öfteren davon gesprochen wurde. Im übrigen hätte sich auch ein auf sich gestelltes, selbständiges Saarland in kürzester Zeit wieder beim angestammten Mutterland eingefunden. Die Saarentscheidung vom 23. Oktober hat daher auch Europa einen wahren Dienst erwiesen.

Auch für die Verständigung mit Frankreich können keine anderen Grundsätze gelten. Wir haben nie verkannt, daß der harte Spruch der Saarbevölkerung, der für viele maßgebenden Franzosen völlig unerwartet und unvorbereitet kam, weh tat. Wir haben auch stets Verständnis dafür gezeigt, daß einige für das Dilemma an der Saar verantwortliche französische Politiker die Schuld bei den »Nazis« oder »Ex-Nazis« an der Saar suchen und finden wollten. Wer gibt schon gerne zu, daß er selbst Fehler gemacht hat, vor allem wenn er seinen Verhandlungspartner so fühlbar unter Druck gesetzt hat wie einige der französischen Politiker, die übrigens teilweise auch selbst wieder unter politischem Druck standen. Auch in Beziehung auf das Verhältnis zu Frankreich dürften die Worte richtungsweisend gewesen sein, die Dr. Röder ebenfalls am 10. Januar 1957 für die Saarländer im Deutschen Bundestag an die Adresse

Frankreichs gesprochen hat: »Wir sind glücklich und ich darf wohl sagen, auch stolz darauf, daß sich die Rückführung unserer Heimat ohne jegliche Trübung unseres nachbarlichen Verhältnisses zu Frankreich hat durchführen lassen. Wir haben es nicht vergessen, daß in jenen kritischen Tagen nach dem 23. Oktober 1955, als wir in der Welt Ausschau nach Freunden hielten, die französische Presse (von einigen wenigen schon erwähnten Fällen abgesehen, Anm. d. Verf.) in wohltuendem Gegensatz zu Kommentaren in anderen, unbeteiligten Ländern die Willenskundgebung der Saarbevölkerung in korrekter Weise anerkannt hat ... Wenn wir uns infolge dieser gefährdeten Grenzlage daher sehr entschlossen zu unserem deutschen Volk bekennen, so sind wir andererseits aus dem gleichen Grunde um so aufgeschlossener für das große Ziel der europäischen Vereinigung, durch die allein wir aus dieser Lage befreit werden können.« Unsere gemeinsamen Anstrengungen seit der Volksbefragung, aber besonders seit dem Abschluß des deutsch-französischen Saarvertrages vom 27. Oktober 1956, haben das Verhältnis auch des »neuen« Saarlandes zu seinem französischen Nachbarn ständig verbessert und – unabhängig von den jeweiligen Strömungen der Politik auf höchster Ebene – auch auf einem bestmöglichen Stand gehalten. Die im ersten Kapitel erwähnten Äußerungen des französischen Botschafters in Bonn, M. Sauvagnarques (siehe S. 15), haben uns die genugtuende Bestätigung gegeben. Abb. 240–243 legen gleichfalls Zeugnis davon ab. Ich darf daher nur hoffen und wünschen, daß auch mein Buch bei unseren westlichen Nachbarn – soweit es überhaupt Beachtung finden und gelesen werden sollte – so aufgefaßt wird, wie es gemeint ist: als eine geschichtliche Darstellung des selbst Erlebten, getragen von dem Gedanken, der Wahrheit zu dienen, aber keine alten Wunden aufzureißen. Ich hatte nie die Absicht, ein Buch gegen Frankreich oder gegen Adenauer zu schreiben. Meine Vorstellungen waren stets darauf gerichtet, das Geschehen an der Saar und um die Saar nach dem Zweiten Weltkrieg *klarzustellen*; denn ich bin der Meinung, daß die Offenlegung und Klarstellung der Vergangenheit mit allen ihren Fehlern auf beiden Seiten das Fundament der Freundschaft ist und ihr erst die solide Grundlage verschafft. Ich habe mich deshalb auch an die ständige Mahnung meines Freundes Dr. Röder zu halten versucht: Stören Sie mir mit Ihrer Arbeit unsere Beziehungen zu Frankreich nicht! Ich hoffe, daß Erkenntnisse aus der Geschichte sich niemals störend auf nachbarliche Beziehungen unter Völkern auswirken können, zum mindesten nicht auswirken sollten. Die Geschichte sollte nur Lehrmeisterin sein, und in diesem Sinne möchte ich auch mein Buch verstanden wissen. Alle äußeren Umstände und die Beteiligten, aber auch ein gütiges Schicksal gaben uns die Möglichkeit, den ersten Schritt einer deutschen Wiedervereinigung *mit friedlichen Mitteln* – und als die Zeit dazu reif geworden war – *in Freiheit* zu vollziehen. Mein Wunsch ist, daß unseren Nachkommen das Glück beschieden sein möge, unter gleichen Voraussetzungen einmal die große Wiedervereinigung unseres Vaterlandes in Frieden und Freiheit herbeizuführen. Mögen ihnen dabei diejenigen Gedanken vorschweben, die mir seit meiner Jugend nach dem Ersten Weltkrieg für das Schicksal meiner Heimat stets richtungweisend gewesen sind:

> »Ein jedes Volk bestimmt sich selbst sein Los,
> zu Freiheit oder Sklaverei!
> Und ist das Dunkel noch so groß,
> *ein* Weg zum Licht ist immer frei!«

# Schlußwort

Am 8. Februar 1958 besuchte mein Vater den Bundesminister a. D. Jakob Kaiser aus Anlaß seines 70. Geburtstages an seinem Krankenlager im Sanatorium Bühlerhöhe. Bei dieser Gelegenheit beschwor ihn der schwerkranke Minister, die Geschichte der Saarrückgliederung zu schreiben, um sie vor Verfälschung zu bewahren.

Es sollten allerdings noch viele Jahre vergehen, bis mein Vater der Erfüllung dieses Wunsches nähertreten konnte. Ende 1972 ging er ans Werk, ein Jahr später war es vollendet. Am 10. Januar 1974 begab er sich nach Stuttgart, um seinem Verleger das fertige Manuskript zu überbringen. An diesem und am folgenden Tage besprach er mit den Lektoren des Verlages letzte Korrekturen, die noch eingearbeitet werden sollten.

Bis zur letzten Stunde seines Lebens hat mein Vater an dem Buch, das mit seinem Lebenswerk aufs engste verknüpft ist, gearbeitet. Mit eigener Hand hat er die Korrekturen im Manuskript eingefügt. Auf der letzten Seite wird seine Schrift undeutlich, ja fast unleserlich. Als der Verlagslektor am Nachmittag des 12. Januar 1974 zum Abholen des Manuskripts kam, fand er das vollendete Werk vor, dem Verfasser aber hatte der Tod die Feder aus der Hand genommen. Das Vermächtnis Jakob Kaisers war erfüllt, zugleich aber auch das kämpferische Leben eines Mannes, der sich in der Hingabe an seine saarländische Heimat und an sein deutsches Vaterland verzehrt hatte.

Saarbrücken, im Mai 1974

Heinz R. Schneider

# Personen-Register

Der plötzliche Tod des Verfassers – unmittelbar nach Fertigstellung des Buchmanuskripts – bringt es mit sich, daß die Angaben über einzelne Personen im Register nicht immer so vollständig sind, wie sie gewesen wären, wenn Rückfragen an den Autor noch hätten erfolgen können. Der Name des Verfassers selbst ist nicht in das Register aufgenommen worden.

*Abkürzungen:* MdB. = Mitglied des Bundestages; B-Min. =Bundesminister; MdL. = Mitglied des saarländischen Landtages; Min. = Minister der saarländischen Landesregierung; OLG. = Oberlandesgericht; LG. = Landgericht; AG. = Amtsgericht; OVG. = Oberverwaltungsgericht; VG. = Verwaltungsgericht; Pol. = Polizei; DSZ. = Deutsche Saar-Zeitung; DPS. = Demokratische Partei des Saarlandes.

Abegg, Walter, Oberstadtdirektor 392
Abel, Otto, Assessor 387, 389
Acheson, Dean, amerikanischer Außenminister 45, 189
Ackermann, Peter, Krim.-Sekr. 391
Adenauer, Konrad, Bundeskanzler 11 ff., 20, 108 f., 120, 122, 126, 128 f., 133 ff., 163, 167, 171, 182, 186 ff., 194, 196 ff., 201 ff., 206 ff., 215 ff., 224 f., 227, 232, 235 f., 238 ff., 242 ff., 248 f., 252, 260, 281, 289, 294, 298, 300, 306, 308, 318, 321 ff., 328 f., 332 ff., 347, 353 ff., 359, 361, 364, 368 f., 376 f., 400 f., 403, 406, 410 ff., 415 f., 418 f., 422 ff., 428, 432, 435 ff., 442, 446 f., 455 ff., 462 ff., 466, 469, 471 ff., 484 ff., 490 ff., 494 ff., 498, 504 f., 508 f., 511, 518 f., 542, 547 ff., 557
Adt, Hans 385, 397
Albert, Erich 396
Albrecht, Abt.Leiter i. Ausw.Amt 275 f.
Albrecht, Erwin, Dr. med. 318, 390, 483, 492
Alexander, Ernst, LegR. 387
Allemann, F. R., Schweizer Publizist 166 ff., 293, 298, 355
Allgöwer, Georg, Architekt 397
Althoff, Joachim, Schuldirektor 397
Altmeier, Peter, Min.-Präs. v. Rheinl.-Pfalz 60, 329, 339 f., 353, 364, 376, 398, 417, 458, 460, 463, 469
Altmeyer, Klaus (Pseudonym: Gottfried Perger) 345, 376 ff., 394
Altmeyer, Peter (Neuforweiler) 398
Aman, Werner, ORR. 390
Amboss, Steueramtmann 386
Andlauer, französ. General 35, 141, 482
André, Helmut 395
André-Fribourg, französ. Abg. 35, 265
Angel, Josef 397
Angelloz, französ. Rektor d. Univ. Saarbr. 146
Aquin, Thomas von 264
Arend, Louis, Handwerkskammerpräs. 82, 382
Arens, Wilfried, Finanzpräsident 385
Aretz, Ludwig 382, 384
Arndt, MdB. 425
Arnold, Alfons, MinDirig. 391
Arnold, Karl, Min.-Präs. v. Nordrh.-Westf. 103
Artmann, Oberamtsrichter 388

Baars, Zahnarzt 396
Bach, Robert 319

Bader, Heinz, Mitarbeiter d. DSZ 350
Bäsel, MdL. 263
Bäumler, Ludwig, Bahnbeamter 392
Bahner, Albert 384
Baldauf, Albert, MdB. 395
Bardoux, Jacques, französ. Abg. 35, 53, 266
Bartels, Fritz 397
Bauch, Heinrich, Grubenbeamter 393
Bauer, Heinz 397
Baumgärtel, Max, Amtsrat 545
Beaumarchais, de, Leiter d. Pariser Saarabt. 368
Becker, Aloys, Amtsrichter 388
Becker, Carl-Arnold 283, 346
Becker, Fritz, Vors. d. saarl. Haus- u. Grundbes.-Vereine 394
Becker, Gertrud 283, 285
Becker, Jacques (früher Jakob), Chef d. saarl. Grenz-Pol. 69, 74, 152, 155, 313, 326
Becker, Max, MdB. 353, 378 f., 424 f., 443, 519
Becker, Richard, Senator, Vors. d. DPS 14, 84, 146, 148, 151 f., 154, 162 f., 176, 192, 194, 223, 249, 276, 278 f., 282 ff., 293 f., 300, 303, 305 f., 309, 317 f., 320, 322, 333 f., 344, 346, 355, 360 f., 366, 370, 372, 376 f., 382, 384, 390, 394, 396, 401, 428, 435, 437, 455, 495, 536, 541 f., 545, 548
Becker, Ulrich 384
Becker, städt. Fachdirektor Saarbr. 536
Beer, Ermond, Abt.-Leiter d. Sûreté 153
Beethoven, Ludwig van 534
Béguin, Dr. med. (Schweizer) 48
Bender, Wilhelm, Staatsanwalt 387
Bérard, stellv. französ. Hoher Kommissar 198, 337
Berg, Karl, Steuersyndikus, Gründungsmitgl. d. saarl. SPD 319, 383
Berg, Richard, Bahnbeamter 392
Bergweiler, Helmut, Rechtsanwalt 146, 192, 194, 269, 318, 322, 353, 372
Bernadotte, Folke, Graf, Präs. d. schwed. Roten Kreuzes 21
Bernhard, Karl 383
Berrang, Hans 390, 395
Berwanger, Dietrich 146, 379 f.
Besser, Joachim, Journalist 355, 469, 547
Best, Rolf, OLG-Präsident 386, 457
Bevin, Ernest, engl. Außenminister 28, 108, 124
Beyschlag, Albert, Kaufmann 384
Bickelmann, Inge 389